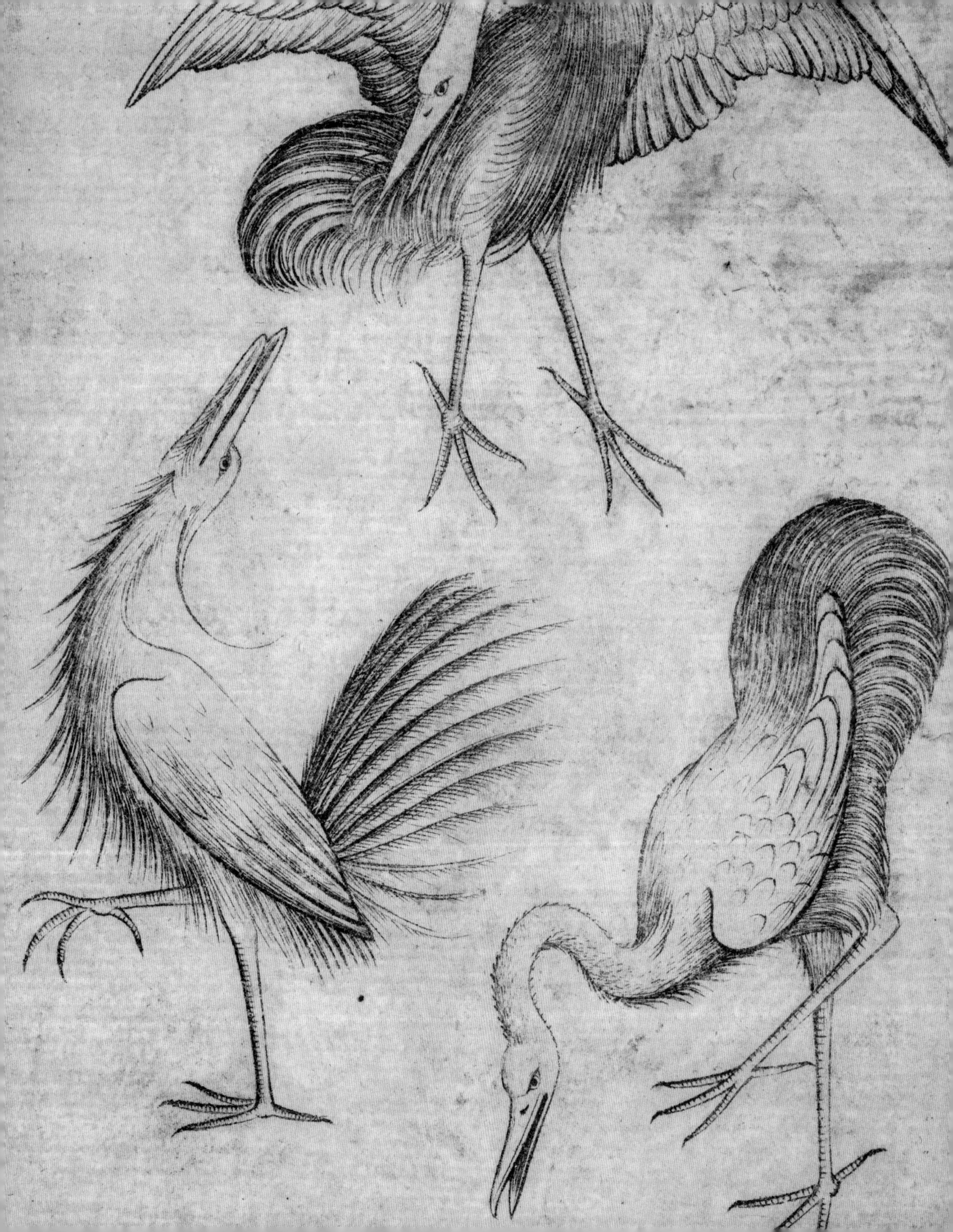

SPÄTGOTIK
AUFBRUCH IN DIE NEUZEIT

Mit Beiträgen von
Julien Chapuis
Svea Janzen
Stephan Kemperdick
Lothar Lambacher
Jan Friedrich Richter
Michael Roth

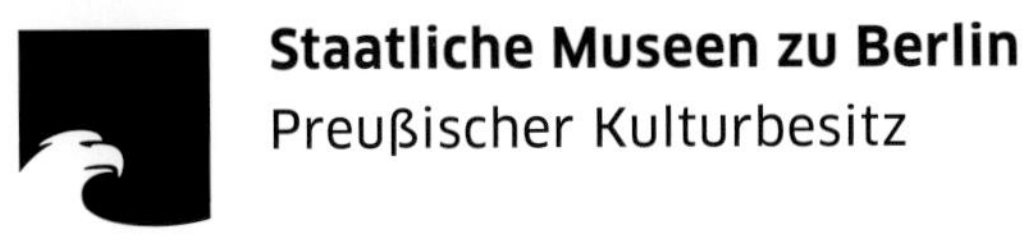

Staatliche Museen zu Berlin
Preußischer Kulturbesitz

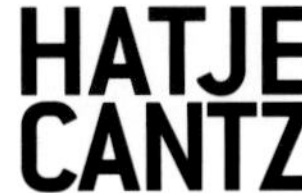

Inhalt

Vorwort

Spätgotik – Aufbruch in die Neuzeit: Der Titel der Ausstellung verdeutlicht die epochale Tragweite der künstlerischen Neuerungen in der Zeit von circa 1430 bis 1500. Denn wie vielleicht keine andere Epoche ist die Zeit der sogenannten Spätgotik im deutschsprachigen Raum von tiefgreifenden Veränderungen geprägt, die gleichermaßen Form, Inhalt, Technik und Verbreitung von Kunstwerken betreffen. Angeregt durch niederländische Entwicklungen werden Licht und Schatten, Körper und Raum in allen künstlerischen Bereichen zunehmend wirklichkeitsnah dargestellt. Die neuen gestalterischen Ausdrucksmittel verbreiten sich dank der Erfindung der Drucktechnik schnell in ganz Europa, was letztendlich dazu führt, dass Bilder zunehmend als autonome Kunstwerke wahrgenommen werden und einzelne Persönlichkeiten überregionale Berühmtheit als Künstler erlangen.

In unserer heutigen Wahrnehmung sind diese Aspekte so selbstverständlich, dass die Bedeutungsschwere der damit nur knapp skizzierten Umbrüche erneut ins Gedächtnis gerufen werden muss. Es sind die gestalterischen und technischen Innovationen dieser Epoche, die unser Bild- und Kunstverständnis bis heute prägen.

Trotz einer Vielzahl thematischer Ausstellungen zur Kunst der Spätgotik gab es bis jetzt keine derart umfassende Schau. Die Gründe hierfür sind die finanziellen und organisatorischen Anforderungen, die eine Präsentation hochempfindlicher Werke mittelalterlicher Kunst mit sich bringt. Die Staatlichen Museen zu Berlin befinden sich jedoch in der privilegierten Lage, dass ihre eigenen Sammlungen eine Vielfalt herausragender Objekte von kunsthistorisch grundlegender Bedeutung gerade aus dieser Zeit besitzen. Der glückliche Umstand, Museen mit so vielfältigen Sammlungsgebieten vereint in einer Institution zu finden, erlaubt es uns, die Kunst der Spätgotik über alle Gattungen hinweg als Gesamtphänomen zu zeigen. Zentrale Werke stammen aus den Beständen der Gemäldegalerie, der Skulpturensammlung, des Kupferstichkabinetts und des Kunstgewerbemuseums – Sammlungen also, deren Geschichte sich über das 19. Jahrhundert hinaus zurückverfolgen lässt. Ihre Ordnung folgt neuzeitlichen Gesichtspunkten, die mit einer Trennung in einzelne Kunstgattungen einherging. So wurde die Kunst der Spätgotik häufig gattungsintern und dabei nahezu ausschließlich in Ausschnitten präsentiert, ganz unabhängig von der historisch bedingten starken Dezimierung des Objektbestandes.

Demgegenüber führt unsere Ausstellung herausragende Werke aus den unterschiedlichen Kunstgattungen und Sammlungen wieder zusammen und mit ihnen die Expertise ihrer jeweiligen Kuratoren: Julien Chapuis (Skulpturensammlung und Museum für Byzantinische Kunst), Stephan Kemperdick (Gemäldegalerie), Lothar Lambacher (Kunstgewerbemuseum) sowie Michael Roth (Kupferstichkabinett). Ihre herausragende Kennerschaft und enge kollegiale Zusammenarbeit, die ebenso Jan Friedrich Richter einschließt, der die Ausstellung und den Katalog als wissenschaftlicher Mitarbeiter in der Gemäldegalerie mitkonzipiert und betreut hat, ermöglichte das Zustandekommen dieser Ausstellung. Ihnen gilt mein erster und größter Dank. Dass ich dieses Ausstellungsprojekt von Beginn an nicht nur als Generaldirektor, sondern auch als Direktor der Gemäldegalerie sowie der Skulpturensammlung und des Museums für Byzantinische Kunst konzeptionell mitentwickeln und in der Entstehung eng begleiten konnte, erfüllt mich mit großer Dankbarkeit und Stolz.

Der vorliegende Katalog liefert einen nachhaltigen Ertrag, mit dem er sich gleichermaßen an ein größeres Publikum wie an die spezialisierte Fachwissenschaft richtet und damit auch dem Forschungsauftrag der Staatlichen Museen nachkommt. Im Kontext der aktuellen Diskussion um die organisatorischen Strukturen der Staatlichen Museen zu Berlin wirft die Ausstellung auch einen Blick in die Zukunft: Projekte dieser Größenordnung sind besonders ertragreich, wenn sie auf wissenschaftlicher wie finanzieller Ebene in einer unkomplizierten Kooperation der einzelnen Häuser im gemeinsamen Verbund geplant werden können. Der breite Sammlungsbestand der Staatlichen Museen zu Berlin fordert dies geradezu heraus.

Komplettiert wird die Ausstellung durch wichtige Schlüsselwerke aus anderen Sammlungen. Außerordentlich dankbar sind wir daher, dass sich trotz der gravierenden Einschränkungen, die uns die COVID-19-Pandemie auferlegt, eine Vielzahl von großzügigen Leihgebern in ganz Europa dazu entschlossen hat, für die Ausstellungsdauer auf Hauptwerke ihrer Sammlungen zu verzichten.

Über die tabellarisch aufgeführten Institutionen und Personen hinaus möchte ich auch den Kolleginnen und Kollegen der Staatlichen Museen zu Berlin und der Staatsbibliothek zu Berlin danken, die uns aus ihren Sammlungen Werke zur Verfügung gestellt haben: Sabine Thümmler für das Kunstgewerbemuseum, Dagmar Korbacher für das Kupferstichkabinett, Ralph Gleis für die Alte Nationalgalerie, Barbara Schneider-Kempf für die Staatsbibliothek, Eef Overgaauw für die dortige Handschriftenabteilung und Frank Eisermann für das dortige Referat Inkunabeln.

Restauratorisch bzw. logistisch haben die Werke betreut: Heidi Blöcher, Wibke Bornkessel, Franziska Kierzek und Kurt Transfeld für das Kunstgewerbemuseum, François Belot, Georg Josef Dietz, Michel Hansow, Christian Jäger, Luise Maul und Felix Schreier für das Kupferstichkabinett, Marion Böhl, Melanie Herrschaft, Sophie Hoffmann, Paul Hofmann, Hiltrud Jehle und Klaus Leukers für die Skulpturensammlung.

Ganz herzlich möchte ich den Mitarbeiterinnen und Mitarbeitern der Gemäldegalerie danken, die sich in den vergangenen Jahren und auch im Hinblick auf den Auf- und Abbau weit über das normale Maß hinaus für dieses Projekt engagiert haben: Für die Betreuung und Restaurierung unserer Werke danke ich Babette Hartwieg, Maria Reimelt, Sandra Stelzig und Maria Zielke. Zuständig für den logistischen Ablauf waren vor Ort Johann Zehentmaier, Christine Exler und Sabine Friedrich sowie für die Vermittlungsarbeit Ines Bellin. Redaktionelle Unterstützung leisteten Marie-Theres Steinke, Erik Eising und Franziska May.

Mein großer Dank gilt natürlich auch den Autorinnen und Autoren dieses Ausstellungskatalogs, die uns mit ihrer Expertise einen fachkundigen Einblick in die faszinierende Kunst der Spätgotik geben. Neben den oben bereits genannten fünf Kuratoren der Ausstellung, Julien Chapuis, Stephan Kemperdick, Lothar Lambacher, Michael Roth und Jan Friedrich Richter, sind dies: Eva Dalvai, Katrin Dyballa, Esperança Eduardo, Erik Eising, Juliane von Fircks, Svea Janzen, Nuria Jetter, Natalie Kiefer, Antje-Fee Köllermann, Carolin Marie Kreutzfeldt, Christof Metzger und Hartmut Scholz.

Dem Hatje Cantz Verlag danke ich für die professionelle Betreuung während der Entstehung und Herausgabe des Katalogs, Lutz Stirl für das Lektorat und Peter Nils Dorén für das Layout. Abschließend gilt mein Dank dem Architekten Hansjörg Hartung für die gewohnt zuverlässige Umsetzung unserer konzeptionellen Ausstellungsideen.

Nun möchte ich Sie herzlich einladen, die Ausstellung und den zugehörigen Katalog zu entdecken und neue Erkenntnisse über die Zeit der Spätgotik zu gewinnen.

Michael Eissenhauer
Generaldirektor der Staatlichen Museen zu Berlin

Leihgeber

Deutschland
Suermondt-Ludwig-Museum, Aachen
    Leiter: Peter van den Brink
    Stellv. Leiter und Kustos: Michael Rief
Hessisches Landesmuseum Darmstadt
    Direktor: Martin Faas
    Kustos: Thomas Foerster
Städel Museum, Frankfurt am Main
    Direktor: Philipp Demandt
    Sammlungsleiter: Jochen Sander
Staatliche Kunsthalle Karlsruhe
    Direktorin: Pia Müller-Tamm
    Kurator: Holger Jacob-Friesen
KOLUMBA, Kunstmuseum des Erzbistums Köln
    Direktor: Stefan Kraus
Wallraf-Richartz-Museum & Fondation Corboud, Köln
    Direktor: Marcus Dekiert
    Sammlungsleiter: Roland Krischel
Sammlung Würth, Künzelsau
    Direktorin: Sylvia Weber
Museum der bildenden Künste Leipzig
    Direktoren: Stefan Weppelmann und
    Jeannette Stoschek (kom.)
    Sammlungsleiter: Jan Nicolaisen
Bayerisches Nationalmuseum, München
    Generaldirektor: Frank Matthias Kammel
    Referatsleiter: Matthias Weniger
Bayerische Staatsgemäldesammlungen, München
    Generaldirektor: Bernhard Maaz
    Sammlungsleiter: Martin Schawe
LWL-Museum für Kunst und Kultur, Westfälisches
Landesmuseum Münster
    Direktor: Hermann Arnhold
    Sammlungsleiterin: Petra Marx
Stadtmuseum und ev. Pfarrgemeinde Nördlingen
    Museumsleiterin: Andrea Kugler
    Dekan der Pfarrgemeinde: Gerhard Wolfermann
Germanisches Nationalmuseum, Nürnberg
    Generaldirektor: Daniel Hess
    Sammlungsleiter: Benno Baumbauer
Rheinisches Landesmuseum Trier
    Direktor: Marcus Reuter
    Sammlungsleiterin: Korana Deppmeyer

Frankreich
Musées de la Ville de Strasbourg
    Directeur des Musées: Paul Lang
    Conservatrice en chef du Musée de l'Œuvre Notre-Dame:
    Cécile Dupeux

Großbritannien
The National Gallery, London
    Director: Gabriele Finaldi
    Deputy Director and Curator of Early Netherlandish,
    German, and British Paintings: Susan Foister

Niederlande
Rijksmuseum, Amsterdam
    Hoofddirecteur: Taco Dibbits
    Senior Conservator Beeldhouwkunst: Frits Scholten

Schweiz
Historisches Museum Basel
    Direktoren: Marc Fehlmann und Marc Zehntner
    Sammlungsleiterin: Sabine Söll-Tauchert
Kunstmuseum Basel
    Direktor: Josef Helfenstein
    Sammlungsleiter: Bodo Brinkmann

Autorenkürzel

Julien Chapuis	*JC*
Eva Dalvai	*ED*
Katrin Dyballa	*KD*
Esperança Eduardo	*EsE*
Erik Eising	*EE*
Juliane von Fircks	*JvF*
Svea Janzen	*SV*
Nuria Jetter	*NJ*
Stephan Kemperdick	*SK*
Natalie Kiefer	*NK*
Antje-Fee Köllermann	*AFK*
Carolin Marie Kreutzfeldt	*CK*
Lothar Lambacher	*LL*
Christof Metzger	*CM*
Jan Friedrich Richter	*JFR*
Michael Roth	*MR*
Hartmut Scholz	*HS*

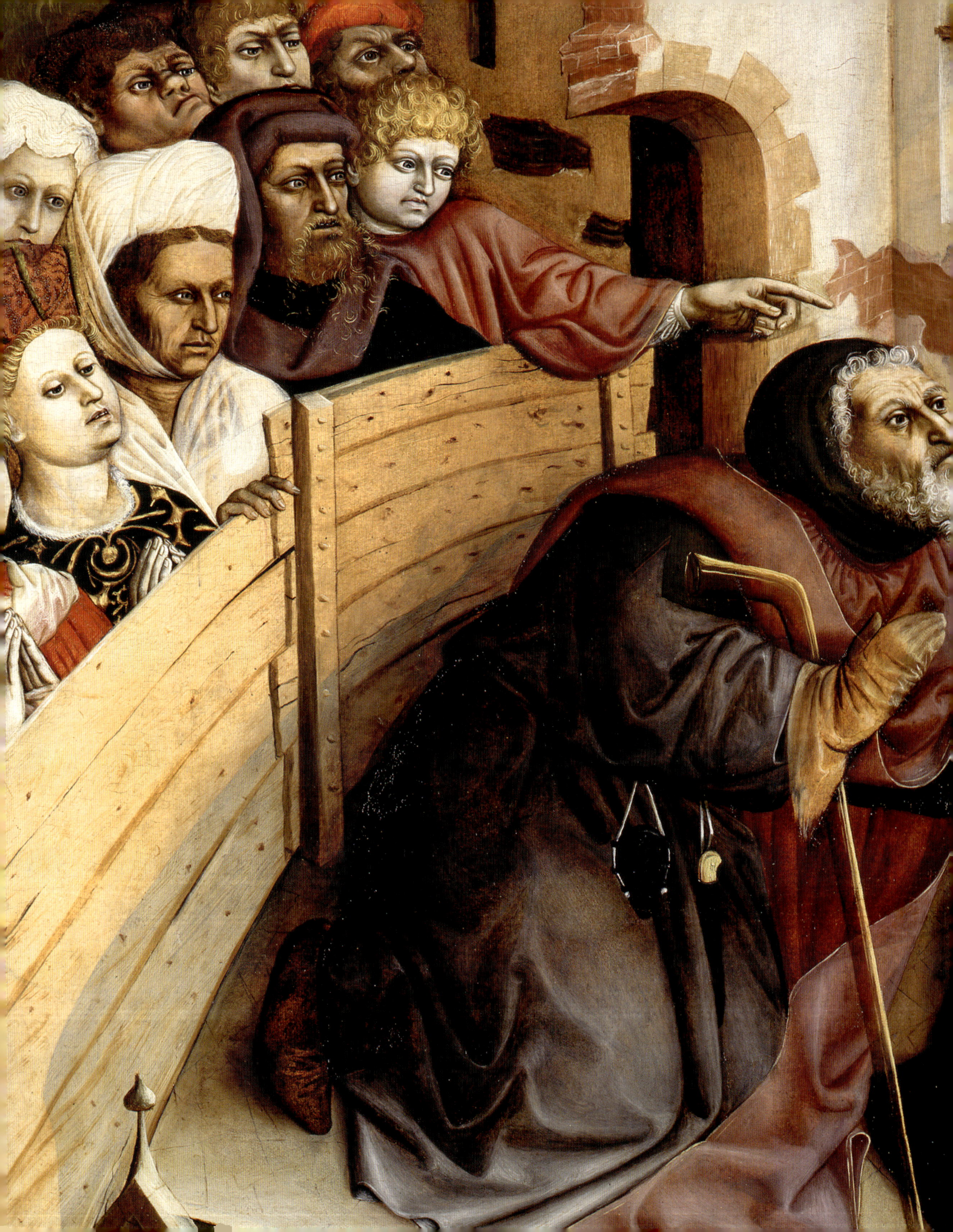

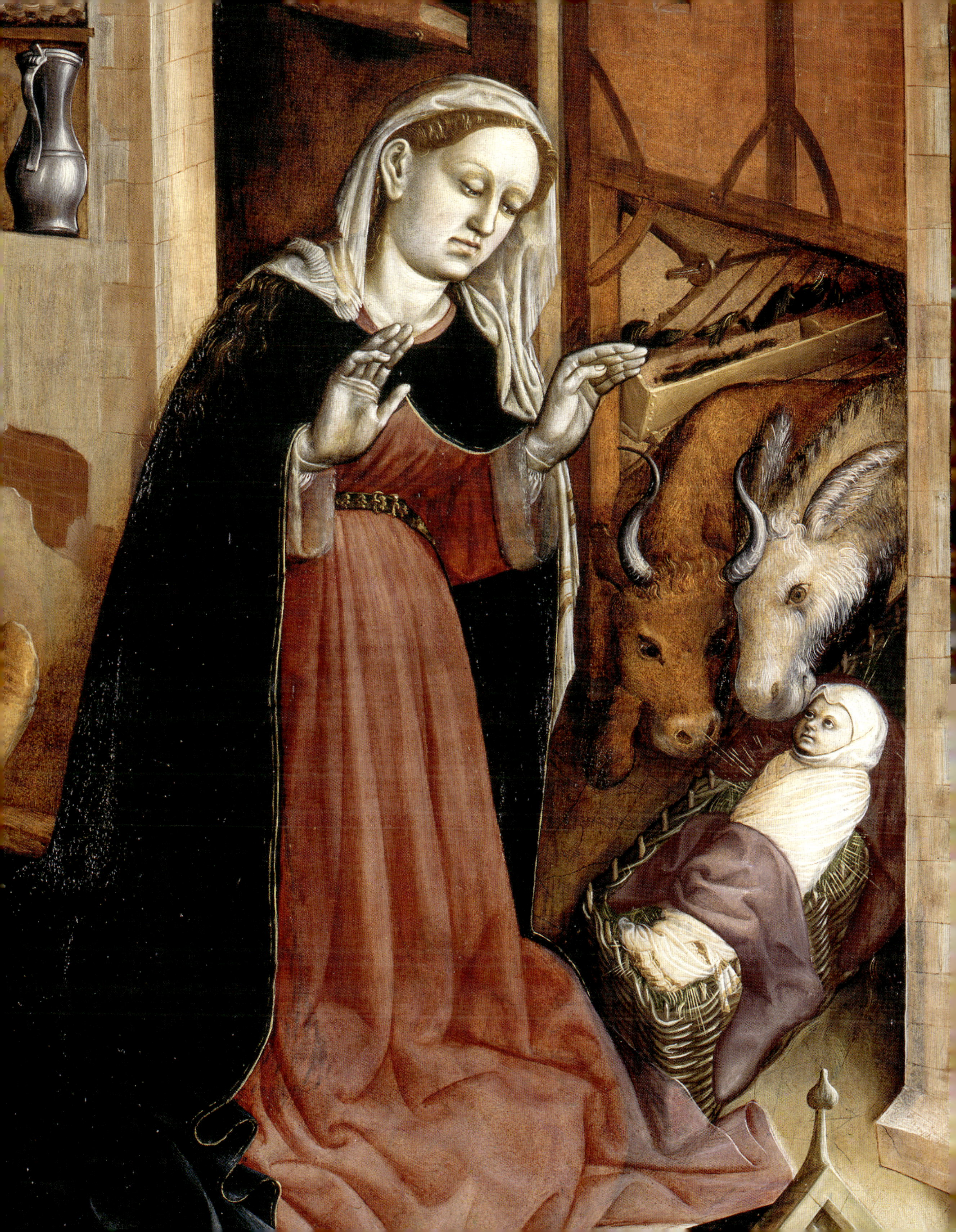

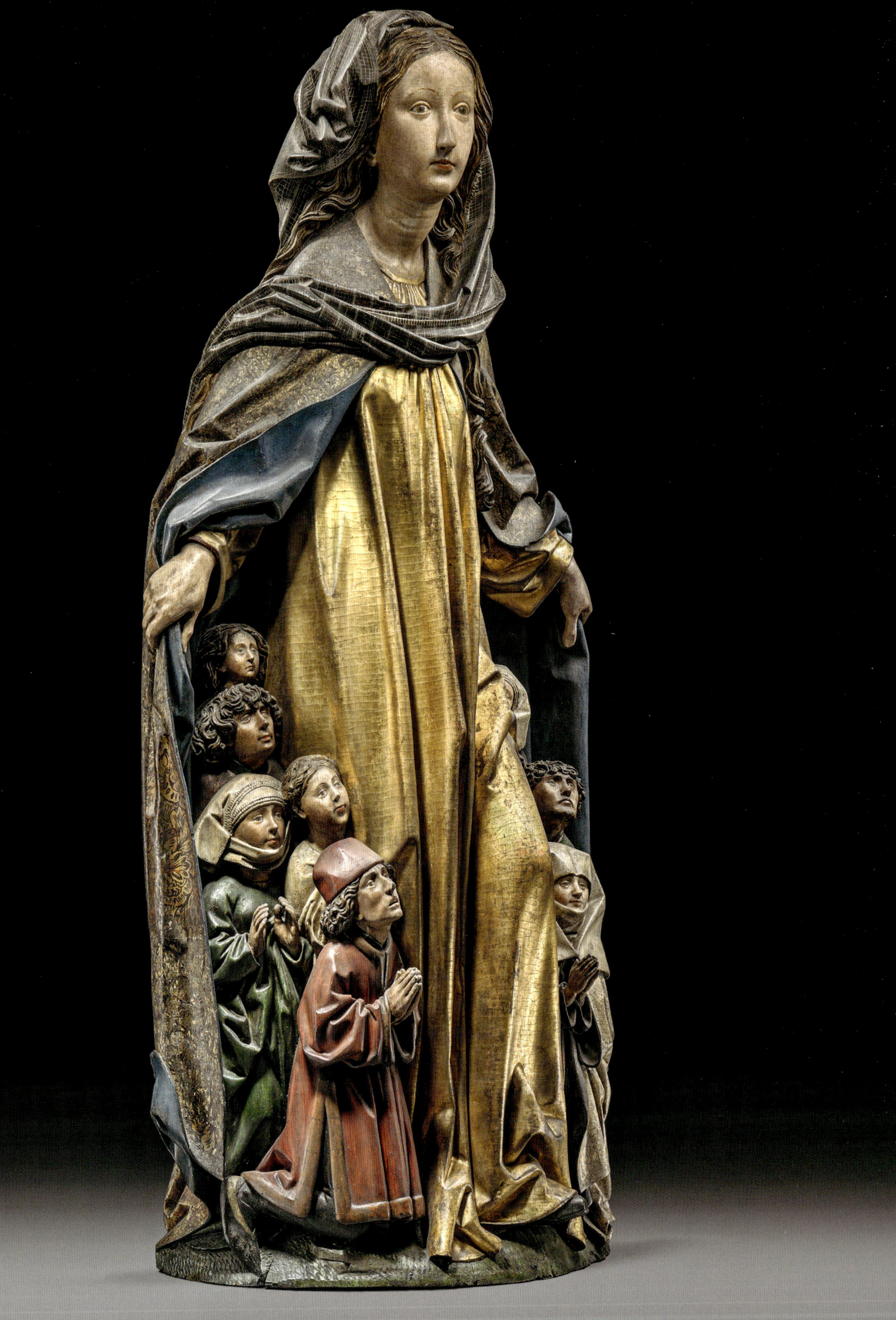

Julien Chapuis

Einführung – Von Bildern und deren Gebrauch

Der Titel unserer Ausstellung *Spätgotik – Aufbruch in die Neuzeit* enthält einen scheinbaren Widerspruch. Kann etwas, was am Ende eines Phänomens steht, gleichzeitig den Anfang eines anderen bedeuten? Begriffe wie „Spätgotik" und „Neuzeit" sind Erfindungen der (Kunst-)Geschichte, die durch die Periodisierung – die „Gliederung des Verlaufs der Geschichte in bestimmte, in sich weitgehend abgeschlossene Epochen"[1] – versucht, vom jeweils zeitgenössischen Standpunkt aus eine Struktur in der Vergangenheit zu erkennen. Der überaus einflussreiche und vielfach als Begründer oder Vater der Kunstgeschichtsschreibung gefeierte Florentiner Historiograf Giorgio Vasari (1511–1574) war der Erste, der die Architektur der vorangegangenen Jahrhunderte als „gotisch" bezeichnete, in Anlehnung an die Goten, jene nordischen Stämme, die im 6. Jahrhundert das Römische Reich überrannt hatten. Vasari bezeichnete diese Architektur als minderwertig, insbesondere im Vergleich zur italienischen Baukunst seiner eigenen Zeit, die die Formen der klassischen Antike wiederbelebt hatte. Längst von abfälligen Konnotationen befreit, wird das Etikett heute verwendet, um eine auf dem Spitzbogen basierende Architektur zu charakterisieren, die in der Mitte des 12. Jahrhunderts um Paris herum entstand, in ganz Europa praktiziert wurde und in einigen Regionen bis weit ins 16. Jahrhundert hinein fortbestand. Der Begriff „gotisch" wird selbstverständlich auch auf alle Kunstgattungen dieser Epoche angewendet – diese Kunst ist Gegenstand unserer Ausstellung. „Neuzeit" bezeichnet in der westlichen Geschichtsschreibung die Periode nach dem sogenannten Mittelalter – selbst eine spätere, zuerst abwertend gemeinte Bezeichnung, die bis in die Gegenwart reicht. Es lohnt sich aber, „modernen" Aspekten in der Kunst dieser vermeintlich so vorvergangenen Zeit nachzugehen. Und so befasst sich unsere Ausstellung eben mit diesen fortschrittlichen Tendenzen der langen Übergangsphase zwischen diesen beiden Epochen in der Zeit etwa zwischen 1430 und 1500 – ein traditionelles Hauptsammelgebiet der Berliner Museen. Zeitgenössische Künstler und Auftraggeber betrachteten die in Mitteleuropa entstehende Kunst weder als „spätgotisch" noch als „neuzeitlich", sondern als aktuell.

Diese Epoche ist von beträchtlichen Neuerungen geprägt. Angeregt von niederländischen Vorbildern, stellte die Malerei ab etwa 1430 die Ereignisse aus der Bibel und den Heiligenlegenden so dar, als würden sie in unserer gelebten Wirklichkeit stattfinden – die unterschiedlichsten Materialien sind überzeugend wiedergegeben, und das Licht ist so eingesetzt, dass der Eindruck von dreidimensionalen Körpern im Raum entsteht. Die Protagonisten einer ersten Neuerungsphase waren Hans Multscher in Ulm, Stefan Lochner in Köln und Konrad Witz in Basel (Abb. S. 14) – alle drei durch Hauptwerke in der Ausstellung vertreten. Spätere Generationen setzten sich mit ihren Errungenschaften auseinander und gaben selbst weitere Impulse. Entscheidend für den Verlauf der gesamten europäischen Geschichte war die Entwicklung der Druckgrafik und des Buchdrucks, insbesondere Johannes Gutenbergs Erfindungen der beweglichen Drucklettern und der Druckerpresse gegen 1450, wodurch Texte und Bilder plötzlich in hohen Auflagen reproduzierbar wurden. Neue Ideen und Bilderfindungen zirkulierten jetzt in kürzester Zeit durch ganz Europa. Die Druckgrafik entwickelte sich zu einer der wichtigsten Kunstformen im 15. Jahrhundert, und die Kompositionen eines Künstlers wie des Meisters E. S. oder Martin Schongauers dienten von Spanien bis Polen als Vorlagen für neue Kunstwerke – ob Gemälde, Glasmalereien, Skulpturen, Textilien oder Goldschmiedearbeiten.

Viele heutige Museen sind nach Gattungen organisiert – Goldschmiedekunst, Grafik, Malerei und Bildhauerei sind in Berlin jeweils in unterschiedlichen Institutionen zu sehen. Kunstwerke im 15. Jahrhundert entstanden aber oft in enger Zusammenarbeit verschiedener Gewerbe. Die Ausstellung vereint Schöpfung in allen Medien – mit Ausnahme der Architektur – und macht anschaulich, wie beispielsweise in der Goldschmiedekunst Modelle aus der Bildhauerei oder der Druckgrafik wiederholt wurden, oder wie in der Werkstatt ein und desselben Künstlers, etwa Hans Multschers, sowohl Gemälde als auch Bildhauerarbeiten geschaffen wurden (Kat. 19, 20).

Mit wenigen Ausnahmen entstanden die Objekte in der Ausstellung in Städten. Die Konzentration von Kapital, Kirchen und religiösen Gemeinschaften in Zentren wie Köln, Ulm, Straßburg, Nürnberg oder Würzburg garantierte die Nachfrage nach Kunst ebenso wie die Mittel, sie zu bezahlen. In den meisten Städten wurden die unterschiedlichen Kunstgattungen, wie andere Berufe auch, von Zünften beherrscht. Diese Organisationen kontrollierten zunehmend die Rahmenbedingungen der Produktion

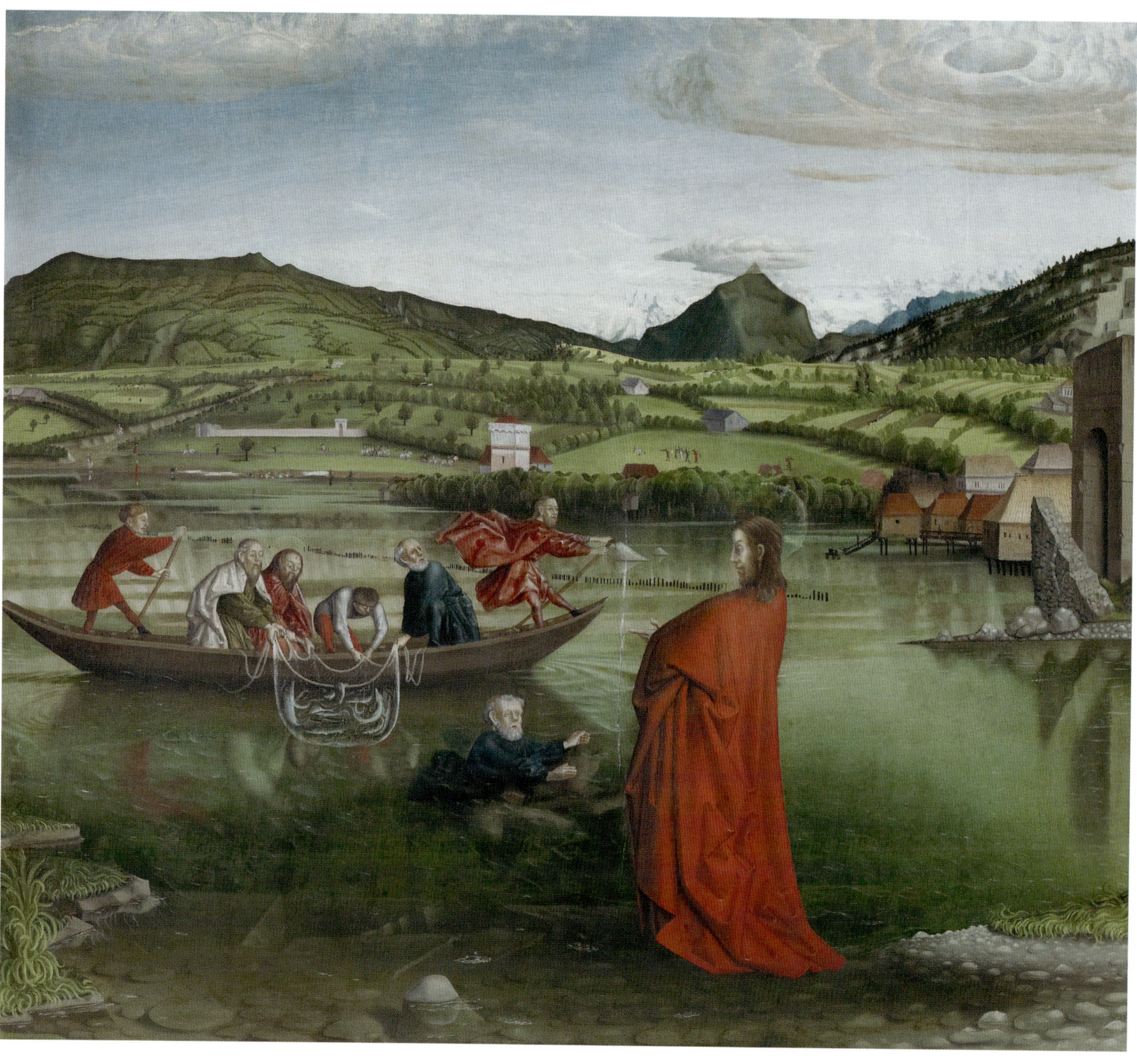

Konrad Witz, *Wunderbarer Fischzug*, 1444, Genf, Musée d'art et d'histoire

von der Materialbeschaffung bis zum Verkauf der Kunstwerke. Zünfte errichteten Barrieren gegen ortsfremde Künstler, schränkten den Wettbewerb zwischen ihnen ein, stellten Richtlinien für die Lösung von Konflikten auf und legten Regeln für das Erlernen des Handwerks fest. In der gesellschaftlichen Ordnung galten Künstler als Handwerker, auf der gleichen Stufe wie Metzger oder Schreiner. Für Lucas Moser, einen der ersten Maler in Nordeuropa, der sein Werk signierte (der Magdalenen-Altar in Tiefenbronn, datiert 1432; Abb. S. 15), verband der Begriff „Kunst", der sich von dem Verb „können" ableitet, die Konnotationen von manueller Fertigkeit und handwerklichem Wissen.[2] Sogar Albrecht Dürer beklagte, freilich nicht ohne Übertreibung, seinen

Status als Künstler in Deutschland; 1506 schrieb er seinem Freund, dem Nürnberger Humanisten Willibald Pirckheimer, aus Venedig: „H[ier] pin jch ein her, doheim ein schmarotzer ..."[3]

Es gibt dennoch zahlreiche Belege dafür, dass im Mittelalter das, was wir als Stil bezeichnen – die charakteristische Gestaltungs- und Ausdrucksweise einer Region oder einer Person –, anerkannt, geschätzt und ausdrücklich nachgefragt wurde. Eine bestimmte Art der Stickerei zum Beispiel war im 14. Jahrhundert als *opus anglicanum* (englisches Werk) bekannt. Im Jahr 1404 wurde vor der Marienkapelle des Straßburger Münsters eine Pietà installiert, eine Schenkung von Konrad Frankenberger, dem Leiter der Bauhütte. Obwohl er selbst die

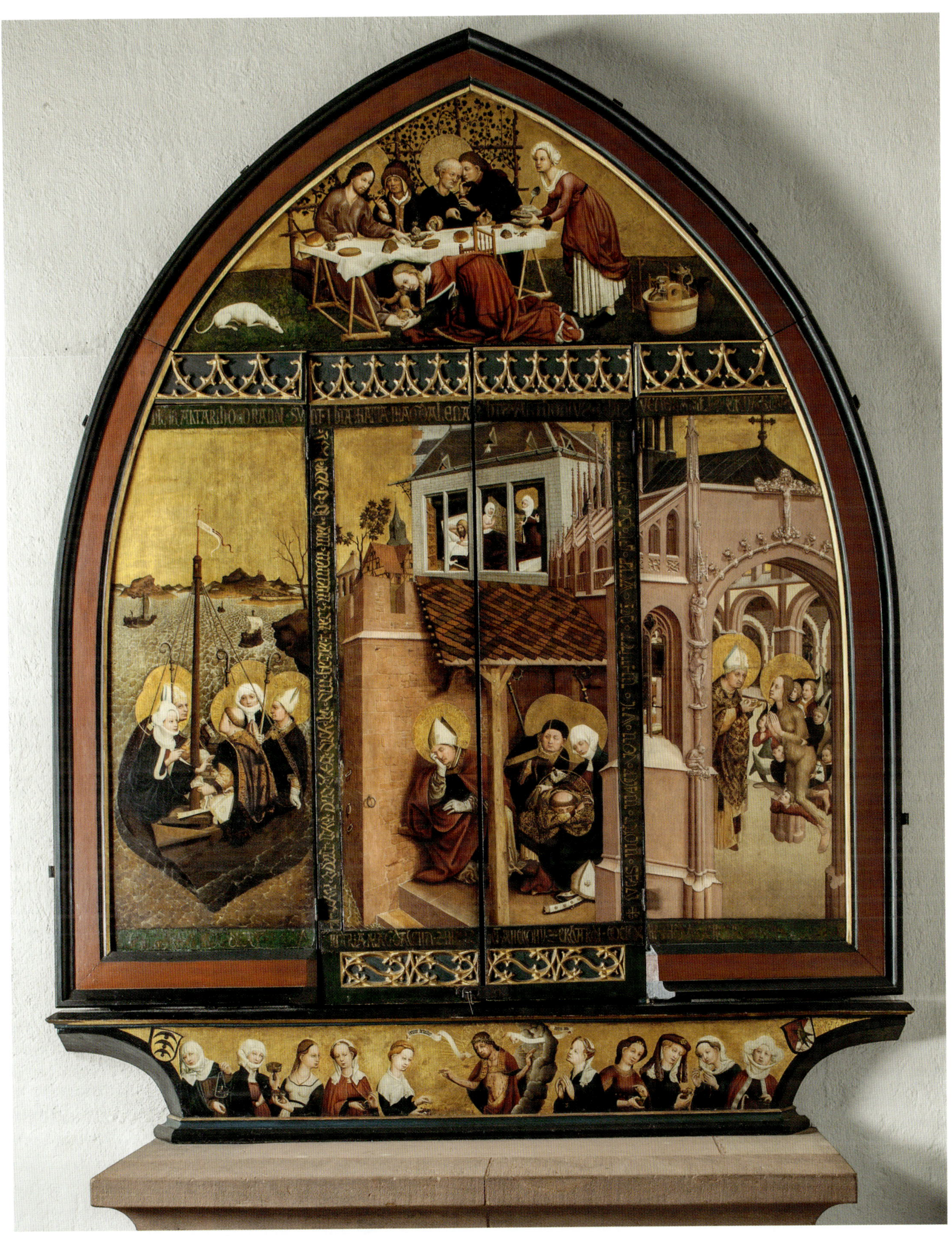

Lucas Moser, Magdalenen-Altar, 1432, Tiefenbronn, Pfarrkirche

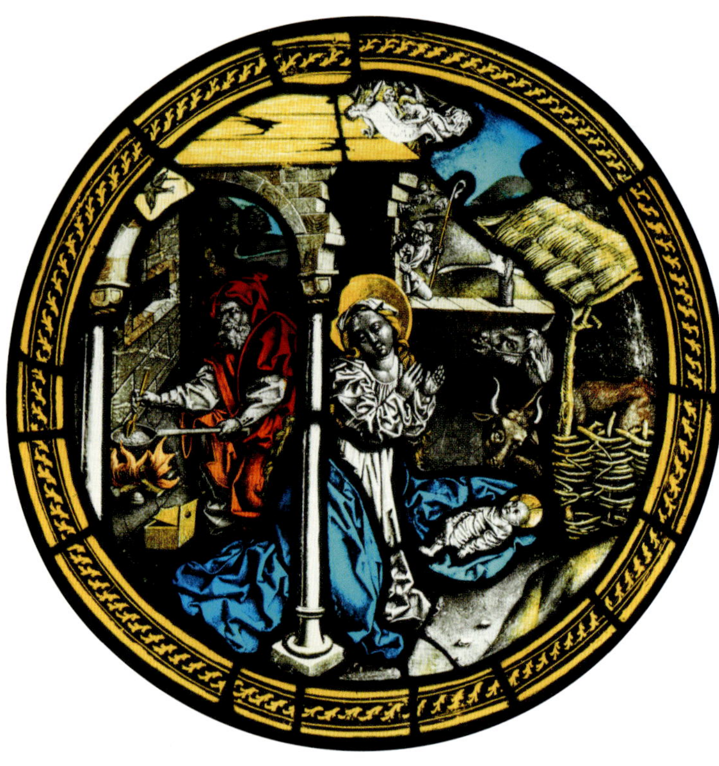

Peter Hemmel von Andlau (?) (Werkstatt), *Geburt* aus dem großen Ratssaal des Ulmer Rathauses, um 1475–1480, Staatliche Museen zu Berlin, Kunstgewerbemuseum

Arbeit der örtlichen Bildhauer überwachte, bestellte er die Skulptur aus dem etwa 500 Kilometer entfernten Prag; ihr Stil wurde in ganz Europa als böhmisch bezeichnet. Sowohl Hans Multscher aus Ulm (Kat. 19, 20) als auch Meister E. S. aus Straßburg (Kat. 42) fertigten Kunstwerke für weit entfernte Orte an: Multscher für Südtirol, im heutigen Italien, und E. S. für das Kloster Einsiedeln im Kanton Schwyz. Diese Beispiele machen deutlich, dass bestimmte Künstler Ruhm weit über die unmittelbare Umgebung hinaus erreichten. So wurde der große Erneuerer Niclaus Gerhaert von Leyden (Kat. 108, 109), der in Straßburg und in ganz Süddeutschland tätig war, von Kaiser Friedrich III. für bedeutende Aufträge, darunter an erster Stelle das Grabmal des Herrschers, nach Wiener Neustadt berufen. Glasmalereien der zeitweise marktbeherrschenden Straßburger Werkstattgemeinschaft um Peter Hemmel von Andlau (Kat. 87, 88 und Abb. S. 16) waren als „Strosspurg finster" weithin gefragte und immens teure Must-haves selbstbewusster Auftraggeber für Kirchenneubauten von Salzburg über München bis Frankfurt und von Nürnberg über Tübingen, Ulm und Augsburg bis Nancy.

Viele Künstler in unserer Ausstellung entwickelten einen individuellen Stil, und die Auftraggeber erwarteten, dass die von ihnen in Auftrag gegebenen Werke diesem Stil entsprachen. Es war selbstverständlich, dass ein Maler, Glasmaler oder Bildhauer nicht allein arbeitete. Die Statuten der Zünfte unterschieden zwischen verschiedenen Ämtern und Titeln: denen des Meisters und denen seiner Gehilfen, die oft allgemein als „Knechte" bezeichnet wurden, eine Kategorie, die sowohl den Lehrling als auch den Gesellen umfasste. Nur Meister waren berechtigt, eine Werkstatt zu leiten, Assistenten zu nehmen und Werke – sowohl die eigenen als auch die der Assistenten – unter ihrem Namen zu verkaufen. Der Erwerb des Titels erforderte nicht allein eine Berufsausbildung, sondern war neben einer ehelichen Haushaltsführung auch mit erheblichen Kosten verbunden und demnach für viele Künstler unerreichbar, die deshalb ihr Leben lang für einen etablierten Meister arbeiteten. Von dem Bildhauer Riemenschneider wissen wir, dass er mindestens zwölf Lehrlinge ausbildete; wie viele Gesellen er zu einem bestimmten Zeitpunkt einstellte, hing von Umfang und Anzahl der von ihm übernommenen Projekte, aber auch von seiner persönlichen Verfügbarkeit ab. Sicherlich musste er in den Jahren, in denen er in seiner Heimatstadt Würzburg Ratsherr war (1504, 1509, 1514 und 1518), und vor allem als Bürgermeister (1521–1524) in hohem Maße auf Gehilfen angewiesen gewesen sein.

Der Versuch, eigenhändige Werke eines Meisters von denen seiner Assistenten zu unterscheiden, ist angesichts des kooperativen Charakters der spätmittelalterlichen Werkstätten oft eine schwierige Aufgabe. Zwangsläufig waren die Mitglieder einer Werkstatt in der stilistischen Ausdrucksweise des Meisters versiert. Lehrlinge lernten alle Schritte des Handwerks vom Meister selbst und sie übernahmen notwendigerweise dessen Repertoire an Gesichtstypen, Händen und Stoffmustern. Da es den Gesellen nicht erlaubt war, Arbeiten unter ihrem eigenen Namen zu verkaufen, mussten sie ihren Stil anpassen, um mit dem ihres Meisters übereinzustimmen. Statt „Individualstil" könnte man den heutigen Begriff „Corporate Identity" wählen, um die Erwartungshaltung eines Auftraggebers bei der Bestellung eines Gemäldes von Stefan Lochner oder einer Skulptur von Michel Erhart zu charakterisieren. Manche Betriebe, wie die Straßburger Glasmalergemeinschaft, schlossen sich sogar zu Kooperativen mit übergreifend koordinierten, vereinheitlichten Material- und Formapparaten zusammen.

Ob in erzählerischen Szenen oder als Einzelfiguren, im Mittelpunkt der meisten Exponate in dieser Ausstellung stehen Christus, seine Mutter Maria oder die Heiligen. Ihre Bildsprache folgt einer jahrhundertealten Tradition. Von den gezeigten Werken wurden nur wenige ursprünglich als „Kunst" im modernen Sinne angesehen. Sicherlich haben einige damalige Betrachter virtuos gestaltete Details, die Darstellung des Lichtes auf verschiedenen Materialien oder Gesichtsausdrücke und Physiognomien wie wir bestaunt. Vermutlich aber verstand die Mehrheit der Zeitgenossen diese Objekte in erster Linie als Bilder, die eine bestimmte Funktion innerhalb der Liturgie und der Andacht erfüllten. Auf Altären aufgestellt, dienten sie als Hintergrund für die Erhebung der Hostie, wenn das Brot in der Wandlung zum Leib Christi wird. Darstellungen von Christus erinnerten daran, dass er für die Vergebung der Sünden gestorben war, während Maria und die Heiligen als Fürsprecher verehrt wurden – die Gläubigen flehten sie an, für das Heil des jeweiligen Einzelnen oder für das der ganzen Menschheit zu Gott zu beten. Durch eine Interaktion mit diesen Bildern erhoffte man sich Schutz in der

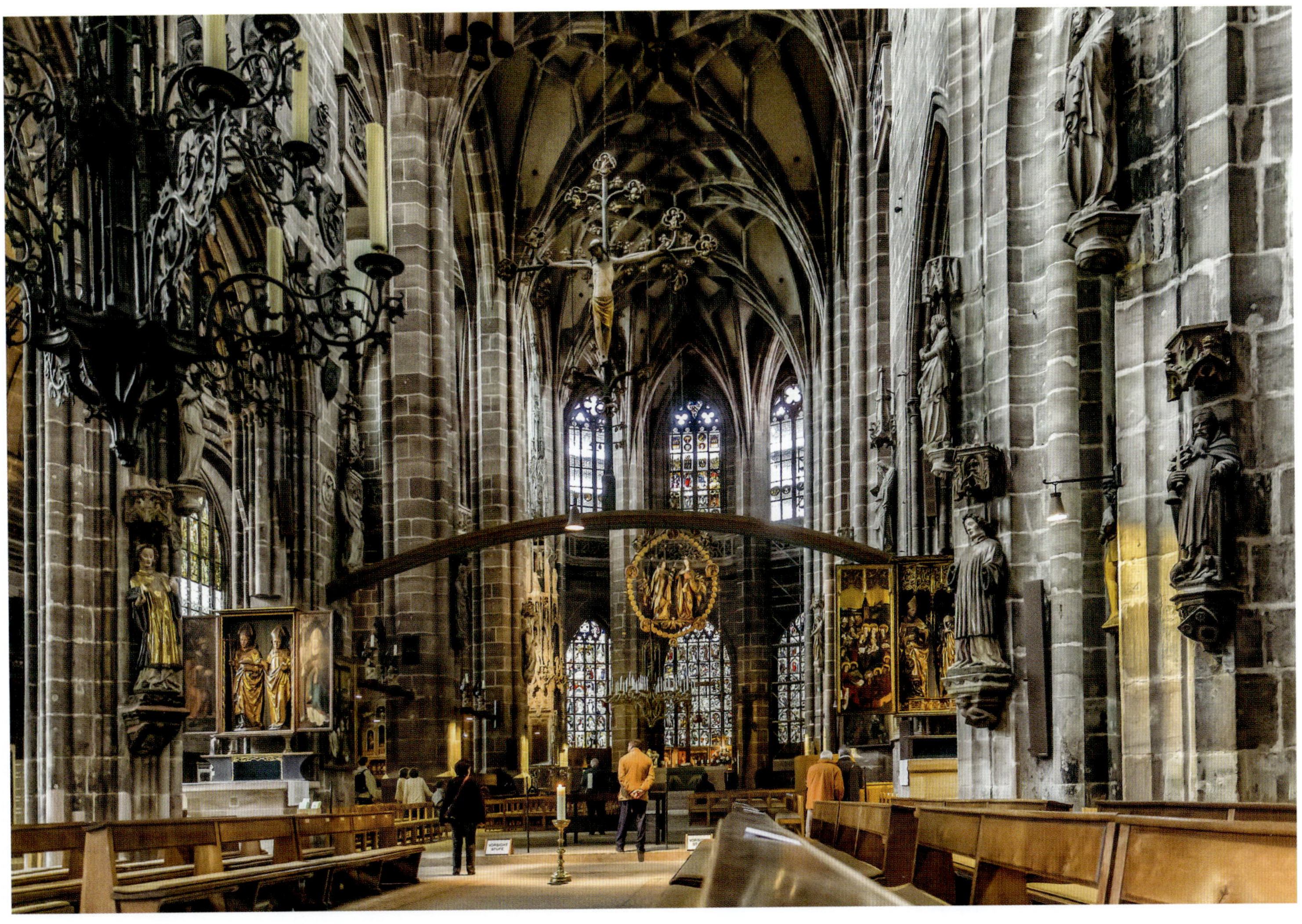

Blick in den Chor der Lorenzkirche in Nürnberg. Die vergleichsweise gut erhaltene Ausstattung besteht aus Glasmalereien, Gemälden und Skulpturen aus dem 14., 15. und frühen 16. Jahrhundert

Gegenwart und nach dem Tod eine Linderung der Pein im Fegefeuer und schließlich das ewige Leben nach dem Jüngsten Tag.

Solche Bilderverehrung zog zunehmend den Verdacht der Idolatrie (Götzendienst) auf sich und führte im Rahmen von Reformation und Protestantismus zur sogenannten Bilderfrage und ab den 1520er-Jahren in Mitteleuropa zu bilderstürmerischen Ausbrüchen, 1531 beispielsweise zur Entfernung und Zerstörung von über fünfzig Altären aus dem Ulmer Münster. Hauptpunkt der protestantischen Kritik war, dass die meisten Gläubigen nicht in der Lage seien, die Bilder – das heißt die von Menschenhand geschaffenen Objekte – von dem zu unterscheiden, was sie darstellten. Sowohl der Katholik Erasmus von Rotterdam als auch der Reformator Martin Luther erkannten hingegen die Nützlichkeit von Bildern für die Lehre der Analphabeten an, warnten aber vor der inhärenten Gefahr des Götzendienstes: Die fromme Verehrung wiche der Idolatrie, wenn die Bilder nicht mehr als Hilfsmittel für eine höhere Form der Spiritualität fungierten und selbst zu Objekten der Anbetung wurden. Die Bilderfrage wurde in den deutschen Regionen sehr unterschiedlich beantwortet. Mancherorts führte sie zum „Bildersturm", andere blieben von Bildentfernungen weitgehend unversehrt. Viele der damals aus Kirchen entfernten, aber verschonten Bilder schmücken heute unsere Museen.

Im Gegensatz zum Ulmer Münster hat die Nürnberger Lorenzkirche (Abb. S. 17) erstaunlich viel von ihrer spätmittelalterlichen Ausstattung behalten. Im Mittelschiff (gegen 1390 vollendet) und im Hallenchor (1439–1477) entdeckt man, neben Hauptwerken wie dem Sakramentshaus von Adam Kraft (1493–1496) und dem *Englischen Gruß* von Veit Stoß (1517/18), eine Vielzahl an Retabeln, Epitaphien, Skulpturen, Wandgemälden und Glasmalereien aus dem 14. und 15. Jahrhundert. Sie wurden zur Ehre Jesu, Mariä und der Heiligen, aber auch zur Erinnerung und zum Seelenheil von einzelnen Familien (wie der Tucher und der Imhoff) oder Bruderschaften der Stadt gestiftet.

Wie aber wurden Bilder im 15. Jahrhundert benutzt? Vor der Reformation waren viele Altäre mit aufwendigen Aufbauten versehen, sogenannten Retabeln, die nördlich der Alpen gewöhnlich aus einem feststehenden Mittelteil und beweglichen Flügeln bestehen und mit Skulpturen, Malereien oder einer Kombination von beiden versehen sind. Einige solcher Werke wurden von filigranen, turmartigen Maßwerkaufsätzen bekrönt, die bis in die Gewölbe der Kirche hinaufreichten, die sogenannten Gesprenge (Abb. S. 300). Die Darstellungen im Innern der Retabel, meist Skulpturen, mitunter auch Gemälde – die wir heute in unseren Museen bewundern –, waren üblicherweise nur an hohen Festtagen zu sehen. Für die Kirche St. Lorenz hat sich ein Mesnerpflichtbuch aus dem Jahr 1493 erhalten: eine Zusammenstellung der Vorschriften, die in der Kirche zu den verschiedenen Festtagen das Kirchenjahr hindurch einzuhalten waren. Dort liest man zum Beispiel, dass der Deocarus-Altar, der die Darstellung der zwölf Apostel enthält, zum Fest des hl. Jakobus d. Ä. am 25. Juli und noch einmal zum Fest des hl. Petrus am 1. August geöffnet wurde.[4] Obwohl nur sechs Tage dazwischen lagen, wurde er in dieser Zeit wieder geschlossen. In ähnlicher Weise verfügte Andreas Stoß, Prior und Provinzial der Karmeliter in Bamberg, dass der 1523 von seinem Vater Veit Stoß gelieferte Schnitzaltar mit der Geburt Christi (heute im Bamberger Dom) nur an den wichtigsten Kirchenfesten geöffnet werden durfte und dann am „gleichen Tage [...] unmittelbar nach der zweiten Vesper wieder geschlossen" werden musste. Allerdings schloss die liturgische Funktion eines Retabels seine Wertschätzung als Kunstobjekt nicht aus, denn Andreas Stoß spezifizierte im gleichen Text: „Kein Prior soll [die Tafel] leichthin mit Farben bemalen lassen. Den Grund dafür werden ihm alle kunstverständigen Meister dieses Zweiges sagen können. [...] Zweimal im Jahr soll sie gereinigt werden. Und es sollen keine großen Kerzen auf den Altar gestellt werden wegen des Rauches."[5]

Im Gegensatz zur Gegenwart, in der wir mit dem Kauf einer Eintrittskarte erwarten, die wenigen noch vollständig erhaltenen Altäre im Museum jederzeit offen zu finden, folgte das Öffnen der Flügel einer vom Kirchenkalender diktierten strengen Dramaturgie – diese Dramaturgie wiederum findet heute im Museum, wenn überhaupt, nur noch ausnahmsweise statt. Da die Innen- oder „Festtagsseite" eines Altars allein zu besonderen Anlässen geöffnet wurde, war die Wirkung der dort oft mit Gold und bunteren Farben als auf den Außen- oder „Werktagsseiten" gestalteten Darstellungen umso beeindruckender. Unsere Ausstellung enthält viele Fragmente von Altären – beispielsweise Malereien von Hans Multscher oder Skulpturen von Tilman Riemenschneider (Kat. 19, 118) –, die im Laufe der Jahrhunderte drastischen Geschmacksveränderungen unterlagen und Umwälzungen wie bilderfeindlichen Entwicklungen der Reformation oder der Säkularisierung des kirchlichen Besitzes nach den Napoleonischen Kriegen zum Opfer fielen und anschließend zerteilt wurden (Kat. 5). Nur der frühe Altar aus St. Gereon in Köln (Kat. 11) hat sich in einem weitgehend vollständigen Zustand erhalten, selbst wenn die zentrale Madonna eine zwar zeitgleich entstandene, aber nicht die originale Skulptur ist.

Vielerorts wurden Objekte, insbesondere Skulpturen, theatralisch eingesetzt, um die wichtigsten Ereignisse aus dem Leben und der Passion Christi zur Schau zu stellen und zum Nachempfinden aufzurufen. Figuren des Christuskindes wurden – wie heute noch – zu Weihnachten in eine Krippe gelegt (Kat. 78). Am Palmsonntag wurde in vielen deutschen Städten eine Skulptur des auf einem Esel reitenden Christus durch die Straßen gezogen, um damit den Einzug nach Jerusalem nachzuvollziehen. Kruzifixe mit beweglichen Armen konnten am Karfreitag vom Kreuz abgenommen und in ein Heiliges Grab gelegt werden, aus dem sie am Ostersonntag herausgenommen wurden. Skulpturen des auferstandenen Christus standen mitunter am Ostersonntag auf dem Altar, wo sie bis Himmelfahrt blieben, um dann mittels eines Seils ins Gewölbe der Kirche hochgezogen zu werden.[6]

Christen im Mittelalter nahmen nicht nur an öffentlichen Festen wie Messen und Prozessionen teil, sondern widmeten sich auch privaten Meditationen und Gebeten. Bilder, in der Regel von geringerer Größe, halfen dabei das Objekt der Andacht greifbar zu machen. Sie spiegelten, je nach Aufwand und Qualität, den Reichtum und Rang des Einzelnen wider, wurden in jedem Medium hergestellt, aus Papier oder Gold, Elfenbein oder Ton. In illustrierten Gebetbüchern (Kat. 17) wurden die im stillen Gebet angerufenen biblischen Personen und Ereignisse in Buchmalerei und Druckgrafik unmittelbar und eindringlich vor Augen geführt. Der Eifer, mit dem einzelne Christen ihren Glauben ausübten, forderte oft einen Tribut von den Objekten, die ihnen in der Übung ihrer Frömmigkeit halfen. Die Besitzer küssten und liebkosten sie immer wieder, wobei die Oberfläche mechanisch abgenutzt werden konnte – wie dies bei der kleinen Madonnenfigur aus Straßburg (Kat. 111) der Fall ist.

Die mittelalterliche Andachtsliteratur, wie die äußerst populären und einflussreichen *Meditationes de vita Christi* aus dem 14. Jahrhundert, forderte die Gläubigen auf, sich vorzustellen, beim Leiden Jesu anwesend zu sein und es sich einzuprägen. Zum Beispiel werden Leser aufgefordert, sich selbst am Fuß des Kreuzes zu vergegenwärtigen – dies ist beispielsweise auch der Fall bei dem Auftraggeber in der Kreuzigungstafel von Konrad Witz, der in Anwesenheit von Maria, Johannes und den heiligen Frauen vor dem Kruzifix kniet (Kat. 23): „Und du, wenn du mit fester Aufmerksamkeit auf deinen Herrn blickst, stellst du fest, dass von der Sohle des Fußes bis zu seinem Kopf nichts verschont blieb. Es gibt kein Glied, keinen Sinn, der nicht große Schmerzen oder Verletzungen erlebt hat. Hier erfährst du also genug über die Kreuzigung und den Tod unseres Herrn, die geschehen sind in der sechsten und neunten Stunde [...]. Aber strebe andächtig und treu, dich hinzugeben, um darüber zu meditieren."[7]

Eine ähnliche Ermunterung, über das Opfer Christi zu reflektieren, enthält die Inschrift der Umrahmung eines Reliefs aus Alabaster mit der Kreuztragung (Kat. 10): „O Mensch, betrachte dieses Bild und sieh, was Gott für dich getan hat. Dafür sollst du ihm dankbar sein, so schenkt er dir sicherlich sein Himmelreich."

Bestimmte Themen waren bei Werken für die private Andacht besonders verbreitet. Darstellungen der Maria mit dem

Kind gehörten zu den beliebtesten Motiven und betonen häufig die zärtliche Beziehung zwischen Mutter und Sohn. Bilder der Muttergottes mit dem toten Christus – die als Pietà (italienisch für „Mitleid") oder Vesperbilder (nach Vesper, „Abendgebet") bekannt sind – luden den Betrachter dagegen ein, über ihr Leiden und das ihres Sohnes nachzudenken und es nachzuempfinden. Man erhoffte sich, dass die Heiligen Unheil abwehren würden. Ihre Verehrung spiegelte unterschiedlichste Sorgen: Man glaubte, dass Sebastian die Pest abwenden könnte (Kat. 79); Christophorus sollte vor dem plötzlichen Tod schützen (Kat. 25, 33), ebenso Barbara (Kat. 11, 30). Katharina brachte Sterbenden Beistand (Kat. 11, 14, 30, 53, 88), die hl. Kakukilla wusste Rattenplagen fernzuhalten (Kat. 34). Bestimmte Darstellungen waren mit einem Ablass (Nachlass von der Zeit im Fegefeuer, dem Ort, in dem Verstorbene ihre Sünden abbüßen) verbunden, wie die Gregorsmesse (Kat. 31), und waren deswegen äußerst populär – die Entwicklung der Druckgrafik im 15. Jahrhundert machte die Verbreitung solcher Bilder möglich.

Doch nicht alle Kunst, die im 15. Jahrhundert geschaffen wurde, war sakraler Natur. Zu den ansprechendsten Werken in dieser Ausstellung gehören Spielkarten (Kat. 37, 38), Druckgrafiken mit zum Teil unflätigen Motiven (Kat. 43), kostbare Trinkgefäße und Tafelgeräte (Kat. 89–93), prachtvolle Wandteppiche mit Minneszenen (Kat. 26), Darstellungen einer höfischen Gesellschaft (Kat. 104) und die frühesten selbstständigen Landschaftsdarstellungen überhaupt (Kat. 127–129). Eine weitere, besonders wichtige Gattung ist das autonome Bildnis. Während Individuen weiterhin in Anbetung von Christus und der Madonna oder als Zeugen eines Ereignisses aus der Heilsgeschichte dargestellt wurden (Kat. 5, 54, 73, 96), entstanden ab der Mitte des Jahrhunderts immer mehr Porträts ohne direkten religiösen Bezug (Kat. 94, 97, 98). Ein Werk wie das *Bildnis des Alexander Mornauer* (Kat. 97) soll in erster Linie dessen soziale Stellung und gute Amtsführung verewigen, wobei die exzellente Qualität der Malerei und ihre stupende Wirklichkeitswiedergabe von sich aus bezeugen, dass der Abgebildete auf der Höhe seiner Zeit stand. In diesen frühen Porträts erscheinen die Menschen nicht wie in einer bestimmten, einmaligen Situation, sondern gleichsam als Denkmal ihrer selbst. Albrecht Dürer, der unsere Ausstellung beschließt, beschrieb die Aufgaben der Malerei – und der anderen bildenden Künste – wie folgt: „Dan durch malen mag angetzigt werden das leiden Christi vnd würt geprawcht jm dinst der kirchen. Awch behelt daz gemell dy gestalt der menschen nach jrem sterben."[8] Die Gattung des Porträts gewann in den folgenden Jahrzehnten und Jahrhunderten

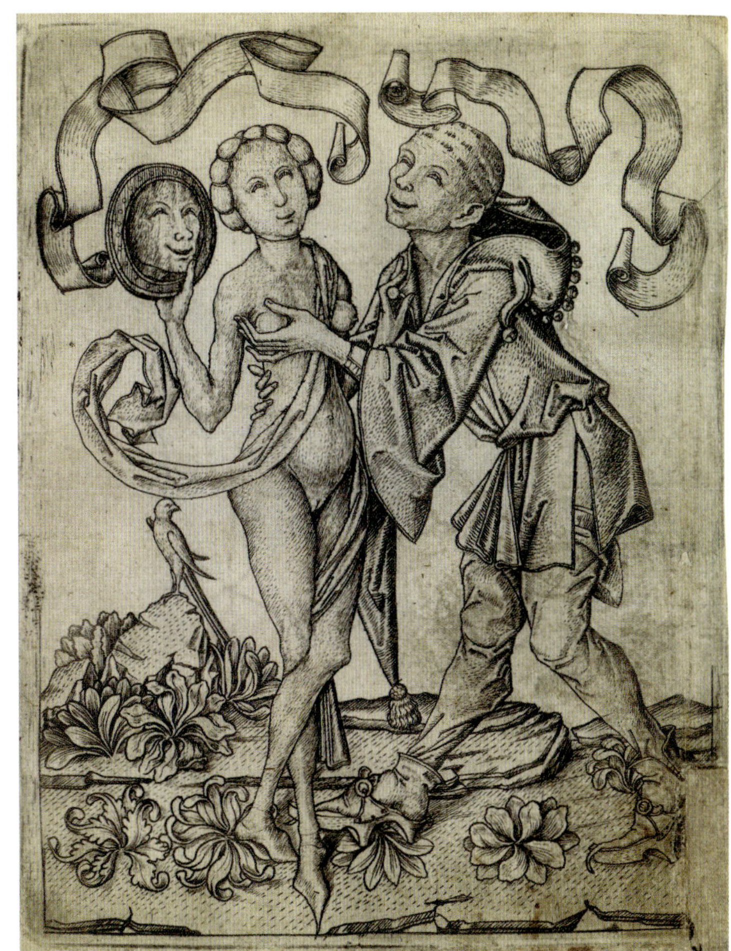

Meister E. S., *Narr und nacktes Mädchen mit Spiegel*, um 1465, Staatliche Kunstsammlungen Dresden, Kupferstich-Kabinett

immer mehr an Bedeutung. In protestantischen Gebieten wurden hingegen zwei Themen überflüssig, die bis dahin sowohl für die Gläubigen als auch für die Künstler von zentraler Bedeutung gewesen waren: Maria und die Heiligen. Denn ein Hauptgrundsatz des Protestantismus lautet, dass Christen keine Vermittler bräuchten, um Zugang zu Gottes Barmherzigkeit zu finden. In den Jahrzehnten davor, mit denen diese Ausstellung sich befasst, war das Bedürfnis nach biblischen Darstellungen jedoch groß und der Hauptantrieb für die Produktion von Kunst, wie es schon in den Jahrhunderten davor der Fall gewesen war. In diesem Sinne ist also „Spätgotik" der passende Begriff für unsere Ausstellung.

1 Vgl. *Duden. Die deutsche Rechtschreibung.*
2 Strieder 1983, insbes. S. 19.
3 Rupprich 1956–1969, Bd. 1, S. 59, Z. 90 f.
4 Gümbel 1928, S. 31 f.
5 AK Nürnberg 1983, S. 344.

6 Grundlegend zur Entstehung und zum Gebrauch solcher Skulpturen: Tripps 1998.
7 *The Life of Christ by S. Bonaventure*, übersetzt von W. H. Hutchings, London 1888, Kap. 79, S. 272 (Übersetzung aus dem Englischen vom Autor).
8 Rupprich 1956–1969, Bd. 2, S. 109, Z. 49–51.

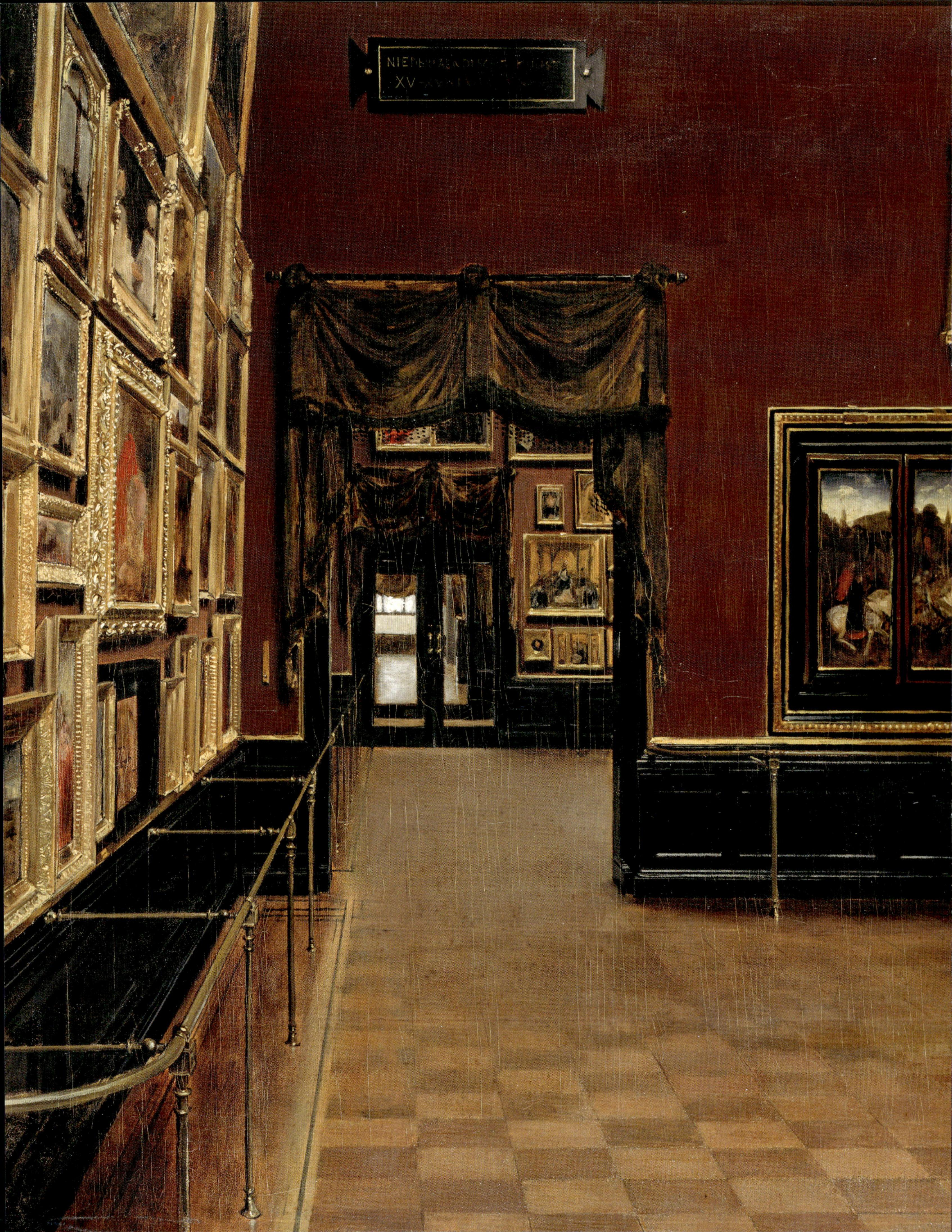
NIEDERLÄNDISCHE KUNST
XV–XVI JAHRHUNDERT

Svea Janzen

Wege ins Museum
Zur Musealisierung mittelalterlicher Kunst im 18. und 19. Jahrhundert

Die in dieser Ausstellung gezeigten Objekte wurden nicht geschaffen, um in Museen präsentiert zu werden. Von religiöser oder repräsentativer Funktion, befanden sie sich ursprünglich in Kirchen, Klöstern, Rathäusern, Schlössern oder Patrizierhäusern und waren nicht, wie heute, chronologisch, geografisch und nach Gattungen geordnet. Doch schon bevor mittelalterliche Kunst ihren Weg ins Museum fand, war sie das Ziel kunst- und antiquarisch interessierter Besucher. Die künstlerischen Entwicklungen des 15. Jahrhunderts bewirkten, dass für die religiöse Andacht geschaffene Objekte zunehmend zu Sehenswürdigkeiten wurden und noch lange Zeit nach ihrer Entstehung Bewunderung fanden. Als Albrecht Dürer 1520 in Köln Stefan Lochners rund achtzig Jahre zuvor gemaltes sogenanntes Dombild besichtigte (Abb. S. 22), geschah dies aus künstlerischem Interesse heraus: „item hab 2 weißpfenning geben von der taffel auff zusperren, die maister Steffan zu Cöln gemacht hat",[1] hielt er in seinem Tagebuch fest. Ähnlich einem modernen Museumsbesucher zahlte Dürer Geld, damit ihm der Flügelaltar des namentlich noch bekannten Meisters geöffnet würde.[2] Die Tegernseer *Tabula magna* (Kat. 28) aus der Zeit um 1445 wurde im 18. Jahrhundert von einem Besucher als „affabre et ingeniose depicta" (kunstvoll und geistreich gemalt) beschrieben.[3] Zu dieser Interessenverschiebung trug auch die Reformation bei, wie an der Lüneburger Goldenen Tafel anschaulich wird. Der Flügelaltar aus der Zeit um 1420/1430 enthielt in seinem Schrein den Schatz an Reliquien, liturgischen Gefäßen und Büchern der einstigen Lüneburger Benediktinerabtei St. Michaelis. Nachdem die Reliquien mit der Reformation zumindest für die Besitzer der Tafel ihre religiöse Bedeutung verloren hatten, wurde die Goldene Tafel keineswegs belanglos. Das in der Zeit um 1600 geführte Besucherbuch von St. Michaelis belegt zahlreiche Gäste, denen für ein Entgelt von einem Taler Zugang zu der „uhralten höchst-berühmten Antiquität"[4] gewährt wurde.[5]

Doch abseits solch prominenter Beispiele genoss die mittelalterliche Kunst in der Frühen Neuzeit kein hohes Ansehen. Seinen Ausgang hatte dies bei Giorgio Vasari, dem Gründervater der Kunstgeschichte, genommen, der in der zweiten Auflage seiner *Lebensbeschreibungen berühmter Künstler* (1568) insbesondere die gotische Architektur negativ beurteilte. Laut Vasari hatten die in der Spätantike von Norden her in Italien einfallenden „barbarischen Nationen" wie die Goten einen unharmonischen, plumpen Baustil eingeführt, „den wir heute als den deutschen bezeichnen".[6] Damit prägte er auch die irrige Meinung, die nach diesen Barbaren benannte gotische Architektur habe in Deutschland ihren Ausgang genommen.

Eine Neubewertung des Mittelalters und der Gotik im Besonderen erfolgte erst in der zweiten Hälfte des 18. Jahrhunderts. In seiner 1773 verfassten Polemik *Von deutscher Baukunst* begeisterte sich Johann Wolfgang von Goethe in beispielloser Weise für ein gotisches Gebäude, das Straßburger Münster. Seine Ergriffenheit rührte nicht länger vom Alter des Gebäudes als „uralte Antiquität" her, sondern von dessen Baustil.[7] Hinter der gotischen, „deutschen" Baukunst stehe ein fühlender Genius, der aus der Formenvielfalt eine Einheit und somit „lebendige Schönheit" schaffe.[8] Goethes Text war eine lange Wirkmacht beschieden, was nicht zuletzt durch die verblüffende Zeitlosigkeit seiner Betrachtungen verständlich wird: Wenn Goethe beschreibt, wie es ihn immer wieder vor das Münster zog, „in jedem Lichte des Tags zu schauen seine Würde und Herrlichkeit",[9] so findet er für jene Faszination Worte, aus der heraus noch Claude Monet einhundertzwanzig Jahre später die Fassade der Kathedrale von Rouen serienhaft malen wird, in deren Lichtspiel „die unzähligen Teile zu ganzen Massen"[10] schmelzen.

Während Goethe sich in seinem Text nur *vor* dem Münster aufhielt und die sich darin befindlichen Schätze ignorierte, setzte eine neuartige Wertschätzung gotischer Malerei und Skulptur um die folgende Jahrhundertwende ein. Seinen Ausgang nahm dieser Wahrnehmungswandel von den Nachwehen der Französischen Revolution, in deren Folge auch die Institution Museum eine entscheidende Entwicklung durchlief. Seit dem 16. Jahrhundert war Kunst von Adligen, Klerikern und wohlhabenden Bürgern gesammelt worden. In Kunst- und Wunderkammern, die nicht für die Öffentlichkeit bestimmt waren, wurden Gemälde und Skulpturen neben mechanischen Apparaten, präparierten Tieren oder kostbaren Steinen gezeigt. Auch mittelalterliches Kunsthandwerk wurde hier aufbewahrt wie etwa die sogenannte Greifenklaue (Kat. 92), die sich schon 1665 in der Kurfürstlichen Kunstkammer in Berlin, der Keimzelle der heutigen Staatlichen Museen, befand. Andere, oftmals bürgerliche Sammlungen, widmeten sich den grafischen Künsten und

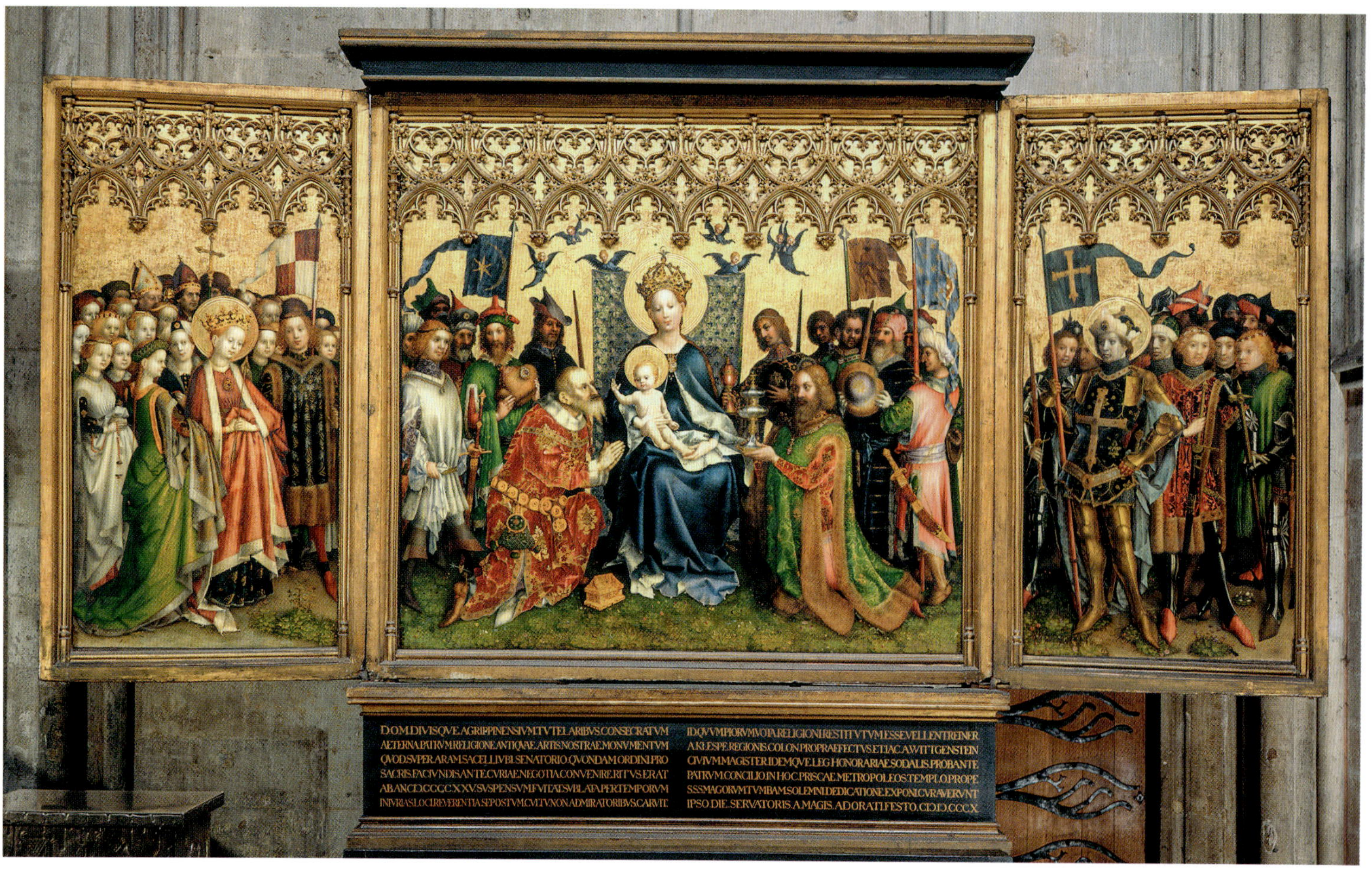

Stefan Lochner, Dombild (geöffnet), um 1445, Köln, Hohe Domkirche

bildeten somit frühe Vorläufer der heutigen Kupferstichkabinette. Einige der ältesten Bestände des Berliner Kupferstichkabinetts, darunter Zeichnungen des Hausbuchmeisters (vgl. Kat. 101), stammen aus der Sammlung Matthäus Merians d. Ä.[11] Erst im 18. Jahrhundert wurden solche Sammlungen nach und nach öffentlich zugänglich gemacht. Von der Kunstkammer im Berliner Schloss heißt es 1769, es sei „einem jedem erlaubet, diese Seltenheiten in Augenschein zu nehmen".[12] In Frankreich hatte es schon während des Ancien Régime im Umfeld Ludwigs XVI. Pläne für ein öffentliches Museum in Paris gegeben. Im Zuge der Revolution wurden die Kunstschätze von Kirche, Adel und Krone enteignet. 1789 beschloss die Nationalversammlung die Gründung eines Museums, das 1793 in der Grande Galerie des Louvre eröffnete und entsprechend dem Zeitgeschmack Skulptur und Malerei des 16. und 17. Jahrhunderts ausstellte.[13] Das „Muséum français" war das erste staatliche Museum, das die Kunst aus dem enzyklopädischen Kontext der Wunderkammern löste.[14]

Gleichzeitig waren mittelalterliche Artefakte, die in den Kirchen die Jahrhunderte überdauert hatten, in Gefahr. In ihnen sah man weniger Kunstwerke als vielmehr Erinnerungen an eine Vergangenheit, die es auszulöschen galt. Fälle von gewaltsamer Bilderzerstörung lösten eine Gegenbewegung aus, in welcher der Ruf nach Bewahrung laut wurde. Der Archäologe Alexandre Lenoir rettete zahlreiche mittelalterliche Kunstwerke, die er in seinem „Musée des Monuments français" zusammentrug und chronologisch ordnete. Mittelalterliche Kunst war nun als nationales kulturelles Erbe und als künstlerisches Erzeugnis von Interesse.[15]

Das Museum im Louvre war eine prägende Erfahrung für die bedeutendsten Sammler mittelalterlicher Kunst in Deutschland, die Brüder Sulpiz und Melchior Boisserée (Abb. S. 23).[16] Die Söhne einer wohlhabenden Kölner Familie begannen in den 1790er-Jahren gemeinsam mit ihrem Freund Johann Baptist Bertram, sich für ältere Kunst zu begeistern, wie Sulpiz Boisserée in seiner Autobiografie schildert: „Durch die großartigen Kirchen, namentlich den Dom, die ich von Kindheit an vor Augen gehabt, war ich schon längst für die alte Kirchenbaukunst eingenommen. Nun wurde ich bei der vorherrschenden Neigung meines Freundes Bertram für ästhetische Studien mit den Schriften bekannt, wodurch seit den letzten Jahren Männer wie Goethe, Tieck und Schlegel die Theilnahme der gebildeten Welt auf die Kunst zu lenken suchten [...]."[17] 1803 fuhren die drei Freunde nach Paris, wo das inzwischen in „Musée Napoléon" umbenannte Museum im Louvre die auf den napoleonischen Feldzügen geraubte Kunst aus ganz Europa präsentierte. In Paris wohnten die Boisserées und Bertram einige Monate bei Friedrich Schlegel, der sich seit 1802 in der Stadt aufhielt. Um 1800 hatte sich in Schlegels Umfeld in Jena die Frühromantik herausgebildet, der nicht zuletzt eine ent-

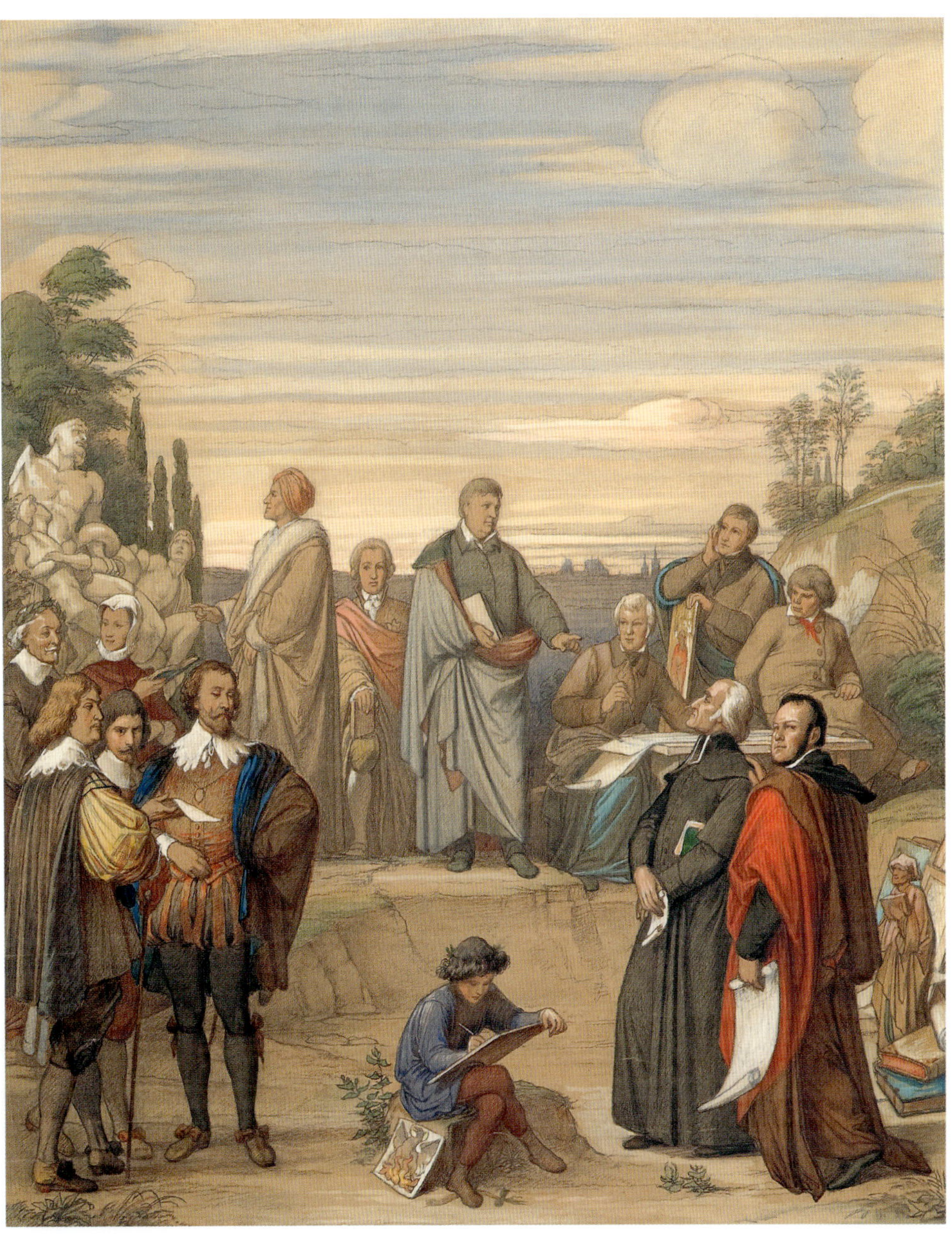

Edward von Steinle, Erstes Entwurfsaquarell für das
Wandbild im Treppenhaus des ersten Wallraf-Richartz-
Museums, *Die Neueste Renaissance in der Kunst*, 1858,
Kölnisches Stadtmuseum, Graphische Sammlung
(rechts mittig Sulpiz Boisserée sitzend bei der Arbeit
am Domwerk, rechts neben ihm Melchior Boisserée
mit Tafelgemälde unter dem Arm)

scheidende Rolle in der Wiederbelebung mittelalterlicher deutscher Kultur zukommt. Ab 1803 veröffentlichte Schlegel seine
Betrachtungen zu alter Kunst in der von ihm herausgegebenen
Zeitschrift *Europa*.[18] Seine hierin geäußerte Begeisterung über die
im Musée Napoléon ausgestellten Tafeln des Genter Altars (Abb.
S. 45, 46), die er unter die „altdeutschen" Gemälde zählte,[19] glich
einem Paukenschlag. Erst jetzt zog die nordalpine Malerei mit der
gotischen Architektur hinsichtlich ihrer Wertschätzung gleich.
Schlegel scheute nicht, Stefan Lochners Dombild mit den Madonnen Raffaels, dem zu jener Zeit wohl am höchsten bewunderten
alten Meister, zu vergleichen.[20] Seine Aufwertung mittelalterlicher nordalpiner Malerei legte nicht nur den Grundstein für
deren systematische Erforschung,[21] sondern prägte ein neues
ästhetisches und kunsthistorisches Verständnis, das später auch
die Ankaufspläne der Berliner Museen beeinflussen sollten. Mit
ihren Publikationen der folgenden Jahre leisteten Schlegel, die

Boisserées und Bertram zudem einen frühen Beitrag zur kunstgeschichtlichen Forschung, versuchten sie sich doch an einem
Entwicklungsmodell der deutschen Malerei des Mittelalters, das
historisch betrachtet und gemessen an den ihnen zu Gebote stehenden Mitteln durchaus stimmig ist.[22]

Als die vier Kunstfreunde 1804 gemeinsam zurück nach
Köln reisten, präsentierte sich ihnen eine erschütternde Situation: Im Zuge des Reichsdeputationshauptschlusses 1803 waren
reichsunmittelbare kirchliche Besitztümer säkularisiert worden. Ähnlich wie zehn Jahre zuvor in Frankreich gerieten die
seit Jahrhunderten in den Kirchen befindlichen Artefakte zu
heimat- und bedeutungslosen Objekten: „... was die ausgestoße-
nen Bewohner nicht mitgenommen, die Regierungsbevollmäch-
tigten nicht mit Beschlag belegt hatten, war in schnödester Hast
an Händler und Trödler verkauft worden. [...] In der Stimmung,
welche dieser Zustand erregte, mußte der Wunsch, zu retten

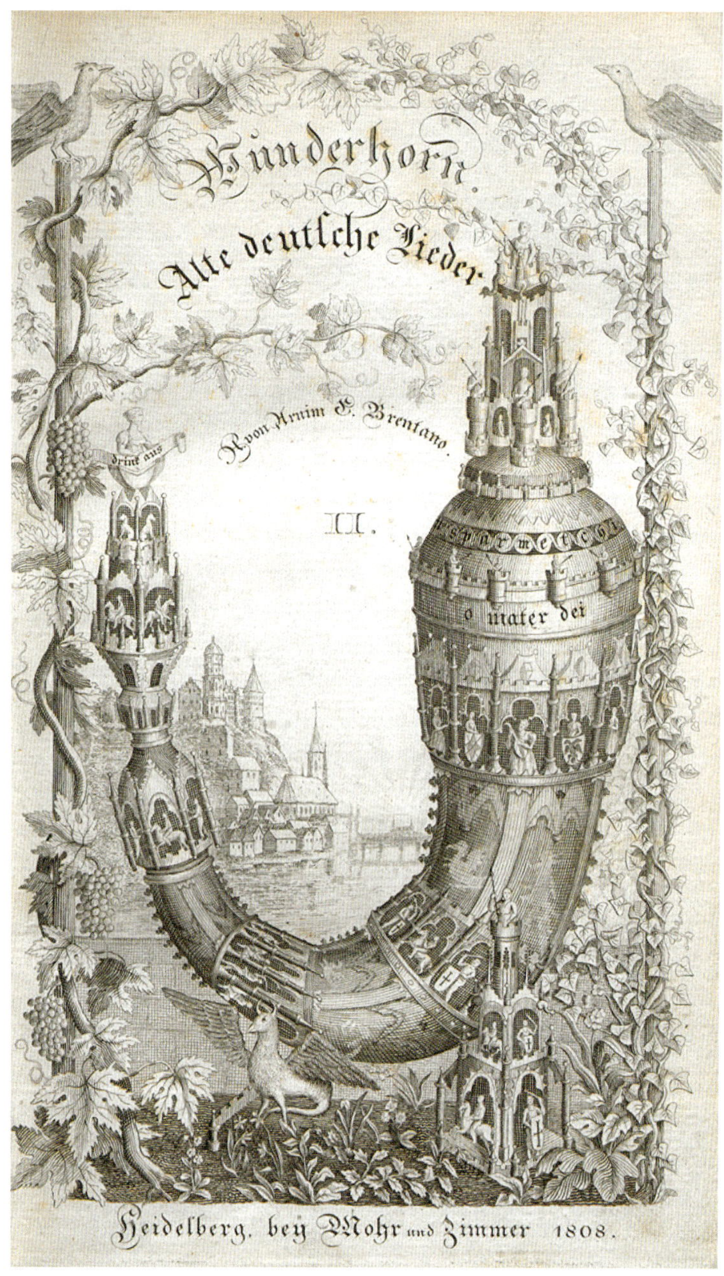

Titelblatt zu Clemens Brentano und Achim von Arnim, *Des Knaben Wunderhorn*, Bd. 2, 1808, Stich von Adam Weise nach einem Entwurf von Wilhelm Grimm

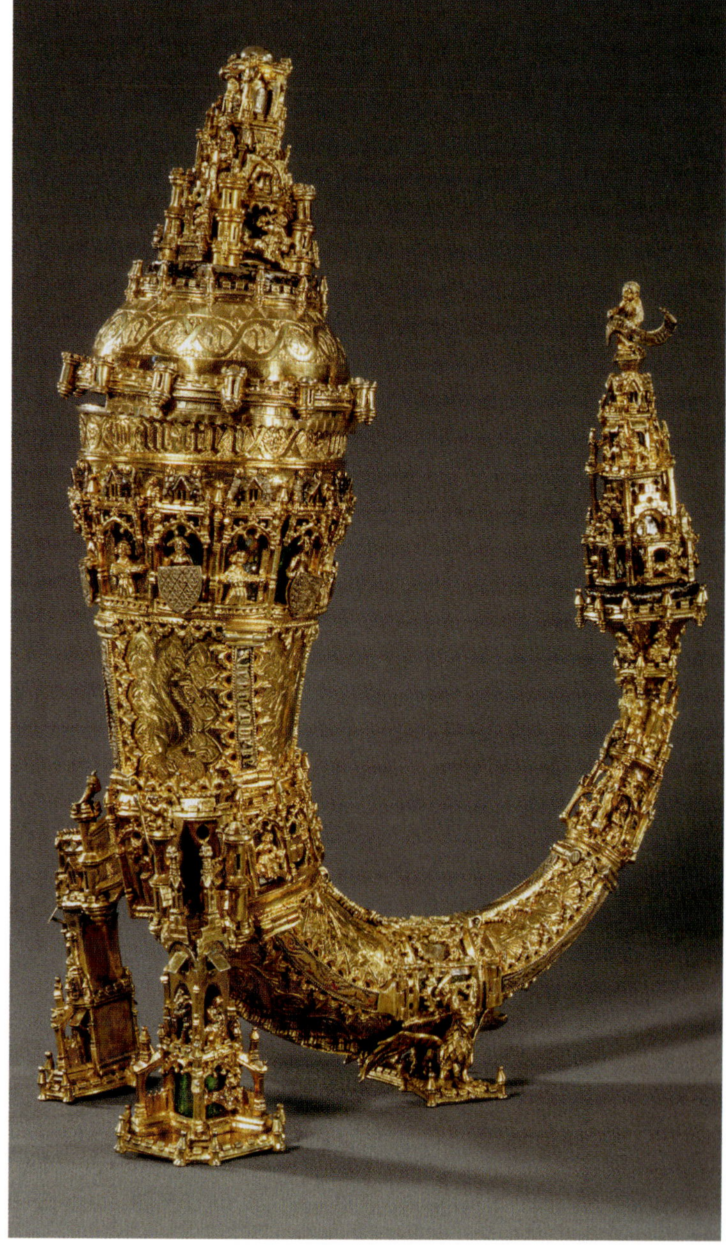

Oldenburger Wunderhorn, Norddeutschland um 1400, Kopenhagen, Schloss Rosenborg, Kongernes Samling

was noch zu retten war, gleich auftauchen und zur That werden, so bald nur die Gelegenheit sich darbot", berichtet Sulpiz Boisserée.[23] So trugen er und Melchior in den folgenden Jahren über zweihundert altdeutsche und altniederländische Gemälde zu einer stolzen Sammlung zusammen. Ziel war ein Nationalmuseum nach französischem Vorbild, das der Öffentlichkeit die Leistungen und die Geschichte mittelalterlicher Kunst vermitteln sollte.[24] Auch in ihrem Umkreis entstanden nun Privatsammlungen. Ihr Freund Werner von Haxthausen war beruflich an der Entstehung der Denkmalpflege im Rheinland beteiligt und privat als Sammler tätig. In seinem Haus in Köln war ab 1816 der heute der Gemäldegalerie gehörende Gereons-Altar (Kat. 11) aufgestellt.[25]

Die Wege zur Musealisierung mittelalterlicher Kunst wurden um 1800 in verschiedensten kulturellen Bereichen angelegt, deren Akteure eng vernetzt waren. Vor dem Hintergrund der Niederlage gegen Napoleon und der anschließenden Befreiungskriege wurde das Mittelalter als identitätsstiftender Ursprung einer nationalen, deutschen Kunst bewahrens- und erforschenswert. Parallel zur neuen Wertschätzung mittelalterlicher Malerei sah man in Schriften des Mittelalters eine unberührte, volkstümliche Kultur überliefert. Schlegels Freund Clemens Brentano gab gemeinsam mit Achim von Arnim die Anthologie deutscher Volksliedtexte vom Mittelalter bis zum 18. Jahrhundert *Des Knaben Wunderhorn* (1805–1808) heraus. Das Titelblatt des zweiten Bandes (Abb. S. 24) geht auf eine Entwurfszeichnung Wilhelm

Grimms zurück[26] und zeigt eine Reproduktion des sogenannten Oldenburger Wunderhorns, einer Goldschmiedearbeit aus der Zeit um 1400 in den Königlichen Sammlungen auf Schloss Rosenborg in Kopenhagen.[27] Als sagenumranktes Objekt war es immer wieder abgebildet und publiziert worden.[28] Dass es sich bei dem Oldenburger Wunderhorn um ein Trinkgefäß handelt, während der Titel bei Brentano und von Arnim eigentlich auf das Blasinstrument anspielt,[29] war offensichtlich weniger wichtig als die wundersame Reputation des Horns. Der Sage nach soll eine Fee Otto von Oldenburg darin einen Trank gereicht haben. Gefahr witternd schüttete Otto das Getränk aus, behielt aber gegen den Willen der Fee das Horn und ritt davon. Als wundersam dürfte auch der Bildschmuck des Horns wahrgenommen worden sein, der mit seinen filigranen Zierarchitekturen, die sich zu fantastischen, von Fabelwesen bewohnten Städten auftürmen, die Imagination anregt und zugleich Assoziationen zu der Fülle von alten Erzählungen in den Liedtexten weckt. Auf dem Titelblatt der Anthologie erscheint in der Krümmung des Horns das Heidelberger Schloss, dessen Ruine zum Sinnbild der nationalen Erhebung gegen die napoleonische Herrschaft geworden war. Das im späten 17. Jahrhundert ausgerechnet von den Franzosen zerstörte Schloss wird hier in intaktem Zustand gezeigt und entführt den Leser und Betrachter in jene verklärte Vergangenheit, der auch die Lieder entstammen. Zugleich dürfte es als symbolträchtige Anspielung auf eine erhoffte Zukunft für Deutschland gewirkt haben.

Zu einem Symbol nationaler Einheit war auch der seit dem Mittelalter unvollendet gebliebene Kölner Dom geworden. Ab 1808 hatte Sulpiz Boisserée den Entschluss gefasst, „dieses so traurige Denkmal deutscher Größe"[30] zu vollenden. Boisserée gelang es, den anfangs zögerlichen Goethe, der inzwischen selbstkritisch von seiner „Abgötterei mit dem Straßburger Münster"[31] sprach, als prominenten Befürworter des Projekts zu gewinnen.[32] Tatkräftige Unterstützung erhielt es durch Karl Friedrich Schinkel, Geheimer Oberbaurat Preußens.[33] 1823 wurde nach über zweihundertvierzig Jahren Stillstand der Baubetrieb am Kölner Dom wieder aufgenommen. Ironischerweise entdeckte man im Zuge der Arbeiten, dass Frankreich die ursprüngliche Heimat gotischer Bauprinzipien ist. Dies vermochte das Projekt indes nicht aufzuhalten; 1880 wurde der Kölner Dom vollendet.

Die in den 1810er-Jahren auf die mittelalterliche Architektur projizierten politischen, sozialen, kulturellen und ästhetischen Ideale und Hoffnungen kulminieren in den Gemälden fantastischer gotischer Sakralgebäude, die Schinkel zur gleichen Zeit schuf. Sein *Gotischer Dom am Wasser* (Kat. 1) erhebt sich triumphal über einem Felsplateau, eine dunkle Wolkenfront zieht nach Norden hin ab, und vor dem hoffnungsvoll blankgefegten Abendhimmel illuminiert die untergehende Sonne mystisch die durchbrochene, filigrane Struktur der Westtürme. Fährleute in Tracht der Zeit um 1800 transportieren Ballen und setzen ein elegant gekleidetes Paar über. Somit ist das Gemälde nicht das Fantasieporträt einer mittelalterlichen Stadt, sondern offenbart sich als epochenübergreifende Utopie, in deren Architekturen sich Gotik, Renaissance und Klassik, von Vegetation umrankt und von sanften Gewässern umschmeichelt, zu einem harmoni-

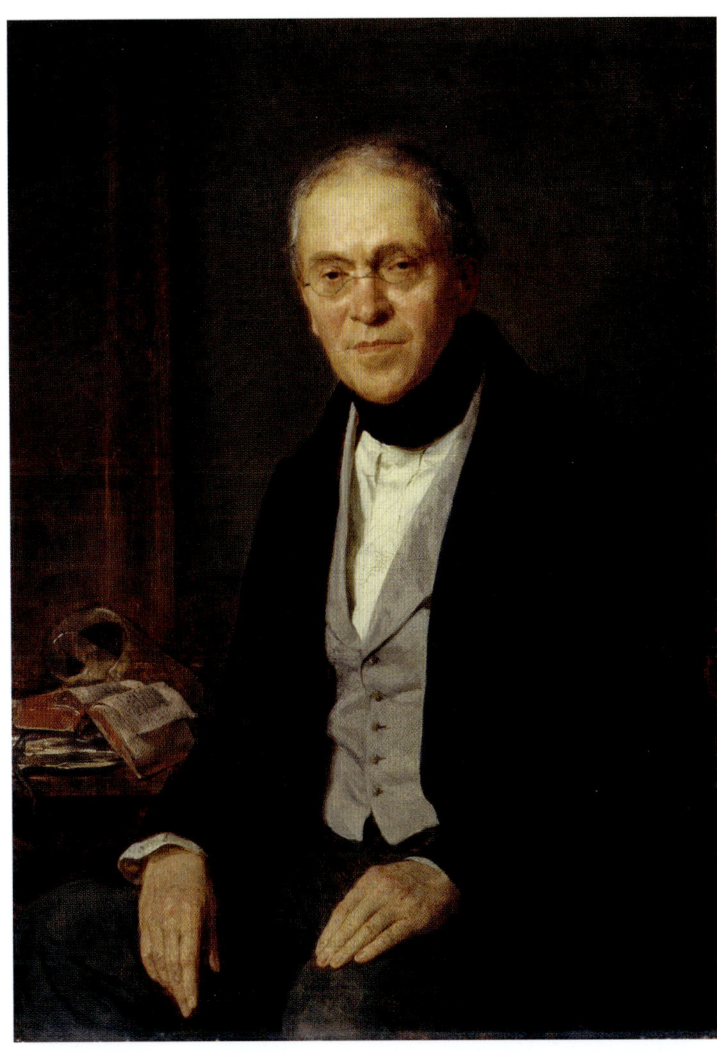

Ludwig Knaus, *Porträt Gustav Friedrich Waagen*, 1855, Staatliche Museen zu Berlin, Nationalgalerie

schen Ganzen fügen und in der wohlbehaltene Menschen leben. Der Kunst wird hier eine allumfassend bildende Potenz, eine politisch-soziale und geistige Wirkmacht zugesprochen. Bilder wie *Gotischer Dom am Wasser* machen den absoluten Ernst deutlich, mit dem Kunst nun als formende Kraft in der Gesellschaft betrachtet wurde.

Diese Überzeugung äußerte sich in der politisch-kulturellen Realität der 1810er-Jahre in den Neugründungen von Museen, die in Deutschland, wohlbemerkt trotz ruinierter Staatskassen, vorangetrieben wurden.[34] Zwar verwirklicht sich Schinkels Utopie in den Museen nicht, da diese Ausstellungsobjekte historisieren und somit eine Distanz zu ihnen schaffen. Aber in ihnen traut man Kunst das Gleiche zu: die Bildung des Individuums zum Wohle der Gesellschaft.

Im Zusammenhang mit den Museumsgründungen begegnen die Brüder Boisserée wieder: Sie hatten ihre Sammlung ab 1810 in Heidelberg und seit 1819 in Stuttgart öffentlich ausgestellt. Nun traten sie in Verkaufsverhandlungen mit Friedrich Wilhelm III., der in Berlin das Königliche Museum, den Vorläufer der heutigen Staatlichen Museen, zu gründen gedachte und hierzu die Bestände aus seiner Kunstkammer systematisch ausbaute. Gleichzeitig zögerten die Boisserées, ihre Sammlung ins protestantische Preußen zu veräußern. Außerdem gab es inzwischen auch andere Akteure auf dem Markt. Der englische Kaufmann Edward Solly hatte ab 1810 begonnen, hauptsächlich italienische Kunst zu kaufen, sich aber unter dem Eindruck Boisserée'scher Konkurrenz nordalpiner Malerei zugewandt und zum Beispiel die Tafeln des Orber Altars (Kat. 54) sowie sechs Flügel des Genter Altars erstanden.[35] 1821 erwarb der preußische König mit der Sammlung Solly rund 3000 Kunstwerke für sein Museum, wobei gerade deren „altdeutsche" Gemälde ein gewichtiges Argument für die Berliner waren. Die Sammlung Boisserée wurde unterdessen vom bayerischen König Ludwig I. angekauft und befindet sich heute in der Alten Pinakothek München. 1830 eröffnete das Königliche Museum Berlin in einem von Karl Friedrich Schinkel entworfenen Bau, dem heutigen Alten Museum am Lustgarten. Die modernen Museen speisten sich also einerseits aus den alten Sammlungen der Monarchen und andererseits aus jüngeren Sammlungen wohlhabender Bürger, die nach hochmodernem Geschmack auch mittelalterliche Kunst erwarben.

Mit den Museen waren zugleich beste Bedingungen für die Herausbildung der Kunstgeschichte als Wissenschaft gegeben. Gustav Friedrich Waagen war der erste Direktor der Berliner Gemäldegalerie und der erste Kunsthistoriker in der Leitung eines Museums (Abb. S. 25). Für die Kunstgeschichte bedeuten Waagens Forschungen eine Wende „von der vorangehenden ästhetisch-normativen Kunstbetrachtung zur historisch-kritisch arbeitenden Kunstgeschichte".[36] In seiner Monografie zu den Brüdern van Eyck von 1822 bemühte er sich um eine kritische Quellenlektüre, er ordnete das Eyck'sche Œuvre chronologisch und verortete es im zeitgenössischen Kontext. Damit begann das Ende jener Lesart, die alte Kunst als Exemplum überzeitlicher Ideale gesehen und sie somit überhaupt erst aus dem Vergessen hervorgehoben hatte.

Die Wege ins Museum bedeuteten für alte Kunst zwar vielfach die Rettung vor dem Bedeutungsverlust oder der Zerstörung, doch wurden Kunstwerke auf diesen Wegen auch aus ihren Kontexten gerissen, auseinandergenommen und zersprengt. Die Verwissenschaftlichung der Kunstgeschichte und die Einrichtung der Museen nach kunsthistorischen Prinzipien führte zu der heute üblichen Separierung der Gattungen. Die Bestände der Königlichen Kunstkammer in Berlin waren schon ab 1794 einer umfassenden Sortierung unterzogen worden.[37] Mit der Eröffnung des Königlichen Museums wurden die Gemälde

und Skulpturen aus der Kunstkammer ausgegliedert und in getrennten Abteilungen ausgestellt. Auch das Kupferstichkabinett erhielt einen eigenen Saal.[38] Als 1875 die Königliche Kunstkammer endgültig aufgelöst wurde, teilte man deren verbliebene Bestände zwischen dem Kunstgewerbemuseum (1867 als Deutsches Gewerbe-Museum zu Berlin gegründet) und der Skulpturensammlung („Abteilung Bildwerke der christlichen Epochen") auf, was teilweise merkwürdige Konsequenzen hatte: Intakte Elfenbeinkästchen wurden als künstlerische Gebrauchsgegenstände dem Kunstgewerbe zugeordnet, während lose Elfenbeintafeln, die einstmals Kästchen geziert hatten, als „Bildwerke" der Skulpturenabteilung zugewiesen wurden.[39] Die Gattungstrennung in den Museen eignet sich also oft nicht, die historischen Entstehungsbedingungen und Funktionen der Kunstwerke abzubilden. Zwar bietet sie ein Ordnungssystem, aber sie verschleiert zugleich die enge Zusammengehörigkeit der verschiedenen Künste: Maler und Bildhauer nutzten Zeichnungen zur Planung von Kunstwerken oder um gelungene Kompositionen zu bewahren (vgl. Kat. 70, 71), und in mittelalterlichen Retabeln wirken Malerei und Skulptur zusammen (Abb. S. 302).

Der Kunstmarkt, der sich im 19. Jahrhundert parallel zur Etablierung öffentlicher Museen entwickelte, reagierte indes auf diese Situation. Der Palant-Altar (Kat. 5–7) wurde beispielsweise im Zuge seiner Veräußerung in drei Bilder und eine Skulptur zerlegt. Die Zerteilung eines solchen Ensembles in mehrere „Kunstwerke" war schlicht auch ein profitables Vorgehen.

Eine weitere Folge der Ausstellung alter Kunst im Museum war die Spaltung von Retabelflügeln, sodass deren Vorder- und Rückseiten nebeneinander präsentiert werden konnten. Solchermaßen wurde im Berliner Museum mit den Tafeln des Orber Altars (Kat. 54) verfahren.[40] Auch Stefan Lochners Apostelmartyrien (Kat. 14) besaßen einst bemalte Rückseiten.[41] Auf Anregung keines geringeren als Melchior Boisserées wurden sie zu Beginn des 19. Jahrhunderts abgespalten.[42] Paradoxerweise besteht heute ein großer Teil kunsthistorischer Forschung just in der Rekonstruktion jener Kontexte, die die Objekte oft genug im Verlauf ihrer Musealisierung verloren haben.

Die Wege mittelalterlicher Kunst ins Museum nehmen in den politischen und kulturphilosophischen Umwälzungen um 1800 ihren Ausgang. Zerstörung und Bewahrung versetzen Kunstwerke das 19. Jahrhundert hindurch in Bewegung. Am Ende dieser Reise sind aus Objekten religiöser Praxis sowie bürgerlicher und herrschaftlicher Repräsentation museale Ausstellungsstücke und Forschungsgegenstände geworden.

1 Rupprich 1956–1969, Bd. 1, S. 160, Z. 99–101.
2 Dürers Nennung des Künstlernamens war ausschlaggebend für Johanna Schopenhauers Zuschreibung des unsignierten Dreikönigsaltars an Stefan Lochner (Chapuis 2004, S. 16 f.).
3 Möhring 1997, S. 25.
4 So die Bezeichnung im Titel von Hosmann 1700.
5 Arnulf 2019, S. 193 f.
6 Vasari 2004, S. 64.
7 Keller 1974, S. 11.
8 Johann Wolfgang von Goethe, *Von deutscher Baukunst*, Dessau 1941 [1772], S. 8.
9 Ebd., S. 14.
10 Ebd.
11 Blume u. a. 1994, S. 17.
12 Friedrich Nicolai, *Beschreibung der königlichen Residenzstädte Berlin und Potsdam und aller daselbst befindlicher Merkwürdigkeiten*, Berlin 1769, S. 348.
13 Siehe hierzu den *Catalogue des objets contenus dans la galerie du Muséum Français* von 1793.
14 McClellan 1994, S. 91–108.
15 Ebd., S. 155–169.
16 Siehe hierzu Firmenich-Richartz 1916.
17 Boisserée 1862, Bd. 1, S. 21.
18 *Europa. Eine Zeitschrift*, hrsg. von Friedrich Schlegel 1803–1805, Frankfurt am Main.
19 Friedrich Schlegel, *Gemälde alter Meister*, Darmstadt 1995, S. 32.
20 Ebd., S. 111.
21 Gustav Friedrich Waagen und Johanna Schopenhauer schrieben mit ihren Publikationen zu den Brüdern van Eyck die ersten kunsthistorischen Monografien zu nordalpinen Künstlern.
22 Kemperdick/Rößler 2014, S. 72 f.
23 Boisserée 1862, Bd. 1, S. 29.
24 Gethmann-Siefert 1995, S. IX.
25 Schaden 1995, S. 206 f.; Kemperdick 2010a, S. 204.
26 Brief von Clemens Brentano an die Brüder Grimm, 7. 5. 1808: „Wilhelms mühsame Zeichnung", zit. nach: Steig 1914, S. 16.
27 Rölleke 1977, S. 3–6.
28 Gesichert ist, dass Wilhelm Grimm für seine Entwurfszeichnung der Druck in Johann Justus Winkelmanns *Des Oldenburgischen Wunder-Horns Ursprung* von 1684 vorlag, da der Band Jacob Grimm am 25. Dezember 1807 aus der Göttinger Bibliothek zugeschickt wurde (Steig 1914, S. 9). Außerdem zeigt einzig diese Reproduktion die volle Inschrift oberhalb der Zinnen auf dem Deckel, die auch auf dem Titelblatt von *Des Knaben Wunderhorn* zu sehen ist. Zudem dürfte Wilhelm Grimm aber noch Kenntnis eines oder mehrerer anderer früher Drucke besessen haben. Infrage kämen die Abbildungen in Hermann Hamelmanns *Oldenburgisch Chronicon* von 1599, in Balthasar Bekkers *Die bezauberte Welt* von 1693 oder in Holger Jacobaeus' *Museum Regium seu Catalogus* von 1696 (Ulmer 1949, S. 287 f.; Rölleke 1971, S. 125–128.).
29 Siehe hierzu das erste Gedicht im ersten Band.
30 Boisserée 1862, Bd. 1, S. 42.
31 So Goethe in einem Schreiben an Sulpiz Boisserée (übermittelt durch Graf Reinhardt) vom Mai 1810. Ebd., Bd. 2, S. 8.
32 Siehe hierzu den Briefwechsel zwischen Sulpiz Boisserée und Goethe in den Jahren 1810–1813, nachzulesen in: ebd., Bd. 2, S. 1–26.
33 Wolff/Seidler 1980, S. 25.
34 Man bedenke, dass die napoleonische Besatzung und die kostspieligen Befreiungskriege kaum zurücklagen. Bock 1995, S. 109.
35 Ebd., S. 108–112.
36 Bickendorf 1985, S. 4.
37 Dolezel 2019, S. 22–25.
38 Blume u. a. 1994, S. 18.
39 Freundliche Mitteilung von Lothar Lambacher, Kunstgewerbemuseum Berlin.
40 Gallagher/Reimelt 2000, S. 71.
41 Heute in der Alten Pinakothek, München.
42 Chapuis 2004, S. 262.

1   Karl Friedrich Schinkel
      (1781 Neuruppin – 1841 Berlin)
      Gotischer Dom am Wasser, 1813

Öl auf Leinwand; H. 80 × B. 106,5 cm
1923 mit der Sammlung des Beuth-Schinkel-Museums in die
Verwaltung der Nationalgalerie übergegangen. Das Gemälde
wurde in der Zeit von 1945 bis 2009/10 mit einer Kopie Wilhelm
Ahlborns verwechselt.
Staatliche Museen zu Berlin, Nationalgalerie, Inv. Nr. A III 842

Riesenhaft und zugleich filigran erhebt sich der gotische Dom über den dichtgedrängten Häusern einer Stadt und einem durch Ufertreppen erschlossenen Gewässer. Das Licht der tief hinter dem Bau stehenden Sonne scheint hell zwischen den offenen Maßwerkstrukturen der Türme hindurch und bricht in Strahlen über dem Langhaus hervor. Die dem Betrachter zugewandte Seite mit Chor und Querhaus hingegen liegt im Schatten. Durch diesen Kontrast wird das hier auf die Spitze getriebene gotische Prinzip, die Mauern in lichtdurchlässige Gerüste aufzulösen, zusätzlich betont. Als Schinkel 1824 eines Abends das Freiburger Münster (Kat. 2) betrachtete, fand er diese Lichtsituation in der Wirklichkeit wieder: „Die untergehende Sonne verbarg sich gerade hinter dem Turm, und der Effekt meiner Komposition des viertürmigen Doms war vollkommen da, selbst die herausschießenden Strahlen zeigten sich" (zit. nach: Trempler 2012, S. 122). Die Stadtlandschaft ringsum ist ein plurales Gefüge verschiedener Baustile, worin der kleine Tempel am rechten Ufer auffällt. Mit dieser Gegenüberstellung kehrt Schinkel die in den vorangegangenen Jahrhunderten übliche Hierarchie der Baustile um: Die Gotik übertrifft hier die Antike, die allerdings ihren wichtigen Platz in der Geschichte behält. Somit repräsentiert das Gemälde jene Wende der Mittelalterrezeption, im Zuge derer man begann, gotische Objekte für museumswürdig zu erachten.

Indem er seinen gemalten Dom auf ein felsiges, ummauertes Plateau setzt und mit Bäumen umkränzt, hebt er ihn über die Stadt hinaus. Dadurch wird der Eindruck befördert, dass alles Leben ringsum unter der Ägide einer durch die Kathedrale verkörperten Idee geschieht.

Im Vordergrund schickt ein bürgerliches Paar sich an, einen Kahn zu besteigen; es trägt Bibeln unterm Arm und befindet sich folglich auf dem Weg zur Kirche. Aber auch der Transport von Waren ist groß ins Bild gesetzt – repräsentiert durch geschnürte Packen und einen Lastenträger. Während einige Schiffer trinkend und mit freundschaftlichen oder nachdenklichen Gesten den Feierabend genießen, sind andere noch mit den Booten beschäftigt und vollführen dabei einen bemerkenswerten Balanceakt: Nur eines der Boote wird am Seil festgehalten, während die übrigen durch die Arme und Beine der Schiffer miteinander verbunden sind. Erst am Ende der Kette bildet ein

lose aufgelegtes Brett die Brücke für das Bürgerpaar. Vielleicht darf man dies symbolisch deuten: Ein Gemeinwesen im Zeichen der gotischen Dome entfaltet rege Geschäftigkeit, Sittlichkeit und friedlichen Lebensgenuss, getragen durch das freie Zusammenspiel der zu gemeinsamen Zielen vereinten Menschen.

Auch in nachfolgenden Domvisionen verband Schinkel die Rückbesinnung auf die als genuin deutsch gedachte Gotik mit Konzeptionen eines friedlich prosperierenden Gemeinwesens. So im Gemälde *Mittelalterliche Stadt an einem Fluss* (1815). Unter Anspielung auf die 1814 beendeten Befreiungskriege zeigt dieses einen König und sein Volk, die in einen Dom einziehen, während im Hintergrund eine Stadt dargestellt ist. Angestrahlt durch die im abziehenden Gewitter hervorgetretene Sonne und überwölbt durch den biblisch verheißungsvollen Regenbogen, repräsentiert sie das gute Leben dieser Gemeinschaft. Ein anderes Beispiel sind seine Entwürfe zu einem Denkmaldom (1814/15). Schinkel erwartete, ein solches Projekt werde Kunstfertigkeit sowie Aktivität der Bevölkerung heben und das werkmeisterliche Ethos erneuern.

Es ist, als sei Schinkel in der Vielgliedrigkeit des *Doms am Wasser* jenem Ideal einer bis ins kleinste Detail gehenden Vollendung der Ausschmückung gefolgt, das er am Mailänder Dom bewundert hatte. Hierfür kombinierte er vorgefundene Elemente mit eigenen Erfindungen: So sind die Wimpergreihen an den durchbrochenen Turmhelmen vorgeprägt durch den Wiener Stephansdom, eine alle Bauteile umfassende Maßwerkbalustrade findet sich am Prager Veitsdom, und die Treppenspindeln an den Westtürmen könnten vom Straßburger Münster angeregt worden sein. Hingegen ist die Vorhalle, welche eine Kreuzigungsgruppe vor den Himmel stellt, wohl ein Schinkel'scher Einfall. Insgesamt darf man in dieser Neuschöpfung einen Versuch sehen, das, was die Gotik ihm zufolge kaum rein verwirklichen konnte, vollkommener umzusetzen: Das Prinzip der gotischen Baukunst im Unterschied zu jener der Antike sei, so Schinkel, eine „über die nackte Bedürftigkeit" emporhebende Idee darzustellen (zit. nach: AK Berlin/Hamburg 1982, S. 60). Der Geist habe hier über die Materie gesiegt.   *NJ*

LITERATUR
Becksmann 1967 – Haus 2001 – Maaz 2007 – Saure 2010 – Trempler 2012, S. 122–129 –
AK Berlin/München 2012, Kat. 68 (Birgit Verwiebe).

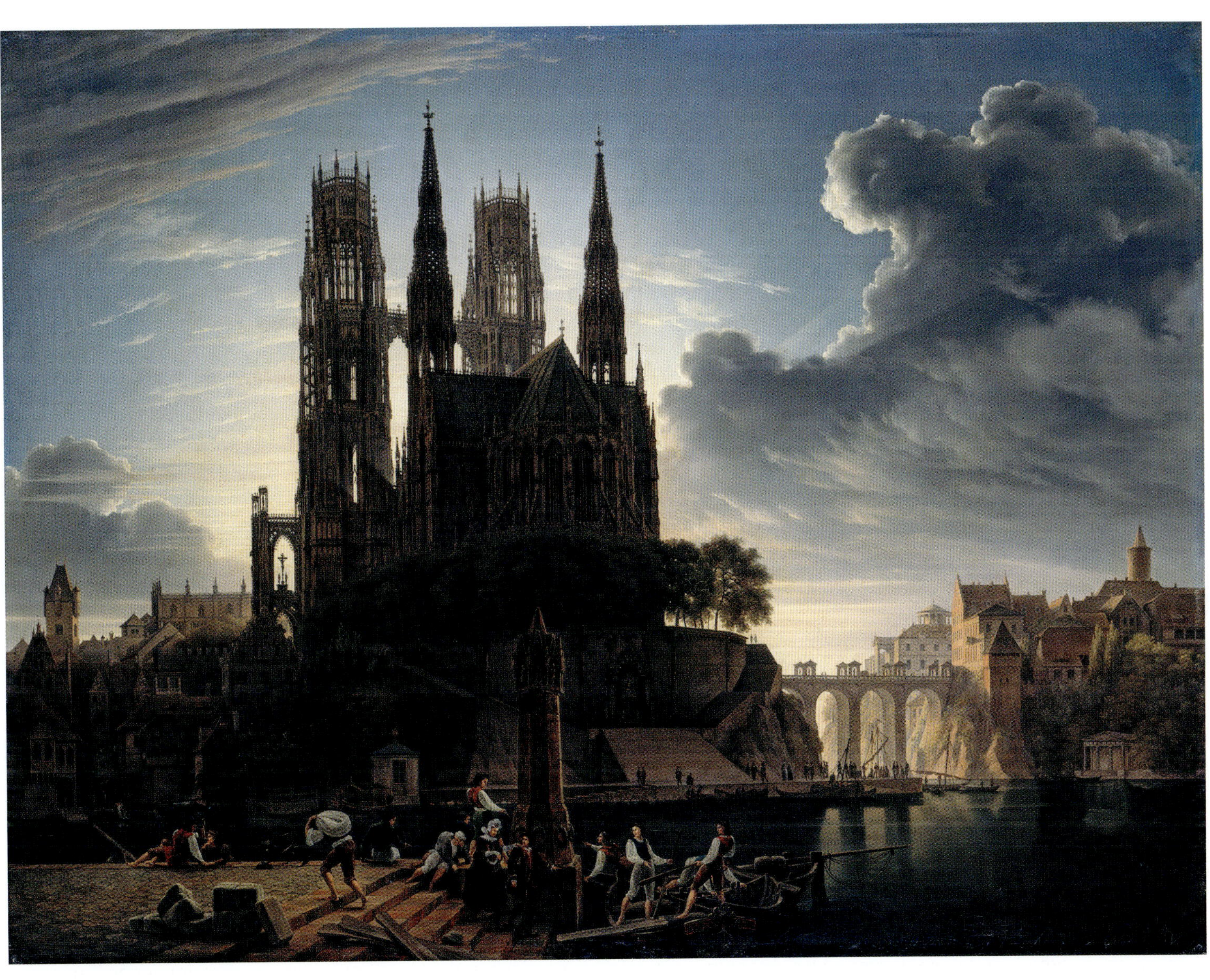

2	Freiburger Bauhütte. Signiert HD [Hans Denck?], zwischen den Buchstaben ein Steinmetzzeichen Planriss des Freiburger Münsterturmes, 1507	schwarze Tusche und farbige Lavierung auf Pergament, dieses oben angestückt; H. 143 × B. 33 cm erworben vor 1920 (Stempel der Kupferstich-Sammlung der Königlichen Museen in Berlin) Staatliche Museen zu Berlin, Kupferstichkabinett, Inv. Nr. 79 C 36

Der Turm des Freiburger Münsters ist 1869 von Jakob Burckhardt als „der schönste Turm auf Erden" bezeichnet worden. Erstmals wurde hier der Turmhelm aus Maßwerkfeldern gebildet, die ihm eine durchbrochene Oberfläche verleihen. Damit ist das gotische Prinzip, die Wände in durchscheinende Strukturen aufzulösen, bis in die Spitze fortgesetzt, welcher mit der Erfüllung dieser ästhetischen Ansprüche zugleich die Dachfunktion abhandengekommen ist. Diese Idee wurde Vorbild für zahlreiche mittelalterliche Turmprojekte wie etwa den spätgotischen Turm der Esslinger Frauenkirche (bis 1494) oder den erst im 19. Jahrhundert nach mittelalterlichem Plan vollendeten Turm des Ulmer Münsters. Noch die Gotik-Visionen des 19. Jahrhunderts, wie sie Gemälde Karl Friedrich Schinkels vor Augen stellen (Kat. 1), zeigen durchbrochene Turmhelme, und mancher neugotische Bau entstand in direkter Anlehnung an das Freiburger Vorbild.

Die Bauzeit erstreckte sich von circa 1270 bis 1330. Neue Forschungen bekräftigen die Überlieferung, dass der berühmte Erbauer des Straßburger Münsters, Erwin von Steinbach, womöglich auch für den Freiburger Turm maßgeblich war. Der hier vorliegende „Berliner Riss" ist auf das Jahr 1507 datiert. Er entstand also, als der Turm längst fertig war, und diente wohl dazu, Re-

paraturmaßnahmen zu planen. Darauf deuten eine Radierstelle und die links neben dem Portal eingezeichnete, allerdings nicht korrekte Messlinie hin. Doch übermittelt der Riss zugleich eine viel frühere Zeitebene: Er gilt als Kopie nach jenem verlorenen Entwurf, welcher dem letztlich ausgeführten Turm zugrunde lag.

In dünnen Tuschelinien zeigt der Aufriss die Gliederung des Baus. Der massive Unterbau ist bestimmt durch das Portal mit dem darüberliegenden Fenster. Horizontale Gesimse und die senkrechten Linien der Tabernakel mit ihren hohen Fialtürmchen gliedern ihn zusätzlich. Darüber erhebt sich – vorbereitet durch ein niedriges Zwischengeschoss mit umlaufender Maßwerkbrüstung – die offene Konstruktion des mittleren Turmbereichs, der zu einem achteckigen Gerüst verschlankt ist. Kaum ist den Bauformen ablesbar, dass das Oktogon aus zwei Geschossen besteht, dessen unteres den Glockenstuhl beherbergt, denn das Maßwerkgitter lässt beide optisch fast zu einem verschmelzen. Wie in gotischen Planrissen üblich, erscheinen die schräg gestellten Seiten des Oktogons hier in die Bildebene geklappt. Sie sind verstellt durch dreieckige Pfeiler mit hohen Fialen. Während Zwischengeschoss und Oktogon im Verhältnis zum ausgeführten Bau verkürzt dargestellt sind, erscheint der Turmhelm in der Zeichnung deutlich

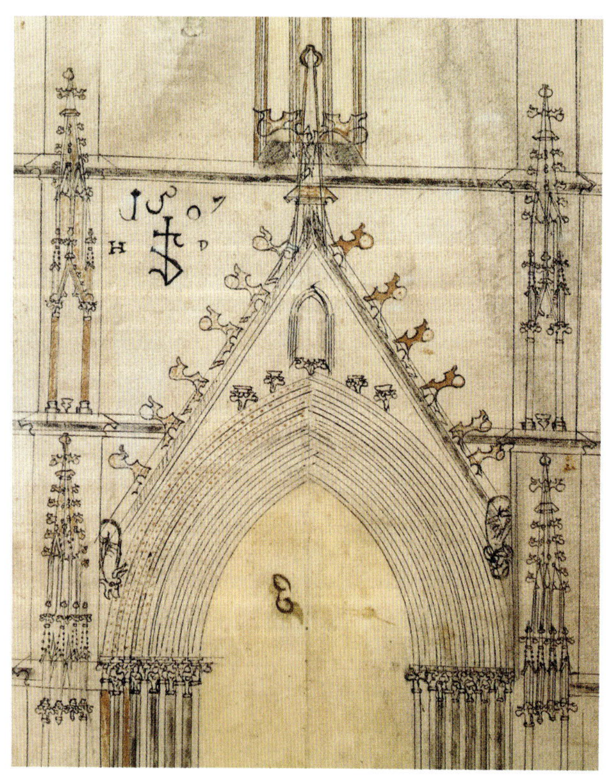

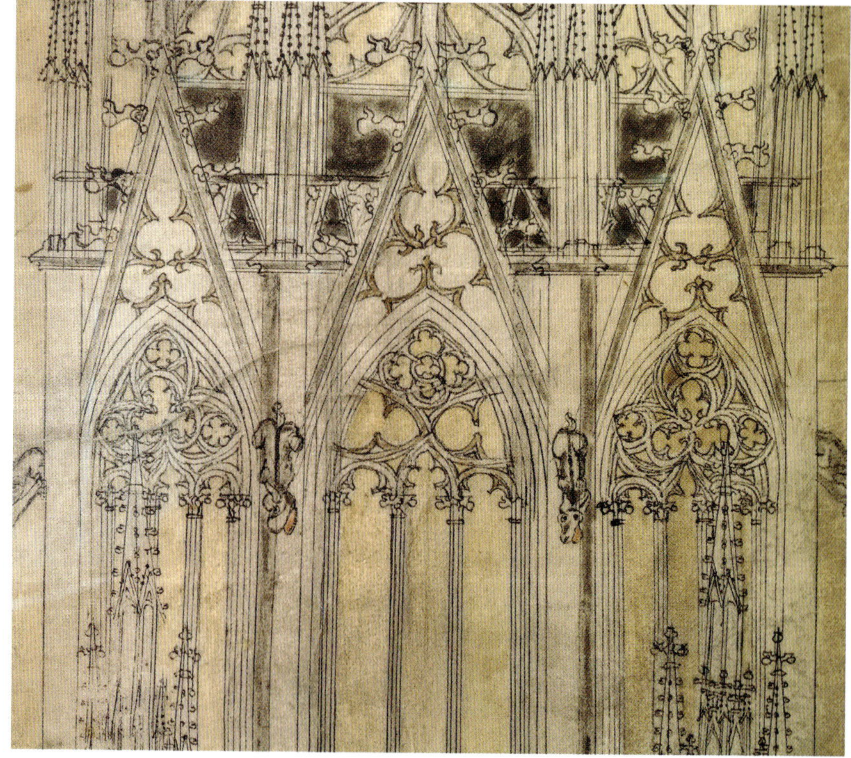

höher und lässt überdies die beiden leichten Knicke des Konturs vermissen, die am realen Bau den Helm in zwei Schritten weniger steil werden lassen. Dies deutet darauf hin, dass der hier kopierte Bauplan vor der Realisierung der oberen Abschnitte entstanden ist, die zunächst eine Steigerung der Höhe, jedoch im Helmbereich schließlich eine Reduktion derselben mit sich brachte.

Von den acht bekannten mittelalterlichen Rissen des Freiburger Münsterturms stimmt der Berliner mit der tatsächlichen Gestalt des Baus am meisten überein. So sind nur hier im Giebelfeld über dem Portal die Aufstellungsorte für Skulpturen korrekt wiedergegeben. Jedoch ist keine der Bauskulpturen in der Zeichnung eingetragen. Stattdessen zeigt sie übergroße Wasserspeier. Während der reale Bestand hier steinerne Darstellungen der sieben Todsünden aufweist, sieht der Zeichner tierartige Ungeheuer vor, deren grotesker Charakter durch rot gefärbte Mäuler hervorgehoben wird. Man darf sie vielleicht eher mit den spätgotischen Wasserspeiern des Chors in Verbindung bringen, der zur Entstehungszeit des Berliner Risses gebaut wurde – das legt ein Vergleich des löwenartigen Gesichts mit Hörnerwülsten an der Maßwerkbrüstung des Turmzwischengeschosses mit einem gehörnten Fantasietier von der Chorsüdseite nahe (Freiburger Münsterbauverein 2011, Abb. 206).

Insgesamt ist die Lesbarkeit der Zeichnung dadurch erhöht, dass eine gelbe Lavierung in die offenen Bereiche etwa von Oktogon und Helm eingetragen ist. Auch braune und schwarze Lavierungen dienen der verbesserten Unterscheidbarkeit der räumlichen Verhältnisse – so an den Säulen des Portalgewändes und als Schraffur an der linken Mauerkante des Turmunterbaus. Andere Stellen jedoch lassen die Frage aufkommen, ob nicht die Farbigkeit partiell auch Polychromie am Bau meint. Denn wo die Zeichnung in den Portalarchivolten braune Pünktchen aneinanderreiht, finden sich am gebauten Portal tatsächlich gemalte Ornamente, die aus Repetitionen kreisförmiger Elemente bestehen (ebd., Abb. S. 180). Diese stammen zwar aus dem frühen 17. Jahrhundert, doch sind darunter ältere, vermutlich mittelalterliche Farbreste sichtbar. Die Gegenüberstellung von gepunkteten und flächig lavierten Krabben am Portalwimperg sowie entsprechend an zwei Paaren von Tabernakelsäulen möchte man fast als Alternativentwürfe lesen. Jedenfalls aber erhöht die Farbigkeit die Attraktivität des Planrisses insgesamt, der als Schauzeichnung wohl auch dazu diente, den Bauherren die eigenen Gestaltungsideen zu unterbreiten. *NJ*

LITERATUR
Kempf 1934 – Grether 2004 – Günther/Langhammer 2004 – Böker/Brehm 2011 – Böker u. a. 2013, Kat. 28 – AK Freiburg i. Br. 2013 – Böker 2014 – Hubert 2014 – Kurmann 2014 – Böker 2018.

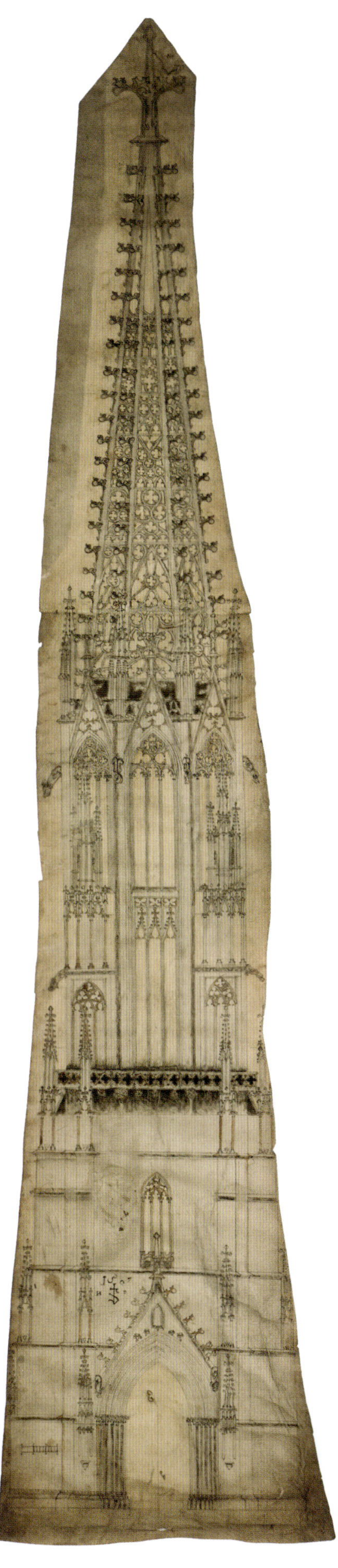

3   Frankfurt am Main oder Mainz, um 1420–1440
     Madern Gerthener
     (Frankfurt am Main, um 1360 – vor 13.1.1431)
     oder
     Johannes Weckerlin (Mainz, tätig 1. Hälfte 15. Jh.)
     Heiliges Grab und ein Sakramentshaus

Feder in Schwarz auf Papier, aquarelliert, unregelmäßig
ausgeschnitten; H. 53,5 × B. 22,4 cm
erworben 1835
mit der Sammlung Karl Ferdinand Friedrich von Nagler
Staatliche Museen zu Berlin, Kupferstichkabinett, KdZ 776

Zu den herausragenden Werken der „eigentlichen" Gründungs-
sammlung des Kupferstichkabinetts der Königlichen Museen zu
Berlin, der Sammlung des Generalpostmeisters Karl Ferdinand
Friedrich von Nagler, gehört diese Architektur- und Bildhauer-
zeichnung. 1831 war das Kupferstichkabinett mit der Perspektive
auf den Erwerb dieser umfangreichen und qualitätvollen Privatsammlung gegründet worden. Als Gründungsdirektor berief man
von Naglers Kustos Wilhelm Eduard Schorn. Er bereitete die vorhandenen Bestände auf die Zusammenführung mit der Sammlung
von Nagler vor, die schließlich 1835 erfolgte. Hierdurch trat das Berliner Kupferstichkabinett in den illustren Kreis der damals bereits
bestehenden europäischen grafischen Großsammlungen ein.

Blätter wie das *Heilige Grab* vermittelten Architekten und
Malern im frühen 19. Jahrhundert das Bild der zunehmend
geschätzten Spätgotik. Es zeigt eine sinnreiche, aber gleichwohl
ungewöhnliche Kombination zweier Kleinarchitekturen in einem
Kirchenraum. Links sehen wir ein reich skulptiertes Heiliges
Grab, rechts die schlank aufragende Architektur eines Sakra-
mentshauses oder eines Gehäuses für ein Ewiges Licht. Vor
einer Schildwand über der Grablegungsgruppe stehen zwei weitere Skulpturen in kleinerem Figurenmaßstab und mit auffällig
kleineren Köpfen auf leider grob ausradierten Konsolen. Links
der hl. Martin, der seinen Mantel zerschneidet, um ihn mit
einem Bettler zu teilen. Dabei schaut er lächelnd zu dem hl.
Bischof mit Mitra, Buch und Bischofsstab auf der anderen Seite
hinüber, der seinerseits auf die Grablegungsgruppe hinabblickt.
So werden die einzelnen Szenen der Komposition mit einfachen
Mitteln zu einem geschlossenen Ganzen verbunden, das trotz
des erkennbaren Wunsches nach Symmetrie im Detail span-
nungsvolle erzählerische Akzente setzt.

Der Gesichtsausdruck der Figuren wirkt erstaunlich
freundlich, selbst die Mienen der trauernden Frauen am Grabe
Christi sind von milder Einkehr statt von verhärmtem Schmerz
geprägt. Auch Maria, die durch ihren dunkelblau kolorierten
Mantel und ihre leichte Körperdrehung geschickt von den drei
anderen Frauen am Grab abgesetzt wird, bewahrt mit ihren sanft
ineinandergefalteten Händen die Fassung. Und selbst beim
klassischen Motiv des Tränen-Trocknens, bei dem eine Figur
einen Mantelzipfel zum Auge führt, scheint der Zeichner die
Leidensfülle nicht wirklich konsequent ausgestalten zu wollen.

Auffällig steif hingegen, wie von tatsächlicher Totenstar-
re erfasst, erscheint der Leichnam Christi. Zwei Engel lassen ihn
im Leichentuch in den Sarkophag hinab. Wie beiläufig neigen

sie dabei dem Betrachter den Körper durch etwas kräftigeren
Zug am hinteren Tuchzipfel zu. Aus der Seitenwunde Christi
quillt Blut, und Bahnen geronnenen Blutes an Armen und am
rechten Oberschenkel verweisen auf den schrecklichen Kreu-
zestod. Gleichwohl fordert die insgesamt milde Formensprache
eine relative Unversehrtheit seines Antlitzes. Daher wird er
ohne Dornenkrone und Wundmale an Händen und Füßen dargestellt. Die symmetrisch, in Form eines geöffneten Blüten-
kelchs angeordneten Soldaten am Grab bemerken von alldem
nichts. Sie sind in wohlig-tumben Schlaf gefallen.

Neben der Figurenanlage ist auch die organische Kombination von Architektur und Zierformen mit fein ausgearbeiteten
und sorgsam farbig angelegten Skulpturen ungewöhnlich und
herausragend qualitätvoll. Aufgrund der Nähe des Entwurfs zu
einem ausgeführten Heiligen Grab in der Stiftskirche St. Bartholomäus, dem heutigen Dom, in Frankfurt am Main sowie der Verwandtschaft der im Riss vorgestellten Formen zur dortigen und
zu mittelrheinischen Zierarchitekturen wurde schon früh der
Name des seinerzeit bekanntesten Architekten der Region in
Erwägung gezogen, des Frankfurter Stadtbaumeisters Madern
Gerthener. Für ihn ist die enge Verknüpfung von Architektur-
entwurf und Skulpturenschmuck charakteristisch, und er scheint
diese Planungsweise sowohl in Frankfurt als auch in Mainz
umgesetzt zu haben, wo er wahrscheinlich in den Jahren zwischen 1412 und 1414 tätig war. Auch die Verwendung von Papier
als Bildträger spricht für eine Entstehung in seiner Umgebung:
Zwei weitere Baurisse, die man mit Gerthener und seinen Bauformen verbindet, wurden ebenso auf Papier und nicht auf Pergament ausgeführt, das zu dieser Zeit noch das übliche Material
im Architekturbereich war. Dabei handelt es sich um einen Riss
mit Maßwerkstudien in der Wiener Akademie der bildenden
Künste sowie einen Gerthener zugeschriebenen Lettnerentwurf
für den Frankfurter Dom (AK Frankfurt am Main 2015, Kat. 9,
S. 82 f.; Kat. 18, S. 100). Teile der jüngeren Bauforschung sehen
unseren Riss hingegen im Kreis des Mainzer Dombaumeisters
Johannes Weckerlin entstanden, da sich einige Einzelformen an
Mainzer Bauprojekten dieser Jahre in eng verwandter Form finden lassen, etwa an der Memorienpforte im südlichen Seiten-
schiff des Mainzer Doms.   *MR*

LITERATUR
Wallrath 1943, S. 73–88 – AK Mainz 2000, Kat. LM 11, S. 514 f. – Böker u. a. 2013,
Kat. 98, S. 280 – von Fircks 2015, S. 30–33 – Ringshausen 2015, S. 416–420.

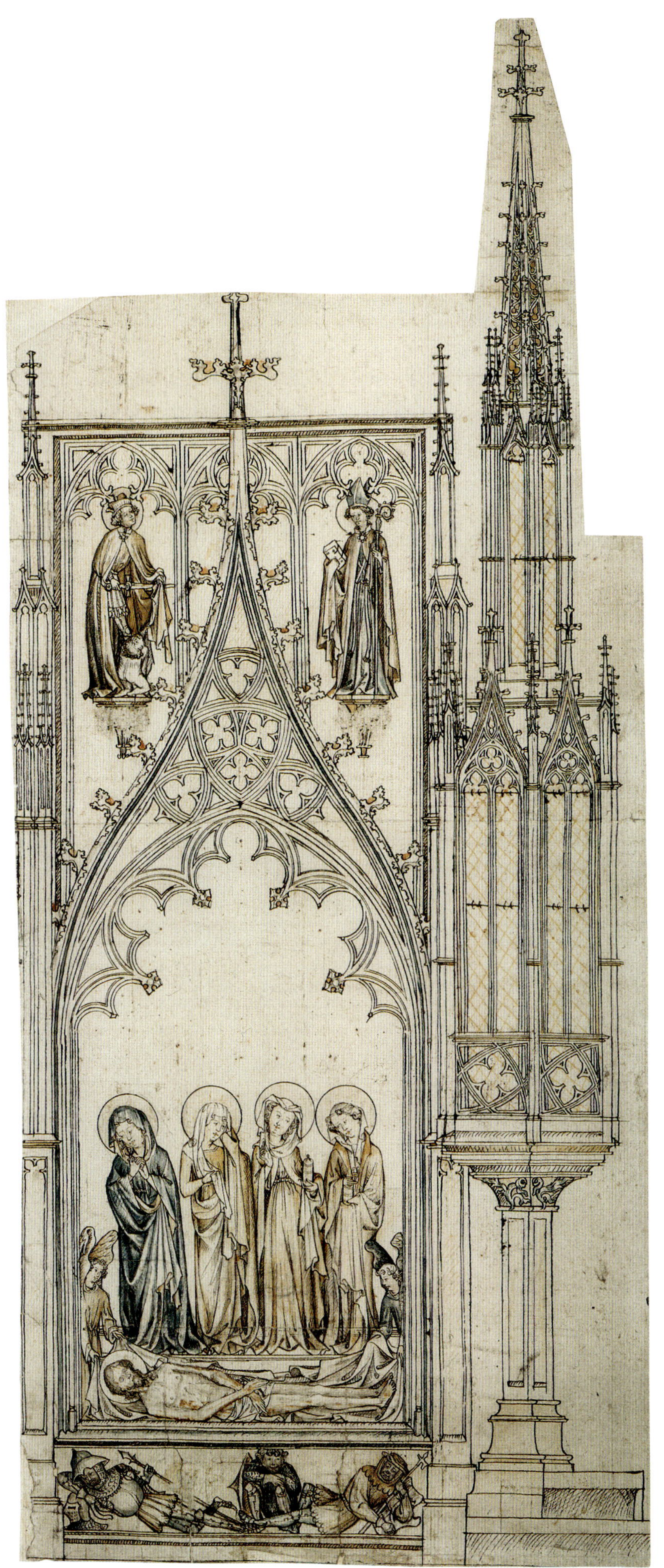

4   Reinecke vam Dressche
     (nachweisbar in Minden 1459–1493)
     Chormantelschließe aus dem Mindener
     Domschatz, 1487 oder früher

Silber, gegossen, getrieben, ziseliert, graviert und teilweise
vergoldet
H. 15,4 × Dm. 14 × T. 3,5 cm, Gewicht 403 g
überwiesen 1875
aus der Königlich-Preußischen Kunstkammer Berlin
Staatliche Museen zu Berlin, Kunstgewerbemuseum, Inv. Nr. K 3876

1648 war das Hochstift Minden im Westfälischen Frieden dem Kurfürstentum Brandenburg-Preußen zugesprochen worden. Über die Durchsetzung landesherrlicher Ansprüche gegenüber dem Domstift schwelte ein langer Streit, in dessen Verlauf der Kurfürst Friedrich Wilhelm am 18. November 1683 insgesamt vierzig liturgische Bücher und sakrale Kunstwerke aus dem Mindener Domschatz einforderte und anschließend in die kurfürstliche Bibliothek bzw. in die Kunstkammer nach Berlin verbringen ließ. Die darin begründete starke Präsenz von Werken aus dem Mindener Dom in den Sammlungen der Stiftung Preußischer Kulturbesitz bezeugt noch heute diese unmittelbare Folge der Übernahme der Landesherrschaft über das Hochstift Minden durch die Hohenzollern.

Unter den 1683 aus Minden nach Berlin gekommenen Werken befand sich auch eine Chormantelschließe, die durch ihre rückseitige Inschrift „Reineke vam dressche gholtsmed / mindens(is)“ und das gravierte Meisterzeichen in Form eines Wappenschildes mit männlichem Profilkopf, Flammen und dem Monogramm „r“ in Minuskel als Arbeit dieses mehrfach in den Mindener Archivalien nachgewiesenen Meisters ausgewiesen ist. An der Zarge der kapselartigen Schließe erscheint die Inschrift „Anno d(omi)nj M° cccc° lxxxvij° albertus de letelen / Canonicus eccle(s)ie mindensis dedit hoc monile req(ui)escat i(n) pace“ (Im Jahr des Herrn 1487 gab Albert von Leteln, Kanoniker der Mindener Kirche, dieses Monile. Er ruhe in Frieden). Der Stifter, der aus einer alteingesessenen Mindener Patrizierfamilie stammende Albert von Leteln, war zum Zeitpunkt der Ausführung der Inschrift also bereits tot. Wahrscheinlich ist er am 19. September 1484 oder genau ein Jahr darauf verstorben. Nach der Quellenlage bleibt unklar, ob die Chormantelschließe aus seinem Nachlass stammt oder aber aufgrund einer testamentarischen Verfügung erst nach seinem Tod angefertigt wurde.

Ihre prachtvolle Ausführung sowie die in Wort und Bild so nachdrücklich formulierte Memorialfunktion sprechen dafür, dass die Schließe erst in Befolgung einer letztwilligen Verfügung des Stifters für eine Nutzung durch den Mindener Bischof – sei-nerzeit, 1473–1508, Heinrich III. von Schauenburg – geschaffen worden ist. Die Chormantelschließe zeigt, eingebunden in eine aufwendig gestaltete spätgotische Mikroarchitektur, den thronenden Apostelfürsten Petrus zwischen den beiden stehenden Ritterheiligen Gorgonius und Mauritius. Darunter erscheint in Chorherrentracht mit pelzbesetzter Almutie der Stifter kniend im Gebet. Petrus und Gorgonius sind die Patronatsheiligen des Mindener Domes, Mauritius der des Mindener Benediktinerklosters, dem Albert von Leteln offenbar besonders verbunden war, wie sein Eintrag im Totenbuch dieses Stifts belegt.

Chormantelschließen – in zahlreichen zeitgenössischen Quellen ebenso wie in der Inschrift des Mindener Exemplars auch „Monile“ genannt – dienten dazu, das halbkreisförmig geschnittene, vom Priester außerhalb der Messe bei Prozessionen und Weihen getragene liturgische Obergewand vor der Brust zusammenzuhalten. Die seit dem 10. Jahrhundert gebräuchlichen, auch als Pluviale bezeichneten Chormäntel wurden im Laufe des Mittelalters zu beliebten Trägern bildlicher Darstellungen. Diese hatten ihren Platz zum einen auf dem aus der ursprünglichen Kapuze des Mantels entwickelten Schild (Clipeus) am Rücken, zum anderen in den oft sehr großformatigen metallenen Prachtschließen vor der Brust des Trägers. Während die Pluvialschließen zumeist mit Mariendarstellungen oder mit einzelnen Heiligenfiguren geschmückt worden sind, treten an den Schilden oft gestickte szenische Darstellungen aus dem christlichen Heilsgeschehen auf. Sowohl der Schild als auch die Schließe des Chormantels waren zudem bevorzugte Plätze für Inschriften, Wappen oder Bilder, die der Memoria des Stifters dienten.

LL

LITERATUR
Kunstgewerbemuseum 1963, Nr. 48 – Schroeder 1970 – Scheffler 1973, Nr. 6, S. 745 f. – Heppe 1977, Nr. 36, S. 126–129 – Kat. Berlin 1981, Nr. 46, S. 123 f. (Dietrich Kötzsche) – Fritz 1982, Nr. 878, S. 308 – Krohm/Suckale 1992, Nr. 4, S. 121–124 (Petra Marx) – Tunger 1992, Nr. K 11, S. 122–128 – Wehking 1997, Nr. 59, S. 63–65 – Pieper/Chadour-Sampson 1998, Nr. 114, S. 1062–1065 – AK Münster 2012, Nr. 237, S. 405–407 (Christine Müller) – Marx 2013, S. 143–146 – AK Berlin 2017, Nr. 180, S. 432 f. (Lothar Lambacher).

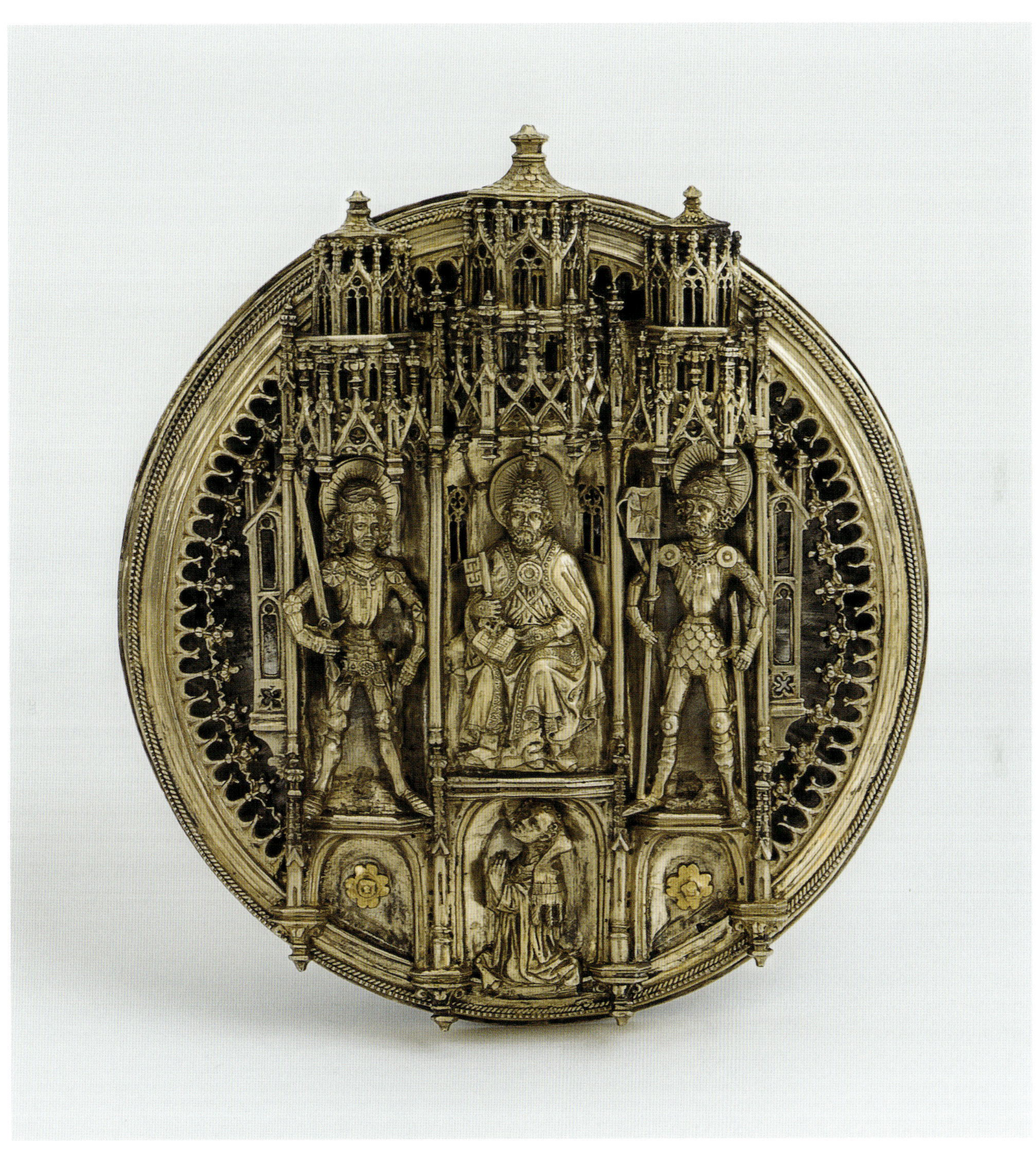

Fragmente des Palant-Altars
Köln, um 1435

**5   Ehemalige Flügelinnenseiten: Die hl. Lucia
betet am Grab der hl. Agathe für ihre Mutter;
Die hl. Barbara empfängt das erflehte Gewand;
Der hl. Paulus als Einsiedler wird von einem
Raben gespeist; Der hl. Johannes der Täufer
erhält durch einen Engel den Auftrag, Buße zu
predigen; Johannes der Evangelist wird von
Christus zum himmlischen Mahl geladen;
Die mystische Verlobung der hl. Katharina**

Nussbaumholz (?), Bildfeld je H. 27 × B. 17,5 cm
aus der Rurdorfer Kirche, 1910 Geschenk der Duveen Brothers,
London, an die Berliner Gemäldegalerie
Staatliche Museen zu Berlin, Gemäldegalerie, Kat. Nr. 1676, 1677

**6   Ehemalige Flügelaußenseiten:
Die Errettung der Seelen aus dem Fegefeuer**

Nussbaumholz (?)
H. 81,6 × B. 45,6 cm
aus der Rurdorfer Kirche
1914 Vermächtnis aus der Sammlung Beissel, Aachen
Aachen, Suermondt-Ludwig-Museum, Inv. Nr. GK 0308

7   Ehemaliger Mittelschrein: Madonna mit Engeln

Nussbaumholz
H. 83 × B. 45,7 × T. 10,5 cm
aus der Rurdorfer Kirche
1996 Schenkung aus der Sammlung Carl Härle,
Mülheim an der Ruhr
KOLUMBA, Kunstmuseum des Erzbistums Köln, Inv. Nr. 1996/497

Der Palant-Altar präsentiert sich heute in außerordentlich fragmentarischem Zustand und lässt sich nur durch eine Kombination verschiedener kunsthistorischer Methoden rekonstruieren. Seine bewegte Geschichte veranschaulicht, wie im 19. Jahrhundert aus kirchlichen Ausstattungsstücken museale Objekte wurden. Die Fragmente des Altars wurden 1893 von Eduard Firmenich-Richartz zum ersten Mal veröffentlicht. Die heute auf verschiedene Museen verstreuten Einzelteile befanden sich zu diesem Zeitpunkt alle in der Sammlung Mathias Nelles in Köln. Dieser hatte sie aus der Kirche des Weilers Rurdorf (bei Linnich) erworben, wo man sie, bereits fragmentiert, im Turm aufbewahrt hatte. 1893 waren die heute in Berlin befindlichen Heiligendarstellungen noch in zwei Spalten übereinander angeordnet und in einem hochrechteckigen Rahmen zusammengefasst. Als diese Tafel 1895 an die Sammlung Steinmeyer in Köln verkauft wurde, zersägte man sie und setzte die Bildchen in neuer Anordnung in ihre heutigen querrechteckigen Rahmen.

Dass die Einzelteile überhaupt zu ein und demselben Ensemble gehören, wird durch die gemeinsame Provenienz aus der Rurdorfer Kirche wahrscheinlich. Zweifelsohne befand sich das Relief mit der Madonna im Zentrum des Retabels (Abb. S. 40). Die Tafel mit der Beichte Karls des Großen muss einst rückseitig an dem Relief angebracht gewesen sein. Zum einen finden sich im Bildträger Nagellöcher und Reste von Nägeln, mit denen das Bild an einem Schrein befestigt war. Zum anderen ist die Tafel rückseitig monochrom blau bemalt, wobei die Bemalung nach unten hin abbricht. Somit bildete die Rückseite des Gemäldes einen blauen Fond für das im oberen Teil durchbrochene Madonnenrelief. Im unteren Teil ist das Relief geschlossen, sodass die blaue Bemalung hier nicht nötig war (Sarah Grimberg und Esther Meier, in Vorbereitung). Für die *Errettung der Seelen*

und die Heiligenbildchen kommt folglich nur eine ursprüngliche Funktion als Flügel infrage, die sich um das Madonnenrelief klappen ließen. In der Tat weist die *Errettung der Seelen* in der Mitte eine übermalte vertikale Fuge auf: Das Gemälde erstreckte sich einst über zwei separate Bildfelder, nämlich die Außenseiten der Flügel. Eine solche Verteilung auf zwei Flügel ist zwar für die Entstehungszeit des Retabels ungewöhnlich, im Kölner Raum gibt es aber nicht zuletzt mit der Außenseite des Gereons-Altars (Kat. 11) prominente Parallelbeispiele. Der Goldgrund der Berliner Tafeln spricht dafür, dass sie auf den Innenseiten der Flügel Platz fanden. Sie waren ursprünglich also weder querrechteckig angeordnet, wie sie sich heute präsentieren, noch bildeten sie *eine* Tafel wie im späten 19. Jahrhundert. Bereits dieser Zustand entsprach nicht dem originalen. Vielmehr müssen die sechs Heiligenbildchen in zwei separaten Dreiergruppen übereinander angeordnet gewesen sein. Schon die von Bildfeld zu Bildfeld springende Horizontlinie legt nahe, dass sie kaum für eine Anordnung nebeneinander gedacht waren. Wenn man das Retabel öffnete, entsprachen die drei Bildfelder je Flügel formal den drei Engeln, die die Madonna jeweils links und rechts rahmen. Ein endgültiger Beweis dafür, dass die Berliner Bilder einst die Rückseiten der *Errettung der Seelen* bildeten und somit die hier vorgeschlagene Rekonstruktion die einzig plausible ist, ergibt sich aus der Analyse der Röntgenaufnahmen beider Fragmente: Die Aachener Tafel zeigt in der linken oberen Ecke sowie in den beiden unteren Ecken Bearbeitungsspuren in Form von diagonalen Einschnitten. Identische, nur gespiegelte Spuren entdeckt man in den Berliner Bildfeldern mit Johannes dem Täufer und dem hl. Paulus. Sie könnten als Schäden beim Herauslösen der Tafeln aus ihrem ursprünglichen Rahmen entstanden sein. Zugleich bestätigt

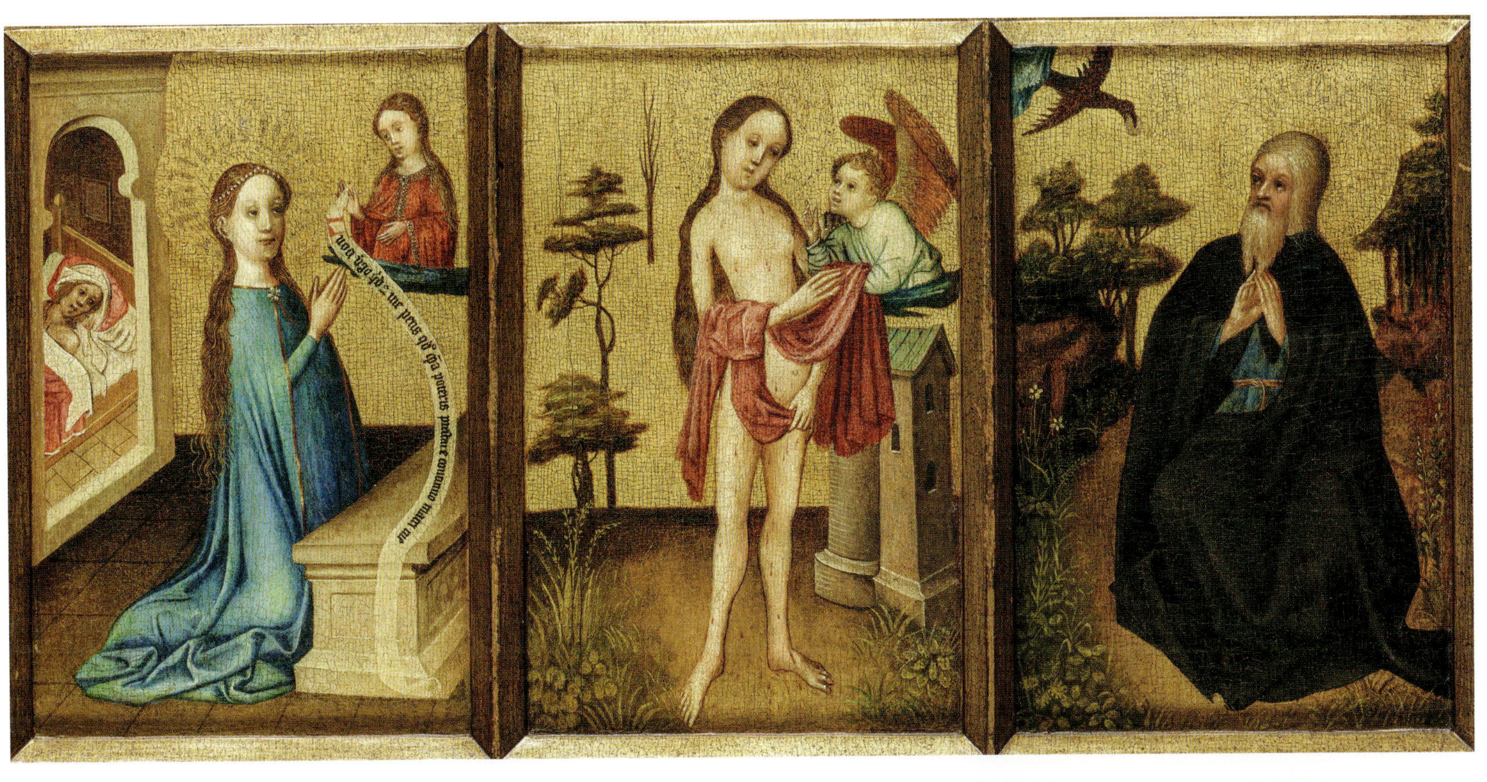

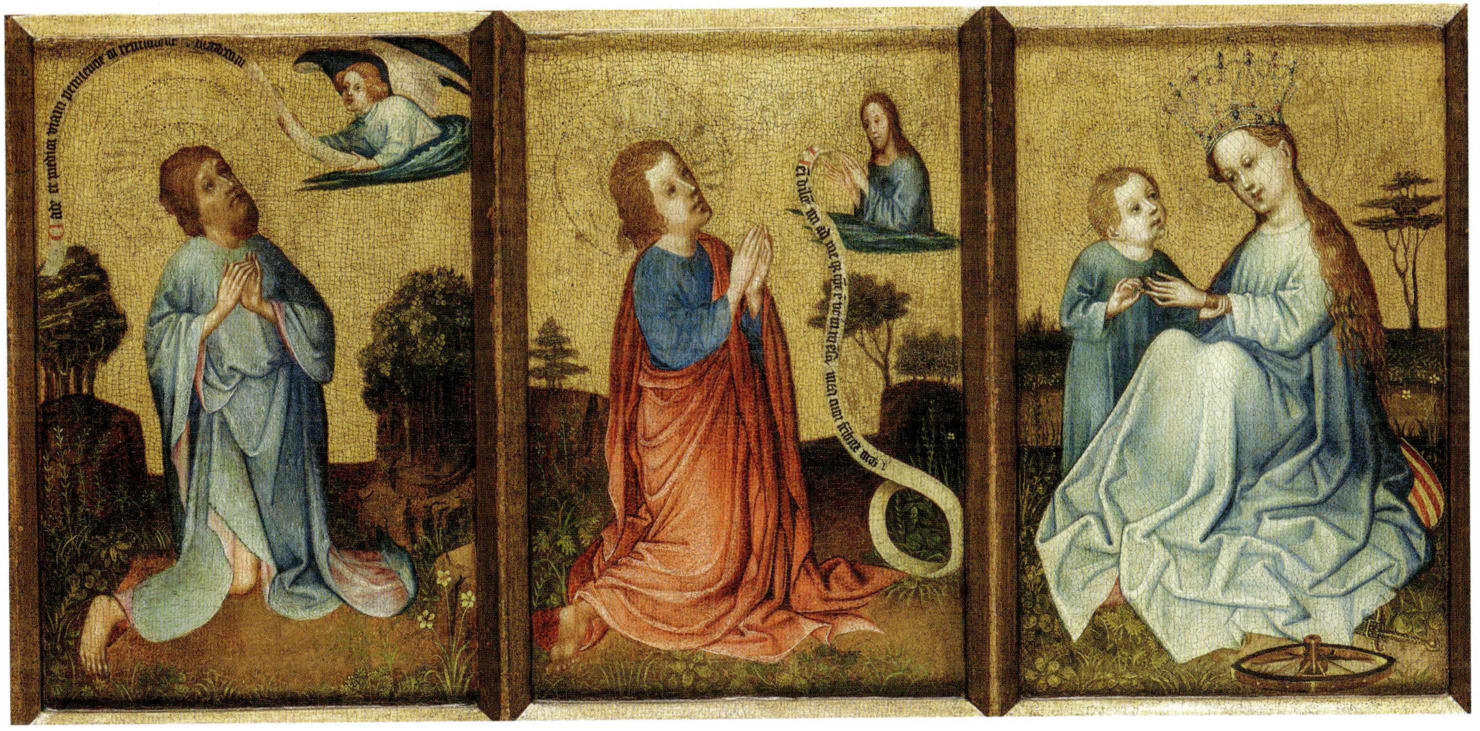

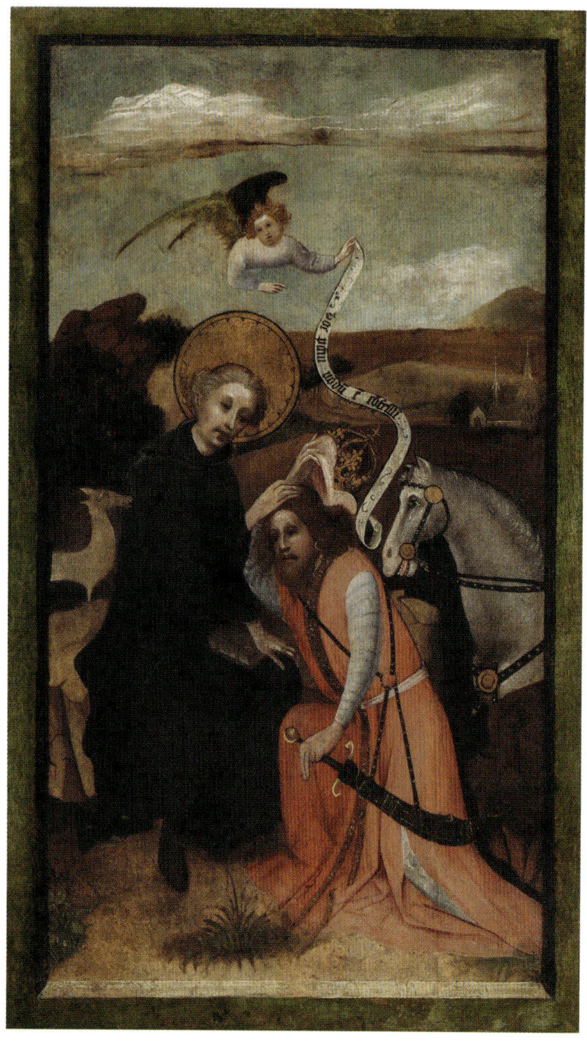

Ehemalige Rückseite des Schreines,
Nürnberg, Germanisches Nationalmuseum

sich, dass ursprünglich, wie in Fotos des 19. Jahrhunderts zu sehen ist, die männlichen Heiligen auf dem linken (d. h. dem übergeordneten) und die weiblichen Heiligen auf dem rechten Flügel zusammengefasst waren.

Wann das Retabel fragmentiert wurde, ist unbekannt. Dabei ging der Schrein verloren, die Skulptur wurde von den Gemälden getrennt. Die Flügel erlebten dramatische Eingriffe: In einem ersten Schritt wurden sie in Vorder- und Rückseite gespalten; in einem zweiten Schritt wurden die Hälften jeweils neu zusammengefügt, sodass zwei „Tafelbilder" entstanden. Eine solche Maßnahme, die aus den Flügelteilen museumstaugliche Gemälde machte, spricht für die Mitte des 19. Jahrhunderts, als sich ein auf Kunstsammlungen ausgerichteter Kunsthandel etablierte.

Dank der Wappen auf der Tafel mit dem Fegefeuer lassen sich die dargestellten Stifter als Familie Palant identifizieren. Werner II. Palant (gest. 1456) und seine Frau Alveradis von Engelsdorf tätigten zahlreiche Stiftungen für die Pfarrkirche in Linnich. Allgemein wird angenommen, dass auch der Palant-Altar ursprünglich hier aufgestellt war. Im 16. Jahrhundert wurde diese Kirche mit Antwerpener Schnitzaltären neu ausgestattet, zu wel-

chem Zeitpunkt der Palant-Altar in das nahe gelegene Rurdorf verbracht worden sein könnte, wo die Familie ein Hofgut besaß.

Die stilistisch einheitlichen Malereien dürften indes im circa fünfzig Kilometer entfernten Köln entstanden sein. Die Engel, die im Fegefeuer Gewänder, Speis und Trank an die erlösten Seelen verteilen, besitzen jene roten Locken und zarten, stupsnäsigen Gesichter mit den weiß eingetragenen Glanzlichtern, die für die Kölner Malerei des ersten Drittels des 15. Jahrhunderts typisch sind (Kat. 11). Insbesondere beim sogenannten Meister von St. Laurenz findet man Figuren mit recht ähnlichen Zügen. Zugleich hat der Maler des Palant-Altars Zugang zu modernen Motiven und Darstellungsmitteln gehabt. Einige goldene Gegenstände wie das Rad der hl. Katharina oder die Borte am Mantel Karls des Großen werden mit Farben dargestellt und nicht, wie sonst üblich, mit Blattgold. Diese mimetische Neuerung geht letztlich auf die niederländische Malerei zurück (s. den Essay von Stephan Kemperdick, S. 42–49) und wurde durch den Maler Stefan Lochner in Köln eingeführt. Niederländischen Ursprungs ist schließlich auch das Motiv der auf dem Boden sitzenden hl. Katharina. Pavla Ralcheva entdeckte, dass hier ein niederländisches Madonnengemälde aus dem Umkreis des

38

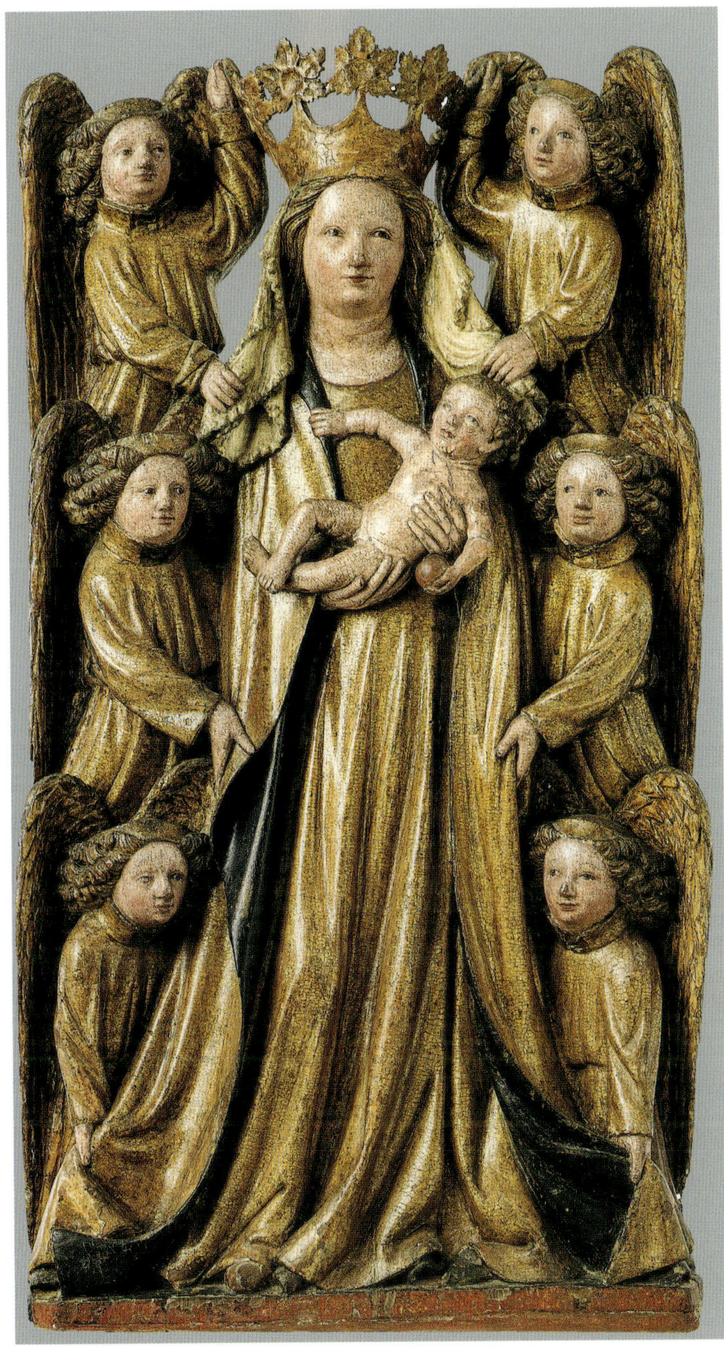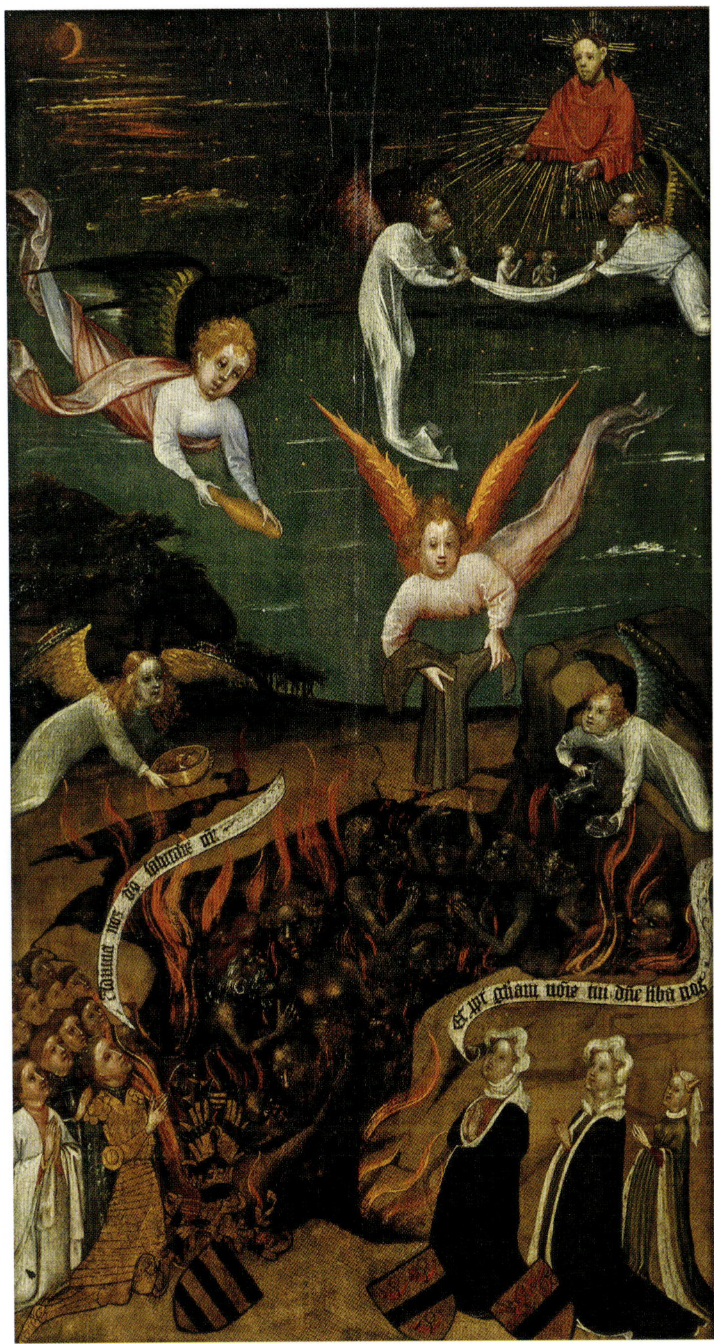

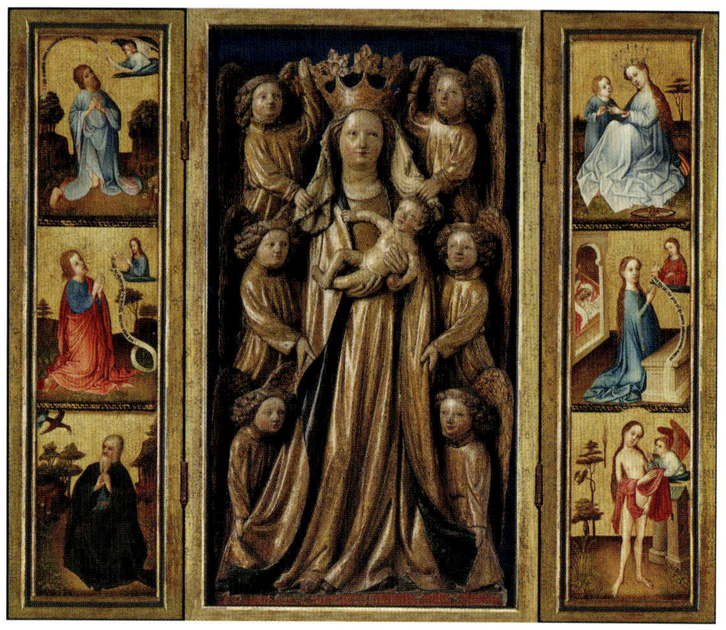

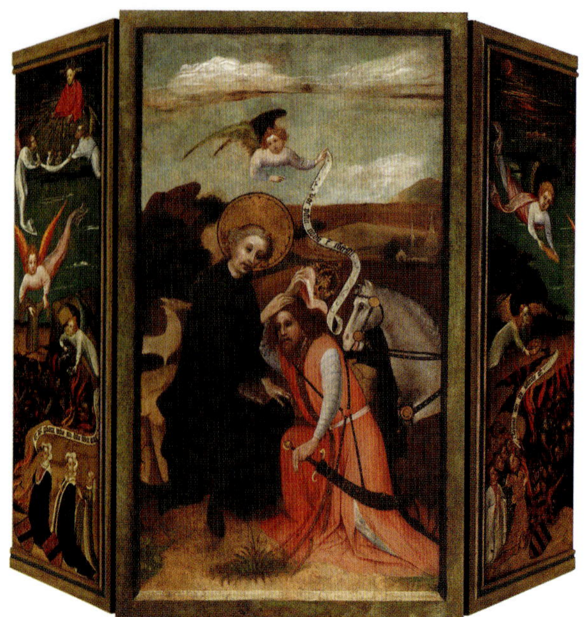

Rekonstruktion des Palant-Altars. Ansicht von vorn und von hinten bei geöffneten Flügeln (Montage: Stephan Kemperdick)

Meisters von Flémalle (London, National Gallery) als Vorbild diente. Die Madonna erscheint in fast identischer Haltung und gleichem Faltenwurf, der sich zudem auffällig von den weicher fließenden Gewändern der übrigen Heiligen unterscheidet. In Abhängigkeit von diesem Vorbild, das wie die maltechnischen niederländischen Neuerungen über Lochner nach Köln gelangt sein könnte, dürfte eine Entstehung des Palant-Altars in der Zeit um 1435 wahrscheinlich sein.

Das ikonografische Programm des Altars dreht sich um die Vergebung der Sünden und die Errettung der Seelen. Diesen Wunsch machen die Stifter schon auf der Außenseite des Retabels deutlich. Vergebung erlangen die Menschen durch heilige Mittlerfiguren. Dementsprechend werden die Heiligen auf den Innenseiten der Flügel in Kommunikation mit dem Göttlichen gezeigt: Sie alle interagieren mit Engeln oder anderen gottgesandten Wesen, wobei sie Aufträge erhalten oder ihnen eine Gnade erwiesen wird. Im Schrein erscheint mit Maria die höchste Vermittlerin zwischen Gott und den Menschen. Dass die Heiligen durch ihren Kontakt mit dem Göttlichen als Mittler zwischen Himmel und Erde fungieren, wird schließlich auf der Rückseite aufgegriffen, wo Karl der Große vor dem hl. Ägidius seine Beichte ablegt. Dabei war die Platzierung dieser Szene auf der Rückseite des Retabels äußerst sinnfällig, war doch der Bereich hinter dem Altar der Ort, wo der Priester die Beichte abnahm. Wenngleich sich der Palant-Altar nur noch virtuell zusammenfügen lässt, so hat sich durch die nun nachgewiesene Rekonstruktion letztlich auch eines der frühesten Beispiele für ein rückseitig bemaltes Retabel erhalten. *SJ*

LITERATUR
Firmenich-Richartz 1893 – Scheibler/Aldenhoven 1902, S. 393–395 – Quadflieg 1962/63 – AK Köln 2000, Kat. 21 – Ralcheva 2011 – Grimberg/Meier (in Vorbereitung), Kat. 6.

8 Meister des Dutuit'schen Ölbergs
(tätig am Niederrhein um 1440–1470)
Sitzende Madonna mit Kind, um 1440–1450

Kupferstich auf Pergament; H. 11,3 × B. 7,9 cm
erworben 1835
mit der Sammlung Karl Ferdinand Friedrich von Nagler
Staatliche Museen zu Berlin, Kupferstichkabinett, Inv. Nr. 446-1

Zu den frühesten bekannten Kupferstechern zählt der sogenannte Meister des Dutuit'schen Ölbergs, dem die vorliegende
Darstellung der Madonna mit dem Kind zugeschrieben wird. In
einen voluminösen Mantel gekleidet, sitzt die Madonna, wobei
unklar bleibt, ob auf dem Boden oder einem verdeckten Kissen.
Ihr Haar ist offen, sie trägt einen Stirnreif. In ihrer Rechten hält
sie einen Apfel, während sie mit der Linken das Christuskind
auf ihrem Schoß stützt. Dieses blickt zum Betrachter, dem es mit
erhobener Hand ein Zweiglein präsentiert. Der Apfel in Marias
Hand kann als Herrschersymbol für Christus gelesen werden,
aber auch auf Marias Rolle als „neue Eva" verweisen: Während
durch Eva, die den Apfel vom Baum des Lebens pflückte, die
Sünde in die Welt gebracht wurde, nimmt Maria als Gottesgebä-
rerin die Erbsünde wieder hinweg. Zu dieser Deutung passt auch
der knorrige Zweig in der Hand des Jesuskindes. Er evoziert die
Worte „Ich bin der wahre Weinstock", in denen Christus sich als
Erlöser offenbart.

Der handgeschriebene Text auf der Rückseite des Blattes
verrät, dass es ursprünglich die Seite eines Gebetbuches bildete.
Wie Kupferstecher und Drucker in der Frühzeit des Bilddrucks
mit den Herstellern von Handschriften zusammenarbeiteten,
ist noch nicht hinreichend geklärt. Für den Meister des Dutuit'schen Ölbergs und andere Kupferstecher in seinem Umfeld
konnte aber wahrscheinlich gemacht werden, dass sie für den
offenen Markt Bilder auf lose Papier- und Pergamentbögen
druckten, mit denen dann eine Handschrift hergestellt werden
konnte (Weekes 2004, S. 67). Papier war als Bildträger preiswerter und dadurch verbreiteter. Die Berliner Madonna hingegen
wurde auf kostbares Pergament gedruckt, das Bild zudem rund-
herum vergoldet und mit einer Blütenbordüre versehen. Derartige Stiche wurden also trotz ihrer marktorientierten Produktion nicht zwingend wie billige Massenware behandelt. Das
Berliner Blatt veranschaulicht vielmehr, wie gedruckte Bilder
und traditionelle Dekorationsweisen der Buchmalerei ineinandergreifen konnten.

Die Schaffenszeit des Meisters des Dutuit'schen Ölbergs
wird üblicherweise zwischen 1450 und 1470 datiert. Angesichts
der vergleichsweise unbedarften Ausführung des hiesigen Stichs
sowie der Draperieformen, die jenen der hl. Katharina im
Palant-Altar (Kat. 5) nahestehen, möchte man die Madonna in
die frühen 1450er-Jahre, wenn nicht sogar in die 1440er-Jahre
datieren, was folglich eine Ausweitung der Schaffenszeit des

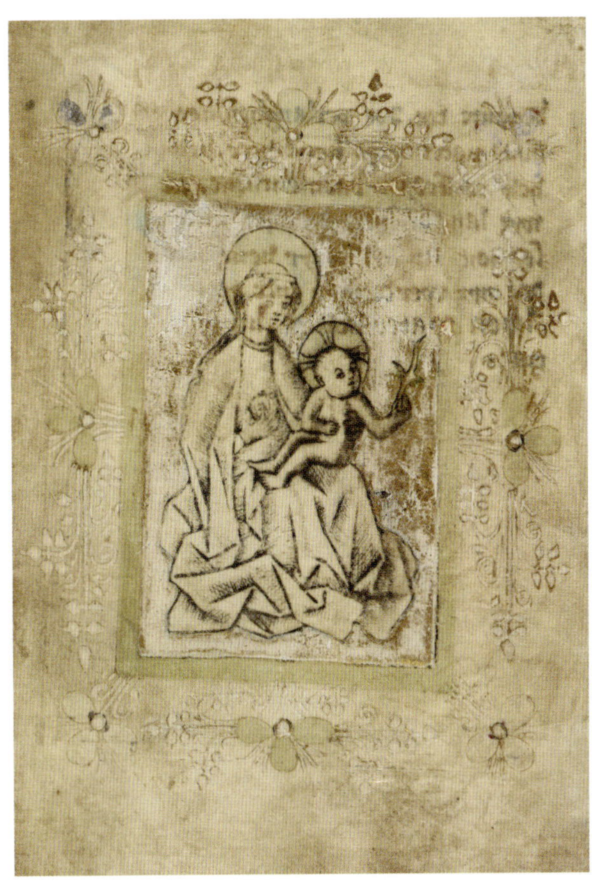

anonymen Meisters bedeuten würde. Sicherlich war der Meister
des Dutuit'schen Ölbergs im Kölner Raum aktiv. Dafür spricht
die Inschrift auf einem seiner Stiche, die in niederrheinischem
Dialekt verfasst ist. Auch die Blütenbordüre rund um den Berliner Stich fügt sich in die Kölner Buchmalerei: Sehr ähnliche
Bordüren findet man bei Stefan Lochner in den 1440er- und
1450er-Jahren (Kat. 17, Weekes 2004, S. 68). Die unklare Position der Madonna im Stich könnte darauf hindeuten, dass das
Motiv isoliert aus einem anderen Kontext kopiert wurde, wo die
Madonna vielleicht auf einem Kissen oder einer Bank saß.   *SJ*

LITERATUR
Lehrs 1908–1934, Bd. 3, S. 9, S. 282–287; Kat. 49, S. 313 – Cermann 2002, Nr. 43.1.20 –
Weekes 2004.

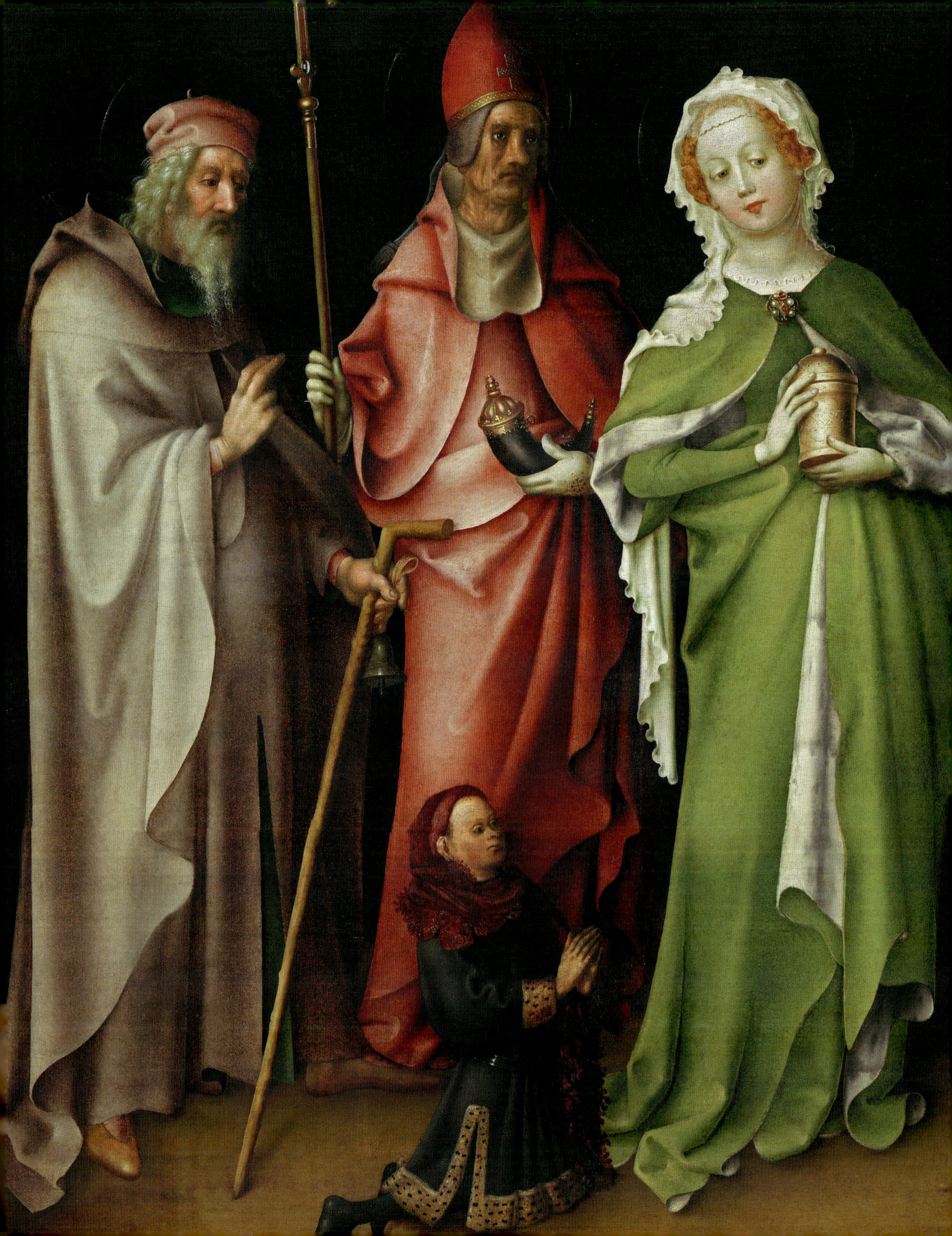

Stephan Kemperdick

Zeit der Innovationen
Malerei in der Generation von Konrad Witz und Stefan Lochner

Kunstgeschichte, wie sie seit guten 200 Jahren verstanden und in Wort und Bild dargestellt wird, ist in hohem Maße eine Geschichte der Malerei. Europäische Neuzeit und Moderne sind geradezu durch die Dominanz des Gemäldes gekennzeichnet: eine auf einen flachen, beweglichen und meist viereckigen Träger gemalte Darstellung, die innerhalb ihrer nach außen abgrenzenden Rahmung eine eigene Realität entfaltet. Entwickelt hat sich diese Art des Bildes in Spätmittelalter und Renaissance, und wenngleich wohl die meisten der damals im Europa nördlich der Alpen geschaffenen Tafeln nicht im Sinne moderner Gemälde autonom waren, sondern beispielsweise als Flügel zu einem Retabel gehörten, so präsentieren sie doch gewöhnlich eine in sich abgeschlossene Bildwelt und zumeist auch die Illusion einer Räumlichkeit innerhalb der Grenze des Rahmens. Als im Zuge eines grundlegenden Wertwandels seit dem 18. Jahrhundert die ursprünglich religiöse Funktion solcher Objekte gegenüber ihrem historischen und kunsthistorischen Wert in den Hintergrund trat, wurden unzählige Retabel zerlegt und ihre skulptierten und gemalten Bestandteile gemäß der neuzeitlichen Unterscheidung der Kunstgattungen getrennt. Als ästhetisch mehr oder weniger in sich geschlossene Gebilde konnten gemalte Flügeltafeln anschließend in Einzelbildern an die Wand gehängt werden.[1]

Zwar war Malerei das gesamte Mittelalter über praktiziert worden, doch schmückte sie über lange Zeit hinweg überwiegend Wände oder diente als Buchillumination. Ihr mimetisches Potenzial war beschränkt, vergleicht man etwa Gemälde des 13. Jahrhunderts mit den großartigen, oftmals höchst lebendig wirkenden Skulpturen der Hochgotik. Seit der zweiten Hälfte des 14. Jahrhunderts aber begann die Tafelmalerei eine immer wichtigere Rolle einzunehmen; ja sie wurde schon bald nach 1400 zum wichtigsten Träger von künstlerischen Innovationen, und wenn auch ein Bildhauer wie Hans Multscher in Ulm und darüber hinaus eine hohe Wertschätzung erfuhr, waren es doch überwiegend Maler, die überregional bekannt wurden und deren Namen in den ersten Zeugnissen einer Kunstgeschichtsschreibung auftauchten.

In den Ländern nördlich der Alpen entwickelten sich verschiedene künstlerische Zentren, die oft untereinander vernetzt waren und auf hohem Niveau produzierten. Hervorragende Malateliers waren um 1400 teils in der Nähe der Höfe angesiedelt, so in Paris, Dijon oder Prag, doch gab es eine Vielzahl von ihnen auch in bürgerlichen Städten wie Köln, das von den Handwerkszünften regiert wurde, oder dem von Patriziern beherrschten Nürnberg. Um diese Zeit bildete sich in Frankreich ebenso wie in den Niederlanden, dem Heiligen Römischen Reich,[2] Spanien und selbst Italien eine Gestaltungsweise aus, die durch elegante Figuren, eine von schönen, geschwungenen Linien getragene Zeichnung und leuchtende Farben gekennzeichnet ist. Dies hat zu den Bezeichnungen „Internationaler" oder „Weicher Stil" geführt, die freilich als bloße Konventionen zu verstehen sind – große künstlerische Strömungen waren in Europa gewöhnlich international, und weich-fließende Gewandgestaltungen blieben nicht auf das frühe 15. Jahrhundert beschränkt. Dennoch lassen sich Werke dieser Zeit auf den ersten Blick erkennen und häufig leichter chronologisch als geografisch einordnen.

Beim Gereons-Altar (Kat. 11) handelt es sich um ein relativ spätes, gegen Mitte der 1420er-Jahre entstandenes Werk des Internationalen Stils. Er stammt aus Köln, wo zahlreiche nebeneinander tätige Malerwerkstätten dokumentiert sind und von wo sich durch glückliche Umstände besonders viele spätmittelalterliche Tafelbilder erhalten haben. Auf der Innenseite stehen zierliche Gestalten wie schwerelos; sie haben zarte, kindhafte Gesichter, ihre Gewänder wirken wie aus weichem Stoff geschnidert und bilden lange Faltenschwünge und schlängelnde Säume aus. Gleiches gilt für die nur wenig ältere Madonnenskulptur im Zentrum des Retabels, selbst wenn sie etwas gedrungener ausfällt (Kat. 12). Demselben Zeitstil gehören die Tonplastiken der Lorcher *Kreuztragung* (Kat. 9) an, wie sich etwa beim Vergleich der Gewänder der hl. Elisabeth, auf dem rechten Flügel des Gereons-Altars, und der trauernden Maria in der *Kreuztragung* zeigt. Viele Hundert Kilometer weiter südlich, im schweizerischen Toggenburg bei St. Gallen, wurde um 1411 eine *Weltchronik* (Kat. 55) mit stilistisch ebenso verwandten Miniaturen illustriert, in denen man zudem die für die Epoche typischen, in Pastellfarben gehaltenen und meist abbreviaturhaft kleinen Architekturen sieht. Geräumiger und künstlerisch fortschrittlicher erscheint der Kastenraum der *Verkündigung* auf der Außenseite des Gereons-Altars, doch auch hier fallen die unwirkliche Rosafarbe und die Zierlichkeit der Formen auf.

Stefan Lochner, *Hll. Antonius, Papst Cornelius und Maria Magdalena mit einem Stifter*, München, Bayerische Staatsgemäldesammlungen – Alte Pinakothek (Detail)

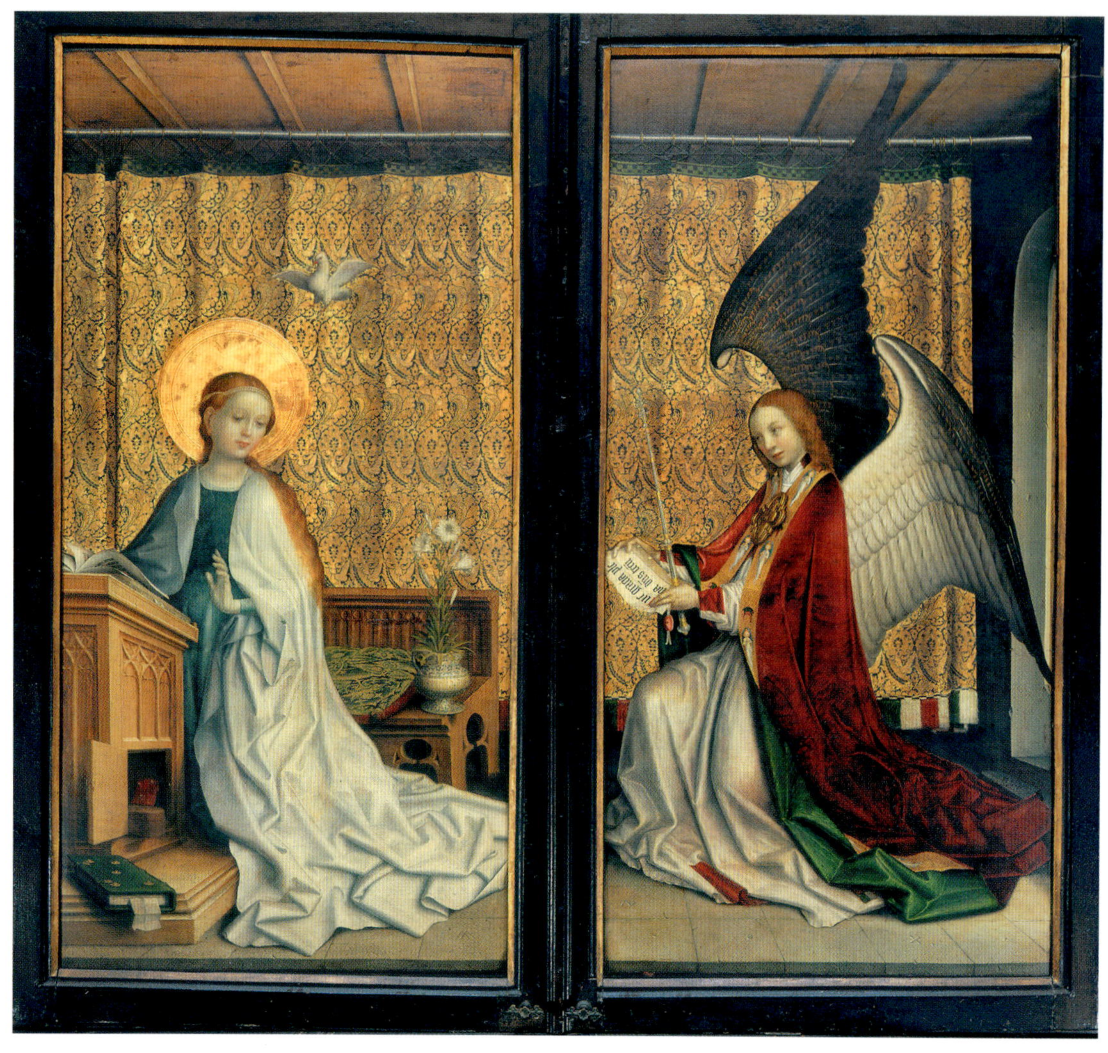

Stefan Lochner, *Verkündigung*, Außenseite des Dombilds, um 1445, Köln, Hohe Domkirche

Ungefähr zehn Jahre später sieht anspruchsvolle Malerei in Köln ganz anders aus. In den um die Mitte der 1430er-Jahre entstandenen Altarflügeln von Stefan Lochner (Kat. 14) entfaltet sich eine neue Bildwelt. Obgleich die Apostelmartyrien auf den Innenseiten den traditionellen – und in Deutschland teils noch bis nach 1500 gebräuchlichen – Goldgrund beibehalten, wirken die Darstellungen viel greifbarer: Licht scheint die Szenen zu beleuchten, die plastisch hervortretenden Figuren werden durch Schlagschatten am Boden verankert, und durch Lichteffekte lassen sich verschiedene Oberflächen und Materialien – Haut, Stoffe, Stein, Metall – unterscheiden. Die hl. Katharina auf Lochners Flügelaußenseiten wirkt gegenüber ihrem Pendant vom Gereons-Altar (Abb. S. 58) gewiss nicht weniger elegant, doch ungleich körperlicher. Wenn dort die Rüstungen von Gereon und Gregorius Maurus mittels Silberfolie dargestellt sind, hat Lochner sie beim hl. Quirinus, ganz rechts, mit schwarzer und weißer Farbe gemalt und erst dadurch eine treffende Illusion von Metall erzielt, sodass seine Rüstung wie matt polierter Stahl glänzt. Das neue Prinzip des Beleuchtungslichts lässt sich ebenso an den Gesichtern ablesen, denn während die Köpfe auf dem älteren Werk durch Hell und Dunkel lediglich modelliert werden, stellt sich bei Lochner die Illusion eines gerichteten Lichteinfalls ein,

indem die davon nur gestreiften Gesichter der beiden älteren Männer links im Dunkel verschwinden (Abb. S. 42), die frontal vom Licht getroffenen der beiden Frauen aber hell herausleuchten. Feine Glanzlichter lassen Juwelen und Perlen aufscheinen und geben den Augen eine zuvor unbekannte Lebendigkeit.

Für diese weitreichenden Veränderungen der Bildsprache, die einen Paradigmenwechsel von einer mehr begrifflich-schematischen Darstellung hin zur Wiedergabe optischer Eindrücke bedeuteten und ab den frühen 1430er-Jahren an verschiedenen Orten in Deutschland auftraten, war ein Anstoß von außen verantwortlich. Er ging von den Niederlanden aus, die das bevorzugte und wirtschaftlich stärkste Territorium des seit 1419 regierenden burgundischen Herzogs Philipp des Guten waren. Dort florierten in zahlreichen Städten Malerateliers, deren Produktion sich zunächst nicht grundsätzlich von derjenigen in Köln oder anderswo unterschieden hatte, wenngleich niederländische Maler und Bildhauer schon über einige Jahrzehnte bevorzugt in die Dienste des französischen Königs und seiner Fürsten gerufen worden waren. Ihren Ausgang nahmen die neuen Entwicklungen offenbar bei den Brüdern van Eyck. Von dem älteren Hubert, den Inschriften auf dem berühmten Genter Altar und auf seinem Grabstein in höchsten Tönen loben, wissen wir kaum mehr, als

44

dass er im September 1426 in Gent starb.[3] Sein Bruder Jan van Eyck wird erstmals 1422 als Hofmaler Graf Johanns von Bayern in Den Haag fassbar, von wo er 1425 in den Dienst Philipps des Guten von Burgund wechselte; hoch geschätzt und europaweit berühmt, starb er im Sommer 1441 im flämischen Brügge.[4] 1432 hatte Jan den von Hubert begonnenen Genter Altar vollendet (Abb. S. 45, 46), de facto das Gründungswerk der altniederländischen Malerei, das Generationen in- und ausländischer Maler begeisterte und inspirierte – noch 1521 lobte Albrecht Dürer es auf seiner niederländischen Reise vor allen anderen dortigen Kunstwerken als „über köstlich, hoch verständig gemähl".[5]

Jan van Eyck erreichte eine bis dahin unvorstellbare Wiedergabe optischer Phänomene und verhalf seinen Gemälden dadurch zu ganz neuen Qualitäten der Naturnachahmung: Darstellungen, die im Sinne des tatsächlich Sichtbaren ganz und gar unrealistisch sind, etwa die Versammlung von Heiligen in einer Kirche, erhalten den überzeugenden Anschein sichtbarer Wirklichkeit. Erstmals in der Malerei nördlich der Alpen wurden Schlagschatten dargestellt, die es selbst bei den avanciertesten Malern der voraufgegangenen Generation, beispielsweise den Brüdern Limburg, nicht gegeben hatte. Und zum ersten Male seit der klassischen Antike war Jan van Eyck in der Lage, mittels Farbe optische Erscheinungen wie Glanz, Spiegelungen und Transparenz darzustellen. Materialien werden in seinen Bildern durch ihre spezifische Reflektion des Lichts wiedergegeben, sodass Glasvasen, schimmernder Samt, Haut, Goldschmiedearbeiten, Rüstungen oder Wasserflächen wie echt aussehen. Statt der Lokalfarbe, beispielsweise Gold- und Silberfolie zur Darstellung von Metall, wird nun die jeweilige optische Erscheinung mithilfe von Malfarben wiedergegeben, die nicht notwendig der eigentlichen Gegenstandsfarbe entsprechen.

Die Bewunderung für diese neue Darstellungsweise scheint grenzenlos gewesen zu sein. Frühe schriftliche Zeugnisse gibt es aus Italien: Cyriacus von Ancona schrieb um 1449 über ein niederländisches Gemälde, es zeige „Gold, das aussieht wie wirkliches Gold", Perlen und Edelsteine die wirkten, als habe „nicht die Kunstfertigkeit der menschlichen Hand, sondern die alles hervorbringende Natur selbst sie geschaffen".[6] Wenig später staunte der Humanist Bartholomaeus Facius angesichts eines heute verlorenen Gemäldes von Jan van Eyck, einem *Frauenbad*, dass es dort eine Lampe gäbe, „die aussah, als würde sie wirklich brennen", und im Hintergrund „Pferde, winzige menschliche Gestalten, Wälder, Dörfer und Burgen, die mit solcher Meisterschaft ausgeführt waren, dass man glauben konnte, sie seien 50 Meilen voneinander entfernt".[7] Tatsächlich treten tiefe, atmosphärische Landschaftsdarstellungen in den Bildern Jan van Eycks zugleich mit der nahsichtigen Erfassung einzelner Objekte auf; sie sind auf seinen Tafelbildern ebenso zu finden wie in den berühmten Miniaturen des *Turin-Mailänder Stundenbuchs*, die vielleicht schon in den 1420er-Jahren geschaffen wurden.[8]

All diese Neuerungen sollten die europäische Kunst für die folgenden Jahrhunderte ebenso stark prägen wie die Entwicklung der Zentralperspektive und die Wiederentdeckung der Antike in der italienischen Renaissance. Die „Leiden und Taten des Lichts",

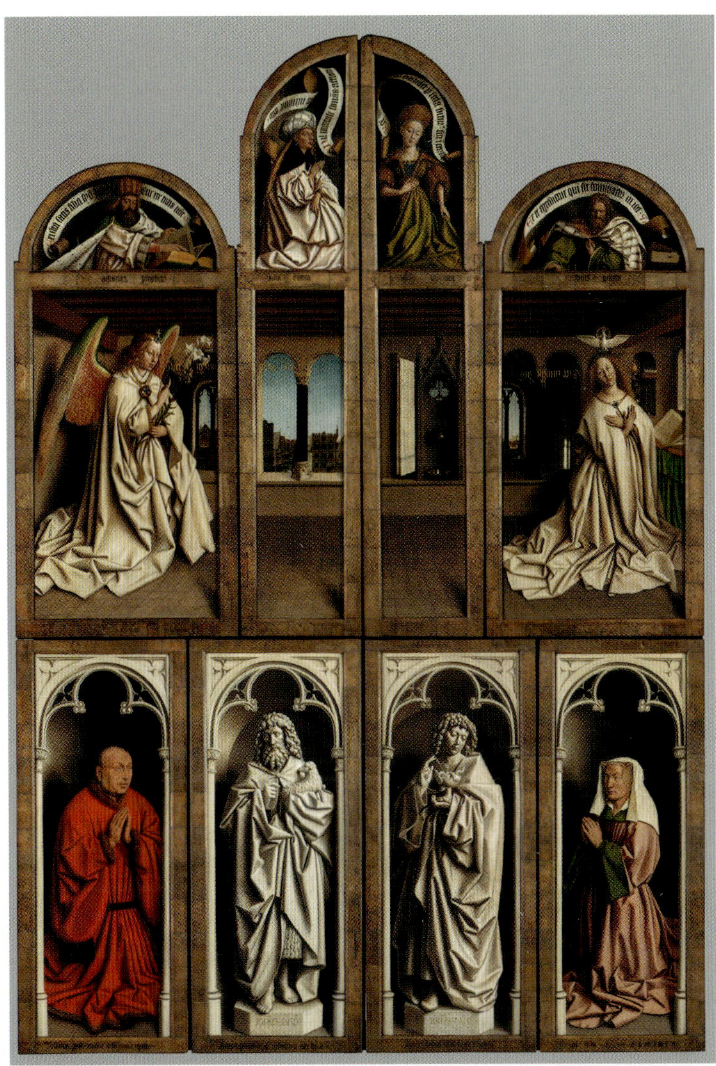

Hubert und Jan van Eyck, Genter Altar, Außenseite, vollendet 1432, Gent, St. Bavo

aus denen Goethe die Farben hervorgehen sah, bestimmten fortan die Bildkunst und ermöglichten die Erweiterung ihrer ästhetischen und mimetischen Mittel, in der Figurenmalerei des Barock ebenso wie in den Landschaftsbildern des 19. Jahrhunderts bis hin zum Impressionismus. Und letztendlich ist die Erfindung der Fotografie, die heute in digitaler Form weiterlebt, nichts anderes als das Festhalten des Lichteindrucks, den ein Gegenstand hinterlässt. In den Gemälden Jan van Eycks treten diese radikal neuen Errungenschaften so erstaunlich ausgereift zutage, dass mancher von ihm erzielte Effekt erst im niederländischen 17. Jahrhundert nochmals erreicht worden ist.

Nördlich der Alpen ist die durchschlagende Wirkung der Eyck'schen Innovationen an ihrer Rezeption durch andere Künstler ablesbar. Niederländische wie fremde Maler müssen sich die Neuheiten – gewiss in unterschiedlichem Maße – vor Ort angeeignet und alsbald in ihre Heimatregionen getragen haben, denn die Verbreitung geschah sehr schnell für eine Zeit, in der es keine adäquaten Bildreproduktionen gab und Reisen langwierig waren. Es gibt kaum Dokumente zu Künstlerreisen, doch wissen wir, dass der König von Aragon seinen Hofmaler

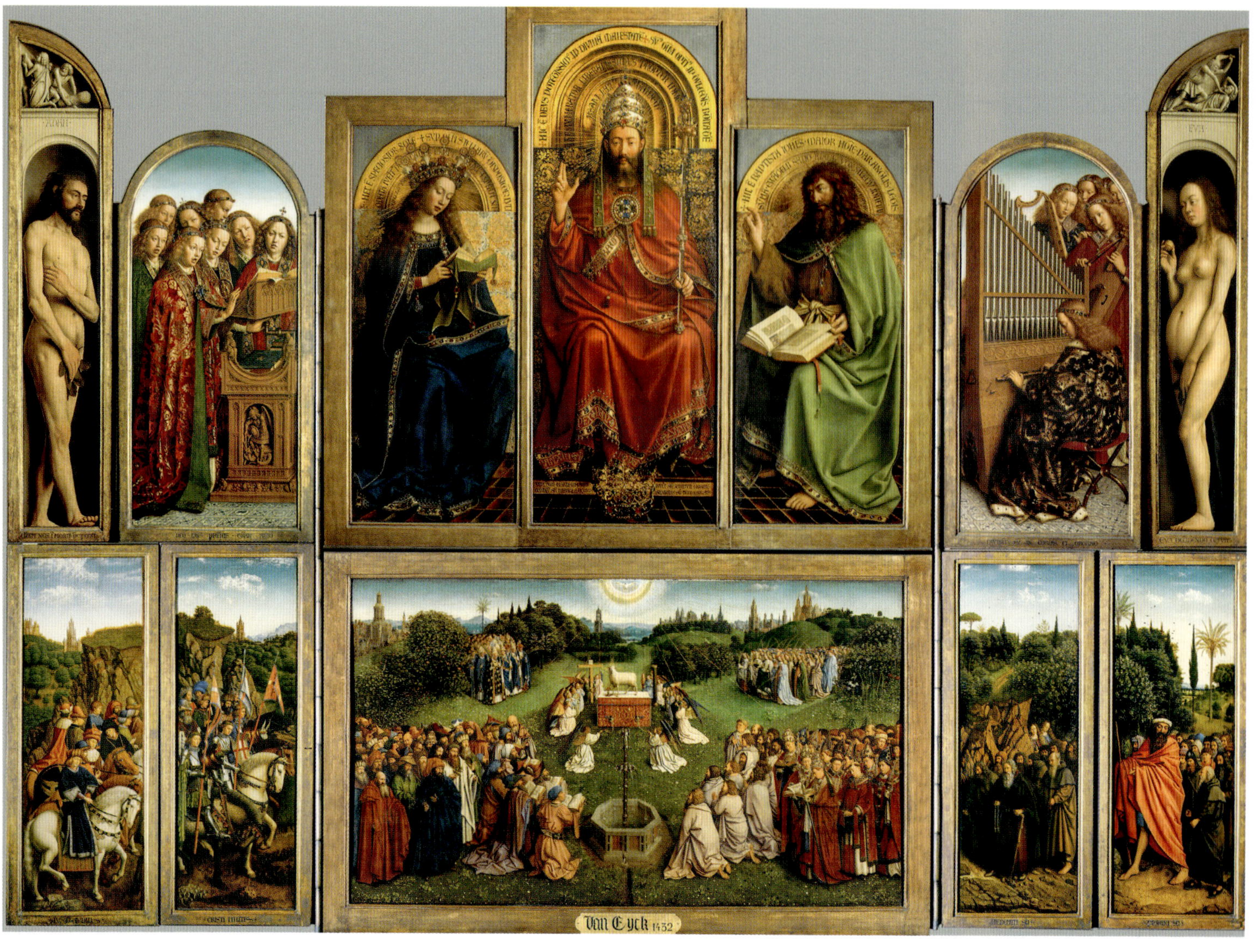

Hubert und Jan van Eyck, Genter Altar, Innenseite, vollendet 1432, Gent, St. Bavo

Luis Dalmau 1431 nach Flandern sandte, wo er einige Jahre blieb; nach seiner Rückkehr schuf Dalmau in Valencia Gemälde, in denen sich das Vorbild des Genter Altars und anderer Eyck'scher Werke in direkten Zitaten niedergeschlagen hat.[9] Auch von den deutschen Künstlern der Zeit müssen einzelne in die Niederlande gewandert sein und dort den unmittelbaren Eindruck der neuartigen Gemälde erlebt haben. Einige haben zweifellos den Genter Altar gesehen, und vielleicht geschah dies sogar noch in der Werkstatt – immerhin scheint Jan van Eyck im Jahr 1432 zwölf Mitarbeiter in seinem Atelier beschäftigt zu haben,[10] unter denen sich Ausländer ebenso gut wie Flamen befunden haben können. Jedenfalls schuf Stefan Lochner nur wenig später in Köln die oben besprochenen Altartafeln mit ihren ausgeprägt eyckischen Elementen. In seinem berühmten Dombild (Abb. S. 22, 44) von etwa 1445 erkennt man auf Außen- wie Innenseite den Nachklang des Eindrucks, den der Genter Altar auf den Kölner gemacht haben muss: Die symmetrische Trias der drei großen Gestalten in Blau, Rot und Grün und die von den Seiten auf die mittlere Wiese ziehenden Heiligen des

Kölner Triptychons sind von dem ungefähr ebenso großen Eyck'schen Retabel inspiriert. Zugleich verrät Lochners Kunst deutlich, wie die neuartigen, aus den Niederlanden stammenden Elemente an eigene Traditionen adaptiert wurden. Die Physiognomien seiner Heiligen gleichen denen der älteren Kölner Malerei, etwa auf der Innenseite des Gereons-Altars, geschwisterlich, und ebenso wurden die schon zu Beginn des Jahrhunderts in Köln so beliebten leuchtenden Gewandfarben beibehalten, ja durch die kraftvolle Modellierung im Licht in ihrer Wirkung sogar noch gesteigert. Auf der Außenseite von Lochners Dombild (Abb. S. 44) erkennt man im reduzierten, überwiegend weißlichgrauen Kolorit und der bildparallelen Ausrichtung von Architektur und Figurengruppe die Inspiration durch die *Verkündigung* des Genter Altars (Abb. S. 45), doch ist ein lokales Vorbild wie die Außenseite des Gereons-Altars (Kat. 11) nicht weniger spürbar. In den ganz ähnlich platzierten Lesepulten mit malerisch verteilten Büchern wird freilich auch der immense Abstand in den mimetischen Möglichkeiten der jeweiligen Malerei offensichtlich.

Eine genaue Kenntnis Jan van Eyck'scher Gestaltungsweisen und, mehr noch, ein echtes Begreifen der Herangehensweise des Brügger Meisters zeigt sich in den Werken des aus Schwaben stammenden Konrad Witz, der 1434 in Basel in die Zunft eintrat.[11] Abermals legt das Datum nahe, dass der süddeutsche Maler den Genter Altar kurz vor oder kurz nach seiner Vollendung gesehen hat. Denn Witz greift in seinen Werken einige der ungewöhnlichsten Züge des großen Werks auf, an erster Stelle den Schlagschatten, der in der Genter *Verkündigung* (Abb. S. 45) scheinbar von den realen Rahmenleisten ins Bild selbst geworfen wird. Witz hat dieses erstaunliche illusionistische Motiv in seiner eigenen großen *Verkündigung* (Kat. 22) und weiteren Werken angewendet, wohingegen es von anderen Malern so gut wie nie rezipiert wurde. Das kahle, weiß verputzte Gemach in Witz' *Verkündigung* könnte mit seiner detailliert geschilderten Balkendecke und dem luftigen Ausblick aus einem Fenster im Obergeschoss gleichfalls von der Szene des Genter Altars angeregt sein. Indes ist dies nicht eindeutig festzustellen, denn anders als im späteren 15. Jahrhundert haben die Pioniere einer neuen Malerei in Deutschland in der ersten Jahrhunderthälfte so gut wie niemals ein Vorbild wörtlich zitiert; durchweg waren sie um eigenständige Lösungen und das individuelle Umsetzen der fremden Anregungen bemüht. Paradigmatisch wird dies in Witz' Landschaftsbildern erkennbar, versetzt er doch auf einem großen, 1444 für den Hochaltar der Kathedrale von Genf geschaffenen Altarflügel die biblische Szene des *Wundersamen Fischzugs* vor eine topografisch genaue Ansicht des Genfer Sees (Abb. S. 14).[12] Die kleine Berliner *Kreuzigung* (Kat. 23) gibt ebenfalls eine überzeugende alpine Seelandschaft, über der eyckisch anmutende Wolken im Abendlicht schweben – ohne die Anregung durch den Brügger Maler wäre dieses Bild unmöglich gewesen, doch zeigt das Gemälde zugleich einen ganz eigenen, völlig von van Eyck abweichenden Stil. Ungefähr um dieselbe Zeit, als Witz den Genfer See porträtierte, fügte der Hamburger Hans Bornemann den Hintergründen einiger seiner Altarbilder Darstellungen ihres Aufstellungsortes Lüneburg ein (Abb. S. 47). Zum vielleicht ersten Mal überhaupt wird hier eine Stadt in einer mehr oder weniger realistischen, auf einer genauen Aufnahme vor Ort beruhenden Ansicht wiedergeben;[13] möglicherweise hat Bornemann bereits mit ähnlichen Skizzen gearbeitet, wie sie vierzig Jahre später von einigen fränkischen Malern angefertigt wurden (Kat. 127–129).

Markante Besonderheiten der Landschaften Jan van Eycks, die in der oben zitierten Beschreibung des Humanisten Facius sehr klar hervortreten, sind die ungeheure Tiefe, die sie suggerieren, und die Unzahl winziger Details, die sie bis zum Horizont anfüllen. Kein anderer niederländischer Maler hat derartige Mikrokosmen in den Hintergründen seiner Gemälde entfaltet. In Deutschland aber griffen einige Künstler diese Gestaltung auf: Bereits 1432, dem Vollendungsjahr des Genter Altars, schuf Lucas Moser ein mittelgroßes, der hl. Maria Magdalena gewidmetes Retabel, das noch an seinem ursprünglichen Aufstellungsort im badischen Tiefenbronn steht (Abb. S. 15). Seine linke Hälfte zeigt die Meerfahrt der Heiligen und ihrer Gefährten auf einem nach eyckischer Manier durchscheinenden, von silbrigen Wellenkämmen durchzogenen Meer (Abb. S. 48); am fernen Ufer aber erblickt man eine Stadt, winzige, mit blitzenden Rüstungen versehene Soldaten, Pferde und eine Menschenmenge um einen Galgen – es scheint, als sei alles, um es mit Facius zu sagen, fünfzig Meilen entfernt. Noch tiefer im Bildraum glänzen Flussläufe hell im Licht, wie es abermals Jan van Eyck als erster dargestellt hatte. Ein weißlich spiegelnder Fluss schlängelt sich auch in der auf winziger Fläche so weiten, atmosphärischen Landschaft hinter König David in Lochners Miniatur von 1444 (Kat. 17). Und die punktgroßen, doch artikulierten Figuren in der Ferne kommen ebenso in der Christophorus-Tafel von einem Nachfolger des Konrad Witz vor (Kat. 25), die auch mit ihrer Kombination abendlicher Lichteffekte und mit den gläsern-durchsichtigen Wellen des Flusses eine zumindest indirekte Reminiszenz an Jan van Eyck darstellt.[14]

Bei anderen Malern der Zeit ist die Inspiration durch eyckische Kunst weniger deutlich. In den Gemälden von Hans Multschers Wurzacher Altar von 1437 (Kat. 19) glänzen die

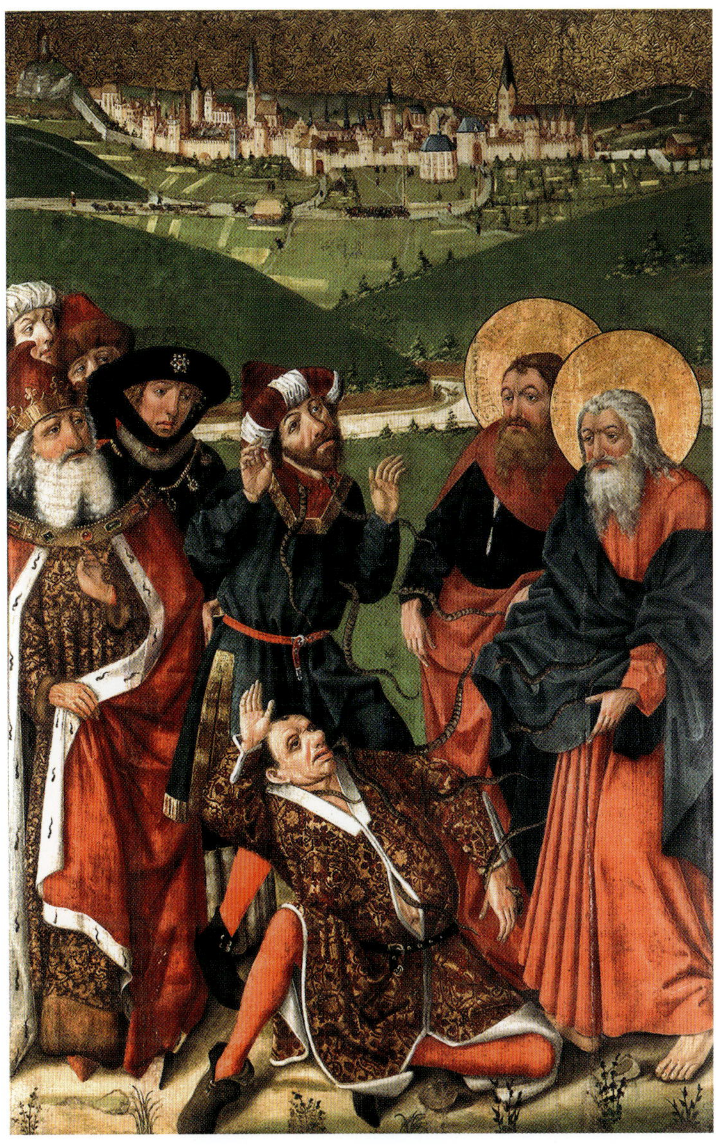

Hans Bornemann, *Die Apostel Simon und Judas Thaddäus besiegen die heidnischen Zauberer*, Lamberti-Altar, 1447, Lüneburg, St. Nikolai

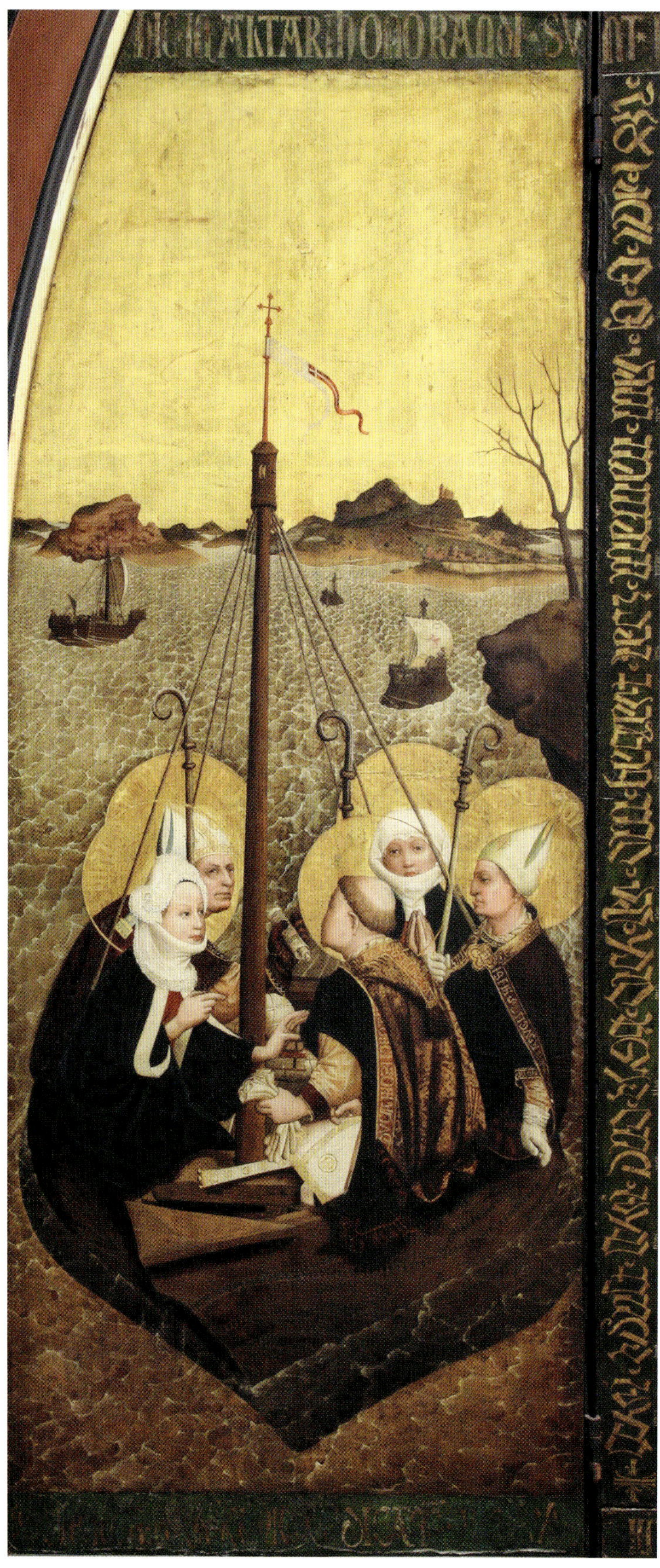

Lucas Moser, *Meerfahrt der Heiligen Magdalena, Martha und Lazarus*, Magdalenen-Altar, 1432, Tiefenbronn, Pfarrkirche

metallenen Rüstungen ebenfalls, doch tun sie es gleichsam verhaltener als bei van Eyck und seinen deutschen Nachfolgern. Die rudimentären Landschaften besitzen kaum Tiefe, ja sie werden in althergebrachter Weise nach hinten dunkler statt heller – der Gegensatz zu den Landschaften bei Lochner, Witz und Moser könnte kaum größer sein. Dennoch sind die Tafeln nicht weniger modern; an die Stelle der auffallenden optischen Sensationen tritt hier die dramatische Bilderzählung mit wuchtigen, ausdrucksstarken Szenen und Gestalten. Möglicherweise hat der verantwortliche Maler die Impulse der neuen Gestaltungsweise nur indirekt erhalten, und vielleicht war eine andere niederländische Werkgruppe ihr Ausgangspunkt, die einzige Parallelerscheinung zu den Brüdern van Eyck, die Gruppe des sogenannten Meisters von Flémalle,[15] in der die Darstellung optischer Phänomene weniger ausgeprägt und punktueller ausfällt als bei dem Brügger Maler. Die Begeisterung für realistische Details, die oftmals durch Schlagschatten betont werden, gibt es dort aber ebenfalls. Gleiches gilt für Multschers Flügelbilder: Die Zinn- und Majolikavasen vorn im *Marientod*, die bösen Kinder der *Kreuztragung* oder der am Boden liegende Eisenhandschuh im *Verhör durch Pilatus* sind durch Schatten, die ihre Form verdoppeln, hervorgehoben. Die reizenden, variierten Stillleben in den Nischen der pittoresk zerfallenen Mauern in *Geburt Christi* (Abb. S. 10, 11) und *Anbetung der Könige* sind Kunststückchen, die das Geschehen einerseits echter erscheinen lassen und andererseits die erstaunlichen Fertigkeiten des Malers zur Schau stellen.

Am vorderen Sockel des *Marientods* ist zudem Multschers anspruchsvolle Signaturzeile angebracht, die eine in Stein gemeißelte Inschrift fingiert. Neben dem frommen Wunsch um Fürbitte übermittelt sie abermals einen Beweis von Kunstfertigkeit im Sinne illusionistischer Darstellung. Derartige fingiert eingegrabene Inschriften sind wiederum eine Erfindung Jan van Eycks, die er in etlichen Werken verwendet hat. In den Niederlanden blieben er und der ihm unmittelbar nachfolgende Petrus Christus über viele Jahrzehnte die einzigen Künstler, die Werke mit ihrem Namen versahen. Bemerkenswerterweise aber taten dies auch einzelne deutsche Maler der Zeit: Bei Multscher weist die Gestaltung der Schrift auf das zumindest indirekte Vorbild Jan van Eycks; bei dem schon genannten Lucas Moser dagegen ist es der Text selbst: Moser nennt auf dem Tiefenbronner Altar nicht nur seinen Namen, sondern setzt auch die berühmte Zeile hinzu „schri kunst schri und klag dich ser, din begert iecz niemen mer so o we 1432" (Abb. S. 48, auf der senkrechten Rahmenleiste).[16] Eine rhetorische Klage über fehlenden Kunstverstand, hinter der sich das stolze Eigenlob des Malers verbirgt, der die „kunst" beherrscht. Das erinnert sehr an Jan van Eycks Motto „als ich can", „so gut ich kann", zu dem man sich den Zusatz „aber nicht so, wie ich möchte" denken muss – das in Bescheidenheit gekleidete Selbstlob eines unerreichbaren Genies. Dass Jan sein Motto in Volkssprache, doch (pseudo)griechischen Buchstaben geschrieben hat, Moser wiederum ein exotisches Pseudo-Kufi für den deutschen Text verwendete, verbindet beide umso enger. Auch Konrad Witz hat seine Genfer Altarflügel von 1444 mit „conradus sapientis [„weise" = Witz] de basilea" signiert, und der Salzburger

Maler Conrad Laib brachte sein so offenkundig an Jan van Eyck
angelehntes Motto „als ich chun" auf einem 1449 datierten Kalvarienberg an, wobei das letzte Wort wohl zugleich als abgekürzte
Signatur für „Chunrat" steht.[17]

Die Nennung des eigenen Namens spricht von einer
Selbstreflexion des Künstlers über sein Tun und seinen Status,
die bei van Eyck, Moser und Laib noch durch Sinnsprüche verstärkt wird. Zum visuellen Ausweis von Können aber wird das
Spiegelnde und Glänzende im Gemälde, oft in einer geradezu
symbolischen Weise: Einzelne glänzende Gegenstände sind
Zeichen der Modernität, auch als Versatzstück bei Malern, die
die neue Bildsprache nur rudimentär beherrschen. So sticht
aus den noch ganz dem Internationalen Stil verpflichteten
Gemälden des Palant-Altars (Kat. 5, 6) das metallisch aufblitz-
zende Rad der hl. Katharina heraus, und in dem um 1430/1440
geschaffenen frühen Kupferstich des *Hl. Hieronymus* (Kat. 36)
hat der Künstler, der schwer mit der Perspektive ringt, ein
glänzendes Messingbecken, eine erkennbar durchsichtige
Glasvase und – punktuell und somit nicht wirklich begriffen –
einen Schlagschatten am Tintenfass eingefügt. Weit besser
integriert gibt es ein ganz ähnliches glänzendes Messingge-
schirr in der *Vorführung vor Pilatus* der zeitgleichen Wurzacher
Altarflügel oder in einem sehr eyckisch anmutenden Arrangement mit Leuchter, Schreibzeug und anderem auf einer in
Wien um 1435 geschaffenen Tafel (Abb. S. 49), die zu den 1945
verlorengegangenen Beständen der Berliner Gemäldegalerie
gehörte.[18] Zuvor kommen ähnliche Messingbecken in mindestens fünf Werken Jan van Eycks, darunter der *Verkündigung* des
Genter Altars (Abb. S. 45) sowie in dreien aus der Gruppe
Meister von Flémalle vor. Das Motiv ist also geradezu eine Signatur der neuen, auf veristische Aspekte abzielenden Malkunst des zweiten Viertels des 15. Jahrhunderts. Wohl nicht
zufällig ist solch ein Becken als einziger Gegenstand in der
schönen Berliner Zeichnung aus dem Umkreis von Konrad
Witz (Kat. 24) sorgsam in Deckfarben ausgeführt worden. Hier
hat die Schüssel indes noch eine andere Funktion, denn sie ist
mit Wasser gefüllt und wird dadurch zum Spiegel. Die Selbstbetrachtung des göttlichen Kindes in der spiegelnden Oberfläche mag als Reflexion über seine menschliche und göttliche
Natur aufzufassen sein. Zugleich aber kann sie als Manifest
der das Sichtbare abbildenden Malerei gelesen werden und

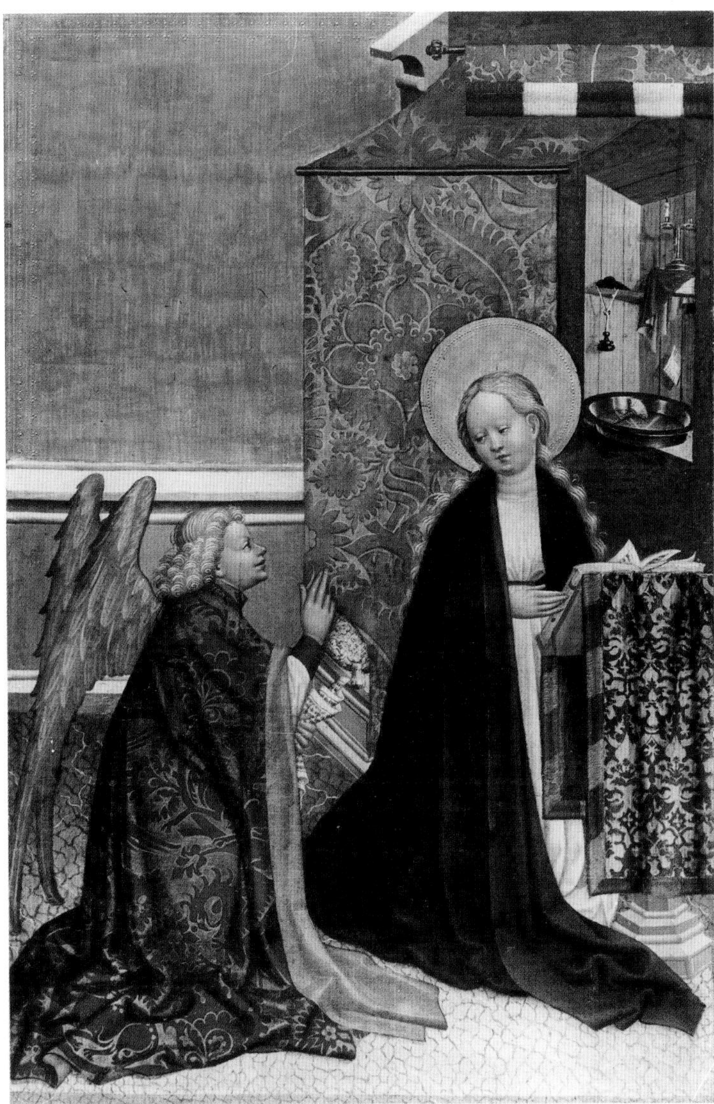

Meister des Wiener Albrechtsaltars, *Verkündigung*, um 1435, ehemals Berlin,
Gemäldegalerie (1945 verschollen)

höchste Vollendung mimetischer Kunst anzeigen. Schließt
doch Facius seine Betrachtungen eines Gemäldes von Jan van
Eyck mit den Worten: „Doch kaum etwas ist so wunderbar in
dem Bild wie der gemalte Spiegel, in welchem du das Abgebildete so siehst wie in einem richtigen Spiegel."

1   Siehe den Essay von Svea Janzen in diesem Katalog, S. 20–27.
2   Zur Kunst um und nach 1400 im Nordwesten siehe AK Rotterdam 2012.
3   Dhanens 1965, S. 18–27; Kemperdick 2017.
4   Till-Holger Borchert, „Jan van Eyck – The Myth and the Documents", in:
    AK Rotterdam 2012, S. 83–88.
5   Rupprich 1956–1969, Bd. 1, S. 168, Z. 71.
6   Panofsky 1953, S. 10; gemeint ist ein Werk Rogier van der Weydens, der in den
    besagten Punkten gewissermaßen in der eyckischen Manier arbeitete.
7   Ebd., S. 10; Baxandall 1964, S. 102 f.
8   Diese Buchmalereien sind in der Forschung höchst umstritten; Datierungen
    reichen von um 1420 bis um 1450; siehe zuletzt AK Rotterdam 2012, Kat. 80,
    S. 98–102 (Friso Lammertse, Stephan Kemperdick); Vanwijnsberghe 2020.
9   Vor allem in der Madonna der Ratsherren, 1445, in Barcelona, siehe Fuchs 1982.

10 Borchert 2017.
11 Zu Witz' bemerkenswerter Aneignung Eyck'scher Prinzipien siehe Kemperdick 2011.
12 AK Basel 2011, Kat. 17–20 (Katharina Georgi, Gabriel Dette).
13 Die Tafeln in Lüneburg, St. Nicolai, siehe Kemperdick 2019.
14 Vor allem die Gefangennahme des *Turin-Mailänder Stundenbuchs*, siehe
    AK Rotterdam 2012, S. 99, Abb. 14.
15 Oftmals mit dem Tournaiser Maler Robert Campin (um 1375/1378–1445)
    identifiziert; es lassen sich jedoch deutlich eine ganze Anzahl verschiedener
    Maler in der Gruppe erkennen, siehe AK Frankfurt am Main/Berlin 2008,
    S. 149 f. u. passim.
16 Kemperdick 2014, S. 24 f.
17 Köllermann 2007, S. 21–24.
18 AK Berlin 2015, S. 44.

Mittelrheinische Werkstatt
(tätig um 1420–1440 in Mainz ?)
Lorcher Kreuztragung, um 1430

gebrannter Ton mit Resten farbiger Fassung; B. 142 cm (gesamte Szene), H. der Einzelfiguren 50,2–61,8 cm
Originaler Schrein verloren, ein Teil der Figuren (Christus, die beiden Schächer und der Stifter) seit 1945 in Russland, Kreuzträger durch hist. Gipsabguss des Originals ersetzt
aus der Martinskirche in Lorch, zuletzt Sammlung Albert Figdor in Wien, erworben 1935 über die Dresdner Bank
Staatliche Museen zu Berlin, Skulpturensammlung und Museum für Byzantinische Kunst, Inv. Nr. 8499, 8574 (Maßwerkfries), 8615 (Soldatenfragment)

Eine komplexe Erzählstrategie, künstlerisches Raffinement und versiertes technisches Können verbinden sich in der ehemals in kräftige Farben und Gold und Silber gefassten Gruppe der Kreuztragung Christi zu einem Werk, das darauf zielt, seine Betrachter ästhetisch in den Bann zu schlagen und zugleich emotional anzurühren. Die Kreuztragung bezeichnet jenen Moment der Passionsgeschichte, als Christus sein Kreuz zur Richtstätte auf dem Berg Golgatha hinaufschleppt, unterstützt von einem Mann aus dem Volke namens Simon von Kyrene. Seit dem 14. Jahrhundert hatten Maler und Bildhauer begonnen, die Stationen des Leidensweges Christi auszuschmücken und damit visuell nacherlebbar zu machen. Dies steht in Verbindung mit der Verbreitung der *Meditationes Vitae Christi* des Pseudo-Bonaventura, die zur Versenkung in die Leiden Christi einluden, und der *Imitatio Vitae Christi* des Thomas von Kempen, der an die Gläubigen appellierte, selbst das Kreuz aufzunehmen und die Nachfolge Christi anzutreten. Das Lorcher Werk entwickelt das Schema des volkreichen Zuges mit kreuztragendem Christus im Zentrum weiter, das sich schon bei Giotto in der 1305 fertiggestellten Arenakapelle in Padua findet. Zur Bildtradition gehören die Gruppe der Frauen am Ende der Menge und der Soldat, der sie am Weitergehen hindern will. Ein Stadttor, aus dem Maria und ihre Gefährten gerade heraustreten, könnte auf der Rückwand des Lorcher Schreins aufgemalt oder als Relief appliziert gewesen sein.

In der Auseinandersetzung mit der Bildtradition und angetrieben von den gestalterischen Möglichkeiten und technischen Herausforderungen des Materials Ton beschritten die Künstler der verantwortlichen Werkstatt neue Wege: Der Einsatz von Modeln für die Herstellung von Gesichtern, Kettenhemden und Maßwerkteilen machte den Herstellungsprozess effektiver (Buczynski 1993). Leichte, mit der Hand ausgeführte Umformungen reichten aus, um den Figuren einen fein nuancierten Ausdruck zu verleihen. Während das Model, aus dem sowohl das edle, von Lockenhaar umkränzte Haupt des Kreuzträgers als auch die Vera Ikon auf dem Schweißtuch der hl. Veronika gewonnen wurden, die Identität des Dargestellten anschaulich macht, betont die Übereinstimmung zwischen den Gesichtern Mariens und ihrer Begleiterinnen die emotionale Zusammengehörigkeit im Schmerz. Die sanfte Schwingung der weiten, faltenreichen Gewänder, deren Draperien fließend ineinander übergehen, spiegelt die melancholische Gestimmtheit der Frauengruppe ebenfalls wider. Sie bereitet den im Zentrum stehenden Kreuzträger vor, dessen bodenlange Tunika schönlinige Falten wirft,

und der etwas größer dargestellt ist als die anderen Figuren. Mit ihren kantigen Brustpanzern und den rauen Kettenhemden bilden die behelmten Soldaten dazu den größtmöglichen Kontrast.

Vermutlich war die Kreuztragung von einem Schrein mit trapezförmig vorkragender Grundfläche umfangen, der heute verloren ist. Das dreidimensionale Bild entfaltete sich auf einer schmalen Raumbühne, die auch schräg von der Seite einsehbar gewesen sein muss. Die Rückwand könnte dunkelblau gefasst oder mit einer Landschaftsdarstellung versehen gewesen sein. Die lebendige und kostbare Wirkung dieses Ensembles ist wegen des fragmentarischen Zustandes nur noch zu erahnen. Der Kreuzträger, zwei halbnackte Schächerfiguren, die den Zug anführten, sowie ein kniender männlicher Stifter befinden sich seit 1945 in Russland (http://lostart.ru/move/en/1414609/, S. 32 und 37). Der größte Teil des oben abschließenden Maßwerkschleiers ist ebenfalls verschollen.

Die Provenienz lässt sich nur bis in das Jahr 1819 zurückverfolgen, als der Archivar Gustav Habel das Werk dem Pfarrer der Martinskirche zu Lorch im Rheingau abkaufte (Bauer 1988, S. 15). Das Thema und die große Stifterfigur könnten für eine Funktion als Epitaph sprechen. Bei dem Auftraggeber mag es sich um ein Mitglied der ortsansässigen Ritterfamilie Hilchen zu Lorch gehandelt haben (Buczynski/von Fircks 2015, S. 69–89).

Eine Szene aus gebrannten Tonfiguren zu schaffen erforderte ein technisches Spezialwissen, das üblicherweise bei professionellen Töpfern, den Hafnern, vorhanden war. Natürliche Tonvorkommen und das örtliche Nebeneinander verschiedener Handwerker waren typisch für die kleinen Städte am Mittelrhein in der Nähe der Erzbischofsstadt Mainz. Dorthin verweisen auch die niederadligen Auftraggeber der *Beweinung Christi* aus der Burgkapelle zu Dernbach und des *Marientods* in der Kronberger Johanneskirche, beide aus derselben Werkstatt.

Die Virtuosität der künstlerischen Darstellung offenbart eine tiefe Vertrautheit mit dem verfeinerten Skulpturenstil der Zeit zwischen 1420 und 1430, der sich am Mittelrhein im Umkreis des Frankfurter Stadtbaumeisters Madern Gerthener (Kat. 3) ausprägte. Wahrscheinlich wurde die Werkstatt von einem traditionell ausgebildeten Bildhauer geführt, der sich auf die Verarbeitung von Ton und kleinformatige Schreine mit Einzelszenen spezialisiert hatte. *JvF*

LITERATUR
Schädler 1954 – Bauer 1988 – Buczynski 1993 – Buczynski/von Fircks 2015 – Kunz 2019, Kat. 66, S. 361–371.

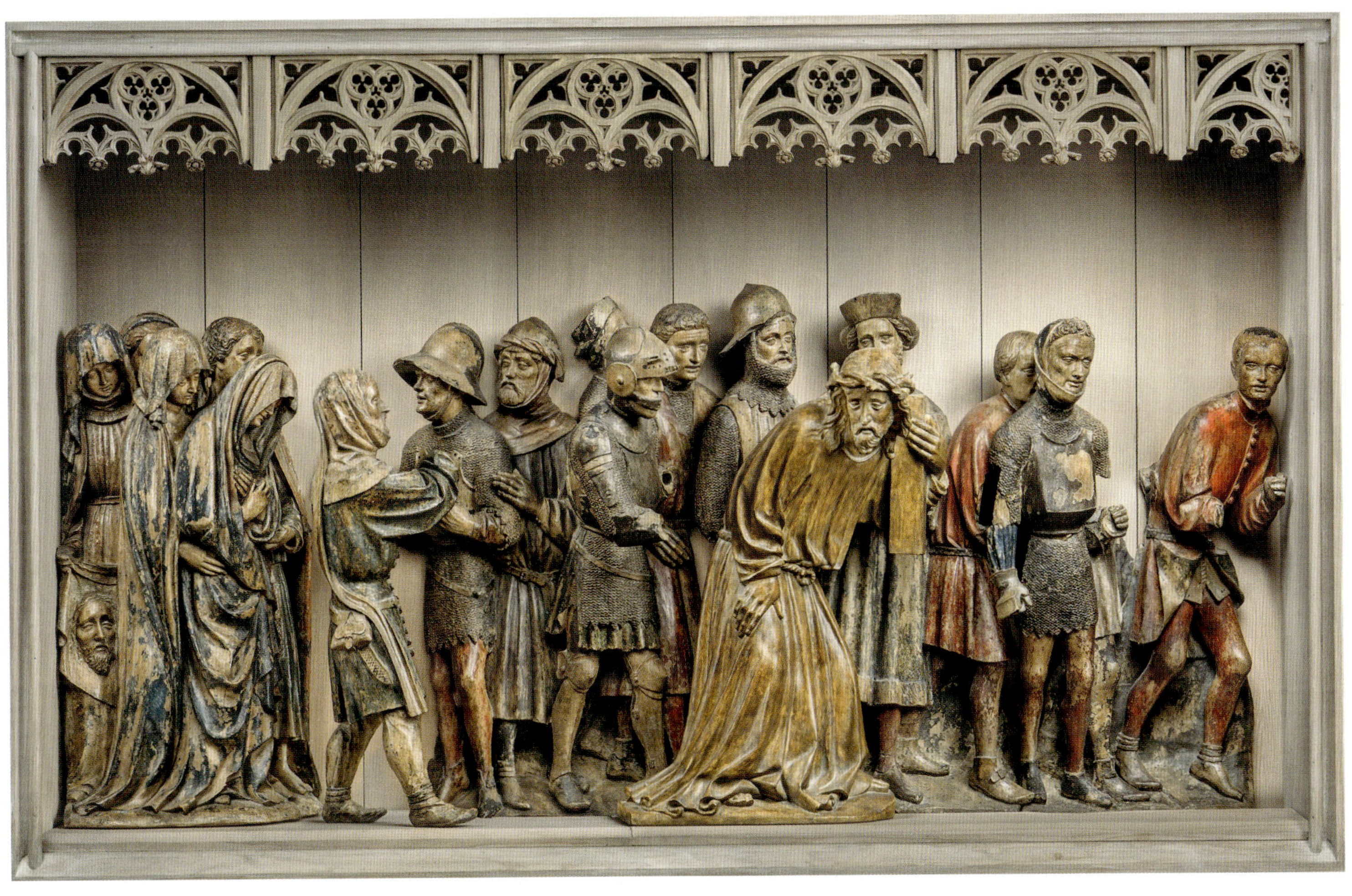

Alabaster
H. 17 × B. 27 × T. 3 cm
erworben 1943 aus der Sammlung Fuld, Frankfurt am Main
2009 restituiert, Leihgabe der Ernst von Siemens Kunststiftung
Staatliche Museen zu Berlin, Skulpturensammlung und Museum
für Byzantinische Kunst, Inv. Nr. 8637

Das kleine Relief war sicherlich für die private Andacht zur Unterstützung bei Gebet und Meditation gedacht. Im schmalen Bildfeld wird der Weg nach Golgatha dargestellt. Gebeugt unter der schweren Last des Kreuzes, bewegt sich Christus auf einem felsigen Boden nach rechts. Hinter ihm stehen Johannes, Maria und eine weitere Heilige. Simon von Kyrene wird von einem Soldaten an der Kapuze gegriffen und zur Hilfeleistung gezwungen, Christus von Schergen verspottet und gequält. Mehrere der Schergen sind ausdrücklich als Juden typisiert, die höhnisch (das Kind mit Judenhut in der rechten oberen Ecke, das eine Grimasse zieht) oder obszön (der Mann mit Glatze, Hakennase und nacktem Hintern vorn rechts) agieren. Die spätmittelalterliche Gesellschaft war oft judenfeindlich, und dieses Gefühl kam in Erzählungen und Darstellungen der Passion zum Ausdruck. Der weitere Verlauf des Leidens Christi wird auf dem Berliner Relief in der Figur des Soldaten ganz rechts anschaulich gemacht, der in seiner rechten Hand den Hammer hält, mit dem Jesus anschließend an das Kreuz genagelt werden soll.

Spätmittelalterliche Andachtsliteratur, wie die *Meditationes Vitae Christi* (um 1350) des Pseudo-Bonaventura, forderten eine persönliche Beziehung der Gläubigen zu Christus und Maria und die Kreuztragung wurde als eine Mahnung verstanden, das eigene Leben in Einklang mit dem Opfer Christi zu führen. Die Inschrift auf dem Rahmen des Berliner Reliefs ist auch in diesem Zusammenhang zu verstehen: „o·mensch·sich·dise· figur·an·und·wasz·got·durch·dich·hat·gedan·desz·solt·im·dacken· sicherleich·so·geit·er·dir·sein·himmelreich" (Oh Mensch, betrachte dieses Bild und sieh, was Gott für dich getan hat. Dafür sollst du ihm dankbar sein, so schenkt er dir sicherlich sein Himmelreich).

Nur wenige Kunstwerke verbinden solche mahnenden Texte mit Bildern. Auch ist das Relief ein rührendes Zeugnis für den persönlichem Umgang mit Andachtsbildern im Mittelalter: Maria wurde in der Volksfrömmigkeit besonders dafür bewundert, dass sie das Leiden ihres Sohnes akzeptierte; hier kann sie sich kaum mehr aufrecht halten und muss von Johannes gestützt werden. Ihre Figur ist von den vielen Küssen und streichelnden Berührungen der Gläubigen größtenteils abgerieben worden.

Das Berliner Relief dokumentiert eine wichtige Etappe in der Entwicklung der Kreuztragungsdarstellung, deren bekannteste Formulierung der große Stich von Martin Schongauer von um 1475 ist (Kat. 86). Wie in der um 1425 geschaffenen Kreuztragung aus Lorch am Rhein, einem Hauptwerk der Berliner Skulpturensammlung (Kat. 9), wendet sich Christus zum Betrachter, als würde er ihn direkt ansprechen. In beiden Fällen entfaltet sich die Handlung auf einer flachen Bühne von links nach rechts; Christus steht im Vordergrund, und links wird Maria von einer anderen Figur gestützt. Allerdings fehlen in der Lorcher Komposition wichtige Details der Alabasterversion, wie der felsige Boden oder die Figur rechts, die das Kind trägt; auch wirken die Lorcher Schergen bei Weitem nicht so aggressiv und spottend. Es ist davon auszugehen, dass beide Werke ein ähnliches Vorbild rezipieren. Obwohl beide Kompositionen mittels Gehäuse oder Schriftband streng umrahmt sind, entsteht der Eindruck, als würden wir einen Moment aus einem größeren Zusammenhang wahrnehmen.

Stilistisch gehört das Alabasterrelief in den weiten Umkreis des Rimini-Meisters, einem kunsthistorischen Sammelbegriff für die Werke mehrerer Bildhauer, wenn nicht mehrerer Werkstätten, der von der großen Kreuzigungsgruppe aus Santa Maria delle Grazie in Rimini (heute im Frankfurter Liebieghaus) herrührt. Ob diese Künstler um 1430–1440 in den Niederlanden, in Paris oder am Mittelrhein tätig waren, ist umstritten (Husband 2004, Seidel 2017). Es wäre freilich auch möglich, dass Stileigenheiten eines Zentrums an einem anderen Ort aufgegriffen wurden. Der Dialekt der Inschrift auf dem Berliner Relief scheint allerdings eine Lokalisierung im Mittelrheingebiet zu unterstützen. Die Komposition samt Inschrift wird in zwei Varianten wiederholt (Heiliggeistkirche, Passau und Metropolitan Museum of Art, New York), wenn auch mit stilistischen und sprachlichen Unterschieden, was eine Entstehung in verschiedenen Werkstätten, oder gar Regionen, nach verwandten Vorlagen nahelegt (Kunz 2019, S. 503 f.).   *JC*

LITERATUR
Swarzenski 1921, S. 199–213, bes. S. 202 – AK New York 1999, S. 178 (Timothy Husband) – AK Nürnberg 2000, S. 184 f. – Husband 2004, S. 72–74 – Kunz 2019, S. 501–504.

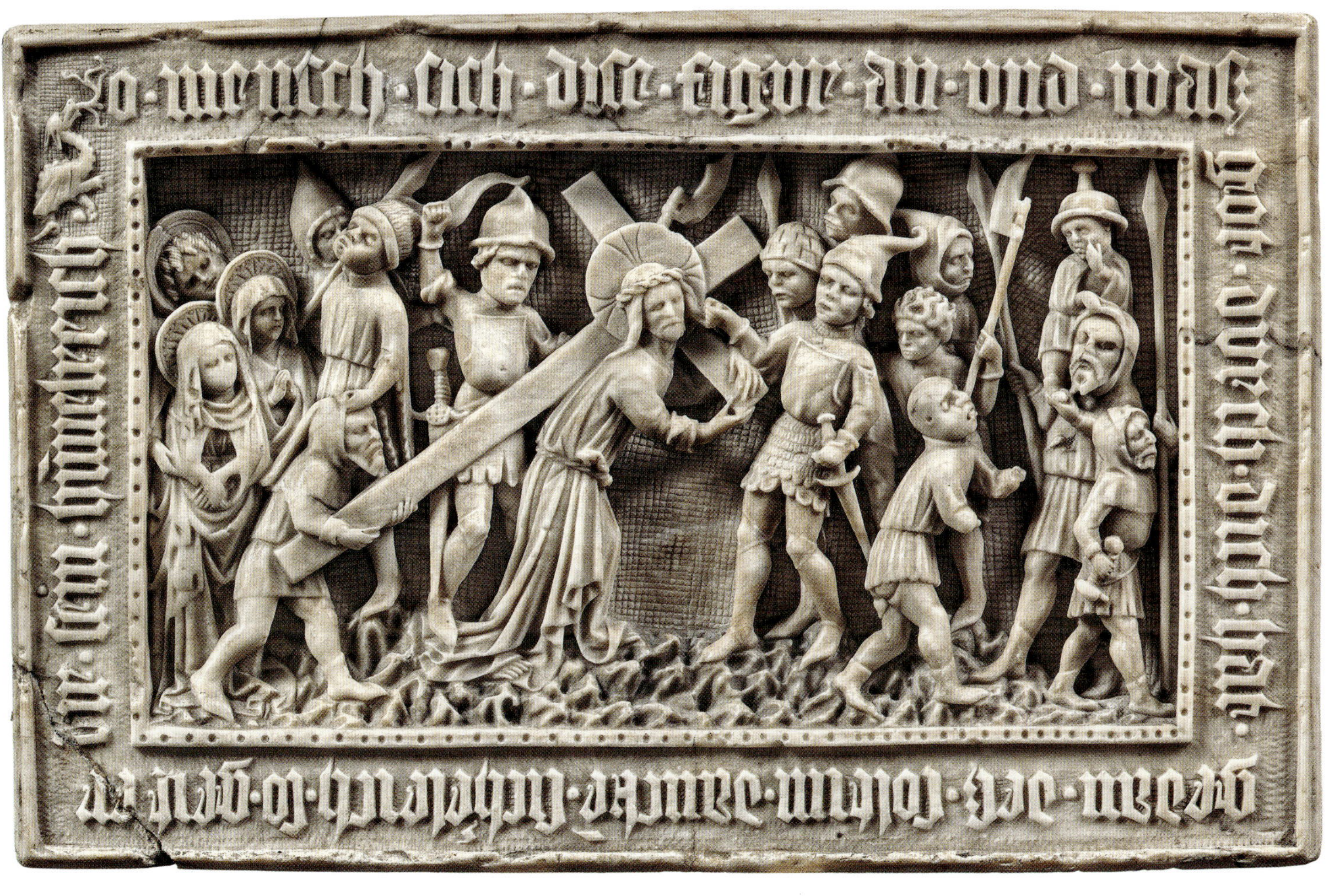
O mensch sich dise figur an und wal

11 Kölner Meister, um 1420
Flügelaltar aus St. Gereon

Eichenholz
ca. H. 194 × B. 362 cm (geöffnet)
vom Hochaltar der Kölner Stiftskirche St. Gereon
1909 aus dem Kunsthandel erworben
Staatliche Museen zu Berlin, Gemäldegalerie, Kat. Nr. 1627 A

12 Kölner Meister, um 1410–1420
Stehende Maria mit Kind
in die rekonstruierte Mittelnische eingestellt

Nussbaum, gefasst
H. 98 × B. 29 × T. 23,5 cm
erworben ohne weitere Provenienzangaben 1913 als Geschenk der
Wilhelm-von-Bode-Stiftung aus der Münchener Kunsthandlung
Julius Böhler
Staatliche Museen zu Berlin, Skulpturensammlung und Museum
für Byzantinische Kunst, Inv. Nr. 7094

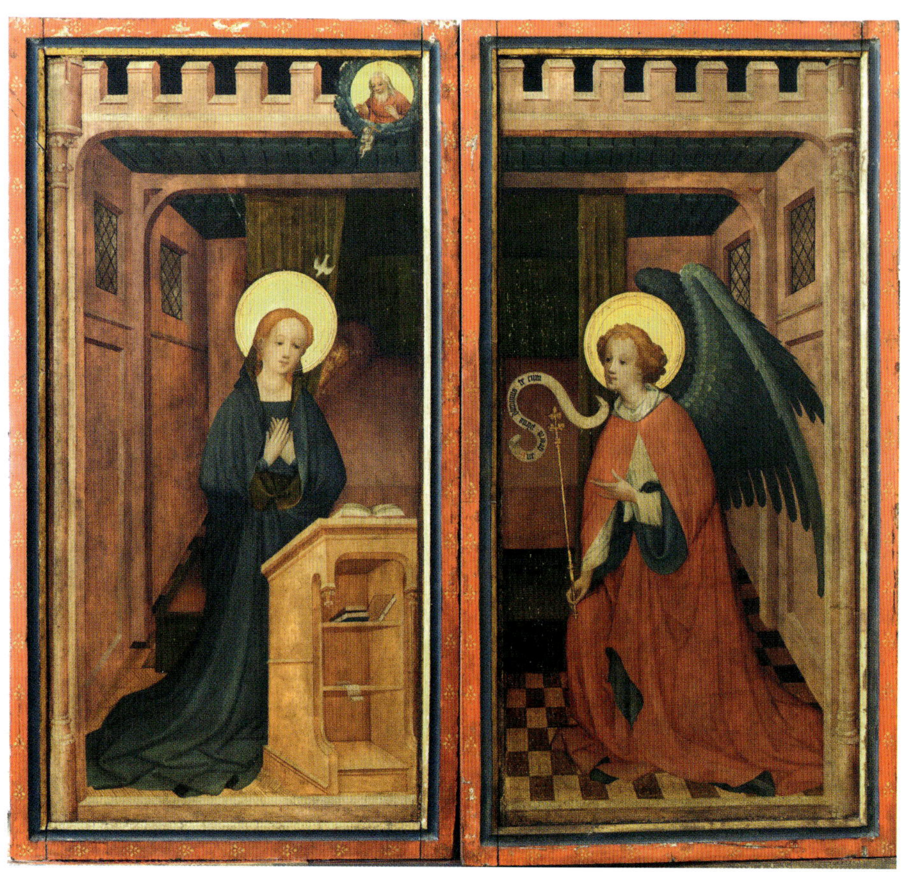

Der Flügelaltar aus St. Gereon gehört zu den wenigen fast vollständig erhaltenen Retabeln der Berliner Museen – Schrein und Beschläge, Schnitzwerk und Malereien sind original, nur die mittlere Nische und die ursprüngliche Madonnenskulptur sind nicht erhalten geblieben. Das Werk steht beispielhaft für eine der zentralen Aufgaben spätgotischer Kunst, an der mehrere Gattungen gleichermaßen beteiligt waren. Wem dabei die Hauptverantwortung zukam, lässt sich häufig nicht mehr entscheiden. Der Auftrag konnte an Maler, Bildschnitzer, Fassmaler (die die Figuren und Gehäuse bemalten, d.h. „fassten") oder an Schreiner vergeben werden; Unterverträge wurden je nach Bedarf geschlossen. Das Werk war das Ergebnis einer Gemeinschaftsarbeit.

Das Retabel aus St. Gereon ist größtenteils gemalt. Die im Alltag geschlossenen Flügel sind als Durchblick in einen Raum gestaltet, in dem die Geburt Christi verkündet wird. Maria kniet links vor einem Betpult, ihr gegenüber der Erzengel Gabriel mit einem Zepter. Das Spruchband vor seinem Mund trägt die Verkündigungsworte: „Ave gracia plena dominus te cum" – „Gegrüßet seist du, Maria, voll der Gnade, der Herr ist mit dir". Über Maria schwebt in einem Wolkenkranz die Halbfigur Gottvaters, die Hände schützend über den Jesusknaben erhoben, der dem Flug der Taube, dem Symbol des Heiligen Geistes, zu seiner Mutter folgt. Der Raum ist wie ein Kasten konstruiert, wenn auch nicht streng nach der Zentralperspektive. Wände, Fliesen und Möbel werden dezidiert räumlich dargestellt, als wolle der

54

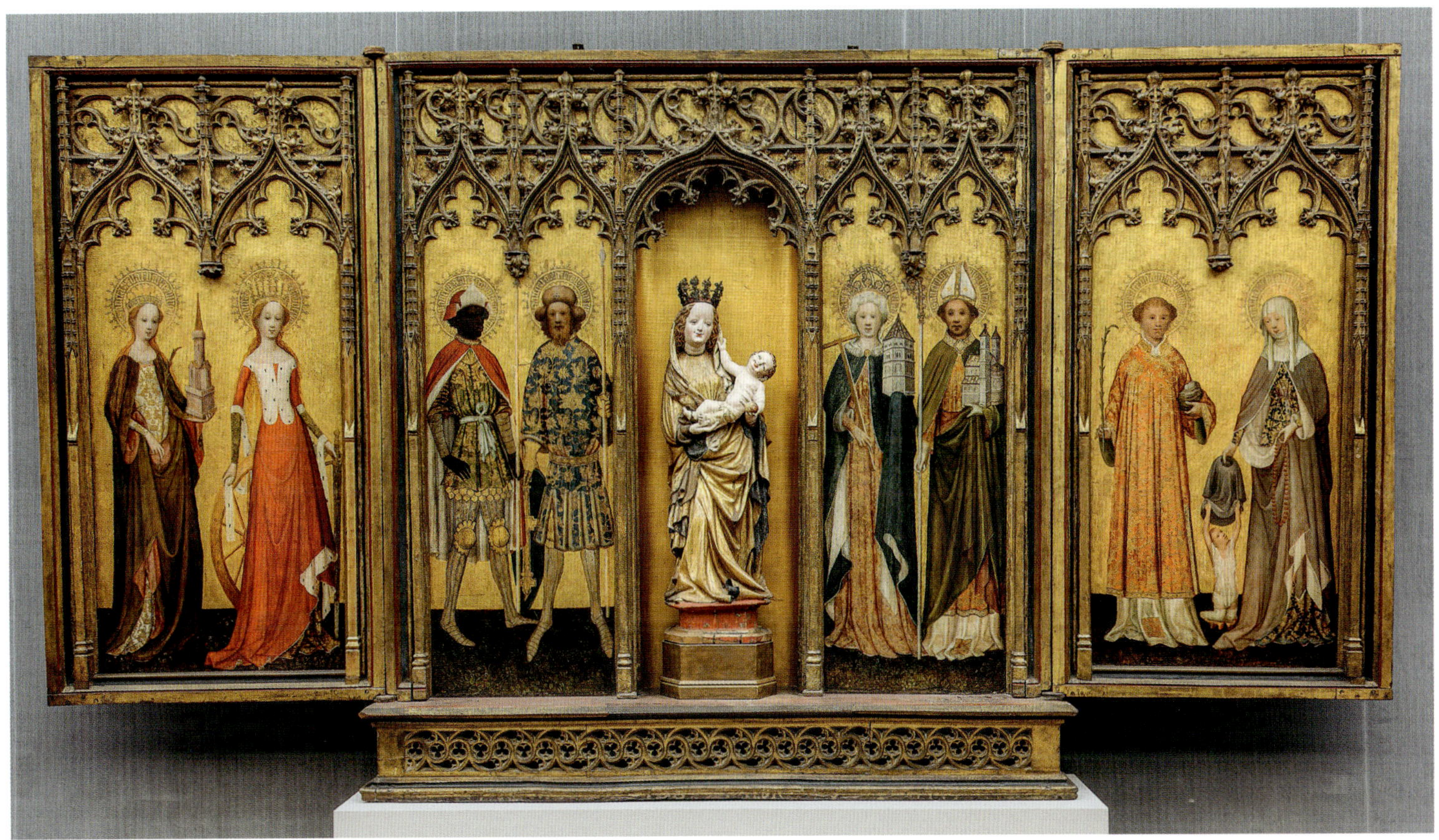

Künstler seine Kenntnis dieser damals neuartigen Darstellungsweise vorführen.

Die Flügel des Altars wurden nur an Sonn- oder Feiertagen geöffnet. Dem Anlass entsprechend zeigen die Bildfelder hier einen reichen Goldgrund in aufwendiger Rahmung. Im Zentrum befindet sich eine Figurennische. Sie war der wichtigsten Heiligen des Altars vorbehalten, die aufgrund ihrer Bedeutung dreidimensional als Skulptur gearbeitet war. Es dürfte sich dabei auch ursprünglich um eine Marienfigur gehandelt haben, da die Verkündigung auf den Außenflügeln im Inneren die Darstellung des Jesusknaben erforderte. Die Bildfelder seitlich davon zeigen auf einem schmalen Bodenstück stehende Heilige. Rechts der Nische sind Helena und Bischof Anno dargestellt, die legendären Gründer der Stiftskirche St. Gereon, auf deren Hochaltar das Retabel ursprünglich aufgestellt war. In ihren Händen halten sie Modelle des spätantiken Zentralgebäudes und des im Hochmittelalter daran angebauten Chores der Kirche. Links der Mittelnische erscheinen die Heiligen Gereon und der als Schwarzafrikaner dargestellte Gregorius Maurus.

Es ist aber nicht nur das Figurenprogramm, das das Retabel als Kölner Arbeit kennzeichnet, sondern auch der Stil der Malereien. Sie gehören zu einer größeren Gruppe von Werken, die in unmittelbarer Nachfolge des sogenannten Meisters der hl. Veronika entstanden sind, einem der führenden Kölner Maler der Zeit um 1400. Eng verwandt ist eine im Kölner Wallraf-Richartz-Museum befindliche Tafel mit der Kreuzigung Christi (WRM 14). Sie zeigt nicht nur vergleichbare Figuren- und Kopftypen, sondern

auch einen ähnlichen Aufbau des Bildträgers. Wie in Berlin wird die vor Goldgrund gemalte Kreuzigung von einem geschnitzten Maßwerkfries überfangen, der allerdings einem gänzlich anderen Muster folgt. Hier hat offensichtlich ein anderer Schreiner mit dem Maler zusammengearbeitet, woran sich beispielhaft die komplexen Bezüge zwischen einzelnen Werken verdeutlichen lassen.

Aufgelegtes Maßwerk war typisch für die größeren der Kölner Retabel und kommt später auch auf Stefan Lochners Dombild (Abb. S. 22) vor. Die Figurennische dagegen ist ohne weiteren Vergleich. In Köln scheint man offensichtlich gemalte Retabel ohne Skulpturen bevorzugt zu haben – ein Eindruck, der allerdings auch durch die bruchstückhafte Denkmälerüberlieferung bestimmt sein könnte. Die heute in dem Retabel aufgestellte Figur dürfte zumindest ebenfalls aus einem Altaraufsatz stammen, wie sich an alten Befestigungsspuren auf ihrer Rückseite nachweisen lässt. Sie gehört zu einer größeren Gruppe von Kölner Werken des frühen 15. Jahrhunderts. Anders als bei der perspektivischen Darstellung der Flügelaußenseiten zeigt sich hier kein Bestreben nach einer Neuerung. Als „Schöne Madonna" entspricht sie einem Ende des 14. Jahrhunderts in Böhmen entwickelten Bildtyp, der die Gestaltung von Marienfiguren in ganz Europa bis zur Mitte des 15. Jahrhunderts bestimmen sollte. *JFR*

LITERATUR
Scheibler/Aldenhoven 1902, S. 437 – Friedländer 1909, S. 276 – Liebreich 1928, S. 146 – Stange 1934–1961, Bd. 3, S. 68 f. – Kemperdick 2010a, Kat. 29, S. 202–211 – Kunz 2019, Kat. 72, S. 390–398.

13   Köln, um 1425–1430
      Kreuzigung Christi mit Maria und Johannes

Monolithscheibe (gesprungen) weißes Glas, Randleisten
gelbes und blaues Glas, Grisaille-Technik mit Schwarzlot und
Silbergelb, Verbleiung
H. 42,3 × B. 26,5 cm
überwiesen 1984 aus der Skulpturengalerie der Staatlichen
Museen zu Berlin, Preußischer Kulturbesitz
Staatliche Museen zu Berlin, Kunstgewerbemuseum, Inv. Nr. SI 42

Das Glasgemälde zeigt in verschiedenen Grautönen (Grisaille)
die Darstellung der Kreuzigung Christi. Links neben dem Kreuz
erscheint die Gottesmutter Maria, ihre mit einem Gewandzipfel
verhüllte Linke im stillen Trauergestus zum Auge führend.
Rechts steht Johannes, der Lieblingsjünger Jesu, in ein kontem-
platives Gebet versunken. Christus ist als Toter, jedoch mit stark
blutenden Wundmalen dargestellt. Mit nur leicht ausschwingenden Knien hängt er fast gerade vor dem stark gemaserten
und durch eine farbige Lasur aus Silbergelb besonders hervor-
gehobenen Kreuz. Sein auf die Brust gesunkenes Antlitz ist in
Richtung seiner Mutter gewendet.

Die Darstellung ist geprägt von einer Atmosphäre tiefer
Trauer und andächtiger Stille. Alle Bewegungen und Gesten
erscheinen verhalten, die stoffreichen Gewänder der beiden
Assistenzfiguren fallen ruhig und in langen, voluminösen Fal-
tenbahnen. Ihre Schönlinigkeit erinnert an Gewandfiguren, wie
sie in der Blütezeit des Weichen Stils um 1400 entwickelt worden waren und die vielfach noch bis weit in das 15. Jahrhundert
hinein vorbildhaft wirkten. Artifizielle Faltenkaskaden und dra-
matisch ausschwingende Körperbewegungen, die zahlreiche
der um die Jahrhundertwende entstandenen Werke charakterisieren, sind in dem hier besprochenen Glasgemälde einer deutlich ruhiger anmutenden Figurenauffassung gewichen. Die Darstellung zeigt eine realistische Plastizität der Gewänder und die
Figuren sind geprägt von einer eindrücklich erfassten Ergriffenheit. Realitätsnahe bildliche Gestaltung körperlicher Dinglich-
keit und menschlicher Emotionalität sind markante neue Errungenschaften der Kunst im zweiten Viertel des 15. Jahrhunderts.

Das Glasgemälde der Kreuzigung Christi aus dem Berliner
Kunstgewerbemuseum zeigt, dass diese künstlerischen Neuerungen bereits in dem Jahrzehnt zwischen 1420 und 1430 Verbreitung gefunden hatten. Die zeitliche Ansetzung sowie die Lokalisierung des Werks nach Köln werden durch ein ganz unmittelbar
verwandtes Glasgemälde mit einer Kreuzigungsdarstellung im
Kölner Museum Schnütgen gestützt, das sich bis 1906 zusammen mit zwei weiteren Scheiben aus dem gleichen Zyklus in
sekundärer Verwendung in der Kapelle des Hauses Starken-
berg am Heumarkt in Köln befand. Bei dieser Kölner Scheibe ist
die Kreuzigungsszene, anders als beim Berliner Exemplar, in eine
architektonische Rahmung eingebunden, doch entsprechen sich
die figürlichen Darstellungen in Komposition und Faltenbildung
vollkommen. In der technischen Ausführung erscheint die größere Kölner Scheibe der kleineren Berliner deutlich überlegen,
auch weil bei ihr die Tiefen überwiegend durch die Sättigung des
Grautones in malerischer Grisaille-Manier gebildet sind, während bei der Berliner Scheibe die Schatten weit häufiger durch
Parallel- und Kreuzschraffuren auf eher grafische Art und Weise
modelliert werden.

Über die ursprüngliche Verwendung und die frühere Provenienz der Berliner Scheibe ist nichts bekannt. Es ist nicht
unwahrscheinlich, dass sie ebenso wie die eng verwandte
Scheibe im Kölner Museum Schnütgen ursprünglich aus einem
Zyklus von Glasgemälden mit der Darstellung der Passion Christi
und deren alttestamentlichen Präfigurationen stammt.   *LL*

LITERATUR
Heye 1965, S. 51 – Metz 1966, Nr. 299, S. 66 – Lymant 1982, S. 77–84 (zur Werkgruppe) – CVMA XXII/1, Nr. 105 (Götz J. Pfeiffer), S. 219–221, CVMA 98696.

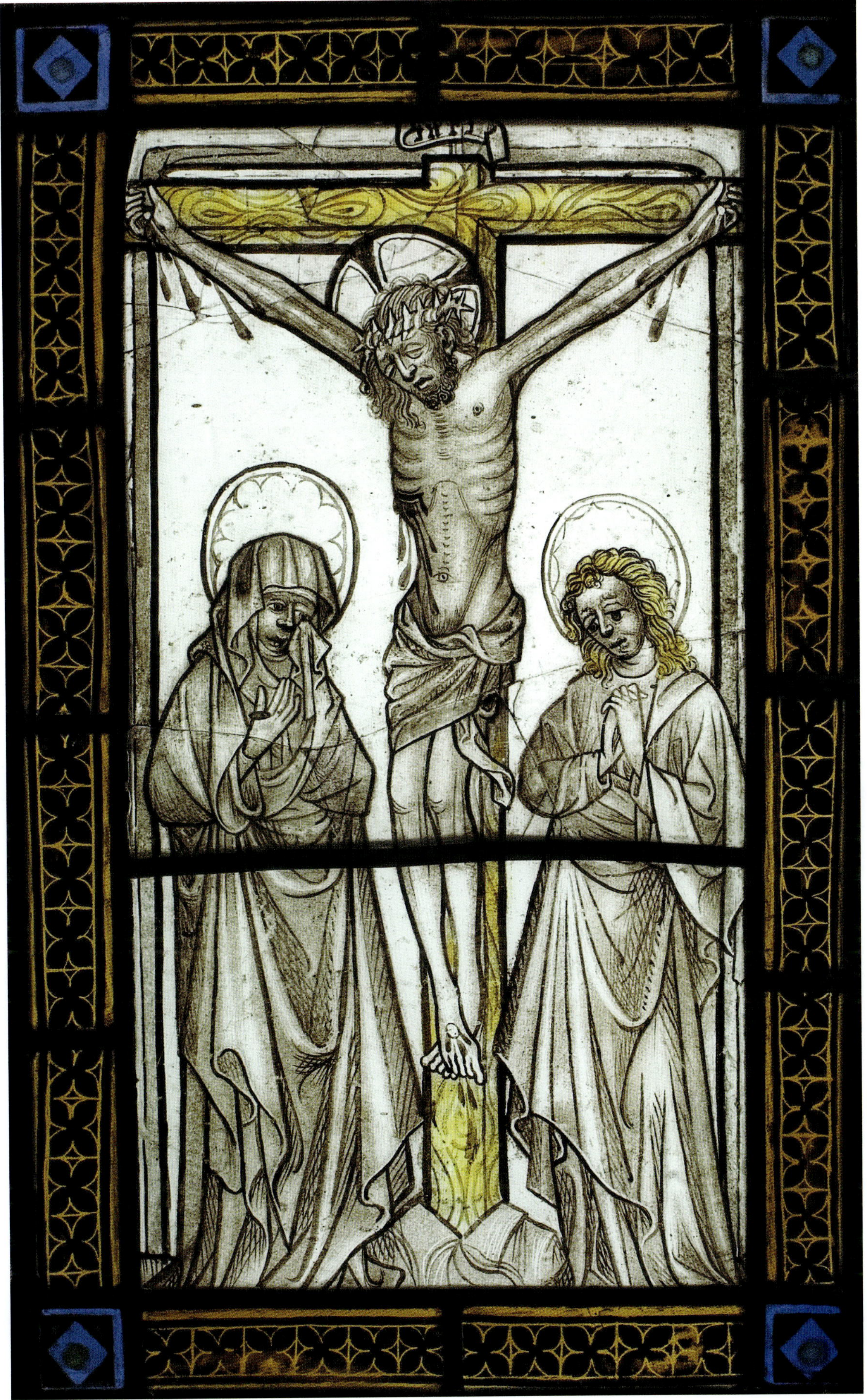

14 Stefan Lochner
(um 1400 Meersburg – 1451 Köln)
Zwei Altarflügel mit den Martyrien der Apostel, um 1435

Nussbaumholz
je H. 120 × B. 80 cm
erworben 1830 von den Erben von Thomas Jacob Tosetti, Köln
Frankfurt am Main, Städel Museum, Inv. 821-832

15 Nach Stefan Lochner
Schindung des hl. Bartholomäus, um 1435

Feder, laviert
H. 18,8 × B. 18 cm
erworben 1879 aus dem Nachlass von Friedrich Heimsoeth, Bonn
Staatliche Museen zu Berlin, Kupferstichkabinett, KdZ 778

16 Wenzel von Olmütz
(tätig in Mähren um 1480 – um 1510)
Die Kreuzigung des Apostels Andreas, um 1480

Kupferstich
H. 15,8 × B. 11,3 cm
erworben 1875 aus der Sammlung Kalle, Frankfurt am Main
Staatliche Museen zu Berlin, Kupferstichkabinett, Inv. Nr. 390-1

Kölns Stellung als religiöses, wirtschaftliches, aber auch künstlerisches und kulturelles Zentrum des Heiligen Römischen Reichs war im 15. Jahrhundert nahezu unangefochten. In der größten und reichsten Stadt des Imperiums „Sancta Colonia" lebte man kosmopolitisch und die lokalen Auftraggeber waren entsprechend offen für die Kunst anderer Regionen. Zu den fremden Künstlern, die es nach Köln zog, gehörte auch Stefan Lochner, die dominierende Persönlichkeit in den 1430er- und 1440er-Jahren und zugleich einer der bedeutendsten deutschen Maler vor Albrecht Dürer, der dessen Werk hoch schätzen sollte. Wohl ursprünglich aus der Bodenseeregion stammend, ließ sich Lochner gegen 1435 in Köln nieder, wo er 1451 starb. Sein Lebensweg vor der Ansiedlung in Köln bleibt jedoch im Dunkeln. Auch sind Lochners seeschwäbische Ursprünge in seinem Werk nicht erkennbar, vielmehr fand er seine Inspirationen vor allem in der Kölner Malerei und in der Kunst Jan van Eycks. Äußerst vielseitig meisterte Lochner gleichermaßen monumentale Gemälde wie Miniaturen.

Museen in Köln, Frankfurt und München beherbergen die verstreuten Tafeln eines frühen, höchst ehrgeizigen Werks: ein großes Triptychon mit dem Jüngsten Gericht, flankiert von

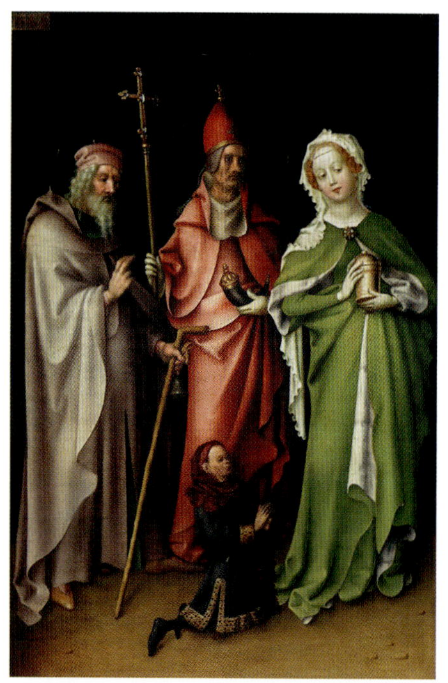
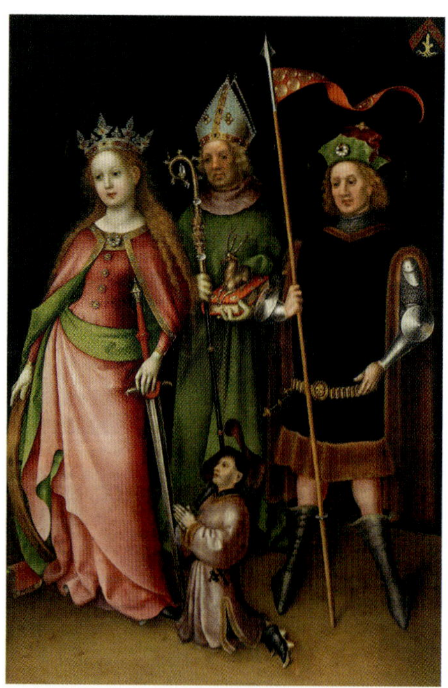

Stefan Lochner, *Hll. Antonius, Papst Cornelius und Maria Magdalena mit einem Stifter* (l.); *Hll. Katharina, Hubertus und Quirinus von Neuss mit einem Stifter* (r.), München, Bayerische Staatsgemäldesammlungen – Alte Pinakothek

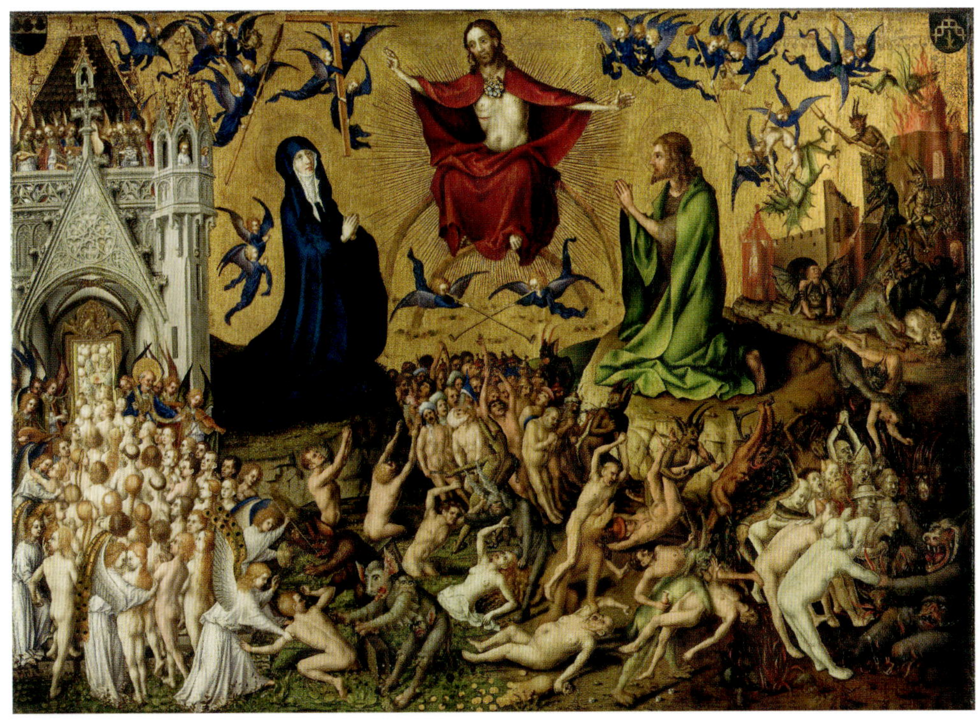

Stefan Lochner, *Weltgericht*, Köln, Wallraf-Richartz-Museum & Fondation Corboud

Szenen der Apostelmartyrien. Auf der Außenseite des Retabels stehen zwei weibliche und vier männliche Heilige, vor ihnen knien zwei Stifter. Das Werk wurde kurz nach Lochners Ankunft in Köln um 1435 ausgeführt, wahrscheinlich für den Altar der Katharinenbruderschaft in Sankt Aposteln, der fünf der auf den Außenseiten dargestellten Heiligen geweiht war (Gompf 1997).

Die Mitteltafel präsentiert das Jüngste Gericht, an dem nach christlichem Glauben alle Toten auferstehen werden, um vor den wiederkehrenden Christus als den Weltenrichter zu treten. Die Summe ihres Handelns und der Grad, in dem sie nach dem Vorbild Christi gelebt haben, wird bestimmen, ob sie für die Ewigkeit ins Paradies oder in die Hölle geschickt werden. Maria und Johannes der Täufer knien als Fürbitter zuseiten des Richtenden, um ihn um Milde für die reuigen Sünder zu bitten.

Nach einem in der Kölner Malerei üblichen Schema sind die Flügel des Altarbildes in Felder unterteilt, um mehrere Erzählungen aufzunehmen. Jeder Flügel besteht aus sechs Szenen, die in drei Zweierreihen angeordnet sind. Auf der linken Tafel sehen wir von links nach rechts und von oben nach unten die Martyrien von Petrus, Paulus, Andreas, Johannes dem Evangelisten, Jakobus d. Ä. und Bartholomäus. Die Ermordung von Thomas, Philippus, Jakobus d. J., Matthäus, Simon und Judas sowie Matthias füllen den rechten Flügel.

Die Frankfurter Bilderzählungen zeichnen sich durch Intensität und Gewalt aus. Beispielsweise folgen die Darstellungen des Märtyrertodes von Thomas gewöhnlich der *Legenda Aurea*, der zufolge der Heilige, der vor einem von ihm gestürzten Idol kniet, von dem Hohepriester mit dem Schwert erschlagen wird. Hier dagegen ist der Apostel aus seiner knienden Position auf den Rücken geworfen worden und kämpft, halb

auf dem Boden liegend darum, sich wieder zu erheben. Der Hohepriester ist nicht mehr als solcher erkennbar. Stattdessen stürzt sich eine brutale Meute auf Thomas: Ein Scherge im roten Gewand durchbohrt seinen Hals mit einem Schwert; ein Angreifer in Gelb greift den Halsausschnitt des Heiligen, um sein Gesicht mit einem Stein zu zerschmettern; ein Mann in Blau sticht dem Apostel mit einer Lanze in den Bauch; ein vierter packt den Heiligen bei den Haaren, um ihm den Schädel mit seiner Keule zu zertrümmern. Der beabsichtigte Effekt besteht nicht nur darin, das Mitgefühl des Betrachters für die Apostel zu wecken, sondern auch die Verachtung für die Peiniger zu befeuern.

Die drei Innentafeln des Altars sind sowohl visuell als auch thematisch miteinander verbunden. Die Figuren in den Szenen der Martyrien sind im gleichen Maßstab gehalten wie diejenigen am unteren Rand des Jüngsten Gerichts. Auch in den Gruppen und Posen der Protagonisten gibt es zahlreiche visuelle Entsprechungen. Alle drei Tafeln zeigen die gleiche Bravour bei der Darstellung des menschlichen Körpers in praktisch jeder Position und aus jedem Winkel. Außerdem bilden die Martyrien und das Jüngste Gericht eine thematische Einheit: Die Apostel werden für ihren Glauben an Christus getötet. In der Nachfolge des Todes Jesu erleiden sie ein gleichartiges Martyrium. Umgekehrt finden die Peiniger der Märtyrer ihre Vergeltung unter den Verdammten des Jüngsten Gerichts.

Der Kontrast zwischen dem geöffneten und dem geschlossenen Altarbild muss beträchtlich gewesen sein. Die stehenden Heiligen der Außenseite sind doppelt so groß wie Christus, Maria und Johannes der Täufer, und ihre Haltungen sind statuarisch, verglichen mit dem Wirbel der Figuren und dem Tumult im Inne-

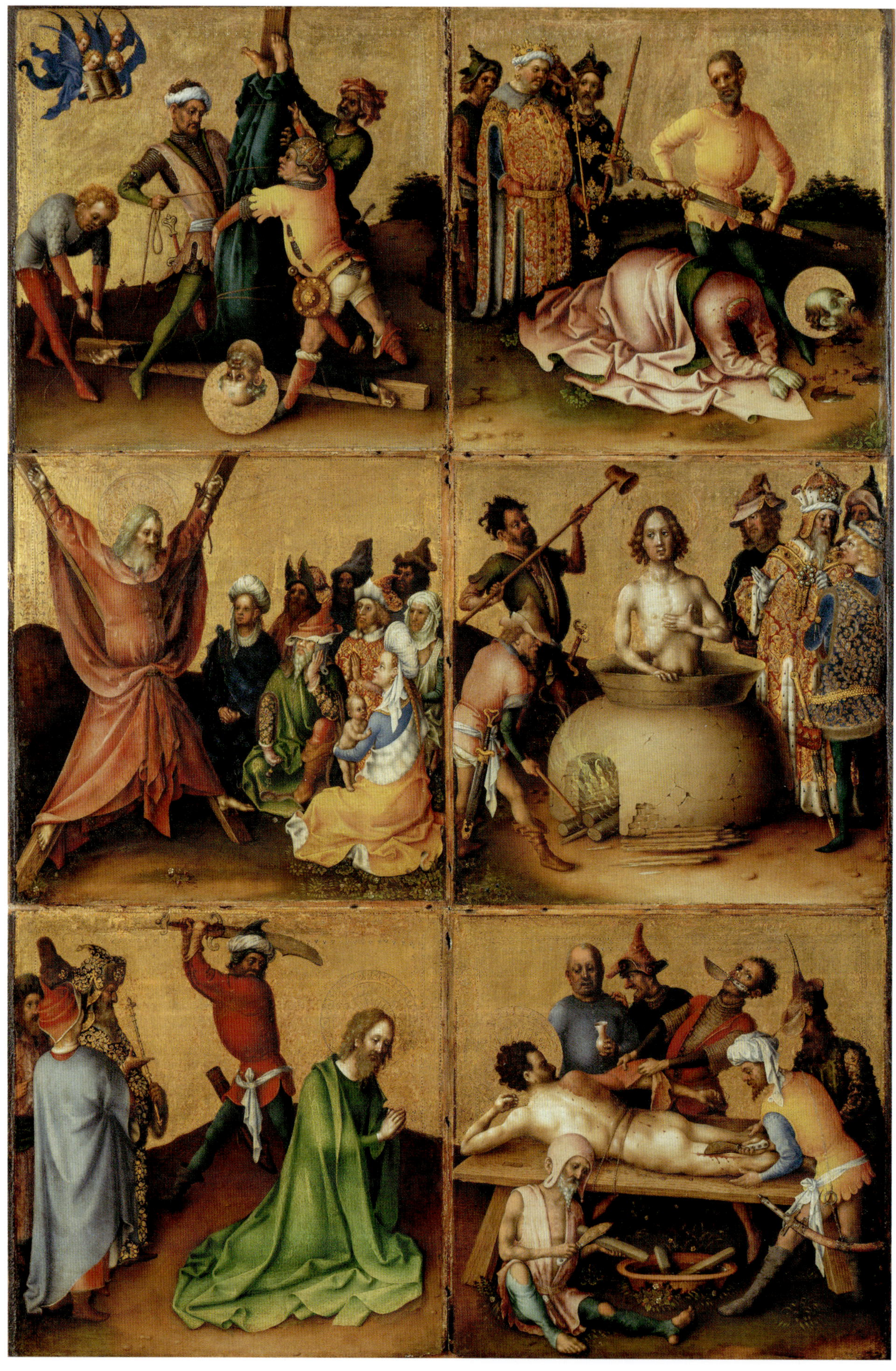

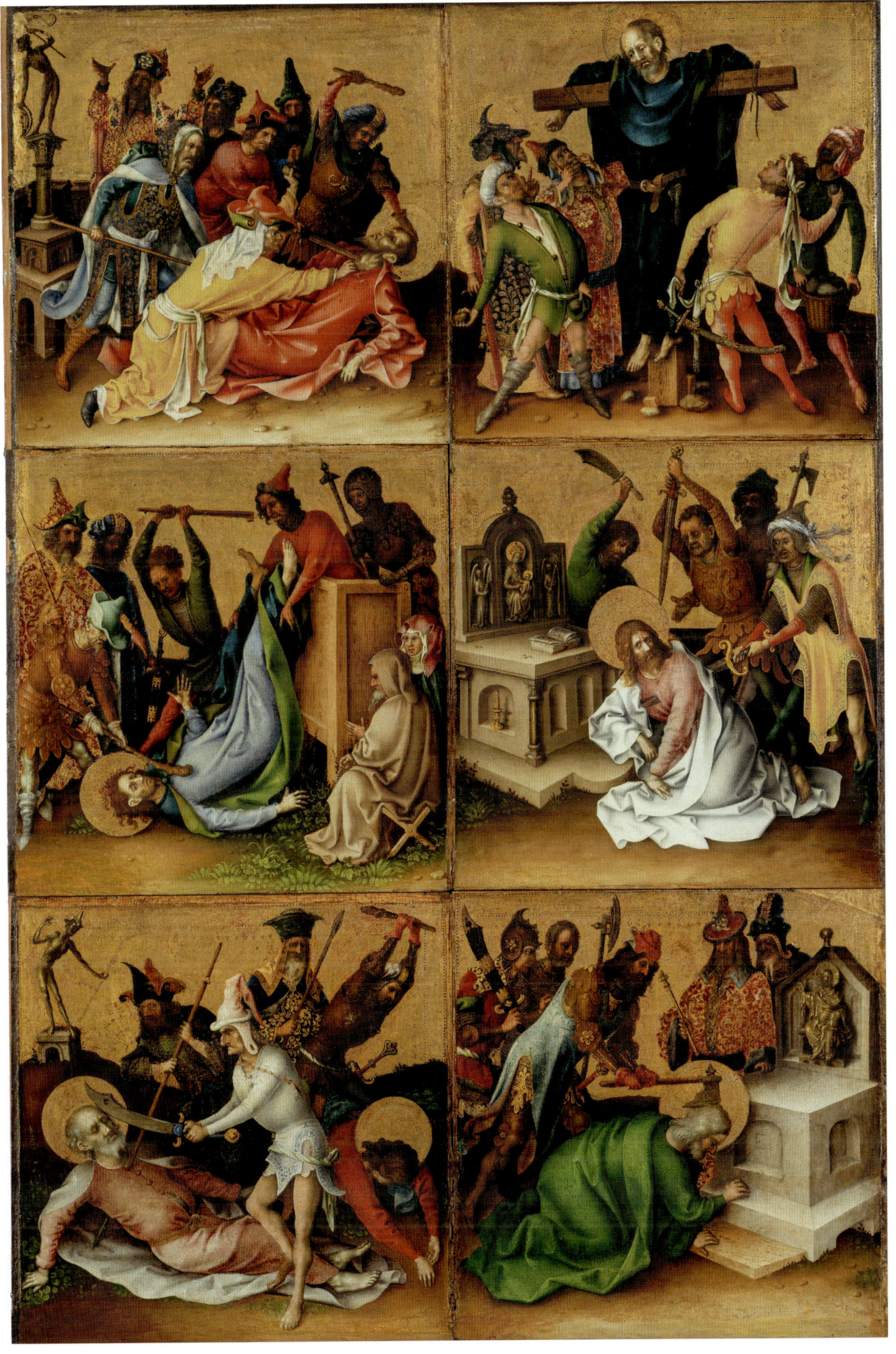

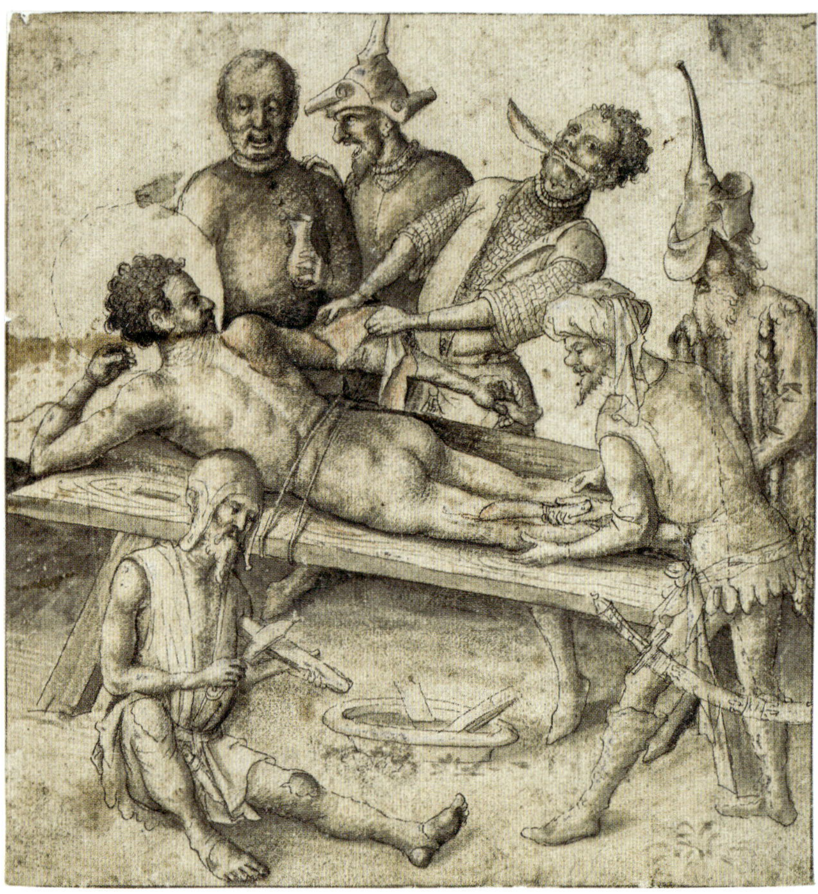

Nach Stefan Lochner, *Schindung des hl. Bartholomäus*, um 1435

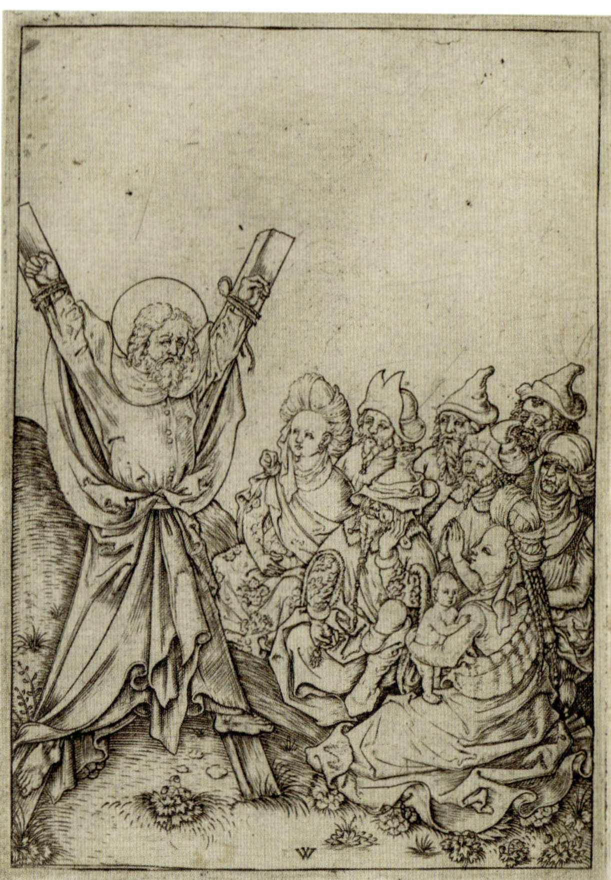

Wenzel von Olmütz nach Stefan Lochner, *Die Kreuzigung des Apostels Andreas*, um 1480

ren. Während die Innenseite des Retabels einer Explosion von Farbe und Gold gleicht, ist die Palette außen gedämpft. Die Heiligen scheinen aus der Dunkelheit ins Licht zu treten, wenn sie sich der Bildebene nähern. Tatsächlich schafft Lochner hier eine Verbindung zwischen dem Bildraum und dem Raum des Betrachters.

Der Weltgerichtaltar ist Lochners frühestes erhaltenes Hauptwerk. In vielerlei Hinsicht hat das Triptychon die Qualität eines Bravourstücks, das typisch für das Werk eines ehrgeizigen jungen Künstlers ist, der der Elite seiner Wahlheimat imponieren möchte. Sein Erfindungsreichtum beeindruckte zahlreiche andere Künstler sowohl in Köln als auch außerhalb bis hin zu Albrecht Dürer. Die Apostelmartyrien wurden über Zeichnungen und Druckgrafik verbreitet. Im Berliner Kupferstichkabinett befindet sich eine in Feder gezeichnete und lavierte zeitgenössische Kopie der *Schindung des Bartholomäus*, die vielleicht sogar in Lochners Werkstatt angefertigt wurde. Im letzten Viertel des 15. Jahrhunderts, also mindestens eine Generation nach Lochners Tod, fand Wenzel von Olmütz dessen Darstellungen der Martyrien noch so aktuell, dass er zwei von ihnen, die des Andreas und des Bartholomäus, im Kupferstich wiederholte und sie damit noch weiter verbreitete. *JC*

LITERATUR
Lehrs 1908–1934, Bd. 6, Kat. 29, S. 217 f. – Förster 1951, S. 134 f., 162–166 – Gompf 1997 – Brinkmann/Kemperdick 2002, S. 176–217 – Chapuis 2004, S. 41–55.

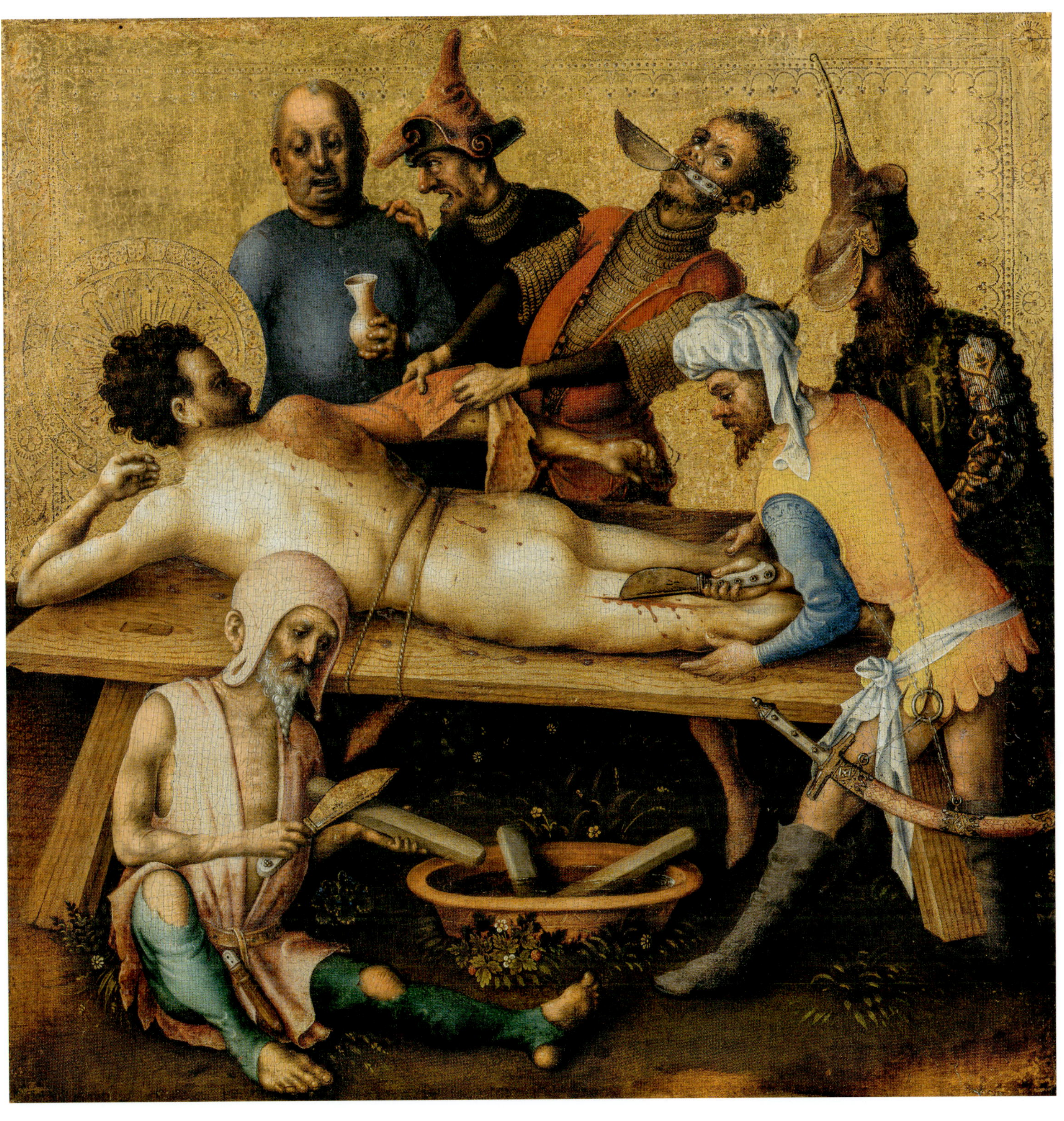

Stefan Lochner
(um 1400 Meersburg – 1451 Köln)
Stundenbuch, 1444

Deckfarben und Gold auf Pergament, 256 Blätter
H. 9,3 × B. 7 cm
erworben 1928 aus der Kölner Sammlung Clavé und Zanoli
Staatliche Museen zu Berlin, Kupferstichkabinett, Sign. 78 B 1a

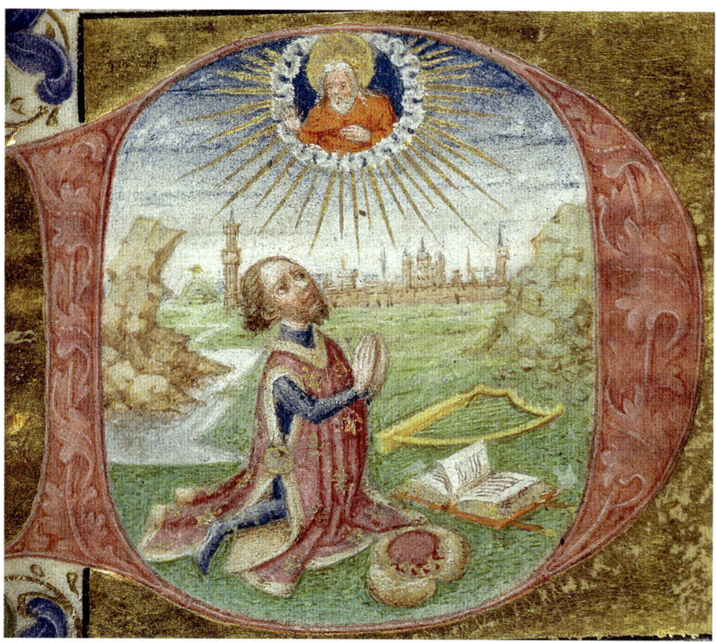

In der gleichen Zeit, in der Stefan Lochner ein riesiges Triptychon mit zum Teil überlebensgroßen Figuren malte – den Altar der Stadtpatrone, heute im Kölner Dom (Abb. S. 22) –, war er mit der Produktion eines illuminierten Stundenbuches mit winzigen Vignetten beschäftigt. Er beherrschte beide Medien, Monumental- wie Miniaturmalerei, gleichermaßen. Eine Tabelle für die Berechnung des Ostertages in der Berliner Handschrift beginnt mit dem Jahr 1444, von dem an das Buch benutzt werden konnte. Der Berliner Codex und ein noch reicher dekoriertes Stundenbuch in der Hessischen Landesbibliothek Darmstadt (letzteres 1451 datiert) enthalten eine beträchtliche Anzahl an Darstellungen, die unser Verständnis von Lochners Kunst in hohem Maße erweitern.

Die aus feinstem Pergament hergestellten Manuskripte sind sowohl mit Gold als auch mit Blau aufwendig verziert und die Qualität ihrer Ausführung ist sehr hoch. In ihren üppigen Bordüren sind Blumen, goldene Ranken, Akanthusrollen und beerenartige Früchte in leuchtenden Farben kombiniert. Diese Art der Dekoration, die erstmals in den Berliner und Darmstädter Handschriften erscheint und von späteren Buchmalern in Köln und Utrecht übernommen wurde, ist in der Kunstgeschichte als Goldrispenstil bekannt und stellt einen der wich-

tigsten Beiträge von Lochner zur Kunst der Handschriftenillumination dar (Dickmann 1993).

Eine ganzseitige Miniatur mit der Verkündigung eröffnet das Marienoffizium. Die Darstellung zeichnet sich durch die überzeugende Integration von Körpern im Raum aus. Die Szene spielt vor einer Raumecke unter einer gewölbten Holzdecke. Ein auf schlanken Säulen ruhender Steinrahmen mit profilierten Zwickeln trennt den Innenraum vom Betrachter. Der bubenhafte Engel, begleitet von der Taube des Heiligen Geistes, ist durch eine bogenförmige Öffnung eingetreten. Gabriels rechter Flügel und ein Teil seiner Draperie sind beschnitten, was suggeriert, dass sich der Raum über den Goldrahmen hinaus ausdehnt. Die Draperie der lesenden Maria ist in breiten, halbmondförmigen Falten um sie herum auf dem Boden ausgebreitet. Die Jungfrau, deren Gesichtstyp und Haltung mit unter den Körper gezogenen Beinen an frühere Kölner Malerei erinnern, besitzt eine fast skulpturale Präsenz. Der Maler hat eine Vielzahl von Pünktchen tupfend aufgetragen, die in feinsten Nuancen von Blau in überzeugender Weise den Körper unter der Draperie herausmodellieren. Vorgewölbte Bereiche sind hell gehalten, während die zurückweichenden Teile fast puderig wirken. Die räumliche Komplexität der Miniatur ist den Tafelbildern Loch-

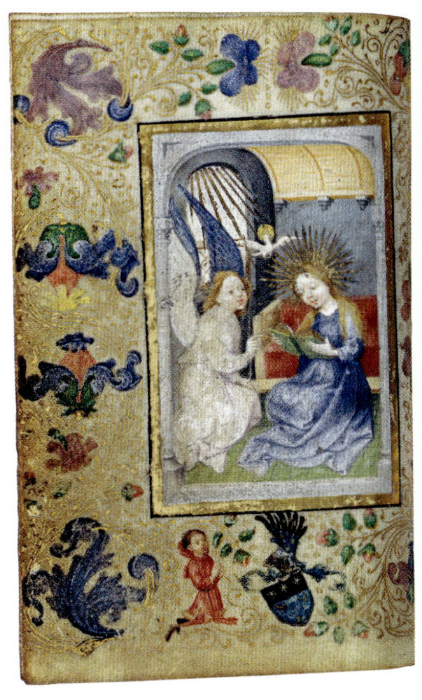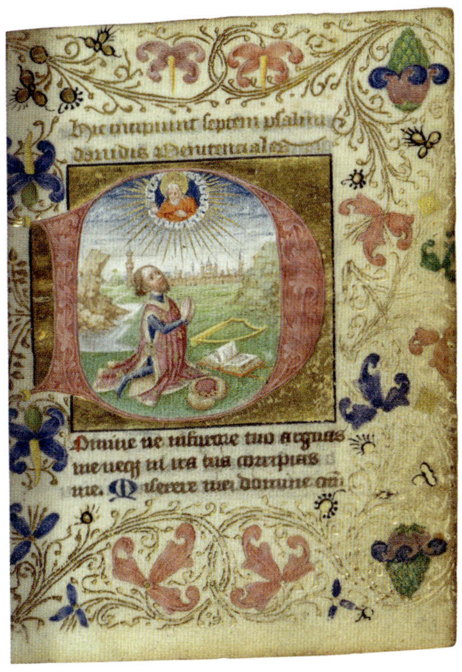

ners nicht unterlegen. In der unteren Bordüre kniet der Stifter der Handschrift, dessen Wappen sich aufgrund des schlechten Erhaltungszustands nicht identifizieren lässt.

Die Seite mit der Darstellung von David im Gebet, die die Psalmen einleitet, zeigt Lochners Virtuosität als Landschaftsmaler. Während David mit gefalteten Händen auf einer Wiese kniet, schaut er zu Gott hinauf, der ihn vom Himmel aus segnet. Trotz ihrer winzigen Größe wirkt die Figur wie ein echter Mensch und vermittelt wie Maria in der Verkündigungsszene unter der Kleidung den Eindruck von Körperlichkeit. Vor David liegen sein Hut, seine perspektivisch verkürzt gezeigte Harfe und ein offenes Buch mit einer hoch stehenden Seite. Umrahmt von zwei Felsformationen, werden die gestaffelten Ebenen der Landschaft heller und leiten in den fast weißen Horizont über. In der fernen Stadtlandschaft können wir kleine ockerfarbene Gebäude mit hohen blauen Dächern unterscheiden. Das Bild suggeriert Atmosphäre und erreicht mühelos eine Tiefenwir-

kung, zu der sowohl der sich durch Felder schlängelnde Fluss als auch die kühler werdenden Farbtöne beitragen.

Die Kölner Malerei, die so sehr den Goldgrund bevorzugte, bot keinen Präzedenzfall für Lochners Verständnis von Landschaft. Obwohl erfunden, erinnert die Kombination von Hügeln und Ebene und vor allem die Klarheit des Himmels mit den langgezogenen Wolken an die tatsächliche Landschaft des Niederrheins. Lochner macht also die aus der Erfahrung bekannte Natur zum Schauplatz heilsgeschichtlicher Episoden. Damit steht er in einer Reihe mit Konrad Witz, der im selben Jahr 1444 die Erscheinung Christi vor den Aposteln bei dem *Wunderbaren Fischzug* am Westufer des Genfer Sees inszenierte (Abb. S. 14). Ein Paradoxon von Lochners Bild ist, dass es, obwohl winzig klein, einen Eindruck von Unendlichkeit vermittelt. *JC*

LITERATUR
Dickmann 1993 – Chapuis 2004, S. 66–69.

18 **Kölner Meister**
    Die Madonna vor der Rasenbank mit einer
    Stifterfamilie, um 1460

Eichenholz
H. 97,2 × B. 64,3 cm
erworben 1821 mit der Sammlung Solly
Staatliche Museen zu Berlin, Gemäldegalerie, Kat. Nr. 1230

Maria, die Himmelskönigin mit goldenem Kleid, hermelingefüttertem Mantel und perlenbesetzter Krone, hat sich vor einer Rasenbank niedergelassen; indem sie auf dem Boden sitzt, gibt sie einer ihrer Tugenden Ausdruck, der Demut. Über ihrem Haupt schwebt die Taube des Heiligen Geistes; das gänzlich nackte Christuskind sitzt auf ihrem Schoß. Auf der Rasenbank stehen weiße und rote Nelken, Zeichen für die Reinheit und Liebe der Jungfrau und ihres Sohnes, und so haben beide jeweils eine Blume für den anderen gepflückt. Auf der Wiese im Vordergrund kniet eine vielköpfige Familie im Gebet: Auf der heraldisch rechten und damit bevorzugten Seite befindet sich der Mann mit vier Söhnen, gegenüber die Frau mit drei Töchtern, von denen die älteste eine Nonne ist und eine Haube trägt. Dieser Familie und ebenso auch dem Betrachter des Bildes gilt der Segensgestus Christi.

Woher das Gemälde ursprünglich stammt und um wen es sich bei der Familie handelt, ist nicht überliefert. Rechts vor dem Mann war zunächst ein Wappenschild in der Untermalung angelegt, wurde dann aber nicht ausgeführt. Das Wappen, das gewiss nicht fehlen durfte, wurde stattdessen wahrscheinlich auf dem lang schon verlorenen originalen Rahmen des Bildes angebracht. Die Tafel selbst ist nicht beschnitten; Flügel können daher kaum vorhanden gewesen sein, denn diese hätten ein unmöglich schmales und hohes Format haben müssen. Sehr wahrscheinlich handelte es sich also von Anfang an um eine Einzeltafel. Sie dürfte nicht als Altarbild gedient haben, sondern als Epitaph, als Gedächtnisbild für die unbekannte Familie. Die Namen und Sterbedaten der Dargestellten waren vermutlich auf dem Rahmen oder auf einer Schrifttafel angebracht und sollten denjenigen, der das Epitaph sah, zu einem Gebet für das Seelenheil der Verstorbenen bewegen. Mit dieser Funktion dürfte es auch zusammenhängen, dass die Tafel, anders als die typischen Kölner Altarbilder der Zeit, keinen Goldgrund aufweist. Auch eine 1458 datierte Kreuzigungstafel in Köln, die das Epitaph des Kanonikers Werner Wilmerinck darstellt (Chapuis 2004, S. 285 f.), wies einen ähnlichen dunkelblauen Grund mit Sternen auf; dort ist auch der Rahmen mit der Inschrift, die zum Gebet für Wilmerinck auffordert, noch erhalten.

Geraume Zeit nach ihrer Fertigstellung erfuhr die Berliner Tafel eine Umgestaltung: Die Madonna wurde durch die Hinzufügung einer Mondsichel und eines goldenen Strahlenkranzes in das Apokalyptische Weib verwandelt. Möglicherweise geschah dies in der Zeit um 1500, als die Verehrung für Mondsichelmadonnen deutlich zunahm und es seit dem späten 15. Jahrhundert sogar hohe Ablässe für Gebete vor derartigen Bildern gab. Unklar ist, ob zwei Engel, die schwebend die Krone der Jungfrau hielten, ebenfalls in diesem Zusammenhang ergänzt wurden. Sie wurden später, doch vor 1821, wieder getilgt, wie auch die goldenen Sonnenstrahlen um die Jungfrau im Laufe der Zeit stark abgerieben wurden. Irritierend ist das ehemals aus Pressbrokat bestehende, durch Zerstörung heute flächig erscheinende goldene Kleid Mariens; ursprünglich war es mittels Lasuren ebenso plastisch ausgeformt wie die übrigen Gewänder.

Stilistisch wurde die Berliner Tafel bereits 1830 von Waagen im ersten Sammlungskatalog der Berliner Galerie als kölnisches Werk in der Nachfolge des sogenannten Dombildes erkannt. Tatsächlich gleichen der Oberkörper Mariens und vor allem das nackte Kind weitgehend den entsprechenden Figuren auf dem um 1445 geschaffenen Hauptwerk von Stefan Lochner (Abb. S. 22). Ebenso lehnt sich die mit verschiedenen Schraffuren arbeitende Unterzeichnung der Tafel deutlich an Lochners Arbeitsweise an. Ohne Zweifel also stammt die Tafel von einem ehemaligen Mitarbeiter des 1451/52 verstorbenen Malers. In der konkreten Handschrift kommt sie vor allem Werken wie zwei um 1460 entstandenen Altarflügeln in Köln nahe (Chapuis 2004, S. 184–187), auf denen ein Nachfolger Lochners ebenfalls aus dem Dombild zitierte. Noch näher steht die erwähnte Wilmerinck-Tafel, bei der die feste Modellierung der Gesichter und die kirschroten Lippen auffallend ähnlich sind. Mit dem Datum 1458 bestätigt sie zudem die Datierung der Berliner Tafel, die bei einem jüngsten vorhandenen Jahrring des verwendeten baltischen Eichenholzes von 1439 erst gegen oder nach 1460 entstanden sein kann.   *SK*

LITERATUR
Waagen 1830, S. 297 – Stange 1934–1961, Bd. 5, 1952, S. 50 – Stange 1967–1978, Bd. 1, Nr. 122.

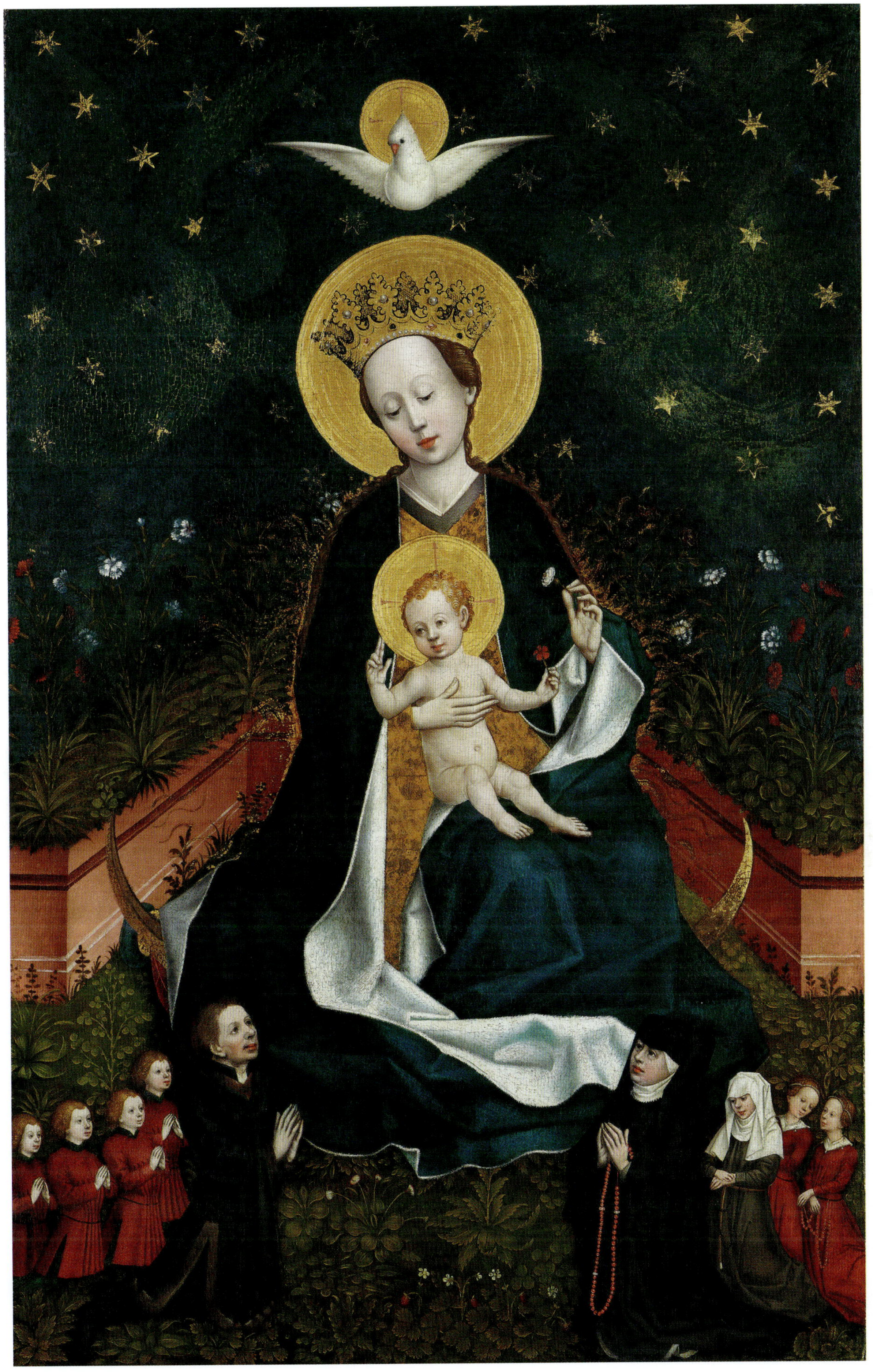

19   Hans Multscher
      (tätig in Ulm 1427–1467)
      Flügel des Wurzacher Altars:
      Geburt Christi, Anbetung der Könige,
      Pfingstwunder, Marientod/Christus am Ölberg,
      Christus vor Pilatus, Kreuztragung und
      Auferstehung, 1437

Leinwand auf Tannenholz
je H. 150 × B. 140 cm
Sammlung Graf Truchseß von Waldburg-Zeil auf
Schloss Wurzach
erworben 1900 als Geschenk von Sir Julius Wernher, London
Staatliche Museen zu Berlin, Gemäldegalerie, Kat. Nr. 1621,
1621A-G

Die Flügel des sogenannten Wurzacher Altars gehören zu den bedeutendsten Zeugnissen deutscher Malerei des 15. Jahrhunderts. Benannt sind sie nach Schloss Wurzach, wo sie sich im 18. Jahrhundert in der Sammlung des Grafen Truchseß von Waldburg-Zeil befanden. Ihr ursprünglicher Bestimmungsort ist unbekannt. Sie bildeten einst die Flügel eines Retabels mit vermutlich geschnitztem Mittelschrein, das sich im aufgeklappten Zustand über eine Breite von mehr als sechs Metern erstreckt haben muss. Die Tafeln zeigen vier Szenen aus dem Marienleben und vier weitere Szenen aus der Passion Christi. Durch die gemalte Architektur auf den Marientafeln, die sich über zwei Register erstreckt, lässt sich die Anordnung der Bilder innerhalb der Vierergruppen rekonstruieren. War der Altar geschlossen, so sah man eine der beiden Vierergruppen; öffnete man die Flügel, so erschien die andere. Zu einem unbekannten Zeitpunkt spaltete man die Flügel, um alle Szenen nebeneinander zeigen zu können. Zugleich ist die Kenntnis darüber verloren gegangen, ob die Marienszenen oder jene der Passion die Feiertagsseite des Altars schmückten, auch wenn die in den Marienszenen angebrachten Künstlersignaturen eher für deren Platzierung auf den Außenseiten sprechen, da sich die meisten frühen Signaturen an dieser Stelle finden. Davon hängt die weitere Rekonstruktion des verlorenen Schnitzwerks ab: Wenn die Innenseiten die Passionsszenen geborgen hätten, dann würde der zentrale Schrein die Kreuzigung Christi, die man unter den Gemälden als Bildthema vermisst, gezeigt haben. Wären die Marienszenen hingegen im geöffneten Zustand gezeigt worden, so hätte der Schrein eine Madonnenskulptur enthalten. Die Kreuzigung als unverzichtbare Szene für den Passionszyklus hätte dann im Gesprenge untergebracht sein müssen. Die Skulpturengruppe wäre also oben auf dem Schrein platziert worden, womit das Objekt auch eine beachtliche Höhe erhalten hätte.

Hinsichtlich ihrer Qualität sind die Malereien herausragend. Den modernen Betrachter irritieren die derben, unschönen Gesichter, die sich keineswegs auf die Feinde Christi beschränken, sondern auch unter den Aposteln im Pfingstwunder und im Marientod zu finden sind. Sie verleihen den Malereien eine bis dahin ungekannte emotionale Ausdruckskraft: In der Kreuztragung bewerfen schamlose Kinder Christus mit Kieseln, während ein hämisch grinsender Scherge Maria und Johannes verhöhnt. Im Marientod werden die Apostel mit offenstehenden Mündern und grob geschnittenen Gesichtern

gezeigt, die deren leise Trauer, ihr Staunen und ihr konzentriertes Lesen und Beten zu erkennen geben. Das annähernd quadratische Bildformat verstärkt den Eindruck von Schwere, der von den Figuren ausgeht. Dass es dem Entwerfer der Szenen trotz der Maßstabsschwankungen keineswegs an räumlichem Gespür mangelte, beweisen die virtuos verkürzten Köpfe der Apostel rechts im Vordergrund des Pfingstwunders. Die Geburt Christi und die Anbetung der Könige besitzen geradezu genrehafte Qualitäten. Zweimal wird hier die gleiche Stallarchitektur aus verschiedenen Blickwinkeln gezeigt. Ein strohgedecktes Dach sitzt über einer Fachwerkmauer mit bröckelndem Putz und bietet der Heiligen Familie Schutz. In Wandnischen sind in reizvollem Durcheinander Bücher, Geschirr und ein Brotkorb untergebracht, die der Notunterkunft eine heimelige Atmosphäre verleihen.

Das Motiv der stilllebenhaften Wandnische entstammt der zeitgenössischen niederländischen Malerei, aus der auch zwei bedeutende Innovationen entlehnt sind, mit denen die Wurzacher Tafeln aufwarten: Sowohl in der Darstellung von Schlagschatten, insbesondere bei Objekten im Bildvordergrund, als auch in der Wiedergabe metallischer, glänzender Oberflächen mittels Farben anstatt von Blattgold und Silber äußern sich ein neues Bewusstsein für Licht. Für die Entdeckung des Lichts in der Malerei zeichnet insbesondere der niederländische Maler Jan van Eyck verantwortlich, dessen früheste datierte Gemälde die Jahreszahl 1432 tragen (s. den Essay von Stephan Kemperdick, S. 42–49). In den Wurzacher Tafeln wird aber, anders als bei van Eyck, die Bildwelt nicht konsequent mit atmosphärischem Licht durchgestaltet. Schlagschatten und Lichtreflexe werden nur punktuell, doch auffällig wie künstlerische „Glanzstücke“ eingefügt, um die Schaulust des Betrachters anzusprechen. Zu solchen Blickfängern zählt auch der links im Bild schlafende Jünger in der Ölbergszene, dem man unter die Fußsohle schauen kann – ein wohl vom Genter Altar entlehntes Motiv. Dass die Wurzacher Tafeln inschriftlich auf das Jahr 1437 datiert sind, ist nicht nur ein weiterer Beweis für die Vorbildrolle Jan van Eycks, der als einer der ersten Künstler nördlich der Alpen seine Werke datierte, sondern illustriert auch eindrücklich, wie rasch, ja geradezu zeitgleich, seine Innovationen in Schwaben rezipiert wurden. Die Inschrift, die sich an der Schwelle des Marientodes findet, entspricht als fingiert gemeißelter Schriftzug der Art, in der Jan van Eyck

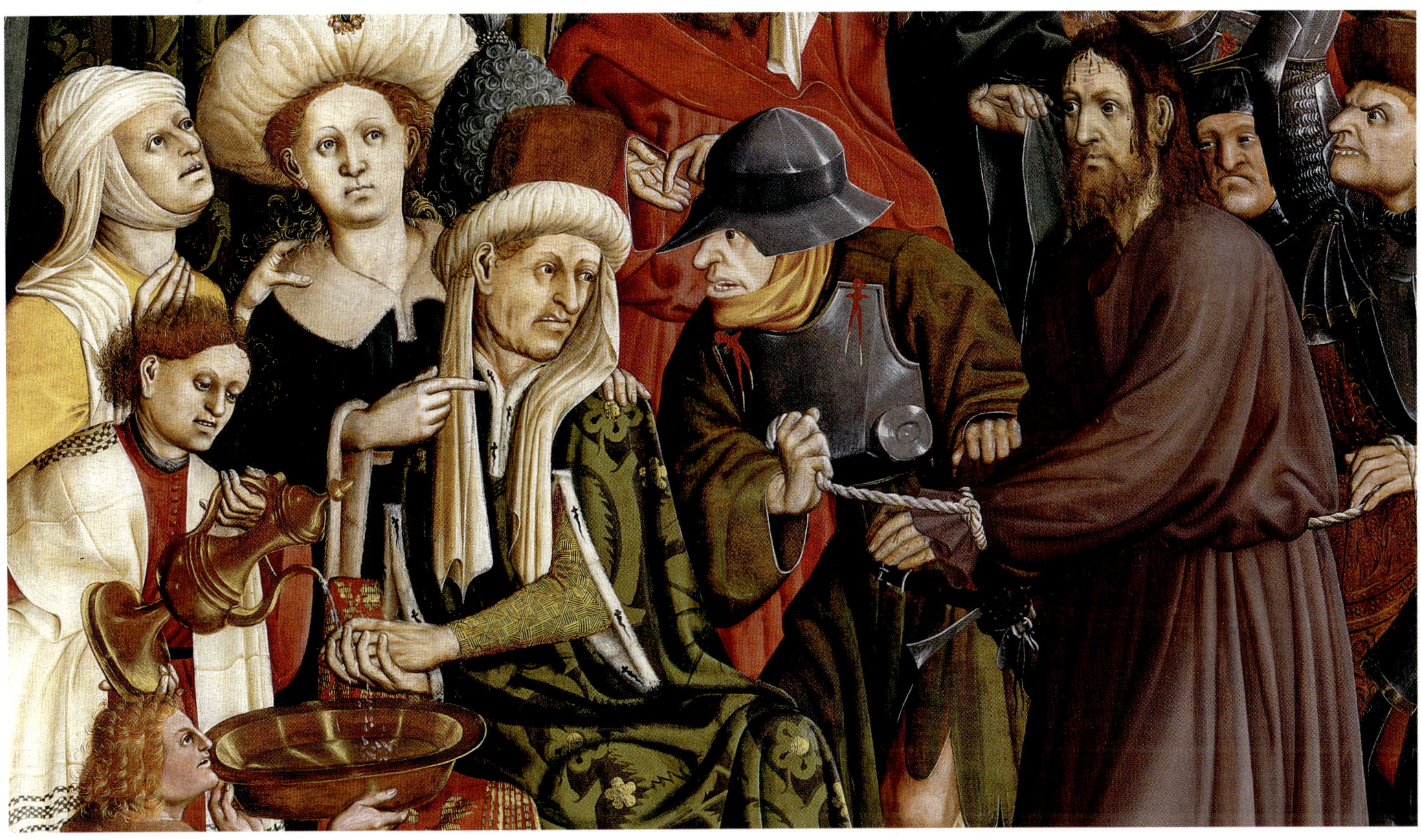

seine Bilder zu signieren und datieren pflegte. Sie nennt die Jahreszahl und zudem den Meister des Werks, Hans Multscher, Bürger zu Ulm. Eine zweite ähnliche Inschrift erscheint in der Architektur des Pfingstwunders.

Trotz dieser scheinbar eindeutigen Information ist in der Forschung umstritten, ob Hans Multscher wirklich der Maler der Wurzacher Tafeln war. Angesichts der Ausmaße des einstigen Retabels wird er Skulptur und Malereien ohnehin kaum im Alleingang ausgeführt haben. Urkundlich ist er nur als Bildhauer belegt. Zudem haben mindestens zwei Maler an den Tafeln gearbeitet. Mit bloßem Auge lässt sich das zum Beispiel an der Verwendung unterschiedlicher Blau- und Rottöne für Marias Gewand in der Geburt Christi einerseits und der Anbetung der Könige andererseits erkennen. Für ein trotzdem ähnliches Erscheinungsbild übertrug man die Gesichtszüge von Maria und Josef offenbar mit Schablonen, denn ihre Konturen in den beiden Stallszenen entsprechen einander genau. Da mit dem sogenannten Sterzinger Altar ein weiteres Retabel aus Multschers Werkstatt bekannt ist (Sterzing, Stadt- und Multschermuseum), das zwei Jahrzehnte später entstanden ist und dessen Malereien stilistisch völlig anders aussehen, liegt die Vermutung nahe, dass der Bildhauer Multscher wie ein Unternehmer die Gesamtproduktion riesiger Flügelaltare organisierte und dazu mit verschiedenen, innovativen Malern kooperierte.

Aufgrund der somit fraglich gewordenen (alleinigen) Autorschaft Multschers vermutete Sterling hinter dem Schöpfer der Malereien einen bayerischen Maler. Stilistisch-motivische Anknüpfungspunkte für die Wurzacher Tafeln findet man indes am ehesten in der ihrerseits nur schwer greifbaren schwäbischen Malerei. Eine gemalte Architektur zur Gliederung der Szenen, die sich über zwei Register erstreckt, begegnet in Südwestdeutschland auf den Flügeln des 1432 datierten Maulbronner Altars (Stuttgart, Staatsgalerie). Schon in älteren schwäbischen Werken wie dem Marien-Altar aus Nassenfels bei Eichstätt (Karlsruhe, Kunsthalle) findet man die symmetrisch-ovalen Frauengesichter mit den langen Nasen und den prominenten Lippen, wie sie hier in der Handwaschung des Pilatus zu sehen sind. In Ulm selbst entstehen in der Besserer-Kapelle im Münster in den frühen 1430er-Jahren Glasmalereien (Abb. S. 220), in denen auf sehr ähnliche Weise wie in den Wurzacher Tafeln niederländische Neuerungen und Motive aufgegriffen werden. Anscheinend war man in Ulm sehr früh in Kontakt mit westlichen Vorlagen gekommen und profitierte in verschiedenen Medien und Werkstätten von den Innovationen. Die Gemeinsamkeiten sind aber auch stilistischer Art: Die großen, groben Gesichter mit den abstehenden Ohren, den gelegentlich zum Lachen verzogenen Mündern und den hervorblitzenden Zähnen kennzeichnen ebenso die Glasmalereien der Besserer-Scheiben. Der oder die Maler der Wurzacher Tafeln dürften also wie der Hersteller des ganzen Retabels, Hans Multscher, aus Schwaben stammen und in Ulm ansässig gewesen sein. *SJ*

LITERATUR
Tripps 1969 – Sterling 1972 – Söding 1991 – Gallagher 1996.

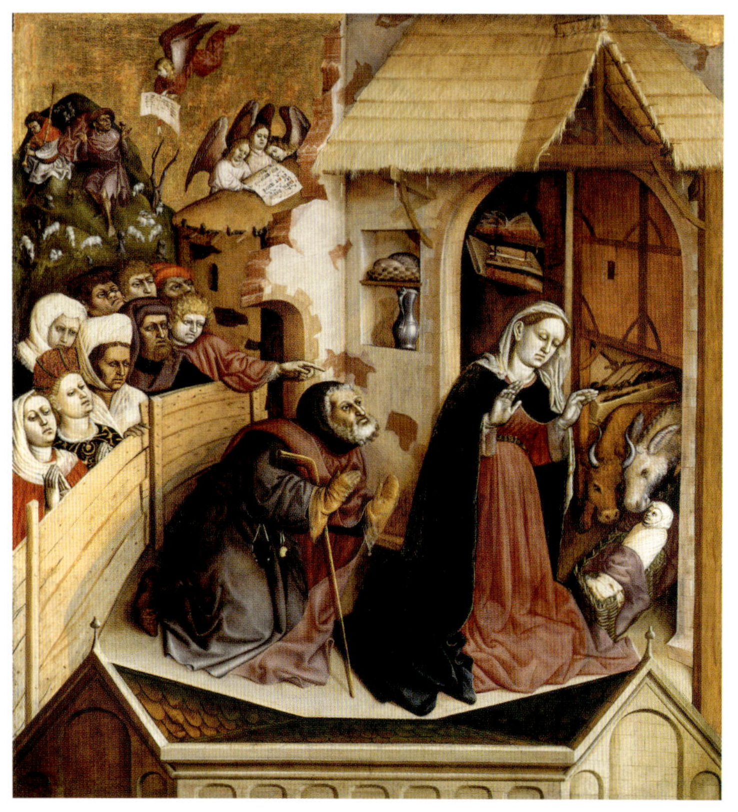

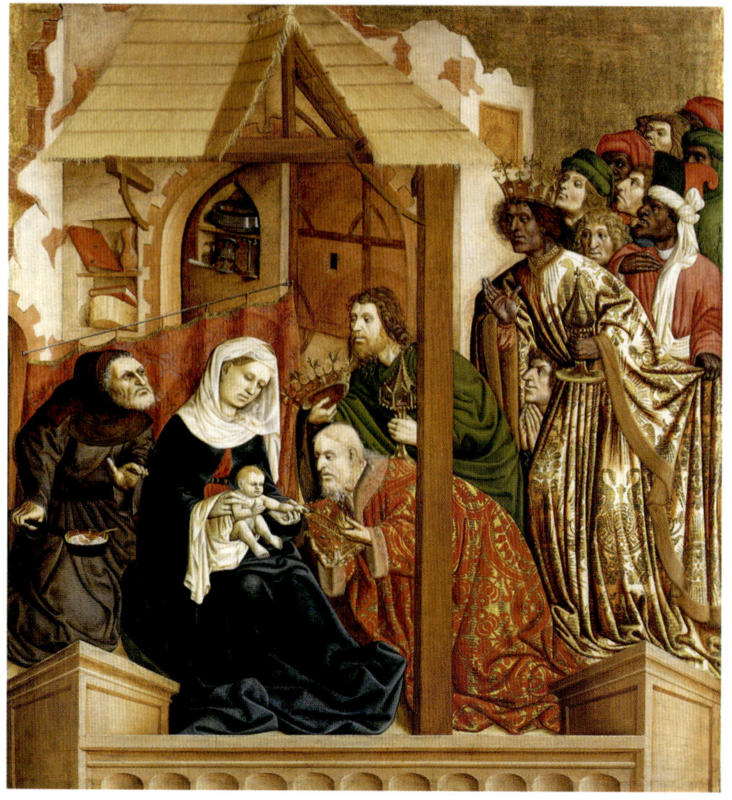

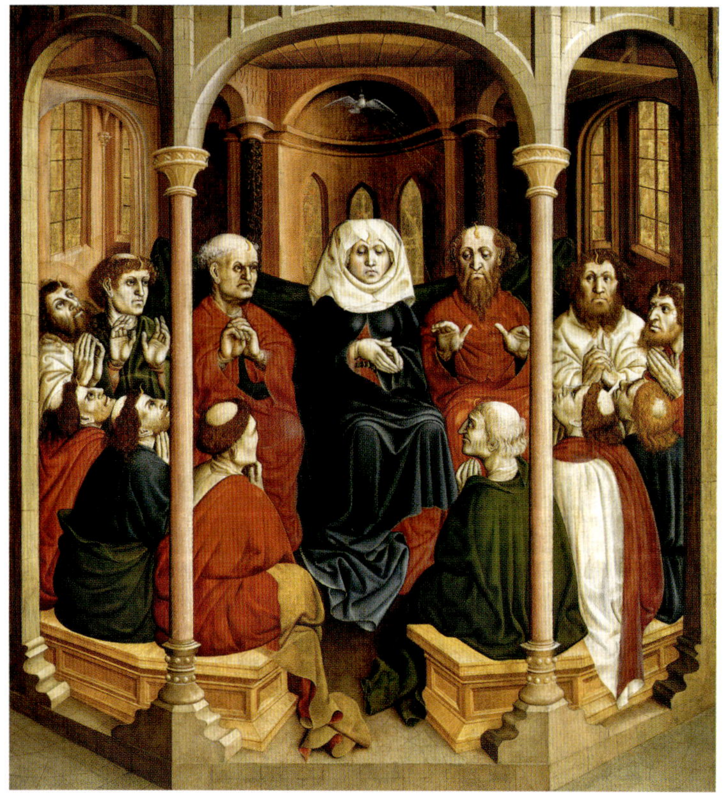

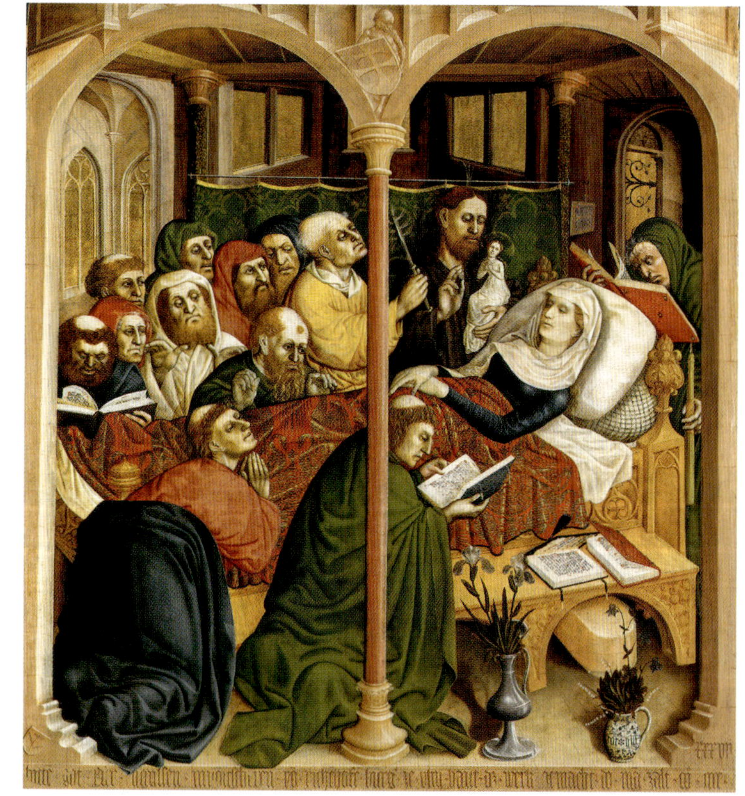

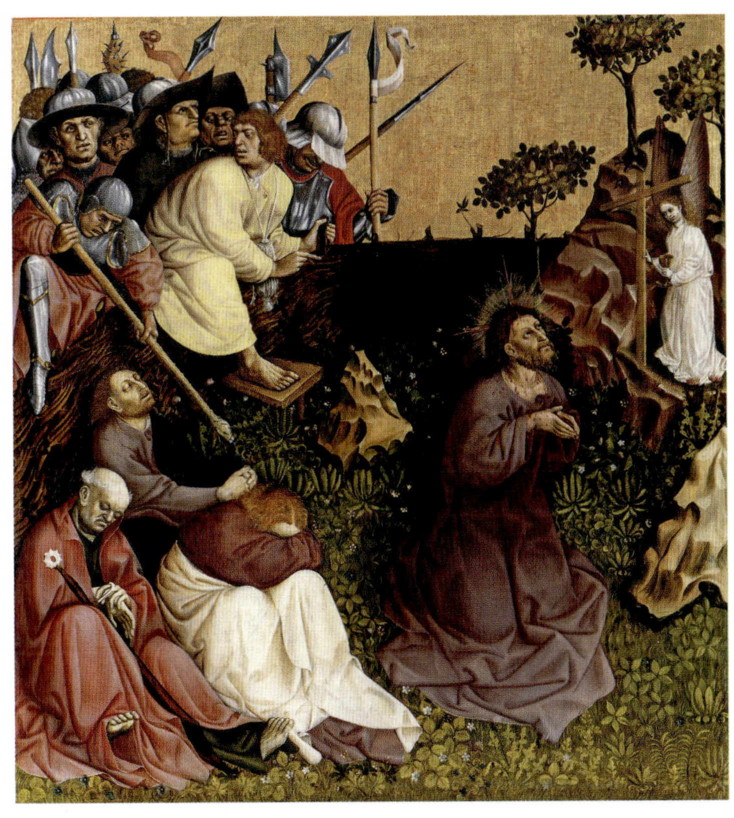
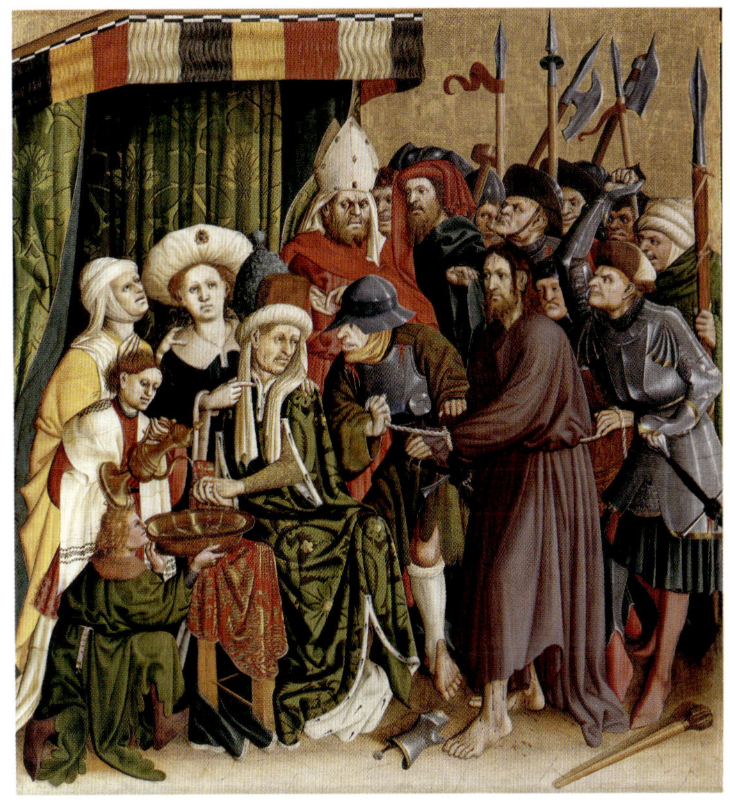
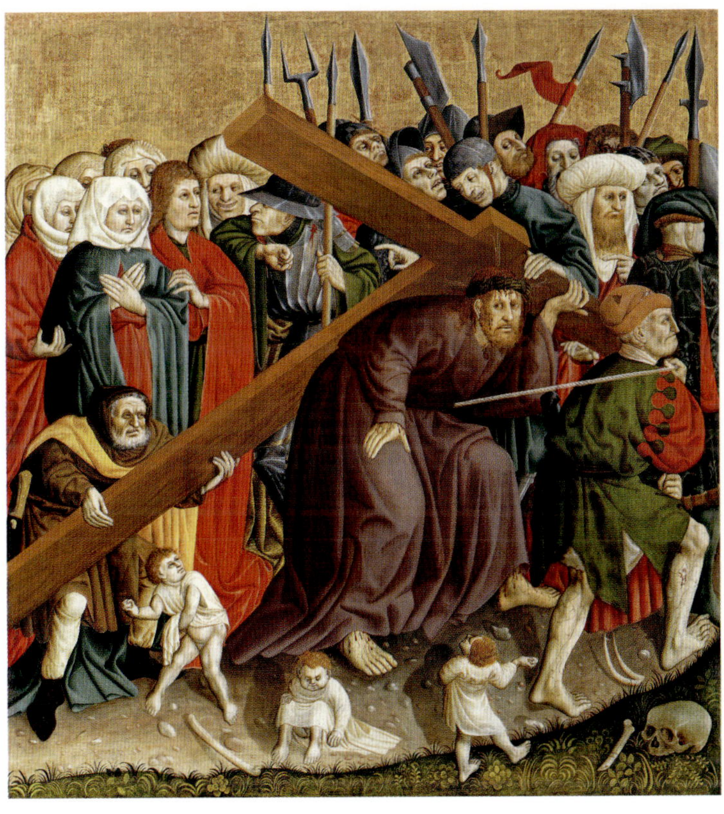
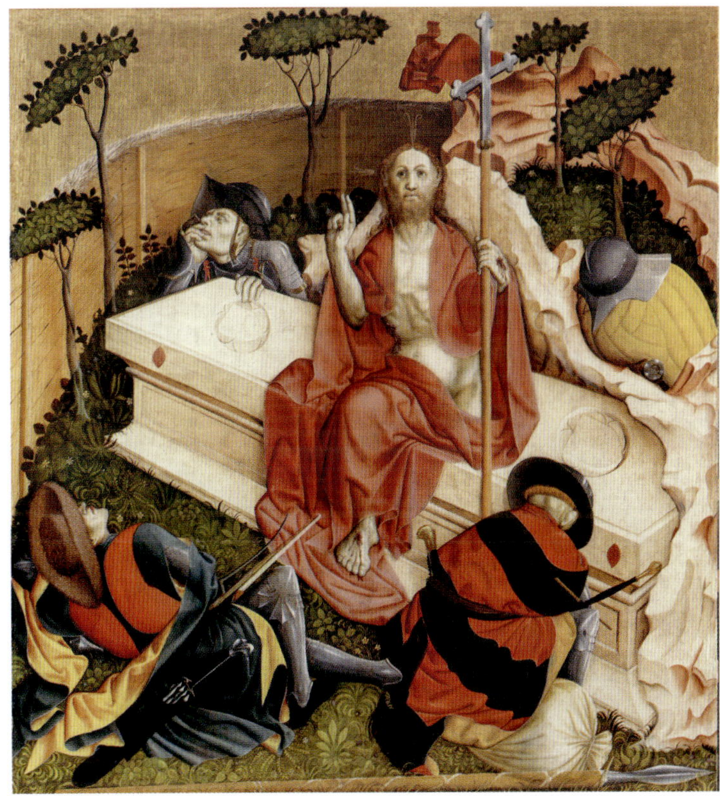

20 Hans Multscher
(tätig in Ulm 1427–1467)
Die Erhebung der Maria Magdalena, um 1430

Walnussholz, gefasst
H. 132 × B. 57 × T. 37 cm
erworben 1911 aus dem Pariser Antiquitätenhandel
Staatliche Museen zu Berlin, Skulpturensammlung und
Museum für Byzantinische Kunst, Inv. Nr. 5923

Die Skulptur zeigt ein zentrales Ereignis aus der Legende der hl. Maria Magdalena, die nach dem Tod von Christus als Büßerin in der Wildnis von Südfrankreich lebte. Täglich von Engeln emporgetragen, war der Gesang der himmlischen Chöre ihre einzige Speise. Als Kleidung diente allein ihr Haar, das Gott so lang wachsen ließ, dass es ihre Blöße bedeckte.

Die Heilige wird in streng frontaler Haltung mit betend gefalteten Händen gezeigt. Nur der Kopf ist leicht nach rechts geneigt. Sie steht auf den Flügeln eines unter ihr schwebenden Engels. Der Felsen hinter ihm war ursprünglich wohl von Wolken verschleiert, die den Ort, an dem sich Magdalena befindet, als Himmel bezeichnen. Ihre Haltung wirkt entsprechend labil. Vier Engel stützen die Heilige von beiden Seiten, verbildlichen den Vorgang der Erhebung und stehen stellvertretend für die himmlischen Heerscharen. Ihre fröhlich-verzückten Gesichter sind Ausdruck überirdischer Freude. Die Emotionen werden aber nur verhalten gezeigt, um die repräsentative Wirkung nicht zu stören. Das zeigt sich auch an den Körperhaltungen. Magdalena wirkt fast unbewegt, die Engel dagegen schweben an verschiedenen Positionen neben ihr, sind asymmetrisch um die Figur verteilt, stören dabei aber nicht das Gleichgewicht der Gruppe.

Hier zeigt sich ein neuartiges Verhältnis von Figur zu umgebendem Raum, von repräsentativer zu erzählender Darstellung. In der Wirkung überwiegt erstere, sodass man wohl annehmen darf, dass sich die Figur ursprünglich im Zentrum eines Retabels befand. Es muss sich dabei um einen ziemlich großen Schrein gehandelt haben, da die verlorenen Flügel der oberen Engel auf eine ursprüngliche Gesamthöhe von etwa 160 Zentimeter schließen lassen.

Die ursprüngliche Form des Retabels lässt sich nur schwer rekonstruieren. Es dürfte aus der Werkstatt des ab etwa 1420/1425 in Ulm tätigen Bildhauers und -schnitzers Hans Multscher stammen, dessen Arbeiten besonders bei den Kopftypen enge Bezüge zu der Berliner Figur aufweisen. Keines seiner Retabel ist vollständig erhalten geblieben (Kat. 19) und die Rekonstruktion wird zusätzlich durch das dargestellte Thema erschwert. Mit Ausnahme des 1432 datierten, von dem Maler Lucas Moser für die Pfarrkirche von Tiefenbronn angefertigten Magdalenen-Retabels haben sich aus dieser Zeit keine vergleichbaren Werke mit einem ähnlichen Programm erhalten, die Rückschlüsse auf den Aufbau erlauben würden (Abb. S. 15). Die ältere Forschung vermutete die Berliner Figur im Schrein dieses später veränderten Altars, was aufgrund der Größenmaße aber ausgeschlossen werden kann. Mit seinem ungewöhnlich schmalen, auf eine Einzelfigur beschränkten Schrein schien Tiefenbronn zudem ein grundsätzliches Vergleichsbeispiel zu liefern, das die Diskussion um die Berliner Figur seit Langem bestimmt hat.

Die Konstruktion des Tiefenbronner Retabels erklärt sich jedoch aus den baulichen Gegebenheiten vor Ort und bildet einen Sonderfall, den man nicht auf das verlorene Gehäuse der Berliner Figur anwenden kann. Löst man sich von dieser Fokussierung, so stellt sich die Frage, ob mit der Berliner Figur nicht das frühe Beispiel eines Retabeltyps erhalten blieb, wie ihn zwei Generationen später Tilman Riemenschneider in Münnerstadt aufnehmen sollte (Kat. 118). Auf die Existenz von Magdalenen-Retabeln mit einem mehrfigurigen Schrein könnten die um 1420–1430 datierten Figuren aus Niederehnheim/Niedernai im Straßburger Musée de l'Œuvre Notre-Dame hindeuten. Dort zeigen Maria Magdalena und die zwölf Apostel eine einheitliche Größe von rund fünfzig Zentimetern. Als zentrale Figur muss Magdalena im Zentrum des verlorenen Schreins erhöht gestanden haben, vielleicht unterhalb eines zentralen Auszuges wie bei niederländischen Retabeln. Der verbliebene Raum unter der Figur könnte ähnlich wie später in Münnerstadt für die Darstellung von weiteren Heiligen genutzt worden sein. Gleiches wäre auch für das verlorene Retabel der Berliner Figur denkbar. *JFR*

LITERATUR
Kunz 2019, Kat. 53, S. 282–291.

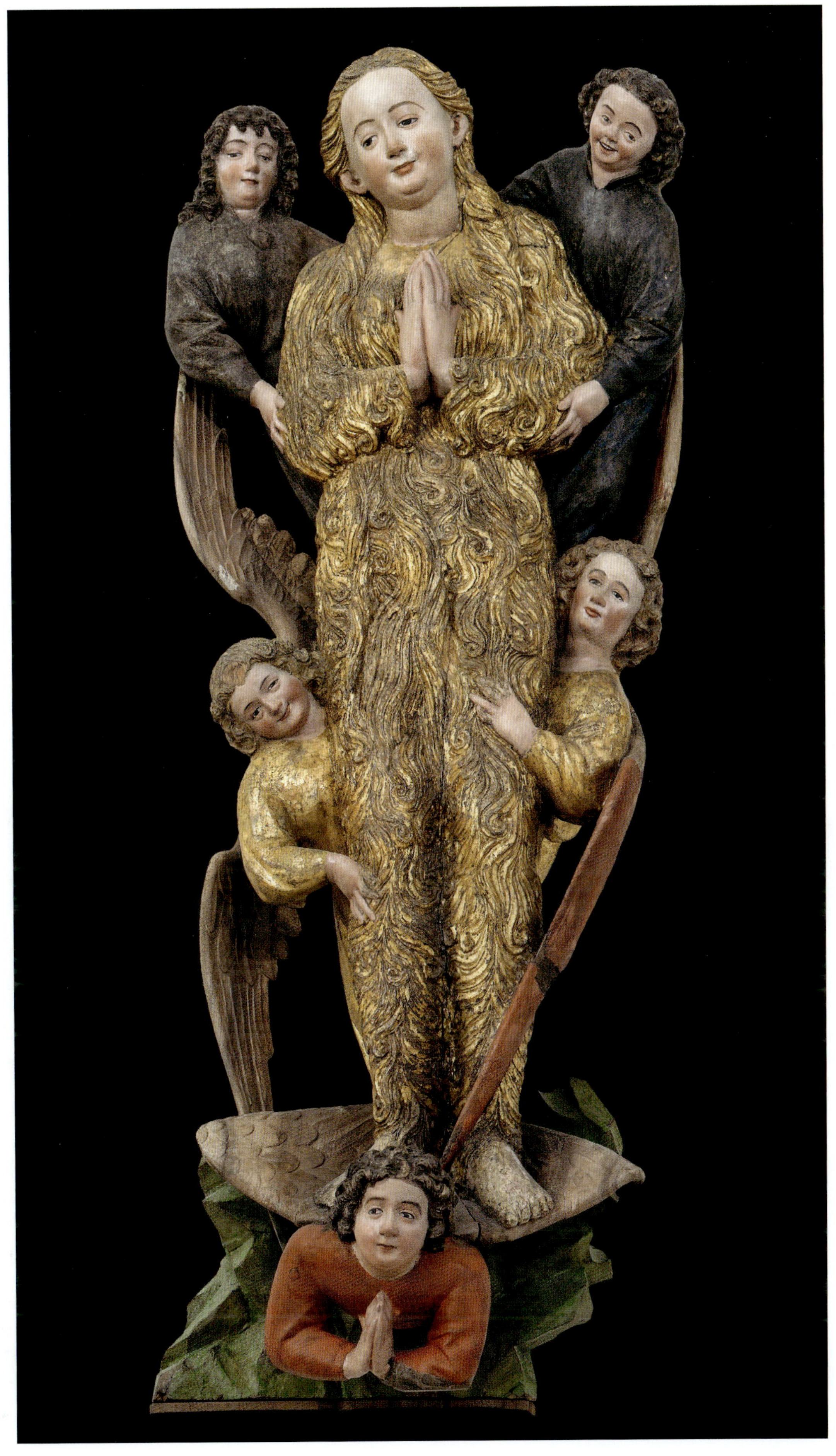

21   Konrad Witz
(tätig in Basel um 1434–1445/46)
Die Königin von Saba vor König Salomon
von der Innenseite des Heilsspiegelaltars
um 1435–1440

Nadelholz
H. 84,5 × B. 80 cm
1736 im Inventar der Sammlung des Markgrafen von
Baden-Durlach; erworben 1912 aus der Sammlung des
Grafen Wilczek auf Schloss Kreuzenstein in Niederösterreich
Staatliche Museen zu Berlin, Gemäldegalerie, Kat. Nr. 1701

Die Tafel gehörte mit elf weiteren Fragmenten (in Basel und Dijon) zum frühen Hauptwerk des Konrad Witz, dem Heilsspiegelaltar. Erhalten blieben sieben von acht Bildern der Innenseite dieses Retabels, die an ihrem Goldgrund kenntlich sind. Alle stellen Szenen aus dem Alten Testament und der antiken Historie dar, welche als Vorausdeutungen der Ereignisse des Neuen Testaments begriffen wurden. Dieses Verhältnis wird als Typologie bezeichnet; seit dem 14. Jahrhundert war sie vor allem in Handschriften des sogenannten Heilsspiegels verbreitet, der auch dem Programm des Witz'schen Retabels zugrunde lag und so zu seiner modernen Bezeichnung geführt hat. Die erhaltenen Gemälde bildeten ursprünglich die Flügel des Retabels, und da sie ausnahmslos die sogenannten Typen aus der Zeit vor Christus präsentieren, müssen die neutestamentlichen „Antitypen" im Schrein des Retabels untergebracht gewesen sein. Wahrscheinlich bestanden diese in geschnitzten und vergoldeten Skulpturen bzw. Reliefs, doch fehlen für eine Rekonstruktion so gut wie alle Anhaltspunkte. Soweit es sich heute noch beurteilen lässt, muss das Werk mit seinem ungewöhnlichen Programm ein Unikum in der spätmittelalterlichen Altarbaukunst gewesen sein. Selbst der Aufbau der Flügel, von deren Bildern immerhin zwei Drittel erhalten sind, bleibt unsicher, doch scheint die zuletzt vorgeschlagene Rekonstruktion als Tabernakel- oder Baldachinaltar (Brinkmann) recht überzeugend. Hingegen kann es kaum einen Zweifel darüber geben, dass das geöffnet beinahe 6,80 Meter breite Retabel auf dem Hochaltar einer Basler Kirche gestanden hat. Aufgrund der Auswahl an Heiligen, die auf den Flügelaußenseiten in gemalten grauen Steinarchitekturen stehen, wäre die Stiftskirche St. Leonhard der wahrscheinlichste Aufstellungsort. Allgemein wird angenommen, dass Witz den Auftrag zu den Flügelbildern – die Skulpturen dürften einem anderen Meister verdingt worden sein – relativ bald empfangen hat, nachdem er im Juni 1434 in die Basler Malerzunft eingetreten war. Da die Leonhardskirche zudem ein Tagungsort des berühmten, 1431 eröffneten Basler Konzils war, wird das äußerst ungewöhnliche Programm des Retabels immer wieder im Kontext mit jenem Zusammentreffen führender Theologen und Kir-

chenpolitiker gesehen. Irgendein konkreter Zusammenhang hat sich indes nicht herstellen lassen. Letztendlich müssen sowohl die Frage, ob der Heilsspiegelaltar von einem der Konzilsteilnehmer konzipiert wurde, als auch die Datierung des Werks in die ersten Jahre des Konzils offenbleiben. Es mag ein stilistischer Abstand zu Witzens Spätwerk, den 1444 datierten Genfer Altarflügeln, feststellbar sein, doch könnten die Basler Gemälde um 1435 ebenso wie um 1440 entstanden sein.

Auf dem Berliner Fragment ist die Begegnung der Königin von Saba mit König Salomon dargestellt (1 Kön 10,1–13): Sie wollte den für seine Weisheit gerühmten König von Israel besuchen und fand ihn bei ihrer Begegnung noch weiser als erwartet, worauf sie ihn mit Geschenken überhäufte. In der Typologie kann diese Begegnung als Vorausdeutung sowohl auf die Anbetung der Heiligen Drei Könige als auch auf die Freuden der Seligen im Paradies verstanden werden. Auf dem Gemälde, das sich auf dem rechten Flügel innen im oberen Register befand, wurde der Goldgrund vermutlich um 1900 komplett erneuert und mit einem unpassenden, grob eingeschnittenen Stoffmuster versehen, während der ursprüngliche Goldgrund einen fein punzierten Vorhang zeigte, der von einer Stange herabzuhängen schien. Auch das Geschenk der Königin von Saba wurde in recht grober Weise erneuert. In der Gegenüberstellung zweier Figuren entspricht das Berliner Bild den übrigen Gemälden von der Innenseite des Heilsspiegelaltars. Es zeigt die für Witz typischen gedrungenen Figuren, die aus plastischen, oft wuchtig wirkenden Formen zusammengesetzt sind; die mitunter wie geschnitzt wirkenden Gesichter und sprechenden Hände verleihen ihnen Lebendigkeit. Zugleich glänzt der Maler mit einer pointierten Schilderung von Materialität, indem er die großen Edelsteine auf dem Samthut Salomons gläsern glänzen und den grünen, gestuft geschnittenen Seidensamt des Gewandes im Kontrast von hellen Lichtern und ganz dunklen Partien gleichsam aufblitzen lässt. *SK*

LITERATUR
Burckhardt 1901, S. 293–297 – Wendland 1924, S. 33–60 – Gantner 1940 – Ganz 1947, S. 38–51 – Maurer 1958, passim – Barrucand 1972 – Schauder 1992 – AK Basel 2011, Kat. I.8, S. 60–107 (Bodo Brinkmann, Gabriel Dette).

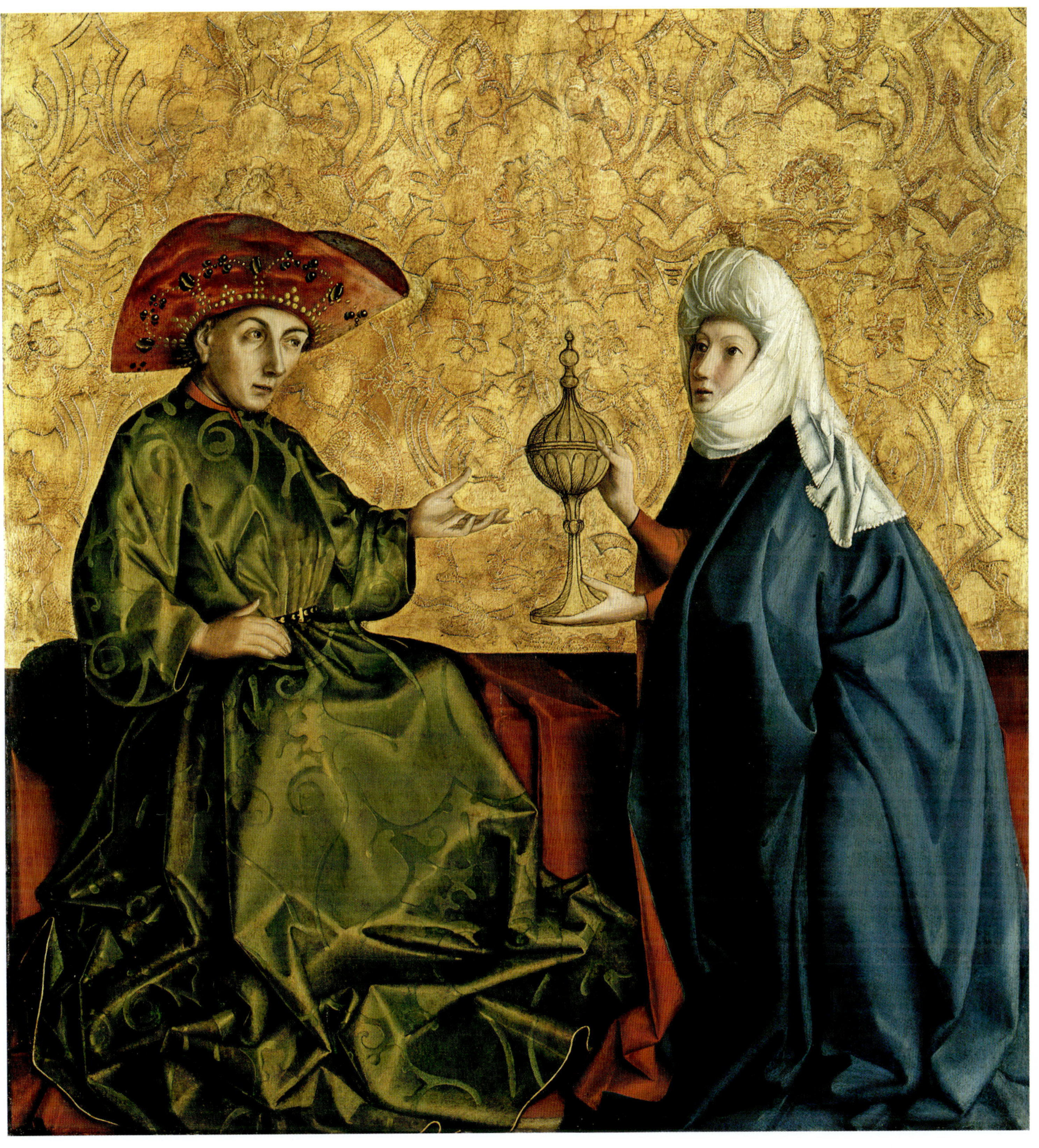

22 Konrad Witz
(tätig in Basel um 1434–1445/46)
Die Verkündigung an Maria, um 1440

ursprünglich Nadelholz, 1970 auf Stäbchenplatte übertragen
H. 158,1 × B. 120,6 cm
1855 in der Sammlung des Obertribunal-Procurators Abel in
Stuttgart; erworben 1909 aus dem Münchner Kunsthandel
Nürnberg, Germanisches Nationalmuseum, Inv. Nr. Gm 878

In einer völlig leeren Kammer hockt Maria bei der Lektüre eines frommen Buches demütig auf dem blanken Dielenboden. Der Erzengel Gabriel ist wundersamerweise durch die geschlossene Tür hereingekommen; er kniet nieder und entbietet der Jungfrau den auf eine Banderole geschriebenen Gruß; mit dem erhobenen linken Zeigefinger scheint er Aufmerksamkeit zu fordern. Maria hat den himmlischen Boten bemerkt und wendet sich zu ihm um; dabei öffnet sie die Lippen, um auf die Botschaft zu antworten und sich dem Willen des Herrn zu fügen. Helles Morgenlicht fällt durch das offene Fenster in der Rückwand des Gemachs.

Die *Verkündigung* bildete ursprünglich die Außenseite des linken Flügels eines größeren Altarretabels. Dessen abgespaltene, im Basler Kunstmuseum befindliche Innenseite zeigt die Begegnung von Mariens Eltern, Joachim und Anna, an der Goldenen Pforte. Ein ebenfalls in Basel aufbewahrtes Tafelfragment der auf einer Bank sitzenden Muttergottes mit Kind dürfte zur einstigen Mitteltafel gehört haben, auf der vermutlich die Heilige Sippe dargestellt war. Da dieses Fragment aus dem ehemaligen Zisterzienserinnenkloster Olsberg in der Nähe von Basel stammen soll, könnte das rekonstruierte Triptychon für die Kirche des Konvents geschaffen worden sein; aufgrund der stattlichen Maße – geöffnet wäre das Retabel mehr als 5 Meter breit gewesen – käme nur der einstige Hochaltar als Aufstellungsort infrage (Bodo Brinkmann, in: AK Basel 2011). Dass die bei einem Brand zerstörte Olsberger Klosterkirche gegen Ende der 1430er-Jahre wieder aufgebaut wurde, würde sehr gut mit der Datierung der Tafeln in die Zeit um 1440 harmonieren.

Konrad Witz' *Verkündigung* ist weit ungewöhnlicher, als der heutige Betrachter zunächst glauben mag. Ein gänzlich unmöbliertes Gemach, in dem sich nicht einmal Kissen oder Betpult für die Jungfrau befinden, dürfte in der Bildkunst des 15. und 16. Jahrhunderts beinahe einmalig sein. Die Poesie des leeren Raumes ist gewiss ein Thema in der Malerei der Moderne, doch in früheren Jahrhunderten verzichtete kaum ein Maler auf die Möglichkeit, seinen Interieurs interessante und mitunter symbolische Ausstattungsstücke hinzuzufügen. Indes könnte die Leere hier ebenso eine zeichenhafte Bedeutung haben: Es ist unmittelbar vor der Empfängnis, noch ist Gott nicht Mensch geworden und in Maria anwesend; nicht einmal die Taube des Heiligen Geistes ist zu sehen. Sollte dem so sein, hätte der Maler einen theologischen Gedanken in einmaliger Weise umgesetzt.

Sicherlich aber verweist die leere Kammer auf eine wesentliche Inspirationsquelle des Basler Meisters, die damals allerneueste niederländische Malerei. In deren frühen Hauptwerk, dem 1432 fertiggestellten Genter Altar der Brüder van Eyck, findet die *Verkündigung* in einem Gemach statt, das zwar nicht völlig leer, aber doch nur spartanisch möbliert ist (Abb. S. 45). Wie auf Witz' Tafel öffnen Fenster den Bildraum nach hinten auf den hellen Tag, und auch in Gent bleiben die Farben der Architektur gedämpft, von braungrauem Holz und gräulichem Putz bestimmt. Die unmittelbare Kenntnis, die Witz von dem großen Genter Retabel gehabt haben muss, beweist schlagend ein Detail seiner Verkündigung: Vorn rechts scheint der reale, hölzerne Bildrahmen einen Schatten in das Bild selbst zu werfen, so als würde sich der nach vorn offene Raum rechts der Bildgrenze fortsetzen – dort, auf dem anderen Flügel, war vermutlich die Geburt Christi unter offenem Himmel gemalt. In der *Verkündigung* des Genter Altars ist dieser erstaunliche Kunstgriff vorgeprägt, und nirgends sonst wurde er so adäquat aufgegriffen wie in Witz' Altartafel. Auf deren einstiger Innenseite findet sich zudem ein weiteres Trompe-l'Œil-Motiv aus dem Genter Altar wieder, nämlich die scheinbar aus dem Bild heraus und in den Raum des Betrachters hineinragenden Gegenstände. All die verschiedenen Schatten im Verkündigungsbild, die den Figuren Raum schaffen und einzelnen Formen durch Verdoppelung eine merkwürdige Präsenz verleihen, verdanken sich dem neuen Zugriff auf sichtbare Wirklichkeit, den sich Konrad Witz nach dem Vorbild Jan van Eycks zu eigen gemacht hatte. Komplementäres Element der Schatten ist das von Witz ebenso treffend erfasste Licht, das sowohl von vorn als auch durch das Fenster hinten in die Kammer fällt. Licht und Schatten schaffen den Eindruck von Luft und Atmosphäre, die den unmöblierten Raum zu erfüllen scheinen. *SK*

LITERATUR
Wendland 1924, S. 75–82 – Ganz 1947, S. 52, 82 f. – Maurer 1958, S. 158 f. – Feldges-Henning 1968, S. 28–35 – Chapuis 1995 – AK Basel 2011, Kat. 14 (Bodo Brinkmann, Gabriel Dette), S. 32–35 (Stephan Kemperdick).

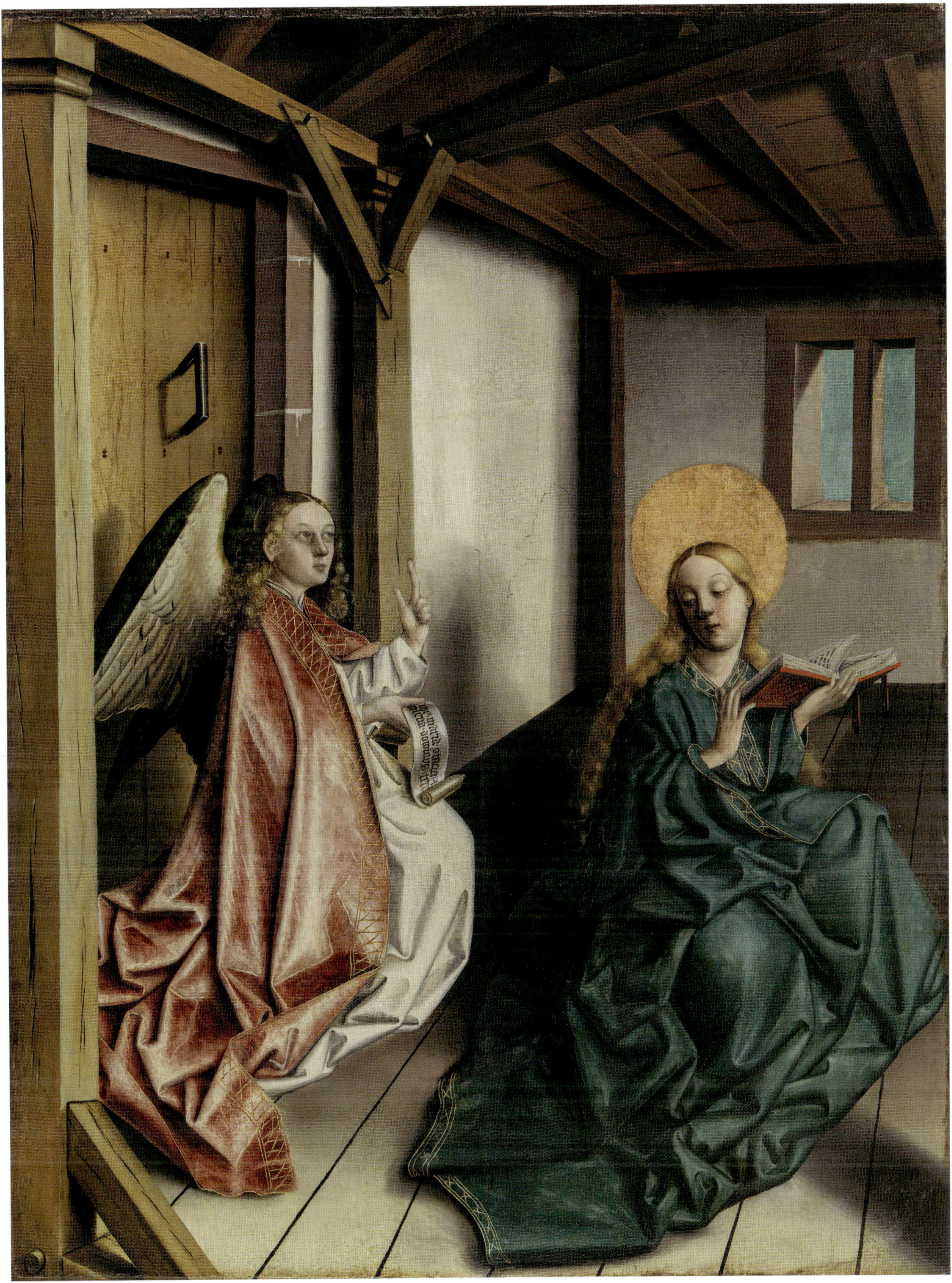

23   **Konrad Witz**
      (tätig in Basel um 1434–1445/46) oder Umkreis
      Ein Stifter vor dem Kreuz Christi, um 1440–1450

ursprünglich Holz, auf Leinwand übertragen
H. 34 × B. 26 cm
erworben 1908
aus der Sammlung des Rev. Lewis Gilbertson, London
Staatliche Museen zu Berlin, Gemäldegalerie, Kat. Nr. 1656

Eine weite Gebirgslandschaft mit See wird von den letzten Strahlen der untergehenden Sonne beschienen. An einem Weg, der sich zu einer befestigten Stadt am Ufer windet, kniet ein rot gekleideter Mann im Gebet. Vor ihm ragt ein Kreuz mit dem toten Christus auf, dessen zarte, weiße Gestalt fragil und verletzlich wirkt. Direkt hinter dem Kreuz steht trauernd der Lieblingsjünger Johannes, zur Rechten Christi erblickt man die Jungfrau Maria, ganz in Blau, mit zwei weiteren Marien. Die Szene würde als gängige Kreuzigungsdarstellung erscheinen, wäre sie nicht in eine alpin anmutenden Landschaft versetzt und wäre es nicht irritierend, dass die trauernden Heiligen mehr oder weniger hinter dem Kreuz stehen, während der Beter, ohne Zweifel der Auftraggeber der Tafel, vor ihm knien darf. Tatsächlich handelt es sich hier nicht um einen der üblichen „historischen" Kalvarienberge. Vielmehr hat das Bild ein höchst ungewöhnliches Thema, für das die spezifische Form des Kreuzes den Schlüssel liefert: dieses Kreuz endet unten in einem leicht verbreiterten Sockel, wie er zu einem im Freien aufgestellten Kruzifix aus Holz oder Stein gehört. Seine Platzierung direkt neben dem Weg zur Stadt macht zusätzlich deutlich, dass es sich um ein Wegekreuz handelt. Daraus ergibt sich eine Bilderzählung: Es ist Abend, die Stunde von Christi Tod, als der Stifter auf seinem Weg zur Stadt vor einem Kreuz am Wegesrand niederkniet. Seine Andacht wird mit einer Vision belohnt, in welcher der Gekreuzigte leibhaftig an Stelle des Bildwerks am Kreuz erscheint – durch die Meditation des Beters werden Christus und seine Freunde gleichsam in das abendliche Alpental versetzt.

Auch die Kreuzigungstafel verrät die für die Witz'sche Kunst typische Inspiration durch Jan van Eyck. Die weißen Haufenwolken beispielsweise kommen ganz ähnlich in dessen Werken vor, etwa einer, mit einem Weltgericht zusammengehörigen Kreuzigungstafel in New York. Wunderbar sind im Berliner Gemälde unterschiedliche optische Phänomene erfasst: Der ruhige See spiegelt Felsen und Stadtmauer, während die fernen Berge rechts im dunstigen Abendlicht verschwimmen. Die Strahlen der tief stehenden Sonne färben die Wolkenbänke; zugleich streifen sie das wellige Gelände, wo sie die Buckel des Weges durch zwei dunkle Schatten hervortreten lassen und so dem Terrain eine ungewöhnliche Plastizität verleihen. Die kräftigen Farben der Figuren inmitten der satt grünen Matten und die tiefe, von einer dichten Atmosphäre erfüllte Landschaft machen den hohen Reiz des kleinen Gemäldes aus. Rot wird geschickt variiert und in eine Trias mit den anderen Grundfarben Blau und Gelb gestellt, wobei der kühn hervorstechende schmale Streifen Gelb einen Widerhall im getönten Abendhimmel findet.

Wer der Auftraggeber des Bildes war, wissen wir nicht. Oft wurde der Stifter wegen seiner gänzlich roten Kleidung als Kardinal bezeichnet, was indes weder mit dem Schnitt des Gewandes noch mit dem Fehlen einer Tonsur zu vereinbaren ist (vgl. Kat. 48). Er dürfte vielmehr ein Laie gewesen sein, der vielleicht ein wichtiges Amt bekleidete, auf das die Farbe seines Gewandes hingewiesen haben mag. Über die Zuschreibung der Tafel herrscht in der Literatur kein Konsens. Mitunter wurde jeder Bezug zu Konrad Witz abgestritten (Feldges-Henning), dann wieder wurde sie mit einigen anderen Gemälden von ähnlichem Format einem als „Hans Witz" bezeichneten, in Savoyen tätigen Künstler zugeschrieben (Elsig). Frühere Forscher, etwa Röttgen, wollten hingegen Konrad Witz' eigene Hand in der Kreuzigung erkennen. Tatsächlich kommt sie als einziges von fünf kleineren Werken (darunter Kat. 24, 25) als eigenhändige Arbeit des Basler Meisters infrage (vgl. Kat. 21, 22). Gewiss erscheint das Gemälde zarter und kleinteiliger als dessen gesicherte große Tafeln, doch mögen diese Unterschiede eben im Format begründet sein. Als nahsichtig zu betrachtendes – und zu bewunderndes – Täfelchen ist es für eine ganz andere Wahrnehmung konzipiert als der Flügel eines mehrere Meter breiten Retabels. In Anbetracht der herausragenden Qualität der Kreuzigung und ihrer blockhaften Figuren, die mit jenen der großen Gemälde durchaus vergleichbar sind, könnte es sich bei dem Berliner Täfelchen tatsächlich um eine Schöpfung von Konrad Witz selbst handeln. Trifft dies zu, würde die überzeugende Umsetzung einer höchst ungewöhnlichen ikonografischen Idee ganz dem Namen Witz angemessen sein, der im Sinne von „gewitzt" oder „weise" zu verstehen ist. Schließlich signierte der Künstler sein Hauptwerk, den Genfer Altar, mit dem latinisierten Namen „sapientis".   *SK*

LITERATUR
Phillips 1907 – Röttgen 1961, S. 88–93 – Feldges-Henning 1968, S. 132–146 – Sterling 1986, S. 26–29 – Rücklin 2000, S. 113–116 – AK Madrid 2001, Nr. 43 (Frédéric Elsig) – AK Brügge 2010, Kat. 84 (Stephan Kemperdick) – AK Basel 2011, Kat. 45 (Stephan Kemperdick).

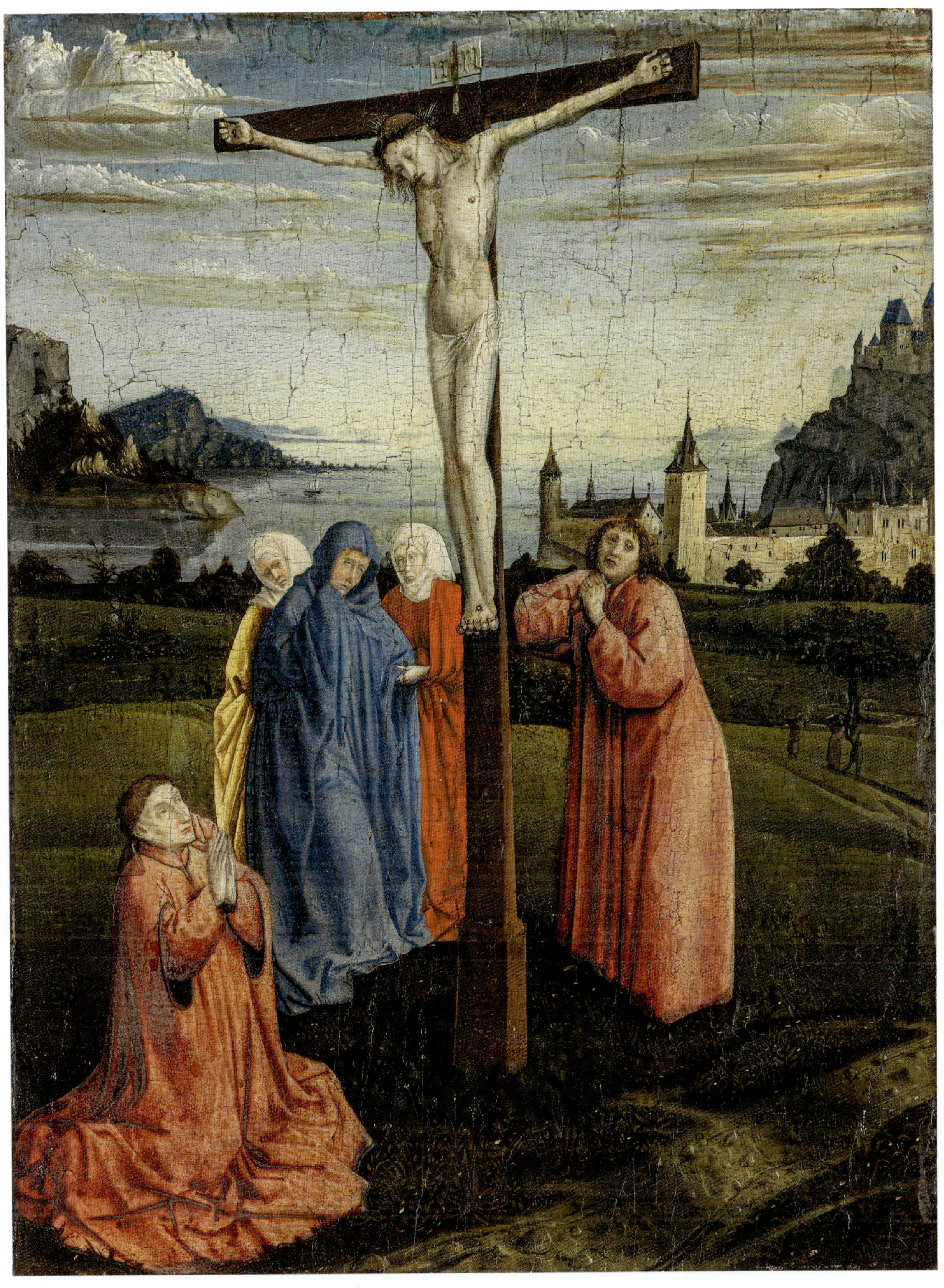

24 Konrad Witz
    (tätig in Basel um 1434–1445/46)
    Werkstatt oder Umkreis
    Muttergottes und Kind in einem Gemach
    um 1440–1450

Feder in Braun und Grau, laviert, mit etwas roter, weißer und
gelber Deckfarbe
H. 29,1 × B. 20 cm, Wasserzeichen Ochsenkopf
erworben 1835
mit der Sammlung Karl Ferdinand Friedrich von Nagler
Staatliche Museen zu Berlin, Kupferstichkabinett, KdZ 1971

Das Blatt präsentiert Mutter und Kind in einer häuslich wirkenden Szenerie. Schauplatz ist ein großes Zimmer, das augenscheinlich zu einem steinernen, gehobenen Wohnstandard repräsentierenden Haus gehört. Um die Wände läuft eine Bank mit Kissen, von denen eines mit einem kostbaren gestuften Samtbezug versehen ist; durch das Fenster gewahrt man skizzenhaft eine belebte Straßenflucht. Im Vordergrund hat sich die Jungfrau Maria auf dem Boden niedergelassen, was nicht allein sinnvoll scheint, weil sie dem Jesuskind ein Hemd oder ein Handtuch reichen will, sondern auch als Zeichen ihrer frommen Demut verstanden werden muss. Der Knabe hockt neben ihr am Boden, hinter ihm befindet sich ein zeichnerisch nicht ganz ausgeführter Gegenstand, vermutlich eine Wiege, aus der er herausgekrabbelt sein mag. Jesus hat sich einer gefüllten Waschschüssel aus Messing zugewandt. Er betrachtet sein Spiegelbild im Wasser, während er sich zugleich mit der rechten, halb ins Nass getauchten Hand in dem Becken abstützt. Das wirkt ganz natürlich, als entdecke das Kind spielerisch die Welt, doch dürfte die Selbstreflexion im Spiegelbild eine weiterreichende Bedeutung besitzen: Sie mag die Einsicht des Kindes in seine doppelte Existenz als Gott und Mensch und damit in die Notwendigkeit seines Opfers versinnbildlichen. In einer ganz neuen, wirklichkeitsnahen Form wird somit der traditionelle Gedanke gefasst, dass Christus bereits als Kleinkind von der kommenden Passion weiß.

Die Komposition, die ohne Zweifel eng mit einem Gemälde zusammenhängt, erinnert unverkennbar an Konrad Witz. Dies gilt nicht nur für die Gesichts- und Figurentypen, sondern selbst für das Samtkissen, dessen kontrastreiches Schimmern an die Brokatstoffe auf Witzens Tafeln denken lässt. Der steil auf eine Ecke fluchtende Raum kann mit der Nürnberger Verkündigung (Kat. 22) verglichen werden, und auch das reiche Faltengeschiebe im weiten Kleid der Jungfrau findet zahlreiche Parallelen im Werk des Basler Meisters. Wahrscheinlich spiegelt das Blatt daher ein nicht erhaltenes Werk von Witz oder aus seiner unmittelbaren Umgebung. In der hockenden Figur der Muttergottes werden Anregungen aus der westlichen Kunst erkennbar: Eine äußerst ähnliche Gestalt kommt nämlich auf dem annähernd gleichzeitigen, doch am Niederrhein entstandenen Palant-Altar (Kat. 5) als hl. Katharina vor, und sie begegnet

bereits in der Annunziata des um 1420 im Maasland geschaffenen Norfolk-Triptychons (Rotterdam, Museum Boijmans-Van Beuningen); die Gemeinsamkeiten betreffen dabei sowohl Haltung und Ansicht der Figur wie auch den leicht geneigten Kopf mit der hinter das Ohr gelegten Haarsträhne.

Bei der bildmäßig ausgeführten Zeichnung handelt es sich nicht um den Entwurf, sondern um die Nachzeichnung eines Gemäldes. Dabei hat der Zeichner einzelne Partien sehr sorgfältig wiedergegeben, andere dagegen nur angedeutet. Besonders interessiert war er am schimmernden Samt des Kissens und an der blanken Messingschüssel mit dem spiegelnden Wasser, die er sorgsam in Deckfarben ausgeführt hat. Durch die leichte Kolorierung der beiden Figuren hat der Künstler dieses gemalte Detail in die Zeichnung integriert – ein Hinweis darauf, dass sie nicht als reines Vorlagenblatt diente, sondern auch einen eigenständigen Bildcharakter besitzen sollte. Es ist indes kein Zufall, dass der Künstler sich gerade auf die Details mit besonderen optischen Effekten konzentrierte, denn eben die Darstellung von Glanz und Spiegelungen wurde von den Zeitgenossen auf das Höchste bewundert und von zahlreichen Malern seit den 1430er-Jahren aufgegriffen. Möglicherweise gibt das vorliegende Blatt eine Vorstellung davon, wie Maler solche neuen Elemente aus fremden Bildern festgehalten haben: Glänzende Metallbecken etwa ließen sich leicht als Versatzstück in unterschiedlichen Kompositionen integrieren, wie dies beispielsweise der Maler der Wurzacher Tafeln (Kat. 19) in seiner Vorführung vor Pilatus getan hat.

Qualitativ überragt das vorliegende Blatt die übrigen erhaltenen Zeichnungen im Stil des Konrad Witz, von dessen eigener Hand keine Zeichnung bekannt ist. Künstlerisch steht es vor allem den Gemälden einer Beweinung in der Sammlung Frick in New York sowie dem Berliner *Hl. Christophorus* (Kat. 25) nahe, was etwa mit Blick auf das Gesicht des Christuskindes oder der Falten im Mantel des Riesen und der Muttergottes kenntlich wird. Möglicherweise stammt die Zeichnung von diesem Maler, der wahrscheinlich aus der Werkstatt des Konrad Witz hervorgegangen ist. *SK*

LITERATUR
Feldges-Henning 1968, S. 37–42 – AK Turin 2006, Nr. 177 (Frédéric Elsig) – AK Basel 2011, Nr. 50 (Bodo Brinkmann).

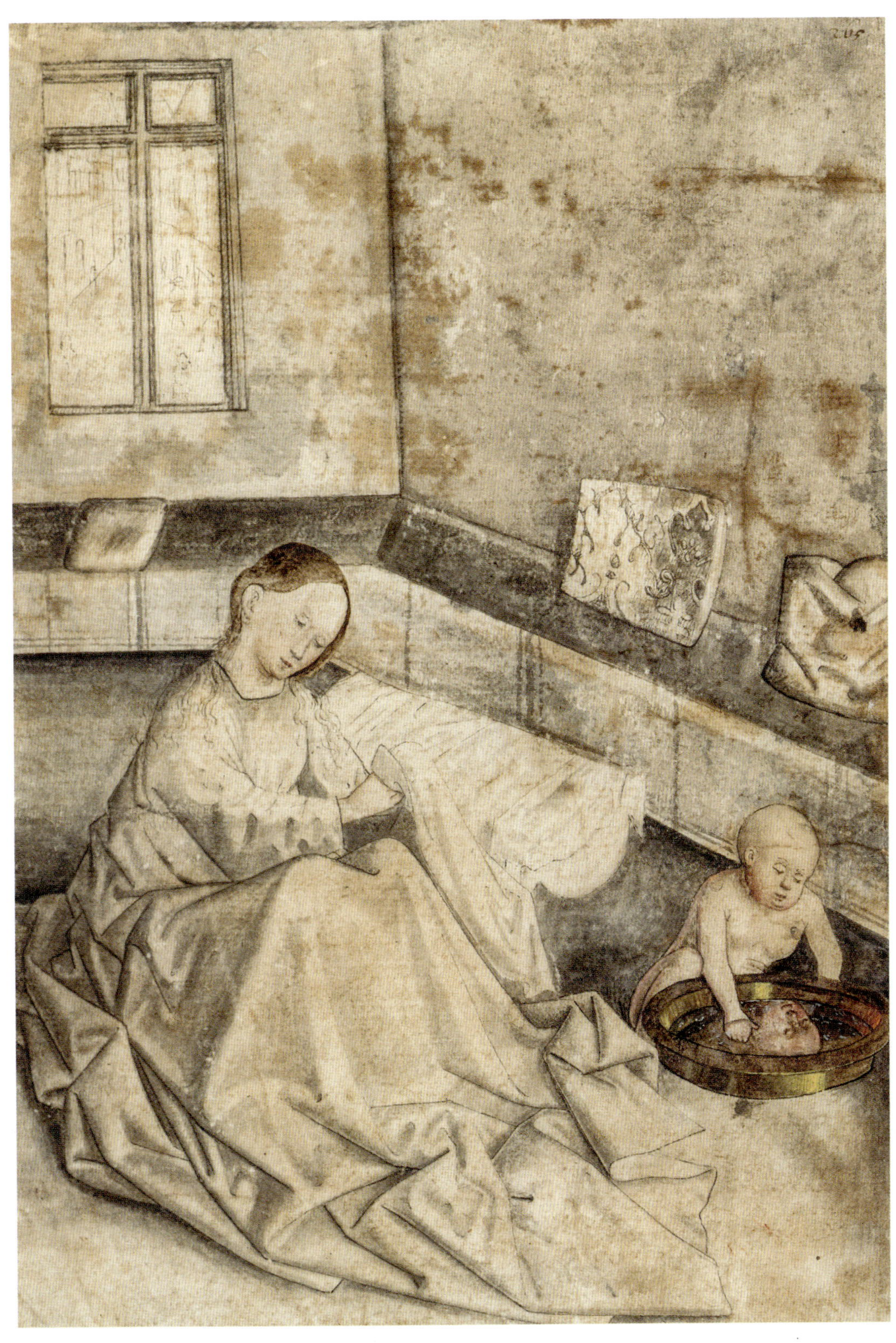

25 Konrad Witz (Nachfolge)
Der hl. Christophorus, um 1450

Nussbaumholz (?), 1960 auf Sperrholzplatte übertragen
H. 34,2 × B. 40,4 cm
erworben 1924 aus französischem Privatbesitz
Staatliche Museen zu Berlin, Gemäldegalerie, Kat. Nr. 1931

Das kleine Bild besticht durch die stimmungsvolle Ausgestaltung seiner Landschaft, mit der es zu einem beeindruckend frühen Zeitpunkt neue künstlerische Entwicklungen aufgreift. Als Querformat weicht das Bild von den meisten bekannten Christophorus-Darstellungen ab (Kat. 33). Auch durchschreitet der Riese hier nicht ein Gewässer, das durch am Bildrand aufragende Felsen begrenzt ist, sondern sein Weg scheint wie der Fluss bildparallel zu verlaufen, während die Berge den Hintergrund des Bildes einnehmen. Wie üblich weht sein Mantel stark im Wind. Auch seine Mimik vermittelt die Anstrengung und überdies ein Erstaunen angesichts der sich steigernden Naturgewalten sowie der ungeheuren Last des Kindes, das sich am Ufer als Christus zu erkennen geben wird. Geschickt hat der Maler das Wasser für die Charakterisierung dieser Situation genutzt. Indem er mittels Lichtreflexen dessen durchscheinende Qualität zeigt, wirken die dunklen Partien umso bedrohlicher. Rollende Wellen und aufschäumende Gischt, aber auch die in Laufrichtung ansteigende Uferkante vermitteln die Gefahr des der Legende zufolge immer weiter anschwellenden Flusses. Am anderen Ufer hingegen wartet der Einsiedler, der dem Riesen geraten hatte, dem Herrn der Welt durch Übersetzen der Reisenden zu dienen; seine Laterne wirft freundliche Lichtreflexe auf Gewand und Buschwerk. Hinter ihm steht eine Kapelle mit Wandmalereien am Eingang, wie sie in der Schweiz verbreitet waren und die zum Schutz der Vorübergehenden besonders im 15. Jahrhundert häufig den hl. Christophorus zeigten. Im Tal rechterhand streben Reiter noch zu später Stunde in die Ferne, über ihnen liegt eine Burg. Das intensive Abendlicht, das die schwärzlichen Wolkenbänke von unten beleuchtet und manche Felsspitzen noch erfasst, während andere Partien bereits in tiefen Schatten liegen, wie auch die Mondsichel mit ihrem von oben auf eine Wolke treffenden Schein, verleihen der windstillen Landschaft des Hintergrundes zusammen mit den genannten Motiven eine friedliche Stimmung. Hierdurch wird insgesamt das Bedürfnis der Menschen nach Geborgenheit zum Thema. Der Kontrast zwischen der so vermittelten Ruhe einerseits und der Wildheit der Vordergrundszene andererseits ist in der kunsthistorischen Literatur als Inkonsequenz bemängelt worden. Doch liegt gerade in ihm eine expressive Stärke: Das Unheimliche der wie von Zauberhand auf Christophorus kommenden Gefahr und das Märchenhafte dieser Legende treten so besonders deutlich hervor.

Stilistisch ist das Bild ein sehr frühes Beispiel für die Darstellung eines Abendhimmels und der Effekte künstlicher Beleuchtung. Es repräsentiert somit die spätmittelalterliche Neuerung, die Atmosphäre verschiedener Tageszeiten ins Bild setzen zu können. Einen Markstein hierfür bilden die Miniaturen des *Turin-Mailänder Stundenbuchs*, die von Jan van Eyck um 1424 oder gegen 1440 angefertigt wurden (Kemperdick/Lammertse 2012, Abb. 14). Die von ihm geprägte und in unvergleichlicher Weise erreichte Mimesis atmosphärischer Phänomene und materieller Oberflächen ist von Konrad Witz aufgegriffen worden, als dessen Nachfolger der unbekannte Maler des Berliner Christophorus-Bildes anzusehen ist. Einen Abendhimmel zeigt auch die möglicherweise von demselben Maler (ebenso wie die Berliner *Muttergottes und Kind in einem Gemach*; Kat. 24) stammende Beweinung Christi (AK Basel 2011, Kat. 46) in der New Yorker Frick Collection.

Vielleicht lässt sich das ungewöhnliche Querformat auf die Rezeption des *Wunderbaren Fischzugs* (ebd., Kat. 17) im Genfer Petrus-Altar (1444) des Konrad Witz zurückführen (Abb. S. 14), die der Literatur den Terminus post quem für die Datierung des *Christophorus* geliefert hat. Starke Gemeinsamkeiten bestehen vor allem mit der Figur des vorn im Boot stakenden Jüngers, aber auch in der Teilung der Bildfläche in Wasser- und Bergbereich sowie in dem Umstand, dass in beiden Bildern die Hauptfigur von einem dreieckigen Berg überfangen wird. Im Genfer Bild ist das erste Landschaftsporträt eines konkret identifizierbaren Ortes überhaupt – nämlich des Genfer Sees – überliefert. Auch darin, dass im *Christophorus* die Landschaft breiten Raum erhält und zugleich als Stimmungsträger das dargestellte Geschehen charakterisiert, darf man wohl einen Bedeutungszuwachs der Landschaftsmalerei erkennen, die erst im 16. Jahrhundert als eigene Gattung entstand. *NJ*

LITERATUR
Feldges-Henning 1968, S. 111–116 – Hahn-Woernle 1972 –AK Basel 2011, Kat. 51
(Stephan Kemperdick).

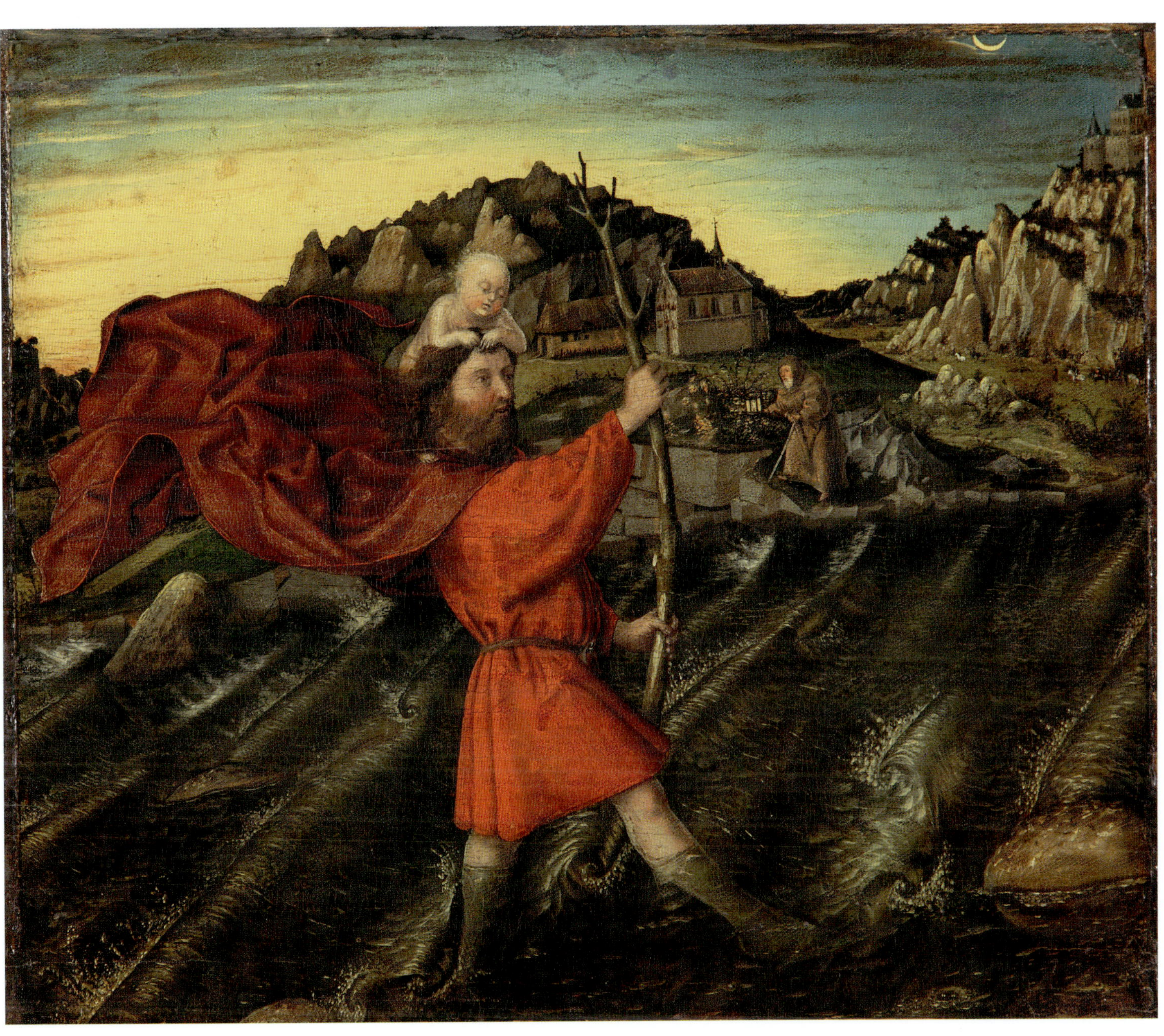

26   **Basler Werkstatt**
      Minnetapisserie mit Liebespaar und Greif
      um 1430–1450

Wirkerei, Wolle und Leinen
H. 105 × B. 148 cm
rechts, oben und unten beschnitten
überwiesen 1875
aus der Königlich-Preußischen Kunstkammer Berlin
Staatliche Museen zu Berlin, Kunstgewerbemuseum, Inv. Nr. K 6211

Die Tapisserie, die ein höfisch gekleidetes Paar mit Spruchbändern zuseiten eines Greifen sowie die angeschnittene Figur einer Dame präsentiert, ist lediglich ein Fragment. Zeigen Borte und Zickzackfries auf der linken Seite an, dass hier der Anfang der Darstellung erhalten blieb, so lassen die Kanten oben, unten und rechts erkennen, dass das Textil dort beschnitten wurde. Dies offenbart auch die Dame mit gekapptem Spruchband rechts, auf dem noch zu lesen ist: „wer · nit · will · sin · au…". Die Bilderzählung setzte sich mindestens um ein weiteres Paar, wahrscheinlicher noch um eine ganze Anzahl von Paaren fort. Es handelt sich um einen jener Behänge, die im 15. Jahrhundert zur Auskleidung von Festsälen und repräsentativen Räumen dienten. In Basel und Straßburg, die sich seit dem 14. Jahrhundert zu Zentren der Tapisserieproduktion entwickelt hatten, wurden diese Wirkereien „heidnischwerk" genannt. Der Ausdruck offenbart, dass man den Ursprung der Technik, am Webstuhl farbige Bilder herzustellen, im Orient vermutete (Rapp Buri/Stucky-Schürer 1990, S. 21 f.).

Das Fragment offenbart Qualitäten, die die Tapisserien für eine sozial hochstehende Kundschaft attraktiv machten. Das Paar, das einen Minnedisput miteinander führt, wird mittels Blumenwiese und wildem Greifen in den Kontext gezähmter und ungezähmter Natur gestellt. Das Thema ihres Streits lässt sich anhand der Inschriften im alemannischen Dialekt bestimmen. Es geht um die Treue, die der mittelalterlichen Liebesmoral zufolge als die wichtigste Tugend galt. Der Mann spricht: „schone · fröwe ·begnodent · mich · in · rehter · liebe" (schöne Frau, begnadet mich mit rechter Liebe). Ihre Antwort nimmt auf den Greifen Bezug: „der · griffe · betüttet · mir · den · list · dz · rehter · liebe · nim · uf · erden · ist" (der Greif lässt mich wissen, dass rechte Liebe nimmer auf Erden ist).

Verbale Gefechte um das Thema der Liebe, die sich auf zahlreichen Tapisserien des 15. Jahrhunderts finden, sind späte Zeugnisse einer aristokratischen Liebeskultur, die sich in Auseinandersetzung mit Ovids *Ars amandi* unter der Federführung von Andreas Capellanus (gest. 1220) und Chrétien de Troyes (gest. 1190) an den französischen Höfen des 12. Jahrhunderts ausprägte. Das Konzept der höfischen Liebe, das im deutschen Sprachraum „minne" genannt wurde, bot der adelig-ritterlichen Oberschicht den Rahmen für ein umfassendes System moralisch konnotierter Normen und Verhaltensweisen. Die Floskelhaftigkeit der Frage und der resignierte Ton der Antwort sind typisch für eine Zeit, in der die Minne bereits zu einem lockeren Gesellschaftsspiel herabgesunken war.

Umso gewaltiger ist der ästhetische Auftritt der Tapisserie: Die Figuren und das Fabeltier vermitteln ebenso wie die Blumenwiese und der Fond, der ein Seidenstoffmuster imitiert (beide sind von Grün nach Blau verblichen), den Eindruck von Reichtum und Fülle. Präsentiert sich der Mann entsprechend der Mode der Zeit um 1430 in einem pelzgefütterten, roten Tappert und mit enganliegenden Beinlingen, so trägt seine Dame über einem langen blauen Kleid mit roten Ballonärmeln einen mit Feh (Eichhörnchenfell) gefütterten Mantel. Die rotwangigen Gesichter, die von blondem Lockenhaar gerahmt werden, entsprechen höfischem Schönheitsideal. Der zwischen ihnen platzierte Greif, dessen mit rotem Federkleid bedeckter Vorderleib einem Adler ähnelt, während der gelb-orange Hinterleib mit mächtigen Tatzen und buschigem Schwanz an einen Löwen gemahnt, bildet den Blickfang des Fragments. Die Bedeutung des Tiers ist schillernd: Der Löwe mag für die schwer zu bändigende Natur des Liebesstrebens stehen oder aber als Wächter weiblicher Tugend zu begreifen sein. Die Plastizität der Figuren kontrastiert mit der planen Anlage der Blumenwiese, deren Reiz aus der Vielfalt der Pflanzen – darunter Maiglöckchen, Maßliebchen und Vergissmeinnicht – und den pittoresken Motiven von Schnecke und Storch erwächst. Das Muster des Fonds, das aus gegeneinander versetzten Reihen von mit Blüten gefüllten Palmetten besteht, besticht durch seine perfekte Regelmäßigkeit. Die Imitation italienischer Seidenmuster gilt als ein Charakteristikum der Bildwirkerei in der Stadt Basel im 15. Jahrhundert (Rapp Buri/Stucky-Schürer 1990, S. 78–81). Als Auftraggeber und Käufer der sowohl seriell als auch in Einzelstücken gefertigten Wirkereien kommen nicht nur die Ritter der Region, sondern auch Patrizier infrage, die sich in Basel und Zürich früh in die adelige Repräsentationskultur eingeschrieben hatten.   *JvF*

LITERATUR
Kurth 1926, S. 93 f.; Taf. 54, S. 218 – Rapp Buri/Stucky-Schürer 1990, Kat. 18, S. 156–158 – Wilhelmy 2000.

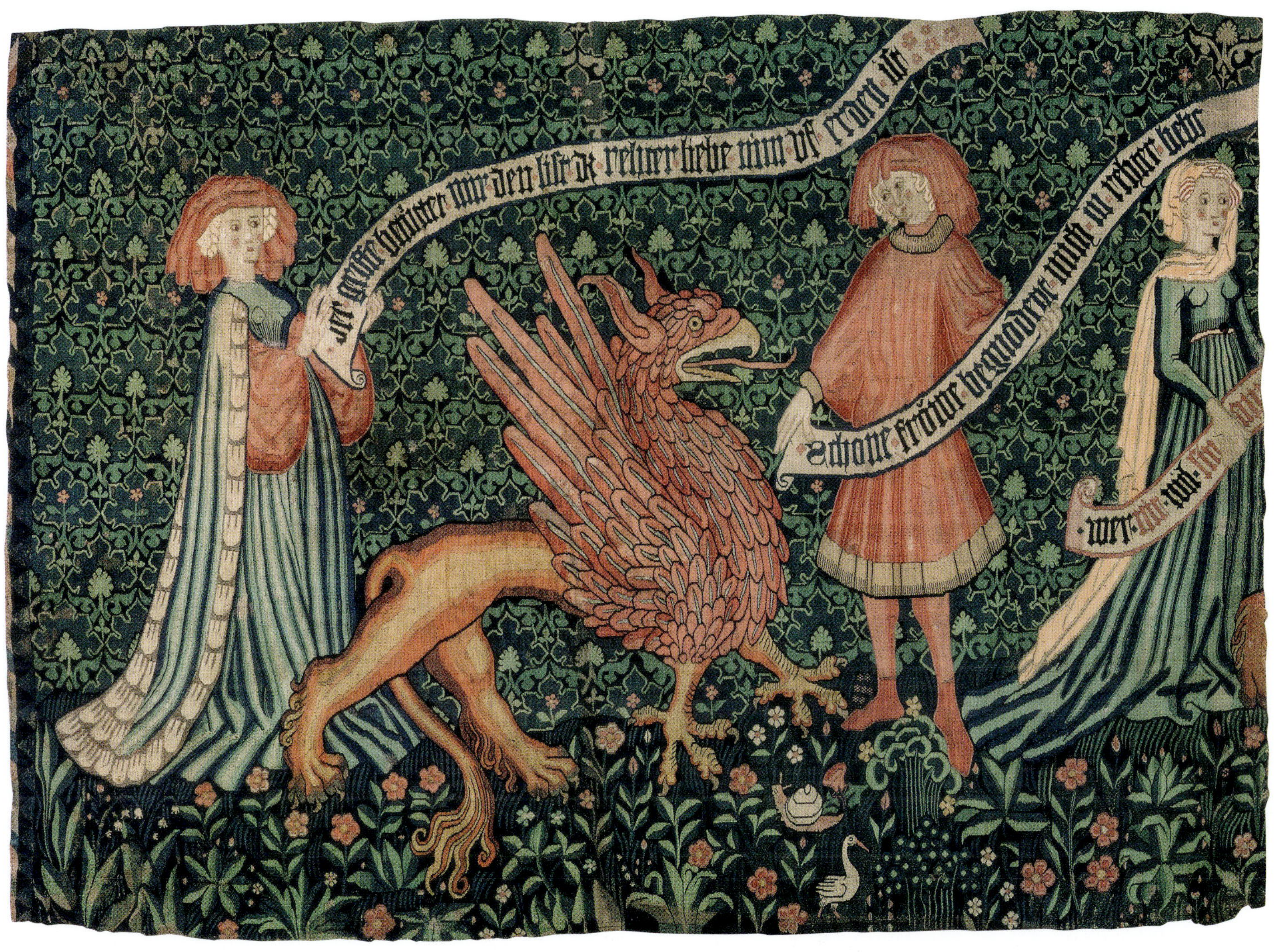
jm geste beauter wir den lib dc reluer bebe vim vf rrdru ist
schone fröuw bequindrus mich w rehger belx
wer vm mtt sit dit

Münchner Meister
Zwei Miniaturen aus der Folge der
24 Alten des Otto von Passau, um 1445

Deckfarben auf Pergament
H. 38,1 × B. 27,5 cm und H. 29,8 × B. 22 cm
Min. 1413 aus der Sammlung Karl Ferdinand Friedrich von Nagler
Min. 11639 erworben 1920 von Jacques Rosenthal, München
Staatliche Museen zu Berlin, Kupferstichkabinett, Min. 1413 und 11639

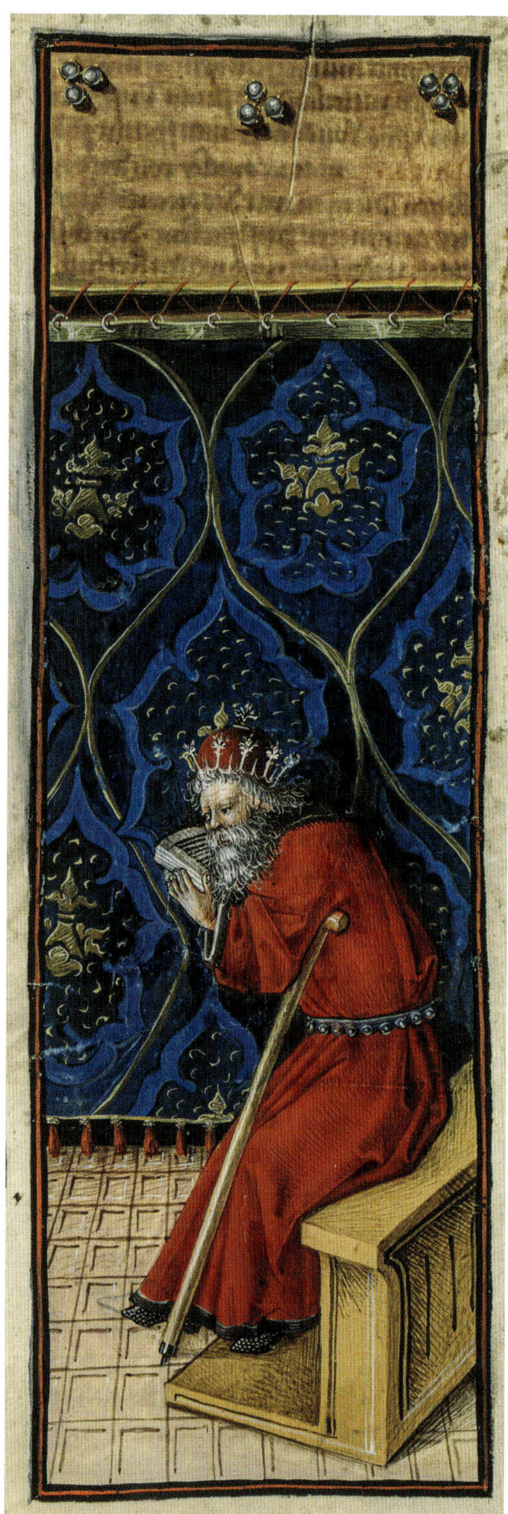

Die Vorstellung von den 24 Ältesten, die am Jüngsten Tag um Christi Thron versammelt sind und dem Gericht beiwohnen, entstammt der Offenbarung des Johannes. Gegen Ende des 14. Jahrhunderts verfasste der Franziskanermönch Otto von Passau die Erbauungsschrift *Die vierundzwanzig Alten oder Der Goldene Thron der minnenden Seele*, in der die Ältesten zur Seele des Lesers sprechen. Die hier gezeigten Blätter sind Teil einer Abschrift dieses Textes und dürften um 1445 in München entstanden sein. Zu einem unbekannten Zeitpunkt wurden die Seiten mit den Miniaturen aus der Handschrift getrennt und einzeln verkauft. Neben den vorliegenden Blättern haben sich weitere Miniaturen aus der gleichen Handschrift in Venedig, Philadelphia, Nürnberg und München erhalten.

Mit viel Ideenreichtum hat der Maler jeden Ältesten in einer anderen Umgebung, mit individualisierten Zügen und in unterschiedlicher Handlung gezeigt. In Miniatur 1413 sitzt der Alte auf einer mit gotischem Maßwerk verzierten hölzernen Bank vor einer Mauer, über die ein brokatenes Ehrentuch gehängt ist. Er hat seine Lektüre unterbrochen, das Buch auf seinen Schoß sinken lassen und sinniert. Damit dürfte er just jene Handlung vormachen, die auch der Leser an dieser Stelle der Lektüre vollziehen mag, sind doch die Bildnisse der Alten ihren jeweiligen Reden nachgestellt. So lädt die Darstellung dazu ein, am Ende des Textabschnitts innezuhalten und das Gelesene nachwirken zu lassen. Jenseits der Mauer nutzt der Maler die winzige Fläche des Hintergrundes für eine atemberaubende Landschaftsdarstellung: In einem von Wellen aufgewühlten Wasser erhebt sich eine majestätische Burg. Im Vordergrund bricht ein Fährmann vom grünen Uferstreifen auf. Jenseits der Burg spannt sich das Meer bis zum Horizont. Dort sind weitere kleine Barken unterwegs, während in der Ferne ein Gewitterschauer auf das Ufer niedergeht und Blitze aus dunklen Wolken zucken.

Der Alte in Miniatur 11639 ist als regelrechter Greis gezeigt: Er stützt sich beim Lesen auf einen Stock und muss sein Buch ganz nah vor die Augen halten, um den Text entziffern zu können. Präzise hat der Maler die Konstruktion dargestellt, mittels der das blaue Brokattuch hinter ihm aufgehängt ist. Darüber kommt es zu einem spannenden Bruch zwischen Bild- und Betrachterwelt: Das obere, ockerfarbene Tuch ist mit Perlenapplikationen geschmückt, wobei die Perlen nicht dem Maßstab der Bildwelt entsprechen. Der Maler hat sie so groß und veristisch-plastisch dargestellt, dass sie vielmehr als reale Objekte auf dem Bild zu sitzen scheinen.

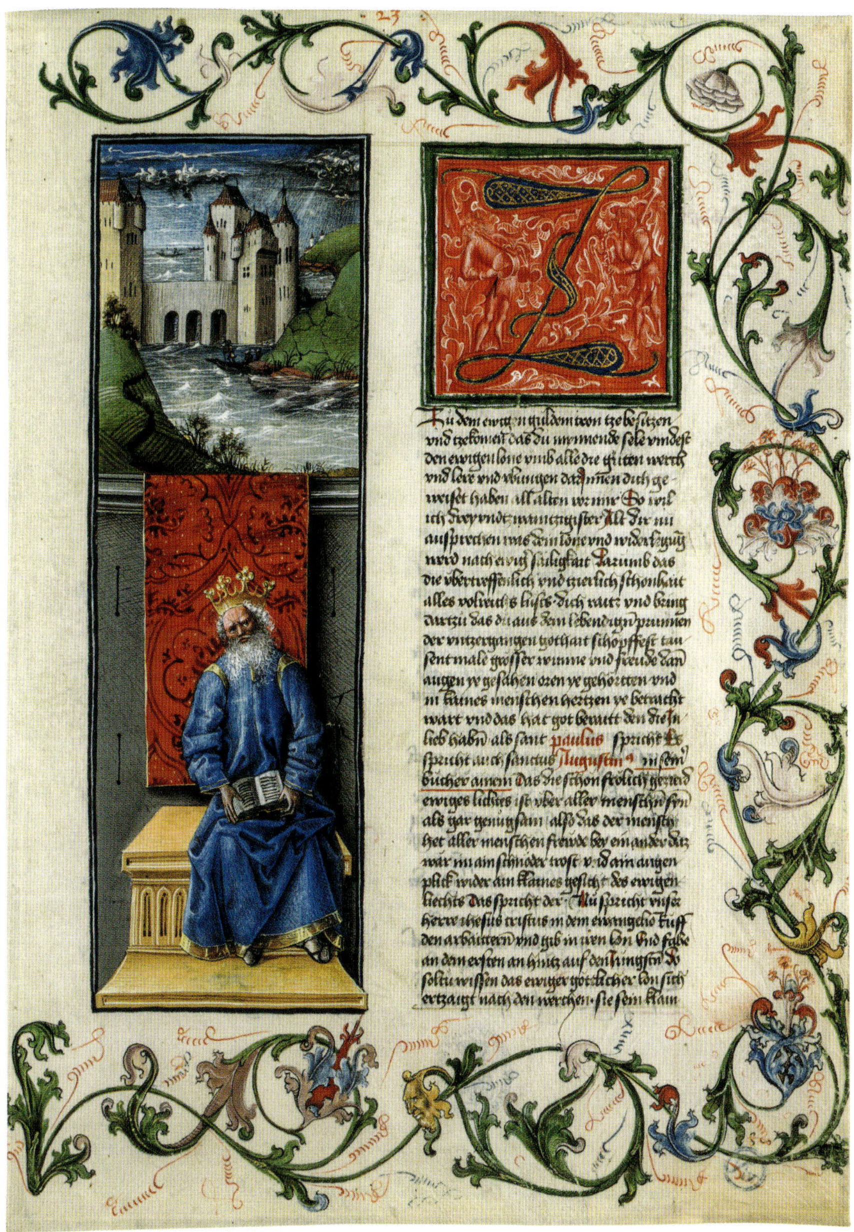

Der Text gibt keinerlei Hinweise auf den Entstehungsort der Handschrift. Die Miniaturen lassen sich jedoch überzeugend in die Münchner Malerei der 1440er-Jahre einordnen. Sie weisen enge Bezüge zu zwei der damals dort führenden Maler auf, dem Meister der Pollinger Tafeln und dem Meister der Münchner Marientafeln. Zu Ersterem passt die starke Betonung von Licht und Schatten sowie der Glanzlichter auf den metallenen Gegenständen. Der Pollinger Meister zeichnet sich außerdem durch innovative Landschaftsdarstellungen aus, und insbesondere die in weiter Ferne niedergehenden Regenschauer dürfen sein Markenzeichen genannt werden, kommen sie doch in zwei seiner Retabel zum Einsatz. Zum Meister der Münchner Marientafeln passen hingegen die Physiognomien der Alten und insbesondere ihre lockenreichen Frisuren, bei denen jedes Haar einzeln eingetragen zu sein scheint. An den Ausdruck des Meisters der Münchner Marientafeln gemahnen auch die geradezu humorvolle Cha-

rakterisierung und die Vermenschlichung der Alten. Sie erinnern an das im Metropolitan Museum in New York verwahrte Gemälde des Meisters, das den hl. Hieronymus mit einem Stifter vor der Madonna zeigt, wobei die Madonna in höchst eigenwilliger, aber belebter Weise mit überschlagenen Beinen dargestellt ist. Der Versuch einer eindeutigen Zuschreibung der Miniaturen an einen der beiden genannten Maler ist allerdings schon deswegen schwierig, weil sie wahrscheinlich in engem Kontakt zu einander standen und auf die gleichen Vorlagen zurückgriffen. Die Miniaturen der 24 Alten illustrieren, wie in der Münchner Malerei der 1440er-Jahre Naturbeobachtung und Fantasie auf entzückende Weise ineinandergreifen, um kauzig-sympathische Figuren mit einem Augenzwinkern darzustellen. *SJ*

LITERATUR

Hoffmann 2007, S. 208–210 – AK Brügge 2010, Kat. 188 (Antje-Fee Köllermann).

28 Gabriel Angler
(tätig in München um 1430–1445)
Zwei Tafeln der Tegernseer Tabula magna
Die Ermordung des Philippus Arabs und die
Auferstehung Christi, vor 1445

Nadelholz
je H. 187 × B. 123 cm
erworben 1925 aus französischem Privatbesitz
Staatliche Museen zu Berlin, Gemäldegalerie, Kat. Nr. 1938

Die Gemälde stammen von der Vorder- und Rückseite des rechten Flügels eines nach seinen monumentalen Maßen als *Tabula magna* bezeichneten Altarretabels. Als zweigeschossiger Altaraufsatz wurde es 1445 anlässlich der anstehenden 700-Jahr-Feier des Klosters Tegernsee auf dem dortigen Hochaltar aufgestellt. War die *Tabula magna* aufgeklappt, so nahm die Auferstehung Christi lediglich ein Achtel der Gesamtfläche des Triptychons ein, die gute zwanzig Quadratmeter umfasst haben dürfte. Da zwischen 1444 und 1445 ein „Maister Gabrihel maler" vom Kloster große Mengen an Viktualien erhielt, wird in ihm der Schöpfer des Retabels gesehen. Aus Rechnungen im Münchner Stadtarchiv weiß man wiederum, dass ein Maler namens Gabriel Angler in München ansässig war. Zwischen 1434 und 1437 erhielt er für die Anfertigung des Hauptaltarretabels der Frauenkirche insgesamt 2275 Rheinische Gulden. Es war nach heutigem Wissen das teuerste Altarbild im Deutschland des 15. Jahrhunderts. Zwar ist dieses Werk nicht erhalten, doch muss es ähnlich stattliche Ausmaße gehabt haben wie die *Tabula magna*. Aus den Quellen geht ferner hervor, dass Gabriel Angler in den frühen 1430er-Jahren nach Venedig gereist war, um dort Farben zu erstehen. Somit ist er einer der sehr wenigen nordalpinen Maler vor Dürer, für die eine Italienreise nachgewiesen ist.

Bei geschlossenen Flügeln präsentierte die *Tabula magna* vier Szenen aus dem Martyrium und dem posthumen Wunder des hl. Quirinus, dem die Abteikirche geweiht war. Die Berliner Tafel bildete dabei den Auftakt: Sie zeigt die Ermordung des Philippus Arabs – des angeblich christlichen Kaisers und Vaters des hl. Quirinus – in einem Zelt auf dem Schlachtfeld durch seinen Feldherrn Decius. Die Landschaft im Hintergrund indiziert mit dem hübschen Blick über saftige grüne Hügel auf verschneite Berggipfel den Ort des Geschehens, wurde Philippus Arabs doch bei Verona getötet, von wo aus man ein vergleichbares Alpenpanorama erblicken kann. Angler dürfte solch einen Anblick aus seiner eigenen oberbayerischen Heimat gekannt haben, vielleicht aber auch bei seiner Venedig-Reise, die ihn durch Verona geführt haben muss, erlebt haben. Dann hätte Angler in einer für das 15. Jahrhundert einzigartigen Weise die Handlung sozusagen am historisch verbürgten Ort angesiedelt.

Das geöffnete Retabel präsentierte sechs Szenen aus der Passion Christi: das Gebet am Ölberg, die Kreuztragung, die Ent-

kleidung Christi, die Kreuzannagelung sowie die Kreuzigung und schließlich die in Berlin verwahrte Auferstehung. Scheinbar konträr zur sonst üblichen Prachtsteigerung von außen nach innen sind diese Gemälde im Vergleich zur Ermordung des Philippus Arabs von gedämpfter Farbigkeit. Kühle, pastellige Blau-, Weiß- und Rosatöne, zu denen sich nur gelegentlich Grün gesellt, bestimmen das Kolorit. Gerade dadurch aber entfaltet die Feiertagsseite eine aparte, edle Wirkung. Somit illustriert die *Tabula magna* auch, wie die in den 1430er-Jahren aufkommenden neuen naturalistischen Darstellungsmöglichkeiten mit einer abstrahierenden, das Artifizielle bevorzugenden Ästhetik Hand in Hand gehen konnten.

Im Laufe der Jahrhunderte haben die Gemälde zahlreiche Veränderungen erfahren. Das Ensemble wurde auseinandergenommen, die Flügel wurden gespalten. An den Zwickelfeldern in den oberen Ecken der Ermordung des Philippus Arabs lässt sich erkennen, dass das Bild einst einen rundbogigen Abschluss besaß und somit noch höher war. Die Malereien sind heute durch Schmutz und dicke braune Firnisschichten beeinträchtigt, ihre Farben stark gedämpft. Bei der Landschaft der Auferstehung handelt es sich um eine Zutat aus dem 17. Jahrhundert, denn einst bildete Pressbrokat den Hintergrund. Mit bloßem Auge sind zudem Einritzungen in Form von gotischen Kielbögen erkennbar. Sie dürften als Beleg für ein einstmals vorhandenes Ziermaßwerk zu werten sein, das vermutlich als Schnitzwerk auf der Bildoberfläche montiert war (Möhring 1997, S. 26–29). Zwar konnte man sich im 17. Jahrhundert für das gotische Formengut der Zierarchitektur und den wenig räumlichen Brokatgrund nicht mehr erwärmen; Anglers Malereien müssen aber weiterhin Bewunderung erfahren haben, andernfalls wäre das Retabel wohl zerstört worden. Dass sich die Wertschätzung nicht schlicht auf die Altehrwürdigkeit des Objekts, sondern dezidiert auf seine Malerei bezog, beweist auch die Beschreibung als „affabre et ingeniose depicta" durch einen Besucher 1773 – eine für das Barock seltene Bewunderung mittelalterlicher Kunst (ebd., S. 25).
SJ

LITERATUR
Liedke 1982 – Möhring 1997.

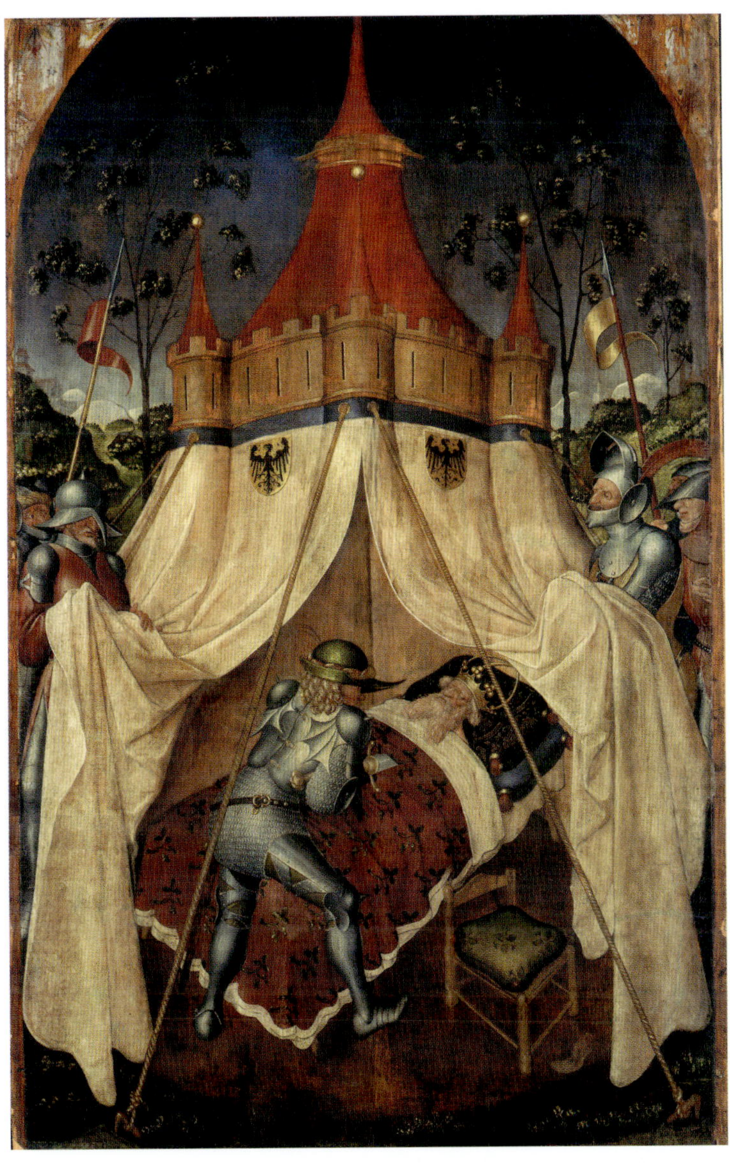

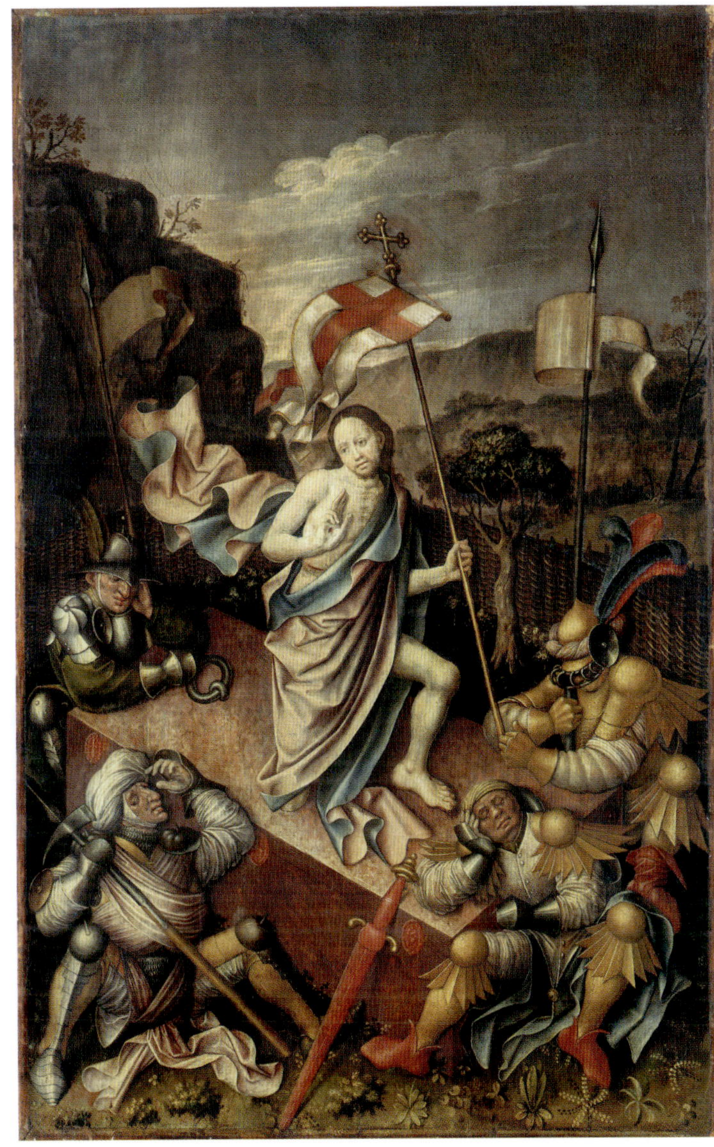

Silber, getrieben, gegossen, teilvergoldet, Kristall, Glassteine,
Email
H. 24,5 × B. 28,5 × T. 16 cm, Gewicht 3423 g
erworben 1874 von der Stadt Lüneburg durch den preußischen
Staat und dem Deutschen Gewerbe-Museum in Berlin überwiesen
Staatliche Museen zu Berlin, Kunstgewerbemuseum,
Inv. Nr. 1874,371

Der sogenannte Bürgereidkristall wurde 1874 zusammen mit 35
weiteren Goldschmiedearbeiten aus dem ehemals sehr viel
umfangreicheren – 1611 nicht weniger als 253 Stücke umfassenden – Ratssilber der Stadt Lüneburg erworben. Mit Ausnahme
von zwei seit 1945 verschollenen Werken bildet dieser Kernbe-
stand des Lüneburger Ratssilbers heute einen der absoluten
Höhepunkte in den reichen Sammlungen des Berliner Kunstgewerbemuseums (Kat. 89, 90, 93). Zwischen der Mitte des 15. und
dem Beginn des 17. Jahrhunderts entstanden, künden die weit
überwiegend von Lüneburger Goldschmieden geschaffenen
Werke von dem enormen Selbstbewusstsein und der kontinu-
ierlichen Traditionspflege der Bürgerschaft der vor allem durch
den Salzhandel zu Wohlstand gekommenen Hansestadt. Aus
keinem anderen Ratsschatz haben sich auch nur annähernd so
viele Goldschmiedearbeiten erhalten wie aus dem Lüneburger
Ratssilber, dem letzten glanzvollen Zeugen der im späten Mittelalter und in der frühen Neuzeit so zahlreichen städtischen
Silberschätze.

Mit dem Bürgereidkristall befindet sich im Lüneburger
Ratssilber das künstlerisch bedeutendste Beispiel eines städtischen Eidreliquiars aus dem späten Mittelalter. Dass weltliche
Eidesleistungen vor dem Angesicht Gottes erfolgen, sollte nach
dem im Sachsenspiegel um 1220–1235 niedergeschriebenen
Recht dadurch eine zusätzliche Bekräftigung erfahren, dass sie
durch Auflegen der Schwurfinger „uffen heiligen" – auf die in
einem Reliquiar verwahrten Reliquien von Heiligen also –
geleistet werden. Nur äußerst wenige dieser Eidreliquiare haben
sich bis heute erhalten. Aus den norddeutschen Hansestädten
sind aus dem späten Mittelalter ganze vier Beispiele aus Metall
bekannt: neben dem Lüneburger Bürgereidkristall das sogenannte Schwurkästchen in Tangermünde sowie die beiden nur
bildlich überlieferten Eidreliquiare von Hamburg und Lübeck.
Für das im kommunalen Auftrag geschaffene Lüneburger Exemplar kennen wir aber sogar die genauen Umstände seiner Entstehung: Der erste Eintrag in den seit 1443 erhaltenen Lüneburger Kämmereirechnungen lautet: „To deme ersten lete wii

maken eyn sulveren hilgen schryn dar de borgere up to swerende
pleget, dat wecht 15 mark lodiges sulvers und eyn halff lot [...]
Item geve wii Hanse van Lafferde to makelone 82 ½ marc [...]
Summa 256 marc 8½ s[chilling]."

Das Lüneburger Eidreliquiar ist als kleiner kapellenarti-
ger Schrein in den Formen spätgotischer Sakralarchitektur
gebildet. Gestufte, quer gestellte, mit Fialen und Kreuzblumen
besetzte Strebepfeiler bilden seine Ecken. Je vier kleine, seitlich
angeordnete Baldachine gliedern die Längsseiten und große
Kielbögen mit Krabbenbesatz die mittels einfacher Scharniere
zu öffnenden Schmalseiten des Schreins. Hier erscheinen die hl.
Ursula, die Stadtpatronin von Lüneburg, und der hl. Georg.
Geprägt wird das Bildprogramm aber durch die Darstellungen
der Kreuzigung Christi mit den Assistenzfiguren der Gottesmutter Maria und des Evangelisten Johannes auf der einen
sowie der Deësis – einer Dreifigurengruppe mit Christus als
thronendem Weltenrichter zwischen Maria und Johannes dem
Täufer als Fürbitter der Menschheit – auf der anderen Längs-
seite. Neben der Kreuzigung erscheint eine aus Platzgründen
verkürzte Reihe der Apostel, die durch Petrus, Paulus, Matthäus
und einen vierten Apostel ohne Attribut (Bartholomäus?) repräsentiert werden. An der Deësis-Seite befinden sich zuseiten der
Fürbitter zwei posaunenblasende Engel (Abb. S. 93).

Solche gegossenen Engelsfiguren zieren in gleicher Gestalt
bereits die 1394 entstandene Hostienmonstranz in Ratingen bei
Düsseldorf und auch andere Figuren am Lüneburger Eidreliquiar
vertreten einen für die Entstehungszeit des Werks auffallend
altertümlichen Stil, der in die Zeit um 1400 verweist. Die für
ihre Nische deutlich zu große Figur des hl. Georg, die zu hohe
Platzierung der Fürbitter sowie die Art der Anbringung der
Assistenzfiguren der Kreuzigung, die zur Abschrägung ihrer
Rückseiten zwang, machen deutlich, dass sie nicht im Einklang
mit dem architektonischen Aufbau des Reliquiars stehen. Dies
ist ein deutliches Indiz für die Verwendung bereits vorhandener,
nicht erst zu diesem Verwendungszweck geschaffener Modelle,
sogenannter Patronen, für den Guss der Figuren. Schon lange

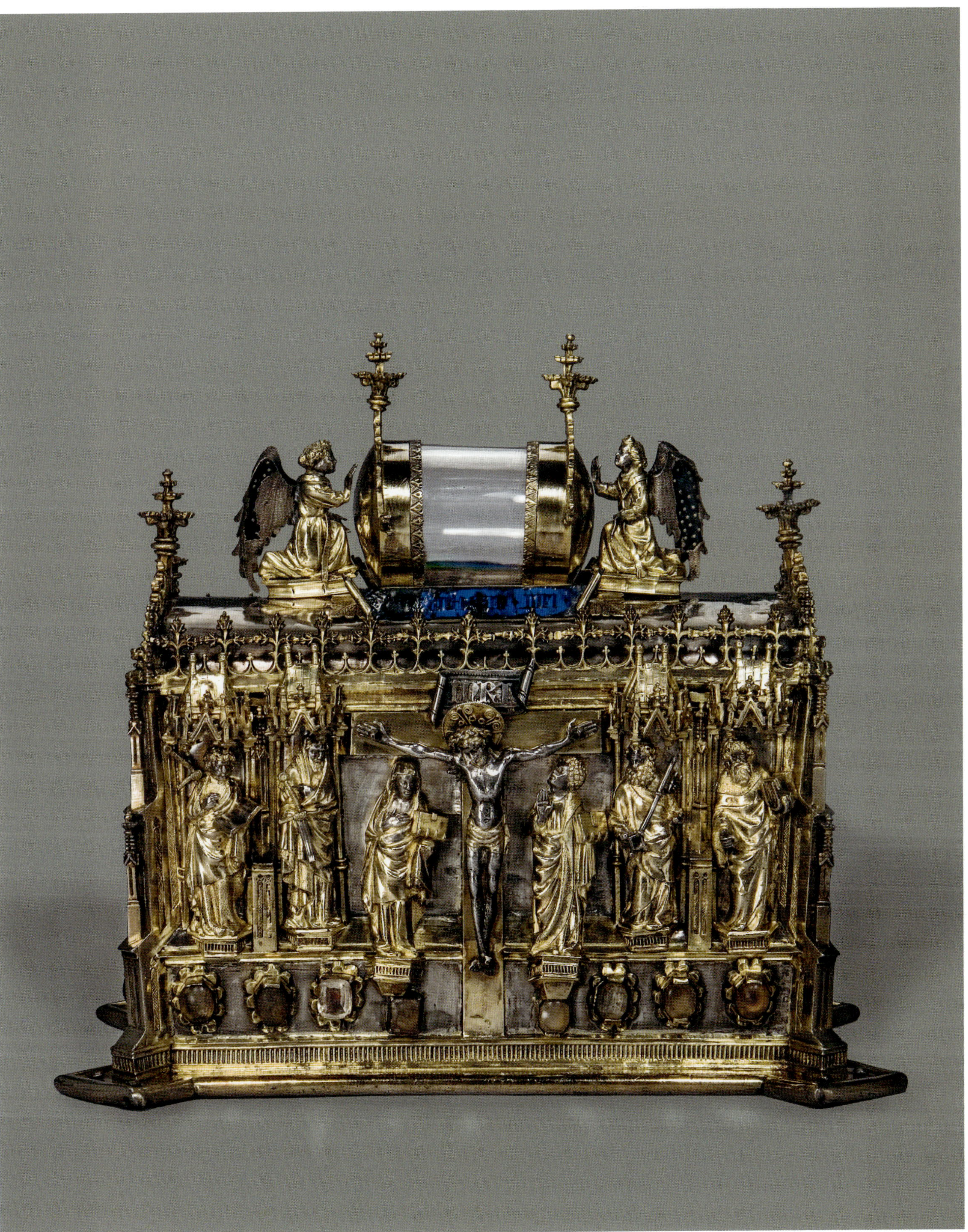

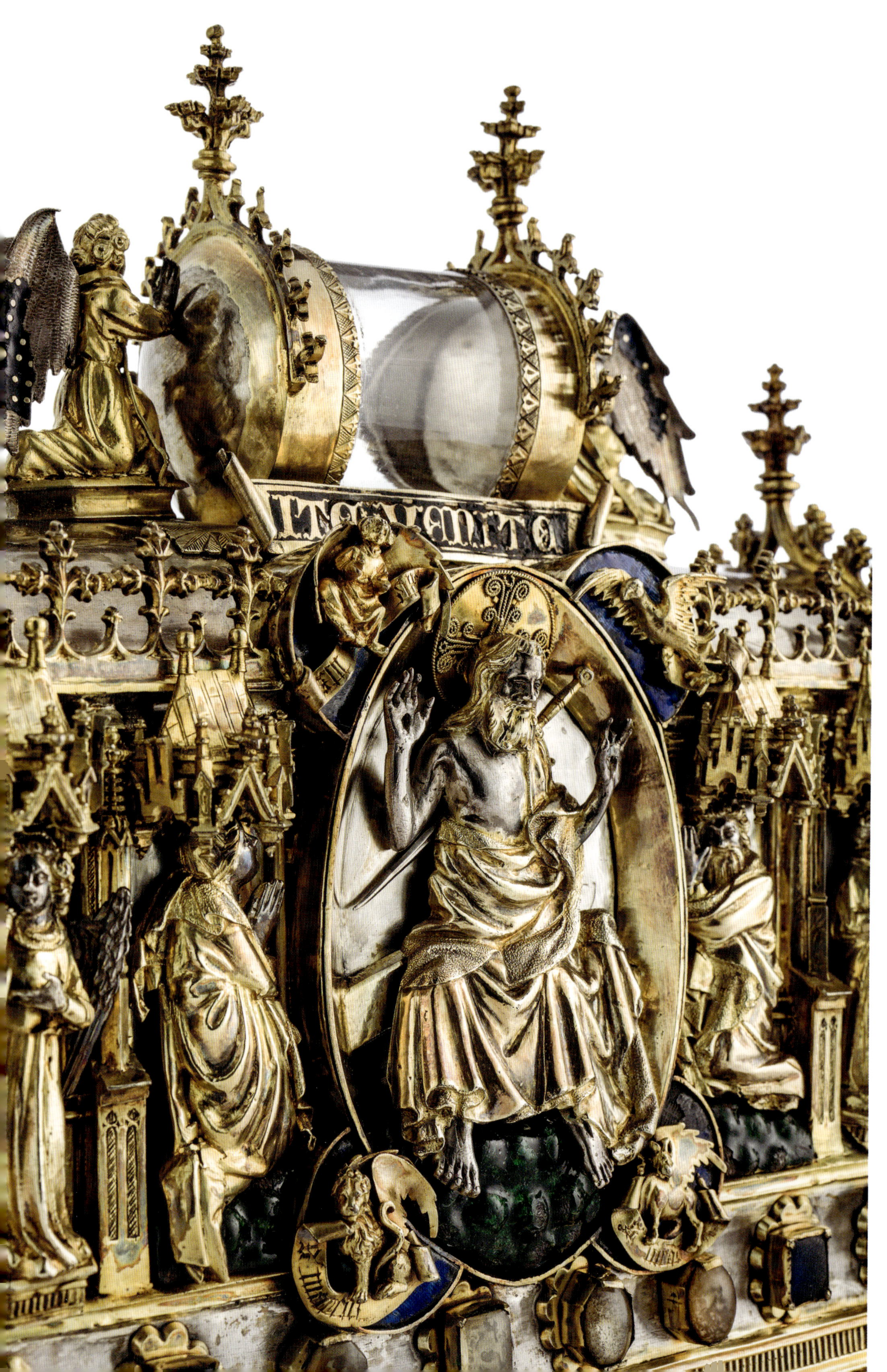
inde uenturus e

vor der Entwicklung druckgrafischer Reproduktionstechniken im 15. Jahrhundert praktizierten Goldschmiede verschiedene Verfahren zur Multiplizierung von Figuren und Ornamenten durch Modelle für den Guss, Gesenke für das Treiben sowie Punzen zum Prägen.

Das Dach ist beim Lüneburger Eidreliquiar nicht wie üblich als Satteldach gebildet, sondern tonnenartig gewölbt. Darauf präsentieren zwei kniende Engel einen liegenden Bergkristallzylinder, in dem sich in vorreformatorischer Zeit jene Reliquie befunden hat, vor der die Lüneburger Bürger schwören mussten, von der wir heute jedoch keine genauere Kenntnis mehr haben. Unmittelbar unterhalb des Schaugefäßes erscheinen zwei emaillierte Schriftbänder mit Texten, die auf das Jüngste Gericht Bezug nehmen: an der Seite mit der Deësis in Majuskeln „ITE VENITE", an der Kreuzigungsseite in Minuskeln „[ben]edicti p(at)r(i)s mei" („Gehet hin [ihr Verfluchten] / [kommt her,] ihr Gesegneten meines Vaters"; nach Mt 25,41 und 25,34). Die bildliche Präsenz des Todes des Erlösers und des Jüngsten Gerichts mahnt im Kontext der juridischen Nutzung des Eidreliquiars ganz unmittelbar: „Schwört nicht falsch um ein zeitlich Gut. Denn Gott der Herr, der weiß es wohl, im letzten Gericht darüber urteilen soll" (neuhochdeutsche Nachdichtung eines Verses auf Derick Baegerts Gemälde einer Eidesleistung von 1493 für das Rathaus in Wesel).

Nach der Reformation wurde anstelle der Reliquie der Text des Neuen Testaments in den Bürgereidkristall eingelegt, sodass die Lüneburger Bürger ihre Eide fortan ganz im Sinne Martin Luthers auf die Heilige Schrift ablegten. Die Kämmereirechnung des Jahres 1544 unterrichtet uns über diese signifikante Veränderung: „Item 8 s[chilling] geven vor ein klein bock dar inne dat nige testament in den sulveren Block dar de borger up sweren."

LL

LITERATUR
Lessing 1878, Nr. 2, S. 6 – Schröder 1922, I, S. 32, 39, II. C, S. 68–71, V. B, S. 7 – Appuhn 1956, Nr. 1, S. 9 f. – Kunstgewerbemuseum 1963, Nr. 44 – Scheffler 1965, Nr. 38, S. 892 – Fritz 1982, Nr. 497, S. 255 f. – Bursche 1990/2008, Nr. 1, S. 100 f./ Nr. 1, S. 48–51 – Lambacher/de Fümel/Schumann 2015, S. 399–402 – Lambacher 2016 – Wehking 2017, Nr. 86, S. 285 f.; Taf. 6, Abb. 14–16.

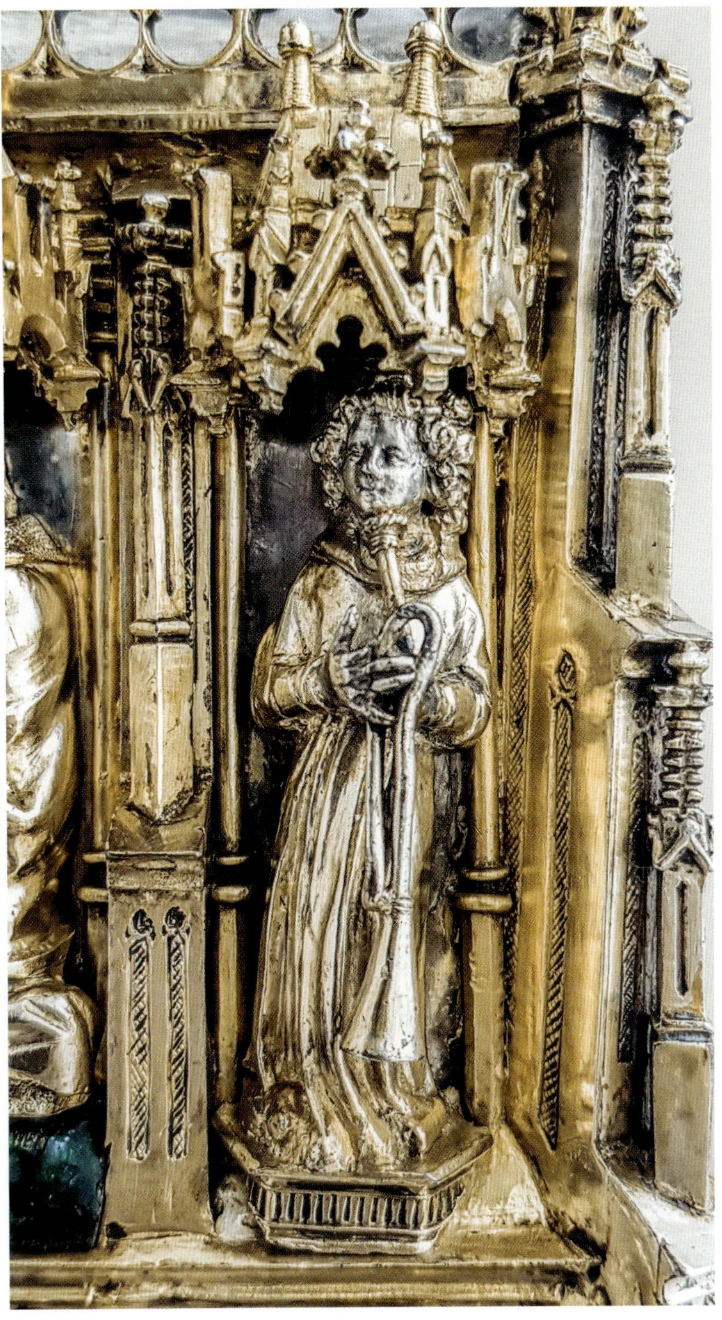

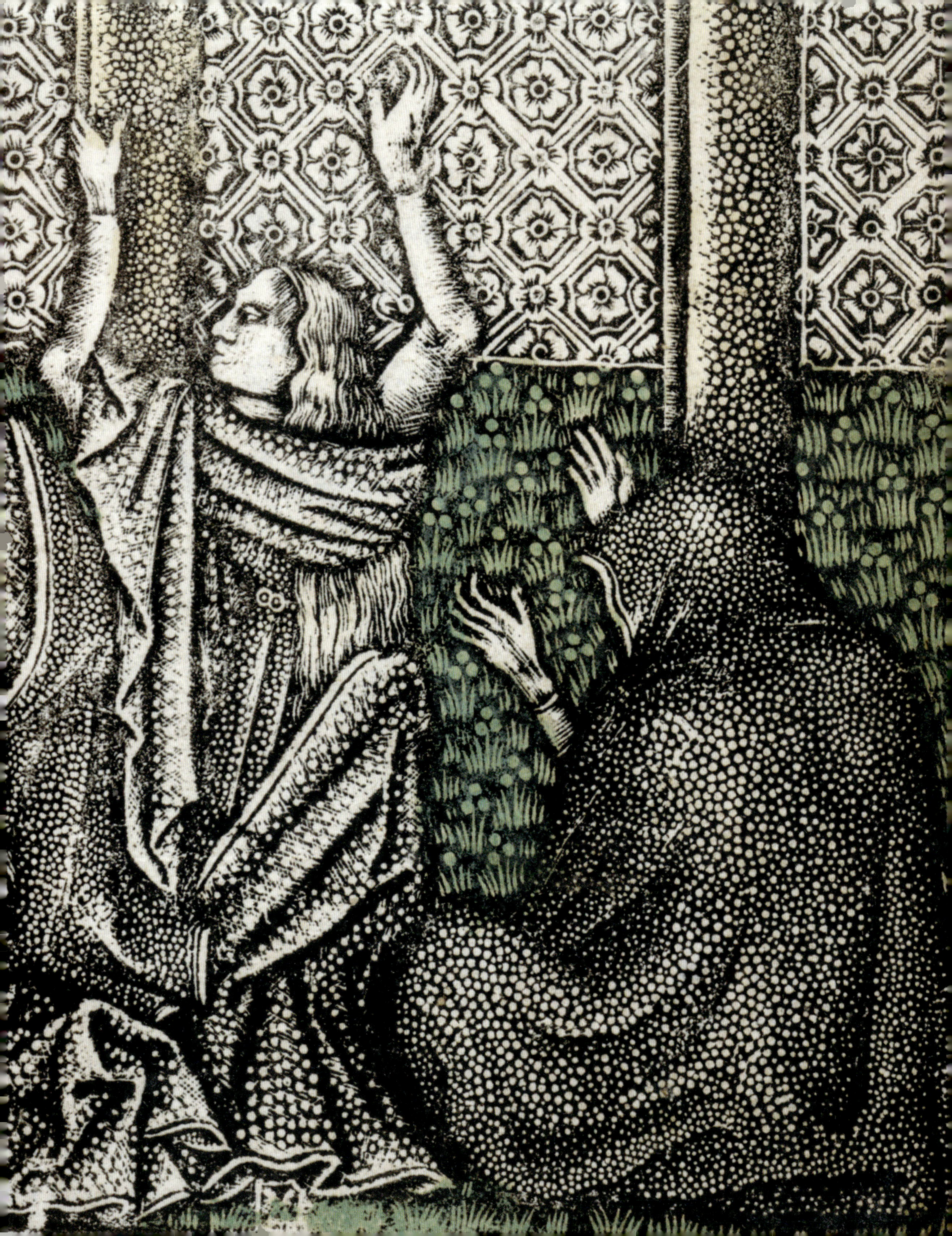

Michael Roth

Entstehung der Druckgrafik
Multiplizierung der Bilder

Druckgrafik und Buchdruck spielten im deutschsprachigen Raum eine besondere Rolle für die Verbreitung künstlerischer Ideen. Wie ein roter Faden zieht sich die Entwicklung der bildlichen und typografischen Vervielfältigungstechniken, also der visuellen Medien, durch das gesamte 15. Jahrhundert, gerade im Bereich des Heiligen Römischen Reichs. In der historisch kurzen Zeitspanne zwischen der Erfindung des europäischen Bilddrucks auf Papier um 1400 und dem Einzug des gedruckten Bildes in den Buchdruck mit beweglichen Lettern, der mit der Edition der Gutenberg-Bibel in den Jahren 1454/55 verbunden ist, vollzog sich eine weitgespannte künstlerische und gestalterische Entwicklung der Druckgrafik. Sie führte schließlich zu den anspruchsvollen Einzelblättern und Bilderfolgen sowie den großen Bildpublikationen in der zweiten Hälfte des 15. Jahrhunderts. Mehr noch, mit der Etablierung der neuen Medien konnte sich durch die gleichzeitige Verteilung und Streuung der Inhalte eine grundsätzlich neue Art der Kommunikation herausbilden. Es entwickelte sich eine erste moderne Medienwelt, am Vorabend der Reformation in Deutschland.

Im künstlerischen Bereich sorgte der Bilddruck durch seine rasche und weite Verbreitung für Motivwanderungen und für die Verankerungen stilistischer Vorstellungen über große Strecken hinweg. Dabei blieb er jedoch keineswegs nur ein Instrument der Bilderverteilung. Die grafischen Künste entwickelten sehr rasch eigene gestalterische Kriterien und eine eigene Kreativität. Hier zeigt sich vor allem die allmähliche Anpassung ästhetischer Vorstellungen an zunächst einmal technisch bedingte Charakteristika der damals neuen Medien. Bald aber formte sich in diesem künstlerischen Prozess ein ganz selbstständiger Auftritt der grafischen Drucktechniken. Besonders eindringlich sichtbar wird dies in rasch zunehmenden gestalterischen Ansprüchen druckgrafischer Werke und in der nach und nach entstehenden Akzeptanz von Kunst in Schwarz und Weiß bei den Herstellern und beim Publikum.

Möglich wurde die Entwicklung der grafischen Künste vor allem durch die Verfügbarkeit eines günstigen Bildträgers, des Papiers. In Italien sind ab 1276 Papiermühlen belegt. Bald wurde das neue Material auch in den Norden exportiert, sodass bereits im frühen 14. Jahrhundert mehrere städtische Kanzleien für ihren Schriftverkehr vom teuren Pergament auf Importpapiere umstellen konnten.[1] Aber erst im Jahr 1390 ergab sich mit der Gründung der ersten Papiermühle von Ulman Stromer in Nürnberg eine grundsätzlich neue Situation nördlich der Alpen. Durch ihre Einrichtung und bald folgende weitere Papiermühlen stieg das Angebot an wohlfeilem Hadernpapier rasant. Schon bald formten sich in verschiedenen Handwerken und bei anderen Interessenten, etwa in der Geistlichkeit und in Klöstern, Überlegungen, dieses neue, günstige und massenhaft verfügbare Material für künstlerische und literarische Vervielfältigungen zu nutzen. In der Folge wurden innerhalb zweier Generationen die beiden wichtigsten frühen Bilddrucktechniken auf Papier ausgearbeitet, der Holzschnitt und der Kupferstich. Daneben erprobte man einige später wieder zurücktretende Verfahren, wie etwa den Metallschnitt. Dabei scheint die „Erfindung" unabhängig und in Unkenntnis bereits etablierter Druckverfahren in anderen Weltgegenden erfolgt zu sein, denn in China, Korea und Japan waren bereits im 9. Jahrhundert Holztafeldrucke auf Papier bekannt. Greifbare Kontakte sind hier nicht überliefert. Zudem erfolgte die Initiative zur Entwicklung der Druckgrafik auf Papier in Europa in einer für globale Einflüsse seinerzeit relativ unauffälligen Region, nämlich sehr wahrscheinlich im Bayerisch-Salzburger Raum. Von dort stammen die ersten überlieferten Holzschnitte auf Papier, entstanden um oder kurz nach 1400 (Abb. S. 96).[2] Ihr Anliegen war zu Beginn schlicht, Bilder in größerer Anzahl herzustellen. Die Bildholzschnitte waren dabei vorwiegend geistlichen Inhalts, Andachts- und Votivbilder. Den Motivkanon des Frühdrucks bestimmten vor allem Heiligenbilder und Darstellungen aus dem Leben und Leiden Christi (Kat. 30–32). Auf der Suche nach geeigneten Motiven und Formen bediente man sich eingangs sehr freimütig in den anderen Werkgattungen der zeitgenössischen Kunst, der Malerei ebenso wie der Skulptur. Die Künstler nahmen Motive auf und gaben sie durch ihre Arbeiten weiter. Insofern ist die frühe Druckgrafik eine Art Katalysator und Multiplikator der aktuellen Kunst des 15. Jahrhunderts. Eingangs überwiegen Einzelfiguren und engräumige szenische Darstellungen (Kat. 35, 36), größere räumliche Zusammenhänge oder gar Landschaftsschilderungen sind hingegen selten. Hier beschränken sich die Drucke meist auf Andeutungen, etwa auf die Uferböschungen zuseiten des Fährflusses beim

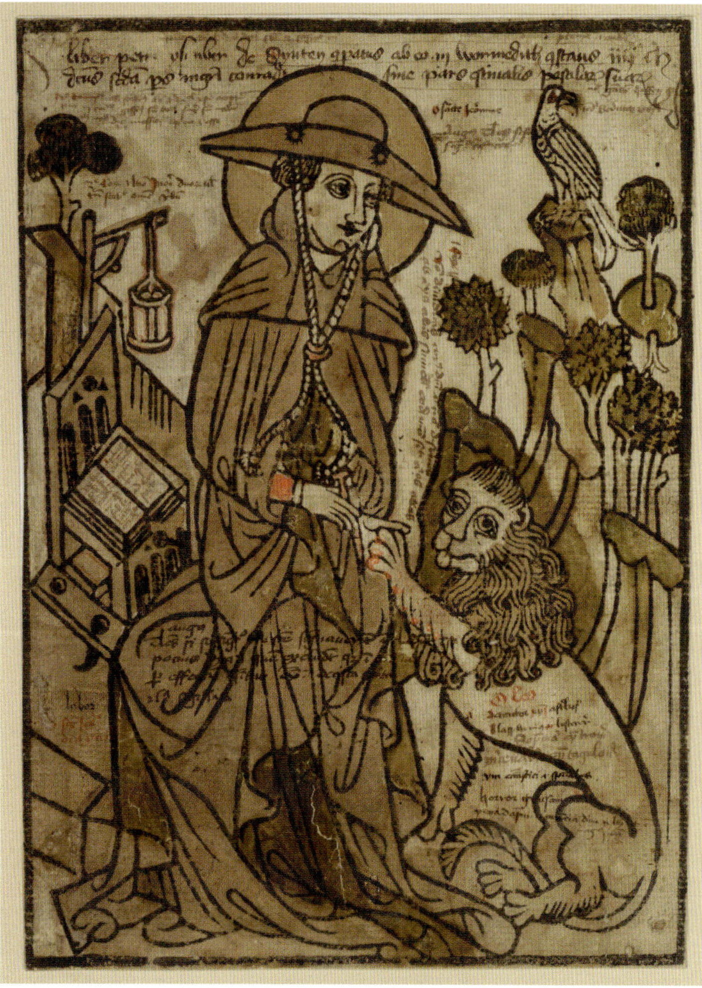

Hl. Hieronymus, um 1420–1430, kolorierter Holzschnitt, aus einem Manuskript des Klosters Oliva bei Danzig, Staatliche Museen zu Berlin, Kupferstichkabinett

hl. Christophorus (Kat. 33). Auch unsere Auswahl früher Holzschnitte zeigt ausschließlich religiöse Themen, Heiligenbilder und Darstellungen heiliger Legenden. Viele von ihnen wurden in Bücher oder auf die Innenspiegel von Bucheinbänden geklebt und blieben so erhalten (Abb. S. 96). Sie führten den Gläubigen Bilder der Heiligen vor Augen, deren Unterstützung sie erhofften und deren Hilfe sie sich durch Gebet und private Andacht vergewissern wollten.

Werktechnisch ist der Holzschnitt auf den ersten Blick ein recht anspruchsloses Verfahren. Bei diesem Hochdruckverfahren werden die Bilder von der Oberfläche, das heißt von Lienenstegen eines geschnittenen Reliefblocks gedruckt bzw. gestempelt. Diese Technik erlaubte ein verhältnismäßig einfaches Schnitzen der Druckstöcke und Modeln. Zudem benötigten die Druckplatten durch die Farbabnahme von der Holzoberfläche nur einen geringen Pressdruck und erlaubten sogar Abzüge, bei denen das Papier mit Reibern oder Rakeln auf die eingefärbte Reliefplatte gepresst, das heißt ohne spezielle Druckpressen gearbeitet wurde. Technisch orientierte man sich am bereits länger bekannten und etablierten Model- bzw. Zeugdruck auf Textilien und anderen Materialien.

Am Anfang des Verfahrens stand eine auf Grundzüge reduzierte Umrisstechnik, in der lediglich die Hauptzüge der Binnenzeichnung und Gewandverläufe definiert waren. In ihrer Anlage folgten sie der im frühen 15. Jahrhundert dominanten sanft-pulsierenden, „schönen" Linienführung. Die Haupt- und Konturlinien definierten das Darstellungsgerüst und grenzten die Binnenflächen gegeneinander ab. Dieses sehr reduzierte Lineament ließ ausreichend Platz für Farben. So waren fast alle erhaltenen Holzschnitte aus der Frühzeit der Druckgeschichte für eine Kolorierung vorgesehen und wurden auch tatsächlich koloriert. Der frühe Holzschnitt rechnete mit einer Weiterverarbeitung des gedruckten Bildes durch Buch-, Brief- oder Schablonenmaler. Deren Arbeitsspuren sind noch heute in Form von umfangreicheren Gruppen gleichförmig aufgetragener Kolorierungen auf den Holzschnitten und in Blockbüchern erkennbar (Kat. 56). Man dachte noch nicht in grafischen Schwarz-Weiß-Kategorien und der Gedanke an Druckgrafik als Linienkunst war nur sehr bedingt etabliert. Tonabstufungen und Schatten- oder Wölbungsangaben durch Schraffuren jeglicher Art waren noch nicht erdacht. Sie mussten sich erst nach und nach entwickeln. Und erst mit fortschreitender Perfektion solcher Gestaltungsmittel konnte sich die Reduktion der Farbe auch beim Publikum durchsetzen und das Schwarz-Weiß-Bild als vollwertig akzeptiert werden.

Schon bald kamen Texte hinzu. Auch sie wurden zunächst häufig gemeinsam mit den Bildern als Reliefschnitte aus den Druckstöcken herausgearbeitet und auf das Papier gedruckt. Dieses Verfahren des kombinierten Bild-Text-Drucks wandte man sowohl in Einzeldrucken als auch zur Herstellung mehr oder weniger umfangreicher Bücher, sogenannter Blockbücher (Kat. 57), an. Diese sind ab etwa 1420 nachweisbar,[3] und ihre Beliebtheit hielt sich bis weit über die Mitte des 15. Jahrhunderts hinaus, als Gutenbergs Erfindung des Buchdrucks mit beweglichen Lettern und die ersten Versuche, in diesem innovativen Verfahren Text und Bild zu kombinieren, längst erfolgreich etabliert waren . Denn das schlichte Holzdruckverfahren führte mit relativ geringem Aufwand zu attraktiven Ergebnissen.

Dies gilt auch für ein anderes, im deutschsprachigen Raum nur relativ kurzzeitig geschätztes druckgrafisches Verfahren, den Metallschnitt (Abb. S. 97). Metallschnitte, häufig auch als Schrotschnitte oder -blätter bezeichnet, sind Hochdrucke wie der Holzschnitt. Die Druckplatte besteht allerdings aus Metall. Daher entwickelte sich diese Drucktechnik aus dem Goldschmiedehandwerk heraus. Wie im Holzschnitt werden in dieser typischen Goldschmiedetechnik die im Druck hellen Partien aus der Oberfläche einer Metallplatte herausgearbeitet, gegraben, geschabt, geschliffen oder mit Punzstempeln in das Metall eingeschlagen. Ihre Verwendung in der Bildgrafik basiert entschieden auf der Gestaltung von Flächen und ihrem oft ornamentalen Schmuck durch unterschiedlich geformte Punzierungen (Abb. S. 97, Kat. 44, 45, 58). Zusätzlich waren Metallschnitte in aller Regel mit einer Kolorierung versehen. Wie im Blockbuch wurden auch etwaige Texte direkt aus der Druckplatte herausgearbeitet.[4] Sie enthalten häufig Gebete und Ablassformeln, die auf die Hauptzwecke dieser Blätter hindeuten, die bildliche Vergewisserung heiligen Beistands und die verbrieften Garantien einer erheblich verkürzten Leidenszeit im Fegefeuer nach dem Tod reuiger Sünder.

Die Hinwendung zum Schwarz-Weiß und den damit verbundenen grafischen Weiterentwicklungen der Linientechnik, ja der Entstehung ganz neuer grafischer Kategorien und Gestaltungssysteme, schritt langsam voran. Einen wichtigen Markstein setzte die Erfindung und Weiterentwicklung einer druckgrafischen Technik mit ganz anderen Parametern, des Kupferstichs. Er entstand vermutlich in den 1430er-Jahren ebenfalls aus einer etablierten Praxis des Goldschmiedehandwerks heraus, der Dekorationsgravur und -ziselierung, und war ein technologisch und handwerklich wesentlich anspruchsvolleres Verfahren als der Holz- oder der Metallschnitt.

Der Kupferstich ist ein Tiefdruckverfahren. Hier wird eine Punkt- oder Linienzeichnung so in eine metallene Druckplatte graviert, dass Kanäle für die Druckertinte entstehen. Die Auflagen blieben verhältnismäßig niedrig, da die frühen Kupferstecher zum Teil mit Radiernadeln in dem weichen Metall arbeiteten und noch nicht vorwiegend Grabstichel gebrauchten, die tiefere und damit länger nutzbare Furchen erzeugten. Zum Druck wird Farbe in diese Rinnen eintamponiert. Die Plattenoberfläche wird abgewischt und leicht poliert, sodass sie fast keine Farbe mehr trägt. Dann wird ein leicht angefeuchtetes Papier aufgelegt und die Drucktinte, unter höherem Druck als beim Holzschnitt, aus den Rillen gezogen. Hierzu nutzten die frühen Kupferstecher anfangs offenbar noch keine speziellen Walzenpressen, sondern fertigten wie die frühen Holzschneider Reiberdrucke an. Bei diesen Handabzügen wird das auf die Druckplatte gelegte Papier mit einem Handwerkzeug in die Druckrillen gepresst.[5] Das Vorgehen bringt, wie die erhaltenen Beispiele zeigen, überaus zartlinige und feintonige Drucke hervor (Kat. 36–38). Zudem bleibt je nach Grad der Oberflächenreinigung der Druckplatte vor dem Abzug stets ein leichter Plattenton erhalten. Oft spielt in diesen Drucken die Oberflächenmodellierung mithilfe aufwendiger Strichel- und Schraffurtechniken eine große Rolle. Im Gegensatz zu Holzschnitten, die in der Frühzeit mehr oder weniger ausnahmslos auf eine koloristische Weiterverarbeitung angelegt waren, begegnet man schon im frühen Kupferstich mehrfach, ja überwiegend unkolorierten Exemplaren. Sie waren bereits auf eine Ausführung in Schwarz-Weiß angelegt und bedurften keiner begleitenden Kolorierung, auch wenn sich selbst bei solchermaßen „ausformulierten" Schwarz-Weiß-Arbeiten vereinzelt subtil kolorierte Exemplare erhalten haben (Kat. 40, 42). Dies geschah aber meist wohl erst in einem weiteren Verwendungsschritt, etwa vor oder nach dem Einkleben der Drucke in Bücher.

Auch für den Tiefdruck konnten die „Erfinder" auf zum Teil jahrhundertelang bekannte Techniken aus anderen Bereichen zurückgreifen. Namentlich sind diese Pioniere der neuen Technik freilich nicht bekannt. Wir bewegen uns in einer Welt von anonymen Meistern mit Notnamen. Die Forschung verlieh sie einzelnen Werkgruppen und benannte sie nach charakteristischen Hauptwerken, Motiven, Besonderheiten der Drucke

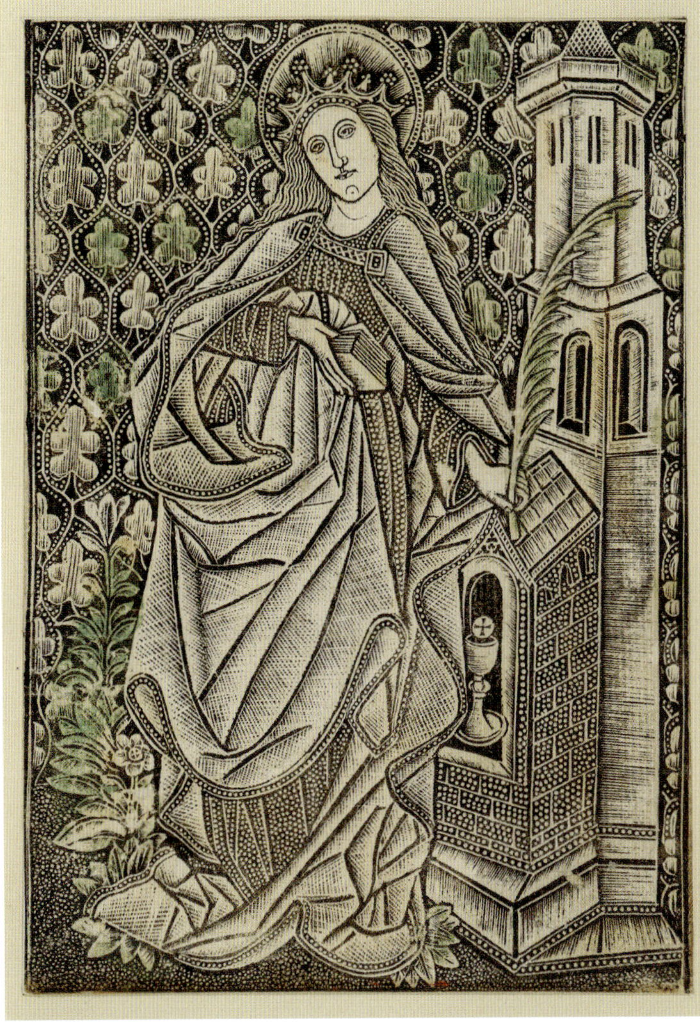

Hl. Barbara, seitenverkehrter Metallschnitt nach Meister E. S., um 1470, Staatliche Museen zu Berlin, Kupferstichkabinett

oder Sammlern, die man mit einer Künstlerpersönlichkeit oder einer Werkstatt verbinden wollte. Erst nach und nach versahen die Künstler selbst ihre Werke mit Monogrammen oder Meisterzeichen und werden so als Personen greifbar. Goldschmiede entwickelten etablierte Gravurtechniken ihres Handwerks weiter bzw. modifizierten sie kreativ in Hinblick auf eine Übertragung auf den Bildträger Papier.[6] Dabei ist sehr aufschlussreich, wie sich die handwerklichen Techniken und die eingesetzten Werkzeuge nach und nach veränderten und an die Bedürfnisse der bislang unbekannten Nutzung anpassten, nämlich der Herstellung eines Zwischenwerkzeugs, einer Übertragungsmatrize für das Punkt- und Liniengerüst eines Kupferdrucks. Es zeigt sich, dass anfangs die etablierten handwerklichen und optischen Vorstellungen der Goldschmiede, die auf eine möglichst perfekte Wirkung ihrer Gravuren im Metall hinzielten, die Gestaltung prägen. Man erkennt dies etwa beim Meister der Spielkarten (Kat. 37, 38), beim Meister des Todes Mariae (Kat. 36) und auch beim „frühen" Meister E. S. (Kat. 39). Die Stecher waren daran gewöhnt, mit ihrer Gravur eine überzeugende Wirkung auf der Metallplatte zu erzielen. Feine Ziselierungen und

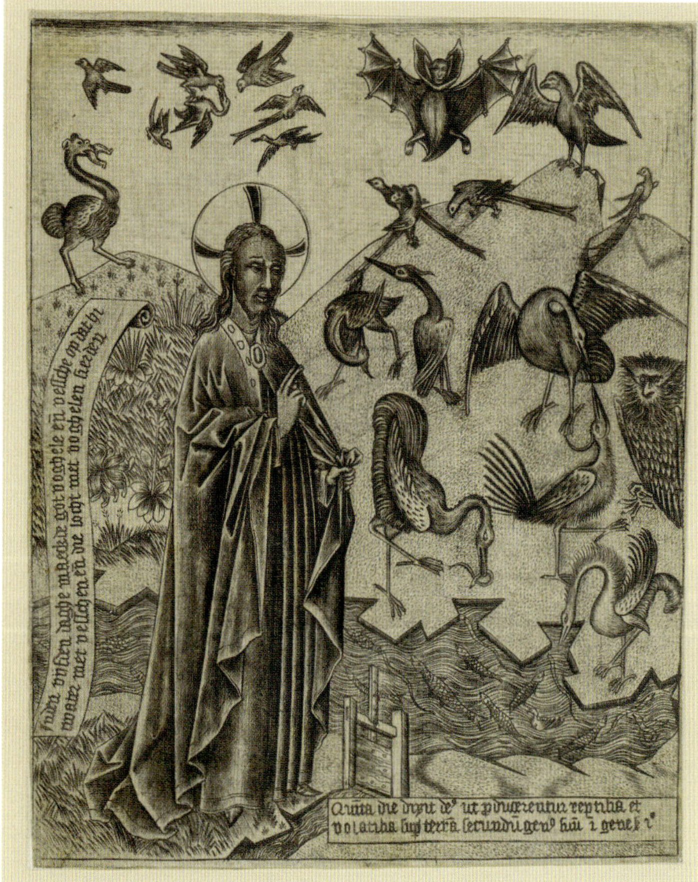

Meister mit den Bandrollen, *Der fünfte Tag*, um 1450–1475, Kupferstich unter Verwendung von Motiven aus den Vogelfarbenblättern des Meisters der Spielkarten (Kat. 37), Staatliche Museen zu Berlin, Kupferstichkabinett

jungen Kupferstichkunst in Betracht und ins handwerkliche Kalkül zog. Sein bekanntes Werk überstrahlt mit fast 320 Kompositionen, die heute allerdings in oft wenigen oder gar nur einem einzigen Exemplar überliefert sind, die Œuvres aller anderen Meister der Frühzeit um ein Vielfaches. Die Adaptionen und Umsetzungen zeitgenössischer Werke anderer Gattungen, seien es nun Buchmalereien, Gemälde oder Skulpturen (Kat. 79, 80) sind überaus adäquat und zeigen den Meister E. S. als einen feinsinnigen und ergebnisorientiert arbeitenden, überaus professionellen Künstler. Allerdings hat ihm diese Offenheit für andere Werke in der Forschung häufig den ungerechtfertigten Ruf eines schnöden Kompilators eingebracht. Seine Praxis entsprach durchaus dem seinerzeit üblichen Verfahren. Schon sehr bald bildete sich nämlich im frühen Kupferstich die Tendenz heraus, aktuelle Bilderzählungen der Tafelmalerei zu verarbeiten (Kat. 39). Die Arbeiten auf Papier konnten die spirituelle Erfahrung der Gläubigen bei der gemeinschaftlichen Andacht vor Altären und Retabeln in der Kirche nun auch in den häuslichen Bereich übertragen. Zugleich führten die Motiv- und Stiladaptionen zu einer raschen Verbreitung aktueller Tendenzen in der zeitgenössischen Kunst, sowohl der niederländischen Malerei um den Meister von Flémalle, Jan van Eyck und Rogier van der Weyden (Kat. 36, 37) als auch lokaler Entwicklungen an den jeweiligen Wirkungsorten der Meister. Besonders deutlich sichtbar wird dies am Kupferstich der thronenden Madonna des sogenannten Meister des Dutuit'schen Ölbergs (Kat. 8), der sich an den Kölner Palant-Altar aus der Zeit um 1435 anlehnt (Kat. 5), und an der Passionsfolge des sogenannten Meisters von 1446 (Kat. 51), die enge Beziehungen zu den kleinformatigen Bildtafeln der Karlsruher Passion (Kat. 50) aufweist. Durch die Jahreszahl 1446 auf dem „Geißelungsstich" bietet die Kupferstichfolge, die in Kenntnis der Karlsruher Passion oder einem anderen Werk des Meisters entstanden sein wird, nicht nur das erste erhaltene Datum auf einem Kupferstich überhaupt, sondern auch einen freilich weiterhin diskussionswürdigen Entstehungsanhalt für die undatierten Karlsruher Tafeln. Heute ist diese Folge ein Unikat, aber ursprünglich werden davon wohl größere Stückzahlen angefertigt worden sein. Die geringe Größe der einzelnen Szenen und die kräftige Linienführung sprechen für eine Anpassung der Gestaltung an die Bedürfnisse des Massendrucks, der nun auch den Kupferstich erfasst. Auch dies erfolgte zunächst im sakralen Kontext, etwa mit dem Auftrag zur Anfertigung mehrerer Versionen der *Madonna von Einsiedeln* an den Meister E. S. (Abb. S. 99, Kat. 42) anlässlich des 500-jährigen Jubiläums der Marienwallfahrt von Kloster Einsiedeln. Diese unterschiedlich großen Kupferstiche sind die ersten eigens für ein kirchliches Großereignis bei einem bereits überregional berühmten Kupferstecher bestellten Andachts- und Pilgerbilder.

Parallel dazu kamen auch Wünsche nach weniger sakralen, profanen Themen auf (Kat. 37, 38). Bereits der erste greifbare Meister des Kupferstichs, der nach seinem profanen Hauptwerk benannte Meister der Spielkarten, entsprach solchen Nachfragen.[8] Seine Sujets, Motive von Spielkarten, folgen zumindest vordergründig den Vergnügungsinteressen einer vermögenden

feinzügige Modellierungen sowie verschiedene und in unterschiedlicher Strichtiefe angelegte Oberflächen und Texturen wurden in die Platte graviert. Diese war zwar optisch besonders ansprechend, ließ sich jedoch nur in begrenzter Auflage auf das Papier übertragen. Nachteilig für den Auflagendruck war vor allem der hohe Verschleiß der Druckplatten durch den höheren Druck, der bei der Anfertigung der Papierabzüge notwendigerweise auf sie einwirkte. Durch die Erfindung effektiver Walzenpressen, welche die Abnahme der Druckfarbe verbesserten und gleichmäßiger gestalteten, wurde dies noch verstärkt. Die Platten mussten schon bald überarbeitet, „aufgestochen", werden.[7] Dadurch gewannen sie an Linienstärke, büßten aber feine Abstufungen und Übergänge der Grauwerte ein.

Hier war man gezwungen, einen technischen Ausgleich und eine angemessene Bildsprache zu finden, die eine Übertragung von der gravierten Metallplatte auf das Papier berücksichtigte. Differenzierte Modulationen waren auf den Platten bzw. in den von ihnen angefertigten Drucken mit vornehmlich linearen Mitteln hervorzubringen. Und diese Linienzüge sollten auf den Druckplatten in möglichst konstanter Schnitttiefe erzeugt werden. Der Meister E. S. (Kat. 39), ein am Oberrhein tätiger Monogrammist, gilt gemeinhin als erster Meister, der in seinen Gestaltungen und Kompositionsanlagen die technischen Belange der

Auftraggeberschicht. Denn die überaus sorgsam ausgeführten Kupferstiche werden zwar sicherlich günstiger als hochfein gemalte Spiele gewesen sein, wie sie sich im wenig früher entstandenen Stuttgarter Kartenspiel oder im wohl etwas späteren sogenannten Hofämterspiel in Wien erhalten haben.[9] Trotzdem benötigte man für ein vollständiges Kartenspiel eine Vielzahl von Motivkarten, sodass die Anschaffung eines kompletten Satzes ebenfalls eine teure Angelegenheit und damit nicht jedermann möglich war. Allerdings hatten die Karten des Spielkartenmeisters ursprünglich gar keine eindeutigen Farbwerte und boten sich so gar nicht wirklich zum Spielen an.[10] Dies mag ein Grund dafür sein, dass bislang nur eine einzige verstärkte, auf schweres Trägerpapier oder -karton kaschierte Spielkarte dieser frühen Reihe bekannt geworden ist, die Karte mit dem Farbenwert „Blumen-Unter" in der Bibliothèque nationale de France in Paris. Die vermeintlichen Spielkarten waren also vornehmlich Werke zum vergnüglichen Anschauen. Sie konnten zudem als Mustervorlagen für andere dekorative Kontexte genutzt werden, vor allem in der Buchmalerei sowie gewissermaßen als Zitate im eigenen Genre, den grafischen Künsten (Abb. S. 98). Bald steigerte sich die Nachfrage nach attraktiven profanen Bildern – gern auch mit anzüglichen oder gar voyeuristischen Inhalten, wie sie in der Serie des gestochenen Figurenalphabets vom Meister E. S. überliefert sind (Kat. 43).

Nach und nach verlagerten sich die Gestaltungsakzente im Kupferstich von der aufwendigen und, wie beschrieben, nicht sehr langlebigen Flächenschattierung zu möglichst konstanten und vor allem gleichmäßig tiefen Zügen, die am Beginn und im Abschwung, als „schwellende Linie" den Duktus früherer Zeiten weiter perfektionierten. Am Ende dieser Entwicklung stehen Meister wie der Colmarer Martin Schongauer (Kat. 81–86). Mit einem heute bekannten Kupferstichwerk von 115 bzw. 116 Kompositionen gehört er zu den produktivsten Stechern seiner Zeit. In seinen sehr eigenständigen obgleich kreativ von der aktuellen niederländischen Entwicklung inspirierten Bildentwürfen brachte er die Linienkunst des Kupferstichs auf eine bis dahin unerreichte, konsequent grafisch gedachte Schwarz-Weiß-Ebene mit elaborierter Kreuzschraffur und relativ gleichbleibender Strichstärke und -tiefe auf der Druckplatte. Martin Schongauers Bedeutung für die Drucktechnik wurde immer gesehen. Und so spiegelt die überproportional dichte Erhaltung seiner Arbeiten noch heute die Generationen übergreifend hohe Wertschätzung und den historischen Rang seiner Arbeiten in der Geschichte des Kupferstichs. Sie wurden durch die Jahrhunderte hinweg geschätzt und sorgsam aufbewahrt, mitunter sogar in Hausbibeln geklebt (Abb. S. 101).

Diese Entwicklung zur dezidiert schwarz-weißen grafischen Linie und Binnengestaltung wurde schon bald auch im Holzschnitt aufgenommen. Auf Schongauer folgte der junge Albrecht Dürer, der das Konzept einer rein schwarz-weißen Kunst in bewusster Anlehnung an seinen Vorläufer und unter Aufnahme neuer formaler Anregungen aus seiner ersten Reise über die Alpen, und hier vor allem an die Kunst Andrea Mantegnas und seines Kreises, nun in beiden zeitgenössisch gängigen

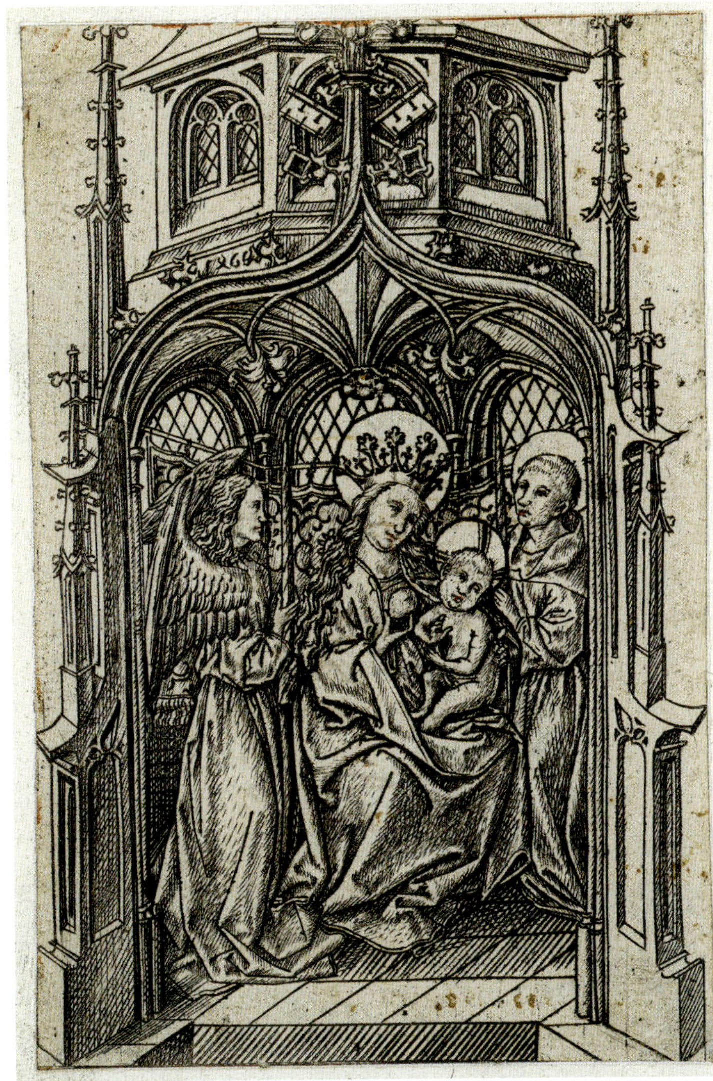

Meister E. S., *Die Kleinste Madonna von Einsiedeln*, 1466, Kupferstich, Staatliche Museen zu Berlin, Kupferstichkabinett

Drucktechniken perfektionierte. Er vollendete, nicht zuletzt durch die von ihm selbst edierte Folge zur *Geheimen Offenbarung des Johannes*, der *Apokalypse* (Kat. 65), am Ende des Jahrhunderts den Holzschnitt als lineare Schwarz-Weiß-Technik. Zugleich und im konsequenten Abwägen der jeweiligen künstlerischen wie technischen Charakteristika führte er den Kupferstich über Schongauers bis dahin leitbildhafte Meisterleistungen hinaus.

Mit Schongauer und Dürer etablierten sich die druckgrafischen Techniken im Rang der übrigen Hoch- und Bildkünste, sowohl im künstlerischen Selbstverständnis als auch in der zeitgenössischen wie späteren öffentlichen Wahrnehmung. Bezeichnenderweise wurde Meistern wie Schongauer und Dürer schon von der frühen Grafikforschung der eigens für sie geschaffene Ehrentitel eines „peintre-graveur" verliehen, eines Maler-Stechers, der nach eigenen Vorstellungen und Ideen arbeitet. Dabei sollte nicht vergessen werden, dass beide, bei aller kreativen Ingeniösität, auch die ganz unterschiedlichen herstellungs- und drucktechnischen Bedingtheiten ihrer Kunst in besonderer

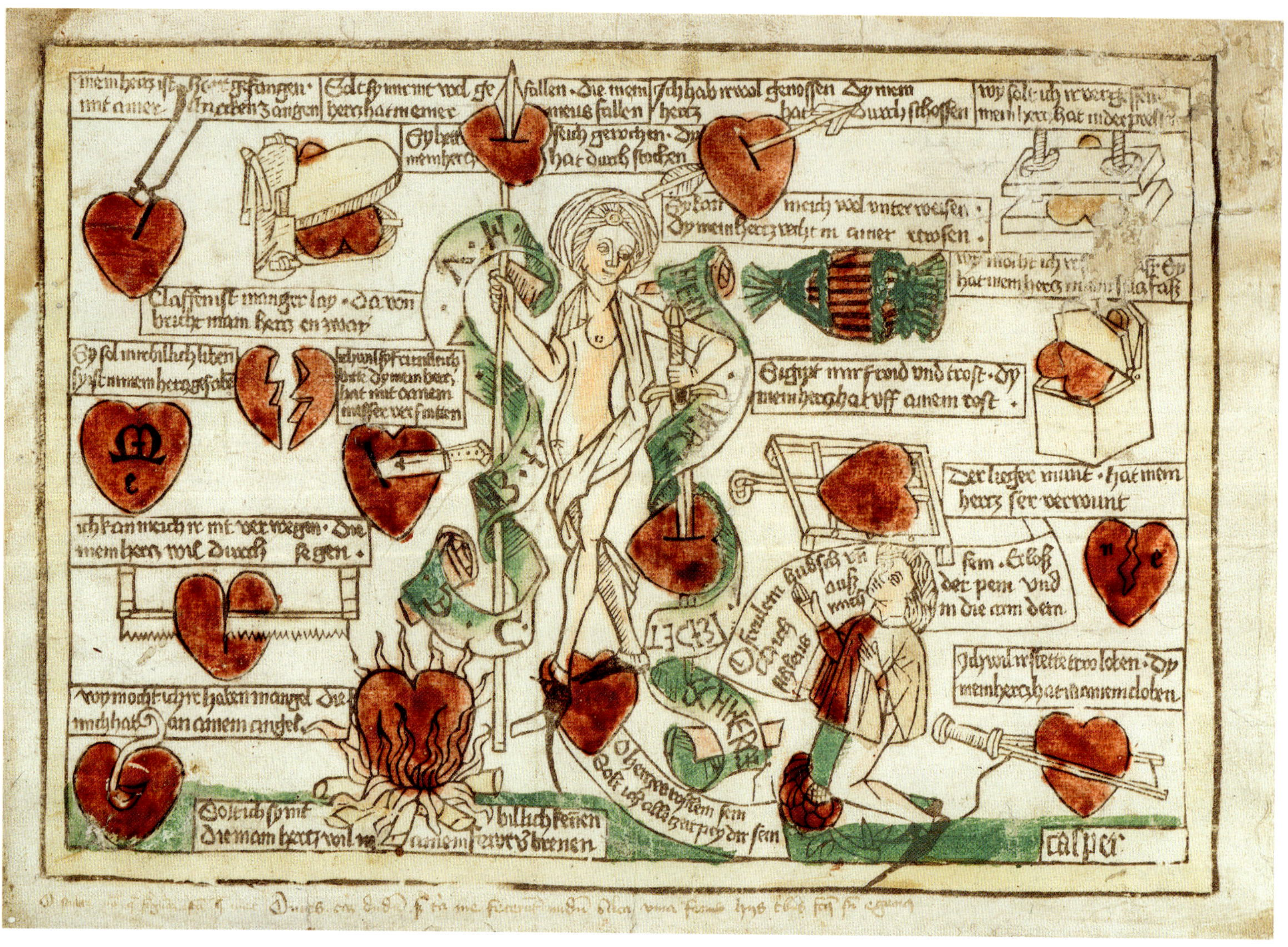

Meister Caspar, *Frau Venus und der Verliebte*, um 1485, kolorierter Holzschnitt,
Staatliche Museen Berlin, Kupferstichkabinett

Weise beachteten und ausloteten, um zu qualitativ herausragenden und gattungsgerecht überzeugenden Lösungen zu gelangen.

Die öffentliche Akzeptanz des Schwarz und Weiß im Bilddruck wuchs und erreichte ihren Höhepunkt in Dürers Todesjahr 1528: Der berühmteste Humanist seiner Zeit, Erasmus von Rotterdam, feierte ihn als „Apelles des Schwarz und Weiß". Gerade wegen Dürers Konzentration auf die Monochromie sei seine Kunst sogar höher zu schätzen als jene des antiken Heroen der Malerei, der „die Schmeichelei der Farbe" benötigte, um Großartiges zu schaffen. Damit feierte Erasmus nicht nur den Meister selbst, sondern auch den Triumph der grafischen Linie und die mimetischen Möglichkeiten der schwarz-weißen Kunst, denn: „Diese Dinge stellt er [Albrecht Dürer] in glücklichsten Zügen vor Augen, schwarzen Linien, so dass du, wenn du Farben darüber strichst, das Werk verletzen würdest ..."[11]

1 Siehe hierzu Rosenfeld 1991, S. 222.
2 Siehe hierzu zuletzt: Riether 2019a, S. 13.
3 Rosenfeld 1991, S. 226.
4 Im frühen Buchdruck mit beweglichen Lettern wurde diese feine Goldschmiedetechnik dann erstmals für Versuche zur Herstellung von Druckmatrizen für lineare Schmuckornamente und ebenfalls lineare Initialiengestaltung genutzt. Siehe hierzu S. 164 f.
5 Landau/Parshall 1994, S. 4.
6 Zur Ableitung des Kupferstichs aus den traditionellen Techniken und Arbeitsweisen von Goldschmieden siehe Fritz 1966, S. 383–388, Landau/Parshall 1994, S. 1–4 und zu den Werkzeugen Stijnman 2012, S. 27–30.
7 Geisberg 1909, S. 10.
8 Über die Entstehung bzw. Erfindung des Kupferstichs gibt es zahlreiche Hypothesen, aber bis heute keine genaue Kenntnis. Landau/Parshall 1994, S. 1, 3, 373 u. Anm. 5.
9 Timothy Husband, in: AK New York 2015, S. 41–44.
10 Siehe hierzu Wolff 1979, XIV, S. 121.
11 „Haec felicissimis lineis iisque nigris sic ponit ad oculos, ut si colorem illinas, iniuriam facias operi." Erasmus von Rotterdam, *De recta Latini Graecique sermonis pronuntiatione*, Basel 1528, S. 68 (zit. nach: Rupprich 1956–1969, Bd. 1, S. 297, Z. 38–40), siehe Panofsky 1969 (2011), S. 13. Siehe hierzu auch: Białostocki 1986, S. 31; AK Aachen 2004, S. 11–14 sowie Talbot 2010, S. 35.

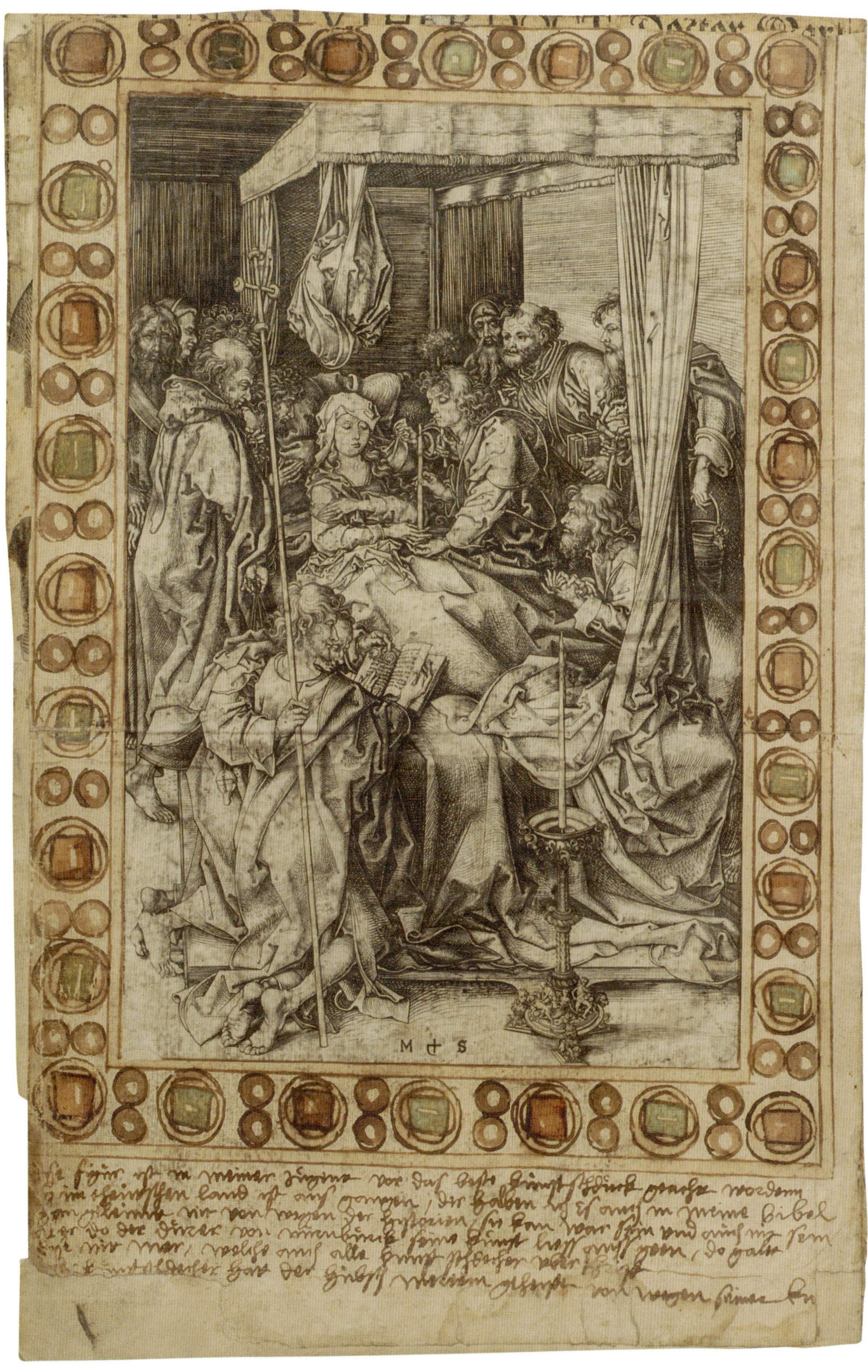

Martin Schongauer, *Marientod*, vor 1475, Kupferstich, eingefügt in die Hausbibel des Perlenstickers Hans Plock, Bd. 2, fol. 2 v, Staatliche Museen zu Berlin, Kupferstichkabinett, Dauerleihgabe der Stiftung Stadtmuseum Berlin

30   Österreich (Wien oder Steiermark)
     um 1410–1420
     Die Heiligen Barbara und Katharina

Holzschnitt, koloriert und weiß gehöht; H. 19,3 × B. 12,4 cm
zahlreiche retuschierte Fehlstellen sowie Ergänzungen der
rechten Gesichtshälfte, Krone und Nimbus der hl. Katharina
erworben 1835
mit der Sammlung Karl Ferdinand Friedrich von Nagler
Staatliche Museen zu Berlin, Kupferstichkabinett, Inv. Nr. 557-24

Das deutlich von den Spuren der Jahrhunderte gezeichnete
Blatt gehört zu den ältesten überlieferten Holzschnitten in der
europäischen Kunst. Das Druckverfahren wurde nach heutigem Erkenntnisstand in den Jahren um 1400 wahrscheinlich
im salzburgisch-bayerischen Raum entwickelt. Technisch ging
es aus dem bereits länger bekannten Zeugdruck auf textilen
Geweben hervor. Künstlerisch orientierten sich die frühen
Holzschneider offenkundig an der zeitgenössischen Malerei
und der Skulptur des sogenannten Weichen oder Internatio-
len Stils. Dessen harmonisch-weiche Linienführung wandten
sie sowohl bei der Gewandbildung und den Physiognomien der
dargestellten Personen als auch bei der Anlage der eigentlichen
druckgrafischen Linien an. Auch diese sind in milden Rundun-
gen und Schwellungen angelegt, sodass sie dem schwingenden
Gesamtbild entsprechen. Standflächen oder Bodenlinien werden nicht angegeben.

Das Blatt zeigt die gekrönte und von einem Nimbus hinter-
fangene hl. Barbara mit dem Attribut des Turms links und die
hl. Katharina mit dem Rad rechts. Walter Schreiber nahm zunächst eine Entstehung in Bayern um 1420–1430 an und führte
die Figurenanlage der Heiligen allgemein auf ein „burgundisches"
Gemälde zurück. Die folgende Forschung gelangte jedoch zu
einer noch früheren Datierung und kam zu einer leicht abweichenden stilistischen Einordnung. Mit ihren weitgeschwunge-
nen Gewändern und kaskadischen Saumfällen sowie den auffällig kleinen Köpfen entsprechen die schönlinigen Figuren eher
einer Stilrichtung der österreichischen Kunst um 1410. Besonders
eng sind die Beziehungen zu einer Bildtafel aus einem Altarretabel aus Ober St.-Veit bei Wien, das drei stehende weibliche
Heilige zeigt (Dom Museum Wien). Deren Zuordnung zum Wiener Kunstkreis wurde zuletzt von Gerhard Schmidt durch Verweis auf steiermärkische Züge relativiert. Zu dieser Einordnung
passt auch die Herkunft des Berliner Blattes, denn es wurde im
Deckel einer Handschrift für Abt Heinrich Moyker von Kloster
Sankt Lambrecht zu Mariazell in der Steiermark aufgefunden und
anscheinend wenig sensibel daraus entnommen.

Nach unseren heutigen Sehgewohnheiten leidet die deli-
kat zurückhaltende Farbigkeit des Berliner Blattes, die fast einem
Grisailledruck ähnelt, etwas unter der dominanten und die Fal-

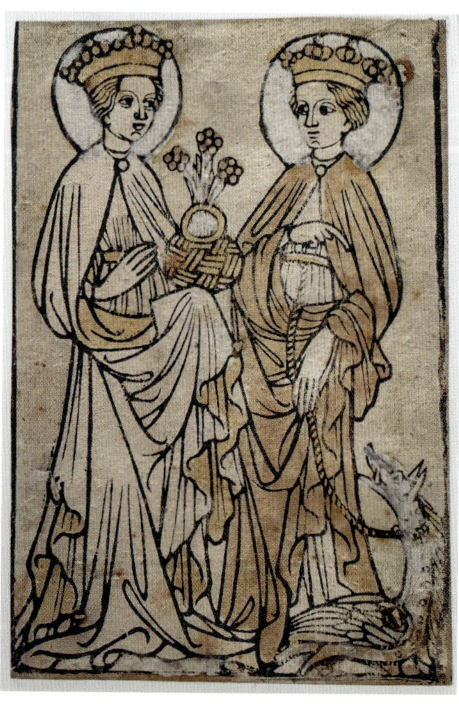

*Die Hll. Dorothea und
Margareta*, kolorierter
Holzschnitt, Wien,
Albertina

tenlinien des Holzschnitts überdeckenden Weißhöhung des
Katharinenmantels. Diese auch um 1410 ungewöhnliche Art der
Kolorierung verbindet das Blatt aber mit einem zufällig erhaltenen Gegenstück mit den Darstellungen der Heiligen Dorothea
und Margareta in der Albertina in Wien (Schreiber 1404m).
Neben einem eng verwandten Figurenstil weist das Wiener
Blatt auch eine sehr gut vergleichbare, allerdings kleinflächigere
und konzentrierter platzierte Weißhöhung auf. Vermutlich wurden die beiden Werke als Blattfolge oder Teil einer Serie in
einem Werkstattverband gefertigt und dort auch bereits mehr
oder weniger gemeinsam koloriert.   *MR*

LITERATUR
Lehrs 1908, Taf. VII – Molsdorf 1911, S. 17 – Schreiber 1926–1930, Bd. 3, Kat. 1264m,
S. 35 – Hind 1935, S. 117 – AK Wien 1962, Kat. 308, S. 285 – AK Wien 1963, Kat. 5,
S. 26 – Schreiber/Musper 1976, S. 7 – Körner 1979, Kat. P, S. 130 f. – Brucher 2000,
zu Kat. 305, S. 566 f. (Fritz Koreny).

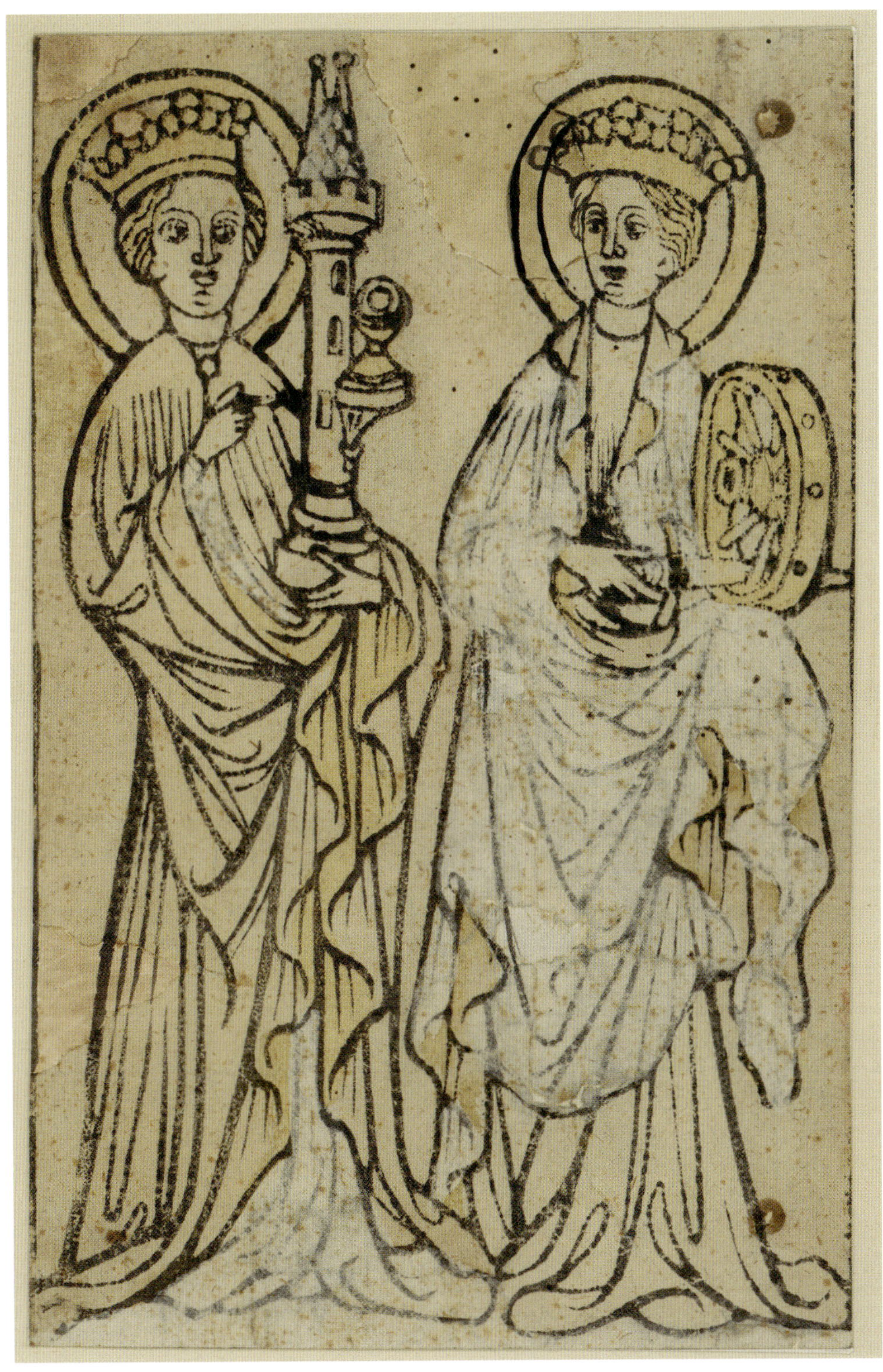

kolorierter Holzschnitt; H. 26,9 × B. 19,7 cm (Bl.), teilweise
perforiert, Wasserzeichen: Gotisches P
erworben 1835
mit der Sammlung Karl Ferdinand Friedrich von Nagler
Staatliche Museen zu Berlin, Kupferstichkabinett, Inv. Nr. 200-1

Der außerordentlich figuren- und motivreiche Holzschnitt ist
die älteste gedruckte und eine der ältesten erhaltenen Darstellung der Gregorsmesse überhaupt. Die Legende um dieses Ereignis etablierte sich erst im 14. Jahrhundert und entwickelte
sich dann im Verlauf des 15. Jahrhunderts zu einem außerordentlich beliebten Bildthema (Kat. 45).

In recht additiver Weise sind die einzelnen Bildelemente
mehr oder weniger gleichförmig über die Blattfläche verteilt. Im
Zentrum steht Christus mit vor dem Körper gekreuzten Armen
vor seinem Kreuz auf einem Altar. Lendentuch, Dornenkrone,
Kreuznimbus und die fünf Wundmale weisen ihn als den
Schmerzensmann aus. Sein Blut rinnt in schweren Tropfen aus
den Wunden. Maria zu seiner Rechten wird in ihrem Trauergebet vom Schwert des Leides durchbohrt, und der Lieblingsjünger Johannes steht zur Linken Christi in gleicher Andachtsgeste
als Inbegriff der *Compassio*. Ohne Bodenkontakt schweben die
beiden Assistenzfiguren des Schmerzensmannes auf der gleichen Raumebene neben dem Altar. Davor kniet Papst Gregor
mit Nimbus, Kreuzstab und Tiara in innigem Betgestus, den
Blick visionär nach oben gerichtet. Hinter ihm ragt eine Hand
mit einem Palmwedel unvermittelt ins Bild. Sie gehört zu den
zahlreichen, ja geradezu vollständig zusammengestellten Gegenständen, die als sogenannte Passionswerkzeuge, als Sinnbilder
besonderer Ereignisse der Passion, den biblischen Weg Christi
säumen: vom Palmwedel, der den Einzug nach Jerusalem am
Palmsonntag symbolisiert und gleichzeitig den Märtyrer auszeichnet, über das Abendmahlsgerät hin zu einer vollständigen
Zusammenstellung der Marter- und Verspottungswerkzeuge,
das Kreuz sowie die Sonnen- und Mondsymbole als Hinweis auf
die Himmelskonstellation zum Kreuzigungszeitpunkt, und
schließlich das geöffnete Grab des Auferstandenen mit dem Leichentuch Christi.

Verglichen mit späteren Darstellungen des Themas sind
die Hinweise auf die eigentliche Messe des hl. Gregor sehr
zurückhaltend ins Bild gesetzt. Nur der Altar mit ungenutzten
Kerzenständern sowie der Messkelch und die zugehörige Patene
auf der Mensa verweisen auf den Messzusammenhang. Sie werden nicht weiter hervorgehoben. Eher wirken sie wie zugehörige
Teile der Passionswerkzeuge. Dadurch bilden sie die liturgische
Brücke zu den Gläubigen, die das Blatt betrachten und als
Andachtsbehelf nutzen sollen.

Der zentrale Gedanke der Legende und des hier vorgestellten Bildthemas ist die in der christlichen Glaubenslehre seit
jeher umstrittene Frage nach der Transsubstantiation, das heißt
der Verwandlung von Brot und Wein in den Leib und das Blut
Christi während der Messe. Sinnfälliger als mit der Erscheinung
Jesu als Schmerzensmann auf dem Altar ist dieser zentrale
Gedanke der theologischen Diskussion des 15. Jahrhunderts
kaum zu visualisieren. Die Verknüpfung mit Papst Gregor entstand durch ein kleines byzantinisches Mosaik mit der Darstellung Christi als Schmerzensmann, das der Pontifex angeblich
selbst nach seiner Vision in Auftrag gegeben hatte und das sich
seit etwa 1370 in der Kirche Santa Croce in Gerusaleme zu Rom
befindet.

Auf dem Holzschnitt erscheint der kniende Papst als tief
andächtiger Beter – und damit als Vorbild für die betrachtenden
Gläubigen. Er ist noch nicht der liturgisch leitende, zelebrierende Priester, als der er in späteren Darstellungen (Kat. 45)
erscheinen sollte. Ungeachtet der recht gleichförmigen, geradezu
teppichartig gleichmäßigen Verteilung der Bildelemente bleibt
die Darstellung leicht lesbar und durch die symmetrische Anordnung der Bildmassen ruhig in sich geschlossen. Das schwungvolle, von an- und abschwellenden Zügen geprägte schwarze
Lineament des Drucks und die ausgewogene, zarte Kolorierung
unterstützen den milden Gesamtton der Komposition. Transparente Braun-, Dunkelgelb und Grautöne prägen ein zartes Farbbild, das nur durch die etwas kräftigeren Rottöne des Blutes
Christi und der Lippen aller Beteiligten akzentuiert wird.

Die bislang unternommenen, vielfältigen Versuche zu
einer kunstlandschaftlichen Einordnung des Blattes und einiger
weiterer, möglicherweise zugehöriger Hauptwerke des frühen
Holzschnitts, zu denen das Blatt gehört, blieben bislang noch
ohne abschließendes Ergebnis. So wird man sich einstweilen
weiterhin mit der großflächigen Eingrenzung des Herstellungsgebiets dieser herausragenden Arbeit auf den süddeutschen
Raum begnügen müssen.   *MR*

LITERATUR
Lehrs 1908, Kat. 3 – Schreiber 1926–1930, Bd. 3, Kat. 11461, S. 106 – Hind 1935, S. 117
– von der Osten 1935, S. 72, 58 – Körner 1979, S. 51; Kat. I, S. 116 – AK Washington/
Nürnberg 2005, Kat. 32, S. 144–147 (Richard S. Field – mit weiterer Literatur).

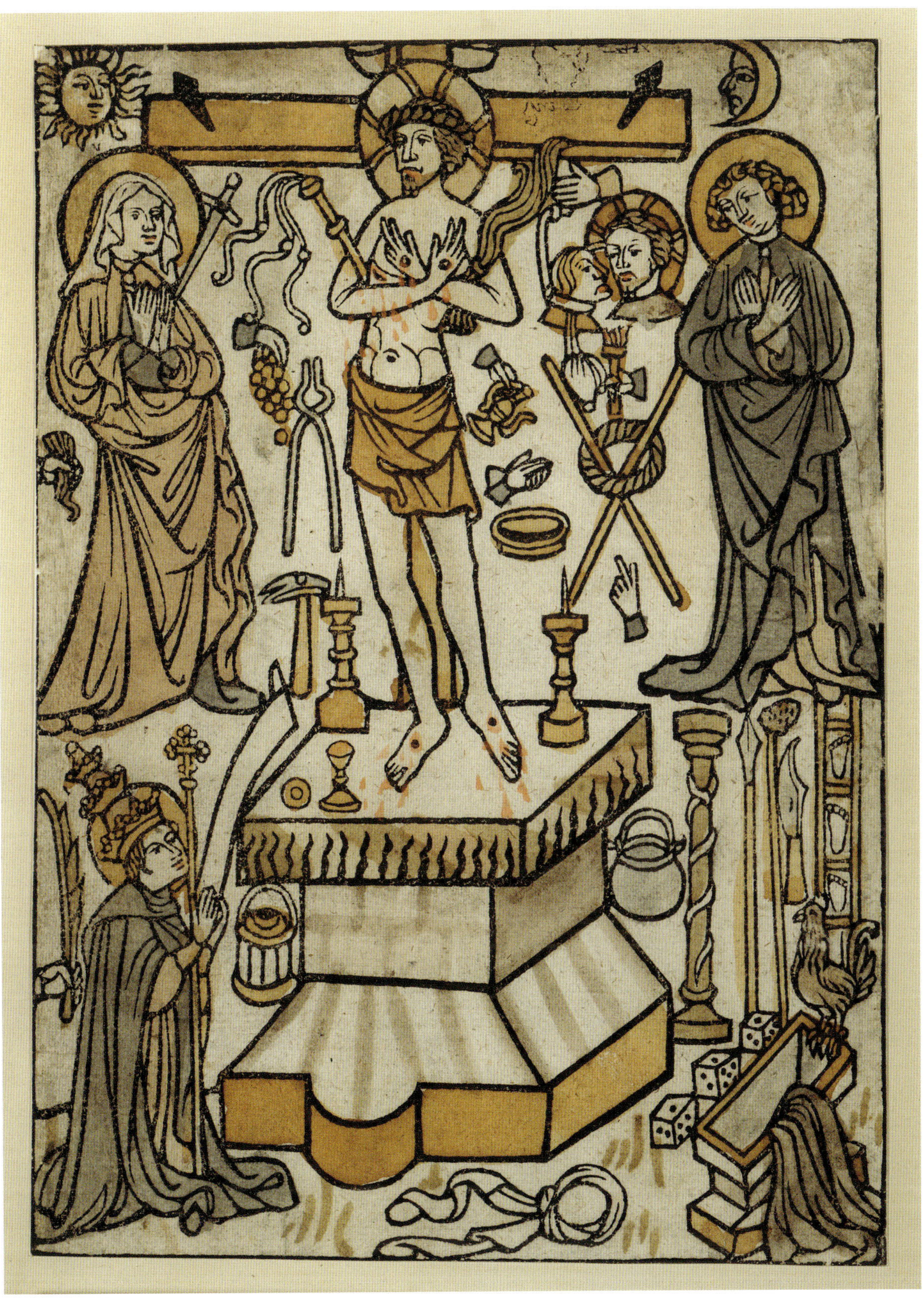

32 Bayern (oder Augsburg), um 1440
Kreuzigung Christi mit Maria und Johannes

kolorierter Holzschnitt
H. 19,4 × B. 13,5 cm (Bl.)
alter Bestand, erworben vor 1877, fest aufgelegt
keine Stempel sichtbar
Staatliche Museen zu Berlin, Kupferstichkabinett, Inv. Nr. 92-1

In einem sehr schmalen Bildraum, der nach hinten von einer horizontal gestreiften und dekorierten, ehrentuchartigen Fläche hinterfangen wird, hängt der bereits gestorbene Heiland an einem T-förmigen Kreuz. Schwere Nägel fixieren die Hände und Füße und verursachen heftigen Blutfluss an den Armen und von der Seitenwunde herab über die Beine zum Boden. Die hell leuchtende rote Signalfarbe des Blutes wird auf den Innenseiten der Gewänder der beiden Trauernden unter dem Kreuz aufgenommen. Zur Rechten ihres Sohnes steht Maria, die mit betend erhobenen Händen den Kopf trauernd neigt, zur Linken Christi der jugendliche Evangelist Johannes mit sanft S-förmigem Standmotiv. Auch er stützt sein Haupt in tiefer Trauer in die rechte Hand. In der Linken hält er sein Attribut, das Evangelienbuch. Neben dem Blutrot spiegelt sich auch das lichte, fast weißliche Hellblau des Lendentuches im bläulichen Weiß des Marienmantels wider, das zarte Pflanzengrün des hügeligen Sandbodens im Johannesmantel. Durch diese subtilen Farbverklammerungen vermittelt das Blatt trotz aller Trauer ein Höchstmaß an milder Gestimmtheit und Einsicht in die Passionserfüllung.

Fast wie ein Gegenstück, aber in schlichterer Ausführung und reduzierterer Figurenzeichnung, hat sich in der Graphischen Sammlung München ein weiterer Kreuzigungsholzschnitt mit einem vergleichbaren eingezeichneten Hintergrund erhalten (Abb. S. 106). Er weist neben der motivischen Verwandtschaft eine gewisse handwerkliche Nähe auf, etwa in der Ausführung der Fußkontur Christi und der Gestaltung des Kreuzes sowie der Idee, die Farben des Lendentuches im Marienmantel und das Blutrot im Johannesmantel widerzuspiegeln. Dennoch lässt sich eine ganz andere Konzeption erkennen. Die Abstände zwischen den Figuren sind im Münchner Blatt deutlich größer, das Kreuz ragt höher hinaus. Vor allem aber öffnet die Körperschwingung Mariens die Komposition nach außen und reißt sie fast auseinander. Ob hier allein aufgrund des charakteristischen Hinter-

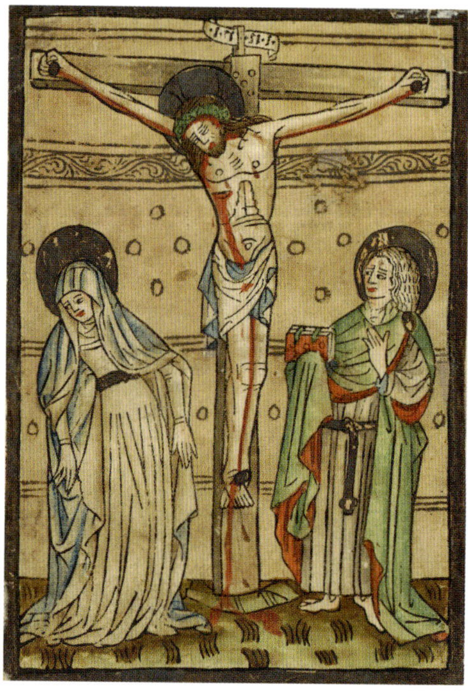

*Kreuzigung Christi
mit Maria und
Johannes,*
kolorierter Holzschnitt,
München, Staatliche
Graphische Sammlung

grundmotivs tatsächlich ein Werkstattzusammenhang zwischen den Blättern konstatiert werden darf, muss angesichts der deutlichen Qualitätsunterschiede offen bleiben.

Die kunstlandschaftliche Einordnung der beiden Blätter ist schwierig. Für die traditionelle Lokalisierung nach Augsburg spricht lediglich der Erwerbskontext des Münchner Blattes. Es wurde 1832 gemeinsam mit einem Einblattholzschnitt der Augsburger Stadtheiligen Afra und Ulrich erworben. *MR*

LITERATUR
Kristeller 1905, S. 29 – Lehrs 1908, Kat. 2 – Kristeller 1921, S. 30 – Friedländer 1926, S. 20, Abb. 2 – Schreiber 1926–1930, Bd. 1, Kat. 400, S. 129 – Hind 1935, S. 130 – Schmid 1958, S. 14 f. – Areford 2010, S. 51, Taf. 9 – Riether 2019a, Kat. 28, S. 332 f.

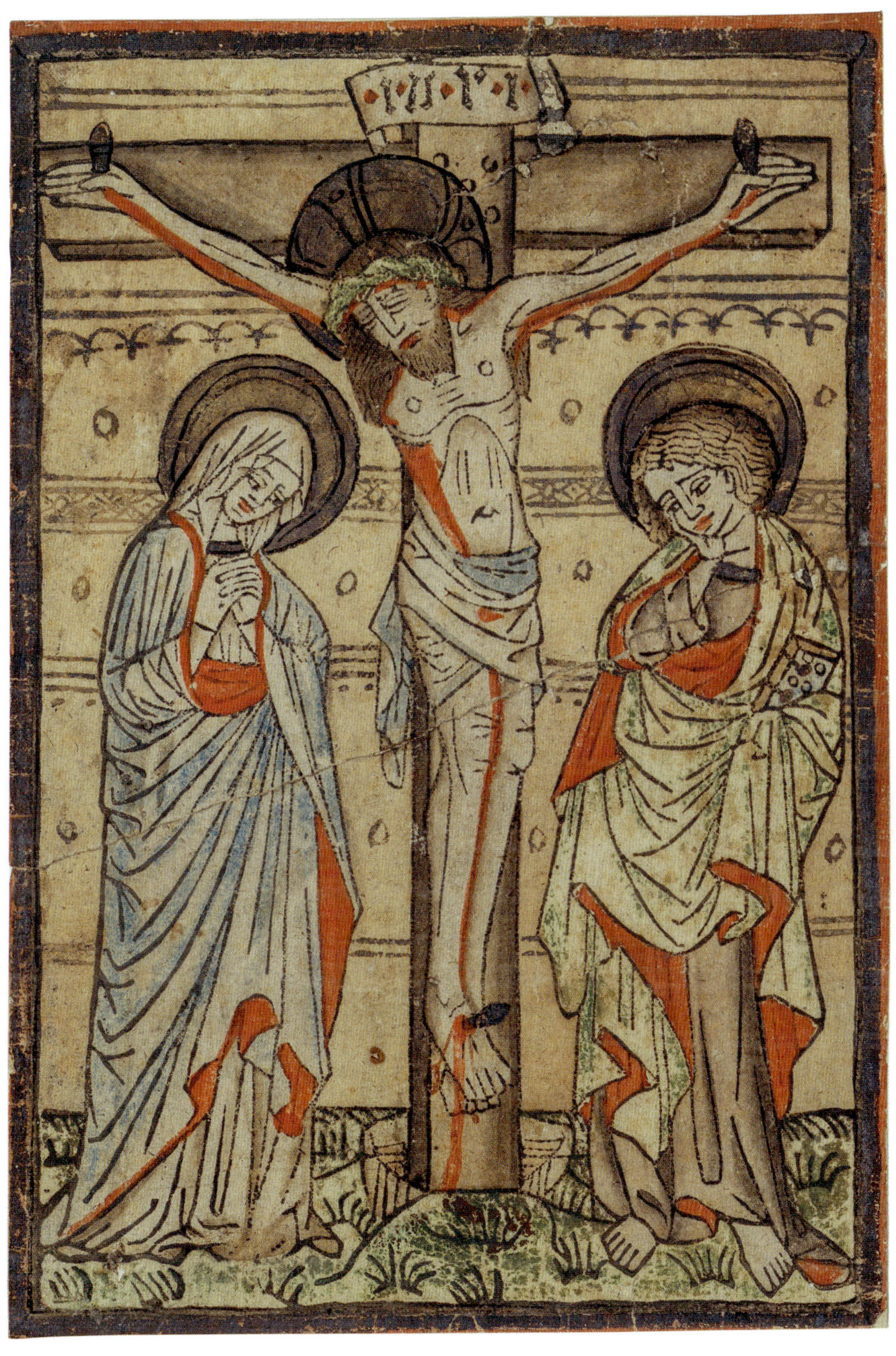

33 Süddeutsch, Bodensee (?)
Hl. Christophorus, um 1430–1440

Holzschnitt, grauschwarz, grün, rot, braun koloriert
H. 28,3 × B. 20,1 cm (Bl.)
Wasserzeichen: Traube mit einkonturigem Stiel und Ranke[1]
erworben 1908 bei Jacques Rosenthal, München
Staatliche Museen zu Berlin, Kupferstichkabinett,
Inv. Nr. 120-1908

Zu den ersten erhaltenen Blättern der frühen Bilddruckkunst auf Papier gehören Heiligenbilder wie diese sorgsam kolorierte Darstellung des hl. Christophorus. Es hieß, dass man an dem Tag, an dem man ein Bild des Heiligen angeschaut habe, keines unvorbereiteten Todes sterben werde. Zudem war Christophorus Schutzpatron der Reisenden. Daher war er im Spätmittelalter und in der Frühen Neuzeit überaus populär, obwohl es zur historischen Persönlichkeit des Märtyrers keine zuverlässigen Quellen gibt und sich verschiedene Überlieferungs- und Legendenstränge zu einer eigenständigen Darstellungstradition überlagert haben. Der Legende nach wollte ein Riese namens Reprobus nur dem stärksten König dienen. Dies war weder der weltliche Herrscher, da er den Teufel fürchtete, noch dieser, der Teufel selbst, da er Gott floh. Den Herrn der Welt also galt es zu finden. Und so nahm der Riese auf den Rat eines Eremiten den Dienst als Fährmann an einer Furt auf, wo er Passanten von einem Ufer zum anderen trug. Eines Tages erschien Christus in Gestalt eines Kindes. Während der immer beschwerlicher werdenden Flussüberquerung gewahrte der Riese die Besonderheit des Kindes und spürt die Last der Welt auf seinen Schultern. Aus Reprobus wird Christophoros, der Christusträger. Dargestellt ist der Moment der Erkenntnis. Einen veritablen und plötzlich grün ausschlagenden Eichenstamm als Wanderstab in der Rechten, bemerkt der athletische Hüne überrascht das Gewicht der Welt und die Last der Sünden, die er mit dem segnenden Christuskind auf seinen Schultern trägt. Geschickt unterstreichen die Gewandbewegungen und das Lineament der Binnenzeichnung auf dem Blatt die Spannungen in der Darstellung. Derweil die Gewandzipfel des Riesen auf das angestrebte Ufer zuflattern, ziehen der Mantel Christi und die Wellen, die Christophorus'

Beine eng umströmen, in die andere Richtung und visualisieren so eindringlich die Widerstände und Sogkräfte wie auch die Schwere der Aufgabe des Heiligen. Dabei verzichtet der Holzschnitt in vollständiger Konzentration auf die zentrale Begegnung mit dem wahren Christus sogar auf die Darstellung des sonst nur selten fehlenden Eremiten.

Wie alle frühen Holzschnitte war das Blatt von vornherein auf eine Kolorierung angelegt. Das gedruckte Liniengerüst umreißt die nötigsten Formen und definiert die Strömungslinien. Es verzichtet aber noch auf modellierende Schraffuren. Akzentuierungen übernimmt die sorgfältige Kolorierung, die in den Baumkronen und beim Eichenlaub des Wanderstabs zum Teil mit einer Schablone angelegt und in den roten Partien mit dem Pinsel aufgetragen wurde. Grüntöne zu den Blatträndern und Rottöne weiter innen akzentuieren das kräftig schwarz getönte Haar des Riesen im Zentrum. Sorgsam trennt der Farbauftrag auch die kompliziert verschachtelten Stoffpartien im Gewand des Heiligen. Die Datierung des Blattes ist wie bei allen frühen Holzschnitten schwierig. Vergleichbare oder identische Wasserzeichen sind im schwäbischen Raum (Esslingen, Plochingen) um und kurz nach 1440 nachgewiesen. Dieser Zeitraum darf aus stilistischen Gründen als zeitliche Obergrenze auf den Christophorus-Holzschnitt übertragen werden. *MR*

LITERATUR
Lehrs 1908, Taf. X – Kristeller 1921, S. 31 – Glaser 1922, S. 27; Kat. 30, S. 53 – Schreiber 1926–1930, Bd. 3, Kat. 1350a, S. 64 – Hind 1935, S. 104–106, 124 – Schreiber/Musper 1976, S. 17 – Dückers 1994, Kat. III. 3, S. 93 (Hans Mielke).

1   Vgl. Piccard-Online Ref. DE2610-PO-128795 und Varianten ähnlich oder identisch (dieses Esslingen 1441).

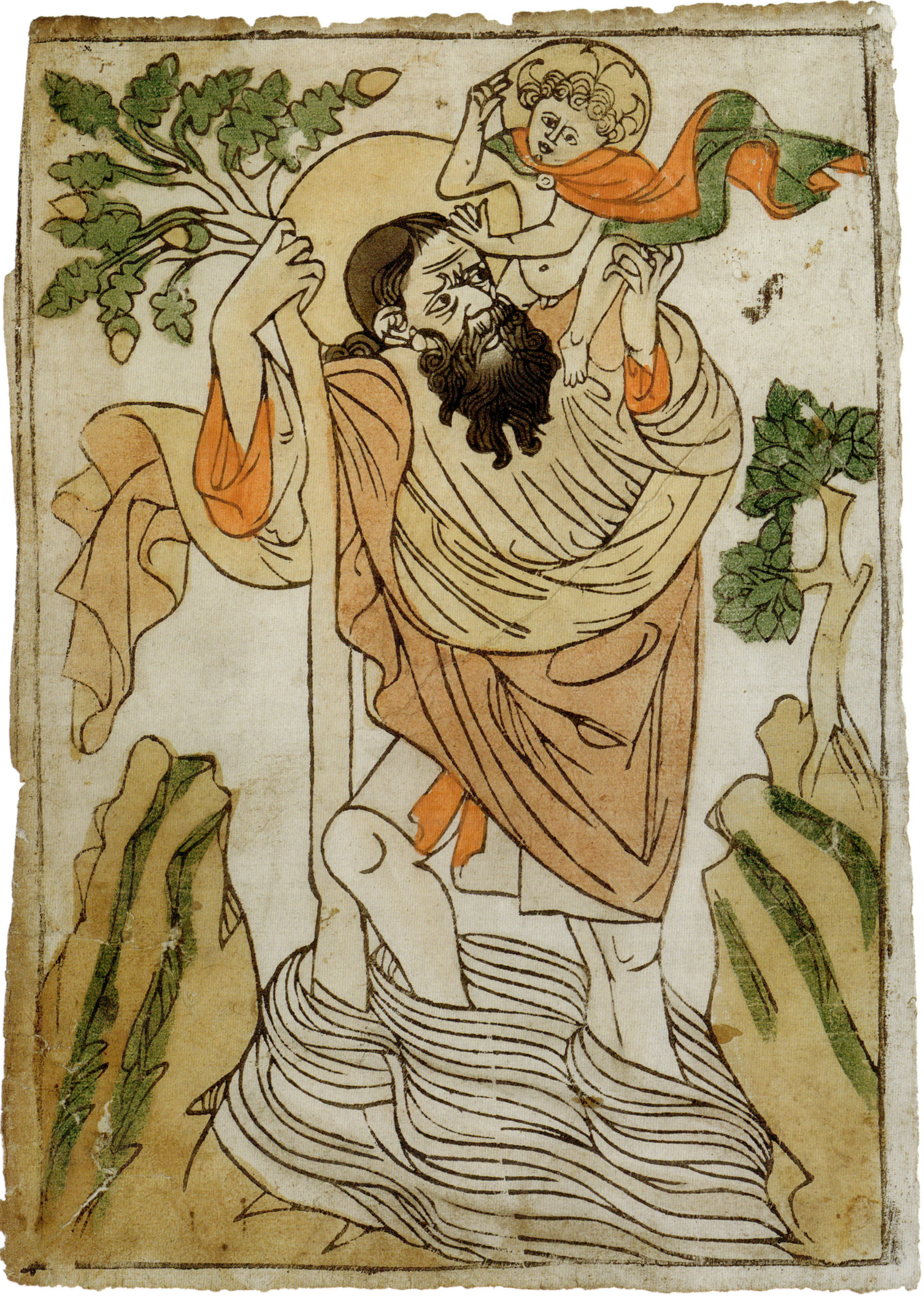

kolorierter Holzschnitt
H. 20,1 × B. 13,5 cm
Fehlstellen am linken, rechten und unteren Rand
erworben 1899 von Max Steuer, Breslau
Staatliche Museen zu Berlin, Kupferstichkabinett, Inv. Nr. 32-1899

Xylografischer Text: „kakukilla gros gnade sage ich dyr von gote her / wil dich lozen aws aller not du salt grosse / gewalt von gote haben du salt dy ratten vor / treyben unde voriagen amen"
„Kakukilla, große Gnade sage ich dir von Gott her / [Er] will dich erlösen aus aller Not du sollst grosse / Gewalt von Gott haben du sollst die Ratten ver/treiben und verjagen, Amen"

Manchmal bringen Überlieferungsfehler etwas ganz Neues hervor, so wie diesen Frühdruck. Er zeigt eine am Spinnrocken arbeitende Nonne, die auf einer altarähnlichen Steinbank an einem filigranen Lesepult mit aufgeschlagenem Buch sitzt und von einer Rattenmeute bedrängt wird. Ein Tier sitzt sogar auf ihrem Nonnenschleier und wird von ihrem Heiligenschein hinterstrahlt. Ein helfender Engel im Rücken der Heiligen wickelt den gesponnenen Faden auf eine Spindel.

Die hl. Kakukilla oder Kakubilla ist gewissermaßen ein mehrfaches Missverständnis der Überlieferung. Ihre Lebensgeschichte teilt sie mit einem männlichen Heiligen, dem irischen Mönch Colum Cille, lateinisch Columcilla, den wir als Columban von Iona oder Columban d. Ä. kennen. Sein Kult verbreitete sich durch missionierende irische Mönche auf dem europäischen Festland. Hier jedoch verblasste die Erinnerung im 14. Jahrhundert und es kam offenkundig zu phonetischen Missverständnissen. Aus Colum Cille, Columcilla wurde Kakukilla, aus dem Mönch eine Nonne. Diese Festlegung der Kakukilla auf eine weibliche Heilige entwickelte sich in der zweiten Hälfte des 14. Jahrhunderts nach den großen Pestepidemien, als man Unheil abwehrende Eigenschaften der hl. Gertrud von Nivelles auf Kakukilla übertrug. Daher wird sie oft mit der hl. Gertrud verwechselt, mit der sie eine Reihe von Schutzpatronaten teilt, etwa den Schutz vor Blitz und Feuer sowie vor Mäusen und Ratten.

Der über der Darstellung stehende Text – eigentlich die himmlische Botschaft des Engels mit Garnrolle hinter Kakukilla – eignete sich besonders zur Anrufung der Heiligen mit der Bitte um Beistand. Seine mitteldeutsche, wohl Thüringer Sprachfärbung lässt eine Entstehung des Blattes in dieser Region annehmen. Die apotropäische Wirkung der Heiligen wird einer der Gründe gewesen sein, dass sie bereits in der Frühzeit des Bilddrucks dargestellt wurde. Einige Devotionsanweisungen zum Schutz gegen Schadtierplagen empfehlen nämlich, an den vier Ecken des zu schützenden Gebäudes Zettel mit dem Namen der hl. Kakukilla anzubringen. Gedruckte bildliche Darstellungen eigneten sich zweifellos ebenfalls. Sie wurden weithin geschätzt. Abdrucke des zurückhaltend kolorierten Berliner Holzschnittes, der als älteste Darstellung der hl. Kakukilla gilt, gelangten wohl bis nach Skandinavien. Die Komposition wird in der frömmigkeitsgeschichtlichen Forschung für die auffällige Verbreitung des Kakukilla-Kultes im frühen 16. Jahrhundert im Bereich des einstigen nordschwedischen Erzbistums Uppsala verantwortlich gemacht. Der Holzschnitt belegt so die frühe Streuung visueller Druckmedien im europäischen Raum.   *MR*

LITERATUR
Zingerle 1892, S. 199–201 – Kristeller 1915, Nr. 150, Taf. LXXII – Glaser 1922, Kat. 28, S. 53 – Schreiber 1926–1930, Bd. 3, Kat. 1454, S. 102 – Stammler 1962, S. 123–129 – Picard 1998, S. 1–23 – AK Washington/Nürnberg 2005, Kat. 95, S. 300–302 (David S. Areford).

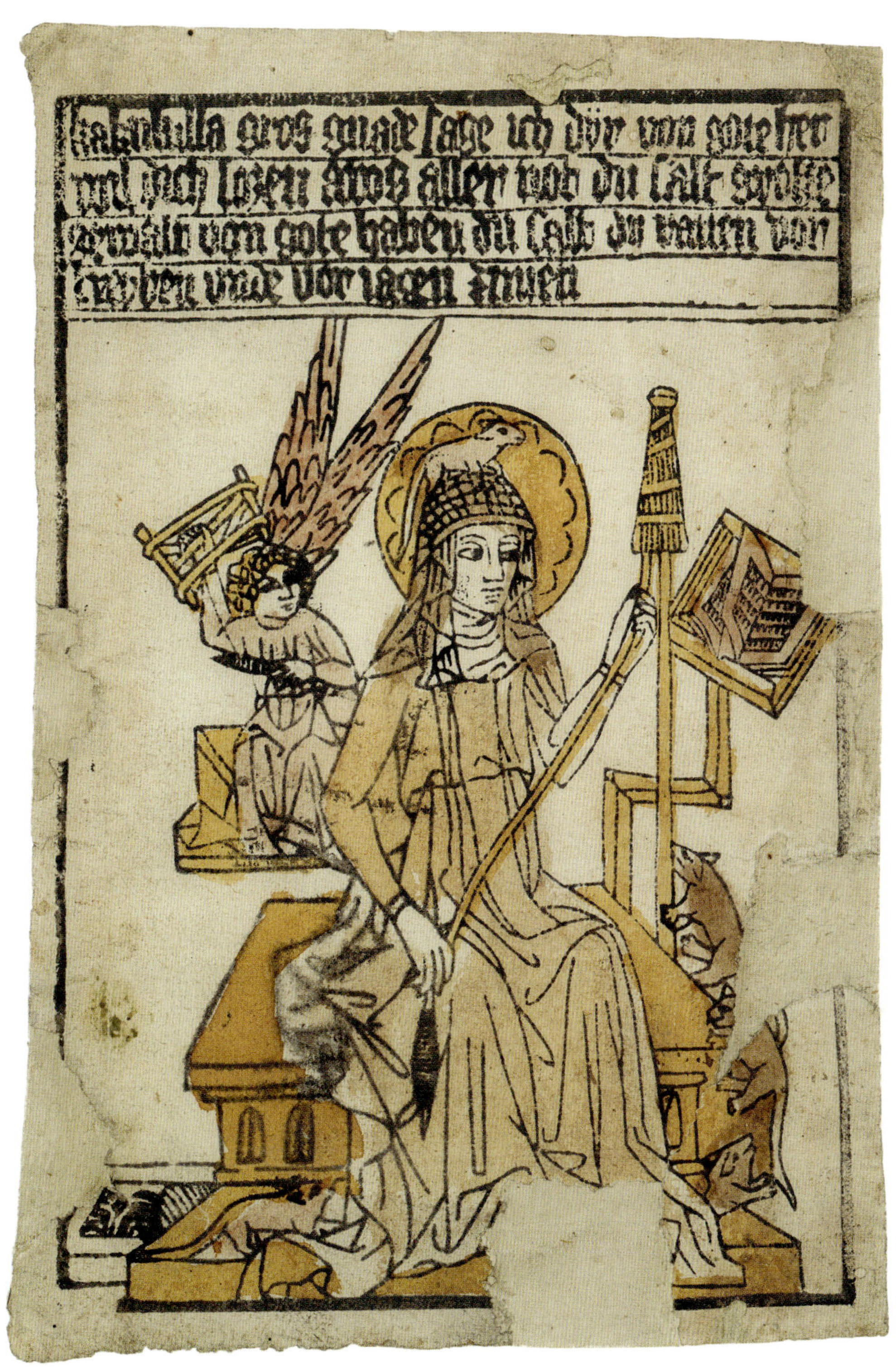

kabrulla gros gnad fage ich dir von gote her
vnd nach losen aus aller not du salt grose
gwalt von gote haben du salt die vainden von
treyben vnde vor iagen Amen

35   Bayern, um 1430–1440
       Hl. Dorothea

kolorierter Holzschnitt; H. 21,2 × B. 14,3 cm
erworben 1835
mit der Sammlung Karl Ferdinand Friedrich von Nagler
Staatliche Museen zu Berlin, Kupferstichkabinett, Inv. Nr. 222-1

Der Holzschnitt gehört mit seiner charakteristischen Wappenbordüre zu einer Gruppe von insgesamt sieben frühen Einblattholzschnitten mit übereinstimmender Schmuckrahmung. Als einziges Exemplar der Gruppe zeigt er eine stehende Einzelfigur, die hl. Dorothea, mit der Märtyrerpalme sowie einem Sternen- bzw. Schneeflockenhintergrund und einem Blumenkörbchen. Beides verweist auf ihre Heiligenlegende, nämlich die göttliche Sendung von Blumen und Früchten bei ihrem Martyrium im Winter. Das Wunder führte zur Bekehrung des Gerichtsschreibers Theophilus, der Dorotheas standhaften Glauben zuvor verspottet hatte.

    Stilistisch verbindet sich das Blatt mit einem Holzschnitt (Schreiber 1926–1930, Bd. 3, 1315) des hl. Erasmus in der Bibliothèque nationale de France in Paris. Motivisch basiert es auf der Bildidee eines in der Münchner Graphischen Sammlung erhaltenen frühen Dorotheenholzschnitts, den unser Blatt spiegelbildlich und leicht vereinfacht, aber stilistisch aktualisierend aufnimmt (Abb. S. 112, links; Riether 2019a, Kat. 149). Seinerseits diente das Berliner Exemplar als Vorlage für einen weiteren, wiederum spiegelbildlich, doch faltengenau kopierten Dorotheendruck in München (Abb. S. 112, rechts; ebd., Kat. 151). Auch diese beiden Blätter stammen aus bayerischen Klöstern. Dadurch gibt die Holzschnittreihe einen eindrücklichen Hinweis auf den frühen internen Motivtransfer in der seinerzeit noch sehr jungen, modernen Drucktechnik des Holzschnitts. Einmal gefundene Formen und Lineamente wurden gern aufgegriffen und neuerlich reproduziert.

    Die sechs anderen Blätter mit dem charakteristischen Wappenrahmen stammen nachweislich aus Büchern der Bibliothek von Kloster Tegernsee. Die Wappen beziehen sich auf den bayerisch-österreichischen Hochadel im zweiten Viertel des 15. Jahrhunderts. Es handelt sich um das bayerische Rautenwappen (l. o.), den Löwen der Pfalz (r. o.), ein Allianzwappen Bayern-Österreich (l. u.) sowie den österreichischen Bindenschild (r. u.). Diese Zusammenstellung verweist im mittleren 15. Jahrhundert auf die Verbindung von Herzog Heinrich dem Reichen von Bayern-Landshut (1386–1450) mit Margarete von Österreich (1397–1447) bzw. auf die Hochzeit ihrer Tochter Johanna von Bayern (1413–1444) mit Pfalzgraf Otto I. von Mosbach (1390–1461), die 1430 stattfand (Schmidt 2003a, S. 152 f.). Johanna starb 1444. Sollten die Bildholzschnitte und die Bordürenrahmen gleichzeitig und am selben Ort entstanden sein, so würde sich für die gesamte Gruppe eine Entstehung zwischen diesen beiden Eckdaten, 1430 und 1444, im bayerisch-österreichischen Raum ergeben.

    Trotz der Herkunft aus Tegernsee ist allerdings nicht klar, ob sie ursprünglich für das Kloster gefertigt wurden. Die Blätter kamen nämlich aus den lange Zeit getrennten Bibliotheken zweier Brüder, die erst beim Tod des zuletzt Gestorbenen im Jahr

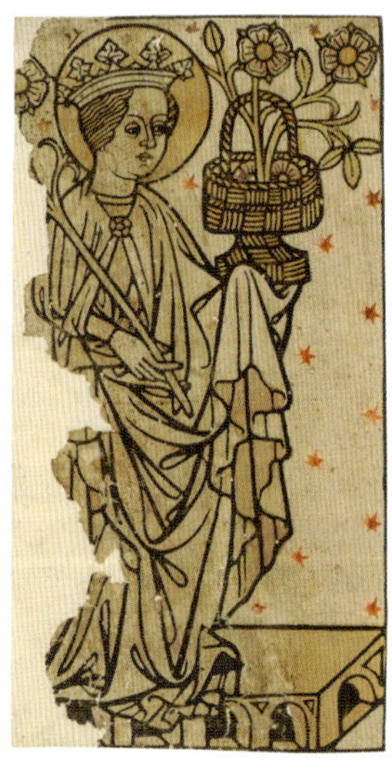 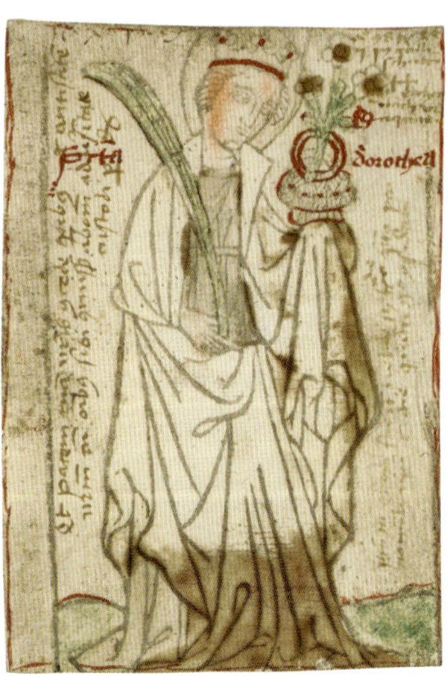

Links: *Hl. Dorothea*, kolorierter Holzschnitt, München, Staatliche Graphische Sammlung
Rechts: *Hl. Dorothea*, kolorierter Holzschnitt, München, Staatliche Graphische Sammlung

1481 im Kloster Tegernsee zusammengeführt wurden. Möglicherweise wurden die Holzschnitte und die Bordüren damals in die Bücher eingeklebt oder sogar erst in dieser Zusammenstellung mit den Wappenrahmen hergestellt. Dabei wurden dann eventuell ältere Bildholzschnitte, wie das Berliner Dorotheenblatt, in die Bordüre eingepasst und mit ihr gemeinsam gedruckt. Die Breite des unbedruckten schmalen Streifens zwischen der Bildeinfassung und der inneren Bordürenbegrenzung schwankt innerhalb der Holzschnittgruppe etwas. Das Feld diente der Kompensation leicht unterschiedlicher Druckstockmaße.

    Ein weiterer Holzschnitt aus Kloster Tegernsee, der eine stilistisch in die 1430er-Jahre zu datierende Darstellung des Gekreuzigten zeigt, wurde nach Auskunft des erhaltenen Wasserzeichens auf Papier der mittleren 1480er-Jahre gedruckt (Riether 2019a, Kat. 87, S. 377 f.). Es ist denkbar, dass für die Gruppe der sieben Holzschnitte Ähnliches gilt. Vielleicht hat man vorhandene ältere Druckstöcke wiederverwendet und neu zusammengestellt oder gar stilistisch retrospektive Druckvorlagen neu geschaffen. Die enge wechselseitige Einbindung des Berliner Holzschnitts in die skizzierte Motivkette der Dorotheenblätter spricht dabei für die Option einer Wiederverwendung eines vorhandenen Druckstocks aus der Zeit zwischen 1430 und 1440. *MR*

LITERATUR
Kristeller 1905, S. 29 – Lehrs 1908, Taf. IV – Kristeller 1921, S. 29 – Glaser 1922, Kat. 22, S. 52 – Schreiber 1926– 1930, Bd. 3, Kat. 1397, S. 81, Bd. 4, Nr. 40, S. 122 (Holzschnittbordüre) – Schreiber/Musper 1976, S. 14 – von Wilckens 1978, S. 10 – Schmidt 2003a, S. 152–161 – Riether 2019a, Kat. 149, S. 427 f.

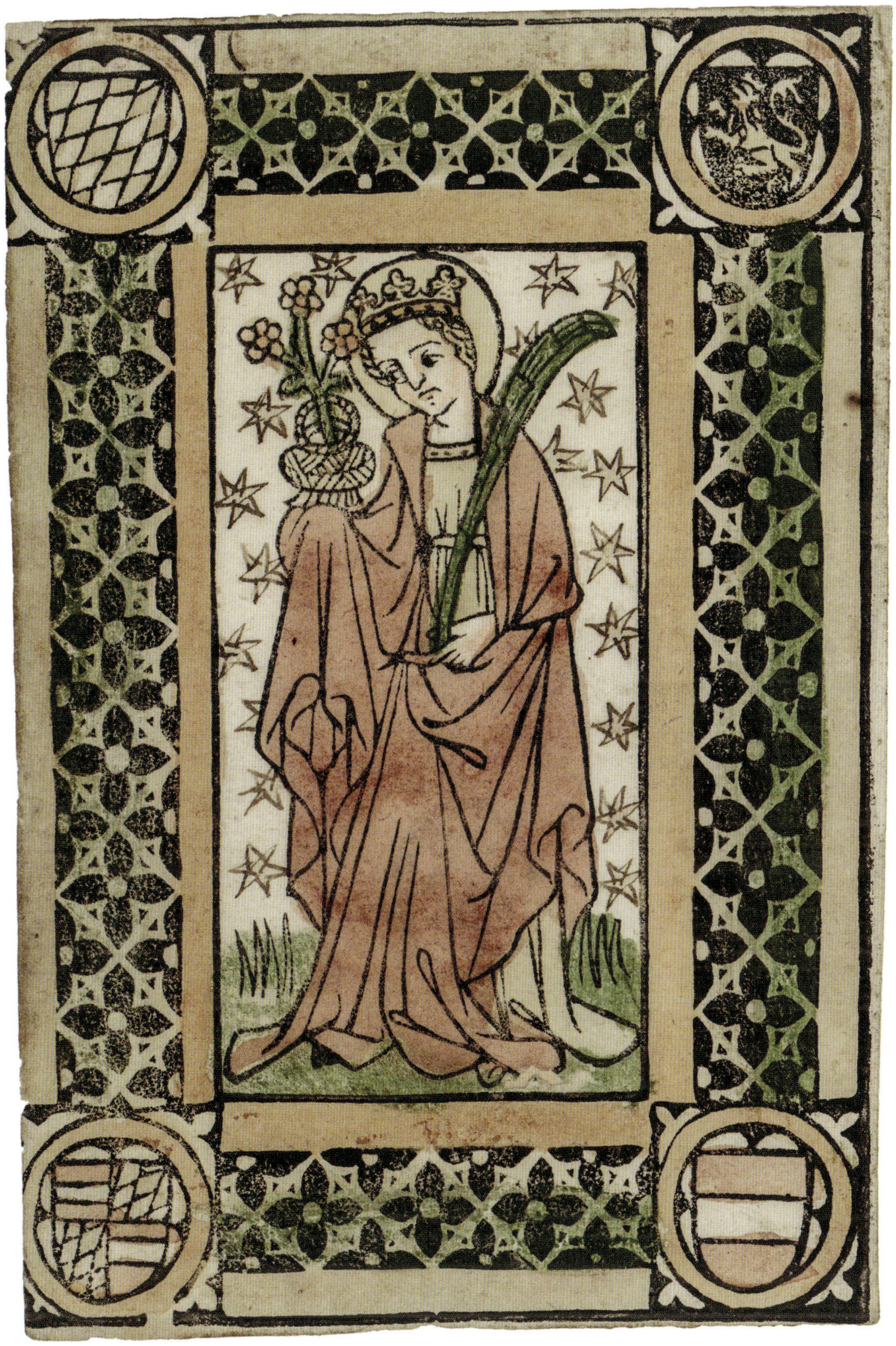

36 Meister des Todes Mariae
(Meister der Großen Schlacht)
(tätig am Oberrhein oder in Bayern
[Regensburg ?] um 1430 – um 1445)
Hl. Hieronymus in der Schreibstube
um 1435–1440

Kupferstich
H. 18 × B. 12,8 cm
erworben 1835
mit der Sammlung Karl Ferdinand Friedrich von Nagler
Staatliche Museen zu Berlin, Kupferstichkabinett, Inv. Nr. 325-1

Die Anfänge der druckgrafischen Techniken auf Papier lassen sich kaum mit einzelnen Personen verknüpfen. Den Rang, der erste mit erhaltenen Arbeiten überlieferte Meister des Kupferstichs zu sein, machen sich heute zwei Künstler streitig. Einer von ihnen ist der Schöpfer dieses Blattes, der anonyme und – nach seinen Hauptwerken – sogar mit verschiedenen Notnamen bedachte Meister des Todes Mariae oder Meister der Großen Schlacht, der andere der Meister der Spielkarten. Ihm wurde das Primat in dieser Technik lange Zeit unangefochten zuerkannt (Kat. 37, 38). Für beide Meister geht man aufgrund der hervorragend gemeisterten kunst- bzw. gravurtechnischen Anforderungen davon aus, dass sie Goldschmiede waren und den Kupferstich zunächst wahrscheinlich als Nebengewerbe betrieben.

Besonders umstritten ist die kunstlandschaftliche Einordnung des Meisters des Todes Mariae oder Meisters der Großen Schlacht. Sie erstreckt sich von Burgund über die Niederlande bis an den Oberrhein und darüber hinaus. Max Lehrs stellte ihn an den „Anfang der Urgeschichte des niederländischen Kupferstichs". Theodor Musper verwies für einige seiner Arbeiten auf stilistische und motivische Verwandtschaft mit Werken des bayerischen Meisters der Worcester-Kreuztragung aus dem frühen 15. Jahrhundert und gelangte zu einer Einordnung in den süddeutschen Raum. Andere Autoren dachten aufgrund motivischer Parallelen zu Werken anderer Gattungen hingegen an das östliche Mitteleuropa, an Böhmen, das südliche Polen und Österreich als Wirkungsort des Anonymus. Hier bedarf es weiterer Forschung.

In jedem Fall kann man auch beim frühen Kupferstich davon ausgehen, dass die Stecher sich von berühmten Arbeiten der bereits etablierten Künste inspirieren ließen oder sie direkt als Vorlage wählten, seien es Tafel-, Wand- und Buchmalereien, gravierte Goldschmiedearbeiten oder zeitgenössische Skulpturen. Durch ihre neue Kunst der Vervielfältigung wurde die Kenntnis eben dieser Motive weitverbreitet. Das Hieronymus-Blatt dürfte auf eine verlorene westliche, möglicherweise franko-flämische Vorlage zurückgehen. Bewusst werden Randmotive vorgeführt, die an die damals zeitgenössische Malerei denken lassen, etwa die durch die Fensteröffnung sichtbare turmreiche Stadtlandschaft, die dreifach gestufte Fensterlaibung und die reich im Raum verteilten Utensilien. Sicherlich angeregt durch die Vorlage, gab sich der Stecher alle Mühe, die textile Qualität des Hieronymusmantels und die Textur seines vom Heiligenschein hinterfangenen Hutes zu schildern. Auch Schmucksäume wurden nicht vergessen.

In der Darstellungsweise scheint der in seinen früheren Werken zunächst gröber arbeitende Meister hier bereits Einflüsse der feinen Oberflächenkunst des Meisters der Spielkarten aufgenommen zu haben. Ebenso wie dieser versucht er, mit dem Stichel bzw. einer feinen Nadel Oberflächen differenziert zu modellieren. Dies ergab eine ansprechende Tonigkeit, führte aber auch dazu, dass sich flache Partien rasch abnutzten und nachgeschnitten werden mussten. So wirken die etwas lichteren Schattenpartien in der Nahsicht wie ausgeschabt und die einzelnen Striche bzw. Linien grau und etwas unscharf konturiert. Die Technik eng gesetzter und gleich tiefer Parallel- oder Kreuzschraffuren war noch nicht entwickelt, auch wenn sich hier die Schraffenlagen bisweilen überlagern.   *MR*

LITERATUR
Lehrs 1908–1934, Bd. 1, S. 9, S. 279–282; Kat. 5, S. 285 f. – Musper 1941 – Laran 1959, S. 31 – Lippmann/Anzelewsky 1963, S. 15 – Anzelewsky 1991b, S. 114.

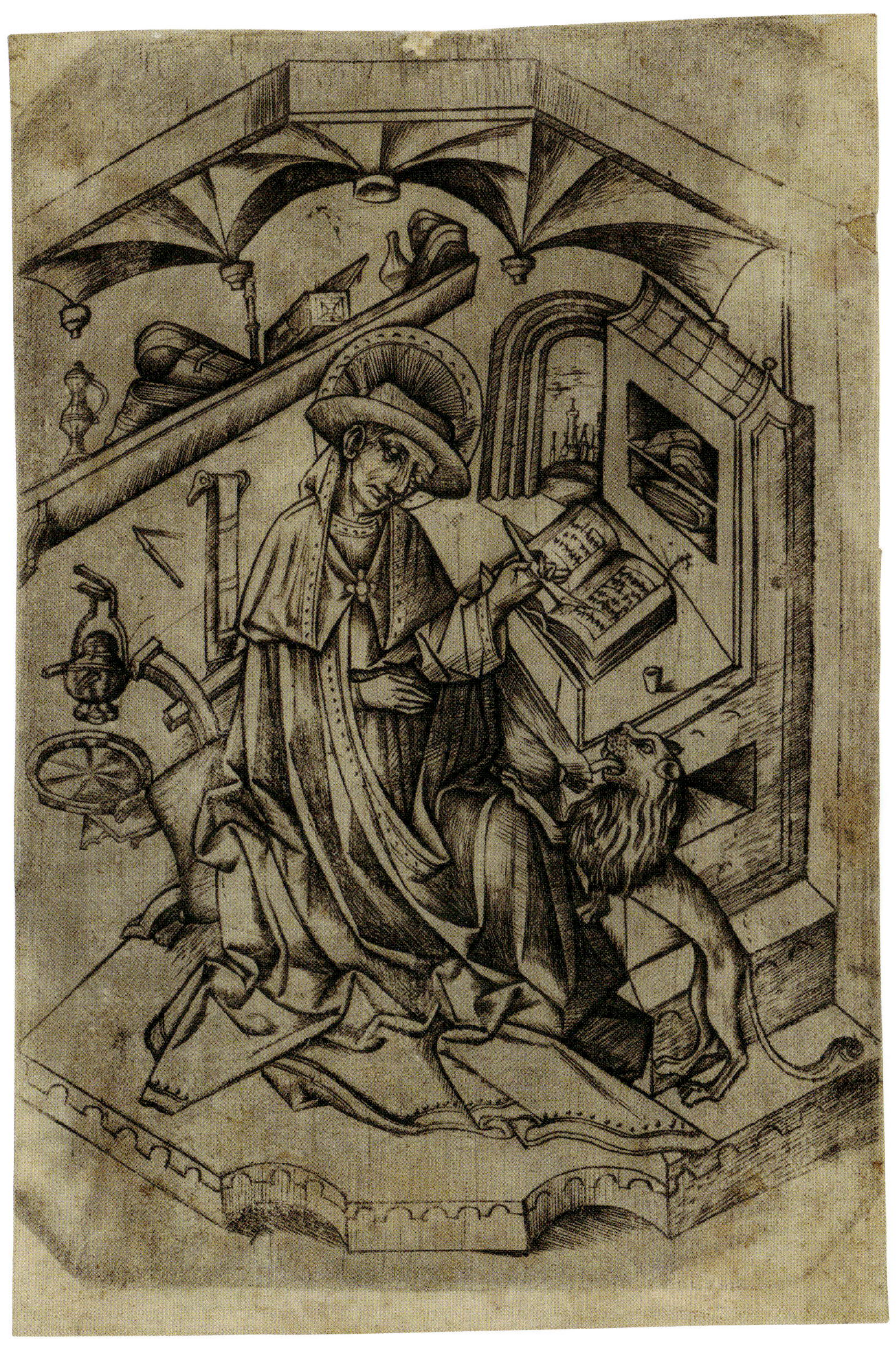

37 Meister der Spielkarten
(tätig am Oberrhein? um 1430–1450)
Vogel-Drei, um 1435–1440

Kupferstich
H. 12,6 × B. 8,9 cm
erworben 1890
aus Berliner Privatbesitz (G. Fehringer)
Staatliche Museen zu Berlin, Kupferstichkabinett, Inv. Nr. 120-1890

38 Meister der Spielkarten
(tätig am Oberrhein? um 1430–1450)
König der Wilden Leute, um 1440–1450

Kupferstich
H. 13,3 × B. 8,9 cm
erworben 1835
mit der Sammlung Karl Ferdinand Friedrich von Nagler
Staatliche Museen zu Berlin, Kupferstichkabinett, Inv. Nr. 561-1

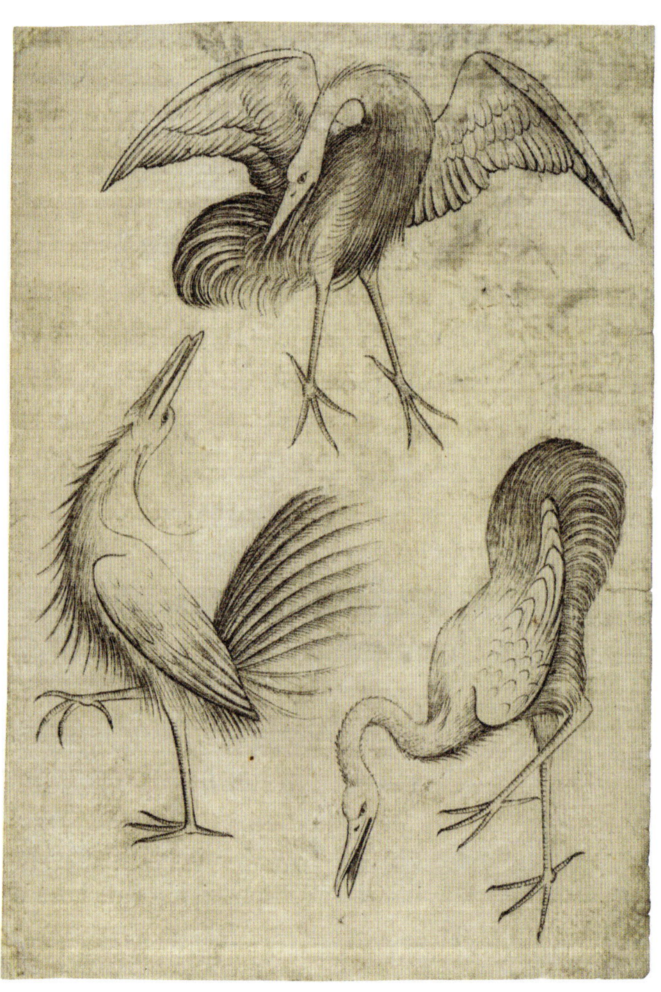

Der anonyme Meister der Spielkarten ist neben dem Meister des Todes Mariae (Kat. 36) der früheste – allerdings durch ein erheblich umfangreicheres Œuvre – bekannte Kupferstecher überhaupt. Auch bei ihm führte die thematische und künstlerische Orientierung seiner Arbeiten an Werken der franko-flämischen Hochkunst zunächst dazu, seine Tätigkeit im Bereich des Herzogtums Burgund zu lokalisieren. Dabei erinnern beim Meister der Spielkarten nicht nur die Motive und die Bildredaktion an westeuropäische Kunst, sondern auch der (vermeintliche) Gebrauchszweck seiner Kupferstiche als Spielkarten. Gemalte oder gedruckte Spielkarten waren im 15. Jahrhundert

absolute Luxusgegenstände und als solche sehr wohlhabenden höfischen Kreisen vorbehalten. Das Œuvre des Meisters der Spielkarten besteht zum größten Teil aus solchen Spielkarten-motiven. Es gibt sogar komplette oder fast vollständige Motiv- und Zahlensätze zu den einzelnen Kartenfarben, die auf teils komplizierten Wegen zusammengestellt wurden. Bereits gedruckte niedrige Zahlenwert-Spielkarten wurden zerteilt und die Motive zu neuen, hohen Zahlenwertkarten zusammengestellt und gedruckt. Es ist allerdings eher unwahrscheinlich, dass mit diesen Kupferstichen im klassischen Sinne Karten gespielt wurde. Es hat sich nur ein einzelnes zum Spielen geeignetes, auf kräftigen Karton kaschiertes Exemplar erhalten.

Daher liegt es nahe, dass die Blätter als Vorlagen- bzw. Mustersammlung in Spielform verwendet wurden. Und tatsächlich finden sich zahlreiche Motive der Spielkarten in anderen Zusammenhängen, etwa in Randdekorationen von Mainzer Handschriften und in Inkunabeln der Zeit, die unmittelbar nach der Erfindung des Buchdrucks mit beweglichen Lettern entstanden. Dadurch kam sogar die Hypothese auf, der Meister der Spielkarten sei identisch mit dem Erfinder dieser revolutionären Drucktechnik, Johannes Gutenberg, oder er sei zumindest als Mitarbeiter oder Meister in dessen unmittelbarer Umgebung tätig gewesen (Lehmann-Haupt 1966, S. 3, 11, 62). Damit wäre naturgemäß eine Lokalisierung des Meisters der Spielkarten im Mittel- oder Oberrheingebiet verbunden, in Mainz oder in Straßburg. Diese Einschätzung wird durch die Komposition eines anderen ausgestellten Blattes mit der Gefangennahme Christi (Kat. 52) unterstützt, das eine Beziehung zu Bilderfindungen des Meisters der Karlsruher Passion aufweist, der nachgewiesenermaßen in Straßburg tätig war.

Der Kupferstich mit dem Spielkarten-Farbenwert der *Vogel-Drei* ist ein Meisterwerk der Tierdarstellung im 15. Jahrhundert. In lebendiger Schilderung der Formen und Bewegungen sowie in erstaunlicher Differenzierung werden in dem Kupferstich die fiedrigen Texturen und die Lichtwerte der kompliziert bewegten Reiher (?) bei unterschiedlichen Tätigkeiten dargestellt. Dabei erweckt die Zusammenstellung auf dem Blatt den Eindruck einer gezielten Komposition. Während der Vogel unten rechts am Boden nach Nahrung zu suchen scheint, entwickelt sich zwischen seinem Nachbarn und dem über ihm dargestellten Vogel in der Mitte ein Streit, wie man an dem gehobe-

nem rechten Bein und aufwärts gerecktem Schnabel bzw. der
aufmerksam gespannten Körperhaltung erkennen kann. Der
Vogel unten rechts bringt diese dynamische, aber instabile Konstellation in seiner parallel zur Bewegungsrichtung der anderen
Vögel angelegten Körperhaltung wieder ins harmonische Lot.

Die drei Motive tauchen andernorts wieder auf. Mehrfach
aufgegriffen wurden sie um 1452/53 in der Randdekoration einer
Mainzer Riesenbibel (Washington, D. C., Library of Congress,
Sammlung Lessing J. Rosenwald) sowie im Stundenbuch der
Katharina von Kleve (New York, Pierpont Morgan Library; Lehmann-Haupt 1966, Abb. 23) und in einigen weiteren Handschriften des mittleren 15. Jahrhunderts.

Das zweite Spielkartenblatt zeigt einen typisch „spätgotischen" Kartenwert, den *König der Wilden Leute*. Es stammt aus
einem anderen Kartenmotivsatz des Meisters der Spielkarten.
Auch hier wird eine besondere Qualität der frühen Kupferstiche
geradezu haptisch greifbar: das Interesse an der Schilderung
vielfältiger Stofflichkeiten. Pelz, Haupt- und Barthaar, Stein im
hellen Licht und tiefen Schatten, Gras und Pflanzen werden in
sehr unterschiedlichen Texturen hingestrichelt und verleihen
dem Blatt eine ungemein samtige und bei aller Kleinformigkeit
lebendige Erscheinung. Diese Texturen lassen einen besonders
umsichtigen und versierten Graveur bei der Erstellung der
Druckplatte und bei der Festlegung der schwarz-weißen Tonwerte und Stoffstrukturen erkennen.

In der kennerschaftlichen Literatur wird dieses Blatt
mitunter dem Stecher der Gefangennahme Christi (Kat. 52)
zugeschrieben, und beide Blätter werden etwas von den „eigen-
händigen" Werken des Meisters der Spielkarten abgerückt. Die
gemeinsame Ausstellung des *Königs der Wilden Leute* mit dem
nicht angezweifelten *Vogel-Drei*-Blatt des Spielkartenmeisters
eröffnet nun die Möglichkeit des unmittelbaren Vergleichs. Dieser zeigt in der Detailschilderung und Affinität zum Stofflichen
trotz geringer Unterschiede in der Stichelführung und Konturierung mehr Gemeinschaftliches als Trennendes. Daher sollte
man für beide Arbeiten die Zuschreibung an den Meister der
Spielkarten beibehalten.   *MR*

LITERATUR
Lehrs 1908–1934, Bd. 1, S. 63–71; Kat. 61, S. 110; Kat. 58, S. 108 – Geisberg 1923, S. 7 –
Lehmann-Haupt 1966, S. 32 – Koreny 1974, S. 46 – van Buren/Edmunds 1974, S. 12–30 –
Wolff 1979, S. 11, 31, 40, Anm. 18 – Krause 2007, Kat. 137, S. 389 f. (Peter Schmidt).

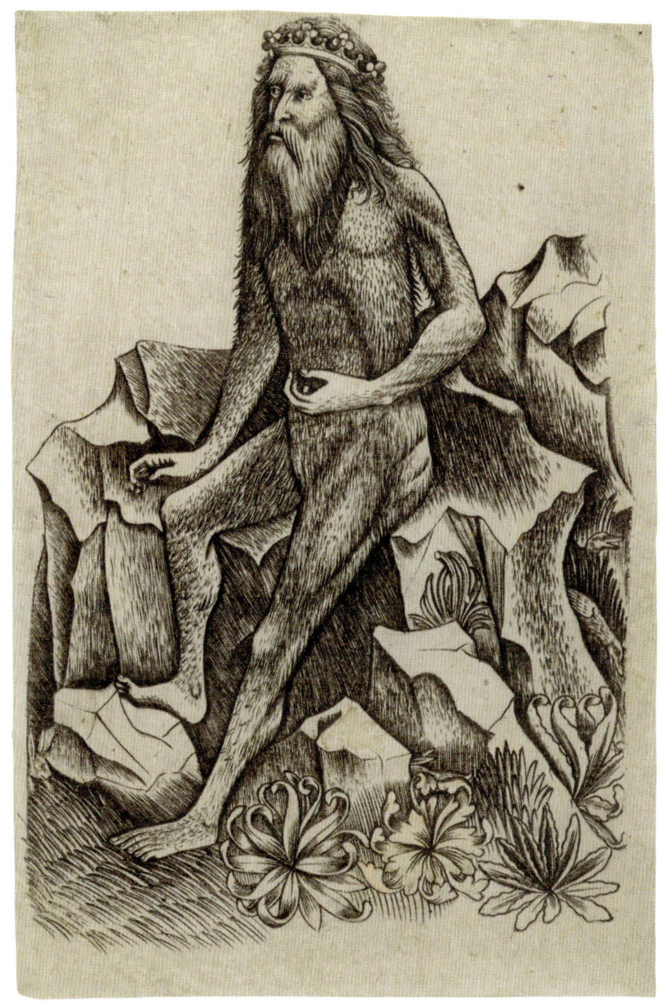

39 Meister E. S.
(tätig am Oberrhein um 1440/1450 – um 1467)
Der Sündenfall und die Strafe Gottes, um 1460

Kupferstich
H. 19,1 × B. 14,5 cm (Einfassung)
Wasserzeichen: Weintraube ohne Mittelstiel
erworben 1835
mit der Sammlung Karl Ferdinand Friedrich von Nagler
Staatliche Museen zu Berlin, Kupferstichkabinett, Inv. Nr. 329-1

Bei dem Stich handelt es sich um eines der wenigen Blätter des Meisters E. S., das eine alttestamentliche Szene vorstellt. Es zeigt, wie die Sünde in die Welt kam: Eva und Adam haben von der verbotenen Frucht gekostet. Diese wurde Eva vom listigsten aller Tiere, der Schlange, mit den Worten „Ja, sollte Gott gesagt haben: Ihr sollt nicht essen von allen Bäumen im Garten?" (1 Mose,1) dargereicht. Die Verführerin windet sich um den Baum der Erkenntnis, den Blick noch immer auf Eva geheftet. Im Moment des Genusses werden die ersten Menschen gewahr, dass sie nackt sind: Adam verdeckt mit einem Bündel Blätter seine Scham; Eva führt ihre linke Hand vor die Brust und die rechte vor die Scham, jedoch ohne diese zu verdecken, was man beim genauen Betrachten wahrnimmt. Subtil verweist Eva durch ihren Gestus auf den angebissenen Apfel, den sie schuldbewusst zu Boden geworfen hat. Nun ist Gott erschienen und wendet sich anklagend an Adam, der durch seine Haltung jegliche Schuld von sich weist. Doch vergebens, das Paradies ist verloren und so auch das friedfertige Nebeneinander der Tiere, der Greifvögel, Löwen, Papageien, Fasane und der Enten, die sich im rauschenden Bach tummeln. Sie haben sich zu Paaren zusammengefunden und machen es damit den Menschen gleich. Die üppig wachsende Natur wird bereits von einer kargen Landschaft zu Füßen Adams verdrängt, wie es in der Schrift, die Gottvater in Händen hält, geschrieben steht: „Der Erdboden ist deinetwegen verflucht. Unter Mühsal wirst du von ihm essen alle Tage deines Lebens." (1 Mose 3,17)

Im Allgemeinen nimmt man an, dass der Meister E. S. aus der oberrheinischen wie auch der niederländischen Kunst Anregungen für seine Bildfindungen erhielt. Konkret nannte man hier beispielsweise die Vertreibung von Adam und Eva auf einem Erlösungstriptychon aus dem Umkreis Rogier van der Weydens (Madrid, Museo Nacional del Prado). Doch abgesehen davon, dass der Kupferstich mit diesem Gemälde lediglich thematisch verwandt ist, ist das Werk zu spät entstanden, als dass es dem Meister E. S. als Anregung hätte dienen können. Dennoch sind die Figuren des Meisters E.S. jenen aus altniederländischen Werken verwandt. So erinnert das Haupt Adams mit seiner tief in die Stirn reichenden Locke an die Johannesfiguren Rogier van der Weydens. Eva hingegen gemahnt in ihrer Haltung eher an antike Venus-pudica-Darstellungen, die später auch auf Sandro Botticelli für seine berühmte schaumgeborene Venus inspirierend wirkten. Meister E. S. war von dieser Gestalt so angetan, dass er sie abgewandelt auch für eine hl. Maria Magdalena (Lehrs 1908–1934, Bd. 2, Kat. 169, S. 239–241) verwendete.

Erwogen wurde ferner, dass der Kupferstich ein Gemälde reflektiere – man dachte dabei an ein Werk des Meisters der Karlsruher Passion (Kat. 50) –, doch bleibt dies Spekulation. Deutlicher hingegen tritt das Verarbeiten von Vorlagen bei den Tiermotiven zutage: Der brüllende Löwe erscheint bereits auf einer Spielkarte des um 1450 am Niederrhein tätigen Meisters der Weibermacht. Wie gebräuchlich und nützlich ein Arbeiten nach bereits vorhandenen Motiven gewesen ist, wird auch daran deutlich, dass Israhel van Meckenem zwei Vogelmotive aus dem vorliegenden Blatt für Spielkarten nachgestochen hat (London, British Museum 1845,0809.194).

Die Kupferplatte ist äußerst sauber und fein gearbeitet und wartet mit der gesamten Bandbreite der damaligen Stecherkunst auf. Besonders virtuos sind die Inkarnate von Adam und Eva behandelt. Mit äußerst zarten und kurzen Parallelschraffuren, die nur oberflächlich in die Platte geritzt sind, werden Volumina und Weichheit des menschlichen Fleisches herausgearbeitet. Im Gegensatz dazu stehen tief in die Platte gegrabene Formen, welche die Bodenstruktur, den Bach und Evas gelockte Haare beschreiben. Der gekonnte Einsatz des Grabstichels und der Reißnadel zeugt von der Erfahrung des Stechens mit den Mitteln des Kupferstichs, weshalb das Blatt um 1460 entstanden sein könnte. *KD*

LITERATUR
Lehrs 1908–1934, Bd. 2, Kat. 1, S. 45 f. – Geisberg 1909, Taf. 32, S. 80 f. – Fischel 1935, S. 192, Anm. 3 – Fischel 1947, S. 34 – AK München/Berlin 1986, Kat. 1 (Holm Bevers) – AK Karlsruhe 2001, Kat. 48 (Dietmar Lüdke) – Jacob-Friesen 2001, S. 125.

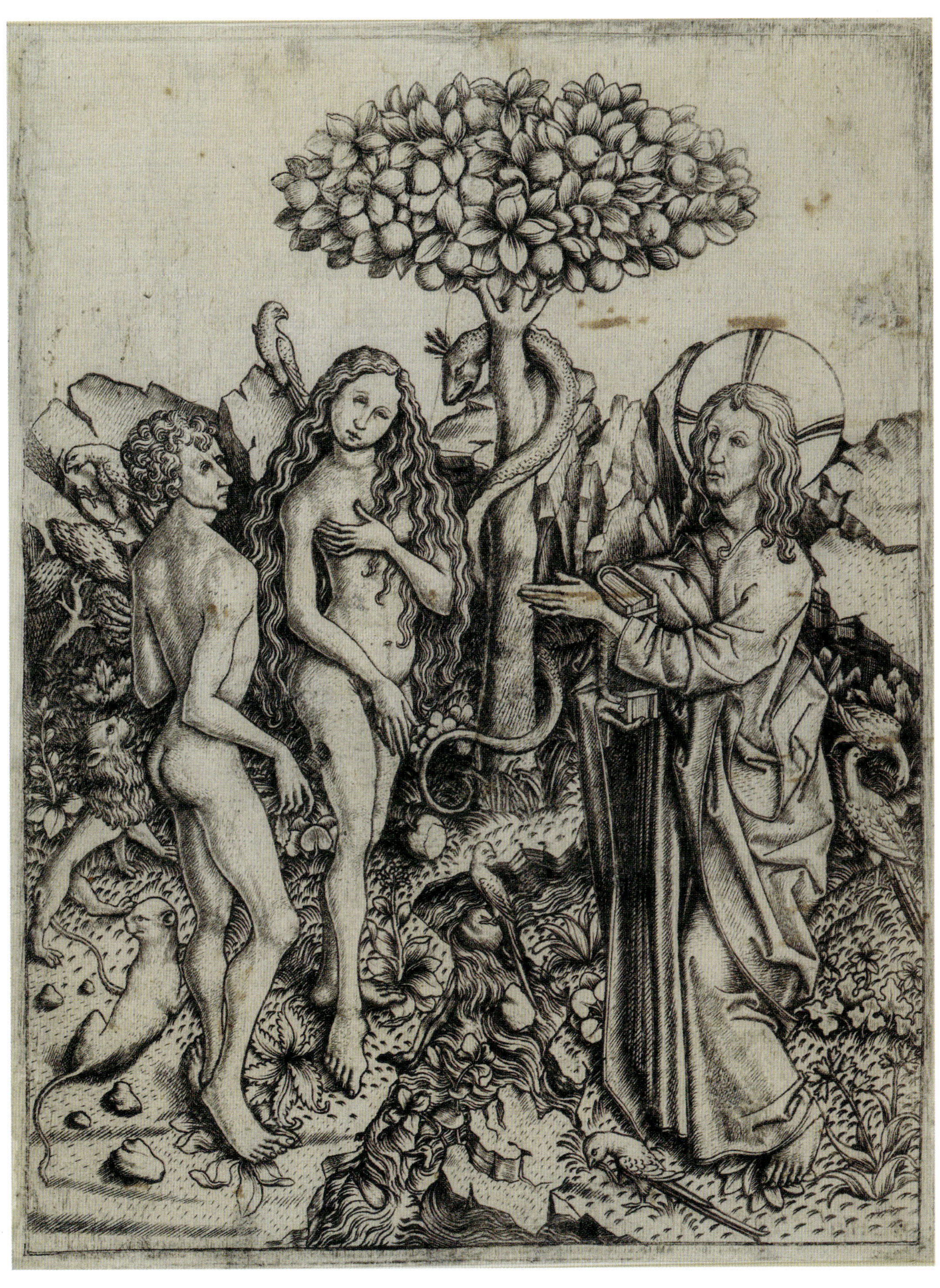

40 Meister E. S.
(tätig am Oberrhein um 1440/1450 – um 1467)
Maria als Tempeljungfrau, 1467

Kupferstich, rot und braun koloriert
H. 15,6 × B. 10,4 cm (Bl.)
erworben 1835
mit der Sammlung Karl Ferdinand Friedrich von Nagler
Staatliche Museen zu Berlin, Kupferstichkabinett, Inv. Nr. 376-1

Die Jungfrau Maria steht mit zum Gebet gefalteten Händen und eleganter Pose in einem Wohnraum, der sich links in eine kapellenartige Nische mit Maßwerkfenstern öffnet, in der ein Altar mit Retabel aufgestellt ist. Das holzvertäfelte Zimmer selbst ist reich mit Alltagsgegenständen ausgestattet. Im hinteren Teil hängt ein Lavabokessel über einer Messingschüssel, daneben ein Handtuch. Am Boden steht ein kleiner Tritt, um an das obere Regalfach gelangen zu können, das mit gestapelten Bechern, Büchern, Papierrollen und einer Schachtel randvoll gefüllt ist. Das Augenmerk Marias hingegen liegt auf dem zum Gebet aufgeschlagenen Beutelbuch neben einer kleinen Kanne; ein zweites Buch findet sich ebenfalls auf der Mensa. Ferner ist vor dem Altarbild, in dessen Arkadenbögen sich Heiligenfiguren befinden, eine Kerze aufgestellt.

Das Thema des Blattes lässt sich nicht leicht bestimmen. So wurde die Darstellung mitunter als die rechte Hälfte einer Verkündigung interpretiert. Tatsächlich finden sich Alltagsgegenstände wie das Waschgerät, das als Symbol der Reinheit verstanden wird, in vielen altniederländischen Verkündigungsdarstellungen. Doch sind Wasserschüssel, Kessel und Handtuch nicht nur Mariendarstellungen vorbehalten. Sie kommen ebenfalls in einem Blatt des Meisters des Todes Mariae (Kat. 36) vor, das den hl. Hieronymus zeigt. Interessanterweise ist hier auch das stilllebenartige Arrangement von Schachteln, Büchern, Kannen und Kerze auf einem Regalbrett bereits vorhanden. Es geht auf altniederländische Gemälde zurück, von denen sich der Meister des Todes Mariae ebenso wie Meister E. S. haben anregen lassen.

Für eine Verkündigungsdarstellung fehlen dem Stich des E. S. jedoch die Heilig-Geist-Taube, die göttlichen Strahlen und die obligatorische Lilie als Reinheitssymbol. So darf man eher davon ausgehen, dass hier ein anderes Bildthema gemeint ist. Auf dieses verweist der an einem Haken links an der Wand hängende Rosenkranz; einzelne Rosen haben sich daraus gelöst und liegen nun zu Füßen Mariens. Dasselbe Motiv findet sich auf einem oberrheinischen Gemälde aus der Nachfolge von Konrad Witz, das um 1440/1450 entstanden sein dürfte (Straßburg, Musée de l'Œuvre Notre-Dame). Hier kniet Maria in Begleitung von Engeln in einem kapellenartigen Raum vor einem ähnlich ausgestatteten Altar. Sie wird hier als Tempeljungfrau im Gebet gezeigt, ein Thema, das ebenso für den Kupferstich des Meisters E. S. anzunehmen ist. Die Bezüge sind so eng, dass man davon ausgehen kann, dass der Künstler dieses oder ein ähnliches Gemälde kannte und auf dieser Basis eine eigene Variante gestaltet hat.

Vom künstlerischen Selbstbewusstsein und der Wertschätzung für die eigene Leistung zeugt das Monogramm auf dem Türsturz, das von der Jahreszahl 1467 ergänzt wird. Da es keine Stiche gibt, die sich stilistisch viel später einordnen lassen – nur wenige seiner Arbeiten sind 1466 datiert –, dürfte das vorliegende Blatt der letzten Schaffensphase des Meisters E. S. angehören.

Augenfällig ist die Kolorierung, besonders bei dem rot gefärbten Kleid. Einigen anderen Gegenständen, die in helle Ockerfarbe getaucht sind, wird so die Materialität von Gold oder Messing verliehen, dem Altar, dem Waschgeschirr, dem Kerzenständer und der Kanne. Doch rührt die farbige Gestaltung des Blattes nicht vom Meister selbst her, wie die ungenaue Ausführung nahelegt, widerspricht sie doch der sorgfältigen Ausführung des Stichs. So reicht das Rot von Mariens Gewand großzügig bis in ihre Haare und in den Fußboden hinein. Die farbige Gestaltung des Blattes dürfte indes schon früh erfolgt sein. Möglicherweise konnte man es als Andachtsbild in einem Kloster oder einem Wallfahrtsort erwerben, worauf die beiden noch ungedeuteten Wappen rechts und links des Türsturzes hinweisen mögen. *KD*

LITERATUR
Lehrs 1908–1934, Bd. 2, Kat. 61, S. 120 f. – Geisberg 1909, Taf. 58, S. 108 f. – Geisberg 1924, Taf. 63, S. 57 f. – Fischel 1935, S. 227 – AK München/Berlin 1986, Kat. 25 (Holm Bevers) – Jacob-Friesen 2001, S. 125 – AK Karlsruhe 2001, Kat. 58 (Dietmar Lüdke) – AK Basel 2011, Kat. 64 (Bodo Brinkmann).

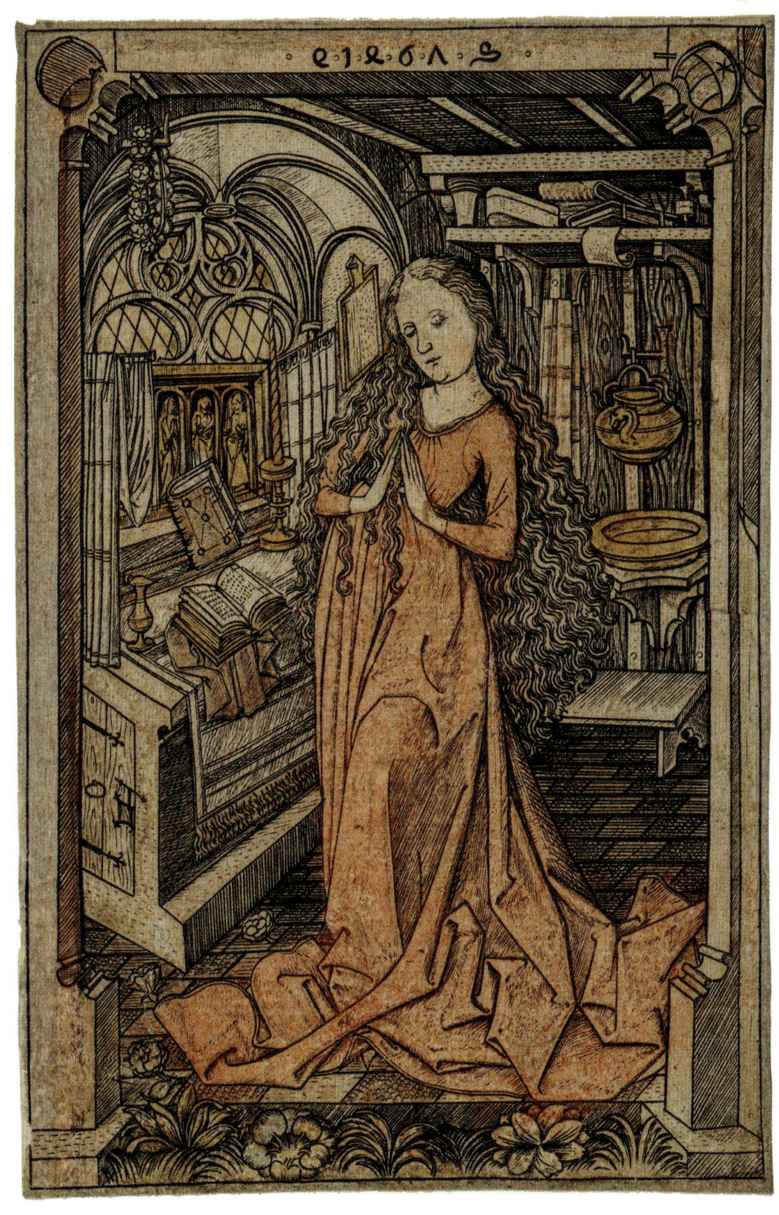

41   Meister E. S.
      (tätig am Oberrhein um 1440/1450 – um 1467)
      Simson und Delila, um 1460

Kupferstich
H. 13,7 × B. 10,4 cm (Einfassung)
erworben 1835
mit der Sammlung Karl Ferdinand Friedrich von Nagler
Staatliche Museen zu Berlin, Kupferstichkabinett, Inv. Nr. 330-1

Auf den ersten Blick ist das alttestamentarische Bildthema kaum zu erkennen. Eine attraktive junge Frau schaut den Betrachter mit wachem Blick an. Mitten in einer Landschaft hat sie sich auf einem Kissen niedergelassen; in ihrem Schoß schläft ein Jüngling mit langem Haar, seinen befiederten Hut hat er auf dem Boden abgelegt. Doch ist es nur eine scheinbar friedliche Szene. Denn der Betrachter wird, wie auch der Jüngling, getäuscht: Es handelt sich um Simson, der von Delila überlistet und seiner übermenschlichen Kräfte beraubt wird. Für das in Aussicht gestellte Bestechungsgeld der Philister gelang es ihr nach mehreren Versuchen, Simson sein Geheimnis zu entlocken. Aus Liebe zu Delila offenbarte er sich ihr: „Kein Schermesser ist mir auf den Kopf gekommen; denn ich bin vom Mutterleib an Gott als Nasiräer geweiht. Würden mir die Haare geschoren, dann würde meine Kraft von mir weichen; ich würde schwach und wäre wie jeder andere Mensch." (Ri 16,17) Delila gab sich Simson hin, ließ ihn in ihrem Schoß einschlafen und schnitt ihm sodann die sieben Locken ab, was sein Schicksal besiegelte: Er wurde von den Philistern übermannt, geblendet, eingesperrt und zu einem Sklaven erniedrigt.

Das Sujet ist Teil des im Mittelalter beliebten Themenkomplexes der „Weibermacht". Die Macht der Liebe wird hier dem Betrachter eindrücklich vor Augen geführt. In der Regel sind solche Werke von moralisierend-didaktischem Charakter; es soll vor falschen und betrügerischen Frauen gewarnt werden sowie vor der Versuchung sexueller Lust, der Simson erlag.

Die Bewertung scheint hier allerdings ambivalent zu sein. Delila, die kostbare Kleidung trägt, ist äußerst anmutig dargestellt. Dies erklärt sich daraus, dass sie in der Profanliteratur des Mittelalters auch als Beispiel für den Triumph der Liebe angeführt wird. So taucht dieses Sujet in der höfischen Kultur häufig in einem positiven Kontext auf. Der Meister E. S. erzählt das Thema mit Grazie und dürfte damit einen ähnlich höfischen Adressatenkreis ansprechen wie der Hausbuchmeister (Kat. 104). Dennoch kann nicht ausgeschlossen werden, dass dem Betrachter eine Warnung mitgegeben werden soll. Der Künstler fädelt dies allerdings sehr geschickt ein. Ausschlaggebend hierfür ist sicherlich, dass die verräterische Schere nicht auf den ersten Blick zu erkennen ist und das merkwürdige Größenverhältnis der beiden Figuren die Darstellung verunklärt. Statt eines kräftigen Mannes, der Löwen bezwingen kann, ist ein schmächtiger Knabe zu sehen, der im Schoß einer Dame von Stand ruht. Erst bei genauerem Hinsehen kann man die beiden Personen identifizieren.

Konkrete Vorbilder, die der Meister E. S. verarbeitet haben könnte, sind nicht bekannt. Man dachte an Miniaturen oder auch Gemälde des frühen 15. Jahrhunderts. Vorstellbar ist ebenso, dass er durch Tapisserien bzw. deren Vorlagen zu dieser Bildfindung gelangte. Mit demselben Bildthema hat sich E. S. in einem vermutlich einige Jahre früher entstandenem Stich auseinandergesetzt, der die Handlung jedoch deutlicher werden lässt (Lehrs 1908–1934, Bd. 2, Kat. 5, S. 49). Zudem gibt es drei Stiche des Künstlers, die Simson zeigen, wie er den Löwen tötet (ebd., Kat. 2–4, S. 46–49). Daher wurde überlegt, ob unser Blatt Teil einer Simson- oder einer Weiberlistenfolge gewesen sein könnte. Allerdings sind keine weiteren Blätter bekannt, die sich in die eine oder andere Folge einreihen ließen. Vermutlich aber sind die Stiche mit „Delila und Simson" und „Simson mit dem Löwen" als Pendants zu begreifen. Sie gliedern sich damit in das Minnethema ein, wonach die Kraft der Liebe stärker als alles andere ist: Zwar kann der starke Simson einen Löwen töten, doch erliegt er der Stärke der Liebe und kann so von einer zarten Frau besiegt werden. Dem Künstler gelingt es im vorliegenden Stich, Delila einen sprechenden, komplizenhaften Gesichtsausdruck zu verleihen, und ebenso beweist er seine Meisterschaft in der differenzierten Erfassung unterschiedlicher Materialien.   *KD*

LITERATUR
Lehrs 1908–1934, Bd. 2, Kat. 6, S. 49 f. – Geisberg 1909, Taf. 61, S. 104 – Geisberg 1924, Taf. 53, S. 53 – AK München/Berlin 1986, Kat. 2 (Holm Bevers) – Ressos 2014, S. 98 f.

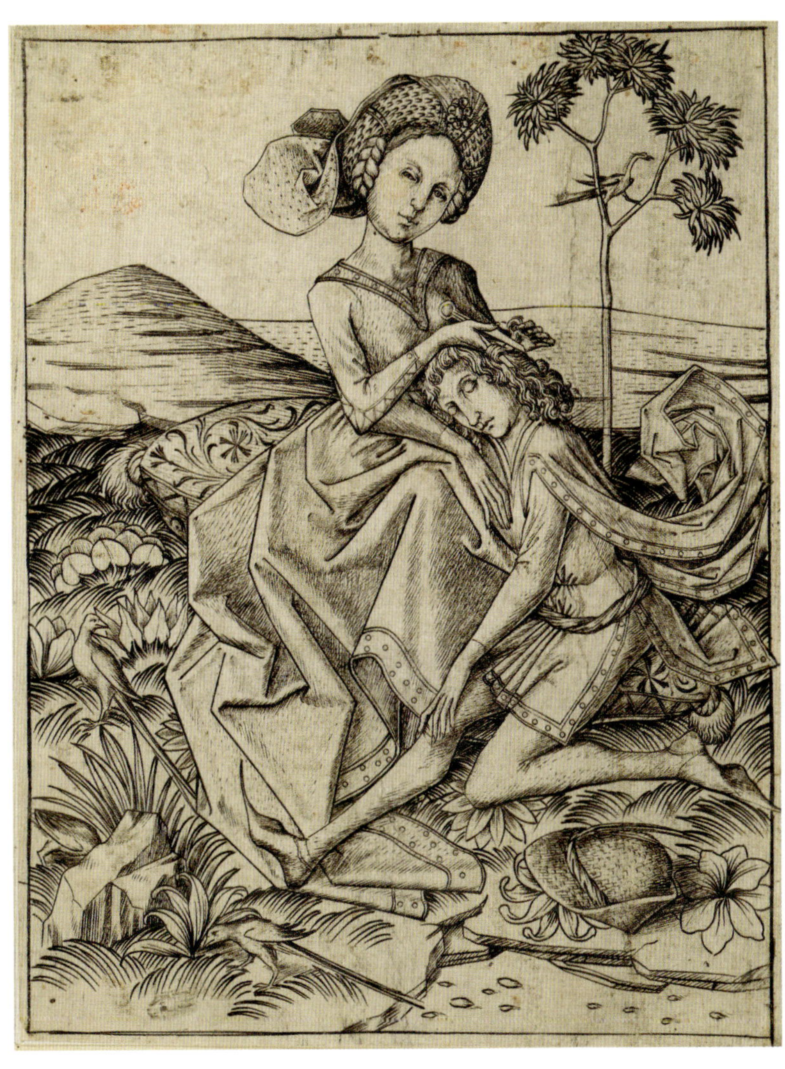

42 Meister E. S.
(tätig am Oberrhein um 1440/1450 – um 1467)
Die Große Engelweihe zu Einsiedeln
(„Die Große Madonna von Einsiedeln"), 1466

Kupferstich, rot, blau, braun und gelb koloriert
H. 20,6 × B. 12,3 cm
erworben 1860
aus der Sammlung Johann Gottlob von Quandt, Dresden
Staatliche Museen zu Berlin, Kupferstichkabinett, Inv. Nr. 339-1

Das Benediktinerkloster Einsiedeln im Kanton Schwyz gehörte zu den meistbesuchten Pilgerorten des Mittelalters. Das Ziel war eine Gnadenkapelle mit einer Madonnenskulptur, die der hl. Meinrad, Gründer des Klosters, im 9. Jahrhundert gebaut hatte. Laut Klosterüberlieferung wurde die Kapelle erst im Jahr 936 geweiht und zwar von Christus selbst (AK Zürich 2017, S. 9). Als der hl. Konrad, Bischof von Konstanz, in der Kapelle betete, erschien ihm Christus mit einer Engelschar und weihte den heiligen Ort (Jäggi, in: ebd., S. 46 f.). 966 soll eine Bulle von Papst Leo VIII. das Wunder bestätigen und umfassende Ablässe – die Vergebung der Sünden – mit einer Pilgerfahrt nach Einsiedeln verbunden haben (Hoffman 1961, S. 232). Allerdings handelte es sich bei der Urkunde um eine Fälschung aus dem 12. Jahrhundert; 1463 bestätigte Papst Pius II. dennoch die Privilegien von Einsiedeln (Jäggi, in: AK Zürich 2017, S. 45–49).

Zum 500. Jubiläum der angeblichen päpstlichen Anerkennung 1466 beauftragte das Kloster den Meister E. S. mit der Anfertigung von drei Kupferstichen unterschiedlicher Größe, die die wunderbare Engelweihe der Einsiedler Kapelle darstellen. Diese sind in der Fachliteratur als die „Große", „Kleine" und „Kleinste Madonna von Einsiedeln" bekannt (Abb. S. 99) – gewiss hing der Preis der Stiche mit dem jeweiligen Format zusammen (AK München/Berlin 1986, S. 45). Sie wurden speziell für den Verkauf an Pilger produziert, der ein Monopol des Klosters war. Während der 14-tägigen Feier des Jubiläums 1466 sollen 130 000 Pilger Einsiedeln besucht haben (AK Karlsruhe 2001, S. 143). Die E.S.-Drucke waren nur eine unter vielen Arten von Andenken. Viel preiswerter und in höheren Auflagen produziert waren zum Beispiel Pilgerzeichen aus einer Bleilegierung (Welzel 1995, S. 137 f.). Das Kloster benötigte die Einnahmen dringend für den Wiederaufbau der Kirche, die ein Jahr zuvor niedergebrannt war.

Das Bildfeld des Kupferstichs wird durch die Gnadenkapelle dominiert, ein schmales Gebäude im Freien mit einem überdimensioniert breiten Portal, das den Blick auf das Innere freigibt. Im Zentrum thront die Muttergottes auf einem Altar; die Plinthe unter ihrer Draperie kann sowohl als Skulpturensockel als auch als Thronstufe gedeutet werden. Flankiert wird sie vom hl. Benedikt, zu dessen Orden Einsiedeln gehörte, und einem Engel. Beide tragen Kerzenhalter. Die drei Figuren befinden sich vor einer Architektur, vermutlich ein Retabelgehäuse mit breiter Mittel- und schmalen Seitennischen. Das Bild spielt also mit verschiedenen Realitätsebenen, die die wundersame Präsenz von Heiligen vor Augen bringt. Auf einer Empore mit einer Maßwerkbrüstung stehen Christus und Gottvater, beide in Paramenten und mit Bügelkronen. Zwischen ihnen schwebt die Taube des Heiligen

Geistes. Eine Schar Engel, die singen, musizieren oder einen Baldachin über der Dreifaltigkeit ausspannen, umgibt sie. Rechts von Christus trägt ein Engel die Insignien seiner Macht: das Zepter und die Weltkugel. Christus taucht einen Wedel in einen Weihwassereimer, den ihm ein anderer Engel präsentiert.

Der prachtvolle und komplexe Stich stellt also die wunderbare Weihe der Kapelle durch Christus und die Engel dar, allerdings nicht im Jahr der Überlieferung im 10. Jahrhundert, sondern in der Gegenwart des Jubiläums. Die Jahreszahl 1466 ist auffallend in einen Stein links vom Portal gemeißelt; der Bogen trägt die Inschrift „Dis ist die engelwichi zuo unser lieben frauwen zuo den einsidlen ave gr[a]cia plenna." Im Inneren der Kapelle haben sich fünf Pilger mit Wanderstäben und breitkrempigen Hüten um die Marienskulptur gesammelt. Sie sind Zeuge des Wunders und Adressaten des Bildes zugleich (AK München/Berlin 1986, S. 44). Für sie ist der Stich als „Zaichen" ihrer Pilgerfahrt gedruckt worden. Die päpstlichen Insignien, Mitra und Schlüssel, die auf allen drei Stichen prominent über der Madonna in der Architektur erscheinen, erinnern an den „römischen Ablass", den nahezu vollständigen Erlass der Sünden, den man durch eine Pilgerfahrt nach Einsiedeln erlangen konnte (Welzel 1995, S. 121).

Die Forschung sieht im Meister E. S. einen am Oberrhein, vermutlich in Straßburg tätigen Künstler. Tatsächlich enthalten seine Stiche Bezüge zur Kunst dieser Stadt. Die auf dem Altar thronende Muttergottes, wie andere Madonnen des Meisters E. S. auch, orientiert sich offensichtlich an Niclaus Gerhaert von Leyden, dem führenden Bildhauer in Straßburg in den 1460er-Jahren. Sowohl das lebendige, dickbäuchige Kind als auch die Draperie, die die Muttergottes wie eine Hülle umgibt und sie voluminös erscheinen lässt, haben in Gerhaerts Bildwerken ihren Ursprung (Kat. 108). Freilich ist die Marienfigur kein treues Abbild der Skulptur der Gnadenkapelle in Einsiedeln, denn das bis heute erhaltene Gnadenbild ist eine stehende Figur (Welzel 1995, Abb. 7, S. 127). Jeder der drei Einsiedler-Stiche des Meisters E. S. stellt eine andere Skulptur sowie eine unterschiedliche Kapelle dar. Unklar ist, ob der Künstler selbst in Einsiedeln war und wie die Beauftragung zustande kam. Es zeugt aber vom Renommee des Meisters, dass die Mönche ihn im 260 Kilometer entfernten Straßburg für die Ausführung der Blätter zum 500-jährigen Jubiläum der päpstlichen Anerkennung der wunderbaren Engelweihe auswählten. *JC*

LITERATUR
Lehrs 1908–1934, Bd. 2, Kat. 81, S. 146–151 – Hoffman 1961 – AK München/Berlin 1986, S. 44–46 – Welzel 1995 – AK Karlsruhe 2001, Kat. 60, S. 142 f. (Holger Jacob-Friesen) – AK Zürich 2017.

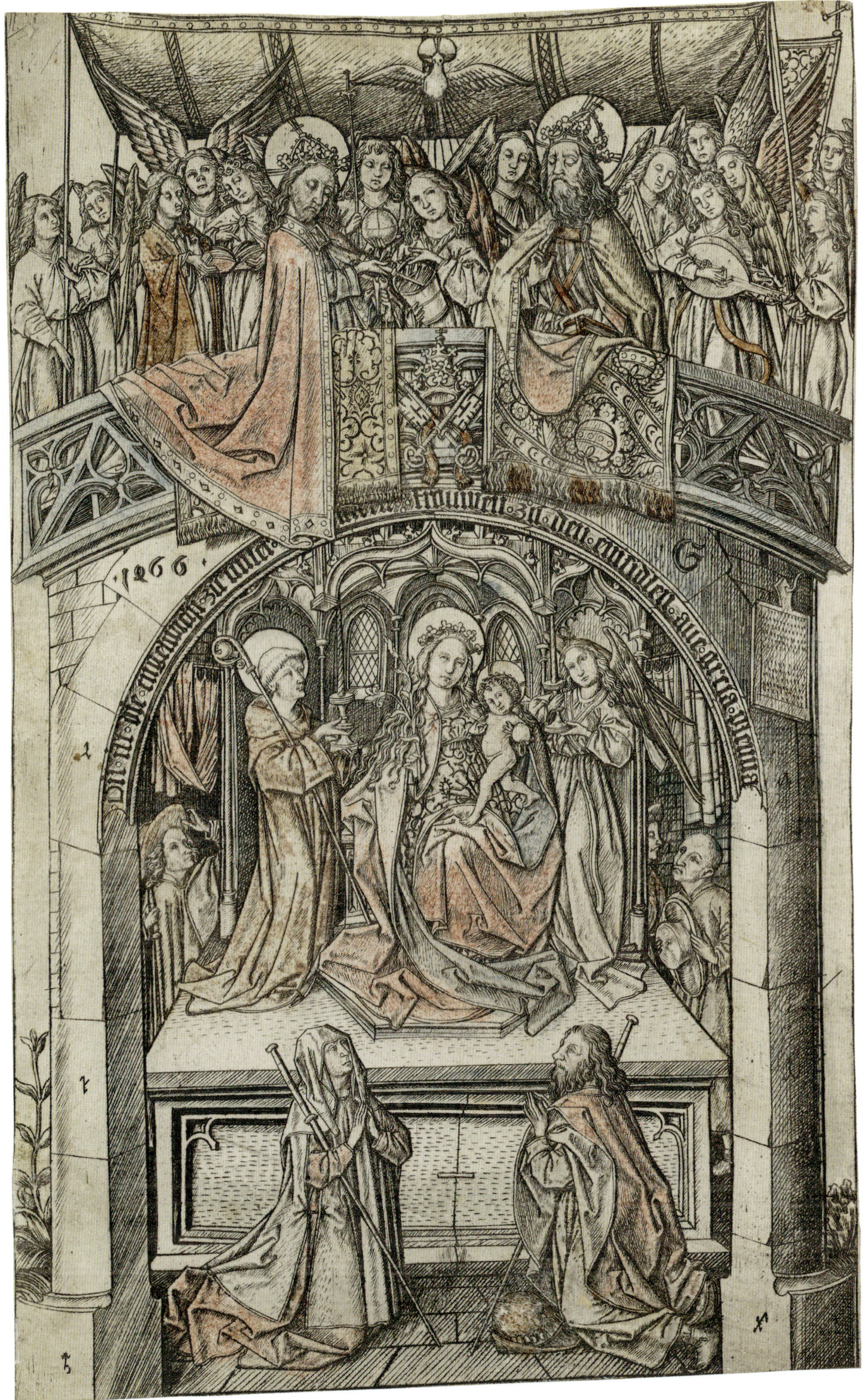

43 Meister E. S.
(tätig am Oberrhein um 1440/1450 – um 1467)
Die Buchstaben „h" und „n" aus dem
Figurenalphabet, um 1466/67

Kupferstiche
H. 13,8 × B. 9,8 cm (Bl.), H. 13,8 × B. 17,5 cm (Bl.)
Wasserzeichen: Bär mit Stange und Stern
erworben 1835
mit der Sammlung Karl Ferdinand Friedrich von Nagler
Staatliche Museen zu Berlin, Kupferstichkabinett, Inv. Nr. 358-1
und 360-1

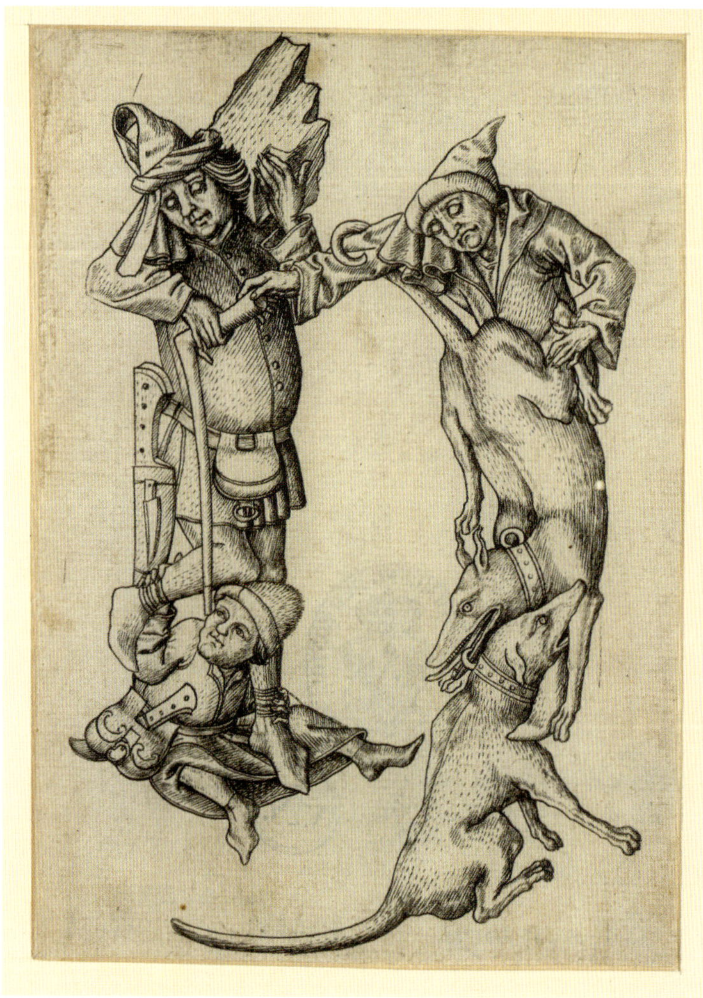

Die beiden Blätter mit den Buchstaben „h" und „n" gehören zu einem 23-teiligen Figurenalphabet in gotischer Minuskelschrift. Die einzelnen Buchstaben werden durch Tiere, Fantasiewesen und Menschen verschiedener Gesellschaftsschichten gebildet. Dabei sind die Figuren nicht starr in die Buchstabenkontur eingeschrieben, sondern zeichnen mit ihren Körpern die Formen frei nach, wodurch diese große Lebendigkeit erlangen.

So tritt im linken Schaft des Buchstabens „h" ein Mann prominent hervor, der einen schweren Felsen schultert. Er ist mit einem Wanderstab ausgestattet und hat um seine Hüfte einen Beutel und zweierlei Messer gegürtet, eines davon ist überdimensional groß. Er schreitet über eine am Boden sitzende

zwerghafte Figur hinweg, die ebenfalls einen Beutel und ein Messer um die Hüfte geschnallt hat. Diese wiederum krallt sich mit beiden Händen an den Beinen des Hinwegschreitenden fest, als ob sie ihn am Weggehen hindern wollte. Vom rechten Schaft her stellt ein älterer Mann die Verbindung zum linken her, indem er mit dem Arm nach dem Wanderstab des Mannes links greift. Er ragt hinter zwei Hunden auf, deren Körper durch wildes Spiel miteinander verkeilt sind.

Pikanter ist jedoch die Figurenkonstellation des Buchstabens „n". Dieser zeigt im linken Schenkel drei übereinander gestaffelte Mönche. Der oberste sitzt rücklings auf den Schultern des mittleren und präsentiert dem Betrachter seinen nackten Hintern und seine Genitalien. Der in der Mitte stehende feiste Mönch scheint einen Krug auf den unter ihm Sitzenden auszuschütten. Hierfür hält er den Kopf seines Mitbruders zurück, um Flüssigkeit in dessen geöffneten Mund zu gießen. Auch bei diesem zuunterst lagernden Mönch liegen die Genitalien bloß, da sein Rock unterhalb des Gürtels auseinanderklafft. Auffallend ist, dass die Mönche an ihren Kutten große Schellen tragen. Dadurch weisen sie sich als Narren aus. Im rechten Schaft erblickt man zuoberst einen wohlgenährten Mönch, der, begleitet von einem Adler, zur Schelle seines Gegenübers greift und das Treiben seiner Mitbrüder mit einer Brille genauer in Augenschein nimmt. Unter ihm steht eine Dirne mit erhobener Rute, in die sich ein kleiner Vierbeiner verbissen hat. Sie holt aus, um den Hintern des vor ihr knienden Mönches zu versohlen. Dieser scheint zugleich mit einem Adler, der seine Schwingen ausbreitet, zu kopulieren. Wollüstig streckt er dem Vogel seine Zunge entgegen, die sogleich vom Schnabel ergriffen wird. Die Verschmelzung von Narren und Mönchen mag den heutigen Betrachter allein zum Lachen verleiten. Doch seinerzeit wurde diese Darstellung nicht nur als Scherzbild verstanden, denn auf voyeuristische Weise wird hier eine aus den Fugen geratene Weltordnung karikiert. Das heuchlerische Verhalten der Mönche und die Missstände in den Klöstern werden angeprangert; zugleich soll offenbar vor fleischlichen Gelüsten gewarnt werden.

Der Meister E. S. griff damit ein hochpolitisches Thema auf, das er geschickt zu verpacken wusste. Bewusst wird dies, wenn man einen Blick auf seine weniger drastischen Vorbilder wirft. Figurenalphabete entwickelten sich aus den figurengeschmückten, oftmals grotesken Initialen mittelalterlicher Manuskripte und waren seit dem frühen 15. Jahrhundert verbreitet. Ein mit der Stichfolge des E. S. auf das Engste verbunde-

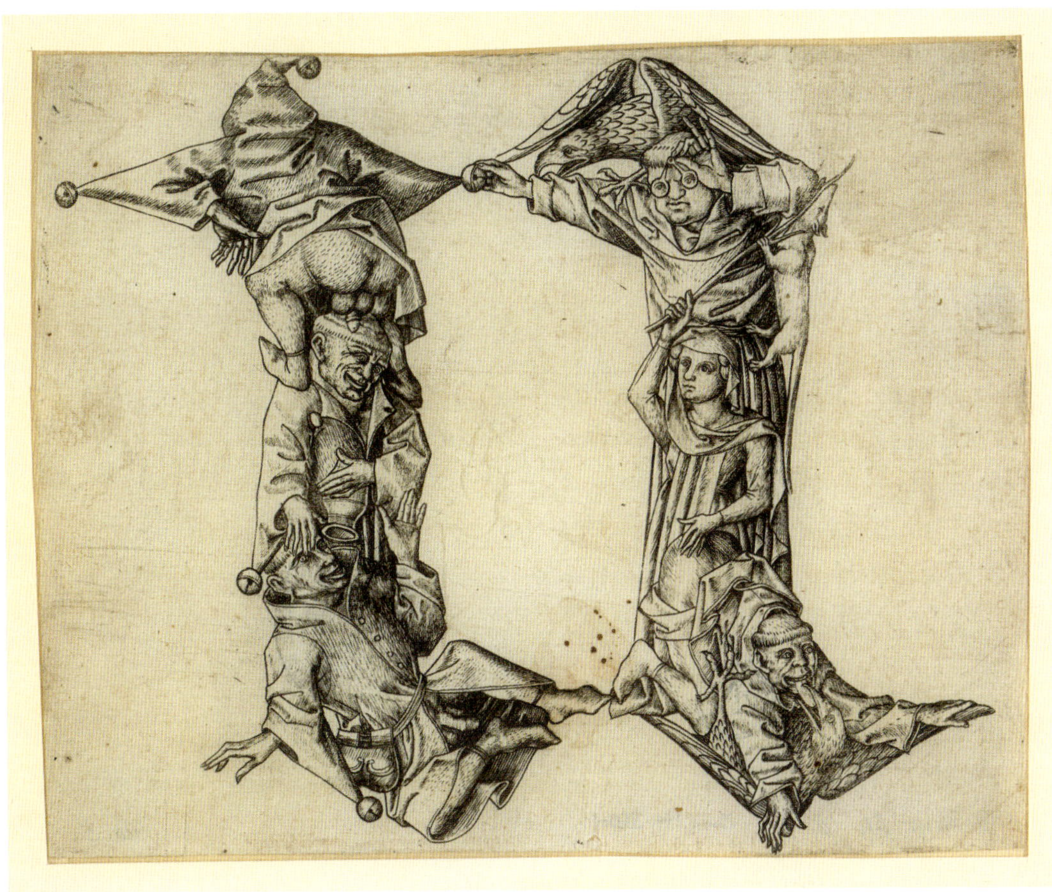

nes Figurenalphabet findet sich im Musterbuch des lombardischen Künstlers Giovannino de' Grassi (um 1340–1398). Gerade der zweite, farbig gehaltene, erst um 1410 von einem Nachfolger hinzugefügte Teil des Alphabets zeigt unmittelbar verwandte Figurenkonstellationen. Doch obszöne Motive bleiben die Ausnahme. Deutlich wird der Unterschied an der Umdeutung eines gemeinschaftlichen Motivs: Im Buchstaben „n" zeigt die italienische Version einen Mönch, der einen offenbar an einem Augenleiden erkrankten Bauern behandelt, indem er ihn aus einer Karaffe etwas Flüssigkeit ins Auge träufelt. Der Meister E. S. hingegen münzt dieses Motiv um und zeigt als Mönche verkleidete Narren, die sich dem Trinken hingeben und so der Sünde der Völlerei, der Gula, anheimfallen. Auf das Thema der Weibermacht, das Meister E. S. in demselben Buchstaben einbaut, wird im Musterbuch gänzlich verzichtet.

Beide Figurenalphabete gehen wohl auf eine heute verlorene deutsche oder böhmische Vorlage aus der zweiten Hälfte des 14. Jahrhunderts zurück. Diese zum Vorbild nehmend, hat der Meister E. S. die Folge mit künstlerischer Eigenständigkeit umge-

arbeitet. Sie lässt sich in seine späte Schaffensphase datieren, was nicht nur die versierte künstlerische Ausführung nahelegt, sondern vor allem das erst seit etwa 1466 in Bern nachweisbare Wasserzeichen des verwendeten Papiers. Geschaffen hat der Stecher diese Serie wohl aus künstlerischem Selbstzweck; zumindest wurden sie nicht primär für die Gestaltung von Büchern und Texten verwendet, sieht man von einer verkleinerten, um 1500 gedruckten Holzschnittkopie ab. Geraume Zeit später dienten sie tatsächlich als Vorlage, etwa für die 1609 gestalteten Wandmalereien in Schloss Urach bei Reutlingen. Im 15. Jahrhundert hingegen darf man als Adressaten der Figurenbuchstaben am ehesten an ein humanistisch gebildetes Publikum denken, das diese Stiche als anzügliche, moralisch-parodistische Bilder, doch zugleich auch exquisite Sammelobjekte schätzte. *KD*

LITERATUR
Lehrs 1908–1934, Bd. 2, Kat. 290, 295, S. 362, 365 f. – Geisberg 1909, S. 107 f. –
AK München/Berlin 1986, Kat. 117, 122 (Holm Bevers) – Bravi/Recanati 1998 –
Wurst 1999.

44   Meister mit dem Keulenwappen
      (tätig in Bayern oder am Oberrhein
      um 1430–1460 ?)
      Kalvarienberg, um 1440–1460

Metallschnitt, grün koloriert, Nimbus mit Blattgoldauflage
H. 17,5 × B. 11,5 cm
erworben 1835
mit der Sammlung Karl Ferdinand Friedrich von Nagler
Staatliche Museen zu Berlin, Kupferstichkabinett, Inv. Nr. 218-1

Der Metallschnitt ist, ebenso wie der Holzschnitt, ein Hochdruckverfahren. Gedruckt wird von der Oberfläche einer Metallplatte. Weiße Stellen müssen herausgearbeitet werden, entweder mit tief schneidenden Sticheln oder mit Punziereisen, die auf diesem Blatt besonders intensiv zum Einsatz gekommen sind. Wegen der anspruchsvollen Materialien, Werkzeuge und Techniken ging der Metallschnitt wahrscheinlich ebenso wie der Kupferstich aus dem Goldschmiedehandwerk hervor (Kat. 48). Dabei bildet das Verfahren nicht nur werktechnisch, sondern auch ästhetisch gewissermaßen ein Gegenmodell zum Kupferstich. Linien, also die bestimmenden Elemente des Kupferstichs, werden hier soweit wie möglich vermieden. Der Metallschnitt modelliert vielmehr Flächen. Selbst die ornamentalen Hintergründe dieser Darstellung wirken eher wie gewebt als mit dem Lineal gezogen oder angelegt. Licht- und Formenmodellierungen erfolgen ebenfalls nicht durch lineare Schraffuren, sondern durch punktuelles Aufhellen und durch Schabungen der Metalloberfläche.

Das vorliegende Blatt ist ein Meisterwerk der Lichtführung und Formgestaltung im Metallschnitt, vor allem im tiefschwarzen Gewand der rechts unten kauernden Rückenfigur. Mit mehreren verschiedenen Punzenstempeln, die zudem unterschiedlich tief in die Metallplatte getrieben wurden, gelang es dem Künstler, eine fast rundplastische Modellierung und stufenlose Schattierung zu erzielen. Auch in den Kreuzstämmen finden sich ähnlich subtile Lichtführungen. Am Querbalken hinter dem Kopf Christi reflektiert der Stecher sogar die Strahlwirkung des Heiligenscheins, indem er die Balkenkante in helles Licht taucht. Und im Gewand der unter dem Kreuz zusammengebrochenen Maria werden die hell auspunzierten Mantelteile noch durch eine aufhellende Schrägschraffur überlagert, die zudem der Textur ihres Mantels eine andere Anmutung verleiht als dem der Rückenfigur gegenüber.

Der Meister mit dem Keulenwappen – benannt nach dem heute schwer erkennbaren Wappen am Fuß der Platte unterhalb des Kreuzesstammes – hat als einer der ersten Meister dieser Technik seine Arbeiten mit einem Namenszeichen bzw. Wappen oder Werkmeisterzeichen versehen. Fünf unterschiedliche Metallschnitte mit dieser Marke sind bekannt. Weitere unbezeichnete Stücke werden dem Meister aufgrund ihrer künstlerischen Qualität und der Ähnlichkeit der verwendeten Punzwerkzeuge und -muster zugeschrieben.

Die regionale Zuordnung des Blattes ist umstritten. Früher galt es allgemein als ein Werk der oberrheinischen Kunst, bis Peter Schmidt eine Lokalisierung nach Bayern und eine zeitliche Einordnung „um 1460“ vorschlug. Er verwies dabei auf die im deutschen Sprachraum nur dort verbreitete Adaption italienischer, giottesker Trecento-Formen. Diese sind in der exaltiert klagenden weiblichen Figur unter dem Kreuz greifbar, wahrscheinlich Maria Magdalena, und in der Rückenfigur rechts, die an Giottos Trauernde in der Beweinung Christi in der Scrovegni-Kapelle in Padua erinnert.

Interessanterweise wurde die Komposition dieses Blattes, von dem es zwei weitere Exemplare in der National Gallery in Washington und einer Handschrift der Bayerischen Staatsbibliothek München gibt, sehr bald von einem anderen Meister kopiert. Diese Nachschöpfung, von der wiederum zwei Exemplare bekannt sind, übernimmt die Vorlage maßstabs- und formengenau, indem die Konturen aller wichtigen Formen abgepaust wurden. In der Binnenzeichnung hielt sich der Kopist jedoch nur ungefähr an die Vorlage und scheute vor allem den hohen Aufwand der Lichtmodellierung durch den extensiven Einsatz des Punzstempels, den dieses Blatt zeigt.   *MR*

LITERATUR
Kristeller 1905, S. 54, Abb. 53 – Kristeller 1921, S. 54, Abb. 55 – Schreiber 1926–1930, Bd. 5, Kat. 2341, S. 63 f. – Dückers 1994, Kat. III. 5, S. 94 (Holm Bevers) – AK Washington/Nürnberg 2005, zu Kat. 67, S. 232–234 (Peter Schmidt).

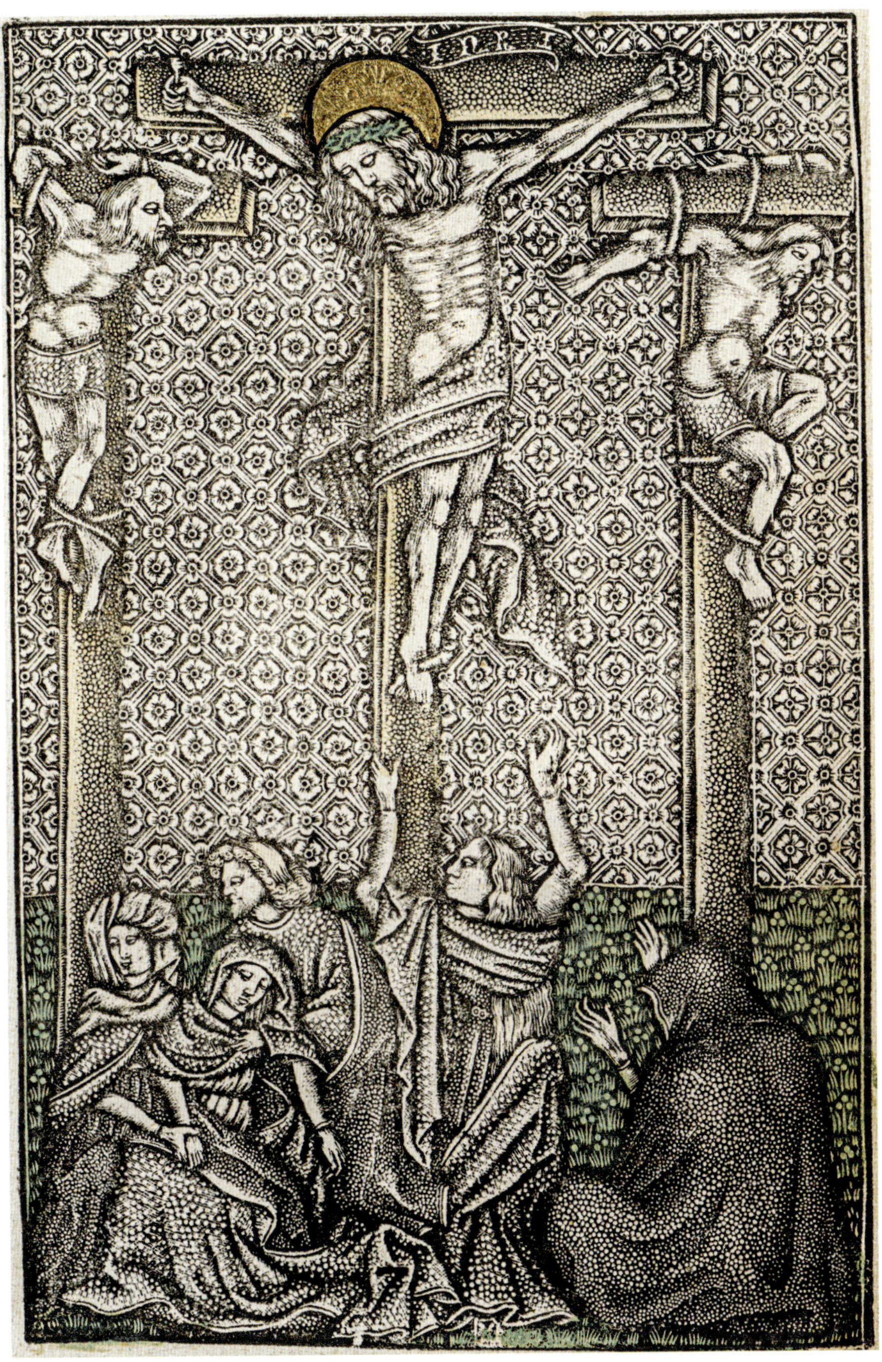

45 Meister der Kirchenväterbordüren
(tätig in Köln um 1470–1480)
Messe des hl. Gregor, um 1470

Metallschnitt, koloriert
H. 27,7 × B. 19,7 cm
alter Bestand, erworben vor 1877
Staatliche Museen zu Berlin, Kupferstichkabinett, Inv. Nr. 300-1

Text: „Notum sit om[ni]bus pro ut inuenitur in ceremonijs quod d(omi)n(u)s n(oste)r ih(esu)s c(ristu)s appa / ruit semel in specie ignis sub effigie pietatis beato gregorio doctori magnifico / celebranti super altare ih(e)r(usa)l(e)m rome in eccl[es]ia s[anc]te crucis qui deuocione motus co[n]cessit / om[ni]bus vere penetentibus et confessis quatuordeci[m] milia anoru(m) [!] de vera indulge(n)cia / et multi alij additer[u]nt [!] q(ue) s(u)nt xxte milia et septem ani [!] 36 dicis [!] dicentibus genib(us) / flexis q[u] inq(ue) pater noster et Aue maria coram ymagine pietatis (et) oronib(us) [!] esq(uen)tib(us)! " (zit. nach: Roth 2000, Kat. 42, S. 309)

Dieses Blatt gehört zu den „bildmäßigsten" druckgrafischen Arbeiten des 15. Jahrhunderts. Es zeigt die Erscheinung des leibhaftig auferstandenen Christus während der *Messe des hl. Gregor* in einer deutlich pointierteren Bilderzählung als der frühe Holzschnitt gleichen Themas (Kat. 31). Gefolgt und umgeben von einem Ministranten mit der Tiara, einem Kardinal und weiteren Messdienern kniet Papst Gregor mit strahlendem Heiligenschein betend vor einem tiefen Altartisch. Dahinter steht ein flacher, gestufter Figurenschrein mit einem hohen und sehr kräftigen Kreuzaufbau. Er wird, wie im älteren Holzschnitt, von den Leidenswerkzeugen und von Brustbildern der Peiniger Christi umgeben und füllt so ein ganzes Gewölbesegment des Kirchenraums.

Gerade erscheint dem innig betenden Papst der auferstandene Heiland und weist seine Wunden. Fast wirkt es, als sei Christus vom Kreuz herabgestiegen und schreite nun auf dem Altartisch auf den Papst zu. Dieser verharrt jedoch in seiner inneren Einkehr. Angesichts der Christuserscheinung lässt er keine besondere Überraschung erkennen. Das innige Gebet ist entscheidend. So hebt die Darstellung gegenüber der früheren Darstellung des Themas (Kat. 31) trotz der Dramatisierung der Erscheinung hier den liturgische Kontext und den Kirchenraum als Ort der Messfeier deutlich hervor. Im Vordergrund stehen die vom Papst zelebrierte Messe mit der eucharistischen Wandlung von Wein und Brot in das Blut und den Leib Christi. Verbunden ist damit die visuelle Botschaft, dass die Teilnahme an der Messe und vor allem das Gebet zur Gnade und Erlösung führen können. Aus dem Beispiel des Papstes wird ein Auftrag für die Gläubigen. Durch das Gebet wird eine Linderung der Qualen nach dem Tod in Aussicht gestellt. Und so verspricht der lateinische Text unter der Abbildung einen Ablass, eine Verkürzung der Leidenszeit im Fegefeuer, von 14 000 und 7 Jahren und 36 Tagen für wahre Reue und Beichte sowie für das Beten von je 5 Vaterunser und Avemaria.

Köln, der Herstellungsort des Blattes, gehörte neben Lübeck und Münster zu den wichtigen Verbreitungsgebieten von Gregorsdarstellungen im deutschsprachigen Raum. Gleichzeitig war die Stadt seit dem mittleren 15. Jahrhundert auch eines der Hauptzentren des Metallschnitts. Hier wurden Bildlösungen aus anderen Druckmedien in die populäre und sehr „bildhafte"

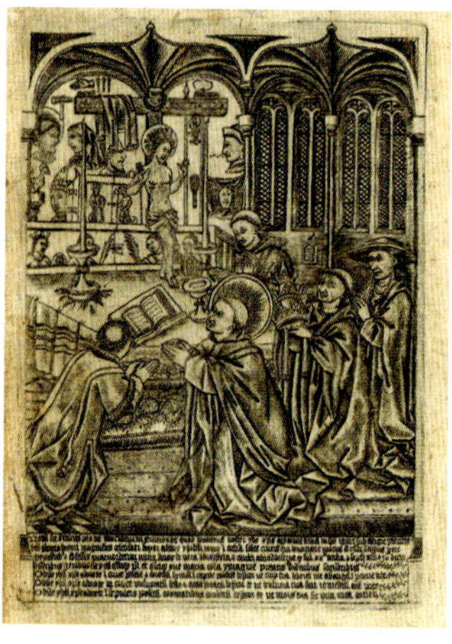

Meister mit den Bandrollen,
Messe des hl. Gregor,
Kupferstich, London, British Museum

Drucktechnik übertragen. So geht dieser Metallschnitt in der Bilderfindung auf einen etwas kleineren Kupferstich des wohl in den Niederlanden tätigen Meisters mit den Bandrollen zurück (Lehrs 1908–1934, Bd. 4, Kat. 65, S. 93 f.). Auch die Schreinform des Retabels ist niederländisch. Der Metallschnittkünstler übernahm die Komposition spiegelbildlich. Die Wirkung ist aber eine völlig andere, da sich der Metallschnitt durch eine komplett deckende Füllung aller Bildteile auszeichnet. Hier gelangen dem Künstler durch den Einsatz von Grabsticheln, Schabern und Stempeln erstaunlich plastisch modellierte Schatten und Helligkeitsverläufe, etwa an den Architekturelementen der an sich wenig tiefenräumlich aufgefassten Kapelle links oder in den Gewandfalten der Zelebranten. Andere Partien sind tiefschwarz und werden durch charakteristische Punzierungen dekoriert. Hierbei zeichnet sich der Meister dieses Blattes, ein nach einem auffälligen Rahmungsdetail einiger seiner Arbeiten Meister der Kirchenväterbordüren genannter Goldschmied, durch einen besonderen Reichtum an Punzenmustern aus. Neben den üblichen punktförmigen Eisen unterschiedlicher Körnung sind es hier stern-, kreuz-, ring- und blütenförmige Punzen sowie gestempelte Lilienmuster, die etwa am Antependium des Altars zu erkennen sind.   *MR*

LITERATUR
Kristeller 1905, S. 54 – Kristeller 1921, S. 56, Abb. 55 – Schreiber 1926, S. 62–64 – Schreiber 1926–1930, Bd. 5, Kat. 2646, S. 165 f. – AK Köln 1982b, Kat. 10, S. 66 – Kelberg 1983, S. 125 f.; Nr. 2646, S. 236 – Fleischmann 1998, S. 55–58, 216 – Weekes 2004, S. 77 f., Abb. 83.

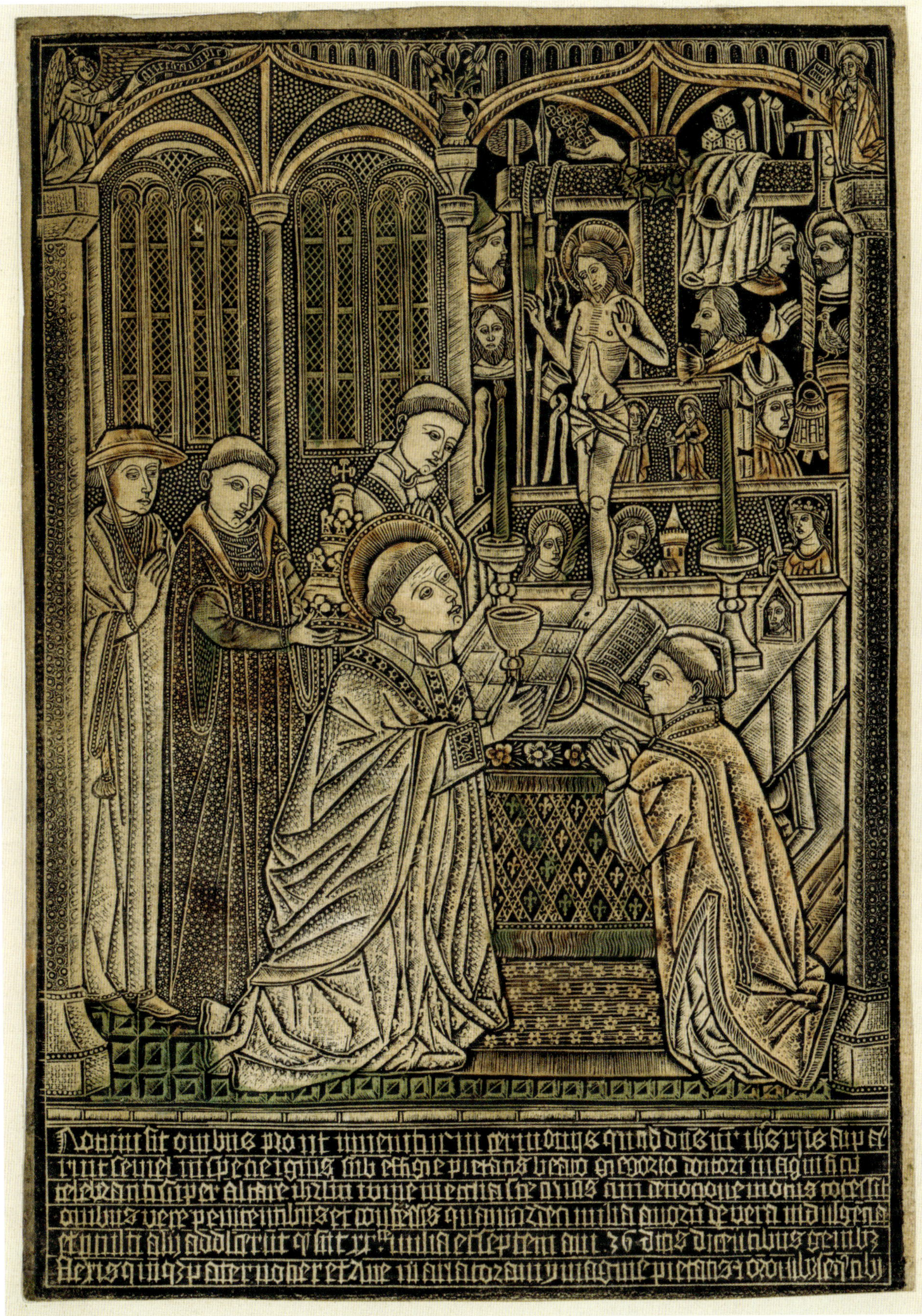

46 Böhmen (?), erstes Drittel 15. Jh.
Anbetung des Kindes durch die
Heiligen Drei Könige

Kupferplatte, graviert, vergoldet; H. 13,3 × B. 9,5 cm
erworben 1913 als Geschenk eines Ungenannten an die
Abteilung der Bildwerke der christlichen Epochen der Königlichen
Museen zu Berlin, später dem Kupferstichkabinett überwiesen
Staatliche Museen zu Berlin, Kupferstichkabinett, Inv. Nr. 7098

Die fein gravierte Kupferplatte zeigt die Szene der Anbetung des Christusknaben durch die Heiligen Drei Könige. Im Matthäusevangelium wird berichtet: „Als Jesus zur Zeit des Königs Herodes in Bethlehem in Judäa geboren worden war, kamen Sterndeuter aus dem Osten nach Jerusalem und fragten: Wo ist der neugeborene König der Juden? Wir haben seinen Stern aufgehen sehen und sind gekommen, um ihm zu huldigen. [...] Sie gingen in das Haus und sahen das Kind und Maria, seine Mutter; da fielen sie nieder und huldigten ihm. Dann holten sie ihre Schätze hervor und brachten ihm Gold, Weihrauch und Myrrhe als Gaben dar." (Mt 2,1–2, 2,11) In der Westkirche bildete sich erst in nachantiker Zeit die Vorstellung heraus, es habe sich bei den Weisen aus dem Morgenland um drei Könige mit den Namen Caspar, Balthasar und Melchior gehandelt, die zugleich als Repräsentanten der drei bekannten Kontinente und der drei Lebensalter des Menschen galten.

Die Figuren der Anbetungsszene erscheinen eng aneinandergerückt, links am Bildrand sitzt Maria mit dem Jesusknaben auf dem Schoß, der sich dem knienden Melchior zuwendet. Der greise König hat dem Gottessohn ostentativ seine Krone zu Füßen gelegt. Hinter Melchior steht Balthasar, der im Begriff ist, seine Krone ebenfalls vom Haupt zu nehmen. Am rechten Bildrand ist Caspar mit einer Art Mitrenkrone dargestellt. Oberhalb des Nimbus der Maria erscheint links der Ziehvater Joseph mit einem Beil in der Hand neben Ochs und Esel im schindelgedeckten Stall. Rechts davon erhebt sich ein Strohdach offenbar über einer Pforte in der Flechtzaun-Einfriedung und wölbt sich, einer Kuppel gleich, über die Figuren der Heiligen Drei Könige. Am oberen Bildrand erscheint im Zwickel zwischen Schindel- und Strohdach der strahlende Stern von Bethlehem.

Die gedrängte Bildkomposition, die Gestalt der hohen Lilienkronen und die abstrakte Form des Baumes in der rechten oberen Ecke, vor allem aber die in reichen Faltenkaskaden herabwallenden üppigen Gewänder sprechen für eine Entstehung der Darstellung zur Zeit des sogenannten Weichen Stils im ersten Drittel des 15. Jahrhunderts. Unklar bleibt die ursprüngliche Funktion der gravierten Bildplatte. Nachdem Otto Fischer, der die Berliner Platte nicht kannte, 1942 zwei im 16. oder 17. Jahrhundert davon hergestellte Abdrucke auf Papier publiziert hatte, hielt man die Kupferplatte offenbar für eine der frühesten erhaltenen Druckplatten für Kupferstiche und überwies sie aus der Skulpturensammlung an das Kupferstichkabinett der Staatlichen Museen.

Verschiedene Indizien widerlegen jedoch die Annahme, dass es sich um eine Tiefdruckplatte handelt: Die verschatteten Tiefen der Darstellung sind vollflächig ausgehoben und nur die Übergangszonen erscheinen schraffiert. Damit steht das Werk technisch in der Tradition gravierter Goldschmiedearbeiten, bei denen nicht allein lineare, sondern oft auch flächige Reliefformen Verwendung fanden. Es weist zudem nichts darauf hin, dass die Vergoldung – die bei einer Druckplatte sinnlos wäre – nicht ursprünglich ist. Auf dieser Vergoldung liegt auch die dunkle Masse in den Tiefen der Platte, bei der es sich wohl um Reste der Druckerschwärze handelt, die zur Herstellung der späteren Abdrucke verwendet wurde. Eine ursprüngliche Funktion als Kupferstichplatte ist vor allem aber wegen der Rechtshändigkeit der Dargestellten unwahrscheinlich: Joseph fasst das Beil mit der Rechten, ebenso nimmt Balthasar die Krone vom Haupt und auch der Jesusknabe zeigt den Segensgestus wie üblich mit seiner Rechten. Wäre die Absicht des Abdrucks intendiert gewesen, hätte der Stecher die spiegelbildliche Seitenverkehrung gewiss in Rechnung gestellt.

Vermutlich hat die Platte ursprünglich zu einer mehrteiligen Goldschmiedearbeit gehört. Für diese Annahme spricht insbesondere das Fehlen der unteren Linie der Umrahmung der Darstellung. Dies ist charakteristisch für eine kleine Gruppe metallener Reliquienaltärchen der ersten Hälfte des 15. Jahrhunderts aus Böhmen und Österreich im Berliner Kunstgewerbemuseum (Inv. Nr. F 3416), im Museo degli Argenti in Florenz und in der Pfarr- und Wallfahrtskirche Unsere Liebe Frau in Mariapfarr im Lungau, bei denen die dreiseitig umrahmten Figuren unmittelbar auf dem Boden der Schreinarchitektur zu stehen scheinen. Wenngleich es sich bei der Berliner Gravur also wohl nicht um eine frühe Druckplatte handelt, erscheint diese Darstellung der Anbetung der Heiligen Drei Könige als ein besonders eindrückliches Zeugnis der engen technikgeschichtlichen Verbindung zwischen gravierten Goldschmiedearbeiten und der Entstehung des Kupferstichs im 15. Jahrhundert. *LL*

LITERATUR
Bange 1923, S. 73 f. – Fischer 1942 – Fritz 1966, S. 351 f., 433; Nr. 65, S. 452 f. – AK New York/Prag 2006, Nr. 178, S. 516 f. (Jiří Fajt).

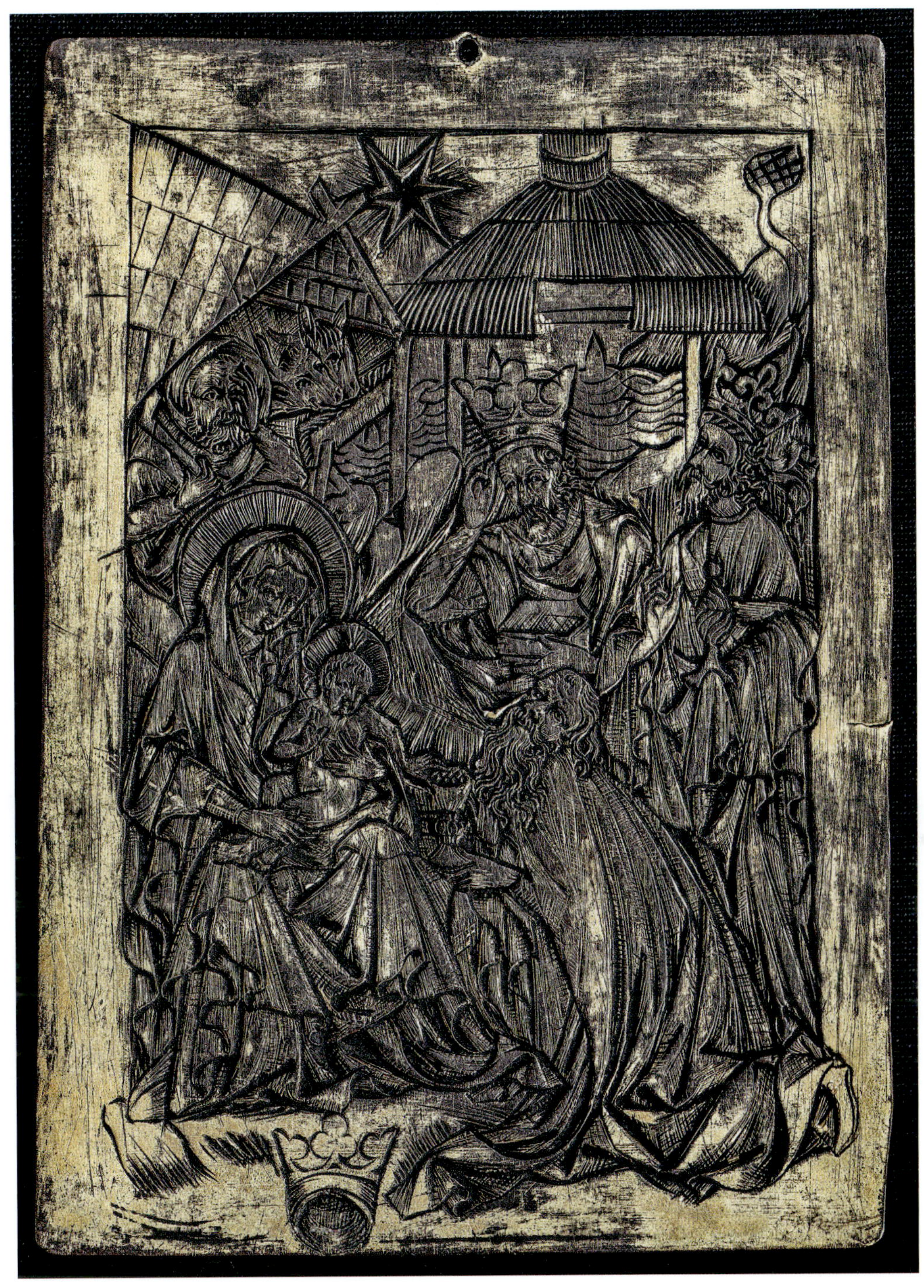

133

47 Westfalen (?), 2. Viertel 15. Jh.
Zwei Teile eines Kapselreliquiars aus dem Schatz des Stiftes St. Dionysius zu Enger/Herford

Silber, vergoldet, Email
je Dm. 7,5 × T. 1,2 cm, Gewicht 92,2 g (a), 97,4 g (b)
erworben 1888
vom Dionysianischen Kapitel der Johanniskirche in Herford
Staatliche Museen zu Berlin, Kunstgewerbemuseum,
Inv. Nr. 1888,640 a,b

Kapselreliquiare fanden sowohl im kirchlichen Gebrauch wie für die private Andacht Verwendung. Sie waren im späten Mittelalter ein beliebtes Stiftungsgut. Dieses Exemplar wurde – wie die Statuten des Dionysius-Kapitels im 17. und 18. Jahrhundert bestimmten – gemeinsam mit den übrigen Reliquiaren des Kirchenschatzes zu Festtagen wie Mariä Lichtmess auf dem Altar und im Chor der St. Johannes und Dionysius-Kirche in der Herforder Neustadt aufgestellt. Die Reliquienkapsel wurde vor 1852 in zwei gleich große Teile zersägt, die genauen Umstände dieser Spaltung sind ungeklärt.

Die durchbrochen gearbeiteten Flachreliefs der beiden Seiten werden jeweils von einem transluziden, blau emaillierten Grund hinterfangen und von einem Kranz aus gegossenen Blattpaaren gerahmt. Die vordere Kapselhälfte zeigt die thronende Muttergottes mit einer hohen Lilienkrone. Sie umfasst mit ihrem linken Arm den Christusknaben, der sich eng an ihren Körper schmiegt. Zeittypisch für den Weichen Stil ist ihr lebendig gegliedertes, faltenreiches Gewand, das in sanft schwingenden Mulden drapiert ist. In der rechten Hand befindet sich das Fragment eines Lilienzepters.

Die durch die Anbringung des Öffnungsmechanismus als rückseitig ausgewiesene Engelspietà folgt dem Typus des halbfigurigen Schmerzensmannes, der von zwei das Bahrtuch haltenden Engeln vorgewiesen wird. Seine Augen sind, wie häufig in Darstellungen der deutschen spätmittelalterlichen Kunst, leicht geöffnet. Seltener ist dagegen der aufgerichtete, an das Bild der Vera Ikon erinnernde Kopf. Das Erbärmdebild (*Imago pietatis*) zeigt den zugleich lebenden und toten Christus, der seinen Leib und sein Blut opfert.

Die scharf modellierten Reliefs liegen etwas vertieft und werden von einer durch Filigrandrähte gerahmten flachen Hohlkehle umgeben. Hier sind paarweise gegossene Blätter mit eckigen Stiften aufgenietet. Die sich wölbenden, dornigen Blätter stehen denen an einer Gewandschließe im Damenstift Itzehoe

stilistisch nahe (Fritz 1982, Abb. 896). In technischer Hinsicht vergleichbar sind die ebenfalls paarig gearbeiteten und zu einem Kranz gefügten Weinblätter am Sockel einer Reliquienstatuette aus dem Umkreis des Meisters von Osnabrück im Diözesanmuseum Paderborn (Inv. DS 67). Die Zarge der Berliner Kapsel ist umlaufend mit einer Gravur stilisierter Akanthusranken vor kreuzschraffiertem Grund überzogen. Auf der Höhe des unteren Steckscharniers ist eine groteske Maske in das Rankenwerk eingearbeitet. Diese verweist wahrscheinlich auf das Öffnungsscharnier und könnte zugleich eine apotropäische Schutzfunktion für die einst im Inneren geborgenen Reliquien ausüben.

Die Reliefdarstellungen finden sich ähnlich in einem gravierten Kranz aus Medaillons wieder, der eine um 1400 entstandene Patene aus Moschwitz (Muszkowice, ehem. Diözesanmuseum Breslau; Fritz 1966, S. 288–291 und Nr. 107, S. 459 f.) ziert. Die Darstellungsweisen sind einander so nahe verwandt, dass man insbesondere für die Mariendarstellung eine gemeinsame Vorlage annehmen möchte. Derartige Zeichnungen zirkulierten in großer Zahl und wurden in den Goldschmiedewerkstätten rezipiert. Da die Figuren auf der Reliquienkapsel im Vergleich zur Patene gedrungener und massiger wirken, möchte man für sie jedoch eine etwas spätere Anfertigung vermuten. Die weich schwingenden Formen wie auch die Ausarbeitung der vegetabilen Gravur der Zarge legen eine Entstehung der Reliquienkapsel um 1430 nahe. Die dornigen, verzweigten Blattspitzen der Weinblätter hingegen muten stilistisch jünger an. Es ist denkbar, dass sie wie die Itzehoer Schließe erst um die Mitte des 15. Jahrhunderts gefertigt wurden; das Blattwerk wäre dann eine dem neuen Stilempfinden entsprechende Ergänzung. *NK*

LITERATUR
Baudri 1852, S. 194 – AK Wien 1962, Nr. 488, S. 414 f. – Kunstgewerbemuseum 1963, Nr. 47 – AK Corvey 1966, Nr. 319, S. 613 (Hans Eickel) – Heppe 1977, S. 129 – Kötzsche 1983, Nr. 9, S. 55 f. – Husemann 1999, Nr. 51, S. 32.

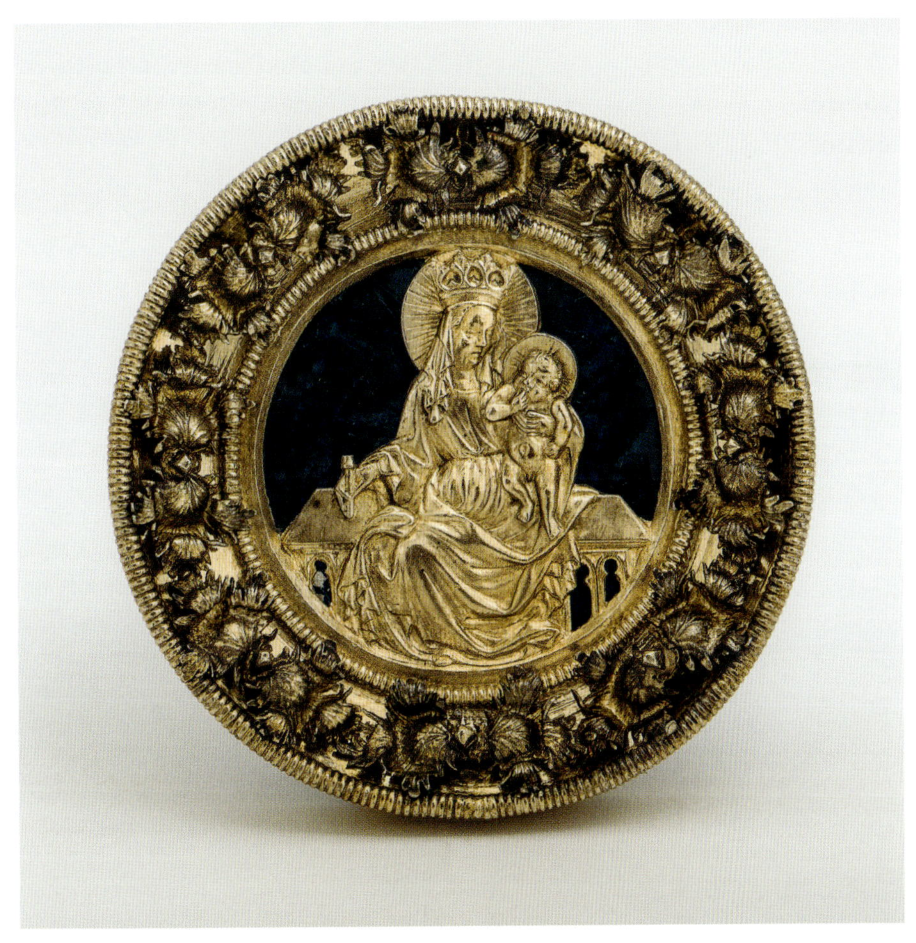

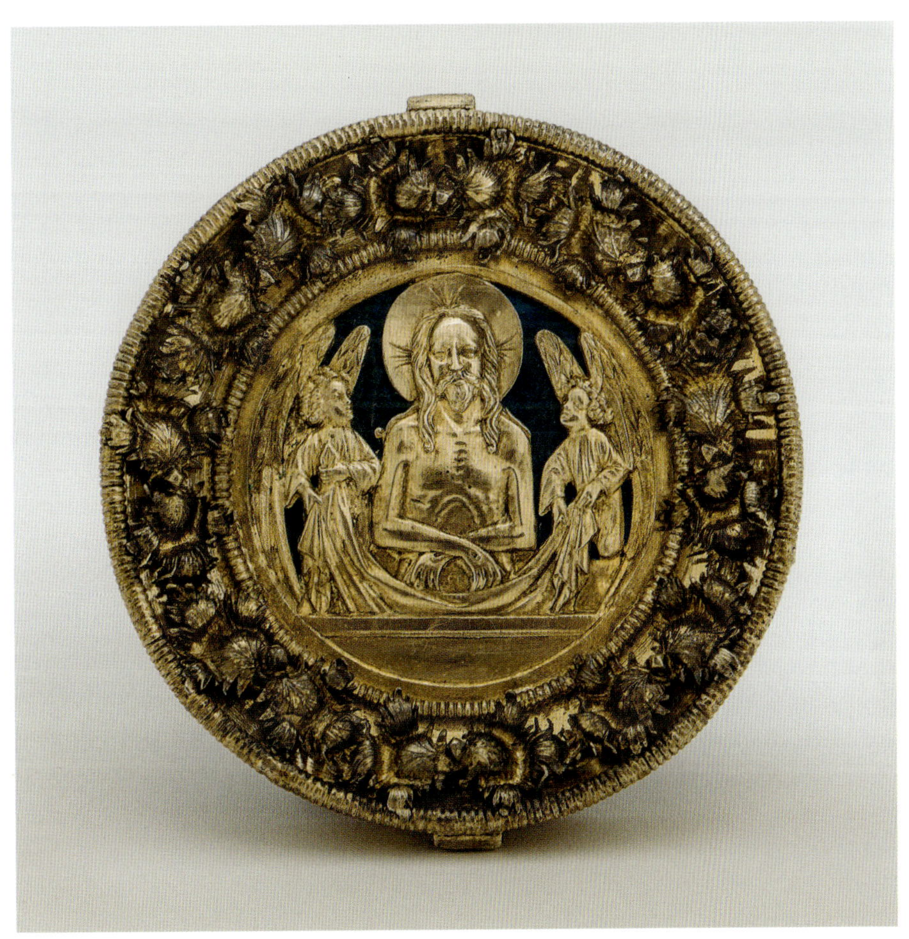

Silber, getrieben, graviert, teilweise vergoldet, Steinbesatz
Reste von blauem Email und roter Bemalung
H. 60,2 × B. 22,5 cm × T. 18,2 cm, Gewicht 2146,1 g
überwiesen 1875
aus der Königlich-Preußischen Kunstkammer Berlin
Staatliche Museen zu Berlin, Kunstgewerbemuseum, Inv. Nr. K 3862

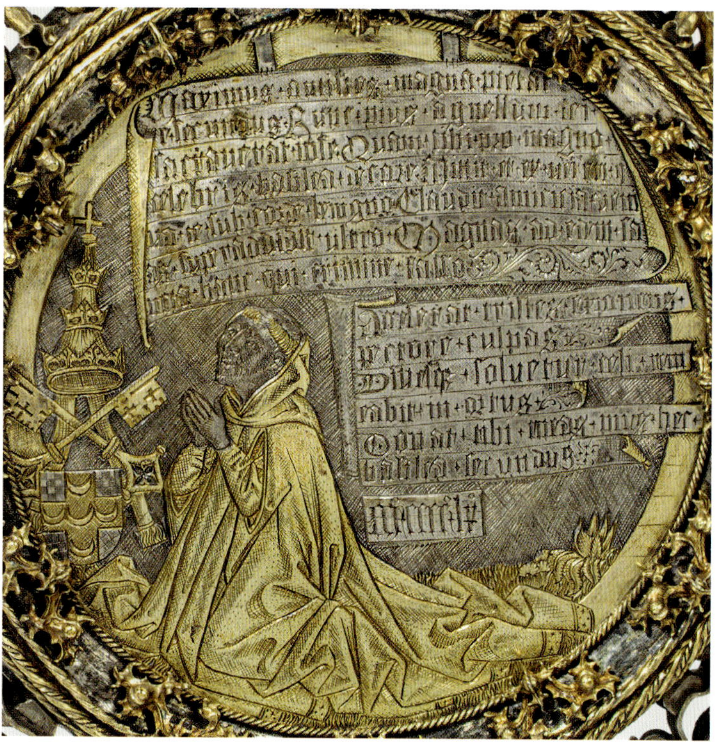

Das Ostensorium in Gestalt eines kapselförmigen Reliquiars zeigt einen eigentümlich unarchitektonischen Aufbau: Auf einem achtpassig gegliederten Fuß über querovalem Grundriss trägt ein sechsseitiger schlanker Schaft eine scheibenförmige, seitlich von spiralig gewundenem Distelblattwerk umrankte Kapsel, die wiederum von einer vierseitig gebildeten, mit Kreuzblumen geschmückten Fiale bekrönt wird. Mit Ausnahme des Übergangs vom Fuß zum Schaft sind alle Verbindungsstellen der einzelnen Kompartimente von üppigem Laubwerk überzogen. Die in ihren Proportionen fein abgestimmte tektonische Struktur des Schaugefäßes wird durch einen stark vegetabil geprägten Umriss überlagert. Dadurch gewinnt das Gerät jene natürliche Leichtigkeit und florale Beweglichkeit, die es als eine der herausragenden Schöpfungen spätgotischer Goldschmiedekunst am Oberrhein auszeichnen.

Die in das silberne Verschlussblech getriebene Reliefdarstellung des Agnus Dei (Lamm Gottes) auf einem Rasenstück vor schachbrettartig gemustertem Hintergrund ist von hoher künstlerischer Qualität und veranschaulicht die intendierte Funktion der Kapsel, nämlich eine jener geweihten Wachsscheiben mit dem aufgeprägten Abbild des Gotteslammes aufzunehmen, auf welche die Bezeichnung Agnus Dei schon früh übergegangen war. Ursprünglich wurden diese aus den Resten der Osterkerzen geformt, von Archidiakonen in der Lateranbasilika in Rom geweiht und an die Gläubigen ausgeteilt. Seit dem frühen 15. Jahrhundert wurde die Weihe auch von den Päpsten selbst vollzogen. Zunächst alljährlich, später nur noch im ersten und siebten Jahr ihres Pontifikats üblich, war die Agnus-Dei-Weihe seit 1471 alleiniges Recht der Päpste. Die Gläubigen sprachen diesen Wachsscheiben mannigfaltige behütende Wirkungen sowie Beistand bei der Vergebung der Sünden zu. Zur Aufbewahrung der empfindlichen Artefakte dienten zumeist schlichte, oft als Anhänger taugliche und in der Mitte durchbrochen gearbeitete flache Metallkapseln, auf welche die Bezeichnung Agnus Dei gleichfalls übertragen wurde. Offenbar zur Fixierung einer derartigen Kapsel sind im Hohlraum des Basler Ostensoriums sechs Silberlaschen konzentrisch angeordnet. Dass zur Bewahrung und Präsentation – vielleicht auch in der Funktion als Kusstafel – einer Agnus-Dei-Kapsel ein solch aufwendig gestaltetes Goldschmiedegefäß geschaffen wurde, ist außergewöhnlich.

Die historischen Umstände dieser besonderen Wertschätzung erklärt die lateinische Inschrift auf der Rückseite der Kapsel. Sie lautet in deutscher Übersetzung: „Papst Pius II., von großer Frömmigkeit, hat selbst dieses Agnus Dei geweiht. Dir, berühmtes Basel, sendet er es zu großer Zierde, und aus der alten Freundschaft, mit der er dich unter seinem wohlwollenden Herzen beschließt, hat er darüber hinaus große Gnaden hinzugefügt. Wer zu dieser Kirche eilt und nach Bekennen seines Vergehens von Herzen seine traurigen Sünden darlegt, wird gelöst werden und reich zu den Anfängen des Himmels zurückgehen. Dies schenkt dir, Basel, Eneas, der zweite Pius. 1460." Daneben erscheint eine porträthafte, gravierte Darstellung Papst Pius' II., der kniend ins Gebet versunken ist. Als unmittelbares Vorbild für diese Darstellung ist das Stifterbild auf der Konrad Witz zugeschriebenen kleinen Kreuzigungstafel der Berliner Gemäldegalerie (Kat. 23) in Betracht gezogen worden (Fritz 1982, S. 260).

Bemerkenswert ist die enge Verwandtschaft der meisterlichen Goldschmiedegravur mit zeitgenössischen Metallschnitten, wie die Darstellung der Messe des hl. Gregor (Kat. 45) beispielhaft zeigt. Auch den nur selten erhaltenen Teigdrucken lagen ähnliche Metallgravuren als Matrizen zugrunde (Wehmer 1970, S. 445). Gravuren wie jene am Basler Agnus-Dei-Ostensorium oder die der vergoldeten Kupferplatte mit der Anbetung des Kindes im Berliner Kupferstichkabinett (Kat. 46) belegen den engen entwicklungsgeschichtlichen Zusammenhang der frühen Druckgrafik mit gestochenen Bildern auf Werken der Goldschmiedekunst.

Laut Eintrag im Münsterschatz-Inventar von 1477 ließ das Basler Domkapitel das Agnus-Dei-Ostensorium unter dem Dekan Johann Werner von Flachslanden anfertigen. Johann Werner, Bruder des Basler Bürgermeisters Hans von Flachslanden, wurde 1466 zum Basler Dompropst ernannt. Wegen seiner Amtsbezeichnung als Dekan kann die Entstehungszeit des Werkes auf die Jahre zwischen 1460 und 1466 eingegrenzt werden.   *LL*

LITERATUR
Burckhardt 1933, Nr. 31, S. 226–233 – Kunstgewerbemuseum 1963, Nr. 45 – Fritz
1966, S. 49–51; Nr. 70, S. 453 f. – AK Karlsruhe 1970, Nr. 199, S. 243 f. (Johann
Michael Fritz) – Fritz 1982, Nr. 521 f., S. 260 – AK Basel/München 2001, Nr. 12,
S. 54–59 (Lothar Lambacher) – Richter 2003, S. 320.

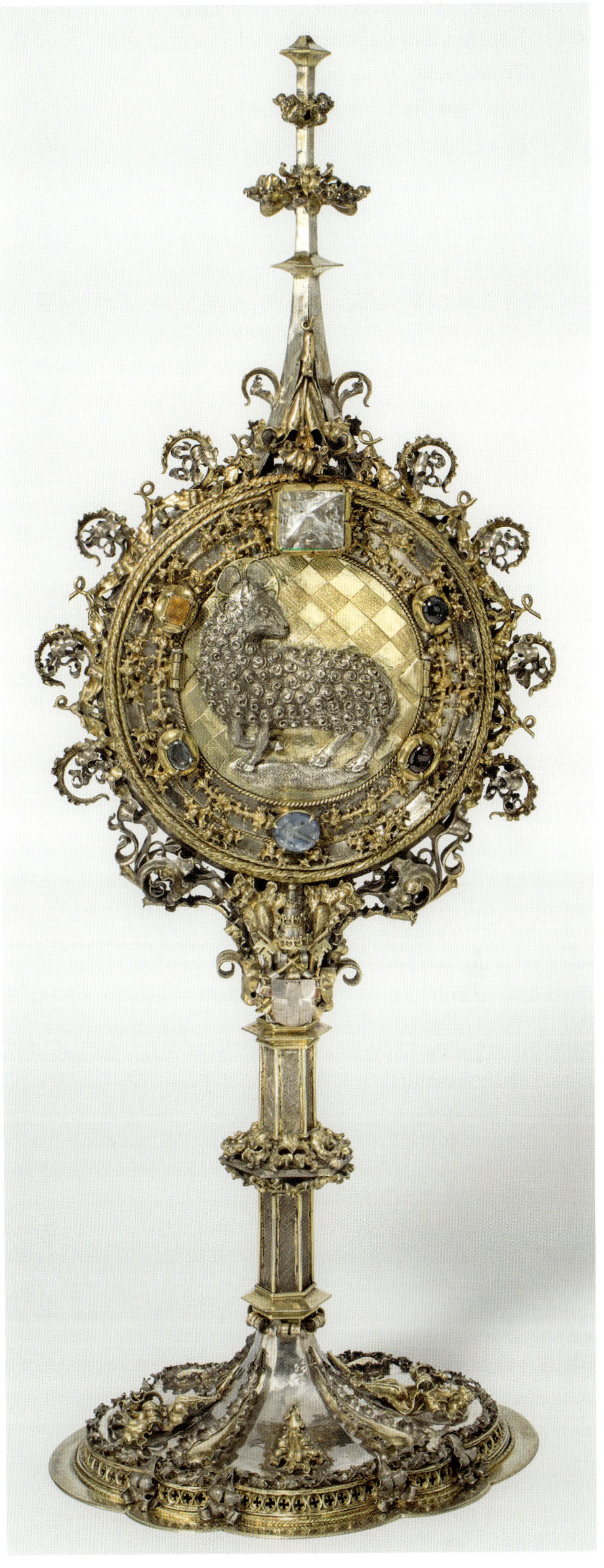

49 Königlich Preußen (ehem. Ordensland)
Ende 15. Jh.
Kapselreliquiar mit Darstellung
des Evangelisten Johannes

Silber, teilweise vergoldet, Glas, Email
H. 14,2 × Dm. 11,8 × T. 2,5 cm, Gewicht 244,1 g
überwiesen 1881 aus dem Hohenzollernmuseum in Berlin
aus dem Nachlass König Friedrich Wilhelms IV. von Preußen
Staatliche Museen zu Berlin, Kunstgewerbemuseum,
Inv. Nr. 1881,818

Das runde Kapselreliquiar aus Silber zeigt auf der vorderen Seite ein Glasfenster mit hinterlegtem Reliquienverzeichnis und auf der Rückseite die gravierte Gestalt des Evangelisten Johannes. Eine als Astschlaufe gearbeitete Öse auf einer gebuckelten Silberperle bildet die Anhängevorrichtung. Auf der Cedula, dem Reliquienverzeichnis, sind die wohl ehemals in der Kapsel bewahrten Heiltümer aufgeführt: ein Agnus Dei sowie Reliquien der heiligen Elftausend Jungfrauen und der Heiligen Christophorus, Erasmus, Mauritius und Nikolaus. Anders als verzeichnet, befinden sich im Inneren, jeweils von Gewebe und Pergament umhüllt, eine Christus- und eine Eusebiusreliquie sowie Partikel der Gewänder Mariens und ihrer Mutter, der hl. Anna.

Die Vorderseite ist geprägt durch die mehrfache Rahmung des Glasfensters, die im Mittelteil aus einem fülligen, feuervergoldeten Rankendekor mit farbigem Glas- und Emailbesatz besteht. Als Gliederungselement ist diese Art fleischiger, vegetabiler Formen besonders ab dem letzten Drittel des 15. Jahrhunderts üblich. Die organisch-bewegten Ranken kontrastieren formal mit dem vergleichsweise statisch wirkenden, flachen Außenrahmen der Kapsel, der aus einem durchbrochen gearbeiteten Kranz aus stilisierten, rhythmisch alternierenden Blättern und Blüten besteht.

Einen beinahe identischen, sehr wahrscheinlich in der gleichen Werkstatt entstandenen Außenrahmen weist ein Kapselreliquiar in der Kirche der Heiligen Simon und Judas Thaddäus im nordpolnischen Altmarkt (Stary Targ) bei Marienburg auf (Fritz 1966, Nr. 13; Szczepkowska-Naliwajek 1987, Nr. 155). In dieser Region entwickelte sich die Gravur ab dem späten 14. Jahrhundert zu einem vorrangigen Ziermittel von Goldschmiedearbeiten, und wie in ganz Europa begann man auch hier ab der zweiten Hälfte des 15. Jahrhunderts, Vorlagen aus der sich rasch verbreitenden Druckgrafik zu beziehen, was das Berliner Reliquiar eindrücklich vor Augen führt.

Das runde Bildfeld auf der Rückseite zeigt die kräftig, wenngleich etwas derb gravierte Figur des Evangelisten Johannes. Vor einer stilisierten Hügellandschaft stehend, hält er in der linken Hand den Schlangenkelch und erhebt die rechte zum Segensgestus. Die Zeichnung wirkt insgesamt ungelenk, viel Aufmerksamkeit kam lediglich der Modellierung des bodenlangen Gewandes zu. Die Falten verlaufen über der linken Wade in klaren Umbrüchen, während sie über dem rechten Bein wulstig gestaltet sind. Versatzstückartig ist unter dem rechten Arm eine wehende Stoffbahn angesetzt. Ähnlich wehende Stoffbahnen gehörten im 15. Jahrhundert vor allem zu Darstellungen des gekreuzigten Christus. Bei stehenden Heiligen waren sie dagegen nicht üblich. Auch das freiliegende Bein ist für die Figur des Evangelisten nicht charakteristisch und findet sich vielmehr bei Darstellungen Johannes des Täufers. Diese Inkongruenzen erwecken den Eindruck einer Kompilation unterschiedlicher Vorlagen. Die Johannesfigur steht in der Tradition gedruckter Apostelfolgen, die zu den beliebtesten Motiven früher Kupferstiche gehörten. Eine besonders erfolgreiche Serie stammt von Martin Schongauer (Lehrs 1908–1934, Bd. 5, Kat. 41–52, S. 202–240), doch Vorläufer finden sich bereits früher, beispielsweise von der Hand des Meisters von 1446 (ebd., Bd. 1, Kat. 8–19, S. 220–225). Der Entwerfer der Vorlage für das Berliner Kapselreliquiar scheint auf eine solche Folge zurückgegriffen und die Apostelfigur um Bildelemente aus anderen Darstellungszusammenhängen erweitert zu haben.   *ED*

LITERATUR
Fritz 1966, S. 361–363; Nr. 68, S. 453 – Husemann 1999, Nr. 59, S. 333 f. –
Pointon 2009, S. 296 f.

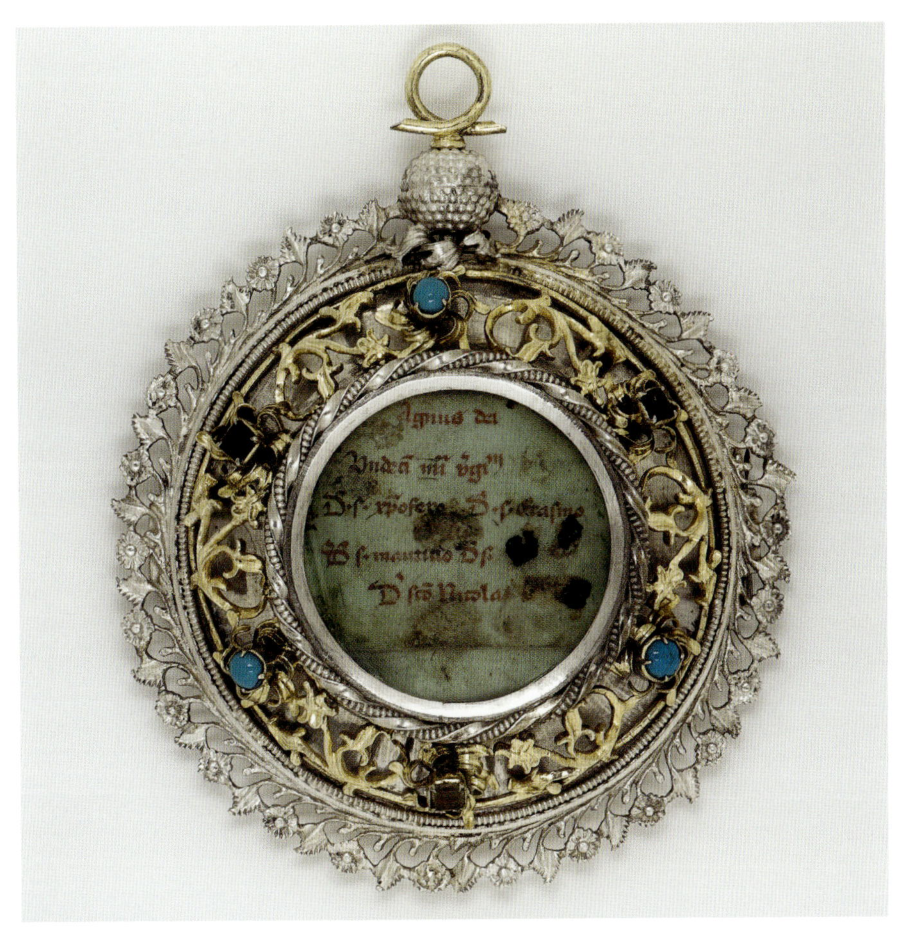

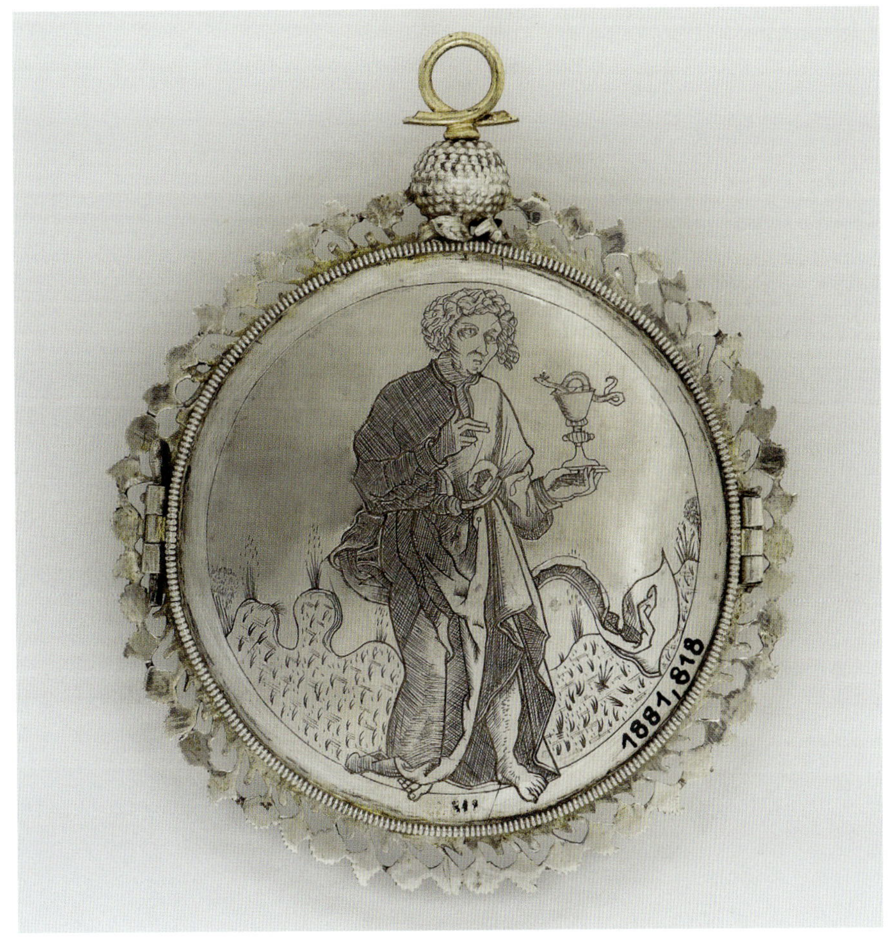

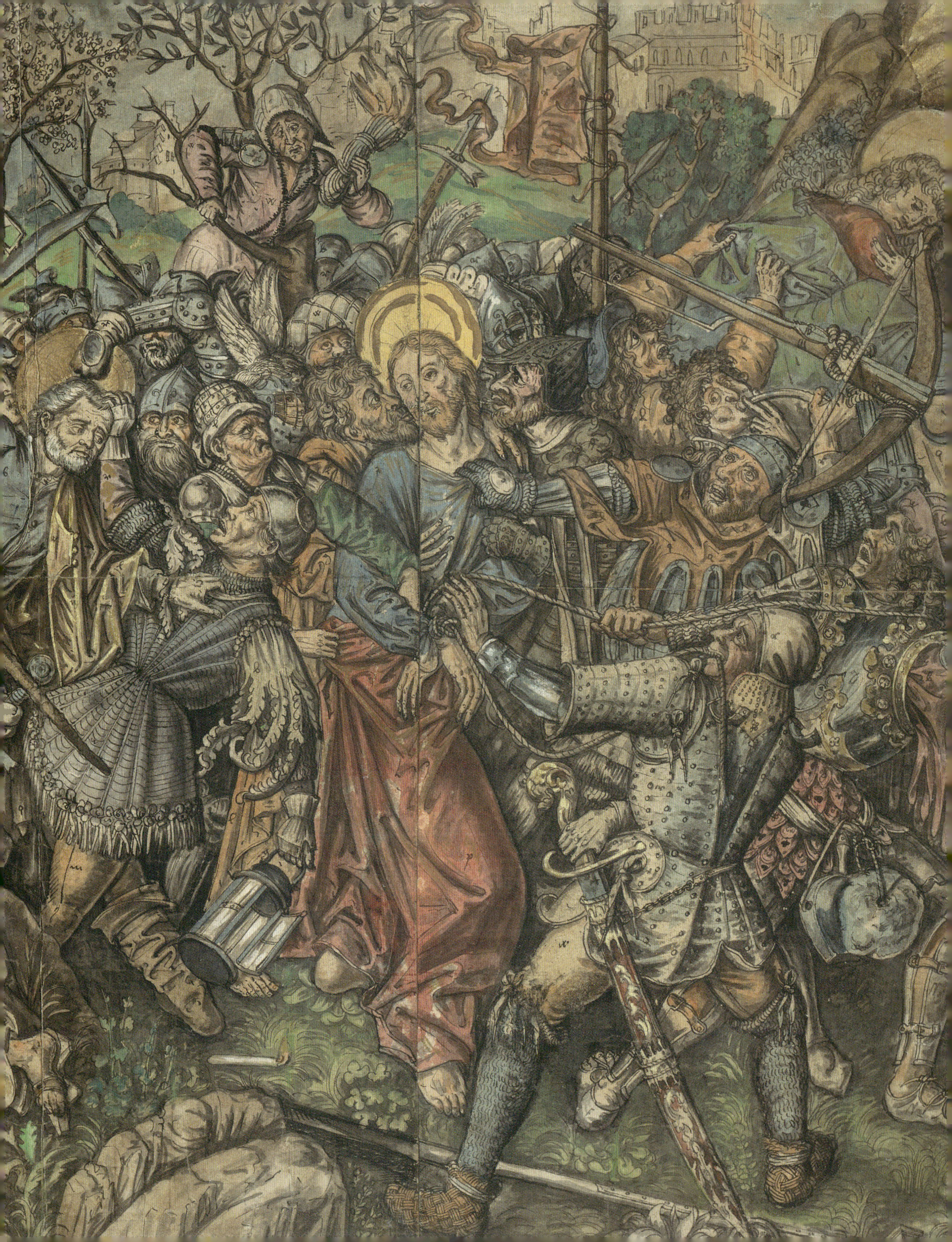

Jan Friedrich Richter

Stilvarianten in der Mitte des 15. Jahrhunderts

Je älter die Kunstwerke, desto schwieriger ihre historische Einordnung. Oft fehlt der ursprüngliche Kontext, Provenienzen sind unklar und Quellenbelege allein durch Zufall erhalten. In solchen Fällen kann nur noch das Werk selbst Auskunft über seine Entstehung geben. Als wichtiges Hilfsmittel hat sich dafür seit dem 19. Jahrhundert die Stilgeschichte entwickelt, eine Analyse der spezifischen Eigenarten eines Kunstwerks, die im Idealfall seine räumliche wie zeitliche Einordnung erlaubt. Ein absolutes Kriterium ergibt sich daraus freilich nicht, zu vielfältig sind die Voraussetzungen, die zur Entstehung eines bestimmten Objekts beigetragen haben. Denn neben der Ausbildung des Künstlers haben auch der Ort seiner Tätigkeit, die Wünsche der Auftraggeber und vieles andere deutlichen Einfluss auf die Gestaltung der Werke gehabt.

Im Laufe des 15. Jahrhunderts treten Regionalstile immer stärker in den Vordergrund, eine Entwicklung, die sich auch sprachlich abzubilden scheint. „Stil" wird als Begriff verwendet.[1] Aus dem Lateinischen von „stilus" – Schreibgriffel – entlehnt, bezeichnet er zunächst die individuellen Eigenarten einer Handschrift, bald aber auch diejenigen eines Kunstwerks. Einen berühmten Beleg findet man 1515 in den Schriften des Straßburger Predigers Johann Geiler von Kaysersberg. „Ein yeglichs weck zeuget seinen meister. Wann eine hübsche taffel uff einem altar stot unnd einer kumpt darfür, so sicht er bald, wer der meisterr ist der sie gemacht hatt, er spricht der Hirtz hat es gemacht, ich nenn den der ist mir ietz im kopff."[2] Anhand eines beliebigen, dem Prediger gerade vor Augen stehenden Beispiels wird hier ein grundlegender Sachverhalt erläutert: Der Urheber eines Kunstwerks lässt sich häufig aufgrund seiner spezifischen Darstellungsweise erkennen – und zwar weit über seinen Tod hinaus. Mit „Hirttz" kann nur der in Straßburger Quellen mehrfach erwähnte, 1462/63 verstorbene Maler Hans Hirtz gemeint gewesen sein. Geiler von Kaysersberg war noch zwei Generationen später in der Lage, Werke dieses Malers allein aufgrund seines Stils zu erkennen.

Heute ist nichts mehr erhalten geblieben, was sich Hirtz eindeutig zuordnen ließe. Dennoch ist sich die Forschung weitgehend darüber einig, dass er mit dem Meister der um 1450 entstandenen Karlsruher Passion identifiziert werden kann, benannt nach einer Folge von Passionsbildern, die heute auf Museen in Karlsruhe und Köln verteilt ist (Kat. 50). Da im Hintergrund der *Kreuztragung* die Straßburger St.-Thomas-Kirche dargestellt ist, darf man mit einiger Sicherheit davon ausgehen, dass die Tafeln in dieser Stadt entstanden sind. Ein weiteres Indiz dafür liefert der enge Bezug zu einer 1621 entstandenen Zeichnung von Bartholomäus Dietterlin (Abb. S. 140).[3] Sie dokumentiert zwei Szenen eines ursprünglich vielleicht größer angelegten mittelalterlichen Wandgemäldes, das sich bis zu seiner Zerstörung 1870 in der Straßburger Predigerkirche befand. Wie bei der Karlsruher Passion muss es sich auch bei Wandmalereien dieser Größenordnung um einen umfangreichen Auftrag gehandelt haben, der nur an eine fähige und in der Stadt gut etablierte Werkstatt vergeben worden sein dürfte. Da nach Lage der Quellen die bedeutendste Straßburger Werkstatt in der Mitte des 15. Jahrhunderts von Hans Hirtz geführt wurde, liegt die Vermutung nahe, dass er derjenige war, der diese Aufträge ausführte.

Was verbindet nun die Tafeln mit der etwa 170 Jahre später entstandenen Zeichnung? Und was war stilistisch so prägnant, dass Geiler von Kaysersberg noch 1515 ein Werk des Malers problemlos erkennen konnte? Es ist eine emotional stark aufgeladene Kunst, die hier in Szene gesetzt wird. Die Tafeln sind bis an den Rand von einer dichtgedrängten Menschenmenge ausgefüllt, vielfache Überschneidungen lassen den Eindruck von Chaos entstehen. Landschaft spielt eine untergeordnete Rolle, dient aber wie in der Ölbergszene dazu, den Heiland durch eine schroffe, fast abweisend wirkende Kulisse in seiner Verlorenheit zu isolieren. Emotionen werden durch Mimik und ausfahrende Gesten stark betont, das Leiden drastisch in den Vordergrund gestellt: Nicht eine Szene verzichtet auf die Darstellung der heftig blutenden Wundmale. Nebensächlichkeiten gibt es keine. Mit einer ungeheuren Detailversessenheit werden Gesichter, Kleidung, Gegenstände und Raum in ihrer materiellen Beschaffenheit dargestellt und wie auf einer Bühne gleichmäßig ausgeleuchtet. Dabei achtet der Maler durchaus auf die Darstellung natürlicher Lichtverhältnisse. In der *Gefangennahme* (Abb. S. 148) steht die brennende Fackel vor dem vom Mond beschienenen Nachthimmel, *Dornenkrönung, Kreuztragung, Entkleidung* und *Kreuznagelung* zeigen einen blauen, zum Horizont stark aufgehellten Tageshimmel. Dennoch überwiegt die bühnenartige Wirkung. Trotz einer Vielfalt perspektivischer Verkürzungen fehlt ein plausibel nachvollziehbarer Raum. Die Menschenmenge wirkt, als sei sie zusammengepresst und lässt damit den Druck spüren, dem der Heiland in der Passion ausgesetzt war. Der Farbe kommt dabei eine besondere Rolle zu. Vielfältige Kontraste sorgen dafür, dass keines der vielen Details optisch in den Hintergrund gerät. Dem Betrachter bietet sich nirgendwo ein Ruhepol. Gleiches ließe sich auch für die Zeichnung von Bartholomäus Dietterlin beschreiben, die das Aussehen des mittelalterlichen Wandgemäldes offensichtlich sehr getreu wiedergibt.

Für sich genommen, waren diese Stilmittel zur Entstehungszeit der Werke um 1450 nichts wirklich Neues. Erst ihre spezielle Kombination in Verbindung mit einem auffallend freien Gebrauch der unterschiedlichsten Vorlagen ließ Werke entstehen, die sich deutlich von anderen Tafelmalereien der damaligen Zeit abgesetzt haben. In ihnen verbindet sich in eigenwilliger Weise Altes und Neues zu einem so individuellen Stil, dass es bezeichnend erscheint, dass Geiler von Kaysersberg gerade Hans Hirtz als Beispiel in seiner Predigt anführt – vorausgesetzt natürlich, dass dessen Gleichsetzung mit dem Meister der Karlsruher Passion korrekt ist.

Die Ausbildung des Malers muss bereits im ersten Drittel des 15. Jahrhunderts erfolgt sein. Nimmt man etwa die kräftigen, in ihrer Körperlichkeit stark betonten Figurentypen mit den übertrieben hässlichen Physiognomien, so finden sich diese in ähnlich dicht gedrängter Gruppierung bereits 1437 am Wurzacher Altar (Kat. 19). Vergleichbare Kompositionen fanden damals schon durch die Druckgrafik Verbreitung (Kat. 51, 52). Verändert erscheinen dagegen Licht und Farbpalette. Der Meister der Karlsruher Passion verzichtet auf jeden Goldgrund, die Farben sind kräftiger und kontrastreicher nebeneinander gesetzt, die Plastizität der Darstellungen wirkt dadurch größer. Damit orientiert sich der Maler an aktuellen Entwicklungen der niederländischen Malerei, die sich im zweiten Drittel des 15. Jahrhunderts auch in Deutschland durchzusetzen begannen. Kenntnisse davon dürften ihm wohl in Straßburg vermittelt worden sein. Was genau er dort zu sehen bekam, lässt sich heute nicht mehr benennen. Bezeichnend erscheint jedoch die Tatsache, dass er offensichtlich nur Einzelaspekte wie die atmosphärische Lichtdarstellung seiner Vorbilder übernahm und daraus in Verbindung mit älteren Elementen einen sehr eigenständigen, emotional stark aufgeladenen Stil entwickelte.

Wie stark sich bei ähnlichen Voraussetzungen ein individueller Stil vom anderen unterscheiden kann, lässt sich am Beispiel des Meisters der Darmstädter Passion zeigen.[4] Benannt nach zwei um 1450 entstandenen Retabelflügeln in Darmstadt, steht dieser „Meister" synonym für eine stilistisch eng zusammengehörende Gruppe von Arbeiten, die sich wohl dem engen Umkreis einer am Mittelrhein zwischen Koblenz und Speyer tätigen Werkstatt zuordnen lässt. Ähnlich wie beim Meister der Karlsruher Passion und häufig mit ihm verglichen, werden auch in Darmstadt die Figuren als dichtgedrängte Menge dargestellt (Abb. S. 143). Der Gesamteindruck ist allerdings ein anderer. Architektur und Landschaft sind zwar nur formelhaft angedeutet, nehmen aber einen ungleich größeren Raum ein. Auf die Darstellung von Himmel wird verzichtet. Stattdessen findet sich ein gemusterter Goldgrund, der in seinen Farbwerten mit den beigefarbenen Bodenflächen korrespondiert, sodass die Szenen wie in einen breiten Fond eingebettet erscheinen und davon beruhigt werden. Die Farbpalette ist im Vergleich zur Karlsruher Passion stark reduziert, die Inkarnate sind gräulich abgetönt, Licht- und Beleuchtungseffekte spielen keine besondere Rolle. Auch wenn sich an dem etwas später vielleicht durch einen jüngeren Maler ausgeführten Bad Orber Altar (Kat. 54) ein deutlich verändertes Interesse an Lichtwerten zeigt, bleibt dessen Darstellungsweise doch den Darmstädter Tafeln verpflichtet: Hintergründe, Architektur- und Landschaftsdarstellung nehmen anders als in Karlsruhe einen ebenso großen Raum ein wie die Figurengruppen. An den in Berlin befindlichen Flügelinnenseiten wird das besonders deutlich. In der gegenläufigen Perspektive der beiden Szenen orientiert sich der Maler offensichtlich an der Komposition des um 1455 entstandenen Columba-Altars von Rogier van der Weyden (Abb. S. 199). Man wird davon ausgehen können, dass der Maler den Altar aus eigener Anschauung kannte. Ihn interessiert nämlich nicht nur die Darstellung der Architektur, sondern auch deren Bedeutung für die Konzeption des gesamten Retabels. Wie bei Rogier dienen ihm die beiden Gebäude im Hintergrund als Rahmung der Szene auf der Mitteltafel. Damit gelingt es ihm, die heterogenen Darstellungen zu einem stimmigen Gesamtbild zu verbinden: einer vielfigurigen Kreuzigung zwischen der Anbetung der Könige und der Verehrung des Kreuzes.

Beim Meister der Darmstädter Passion finden sich auffallend häufig ungewöhnliche Bildprogramme. So dürften die Darmstädter Tafeln mit *Kreuztragung* und *Kreuzigung* eine Figurennische gerahmt haben, während der über mehrere Sammlungen verteilte sogenannte Baindter Altar eine einzigartige Mischung von Wundertaten Christi und Heiligendarstellungen bildet, die durch jeweils unterschiedliche Systeme von Hintergründen optisch miteinander verbunden werden. Es scheint, als sei der Meister geradezu prädestiniert für die Ausführung ungewöhnlicher Programme gewesen. Auch wenn diese von den Auftraggebern bestimmt wurden, dürfte deren Auswahl doch durch die Arbeitsweise der Maler begünstigt worden sein. Die Künstler konnten offensichtlich überzeugende Lösungen für komplexe Anforderungen liefern.

„Stil" etabliert sich nicht nur als Folge einer künstlerischen Ausbildung, sondern auch aufgrund einer Nachfrage. Belegen lässt sich eine derartige Einschätzung freilich nicht. Ein Blick über die Alpen erlaubt aber die Vermutung, dass dies weitaus häufiger der Fall gewesen sein dürfte, als man normalerweise annehmen würde. Verwiesen sei auf einen Kruzifixus des Berliner Bode-Museums, der selbst in seinem ruinösen Zustand noch die hohe Qualität der Arbeit erkennen lässt (Abb. S. 145).[5] Der Körper wird in streng frontaler Haltung präsentiert, der Kopf ist mit gebrochenen Augen auf die rechte Schulter gesunken. Alle Details sind mit großer Sorgfalt ausgeführt. Haut, Haare, Knochen und Stoff werden in ihrer Materialität deutlich unterschieden, in ihrer Gesamtheit aber stark stilisiert: Schönheit und Ebenmaß sind in bewussten Kontrast zu den drastisch betonten Wunden gesetzt.

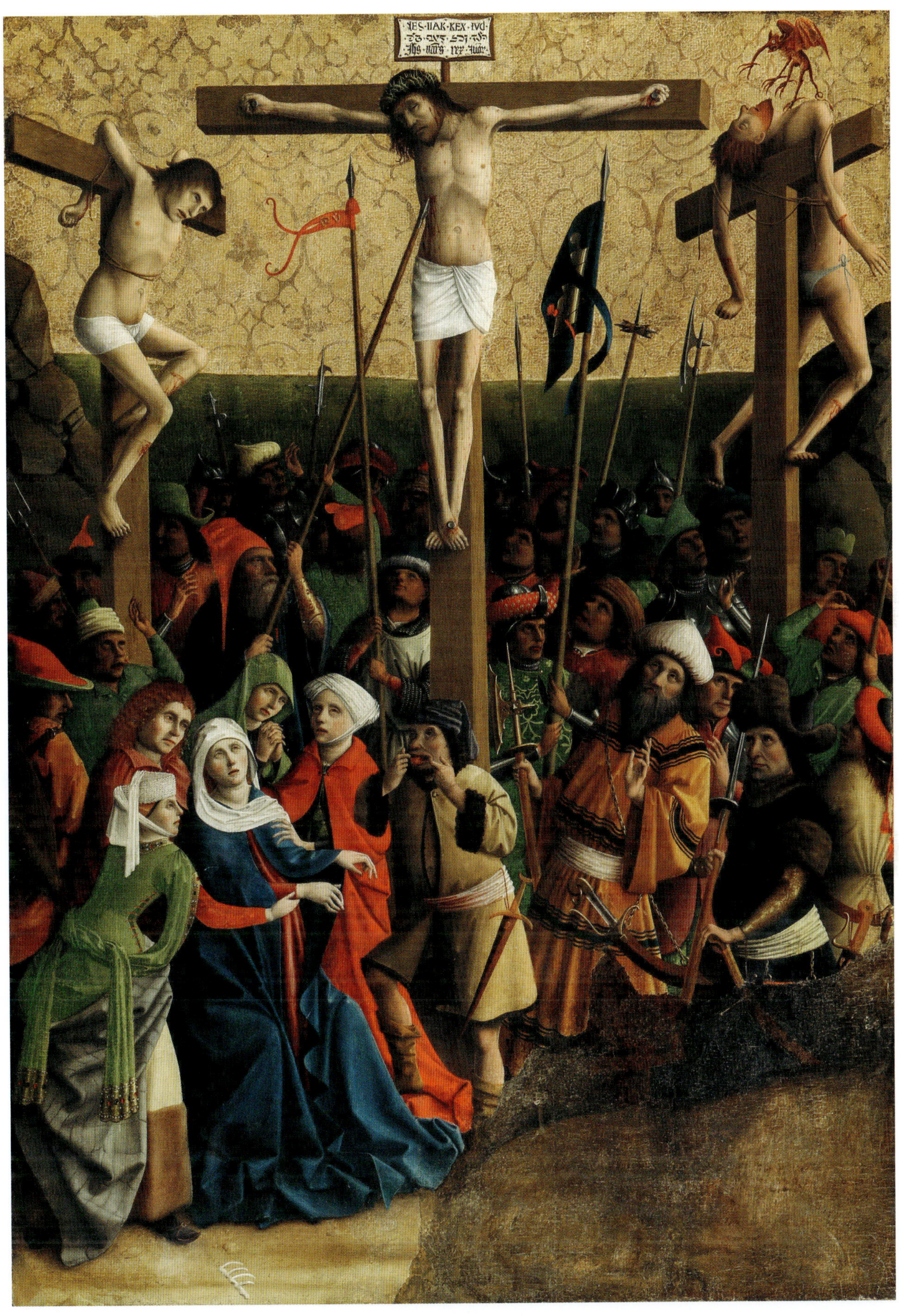

Meister der Darmstädter Passion, *Kreuzigung Christi*, um 1450, Darmstadt, Hessisches Landesmuesum

Die Figur wurde um 1470, vermutlich in Siena oder Perugia hergestellt. Sie gehört zu einer größeren Gruppe von Werken, die sich stark von der regionalen Kunstproduktion absetzt und aus einer anderen, nordalpin geprägten Tradition stammt, die sich in Italien steigender Beliebtheit erfreute.[6] Der Auslöser für dieses eigenartige Phänomen dürfte in der zunehmend größeren Zahl deutscher Handwerker zu suchen sein, die sich seit dem ausgehenden 14. Jahrhundert in italienischen Städten niederließen. Ihre Bruderschaften besaßen in den Kirchen eine Vielzahl von Kapellen, die mit einer Ausstattung nach ihren eigenen Vorstellungen versehen wurden. Die Suche nach Bildschnitzern war in Norditalien allerdings vergleichsweise schwierig, da man hier keine Schnitzaltäre herstellte und selbst bei Kruzifixen gemalte Werke bevorzugte. Damit ergaben sich für deutsche Künstler gute Arbeitsmöglichkeiten auf dem normalerweise unter hohem Konkurrenzdruck stehenden Markt in Italien.

Unter stilistischen Gesichtspunkten wirken die Kruzifixe auffallend retrospektiv. Die Form des übereinandergeschlagenen Lendentuchs mit den seitlichen Faltenkaskaden findet ihre Vorläufer nördlich der Alpen bereits im ausgehenden 14. Jahrhundert. Genannt sei etwa eine um 1370 entstandene Figur eines Schmerzensmannes im Halberstädter Dom. Zur Entstehungszeit des Berliner Kruzifixus war dieser Typ in Deutschland vollständig veraltet. Emotional hochaufgeladene Formen, wie sie in den 1460er-Jahren von Niclaus Gerhaert von Leyden in der süddeutschen Skulptur eingeführt wurden (vgl. Kat. 108), waren italienischem Formempfinden allerdings so fremd, dass die hier entstandenen Kruzifixe deutscher Künstler auffallend lange an den schönlinigen Formen der internationalen Gotik festhalten konnten. Selbst wenn in der Anfangszeit die Wurzeln dafür in der Ausbildung der jeweiligen Künstler zu suchen sind, so ist das lange Festhalten daran doch offensichtlich auf die Wünsche der Auftraggeber zurückzuführen.

Nördlich der Alpen ist eine stark davon abweichende Entwicklung zu konstatieren. Bereits in der ersten Jahrhunderthälfte orientieren sich Maler wie Lucas Moser, Hans Multscher oder Konrad Witz an Hauptwerken Jan van Eycks, übernehmen davon aber weniger einzelne Details als vielmehr grundsätzliche Neuerungen wie etwa die atmosphärische Licht- und Landschaftsdarstellung. Ab der Jahrhundertmitte werden dann Arbeiten von Rogier van der Weyden zum maßgeblichen Vorbild, wie sich bereits beim Meister der Darmstädter Passion zeigen ließ. Hier sind es die kompositorischen Aspekte, aus denen die Malerwerkstatt ein sehr eigenständiges Werk entwickeln sollte, das seine niederländischen Wurzeln erst bei genauerem Hinsehen offenbart. „Rogieresk" im eigentlichen Sinne wird die deutsche Kunst erst nach der Jahrhundertmitte, als die Werke des Brüsseler Stadtmalers eine solche Beliebtheit erreichen, dass der künstlerische Abstand zu den Niederlanden deutlich zu schrumpfen beginnt. Jetzt dienen nicht mehr nur allgemeine Aspekte als Vorbild, sondern das Werk in allen seinen Details: Rogiers Bilderfindungen werden zum Materiallager der deutschen Kunst. Nimmt man nur dessen Columba-Altar (Abb. S. 199) in der Münchner Alten Pinakothek, so wird etwa die Verkündigung als Ganzes oder im Detail bei so weit voneinander entfernten Künstlern wie dem Meister von Liesborn in Soest, Friedrich Herlin in Nördlingen oder einem un- bekannten Maler in Salzburg aufgenommen (Kat. 68, 70, 72). Ihre Arbeiten sind unverkennbar dem deutschsprachigen Raum zuzuordnen, die künstlerische Eigenständigkeit ist aber verglichen mit derjenigen der vorhergehenden Malergenerationen deutlich geringer geworden. Bei Herlin wird das besonders augenfällig, der als Hauptauftragnehmer für das 1462 datierte Hochaltarretabel der Nördlinger Stadtpfarrkirche die Ausführung der Skulpturen an den im weit entfernten Straßburg tätigen Niclaus Gerhaert von Leyden verdingt. Damit orientieren sich nicht nur die Malereien, sondern auch Skulptur und Schreinform eng an niederländischen Vorbildern.

Die angeführten Beispiele verweisen schlaglichtartig auf die unterschiedlichen Bedingungen, die zur Entwicklung der Stilvielfalt im Laufe des 15. Jahrhunderts beigetragen haben. Dabei eröffnete die Abkehr vom Internationalen Stil (wie auch das Festhalten daran) den Künstlern und Auftraggebern eine Fülle neuer Möglichkeiten, die offensichtlich auf zunehmend komplexere Anforderungen reagierte. Bestimmend war die Vorbildhaftigkeit der altniederländischen Kunst, die jedoch in sehr unterschiedlichem Maße rezipiert wurde. Sind es anfangs eher grundlegende Aspekte wie die Darstellung von Licht, Raum und Materialwirkung, so werden ab der Jahrhundertmitte zunehmend einzelne Motive oder sogar Kompositionen übernommen. Gleichzeitig zwingen Werke wie der Berliner Kruzifixus dazu, „Entwicklung" nicht in einem wertenden Sinne als Fortschritt zu verstehen, sondern allein als eine Veränderung in unterschiedlichen Zeiträumen. Eine strikte Trennung zwischen Stil und motivischer Vorlage lässt sich dabei häufig nicht mehr ziehen. Mit Blick auf den Körperbau würde man die italienischen Werke sicherlich nicht ins 14. Jahrhundert datieren, was für den Faltenwurf aber nicht zutrifft. Ähnliches zeigt sich auch im Zusammenspiel mit der Ikonografie. Stil und Bildprogramme werden normalerweise unabhängig voneinander betrachtet. Beim Meister der Darmstädter Passion hat der Bildaufbau als ein für die Werkgruppe charakteristisches Stilmerkmal jedoch durchaus Konsequenzen für die Zusammenstellung von ungewöhnlichen Themen. „Stil" erweist sich damit als ein äußerst komplexes Phänomen und seine Geschichte ist weitaus mehr als die häufig gescholtene Faltenzählerei.

1 „Stil", in: Wolfgang Pfeifer u. a., *Etymologisches Wörterbuch des Deutschen* (1993), digitalisierte und von Wolfgang Pfeifer überarbeitete Version im *Digitalen Wörterbuch der deutschen Sprache*, www.dwds.de/wb/Stil [11. 12. 2019].

2 Johann Geiler von Kaysersberg, *Das Evangelibuch*, Straßburg 1515, f⁰ XVr. Fast gleichlautend in: *Evangelia mit usslegung...*, Straßburg 1517, f⁰ XVIv.

3 Roller 1996.

4 AK Berlin 2000a.

5 Lisner 1960, S. 181–184; Cavatorti 2016, S. 105 und Kat. F.2, S. 238. – Der Berliner Kruzifixus wurde dem in Perugia tätigen Bildschnitzer Giovanni Tedesco (Hans dem Deutschen) zugeschrieben. Eng verwandt und wohl derselben Hand zuzuordnen sind die Kreuze in Urbino, Norcia und Piediluco, die als geschlossene Gruppe aus einer Werkstatt stammen dürften, die nicht mit derjenigen Giovannis identisch war, mit dieser aber wohl in engem Kontakt gestanden hat.

6 Vgl. im Überblick Lisner 1960.

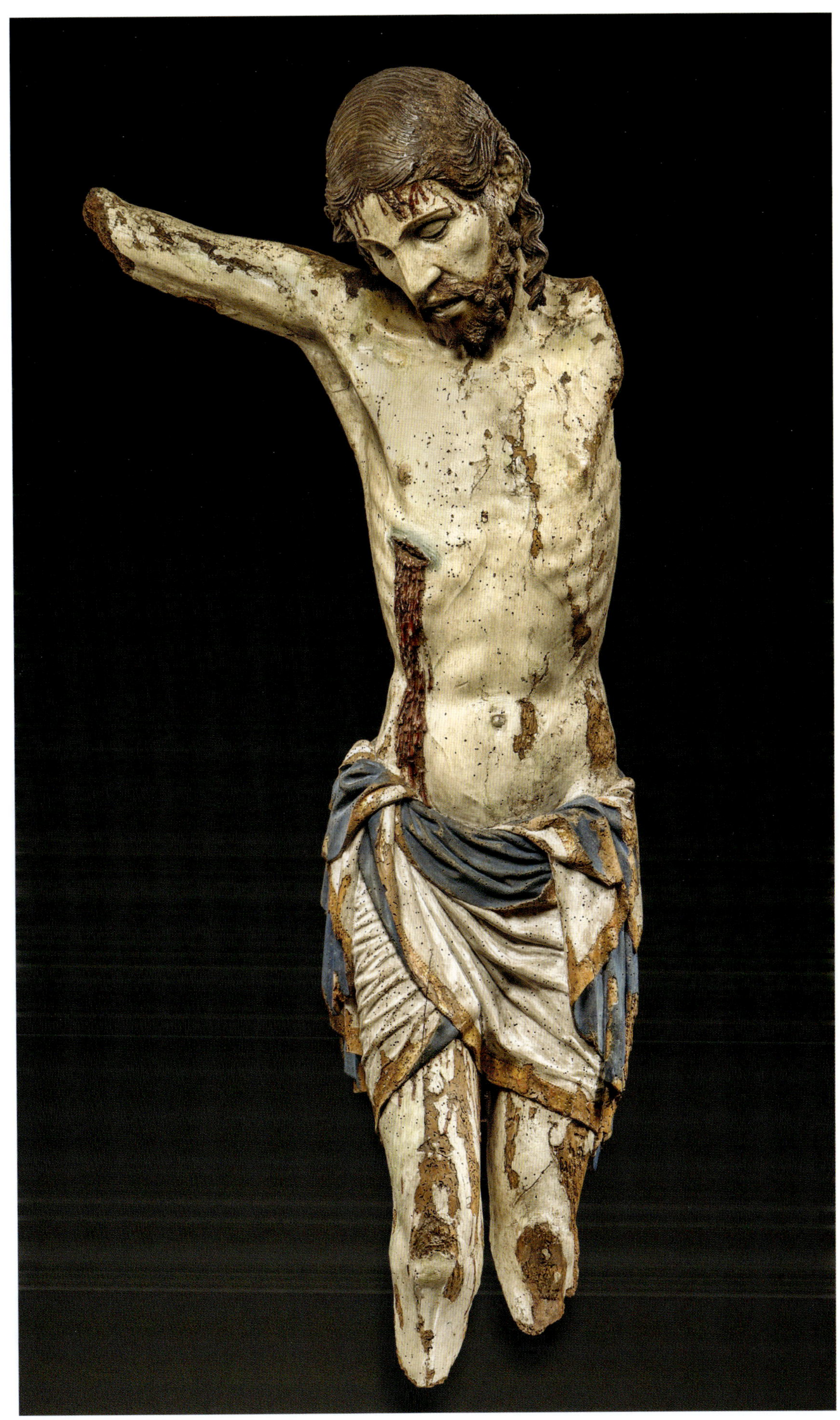

Giovanni Tedesco, Kruzifixus,
Siena oder Perugia, um 1470,
Staatliche Museen zu Berlin,
Skulpturensammlung und Museum für
Byzantinische Kunst

50   Meister der Karlsruher Passion
      (Hans Hirtz ?, tätig in Straßburg 1421–1463)
      Die Karlsruher Passion, um 1450

      a) Gebet Christi am Ölberg
      b) Gefangennahme Christi
      c) Geißelung Christi
      d) Dornenkrönung Christi
      e) Kreuztragung Christi
      f) Entkleidung Christi
      g) Kreuzanheftung Christi

Nussbaumholz
je ca. H. 66–67 × B. 46,5–47 cm
Staatliche Kunsthalle Karlsruhe (a, c, d, e, f, g), Inv. Nr. 2436, 2911,
1136, 2180, 1497, 1375;
Wallraf-Richartz-Museum & Fondation Corboud, Köln (b),
Inv. Nr. WRM 585
a, c, d, e, f, g erworben 1957, 1999, 1858, 1941, 1928, 1920;
b erworben 1859

Sieben Tafeln erzählen das Leiden Christi in eindringlichen Szenen, die durch eine unendliche Fülle an Details bereichert werden. Die erste zeigt *Christus am Ölberg*, wie er in Todesangst Blut und Wasser schwitzt und Gottvater bittet, den symbolischen Kelch, den ein herabschwebender Engel herbeibringt, an ihm vorbeigehen zu lassen. Seine schlafenden Jünger lassen ihn in seiner Not allein. Treffend ist das orangegelbe Abendlicht hinter den Türmen von Jerusalem erfasst, in deren Schatten sich die von Judas geführte Truppe schwer bewaffneter Häscher nähert.

In der anschließenden Darstellung wird Christus gefesselt fortgezogen, während der rothaarige Judas in entgegengesetzter Richtung nach hinten entflieht, den Beutel mit dem Verräterlohn in Händen. Im lärmenden Pulk der Soldaten setzt sich Petrus zu Wehr und schlägt dem Kriegsknecht Malchus ein Ohr ab. Vom Abendlicht der Ölbergszene fallen noch die letzten rötlichen Strahlen auf die Felsen links hinten, doch ist nun die Dunkelheit hereingebrochen, in der Fackeln, Mond und Sterne leuchten.

In einem nächsten Bild wird der Heiland so heftig gegeißelt, dass sein Blut auf den Boden spritzt; die Schergen strengen sich bei ihrem Folterwerk nach Leibeskräften an, einer muss sich ausruhen und erfrischen. Rechts tuschelt Pilatus mit einem Henkersknecht, den er zur anschließenden *Dornenkrönung* vor die Tür zu führen scheint, wo derselbe Knecht höhnend vor Christus kniet und ihm ein Schilfrohr als Spottzepter in die Hand drückt. Pilatus sitzt unter einem Altan und diskutiert mit einem Schriftgelehrten, der ihm wohl Gründe aufzählt, warum Christus sterben muss.

In der folgenden *Kreuztragung* treten nun erstmals auch die Jungfrau Maria, Johannes der Evangelist und zwei weitere heilige Frauen auf, die vom rechten Bildrand schmerzerfüllt zu Christus schauen. In der nächsten Szene schlingt Maria ihrem geschundenen Sohn ein Tuch um seine Blöße, nachdem ihn die Kriegsknechte seines purpurnen Gewandes beraubt haben, um das sie unter dem Kreuz würfeln werden.

Im anschließenden Bildfeld sieht man die Schergen, wie sie Christus straff auf das am Boden liegende Kreuz spannen

und seine Hände und Füße festnageln. Maria und ihre Begleiter müssen hilflos zusehen, während weiter hinten einige schon im vorherigen Bildfeld anwesende Hohepriester und Würdenträger zu Pferd das Geschehen überwachen.

Mit der *Kreuzanheftung* endet die Folge in ihrer überlieferten Form, doch muss sich ihr mindestens noch die *Kreuzigung* als Höhepunkt der Passion angeschlossen haben. Ob und gegebenenfalls wie viele weitere Bilder zu dem ursprünglichen Ensemble gehörten, ist allerdings umstritten. Alle erhaltenen Szenen gehen der Kreuzigung voraus, könnten aber um weitere wichtige Ereignisse, etwa das Abendmahl und die drei Verhöre Christi, ergänzt werden; nach der Kreuzigung könnten sich Darstellungen wie die Grablegung, Christus in der Vorhölle und schließlich die Auferstehung angeschlossen haben. Entsprechend schwanken die Rekonstruktionsvorschläge zwischen acht und dreizehn oder sogar noch mehr Bildfeldern. Grundlegender aber ist die Frage, um was es sich bei dem ehemaligen Ensemble überhaupt gehandelt hat. Durch die Demontage der Tafeln, die vermutlich vor dem 19. Jahrhundert stattfand, sind auch die Hinweise auf ihre einstige Funktion verloren gegangen. Anders als die meisten heute fragmentierten Werke des Spätmittelalters, etwa die Wurzacher Tafeln (Kat. 19), lassen sich die Bilder der Karlsruher Passion nämlich nicht ohne Weiteres zu einem herkömmlichen Altarretabel rekonstruieren. So wird die Möglichkeit eines wandelbaren Triptychons meist ausgeschlossen, da die Rückseiten der Tafeln offenbar nie gefasst oder bemalt waren.

Ein neuerer Vorschlag (Moraht-Fromm 2013) bietet die elegante Lösung an, die erhaltenen Szenen in einer feststehenden Altartafel u-förmig um eine doppelt so hohe *Kreuzigung* (gemalt oder geschnitzt) herum anzuordnen, drei unten und auf jeder Seite zwei weitere übereinander; es wäre dann nur jene *Kreuzigung* verloren. Gegen diese wie auch gegen andere Rekonstruktionen als Retabel sprechen indes zwei Umstände: Erstens würden sich die oberen Szenen sehr weit über Augenhöhe befinden: Gemäß dem jüngsten Vorschlag wären *Ölberg* und *Gefangennahme* mehr als drei Meter über dem Boden angebracht gewesen, nimmt man ihre Platzierung auf einem circa

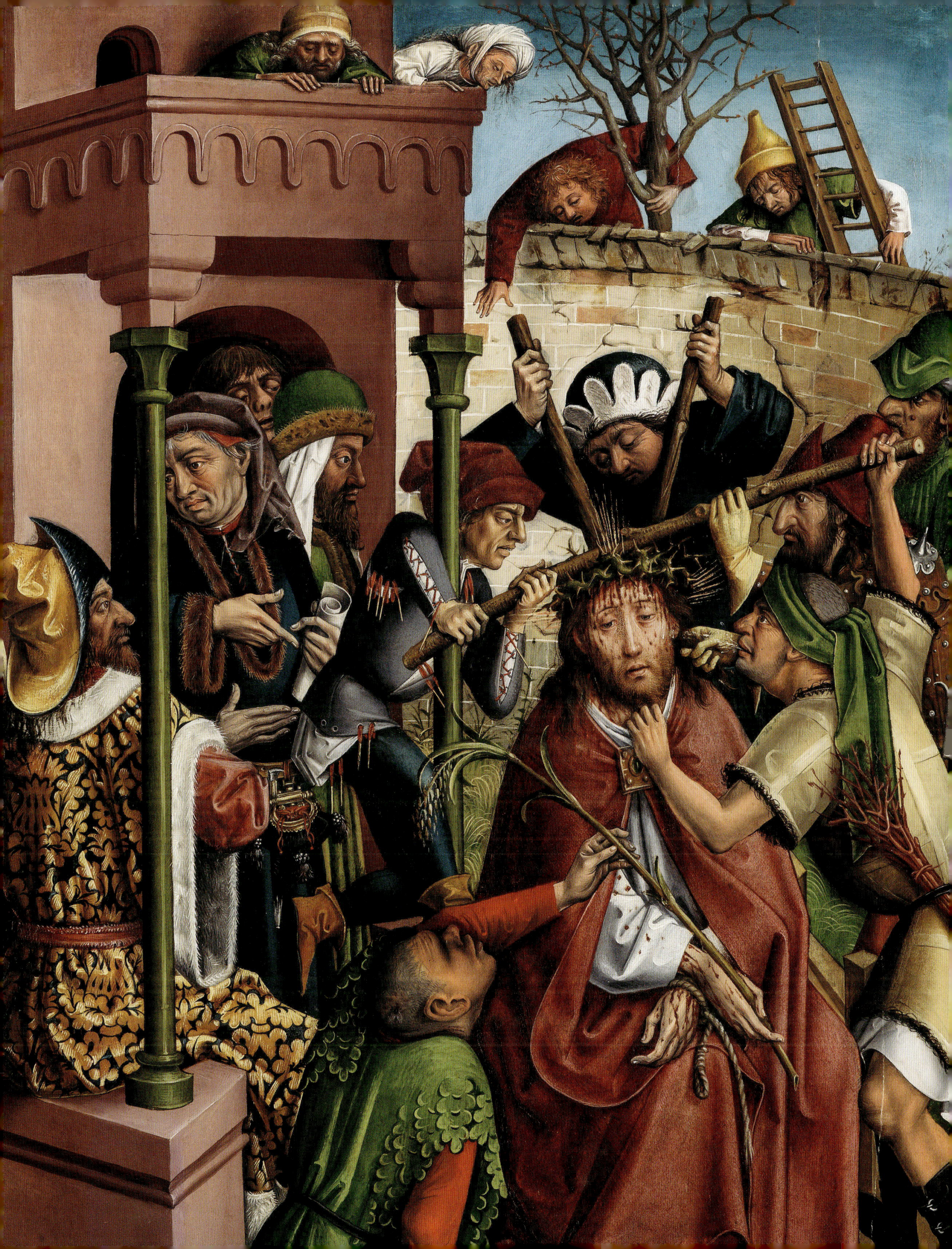

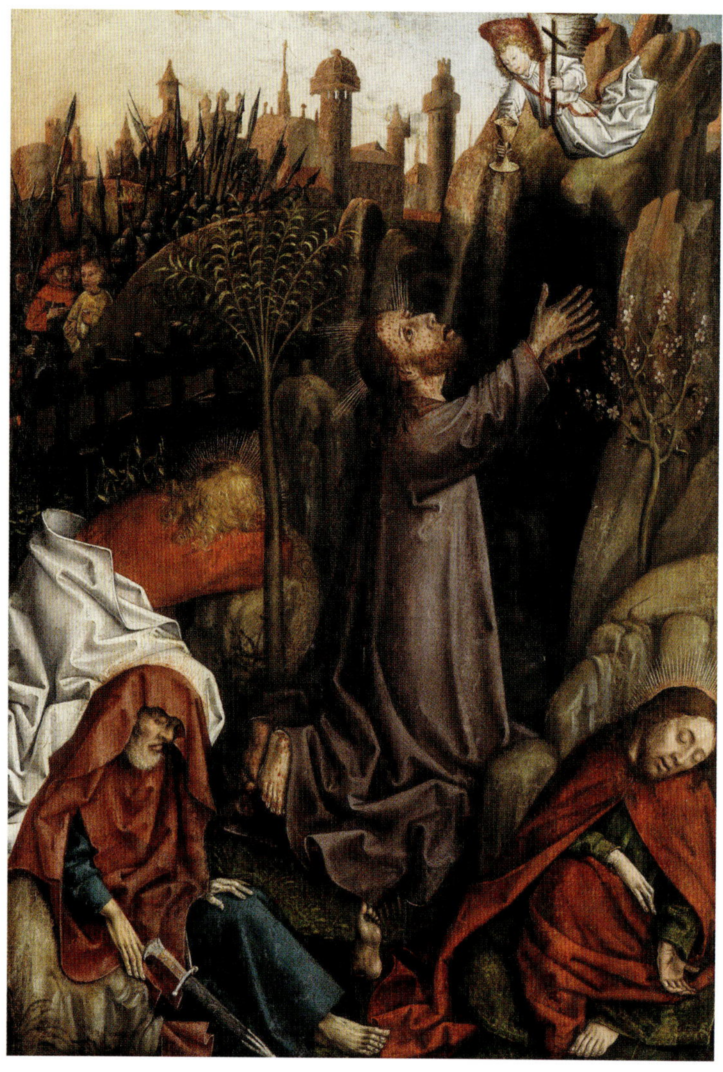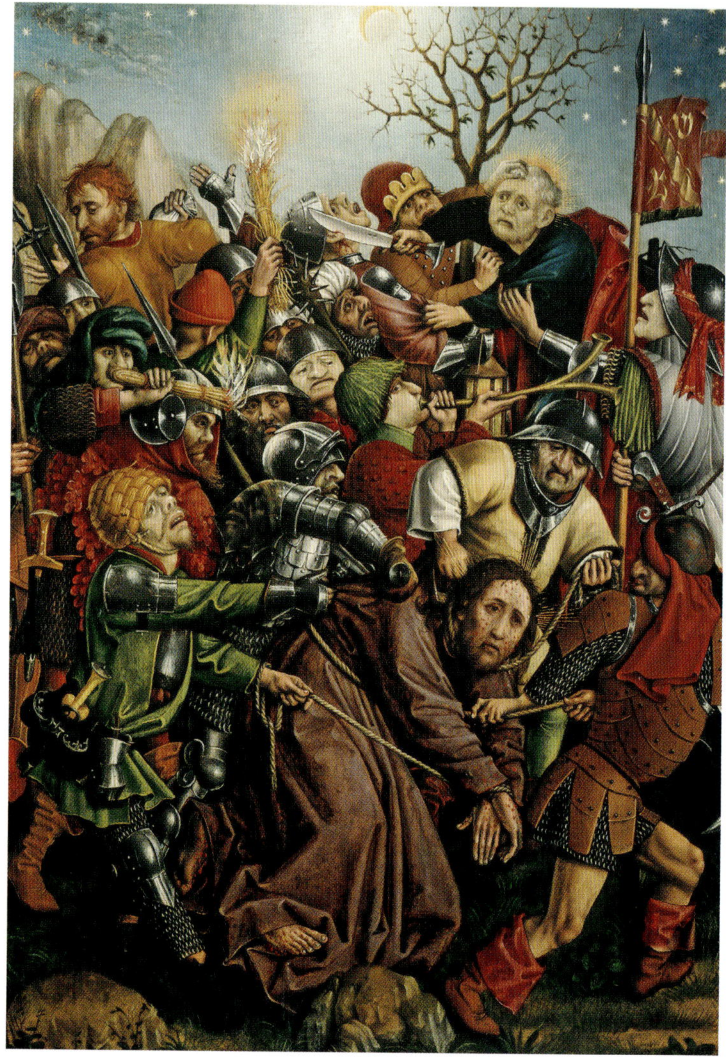

einen Meter hohen Altartisch an. Die Fülle der Details, darunter inhaltlich wichtige wie Christi blutiger Schweiß, wären kaum mehr erkennbar gewesen. Zweitens ergibt sich aus den Befunden zur Holzstruktur, dass keine der erhaltenen Tafeln mit einer der anderen in einem Stück gearbeitet war; vielmehr wurden sie einzeln gefertigt und in Nutrahmen eingelassen (Jens Baudisch, in: AK Karlsruhe 1996, S. 187–194). Eine große Tafel aus einzelnen kleineren Tafeln zusammenzusetzen, wäre konstruktiv jedoch unsinnig und kommt gewöhnlich nicht vor. Da alle Tafeln gleichermaßen auf Nahsicht angelegt sind, wäre stattdessen zu überlegen, ob sie nicht tatsächlich von Anfang an Einzelbilder waren, die in einer Reihe nebeneinander hingen – möglicherweise in Paaren, da *Ölberg* und *Gefangennahme*, *Geißelung* und *Dornenkrönung*, *Kreuztragung* und *Entkleidung* szenisch aneinander anschließen. Eine derartige Folge könnte in Augenhöhe an den Pfeilern oder Wänden einer Kirche platziert gewesen sein und so eine optimale Möglichkeit zur Versenkung in jede einzelne Darstellung geboten haben.

Alle Szenen fokussieren auf das Leid Christi, das seine Häscher immer wieder zu erneuern trachten. Stets, schon beim

Gebet am Ölberg, ist der Gottessohn blutüberströmt; Angst, Leid und Resignation scheinen sich auf seinem Gesicht abzuzeichnen, das uns fast immer zugekehrt ist. Die Bilder sollen ein intensives Nacherleben und Mitleiden ermöglichen, wie es auch in der zeitgenössischen Passionsliteratur gefordert wurde, etwa der stark verbreiteten, vor 1368 niedergeschriebenen *Vita Christi* des Kartäusers Ludolf von Sachsen. Solche auf das persönliche Miterleben des Einzelnen zielende Schriften sowie oberrheinische Bilderbibeln, in denen die Leidensgeschichte in vielen kommentierten Szenen ausgebreitet wird, dürften die Gestaltung der Bilderfolge angeregt und zugleich die Erwartungshaltung ihres Publikums bestimmt haben (Wolfson 1991).

Besondere Aufmerksamkeit widmete der Maler der detail- und variantenreichen Darstellung der Widersacher Christi, die durchweg von groben Physiognomien und verzerrten Gesichtsausdrücken gekennzeichnet sind. Man findet ein Sammelsurium von Kleidungen und Rüstungen, oftmals zusammengewürfelt aus nicht recht passenden Stücken, teils mit Rost bedeckt und durch primitive Notbehelfe ergänzt – der Anführer der Kreuztragung hat nackte Knie und trägt aus Binsen gefloch-

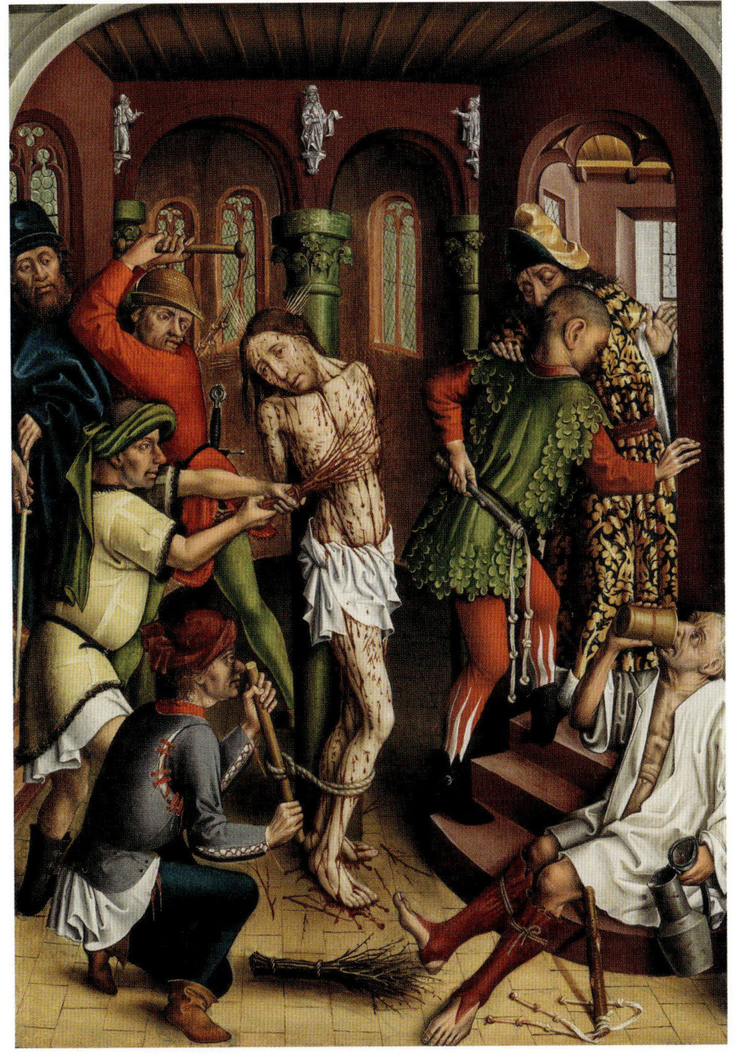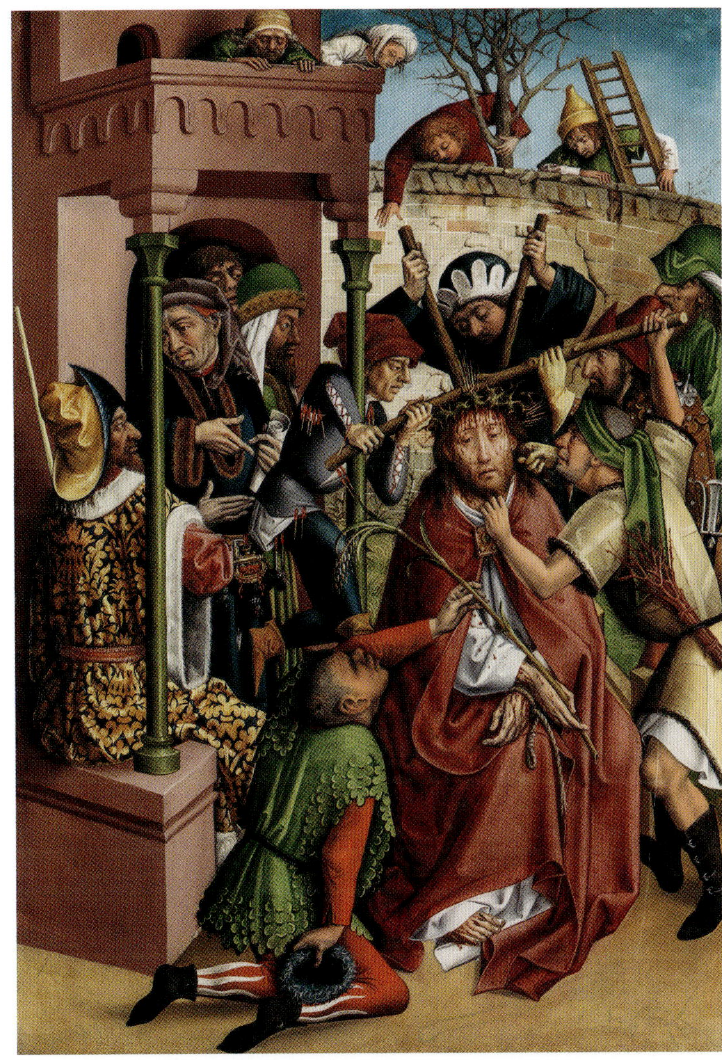

tene Schuhe zu Brustpanzer und Helm. Zweifellos sollen die Häscher dadurch ebenso unsympathisch gemacht werden wie durch herausrutschende Hemden und zerschlissene Stoffe. Ungepflegte, brutale Soldatenhaufen entsprachen sicherlich der Erfahrung der Zeitgenossen, zumal marodierende Armagnaken gegen 1440 das Elsass durchstreift hatten. Die Bilder lieferten damit eine Aktualisierung des biblischen Geschehens, die dem Mitfühlen der Leiden Christi entgegenkam.

Einige Gestalten aber geben zugleich eine antijüdische Stoßrichtung zu erkennen: Vor allem der in Gelb, der traditionell den Juden zugewiesenen Farbe, gekleidete Mann, der Christus in der Entkleidung mit einem Strick hält, stellt mit seinen dunklen Zottelhaaren und der großen, gebogenen Nase eine bösartige Judenkarikatur dar. Sein Turban soll den orientalischen Eindruck verstärken. Der Mann mit geflochtenem Bart und rotem Wams neben ihm wirkt mit seiner riesigen Nase noch grotesker und ist wohl ebenfalls als Jude zu verstehen; gleiches gilt für die Berittenen in den beiden letzten Szenen. Die große Masse der Soldaten wird weniger eindeutig bestimmt, doch trägt einer von ihnen in der Gefangennahme eine Stan-

darte mit (pseudo)hebräischen Buchstaben. Ob hier zwischen Römern und Juden unterschieden werden soll, ist mehr als fraglich. Neben der frommen, mitleidigen Zuwendung zu Christus und seiner Mutter schlagen sich in den Bildern somit auch die wenig tolerante Haltung des Christentums gegenüber den Juden nieder, das in ihnen die unverbesserlichen Mörder des Heilands sah, und vermutlich auch allgemeine Ressentiments gegenüber den „anderen", wie sie weit über das Mittelalter hinaus in Gesellschaften existieren.

Über die Kirche, in der die Karlsruher Passion ursprünglich zu sehen war, gibt das Werk selbst Auskunft: Im Hintergrund der *Kreuztragung* erkennt man die Straßburger Stiftskirche St. Thomas mit ihren charakteristischen Türmen. Dort wurde auch der Maler Hans Hirtz begraben, der um die Mitte des 15. Jahrhunderts eine herausragende Stellung unter den Künstlern der Reichsstadt einnahm und der noch fünfzig Jahre nach seinem Tod für seine offenbar markanten Schöpfungen berühmt war (s. den Essay von Jan Friedrich Richter, S. 140–145). Lilli Fischel hat deshalb angenommen, dass Hirtz der Autor der Karlsruher Passion sein müsse, dieses herausragenden Werks

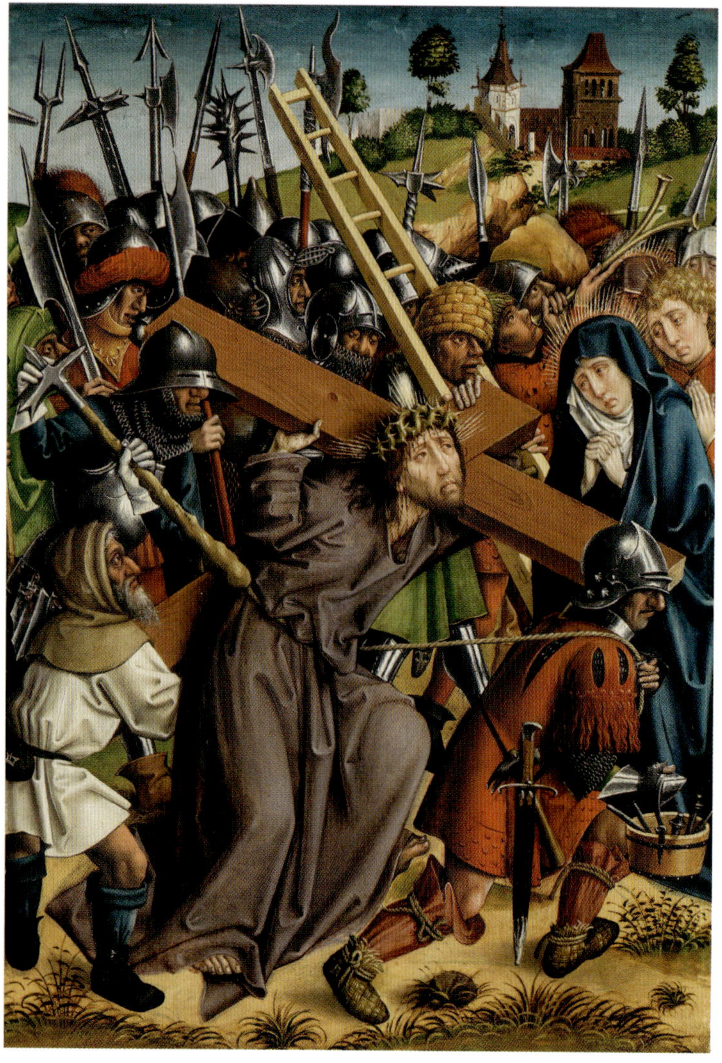 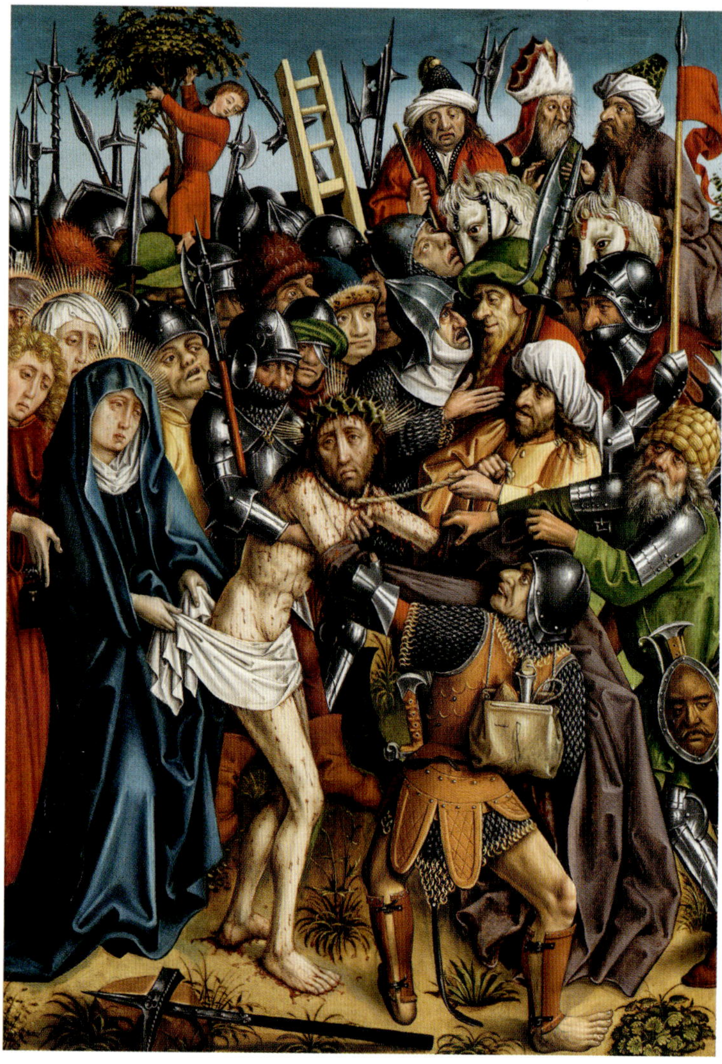

der Straßburger Malerei im zweiten Drittel des 15. Jahrhunderts, und ein Großteil der Forschung ist ihr darin gefolgt. Auch einige weitere Indizien (Hörsch 2018) sprechen für diese Identifizierung, die derzeit indes nur eine plausible Hypothese ist. Wenn sie aber zutrifft, könnte sie einige altertümliche Züge der Passionsfolge erklären, denn Hirtz erwarb bereits 1421 ein Haus in Straßburg, sodass er seine Ausbildung um 1410–1415 absolviert haben dürfte. Die Darstellung einzelner neuer Rüstungsdetails, vor allem der Schaller, eines Helms, den der Krieger mit Wimpel in der Entkleidung trägt, spricht für eine Entstehung der Gemälde nicht vor 1450, gute zehn Jahre später, als beispielsweise Fischel annahm. Die raumlosen Kompositionen ohne Tiefenerstreckung, die aufgetürmten Figurenmassen steigern gewiss den Eindruck von Bedrängnis, doch erinnern sie auch deutlich an Werke des frühen 15. Jahrhunderts. Die Raumlosigkeit ist deutlich ausgeprägter als in den Tafeln des ungefähr 15 Jahre älteren Wurzacher Altars (Kat. 19), auf dem der Innenraum des *Marientodes* in seiner Anlage dem der Karlsruher *Geißelung* auffällig gleicht.

Andererseits zeigen sich die Passionstafeln in der Wiedergabe von Oberflächen und optischen Phänomenen ganz modern: *Im Gebet am Ölberg* färbt das Abendlicht die Szenerie wie in kaum einem zweiten Gemälde des 15. Jahrhunderts; die *Gefangennahme* kombiniert das Rot der untergehenden Sonne, das fahle, einen kahlen Baum gespenstisch beleuchtende Licht des Mondes und den Schein der Fackeln, der auf den stählernen Rüstungen reflektiert. In einem blanken Schulterschutz spiegelt sich zugleich das Gesicht des Schergen mit geflochtenem Helm – ein staunenswerter Effekt, der erstmals von Jan van Eyck dargestellt wurde, so in dem eine Figur spiegelnden Harnisch des hl. Georg auf der 1436 vollendeten Paele-Madonna in Brügge. Der Maler der Karlsruher Passion kannte also Elemente der neuen niederländischen Kunst, wobei es offen bleiben muss, woher solche Kenntnisse stammten. Vielleicht hat er darüber hinaus auch einen gleichsam kunsttheoretischen Verweis auf seine mimetischen Fähigkeiten eingefügt: Dem Schergen mit dem grünen Zaddelgewand in Geißelung und Dornenkrönung sitzt eine große Fliege auf dem kahl rasierten Kopf. Einerseits macht sie ihn abstoßend; andererseits aber ist sie lebensgroß in Aufsicht abgebildet, als ob sie auf der Bildfläche säße. Auch andere Maler haben sich genau dieses Motivs bedient, um auf ihre augentäuschende

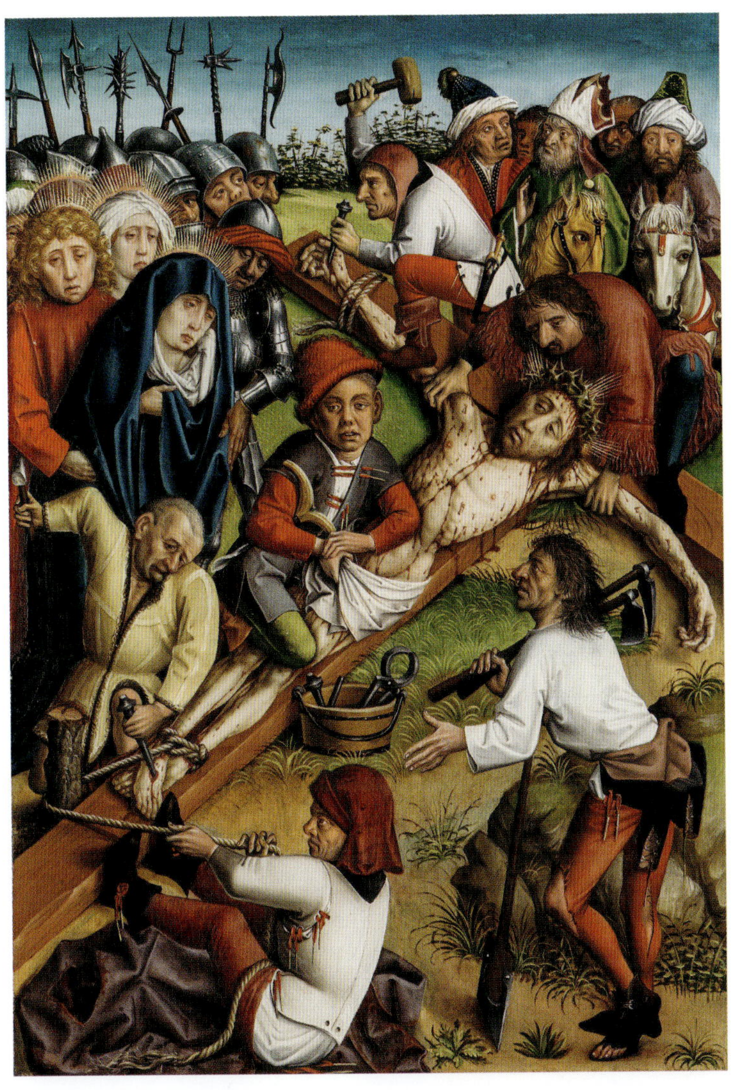

Kunstfertigkeit zu verweisen – letztlich ein antiker Topos. Jenseits solcher Details aber besticht die Karlsruher Passion durch eine kontinuierliche Erzählweise, die mit wiederkehrenden Figuren, aneinander anschließenden Schauplätzen und überleitenden Motiven arbeitet (Franzen 2002). Das war neu in der süddeutschen Malerei der Zeit und sollte den Weg für nachfolgende Künstler wie Martin Schongauer bereiten, der in seiner gestochenen Passionsfolge (Kat. 123) ähnliche Mittel anwendete, seine ebenso eindringlichen Szenen jedoch in einer völlig gewandelten neuen Bildsprache gestaltete. *SK*

LITERATUR
Fischel 1952 – Blasius 1986 – Wolfson 1991 – AK Karlsruhe 1996 – Franzen 2002 –
Moraht-Fromm 2013, S. 249–260 – Hörsch 2018.

51 Meister von 1446
Sieben Szenen einer Passionsfolge

Kupferstiche; je ca. H. 10,4 × B. 8 cm
erworben 1881 aus der Sammlung J. Renouvier in Montpellier
Staatliche Museen zu Berlin, Kupferstichkabinett, Inv. Nr. 188-1881

Die als einziges Exemplar in sieben Einzelszenen erhaltene Passionsfolge ist trotz des kleinen Formats in mehrfacher Hinsicht ein zentrales Werk der deutschen Spätgotik. Ein Blatt der Folge, die Geißelung Christi, trägt mit der Jahreszahl 1446 das erste erhaltene und bis in die mittleren 1460er-Jahre hinein auch das einzige gedruckte Datum auf einem Kupferstich. Unklar und umstritten ist allerdings, ob es sich auf die Herstellung des Kupferstichs bezieht oder auf die Entstehung einer möglicherweise zugrundeliegenden Passionsfolge, die – wie die Kupferstichfolge ursprünglich ebenfalls – sicherlich mehr Szenen umfasste. Die Herstellung dieser Bilderfolge wird im Kreis oder gar in der Werkstatt des Straßburger Meisters der Karlsruher Passion (Hans Hirtz?) vermutet. Daher ist das Datum wegen der kompositorischen Nähe zu Werken dieses Hauptmeisters auch für die Straßburger Malerei von hohem Interesse. Mitte des 15. Jahrhunderts müssen in der Region drastische Passionsschilderungen bekannt gewesen sein, in denen in meist sehr dichter Figurenballung die rohe und brutale Schergenarbeit mit dem Schicksal des duldend ertragenden Christus kontrastiert wird. Damit sind auch Anhaltspunkte für ein Entstehungsdatum der undatierten Tafeln der Karlsruher Passion (Kat. 50) gewonnen, die diesem Gestaltungsmuster entsprechen. Sie wiederum geben Hinweise auf die zeitliche Einordnung anderer früher Kupferstiche, wie die Gefangennahme Christi vom Meister der Spielkarten (Kat. 52). Diese Arbeit dürfte in enger Anlehnung an eine Tafel oder eine Wandmalerei des Meisters der Karlsruher Passion entstanden sein.

In der Ausführung zeigen die Blätter des Meisters von 1446 noch einen durchgehend aufwendigen, kurzzügigen und recht filigran-schmalen Modellierungs- und Schattierungsstrich. Diese zarte Schraffur hat sicherlich dazu beigetragen, dass die fein abgestuften Tonwerte schon bald ausgedruckt waren und die vergleichsweise kräftigen Umrisslinien bei fortschreitender Auflage immer dominanter zutage traten.

Angesichts des hohen künstlerischen und technischen Aufwandes überrascht zunächst die geringe Größe der Einzelszenen. Es ist allerdings denkbar, dass die Blättchen gerade wegen ihrer zurückhaltenden Größe zur Aufnahme in kleinformatige Manuskripte, etwa Gebetbücher (Kat. 56), gedacht waren. Dort konnten sie den Gläubigen während der Andacht eine visuelle Vorstellung von den Leidensstationen Christi vermitteln. Ein ungefähr zeitgleich entstandenes Beispiel für solche Kombinationen handgeschriebener Texte mit gedruckten Bildern bietet das Gebetbuch mit den Metallschnitten der sogenannten Stöger-Passion (Kat. 58). *MR*

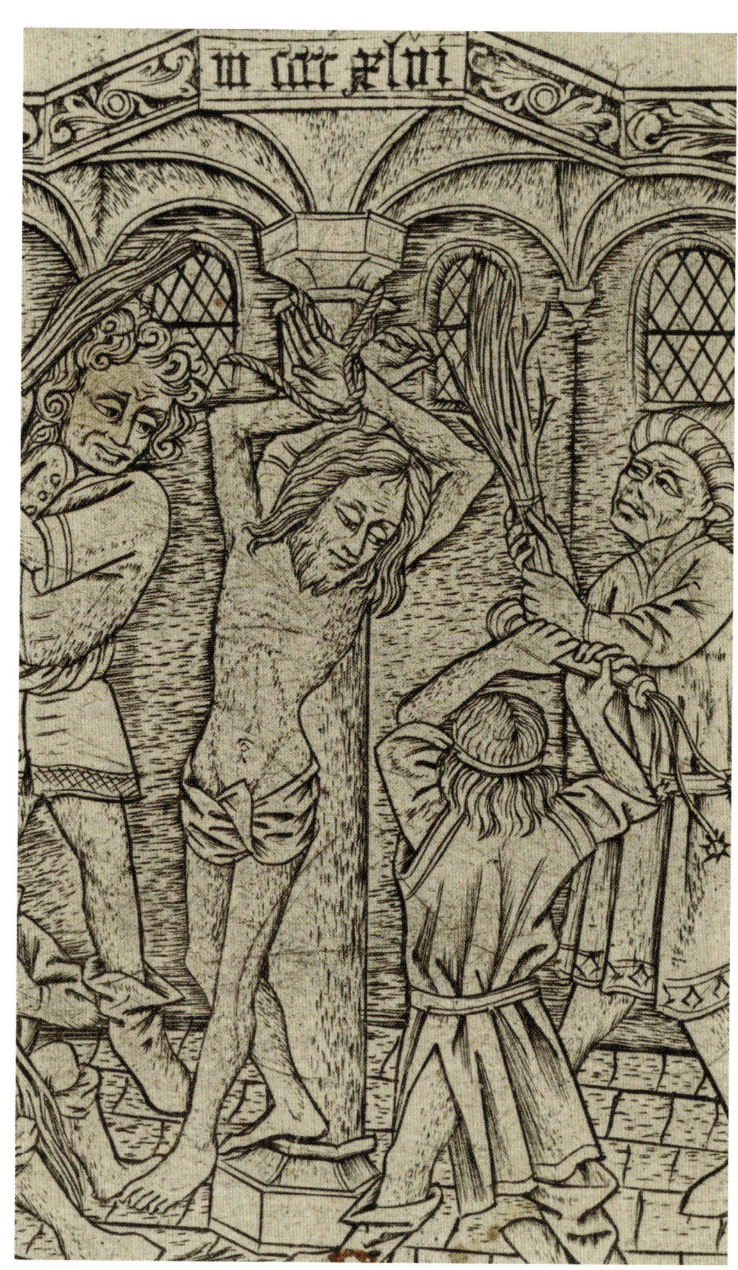

LITERATUR
Renouvier 1857 – Lippmann 1896, S. 17 f. – Lehrs 1908–1934, Bd. 1, Kat. 1–7, S. 208–220 – Fischel 1947, S. 23–38, bes. S. 25–27 – Lippmann/Anzelewsky 1963, S. 15 – Fritz 1966, S. 383–390 – Anzelewsky 1991b, S. 114 – AK Karlsruhe 1996, Kat. 67, S. 238 (Dietmar Lüdke) – AK Karlsruhe 2001, Kat. 15, S. 72 f. (Holger Jacob-Friesen).

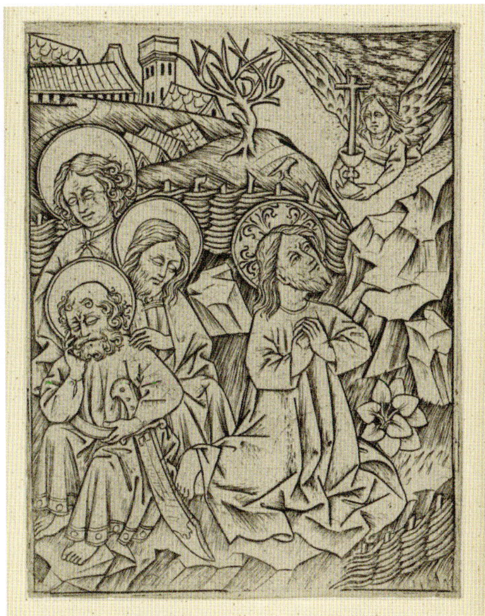

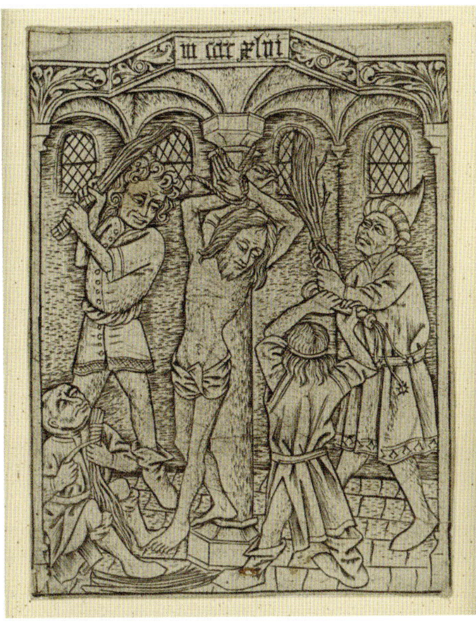

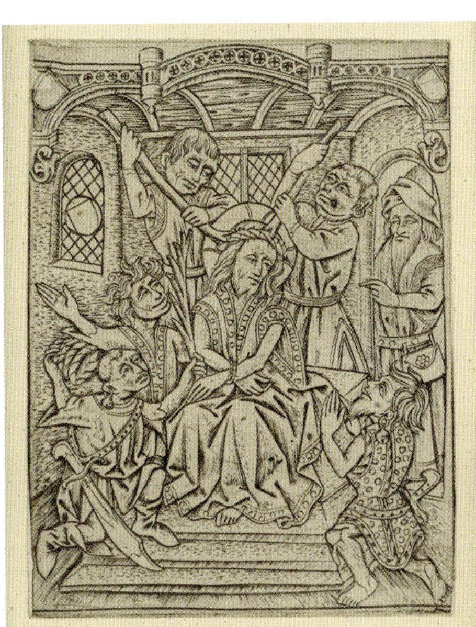

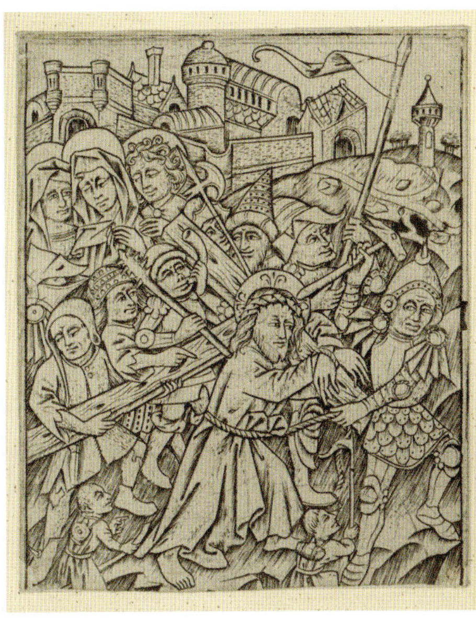

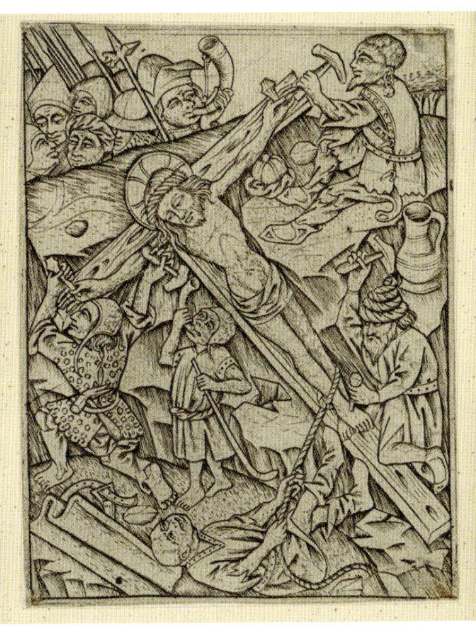

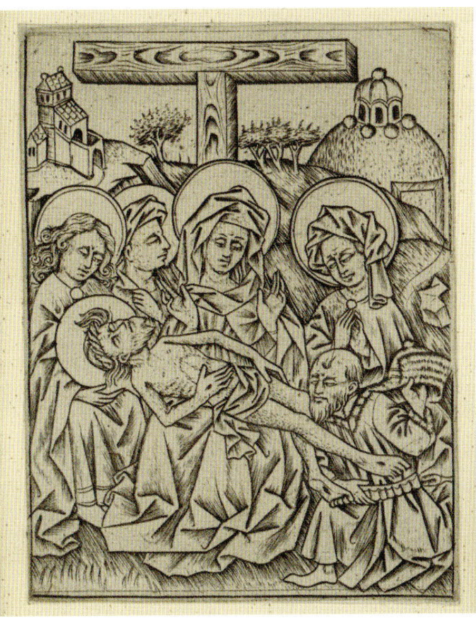

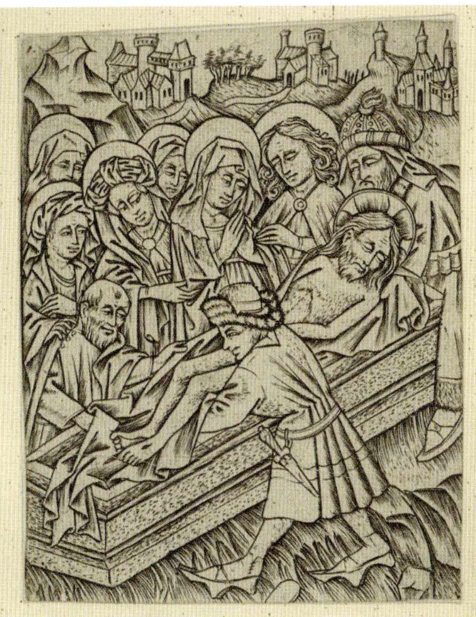

52   Meister der Spielkarten
(tätig am Oberrhein? um 1430–1450)
Gefangennahme Christi, um 1440–1450

Kupferstich
H. 26,6 × B. 15,3 cm
alter Bestand, erworben vor 1877
Staatliche Museen zu Berlin, Kupferstichkabinett, Inv. Nr. 436-1

Neben den namengebenden Spielkarten können dem nach ihnen benannten Meister nur sehr wenige Kupferstiche zugeschrieben werden. Einer davon ist diese Gefangennahme Christi. Die dramatische Szene entwickelt sich auf einer schmalen Geländescholle mit dem Bach Kidron im Vordergrund und einer schroffen Bergkulisse mit einem kahlen Baum im Hintergrund. Der vorbeiziehende Vogelschwarm wurde später hinzugefügt. In der Mitte steht der von vielen Schergen der Häscherbande umzingelte Christus. Links flieht Judas mit dem Geldbeutel, während er mit erhobenem Daumen auf den von ihm verratenen Christus deutet. Rechts versucht Petrus die Angreifer mit Gewalt zu stoppen. Er holt zum Schwertstreich gegen einen Schergen aus, der ihn mit der Faust attackiert. Vor ihm kniet Malchus, dessen Ohr Petrus bereits abgeschlagen hat. Diese vielfältige Aktion in einer eng gepackten Figurengruppe, aus der sich Christus, Petrus und Judas deutlich herausheben, verbindet die Komposition mit der ebenfalls sehr dichten und hoch dynamischen Gefangennahmetafel der Karlsruher Passion (Kat. 50). Auch die Landschaftschiffren Fels und karger Baum finden sich dort. Daher wurde die Anlage des Kupferstichs von Lilli Fischel auf eine verlorene Komposition des Meisters der Karlsruher Passion (Hans Hirtz?) zurückgeführt.

Beeindruckend für ein Werk aus der Frühzeit einer künstlerisch und technisch neuen Disziplin ist der souveräne Umgang des Kupferstechers mit den in diesem Medium begrenzten Möglichkeiten der Lichtführung und Modulation. Mit sicherem Strich gelingt ihm die eingängige Tiefenstaffelung der gedrängten Personengruppe. Zudem trennt er die Figuren klar voneinander ab und schafft so überzeugende Aktionsräume. Das subtile Zusammenspiel von klarer Konturierung und sorgsam feinstricheliger Binnenzeichnung und -schattierung tun ihr Übriges, um hier ein kleines „Gemälde" in der jungen Schwarz-Weiß-Technik zu gestalten. Möglich wurde dies durch die perfekte Beherrschung des Grabstichels auf bzw. in einer widerspenstigen Kupferdruckplatte. Daher ist die vor allem von Johann Michael Fritz (Fritz 1966, S. 383–388) vertretene Ansicht nachvollziehbar, dass solche frühen und technisch besonders delikaten Kupferstiche von Goldschmieden hergestellt wurden.

Ein zweites Exemplar der Gefangennahme Christi in der Collection Edmond de Rothschild im Pariser Louvre zeigt eine technisch ebenso hervorragende Ausführung, gibt die Komposition jedoch in gespiegelter Anordnung wieder. Es ist unklar und umstritten, welche der beiden Versionen die ursprüngliche Fassung ist und ob es sich bei der zweiten Version um ein Eigenzitat des Meisters der Spielkarten oder um eine Kopie eines Werkstattmitglieds oder Kopisten handelt. Angesichts der gleichermaßen hervorragenden Qualität der Drucke und der zugrundeliegenden Druckplatten ist ein Eigenzitat des Meisters wahrscheinlicher, zumal ähnliche Praktiken auch bei seinen Spielkartenmotiven nachweisbar sind.   *MR*

LITERATUR
Lehrs 1908–1934, Bd. 1, Kat. 2, S. 73; S. 69–71 – Geisberg 1923, S. 17 f. – Fischel 1947, S. 27–29 – Fischel 1952, S. 34 f. – Wolff 1979, S. 15 f., S. 29, 31, 41, Anm. 24, 63–65, 71 – AK Karlsruhe 1996, S. 50; Kat. 77, S. 243.

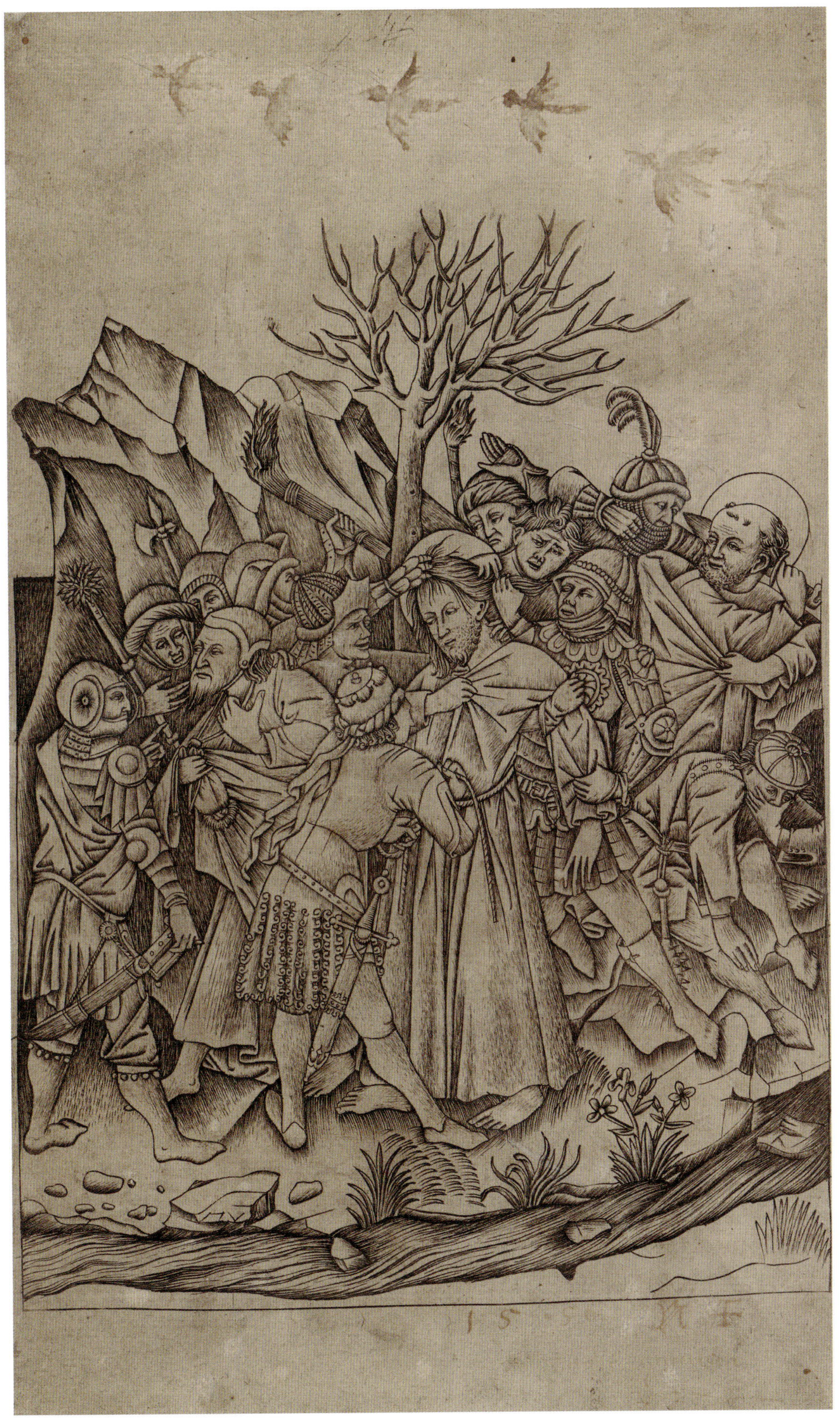

53 Mitteldeutschland (oder südl. Niederlande?)
    um 1450
    Martyrium der hl. Katharina

Alabaster mit Teilfassung; H. 23,5 × B. 17 × T. 6,5 cm
aus dem Zisterzienserinnenkloster Lichtenthal bei Baden-Baden
bis 1867 in der Sammlung Ramboux, Köln
Schenkung Heinrich Heilbronner, 1929
Staatliche Museen zu Berlin, Skulpturensammlung und Museum
für Byzantinische Kunst, Inv. Nr. 8454

Die kleine Szene ist zusammen mit dem Sockel äußerst kunstvoll aus einem einzigen Werkstück gearbeitet. Dargestellt ist das Martyrium der hl. Katharina von Alexandrien, die bei der Christenverfolgung durch den römischen Kaiser Maxentius starb. Das Relief zeigt den Höhepunkt der Legende. Vor einem dicht überwachsenen Felsen kniet die Heilige betend auf dem Boden, links hinter ihr steht ein Scherge mit zum Schlag erhobenen Armen. Das Schwert in seinen Händen ist verloren. Vor den beiden steht Maxentius, reich gekleidet mit einem Zepter im Arm. Statt Krone trägt er einen Turban, der ihn als Heiden von der gekrönten Jungfrau unterscheidet. Über ihm schwebt in Erwartung der Märtyrerinnenseele ein Engel vor einer Stadtkulisse. Gegenüber stehen die Reste eines von ihm zerstörten Rades, auf dem Katharina gefoltert werden sollte.

Das Relief besticht durch seine hochqualitative Ausführung. Typisch für Alabaster ist die (stellenweise erneuerte) Teilfassung, bei der nur einzelne, inhaltlich untergeordnete Bereiche farbig bemalt wurden. Die Figuren dagegen präsentieren sich ebenso wie die erzählerisch wichtigen Motive materialsichtig. Ähnlich wie bei Elfenbeinarbeiten schätzte man offensichtlich die edle Wirkung des Materials so sehr, dass die Werkstücke in großen Bereichen steinsichtig verblieben.

Die ursprüngliche Funktion des Stücks ist unklar. Die geringe Größe und die den Blick zentrierende Form des profilierten Sockels lassen an ein Einzelstück für die private Andacht denken. Dies würde auch die durchbrochene Ausarbeitung von Teilen der Stadtarchitektur erklären, die eine Beleuchtung von der Rückseite ermöglicht. Andererseits zeigen diverse Quellen und erhaltene Werke wie der aus Schwabstedt stammende Altar im Schleswig-Holsteinischen Landesmuseum auf Schloss Gottorf (Corpus III, Kat. 22, S. 92–96, Jan Friedrich Richter) oder das Retabel im Palazzo Borromeo auf der Isola Bella im Lago Maggiore (Woods 2018, S. 104–106), dass kleinformatige Alabasterskulpturen auch in größerer Menge gehandelt und von den Käufern vor Ort in einem Altaraufsatz zusammengestellt wurden. Dieser nicht unübliche Handel dürfte auch erklären, warum die Berliner Darstellung unter den erhaltenen Alabasterskulpturen thematisch einzigartig ist. Bei einer auf Export ausgerichteten Herstellung wurde vermutlich auf Vorrat produziert, weswegen man sich auf leicht zu verkaufende Einzelfiguren und Darstellungen zentraler Themen der Passionsgeschichte beschränkte. Einzelszenen aus Heiligenlegenden dagegen sind nur selten nachweisbar. Sie wurden vermutlich nicht auf Vorrat, sondern nur als Auftragsarbeiten angefertigt.

Die Herkunft des kaum bekannten Berliner Reliefs wurde am Mittelrhein vermutet, wohl mit Blick auf die frühe Forschung zur Alabasterskulptur, ausgehend vom sogenannten Rimini-Altar im Frankfurter Liebieghaus. Dieses gegen 1430 entstandene Werk wurde lange Zeit als Arbeit eines deutschen Bildhauers gewertet (Swarzenski 1926/27). Mittlerweile tendiert die Forschung dazu, dass das Retabel aus einer in den südlichen Niederlanden, vielleicht in Brügge lokalisierbaren Werkstatt stammt, die europaweit für den Export gearbeitet hat (Woods 2018, S. 93–122, mit Forschungsüberblick). Stilistische Bezüge zu dem Berliner Relief bestehen allerdings nicht. Hier sind die Körperproportionen gedrungen, die Köpfe vergleichsweise groß, die männlichen Gesichter (besonders deutlich beim Schergen) zeigen eher derbe Gesichtszüge, die Gewandstoffe wirken schwer und sind in voluminöse Falten gelegt – Merkmale, die das Relief deutlich von den Arbeiten der Werkgruppe um den Rimini-Meister unterscheiden. Vergleichbar erscheint dagegen eine große Gruppe mitteldeutscher Alabasterskulpturen, deren Hauptwerk ein Kalvarienberg bildet, der für den Kreuzaltar des Halberstädter Doms bestimmt war (Patrimonia 349). Das um 1450 entstandene Werk zeigt in sehr ähnlicher Form die für das Berliner Stück beschriebenen Merkmale, sodass man auch dafür eine mitteldeutsche Herkunft vermuten könnte. Einschränkend sei allerdings auf das Relief einer Grablegung Christi in St. Petersburg verwiesen, das von Anton Legner dem Rimini-Meister zugewiesen wurde (Legner 1969, S. 150). Stilistisch den niederländischen Werken verpflichtet, zeigen die männlichen Figuren dort die für die mitteldeutsche Gruppe charakteristisch derben Gesichter. Sie lassen eine westliche Schulung des Bildhauers der mitteldeutschen Werke vermuten. Angesichts der bruchstückhaften Überlieferung wäre für das Berliner Stück also auch eine südniederländische Herkunft denkbar, wenngleich weniger wahrscheinlich.

JFR

LITERATUR
Erwerbungen 1919–1939, S. 28.

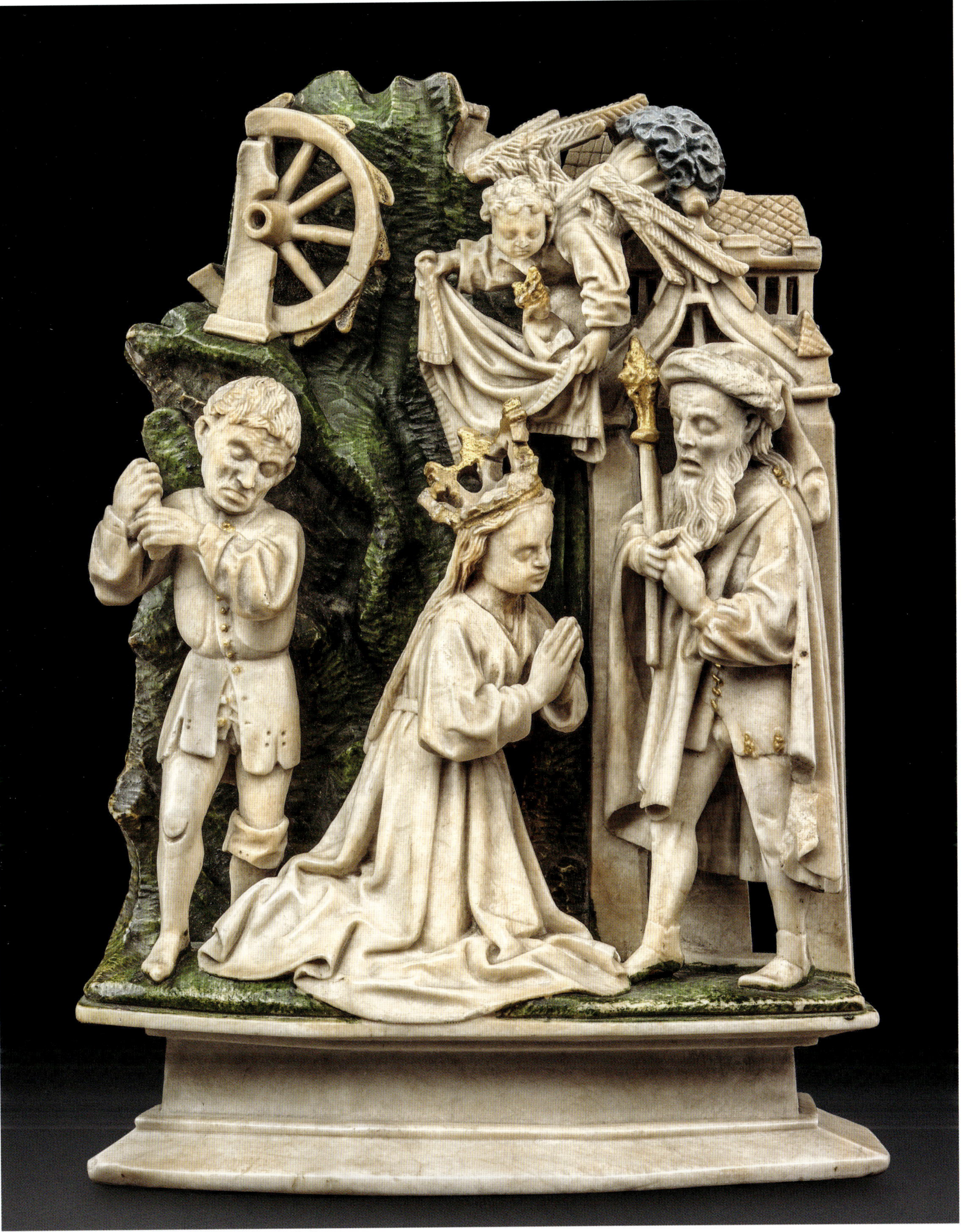

Die vier über die Sammlung Solly nach Berlin gelangten Gemälde bildeten einst die Vorder- und Rückseiten zweier Retabelflügel, die zugehörige Mitteltafel mit einer vielfigurigen Kreuzigung ging 1983 bei einem Brand der Martinskirche in Bad Orb im Spessart zugrunde. Zwischenzeitlich geäußerte Zweifel an der Zusammengehörigkeit mit der Tafel aus Bad Orb konnten zuletzt ausgeräumt werden; für welchen Aufstellungsort das Retabel ursprünglich bestimmt war, bleibt jedoch ungewiss (Grosshans 2000, Kemperdick 2000).

Schon die monumentalen Darstellungen auf den einstigen Außenseiten bringen das theologische Anspruchsniveau und die herausragende künstlerische Qualität des nach Erwin Panofsky „vielleicht vollendetste(n) Kolorist(en) und Luminarist(en) außerhalb der Niederlande" (Panofsky 2006, S. 315 f.) zur Anschauung: Die Gottesmutter hat der Maler in einen krapproten Mantel gehüllt. Ihr blass rosafarbenes Inkarnat, das rotblonde, offene Haar und das gleißende Weiß ihres Schleiertuchs lassen sie wie strahlend vor dem groß gemusterten Ehrentuch hervortreten. Zugleich verbinden sich die hell nuancierten Farbwerte auch mit dem Jesusknaben, zu dem sie in stiller Gefasstheit hinunterblickt. Schräg auf ihrem Schoß platziert, scheint dieser sich nach der Lilie, dem Symbol von Marias Jungfräulichkeit auszustrecken, freilich gewinnt man auch den Eindruck, der unruhige Knabe werde sich im Angesicht der rechts anschließenden Tafel mit der Trinität seines bevorstehenden Schicksals gewahr. Sie ist in der seit der Zeit um 1400 verbreiteten Formulierung als sogenannter Gnadenstuhl ins Bild gesetzt: Wie die Mutter das Kind, so präsentiert der mit einer Kaiserkrone und einem tiefroten Mantel angetane Gottvater den seine Wundmale vorweisenden Sohn, dazwischen vermittelt die Taube des Heiligen Geistes. Einzelne Farbwerte sind in der Dreieinigkeit intensiviert, der Figurenmaßstab erfährt durch das ausladende Gewand Gottvaters eine kaum merkliche Steigerung und das von rechts einfallende Licht verbindet die beiden Flügelbilder untereinander; die Erfüllung des Erlösungswerks durch den menschgewordenen, leiblich auferstandenen Gottessohn wird auf den beiden Tafeln in kluger Verschränkung vor Augen geführt (Schmidt 1974).

Bei aufgeschlagenen Flügeln erblickte man zuseiten der *Kreuzigung* links die *Anbetung der Könige*, rechts die *Verehrung des Kreuzes durch Kaiser Konstantin und seine Mutter Helena* in einer jeweils diagonal auf die Mitteltafel ausgerichteten räumlichen Disposition. Die *Anbetung* ist hier in die grandiose Kulisse eines vom Verfall gezeichneten Palastes versetzt, dessen überkommene romanische Bauformen auf die Überwindung des Alten

Bundes durch die Geburt Christi verweisen. Dabei verbinden sich der goldene Grund und das in den unterschiedlichsten tonalen Abstufungen modellierte graugrüne Mauerwerk zu einem spannungsvoll differenzierten und zugleich farblich zurückhaltenden räumlichen Gefüge, in dem die hohe Gesellschaft mit ihren groß gemusterten Gewändern und üppigen Kopfbedeckungen umso klarer zur Wirkung gelangt. Anregungen für die ebenso prominente wie inhaltlich anspielungsreiche Architekturkulisse dürften von dem gegen Ende der 1450er-Jahre in Köln aufgestellten Columba-Altar Rogier van der Weydens (Abb. S. 199) ausgegangen sein, außerdem ist dem Maler Stefan Lochners um 1445 geschaffenes Kölner Dombild (Abb. S. 22) bekannt gewesen: Die Haltung des Kindes, der älteste König und der hinter diesem aus dem Bild blickende Gefolgsmann mit Vollbart sind in Auseinandersetzung mit dem berühmten Werk aus der Ratskapelle entstanden (Wolfson 1989, Kemperdick 2000).

Mit der Verehrung des Kreuzes in Anwesenheit der „höchsten Autoritäten des römischen Reiches" (Niehr 2019) wird auf dem ehemals rechten Flügel schließlich das neue Zeitalter verbildlicht: Im Chor eines modernen gotischen Kirchenbaus aus hellrotem Stein präsentiert ein von Diakonen begleiteter Bischof dem in Begleitung seiner Mutter erschienenen Kaiser das Kreuz zur Verehrung. Benennbare textliche Vorlagen für diese spezifische Umsetzung der Kreuzesverehrung fehlen, und auch die mit Blick auf das gesamte Retabel sukzessive von der Kunstgeschichte benannten künstlerischen Anregungen sind so eigenständig umgesetzt, dass sowohl die zeitliche als auch die geografische Einordnung des anonymen Meisters lange Schwierigkeiten bereitete. Allein ein 1994 erstmals bekanntgemachtes Retabel in Eberhardsklausen in der Nähe von Trier belegt, dass der Wirkradius der offenbar leistungsfähigen Werkstatt anders als zuvor angenommen nicht auf das Gebiet des Mittelrheins beschränkt war (Dunker/Kemperdick 1994). Mit Blick auf das Retabel in Eberhardsklausen und den im Verlauf einer umfassenden Restaurierung (Gallagher/Reimelt 2000) erfolgten Untersuchungen ließ sich nachweisen, dass der Maler bereits der zweiten Generation von Künstlern des 15. Jahrhunderts zuzurechnen ist (Kemperdick 2000). Fraglos gehören die Berliner Retabelflügel zu den Spitzenwerken der deutschen Malerei kurz vor dem Auftreten Martin Schongauers.   *AFK*

LITERATUR
Stange 1933 – Schmidt 1974, bes. S. 20–24 – Wolfson 1989, bes. S. 30–57 – Dunker/Kemperdick 1994 – Gallagher/Reimelt 2000 – Grosshans 2000 – Kemperdick 2000 – Niehr 2019, S. 176–181.

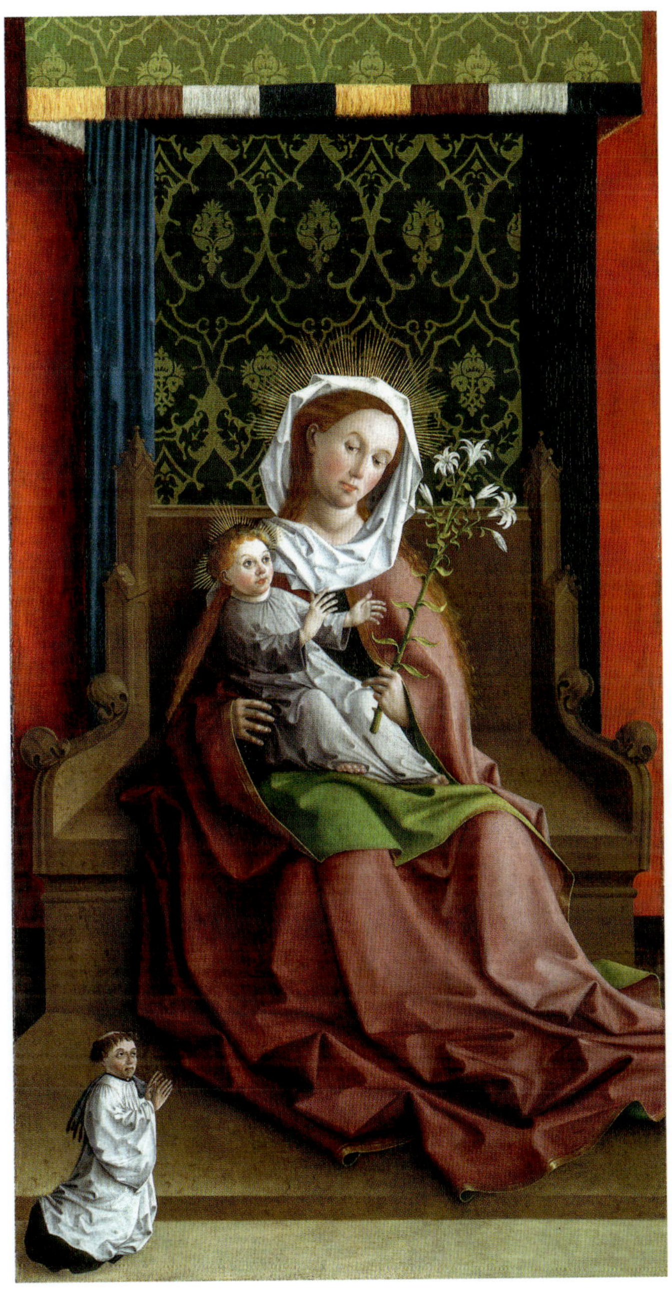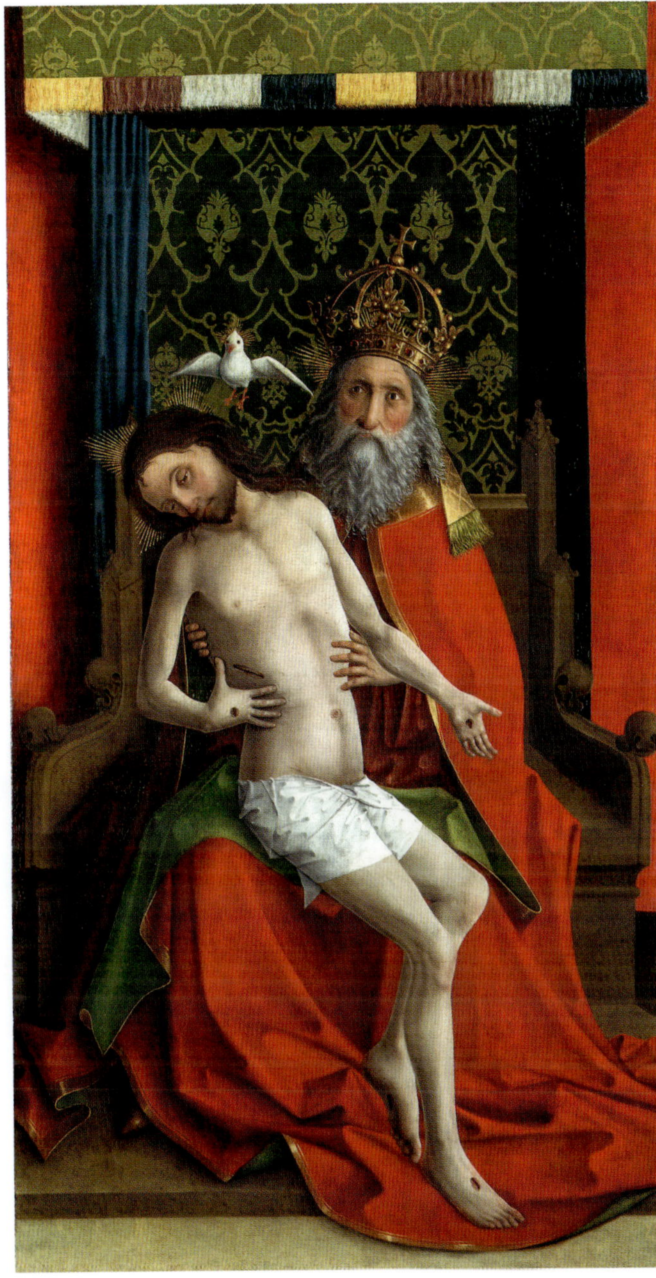

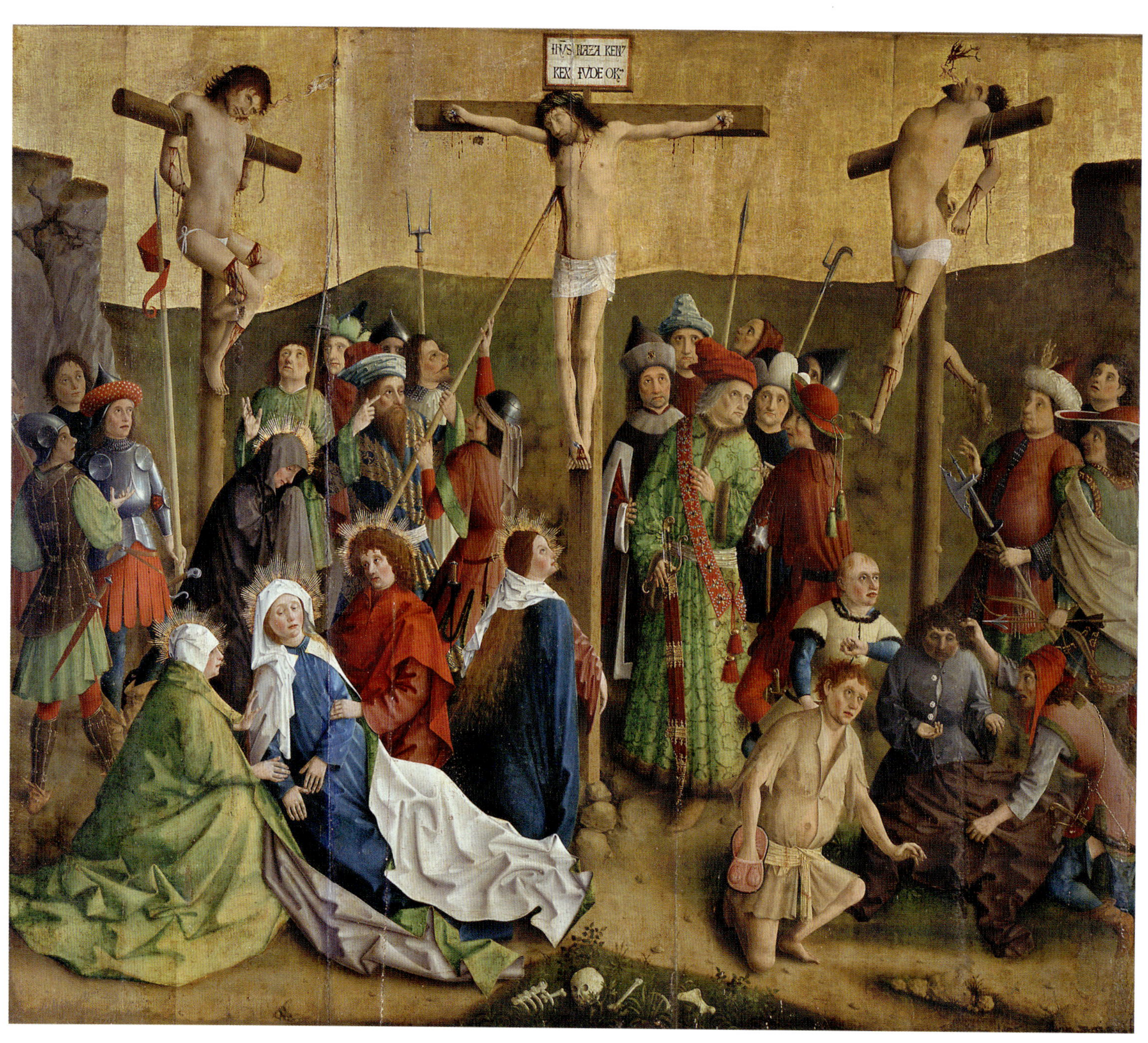

Meister der Darmstädter Passion, *Kalvarienberg*, um 1460,
ehemals Bad Orb, Martinskirche (1983 verbrannt)

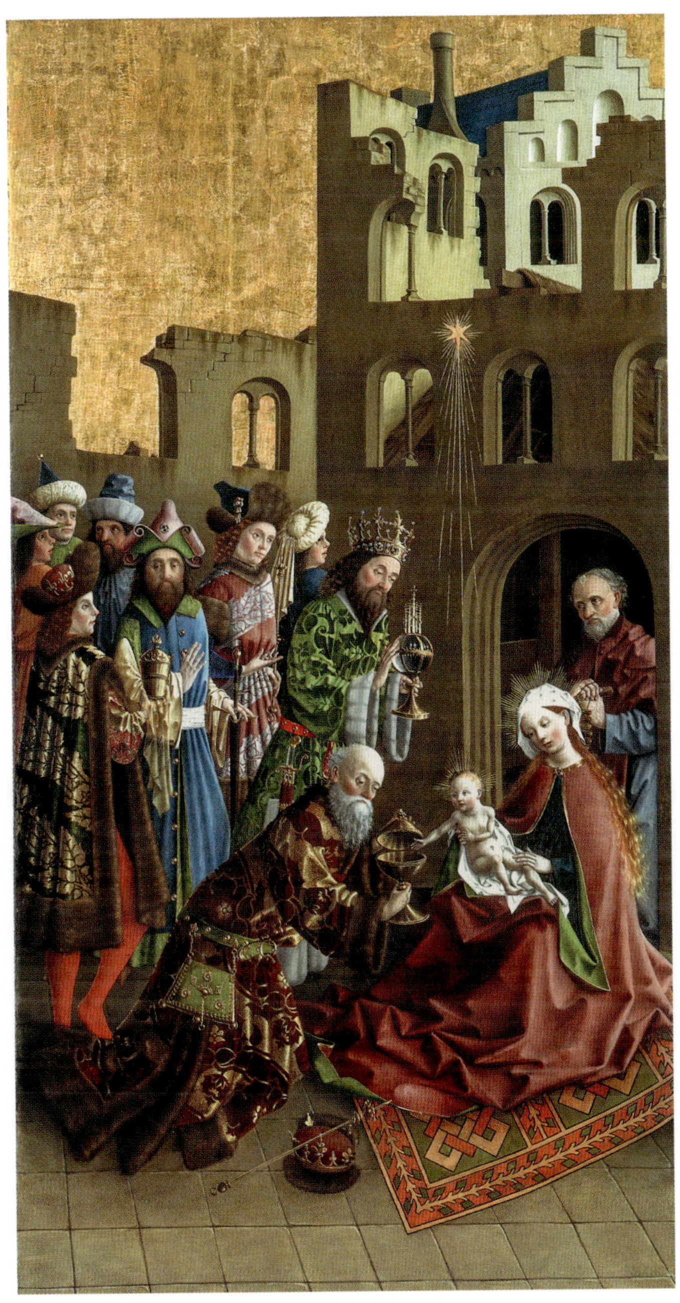
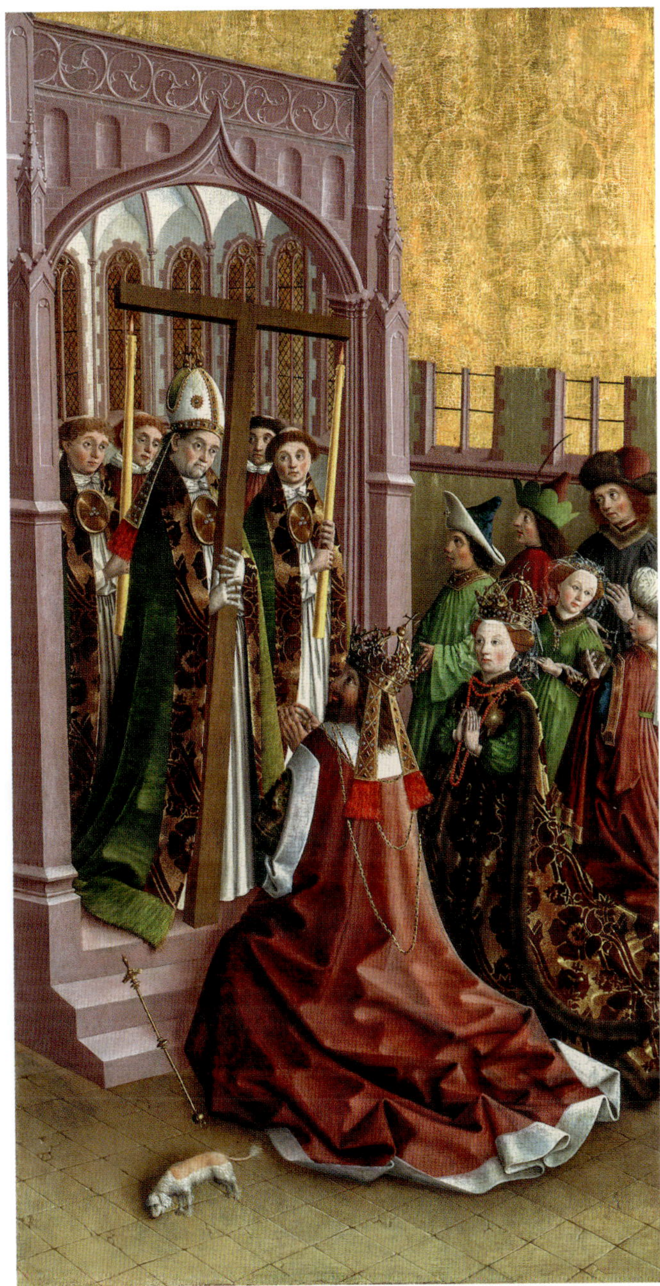

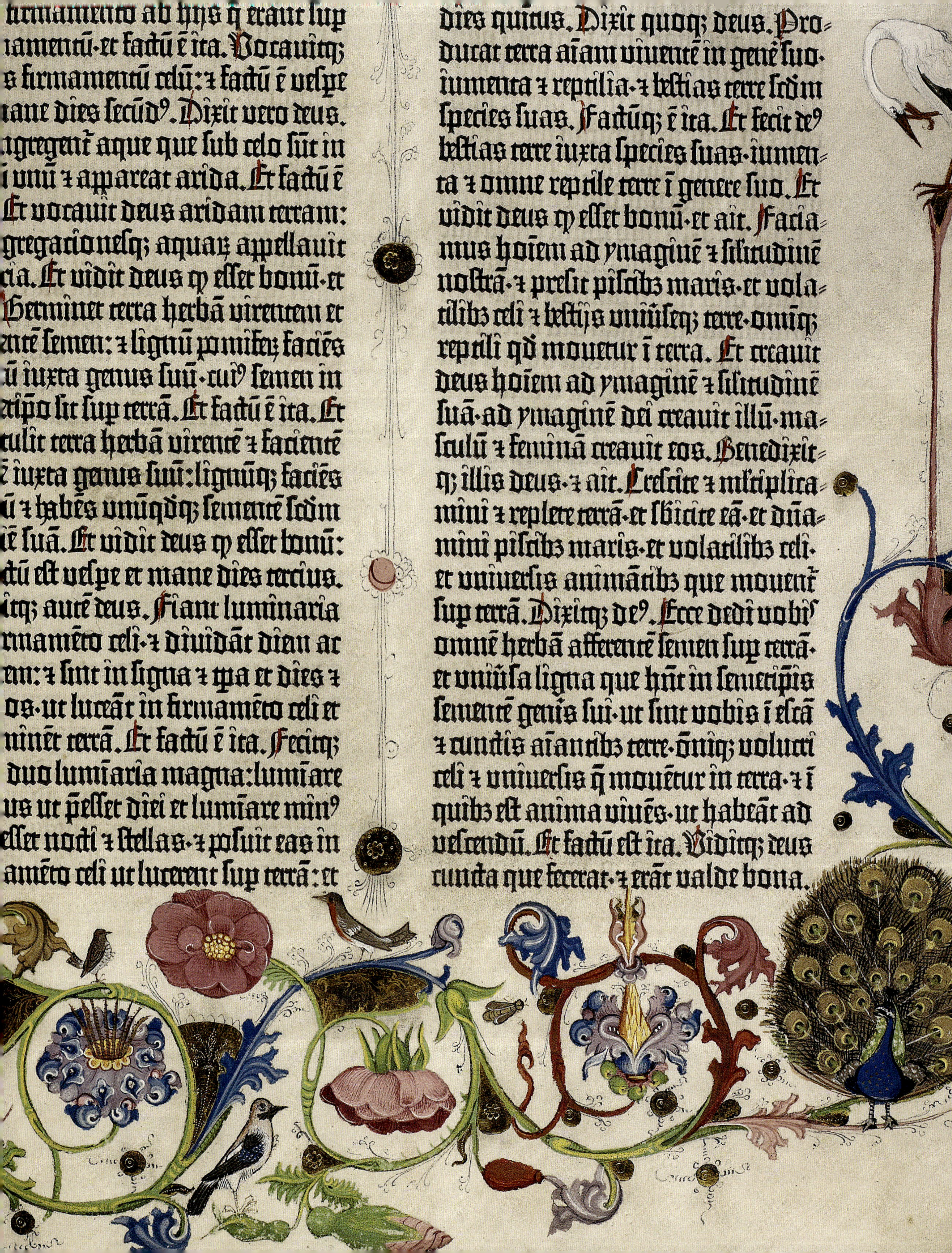

firmamento ab hijs q̄ erant sup[er]
iamentu[m] et factu[m] e ita. Vocauitq[ue]
s firmamentu[m] celu[m]: ⁊ factu[m] e vespe
iane dies secud[us]. Dixit vero deus.
igrege[n]t aque que sub celo su[n]t in
i unu[m] ⁊ appareat arida. Et factu[m] e
Et vocauit deus aridam terram:
gregacionesq[ue] aqua[rum] appellauit
ria. Et vidit deus q[uod] esset bonu[m] et
Germinet terra herba[m] virentem et
e[n]te semen: ⁊ lignu[m] pomifer[um] facie[n]s
u[m] iuxta genus suu[m] cui[us] semen in
[se]ipo sit sup terra[m]. Et factu[m] e ita. Et
[p]tulit terra herba[m] virente[m] ⁊ faciente[m]
⁊ iuxta genus suu[m]: lignu[m]q[ue] facie[n]s
u[m] ⁊ habes unu[m]qd[que] semente[m] secd[m]
[speci]e sua[m]. Et vidit deus q[uod] esset bonu[m]
du[m] est vespe et mane dies tercius.
[Dixit]q[ue] aute[m] deus. Fiant luminaria
[in fi]rmame[n]to celi ⁊ diuida[n]t die[m] ac
[noct]e[m]: ⁊ sint in signa ⁊ t[emp]a et dies ⁊
[ann]os: ut luce[n]t in firmame[n]to celi et
[illu]mine[n]t terra[m]. Et factu[m] e ita. Fecitq[ue]
[deus] duo lumi[n]aria magna: lumi[n]are
[mai]us ut p[re]esset diei et lumi[n]are min[us]
[ut pr]esset nocti ⁊ stellas ⁊ posuit eas in
[firm]ameto celi ut lucerent sup terra[m]: et

dies quitus. Dixit quoq[ue] deus. Pro
ducat terra a[n]iam viuente[m] in gen[er]e suo
iumenta ⁊ reptilia ⁊ bestias terre secd[m]
species suas. Factu[m]q[ue] e ita. Et fecit de[us]
bestias terre iuxta species suas: iume[n]
ta ⁊ omne reptile terre i[n] genere suo. Et
vidit deus q[uod] esset bonu[m] et ait. Facia
mus hoie[m] ad ymagine[m] ⁊ similitudine[m]
nostra[m]: ⁊ p[re]sit piscib[us] maris et vola
tilib[us] celi ⁊ bestijs uniuis[que] terre o[mn]iq[ue]
reptili q[uod] mouetur i[n] terra. Et creauit
deus hoie[m] ad ymagine[m] ⁊ similitudine[m]
sua[m]: ad ymagine[m] dei creauit illu[m]: ma
sculu[m] ⁊ femina[m] creauit eos. Benedixit
q[ue] illis deus ⁊ ait. Crescite ⁊ m[u]ltiplica
mini ⁊ replete terra[m]: et sbicite ea[m] et d[omi]a
mini piscib[us] maris et volatilib[us] celi
et uniuersis anima[n]tib[us] que mouent[ur]
sup terra[m]. Dixitq[ue] de[us]. Ecce dedi vobis
omne[m] herba[m] afferente[m] semen sup terra[m]
et uniu[er]sa ligna que h[abe]nt in semetips[is]
semente[m] gen[er]is sui: ut sint vobis i[n] esca[m]
⁊ cunctis a[n]ia[n]tib[us] terre o[mn]iq[ue] volucri
celi ⁊ uniuersis q̄ mouet[ur] in terra ⁊ i[n]
quib[us] est anima viue[n]s: ut habea[n]t ad
vescendu[m]. Et factu[m] est ita. Viditq[ue] deus
cuncta que fecerat ⁊ erant valde bona.

Gutenberg und die Bilder
Revolution der Buchkunst

Michael Roth

Eine rasante technische und ästhetische Entwicklung der grafisch-motivischen und der typografisch-textlichen Vervielfältigungstechniken durchzieht den Kunst- und den Kulturbetrieb im Heiligen Römischen Reich nördlich der Alpen während des gesamten 15. Jahrhunderts. Dies zeigte bereits die Verbreitung des Bilddrucks auf Papier in der ersten Jahrhunderthälfte. Um 1454/55 markierte schließlich die Erfindung des Buchdrucks mit beweglichen Lettern bzw. die Herausgabe der 42-zeiligen sogenannten Gutenberg-Bibel (Kat. 59) einen Meilenstein in der Mediengeschichte des Jahrtausends. Das Verfahren schrieb Weltgeschichte. Es prägt das Buchwesen und das Druckgewerbe bis in unsere Tage hinein. Und obwohl die Gutenberg-Bibel ein reiner Textdruck war, wurde das neue Druckverfahren aufgrund seiner umfassenden kulturtechnischen Bedeutung auch zum Impulsgeber und Leitmedium der grafischen Künste. Viele Innovationen auf dem Gebiet der Druckgrafik zielten fortan dezidiert auf die Kombination mit dem neuen Buchdruckverfahren. Neben dem letztlich erfolgreichen Druck mit beweglichen Lettern gab es allerdings im mittleren 15. Jahrhundert zunächst noch einige andere, deutlich bescheidenere Verfahren, die das Zusammenführen gedruckter Bilder mit handgeschriebenen oder im Tafeldruck erstellten Texten erprobten. Gerade dieses kurzzeitige Nebeneinander mehrerer ganz unterschiedlicher Illustrationsverfahren im Buch in der Zeit um 1450 zeigt eindrücklich (Kat. 56–58), welch ausgeprägtes Bedürfnis nach illustrierten Büchern bestand und solche Versuche anregte. Das Bild sollte zum Text. Ebenso wie im Einblattholzschnitt handelte es sich auch bei den kleinen Buchprojekten, die Text und Illustration zusammenführten, häufig um geistliche Werke, um Gebetbücher oder sogenannte Armenbibeln. Sie spiegeln den allgemeinen Wunsch nach Visualisierung der heiligen Schriften und das lebhafte Verlangen nach der bildlich unterstützen Anteilnahme, der *Compassio*, am Schicksal des Herrn, das sich auch in den anderen Kunstgattungen zeigt, etwa der Glasmalerei sowie der Skulptur und der Malerei im Rahmen der Altarbaukunst.

Erfunden wurde das Verfahren des Drucks mit beweglichen Lettern von dem in Mainz geborenen Patrizier Johannes Gensfleisch, genannt Gutenberg. Aus politischen Gründen zwischenzeitlich aus seiner Heimatstadt verbannt, lebte er zwischen 1434 und 1444 in Straßburg, kehrte aber spätestens 1448 nach Mainz zurück. Daher konnte bis heute nicht abschließend geklärt werden, wo und ab wann er mit der Entwicklung des neuen Druckverfahrens begann. Auf jeden Fall vollendete er es in Mainz. Der Mainzer Erzbischof war als geistlicher Kurfürst der Erzkanzler und der Vertreter des Heiligen Stuhls im Heiligen Römischen Reich. Als administrativ wichtigste Diözese in Deutschland und Verwaltungshochburg mit einem erheblichen Schriftverkehr war die Stadt ein sehr günstiger Ort, um ein neues Vervielfältigungsverfahren zu platzieren. Für die Herstellung von formelhaften Sendschreiben, Dekreten und vor allem von Ablassbriefen war die Möglichkeit zum Auflagendruck hoch willkommen. Hinzu kam die Nähe der Stadt Mainz zum zentralen Messe- und Reichstagsort Frankfurt am Main, wo Gutenbergs Partner bald ein Lager einrichten sollten. Von hier aus drang die Kunde neuer Errungenschaften in die Welt. Vor diesem Hintergrund war es eine sicherlich wohlabgewogene, wenn auch überaus anspruchsvolle Idee, das neue Verfahren mit einem editorischen Paukenschlag einzuführen. Gutenberg wählte dafür, neben möglicherweise bereits zuvor gedruckten kleineren Werken wie dem Lateinlehrbuch des Aelius Donatus,[1] das Buch der Bücher, die Bibel, als Gründungswerk des Verfahrens. Damit nahm er ein kolossales Projekt mit weit über tausend Druckseiten in Angriff. Dies war ein logistisch, drucktechnisch und finanziell höchst riskantes Unterfangen. Um es zu bewältigen, brauchte er Partner: Johannes Fust als Finanzier und den zuvor in Paris tätigen Kalligrafen Peter Schöffer, der spätestens nach Fusts Tod dessen Tochter heiratete und das Druckhaus, die Offizin, übernahm.

Das Projekt bzw. sein Ergebnis war so spektakulär, dass Reisende, die davon erfuhren, darüber berichteten. Einer von ihnen war kein Geringerer als Enea Silvio Piccolomini, damals Sekretär von Kaiser Friedrich III. Später wurde er zum Papst gewählt. Ab 1458 bekleidete er dieses Amt als Papst Pius II. (Kat. 48). Am 12. März 1455 schilderte er dem spanischen Kardinal Juan de Carvajal seine Begegnung mit einem bemerkenswerten Mann (entweder Johannes Gutenberg oder Johannes Fust) während seines Aufenthalts auf dem Reichstag in Frankfurt am Main im Spätherbst 1454. Dieser Mann habe Lagen (Quinterne[2]) von Bibeln präsentiert, die in einer so gut lesbaren Schrift hergestellt worden seien, dass Carvajal sie sogar ohne Brille hätte lesen können. Auch habe man dem Kaiser einige Lagen nach

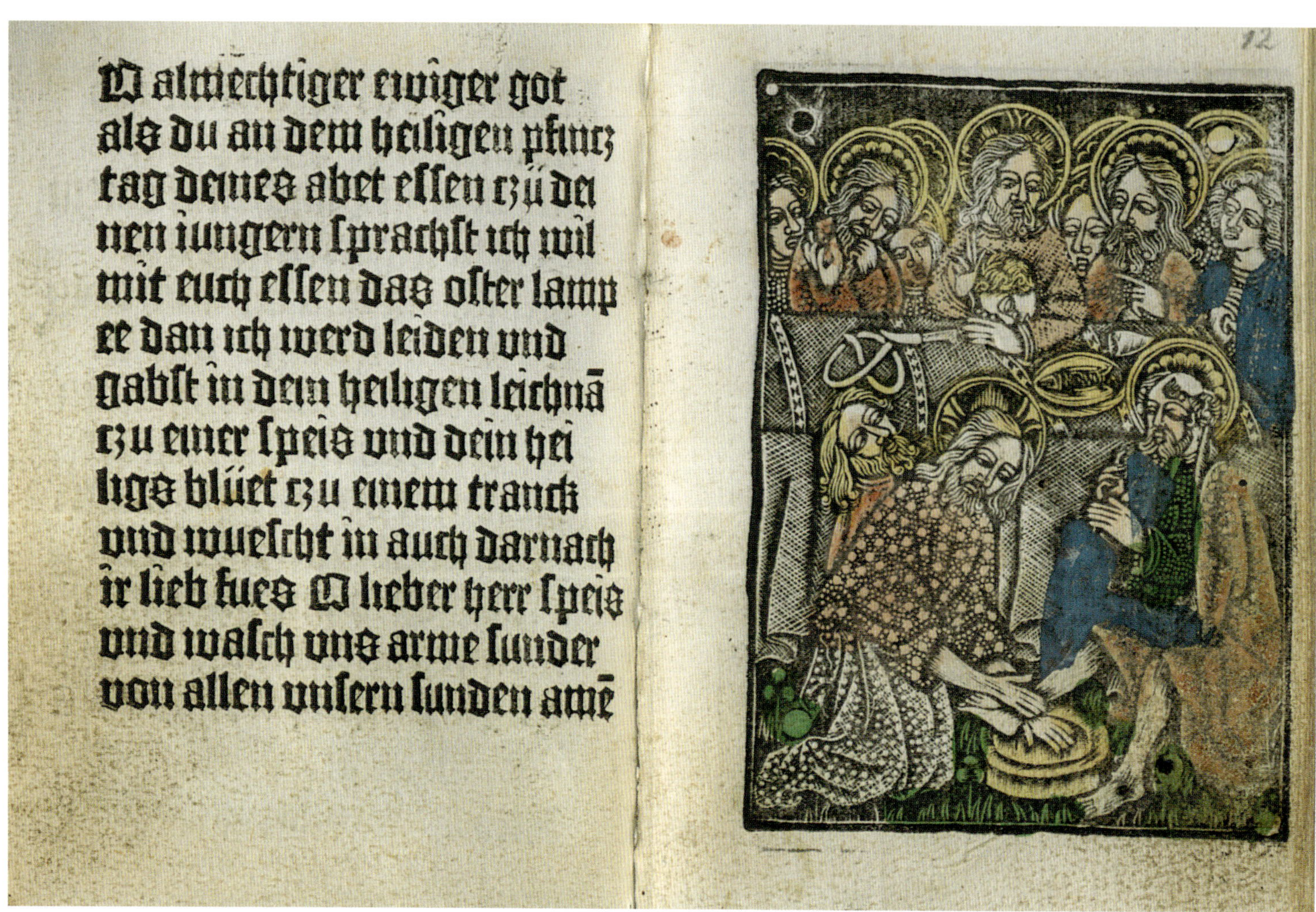

Letztes Abendmahl und Fußwaschung Petri aus der sogenannten Stöger-Passion (Leiden Christi), Gebetbuch mit gedrucktem Text und Metallschnitten, Süddeutschland vor 1462, fol. 11 v/12 r, München, Bayerische Staatsbibliothek

Wiener Neustadt geschickt, wo Piccolomini gerade weilte, und man habe ihm gesagt, die Gesamtauflage betrage 158 oder sogar 180 Exemplare. Von dieser Schätzung der Gesamtauflage der Gutenberg-Bibel geht man noch heute aus. 150 Exemplare dürften auf Papier, 30 besonders aufwendig auf Pergament gedruckt worden sein.[3] Auch die heute übliche Ansetzung des Druckabschlusses orientiert sich an Piccolominis Bericht.[4] Man geht davon aus, dass der Druck 1454 oder spätestens 1455 abgeschlossen war. Damals entzweiten sich Gutenberg und Fust und die Kooperation nahm ein gerichtliches Ende, das in dem sogenannten Helmaspergerschen Notariatsinstrument vom November 1455 dokumentiert ist.[5]

In der anschließenden, historisch kurzen Zeitspanne zwischen der Fertigstellung der Gutenberg-Bibel und dem Jahrhundertende – also in jenem Zeitraum, der als sogenannte Inkunabelzeit oder Zeit der „Wiegendrucke" in die Buchgeschichte eingegangen ist – vollzog sich eine weit gespannte künstlerische und gestalterische Entwicklung auf allen Gebieten der Buchherstellung ebenso wie im Bereich der Buch-Druckgrafik.[6] Der Wunsch, Texte und Bilder miteinander zu verschmelzen, war

weiterverbreitet, und er wurde parallel zum neuen Letterndruck im bescheideneren Rahmen und mit weit geringerem Aufwand an verschiedenen Orten verfolgt.[7] Ähnlich wie im frühen Einblattdruck zeichnet sich in dieser Phase um die Jahrhundertmitte eine breit gefächerte Entwicklung ab. Verschiedene Techniken wurden erprobt. Neben Holzschnitten, die sich als eingeführtes Reliefdruckverfahren sowohl als reiner Bilddruck mit handschriftlichen Ergänzungen (Kat. 56) als auch in der Kombination mit ebenfalls geschnitztem Text zum Druck als Blockbuch eigneten (Kat. 57), setzte man in dieser frühen Phase auch eine weitere, stärker flächenorientierte Drucktechnik ein, den Metallschnitt (Kat. 58). In dieser Technik vollzog sich nach heutiger Kenntnis auch der Übergang zum Buchdruck (Abb. S. 164). Metallschnitte eigneten sich dazu besonders, da sie ebenso wie Gutenbergs Verfahren und der Holzschnitt Hochdrucke sind.[8] Daher konnten die Druckplatten, die wohl zunächst manuell per Reiber abgezogen wurden, auch auf Buchdruckpressen gedruckt und idealerweise sogar bündig mit Letterndruckplatten in einen Satzspiegel integriert und gemeinsam gedruckt werden. Für die ersten Versuche, Metallschnitte mit Letterndruck zu kombinieren, benutzte man eine Type, die auch für einen Wiener Almanach auf das Jahr 1462 verwendet wurde.[9] Zum Einsatz kamen Druckplatten, die zuvor bereits in Manuskripten in Kombination mit handgeschriebenen Texten verwendet worden waren (Kat. 58). In Buchform erhaltene Zeugnisse aus dieser Phase sind heute sehr selten, da die Verluste bei solch anspruchslosen und oft recht unscheinbaren Werken hoch waren. Zudem wurden viele dieser kleinen Büchlein im Laufe der Zeit aufgelöst, um die Abbildungen gesondert zu verwenden bzw. aufzubewahren. Ebenso wie das sogenannte Blockbuch (Kat. 57), ein Holztafeldruck, spiegeln sie die frühen Ansätze, Text und Bild im Buch zusammenzubringen. Sie bilden den Ausgangspunkt für den bald einsetzenden Wettstreit um das angemessene Bild im gedruckten Buch.

Der Grundstein zur Kombination von Bilddrucktafeln mit dem Letterndruck wurde schon am zweiten Druckort der Frühdruckzeit gelegt, in Bamberg. Dort eröffnete ein früherer Gutenberg-Mitarbeiter aus Mainz, sehr wahrscheinlich Heinrich Keffer, um 1459/60 eine Offizin, vermutlich auf Initiative des Fürstbischofs Georg I. von Schaumberg. Zunächst wurde eine zweite Bibelausgabe gedruckt, die sogenannte 36-zeilige Bibel.[10] Deren enge Verbindung zum Gründerkreis des Buchdrucks zeigt sich in der Wiederverwendung einer von Gutenberg entwickelten Type, der sogenannten Donat-Kalender-Type. Bereits in den frühen 1460er-Jahren unternahm Keffers Nachfolger Albrecht Pfister erste Versuche zur Integration gedruckter Illustrationen in den Textdruck. Er arbeitete dazu mit Holzschnitten. Diese wurden zunächst als Reiberdrucke manuell auf die Textseiten übertragen. Dazu musste im Satzspiegel Raum für die Bilder freigehalten werden. Erst nachdem man ein Verfahren entwickelt hatte, um die Druckformen von Bild und Schrift auf eine gemeinsame Höhe zu bringen, konnte man die Illustrationen gemeinsam mit dem Text drucken. Nach Pfisters Pilotprojekt war es 1461 Ulrich Boners *Edelstein*, in dem relativ kleine, querformatige Motive und ein immer gleiches Autorenbild am linken Rand der Holzschnitte in den laufenden Text eingefügt wurden (Abb. S. 165). 1462/63 gelang dem Drucker mit dem *Ackermann aus Böhmen* des Johannes Tepl ein erstes großformatiges illustriertes Buch im neuen Druckverfahren (Kat. 61). Aufgrund der seitenfüllenden Illustrationen entfiel hier das Einpassungsproblem der Abbildungen in den Text. Wie im frühen 15. Jahrhundert üblich, waren die Holzschnitte beider Bücher auf eine Kolorierung angelegt. Man befand sich noch im Stadium einer schlichten Zusammenführung der beiden Druckmedien in ihrer jeweils traditionellen Erscheinungsform: schwarzer Textdruck und farbig gefasster Holzschnitt. Man konnte und wollte noch nicht auf eine mehr oder weniger umfängliche und spezialisierte Nachbearbeitung der gedruckten Lagen durch Buch- oder Briefmaler verzichten.

Dies änderte sich im Laufe der folgenden Jahre. Die schon bei Gutenberg, Fust und Schöffer erkennbare Tendenz, möglichst zahlreiche Gestaltungsvorgänge im Druck zusammenzuführen, setzte sich fort und prägte die weitere Entwicklung auch des Bilddrucks. So bieten die weiteren Fortschritte

Ulrich Boner, *Fabel von den Fröschen, die einen König wollten*, aus: *Edelstein*, Bamberg 1461, fol. 18 r, Wolfenbüttel, Herzog August Bibliothek

des Bilds im Buchdruck mit beweglichen Lettern Einblicke in ein bemerkenswertes Wechselspiel zwischen den künstlerisch-ästhetischen Vorstellungen der unterschiedlichen Beteiligten, ihrer technischen Möglichkeiten, ihres Erfindungsreichtums, aber auch der handwerklich-wirtschaftlichen Machbarkeit in diesem jungen und offenbar von allen Seiten sofort als besonders wirkmächtig eingeschätzten Medium. Prägend für die künstlerische Entwicklung innerhalb des neuen Mediums sind, neben den allgemeinen, zeittypischen stilistischen Veränderungen, in deren Vermittlung die Druckgrafik zunehmend eine bedeutende Rolle spielte, vor allem die Entwicklung neuer ästhetischer Vorstellungen und die wachsende Bereitschaft des Publikums, monochrome Bilder zu akzeptieren. Im Bereich der Druckgrafik war dies mit der Fortentwicklung des Kupferstichs verbunden. Vorreiter einer monochromen Druckgrafik, wie Martin Schongauer, hatten in ihren Kupferstichen dem Schwarz-Weiß eine tragfähige Bildsprache verliehen. Und bald verstärkte sich auch im Buchdruck der Wunsch nach schwarz-weißen Illustrationen in hoher oder zumindest angemessener Qualität. Daher experimentierten einige Drucker in den frühen 1480er-

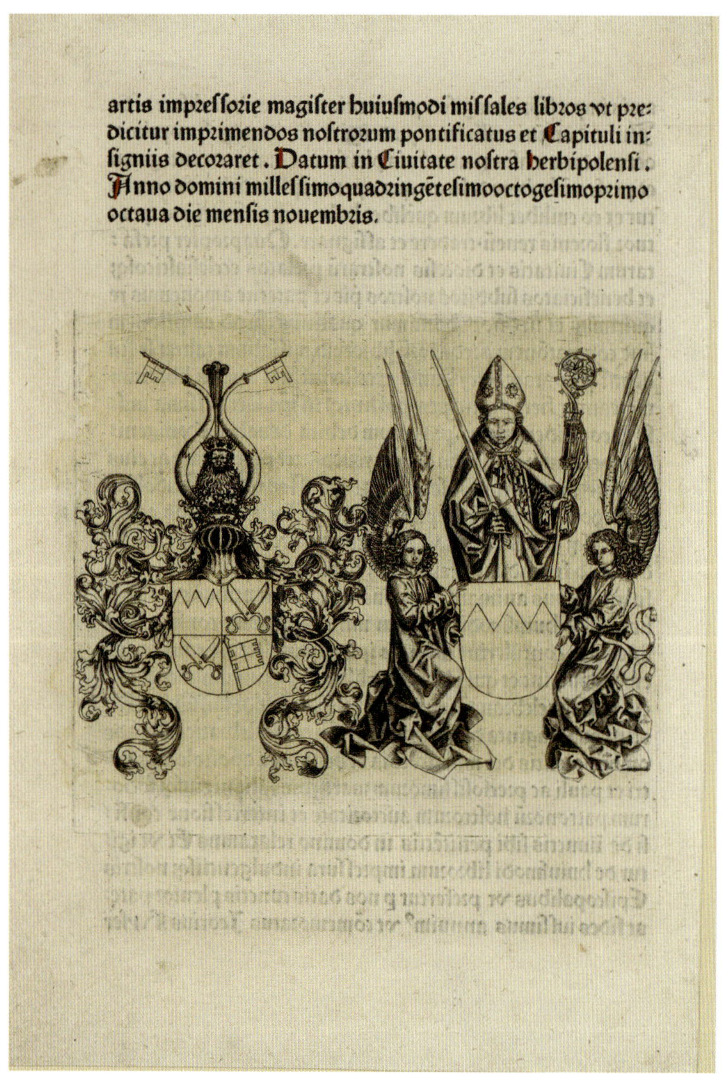

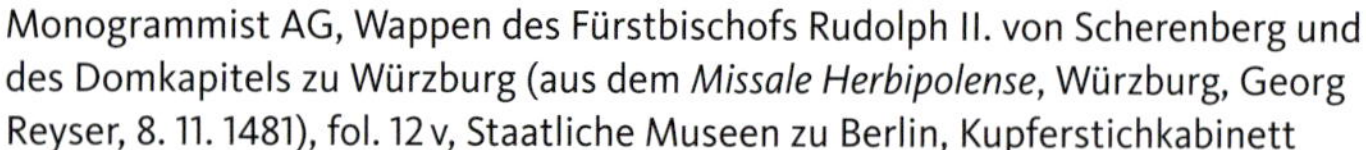

Monogrammist AG, Wappen des Fürstbischofs Rudolph II. von Scherenberg und des Domkapitels zu Würzburg (aus dem *Missale Herbipolense*, Würzburg, Georg Reyser, 8. 11. 1481), fol. 12 v, Staatliche Museen zu Berlin, Kupferstichkabinett

Monogrammist AG, Wappen des Fürstbischofs Rudolph II. von Scherenberg und des Domkapitels zu Würzburg (aus dem *Missale Herbipolense*, Würzburg, Georg Reyser, 19. 2. 1484), fol. 9 r, Staatliche Museen zu Berlin, Kupferstichkabinett

Jahren sowohl in Italien als auch in Deutschland mit kombinierten Verfahren von Buchdruck und Kupferstich, um diese im Sinne einer Schwarz-Weiß-Ausrichtung bereits weiter entwickelte Bilddrucktechnik im Buch zu nutzen.[11] Die Gründe hierfür sind durchaus nachvollziehbar, denn der Kupferstich erlaubte zu dieser Zeit erheblich feinere und detaillierter ausgearbeitete Kompositionen als der damals noch rustikalere Holzschnitt, der weiterhin mit einer nachträglichen Kolorierung rechnete. Im Kupferstich war diese Kolorierung zwar ebenfalls möglich, aber keineswegs mehr notwendig. Und so mehrten sich in den 1480er-Jahren Versuche, Kupferstiche in den Satzspiegel zu integrieren. Wiederum waren es nördlich der Alpen vor allem geistliche Potentaten, die durch ihre Repräsentationsbedürfnisse technische Innovationen beflügelten. Sowohl der Würzburger Fürstbischof Rudolph II. von Scherenberg (Abb. S. 166, links) für das *Missale Herbipolense* 1481 als auch der Eichstätter Bischof Wilhelm von Reichenau

im *Breviarium Eystetense* 1483 ließen ihre Wappen im Kupferstich jeweils unter die Schlussschrift des Werks, den Kolophon, drucken. Mitunter wurden diese Wappen auch koloriert (Abb. S. 166, rechts). Diese besondere Verfahrenskombination, die sich auf Werke überschaubarer Auflagen beschränkt haben dürfte, wurde von dem Würzburger Drucker Georg Reyser in Zusammenarbeit mit einem hervorragenden Stecher, dem Monogrammisten AG, angeboten. Dieser namentlich leider unbekannte Kupferstecher befand sich auf der Höhe der damaligen Kunstentwicklung und hatte sich unter anderem beim genauen Kopieren von Kupferstichen Martin Schongauers als technisch besonders versiert erwiesen. Doch letztlich war die Kombination von Hoch- und Tiefdruck im Druckablauf zu kompliziert, aufwendig und fehleranfällig und damit zu ausschussträchtig; es blieb bei wenigen Versuchen.

Aus drucktechnischen Gründen konnte sich schlussendlich der Holzschnitt als Hochdruckverfahren gegenüber der

Tiefdrucktechnik Kupferstich behaupten, und die weitere Entwicklung konzentrierte sich wieder auf ihn. Um nun aber die Unterschiede zu dem optisch meist reizvolleren, aber technisch weniger gut geeigneten Bilddruckverfahren mit Kupferstichen zu kompensieren, mussten für den Holzschnitt grafische Mittel gefunden werden, um ähnliche Licht-Schatten-Werte und Körper- oder Gewandmodellierungen zu erreichen. Der Holzschnitt musste linearer und in der Gestaltung flexibler werden, um auf die Kolorierung verzichten bzw. diesen Verzicht durch kontrastreich modulierte Grauwerte in Schraffursystemen ausgleichen zu können oder sogar vergessen zu lassen. Damit begann für den Holzschnitt ein langer Weg, in dem die Buchillustration recht bald die entscheidenden Impulse gab und die Federführung für weitere technische und ästhetische Inventionen übernahm.

Mit der *Peregrinatio in Terram Sanctam* des Domherrn Bernhard von Breydenbach (Kat. 62) produzierte neuerlich ein Mainzer Unternehmen einen weithin beachteten, innovativen Meilenstein im Bereich des druckgrafisch illustrierten Buchs. Erhard Reuwich aus Utrecht hatte den Mainzer Domherrn auf einer Reise in Heilige Land als Zeichner begleitet. Die vor Ort entstandenen Zeichnungen brachte er nach der glücklichen Rückkehr nach Mainz im Eigenverlag zum Druck. Neben zahlreichen, mehrfach auszufaltenden, großformatigen und topografisch verlässlichen Stadtansichten (Kat. 62) enthält der Reisebericht einen besonders prachtvollen Titelholzschnitt, bzw. ein Frontispiz (Abb. S. 167) mit dem Wappen der beteiligten Pilgerfahrer. Das formatfüllende Bild ist in seiner detailreichen, feinlinigen Binnenzeichnung bereits vollgültig als Schwarz-Weiß-Blatt angelegt und sollte nicht mehr nachkoloriert werden. Damit legte Reuwich einen wichtigen Grundstein zur Akzeptanz des monochromen Bildes im Buch. In Nürnberg wurde der Faden ebenfalls aufgenommen. Hier entwickelte sich mit der Offizin Anton Kobergers eine leistungsfähige Verlagsinstitution, die das Buchgewerbe international vernetzte. Koberger gab durch seine Verlags- und Druckertätigkeit den breit aufgestellten örtlichen Kunstateliers, etwa demjenigen von Michael Wolgemut und Wilhelm Pleydenwurff, Ansporn zur Gründung des Geschäftsbereichs „Bilddruck". Dies eröffnete auch nachwachsenden Kräften neue Perspektiven für ihre berufliche Entfaltung im bibliophilen Bereich, nicht zuletzt Kobergers Patensohn Albrecht Dürer.

Wichtige Nürnberger Wegmarken sind die eng auf den Text bezogenen grafischen Visualisierungen zu Stephan Fridolins *Schatzbehalter* (Kat. 63) und die Illustrationen zu Hartmann Schedels *Weltchronik* (Kat. 64) von 1493, der mit 1809 Holzschnittillustrationen bilderreichsten Inkunabel überhaupt. Nicht zufällig bezieht sich das Frontispiz dieses Prachtbandes (Abb. S. 168) formal direkt auf das einige Jahre ältere Mainzer Reisebuch von Bernhard von Breydenbach (Kat. 62). Den vorläufigen Höhepunkt dieser Hinwendung zum monochromen Bild im gedruckten Buch setzt dann allerdings Albrecht Dürers *Apokalypse* (Kat. 65). Mit der monochromen, bis dahin beispiellosen Liniensprache seiner Holzschnitte begründete der 27-jährige Nürnberger seinen Weltruhm als Buchgrafiker und stellte das

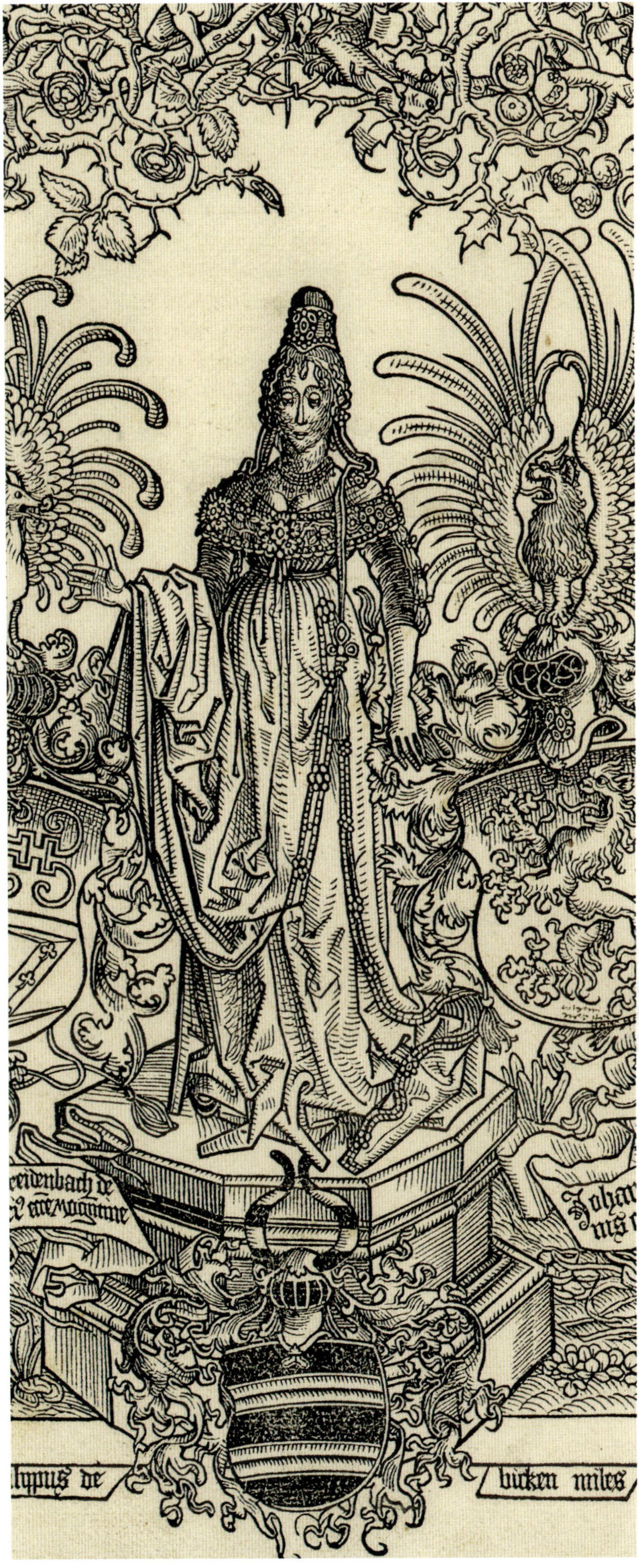

Erhard Reuwich, Frontispiz (Detail), in: Bernhard von Breydenbach, *Peregrinatio in Terram Sanctam*, Mainz, Erhard Reuwich, 11. 2. 1486, fol. 1 v, Staatliche Museen zu Berlin, Kupferstichkabinett

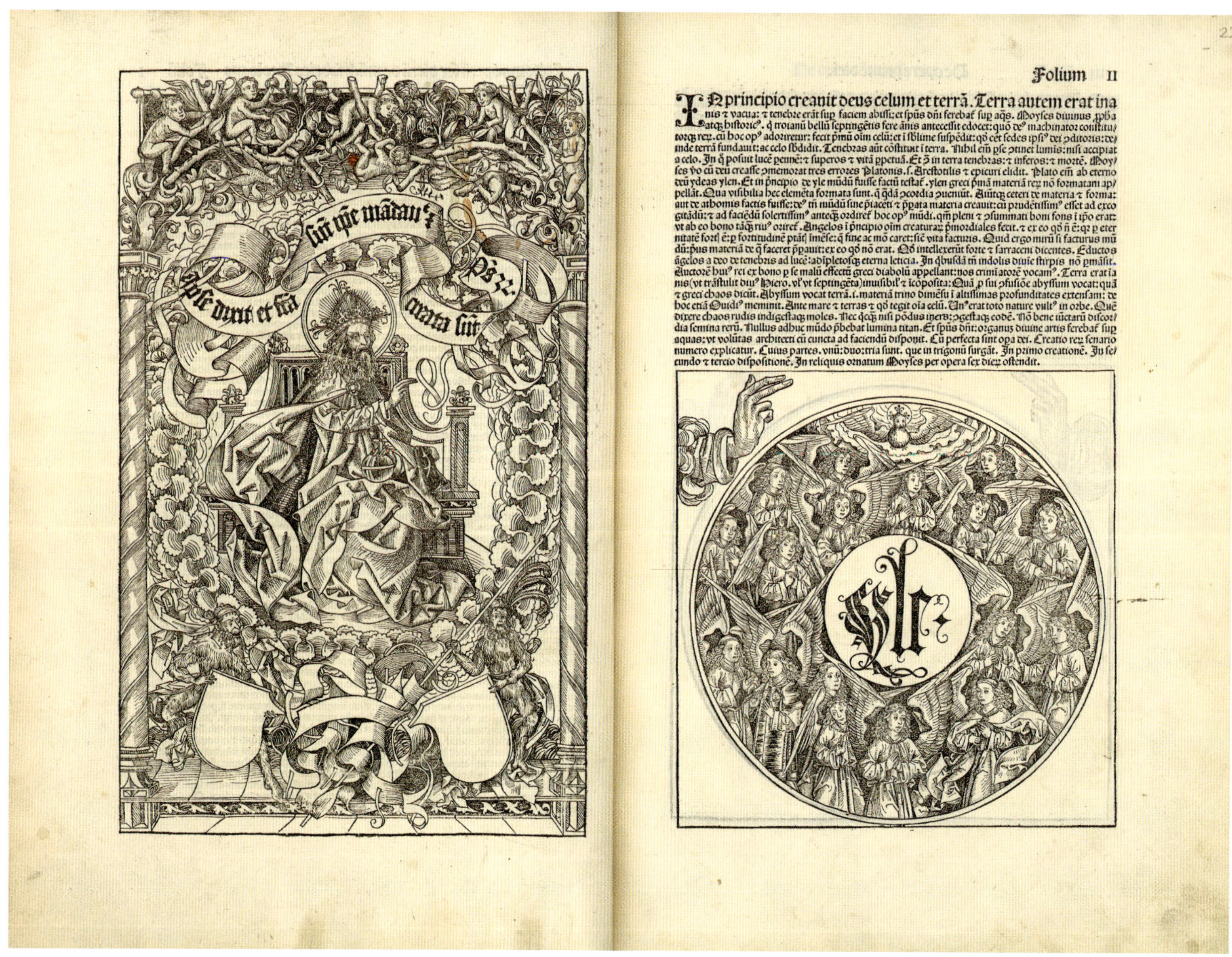

Michael Wolgemut und Wilhelm Pleydenwurff, *Gottvater auf dem himmlischen Thron* und Textbeginn, in: Hartmann Schedel, *Liber chronicarum*, Nürnberg, Anton Koberger 12. 7. 1497, Holzschnitt, Titelblatt, fol. 1 v/2 r, Staatliche Museen zu Berlin, Kupferstichkabinett

Druckmedium auf eine neue und für viele Jahrzehnte tragfähige Grundlage.

Damit manifestierte sich in den Bildkünsten dieser Zeit ein grundsätzlicher Wandel in der Denkungsart. Bis dahin war man ganz überwiegend an Bilder gewöhnt, die mehr oder weniger stark differenzierte Farbflächen zu Gesamtkompositionen zusammenfügten und Motive entstehen ließen, in denen lineare Elemente vornehmlich als Flächenbegrenzungen, Rahmen oder kalligrafische Schmuckornamente auftraten. Im Laufe des 15. Jahrhunderts erhielt die Linie als Werkzeug wie auch als Ausdrucksmittel eine ganz neue Relevanz. Es tat sich ein Spannungsfeld zwischen farbiger Flächengestaltung und monochromer Linienkunst auf, das in der hier skizzierten Phase gerade in den druckgrafischen Techniken besonders prägnant zutage tritt.

1 Siehe hierzu Hoffmann 1993, S. 303 f. (mit der weiteren Literatur).
2 Tatsächlich bestehen die Lagen der B-42 aus jeweils fünf einmal gefalzten Bögen (siehe hierzu Corsten 1979, S. 47).
3 AK München 2009, Kat. 61, S. 161. Die Wertschätzung dieses Buchs zeigt sich auch in der erstaunlich dichten Überlieferung der Gutenberg-Bibel. Immerhin sind von den einstmals etwa 180 Exemplaren 49 erhalten (zwei fragmentierte: Rendsburg und Schweinfurt) darunter 11 auf Pergament.
4 Zu diesem Brief siehe Meuthen 1982, S. 108–118.
5 AK Mainz 2000, Kat. GM 139, S. 338 f. (S. W.). Zudem vermerkte der Mainzer Vikar Heinrich Cremer in den beiden Bänden der Bibliothèque nationale de France den 12. August für einen und den 28. August 1456 für den anderen Band als Abschlussdatum der Rubrizierungsarbeiten. Spätestens zu diesem Zeitpunkt muss also das komplett gedruckte Exemplar vorgelegen haben.
6 Die Verbreitung des Druckwesens verlief rasant und zunächst vornehmlich durch Abwanderung ehemaliger Mitarbeiter aus der Mainzer Gründungsoffizin. Siehe hierzu AK Mainz 2000, S. 238–242.
7 Zur Vielfalt unterschiedlicher Verknüpfungen von Text und Bild im Frühdruck siehe auch AK München 2009.
8 Auch Gutenbergs frühere Partner Johann Fust und Peter Schöffer experimentierten mit Metallschnitten im Buchdruck. Sie nutzten sie zur Anfertigung von Druckformen für mehrfarbige Schmuckinitialen und anhängendes Rankenwerk.
9 AK München 2009, Kat. 27, S. 88 f. (mit der weiteren Literatur).
10 AK Mainz 2000, S. 238–240.
11 Zu italienischen Inkunabeln mit Kupferstichen siehe Keller 2000, S. 326–333 sowie AK München 2009, Kat. 30, S. 94 f.

55 Lichtensteig (Nordostschweiz), um 1411
Toggenburg-Chronik

Umfang 267 Blatt, 149 Miniaturen
Deckfarben auf Pergament; H. 36 × B. 23,6 cm

erworben 1888
aus der Sammlung John Ruskin, durch Vermittlung des
Straßburger Antiquars Karl Ignaz Trübner
Staatliche Museen zu Berlin, Kupferstichkabinett, Sign. 78 E 1

Die *Toggenburg-Chronik* ist ein herausragendes Beispiel für eine opulent ausgestattete, volkssprachige Prachthandschrift des frühen 15. Jahrhunderts. Sie enthält eine große Anzahl zum Teil fast seitenfüllender Miniaturen, und sie bietet ein ungewöhnlich solides Datengerüst. Die Nachschrift (Kolophon) am Ende des Manuskripts nennt den 29. Mai 1411 als Fertigstellungsdatum des Texts und den Kaplan Dietrich von Lichtensteig als seinen Schreiber. Im Anschluss daran werden die sehr aufwendigen Illustrationen in das Manuskript gemalt worden sein. Die Auftraggeber waren Graf Friedrich von Toggenburg und seine Gemahlin Elisabeth von Matsch. Der Buchmaler allerdings bleibt unerwähnt.

Die Handschrift umfasst den kompletten Text der Weltchronik des Rudolf von Ems in hochalemannischem Sprachduktus. Dieser Chroniktext erfreute sich vom späten 13. bis ins frühe 15. Jahrhundert großer Beliebtheit, obwohl er unvollendet geblieben war. Er erstreckt sich vom Beginn der Welt bis zum Buch Salomos und wird durch die Schilderung profaner Parallelereignisse erweitert, etwa durch die Geschichte des Trojanischen Kriegs. Dann bricht er unvermittelt ab. Schon den Schreiber des Berliner Manuskripts veranlasste dies zu der Bemerkung (fol. 266r): „Nit me hat vor mir daz buch". Kaplan Dietrichs Textvorlage war zu Ende.

Besonders enge Beziehungen weist die *Toggenburg-Chronik* zu einem Rudolf-von-Ems-Manuskript aus Kloster Rheinau aus den 1340er-Jahren auf, heute in der Zentralbibliothek Zürich (Hs. Rh 15).[1] Die Handschrift lieferte neben der Textvorlage auch Ideen für zahlreiche Bildschöpfungen und für das Layout des jüngeren Werks. Bei der Herstellung der *Toggenburg-Chronik* scheint der Schreiber die Zügel in der Hand gehabt zu haben. Zahlreiche Randbemerkungen lassen erkennen, dass er auch konkrete Vorgaben für die Miniaturen machte. Diese Anweisungen spiegeln seine Kenntnis der Rheinauer Chronik, neben der jedoch noch weitere Vorlagen konsultiert worden sein müssen.

Das zeigt sich etwa in der seitengroß dargestellten Episode aus der Josefsgeschichte (1 Mose 39,1–20, fol. 54v/55r). Nach Ägypten verschleppt, war Josef durch weises Auftreten und kluges Handeln in die Gunst und in das Amt des Hofmeisters von Potifar gelangt, dem Kämmerer des Pharao. Auch Potifars Gattin fand besonderes Gefallen am jungen Josef und wollte ihn verführen. Er jedoch entzog sich und ergriff die Flucht. Dabei erhaschte die zurückgewiesene Frau seinen Mantel und behielt ihn als Beweismittel für eine vermeintliche Bedrängnis. Potifar glaubte der Verleumdung und ließ Josef in den Kerker werfen.

Die dynamische und geradezu theatralische Szene der *Toggenburg-Chronik* wird durch einen kostbaren Vorhang von der schweren Hintergrundarchitektur abschirmt. Ähnliches findet sich bereits in einer 1387 datierten *Willehalm-und-Rennewart*-Handschrift nach Wolfram von Eschenbach aus dem Prager Wenzelskreis.[2] Weniger zwingend erscheint hingegen die Ableitung der freizügigen Darstellung von Potifars Gattin von den zahlreich dargestellten Bademädchen der Wenzelsbibel, die Anzelewsky vorschlug. Mehr oder weniger veristische Aktdarstellungen gab es auch andernorts.

Da wir keine weiteren Werke des Buchmalers kennen, bleibt die künstlerisch-stilistische Lokalisierung schwierig und wird in der Literatur lebhaft diskutiert. Das Spektrum reicht von der Prager Schule über den Oberrhein bis nach Südtirol, das Trentino oder Piemont. Parallelen zu Wandmalereien in der Pfarrkirche von Eriskirch führten letztlich aber dazu, nunmehr den eigentlichen Entstehungsraum der Handschrift verstärkt in Erwägung zu ziehen, den Kunstkreis am Bodensee, etwa in der Konzilsstadt Konstanz.[3] Doch fehlen weiterhin konkrete Anknüpfungspunkte, etwa Parallelen zu den leicht wiedererkennbaren, eigenwilligen Frisuren männlicher Akteure, wie der Josefsdarstellung. Diese erinnern eher an norditalienische, piemonteser Figurentypen jener Zeit, etwa an die undatierten (wohl etwas später entstandenen) Wandmalereien in der Sala Baronale im Castello della Manta, die Bernd Konrad zum Vergleich anführt.[4]

In jedem Fall markiert die *Toggenburg-Chronik* die künstlerische Ausgangsbasis für die Entwicklung der deutschsprachigen illustrierten Buchkunst im 15. Jahrhundert auf hohem Niveau. An Werken wie dieser Prachthandschrift mussten sich frühe Druckerzeugnisse mit ähnlich repräsentativem Anspruch messen. Dabei erfüllt die *Toggenburg-Chronik* ihren eigenen Anspruch auf Opulenz nur mit Mühe. Einige Randbemerkungen lassen sich nicht anders deuten, als dass die Zahlungsmoral zu wünschen übrig ließ. Auf fol. 238r notiert der Illuminator eine Kostenschätzung für die große Miniatur zu den Kriegen der vier Philister gegen David: „Ich nem als wenig/1 gulden. als ein blabhart umb diese materij [...] wenn ich si machen solt." Immerhin, der Auftrag erging und die Illustration wurde ausgeführt.		*MR*

LITERATUR
Posonyi o.J. – Quaritch 1887, Nr. 35773, S. 3493 f. – Springer 1890, S. 59–63 – Wescher 1931, S. 188–192 – Dearden 1966, S. 124–154 – Anzelewsky 1970 – Kratzert 1974, S. 58–61, 93 f., 136–138 – Günther 1993, S. 87–95, 496–575 (Bildtabelle) – Beer 1997, S. 63 f. – Konrad 1997, S. 111–114; Kat. KO 3, S. 260 f. – AK Berlin/Nürnberg 2003, S. 417–420 (Bernd Michael) – Klein 2007, Kat. 259, S. 529 (Beate Braun-Niehr).

1 http://www.e-codices.ch/de/list/one/zbz/Ms-Rh-0015 [12.5.2020].
2 Österreichische Nationalbibliothek Wien cod. ser. N. 2643, fol. 198 v.
3 Stamm 1981, S. 335, Anm. 7.
4 Konrad 1997, S. 114.

Dis ist · als joseph des küngcs · kamermaister kofier knecht war
in egipten land / vñ ab des kamermaisters wib · josephen
bait · dz er bi ir schlief · daz wolt er nit tün · si begraif im den
mantel · den lies er ir · vñ floch võ ir ·

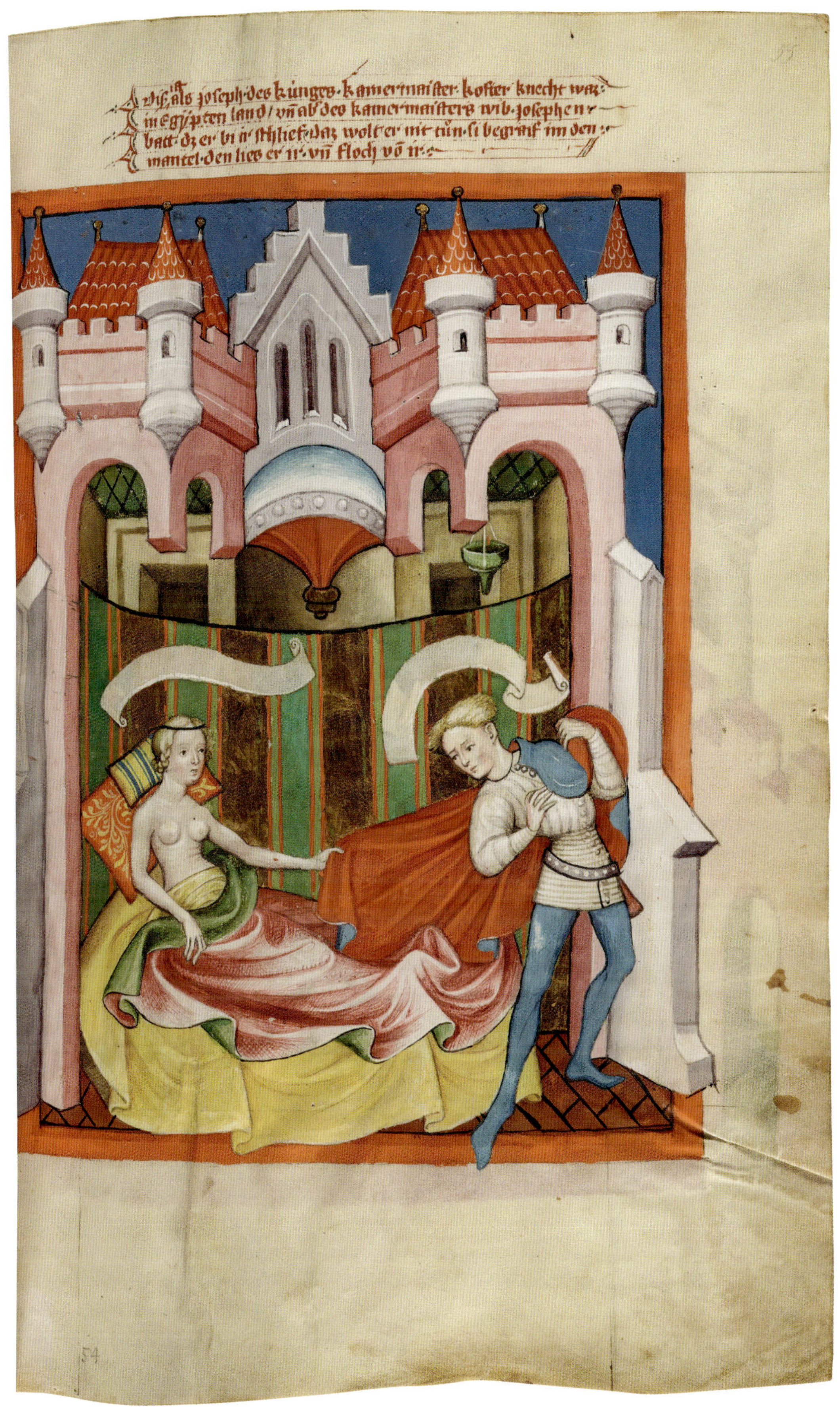

54

 Bayern, um 1430–1440
Gebetbuch (Passio Domini Jesu Christi)
mit 12 Holzschnitten

kolorierte Holzschnitte auf Papier
H. 13,8 × B. 10,2 cm (Bl.)
erworben 1835
mit der Sammlung Karl Ferdinand Friedrich von Nagler
Staatliche Museen zu Berlin, Kupferstichkabinett, Cim 22

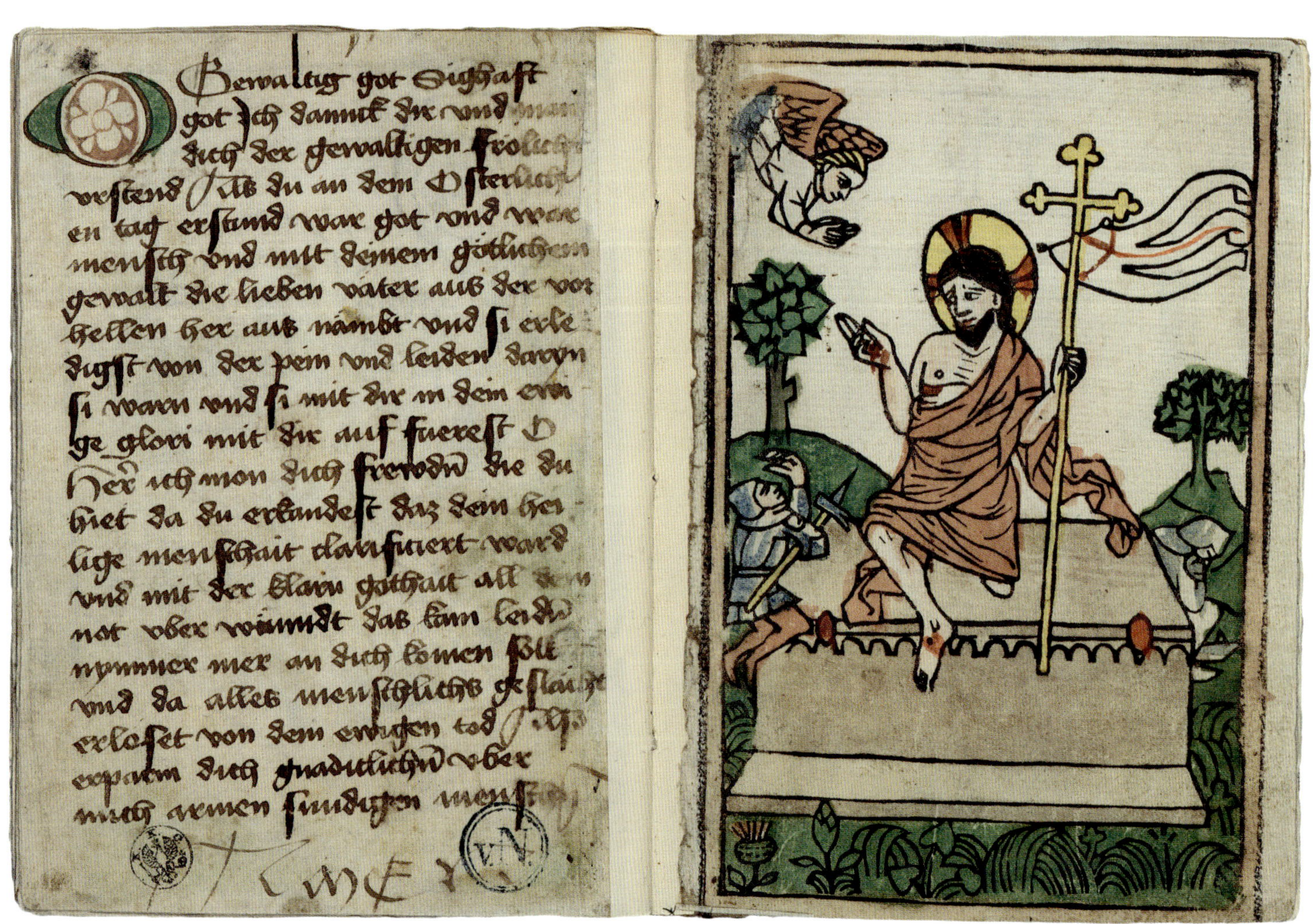

Dieses kleine Gebetbüchlein mit einem Umfang von 12 Blättern gehört zu den frühesten erhaltenen Exemplaren druckgrafisch illustrierter Handschriften. Es zeigt, dass bereits vor der Jahrhundertmitte ganze Passionszyklen im Holzschnitt entstanden und dass man in diesem Herstellungszweig bereits ablauftechnische bzw. buchbinderische Fragestellungen erprobte und entwickelte, die einige Jahre später für die serienmäßige Produktion von Druckauflagen relevant werden sollten.

Ebenso wie bei dem kleinen Gebetbuch mit Metallschnitten (Kat. 58) wurden auch hier wohl ursprünglich jeweils zwei Illustrationen gemeinsam auf einen Bogen gedruckt. Dabei stellte man die erste mit der letzten Passionsszene zusammen, die zweite mit der vorletzten usw. Später wurde der Bogen mittig gefalzt und ein beidseitig beschriftetes Textblatt in der Mitte eingefügt. Nun hatten die Bildszenen die richtige Reihenfolge. Dabei standen die Abbildungen vor der Bindung auf den Blattrückseiten, die hinter dem Heftfaden dagegen auf den Vorderseiten der Blätter. Die unbedruckten Rückseiten der Holzschnitte wurden anschließend mit dem Gebetstext zur jeweils aufgeschlagenen Illustration beschriftet.

Später, als die Funktion als Gebetbuch in den Hintergrund getreten war und das Interesse an den Holzschnitten überwog, wurde das Büchlein auseinandergenommen, und die Seiten wurden blattweise neu montiert. Die Seiten im vorderen Teil wurden gewendet, sodass sie nun ebenfalls die Rectoseiten bildeten. Dabei ging jedoch die Beziehung zu den dazugehörigen Gebetstexten verloren, und da einige Holzschnitte auch im Passionsablauf versetzt wurden, entstanden weitere Bild-Text-Konfusionen.

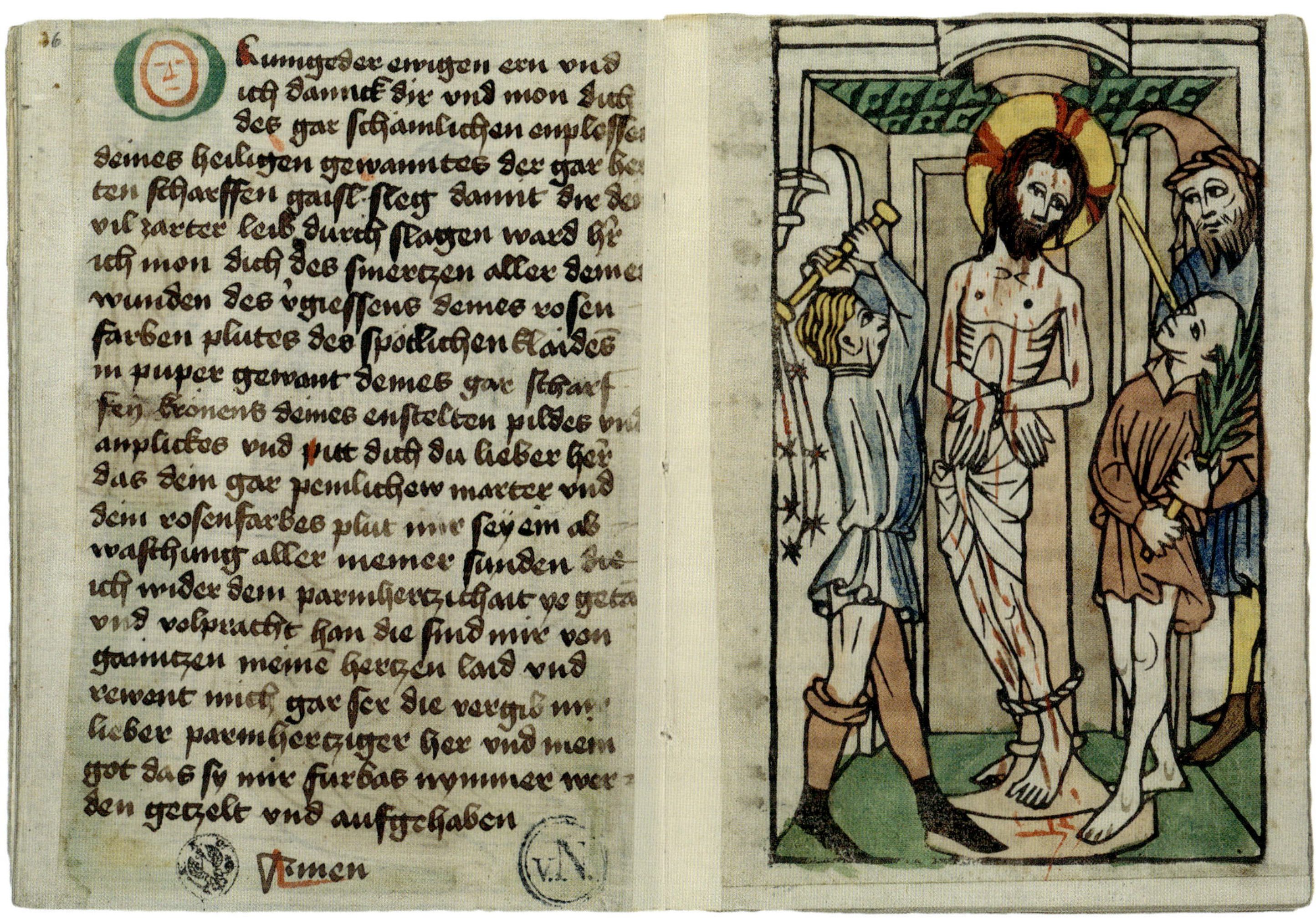

Gleichwohl ist der ursprüngliche Gestaltungsplan des Büchleins noch zu erkennen. Er zeigt, dass man die speziellen Belange einer serienmäßigen Lagenproduktion von Illustrationen, die in einem Buch zusammengebunden werden sollten, planerisch in die Serienproduktion einer Holzschnittfolge einbezog.

Die Illustrationen selbst vermitteln durch ihre relativ großformatige und nahsichtige Gestaltung sowie die zurückhaltende Kolorierung den Eindruck unmittelbarer Nähe zum andächtigen Betrachter. Die betende Person wird geradezu in die Bilder hineingezogen und nimmt im Sinne der *Compassio* (Mitgefühl) unmittelbar an der Handlung teil. Auch der relativ klein geschriebene Gebetstext auf der anderen Seite trägt zu dieser Heranführung und Nähe bei.   *MR*

LITERATUR
Lehrs 1908, Kat. 13–24 – Schreiber 1926–1930, Bd. 1, Kat. 151a (und weitere) – Cohn 1934, S. 19–21 – Heusinger 1988, S. 149 f., 154, Anm. 34a – Dückers 1994, Kat. III.4, S. 93 (Holm Bevers) – AK Karlsruhe 1996, Kat. 60, S. 234 (Dietmar Lüdke) – AK Mainz 2000, Kat. GM 22, S. 269 (Isa Fleischmann-Heck) – Cermann 2002, Kat. 43.1.15, S. 47–50 – Schmidt 2003a, S. 293–296, 303, 324–326 – AK Washington/Nürnberg 2005, Kat. 17, S. 102 f. (Peter Schmidt).

57   Deutschland, 1468/69
      Apokalypse, Blockbuch

67 gezählte Blätter, Ausgabe V (nach Schreiber)
den einseitig gedruckten Holzschnitten (Reiberdruck) mit
lateinischen Inschriften ist jeweils ein eingeschobenes Textblatt
mit der deutschen Übersetzung in gotischer Kursive zugeordnet
48 gedruckte Blätter, vollzählig; fünf geschriebene Textseiten
fehlen

Holztafeldruck auf Papier, Kolorierung in Ocker, Orange,
Smaragdgrün, helles Weinrot, Hellblau, Hellbraun,
Grau und Schwarz
H. 27,8 × B. 19,8 cm
erworben 1841
durch Vermittlung von Karl Ferdinand Friedrich von Nagler
Staatliche Museen zu Berlin, Kupferstichkabinett, Cim 1

Blockbücher sind gewissermaßen reich bebilderte Alternativen zum Frühdruck mit beweglichen Lettern. Trotz ihres – auf den ersten Blick – sehr altertümlichen Auftritts sind die meisten dieser Tafeldruckwerke etwa zeitgleich oder gar später entstanden als die ersten Inkunabeln, wie etwa die Gutenberg-Bibel (Kat. 59). Hergestellt wurden die Bücher wie Holzschnitt-Einblattdrucke. In Text und Bild geschnittene Holzdrucktafeln wurden mit Reibern auf Papier abgezogen, zu Büchern zusammengeführt und gebunden. Zu bedenken war dabei die Kombination der Text-Bild-Holzschnitte auf dem Bogen. Dies gilt besonders dann, wenn die Holzschnitte, wie im vorliegenden Werk, in fadengehefteten Lagen zusammengeführt werden sollten. Zusätzlich schoss man in die Berliner Apokalypse sowie in zwei weiteren Exemplaren dieser Ausgabe in München und in Wien zwischen die Bildseiten gesonderte Blätter mit deutschen Übersetzungen ein. Darin wird ausdrücklich darauf hingewiesen, dass es sich um Übersetzungen der lateinischen Texte in den Holzschnitten handele: „... wy das dye geschriffte vnd figuren yn dissem buche zu latine vss weissen vn[d] sagen" (Sotzmann 1842, S. 204). Durch die gegenüberliegende Zuordnung der Übersetzung mit der betreffenden Abbildung konnte beides miteinander aufgenommen und in der privaten Andacht gottesdienstlich betrachtet werden. Hierzu eignete sich die endzeitliche Vision des Johannes in besonderer Weise.

Aufgrund des unmittelbaren Bezugs von Text und Bild auf den Druckstöcken und die von vornherein feststehende Anzahl notwendiger Druckstöcke orientiert sich die bildliche Erzählung recht streng am Textablauf. Durch die Vielzahl der Bilder werden zahlreiche spektakuläre Schilderungen des Johannestextes visualisiert. Dabei ergibt sich aber noch kein rechter dramaturgischer Spannungsbogen, wie ihn einige Jahrzehnte später Albrecht Dürer durch seine bildliche Interpretation des Bibelberichts führen sollte (Kat. 65). Der Bilddruck beschränkt sich im Blockbuch der Apokalypse weitgehend auf die reine Umrissdefinition der Figuren. In der Binnenzeichnung konzentrieren sich die Formschneider auf knappe Kürzel für Pelze, Haare und Grasbüschel sowie auf die unmittelbar notwendigen Hauptlinien in der Gewandzeichnung. Alles weitere erledigt die Kolorierung. Darin gelingt es dem Briefmaler mit wenigen kräftigen und wohl gesetzten Zügen und mit nur leicht transparenter Farbe, die Holzschnitte koloristisch zu gliedern und die Illustrationen zu kleinen, farbigen Bildern zu verwandeln.

Blockbücher erreichten relativ hohe Auflagen, und sie erlebten mitunter einige Neuausgaben mit eng an den Vorlagen orientierten Nachschnitten. Von diesem Zyklus der Apokalypse sind insgesamt sechs unterschiedliche Ausgaben bekannt, wobei die Ursprungsausgabe wahrscheinlich niederländischer Herkunft ist. Das Berliner Exemplar entspricht der fünften Ausgabe. Sie wurde dabei offenbar bereits serienmäßig mit den handschriftlichen Übersetzungstexten versehen. Die Schreibsprache dieser Übersetzungen wird von der linguistischen Forschung als ostmitteldeutsch mit weniger ausgeprägter regionaler Färbung charakterisiert. Da auch die Holzschnitte gegenüber der ersten niederländischen Ausgabe deutlich Veränderungen zeigen, werden auch sie im deutschen Sprachraum geschnitten worden sein. Ihre Datierung wird neben der stilkritischen Einordnung in das ausgehende siebte Jahrzehnt des 15. Jahrhunderts durch den ehemaligen Bindezusammenhang der Apokalypse mit einer Reihe anderer Blockbücher nahegelegt, darunter einem Kalender aus dem Jahr 1468.   *MR*

LITERATUR
Sotzmann 1842, S. 203–205 – Schreiber 1891–1911, Bd. 4, S. 160–167 – Schreiber 1926–1930, Bd. 7, S. 27 – AK Mainz 1991, S. 59–74, 91, 357 (Elke Purpus/ Cornelia Schneider) – Palmer 1992, S. 27 f., 52–57 – Dückers 1994, Kat. II.1, S. 69 f. (Frauke Steenbock).

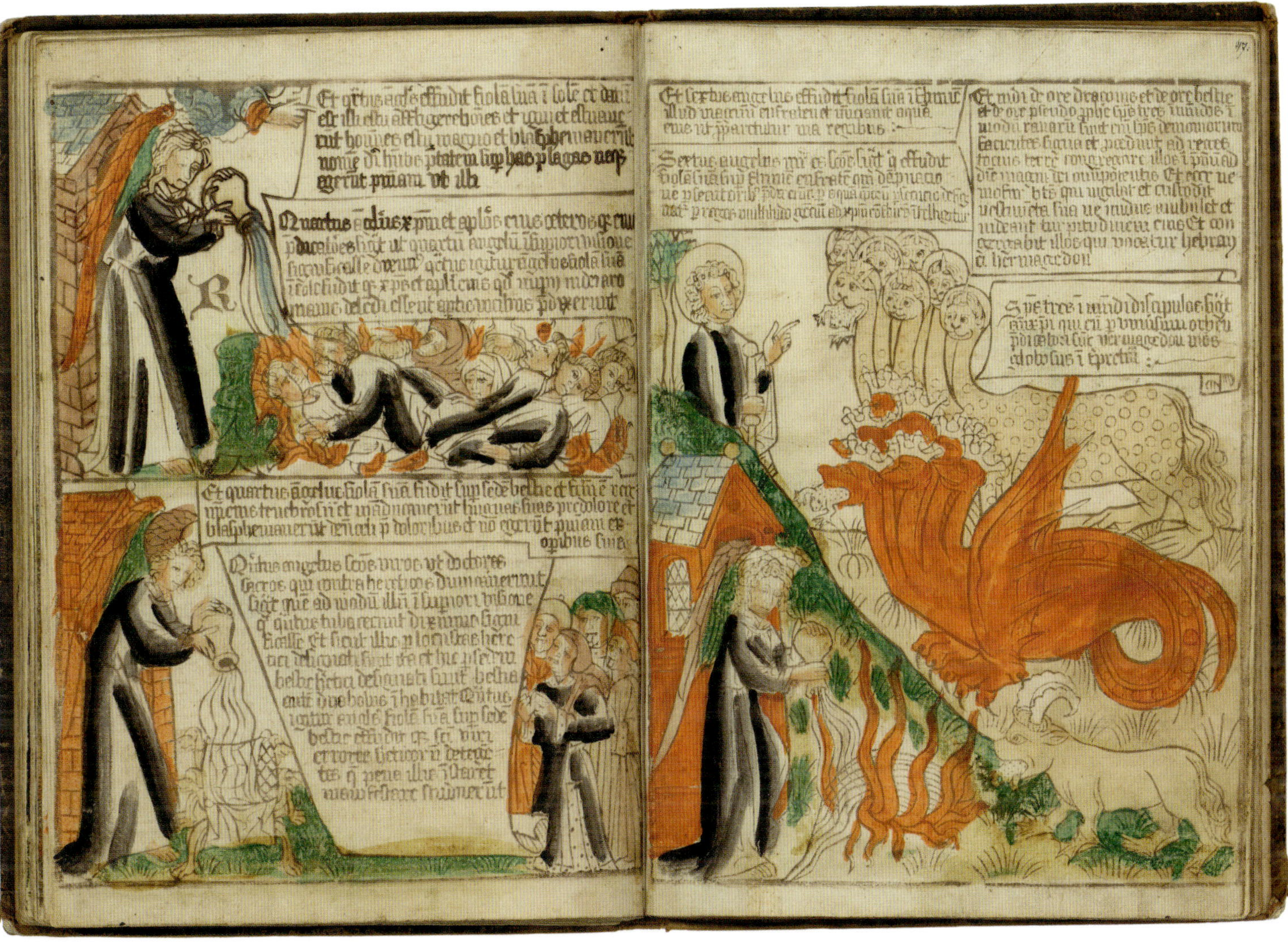

Handschrift auf Pergament (fol. 1–20) und Papier (fol. 21–36)
14 eingeklebte Metallschnitte auf Papier (Schr. 2232 u. a.)
teilweise grün, braun und gelb koloriert, Text mittelbairisch
H. 13,0 × B. 8,6 cm (fol. 1–20) bzw. H. 13,2 × B. 8,6 cm (fol. 21–36)
(je Blatt)
alter Bestand, erworben vor 1881 (Stempel Lugt 1606)
Staatliche Museen zu Berlin, Kupferstichkabinett, Cim 23

Im mittleren 15. Jahrhundert bestand ein großes Interesse an der Vervielfältigung von Bildern und Texten in Büchern. Gutenbergs Erfindung war zweifellos das nachhaltigste Resultat. Aber auch in kleine, handliche Gebet- und Andachtsbücher hielten neue Verfahren Einzug. Eines davon war der Metall- oder Schrotschnitt. Die kleinen Metallschnitte der nach ihrem Erstpublizisten benannten sogenannten Stöger-Passion, einer Folge von insgesamt zwanzig Passionsszenen, stehen am Anfang dieses relativ kurzlebigen druckgrafischen Verfahrens der Buchillustration im deutschsprachigen Raum. Bilder der Folge sind sowohl im Verbund mit handgeschriebenen als auch mit im Buchdruck mit beweglichen Lettern gedruckten Texten überliefert. Die Blätter dieser Passionsfolge markieren daher zugleich den Übergang vom handgeschriebenen zum gedruckten Text im illustrierten Buch. Durch ihr sattes Schwarz und die sehr differenzierte Schraffur und Punzierung der Drucke gelang dem unbekannten Meister eine dichte und gleichwohl feingliedrige und leicht lesbare Schilderung des Passionsgeschehens. Sie wird von zurückhaltender Kolorierung begleitet.

Das Berliner Exemplar gehört zur Gruppe der handgeschriebenen Gebetbücher mit Passionsbildfolge. Hier ist sogar die ursprüngliche Bindung erhalten. Ebenso wie in dem kleinen Gebetbüchlein mit Holzschnitten (Kat. 56) wurden die einzelnen Szenen paarweise auf einen Bogen gedruckt. Dabei wurde in der Kombination der Druckplatten bereits die Lagenstruktur des Büchleins berücksichtigt. So ergab sich vor der Lagenmitte eine durchgehende Bilderfolge auf den Blattrückseiten und hinter der Lagenmitte auf den Vorderseiten. Die frei gebliebenen gegenüberliegenden Seiten wurden mit Gebetstexten beschrieben, die auf die jeweils sichtbare Bildepisode Bezug nehmen.

Das Buch enthält noch 14 Metallschnitte mit zugehörigen Gebetstexten. Da diese an einigen Stellen weibliche Wortformen wie etwa „mich arme sunderin" auf fol. 10r verwenden, könnte das Büchlein für einen Frauenkonvent, eine Nonne oder eine Laienbeterin verfasst worden sein. Die Provenienz der Handschrift ist nicht bekannt. Allerdings stammen drei andere Buchfragmente mit Metallschnitten der Stöger-Passion aus dem Salzburger Frauenkloster Stift Nonnberg (ebenso wie die Glasmalereien des Peter Hemmel von Andlau, Kat. 87). Dort besaß man ebenfalls eine frühe Kupferstichpassion aus dem Kreis des Meisters der Spielkarten, die offenkundig einige Szenen der Stöger-Passion angeregt hat. Auch wenn man hier keine zwingende Beziehung feststellen kann, zeigt sich doch, dass in den Jahren um die Erfindung des Buchdrucks mit beweglichen Lettern und den Versuchen, gedruckte Bilder in die Bücher zu bringen, eine sehr aufmerksame und kreative Gruppe von Bild- und Texterstellern die Möglichkeiten der Vervielfältigung und Serienfertigung illustrierter Bücher verfolgte und hierbei zu sehr unterschiedlichen, immer aber besonders spannenden Ergebnissen gelangte.   *MR*

LITERATUR
Stöger 1833 – Field 1986, S. 204 – Schmidt 1998, S. 82 – Cermann 2002, Kat. 43.1.16, S. 50–53 – Schmidt 2003a, S. 273–287, 299, 325 f., 332, 433, 449, 451 – Weekes 2004, S. 128 – Schmidt 2005, bes. S. 47 – Krause 2007, Kat. 141, S. 391 f. (Peter Schmidt) – AK München 2009, Kat. 27, S. 88 f. (Karl-Georg Pfändtner).

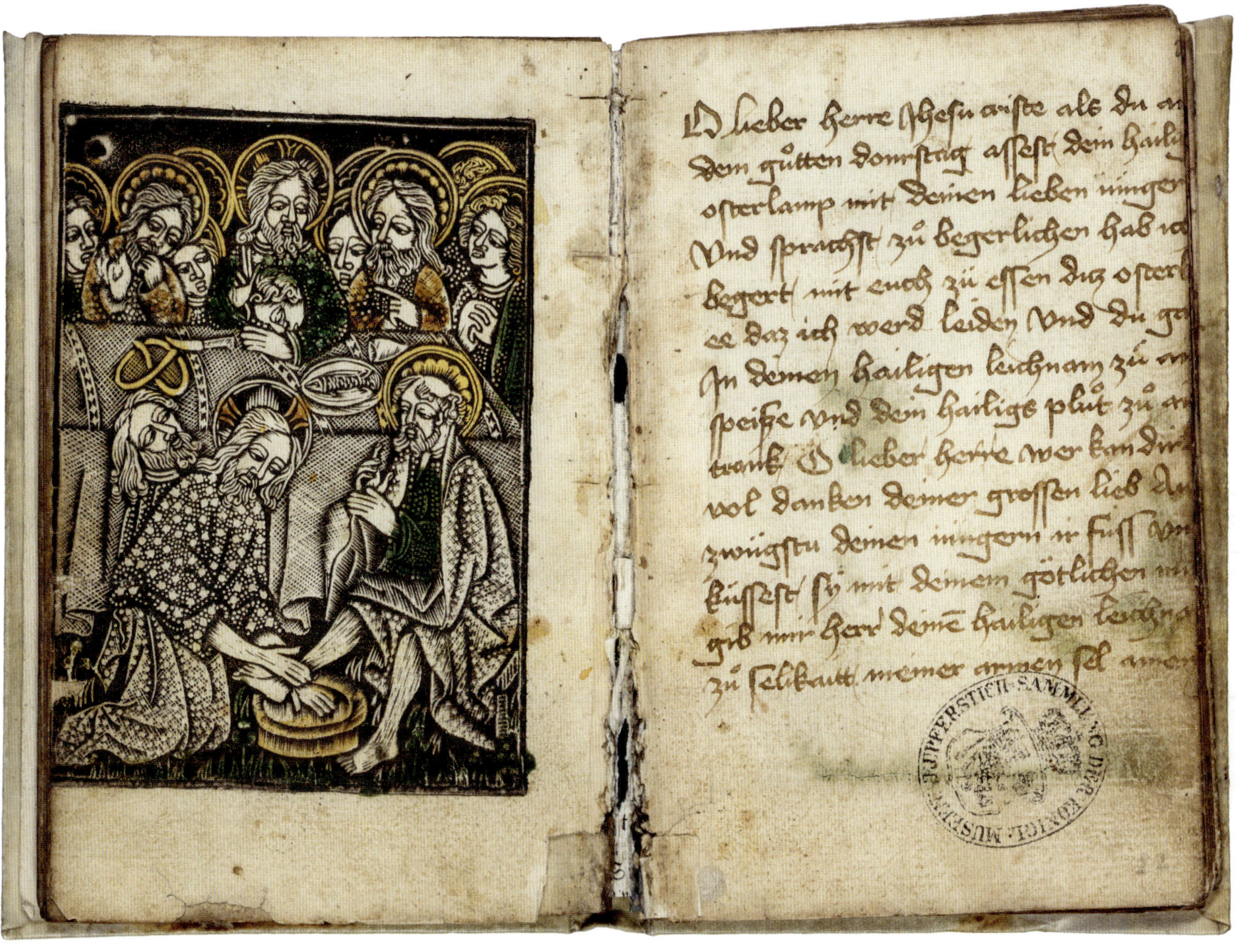

O lieber herre Jhesu criste als du an
den gütten donrstag assest den hailig[en]
osterlamp mit deinen lieben iunger[n]
Und sprachst zü begerlichen hab ic[h]
begert mit euch zü essen diz osterl[amp]
ee daz ich werd leiden Und du ge[bst]
In deinen hailigen leichnam zü ey[ner]
speise und dein hailige plut zü ei[nem]
trank O lieber herre wer kan dir[?]
vol danken deiner grossen lieb An[?]
zwiigstu deinen iungern ir fuss vn[d]
küssest sy mit deinem götlichen m[und]
gib mir herr deinen hailigen leichna[m]
zü selikaitt meiner armen sel amen

59 Johannes Gutenberg
(um 1400 Mainz – 1468 ebd.),
Johannes Fust
(um 1400 Mainz – 1466 Paris) und
Peter Schöffer
(um 1425 Gernsheim – um 1503 Mainz)
Biblia, 1454/55

Pergament, 2 Bde., 648 Seiten AT und 634 Seiten Propheten und NT, Bd. 1: Bl. 129, Bd. 2: Bl. 249 fehlen
Format H. 38,5 × B. 27,5 cm, zweispaltiger Satz, Textura mit insgesamt 290 Typenvariationen
die Einbände des 16. Jahrhunderts wurden nach der Faksimilierung 1914 nicht weiter verwendet
seit 1668 in der Kurfürstlichen Bibliothek Berlin nachweisbar, möglicherweise aus dem Besitz von Erzbischof Albrecht von Brandenburg aus Magdeburg nach Berlin gelangt
Staatsbibliothek zu Berlin, Preußischer Kulturbesitz, Sign. 2° Inc 1511

Die sogenannte 42-zeilige Bibel ist das erste umfangreiche Werk, das in dem von Johannes Gutenberg erfundenen und bis zur technischen Reife entwickelten Buchdruckverfahren mit beweglichen Lettern hergestellt wurde. Die qualitativen Ansprüche, das Layout und die Textgestaltung orientierten sich an den bis dahin bekannten großformatigen Handschriften für den geistlichen, meist klösterlichen Gebrauch. Diese Buchgattung definierte einen außerordentlich hohen Anspruch in allen Belangen. Um gegenüber der etablierten Buchkultur bestehen zu können, musste Gutenbergs Erstlingswerk den herrschenden Standards entsprechen. Perfektion und Opulenz waren schon im ersten Anlauf gefordert. Der Herstellungsprozess spiegelt diesen Anspruch, aber zugleich auch ein fortwährendes Abwägen des bibliophil Wünschenswerten mit dem technisch Möglichen und ökonomisch Vertretbaren. Schon bald wurden gewisse Abstriche notwendig. Gutenberg, Fust und Schöffer änderten die Zeilenzahl bereits früh im Herstellungsprozess, von anfänglich vorgesehenen 40 auf 42 Zeilen pro Seite, nämlich nach der neunten Seite auf 41 auf dann auf 42 Zeilen auf den fortfolgenden Seiten. Ferner passten sie die Kegelhöhe der Lettern an, um den Satzspiegel besser nutzen und den Umfang des Werks in vertretbaren Grenzen halten zu können (Hoffmann 1993, S. 271 f.). Doch auch so ergab sich noch ein Umfang jedes Exemplars von 1284 Seiten, die wohl auf drei Pressen (Corsten 1979, S. 54 und Anm. 104) gedruckt wurden.[1] Bedeutsam für die spätere Weiterbearbeitung der Druckbögen war die Entscheidung, auf zweifarbigen Textdruck zu verzichten. Gutenberg hatte dies auf den ersten Bögen ausprobiert, um eine umfängliche nachträgliche Rubrizierung der Texte zu vermeiden und damit einen manuellen Nachbearbeitungsgang zu sparen oder zu minimieren. Aus praktischen Gründen und wahrscheinlich auch, um eine höhere Ausschussquote zu vermeiden, stellte man die Versuche bald ein. Diese Entwicklungen zeigen eindringlich, wie sehr Gutenberg an einer systematischen Mechanisierung aller Bereiche der Buchherstellung interessiert war und dabei die etablierten ästhetischen Rahmenbedingungen ebenfalls im Auge behielt.

Die Bibel war ein Textbuch. Neben den obligatorischen Textauszeichnungen und dem Initialschmuck mussten sich die Schmuckformen auf die Seitenränder konzentrieren. Ihre Ausführung fand dabei wohl nur noch ausnahmsweise im Umkreis von Gutenbergs Druckoffizin statt. Zwei in Berlin (Kat. 60) und Göttingen erhaltene Modell- und Lehrbücher überliefern Arbeitsbehelfe für Buchmaler der Region mit charakteristischen Schmuckformen der lokalen Handschriftentradition, die sich sowohl in Mainzer Handschriften des mittleren 15. Jahrhunderts als auch in einigen erhaltenen Exemplaren der Gutenberg-Bibel finden.

Die meisten Buchblöcke wurden jedoch ohne diese Nachbereitung abgegeben und unterschiedlichen Buchmalern an verschiedenen Orten zur Weiterverarbeitung anvertraut. Daher variiert der Buchschmuck in den etwa fünfzig erhaltenen Gutenberg-Bibeln erheblich. Die Gestaltung orientierte sich an den jeweils lokalen Gegebenheiten und rief so die Anmutung vertrauter, oft exklusiver Handschriften mit gewohnten Schmuckformen hervor. Das Berliner Exemplar gehört zu einer sehr kleinen Gruppe besonders fein ausgestatteter Gutenberg-Bibeln. Eberhard König konnte feststellen, dass die Randdekorationen aus derselben, wohl Leipziger, Buchmalerwerkstatt stammen, wie die des B-42-Exemplars der in der Huntington Library im kalifornischen San Marino. Hinzu kommt noch ein Pergamentfragment in der Staats- und Stadtbibliothek Augsburg. Hier dürfte ein Zwischenhändler die besonders opulente Ausgestaltung der Pergamentexemplare veranlasst und ihren bis heute besonderen Rang in der Ausstattungshierarchie der frühesten Buchdrucke begründet haben. Das Atelier der drei Exemplare wird nach einem spektakulären Schmuckmotiv als Pfauenwerkstatt bezeichnet. Dort waren vermutlich verschiedene Meister und mehrere Mitarbeiter tätig, möglicherweise in zeitlicher Abfolge.

Der Preis der repräsentativen gedruckten Gutenberg-Bibel war keineswegs niedriger als der einer handgeschriebenen Bibel. Das zweibändige Pergamentexemplar der Huntington Library enthält eine Preisangabe von 100 Gulden. Dies entsprach den Verpflegungskosten eines Handwerkers für fünf Jahre oder dem Preis eines mittelgroßen Bürgerhauses. Papierexemplare waren deutlich günstiger, da das Papier nur etwa ein Achtel des Pergaments kostete. Allerdings schwanken hier die Schätzungen mangels überlieferter Preise erheblich, zwischen 30 und 50 Gulden pro Exemplar (Meuthen 1982, S. 117).[2] Auch dies übertraf die Kosten für ein Manuskript. Eine gleichzeitig mit dem Bibeldruck 1452/1454 ebenfalls in Mainz angefertigte

Bibelhandschrift auf Papier kostete etwa die Hälfte, nämlich
21 Rheinische Gulden und 2 Schilling.

Ungeachtet eines gerichtlichen Streits um offene finanzielle Verbindlichkeiten von Gutenberg gegenüber Fust, kann
man heute davon ausgehen, dass das Unternehmen für alle
Beteiligten einträglich war. Trotzdem verlegte sich Gutenberg
später auf die Herstellung kleinerer Drucke, was wirtschaftlich
günstiger und überschaubarer war. Johannes Fust und dessen
Geschäftspartner Peter Schöffer druckten hingegen weiterhin
umfangreiche Werke. Sie erlebten daher den Preisverfall, der im
Zuge der größeren Verbreitung der neuen Technik einsetzte.
Bücher und Einzelblattdrucke wurden immer günstiger und
schließlich so wohlfeil, dass sich auch das „einfache Volk"
Druckwerke leisten konnte. Das war eine Grundvoraussetzung
für den späteren Erfolg und die fundamentale Wirkung von
Druckerzeugnissen in der Frühen Neuzeit um 1500, und nicht
zuletzt für die Reformation wenig später. Daher ist es angemessen, die Erfindung und die ambitionierte Anwendung der neuen
Drucktechnik mit beweglichen Lettern in der Gutenberg-Bibel
als eine, wenn nicht *die* entscheidende kultur- und technikge-
schichtliche Errungenschaft des 15. Jahrhunderts zu würdigen.
Wie ein Leuchtturm markiert sie die Mitte eines künstlerisch
wie kunst- und ingenieurtechnisch in herausragender Weise
innovativen Jahrhunderts.   *MR*

LITERATUR
Corsten 1979, S. 33–57 – Hubay 1979, S. 133 f., S. 149 – König 1979, S. 69–126 –
Hoffmann 1993, bes. S. 300–303 – Hoffmann 1996, S. 6 f. – AK München 2009,
Kat. 14, S. 52–54 (Bettina Wagner/Karl-Georg Pfändtner) – König 2018, bes.
S. 56–60, 210–219.

1   Hoffmann (1993, S. 266–271) errechnet für den eigentlichen Bibeldruck 11 bis
    13 Mitarbeiter, die auch im Haushalt Gutenbergs verpflegt wurden.
2   Hoffmann (1993, S. 302) gelangt zu einer Preisberechnung von ca. 40 Rheini-
    schen Gulden für ein unrubriziertes, nicht illuminiertes und ungebundenes
    Papierexemplar.

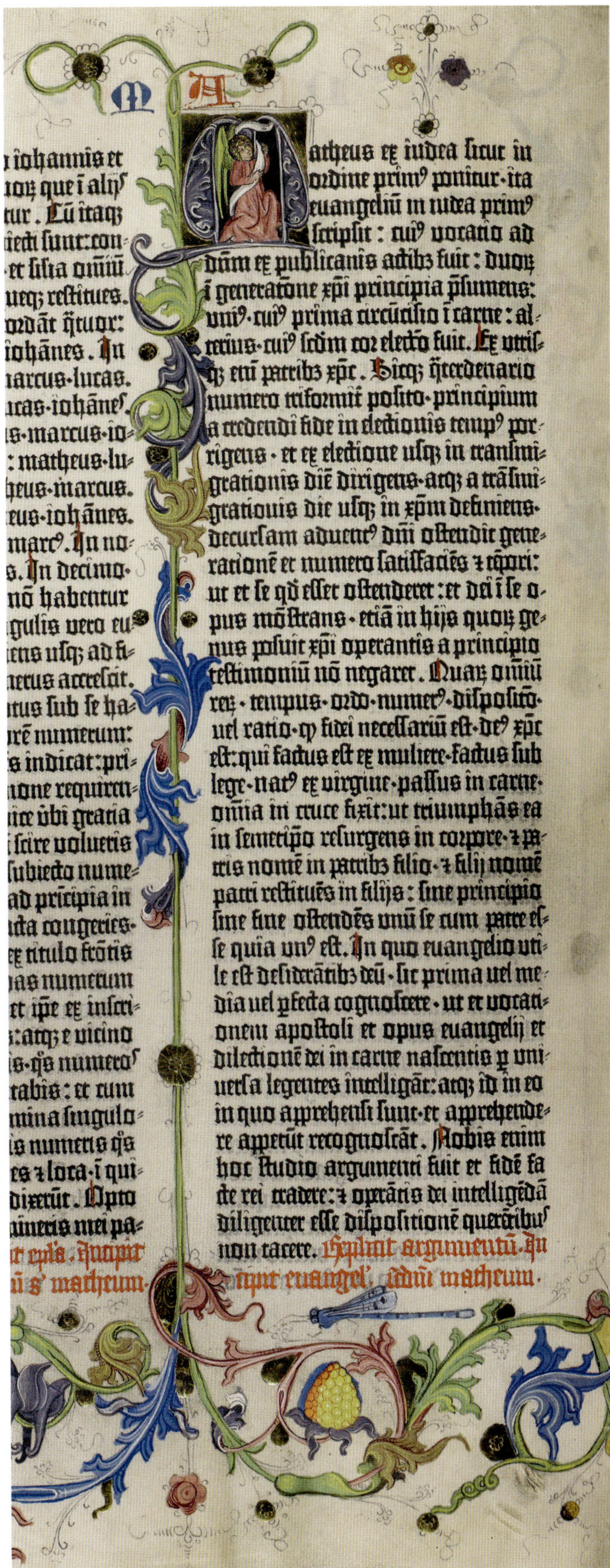

Deus misereatur nostri et benedicat nobis: illuminet uultum
suum super nos: et misereatur nostri.
Et cognoscamus in terra uiam tuam: in omnibus gentibus salutare
tuum. Confiteantur tibi populi deus: confiteantur tibi populi omnes.
Letentur et exultent gentes: quoniam iudicas populos in equitate: et
gentes in terra dirigis. Confiteant'
tibi populi deus: confiteantur tibi populi omnes: terra dedit fructum suum.
Benedicat nos deus deus noster benedicat nos deus: et metuant eum omnes
fines terre. In finem psalmi cantici dauid
Exsurgat deus et dissipentur inimici eius: et fugiant qui oderunt eum a facie eius. Sicut deficit
fumus deficiant: sicut fluit cera a facie ignis sic pereant peccatores a faci-
e dei. Et iusti epulentur et exultent in
conspectu dei: et delectentur in leticia.
Cantate deo psalmum dicite nomi-
ni eius: iter facite ei qui ascendit super
occasum: dominus nomen illi. Ex-
ultate in conspectu eius: turbabuntur
a facie eius patris orphanorum et iu-
dicis uiduarum. Deus in loco sancto suo: deus qui inhabitare facit uni-
us moris in domo. Qui educit uin-
ctos in fortitudine: similiter eos qui
exasperant qui habitant in sepulcris.
Deus cum egredereris in conspectu
populi tui: cum pertransires in deser-
to. Terra mota est: etenim celi distilla-
uerunt a facie dei synai a facie dei israhel. Pluuiam uoluntariam segrega-
bis deus hereditati tue: et infirmata
est: tu uero perfecisti eam. Animalia
tua habitabunt in ea: parasti in dul-
cedine tua pauperi deus. Dominus

dabit uerbum euangelizantibus uir-
tute multa. Rex uirtutum dilecti dilecti: et speciei domus diuidere spolia.
Si dormiatis inter medios cleros
penne columbe deargentate: et poste-
riora dorsi eius in pallore auri. Dum
discernit celestis reges super eam niue
dealbabuntur in selmon: mons dei
mons pinguis. Mons coagulatus
mons pinguis: ut quid suspicamini
montes coagulatos. Mons in quo
beneplacitum est deo habitare in eo:
etenim dominus habitabit in finem.
Currus dei decem milibus multiplex:
milia letantium: dominus in eis i synai in sancto. Ascendisti in altum
cepisti captiuitatem: accepisti dona
in hominibus. Etenim non creden-
tes: inhabitare dominum deum. Be-
nedictus dominus die quotidie: pro-
sperum iter faciet nobis deus saluta-
rium nostrorum. Deus noster deus
saluos faciendi: et domini domini
exitus mortis. Verumtamen deus con-
fringet capita inimicorum suorum:
uerticem capilli perambulantium in
delictis suis. Dixit dominus ex ba-
san conuertam: conuertam in prfun-
dum maris. Ut intinguatur pes tu-
us in sanguine: lingua canum tuo-
rum ex inimicis ab ipso. Viderunt
ingressus tuos deus: ingressus dei
mei regis mei qui est in sancto. Pre-
uenerunt principes coniuncti psallen-
tibus: in medio iuuencularum timpa-
nistriarum. In ecclesijs benedicite de-
o: domino de fontibus israhel. Ibi
beniamin adolescentulus: in mentis
excessu. Principes iuda duces eorum:
principes zabulon et principes nepta-
lim. Manda deus uirtuti tue: confir-
ma hoc deus quod operatus es in

nobis. In templo tuo in iherusalem:
tibi offerent reges munera. Increpa
feras arundinis: congregatio thau-
rorum in vaccis populorum: ut ex-
cludant eos qui probati sunt argen-
to. Dissipa gentes que bella volunt:
venient legati ex egipto: ethiopia pre-
ueniet manus eius deo Regna terre
cantate deo: psallite domino. Psallite deo: qui ascendit super celum celi
ad orientem. Ecce dabit voci sue vo-
cem virtutis: date gloriam deo super
israhel magnificentia eius et virtus
eius in nubibus. Mirabilis deus in
sanctis suis: deus israhel ipse dabit
virtutem et fortitudinem plebi sue: be-
nedictus deus. In finem pro hys qui
comutabunt psalmus ipsi dauid.
Saluum me fac deus: quo-
niam intrauerunt aque
usq; ad animam meam.
Infixus sum in limo pro-
fundi: et non est substantia. Veni
in altitudinem maris: et tempestas
dimersit me Laboraui clamans
rauce facte sunt fauces mee: defece-
runt oculi mei dum spero in deum meum Multiplicati sunt sup capillos
capitis mei: qui oderunt me gratis.
Confortati sunt qui persecuti sunt
me inimici mei iniuste: que non rapui
tunc exsoluebam. Deus tu scis insi-
pientiam meam: et delicta mea a te
non sunt abscondita. Non erubescant
in me qui exspectant te domine: domine virtutum Non confundantur
super me: qui querunt te deus israhel.
Quoniam propter te sustinui opprobrium: operuit confusio faciem mea.
Extraneus factus sum fratribus me-
is: et peregrinus filijs matris mee.
Quoniam zelus domus tue comedit
me: z opprobria exprobrantium tibi
ceciderunt super me. Et operui in ie-
iunio animam meam: et factum est
in opprobrium michi. Et posui vesti-
mentum meum cilicium: et factus su
illis in parabolam Aduersum me
loquebantur qui sedebat in porta: et
in me psallebant qui bibebant vinu.
Ego vero orationem meam ad te domine: tempus beneplaciti deus. In
multitudine misericordie tue: exaudi
me in veritate salutis tue. Eripe me
de luto ut non infigar: libera me ab
hijs qui oderut me et de profundis a-
quarum. Non me dimergat tempestas aque: neq; absorbeat me profun-
dum: neq; urgeat super me pute9 os
suum. Exaudi me domine quonia
benigna e misericordia tua: secundu
multitudinem miserationum tuaru
respice me. Et ne auertas faciem tuam a puero tuo: quoniam tribulor
velociter exaudi me. Intende anime
mee et libera eam: propter inimicos
meos eripe me. Tu scis improperiu
meum et confusionem meam: z reue-
rentiam meam. In conspectu tuo
sunt omnes qui tribulant me et im-
properium exspectauit cor meum z mi-
seriam. Et sustinui qui simul con-
tristaretur et non fuit: z qui consolare-
tur et non inueni. Et dederut in esca
meam fel: et in siti mea potauerunt
me aceto. Fiat mensa eorum cora
ipsis in laqueum: z in retributiones
et in scandalum. Obscurentur oculi
eorum ne videant: et dorsum eorum
semper incurua. Affunde super eos i-
ram tuam: z furor ire tue comprehen-
dat eos. Fiat habitatio eorum de-
serta: et in tabernaculis eorum non
sit qui inhabitet. Quoniam que tu

60 Ober- oder Mittelrhein (Mainz?), um 1450–1460
**Muster- und Lehrbuch zur Gestaltung
von Blattranken**

Feder in Tinte, Initialen in Blau und Rot
Deckfarbenmalerei mit Weißhöhung
18 Blatt Pergament, 6 Blatt Papier
Seite H. 16 × B. 9,8 cm (untere rechte Ecken abgerundet)
alter Bestand, erworben vor 1917
Staatliche Museen zu Berlin, Kupferstichkabinett, Sign. 78 A 22

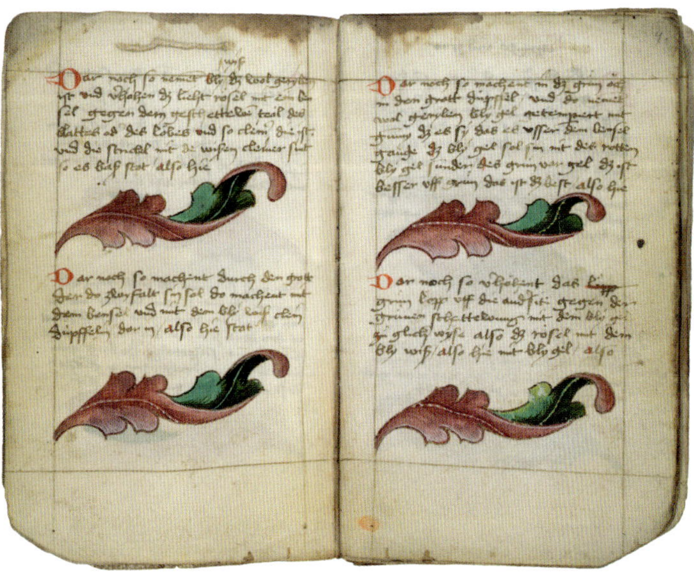

Mit der Erfindung des Buchdrucks mit beweglichen Lettern war ein neuer Faktor in die Buchproduktion eingetreten, die Auflage. Auf einmal wurden sehr viele Exemplare eines Werks gleichzeitig im Rohzustand fertig. Daher musste man nun auch für die Arbeitsvorgänge nach dem eigentlichen Druckvorgang Wege zur rationellen Ausführung finden. Die gedruckten Lagen sollten in relativ kurzer Frist fertiggestellt werden, da man wahrscheinlich nicht alle Exemplare in dem Rohzustand anbieten oder verkaufen wollte, in dem sie die Druckerei verließen. Das wäre auch nur bedingt möglich gewesen, da die notwendige Rubrizierung und weitere farbige Auszeichnung bestimmter Textpassagen sowie der für anspruchsvolle Bücher geforderte Randschmuck noch fehlten. Hier mussten also ebenfalls Wege der Rationalisierung bei gleichzeitiger Wahrung hoher kunst- und handwerklicher Standards gefunden bzw. auf die neuen Produktionsbedingungen übertragen werden.

Einer dieser Wege war die Übernahme bzw. Adaption bereits etablierter, handwerklich anspruchsvoller und edler, jedoch serieller Dekorationsformen für den Initial- und den Rankenschmuck aus der regionalen Handschriftentradition und ihre Übertragung auf gedruckte Werke. Diese Verfahren

konnten systematisch geschult werden, sodass handwerklich bereits vorgebildete Illuminatoren relativ zügig in die Lage versetzt werden konnten, die serielle buchmalerische Vollendung von Druckwerken zu übernehmen. Diese „Fortbildung" geschah offensichtlich unter anderem mithilfe speziell für diesen Zweck hergestellter Lehrbücher. Darin wurde in genau festgelegten Abläufen, Schritt für Schritt und Schicht für Schicht, in Wort und Musterbild gezeigt und erklärt, was zu tun war, um ein verlässlich hohes Gestaltungsniveau zu gewährleisten. Zwei Exemplare aus der Frühzeit des Buchdrucks haben sich erhalten, eines in der Universitätsbibliothek Göttingen (Uffenbach 51), das andere im Berliner Kupferstichkabinett. Es sind die ersten erhaltenen Lehrbilderbücher bzw. illustrierten Verfahrensanleitungen überhaupt.

Das teilweise auf knittrigen Pergamentresten ausgeführte kleine Berliner Lehrbuch umfasst neben einigen auf Papier geschriebenen Rezepten zur Farbenherstellung und -mischung vor allem detaillierte schriftliche und visuelle Anweisungen zur malerischen Gestaltung von Schmuckelementen. Allein 11 Seiten widmen sich in 25 Einzelschritten der Anlage und der koloristischen und werktechnisch angemessenen Ausführung eines stets gleichen, farblich allerdings variierenden Laubrankenmotivs: „Lappwerk", wie es auf fol. 1r heißt. Diese stereotyp wiederholten Laubrankenformen stehen in der Entwicklungsreihe einer recht umfangreichen Gruppe rheinischer Buchmalereien mit vorwiegend Mainzer Lokalbezug. Sie erstreckt sich von den 1430er-Jahren bis zum buchmalerischen Randschmuck in mehreren Exemplaren der 1452–1454 in Mainz gedruckten 42-zeiligen Gutenberg-Bibel. Zu deren großem Erfolg auf dem Buchmarkt trug ihre aufwendige buchmalerische Nachbearbeitung durch hervorragende Illuminatoren maßgeblich bei. Ungeachtet dessen tritt das Berliner Büchlein überaus bescheiden auf. Es ist als Arbeitsmittel ein Musterbeispiel für größte Anspruchslosigkeit und Unscheinbarkeit im Kontext der Herstellung von Hauptwerken spätmittelalterlicher Buchmalerei und Handwerksgeschichte. *MR*

LITERATUR
Wescher 1931, S. 203 – AK Berlin 1975, Kat. 115, S. 158 – Lehmann-Haupt 1978, S. 17 f. (Ergänzung von Fedja Anzelewsky) – König 1979, S. 96 – Roosen-Runge 1983, S. 91 – Höhle 1984 – König 2000, S. 573 f. – König 2006, S. 110–113 – Kellhuber 2016 (mit der weiteren Literatur) – AK Berlin/Frankfurt am Main 2017, Kat. 2, S. 20 f. (Michael Roth).

Blo vnd aurū musieren die zwo
varwen gehörent zu samen
an dzen töpflwircke eins recht vnd
das ander linck / sollent och alliweg
das töpflwirck zim ersten entwirffe
dar noch riffe mit einer fedrn vnd
mit schwarz od mit dünner dintenn
vnd brunieren / vnd dar noch mit de
blo od mit aurū musieren anstrichen
ein satt blo den vmbschlecht aurū musie
ren ir demi dz teile wellen / also hie

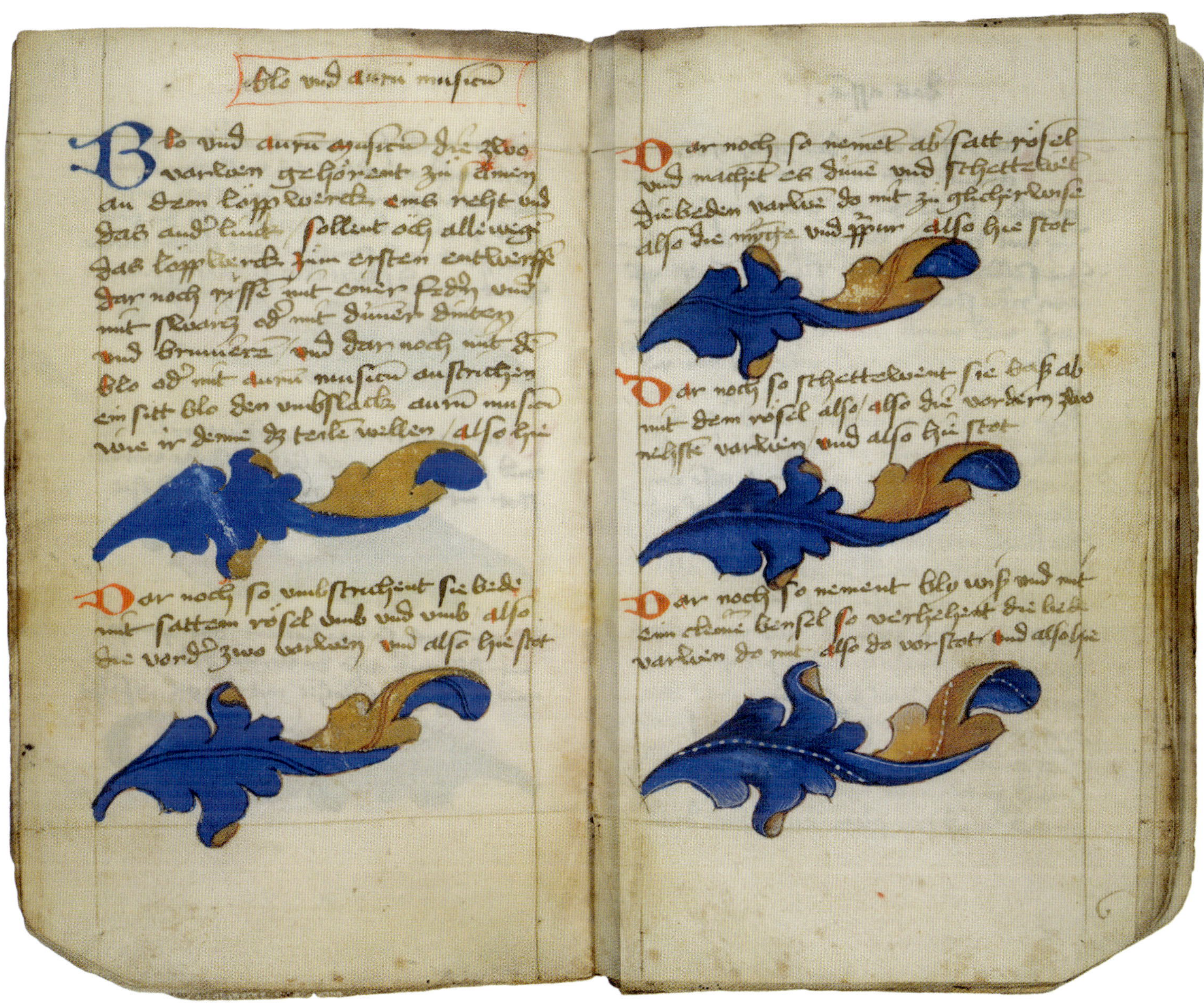

Dar noch so vmbstrechint sie beide
mit sattem rösel vmb vnd vmb also
die vord zwo varwen vnd also hie stot

Dar noch so nemet ab satt rösel
vnd machet es dünne vnd stellet weit
die beiden varwen do mit zu glichei lens
also die mische vnd spur also hie stot

Dar noch so stellet zweint sie das ab
mit dem rösel also / also die vordern zwo
nehste varwen / vnd also hie stot

Dar noch so nemet blo wiss vnd mit
ein clein benßl so verlichtent die beide
varwen do mit / also do vor stot vnd also hie

61 Johannes von Tepl, Der Ackermann aus Böhmen
Bamberg, Albrecht Pfister, um 1463

Typendruck und kolorierte Holzschnitte
23 Blatt mit 5 Holzschnitten (fol. 3 fehlt); H. 30 × B. 19,7 cm
erworben 1835
mit der Sammlung Karl Ferdinand Friedrich von Nagler
Staatliche Museen zu Berlin, Kupferstichkabinett, Sign. 2616

Schon bald nach der Erfindung des Buchdrucks mit beweglichen Lettern kam der Wunsch auf, den schön gedruckten Texten ebenso schön gestaltete Illustrationen zur Seite zu stellen. Und so wurden wahrscheinlich schon bald nach der Erfindung des Buchdrucks Versuche mit integrierten Holzschnittillustrationen im Letterndruck-Verfahren unternommen. Dies geschah in Bamberg, dem zweiten Ort in Europa, an dem der Buchdruck praktiziert wurde.

Verknüpft ist diese Entwicklung mit dem Drucker Albrecht Pfister, der bereits seit 1440 als Schreiber und Sekretär am bischöflichen Hof tätig war und wahrscheinlich die erste Bamberger Offizin übernahm.

Nach einem Erstlingswerk, Ulrich Boners *Edelstein* von 1461, in dem noch recht kleinformatige Holzschnitte in den Textverlauf des Buches eingefügt wurden (Abb. S. 165), publizierte Pfister 1462/63 dann den hier gezeigten *Ackermann aus Böhmen* des Juristen Johannes von Tepl.

Die Schrift entstand aus einem traurigen persönlichen Anlass. Tepls Frau war am 1. August 1400 verstorben. Als Ackermann von oder aus Böhmen führt er nun Klage gegen den Tod. In 32 Kapiteln wird in Rede und Gegenrede die Klage des Ackermanns und Rechtfertigung des Todes gegenübergestellt. Das Buch enthält fünf ganzseitige Holzschnittillustrationen, von denen die erste den Grund der Verhandlung zeigt. Gerade betritt der Witwer mit seinen Kindern eine karge aber fensterreiche Leichenhalle mit Steinboden und Holzdecke. Mit Leichengrinsen sitzt darin der gekrönte Tod als halbverwester Transi mit Hacke und Schaufel auf einem hohen Baldachinthron. Eines der Kinder tritt mit wehklagend erhobener Hand an den geöffneten Sarg der Mutter in ihrem Leichentuch heran. Der Ackermann weist auf das Kind und trägt mit weisender Geste seine Klage gegen den Tod vor.

In vier weiteren Illustrationen visualisiert das Bildprogramm die Eckpunkte des weiteren Disputs. Als Zyklus angelegt, erscheinen dieselben Figuren in wiedererkennbarer Tracht und in einem gleichbleibenden Farbmuster: Zunächst verwehrt sich der Tod gegen den Vorwurf der Bestechlichkeit, da er Menschen ohne Ansehen ihres Ranges und ihres Reichtums heimholt, so etwa Päpste, Könige und reiche Kaufleute, die im zweiten Bild in derselben Thronhalle zu seinen Füßen knien. Dann wird sein Werk als Sensenmann und berittener Bogenschütze auf Erden gezeigt. Auch hier richtet er die Menschen ohne Ansehen der Person. In der vorletzten Illustration bittet der Ackermann den Tod um Entscheidungshilfe für sein weiteres Leben ohne seine verstorbene Frau. Infrage steht der Gang ins Kloster oder die Gründung einer neuen Familie. Am Ende spricht Gott

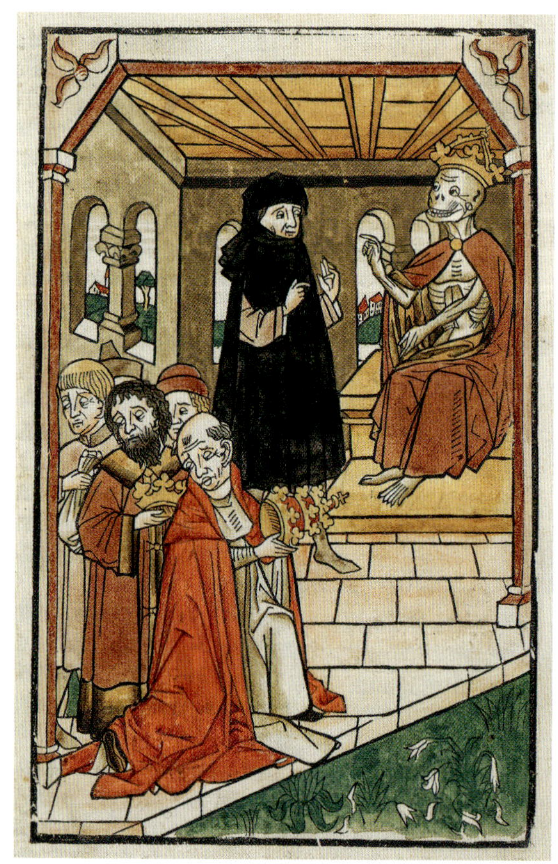

Beweis der Unbestechlichkeit des Todes, fol. 4 v

das Urteil. Umgeben von zwei Engeln thront er in Gestalt des aufgefahrenen Christus mit Wundmalen und Kreuznimbus auf einer Wolke im Sternenhimmel und fällt den Richterspruch über den Kläger und den Beklagten auf der Erde. Zwar siegt schlussendlich der Tod, dem Kläger aber, den Gott an seine Sterblichkeit erinnert, gebührt die Ehre, für seine Frau gegen den übermächtigen Gegner gefochten zu haben.

In ihrer ansprechenden, direkten Form der Bilderzählung, die den Betrachter geradezu in das Bild aufnimmt, wurden die konsequent auf den Textverlauf abgestimmten ganzseitigen Illustrationen sowie die schlichte und gleichwohl repräsentative Buchform des Werks ein Vorbild für Albrecht Dürers Buchedition der *Apokalypse* (Kat. 65).   *MR*

LITERATUR
Dückers 1994, Kat. II,3, S. 71 (Holm Bevers) – AK Berlin/Nürnberg 2003, Kat. 68, S. 149 f. (Jürgen Geiß) – AK Berlin 2006, Kat. 15, S. 56 f. (Uta Barbara Ullrich) – Häussermann 2008, S. 80–89.

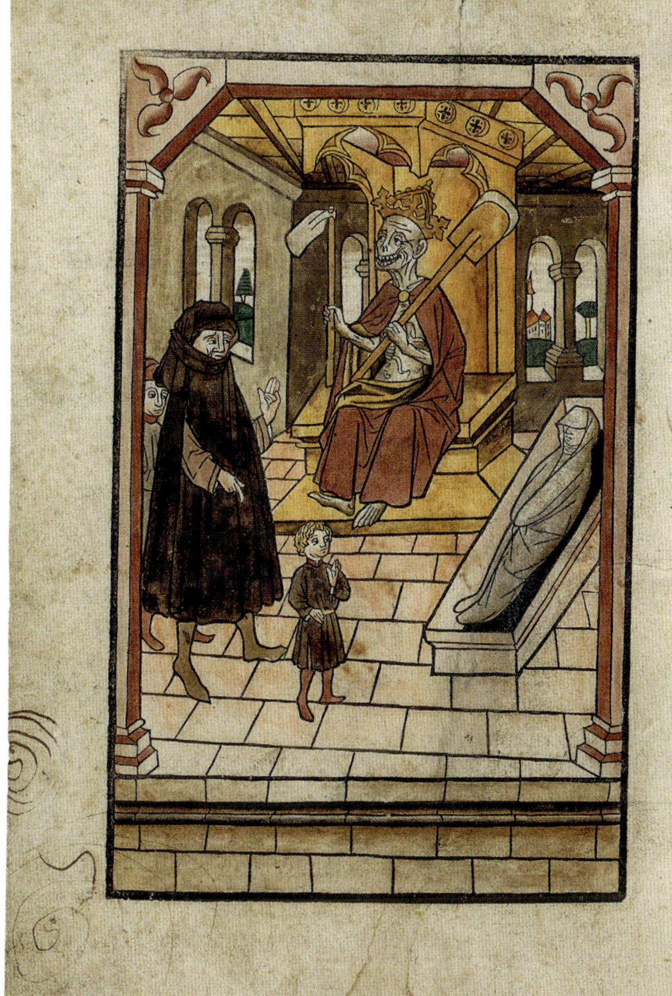

Grymiger abtilger aller leut schedlicher echß vñ
veruolger aller werlt · Fraissamer morder aller
melchē · Ir tod euch sei verflucht got eur straffer haß
euch unseldē merūg wō pei euch ungeluck hauß ge
waltiglich zu euch zu mal geschēt seit ŷmer · Angst
not vñ iamer verlassē euch nicht wo ir wādert · laid
bettrupnuß vñ auch kumer beleite euch allenthalbē
leidige anfechtūg · schētliche zuúsicht und schēliche
anfetūg die betwingē euch groblichē an aller stat ·
himel · erdē · suñ · mon · gestirn · mer · wagl · perg · ge
fild · tal · awe · der helle abgrūt · auch alles das lebeu
und wesen hat sey euch unholt ungūstig vñ fluchē
ewiglichē · In poßheit verstnicket in iemerlichē elend
verschwŷder und in der unwiderpringlichē schwerstē
echt gottes aller leut und iglicher geschepfūg aller
zukūfftiger zeit beleibt unúschamter poßwicht · eur
pose gedechtnuß · leb und trauer hin an ende · grau
und vorcht scheide vō euch nicht wo ir wandert · vñ
wonet von mir und aller meniglich sei steriglichen
geschriē vber euch ernstlichē zeter geschrei mit gewū
den henden · ¶ Des tods wider red das ander capitel ·
Hort hort hort new wunder grauszā und unge
hort reiding vechten uns an · von wem die liu
mē das ist uns zu mal ser fremd · Doch treuēs · fluch
ens · zetter geschreis · hendwindēs · und allerlei ankri
gens sein wir elender untz her wol genesen · Dēnach
sun wer du pist mell dich vñ lautmer was dir leidēs
von uns widerfarn sei · Darumb du uns so unzemli

62 **Bernhard von Breydenbach**
(um 1440–1497 Mainz),
Erhard Reuwich
(um 1455 Utrecht – um 1490 Mainz ?)
Peregrinatio in Terram Sanctam
Mainz, Erhard Reuwich, 11. Februar 1486

146 Blatt mit 23 Holzschnitten
je H. 31,5 × B. 21,5 cm (Holzschnitt)
erworben 1882 aus dem Besitz von Friedrich Lippmann
Staatliche Museen zu Berlin, Kupferstichkabinett, Sign. 2340

Eine Generation nach der Erfindung des Buchdrucks mit beweglichen Lettern durch Johannes Gutenberg wurde in der Metropole Mainz ein weiteres Mal Buchgeschichte geschrieben. Mit der *Peregrinatio in Terram Sanctam* des Domherrn Bernhard von Breydenbach beginnt die Geschichte der gedruckten und ausführlich illustrierten Reisebeschreibung. Die literarische und visuelle Schilderung der gefährlichen Reise ins Heilige Land war offenbar von Anbeginn geplant, denn Breydenbach nahm einen Bildchronisten mit auf seine Pilgerfahrt, den Zeichner Erhard Reuwich. Dieser fertigte im Verlauf der Reise neben lebensvollen Trachtenstudien der besuchten Völker und Darstellungen unbekannter Tiere, darunter ein Einhorn und ein Krokodil, eine Reihe sehr verlässlicher topografischer Studien an. Sie wurden nach der Rückkehr nach Mainz in oft mehrteilige Holzdruckstöcke umgesetzt und in der Publikation als erste genaue Architektur- und Stadtansichten der europäischen Druckgeschichte gezeigt. Insgesamt enthält der Band 17 Bildholzschnitte, darunter sieben Stadtansichten. Diese zum Teil sehr großformatigen Veduten wurden in mehrfacher Faltung in den Textblock eingehängt. Neben einer panoramatischen Ansicht Venedigs sticht vor allem der ebenfalls umfassend und sehr detailliert angelegte Überschauplan von Jerusalem (Abb. S. 188/189) hervor. Er wird begleitet von einer authentischen Ansicht der Grabeskirche sowie einer weiteren gesonderten Darstellung des Heiligen Grabes Christi in dieser Kirche (Abb. S. 186). Somit führen die immer enger fokussierten Ansichten immer enger auf den Zweck und das eigentliche Ziel der Reise: den Besuch des letzten Irdenorts des Herrn. Verbunden war diese Reise aber auch mit ausführlichen landeskundlichen Kulturstudien. So dokumentiert Reuwich in sechs weiteren Holzschnitten die Alphabete mehrerer während der Pilgerreise aufgenommener und erforschter Sprachen und Schriften der Levante und Ägyptens.

Das Buch wartet zudem mit einer weiteren buchgeschichtlichen Neuerung auf, einem aufwendig und künstlerisch herausragend gestalteten und im Holzschnitt umgesetzten Frontispiz (Abb. S. 167). Es zeigt eine Venezianerin in reichem Gewand, dessen Oberteil mit samtschwarzen Ärmeln und ihr kunstvoller Schmuckreif im Haar fast wie ein sogenannter Weißlinienschnitt aus dem Block herausgeschnitten wirkt, um die dunklere Kleidung und den Teint der Schönen zu charakterisieren. Sie präsentiert die Wappen der Pilgergruppe. Diese bestand aus Bernhard Breydenbach, Graf Johann von Solms, der auf der Reise starb, und Philipp von Bicken. Umgeben wird die Wappenhalterin von

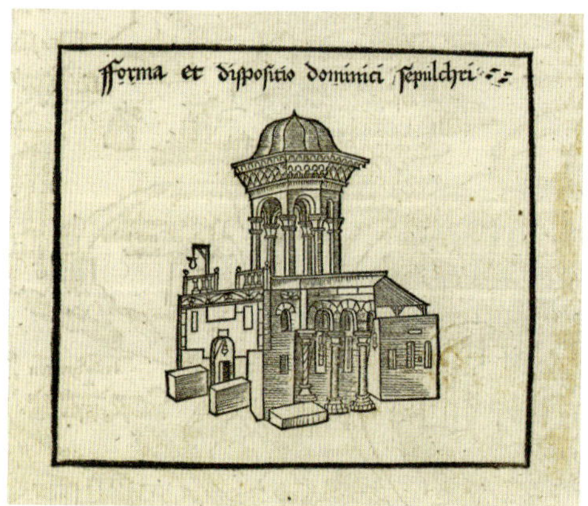

Das Hl. Grab in Jerusalem, *Peregrinatio in Terram Sanctam*, fol. 129

einem seinerzeit hochmodernen Astwerk- und Rankenschleierrahmen mit lebendig spielenden und kletternden Putten. Dieses ganz auf die Wirkung als Schwarz-Weiß-Druck ausgerichtete Titelblatt zeigt eine feine lineare Binnenzeichnung und sogar Materialanmutungen im Gewand der Frau. Es wurde von den Zeitgenossen genau studiert, und keine Geringeren als Michael Wolgemut und Wilhelm Pleydenwurff adaptieren die Bildidee für das Titelblatt der *Schedelschen Weltchronik* (Kat. 64).

Die Darstellung wurde von Friedrich Winkler als „genialste Schöpfung aus der vordürerschen Zeit des Holzschnitts" und von Max J. Friedländer als „epochemachend in der Geschichte der Buchausstattung" gewürdigt. Es erstaunt daher nicht, dass sich um den aus Utrecht stammenden Maler Erhard Reuwich einige Kernfragen der deutschen Kunstgeschichte des 15. Jahrhunderts ranken. Diskutiert wurde vor allem, ob Reuwich mit dem sogenannten Meister des Hausbuches bzw. dem sogenannten Meister des Amsterdamer Kabinetts identisch sein könnte, einem der führenden Grafiker und besten Kaltnadelkünstler der Generation vor Albrecht Dürer. Die Beobachtung, dass der Meister des Amsterdamer Kabinetts in seinen Jerusalem-Darstellungen, die aus stilkritischen Gründen nach der *Peregrinatio* entstanden sein müssen, keinerlei Ortskenntnis zeigt, führte in der jüngeren Forschung jedoch zur entschiedenen Trennung der Meister. *MR*

LITERATUR
Friedländer 1926, S. 41 – Winkler 1961, S. 149–152, 163 – Haussherr 1987/88, S. 59–63 – AK Mainz 1992, S. 5–43 – Dückers 1994, Kat. II.5, S. 72–74 (Marie Ursula Riemann-Reyher) – Hess 1994, S. 35–37 – Landau/Parshall 1994, S. 35 – Timm 2006 – Mozer 2010 – Schmidt 2012, S. 154 f.

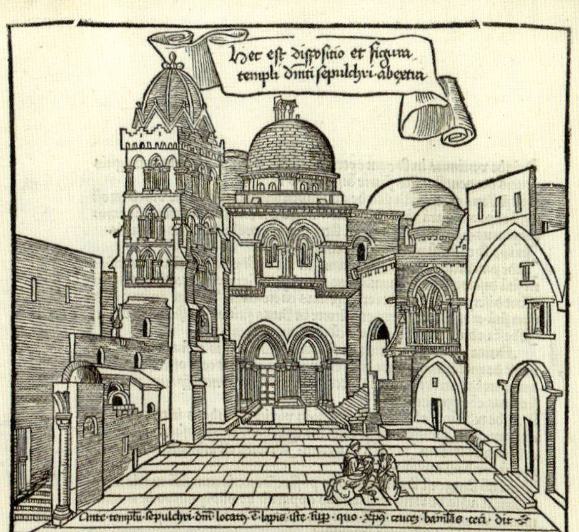

Ante templu sepulchri dni locat[us] e lapis iste sup[er] quo xp[u]s cruce[m] baiula[n]s teci dir...

De ingressu in templum dnici sepulcri et processione inibi facta ad loca sacra·

Die·xij·Julij hora vesperaru in ip[su]m venerandu dnici sepul-cri templu a paganis·id est rectorib[us] ipius ciuitatis sancte Jerosolime fuim[us] admissi et numerati·ostijs p eos apertis. pro qua re vnusquisq[ue] nostru quinq[ue] exsoluit ducatos·nec vnq[uam] alias hoc aperitur templu ab eis·nisi vel propter aduenictes peregrinos·vel fratres mutandos qui ibi pro custodia deputatur· Moxq[ue] nobis intromissis templu clauserut· Intrauerut aute nobiscu Gardianus ipe et plures suo[rum] cofratru· Quaprimu aut deuotus quisq[ue] xpianus vel peregrin[us] in templu hoc pedem posuerit· plenaria cosequitur remissionem·

Est aute hec dispositio templi eiusdem sacratissimi· Ecclesia ipa rotu-da est·et habet p diametru inter columnas septuaginta tres pedes·ab-sidesq[ue] que habent p circuitu a muro exteriori ecclesie dece pedes super sepulcru dni·q[uo]d in mediu eiusdem ecclesie est apertura rotunda ita vt tota cripta sancti sepulcri sit sub diuo·Galgathana aute ecclesia adhe-ret isti·et est oblonga loco chori ecclesie sancti sepulcri adiucta·sed paru demissio[r]·sunt tame ambe sub vno tecto·Spelunca in qua est sepulcru dni habet in logitudine octo pedes·in latitudine similiter octo vndiq[ue] tecta marmore exteri[us]·sed interi[us] est rupes vna sicut fuit tpe sepulture

Ostium ad hanc spelunca intrat ab oriente demissum valde et paru[m] Tumba vero sancti sepulcri est ad dextera intrantis iuxta parietem ad septentrionem de marmore grisei coloris·alta a supficie pauimenti tribus palmis·longa pedibus octo·sicut est interius ipa cripta siue spe-lunca·et ex omni pte clausa nec lumen potest haberi intrinsecus·ab ex-trinseco·quia nulla fenestra est mittens lumen intus sed pendent noue lampades sup sepulcru dni ministrantes lumen intus· Alia etiam spe-lunca est ante spelunca ista scz sepulcri eiusdem longitudinis et latitu-dinis et dispositionis intus et extra·et videntur iste due extra existen-ti esse vna·sed cu interius fueris videbis eas ab inuice pariete p mediu separatas· Intratur aute prima ista et deinde alia in qua est sepulcru· in ista exteriore intrauerut mulieres quado dicebat·Quis reuoluet no-bis lapidem [et]c· Et iste lapis erat aduolutus ostio spelunce interioris et iacet hodie magna ps ei[us] ante ostiu spelunce interioris·cui fuerit ad-uolutus in medio isti[us]·Alia ps ei[us] traslata est in mote syon pro lapide supponedo altari que etia ibi vidi· Mos caluarie in quo dns crucifixus est distat a loco sepulcri p septingetos pedes·et ascedit ad locu vbi crux infixa fuit rupi dece et octo pedes a supficie pauimeti ecclesie·scissio pe-tre eius de in qua crux fuit fixa·tante capacitatis est·vt caput hominis recipiat·Nam ego in ea imposui caput meu et descendit longitudo ei[us] de loco crucis in fixionibus vsq[ue] ad pauimentu ecclesie inferius p dece octo pedes·et color sanguinis dni nostri ihesu xpi apparet hodie in ipa scissione petre·et scissio ipa erat sub manu eius sinistra· Altare etia edi-ficatu est iuxta eundem locu manus sinistre valde decoru et pulcru de marmore pauimentu·huius capellule stratu est totu et parietes de mar-more sunt tecti et ope musino decorati de auro purissimo· Locus vero in quo crux fixa est·est fossa pfunda duabus palmis et ita capax [quod] in ea posui caput meu·De caluaria cotra orientem vigintiquatuor pe-dibus est altare quodda sub quo est pars columne· super qua dns fuit flagellatus illuc traslata de domo pylati·et sub lapide altaris est tecta ita vt a fidelibus possit tangi et videri et osculari· Est aute de lapide porfirico subnigro habens maculas quasda rubeas naturaliter· quas credit vulgus tincturas esse sanguinis ihesu xpi· Alia pars columne dicitur traslata esse in Costantinopolim· De altari columne hui[us] con-tra oriete ad decem pedes·descenditur p gradus quadragintaocto·ad locu vbi ab helena fuit crux inuenta·Et est ibi capella· et duo altaria longe infra terra·Ille locus in quo crux fuit defossa videt[ur] michi fuis-se vnu de fossatis ciuitatis·in q[uo]d cruces depositis corporibus misse fue-rut·et desup sordes ciuitatis coportate·donec per Helena loco mudato crux est inuenta·Prope ciuitate enim erat locus passionis·et ortus in loco isto·Locus vero vbi stetit beata virgo cu mulieribus alijs iuxta cruce non fuit sub ipo brachio crucis ad aquilonem sicut volunt qui-da·sed ante facie filij fere ad occidente·Monstrat[ur] enim locus stationis

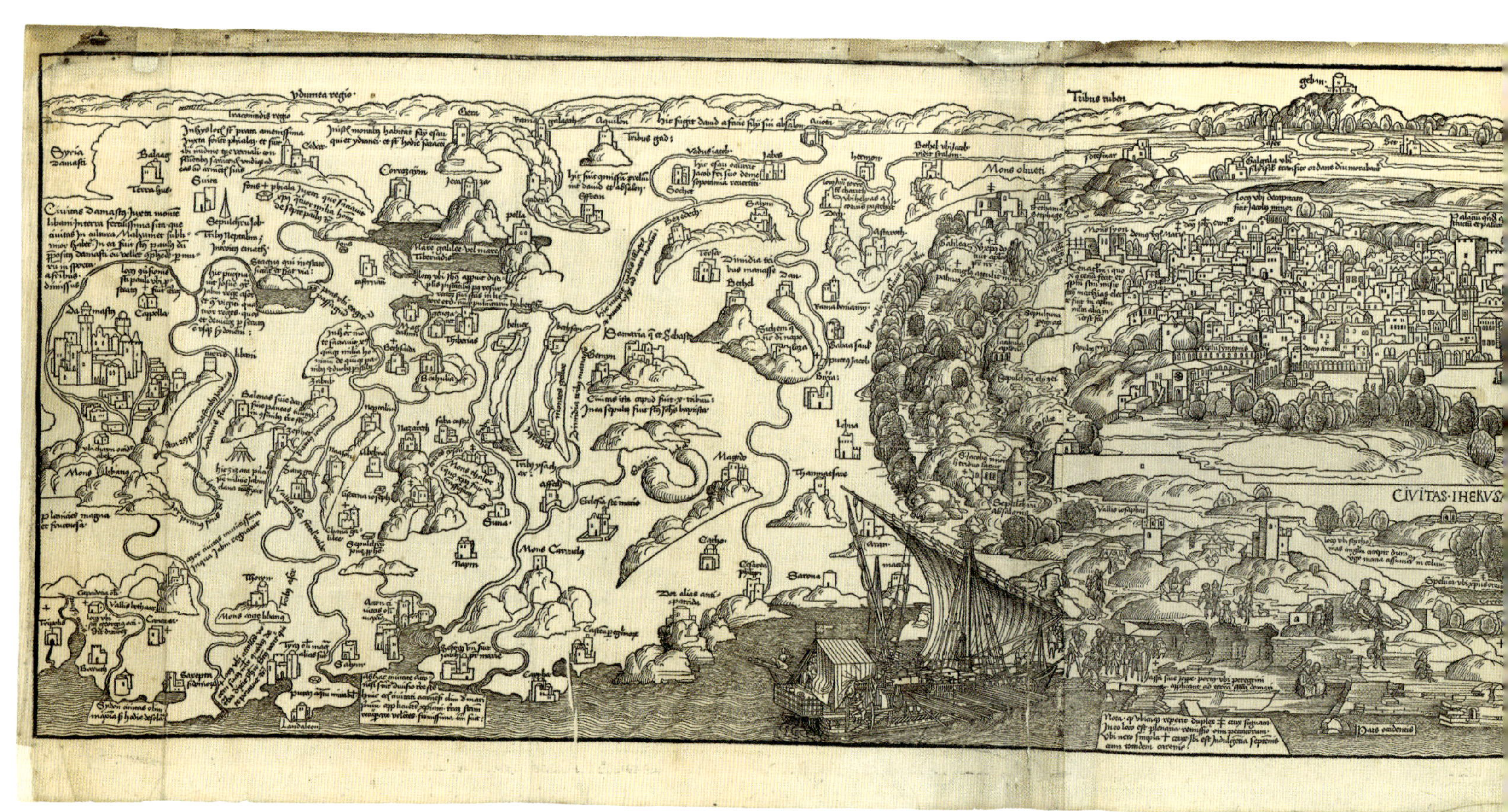

Ydumea regio
Tracunidis regio
Syria Damasci
Sem
Aquilon
hic fugit dauid a facie filij sui absalon
Tribus ruben
Tribus gad:
Mons oliueti
Bethel vel iacob
Ciuitas Damasci
Mons libanus
Planicies magna
et fructuosa
Mons Carmeli
Samaria ꝗ et Sebaste
Magdo
Thamnesace
Isbona
CIVITAS IHERVSA

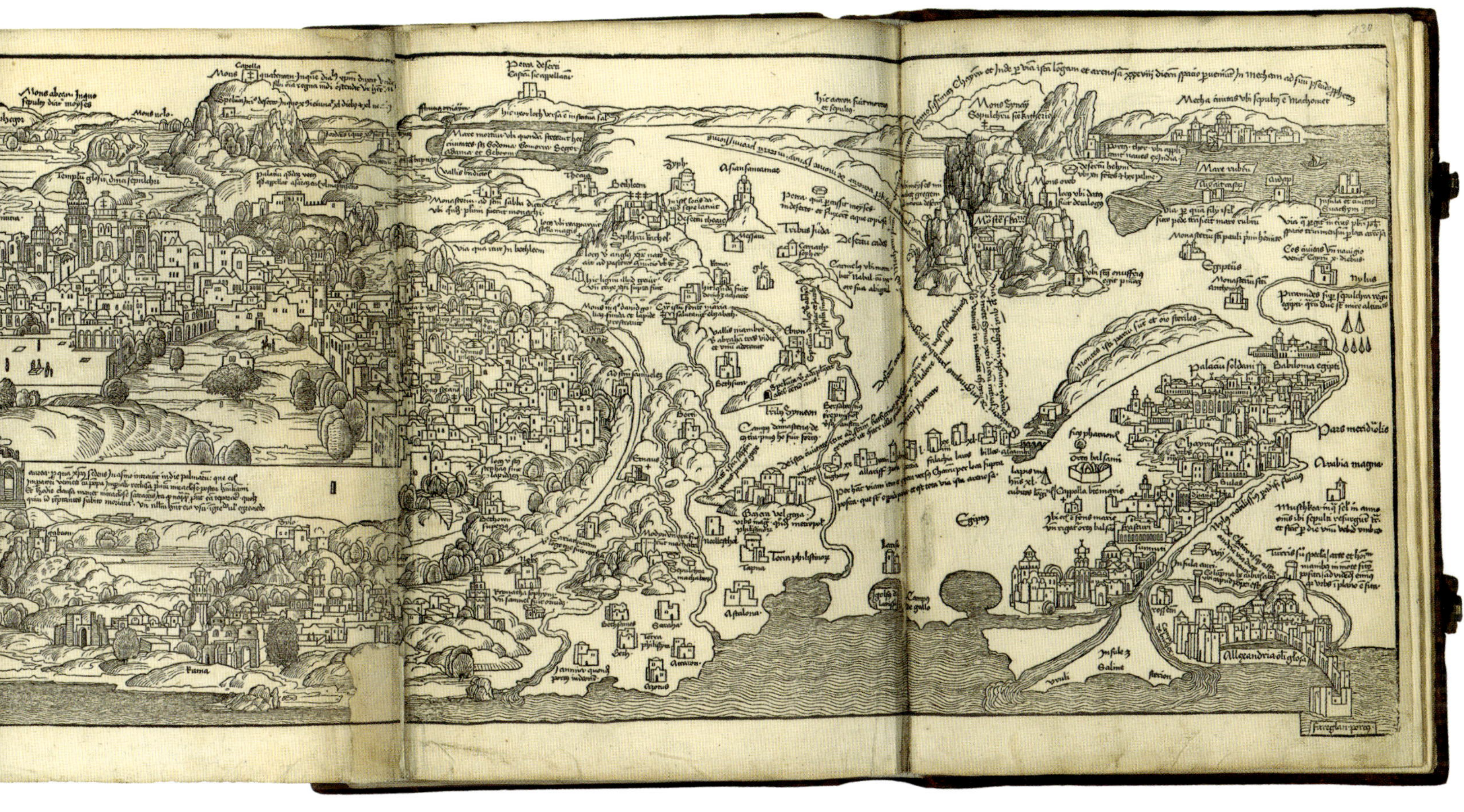

63 Stephan Fridolin
(um 1430 Winnenden – 1498 Nürnberg)
Schatzbehalter oder schrein der waren
reichtuemer des heils und ewyger seligkeit
Nürnberg, Anton Koberger
8. November 1491

Papier; H. 34 × B. 23 cm
354 Blatt, 96 Holzschnitte von 91 Druckstöcken
erworben 1835
mit der Sammlung Karl Ferdinand Friedrich von Nagler
Staatliche Museen zu Berlin, Kupferstichkabinett, Sign. 2657

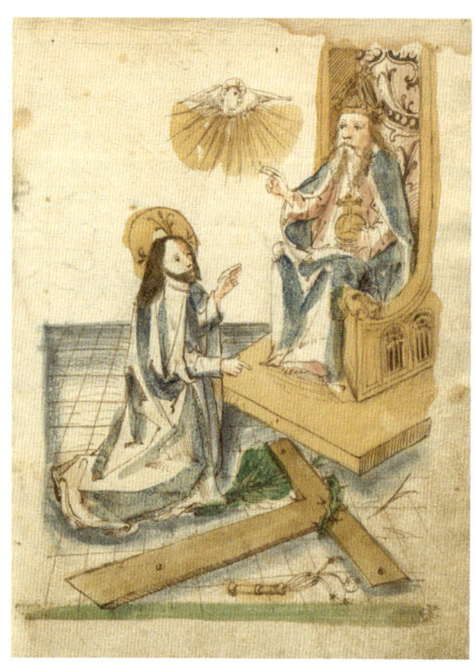

Gottvater sendet
Christus in die Welt,
sogenanntes Skizzen-
buch des Michael
Wolgemut, fol. 4 r,
Staatliche Museen
zu Berlin, Kupferstich-
kabinett

Obgleich neben dem Nürnberger Drucker Anton Koberger keine weiteren Beteiligten genannt werden, kennen wir durch einen handschriftlichen Eintrag in einem Exemplar des *Schatzbehalters* den Namen seines Autors. Es ist der Predigerbruder Stephan Fridolin aus Winnenden. Er war als strenger Franziskaner-Observant ab etwa 1480 Lektor des Nürnberger Franziskanerklosters sowie Prediger und Beichtvater im Kloster der Schwestern von St. Klara. Auf Wunsch der Klarissinnen wurden seine zu theologischen Abhandlungen erweiterten Predigten für die Schwestern gesammelt, vermutlich nochmals überarbeitet und dann als *Schatzbehalter* in den Druck gebracht. In diesem Erbauungsbuch werden das Leiden und der Opfertod Christi als Schatz der Christenheit unter verschiedenen Gesichtspunkten beleuchtet. Fridolin maß dabei den Illustrationen eine besondere Bedeutung zu, da die Schrift für Laien gedacht war. So entstand mit dem *Schatzbehalter*, der 96 großformatige, ganzseitige Holzschnitte umfasst, einer der am reichsten illustrierten Inkunabeldrucke überhaupt.

Die Aufgabe der Bildfindung war besonders anspruchsvoll. Denn zahlreiche der theologischen Betrachtungen, die Fridolin „Gegenwürff" nannte, griffen hochkomplexe Sachverhalte auf. Sie bestehen jeweils aus zwei Teilen. Der erste befasst

sich nach Fridolins Definition mit der Würde bzw. der Tugend Christi, der zweite mit seinem Leiden. Ziel des Buches war es, dem Leser und Betrachter durch die „Gegenwürff" eine Anleitung zum richtigen Gebet in der Zwiesprache mit Gott durch Verweise auf das Leben und Leiden seines Sohnes zu vermitteln. Die Illustrationen mussten neben zahlreichen alttestamentlichen Themen und Betrachtungen zum Leben, Wirken und zur Passion Christi auch vielschichtige theologische Allegorien verbildlichen. Sie sollten selbst einem Nicht-Lesekundigen den Inhalt und Gegenstand der Betrachtungen vor Augen führen und als Gedächtnishilfen dienen. Fridolin war sich der Schwierigkeit der Aufgabe durchaus bewusst. Bei einigen besonders elaborierten Fragestellungen verzichtete er auf eine Illustration, da der Stoff nicht zu visualisieren sei: „... wann sie sein zu geistlich und in figuren nit wol erfintlich..." (fol. 4 v, Bellm 1962, S. 3).

Gleichwohl gelangen den Buchplanern und Illustratoren erstaunliche Sinnbilder. So beginnt und endet der Text der insgesamt 200 Betrachtungen in 100 „Gegenwürff" mit den zugehörigen Bildern, die eine geöffnete linke und rechte Hand zeigen. Der ganze Schatz der Betrachtung wird von diesen Händen umschlossen und dargeboten. Gleichzeitig dienen die Handbilder der Inhaltserschließung und als mnemotechnisches Hilfsmittel zum Einprägen der „Gegenwürff".

Die Holzschnitte sind nicht mehr auf eine Kolorierung angelegt. Stattdessen arbeiten sie mit intensiven Linien- und vereinzelt auch bereits mit Kreuzschraffuren, um die großen Flächen und Landschaften räumlich zu gliedern und die agierenden Personen differenziert zu modellieren. In dieser konsequenten Orientierung auf das Schwarz-Weiß des Holzschnitts weisen sie bereits auf Dürers wenige Jahre später erscheinende Illustrationen der Apokalypse voraus (Kat. 65). Trotzdem werden die Illustratoren des *Schatzbehalters* nirgendwo genannt. Aufgrund stilkritischer Vergleiche und motivischer Ableitungen darf man aber sicher sein, dass es sich hier um Arbeiten aus der Nürnberger Werkstatt Michael Wolgemuts und Wilhelm Pleydenwurffs handelt, die kurz nach Vollendung des *Schatzbehalters* die Holzschnitte für die *Schedelsche Weltchronik* (Kat. 64) schufen.

Einige Miniaturen in einer kleinen Handschrift des Berliner Kupferstichkabinetts (Sign. 78 B 3a, Abb. S. 190) zeigen in der Bildidee und -anlage erstaunliche Parallelen zum „Schatzbehalter", insbesondere zu dessen ersten Holzschnitten. Da einige

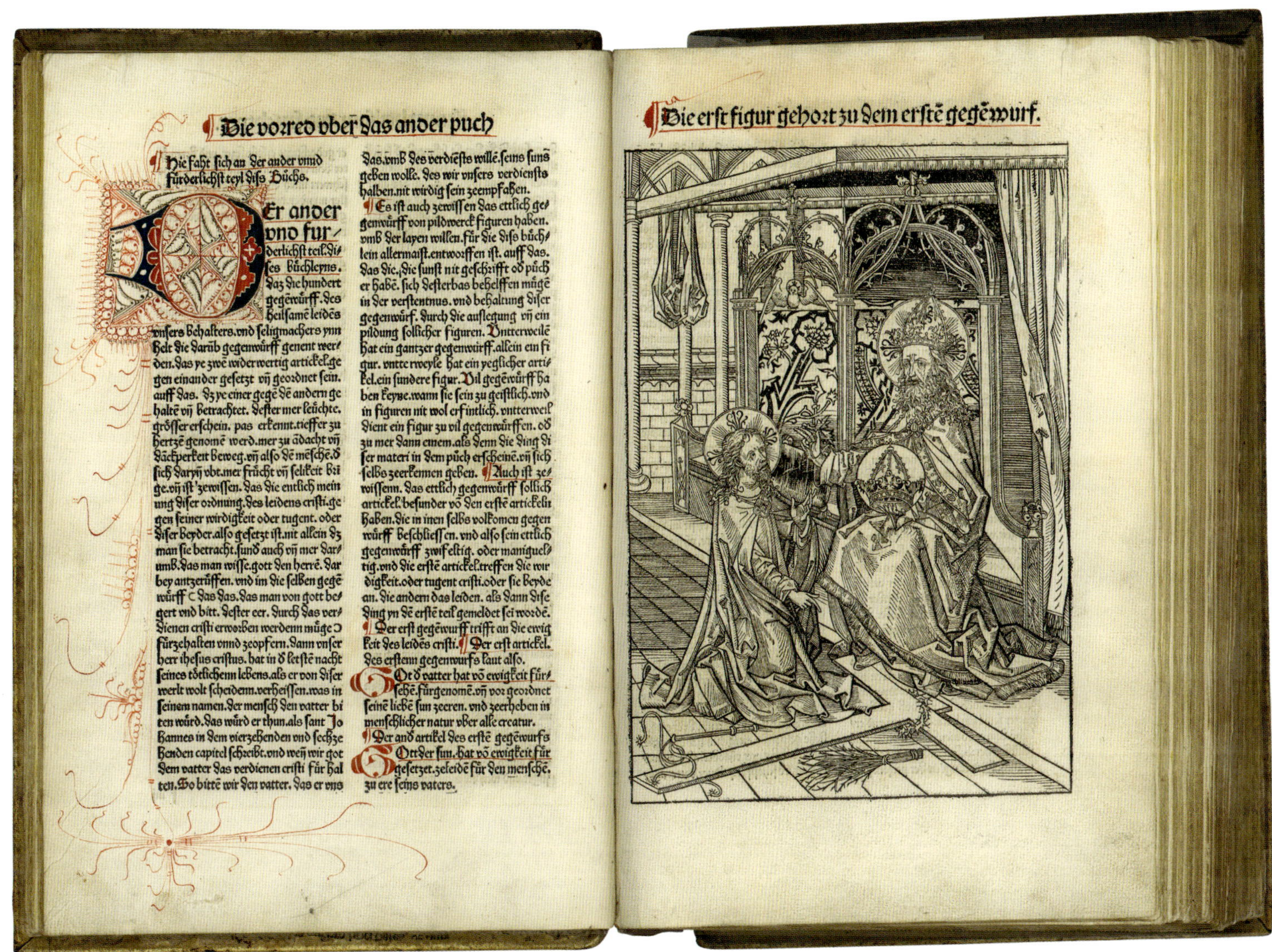

Szenen aus der Handschrift in den Holzschnitten des gedruckten Buchs zu seitenfüllenden Illustrationen zusammengeführt wurden, kann man mit Richard Bellm vermuten, dass es sich bei den gemalten Bildideen zum Teil um sehr konkrete frühe Studien zu den Illustrationen des *Schatzbehalters* handelt. Daher ging diese Handschrift als sogenanntes Skizzenbuch des Michael Wolgemut in die kunsthistorische Forschung ein. *MR*

LITERATUR
GW 10329 – Bellm 1959, S. 66–74 – Bellm 1962 – Kunze 1993, S. 362–368 – Koerner 2002, S. 197 f. – AK Berlin/Nürnberg 2003, Kat. 122, S. 236–239 (Anneliese Schmitt) – Heinrichs 2007, S. 23–42 – Bartl 2010, S. 8–12, 25–54, 86–94 – AK Berlin 2010a, Kat. 37, S. 60 f. (Jürgen Geiß).

64 Michael Wolgemut
(1434/1437 Nürnberg – 1519 ebd.) und
Wilhelm Pleydenwurff
(um 1460 Nürnberg – 1494 ebd.)
Hartmann Schedel, Liber Chronicarum
Nürnberg, Anton Koberger, 12. Juli 1493

Holzschnitt und typografischer Textdruck auf Papier
H. 46,2 × B. 32 cm (Bl.), allseitig beschnitten
erworben 1835
mit der Sammlung Karl Ferdinand Friedrich von Nagler
Staatliche Museen zu Berlin, Kupferstichkabinett, Sign. 2537

Durch die zahlreichen Entdeckungsreisen wurde die Welt aus europäischer Sicht im späten 15. Jahrhundert immer größer. Reiseberichte wurden zu gefragten Bestsellern. Gleichzeitig aber nahm das Interesse am vermeintlich Bekannten und der vertrauten Umgebung zu. Daher bestärkte der Erfolg der illustrierten Reisebeschreibung Bernhard von Breydenbachs (Kat. 62) den Entschluss des Nürnberger Arztes und Humanisten Hartmann Schedel, etwas Ähnliches für die nähere Umgebung ebenso wie für die ganze Welt zu realisieren, dies aber mit nochmals höherem bibliophilen Anspruch. Die sogenannte *Schedelsche Weltchronik* wurde eines der großartigsten und aufwendigsten Projekte in der Frühzeit des illustrierten Buchdrucks. Mit insgesamt 1809 Holzschnitten von 645 Holzstöcken – viele wurden mehrmals abgedruckt – ist sie das am reichsten bebilderte gedruckte Buch des 15. Jahrhunderts. Inhalt der Chronik ist die Schilderung der Welt von der Schöpfung bis zum Jüngsten Gericht, gegliedert nach den sieben Weltaltern. Besonderes Augenmerk legte Schedel auf eindrückliche geografische Schilderungen und Abbildungen. Zahlreiche Städte verdanken seinem Werk ihre erste topografisch zuverlässige Darstellung, darunter Basel, Budapest, Konstanz, München, Nürnberg, Straßburg und Ulm. Die *Schedelsche Weltchronik* bietet so gewissermaßen ein „heimatliches" Gegenstück zu den Illustrationen des Breydenbach'schen Reiseberichts ins Heilige Land (Kat. 62). Auf dessen Frontispiz mit seinem durch Putten bevölkerten Astwerkbogen bezieht sich das Titelblatt der *Schedelschen Weltchronik* formal ganz ausdrücklich.

Wie viele andere Stadtansichten in der *Schedelschen Weltchronik* ist auch die der Reichsstadt Ulm überraschend zuverlässig und noch heute vor Ort überprüfbar (fol. 190 v/191 r, Ulm von Süden). Man blickt über das südliche Donauufer hinweg auf die stolze, von mächtigen Befestigungswerken umschlossene Stadt. Im Inneren ist das übergroß dargestellte Rathaus mit steilem Zinnengiebel, Glockenturm und Turmerker leicht auszumachen. Links davor stehen der heute noch erhaltene Metzgerturm und dahinter der massige Turmstumpf des Ulmer Münsters. Ein Kran auf der provisorischen Spitze zeigt an, dass die Arbeiten noch im Gange sind.

Wer die Stadtansichten vor Ort aufgenommen hat, ist leider nicht bekannt. In ihrer geografischen Genauigkeit und architektonischen Detailtreue entsprechen sie den Wolfgang Katzheimer zugeschriebenen Bamberger Architekturansichten (Kat. 127–129). In den Holzschnitt umgesetzt wurden die Bildvorlagen bei Michael Wolgemut und Wilhelm Pleydenwurff in Nürnberg. Sicherlich aber konnte Schedel für seine Stadtbeschreibung auch auf die sehr detaillierte Schilderung des Ulmer Dominikanermönchs Felix Fabri zurückgreifen. Fabri war 1483/84 ebenfalls Teilnehmer von Bernhard von Breydenbachs Pilgerfahrt ins Heilige Land gewesen und hatte mit dem Mainzer Domherrn zudem die gefährliche Reise zum Katharinenkloster am Fuße des Berges Sinai und von dort aus über Kairo und Alexandria zurück nach Venedig unternommen. Von Breydenbach unterstützte ihn sogar bei der Buchung einer für den Mönch zu teuren Schiffspassage nach Venedig im Anschluss an die Sinai-Exkursion, an der Fabris eigene schwäbische Pilgergruppe nicht mehr teilgenommen hatte. Dies alles schildert Fabri im Evagatorium, seinem eigenen handschriftlichen Reisebericht der Pilgerreise. Auch von Breydenbach erwähnt „felix ein leßmeister prediger ordens von Ulm" (vgl. Kat. 62, fol. 158 r) als seinen Pilgerbruder zum Katharinenkloster und späteren Mitreisenden auf der venezianischen Galeere.

Nach seiner glücklichen Rückkehr verfasste Fabri angesichts der Schönheit seiner Heimatstadt Ulm eine ausführliche Stadtbeschreibung. Auf diesem Bericht basiert auch die Legende zur Ulm-Ansicht in der *Schedelschen Weltchronik* und unterstreicht somit die enge Verflechtung der zeitgenössischen Reiseliteratur. Neben der Schilderung des Gezeigten berichtet der Text von der hoffnungsvoll (schlussendlich aber glücklos) erwarteten Turmvollendung, der Ausstattung des Ulmer Münsters mit 52 Altären und Pfründen sowie dem heute noch erhaltenen Sakramentshaus und Chorgestühl, Werke der seinerzeit zeitgenössischen Kunst von Jörg Syrlin d. Ä. und Michel Erhart (Kat. 114–116). *MR*

LITERATUR
Winkler 1961, S. 152 f. – Wilson 1976 – Rücker 1988 – AK Köln 1993, S. 170–174 – Roth 1993 – Dückers 1994, Kat II.6, S. 74 f. (Gottfried Riemann) – Reske 2000 – Füssel 2001 – Herz 2019, S. 123–131.

ULma insignis vrbs suevie.ad vlteriorem danubij ripam sita.qui fluuius ex hilaro z blauo fluminibus in eo loco exoneratur.indecz nauigabilis redditur.vt Sueuia.baioaria.austria.z pānonia. ob nauigia danubij non parua sentiant comoda.Cum vo hec inclita vrbs in fundatione imperij inter villas quatuoz ponatur.ne ab exteris sine ornatu ac muro esse censeatur. Cum galli ingentes ciuitates veluti parisius z rhuronem villas nominabant. Ipa vo vlma tū muris fossatis ac menijs atcz publicis ac priuatis edibus poznata existat.Et nobilibus familijs a tpibus caroli magni impatozis aucta sit,ideo in eius laudem ac descriptionem vrbis metra heroico deducta carmin̄ e edita sunt.

Ulma decus sueuie:qua primo ab origine ducat
Principium:nullis sat certum annabilis extat
Et cp z antiqua z presignis sit:probat ipsum
Nomen: quod lacio desumptum est fonte.cp apta
Ulmetis plena posita est vligine terra
Nancz vbi defoditur circū vrbem: glutea crassis
Arboribus tellus abilis reperitur:z inde
Barbarie spreta: nomen capit vlma latinum:
Urbs libertina est.romani subdita diuo
Imperio regis:villis ex quatuoz vna:
Non quia villa siet.sed quondam forte reuicta et
Ui belli vastata.iterum constructa carebat
Temporibus certis muris.firmissima iam nunc
Ipsis:contiguo bos a parte danubius aluco
Prefluit:hic sapido repletus pisce:breui illum
Per mediam labens vrbem cursu blauus intrat
Preterea cincta est fossatis ipa profundis
Turribus excelsis.domibuscz impleta decoris

Affluit z pluri populo.cp multa per orbem
Oppida:que septi spacio perlacius extāt
Pulcras inter habet structuras grāde laboze z
Arte atcz expensis opus ecclesiam genitrici
Sacram diuine:cui vix equabilis orbe est
Ampla quidem valde:grandis quocz molis in altū
Sustentat laquearia magna:capaxcz frequētis
Turbe multa inibi festiuo milia sole
Conueniunt:hic magna dei veneratio crebro est.
Quo sol eois exurgens montibus ignes
Spargit:vix templum parochos continet vnum
Ulma senatozes prudentes obtinet:illi
Publica sagaci disponūt cōmoda sceptro.
Unde breui creuit:locuples ex paupere serua
Facta hera:cp multas ia opulentas censibus vrbes
Perpetuis superat:comitatus tris fere cum opini
Appendice suo retinet prompto ere coemptos
Unam inter plures:non paruo denicz fructu
Mercem agitat:panno lino lanacz parato
Uescauicā hunc aliqui vocitant tractata frequentat
Negociū variū est:boim hinc pars maxima sese.
Hic nutrit:pereunt multi ditantur in ipso
Sunt alie laudes vlme quas promere cunctas
Mentio materie prohibet breuiata valete

ΤΕΛΟΣ · ΜΟΝΟΚΟΛΟΥ · ΓΡΟΥΡΑΜΜΑΤΟΣ

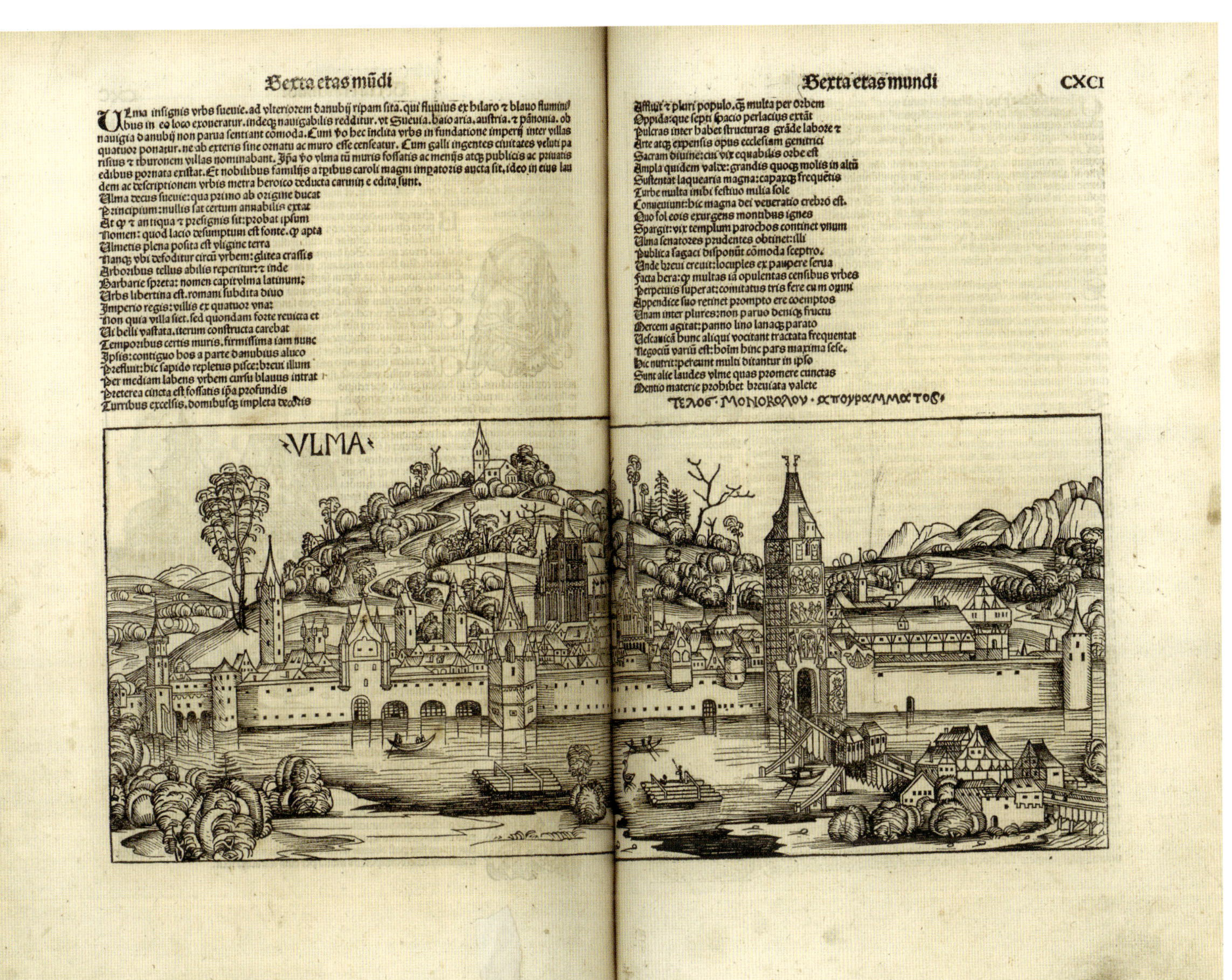

65   Albrecht Dürer (1471 Nürnberg – 1528 ebd.)
      Apokalipsis cum figuris (Die Apokalypse), 1498
      In: Die Drei Grossen Bücher, 1511
      Nürnberg, Albrecht Dürer, 1498/1511

Holzschnitt und Typendruck
16 Blatt mit 16 Holzschnitten
Holzschnitt; H. 43,8 × B. 31 cm (Buchblock)
H. 39,4 × B. 28,2 cm (Druck)
erworben 1882 aus dem Besitz von Friedrich Lippmann
Staatliche Museen zu Berlin, Kupferstichkabinett, Sign. 2550a

Im Anschluss an seine Lehr- und Wanderjahre sondierte Albrecht Dürer verschiedene Tätigkeitsfelder. Er fertigte einige Porträts an, darunter sein eigenes berühmtes *Selbstbildnis* von 1498 (Madrid, Museo Nacional del Prado), die wohl nicht zuletzt als Beweise und Beispielwerke für seine Qualifikation als Tafelmaler entstanden sind. Daneben perfektionierte Dürer seine Fähigkeiten in den grafischen Verfahren. Neben dem Kupferstich widmete er sich zunächst vor allem dem Holzschnitt. Nach einigen Einblattholzschnitten kulminierte diese Arbeit in der Planung, Herstellung und Herausgabe eines mit Holzschnitten illustrierten Buches in eigener Verantwortung, der *Apocalipsis cu[m] figuris* bzw. *Geheime Offenbarung des Johannes*.

Das Buch war keineswegs voraussetzungslos. In ihm kamen vielmehr verschiedene Aspekte aus kurz zuvor entstandenen Publikationen zusammen. Bereits im *Schatzbehalter* von 1491 (Kat. 63) und mehr noch in der *Schedelschen Weltchronik* von 1493 (Kat. 64) hatten Dürers Patenonkel, der Großverleger Anton Koberger, als Drucker sowie Dürers Lehrmeister Michael Wolgemut und Wilhelm Pleydenwurff als Entwerfer der Holzschnitte neue Maßstäbe gesetzt. Beide Schriften trugen entscheidend zur Etablierung monochromer schwarz-weißer Druckillustration bei. Formal konnte sich Dürer auf die ältere Bamberger Tradition berufen, namentlich auf den *Ackermann aus Böhmen* (Kat. 61). Dort waren erstmals Text und Bild gleichbedeutend und jeweils seitenfüllend nebeneinander publiziert worden. Zuletzt hatte Dürer als Eigenherausgeber das Beispiel Erhard Reuwichs vor Augen, der im Kolophon der Breydenbach'schen *Peregrinatio in Terram Sanctam* von 1486 (Kat. 62) als Verfertiger und damit als verantwortlicher Herausgeber des Werks genannt wird.

Aus der Summe der Anregungen entwickelte Dürer etwas Einzigartiges: eine Text- und Bilderfolge, die einerseits auf einer etablierten Darstellungstradition der Apokalypse fußte, wie sie etwa in der Blockbuchausgabe (Kat. 57), dann aber vor allem in der Kölner Bibel von 1478/79 greifbar war, die auf der anderen Seite aber die Bilderzählung in direkter Ansprache des Betrachters weiter dramatisierte und damit über Generationen hinweg die Vorstellung und Visionen der Menschen von den „letzten Dingen" formte. Das gilt ganz besonders für die hier aufgeschlagene Buchöffnung mit den *Apokalyptischen Reitern*, die bis heute

ein einprägsames und oft publiziertes Sinnbild fundamentaler Katastrophen und göttlicher Strafen sind. Geleitet von einem segnenden, geflügelten Engel fegen die Personifikationen von Sieg, Krieg und Teuerung im wilden Galopp über die Menschheit hinweg. Auf der Erde überrennt der Tod auf einem mageren Klepper die taumelnde und stürzende Menschheit. Dürers Zusammenfassung mehrerer Ereignisse des apokalyptischen Berichts erlaubt ihm eine monumentale und hochdynamische Komposition in einer bis dahin unerreichten Differenzierung der Typen, Bewegungsmuster und Texturen sowie der Lichtführung im Buchholzschnitt.

Dürers *Apokalypse* bildet den furiosen Abschluss der etwa einhundertjährigen Entwicklungsgeschichte des europäischen Holzschnitts auf Papier sowie des knapp halb so alten Buchholzschnitts in der Frühzeit des Buchdrucks mit beweglichen Lettern. In der *Apokalypse* manifestiert sich der Triumph des Schwarz-Weiß und der Linie als Hauptgestaltungsmittel und Modellierungswerkzeug der grafischen Künste.

Für die den Holzschnitten gegenüberliegenden Textseiten der *Geheimen Offenbarung des Johannes* gilt dieser Farbverzicht allerdings nicht. Dort ließ Dürer die notwendigen Spazien zum Einfügen farbig hervorgehobener Initialen an Kapitelanfängen. Bei den meisten erhaltenen Exemplaren der *Apokalypse* wurden die Farbinitialen aber gar nicht ausgeführt. Das Buch wurde von Anbeginn an wegen seiner herausragenden Holzschnitte geschätzt. Daher wurden die meisten Buchausgaben auch im Laufe der Geschichte aufgelöst und in Einzelblätter verwandelt.

Dürers Entscheidung einer eigenverantwortlichen Buchausgabe war mutig. Bei der Herstellung der Druckvorlagen, immerhin 15 großformatigen Holzschnitten (und einem Titelblatt mit geschnittenem Text), musste er zunächst selbst mehrjährige Gestaltungsarbeit investieren. Darüber hinaus musste er in der eigentlichen Buchproduktion beim Satz, der Papierbeschaffung und beim Druck in Vorleistung treten, sofern ihn nicht sein Patenonkel Anton Koberger unterstützt hat, was er in anderen Belangen durchaus tat. So stammen etwa die Drucktypen der deutschen und der lateinischen Ausgabe von 1498 aus Kobergers Offizin. Den Text der deutschen Ausgabe entlieh Dürer der bei Koberger gedruckten *Neunten deutschen Bibel* von

1483. Diese Ausgabe enthielt zudem Apokalypse-Holzschnitte aus der Kölner Bibel, die neben zahlreichen Motiven aus Martin Schongauers Kupferstichen und Anregungen seiner gerade abgeschlossenen ersten Reise über die Alpen zu einer zentralen ikonografischen und auch kompositionellen Inspirationsquelle für Dürer bei der Gestaltung seiner Bilderfolge wurde. Ob Dürers *Apokalypse* auch bei Koberger gedruckt wurden, ist wahrscheinlich, aber nicht belegt. Den Vertrieb organisierte Dürer hingegen selbst. Bereits im Vorfeld der Publikation schloss er Mitarbeiterverträge mit zwei reisenden Vertretern, sogenannten Buchkolporteuren, die seine grafischen Arbeiten und sicher auch das Buch nach der Fertigstellung vertreiben sollten. *MR*

LITERATUR
Schneider 1991, S. 130–140 – Schoch/Mende/Scherbaum 2001–2004, Bd. 2, Kat. 106–127, S. 59–105; bes. Kat. 115, S. 76–79 (Peter Krüger) – AK Nürnberg 2012, S. 434–436 (Anna Scherbaum) – Schmidt 2012, S. 152– 158 – AK Frankfurt am Main 2013, Kat. 3.1 A-P-3.3, S. 80–85 (Jochen Sander).

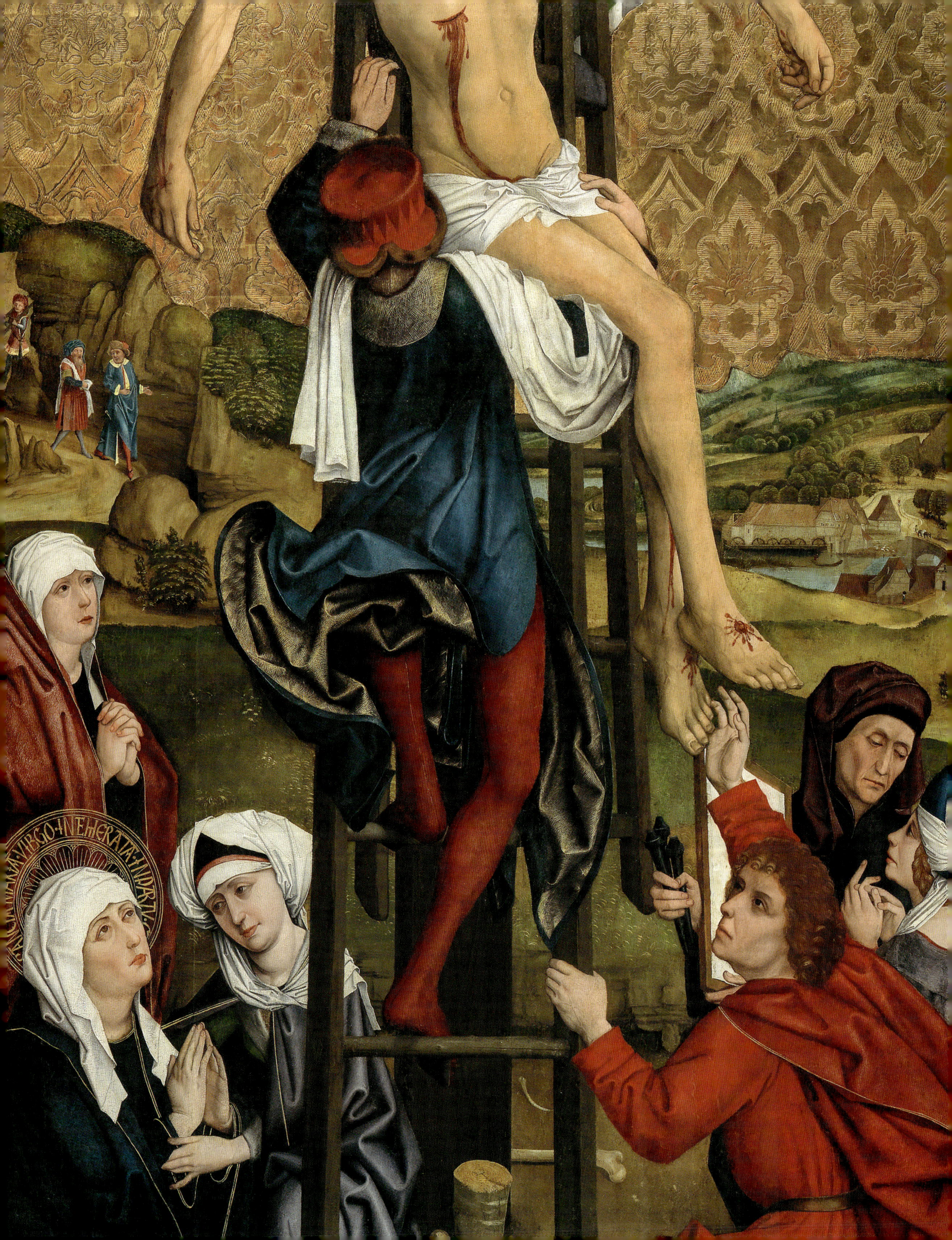
SANCTA MARIA VIRGO INEMERATA IN PARTV

Stephan Kemperdick

Eine europäische Bildsprache
Die Bildkünste ab 1450 und das Vorbild Rogier van der Weydens

Als Kardinal Nikolaus von Kues, der wohl bedeutendste Philosoph und Theologe seiner Zeit, in der Schrift *De visione Dei* aus dem Jahre 1453 das allsehende Auge Gottes veranschaulichen wollte, verglich er es mit gemalten Figuren, deren Blick dem Betrachter stets zu folgen scheine.[1] Er nannte dazu verschiedene Beispiele, etwa einen Bogenschützen an der Fassade des Rathauses in Nürnberg, vor allem aber das Selbstbildnis „Rogiers, des größten aller Maler" – „rogeri maximi pictoris" –, auf einer „praetiosissima tabula", einer höchst kostbaren Tafel im Brüsseler Rathaus. Obgleich der Text keine Kunstbetrachtung ist, rühmt Cusanus doch wie selbstverständlich den Maler Rogier, und offenbar ging er zudem davon aus, dass dessen Name auch den Adressaten seiner Schrift, den Mönchen im bayerischen Benediktinerkloster Tegernsee, etwas sagte. Tatsächlich war Rogier van der Weyden (1399/1400–1464), dessen Lebenszeit fast genau mit der des Cusanus (1401–1464) übereinstimmt, damals bereits eine europäische Berühmtheit. Nicht allein aus den Niederlanden, sondern auch aus Spanien, Italien und Deutschland ergingen Aufträge an den Brüsseler Stadtmaler, und der im 16. Jahrhundert einsetzenden Kunstgeschichtsschreibung galt er als der zweite große Meister der Malerei nördlich der Alpen nach Jan van Eyck. Rogier dürfte kaum viel jünger als dieser gewesen sein, überlebte ihn jedoch um mehr als zwanzig Jahre und prägte die Kunst nach van Eyck wie kein zweiter. Es ist nur wenig übertrieben zu sagen, dass in den Niederlanden zwischen etwa 1450 und 1500 kaum ein Kunstwerk entstand, das nicht in irgendeiner Weise von Rogiers Schöpfungen beeinflusst worden wäre. Führende Maler der folgenden Generation wie Dieric Bouts, Hans Memling und Hugo van der Goes ließen sich von seinen Kompositionen und seinen charakteristischen Figuren inspirieren; viele andere schufen Pasticci aus Versatzstücken aus seinen Werken, und selbst in den Entwürfen für Skulpturen kamen oftmals Motive oder ganze Szenen nach Gemälden des hoch geschätzten Malers zum Einsatz.

Auch im deutschen Sprachraum wurde Rogier van der Weydens Kunst zum großen Vorbild für zwei Generationen von Künstlern. Insbesondere in Köln, das geografisch nah an den niederländischen Territorien der Burgunderherzöge lag, prägte sie die Malerei nach Stefan Lochner. Eine Reihe bedeutender Maler, deren Namen unbekannt sind und die daher mit Notnamen wie Meister des Marienlebens, Meister der Lyversberg-

Passion oder Meister der Georgslegende bezeichnet werden (Kat. 73), arbeiteten über Jahrzehnte hinweg in einem sehr einheitlichen Stilidiom, dessen Wurzeln unverkennbar in der Kunst des Brüsseler Stadtmalers lagen. Kaum zufällig dürfte der eben genannte Cusanus, für den Rogier der größte aller Maler war, den Meister des Marienlebens um 1455/1460 mit einem großen, komplett gemalten Triptychon für die Hospitalkapelle in seinem Heimatort Kues an der Mosel beauftragt haben (Abb. S. 198).[2] Es zeigt den typischen Stil der Gruppe auf hohem Niveau: Die Figuren erscheinen schlank und weniger rund, zudem weniger bewegt als bei Lochner, Draperien sind scharf umrissen, die ganz und gar rogieresken Hände grazil; die Gesichter besitzen einen sanft-ruhigen und ziemliche einheitlichen Ausdruck. Die Farbigkeit aber weicht stark von der typischen niederländischen Palette ab – die Gestalt der Magdalena am Kreuzesstamm etwa ist motivisch besonders nah an Rogier, wäre mit ihrem Akkord aus Gelb, hellem Rot, Violett und gebrochenem Weiß aber in dessen Gemälden undenkbar.

Köln war darüber hinaus durch einen spektakulären Import das wohl wichtigste Einfallstor für Rogiers Kunst in Deutschland: Um 1460 wurde dort in der Pfarrkirche St. Kolumba dessen heute unter dem Namen Columba-Altar bekanntes Triptychon mit Verkündigung, Anbetung der Könige und Darbringung im Tempel aufgestellt (Abb. S. 199),[3] das wahrscheinlich von einem Mitglied der Familie Rinck bestellt worden war, die sich für ihre Aufträge ebenso an einheimische Maler aus dem Kreis des Marienlebensmeisters wandte.[4] Kölner Künstler begannen alsbald, das Werk vor Ort zu studieren; ein großes Triptychon mit einer unverkennbar vom Columba-Altar angeregten Anbetung der Könige wurde schon 1463 fertiggestellt.[5] Zahlreiche weitere Tafeln sowie Werke in anderen Medien folgten; 1474 etwa ließ der Rat der Stadt ein dreibahniges Glasfenster gleichen Themas, wieder mit deutlichen Reminiszenzen an den Columba-Altar, in die Sakristei der Ratskapelle einbauen.[6] Reisende Künstler studierten das importierte Werk ebenfalls, so noch um 1500 der junge Hans Burgkmair aus Augsburg, der auf seiner Gesellenwanderung nach Köln gekommen sein muss und dort Zeichnungen nach Stefan Lochners *Weltgericht* (Abb. S. 59), dessen wimmelnde Auferstehende offenbar damals wie heute faszinierten, und nach der Darbringung auf dem rechten Flügel von Rogiers

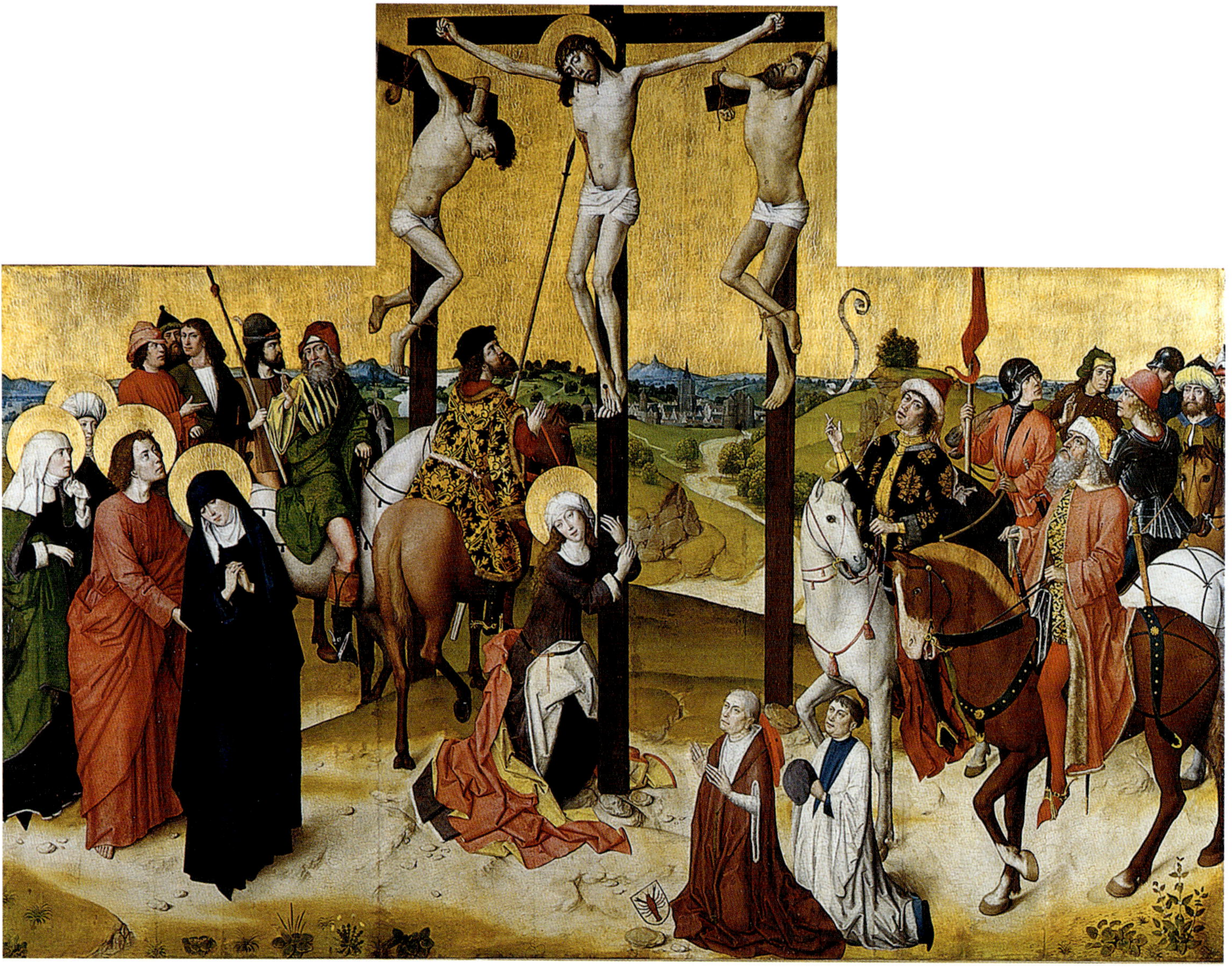

Meister des Marienlebens, *Kalvarienberg*, um 1460, Kues, Hospitalskirche

Triptychon anfertigte – letztere eine erstaunlich präzise Arbeit, auf der Notizen unter anderem die grüne Farbe und den Pelzbesatz am Kleid der Dienerin festhalten.[7] Diese ebenso elegante wie prägnante Frauengestalt fand auch als einzelnes Motiv eine überaus reiche Nachfolge, nicht zuletzt in den Niederlanden, wo sie vermutlich über Zeichnungen aus der Rogier-Werkstatt verbreitet wurde. Bemerkenswerterweise hatte Rogier selbst sich für diese Figur von einem bedeutenden Kölner Werk anregen lassen, Stefan Lochners Altar der Stadtpatrone (Abb. S. 22) von etwa 1445, den er bei einer Reise in die Rheinmetropole in der Ratskapelle gesehen haben dürfte – vermutlich erhielt er bei diesem Besuch auch den Auftrag zum Columba-Altar. Rogier übernahm die grüngewandte, leicht von hinten gesehene Frauengestalt mit Zopf aus dem Gefolge der hl. Ursula auf dem linken Flügel sowie einige Details aus Lochners Mitteltafel; für den Tempel, dessen Außenseite ganz rechts in der Anbetung des Columba-Altars zu sehen ist, zitierte er das Dekagon der Gereons-

kirche in Köln, das nicht ganz zu Unrecht als antiker Bau aus der Frühzeit des Christentums galt. Er nahm damit ganz bewusst sowohl auf ein Kölner Monument, das die lange christliche Tradition der Stadt bezeugte, als auch auf das repräsentative Altarbild der Stadtregierung Bezug. In die vielen Kölner Nachfolgewerke des Columba-Altars wiederum wurden oftmals charakteristische Motive aus Lochners Anbetung der Könige aufgenommen, insbesondere die zentrale Platzierung der Muttergottes, sodass solche Bilder erkennbar auf *beide* berühmte und hoch geschätzte Gemälde in Köln verwiesen, die den Stadtpatronen, den Heiligen Drei Königen, gewidmet waren.

Nachzeichnungen vorbildlicher Werke, wie die genannten Blätter von Burgkmair, waren damals ein unverzichtbares Hilfsmittel für Künstler, denn sie lieferten Vorlagen und Anregungen für den Entwurf eigener Bilder. Bezeichnend ist eine Äußerung der Straßburger Bildhauer aus dem Jahr 1516, die sich über die neue Zunftbestimmung beschwerten, dass das Meisterstück „on

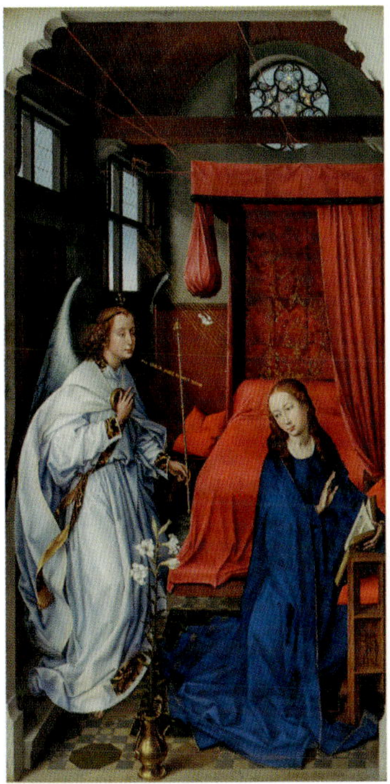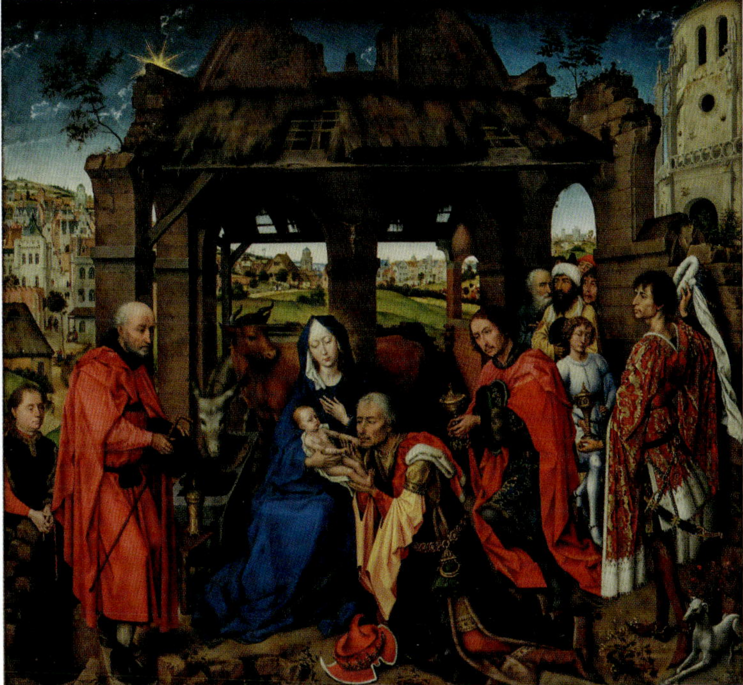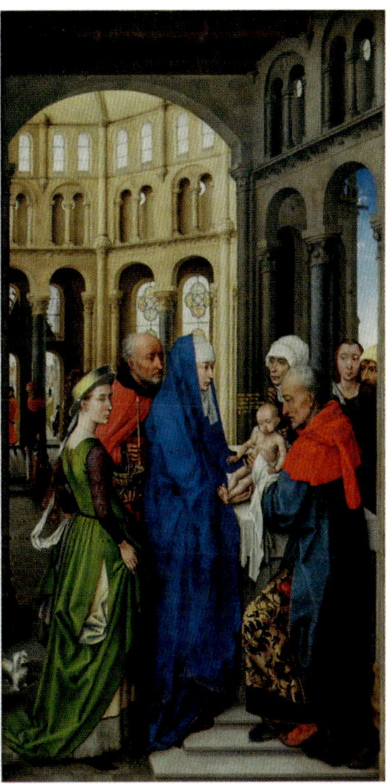

Rogier van der Weyden, Columba-Altar, um 1455, München, Bayerische Staatsgemäldesammlungen – Alte Pinakothek

alle kunststück", ohne jede Vorlage gemacht werden solle.[8] Denn, so die Bildhauer, „alle gelerten vnd alle liebhaber der kunst geystlich oder weltlich haben nie veracht oder sich nie geschembt yr vorältern kunst vor sich zu nehmen vnd daruß zu lernen". Als Kronzeugen für dieses richtige Vorgehen werden unter anderem die berühmten Straßburger Meister Hans Hirtz, ein Maler (Kat. 50), und der Bildhauer Niclaus Gerhaert (Kat. 108, 109) angeführt, die damals bereits seit 53 bzw. 43 Jahren tot waren – und damit ein frühes Zeugnis für lang anhaltenden Künstlerruhm abgeben. Heute wird eine solche Arbeitsweise oft als typisch spätmittelalterlich begriffen und der Vorstellung des kreativen, unabhängigen Künstlers der Neuzeit und der Moderne gegenübergestellt. Diese Unterscheidung trifft indes nicht zu, wenngleich mühsam gezeichnete Vorlagensammlungen später durch Drucke, dann durch Fotos in Büchern und Magazinen ersetzt wurden: Die Kunst des mittleren 15. Jahrhunderts zeigt sich nicht gleichförmiger als beispielsweise die des mittleren 20. Jahrhunderts, und wenn hier Künstler wie Picasso von den 1920er- bis 1950er-Jahren der Inbegriff der Moderne und große Vorbilder waren, so war es dort Rogier van der Weyden, jedenfalls im Europa nördlich der Alpen.

Bei aller Vorbildlichkeit seiner Werke blieben wortwörtliche Wiederholungen der Rogier'schen Gemälde allerdings seltene Ausnahmen. Stattdessen waren die Künstler durchweg darauf bedacht, die aus fremden Werken übernommenen Motive abzuändern, neu zusammenzustellen und Variationen bestehender Kompositionen zu schaffen. Diese Herangehensweise, die einerseits Kontinuität gewährleistete und andererseits Kreativität und Innovation Raum gab, muss den Lehrlingen in den Ateliers überall in Europa vermittelt worden sein. Ein Widerspruch zwischen der Verwendung von Vorlagen und selbstständiger Beobachtung und Erfindung existierte nicht. Entsprechend halten viele Nachzeichnungen, die einst Musterbücher füllten, nicht komplette Bilder, sondern einzelne Figuren oder andere Details daraus fest. Ein Beispiel bietet die Zeichnung des Engels aus der Verkündigung des Columba-Altars vom Straßburger Meister der Gewandstudien (Kat. 71). Vom Gemach Mariens sind nur die Stufen und ein Stück Wand links angedeutet, wichtige Details wie die linke Hand und die Flügel des Engels fehlen ganz. Dem Zeichner ging es um das Gewand und seine komplizierte Faltenführung, doch weichen auch viele Einzelheiten von dem Tafelbild ab, und so mag es sich hier um eine sekundäre Kopie handeln, die nicht auf das Original, sondern bereits auf eine andere Kopie zurückgeht.

Über eine Nachzeichnung von Rogiers Erzengel muss auch jener im östlichen Süddeutschland tätige Maler verfügt haben, der ungefähr zur selben Zeit eine Gnadenstuhldarstellung für Salzburg schuf (Kat. 68). Er hat der Figur jedoch, in durchaus typischer Weise, eine ganz andere Rolle als die des Verkündigungsengels zugewiesen. In manchen Details, vor allem beim Mantel, weicht seine Gestalt mehr vom Urbild ab als die oberrheinische Zeichnung, im Hinblick auf Gesicht und Frisur gleicht sie ihm hingegen stärker. Ob der anonyme Maler das Original in Köln gesehen hat, lässt sich nicht entscheiden. Näher liegt diese Möglichkeit bei dem in Schwaben tätigen Maler Friedrich Herlin, denn seine 1462 fertiggestellte Verkündigung vom Nördlinger Hochaltarretabel (Kat. 70) gibt auch Farben und Vergoldungen des Vorbilds recht genau wieder, und die zugehörigen Szenen der Anbetung der Könige und der Darbringung im Tempel zeigen sich ebenfalls, wenngleich in sehr viel freierer Bearbeitung, von

199

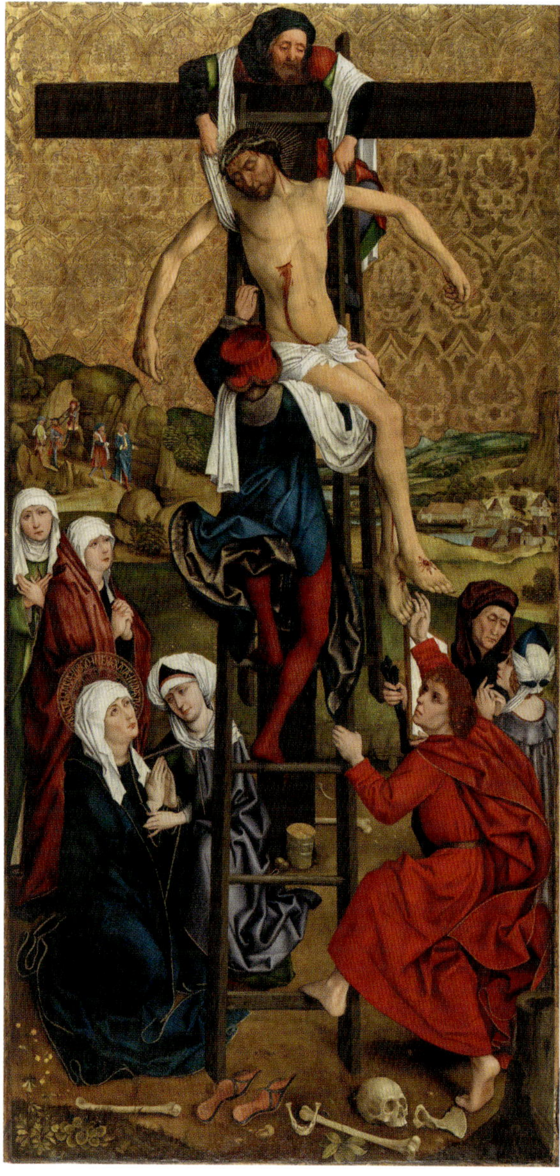

Hans Pleydenwurff, *Kreuzabnahme*, 1462, Nürnberg,
Germanisches Nationalmuseum

den entsprechenden Darstellungen des Columba-Altars inspiriert. Merkwürdigerweise hat derselbe Maler in einer etwas früheren, 1459 datierten Verkündigung zwar ebenfalls auf die Annunziata des Columba-Altars zurückgegriffen, den Rest des Bildes jedoch ganz anders als dort gestaltet.[9] Wir können nur spekulieren, warum Herlin in der Verkündigung von 1462 sein Vorbild so ungewöhnlich getreu zitiert hat. Vielleicht sollte das Urbild für Eingeweihte gut erkennbar sein und damit die Vertrautheit des Nördlinger Meisters mit dem hoch geschätzten Werk und dem berühmten Maler Rogier van der Weyden bekunden.

Herlin griff allerdings nicht allein auf den Columba-Altar, sondern auch auf andere Werke Rogiers zurück, zum Beispiel auf eine generell viel rezipierte, gegen 1450 geschaffene Komposition der Geburt Christi.[10] Damit stellt sich die Frage nach den Vermittlungswegen bzw. seinen unmittelbaren Vorbildern. Hatte Herlin selbst die Niederlande besucht, oder war er lediglich in

Köln gewesen, oder kannte er Rogiers Schöpfungen vielleicht doch nur durch die Vorlagensammlung eines anderen Künstlers, der dann zumindest auch Farbnotizen mitgeliefert haben müsste? Belegen lässt sich weder die eine noch die andere Möglichkeit. Indes standen so viele Künstler unter dem Eindruck der Erfindungen Rogiers, dass sie unmöglich alle mit dessen Werkstatt oder einem Atelier aus dessen Umkreis Kontakt gehabt haben konnten. Die in der älteren Forschung mit schöner Regelmäßigkeit postulierten Reisen deutscher Maler in die Niederlande dürften wohl nur zu einem kleinen Teil tatsächlich stattgefunden haben.[11] Gegeben hat es sie jedoch. Ein dokumentiertes Beispiel liefert Hans Memling, der aus Seligenstadt am Main stammte und in den 1450er-Jahren nach Brüssel ging, wo er ohne Zweifel in Rogier van der Weydens Werkstatt eintrat.[12] Anfang 1465, ein halbes Jahr nach dem Tod des Brüsseler Stadtmalers, begann Memling eine höchst erfolgreiche Karriere in Brügge, wo er schließlich 1494 starb; viel später, im 19. Jahrhundert, wurden seine Werke zum Inbegriff der altniederländischen Malerei in ihrer höchsten und innigsten Vollendung. Sein Stil erscheint ganz und gar niederländisch, doch dürfte er eine erste Ausbildung in der Heimat absolviert haben, bevor er sich auf den Weg nach Westen machte – bei einer solchen Ausbildung mag er wohl schon von dem berühmten Brüsseler Künstler gehört haben. Ungefähr zur selben Zeit wie Memling wanderte ein anderer junger Handwerksgeselle von Süddeutschland in die Niederlande, der Goldschmied Albrecht Dürer d. Ä. Nach den Worten seines berühmten gleichnamigen Sohnes war der Vater „lang in Niederland gewest bej den großen künstern", bevor er im Sommer 1455 nach Nürnberg zurückkehrte.[13] Mit jenen großen Künstlern meinte der junge Dürer sicherlich nicht Goldschmiede, sondern in erster Linie die Pioniere der neuen Malerei, deren Namen er ganz selbstverständlich im Tagebuch seiner eigenen niederländischen Reise von 1520/21 erwähnte, wenn er ihre Tafeln bewunderte – neben Jan van Eyck stand dabei „der groß meister Rudier" [Rüdiger = Rogier] an erster Stelle.[14]

Von Memlings Wanderung nach Westen wissen wir, weil er sich in seiner Wahlheimat niederlassen und durchsetzen konnte. Doch stellt sein Fall die große Ausnahme dar. Die meisten jungen Künstler, die nach den Niederlanden zogen, kehrten irgendwann in ihre Heimatregion zurück, wo sie mit ihren neu erworbenen Kenntnissen oftmals selbst zu vorbildlichen Meistern geworden sein dürften. Einer von ihnen war vermutlich Hans Pleydenwurff (Kat. 96), der seit den späten 1450er-Jahren zunächst in Bamberg, dann in Nürnberg tätig war.[15] Er war ein Generationsgenosse von Albrecht Dürer d. Ä. und zog wahrscheinlich um dieselbe Zeit wie dieser – wenn nicht gar zusammen mit ihm – nach Westen, denn Pleydenwurffs erhaltene Gemälde und Zeichnungen lassen sowohl die genaue Kenntnis von Werken Rogier van der Weydens als auch einen souveränen Umgang mit diesen Vorbildern erkennen. In der großformatigen Kreuzabnahme (Abb. S. 200), die zu dem 1462 vollendeten Hochaltarretabel der Elisabethkirche in Breslau gehörte,[16] hat Pleydenwurff den Johannes von einem Rogier'schen Vorbild abgeleitet, wohl von der entsprechenden Figur in der Kreuzigung eines kurz

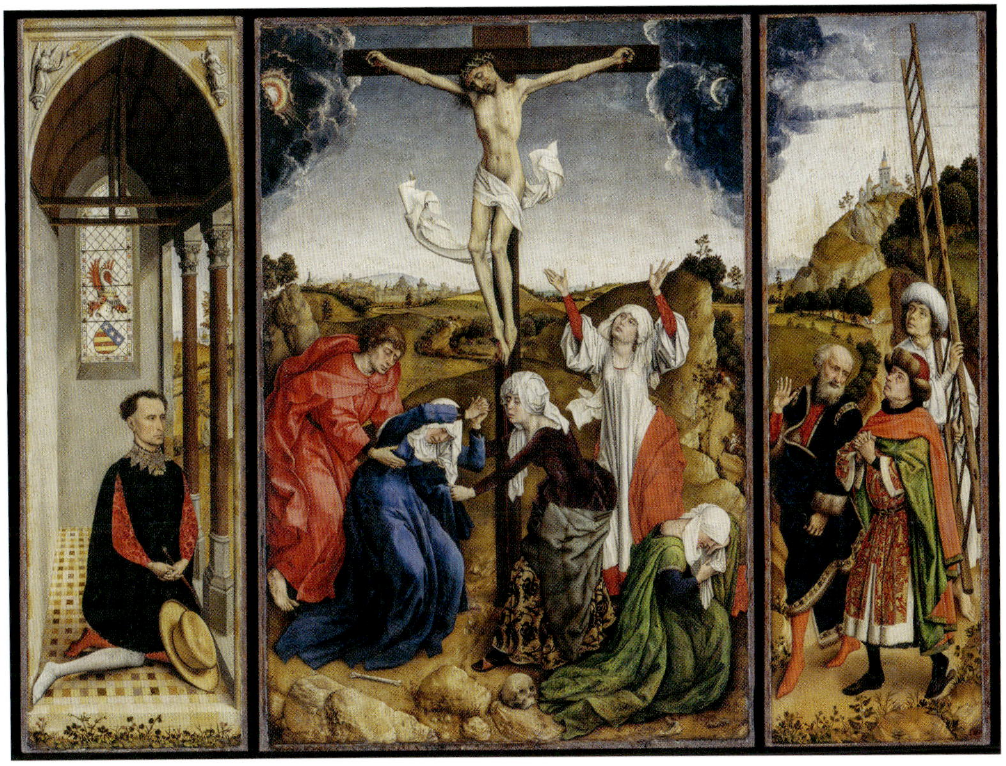

Rogier van der Weyden, Kreuzigungstriptychon, um 1441–1445, Riggisberg, Abegg-Stiftung

vor 1445 geschaffenen Triptychons (Abb. S. 201).[17] Von dort sind das ganz tiefrote Gewand, der wehende, gleichsam ein Eigenleben führende Mantel des Evangelisten und Details wie seine großen nackten Füße angeregt. Bloß kopiert aber hat der Nürnberger Maler nicht, sondern vielmehr eine neue Figur entworfen, deren Haltung und Bewegung dem dargestellten Vorgang entsprechen. Die zarte Gestalt des toten Christus wiederum erinnert an den Leichnam in Rogiers vor 1443 entstandenem Hauptwerk, der einst in Löwen aufgestellten *Großen Kreuzabnahme*,[18] in der auch das in dem Nürnberger Werk aufgegriffene Motiv des elegant geschwungenen, durch eine goldene Saumlinie akzentuierten Marienmantels vorkommt. Gerade dieses letztgenannte Detail macht den Eindruck, als habe Pleydenwurff es, ebenso wie den fein modellierten toten Christus, im Original sehen müssen, um seine eigene Variante davon schaffen zu können – jedenfalls hätten die typischen zeitgenössischen Nachzeichnungen dieses koloristische Detail nicht übermitteln können.

Hunderte Kilometer weiter nordwestlich machte sich ein westfälischer Maler ebenfalls Figuren aus der erwähnten Kreuzigung zunutze, indem er sie, mit deutlich geringeren Variationen als Hans Pleydenwurff, in einen panoramaartig angelegten vielfigurigen Kalvarienberg integrierte, der die Mitteltafel des um 1455 entstandenen Hauptaltarretabels der Pfarrkirche in Schöppingen bildet (Abb. S. 202).[19] Im Unterschied zu dem Nürnberger arbeitete dieser Maler jedoch mit einer ganz und gar von den niederländischen Gepflogenheiten abweichenden Palette, und gegenüber seinen stereotypen Gesichtern erscheinen diejenigen Rogiers und Pleydenwurffs vergleichsweise eng verwandt. Annähernd zur selben Zeit wie diese beiden Maler griff

ein führender niederländischer Meister der zweiten Generation, Dieric Bouts (gest. 1475), für eine heute in Granada befindliche Kreuzabnahme[20] ebenfalls auf mehrere Figuren aus derselben Kreuzigung von vor 1445 zurück, darunter wieder auf den in leuchtendes Rot gewandeten Johannes mit seinem wehenden Mantel. Gerade dieses, heute oft für weniger bedeutend gehaltene Rogier'sche Werk wurde um die Mitte des 15. Jahrhunderts offenbar international hoch geschätzt; es war ursprünglich in Chieri in Oberitalien aufgestellt und wurde auch dort rezipiert.

Die Vorbildlichkeit von Rogiers Erfindungen und seiner Art der Gestaltung beschränkte sich indes nicht allein auf gemalte Darstellungen. Im Schrein des schon erwähnten Nördlinger Hochaltars, der von dem Maler Friedrich Herlin signiert und auf 1462 datiert ist, standen fünf große Schnitzfiguren von der Hand des Straßburger Bildhauers Niclaus Gerhaert von Leyden.[21] Das Retabel vereint die Tafeln eines in Rogiers Fußstapfen tretenden Malers und die Bildwerke eines ungleich bedeutenderen Bildhauers, dessen Stil jedoch ebenfalls Reflexe der Kunst Rogiers aufweist.[22] Dort haben die zierlichen, tänzelnden Figuren mit den reichen Gewanddraperien ihren Ursprung, und mitunter gibt es motivische Ähnlichkeiten, so bei dem jugendlichen hl. Georg in Nördlingen, der spiegelverkehrt jenem weiß gekleideten Pagen gleicht, welcher im Columba-Altar von hinten auf den jüngsten König zuschreitet; der Vergleich lässt sich auf das Gesicht und die Lockenfrisur beider ausdehnen.

Wie weit sich einige von Rogier entwickelte Motive, die sich mit Aby Warburgs Terminologie als „Pathosformeln" bezeichnen lassen, verbreiteten und wie langlebig sie waren, verrät noch ein Blick auf Tilman Riemenschneiders Relief des „Noli me tan-

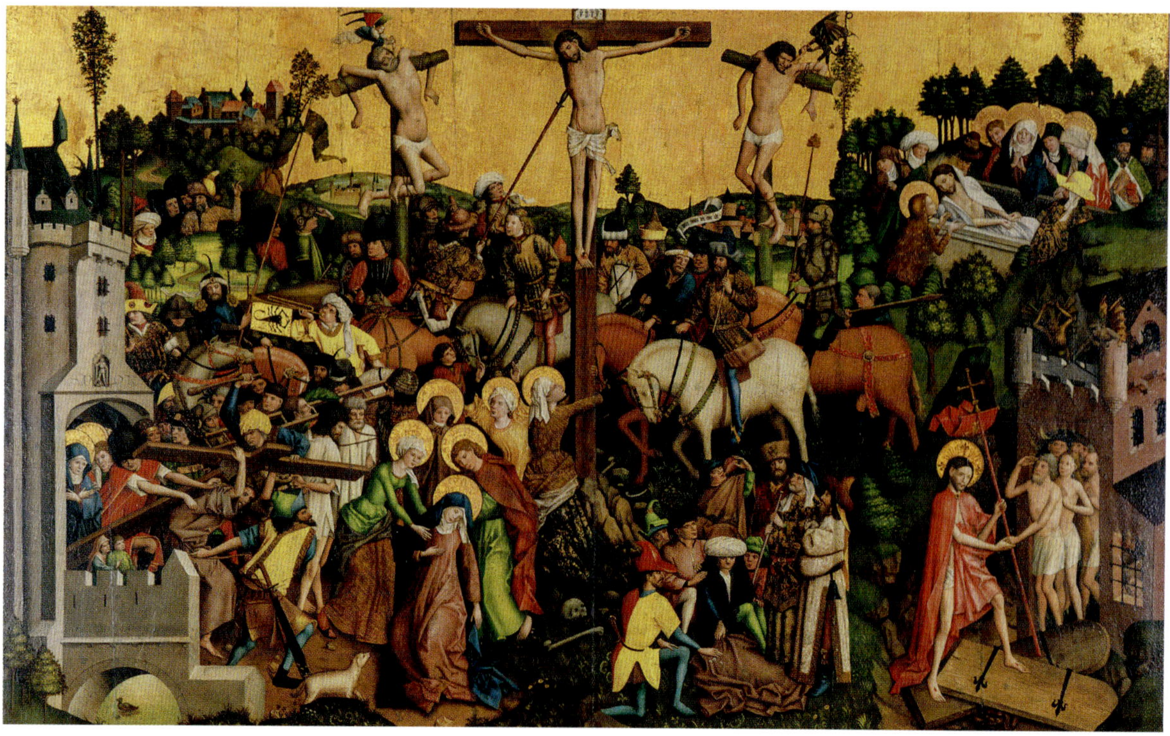

Meister von Schöppingen, *Kalvarienberg*, um 1455, Schöppingen, Pfarrkirche St. Brictius

gere" (Kat. 118), bei dem Magdalenas Schleier in erstaunlich ähnlichen Windungen in der Luft flattert wie Christi Lendentuch auf dem etwa 45 Jahre älteren Kreuzigungstriptychon (Abb. S. 201). Freilich soll das nicht heißen, dass Riemenschneider oder Niclaus Gerhaert die Werke Rogiers gekannt haben müssen. Denn dessen Erfindungen waren spätestens seit den 1440er-Jahren nicht allein in Musterbüchern kopiert worden, sondern, wie schon erwähnt, auch vielfach zum Ausgangspunkt neuer Entwürfe und Bilder in den unterschiedlichsten Medien geworden. Insbesondere in den Niederlanden wurden in zahllosen Skulpturen und Reliefs rogiereske Figuren variiert, ja für besonders prestigeträchtige Plastiken, etwa an fürstlichen Grabmälern, lieferte der Brüsseler Maler sogar selbst die gezeichneten Entwürfe.[23] Niclaus Gerhaert, der möglicherweise seine Ausbildung im Westen erfahren hatte, könnte also die rogieresken Elemente in niederländischen Bildhauerateliers kennengelernt haben. Allerdings wäre dies ebenso in Süddeutschland möglich gewesen, denn diese Motive und Gesichtstypen waren seit der Jahrhundertmitte dort bekannt, etwa bei dem sogenannten Sterzinger Meister aus Hans Multschers Ulmer Werkstatt (Kat. 66) oder beim Meister E. S., der beispielsweise Rogiers tänzelnde Figuren und die wehenden Lendentücher des am Kreuz hängenden Christus in einigen seiner Kupferstiche aufgriff.[24]

Elegante Draperien, die bei oftmals aufgewühlter Binnenstruktur in langen Schwüngen geführt werden, die von außen nach innen umschlagen und die in Sichel- und Dreiecksformen am Boden auslaufen, wurden zu einem ubiquitären, unbegrenzt zu variierenden Vermächtnis der Kunst Rogier van der Weydens. Vom Aufgreifen bestimmter Einzelmotive, insbesondere von Figuren, war oben bereits die Rede. Doch auch ganze Komposi-

tionen des Brüsseler Meisters wurden als vorbildlich empfunden, offenbar sogar als gültige, gleichsam korrekte Fassungen der jeweiligen Ikonografie. Ganz besonders gilt dies für die Szenen der Geburt Christi und der Anbetung der Heiligen Drei Könige. Deren schönste Formulierungen im letzten Drittel des 15. Jahrhunderts lassen allesamt Rogier'sche Vorbilder erkennen. Gewiss verwundert nicht, dass alle drei erhaltenen Fassungen der Anbetung von Memlings Hand auf den Columba-Altar seines Lehrers zurückgehen.[25] Doch die bedeutendsten und folgenreichsten Auseinandersetzungen mit jenen beiden Kompositionen Rogiers stammen von den beiden wohl wichtigsten Bildkünstlern, die seit etwa 1470 im Europa nördlich der Alpen tätig waren. Martin Schongauers früher Kupferstich der Geburt Christi (Kat. 84) weist ebenso deutlich auf Rogiers um 1445/1450 geschaffenen Middelburger Altar (Berlin, Gemäldegalerie) zurück wie die um 1475 entstandene Mitteltafel des Portinari-Altars (Florenz, Uffizien) von Hugo van der Goes, einem Genter Maler, der 1482 als Laienbruder im Roode Klooster bei Brüssel starb.[26] Schongauers zugehöriger Stich der Anbetung der Könige und Hugos ungefähr gleichzeitig entstandener, heute in Berlin aufbewahrter Monforte-Altar (Abb. S. 203) stellen zwei großartige,[27] doch völlig unterschiedliche Auseinandersetzungen mit der Mitteltafel des Columba-Altars dar: Nicht nur ist die gewaltige Altartafel mehr als achtzig Mal so groß wie der Druck auf Papier. Der Genter Maler hat monumentale, plastische Gestalten in einen breitgelagerten Bühnenraum gestellt; der Kupferstecher hingegen arbeitete mit einem entschiedenen Hochformat und hat mehr von der Zierlichkeit der Figuren des Brüsseler Malers beibehalten, wie insbesondere an den Beinen der stehenden Könige deutlich wird, Räumlichkeit und Plastizität gegenüber

202

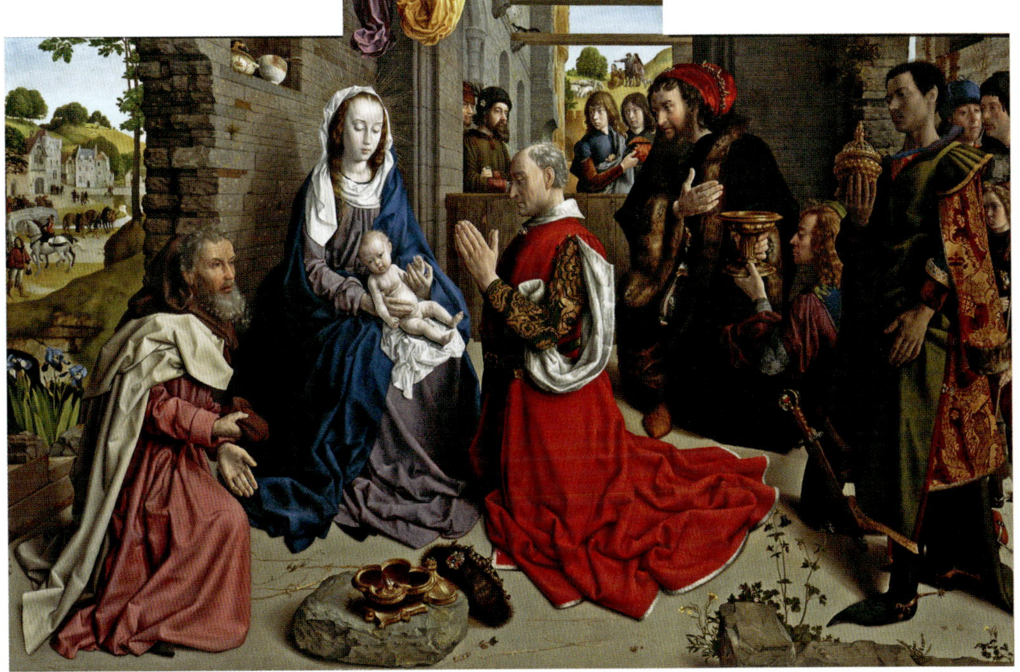

Hugo van der Goes, Monforte-Altar, um 1470–1475,
Staatliche Museen zu Berlin, Gemäldegalerie

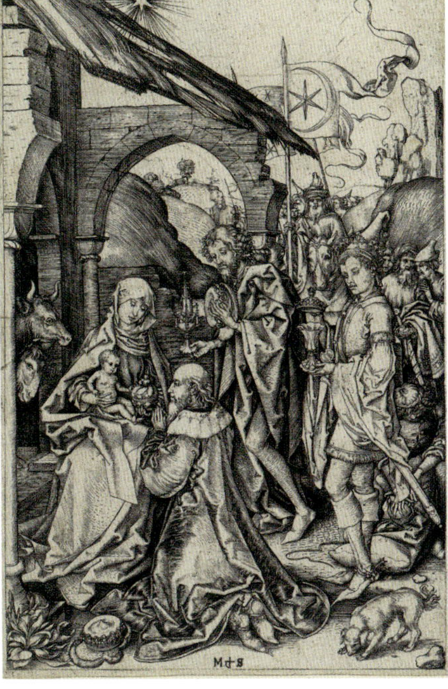

Martin Schongauer, *Anbetung der Könige*, um 1470,
Staatliche Museen zu Berlin, Kupferstichkabinett

dem Vorbild jedoch ebenfalls gesteigert. Beide um 1470 tätigen Meister haben sich nicht gescheut, ihrer „vorältern kunst vor sich zu nehmen vnd daruß zu lernen", wie es die Straßburger Bildhauer 1516 so schön formulierten, und beide haben auf dieser Grundlage markante eigene Schöpfungen hervorgebracht. Sie wurden ihrerseits vielfach zum Vorbild für andere Künstler. Hugo van der Goes' Anbetung inspirierte den ersten berühmten Meister der holländischen Malerei, Geertgen tot Sint Jans; Jan Gossart und etliche andere, meist in Antwerpen um 1500 tätige Maler schufen Variationen auf den Monforte-Altar.[28] Schongauers Stich wurde bald nach seiner Veröffentlichung von anderen Künstlern rezipiert; die erste datierte Kopie entstand 1475 am Niederrhein. Für den Rest des Jahrhunderts wurde das Blatt die am meisten benutzte Vorlage für gemalte und geschnitzte Szenen der Königsanbetung in Süddeutschland; einen Widerhall

fand sie aber ebenso in Italien, Frankreich, den Niederlanden und Spanien.[29] Mit der massenweisen Verbreitung der Schongauer'schen Stiche, die vollwertige Bilder und ausgereifte Kunstwerke waren, änderte sich indes auch der Gebrauch von Vorlagen: Zwar wurden auch Stiche, so wie zuvor die Nachzeichnungen, als Anregungen für eigene Entwürfe genutzt, beispielsweise von Tilman Riemenschneider, der sich für sein „Noli me tangere" von dem themengleichen Blatt des Colmarer Stechers inspirieren ließ, ohne es zu kopieren (Kat. 118, 119). Oftmals aber wurden die Blätter wortwörtlich kopiert, was auf Täfelchen von der Größe der Drucke (Kat. 122) ebenso geschah wie auf großen Altartafeln, am Oberrhein ebenso wie in Kastilien. An der Schwelle zur Neuzeit bewirkten Schongauers Stiche damit eine weitere Welle der Internationalisierung der Bildsprache.

1 Dhanens 1995, S. 107; AK Löwen 2009, S. 268.
2 Das Retabel ist nicht datiert, aber vermutlich wurde es noch zu Cusanus' Lebzeiten geschaffen; der war 1452 das letzte Mal in Köln gewesen und mag den Meister gekannt haben; Schmidt 1978, Kat. 1, S. 33–38; Tritz 2008, S. 142–154.
3 München, Alte Pinakothek; de Vos 1999, Kat. 21.
4 Schmid 1994, S. 240–246.
5 Linz am Rhein, Pfarrkirche, AK Köln 2011, Nr. 211.
6 Köln, Museum Schnütgen, H. 270 x B. 175 cm, datiert 1474; AK Köln 1982a, Nr. 19.
7 AK Brügge 2010, Nr. 164, 165 (Juliane von Fircks).
8 Zit. nach: Rott 1936, Bd. 1, S. 221 f.
9 Nördlingen, Stadtmuseum; Suckale 2009, Bd. 1, S. 452, 454.
10 Den sogenannten Middelburger oder Bladelin-Altar, Berlin, Gemäldegalerie; AK Frankfurt am Main/Berlin 2008, Kat. 33.
11 Noch weniger zutreffen kann aber die zeitweise beliebte Annahme, dass deutsche Künstler kaum je gereist seien; so etwa Suckale 2009, S. 305 f. Erstaunlich ist seine These (ebd., Anm. 407 f.), niederländische Künstler seien eher nach Deutschland gegangen als deutsche nach Westen – denn von ersteren zählt er vier namentlich bekannte auf, von letzteren zwölf.

12 Zu Memling siehe de Vos 1994.
13 Aus Albrecht Dürers d. J. Familienchronik; Rupprich 1956–1969, Bd. 1, S. 28, Z. 33.
14 Ebd., S. 155, Z. 19 f.
15 Suckale 2009, Bd. 1, S. 40–162.
16 Nürnberg, Germanisches Nationalmuseum; Suckale 2009, Bd. 1, S. 48–53.
17 Kemperdick 2014; AK Frankfurt am Main/Berlin 2008, Kat. 31.
18 Siehe de Vos 1999, Kat. 4.
19 AK Brügge 2010, S. 221–223.
20 Friedländer 1968, Bd. 3, Nr. 2.
21 AK Frankfurt am Main/Straßburg 2011.
22 Grandmontagne 2011.
23 So die Pleurants für das Grab der Johanna von Brabant, Campbell 1988.
24 AK München/Berlin 1986, Kat. 17 (L. 31).
25 Siehe de Vos 1994, Kat. 13, 32, 38.
26 Dhanens 1998.
27 Zum Retabel Dhanens 1998, S. 187–219; zum Stich Kemperdick 2004, S. 44–48.
28 Dhanens 1998, S. 212–218.
29 Kemperdick 2004, S. 247–270.

   Meister des Sterzinger Altars
(tätig in Ulm Mitte des 15. Jhs.)
Schmerzensmann zwischen Maria und Johannes
(Epitaph des Heinrich von Haunstetten), 1457

Nadelholz, mit Leinwand überzogen
H. 133,8 × B. 97,2 cm
übergeben 1803 aus dem ehem. Kloster zu den Wengen in Ulm in
bayerischen Staatsbesitz
München, Bayerische Staatsgemäldesammlungen (als Dauerleihgabe im Bayerischen Nationalmuseum, München), Inv. Nr. 1362

Das Epitaph zeigt Christus als Schmerzensmann, nackt bis auf das Lendentuch, flankiert von Maria und Johannes. Sichtlich betroffen legt die Gottesmutter ihre Hand auf den Arm des Sohnes. Johannes hat seinen anderen Arm ergriffen, sodass das Wundmal an der Hand des Heilands sichtbar wird. Hinter ihnen tragen drei Engel ein Brokattuch. Gestik und Körperhaltungen schwanken zwischen Trauer und Neugierde. Den Vordergrund bildet ein Sockel in Form eines Werksteins, auf dessen stark profilierten Vorlagen der Stifter und seine Frau knien. Auf der Front befindet sich wie gemeißelt die teilweise vom Lendentuch verdeckte Datierung „A[nno] 1457", die linke Vorlage trägt die Hausmarke des Stifters, während die rechte unverziert geblieben ist. Die Hausmarke erlaubt die Identifikation des Auftraggebers mit dem Ulmer Bürger Heinrich von Haunstetten. Damit erklärt sich auch die ungewöhnliche Form des Sockels. Als Münsterpfleger war er für den baulichen Erhalt der Kirche verantwortlich, was durch den versatzfertigen Werkstein angedeutet wird.

Die Tafel bildet eines der aus dieser Zeit nur selten überlieferten Beispiele für ein gemaltes Epitaph. Der Maler nutzte die lang tradierte, nördlich der Alpen aber nur selten dargestellte Ikonografie eines halbfigurigen sogenannten Erbärmdebildes, bei dem der Leichnam Christi von Maria und Johannes trauernd am Sarg präsentiert wird (Kat. 67). Statt des Sarges wird hier jedoch ein Werkstein dargestellt, mit dem der inhaltliche Bezug auf das Messopfer zwar abgeschwächt, die gesellschaftliche Stellung des Auftraggebers jedoch betont wird. Diese originelle Umsetzung des Themas dürfte einzigartig sein.

Bei der Tafel handelt es sich um eine Arbeit desjenigen Malers, der für Hans Multscher die Flügel des 1456–1459 ange-

fertigten Hochaltarretabels der Pfarrkirche von Sterzing in Südtirol ausführte (AK Ulm 1997, Kat. 43–46, S. 386 f.), wie schlagend aus einem Vergleich der dortigen Kreuztragung mit dem Epitaph hervorgeht. In welchem Arbeitsverhältnis der anonyme Maler zu Multscher stand, lässt sich nicht mehr entscheiden. An den zwanzig Jahre älteren Wurzacher Tafeln (Kat. 19) zumindest war er noch nicht beteiligt. Ob er zu einem späteren Zeitpunkt als Geselle zu Multscher kam oder als selbstständiger Meister eine eigene Werkstatt in Ulm führte, muss offenbleiben. Die wenigen anderen Werke, die ihm zugeschrieben wurden, lassen aufgrund ihres fehlenden Altarzusammenhanges keine weitergehenden Aussagen zu, da keine zugehörigen Skulpturen bekannt sind. Bezeichnend erscheint immerhin, dass er, ähnlich wie Multscher, in sehr unmittelbarer Form auf niederländische Vorbilder zurückgreift, wenn auch auf der jüngeren Entwicklungsstufe eines Rogier van der Weyden. Am Haunstetten-Epitaph etwa zeigt die Figur der trauernden Maria enge Bezüge zur Darstellung Maria Magdalenas auf dem von Rogier um 1445–1450 angefertigten Kreuzigungsretabel im Kunsthistorischen Museum in Wien. Multscher scheint offensichtlich großen Wert auf eine westliche Schulung der Künstler, die mit ihm zusammenarbeiteten, gelegt zu haben. Die in seiner Werkstatt ausgeführten Aufträge folgten damit den modernsten Entwicklungen, wie sie auch für die Umsetzung der an der Stiftertafel verwendeten Vorlage gelten.   *JFR*

LITERATUR
Rott 1934, S. XII f. – zu Salm/Goldberg 1963, S. 195 f. – Rettich/Klapproth/Ewald 1992, S. 260–268 (Edeltraud Rettich).

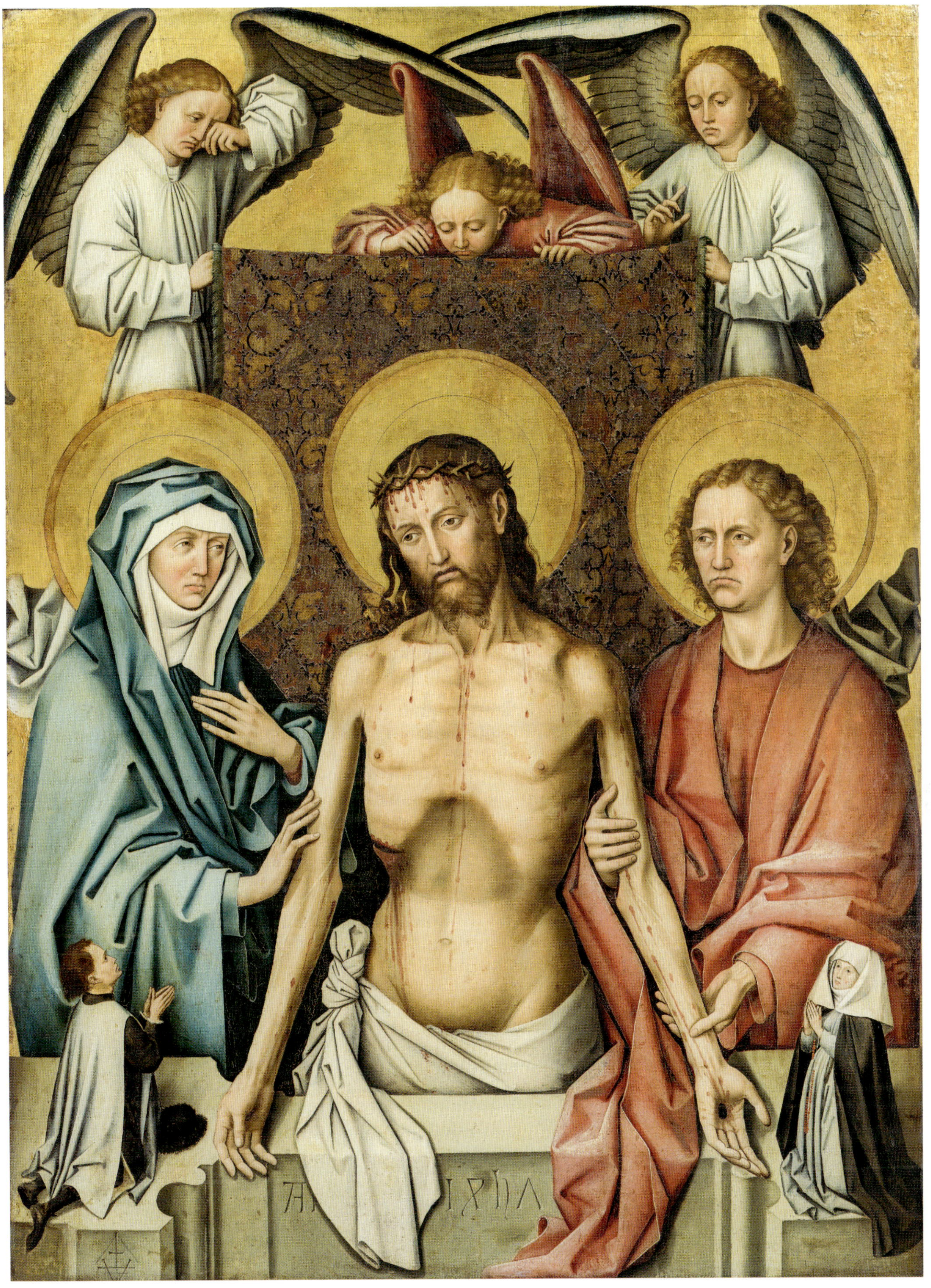

67 Ulm oder Augsburg, letztes Drittel 15. Jh.
Schmerzensmann zwischen Maria und Johannes

Bronze, gegossen, ziseliert, vergoldet
H. 10,3 × B. 7,7 × T. 0,5 cm
überwiesen 1875
aus der Königlich-Preußischen Kunstkammer, Berlin
Staatliche Museen zu Berlin, Skulpturensammlung und Museum
für Byzantinische Kunst, Inv. Nr. 1504

Das Bronzerelief folgt bis in den Faltenverlauf demselben Entwurf, der 1457 auch für das Epitaph aus dem Ulmer Wengenkloster verwendet wurde (Kat. 66). Die wenigen Abweichungen, wie etwa die Form des von den Engeln hinter Christus aufgespannten Tuches oder die Position ihrer Gewandzipfel, hat die Forschung als Missverständnisse des Kopisten gewertet. Die Tafel habe das Vorbild des später entstandenen Gusses geliefert, das Modell dafür stamme von Hans Multscher.

Unter ikonografischen Gesichtspunkten wird man aber wohl eher eine gemeinsame, heute verschollene Vorlage für beide Werke voraussetzen dürfen. Der Guss zeigt den von Maria und Johannes gestützten Leichnam hinter einem querrechteckigen Kasten, der gleichermaßen als Sarkophag und Altarmensa zu verstehen ist. Dieser Bezug zum Messopfer spiegelt sich auch in der darunter angebrachten Inschrift: „EƆCE ANGNVS DEI" (Siehe, das Lamm Gottes). Der Bildtyp war in Grundzügen bereits vor Multschers Wirkungszeit in Süddeutschland bekannt, genannt sei etwa die Rückseite des um 1418–1420 entstandenen Imhoff-Altars im Germanischen Nationalmuseum Nürnberg. Hier wird eindeutig ein offener Sarg dargestellt, in dem Maria und Johannes den Leichnam Christi aufrechthalten. Für die Tafel aus dem Wengenkloster wurde der Bildtyp an entscheidender Stelle verändert. Statt Sarg oder Altarmensa findet sich dort ein profilierter Werkstein, auf dem der Münsterpfleger mit seiner Frau in Anbetung des Schmerzensmannes kniet. Der Bezug auf das Messopfer geht damit verloren.

Für einen derartigen Motivwechsel lassen sich keine weiteren Beispiele anführen, der Guss dagegen ist in mehreren Varianten wiederholt worden. Seine Vorlage dürfte um die Mitte des 15. Jahrhunderts entstanden sein. Ihre Ursprünge sind allerdings schwer zu bestimmen. Das sogenannte Erbärmdebild, die Präsentation des Leichnams Christi am Sarg, findet in der Variante mit halbfigurigen Begleitern seine Vorläufer bereits bei italienischen Werken des 14. Jahrhunderts, genannt sei etwa ein Fresko in der zwischen 1377 und 1379 von Altichiero ausgemalten Jakobuskapelle der Basilika des hl. Antonius von Padua. Nördlich der Alpen ist diese Variante nur selten dargestellt worden, in Italien dagegen erfreute sie sich größter Beliebtheit. Stilistisch greift der hier behandelte Entwurf allerdings auf niederländische Vorbilder zurück. Die Haltung der trauernden Maria wäre etwa mit der Figur der Magdalena auf Rogier van der Weydens Kreuzigungstafel in Wien zu vergleichen.

Mit Blick auf die nördlich der Alpen selten anzutreffende Ikonografie wird man wohl eine italienisch beeinflusste Darstellung als Vorlage der süddeutschen Werke annehmen dürfen. Sieht man von ihrer Verwendung ab, zeigt der Bronzeguss keine Bezüge zu den Arbeiten der Multscher-Werkstatt. Ähnliche Figurentypen findet man allerdings in Multschers Folgegeneration, etwa bei den Arbeiten Jörg Syrlins d. Ä., Michel Erharts oder Niklaus Weckmanns, weshalb vielleicht doch von einer Entstehung des Gussmodels in Ulm auszugehen wäre. Spätere Abformungen wurden mit Renaissancerahmungen versehen, sodass man hier an italienische Arbeiten gedacht hat. Diese Güsse dürften bereits Anfang des 16. Jahrhunderts entstanden sein, wie die in der Rahmenlünette dargestellten Szenen der Auferstehung bzw. des segnenden Gottvaters vermuten lassen. In ihrer ungelenk-steifen Gestaltung lassen sie weniger an italienische als vielmehr an süddeutsche Renaissancewerke denken, sodass auch für diese Güsse eine nordalpine Entstehung möglich wäre. Dass der ursprüngliche Entwurf zu dieser Zeit hier noch Verwendung fand, beweist der Bildschmuck einer Glocke, die 1509 für die Pfarrkirche St. Pantaleon in Walpertshofen gegossen wurde.

JFR

LITERATUR
Tripps 1969, Kat. 21, S. 269 f. – Weber 1975, Bd. 2, Nr. 6, S. 49 – AK Münster 1983, Kat. 57, S. 106–108 (Hartmut Krohm) – Geber 1989, S. 247–252 – AK Leutkirch 1993, Kat. 45, S. 98 (Manfred Tripps) – AK Ulm 1997, Kat. 66a, S. 430 f. (Jörg Rosenfeld) – Rosenfeld 1997, S. 228–232.

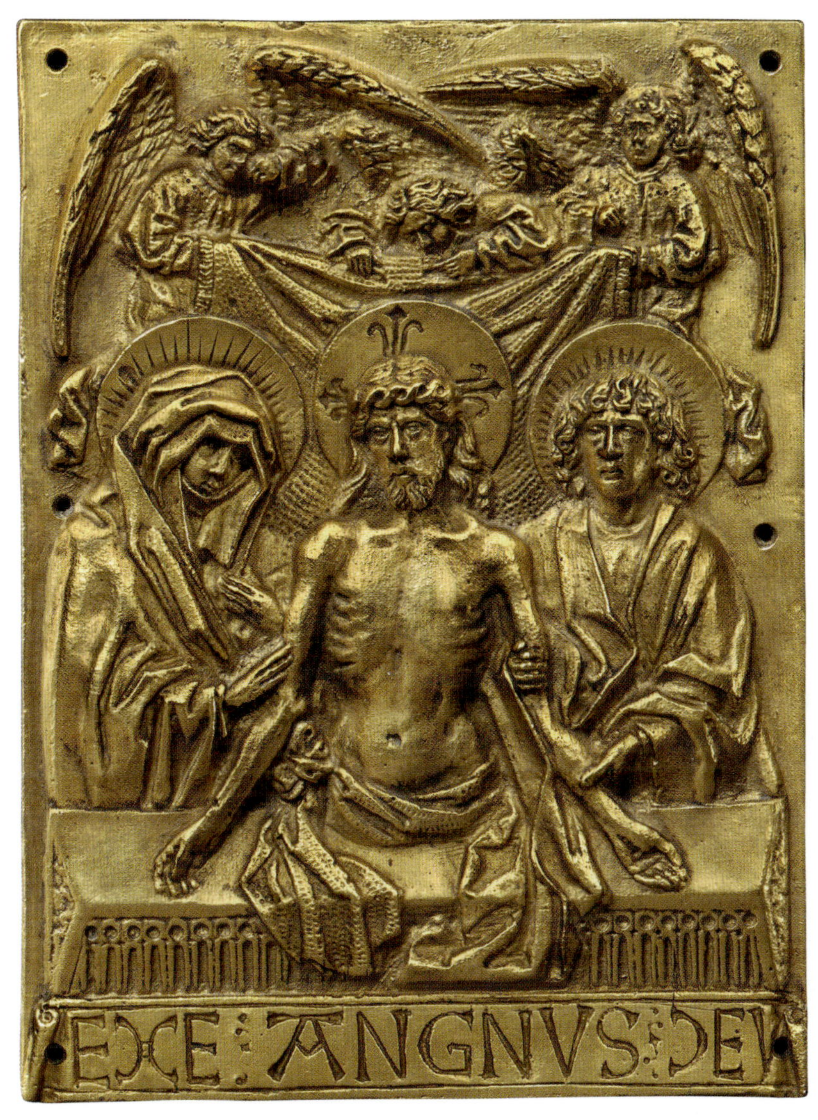
ECCE : ANGNVS : DEV

68 Süddeutscher (Salzburger?) Meister
Gnadenstuhl mit Maria und Johannes und
den Arma Christi, um 1470–1480

Holz, auf Leinwand und Sperrholzplatte übertragen
H. 81 × B. 110 cm
bis 1936 in der Benediktinerabtei St. Peter in Salzburg
erworben 1937 von der Galerie Sanct Lucas, Wien
Staatliche Museen zu Berlin, Gemäldegalerie, Kat. Nr. 2149

69 Hans Pleydenwurff (Umkreis)
Gnadenstuhl mit Maria und Johannes, um 1470

Feder
H. 31 × B. 27,3 cm
erworben 1910
als Geschenk der Frau Töpelmann-Vieweg, Braunschweig
Staatliche Museen zu Berlin, Kupferstichkabinett, KdZ 4474

Das für heutige Betrachter rätselhaft erscheinende Gemälde veranschaulicht eines der zentralen Mysterien des christlichen Glaubens, die Doppelnatur Christi als Mensch und Gott. Dabei wird das herkömmliche Motiv des Schmerzensmannes, des toten und zugleich lebenden Christus, zu dem sich hier die trauernden Gestalten von Maria und Johannes gesellen, mit der Trinität in Form des Gnadenstuhls verschmolzen; der Vater hält den geopferten Sohn, die Taube des Heiligen Geistes schwebt als dritte Person der Trinität über den beiden. Neu ist außerdem, dass es zwei Standflächen gibt: Der Schmerzensmann steht auf dem wüsten, steinigen Boden der Erde, Gottvater dagegen steht auf einer Wolke, von der aus er den Sohn hält, als wollte er ihn wieder in den Himmel zurücknehmen. Um die im Dreieck angeordneten Hauptpersonen gruppieren sich neun Engel unterschiedlicher Größe, die die Leidenswerkzeuge, die Arma Christi, präsentieren. Verweist der Leib des Erlösers, der unten auf dem Bodenstreifen und damit gleichsam auf der Mensa des Altars steht, auf die Eucharistie, nehmen die Leidenswerkzeuge auf das Weltgericht Bezug, bei dem sie um die Gestalt des Weltenrichters herum als dessen Triumphzeichen angeordnet sein werden.

Auffallend und in seinen ungewöhnlichen Farben als Blickfang gedacht ist der große Engel links mit dem Kreuz. Er folgt bis in Einzelheiten hinein dem Erzengel Gabriel der Verkündigung auf Rogier van der Weydens gegen 1455 entstandenem Columba-Altar (Abb. S. 199). Dieser war in der gleichnamigen Kölner Kirche aufgestellt und eine besonders erfolgreiche und vielfach aufgegriffene Bilderfindung Rogiers. Gerade die Figur Gabriels wurde in den Niederlanden ebenso wie in Köln, Westfalen oder Süddeutschland zum Vorbild genommen – in freierer Umgestaltung geht beispielsweise der Verkündigungsengel des Meisters von Liesborn (Kat. 72) auf dieses Vorbild zurück. Solche geschätzten Figuren wurden nach dem Original oder nach bereits existierenden Wiederholungen in Zeichnungen kopiert, und auch der Maler des Salzburger Gnadenstuhls muss ein Blatt verwendet haben, auf dem selbst kleinere Faltenformationen der Vorlage festgehalten waren; eine ungefähr gleichzeitig entstandene Zeichnung vom Meister der Gewandstudien (Kat. 71), die selbst freilich nichts mit dem Gnadenstuhl zu tun hat, kann einen Eindruck von den typischen Kopien der Zeit geben. Gar keine Ähnlichkeit zu Rogier und den Niederländ-

ndern hat dagegen das aus Schwefelgelb, Grün und Rot zusammengestellte Kolorit des großen Engels auf der Salzburger Tafel. Es scheint, als wollte der Maler gerade bei dieser schönen Gestalt ganz dezidiert eine eigenwillige Farbgebung vorführen.

Ihre Qualitäten entfaltet die Malerei vor allem in der konzentrierten Durcharbeitung und prägnanten Erfassung von Oberflächen, wie sie sich in der wunderbaren Wiedergabe der Lanzenspitze oder der verschiedenartigen Vogelschwingen der Engel niederschlägt. Ideenreichtum herrscht selbst in kleinen Details, etwa bei dem oben auf dem Kreuzbalken balancierenden Hammer oder den Stricken der Geißel, die in leichten Schwüngen über die Hand des Engels und weiter über den Fußnagel im Kreuz herabhängen. Sehr lebendig und zugleich kaum von Niederländischem berührt sind die Gesichter. Mittels wohlüberlegter Farbakzente setzt der Maler bei ihnen koloristische Finessen: Sind die Augen durchweg braun, hat gerade derjenige Engel, der hinter der Geißelsäule zum Betrachter herüberschaut, eine blau aufblitzende Iris.

Die Benediktinerabtei St. Peter in Salzburg, in der die Tafel bis 1936 aufbewahrt wurde, war vermutlich auch ihr ursprünglicher Bestimmungsort. Ob der Maler jedoch in der Stadt ansässig war, wie gewöhnlich angenommen, bleibe dahingestellt. Denn einerseits gleicht seine zentrale Figurengruppe einem 1474 datierten, in Salzburg geschaffenen gemalten Tympanon der Stiftskirche Berchtesgaden (Rohrmoser 1972), andererseits aber findet sich eine in den Details noch ähnlichere Gruppe in einer wohl im Kreis des Nürnbergers Hans Pleydenwurff entstandenen Zeichnung (Kat. 69; Suckale 2009); hier gleichen sich insbesondere die Haltung Mariens und die Art, wie sie die durchbohrte Hand Christi liebkost. Freilich haben Figurenstil und Gesichtstypen in den beiden Werken kaum Gemeinsamkeiten. Anders verhält sich dies bei einzelnen Figuren auf den Flügeln des 1487 datierten großen Retabels aus der Nürnberger Augustinerkirche (Nürnberg, GNM), auf die Suckale hingewiesen hat. Trotzdem lässt sich der Gnadenstuhl nicht recht der relativ dicht überlieferten Nürnberger Malerei des späteren 15. Jahrhunderts eingliedern. In eine andere Richtung wiederum führt ein Vorschlag von Winkler (1959), der von der Forschung durchweg ignoriert wurde. Innerhalb einer umfangreichen, doch meist kaum nachvollziehbaren Œuvrezusammenstellung vereinte er auch die Salzburger Tafel und das *Bildnis des*

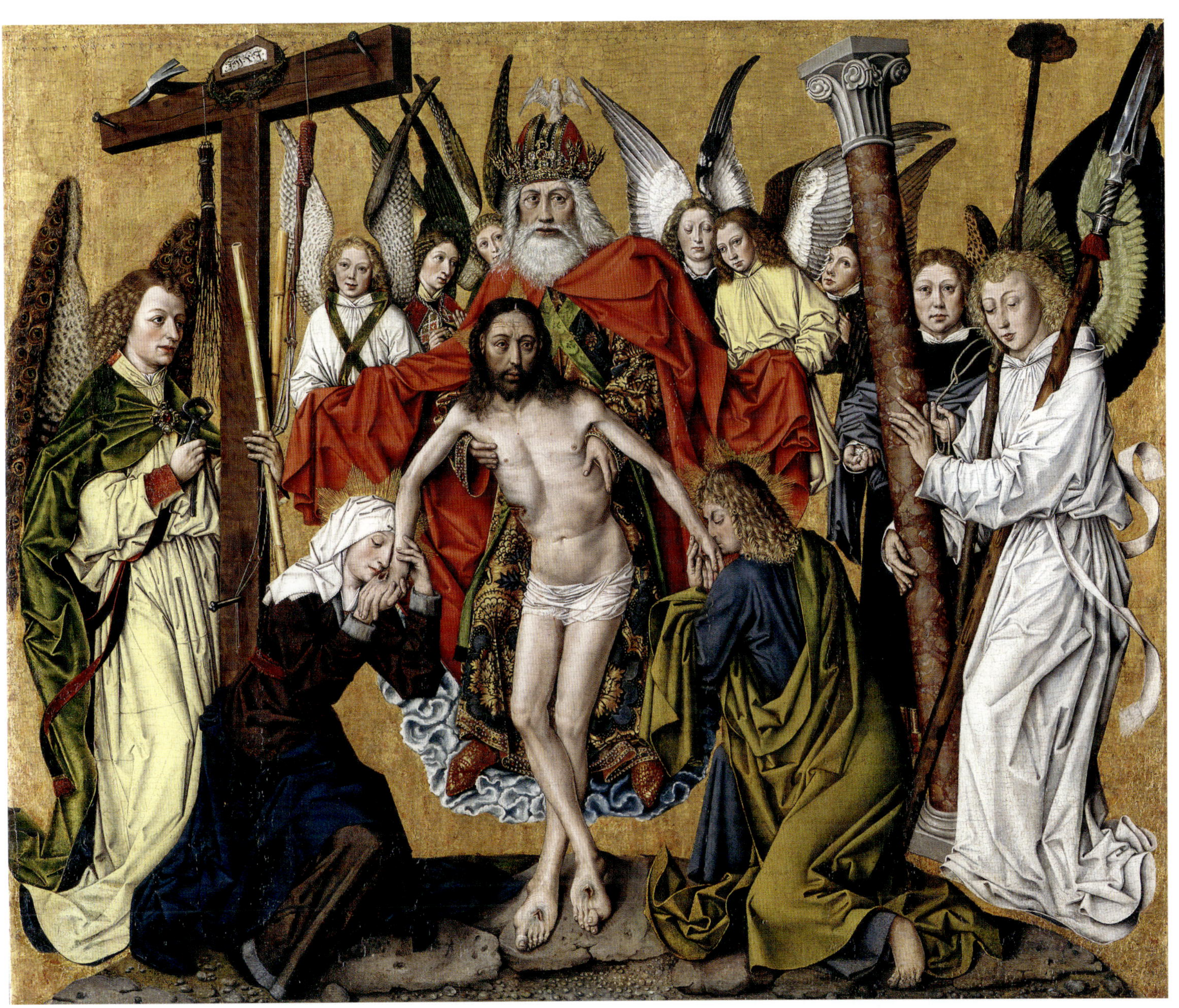

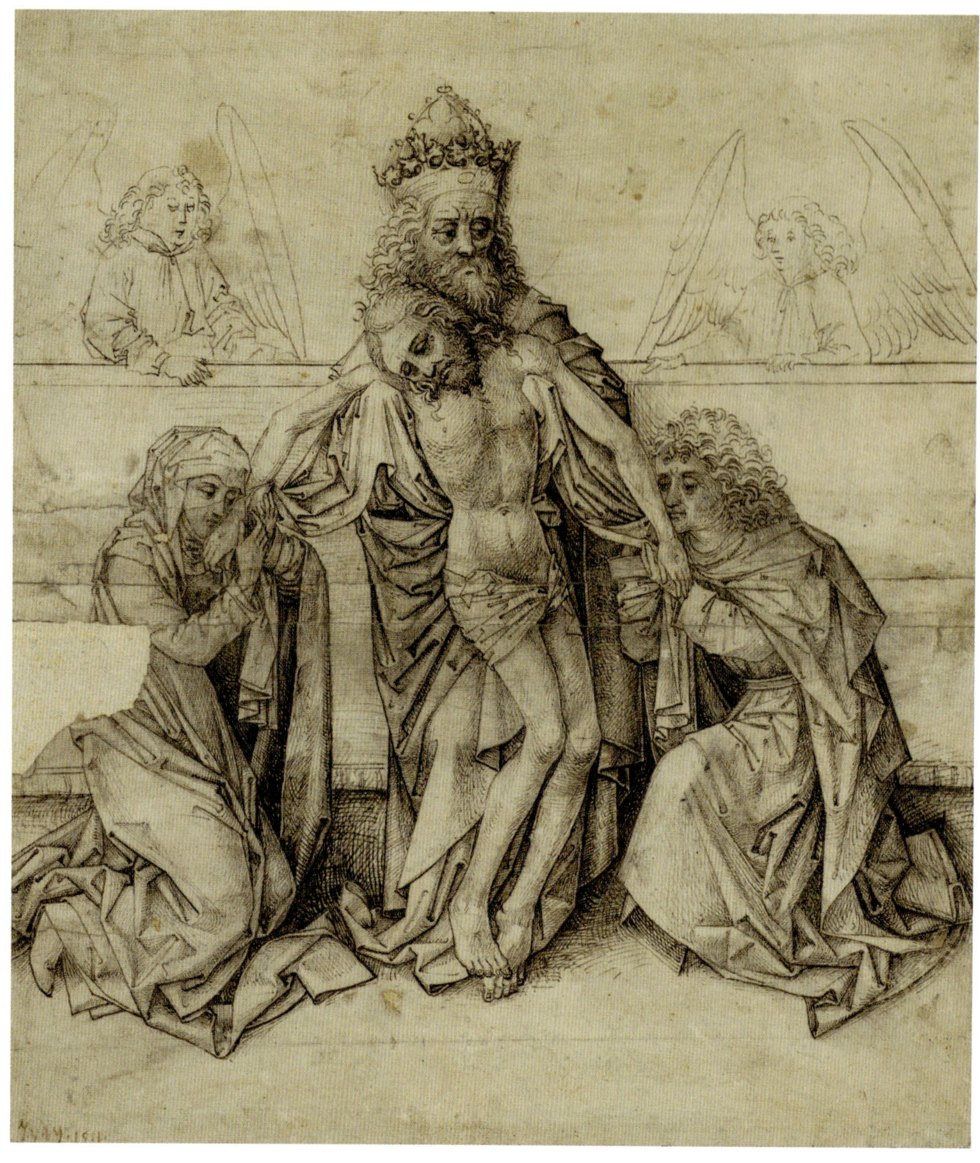

Alexander Mornauer (Kat. 97) als Werke desselben Malers; die Gesichtsbildungen seien in beiden Werken verwandt wie sonst nirgends. Tatsächlich trifft diese Beobachtung zu: Die Physiognomien im Gnadenstuhl besitzen eine ähnlich plastische Reliefwirkung wie Mornauer, im frontalen Gesicht des Engels mit den Würfeln, rechts der Geißelsäule, sieht man dessen etwas schief gezeichneten Mund wieder, die fleischigen Fältchen in den Augenwinkeln finden sich bei Gottvater ebenso wie bei dem Porträtierten. Außerdem gleicht sich die Ausarbeitung der Augen, die bei Mornauer und mehrfach auch auf der Salzburger Tafel zwei abgestufte Glanzlichter besitzen und um deren Iris ein weißer, wie eine Lichtkante wirkender Rand gezogen sein kann. Ferner seien die eckig gebogenen, mit Adern und vielen Fältchen auf den Gelenken versehenen Hände genannt, deren Nägel hier wie dort mit Möndchen und samtigen Glanzlichtern

versehen sind. Es scheint also durchaus möglich, dass beide Werke von der Hand desselben Meisters stammen oder zumindest aus einer Werkstatt hervorgegangen sind. Wo eine solche zu lokalisieren sein könnte, wird dadurch indes nicht deutlicher: Wurden für den Mornauer Landshut oder das Inntal in Tirol erwogen, bringt der Gnadenstuhl die erzbischöfliche Residenz Salzburg und die Reichsstadt Nürnberg ins Spiel. Landshut gehörte, ebenso wie Tirol, zum Erzbistum Salzburg und angesichts einer Entfernung zwischen den beiden Städten von nicht mehr als 150 Kilometern wäre eine Auftragsvergabe von der einen zur anderen leicht denkbar. *SK*

LITERATUR
Stiassny 1911, S. 331 – Winkler 1959, S. 97–106 – Rohrmoser 1972, S. 264 f. – Statnik 2009, S. 191–193 – Suckale 2009, Bd. 1, S. 243–246 – AK Brügge 2010, Kat. 248 (Stephan Kemperdick).

70 Friedrich Herlin
(tätig in Nördlingen 1459–1500)
Die Verkündigung vom Hochaltar der
St. Georgskirche in Nördlingen, 1462

Nadelholz
H. 131,8 × B. 67,7 cm
Nördlingen, Stadtmuseum, Leihgabe der ev. Kirchengemeinde
Nördlingen, Inv. Nr. 5a

71 Meister der Gewandstudien
(tätig am Oberrhein/Straßburg?)
Verkündigungsengel
um 1470–1480

Feder in Braun; H. 19,8 × B. 10,2 cm
erworben 1875 aus der Sammlung David Bernhard Hausmann,
Aachen (?); Staatliche Museen zu Berlin, Kupferstichkabinett,
KdZ 1978

Als der Neubau der Nördlinger Pfarrkirche St. Georg und St. Maria Magdalena gegen Mitte des 15. Jahrhunderts vollendet war, entschlossen sich der wohlhabende Gastwirt Jakob Fuchshart und seine Söhne zu einem für Privatleute sehr ungewöhnlichen Schritt – sie stifteten das Hochaltarretabel. Betraut wurden damit der Tischler Hans Waidenlich, der die Architekturelemente wie den Schreinkasten mit seinen hölzernen Flügeln, die Baldachine und das Gesprenge fertigte, sowie der Bildhauer Niclaus Gerhaert von Leyden für die Schnitzskulpturen und der aus Rothenburg stammenden Maler Friedrich Herlin für die Gemälde. Offenbar war der Maler zugleich der Generalunternehmer, denn er signierte das vollendete Retabel auf den Seiten des Schreins mit den Worten „Dis werck hat gemacht friderich herlein von rotenburck. 1462". Wie bei Hans Multschers Wurzacher Altar (Kat. 19) setzte der verantwortliche Meister in einer für den spätmittelalterlichen und frühneuzeitlichen Werkstattbetrieb typischen Weise seinen Namen auf das Werk, ohne damit eine eigenhändige Ausführung behaupten zu wollen. Das Nördlinger Hochaltarretabel ist ein relativ frühes Beispiel für die großformatigen, ungeheuer aufwendigen Wandelaltäre, die in der zweiten Hälfte des 15. und im frühen 16. Jahrhundert in Deutschland und den Niederlanden gefertigt wurden. Geöffnet maß es, ohne bekrönendes Gesprenge, über 4,30 Meter in der Höhe und gut 6,60 Meter in der Breite. Im Schrein befanden sich eine geschnitzte Kreuzigungsgruppe, flankiert von den Heiligen Georg und Magdalena, während die beiden bemalten Flügel auf Außen- und Innenseiten jeweils vier Szenen zeigten. Um 1683 wurde der unmodern gewordene Flügelaltar abgebaut; die hervorragenden Skulpturen wurden in das neue barocke Retabel gestellt und die bemalten Flügel auf dessen Rückseite angebracht, von wo sie im 19. Jahrhundert ins Museum wanderten.

Herlins Gemälde verraten zahlreiche Anregungen durch Werke Rogier van der Weydens, doch nirgends werden diese so deutlich wie in der *Verkündigung*: Sie folgt beinahe wortwörtlich dem linken Flügel von Rogiers Columba-Altar (Abb. S. 199), allerdings sind subtil ausgeführte Details wie der Brokat am Betthimmel weggefallen, und statt der Vase mit weißen Lilien sind hier Maiglöckchen als Symbol für Mariens Reinheit dargestellt. Herlin hat sein Vorbild merklich vergröbert, obgleich seine Fassung sogar etwas kleiner als dieses (H. 139 × B. 72 cm) ist.

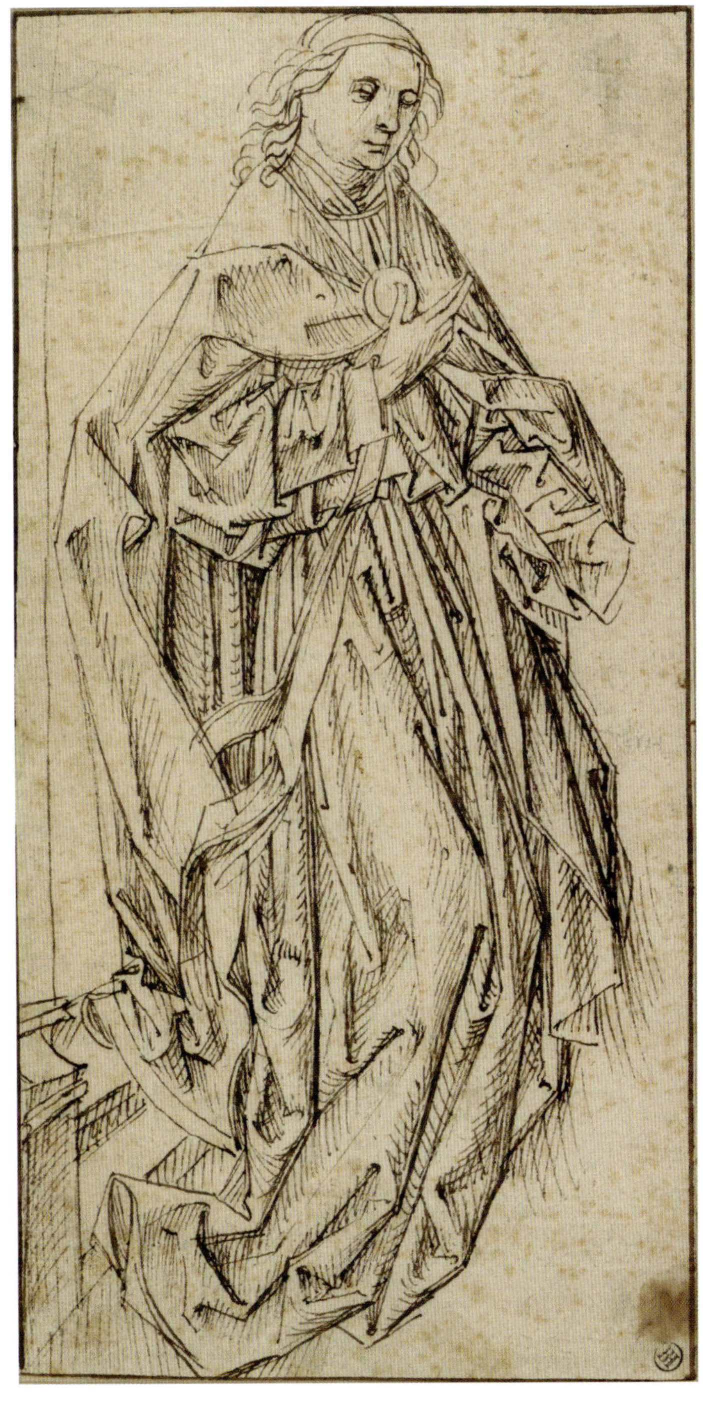

Dennoch handelt es sich bei Herlins Tafel um ein bedeutendes Zeugnis für künstlerischen Austausch, denn hier wird ein bald schon viel bewundertes Werk sehr früh und ganz ungewöhnlich genau wiederholt. Üblicherweise kopierte man einzelne Motive einer Szene, wie es etwa bei der hier gezeigten oberrheinischen Zeichnung nach demselben schönen Verkündigungsengel der Fall ist, in der wichtige Einzelheiten wie die Schwingen und eine Hand schlicht weggelassen wurden. Hatte man solch eine Kopie im Musterbuch, konnte sie in völlig anderen Zusammenhängen wiederverwendet werden (Kat. 68). Herlin dagegen kopierte nicht nur die ganze Komposition, sondern auch deren Farbigkeit und selbst die in Gold ausgeführten Strahlen und Buchstaben. In keiner anderen Szene der Altarflügel und in keinem seiner übrigen Werke hat er ein Vorbild auch nur annähernd so genau wiederholt. Vielleicht war dies programmatisch gemeint: Wer die *Verkündigung* von 1462, immerhin Teil eines prestigeträchtigen Großauftrags, erblickte, sollte sehen, wie sehr sich Herlin auf Niederländisches verstand – just in Nördlingen wurde im Jahr 1489 ein „frömbder [fremder] maler" angepriesen, weil er mit „Niderlendischer arbait umbgee" (Rott 1934, S. 176). Gewiss standen damals für einen Vergleich keine Reproduktionen zur Verfügung, doch könnten manche Interessierte und Künstler den rasch berühmt werdenden Columba-Altar in Köln gesehen haben; vielleicht konnte die markante Komposition aber auch ohne solche genauen Kenntnisse als etwas Besonderes und womöglich Niederländisches erkannt werden. In jedem Falle setzte die Kunst Rogier van der Weydens für Herlin den künstlerischen Maßstab, wobei er auf eine ganze Anzahl von dessen Erfindungen zurückgreifen konnte und diese noch weit später, in seinem 1488 datierten und von ihm selbst gestifteten Familienaltar (Nördlingen, Stadtmuseum) verwendete. Wahrscheinlich hatte Herlin Werke des Brüsseler Meisters in Köln oder sogar in den Niederlanden gesehen, bevor er sich spätestens 1459 mit seiner Familie in Nördlingen niederließ.   *SK*

LITERATUR
Buchner 1923, S. 37 f. – Schmid 1977, S. 97–123 – Oellermann 1991 – Roth 1992, Kat. 30, S. 89–92 [Zur Zeichnung] – Metzger 2000/01 – Kahsnitz 2005, S. 40–57 – Krüger 2005, S. 38–81 – AK Brügge 2010, Kat. 210 (Antje-Fee Köllermann).

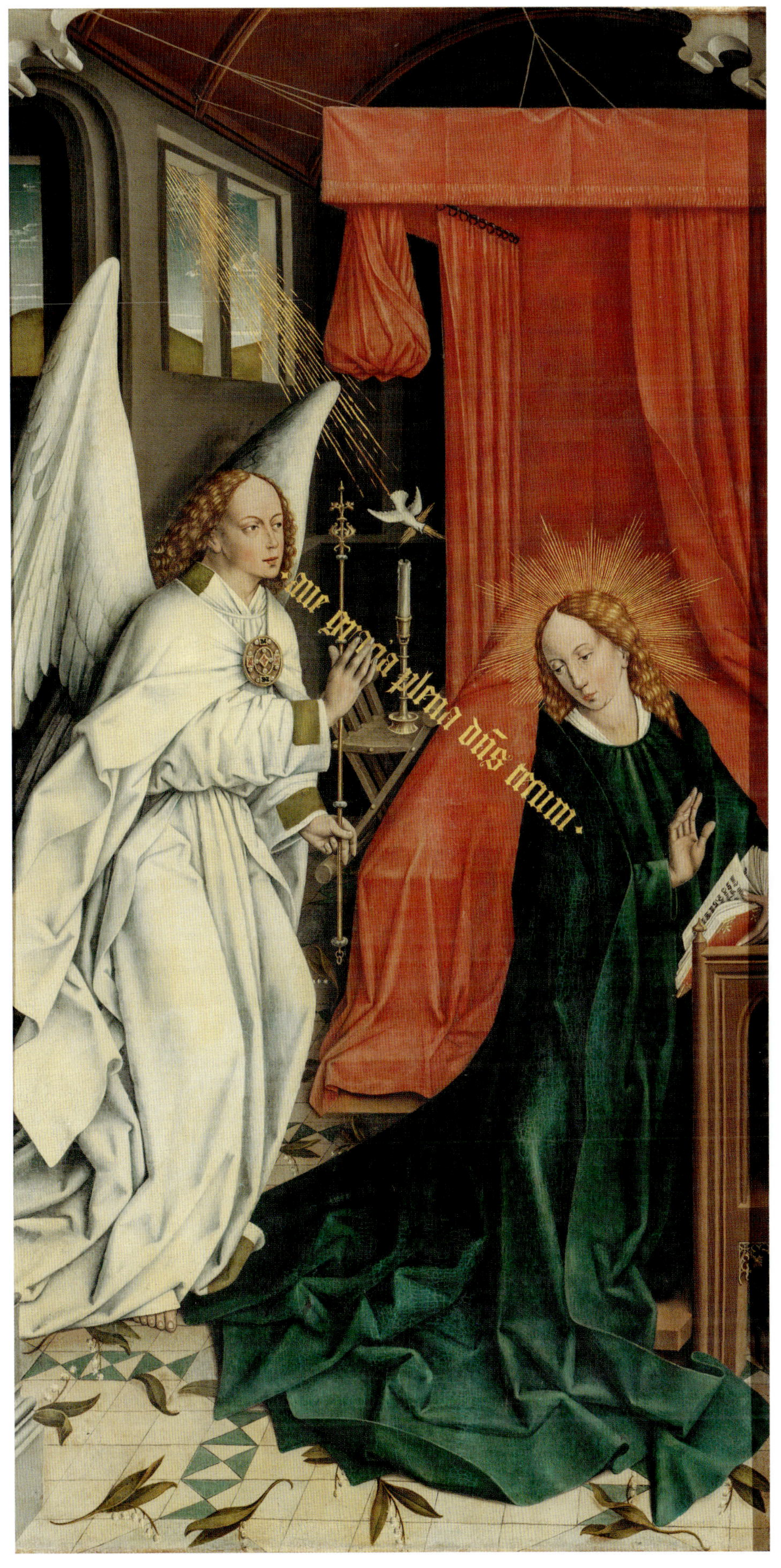
aue maria plena dns tecum

72 Meister von Liesborn
(tätig in Westfalen um 1460–1490)
Die Verkündigung an Maria, um 1480

Öl auf Eichenholz
H. 98,7 × B. 70,5 cm
erworben 1854
London, The National Gallery, Inv. Nr. NG 256

Im Jahre 1465 weihte Abt Heinrich von Cleve den Hochaltar und fünf weitere Altäre in der Klosterkirche der Benediktinerabtei Liesborn in Westfalen. Irgendwann in den folgenden Jahren ließ der Abt (gest. 1490) sie mit Retabeln ausstatten. Diese beschrieb Bernhard Witte, Chronist des Klosters, um 1512 als so prachtvoll in Farben und Gold ausgeführt, dass ihr Maler, hätte er zur Zeit der alten Griechen gelebt, sicherlich von Plinius d. Ä. für einen Meister höchsten Grades gehalten worden wäre. Der Verweis auf die berühmten antiken Maler verrät die humanistische Bildung Wittes, spricht aber sicherlich auch für die Qualität der betreffenden Altartafeln. 1704 wurde das Hochaltarbild abgebaut und durch ein neues barockes Retabel ersetzt, blieb aber in der Kirche, bis es nach der Säkularisation von 1803 verkauft wurde. Dabei wurde das Werk in Bruchstücke unterschiedlicher Größe zerteilt, die schließlich in den Sammlungen in Münster und London landeten. Von den Retabeln der Nebenaltäre dagegen hat sich jede Spur verloren.

Nur zwei Bildfelder des Hochaltarretabels blieben unversehrt, die vorliegende Verkündigung und die Darbringung im Tempel; alle übrigen sind zu kleineren Fragmenten zersägt worden, die manchmal nur die Büste einer Figur zeigen. Ursprünglich dürfte es sich um eine breite, durchgehende Tafel gehandelt haben, deren Mitte von einer Kreuzigung mit Heiligen eingenommen wurde (Brandl 1993). Sie wurde auf beiden Seiten von je zwei Szenen übereinander flankiert, den beiden erhaltenen oben, darunter der Geburt Christi und der Anbetung der Könige. Die Verkündigung bildete lediglich ein Achtel der Fläche der Mitteltafel, die über 2 Meter hoch und über 2,50 Meter breit gewesen sein muss. Klappbare Flügel, mit Gemälden des Weseler Malers Jan Baegert, des Sohnes von Derick (Kat. 124), wurden der Tafel erst 1521 hinzugefügt.

In dem luftigen, kostbar ausgestatten Innenraum des Verkündigungsbildes entbietet der Erzengel Gabriel der Jungfrau Maria den Gruß „Ave Maria", der auf seiner Banderole geschrie-

ben steht; Maria nimmt demütig ihre neue Rolle als Mutter Gottes an. Zwei steinerne Prophetenfiguren zieren den vorderen Abschlussbogen des Gebäudes, innen erkennt man eine Staue von Christus als Salvator Mundi. Liebevoll ist der Innenraum ausgestattet: Hübsche Kissen liegen auf der Bank, auf der Anrichte befinden sich Zinn- und Messinggefäße und Schreibzeug, hinten steht ein prachtvolles Himmelbett aus himbeerrotem Samt. Durch die Fenster gewahrt man eine weite, kühl anmutende Landschaft. Wesentliche Anregungen verdankt der Maler, wie so viele seiner Zeitgenossen (Kat. 66, 68, 70) der Kunst Rogier van der Weydens, speziell der Verkündigung des Columba-Altars (Abb. S. 199), von dem die Schrägsicht in den tonnengewölbten Raum, das Bett im Hintergrund und die Gestalt des Engels mit wehendem Pluviale inspiriert sind. Vermutlich hat der westfälische Maler Rogiers Retabel an seinem Aufstellungsort in St. Columba in Köln gesehen. Andere Elemente, insbesondere die mimetische Darstellung von Oberflächen, hat er wahrscheinlich eher von den Kölner Malern um den Meister des Marienlebens (Kat. 73) übernommen als aus den Niederlanden selbst. Seine zarten Gesichter aber scheinen auf den um 1450 in Westfalen tätigen Meister von Schöppingen zurückzugehen, dessen namengebendem Werk auch die Figur der Annunziata entlehnt ist; vielleicht war der ältere Maler der Lehrer des Liesborners gewesen. Künstlerisch bestechen das Verkündigungsgemälde und die übrigen Werke des Meisters durch die sorgsame Durcharbeitung und vor allem das charakteristische, Pastelltöne bevorzugende Kolorit. Die Variationen von Hellrosa und unterschiedlichen Rottönen klingen hier mit blauen, grauen und gelbbräunlichen Farben zu einer eigenwilligen Harmonie zusammen, die der Kunst Rogiers und der gleichzeitigen süddeutschen Maler (Kat. 68, 83) fremd war.   *SK*

LITERATUR
AK Münster 1966 – Koenig 1974, S. 11–56 – Karrenbrock 1988 – Luckhardt 1992 – Brandl 1993 – AK Brügge 2010, Kat. 91 (Reinhard Karrenbrock).

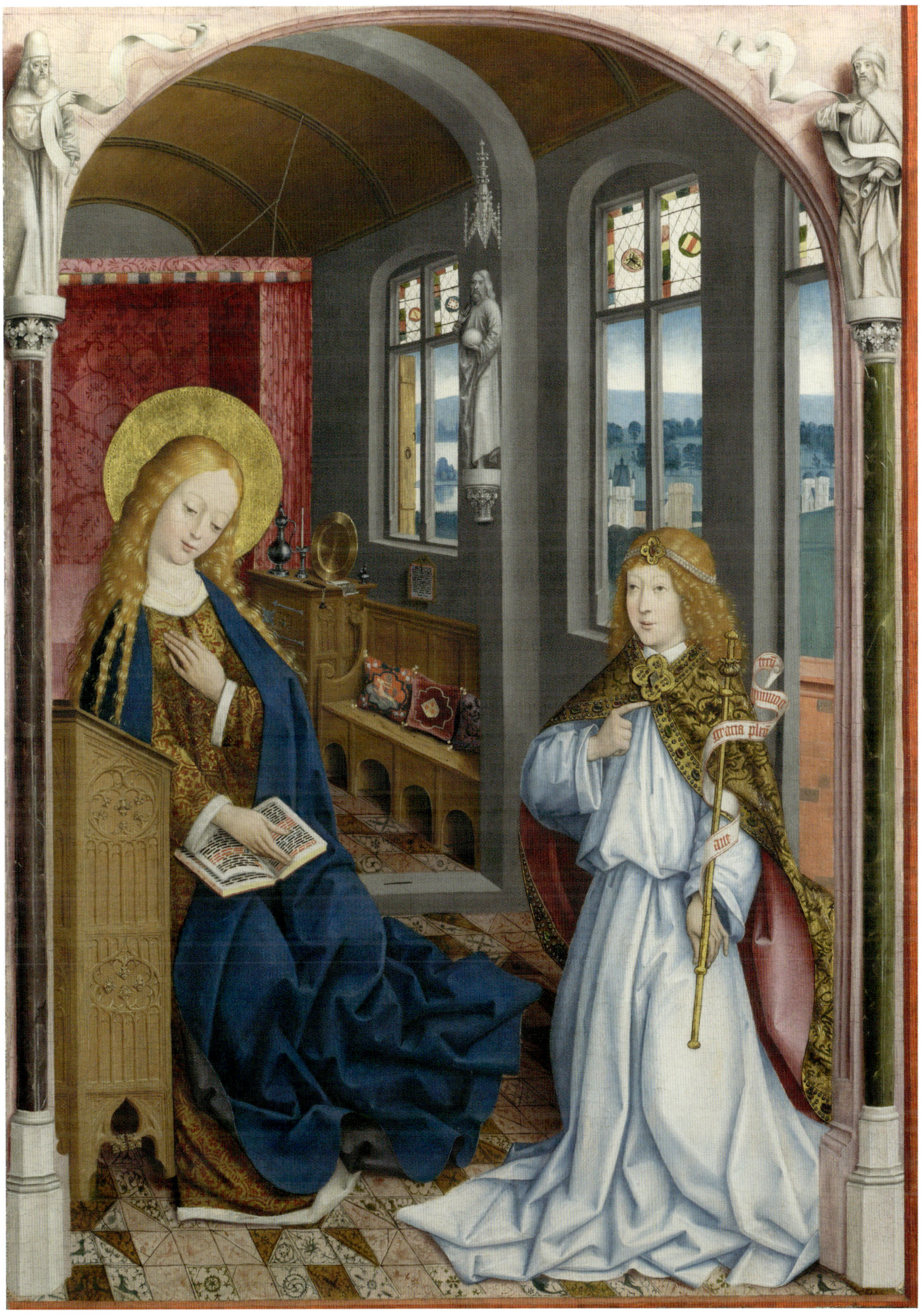

73   **Meister des Marienlebens (Umkreis)**
      Madonna mit Heiligen in der Rosenlaube
      Köln um 1470

Eichenholz
H. 107 × B. 96,6 cm
erworben 1821 mit der Sammlung Edward Solly
Staatliche Museen zu Berlin, Gemäldegalerie, Kat. Nr. 1235

Maria thront mit dem Christuskind auf ihrem Schoß im Zentrum der Tafel unter einer Rosenlaube in einem eingefriedeten Garten. Sie ist umgeben von drei heiligen Jungfrauen in prächtigen Gewändern aus Brokatstoff, während am vorderen Bildrand die dunkel gekleideten Mitglieder der Stifterfamilie knien. Zu Rechten Mariens sitzt die in einem Buch blätternde hl. Katharina mit einem Rad, ihrem Marterwerkzeug. Die hl. Barbara, die durch das Attribut des Turms zu identifizieren ist, flankiert Maria zur Linken; sie reicht dem Jesuskind Nelkenblüten, bei denen es sich um ein Liebes- und Passionssymbol handelt. Schräg vor der Gottesmutter weilt die hl. Maria Magdalena auf dem Boden. Mit ihrem linken Arm auf ein Buch gestützt, deutet sie zum unteren linken Bildrand, wo die männlichen Angehörigen der anonymen Stifterfamilie betend dargestellt sind. Die weiblichen Familienmitglieder befinden sich auf der gegenüberliegenden Seite.

Der dargestellte verschlossene Garten *(hortus conclusus)* spielt als Bildmotiv bei Mariendarstellungen eine besondere Rolle. Ausgehend von einer Textstelle im Hohenlied („Meine Schwester, liebe Braut, du bist ein verschlossener Garten, eine verschlossene Quelle, ein versiegelter Born"; Hld 4,12) wird Maria sowohl durch den *hortus conclusus* symbolisiert als auch innerhalb desselben dargestellt. Im Garten werden oftmals Pflanzen gezeigt, die in eine symbolische Verbindung mit Maria gebracht werden können. In der üppigen Vegetation sind einige Blumen zu erkennen: Die weiße Lilie gilt als Symbol der Reinheit und Keuschheit. Die Erdbeere soll aufgrund der blutroten Früchte an die Passion Christi erinnern, ihre dreiteiligen Blätter verweisen auf die Trinität. Von besonderer Bedeutung ist die Rose, die vor dem Sündenfall der Menschen noch keine Dornen gehabt haben soll. Maria, die von der Erbsünde bewahrt blieb, wurde daher auch *Rose ohne Dornen* genannt. In Anlehnung daran entwickelte sich im 15. Jahrhundert der Bildtypus der Madonna im Rosenhag: Maria sitzt mit dem Jesuskind vor einem Rosenstrauch oder unter einer Rosenlaube. Ein bekanntes und vorbildhaftes Beispiel schuf Stefan Lochner gegen 1450 in Köln. Die Kölner Tafel *Madonna mit Heiligen in der Rosenlaube* vereinigt beide Bildtypen, die des *hortus conclusus* und der Madonna im Rosenhag.

Die auf Lochner folgende Malergeneration wurde zwischen 1460 und 1490 von dem Meister des Marienlebens und zwei weiteren Meistern dominiert, die unter den Notnamen Meister der Georgslegende und Meister der Lyversberger Passion bekannt sind. Die Zuschreibung ihrer Werke wurde in der Forschung stark diskutiert und ist umstritten. Festzuhalten ist jedoch ein steter und intensiver Austausch der genannten Künstler und ihrer Gesellen – möglicherweise sogar in einer Werkstattkooperative (Scherer 1998, S. 341 f.).

Die beschriebene Tafel weist deutliche Bezüge zu älteren Kölner Werken der ersten Hälfte des 15. Jahrhunderts auf: Insbesondere die Bildanlage mit der Rosenlaube, der Goldgrund und die punzierten Scheibennimben zeigen große Ähnlichkeiten zu den Werken Lochners. Die schmalen Antlitze der Einzeltafel finden ihre Vorbilder vor allem in den Werken Rogier van der Weydens. Der Meister des Marienlebens kombinierte diese unterschiedlichen Anregungen und Innovationen, die vermehrt die Komposition, die Figurenauffassung, aber auch Motivik und Ikonografie betreffen. Somit führte er die lange kölnische Maltradition modernisiert weiter. Großen Einfluss auf die Bildproduktion hatte die kölnische, wohlhabende, bürgerliche Auftraggeberschaft, die traditionelle als auch innovative Werke unter anderem für die Vielzahl der Kölner Kirchen anfertigen ließ. Stilistische Modernisierungen, die Neuinterpretationen vertrauter Muster und die Feinheit der malerischen Ausführung machen die hohe Qualität von Werken wie der *Madonna mit Heiligen in der Rosenlaube* aus.   *CK*

LITERATUR
Scheibler/Aldenhoven 1902, S. 220 – Reiners 1925, S. 127–132 – Stange 1952, S. 45 – Schmidt 1978, Kat. 42, S. 242 f. – Scherer 1998, S. 200–202, 358.

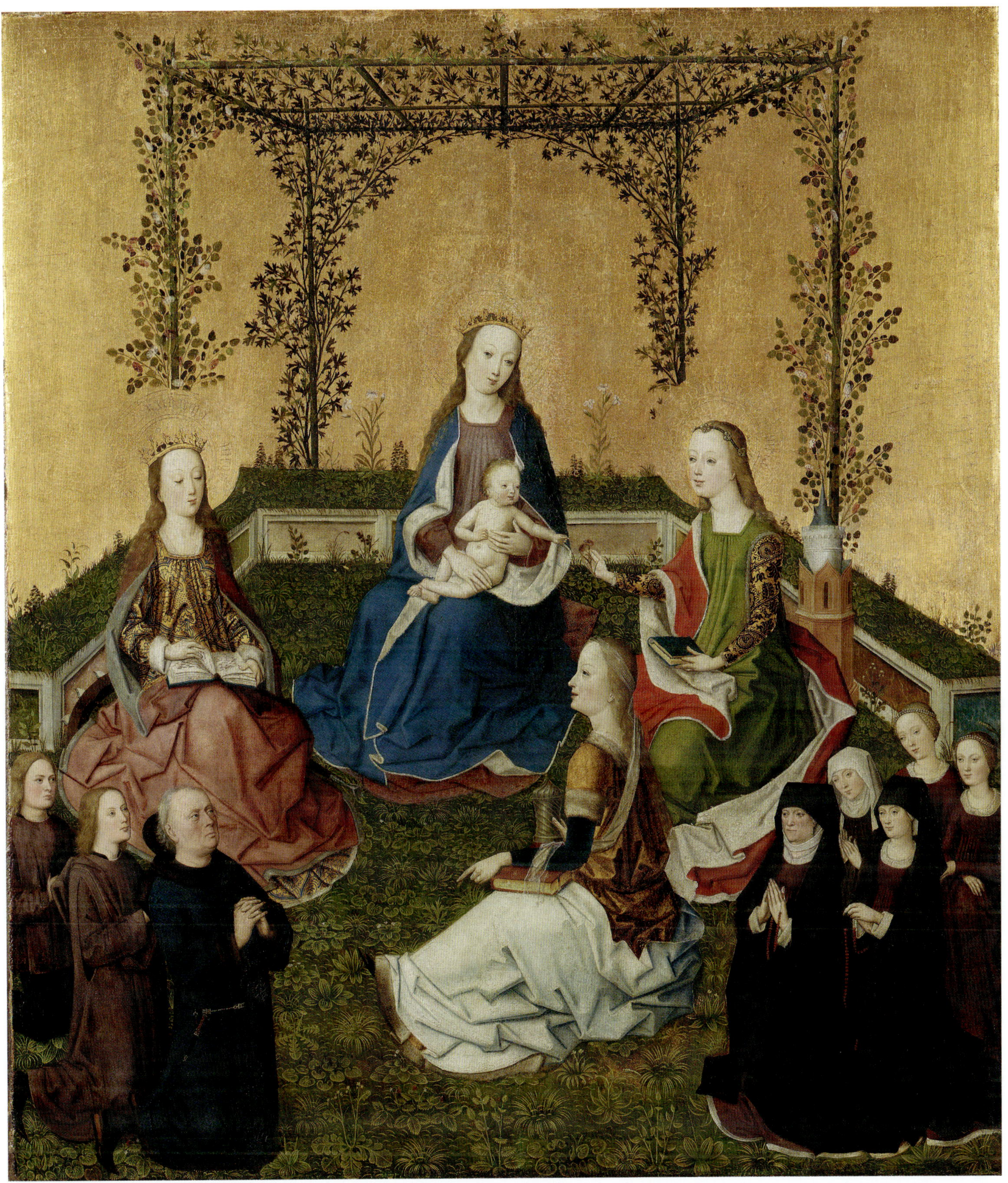

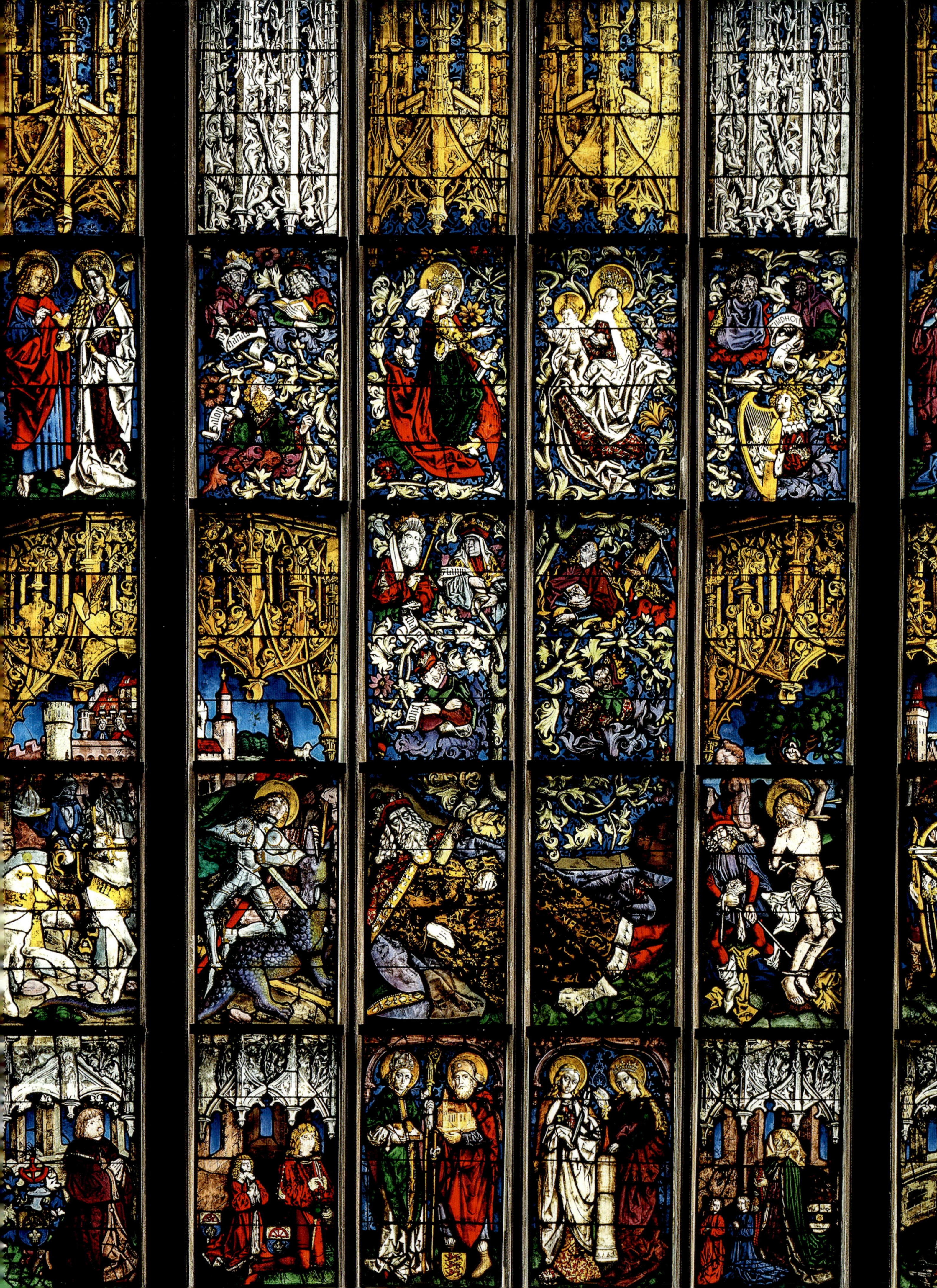

Julien Chapuis

Wechselspiel der Medien

In vielen Museen, so auch in den vier Sammlungen, die diese Ausstellung verantworten, wird Kunst nach Techniken und Materialen geordnet präsentiert: Goldschmiedearbeiten und Textilien im Kunstgewerbemuseum, Zeichnungen und Druckgrafik im Kupferstichkabinett, Tafelbilder in der Gemäldegalerie und Bildwerke in der Skulpturensammlung. Obwohl die ersten nach Gattungen gegliederten Kollektionen bereits im 16. Jahrhundert entstanden – beispielsweise richtete schon König Franz I. von Frankreich in seinem Schloss Fontainebleau Kabinette nur für die Präsentation seiner Gemälde ein[1] –, verstärkte sich die Tendenz nach einer Kategorisierung im frühen 19. Jahrhundert, als die Kunstgeschichte sich zur wissenschaftlichen Disziplin entwickelte und sich dabei an Ordnungsmodellen der Naturwissenschaften orientierte, etwa der Zoologie und der Botanik. Diese wissenschaftliche Systematisierung wirkte sich vielerorts – und hier vor allem in Berlin – auch auf die museale Gliederung und Differenzierung von Sammlungen nach Werkkreisen und Gattungen aus. Die Teilung in der musealen Präsentation aber entspricht nicht den Gegebenheiten, unter denen mittelalterliche und frühneuzeitliche Werke geschaffen oder ursprünglich benutzt und wahrgenommen wurden. Ein Hauptziel unserer Ausstellung ist es daher, die nach dem Zerfall der ursprünglichen Zusammenhänge getrennten und unter neuen (Material-)Kriterien systematisch aufgeteilten Werke in einer die Kategorien wieder verknüpfenden Zusammensicht zu präsentieren und damit auf die ursprünglichen Gemeinsamkeiten zwischen ihnen im 15. Jahrhundert aufmerksam zu machen.

Ein Rundgang durch die Kirche St. Lorenz in Nürnberg, die viel von ihrer mittelalterlichen Ausstattung bewahrt hat, macht deutlich, dass im 15. Jahrhundert Werke in den verschiedensten Medien in Kombination miteinander zu sehen waren (Abb. S. 17). Noch heute bewundern wir in der luftigen spätgotischen Architektur (ein Medium, das wir in der Ausstellung leider nicht darstellen können) mit ihren großflächigen Glasmalereien ein Zusammenspiel aus Skulpturen und Gemälden – entweder in jeweils eigenständigen Objekten, beispielsweise Kultbildern und Epitaphen an Pfeilern und Wänden, oder aber vereint in Retabeln. Zu den Altarbildern aber kamen stets Werke in edlen Metallen wie Reliquiare und Monstranzen, die in Sakramentshäusern oder -nischen und auf Altären standen oder in Prozessionen getragen wurden, und die zum Gottesdienst unabdingbaren Kelche und Patenen. Außerdem waren kostbare Textilien zu sehen: Diverse Paramente, etwa farbige Kaseln mit aufwendigen Stickereien auf dem Rücken, wurden je nach dem Kirchenkalender getragen; gewebte oder gestickte Antependien hingen vor dem Altartisch. Der Kircheninnenraum, für den viele Werke in unserer Ausstellung ja geschaffen wurden, zeigte sich also als eine im Laufe der Jahrzehnte, wenn nicht Jahrhunderte gewachsene Ansammlung von Objekten in unterschiedlichen Techniken, die in der Zusammensicht einen reichen und vielfältigen Eindruck vermittelten.

Großformatige Werke wurden häufig von mehreren Künstlern gemeinsam geschaffen. Eine Hauptgattung im 15. Jahrhundert war das Retabel mit wandelbaren Flügeln. Während der Mittelschrein oft Skulpturen enthielt, waren die Flügel gewöhnlich mit Malereien versehen. In vielen Städten gehörten Bildhauer und Maler verschiedenen Zünften an, und die dort entstandenen Retabel waren das Ergebnis einer Zusammenarbeit zwischen zwei oder mehr Werkstätten, häufig auch unter Leitung eines Generalunternehmers aus einer weiteren Zunft, dem Kistler oder Schreinmacher. Auch bemalte Skulpturen wurden meistens von mehreren Künstlern hergestellt. Zunftregeln in Würzburg zum Beispiel, wo Tilman Riemenschneider seine Werkstatt betrieb, verboten es den Bildschnitzern, ihre eigenen Skulpturen farbig zu fassen – dies geschah in einer Malerwerkstatt. In Nürnberg dagegen war es erlaubt, und die Werkstatt des Veit Stoß zeichnete sowohl für die bildhauerische Bearbeitung als auch für die Bemalung der Skulpturen verantwortlich, die unter seinem Namen verkauft wurden.

Ein und derselbe Künstler konnte also auch in mehreren Techniken arbeiten. In Städten, wo dies gestattet war, betätigten sich einige Meister als Maler und als Bildhauer. In Ulm leitete Hans Multscher eine große Werkstatt und signierte Skulpturen und Malereien – Beispiele von ihm in beiden Gattungen sind in der Ausstellung zu sehen (Kat. 19, 20). Der vor allem als bedeutender Kupferstecher bekannte Israhel van Meckenem arbeitete in Bocholt laut schriftlicher Überlieferung als zünftiger Goldschmied, und in Nürnberg und Krakau war Veit Stoß als Bildhauer, Maler und Kupferstecher aktiv; sein Bruder Matthias war Goldschmied, ebenso wie zwei seiner Söhne; drei weitere waren

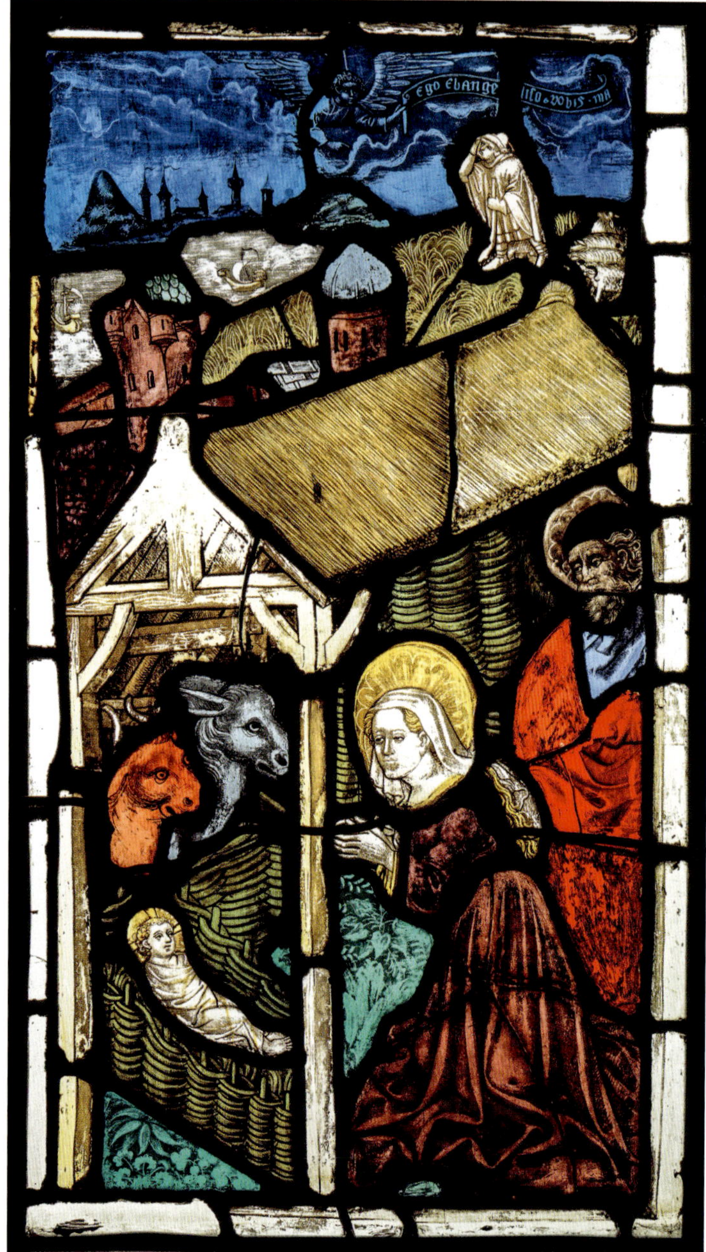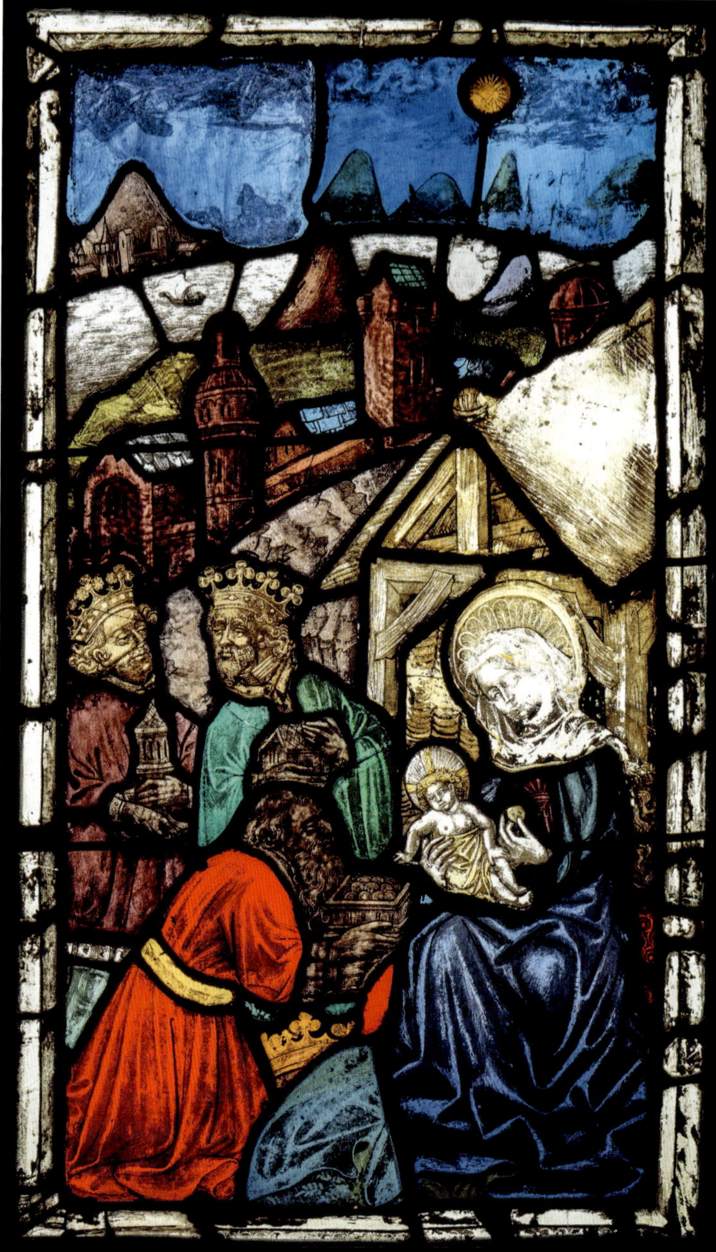

Hans Acker, *Geburt Christi* und *Anbetung der Könige*, 1430/31, Glasmalereien, Ulmer Münster, Besserer-Kapelle

Bildhauer, und ein sechster Sohn Veits war wie sein Vater als Bildhauer und Maler tätig.[2] Diese Vielfalt an Berufen innerhalb einer Familie macht deutlich, wie sehr Künstler, die in unterschiedlichen Medien arbeiteten, auch auf der persönlichen Ebene miteinander verbunden sein konnten. Gleichermaßen war Georg Schongauer, selbst Goldschmied, mit Apollonia, der Tochter des Straßburger Bildhauers Niclaus Gerhaert von Leyden verheiratet. Georgs Bruder Martin wiederum war sowohl als Kupferstecher wie auch als Maler tätig, ebenso wie Albrecht Dürer, der gleich den Schongauer- Brüdern Sohn eines Goldschmieds war. Viele Künstler des 15. Jahrhunderts waren also schon deshalb mit Arbeiten in anderen Gattungen vertraut, weil sie deren Schöpfer persönlich kannten und gemeinsam an übergreifenden Projekten arbeiteten, was eine gewisse Achtsamkeit gegenüber den jeweils anderen Gewerken nahelegte. Es gab aber auch vielfältige praktische Beziehungen zwischen den Gattungen. So zählte in Nürnberg der Reliefschnitt eines Siegelstempels zu den Pflichtstücken bei der Meisterprüfung der Goldschmiede. Bildhauer lieferten hölzerne Modelle für den Bronzeguss – wie 1476 für das Sakramentshaus der Lübecker Marienkirche – und ebenso für getriebene oder gegossene Silberfiguren (Kat. 114). Maler schufen Entwürfe für Goldschmiedearbeiten, am bekanntesten sind Albrecht Dürers Skizzen von Deckelpokalen. Stefan Lochners, Martin Schongauers und Albrecht Dürers akkurate Wiedergaben von Goldschmiedearbeiten, Skulpturen und Textilien machen deutlich, wie sehr sie sich mit diesen Techniken auseinandergesetzt haben.

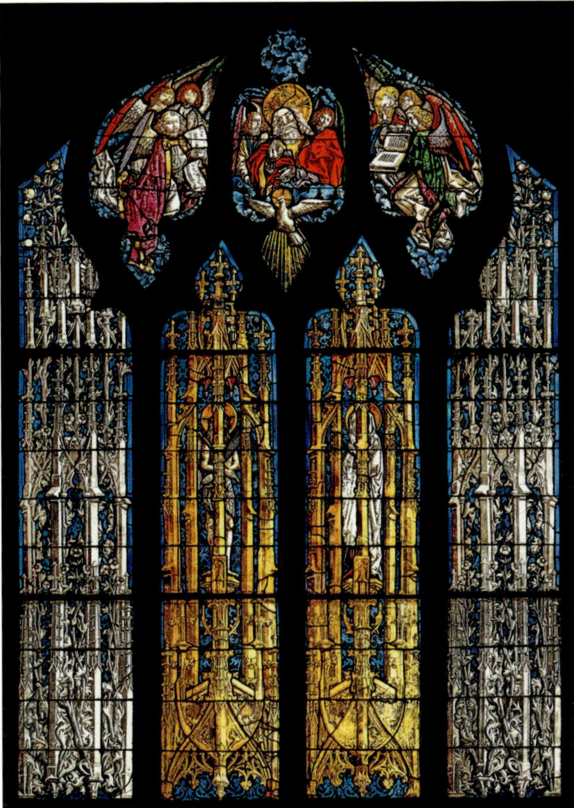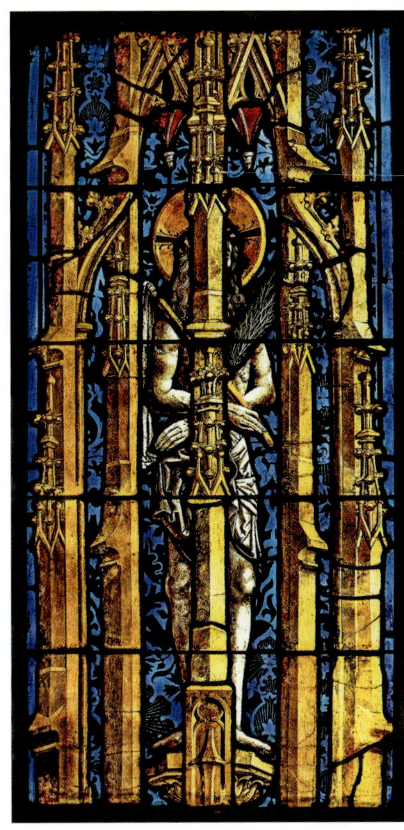

Peter Hemmel von Andlau, Zwei Details aus dem Volckamer-Fenster, um 1481, Nürnberg, St. Lorenz

Die Vernetzung der einzelnen Gewerke offenbart sich in der übergreifenden Verwendung ähnlicher oder sogar gleicher Motive und Stile in unterschiedlichen Bildgattungen. Die Besserer-Kapelle im Ulmer Münster enthält Glasmalereien aus den Jahren 1430/31, die unübersehbare kompositorische und stilistische Übereinstimmungen mit den Geburts- und Anbetungsszenen des Wurzacher Altars (vollendet 1437) von Hans Multscher aufweisen (Kat. 19). In den beiden Medien steht beispielsweise ein Eckpfosten des Stalles im Vordergrund, das Christuskind liegt in einer geflochtenen Krippe aus Ruten, und es bestehen große Ähnlichkeiten in den Physiognomien sowie in den Faltenwürfen der Muttergottes in den Geburtsdarstellungen. Die Entsprechungen zwischen den Glas- und Tafelmalereien sind so eng, dass die Besserer-Scheiben auch gelegentlich Hans Multscher selbst zugeschrieben wurden.[3] Heute besteht jedoch Konsens darüber, dass die Farbverglasung dem Ulmer Glas- und Tafelmaler Hans Acker zuzurechnen ist, der 1441 auch ein Passionsfenster für das Berner Münster schuf. Ob Hans Multscher die oben genannten Motive von Acker übernommen hat oder ob beide Künstler auf gemeinsame Vorlagen zurückgriffen, lässt sich nicht entscheiden.

Die einige Jahrzehnte später tätigen Glasmaler der Straßburger Werkstattgemeinschaft (Kat. 87, 88) greifen in ihren Arbeiten Dekorationsformen von Retabel- und Gestühlsbekrönungen auf und fassen so architektonisch die Wirkung dieser unterschiedlichen Ausstattungskomponenten zusammen.[4] Dabei spielen sie sogar mit den gattungsbedingten Regeln und Grenzen der Gestaltung und mit den visuellen Erfahrungen der Betrachter, indem sie vor ihren scheinbar lebensechten Figuren Gesprenge-

dienste aufsteigen lassen, die den Blick auf die heiligen Gesichter verstellen, wie im Fall des Schmerzensmannes im Volckamer-Fenster der Nürnberger Lorenzkirche (Abb. S. 221).

Da wir selbst in einer Epoche leben, in der wir täglich Tausende von Bildern konsumieren und diese per Knopfdruck um die ganze Welt weiterleiten können, erfordert es eine gewisse Anstrengung, sich eine Welt vorzustellen, in der Bilder selten waren. Gleichzeitig aber wird heute die „Originalität" des Kunstwerks auf eine Weise hervorgehoben, die mit den Vorstellungen früherer Zeiten wenig zu tun hat. Abbildungen der *Mona Lisa* sind Milliarden von Menschen bekannt, was dazu führt, das jedes Jahr Millionen nach Paris in den Louvre reisen, um das Original zu sehen. Im Gegensatz dazu reisten die meisten Menschen im spätmittelalterlichen Europa kaum und wären sich daher auch nicht notwendigerweise bewusst gewesen, dass eine Skulptur in ihrem Dorf der gleichen Komposition folgte wie eine Skulptur in einer zwanzig Kilometer entfernten Kirche. Dass Multschers Bilder bereits existierende Vorlagen verwendeten, war den Auftraggebern des Wurzacher Altars vermutlich unbekannt; hätten sie es aber gewusst, so hätten sie sich vermutlich gar nicht daran gestört. Ganz im Gegenteil, anspruchsvolle Auftraggeber suchten oft nach bereits erwiesener Kunstfertigkeit und etablierten so etwas wie „Signature Art". 1418 beauftragte der Rat von Basel den Maler Hans Heinrich Tieffenthal aus Schlettstadt (Elsass) mit der Bemalung der Elendkreuzkapelle. Der Vertrag legte fest, dass der Sternenhimmel der Kartause von Champmol in Dijon, Grabstätte der Herzöge von Burgund, nachgeahmt werden soll – was eine Bekanntschaft des berühmten

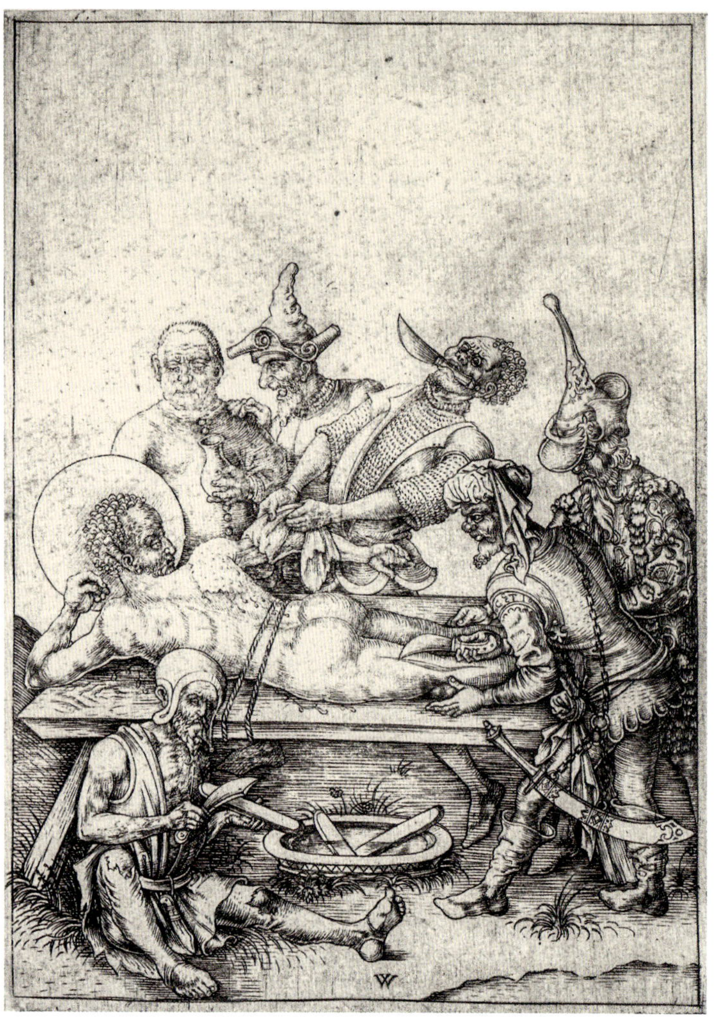

Wenzel von Olmütz, *Schindung des Bartholomäus* (nach Stefan Lochner), um 1480, Kupferstich, Wien, Albertina

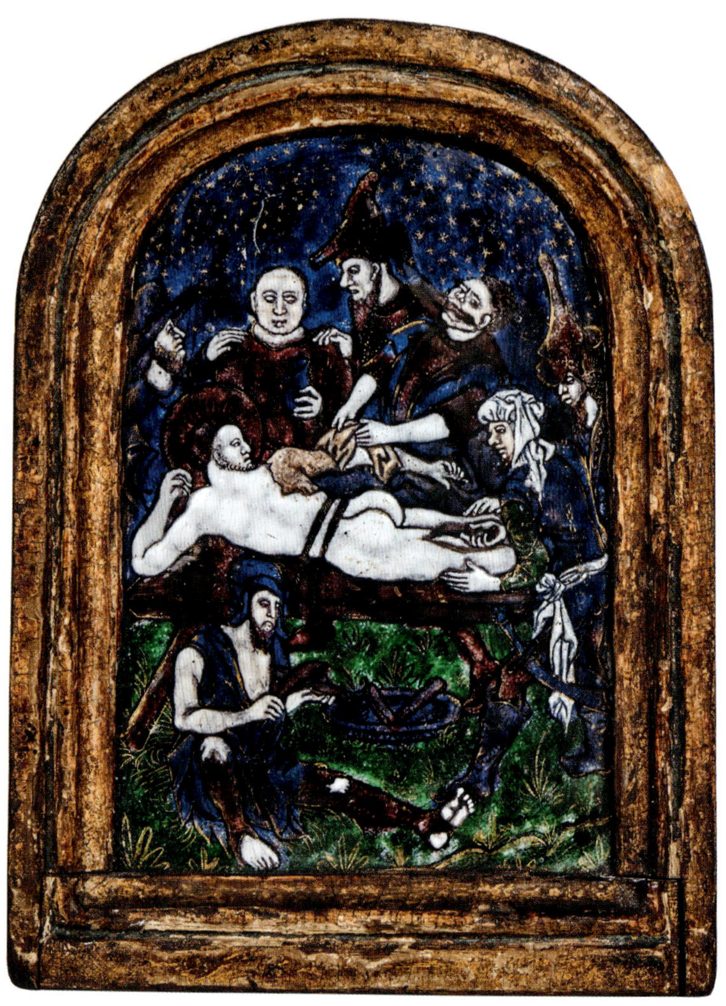

Schindung des Bartholomäus (nach Stefan Lochner), Limoges um 1500 (?), Email auf Kupfer, Privatbesitz

Vorbilds sowohl vonseiten der Auftraggeber als auch des Malers voraussetzt.[5] Gleichermaßen waren die Arbeiten der Straßburger Werkstattgemeinschaft vielerorts berühmt und der Begriff „Strosspurg finster" war Synonym für eine gewisse Gestaltungsweise und eine sehr hohe Qualität (vgl. Kat. 88).

Im 15. Jahrhundert schöpften Künstler für ihre Werke aus einer Vielzahl an Vorbildern. Oft waren es Werke auf Papier, die Erfindungen von anderen Künstlern festhielten. Wenzel von Olmütz kopierte mindestens zwei Szenen der Apostelmartyrien in Stefan Lochners Weltgerichtaltar und veröffentlichte sie als Kupferstiche, die dann als Modelle für weitere Künstler dienten (Kat. 16). Ein jüngst auf dem Pariser Kunstmarkt aufgetauchtes Maleremail von um 1500 wiederholt Lochners *Schindung des hl. Bartholomäus* – durch die Vermittlung des Stichs (Abb. S. 222). So konnte die Szene 900 Kilometer von Köln entfernt zu einem neuen Kunstwerk verarbeitet werden.[6] Dass die Bilderfindung von Stefan Lochner stammte, war in Limoges, wo die Emailarbeit entstand, sicherlich unbekannt.

Dieses Beispiel belegt die Rolle der Druckgrafik bei der Verbreitung von Stilen und Motiven. Am einflussreichsten in dieser Hinsicht waren die Bilderfindungen des Meisters der Spielkarten, des Meisters E. S. und von Martin Schongauer. Insbesondere die Kupferstiche des Letzteren waren in ganz Europa verbreitet und dienten von Spanien bis ins Baltikum als Modelle für Tausende von Kunstwerken aller Gattungen – Textilien, Goldschmiedekunst, Glasmalereien, Drucke und vor allem Gemälde und Skulpturen. Diese Vorlagen konnten nach Wunsch vergrößert und variiert werden, wie Riemenschneider es tat, als er Schongauers winzige *Erscheinung Christi vor Maria Magdalena* (Kat. 119) zu einem großen Relief umwandelte (Kat. 118). Da sie zweidimensional sind, konnten Holzschnitte und Kupferstiche relativ leicht für die Reliefs auf den Flügeln oder Predellen von Altarbildern übernommen werden.[7]

Der Einfluss der Druckgrafik auf die Skulptur ist nicht nur eine Frage der Motivübernahme. Riemenschneider wird traditionell als ein Bildhauer gefeiert, der als einer der Ersten mitunter auf die farbige Fassung seiner Skulpturen verzichtete. Diese Entscheidung wurde aber sicherlich von den Auftraggebern getroffen, vermutlich oft einfach aus Kostengründen, denn Gold und Pigmente wie Ultramarin, das aus Lapislazuli aus Zen-

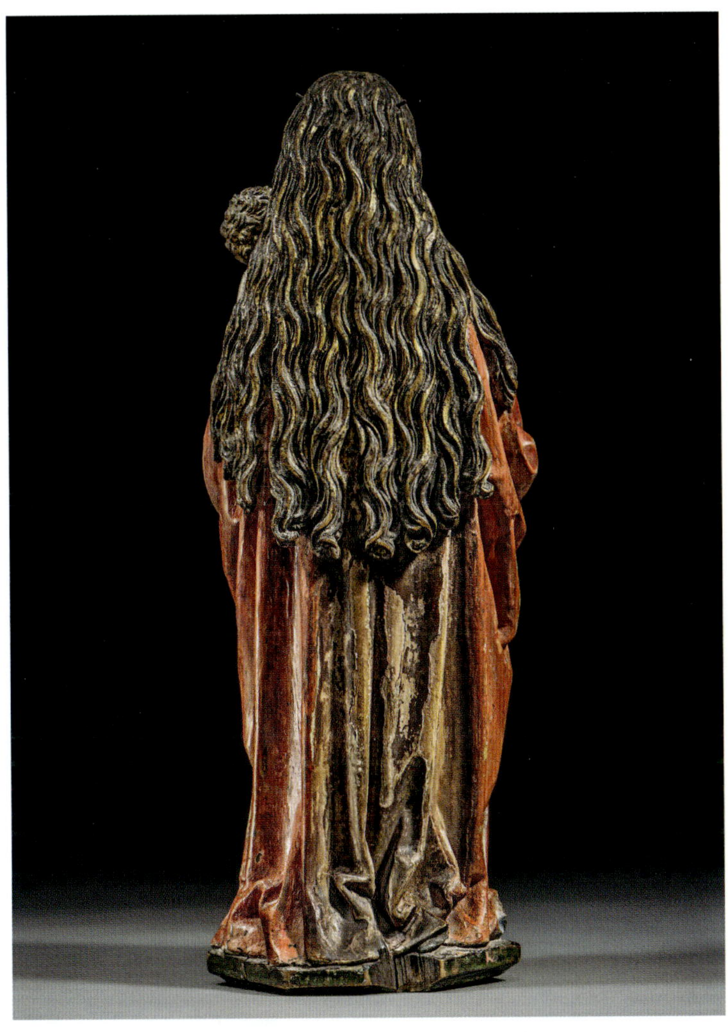

Michel Erhart, *Muttergottes mit Kind* (Rückansicht), Ulm um 1480, Staatliche Museen zu Berlin, Skulpturensammlung und Museum für Byzantinische Kunst, Eigentum des Kaiser Friedrich Museumsvereins

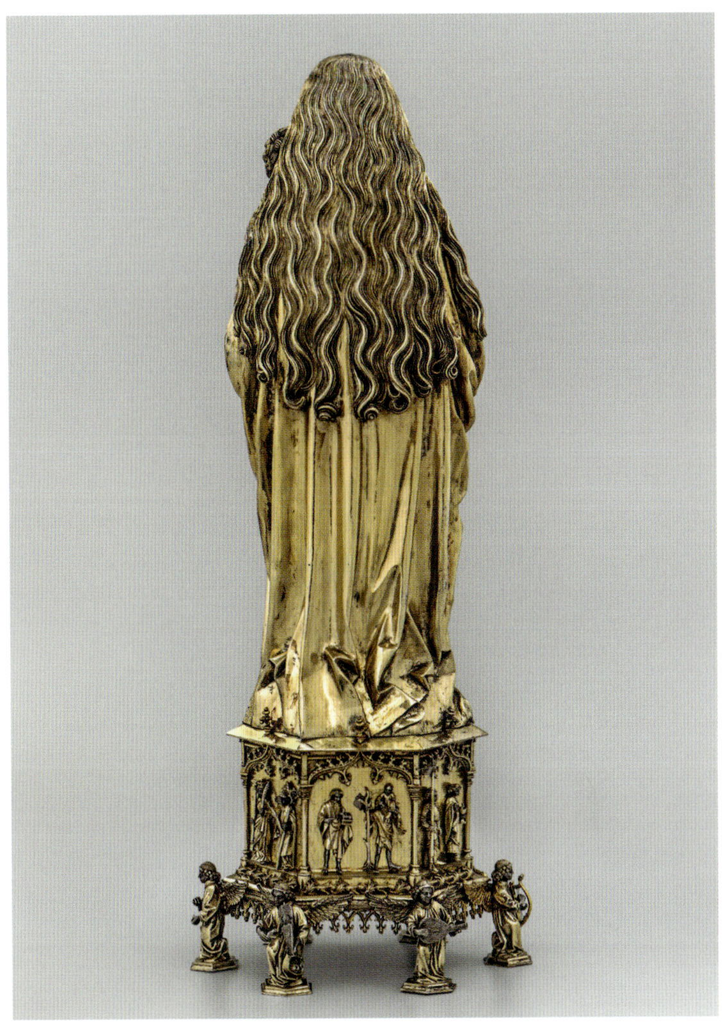

Heinrich Hufnagel, *Muttergottes mit Kind* (Rückansicht), Augsburg 1482, Staatliche Museen zu Berlin, Skulpturensammlung und Museum für Byzantinische Kunst

tralasien gewonnen wurde, waren teuer. Unstrittig ist aber, dass mehrere Jahrzehnte, bevor die ersten holzsichtigen Skulpturen in Deutschland in Kirchen aufgestellt wurden, die Druckgrafik die Akzeptanz von monochromen Bildern vorbereitet und damit zu einer Geschmacksänderung geführt hatte. Auch in der technischen Ausführung, insbesondere von Reliefs, orientierten sich Bildhauer an der Druckgrafik. In seinem „Noli me tangere" bearbeitete Riemenschneider Oberflächen mit dichten Ritzungen, um tonale Werte und damit eine Tiefenwirkung in der Landschaft zu erzeugen, die aus der Bildsprache der Kupferstecher zu stammen scheint.

Unsere Ausstellung enthält mehrere Beispiele von Werken in verschiedenen Medien, die im engen Verhältnis zueinander stehen: Tafelbilder, die Erfindungen von Martin Schongauer reproduzieren (Kat. 122), Skulpturen mit der gleichen Komposition, aber in unterschiedlichen Materialien (Kat. 76, 77), und eine Holzskulptur, die in Silber wiederholt wurde (Kat. 114, 115 und Abb. S. 223). Kunst entsteht nicht im Leeren, sondern speist sich aus dem, was zuvor geschaffen wurde. Das war für Künstler und Auftraggeber im 15. Jahrhundert eine Selbstverständlichkeit – und ist es heute de facto noch ebenso.

1   Eschenfelder 1993, insbes. S. 46.
2   Johannes Röll, „Stoss, Veit", in: *Grove Art Online*, https://doi.org/10.1093/gao/9781884446054.article.T081664.
3   Von Franz J. Stadler in 1907; siehe Hartmut Scholz, „Ulmer Glasmalerei zur Zeit Multschers. Die Bildfenster in der Besserer-Kapelle und ihre Meister", in: AK Ulm 1997, S. 235–245.
4   Siehe den Essay „Raum, Farbe und Licht" von Jan Friedrich Richter in diesem Katalog, S. 300–307.
5   Thomas Freivogel, „Tieffenthal, Hans Heinrich", in: *Historisches Lexikon der Schweiz (HLS)*, Version vom 18. 12. 2013. https://hls-dhs-dss.ch/de/articles/018374/2013-12-18/ [28. 9. 2020].
6   Am 23. 7. 2020 bei Pierre Bergé & Associés, Paris, Los 41, verkauft. www.pba-auctions.com/lot/103741/12886125? (bearbeitet von Laurence Fligny) [28. 9. 2020].
7   Zum Einfluss Schongauers auf andere Kunstformen siehe grundlegend: Nicolaisen 1993.

74   Meister E. S.
      (tätig am Oberrhein um 1440/1450 – um 1467)
      Die Madonna in der Fensternische
      um 1465

Kupferstich, koloriert; H. 13,7 × B. 10 cm, Wasserzeichen: Ochsenkopf mit Nasenlöchern, breiter Stange und sechsblättriger Blume
erworben vor 1877 aus der Sammlung R. Weigel
Staatliche Museen zu Berlin, Kupferstichkabinett, Inv. Nr. 381-1

75   Straßburg (Meister E. S.?)
      um 1450–1470
      Brustbild eines Mädchens mit einem Ring
      (der hl. Katharina?)

Feder und Pinsel in schwarzer Tusche, das Inkarnat mit
halbtrockenem Pinsel rötlich gestrichelt; H. 28,6 × B. 18,5 cm
erworben 1905 bei Lempertz, Köln
Staatliche Museen zu Berlin, Kupferstichkabinett, KdZ 4308

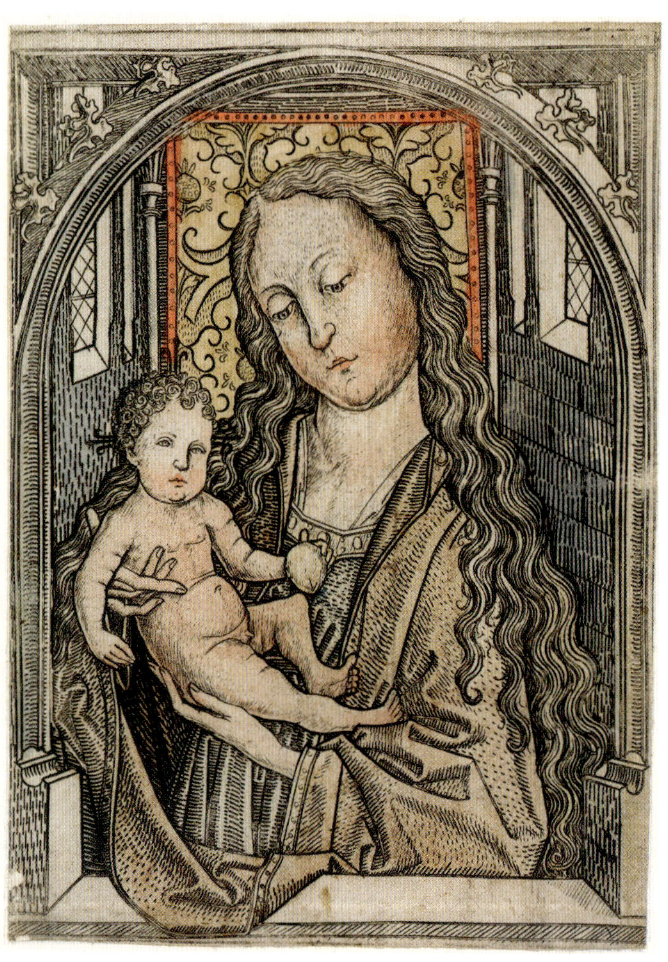

Halbfigurige Madonnenbilder erfreuten sich im 15. Jahrhundert
zunehmender Beliebtheit. Das kleine Format verbunden mit
dem intimen Blick in einen Innenraum eignete sich hervorragend für private Andachten. Von daher kann es nicht verwundern, dass der von niederländischen Vorbildern ausgehende
Bildtyp auch im Kupferstich Verbreitung fand.

Der Druck des Meisters E. S. zeigt die Muttergottes hinter
einer Fensteröffnung mit dem halb in ihren Armen liegenden
nackten Knaben. Auf der Brüstung liegt ein Stück ihres Mantel-
tuchs, der Fensterbogen ist mit Krabben besetzt, seine Zwickel
öffnen sich in den dahinterliegenden Raum. Mit wenigen Moti-

ven – der Andeutung eines Netzgewölbes und der auffallend
großen Zahl von Fensteröffnungen – wird der Raum als Kapelle
gekennzeichnet. Als Ehrenzeichen ist hinter Maria (an einem
Baldachin?) ein kostbares Gewebe aufgehängt.

Der Kupferstich war für die kontemplative Andacht
bestimmt, bei der sich dem Gläubigen durch den intimen Einblick eine tiefere Bedeutung offenbaren sollte. So dient der Apfel
in der Hand des Kindes als Verweis auf den Sündenfall, der von
Maria als der „neuen Eva" überwunden wird. Ihre inhaltliche
Gleichsetzung mit der Kirche spiegelt sich in der Kapellenarchi-
tektur wider, von der die Gottesmutter hinterfangen wird. Der

224

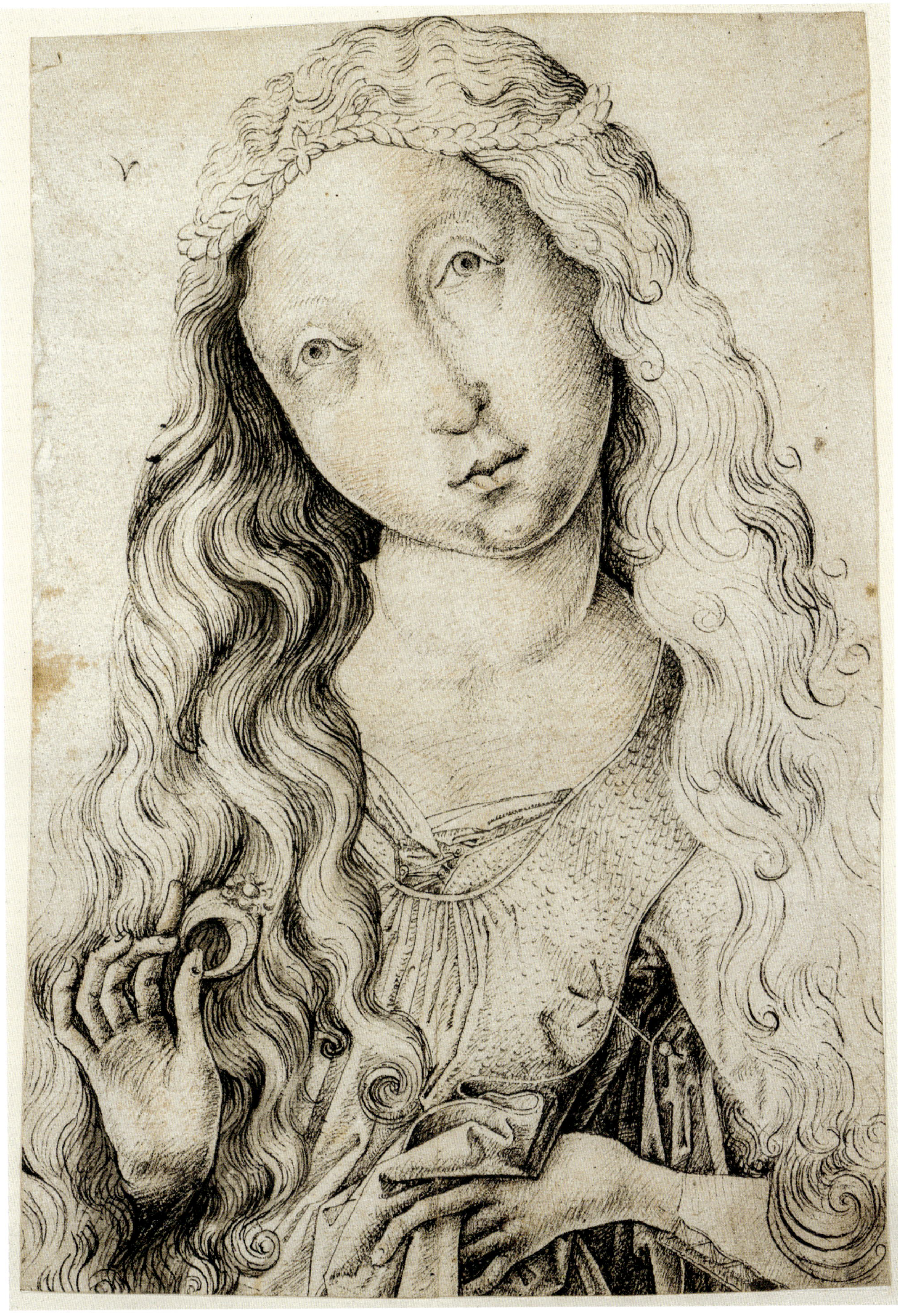

Gläubige wird durch die Nahsichtigkeit in den Raum, im übertragenen Sinne also die Kirche, miteingebunden, ohne dabei die mit der Fensterbrüstung vorgegebene Schwelle zu überschreiten.

Die Figurengestaltung folgt einem in Straßburg durch Niclaus Gerhaert von Leyden verbreiteten Typus. Beispielhaft sei auf die Dangolsheimer Muttergottes verwiesen (Kat. 108), die denselben Gesichtstyp mit den vollen Wangen und der langen, an ihrem Ende leicht verdickten Nase zeigt. Aber nicht nur der Figuren-, sondern auch der Bildtyp fand in Straßburg in verschiedenen Varianten vielfache Verwendung und bot damit ein weites Spektrum an Funktionen für unterschiedliche Ansprüche. Die von Niclaus Gerhaert 1464 für den Kanonikus Konrad von Bussnang geschaffene Grabanlage im Straßburger Münster entstand als teure Einzelanfertigung (AK Frankfurt am Main/ Straßburg 2011, Kat. 3, S. 211–215), die vielleicht in der Werkstatt Hans Kamensetzers entstandenen Madonnenreliefs dagegen waren Serienanfertigungen (Kat. 76) auf hohem Niveau. Der Kupferstich dagegen war schon für wenig Geld zu haben. Mit seiner alten, vielleicht sogar ursprünglichen Kolorierung imitierte er die Wirkung eines Gemäldes in der Darstellung so unterschiedlicher Oberflächen wie Haut, Stoff oder Stein.

Die große Beliebtheit der halbfigurigen Darstellung, die eine große Nähe zum Betrachter erzeugte, zeigt sich in der formalen Übernahme für andere Zwecke. Die Berliner Zeichnung folgt derselben Figurenanlage wie der Kupferstich, das Thema dagegen lässt sich nicht so einfach benennen. Wie auf dem Kupferstich wird die junge Frau mit offenem Haar gezeigt, das ihr weit über die Schultern auf den Mantel fällt. Der demonstrativ präsentierte Ring wurde als Verweis auf die hl. Katharina gedeutet, deren mystische Heirat mit dem Christusknaben einen wichtigen Teil ihrer Legende bildet. Bevers hat jedoch zu Recht vermerkt, dass die Heilige eine Krone tragen müsste, während der dargestellte Blütenkranz eher auf eine weltliche Person schließen lässt.

Unklar ist auch die Funktion des Blattes. Aufgrund der feinteiligen Ausführung von Haaren und Falten dürfte hier anders als bei den Stichen von Meister E. S. kaum ein Zusammenhang zur Skulptur bestehen. Viel eher handelt es sich um den Entwurf für ein Gemälde, nicht aber für einen Kupferstich, für den das Format viel zu groß wäre. Stilistisch lässt sich die Zeichnung eindeutig nach Straßburg in den engeren Umkreis von E. S. lokalisieren, von dem sich allerdings keine gesicherten Zeichnungen erhalten haben. Bevers' Hinweis auf Peter Hemmel von Andlau (Kat. 87, 88) lässt sich kaum folgen. Zwar orientiert sich der Glasmaler deutlich an dem von E. S. verbreiteten Stil, die charakteristischen, eigenwillig verschoben wirkenden Gesichtszüge der jungen Frau sucht man bei ihm jedoch vergeblich. Sie sollten eine Generation später kennzeichnend werden für das Werk von Tilman Riemenschneider.　　　*JFR*

LITERATUR
Dückers 1994, Kat. III.8, III.9, S. 96 f. (Holm Bevers).

Nussbaumholz mit ursprünglicher Fassung, auf den Inkarnaten
und dem linken Arm des Kindes eine Zweitfassung, der
Reliefhintergrund verloren, die Krone wohl nachmittelalterlich
abgearbeitet
H. 52 × B. 52 × T. 9,6 cm
Schenkung 1911; vorher Wiesbadener Kunsthandel
Staatliche Museen zu Berlin, Skulpturensammlung und Museum
für Byzantinische Kunst, Inv. Nr. 7016

Eisenguss
H. 62,5 × B. 51,5 × T. 7 cm
bis 1833 in der Außenwand am Haus des Trierer Richters
Johann Peter Job Hermes eingemauert; 1935 erworben
Rheinisches Landesmuseum Trier, Inv. Nr. 1935,338

Im Laufe des 15. Jahrhunderts zeigt sich in allen Kunstgattungen
ein zunehmendes Interesse an einer seriellen Produktion. Zu den
wenigen Beispielen, die den Fertigungsprozess plastischer Werke
im Detail nachvollziehbar machen, gehört eine Gruppe von
Madonnenreliefs, deren direkte Vorlage sich in Berlin erhalten
hat. Wie bei den Repliken war die Halbfigur Mariens ursprünglich in einer Nische dargestellt. Deren Rahmung täuscht ein Fenster vor, auf dessen Brüstung das nackte Jesuskind balanciert, vor-
sichtig gehalten von der sich über ihn beugenden Mutter. Maria
wird durch die Krone als Himmelskönigin bezeichnet. In der linken Hand trug sie vermutlich eine Lilie, die rechte hält das Kind,
das ihren Mantel ergreift und sich dabei mit den Beinen in einem
Rosenkranz verheddert. Die Nische lässt eine Chorarchitektur
mit Netzgewölbe erkennen, der abschließende Kielbogen auf
dem Gewände ist von Blattwerk verziert und trägt in den Zwickeln zwei musizierende Engel. Über dem Kopf Mariens schwebt
die Taube des Heiligen Geistes.

Unter stilistischen Gesichtspunkten lässt sich der Entwurf für das Holzrelief nach Straßburg verorten. Als Typus findet die halbfigurige Darstellung innerhalb einer Nische ihr pro-
minentes Gegenstück als Hochrelief in dem von Niclaus
Gerhaert von Leyden 1464 gefertigten Bussnang-Epitaph im
Straßburger Münster, die Figurenanlage ähnelt seitenverkehrt
der Madonna des Meisters E. S. auf dem 1466 datierten Kupferstich für Einsiedeln (Kat. 42). Die genaue Zuweisung an eine
Werkstatt ist allerdings umstritten geblieben. Während Eva
Zimmermann (1985, Kat. 113, S. 187) an den Meister der Madonna
von Gemmingen dachte, hat Hartmut Scholz (2016) auf den
wohl in direkter Nachfolge von Niclaus Gerhaert in Straßburg
tätigen Bildschnitzer Hans Kamensetzer verwiesen.

Die werktechnischen Befunde an den Arbeiten lassen
einen komplizierten und wohl von Versuchen geprägten Werk-
prozess erkennen. Das erhaltene Holzrelief wurde ursprünglich
zusammen mit dem verlorenen Hintergrund aus einem einzigen
Werkstück geschnitzt. Es war zu diesem Zeitpunkt vermutlich
ungefasst, weil es vielleicht nur als Vorlage für die Anfertigung
von Repliken dienen sollte. Seine Relieftiefe von knapp zehn
Zentimetern erforderte aufgrund der vielen Hinterschneidungen eine Abformung in mehreren Teilstücken, sodass man sich

dazu entschloss, den Hintergrund entlang der Kontur der Büste
abzusägen. Dies lässt sich deutlich an der Sägekante ablesen, die
an den beiden Repliken sichtbar geblieben ist.

Kurz nach der Fertigstellung des Berliner Reliefs dürfte
ein heute im Badischen Landesmuseum in Karlsruhe aufbewahrtes Retabel entstanden sein, von dem sich nur noch der
Schrein mit dem Marienrelief erhalten hat. Die aufwendige Fassung zeigt mit der Einlage von kleinen Papierpailletten eine
technische Besonderheit, die sich zu dieser Zeit nur in Straßburg nachweisen lässt. Das Retabel wurde also vor Ort vermutlich von derselben Werkstatt angefertigt wie das Holzrelief.
Peter Seewaldts These (2001), der zufolge alle drei Reliefs um
1500 in Trier entstanden seien, lässt sich demnach nicht erhär-
ten, zumal die erstmals von Hans Eichler (1936) erwähnte und
von der Forschung laufend wiederholte Provenienz des Berliner
Reliefs aus Detzem bei Trier durch nichts belegt werden kann.

Über das Material und die damit verbundene Fertigungs-
technik des Karlsruher Reliefs herrscht Unklarheit. Es könnte
sich um einen Guss aus Stuck handeln oder um einen Abdruck
aus Cartapesta, einem Pappmaschee, das in diesem Fall einen
hohen Anteil von Gips und Kreide als Zugschlagstoffe aufweisen würde. Auch wenn sich die Frage nicht endgültig entscheiden lässt, scheint man doch ähnlich wie bei der Drucktechnik
ein Verfahren gewählt zu haben, mit dem sich das Modell leicht
reproduzieren ließ.

Nach dem Aushärten des Materials wurde das Karlsruher
Relief überarbeitet. Der Kämpfer, der sich an dem Berliner Relief
unter dem Gewölbegrat neben dem rechten Ohr von Maria noch
in Resten erhalten hat, wurde an dem Karlsruher Retabel abgearbeitet. Wahrscheinlich wurde die ursprüngliche Komposition,
die durch das Trierer Relief überliefert wird, als proportional zu
gedrängt empfunden. Dort schwebt die Taube direkt über der
Krone Mariens, während in Karlsruhe das Gewölbe deutlich
höher sitzt. Bei der Herstellung, ob nun als Guss oder Abdruck,
dürften beide Formteile also weiter auseinandergezogen worden
sein. Der Kämpfer lag als Teil des Büstenreliefs bei der Replik
dann auf der falschen Höhe und wurde entfernt.

Das Berliner Relief wurde zu einem unbekannten Zeitpunkt, aber vermutlich noch im späten 15. Jahrhundert erneut

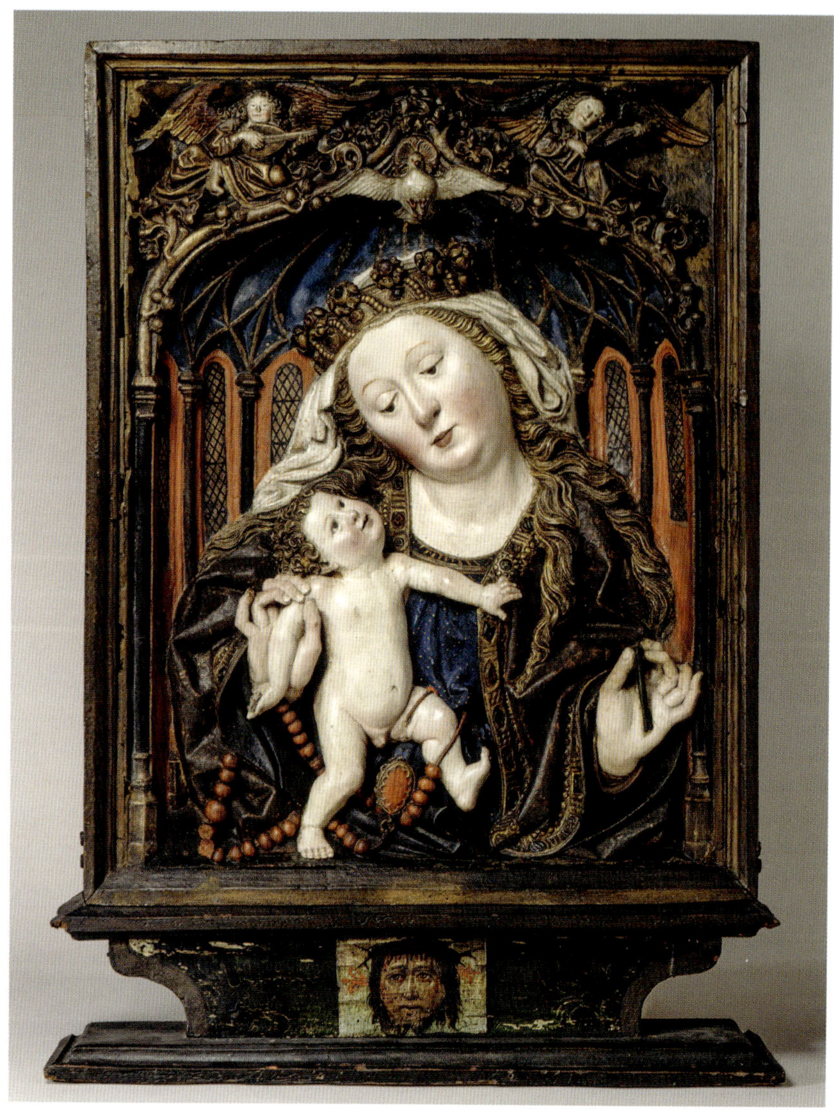

Hausaltärchen, Straßburg um 1470, Karlsruhe, Badisches Landesmuseum, als Dauerleihgabe des Musée Unterlinden, Colmar

als Modell genutzt, diesmal für einen in Trier hergestellten Eisenguss, der wahrscheinlich als Ofenplatte Verwendung fand. Er gilt als der älteste seiner Art. In der Eifel hatte die Eisenverarbeitung bereits eine lange Tradition, allerdings nicht für Güsse, sondern für Schmiedearbeiten. Die benötigte Form dürfte daher von Bronzegießern angefertigt worden sein. Die mangelnde Erfahrung in der Gusstechnik von Eisen zeigt sich an der ungewöhnlich hohen Beimischung von Phosphor mittels Eisenstein. Sie sorgte für eine deutliche Herabsetzung der Schmelz- und Aushärtungstemperatur, mit der man offensichtlich befürchtete Gussfehler vermeiden wollte. Wann genau der Guss entstanden ist, lässt sich nicht entscheiden. Materialtechnische Aspekte sprechen aber für eine zeitnahe Entstehung zum Holzmodell, kaum später als 1500. Für die Geschichte des Eisengusses bildet das Relief einen außergewöhnlichen Meilenstein.

Kurz nach der Abformung dürfte das Holzrelief umfunktioniert worden sein. Es wurde gefasst und konnte damit als Heiligenbild verwendet werden. Diese pragmatische Nutzung scheint damals nicht unüblich gewesen zu sein. Erinnert sei an das Grabmal der Johanna von Brabant, das im Auftrag Philipps des Guten 1458/59 in der Karmeliterkirche in Brüssel errichtet wurde. Für die Trauernden wurden Holzfiguren verwendet, die vorher als Gussmodelle für das Grabmal Ludwigs II. von Flandern gedient hatten. Sie wurden im Anschluss an die Arbeiten von Rogier van der Weyden polychromiert und für das Grabmal der Herzogin weiterverwendet.[1]

Welche Funktion das Berliner Relief nach der Fassung genau besaß, lässt sich nicht mehr klären. Vielleicht wurde das obere Stück des Reliefs schon damals verworfen, da die Fassung über die Sägekante des unteren Stücks hinweg verläuft. Allerdings besteht Unklarheit über den genauen Zeitpunkt der Fassung des Berliner Reliefs. Denkbar wäre auch, dass sie bereits vor der Verwendung in Trier aufgetragen wurde. Es lässt sich nämlich eine unwesentlich spätere, wohl noch mittelalterliche

228

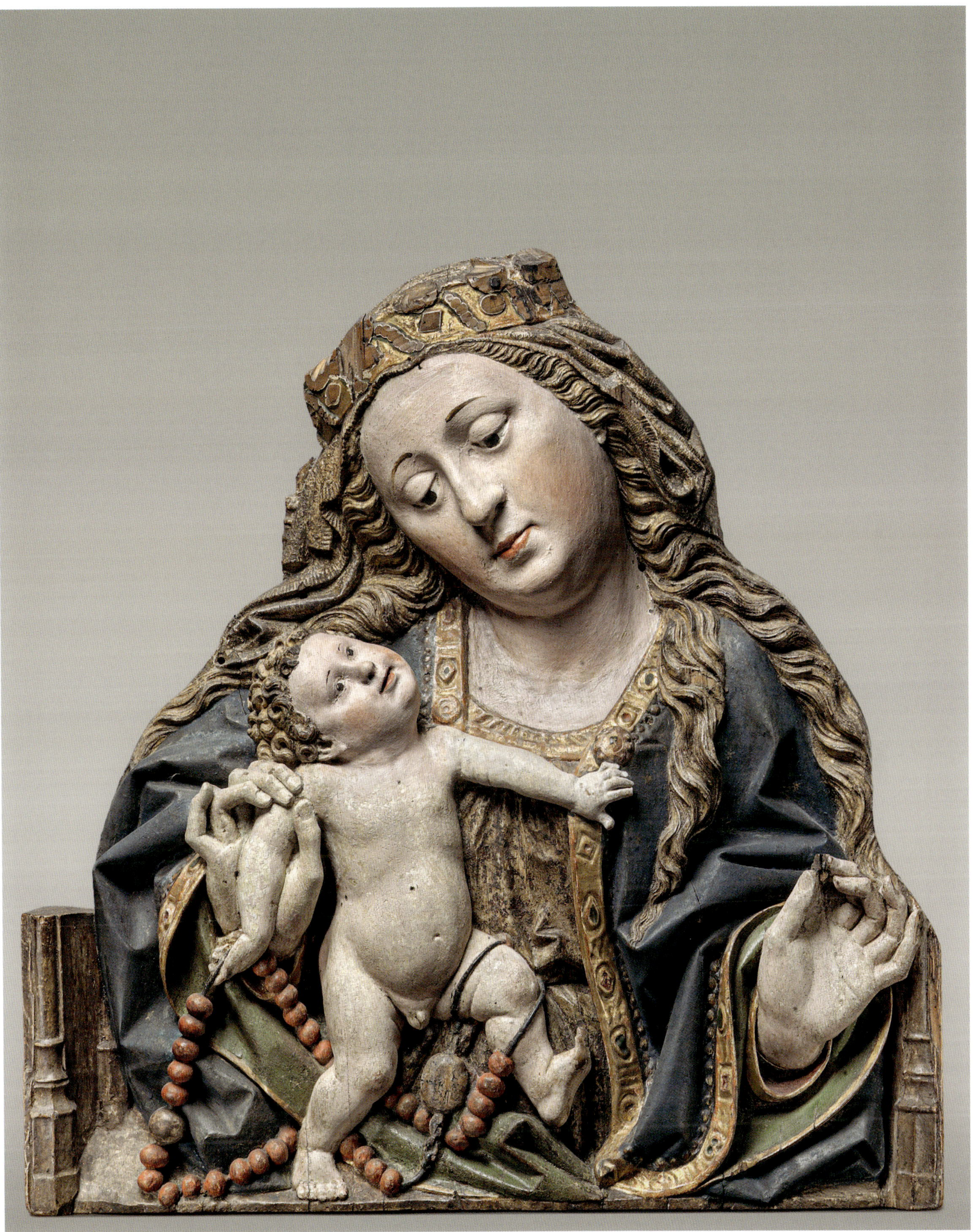

Renovierung nachweisen. Dabei wurden nur die Inkarnate von Mutter und Kind überfasst, der Rest vermutlich durch eine Applikation (eines Tuches oder einer Metallplatte?) verdeckt. Erhalten haben sich davon nur noch diverse Nagellöcher. Die Beschädigung der Erstfassung könnte vielleicht infolge der Abformung in Trier entstanden sein. Diese Form der Renovierung ist unter typenhistorischen Gesichtspunkten sehr interessant, erinnert das Ganze doch stark an byzantinische Ikonen, deren Malereien zu großen Teilen von einer Metallverkleidung verdeckt werden, einem sogenannten Oklad. Sollte ein derartiges Beispiel das Vorbild für die Renovierung geliefert haben, dann wird man davon ausgehen können, dass der obere Teil des Reliefs keine weitere Verwendung fand und die Büste vor einem Goldgrund präsentiert wurde. Für das frühe Vorhandensein einer Fassung könnte auch sprechen, dass die Replik in Karlsruhe das Medaillon des Rosenkranzes mit einem in Gold gefassten Stein zeigt, der bei der Abformung in Trier offensichtlich noch vorhanden war, an dem Berliner Relief aber heute verloren ist. Da jedoch an einem Modell kaum eine Applikation vorhanden gewesen sein dürfte, wird es sich eher um einen Teil der Fassung gehandelt haben. In diesem Fall müsste sie dann allerdings bereits vor Anfertigung beider Repliken vorhanden gewesen sein.

Die Reliefs stehen beispielhaft für eine in der Spätgotik typische Entwicklung. Für ihre Anfertigung wurden Techniken genutzt, mit denen sich das Modell in größerer Zahl wiederholen ließ. Wie die aufwendige Fassung bzw. Gusstechnik zeigen, ging es dabei offensichtlich nicht um eine Kostenersparnis, sondern um die Möglichkeit einer nur unwesentlich veränderten Wiederholung des ursprünglichen Bildes. Diese leichte Reproduzierbarkeit hatte deutliche Auswirkungen auf den Bildgebrauch, sodass derselbe Entwurf für einen Hausaltar ebenso wie für eine Ofenplatte verwendet werden konnte. *JFR*

LITERATUR

Eichler 1936 – Breidenstein 1993, S. 141–143 – Seewaldt 2001 – AK Frankfurt am Main/Straßburg 2011, Kat. 39, S. 332 f. (Stefan Roller) – Theiss 2011, S. 170–172 – Scholz 2016.

1 Campbell 1988. Vgl. den um 1510 erfolgten Auftrag des Brüsseler Magistrats an Jan Bormann, „er solle die von ihm gefertigten Modelle nach dem Formguss gut reinigen, damit sie dann polychromiert aufgestellt und bewundert werden könnten". Huth 1967, S. 32; Dhanens 1945–1948, S. 133.

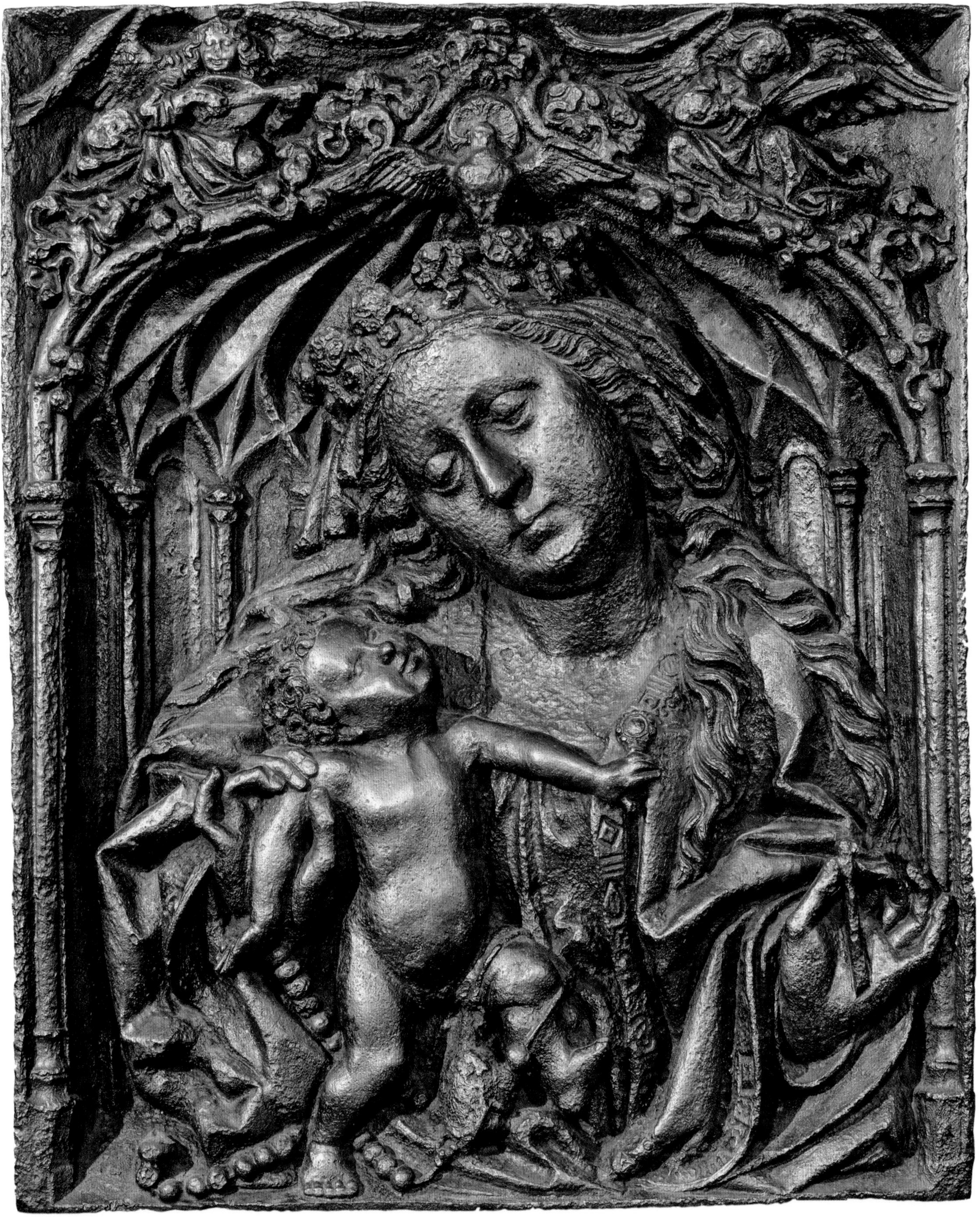

78   **Süddeutschland, vermutlich Schwaben**
Christuskind, um 1470

Lindenholz mit älterer Farbfassung
H. 46 × B. 40 × T. 16 cm
Geschenk eines Unbenannten, 1907
Staatliche Museen zu Berlin, Skulpturensammlung und Museum
für Byzantinische Kunst, Inv. Nr. 3063

Im 14. Jahrhundert entwickelte sich eine Form der Spiritualität, die dem emotionalen Miterleben besonderes Gewicht beimaß. Die Gläubigen wurden ermutigt, Ereignisse aus dem Leben Christi, der Jungfrau Maria oder der Heiligen so zu betrachten, als ob sie anwesend wären. Der franziskanische Autor der äußerst populären *Meditationen über das Leben Christi* unterbricht die Erzählung der Geburt Jesu, um sich an seine Leser zu wenden: „Küsse die süßen Füßchen des Jesuskindes, das in der Krippe liegt, und flehe seine Mutter an, es eine Weile halten zu dürfen. Heb es auf und halte es in deinen Armen. Betrachte sein Gesicht mit Hingabe und küsse es ehrfürchtig und mit Freude." (Pseudo-Bonaventura 1977, S. 38)

Für diese emotionale Auseinandersetzung mit Ereignissen aus dem Leben Jesu waren Bilder äußerst nützliche Hilfsmittel. Plastiken des nackten Christuskindes wurden ab der Mitte des 14. Jahrhunderts in verschiedenen Regionen Europas hergestellt und fanden besonders in Frauenklöstern Verehrung. Private Haushalte besaßen ebenfalls derartige Figuren, die von Bildhauern vermutlich auch ohne Auftrag für den freien Verkauf produziert wurden.

Technische Details an der Berliner Figur deuten darauf hin, dass sie verschiedene Rollen erfüllen konnte. Mit einem Sockel versehen, kann das Kind stehen, beispielsweise auf einem Altar oder vor einem Betpult. Die Figur kann allerdings auch von dem Sockel getrennt werden, mit dem sie durch Zapfen in den Füßen verbunden ist. Sie konnte dann wie ein echtes Kind gekleidet, gewiegt und zu Weihnachten in eine Krippe gelegt werden; tatsächlich ist eine solche Praxis aus Frauenklöstern belegt (Tripps 1998, S. 67–83, AK Frankfurt am Main 2011, S. 300).

Eigenartig ist die Handstellung der Berliner Skulptur. Bei den meisten Christkindfiguren erhebt der Knabe die rechte Hand in einem Segensgestus, während er in der linken Hand eine Weltkugel mit einem Kreuz oder, seltener, mit Weintrauben hält; diese sind Symbole seiner Weltherrschaft und seines Opfertodes. Hier jedoch wird die rechte Hand tiefer gehalten, und zwei Löcher an Daumen und Zeigefinger deuten darauf hin, dass sich dort ursprünglich ein separat geschnitztes Objekt befand. Obwohl die linke Hand erhoben ist, kann es sich nicht um einen Segensgestus handeln, denn dieser wird nur mit der Rechten ausgeführt. Plausibel erscheint, dass auf der rechten Hand des Kindes ursprünglich ein Vogel saß. In der Kunst des Mittelalters und der Renaissance hält das Christuskind oft einen Vogel als Symbol seiner Passion. Im melancholischen Ausdruck des Kindes und in den gespreizten Fingern der linker Hand, die etwas wie Überraschung ausdrücken, scheint sich das Vorwissen von Leiden und Tod niederzuschlagen. Da das Attribut abnehmbar war, konnte es auch mit anderen ausgetauscht werden. Ein seltenes Beispiel für ein Christuskind mit einem Vogel auf der rechten Hand aus der Zeit um 1520 befindet sich im Mindelheimer Franziskanerinnenkloster (Schwaben).

Die raffiniert gearbeitete Figur mit vortretendem Bäuchlein und reicher Lockenpracht zeigt ein Kind, das gerade imstande ist, allein zu stehen, allerdings in jedem Moment wieder fallen könnte. In dieser Hinsicht unterscheidet sich diese Skulptur von Beispielen aus der Zeit um 1500 aus Mecheln oder Köln, wohin das Berliner Werk mitunter lokalisiert wurde (AK Nürnberg 2000, S. 175, Karrenbrock 2001, S. 27, 308), denn diese machen einen viel standfesteren Eindruck. Eine Entstehung in Schwaben um 1470 scheint naheliegend.   *JC*

LITERATUR
Demmler 1923–1930, Bd. 3, S. 300 – Tripps 1998 – AK Nürnberg 2000, S. 175 – Karrenbrock 2001, S. 27, 308 – AK Frankfurt am Main/Straßburg 2011.

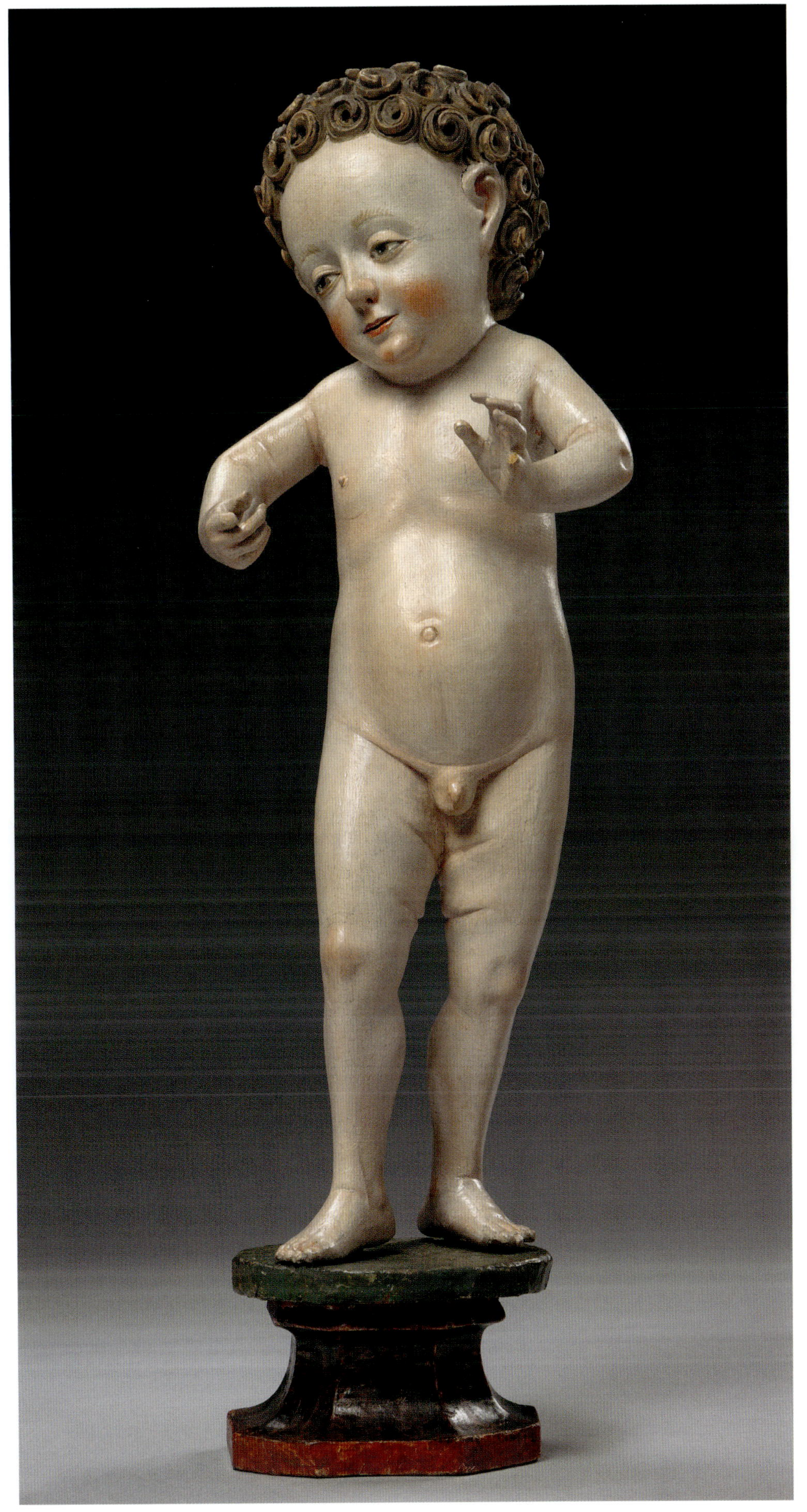

79 Straßburg (?), um 1460–1470
Hl. Sebastian

Lindenholz, ursprüngliche Fassung abgenommen
H. 84 × B. 36 × T. 22 cm
erworben 1935
aus der Sammlung Nemes, München, über die Dresdner Bank
Staatliche Museen zu Berlin, Skulpturensammlung und Museum
für Byzantinische Kunst, Inv. Nr. 8586

80 Meister E. S.
(tätig am Oberrhein um 1440/1450 – um 1467)
Hl. Sebastian, um 1460–1470

Kupferstich
H. 15,1 × B. 10,8 cm (Einfassung)
erworben 1866
Staatliche Museen zu Berlin, Kupferstichkabinett, Inv. Nr. 403-1

Der hl. Sebastian wurde als frühchristlicher Märtyrer von
Bogenschützen getötet. Sein von Pfeilen durchbohrter Körper
wird seit dem Spätmittelalter fast nackt dargestellt und damit
dem Bildtyp des Schmerzensmannes angeglichen. Die beiden
Straßburger Werke folgen jedoch einer älteren Ikonografie, die
nicht das Martyrium zum Gegenstand hat, sondern den Heiligen bekleidet als repräsentative Standfigur zeigt.

In tänzerisch anmutender Pose präsentiert sich Sebastian
als reicher Jüngling. Über seinen Schultern liegt ein stoffreiches
Manteltuch, auf den lockigen Haaren sitzt eine Pelzkappe. Das
Tuch ist von hinten unter der Achsel hindurch vor den Körper
gezogen und über den Arm gelegt. Die Faltenzüge konzentrieren
den Blick auf die Hand mit dem Pfeilbündel. Die andere Hand
hält mit gespreiztem Griff einen einzelnen Pfeil.

Die beiden Kunstwerke lassen sich nach Straßburg lokali-
sieren. Die Figur wird durch Kopftyp, Haargestaltung und nicht
zuletzt den Gewandstil als Arbeit aus dem Umkreis Niclaus
Gerhaerts von Leyden gekennzeichnet. Der Kupferstich lässt
sich dem Œuvre des wohl gleichzeitig in der Stadt tätigen Meisters E. S. zuweisen. Er folgt demselben Entwurf, der auch für die
Figur verwendet wurde. Die Forschung hat darin ein direktes
Abhängigkeitsverhältnis gesehen, bei dem je nach Sichtweise
Skulptur oder Kupferstich vorbildlich für das jeweils andere
Werk gewesen sein soll. Wem dabei der Vorrang gebührt, lässt
sich kaum entscheiden. Denkbar wäre auch eine verlorene Vor-
lage, die beide gleichermaßen genutzt haben.

Bezeichnend erscheint in jedem Fall der Rückgriff auf die
ältere Form der Ikonografie. Sie erlaubte die Darstellung eines
bekleideten Körpers und damit das für beide Künstler typisch
raffinierte Spiel aufwendiger Gewandentwürfe mit vielfältigen
Durchblicken. Dem Kupferstecher gelingt es dabei, durch die
neuartige Technik der Kreuzschraffur vielfach abgestufte Hell-
und Dunkelwerte zu schaffen, mit denen das komplizierte räumliche Verhältnis von Körper und Gewand nachvollziehbar ins
Zweidimensionale übertragen wird. Werke wie dieser Stich verbreiteten den neuartigen Stil über ganz Süddeutschland.   *JFR*

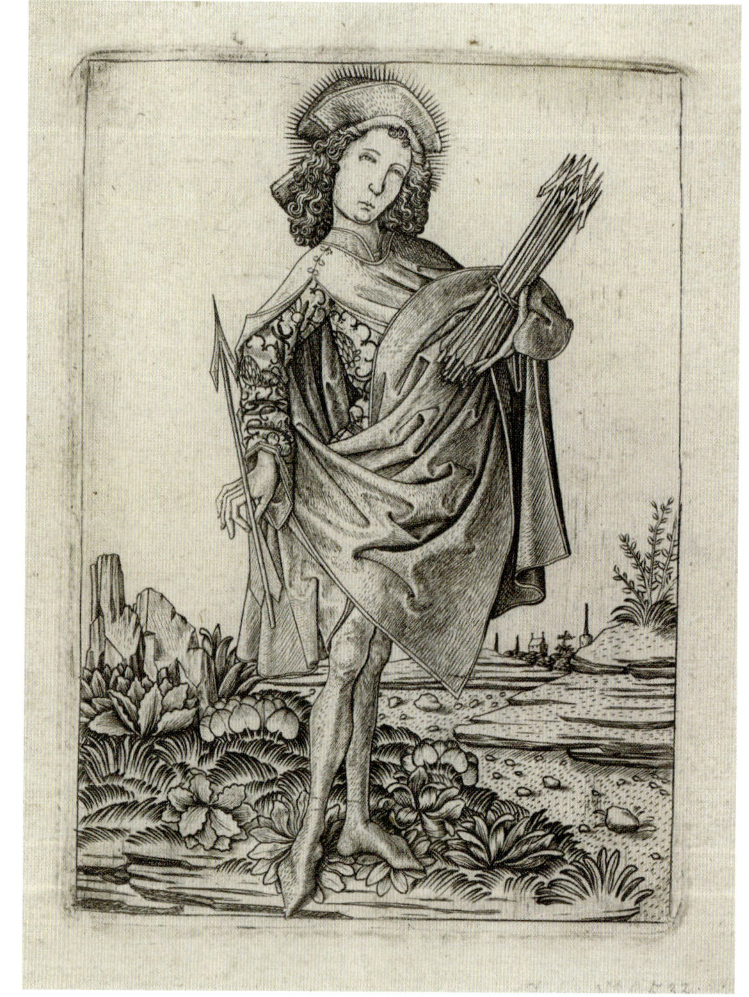

LITERATUR
Lehrs 1908–1934, Bd. 2, Nr. 159, S. 229 – AK München/Berlin 1986, Kat. 74, S. 66 f. –
Breisig 2011, S. 135–137 – AK Frankfurt am Main/Straßburg 2011, Kat. 26, 27, S. 311 f.
(Eva Maria Breisig).

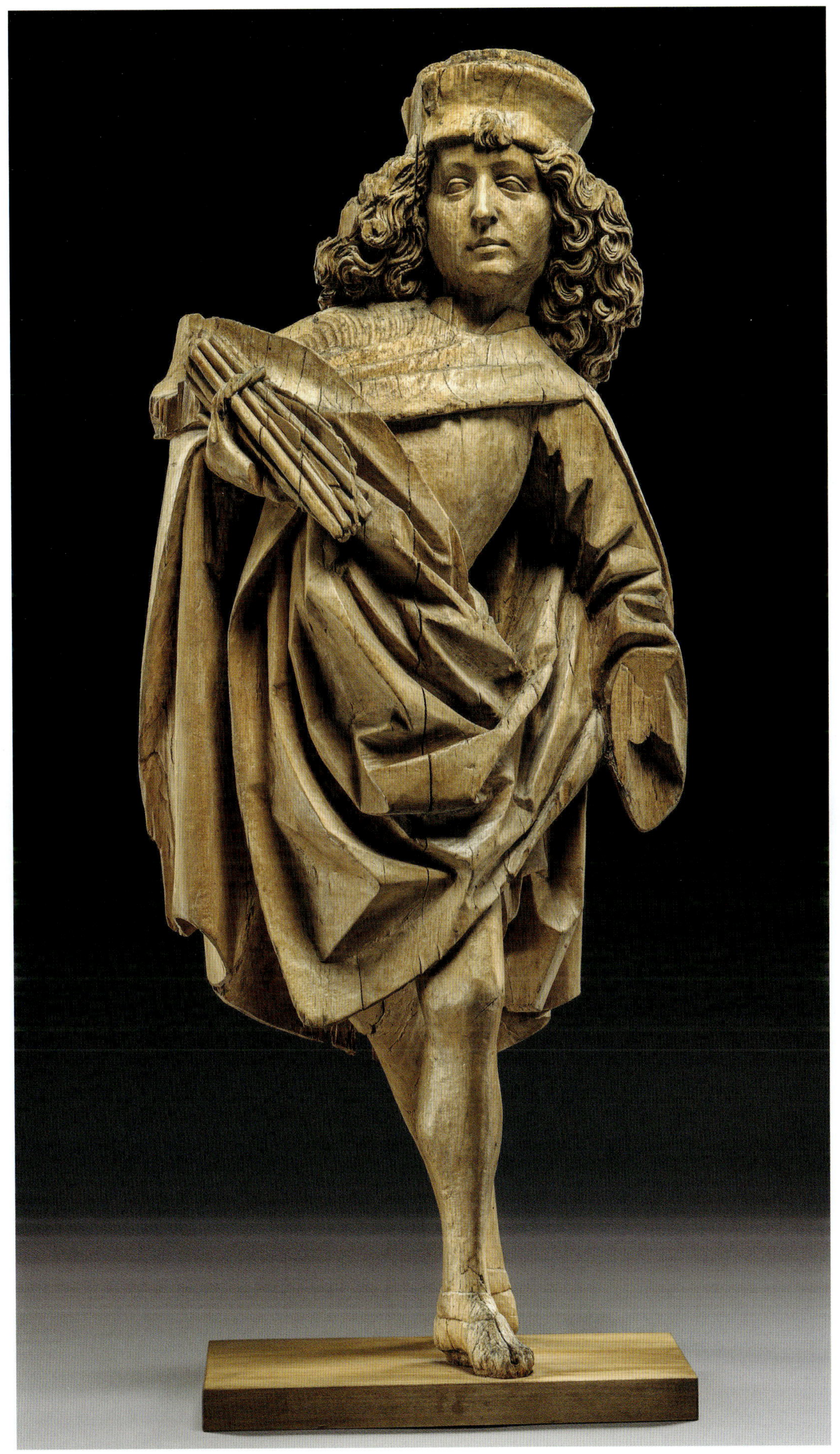

81   **Martin Schongauer**
      (um 1440/1445 Colmar – 1491 Breisach
      oder Colmar)
      Der hl. Antonius, von Dämonen gepeinigt
      um 1470–1475

Kupferstich
H. 31,2 × B. 23,0 cm (Einfassung)
erworben 1976 aus Privatbesitz
Staatliche Museen zu Berlin, Kupferstichkabinett,
Inv. Nr. AM 60-1976

Am Oberrhein war mit den in erstaunlicher Motivfülle verbreiteten Kupferstichen des Meisters E. S. (Kat. 39–43) und des sogenannten Spielkartenmeisters (Kat. 37, 38) schon früh ein Markt für das neue Bildmedium des Kupferstichs entstanden. Martin Schongauer, selbst ausgebildeter Maler und Sohn eines Goldschmiedes, konnte mit seiner eigenen Produktion an die Arbeiten dieser Pioniere anknüpfen. Die Weiterentwicklung des Kupferstichs als einer Ausdrucksform freier künstlerischer Erfindung verdankt sich wesentlich seiner technisch brillanten und bald schon europaweit geschätzten Blätter (Kemperdick 2004).

Der hier vorliegende Stich zeigt den Eremiten Antonius, der als Wundertäter und Patron der Kranken, namentlich gegen das qualvolle Antonius-Feuer, angerufen wurde. Ausführlich wird in den Viten des Eremiten von verschiedenen schweren Prüfungen und seinen Predigten gegen die Dämonen berichtet. Eine durch den Biografen Athanasius überlieferte Vision des Heiligen mag für Schongauer den Ausgangspunkt gebildet haben (Massing 1984), entstanden ist jedoch ein Werk, das unterschiedliche Aspekte der Legende in völlig neuartiger Weise verbindet und den standhaften Asketen als beispielhaften Dulder vor Augen führt (Thomas Hirthe, in: AK München 1991).

Schongauer zeigt den Heiligen umzingelt von einer Schar wahrlich aufsehenerregender Monster: Der Abstand zu den sorgfältig hinter und zugleich unter einem dieser zwitterhaften Wesen angeordneten Felskuppen verlegt das Geschehen in die Lüfte, die durch waagerechte Strichfolgen im oberen Bilddrittel angedeutet werden. Ein solcher Verzicht auf jedwedes Umfeld wäre im Medium der Malerei kaum denkbar gewesen, hier aber trägt das hellgrundige Papier wesentlich zur atmosphärischen Überhöhung des Dargestellten bei. Zugleich intensiviert die knappe Felsformation den Blick auf die radial angeordneten, mal anthropomorphen, mal amphibienhaften, immer aber ungeheuer erfindungsreich und in den verschiedenen Details naturnah beobachteten Dämonen. Wild fuchtelnd und unter absurdem Einsatz ihrer biegsamen Körper holen sie zum Schlag aus, greifen nach dem Mantel des greisen Mannes, seiner Mönchskutte, dem Skapulier und seinem Stock. Doch so bösartig sie auch agieren, ihn zu peinigen und hinabzuzerren versuchen, in

der Gesamtschau fügen sich die Wesen samt ihrer Schlägel, Flügel, Federn, Hörner und Stacheln doch zu einem formschönen Ganzen, das den stillen Dulder im Zentrum wie eine Aureole umschließt und in der Luft hält.

Der großformatige Stich mag als Auftragsarbeit oder angeregt durch Verbindungen des Künstlers zum Antoniterkonvent im elsässischen Isenheim entstanden sein. Für dessen Klostervorsteher Jean Orlier hatte Schongauer gegen Ende der 1470er-Jahre ein Retabel geschaffen; vielleicht beförderte der auf die Betreuung von Pilgern und Kranken spezialisierte Konvent auch die Verbreitung des Stichs. In welch hohem Maße Schongauers Blätter aber schon bald auch international als Kunstwerke höchsten Ranges wahrgenommen und von anderen Künstlern für ihre eigene Arbeit genutzt wurden, zeigen die zahlreichen Kopien, Teilkopien und Anverwandlungen anderer Künstler (Lehrs 1925, Kemperdick 2004). Als besonders aufschlussreich erweist sich in diesem Zusammenhang eine berühmte Künstleranekdote, die der italienische Kunstschriftsteller Giorgio Vasari und in weiterer Ausschmückung der Michelangelo-Biograf Ascanio Condivi überliefern (Krohm 1991b, Möseneder 1993, Christiansen 2009). Demnach habe der junge Michelangelo den Stich des hl. Antonius zum Vorbild für ein eigenes Gemälde genommen, nicht ohne jedoch – so Condivi – zuvor alle Details an wirklichen Tieren auf dem Florentiner Fischmarkt überprüft zu haben. Die topische Vorstellung, der wahre Künstler müsse sich durch die großen Meister anregen lassen, könne sie aber nur durch selbstständiges Studium der Natur übertreffen, kommt hier zum Ausdruck. Dass in der Schilderung der italienischen Autoren gerade Schongauers Kupferstich zum Werk der künstlerischen Auseinandersetzung für den Lehrknaben Ghirlandaios wird, erscheint dabei ebenso bemerkenswert wie nachvollziehbar, zeigt er doch seinerseits, wie aus der kunstvollen Zusammenführung von Naturbeobachtung und fantastischem Fabelwesen entscheidend Neues entstehen kann.   *AFK*

LITERATUR
Lehrs 1925, Kat. 54, S. 243–250 – Flechsig 1951, S. 299–303 – Krohm 1991b, bes. S. 8 f.
– Massing 1984 – AK München 1991, Kat. 54 (Thomas Hirthe) – Möseneder 1993 –
Kemperdick 2004, S. 251 et passim – Christiansen 2009.

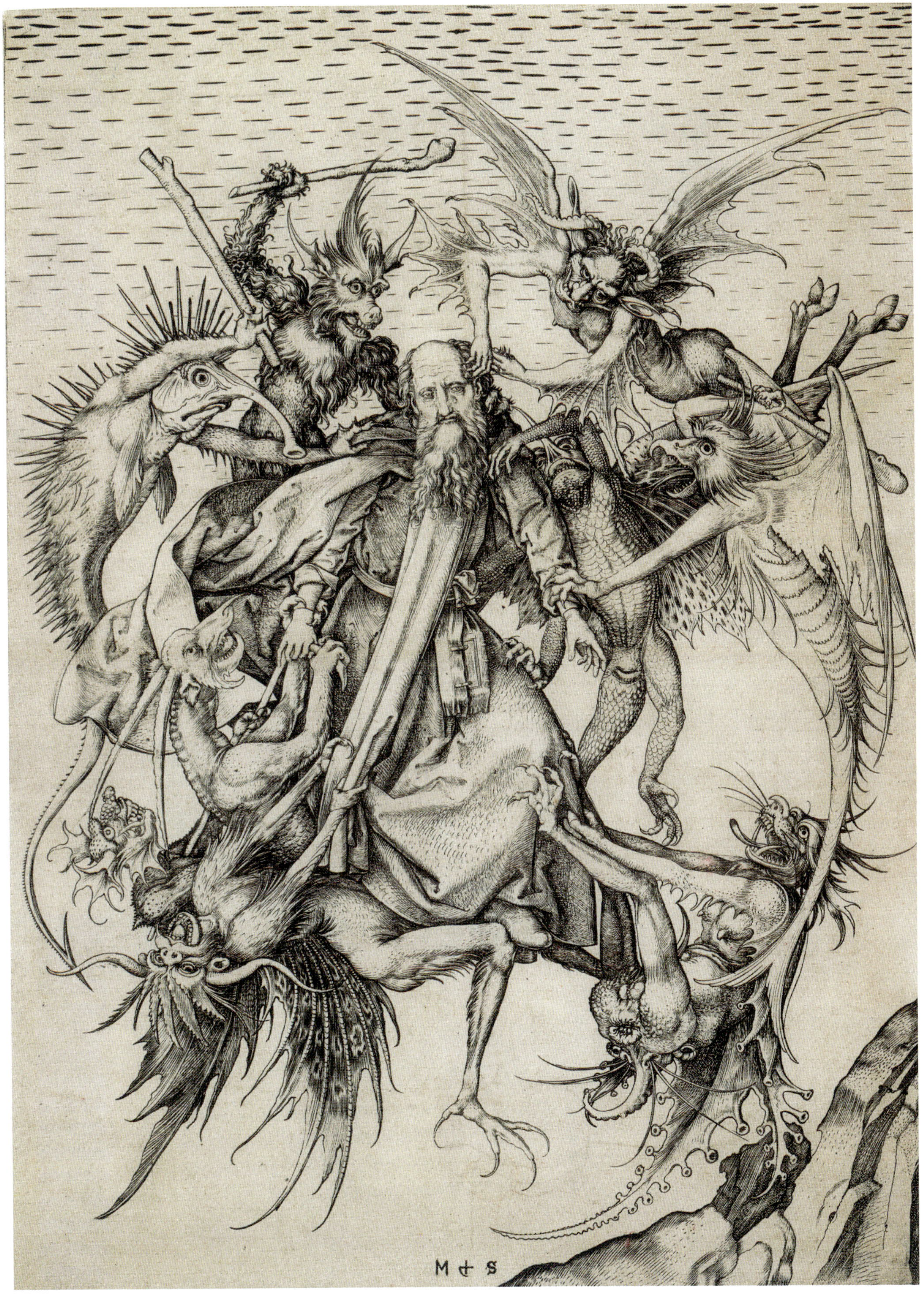

M✝S

    Martin Schongauer
(um 1440/1445 Colmar – 1491 Breisach
oder Colmar)
Der Tod Mariens, vor 1475

Kupferstich
H. 25,4 × B. 16,9 cm (Einfassung)
erworben 1885 aus der Sammlung Eugen Felix, Leipzig
Staatliche Museen zu Berlin, Kupferstichkabinett, Inv. Nr. 12-1885

Martin Schongauers *Marientod* gehört zu einer Folge von vier Kupferstichen aus dem Marienleben. Die ersten beiden Darstellungen mit der *Geburt Christi* (Kat. 84) und der *Anbetung der Könige* ergänzen einander auch kompositorisch. Man konnte und sollte sie offenbar nebeneinander, etwa auf der Doppelseite eines Buches, betrachten. Ein drittes Blatt mit der *Flucht nach Ägypten* schließt nicht nur chronologisch an die beiden vorhergehenden an, es versteht sich auch in der kompositorischen Anlage klar als deren Fortsetzung. Von der letzten Darstellung, dem hier in Rede stehenden *Marientod*, lässt sich dies nicht mit gleichem Recht behaupten. Kompositorisch folgt sie eigenen Gesetzen und auch inhaltlich wäre die Konzentration auf die genannten vier Szenen ungewöhnlich (Kemperdick 2004, S. 48). Vielleicht hat sich Schongauer im Verlauf der Arbeit an diesen besonders großen, künstlerisch extrem avancierten Werken schlicht dazu entschieden, seinen Aufwand auf die gängigen Andachtsmotive zu konzentrieren. Mit einiger Wahrscheinlichkeit wird man die Blätter zudem einzeln erworben und gegebenenfalls durch Zukäufe später ergänzt haben können. Auch darin lag ein besonderer Vorzug mehrteiliger Bildzyklen – für den Künstler wie für das Publikum, das sich durch solche Folgen in seiner Sammelfreude angespornt gefühlt haben mag. Dass gerade der *Marientod* besonders geschätzt wurde, belegt zunächst die hohe Anzahl der erhaltenen Exemplare; mehr als siebzig Abzüge lassen sich nachweisen (Kemperdick 2004, Schmitt 1999). Schier unermesslich ist die Rezeption des Stichs durch nachfolgende Künstler, und ein Eintrag, mit dem der Seidensticker Hans Plock ein Exemplar, das er in seine Lutherbibel eingeklebt hatte (Abb. S. 101), beschriftet hat, ist besonders einschlägig. Zwar erscheint die „hystorie" dem Protestanten bedenklich – „sie kan war sein und auch nit sein", ganz explizit aber wird der Kunstwert des Werks hervorgehoben: „Diese figur ist in meiner jugent vor das beste kunstschduck geacht worden das im theutschen land ist aus gangen."[1]

In seinem *Marientod* erweist sich Schongauer als ein Künstler, der die geläufigen Themen der christlichen Heilsgeschichte neu durchdenkt und seinen Betrachter mit allen Mitteln der grafischen Linienführung zur nahsichtigen Vertiefung einlädt, ja herausfordert. Dicht gedrängt scharen sich die auf wundersame Weise in Marias Haus gelangten Apostel in einem eigentümlich unklar definierten Raum. Dessen Tiefenerschließung erfolgt über das kühn verkürzte Himmelbett, auf dem Maria ruht. Ein Kissen hält sie aufgerichtet, das jugendlich makellose Gesicht lässt sie vor der dunkleren Umgebung wie strahlend aufscheinen, und wo auch immer sich der Blick ver-

fängt, er wird schließlich wieder zur Gottesmutter gelenkt. Auf die lange verbindliche Darstellung der Abholung der Seele Mariens (Kat. 19) verzichtet der Stecher, das Überwirkliche der Situation erschließt sich über das dramatische Helldunkel, den bewegten Zusammenklang der vielfach zerklüfteten Gewänder, über Gesten, Gebärden und eine Fülle grafischer Strukturen. Gerade die Reduktion auf das Schwarz-Weiß steigert die Intensität, zumal wenn sie so eindrucksvoll kontrastierend zwischen hellen und dunklen Partien differenziert. Mit Worten sind die überragenden Qualitäten dieses Werks kaum zu fassen, eindeutig zielt es auf die intensive Betrachtung durch ein für Virtuosität und subtile Anspielungen empfängliches Publikum. Und wo man hinblickt, wird diese Einlassungsbereitschaft belohnt, ja sogar im Blatt selbst zum Thema gemacht: zum Beispiel gleich am Bildeingang durch die Brille, mit der zwei Apostel in einem Buch lesen, dessen Buchstaben durch das geschliffene Glas tatsächlich vergrößert werden. Ein besonderes Kabinettstück ist der kostbare Leuchter rechts unten. In ihm lässt der gelernte Goldschmied ein Meisterwerk dieser Gattung aufscheinen. Von dort wird man nun auch wieder ins Zentrum des Bildes geleitet, wo man erst beim zweiten Hinsehen feststellen wird, dass Maria bereits entschlafen und die Aussegnung abgeschlossen ist: Johannes unterstützt sie beim Halten der brennenden Kerze, ein weiterer Apostel ist damit befasst, die Tote mit einem Ende ihre Schleiers zu bedecken und lenkt mit seiner behutsamen Geste den Blick zugleich auf ihren bloßgelegten Hals. Wachgerufen wird damit auch die topische Brautmetaphorik des Hoheliedes (7,4), in dem der Liebhaber den Hals der Umworbenen als schön „wie ein Turm aus Elfenbein" besingt. Auch den Ring an Marias rechter Hand wird man wohl erst nach längerem Hinschauen wahrnehmen, auch er zeigt an, dass Maria als Braut Christi in den Himmel aufgenommen wird (Jan Nicolaisen, in: AK Berlin 1991). Als „Trostbild einer seligen Sterbestunde intendiert" (Suckale 1998), ist dieser Kupferstich gleichermaßen ein Andachtsbild wie ein Kunstwerk von allerhöchstem Rang. *AFK*

LITERATUR
Lehrs 1908–1934, Bd. 5, Nr. 16, S. 31 – AK Berlin 1991, Kat. 6 (Jan Nicolaisen) – AK München 1991, Kat. 16 (Thomas Hirthe) – Suckale 1998, S. 215–218 – Schmitt 1999, Nr. 16 – Kemperdick 2004, S. 49 f. – AK Brügge 2010, Kat. 148 (Stephan Kemperdick).

1   Zit. nach: Kemperdick 2004, S. 279 f.

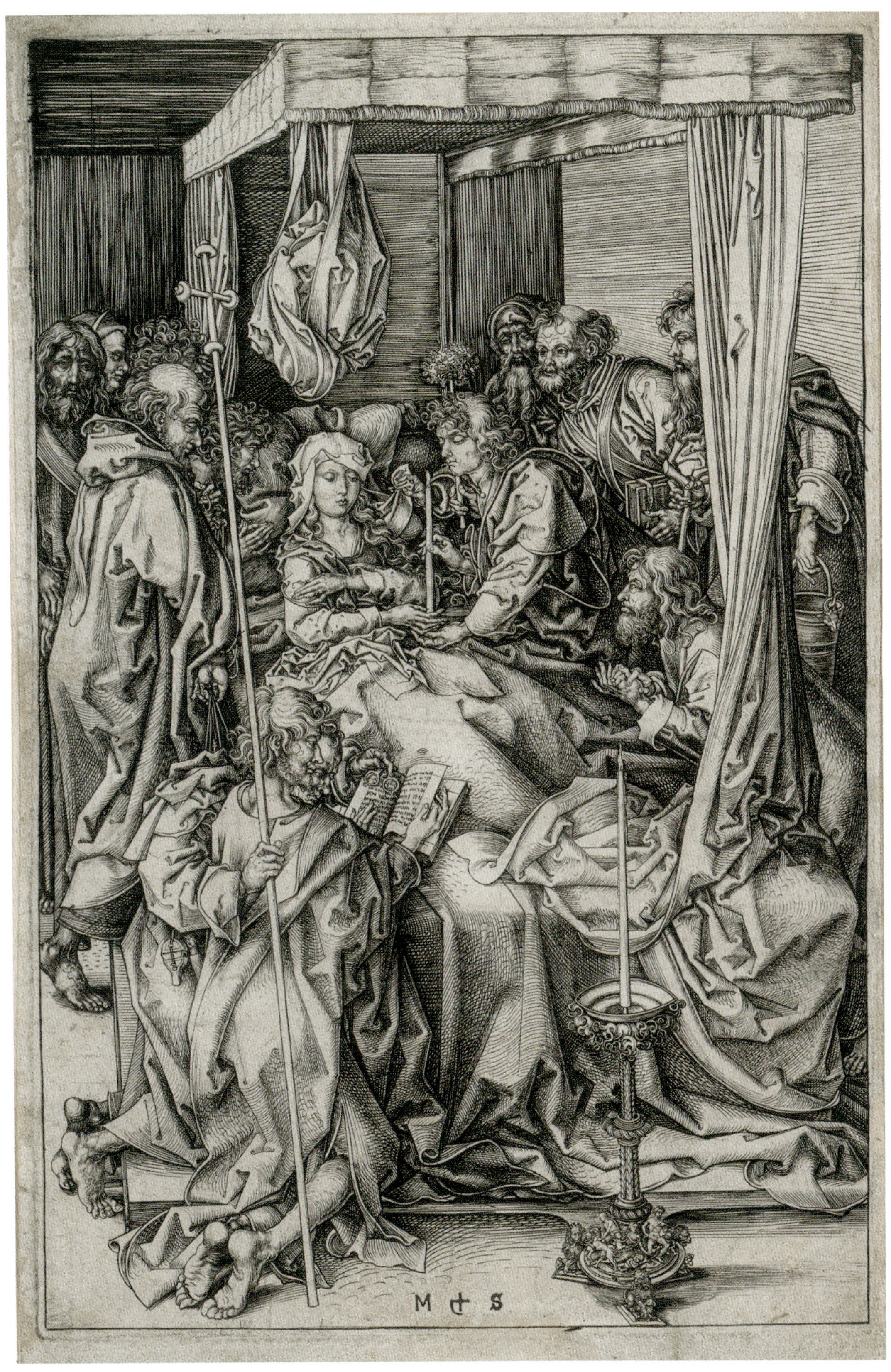

M † S

83 Martin Schongauer
(um 1440/1445 Colmar – 1491 Breisach
oder Colmar)
Die Geburt Christi mit der Anbetung der Hirten
um 1475

Eichenholz
H. 38 × B. 27 cm
erworben 1902 im Londoner Kunsthandel
Staatliche Museen zu Berlin, Gemäldegalerie, Kat. Nr. 1629,
Eigentum des Kaiser Friedrich Museumsvereins

84 Martin Schongauer
(um 1440/1445 Colmar – 1491 Breisach
oder Colmar)
Die Geburt Christi mit der Anbetung der Hirten
vor 1475

Kupferstich
H. 25,9 × B. 16,8 cm
erworben 1885 mit der Sammlung Felix, Leipzig
Staatliche Museen zu Berlin, Kupferstichkabinett, Inv. Nr. 2-1885

Martin Schongauer verknüpft in seinem Gemälde die Verehrung des neugeborenen Jesuskindes durch Maria, also die gemeinhin als *Geburt Christi* bezeichnete Szene, mit der Anbetung durch die Hirten. Sehr ungewöhnlich ist der Schauplatz, denn der Stall steht hier nicht wie üblich frei, sondern schmiegt sich an eine Felswand, in der sich links ein dunkler Eingang auftut. Offenbar verbindet der Künstler die im Norden geläufige Vorstellung eines Stalles mit der byzantinischen, in Italien verbreiteten Ikonografie der Geburtshöhle. Maria kniet betend vor dem schläfrig am Boden liegenden Neugeborenen, während der Ziehvater Josef in einem leuchtend roten Gewand, das den Eindruck von Aktivität hervorruft, als Wächter hinter den ihm Anvertrauten steht und wachsam zu den Neuankömmlingen am Eingang zum Stall herübersieht. Dort versammeln sich schüchtern drei Hirten vor der Schwelle. Sie haben ihre im Hintergrund sichtbare Schafsherde verlassen, um Christus zu verehren. Differenziert in drei Lebensalter und in hierarchisch abgestufter Nähe zum Kind, spiegeln sie gleichsam die Trias der Heiligen Drei Könige: Wie diese alle Herrscher der Welt repräsentieren, die sich dem Kind unterwerfen, repräsentieren die Hirten alle gläubigen Menschen. Selbst Ochs und Esel schauen interessiert zum Kind, wobei der Ochse zugleich als Gegenüber zum Betrachter blickt und diesen ins Bild hineinzieht.

Unter den insgesamt nur vier kleinformatigen Gemälden Schongauers, die heute bekannt sind, ist dieses das größte. Wie die übrigen ist es in zartester Feinmalerei mit juwelenhafter Farbigkeit ausgeführt. Besonders die Landschaft, die auf wenigen Quadratzentimetern größte Tiefe suggeriert, vereint eine Fülle verschiedener Farbtöne in einer atmosphärischen Gesamtwirkung, die glaubhaft Felsen, Felder, Bäume, Gewässer, eine Burg und eine Großstadt mit Kathedrale umfasst. Die Komposition wird von einer Diagonalen dominiert, die von links oben nach rechts unten verläuft und dem Bild eine ausgeprägte, in Geburtsdarstellungen sonst eher seltene Dynamik verleiht. Abgefangen wird sie rechts von den senkrechten Stützen des Stalls und der aufgetürmten Figurengruppe der Hirten. Damit gleicht die Anlage des Gemäldes dem Kupferstich mit der *Anbe-*

tung der Heiligen Drei Könige, der zur selben Folge wie das große, fast genau die Hälfte der Tafel messende Blatt mit der *Geburt Christi* gehört.

Für diesen Kupferstich greift Schongauer im Wesentlichen auf das gleiche Bildpersonal zurück wie für das Tafelbild. Schauplatz allerdings ist eine gewölbte Halle, der zerfallene Palast König Davids als Symbol des Alten Bundes, in dessen Ruinen gemäß westlicher Bildtradition der Neue Bund geboren wurde. Die Hirten vor dem Gebäude haben sich noch nicht zur hierarchisch geordneten Gruppe zusammengefügt wie im Gemälde. Die singenden Engel oben über dem Gewölbe der Ruine sowie der Engel, der auf dem Feld den Hirten verkündet, sind damals geläufige Motive. Sie kommen schon in demjenigen Werk vor, das die wichtigste Inspirationsquelle für Schongauers Kompositionen war, die *Geburt Christi* auf Rogier van der Weydens um 1450 entstandenem Middelburger Altar (Berlin, Gemäldegalerie). Als die konventionellere Variante der Geburtsszene könnte der Kupferstich somit etwas früher entstanden sein als das Tafelbild. Wegen der schon genannten kompositorischen Nähe des Gemäldes zum Stich der *Anbetung der Könige* wird man indes keinen großen zeitlichen Abstand annehmen dürfen. Bei der Folge, zu der die *Geburt Christi*, die *Königsanbetung*, die *Flucht nach Ägypten* sowie der *Marientod* (Kat. 82) gehören, weist das Monogramm ein „M" mit steilen Schenkeln auf, das Schongauer nur für die Signaturen der ersten elf seiner insgesamt 115 erhaltenen Stiche verwendete. Die Folge entstand vor 1475 – dieses Datum trägt eine genaue Kopie der genannten *Königsanbetung* in einer Miniatur von der Hand des Kölner Bartholomäusmeisters (Kemperdick 2004, S. 36).

Die gestochene und die gemalte Fassung der *Geburt Christi* zeigen sowohl kompositorische als auch ikonografisch bedeutsame Unterschiede. Gemeinsam ist beiden jedoch die minutiöse Durcharbeitung bis ins Detail, die auch dem Stich „Farbe" und eine gemäldeartige Wirkung verleiht, wie sie vor Schongauer kein Kupferstecher zu erreichen wusste. Wie das Tafelbild wirkt der Stich durch die Wiedergabe von Licht und Schatten, ein atmosphärisches Helldunkel. Die malerische Wirkung der unregelmäßigen Oberflächen der Steine – die darin

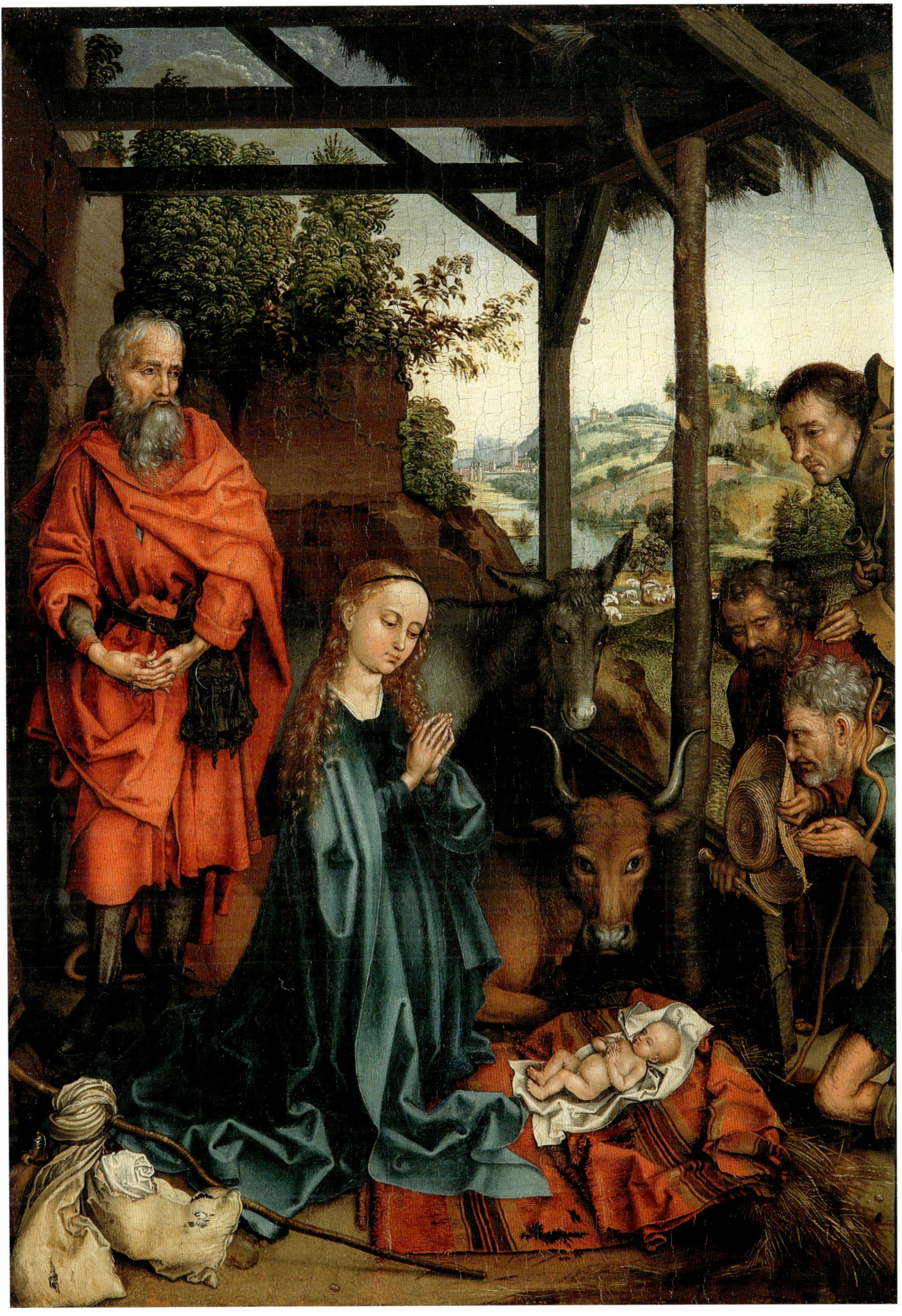

dem genannten Gemälde Rogiers folgen –, des brüchigen Ziegelwerks und der wuchernden Efeuranken sind schlagend erfasst. In seinem Berliner Gemälde geht Schongauer allerdings noch einen Schritt darüber hinaus: Als einer der ersten Künstler überhaupt hat er die pittoreske Wirkung von alten und zerschlissenen Gegenständen entdeckt: Josefs Bündel füllt seinen prominenten Platz im Vordergrund, gerade weil die Beutel verschmutzt und zerrissen sind; die alte Decke, auf der das Kind liegt, zeigt nicht nur die Armut der Heiligen Familie an, sondern wird durch ihre zerwühlten Falten und ihre Mottenlöcher bildlich erst interessant; der Strohhut eines Hirten ist schön rund geformt, doch zugleich ausgefranst am Rand.

Der Stich der *Geburt Christi* wurde, wie die drei zugehörigen Blätter, zu einer der einflussreichsten Erfindungen Martin Schongauers. Die Komposition wurde nachgestochen, nachgezeichnet und in wohl Hunderten von gemalten und geschnitzten Kopien einmal wortwörtlich, das andere Mal variierend kopiert. Solche Wiederholungen finden sich natürlich vor allem in Süddeutschland, doch ebenso in den Niederlanden, in Italien, Frankreich und insbesondere Spanien bis tief ins 16. Jahrhundert hinein. Das weit exklusivere Gemälde hingegen, dessen Auftraggeber sicherlich nicht nur fromm, sondern auch ein Kunstkenner war, konnte nur von einem kleinen Publikum bestaunt werden. Im 19. Jahrhundert, der Zeit der Wiederentdeckung spätgotischer Kunst, erfuhr es jedoch eine außergewöhnliche Wertschätzung durch einen der Pioniere der Erforschung altniederländischer Malerei, Giovanni Battista Cavalcaselle. Dieser sah es, als Dürer etikettiert, 1859 in einer fürstlichen Sammlung in Palermo und erkannte sogleich die Hand des damals unter dem Namen „Martin Schön" bekannten Kupferstechers (De Gennaro 1995). Cavalcaselle pries das Werk über die Maßen, machte Skizzen davon in seinem Reisetagebuch, vermerkte treffend den „smalto di colore", den emailhaften Schmelz der Farben, und notierte schließlich – mit Blick auf eine Anekdote Vasaris –, der große Michelangelo habe recht gehabt, diesen Künstler zu studieren. *SK*

LITERATUR
Lehrs 1908–1934, Bd. 5, Kat. 5, S. 51–53 – Buchner 1941, S. 106–110 – Baum 1948, S. 58 f. – Nicolaisen 1993, S. 84–99 – De Gennaro 1995 – Kemperdick 2004, S. 180–186, 272 f. – Heinrichs 2007, S. 350–355 – AK Brügge 2010, Kat. 145 (Stephan Kemperdick).

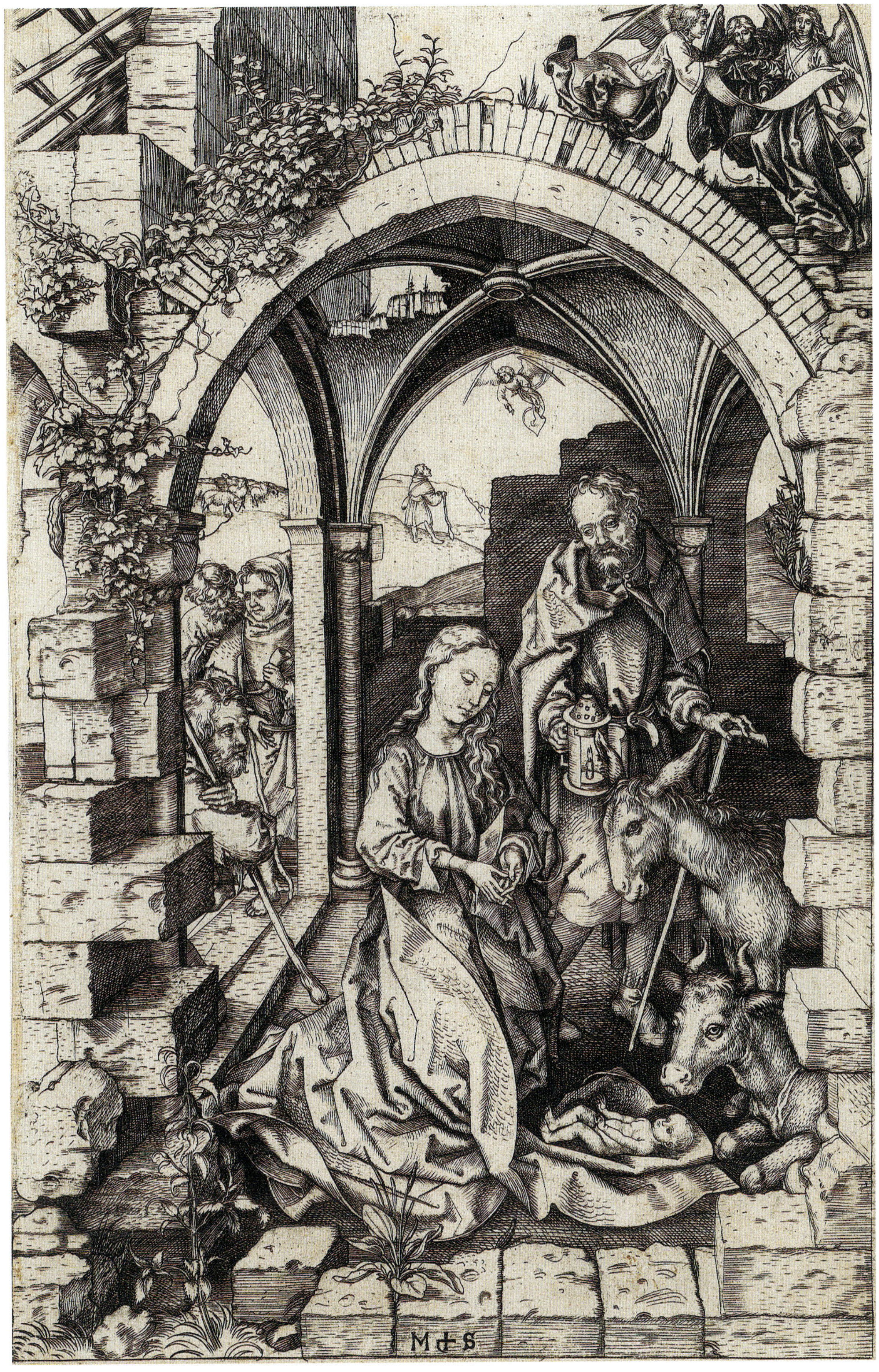

85   Martin Schongauer
      (um 1440/1445 Colmar – 1491 Breisach
      oder Colmar)
      Die Madonna mit der Nelke, um 1480

Feder in Braun
H. 22,7 × B. 15,9 cm
erworben 1835
mit der Sammlung Karl Ferdinand Friedrich von Nagler
Staatliche Museen zu Berlin, Kupferstichkabinett, KdZ 1377

Es handelt sich um die schönste erhaltene Zeichnung Martin Schongauers und eines der Hauptwerke der Zeichenkunst vor Dürer überhaupt. Die Muttergottes sitzt mit ihrem Kind auf einer gemauerten Rasenbank, die als Abbreviatur des *hortus conclusus*, des verschlossenen Gartens als Symbol der Reinheit Mariens, in der oberrheinischen Kunst seit dem frühen 15. Jahrhundert geläufig war. Zugleich hängt hinter ihr ein nur angedeutetes Ehrentuch, das ihren Status als Herrin der Welt und des Himmels bezeichnet; ihr Haupt schmückt indes keine Krone, sondern ein bescheideneres Perlendiadem. Jungfräulich-offen fallen Mariens lange Lockenhaare herab und bilden einen verschatteten Fond für den Kopf des ganz nackten, zerbrechlich wirkenden Kindes. Seine Mutter hat einen weiten Mantel über ihre linke Schulter gelegt, mit ihrem Arm schiebt sie dessen Innenseite hoch, die von zahlreichen dunklen Falten zerklüftet ist; zugleich wird der Mantel um den Rücken der Jungfrau herumgeführt, um vorn über ihre Knie gebreitet zu werden. Auf diesem Mantelende und einer feinen Windel sitzt der Knabe, der sich in den linken Arm der Mutter zurücklehnt, während sie ihm mit der rechten Hand eine Nelke reicht. Beide blicken versonnen auf die Blume, und insbesondere auf Mariens Gesicht scheint sich ein bitteres Vorwissen abzuzeichnen, denn die Nelke verweist auf die Kreuzesnägel der kommenden Passion Christi. Gepflückt wurde die Blüte aus dem großen, tönernen Blumentopf auf der Bank vor Maria, in welchem Pflanzen üppig aus einem Flechtgitter aufwachsen, darunter offenbar auch eine nur angedeutete Lilie, die Marienblume schlechthin.

Zahlreiche kleine Abänderungen lassen zweifelsfrei erkennen, dass wir es hier mit einem Entwurf zu tun haben und nicht mit einer der aus dem 15. Jahrhundert so zahlreich überlieferten Nachzeichnungen (Kat. 71). Links vom Kopf Mariens, an ihren Händen und an den Spitzen der Draperie am Boden sind hauchfeine Linien einer ersten Skizze zu erkennen, die stehen blieben, als die betreffenden Konturen später leicht verschoben wurden. In seinem Strichrepertoire ähnelt das Blatt ganz unverkennbar den besten Kupferstichen von Schongauers Hand, sodass dessen Autorschaft nie zweifelhaft war. Vermutlich hat er seine Stiche mithilfe von ähnlichen Zeichnungen entworfen. Trotzdem dürfte das vorliegende Blatt nicht mit einem Kupferstich zusammenhängen, denn die Gestalt ist erheblich größer als alle Figuren in Schongauers Drucken. Hingegen entspricht sie fast genau der Größe der Jungfrau im Tafelbild der Heiligen Familie in Wien (Kemperdick 2004, Abb. 59), das auch hinsichtlich des Motivs und der ruhigen Stimmung eng verwandt ist. Die Zeichnung könnte also für die Vorbereitung eines Gemäldes gedacht gewesen sein. Freilich erklärt eine solche Funktion nicht die besonderen künstlerischen Qualitäten des Blatts, auf dem unendlich variierte Striche Formen ebenso wie Licht- und Schattenverhältnisse herauszuarbeiten vermögen. Licht löst die Umrisse des Blumenstraußes auf der linken Seite auf, während die Flechtruten rechts dicke, dunkle Schatten aufweisen. Der weiße Grund hinter den Blumen wirkt wie ein lichtdurchfluteter atmosphärischer Raum. Genau wie in seinem meisterlichen Stich der Kreuztragung (Kat. 86) lässt Schongauer hier das weiße Papier nicht als Leere, sondern als etwas Gegenständliches, als lichten Himmel erscheinen. Hauchzart angedeutet, trägt das Ehrentuch hinter Maria zur ästhetischen Qualität der Zeichnung entschieden bei, indem es den Hintergrund beinahe einheitlich hell erscheinen lässt, doch könnte es in dieser Weise nicht in ein Tafelbild umgesetzt werden – dort müsste es notgedrungen kräftige Farben aufweisen und sich deutlich vom Hintergrund abheben. Gewiss sind auch die sich in Helligkeit auflösenden Formen der Blumen auf der einen, die dunklen, sorgsam schraffierten Schlagschatten der Gestalten auf der anderen Seite nichts, was für den Entwurf eines Gemäldes notwendig wäre.

Die Madonnenzeichnung mag somit einerseits als Entwurf für ein Tafelbild gedacht gewesen sein, wurde aber andererseits als ein Kunstwerk eigenen Rechts ausgearbeitet, dessen ästhetisch überzeugende Gesamterscheinung sich von der dienenden Funktion löst. Mit Werken wie ihr beginnt die Geschichte der Zeichnung als einer eigenständigen Kunstform, die wenig später von Albrecht Dürer und den Künstlern der italienischen Hochrenaissance entwickelt wird und im 19. Jahrhundert ihren Höhepunkt findet. Zeichnungen wurden vom bloßen Ateliermaterial zum Kunstwerk und zum Sammelobjekt. Ob schon Schongauers Blatt als Sammlerstück gedacht war und bereits vom Schöpfer an einen Kunstliebhaber weitergegeben wurde, wissen wir nicht. Es muss jedoch alsbald den Weg in eine Sammlung gefunden haben und blieb dadurch bis heute als kostbares Kunstwerk erhalten.   *SK*

LITERATUR
Buchner 1941, S. 98–100 – Winzinger 1962, Nr. 33 – AK Berlin 1991, Kat. 1.1 (Holm Bevers) – AK Colmar 1991, Kat. D29 – Koreny 1996, S. 139, 141 – Kemperdick 2004, S. 62, 66 f. – Heinrichs 2007, S. 256–260.

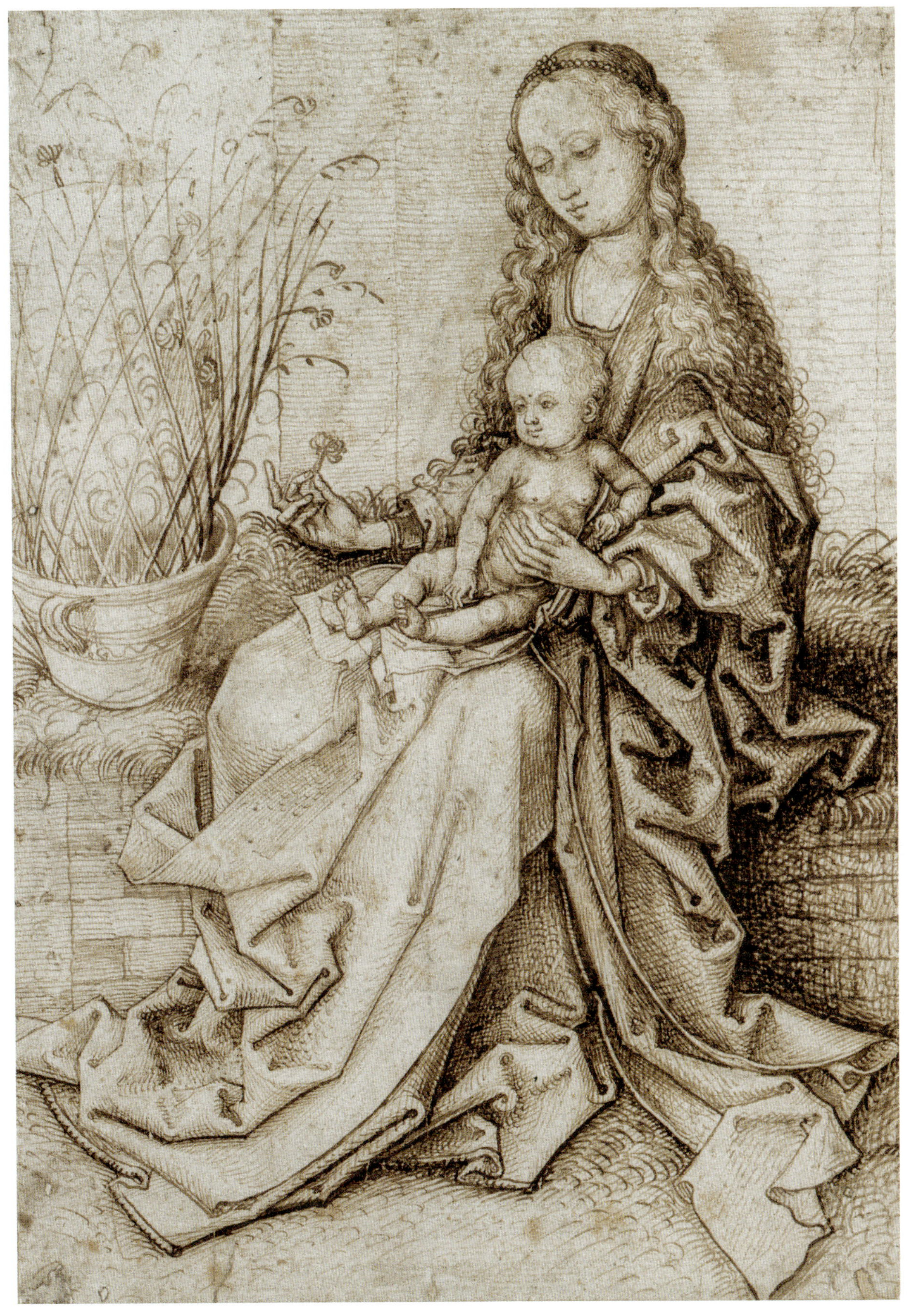

86   Martin Schongauer
(um 1440/1445 Colmar – 1491 Breisach
oder Colmar)
Die Große Kreuztragung, um 1475

Kupferstich
H. 28,6 × B. 43 cm
erworben 1835
mit der Sammlung Karl Ferdinand Friedrich von Nagler
Staatliche Museen zu Berlin, Kupferstichkabinett, Inv. Nr. 578-1

Ein endloser Zug von Menschen zu Fuß und zu Pferd wälzt sich in einem großen Bogen heran, der von Jerusalem rechts im Hintergrund ausgeht, um links in Richtung Golgatha in der Ferne zu verschwinden. In dessen Mitte ist Christus unter der Last des riesigen Kreuzes an einer Bodenwelle niedergesunken. Er verharrt inmitten des lärmenden Treibens und blickt uns direkt an. Sein Kopf entspricht dem ehrwürdigen Typus der Vera Ikon, des wahren Antlitz' Christi, das sich auf dem Schweißtuch der hl. Veronika während der Passion abgedrückt haben soll. Appellativ zum Ruhepunkt der Komposition erhoben, unterstreicht das authentische, verehrungswürdige Bild Christi einen zentralen Gedanken spätmittelalterlicher Frömmigkeit, der jeder Kreuztragung implizit ist: Es dem Erlöser nachzutun und das eigene Kreuz zu tragen. Kaum fällt es auf, dass der Künstler für den Kreuzträger wirkungsvoll auf den alten Bedeutungsmaßstab zurückgegriffen hat; tatsächlich ist er weit größer als die Schergen um ihn herum.

Die Knechte reagieren heftig auf Christi Innehalten, sie wollen ihn mit Gewalt vorwärts ziehen und peitschen. Durch das Stocken im Zentrum sind derweil die Nachfolgenden herangerückt und überholen bereits Simon von Kyrene, der das Kreuz am unteren Ende tragen helfen soll. Vorn wiederum tut sich eine Lücke zwischen Christus und der Spitze des Zuges auf, in der man die beiden gefesselten Schächer erkennt. Maria, Johannes und einige heilige Frauen haben sich auf einem seitlichen Hohlweg genähert, wo sie nun im Schmerz niedersinken. Eine weitere Frau aber ist näher herangetreten und steht direkt am Rand des Kreuzweges, verhöhnt von einem garstigen Schergen. Es ist niemand anderes als die hl. Veronika, die ihr noch unbenutztes Schweißtuch über den Arm gelegt hat – dank der grafischen Meisterschaft Schongauers hebt sich sein feiner Stoff deutlich vom dickeren Manteltuch ab. In wenigen Augenblicken wird Veronika die Lücke nutzen, die durch das Stocken vor Christus entstanden ist, und zu ihm auf die andere Seite des Zuges eilen, um sein dornengekröntes Antlitz mit ihrem Tuch zu trocknen und dabei das Bild zu erzeugen, das wir bereits sehen.

Die Kreuztragung, der größte bis dahin geschaffene Kupferstich überhaupt, hat das Format und den Anspruch eines in Feinmalerei ausgeführten Tafelbildes. Unterschiedliche Helligkeiten lassen den Eindruck von Licht und Schatten entstehen und evozieren gleichsam Farbigkeit. Oberflächen werden treffend charakterisiert, sodass nicht allein das kräftig gemaserte Kreuzesholz, sondern auch unterschiedlich dicke Stoffe, das schimmernde Fell auf den Kruppen der Pferde, zottliges Haar und flauschige Pelze unterscheidbar sind. Trotz der groß gedachten Komposition quillt das Blatt von einer schier unendlichen Fülle an Details über; die Beschaffenheit von Sandalen, die Nähte an Hosen, die Muskeln bei Menschenbeinen oder Pferden werden ebenso vorgeführt wie eine breite Variation an Form und Ausdruck von Gesichtern. Am außergewöhnlichsten aber ist die Landschaft, deren Atmosphäre in den meisten Tafelbildern der Zeit nicht annähernd erreicht wird. Rechts liegt Jerusalem im Sonnenlicht, das alle Schatten verschluckt und die Gegenstände zu dünnen Silhouetten auflöst. Links, über Golgatha, hingegen zieht sich der Himmel gewittrig dunkel zusammen; ein graues Licht scheint sich in der Ferne auszubreiten. Die schrundigen Felsen am Hohlweg in der Bildmitte beugen sich bedrohlich wie höhnende Gesichter über die kleine, schutzlose Gruppe der Freunde Christi.

Schongauers großer Kupferstich will intensiv und nahsichtig studiert werden – als Medium der frommen Meditation ebenso wie als Kunststück. Seine religiöse Botschaft vermittelt er indes auch aus einer gewissen Entfernung; das Blatt konnte wie ein Tafelbild gebraucht werden. In großer Zahl gedruckt und leicht zu transportieren, diente es zudem vielfach als Vorlage für andere Künstler, und so finden sich gemalte Kopien danach in Süddeutschland ebenso wie in Spanien. Später noch, in der Zeit um 1600, inspirierte der Stich die breit angelegten Kreuztragungsgemälde eines Hans von Aachen oder David Vinckboons, in deren wimmelnden Figurenmassen immer wieder die Schergen und Reiter aus Schongauers Komposition auftauchen.   *SK*

LITERATUR
Lehrs 1908–1934, Bd. 5, Kat. 9, S. 69–75 – AK Berlin 1991, Nr. 9 – Heinrichs-Schreiber 1994, S. 40–42 – Nicolaisen 2000, S. 90 f. – AK Karlsruhe 2001, Nr. 106 – Kemperdick 2004, S. 51–54.

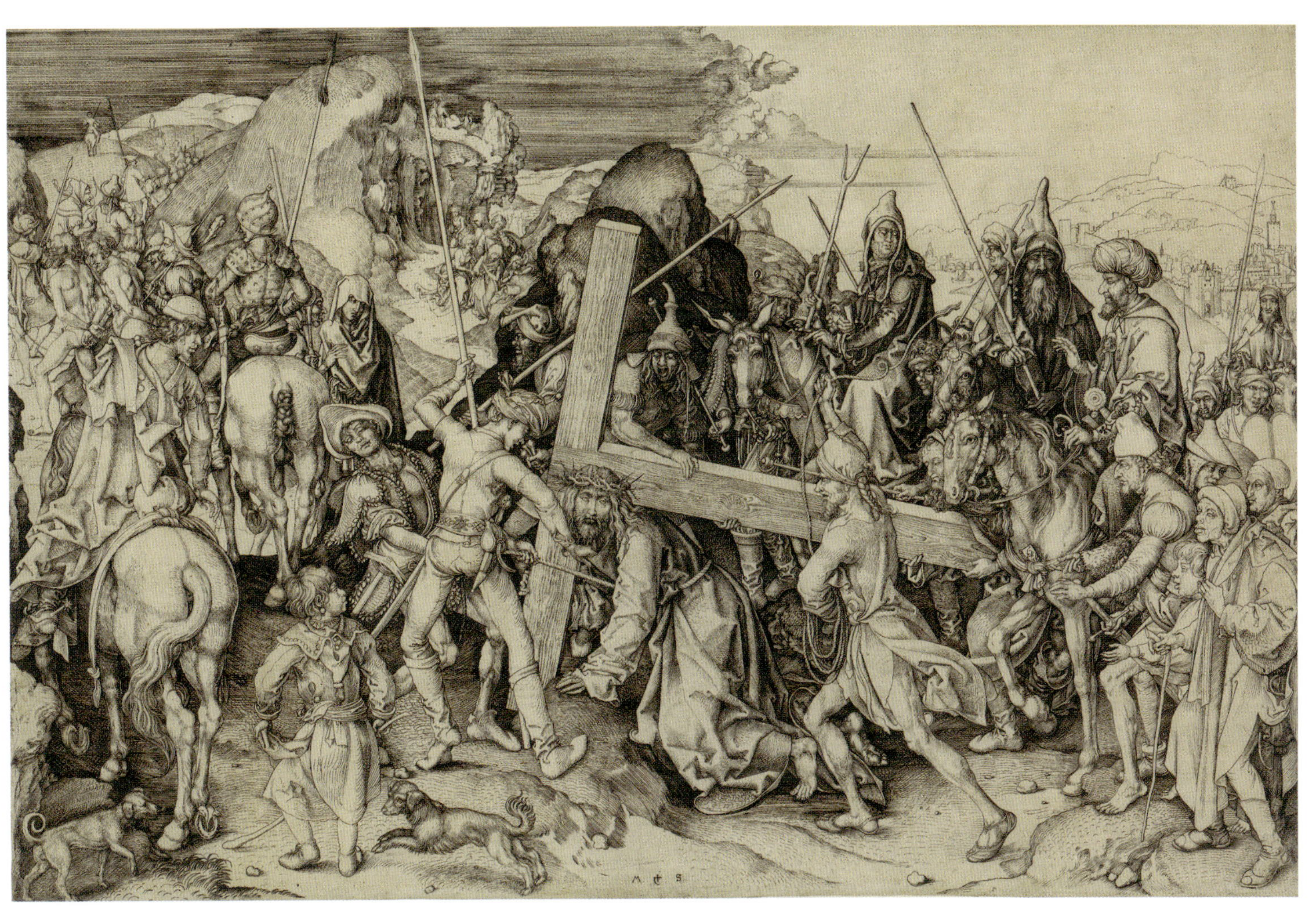

87   Peter Hemmel von Andlau? (Werkstatt)
      Rundscheiben aus dem großen Ratssaal des
      Ulmer Rathauses, um 1475–1480

farbige Hüttengläser, Schwarzlotzeichnung und differenziert
gestupfte und radierte Halbtonmodellierung, rückseitige Silber-
gelb- und Eisenrotlasuren, geätzter Rotüberfang
Dm. je ca. 36–37 cm
erworben 1927 von J. Rosenbaum, Frankfurt am Main, aus der
Sammlung der Grafen von Erbach-Erbach
Staatliche Museen zu Berlin, Kunstgewerbemuseum,
Inv. Nr. AE 561–568

Auf dem Gebiet der spätgotischen Glasmalerei im Heiligen Römischen Reich nimmt Straßburg fraglos eine Sonderstellung ein. „Stroßpurg finster" galten als Markenartikel von allerhöchster Qualität und waren weit über die Grenzen der Reichsstadt hinaus begehrt und nachgefragt. Nicht zuletzt dieser besonderen Wertschätzung ist es auch zu verdanken, dass Straßburger Glasmalereien aus der zweiten Hälfte des 15. Jahrhunderts in größerem Umfang bewahrt geblieben sind. Neben den zahlreichen, fast ausschließlich monumentalen Farbfenstern und Einzelscheiben aus entsprechendem Zusammenhang (Kat. 88), die die modernsten, von den Niederlanden ausstrahlenden künstlerischen Entwicklungen am Oberrhein widerspiegeln, hat sich eine seltene Folge von kleinformatigen Rundscheiben erhalten, die nicht zu Unrecht „als das vollendetste Werk oberdeutscher Kabinettscheibenmalerei" (Schmitz 1913, S. 101) gepriesen wurde. Die acht heute in Berliner Museumsbesitz befindlichen Scheiben zeigen die Verkündigung an Maria, die Geburt Christi, die Begegnung mit dem Kanaanäischen Weib, die Heilung des stummen Besessenen, die Speisung der Fünftausend, die versuchte Steinigung Christi, den Einzug in Jerusalem und die Auferstehung Christi; das Fragment einer neunten Rundscheibe in Darmstadt zeigt die Versuchung Christi. Der nicht mehr ganz vollständige Zyklus stammt aus dem Ulmer Rathaus, wo – laut Hinweis in einer Beschreibung von 1825 – „an den hohen Fenstern des Ratszimmers [...] noch vor 20 Jahren" (Dieterich 1825, S. 67) Glasmalereien von Hans Wild zu sehen waren.

Mit dem Namen Hans Wild, der in einer Signatur im Kramerfenster des Ulmer Münsters erscheint, waren Farbverglasungen derselben brillanten Machart lange Zeit verbunden worden, bis 1936 Quellenfunde im Straßburger Stadtarchiv deren wahre Schöpfer ans Licht brachten: Peter Hemmel von Andlau und vier weitere Meister der Glasmalerei – Lienhart Spitznagel, Hans von Maursmünster, Theobald von Lixheim und Werner Störe –, die sich 1477 zunächst auf vier Jahre, doch mit der Option auf Verlängerung, zu einer „gemeinschaft mit glasewerck" zusammengeschlossen hatten (AK Ulm 1995, S. 23–26).

In der Zeit dieser Kooperative sowie bereits zuvor und danach entfalteten die Straßburger Glasmaler – neben umfangreichen innerstädtischen Aufträgen – eine erstaunlich vielfältige Produktivität herausragender Fensterverglasungen im Elsass, in Lothringen, in Salzburg, vor allem aber in den süddeutschen Reichsstädten Frankfurt am Main, Ulm, Nürnberg, Augsburg,

München, Konstanz, Ravensburg und in aristokratischen Stiftskirchen wie Tübingen, Urach oder Lautenbach im Renchtal. Ihre fensterhohen Gesamtkompositionen waren durch einen spektakulären, retabelähnlichen Aufbau und die brillante Farbigkeit weithin sichtbar als „Straßburger Fenster" zu erkennen und hochgradig begehrt.

Die für mittelalterliche Verhältnisse überraschend modern anmutende Organisationsform einer Arbeitsgemeinschaft für Glasmalerei wirft im Hinblick auf die betriebswirtschaftlichen Hintergründe, die Formen der Arbeitsteilung und die gegenseitige Verfügbarkeit von Vorlagen noch immer viele Fragen auf. Nicht zuletzt dürfte die Bündelung der Kapazitäten angesichts einer überbordenden Nachfrage, die zu Verzögerungen in der Abwicklung überregionaler Aufträge führte, wesentlich zu diesem Zusammenschluss beigetragen haben.

Den Auftakt der Rathausscheiben bilden zwei Szenen des Marienlebens und der Kindheit Christi. Die Verkündigung an Maria, die durch mehrere nicht zugehörige Flickstücke in der linken Bildhälfte, darunter das Fragment einer Marienkrönung mittelrheinischer Herkunft, stark gestört ist, lässt gleichwohl noch das großzügig bemessene, mit viel Liebe zum Detail geschilderte Gemach der Jungfrau erkennen. In einem durch dünne Säulchen abgeteilten, ehemals wohl durch einen Baldachin beschirmten intimen Bereich von Thronbank und Betstuhl empfängt Maria mit demutsvoller Geste die Botschaft des Engels. Die Kenntnis einschlägiger druckgrafischer Vorbilder unter anderem des Meisters E. S. und Martin Schongauers vorausgesetzt, verrät der Glasmaler doch ein hohes Maß an Eigenständigkeit bei der Formulierung des Themas.

Entsprechendes darf vom anschließenden Weihnachtsbild gesagt werden. Die lebendige Schilderung der Heiligen Nacht scheint in Einzelmotiven wie den romanischen Säulen mit Würfelkapitellen des verfallenen Tempels Salomos, dem strohgedeckten Stall und der rührend interessierten Haltung des Ochsen ebenfalls Anregungen aus Stichen Schongauers (Lehrs 1908–1934, Bd. 5, Kat. 4–6, S. 46–62) aufgenommen zu haben, während der Marientypus eher auf ältere Vorbilder im Werk des Meisters E. S. zurückzuführen ist. Die reizvollste Partie der Scheibe dagegen ist ohne unmittelbares Vorbild in der zeitgenössischen oberrheinischen Kunst und zeigt Josef im Rückgriff auf ältere Exempel am offenen Feuer beim Zubereiten des Breis für den neugeborenen Gottessohn. Die detaillierte

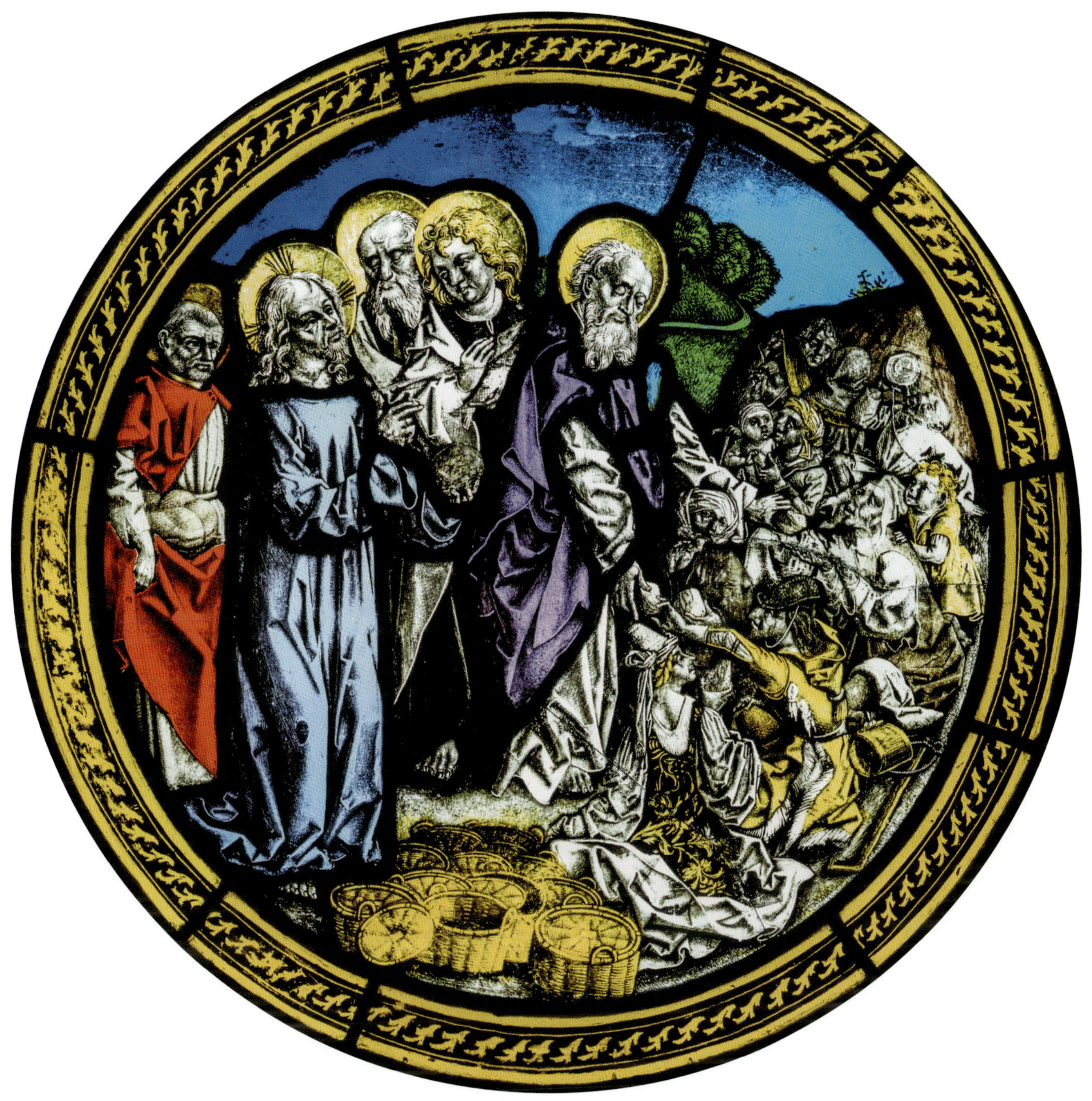

Schilderung vereint auf kleinster Fläche alle technischen Möglichkeiten der Malerei auf Glas, die einem Meister jener Zeit zu Gebote standen. Auf nur einer einzigen Scherbe wurden beim Abätzen des roten Überfangs nur die Partien rot belassen, die für Josefs Mantel und das Herdfeuer vorgesehen waren. Zur Erweiterung der Farbskala war hierfür ein Farbglas mit unterschiedlich intensiv gefärbtem rotem Überfang gewählt worden, sodass sich im Resultat das helle Rot der Flammen vom dunkleren Rot des Mantels unterscheidet. Zur graubraunen Halbtonbemalung der abgeätzten weißen Partien tritt vereinzelt Silbergelbmalerei für Feuerholz, Kochlöffel und Salzfass sowie Eisenrot zur Differenzierung der Mauersteine.

Unter den anschließenden Darstellungen der öffentlichen Wirksamkeit Christi verdienen insbesondere die Heilung des stummen Besessenen und die Speisung der Fünftausend Aufmerksamkeit. Vortrefflich ist bei der Heilung der Augenblick gewählt, da „unter lautem Geschrei und heftigen Zuckungen" (Mk 9,26) der stumme Geist in Gestalt eines kleinen Drachens aus dem Leib des Gepeinigten herausfährt. Der wie wild um sich Tretende wird, von zwei Helfern gebändigt, vor Christus hingeführt, wobei der Glasmaler nicht versäumte, dessen beklagenswerten Zustand durch die verwahrloste Kleidung und die gelösten Träger der Beinlinge zu betonen. Der kahlgeschorene, in den Nacken geworfene Kopf und die derben Züge des vom Dämon

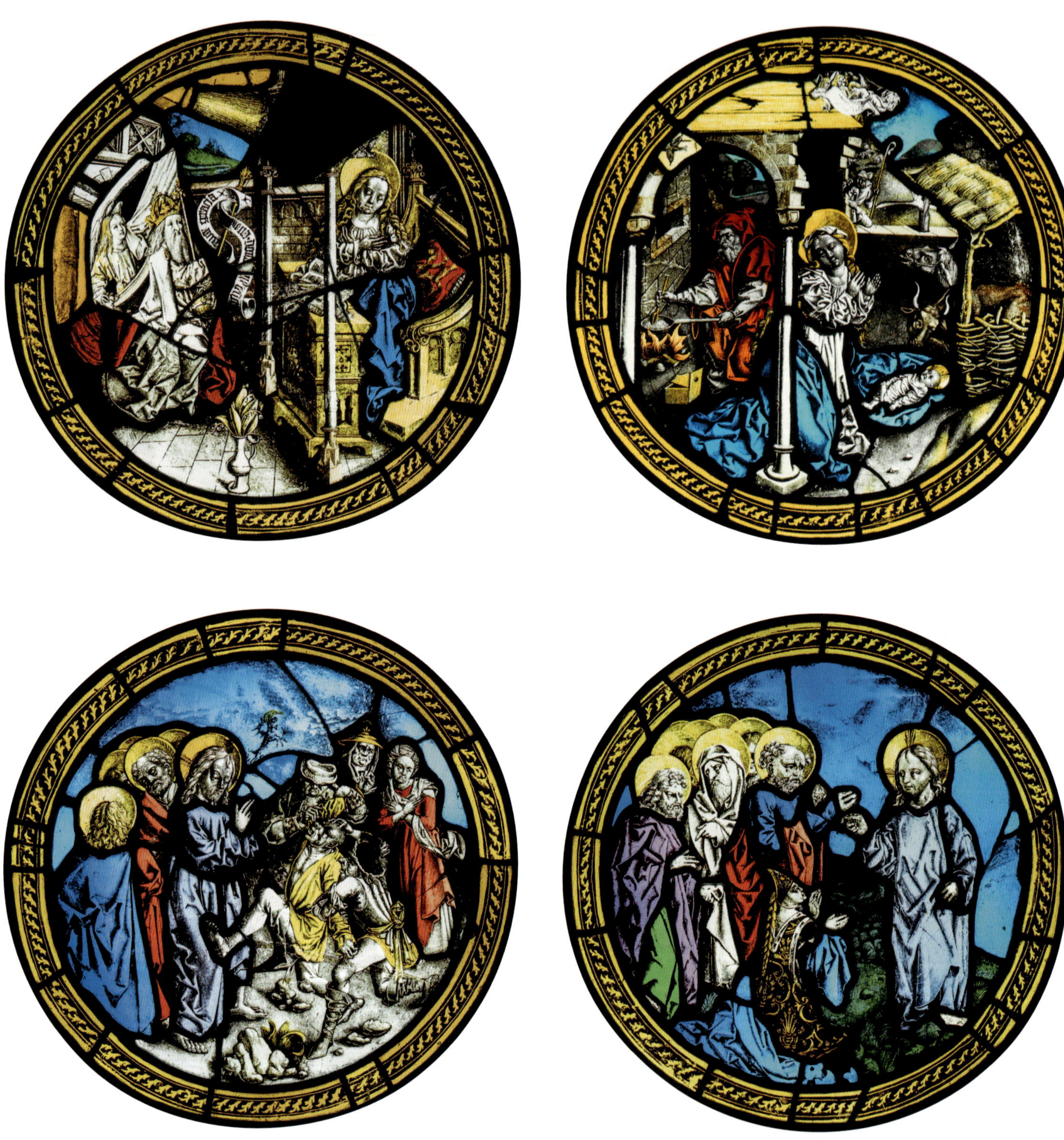

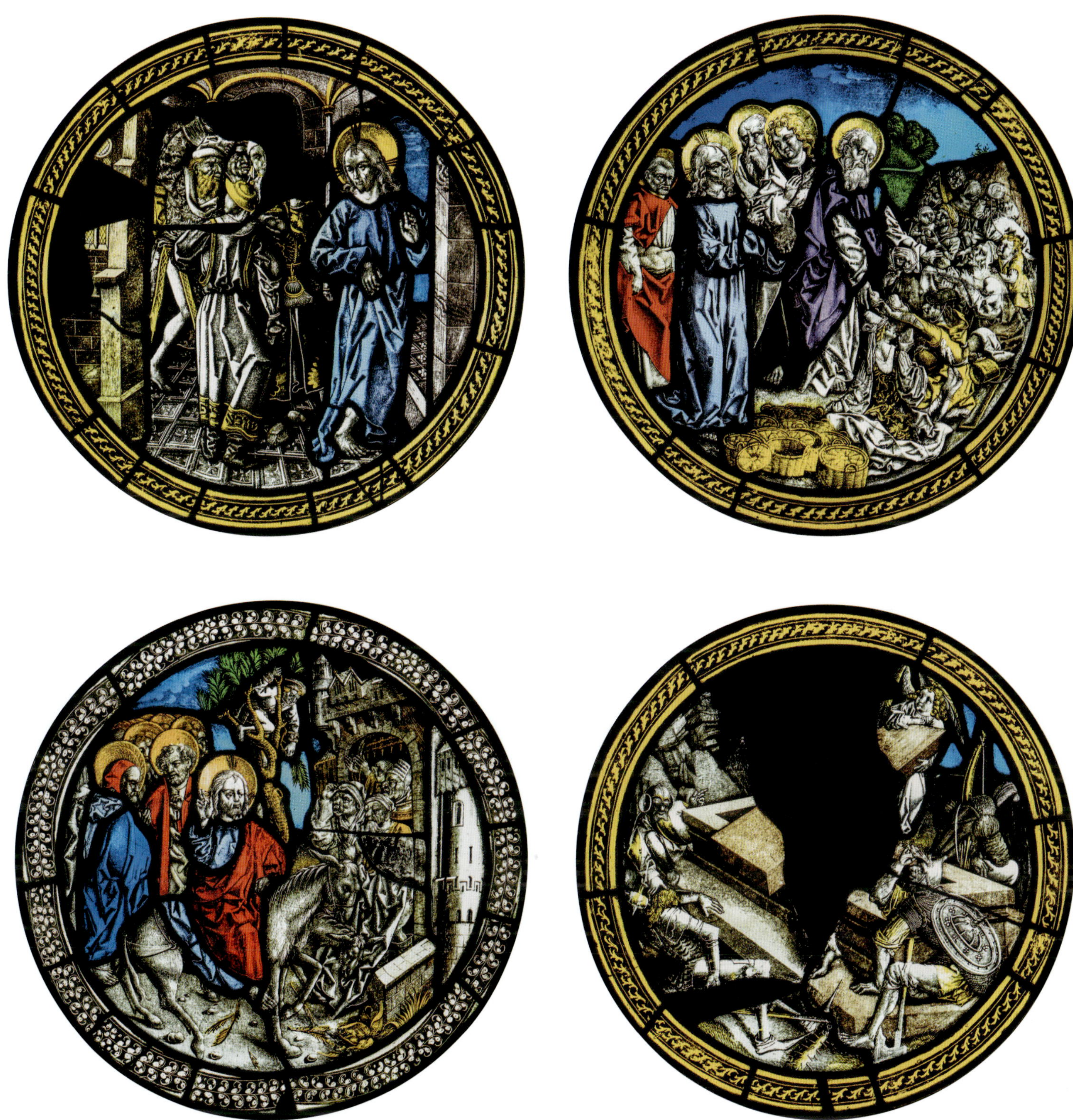

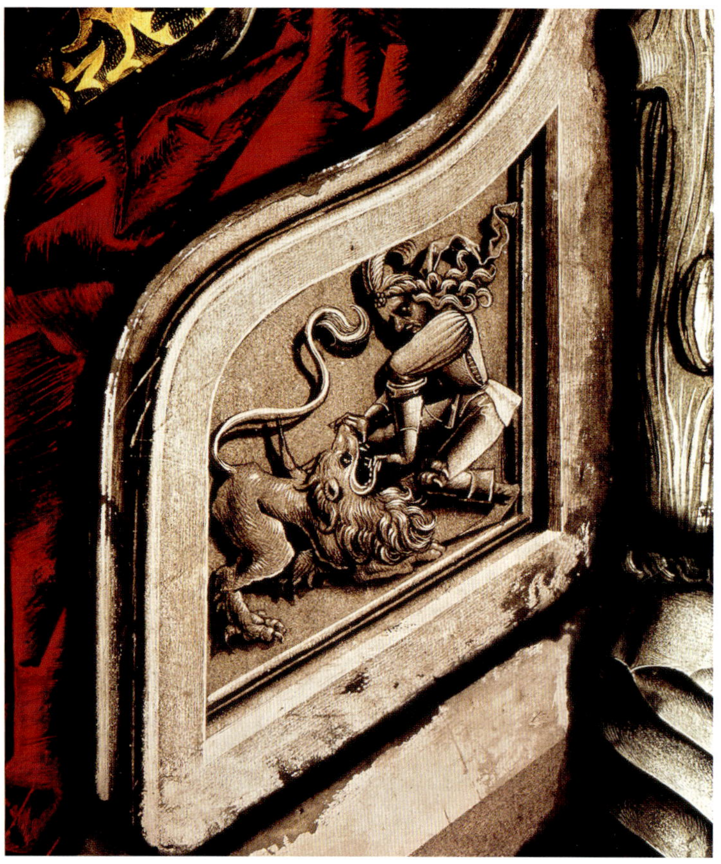

Peter Hemmel von Andlau (Werkstatt), *Kampf Samsons mit dem Löwen*, Detail aus der Scheibe des Hl. Hieronymus, um 1480/85, Ulm Münster, Besserer-Kapelle, Fenster n IV

Geplagten erinnern kaum zufällig an den knienden Schergen des Hohepriesters in der *Dornenkrönung* der Karlsruher Passion (Kat. 50).

In der Speisung der Fünftausend ist es weniger die Dramatik des Geschehens als vielmehr die ausgesprochen minutiöse, abwechslungsreiche Schilderung der Menschenmenge, die auf nur einer weißen Scherbe mittels feinster Silbergelb- und Schwarzlotmalerei fast die gesamte rechte Hälfte des Rundbildes füllt. Die Vielfalt an Details, an Typen und Gebärden, an Kleidung und Accessoires verrät einmal mehr die meisterlichen Fähigkeiten des Erzählers. Das besondere Bildprogramm der Rundscheiben mit den „Historien der Evangelien, so in den Fasten erklärt werden" (Frick 1718, S. 21 f.), den Sonntagsperikopen der Fastenzeit, wurde im gleichfalls 1480 bezeichneten Ratsfenster des Ulmer Münsters von den Künstlern der Straßburger Werkstattgemeinschaft exakt wiederholt, ohne dass wir sagen könnten, was die auftraggebenden Ulmer Stadtväter gerade zu dieser, im Spätmittelalter selten dargestellten, liturgisch bestimmten Themenauswahl veranlasst hatte.

Wie dem auch sei: Vergleicht man auch die übrigen Kompositionen mit den entsprechenden Einzelszenen im Ratsfenster,

dann gibt sich die Rundscheibenserie aus dem Rathaus ganz offensichtlich als das originäre Werk zu erkennen, das dem zentralen Fenster im Chor des Münsters – als Probearbeit? – vorausgegangen sein muss. Eigentümliche Qualitäten wie die besondere Dramatisierung des dargestellten Geschehens, verbunden mit der Tendenz zu übersteigertem Ausdruck der Figuren, exemplarisch in der Heilung des stummen Besessenen und der Speisung der Fünftausend, aber auch charakteristisch für die Grabwächter in der Auferstehung Christi, sind bei der Übertragung der Szenen in den monumentalen Maßstab und die nötige Anpassung an das hochrechteckige Scheibenformat im Ratsfenster einer weitreichenden Abkühlung des künstlerischen Temperaments gewichen. Man darf daraus schließen, dass der für die Vorlagen im Ratsfenster verantwortliche Glasmaler kaum mit dem federführenden Meister der Rundscheiben identisch war. Gleichwohl müssen – was schon die Identität des Auftraggebers nahelegt – beide Werke in ein und derselben Werkstatt entstanden sein, auch wenn an der Ausführung des erst 1480, zur Hochzeit der Straßburger Kooperative, fertiggestellten Ratsfensters des Ulmer Münsters letztlich mehrere Hände beteiligt waren. Die Rundscheiben dagegen sind wesentlich das Werk eines Einzelnen.

Die charakteristische Technik subtilster, durch gestupfte, gewischte und radierte Lichter belebte, stark deckende Halbtonmodellierung bis hin zum verwandten Typenvokabular verbindet beide Werke am unmittelbarsten mit den für die Werkstatt Peter Hemmels selbst gesicherten Aufträgen in Salzburg (1473–1480) und zwei weiteren in Obernai (1474 und 1485) sowie unter anderem mit zwei weiteren Einzelscheiben in der Besserer-Kapelle des Ulmer Münsters, die an peripherer Stelle im kleinen Format des Kampfs Samsons mit dem Löwen das gleiche künstlerische Temperament verraten wie die dramatischen Partien in den Rundscheiben (Abb. S. 252). Jüngste Versuche, am Rathauszyklus einen älteren Meister (den Meister der Karlsruher Passion) und einen jüngeren Maler (Peter Hemmel) zu unterscheiden (Hörsch 2018, S. 350 f.), gehen jedenfalls entschieden am Befund vorbei; ebenso die Vorstellung von einer zeitlichen Unterbrechung in der Ausführung.

Die Datierung der Rundscheiben ist unsicher. In der älteren Forschung zumeist zwischen 1480 und 1500 angesetzt, begründete der Vergleich mit dem 1480 datierten Ratsfenster eine etwas frühere Entstehung des primären Auftrags um 1475–1480 durch den Autor (AK Ulm 1995). Nimmt man die Anleihen unseres Glasmalers an den frühen Kupferstichen Martin Schongauers ernst, so sind es – ungeachtet der greifbaren Nachwirkung älterer Vorbilder – eben diese modernsten Elemente, die einer zu frühen Ausführung entgegenstehen. *HS*

LITERATUR

Schmitz 1913, S. 101 f. – Heye 1965, S. 49–57 – Beeh-Lustenberger 1973, S. 173 f. – Becksmann 1988, Nr. 52, S. 169 – Scholz 1994a, S. 257–259 – AK Ulm 1995, S. 91–109 (Hartmut Scholz) – CVMA XXII/1, Nr. 83–90 (Götz J. Pfeiffer), S. 185–200 – Hörsch 2018, S. 344–351 – Scholz 2019.

88 Peter Hemmel von Andlau
(tätig in Straßburg 1447–1501) /
Straßburger Werkstattgemeinschaft
Hl. Katharina und Muttergottes mit Kind aus der
Benediktinerinnenabtei Nonnberg in Salzburg
um 1475–1480

farbige Hüttengläser, Schwarzlotzeichnung und differenziert
gestupfte und radierte Halbtonmodellierung, rückseitige
Silbergelbmalerei, geätzter Rotüberfang
je H. 70,5–71 × B. 45,5 cm
bis 1624 in der Klosterkirche auf dem Nonnberg
1934 Galerie Theodor Fischer, Luzern
Darmstadt, Hessisches Landesmuseum, Inv. Nr. Kg 34:26, Kg 34:27

Die beiden Rechteckscheiben waren bis zu ihrer Entfremdung aus der Klosterkirche im Zuge der Barockisierung Teil eines Bildprogramms mit ausgewählten Heiligen, das wahrscheinlich eines der seitlichen Chorfenster zur Gänze füllte. Eine dritte zugehörige Scheibe mit der Darstellung des hl. Sebastian befindet sich in unbekanntem Privatbesitz. Die Scheiben zeigen Maria, flankiert von den beiden Heiligen, sitzend auf einer Rasenbank. Die Anregung hierzu mag der Glasmaler von älteren Darstellungen des Paradiesgärtleins oder den verschiedenen Fassungen der Muttergottes im Garten bezogen haben, die vor allem der Meister E. S. dem Thema in seinen Kupferstichen gewidmet hatte. In jedem Fall muss das Bild der Gottesmutter den thematischen Mittelpunkt der Fensterkomposition gebildet haben. Auf dem Schoß Marias balanciert das nackte Jesuskind, das Halt suchend, doch spielerisch nach dem Gürtel der Mutter greift, mit der Rechten aber hinüberzeigt auf die einst benachbarte Scheibe der hl. Katharina – vielleicht eine subtile Anspielung auf das im Spätmittelalter beliebte Thema der mystischen Vermählung Katharinas mit Christus. Das kleine Korallenästchen, das Christus auch in anderen Straßburger Fenstern (in Lautenbach, Ulm und Nürnberg) an einer Perlenkette um den Hals trägt, galt bereits im Altertum als schützendes Amulett gegen das Böse und wurde zur Abwehr jeglichen Unheils besonders kleinen Kindern umgehängt.

Die vergleichsweise aufwendige Architekturrahmung mit musizierenden Engeln auf Blattkonsolen, Vögeln und Blattwerk scheint ebenfalls inspiriert von Stichen des Meisters E. S. wie dem segnenden Erlöser in Halbfigur (Lehrs 1908–1934, Bd. 2, Kat. 57, S. 116 f.). Ein weiteres Engelspaar mit Harfe und Trumscheit (einem Streichinstrument), das sich ursprünglich am oberen Rand der Scheibe befand, ist dem Beschnitt zum Opfer gefallen.

Die hl. Katharina, die einst den Platz links neben der Madonna besetzte, ist durch ihre Marterwerkzeuge Schwert und Rad ausgewiesen. Zeichen ihrer Abkunft aus königlichem Geschlecht in Alexandrien ist die kostbare Robe, die zu Beginn der 1470er-Jahre bereits weitgehend identisch im Katharinenfenster der Straßburger Wilhelmerkirche zum Einsatz gekommen war. Der mit Perlen besetzte und pelzverbrämte Surcot mit dem weiten Unterteil aus golddurchwirktem Damast und das eng geschnittene Jäckchen aus grünem Samt verraten die besondere Meisterschaft des Glasmalers, die verschiedenen Stoffe mittels routinierter Ätz-, Stupf- und Radiertechniken und durch den gezielten Einsatz von Silbergelb täuschend echt wiederzugeben.

In die rahmende Architektur sind Statuetten zweier Propheten eingestellt, die, über die Heilige in ihrer Mitte hinweg, in einen Dialog eingetreten sind, ein Motiv, das sich in zahlreichen Werken der Straßburger Glasmalerei wiederholt. Die Fialenspitzen an den unteren Rändern beider Felder zeigen an, dass sich die Komposition mit weiteren Fensterzeilen nach unten und oben fortsetzte. Dasselbe gilt für die Spitzen der Fruchtstände einer vegetabilen Bekrönung an gleicher Stelle in der Scheibe des hl. Sebastian.

Die zumeist um 1480/81 oder ähnlich wie das ebenfalls von Peter Hemmel für Nonnberg geschaffene Klanerfenster um 1478–1480 datierten Scheiben könnten durchaus um einige Jahre früher entstanden sein. Dafür spricht nicht nur die von Beeh-Lustenberger hervorgehobene Anlehnung der Muttergottes an die 1466 datierte Große Madonna von Einsiedeln des Meisters E. S. (Kat. 42), sondern auch die Verwendung eines älteren Damastmusters für den Hintergrund: Das in früheren Straßburger Werken wie der Chorverglasung von 1461 in Walburg oder im Katharinenfenster in St. Wilhelm zu Anfang der 1470er-Jahre regelmäßig als ornamentale Folie hinter den Figuren eingesetzte Muster wurde nach 1475 zumeist von einem großflächigen Nelkendamast abgelöst. Stellt man ferner in Rechnung, dass auch das Klanerfenster bereits 1473 bei Peter Hemmel bestellt worden war, dann ist diese Überlegung nicht gänzlich von der Hand zu weisen. Umgekehrt besitzt das Œuvre der Straßburger Glasmaler in den 1470er- und 1480er-Jahren eine so erstaunliche Konsistenz, dass einer zeitlichen Ordnung allein anhand stilkritischer Argumente enge Grenzen gesetzt sind. *HS*

LITERATUR
Frankl 1956, S. 92–94 – Beeh-Lustenberger 1973, Nr. 228 f., S. 169–172 – Becksmann 1988, Nr. 49, S. 165 – Bacher u. a. 2007, S. 85–90.

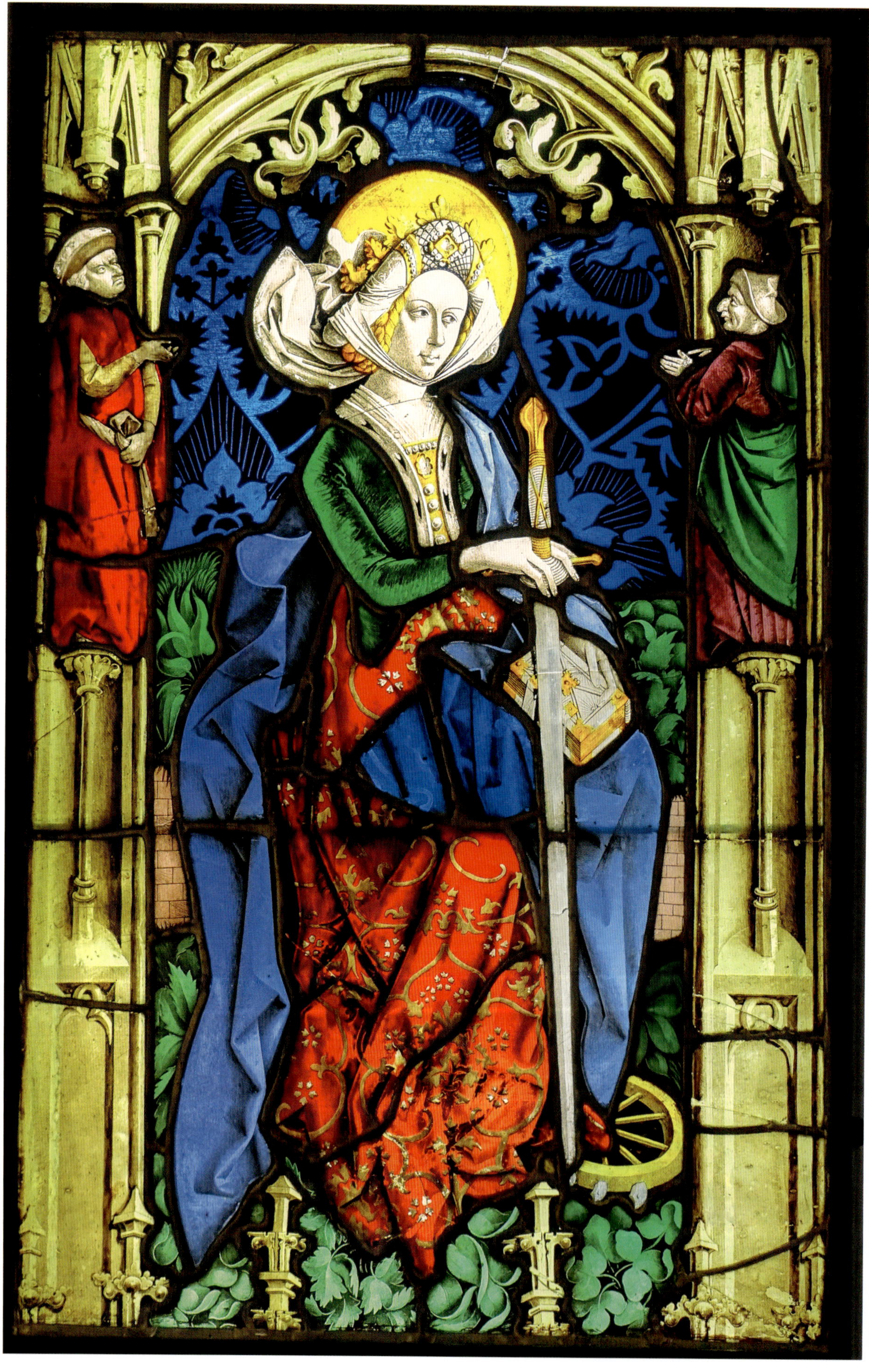

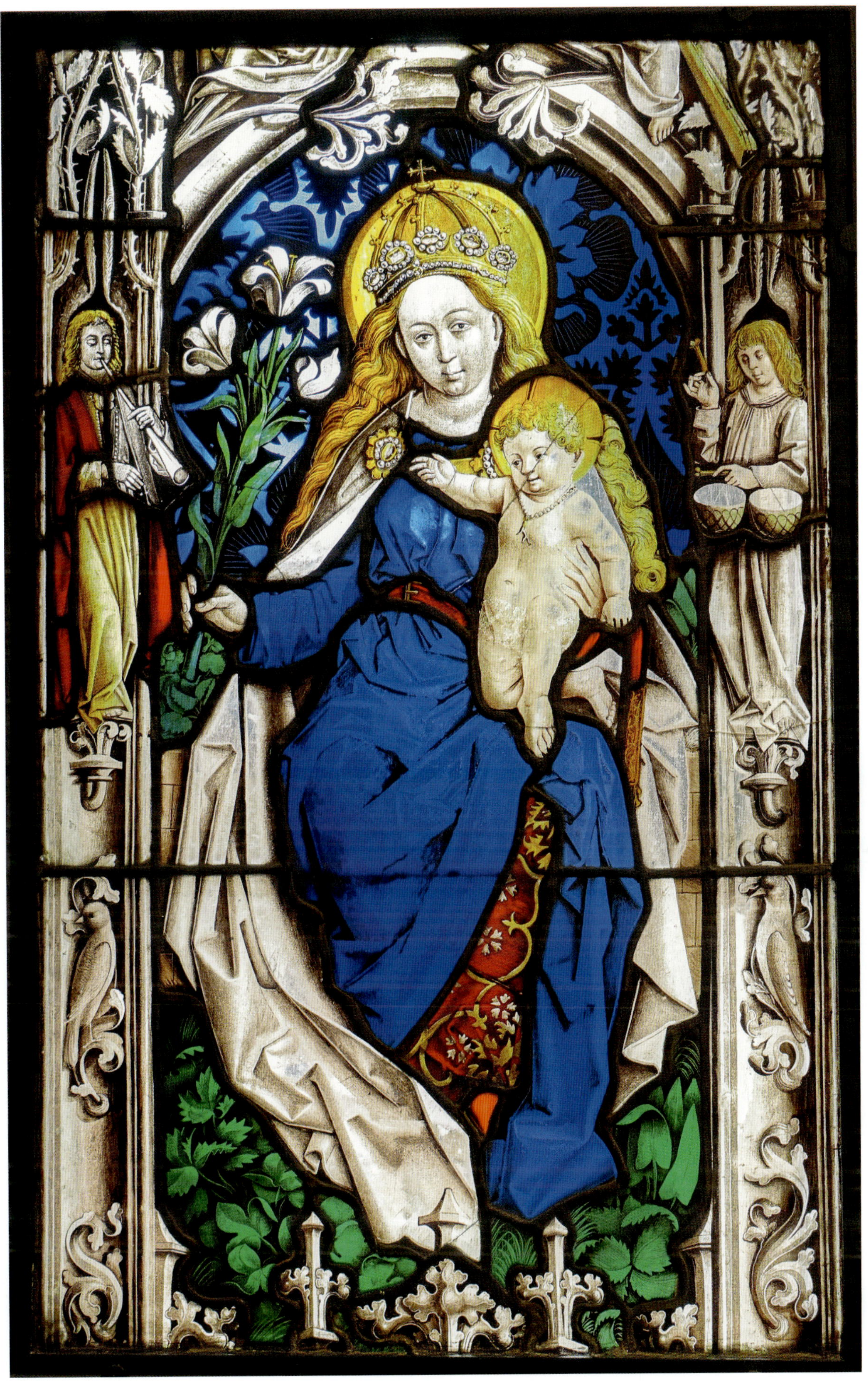

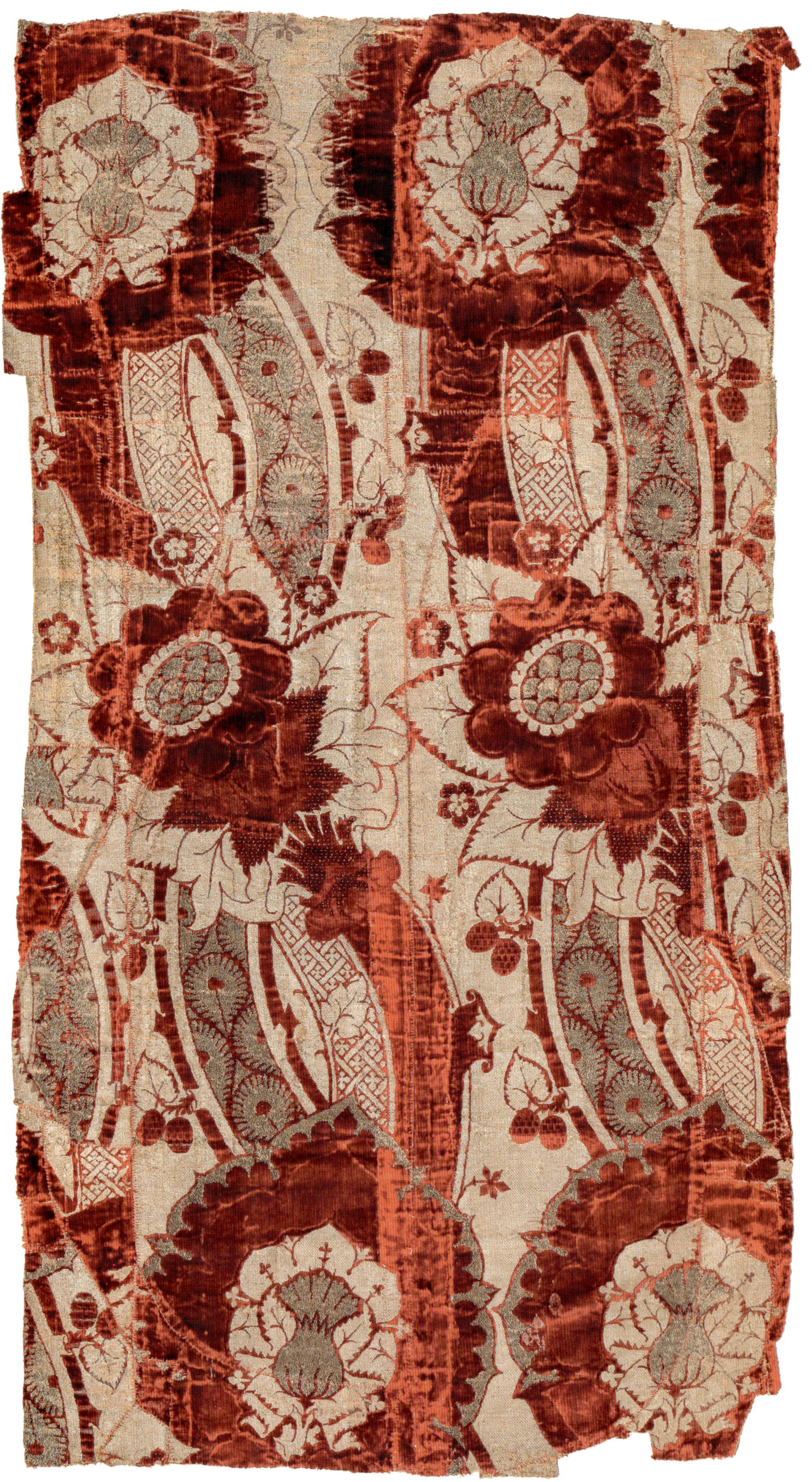

Goldbroschierter Samt mit
Schrägmuster, Italien, 1430/1440,
Riggisberg, Abegg-Stiftung

Lothar Lambacher

Profanes Kunsthandwerk der Spätgotik

Nicht allein in Malerei und Grafik ist im 15. Jahrhundert eine verstärkte Hinwendung zu weltlichen Themen zu beobachten. Auch in jenen Gattungen, die wir heute mit dem Begriff Kunsthandwerk zu bezeichnen gewohnt sind, wird diese Tendenz deutlich: gehobene Gebrauchsgeräte, Schmuck, Textilien und Mobiliar entstanden in zunehmendem Maße für weltliche Auftraggeber und mit profaner Zweckbestimmung. Neben dem Adel traten jetzt vermehrt auch Städte, Zünfte und wohlhabende Bürger als Besteller kunstvoll gestalteter Luxusgüter hervor. Motor dieser Entwicklung, deren Ursprünge sich bis in das 13. Jahrhundert zurückverfolgen lassen, war das prosperierende Wachstum vieler europäischer Städte nach dem Ende der verheerenden Pestepidemie in der Mitte des 14. Jahrhunderts.[1]

Die zur repräsentativen Ausstattung von Rathäusern, Universitäten und Patrizierhäusern dienenden Wandbekleidungen, Möbel, Fliesen, Kamine und Kachelöfen ebenso wie die korporativen Silberschätze der Räte und Gilden oder die standesgemäßen Gewänder und der edle Schmuck von Angehörigen der höheren sozialen Schichten verbreiterten die wirtschaftliche Grundlage und bildeten zugleich die schöpferische Triebfeder für die Fortentwicklung und weitere Spezialisierung der verschiedenen Zweige des Kunsthandwerks. Neben die individuelle Auftragsarbeit trat zunehmend die Produktion der Handwerker für den freien Markt. Es kam zur Ausprägung lokaler und regionaler Spezialitäten: Seidengewebe aus Oberitalien, Hohlgläser aus Venedig, Messingwaren aus Dinant, Bronzegüsse aus Nürnberg oder Steinzeug aus Siegburg wurden zu weithin begehrten Handelsgütern.

In der besonders kostenintensiven Seidenweberei etablierte sich zu Beginn des 15. Jahrhunderts in Oberitalien eine frühe Form des Verlagswesens. Unternehmer organisierten die durch Bankkredite finanzierte Rohstoffbeschaffung, das Färben, Spinnen und Weben sowie schließlich den europaweiten Vertrieb der fertigen Ware.[2] Italienische Seidengewebe, allen voran die Samte mit Goldbroschierung (Abb. S. 256), waren im 15. Jahrhundert das exklusivste aller Luxusprodukte. Ihr Besitz galt als Inbegriff von außergewöhnlichem Reichtum und Ansehen.[3] Es ist naheliegend, dass diese kostbaren Textilien in vielen sakralen und profanen Zusammenhängen verwendet und entsprechend häufig auch abgebildet wurden: als Ehrenvorhänge bei Darstellungen von Christus und Maria (Kat. 54, 66, 74), auf biblischen und weltlichen Herrscherbildern (Kat. 27, 102, 126), in Form von Pressbrokaten als Hintergründe von Altarretabeln (Kat. 21, 54, 120), in Gestalt edler Gewandstoffe von Heiligenfiguren (Kat. 11, 19, 68), für Kaseln und andere Paramente oder als repräsentative Kleidungsstücke auf Porträtgemälden (Kat. 96).

Gegenüber dem modernen Kunstverständnis, das von der im 17. Jahrhundert entwickelten akademischen Gattungshierarchie von „freier" und „angewandter" Kunst geprägt ist, kam kunsthandwerklichen Erzeugnissen im 15. Jahrhundert eine ungleich höhere Bedeutung zu. Die wertende Unterscheidung in „hohe" und „niedere" Künste war noch unbekannt. Dies spiegelt sich auch in den Preisrelationen wider: 1443 erhielt Hans von Lafferde für die Anfertigung des Lüneburger Bürgereidkristalls (Kat. 29) mehr als 256 Lübische Mark, etwa ein Drittel davon war Macherlohn.[4] Niclaus Gerhaert von Leyden (Kat. 109) quittierte am 14. Juni 1464 für seine künstlerisch herausragende bildhauerische Arbeit am Portal der Alten Kanzlei in Straßburg[5] 234 Rheinische Gulden,[6] umgerechnet etwa 351 Lübische Mark, was angesichts der zwischenzeitlichen Geldentwertung kaum mehr war.

Während in Europa nur an wenigen Orten die Voraussetzungen zur Produktion luxuriöser Seidengewebe bestanden, waren Goldschmiede um die Mitte des 15. Jahrhunderts in über 200 Städten des Reichs ansässig.[7] In Lübeck beispielsweise waren sogar 22 Meister gleichzeitig zugelassen,[8] in Lüneburg etwa 15 und in Hamburg seit 1469 immerhin zwölf.[9] Wie für den Meister Stefan Maignow in Konstanz belegt,[10] war wohl die Mehrzahl der Goldschmiede fast ausschließlich für bürgerliche Auftraggeber tätig. Da im 15. Jahrhundert eine generelle Verknappung von Edelmetall eingetreten war,[11] wurden Goldschmiedearbeiten von der wohlhabenderen Bevölkerung zunehmend auch als Kapitalanlage geschätzt, da der Wert des Münzgeldes gesunken war. Weil aber Edelmetalle zur Verwendung für Goldschmiedearbeiten aus technologischen Gründen mit Kupfer legiert wurden, bestand auch hier die Gefahr der Verfälschung durch zu geringe Anteile an Gold und Silber. Viele Städte bemühten sich daher bereits seit dem 14. Jahrhundert um die Regulierung des Feingehaltes der in ihnen produzierten Goldschmiedearbeiten. So forderte der Münzrezess der Städte Lübeck, Hamburg, Wismar und Lüneburg vom 16. Mai 1439[12] ausdrücklich auch

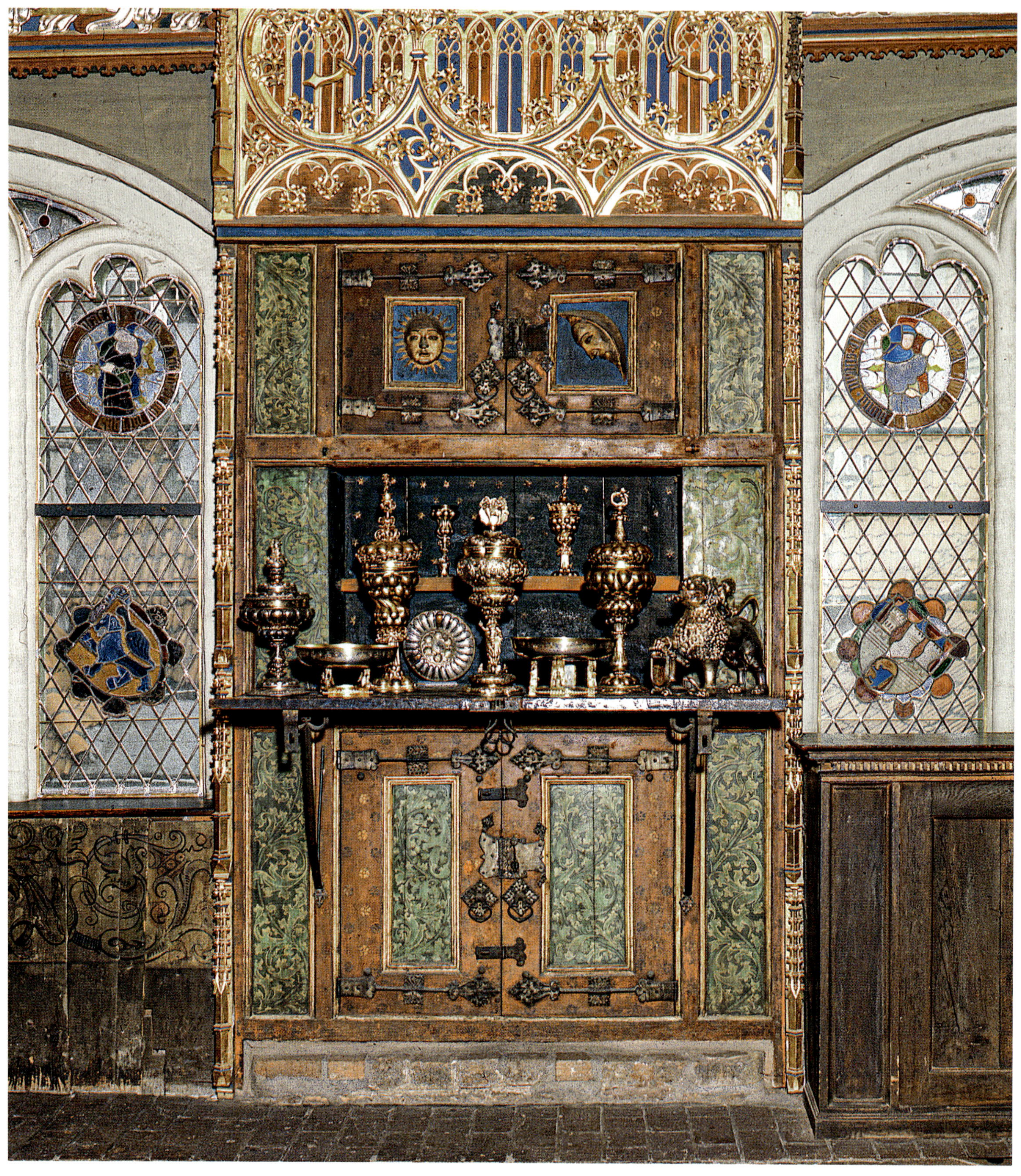

Schenkschive von 1488 im Lüneburger Ratssaal
mit Kopien von Werken des Ratssilbers, Lüneburg, Rathaus

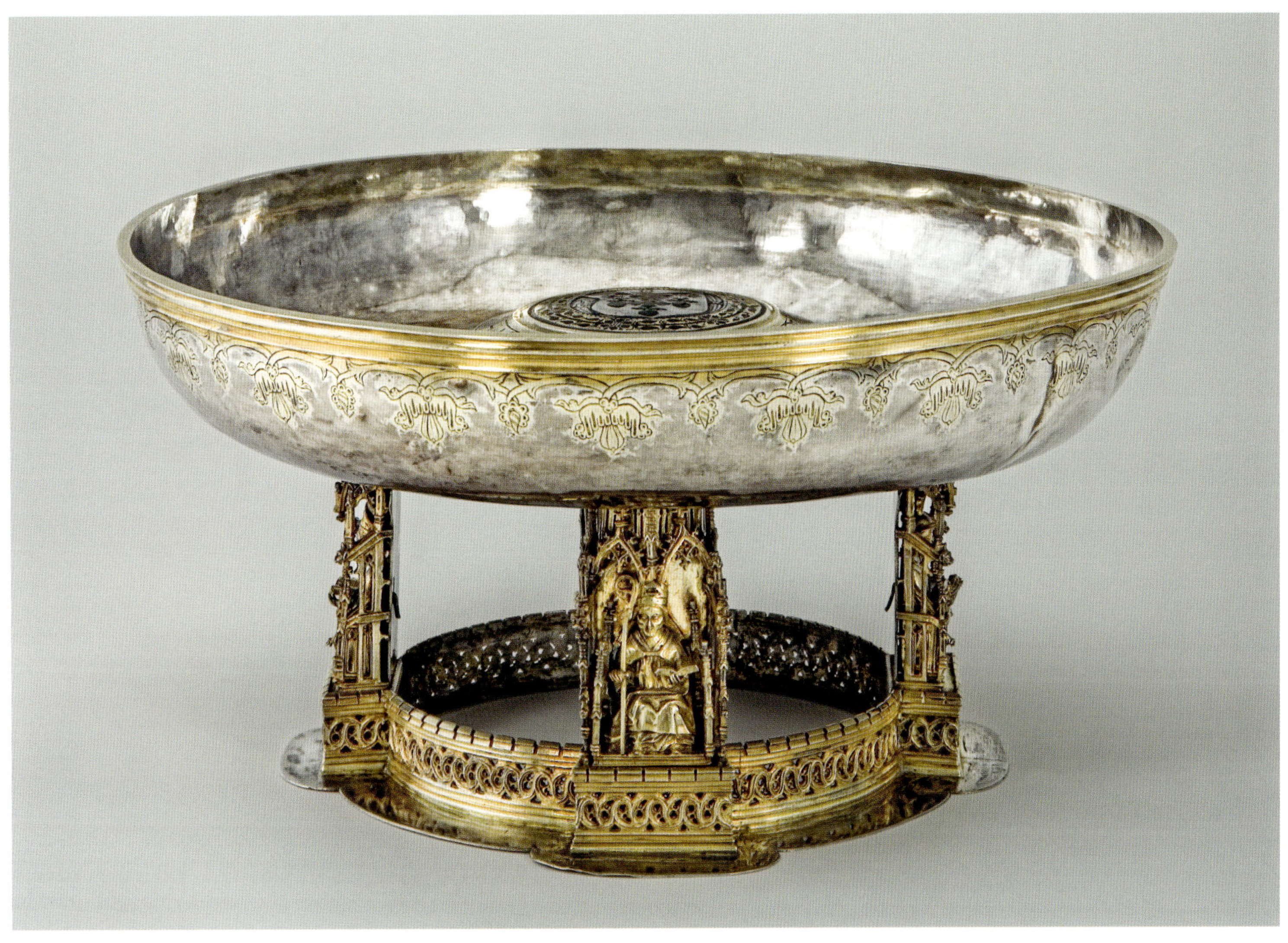

Cord Hagen, Kirchenväterschale aus dem Lüneburger Ratssilber, Lüneburg,
vor 1476, Staatliche Museen zu Berlin, Kunstgewerbemuseum

von den Goldschmieden die Verarbeitung von Silber, „dat de
wegene mark vifftein lod fin holde na prowe der cappellen" –
dass also nachweislich der Stichprobe die gewogene Mark
(233,86 g = ½ kölnisches Pfund) 15 Lot (219,24 g) reines Silber
enthält. Dieser mit $^{937,5}/_{1000}$ relativ hohe Feingehalt „15-lötigen"
Silbers galt im ausgehenden Mittelalter als allgemein anerkann-
ter Standard für Silberwaren. Die Aufsicht über die Einhaltung
des Feingehalts oblag entweder den Ältermännern der Gold-
schmiedezünfte oder einem städtischen Beamten, dem War-
dein, der gemünztes wie ungemünztes Edelmetall zu prüfen
hatte. Daneben sollten immer häufiger auch die Goldschmiede
selbst die Qualität ihrer Produkte durch das Einschlagen ihres
Meisterzeichens bestätigen, eine Praxis, die sich in Deutschland
jedoch erst gegen Ende des 15. Jahrhunderts allmählich durchzusetzen begann.

Eine übermäßige Zurschaustellung privaten Vermögens
in Form von Goldschmiedearbeiten versuchte man vielerorts
durch die Einführung oder Verschärfung von Kleider- und
Luxusordnungen einzudämmen.[13] Dennoch lässt sich in den
Testamenten dieser Zeit eine signifikante Zunahme der Verer-
bung von „smyde" (Geschmeide) nachweisen. So sind in Lüneburg aus der zweiten Hälfte des 14. Jahrhunderts drei, aus der
ersten Hälfte des 15. Jahrhunderts acht und aus der zweiten Jahrhunderthälfte zehn testamentarische Verfügungen über profane
Goldschmiedearbeiten bekannt. Dabei ist auch die Anzahl der
erwähnten Werke durchaus bemerkenswert, oft wurden mehr
als ein Dutzend Einzelstücke vererbt.[14] Außer über goldene Fin-
gerringe (vgl. Kat. 97, 98) verfügte man besonders häufig über
Silberlöffel,[15] die seit dem ausgehenden Mittelalter nicht nur
beim Adel, sondern auch beim Bürgertum ein beliebtes Taufge-
schenk waren (Kat. 91).

Von herausragender Bedeutung für die Entwicklung des
profanen Tafelsilbers waren die städtischen Ratssilberschätze.
Erste schriftliche Erwähnungen sind für Frankfurt am Main,
Hamburg, Köln und einige andere Orte bereits aus der zweiten
Hälfte des 14. Jahrhunderts überliefert. Im Laufe des 15. Jahrhunderts entstanden in fast allen Städten kommunale Ratsschätze an
silbernem Tafelgerät. Ihr Umfang wurde zu einem wichtigen

259

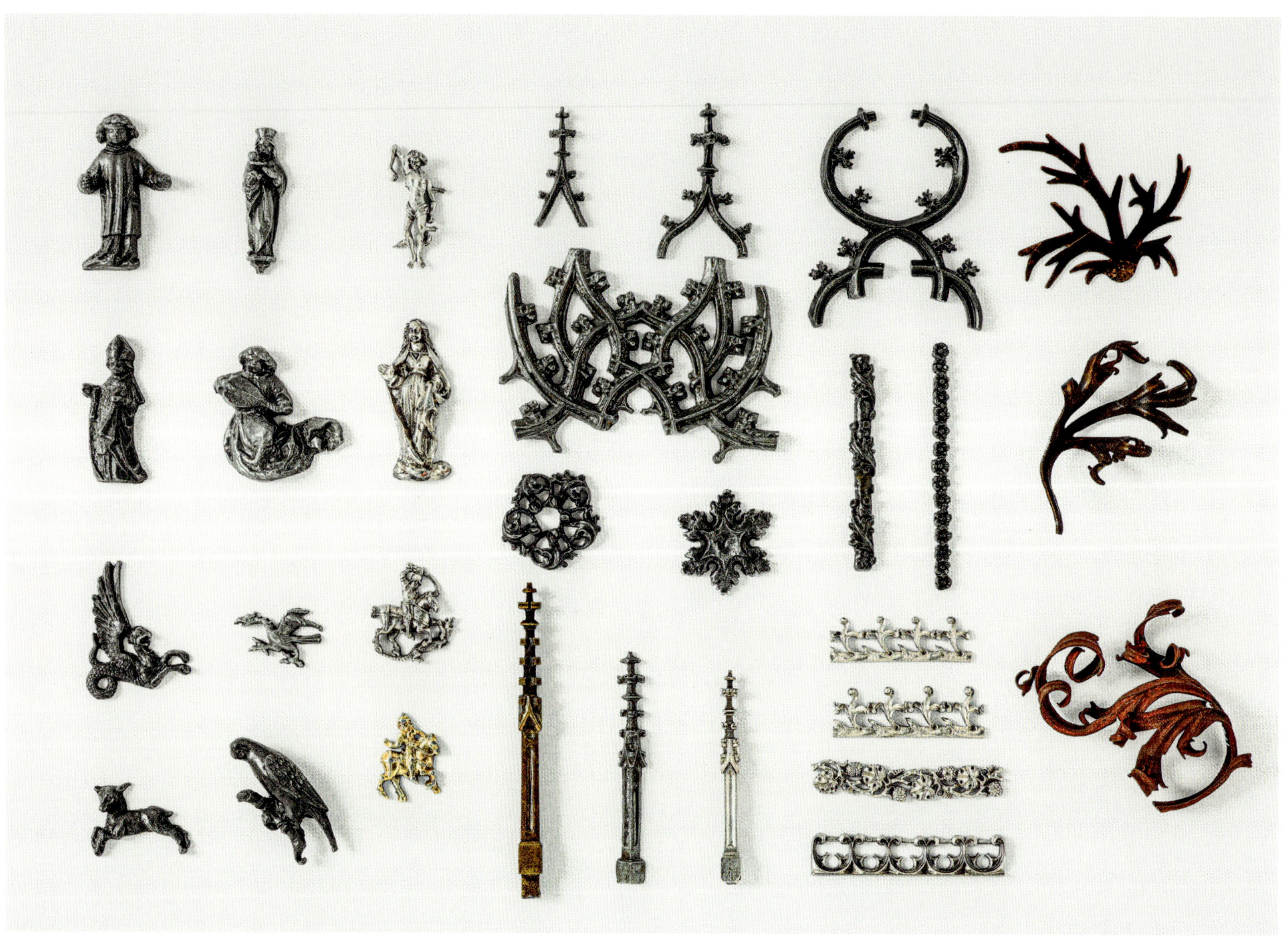

Goldschmiedemodelle aus dem Amerbachschen Kabinett, Oberrhein (?), 15. und frühes 16. Jahrhundert, Historisches Museum Basel

Gradmesser des städtischen Wohlstands. Es haben sich jedoch nur an wenigen Orten spätgotische Werke aus diesen Beständen erhalten; das 1376 beauftragte Naumburger Ratstrinkhorn mit seinem originalen Futteral gilt als das älteste bekannte Beispiel.[16] Fast ausnahmslos gingen die Ratssilber in Notzeiten durch Einschmelzen verloren, insbesondere während des Dreißigjährigen Kriegs und zur Zeit der Napoleonischen Besatzung.[17] Das mit Abstand größte erhaltene Ensemble eines Ratsschatzes ist das Lüneburger Ratssilber (Abb. S. 258), von dessen im Jahre 1598 verzeichneten 253 Werken sich heute noch 32 im Berliner Kunstgewerbemuseum befinden (Kat. 29, 89, 90, 93).[18] Schon im ausgehenden 15. und frühen 16. Jahrhundert war der Ratssilberschatz der vor allem durch den Salzhandel zu Reichtum gekommenen Stadt Lüneburg einer der umfangreichsten und wertvollsten seiner Art im gesamten Heiligen Römischen Reich.[19]

Ebenso wie für die Ratsherren und ihre Gäste war für die Mitglieder der Gilden, Zünfte und Bruderschaften der Brauch des gemeinsamen Mahles von besonderer, Identität stiftender Bedeutung. Auch bereits verstorbener Mitglieder der jeweiligen Korporationen wurde dabei gedacht. Oft waren die Toten als Stifter einzelner Tafelgeräte mit entsprechenden Inschriften und Wappen gleichsam auch dinglich bei den Gemeinschaftsmahlen vertreten: „[…] eyne grote sulverne schale […] scholen de geven uppe dat radhusz, dar scholen se myner by dencken" (eine große silberne Schale […] sollen sie aufs Rathaus geben, bei der sollen sie meiner gedenken), verfügte der Lüneburger Apotheker Matthias von der Most 1474 in seinem Testament.[20] Diese Silberschale ist erhalten, es handelt sich um die Kirchenväterschale des Cord Hagen im Lüneburger Ratssilber mit der ostentativen Stifterinschrift „HANC APOTECARIUS TRIBVIT DOMINIS MATHIAS MUST 1476" (Dies schenkte der Apotheker Matthias Must den Ratsherren 1476; Abb. S. 259).[21]

Dem Gemeinschaft und Memoria stiftenden Charakter der bruderschaftlichen Mahle war auch eine religiöse Dimension zu eigen: Das vergegenwärtigte Gedenken an das Letzte Abendmahl von Jesus und seinen Jüngern ist ein wesentlicher Aspekt spätmittelalterlichen Mahl- und Trinkbrauchtums. Weltliches und religiöses Denken und Handeln waren untrennbar miteinander

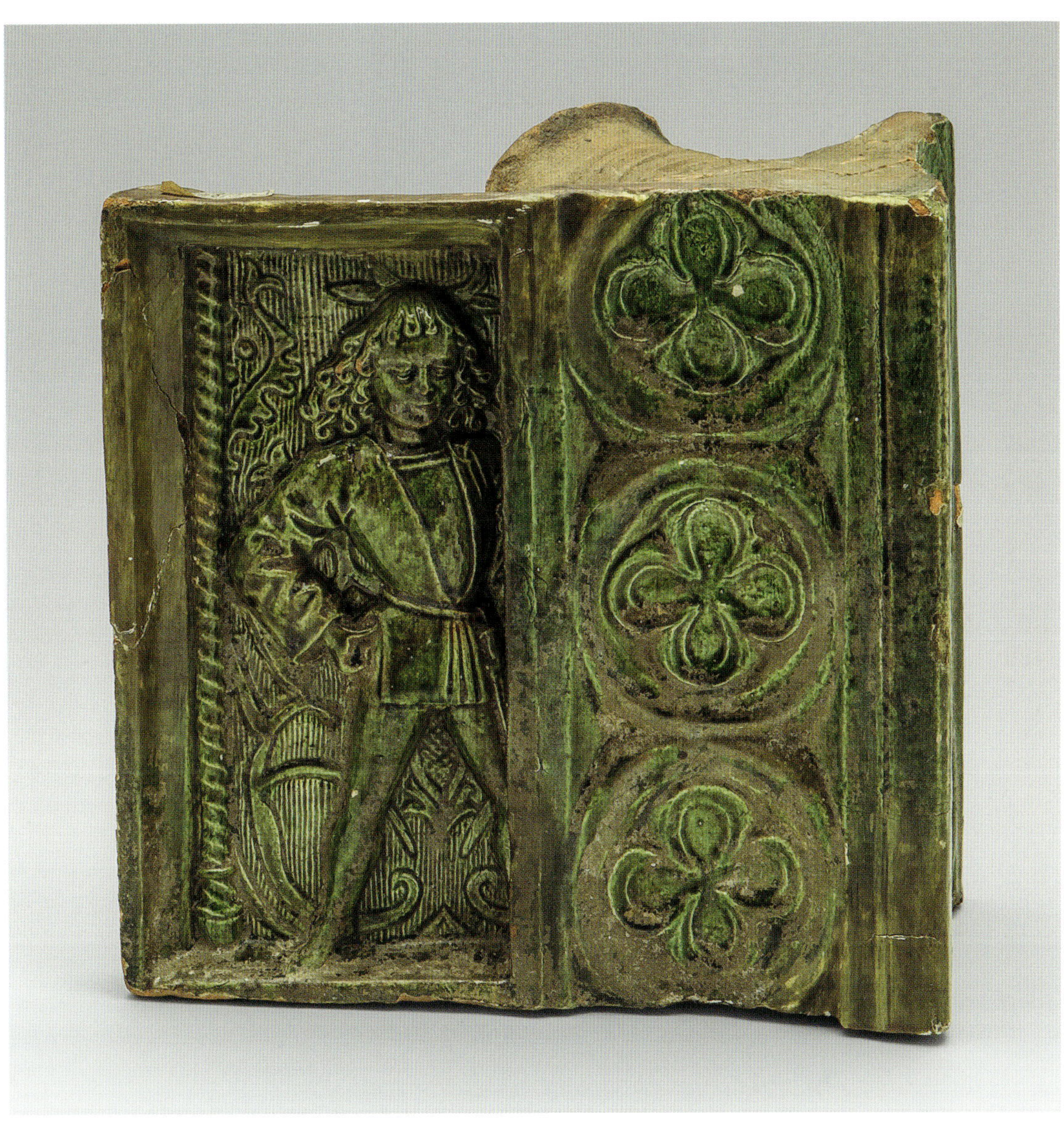

Ofenkachel mit modisch gewandetem Jüngling, Oberrhein (?), Ende 15. Jahrhundert, Staatliche Museen zu Berlin, Kunstgewerbemuseum

verwoben, die Stadtgemeinde war zugleich eine „Sakralgemeinschaft".[22] Es war daher selbstverständlich, dass auch profanes Tafelgerät, insbesondere das zur feierlichen gemeinschaftlichen Nutzung gedachte Silbergeschirr, häufig zum Träger christlicher Bildmotive wurde: Christus als Weltenrichter konnte im Boden einer silbernen Konfektschale[23] ebenso dargestellt werden wie am Bürgereidreliquiar (Kat. 29), in der städtischen Gerichtslaube[24] oder auf Altarretabeln und an Kirchenportalen. An den Lippenbeschlägen von Trinkhörnern erscheinen regelmäßig die Namen der Heiligen Drei Könige (Kat. 92), und nicht von ungefähr variieren die eigens für den gemeinschaftlichen Umtrunk gefertigten voluminösen Pokale mit ihrer Gliederung in Fuß, Nodus und Kuppa die traditionelle Grundform von Messkelchen. Die Verwendung christlicher Bildmotive an Werken profaner Zweckbestimmung ist keine Neuerung des 15. Jahrhunderts, doch bezeugt die enorm gesteigerte Überlieferungsdichte, dass ihre Herstellung und Verbreitung damals ganz erheblich zunahmen.

Für die verschiedenen Funktionen beim bürgerlichen Gemeinschaftsmahl oder an der adeligen Tafel[25] entwickelten sich im Laufe der Zeit spezielle Gefäß- und Bestecktypen, die im 15. Jahrhundert zunehmend auch Eingang in die privaten Haushalte der oberen Bevölkerungsschichten fanden: repräsentative Doppelkopfpokale, gehenkelte Weinkannen (vgl. Kat. 124), stapelbare Häufebecher, gefußte Konfektschalen (Kat. 89, vgl. Kat. 100), paarweise Vorlegebestecke (Kat. 90) oder kunstvolle Salzfässer. Von den für aufwendige Dekore weniger prädestinierten seriellen Teilen spätmittelalterlichen „Esssilbers" – den Tellern, Platten und gedeckelten Schüsseln (vgl. Kat. 102) – hat sich kaum etwas erhalten, und von den wohl nur auf außergewöhnlich luxuriösen höfischen Tafeln[26] vorkommenden Tischbrunnen dieser Zeit wissen wir allein durch Beschreibungen und Abbildungen.

Zur künstlerischen Gestaltung ihrer Erzeugnisse bedienten sich die Goldschmiede vielfach architektonischer Elemente: an zahlreichen Werken gliedern Arkadenreihen Wände, markieren Strebepfeiler Ecken, bilden Zinnen Kantenprofile oder strukturieren Schindeldächer Deckel. Besonders anspruchsvolle Goldschmiedearbeiten erscheinen oftmals in Teilen oder im

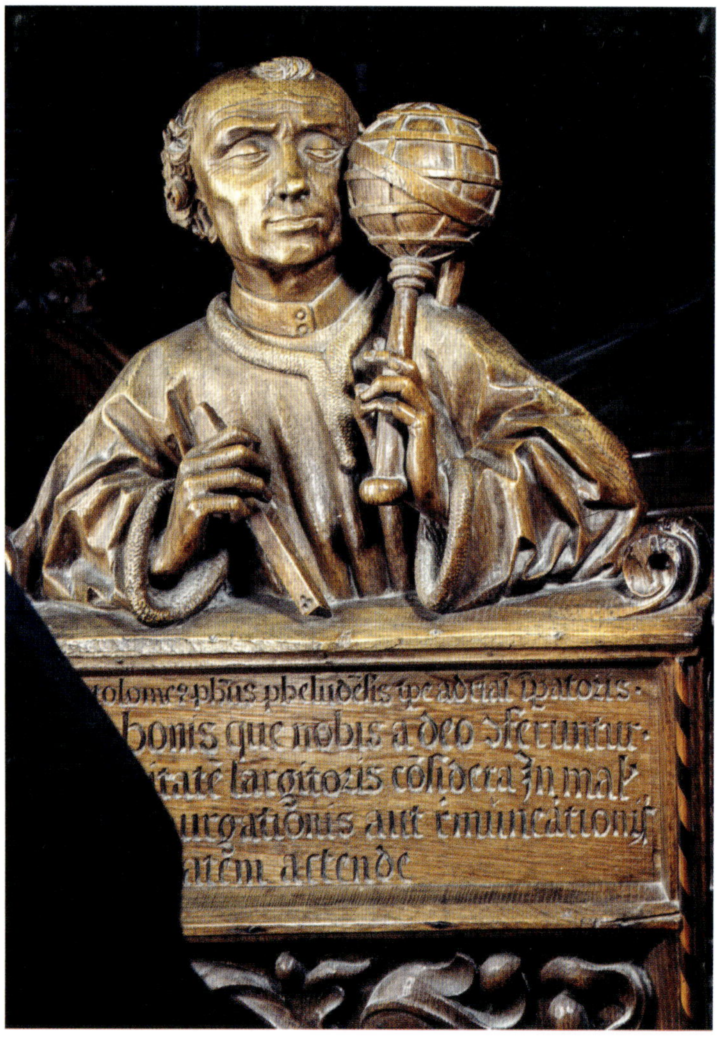

Michel Erhart, Claudius Ptolemäus mit Armillarsphäre, Ulm, Chorgestühl des Münsters, 1469–1474

Ganzen gleichsam als Mikroarchitekturen (Kat. 4, 29, 110) und bilden Tabernakel, Kapellenbauten oder hochaufschießende Maßwerkstrukturen. Zeitgenössische Kirchenbauten waren dafür in der Regel nicht als gesamtes Gebäude, sondern nur in bestimmten Einzelformen vorbildhaft.

Nicht nur für die architektonischen Elemente, sondern auch für die Ornamentik und insbesondere für die an spätgotischen Goldschmiedearbeiten häufig auftretenden figürlichen Darstellungen ist die Frage nach dem Verhältnis zu ihren Vorbildern in anderen Gattungen besonders komplex. Wesentlichen Einfluss haben dabei die verschiedenen materialspezifischen Methoden zur Anfertigung von Bauteilen, Dekoren und Figuren in der Goldschmiedekunst. Sie konnten graviert, gepunzt, gestanzt, getrieben oder gegossen werden, wobei fast immer Pausen, Schablonen, Prägestempel, Matrizen, Patrizen und Gussformen zum Einsatz kamen. Freihändige Treibarbei-

ten in Silberblech, die unser Bild von der mittelalterlichen Goldschmiedekunst bis zur Hochgotik prägen, waren im 15. Jahrhundert deutlich weniger weitverbreitet (Kat. 113). Das Handwerk der Goldschmiede hatte sich durch die Fortentwicklung und Verbreitung seiner rationellen Vervielfältigungstechniken weitgehend zu einer reproduzierenden Kunst entwickelt. Der kreative Akt künstlerischer Gestaltung lag überwiegend in den Händen einiger spezialisierter Formschneider, die Punzen und Gesenke schnitten oder Patrizen zur Herstellung von Gussformen schufen. Zahlreiche Goldschmiedemodelle aus dem 15. und frühen 16. Jahrhundert sind aus dem Kunstkabinett des Basilius Amerbach in Basel in das dortige Historische Museum gelangt (Abb. S. 260).[27] Solche Vorlagen wurden nicht nur innerhalb einer Goldschmiedewerkstatt teils über Generationen verwendet, sondern sie wurden vielfach auch kopiert und gehandelt, sodass mit ihrer Hilfe über lange Zeiten und große Räume hinweg Goldschmiedearbeiten mit gleichen Detailformen entstehen konnten. Beispielsweise wurden 1443 bei der Herstellung des Lüneburger Eidreliquiars (Kat. 29) für die beiden posaunenblasenden Engel zuseiten der Deësis Gussformen von Figuren benutzt, die bereits ein halbes Jahrhundert zuvor in Köln an einer Hostienmonstranz Verwendung gefunden hatten.[28] Bei stilkritischen und kunstgeografischen Beurteilungen von spätgotischen Goldschmiedewerken ist daher stets eine besondere Vorsicht geboten.

Neue Gestaltungsaufgaben wie die Dekoration der sich im späten Mittelalter vom Alpenraum her ausbreitenden Kachelöfen (Abb. S. 261)[29] boten den Kunsthandwerkern Anlass zur Entwicklung unkonventioneller, vielfach durch druckgrafische Werke angeregter Bildprogramme. In der zweiten Hälfte des 15. Jahrhunderts traten neben christliche Darstellungen und Minneszenen zunehmend auch Motive aus der Antike. Themen und Figuren aus dem klassischen Altertum – Mythen und Sagen, Sibyllen, Philosophen, Dichter und Cäsaren – fanden jetzt fast zeitgleich in allen Gattungen Eingang in die Kunst der Spätgotik. Wir finden sie zwar vornehmlich in den Bildprogrammen der Ausstattungen von Rathäusern und Universitätsgebäuden, doch auch in Kirchen treten sie prominent auf, wie zum Beispiel an den Seitenwangen des zwischen 1469 und 1474 entstandenen Chorgestühls von Jörg Syrlin d. Ä. und Michel Erhart im Ulmer Münster (Abb. S. 262).[30] Eher aus einem Rats- oder Universitätssaal dagegen könnte der sogenannte Kirchenväterteppich im Berliner Kunstgewerbemuseum stammen (Kat. 107). Er zeigt geistige Autoritäten verschiedener Zeitalter im dialogischen Disput: alttestamentliche Propheten, antike Philosophen (Abb. S. 263), lateinische Kirchenväter und mittelalterliche Autoren. Formal noch ganz im Stile spätgotischer Wandfiguren gestaltet, erweist sich das elaborierte Figuren- und Textprogramm dieser Bildwirkerei geistig bereits als eindrückliches Zeugnis jener Wiederaneignung antiker Kultur, die wir als Renaissance bezeichnen.

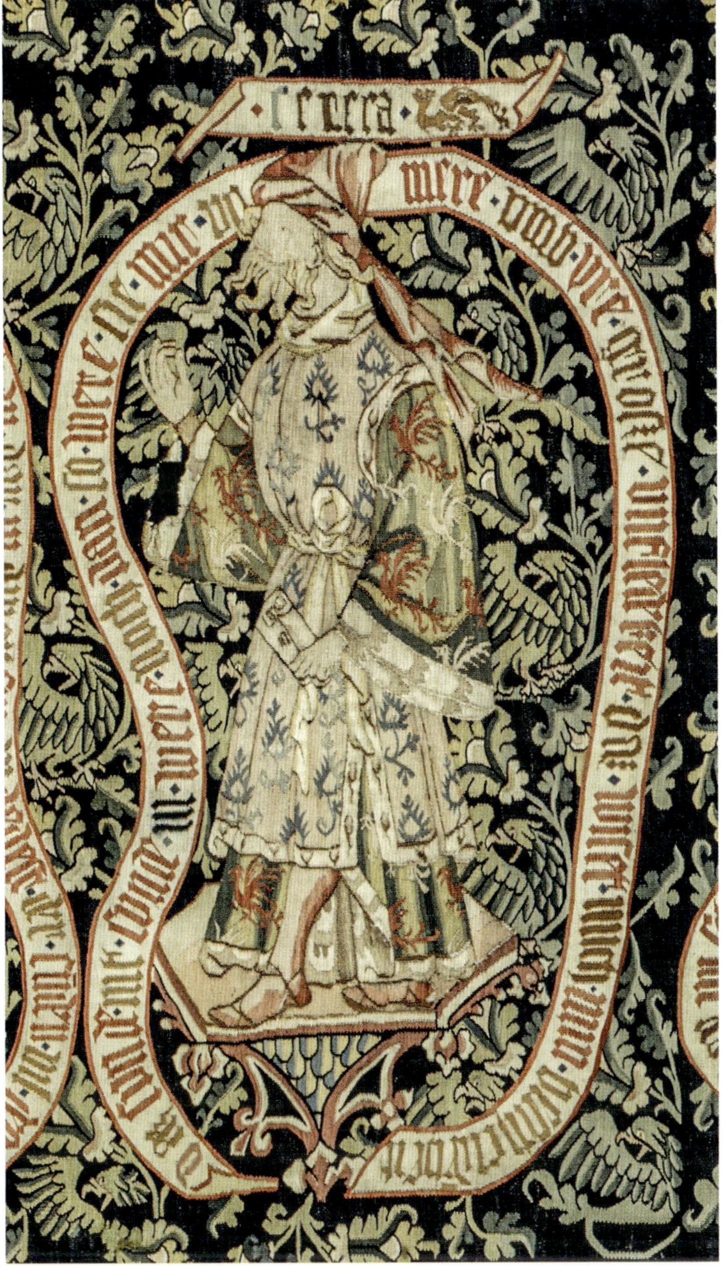

Seneca, Detail des sogenannten Kirchenväterteppichs, Oberrhein (?), um 1490,
Staatliche Museen zu Berlin, Kunstgewerbemuseum

1 Siehe Isenmann 2012.
2 Tognetti 2002, S. 43–60, 155–159.
3 Peter 2019, Bd. 1, S. 13–22, zu unserer Abb. S. 256: S. 97–103, Nr. 15.
4 Stadtarchiv Lüneburg, Kämmereirechnungen, AB 56/1, fol. 1r.
5 Davon sind nur die Kopffragmente einer Sibylle (Frankfurt am Main, Liebieg-
    haus, Inv. Nr. St. P. 353) und eines Propheten (Straßburg, Musée de l'Œuvre
    Notre-Dame, Inv. Nr. MOND 162) erhalten.
6 Rott 1936, S. 257 f.
7 Fritz 1982, S. 38.
8 Lambacher 2015, S. 107 f.
9 Bursche 1990/2008, S. 20/S. 21.
10 Signori 2012.
11 Sprandel 1975, S. 125–127.
12 *Codex diplomaticus Lubecensis*, Bd. 6, Nr. 798, S. 809.
13 Eisenbart 1962.
14 Mosler-Christoph 1998, S. 56–59.
15 In den Lüneburger Testamenten aus dem 15. Jahrhundert finden sich
    17 Verfügungen über Silberlöffel. Ebd., S. 228.
16 Stadtmuseum Naumburg, Inv. Nr. SG04621 und SG04634 (Futteral).
17 Gussone 1990/2008; Seelig 2002. Nach fundierter Schätzung sind von allen
    im Zeitalter der Gotik entstandenen Goldschmiedewerken wohl nur rund fünf
    Promille erhalten. Fritz 1982, S. 35 f.
18 Bursche 1990/2008.
19 Ebd., S. 16 f./S. 16–18.
20 Reinhardt 1996, S. 356.
21 Staatliche Museen zu Berlin, Kunstgewerbemuseum, Inv. Nr. 1874,393. Bursche
    1990/2008, S. 107–109, Nr. 5/S. 58 f., Nr. 5.
22 Isenmann 2012, S. 605.
23 So an der Evangelistenschale im Lüneburger Ratssilber; s. Anm. 21.
24 Auch hierfür gibt es mit dem um 1495 entstandenen Weltgerichtsbild im
    Rathaus ein Lüneburger Beispiel. Gmelin 1969.
25 Dexel 1962; Hasse 1979; AK Berlin 2002.
26 Franke 2002.
27 AK Münster 2012, S. 143 f., Nr. 143.
28 Ratingen, St. Peter und Paul. Fritz 1982, S. 255 f.
29 Franz 1969; Roth Heege 2012.
30 Deutsch 1977; Gropp 1999; Miller 2002; Metelmann 2002; AK Ulm 2002,
    S. 242 f., Nr. 7.

89   Lüneburg, kurz vor 1482
      Konfektschale aus dem Lüneburger Ratssilber

Silber, getrieben, gegossen, punziert, teilweise vergoldet, Email
H. 20 × Dm. 36,5 cm, Gewicht 2686 g
erworben 1874 von der Stadt Lüneburg durch den preußischen Staat
und dem Deutschen Gewerbe-Museum in Berlin überwiesen
Staatliche Museen zu Berlin, Kunstgewerbemuseum,
Inv. Nr. 1874,395

90   Albert Sommer
      (nachweisbar in Lüneburg 1476–1484)
      Zwei Bestecke für Konfekt aus dem
      Lüneburger Ratssilber, 1480

Silber, getrieben, gegossen, teilweise vergoldet,
Email weitgehend verloren
L. 29,5 (1874,404) bzw. 28 (1874,405) × B. 4,2 cm, Gewicht 110,4 g
(1874,404) bzw. 106,5 g (1874,405)
erworben 1874 von der Stadt Lüneburg durch den preußischen Staat
und dem Deutschen Gewerbe-Museum in Berlin überwiesen
Staatliche Museen zu Berlin, Kunstgewerbemuseum,
Inv. Nr. 1874,404 a,b und 1874,405 a,b

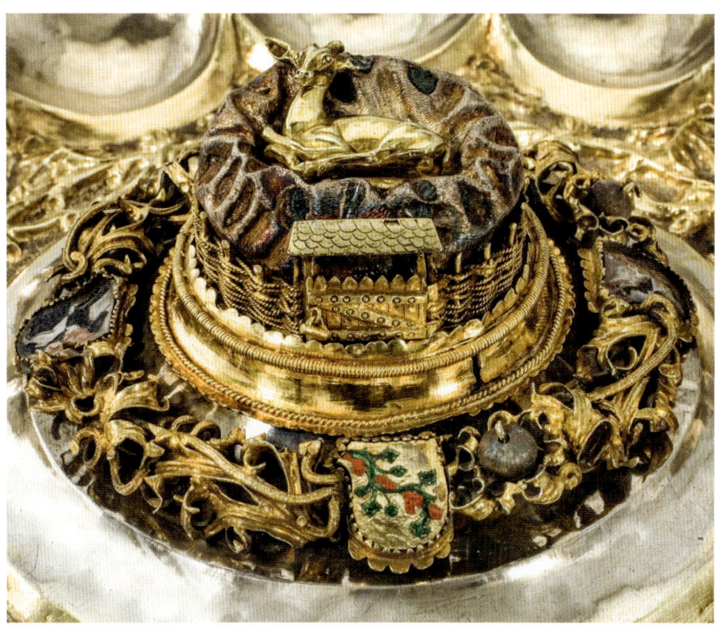

Den Unterbau des Kredenzgefäßes bildet ein Gestell mit Vier-
passfries und abschließendem Zinnenring. Das Behältnis selbst
ruht mit seinem Fuß auf den Schultern von drei knienden, mit
Lanzen und Tartschenschilden gewappneten Trägerfiguren. Die
Schale besitzt einen vierzehnfach gebuckelten Rand, eine aufwendige, schon im 14. Jahrhundert entwickelte Zierform von
Goldschmiedegefäßen, die sich seit dem späten 15. Jahrhundert
einer ganz besonderen Beliebtheit erfreute. Den punzierten
Schalenboden bedeckt ein Kranz aus knorrigem Ast- und Laubwerk mit Früchten. Die erhaben gearbeitete Mitte der Schale,
den Omphalos, schmückt ein ursprünglich ganz mit grünem
Email überschmolzener und durch einen Flechtzaun mit über-
dachtem Tor umfriedeter Rasenhügel, auf dem ein Hirsch lagert,
dessen Geweih leider in Verlust geraten ist.

   Der Hirsch ist als Sinnbild für Christus zu verstehen. Im
Hortus conclusus, dem geschlossenen Garten, einem Bildmotiv
das zugleich als Symbol der jungfräulichen Gottesmutter Maria

gilt, ist er vor den ihn verfolgenden Gottlosen geschützt. Diese
werden an anderen Werken oft in Gestalt hetzender Hunde
dargestellt. Gerade auf Schüsseln mit profaner Zweckbestimmung ist die Darstellung des Hirsches im verschlossenen Garten im späten Mittelalter weitverbreitet gewesen. Dabei erscheint
das Tier bis zum Ende des 15. Jahrhunderts zumeist lagernd,
bei jüngeren Werken dagegen häufig aufspringend, wie zahlreiche Beckenschlägerschüsseln aus Messing mit diesem
Motiv zeigen.

   Im Lüneburger Ratssilber (Kat. 29, 93) haben sich nicht
weniger als vier silberne Schalen mit einem als *Hortus conclusus*
gestalteten Omphalos erhalten. Das hier vorgestellte Exemplar ist
das älteste von ihnen. Die kostbaren Gefäße dienten dem Anbieten des damals in höheren sozialen Schichten äußerst beliebten
und auch während gemeinsamer Mahlzeiten des Lüneburger
Rates und seiner Gäste in oft erstaunlichen Mengen aufgetafel-
ten Konfekts.

   Die Konfektschale zieren vier in einem à jour gearbeiteten Distelblattkranz um das Mittelmotiv platzierte Wappen der
Lüneburger Patrizierfamilien von dem Lohe, von Godenstede
und von Töbing. Aus dieser Konstellation lässt sich auf den 1468
als Sülfmeister und 1480 als Stadtkämmerer Lüneburgs erwähnten Johannes jun. von dem Lohe als Besitzer und vermutlichen
Auftraggeber des Goldschmiedewerks schließen. Die drei weiteren Wappen verweisen auf dessen Eltern Johannes sen. von dem
Lohe und Gesche von Godenstede sowie auf die Großmutter
Tibbecke von Töbing. Das Lüneburger Kämmereibuch verzeichnet für 1482 einen Vermögenszugang aus dem Besitz des in
jenem Jahr kinderlos verstorbenen Ratsherrn: „Hr. Johan vam
loe 129 m(ark) 9 s(chilling) hyrto [hierzu] noch syne beste sulverne schale de quam vpp dat Radhus vnd wogh …". Das Gewicht
wurde zwar nicht, wie vorgesehen, nachgetragen, an der Identität der „besten silbernen Schale" des Johann von dem Lohe mit
diesem im Lüneburger Ratssilber bis heute erhaltenen Exemplar
kann jedoch kein Zweifel bestehen.

   Durch das Hinterlassen der mit seinem Familienwappen
geschmückten Konfektschale an den Lüneburger Rat begrün-

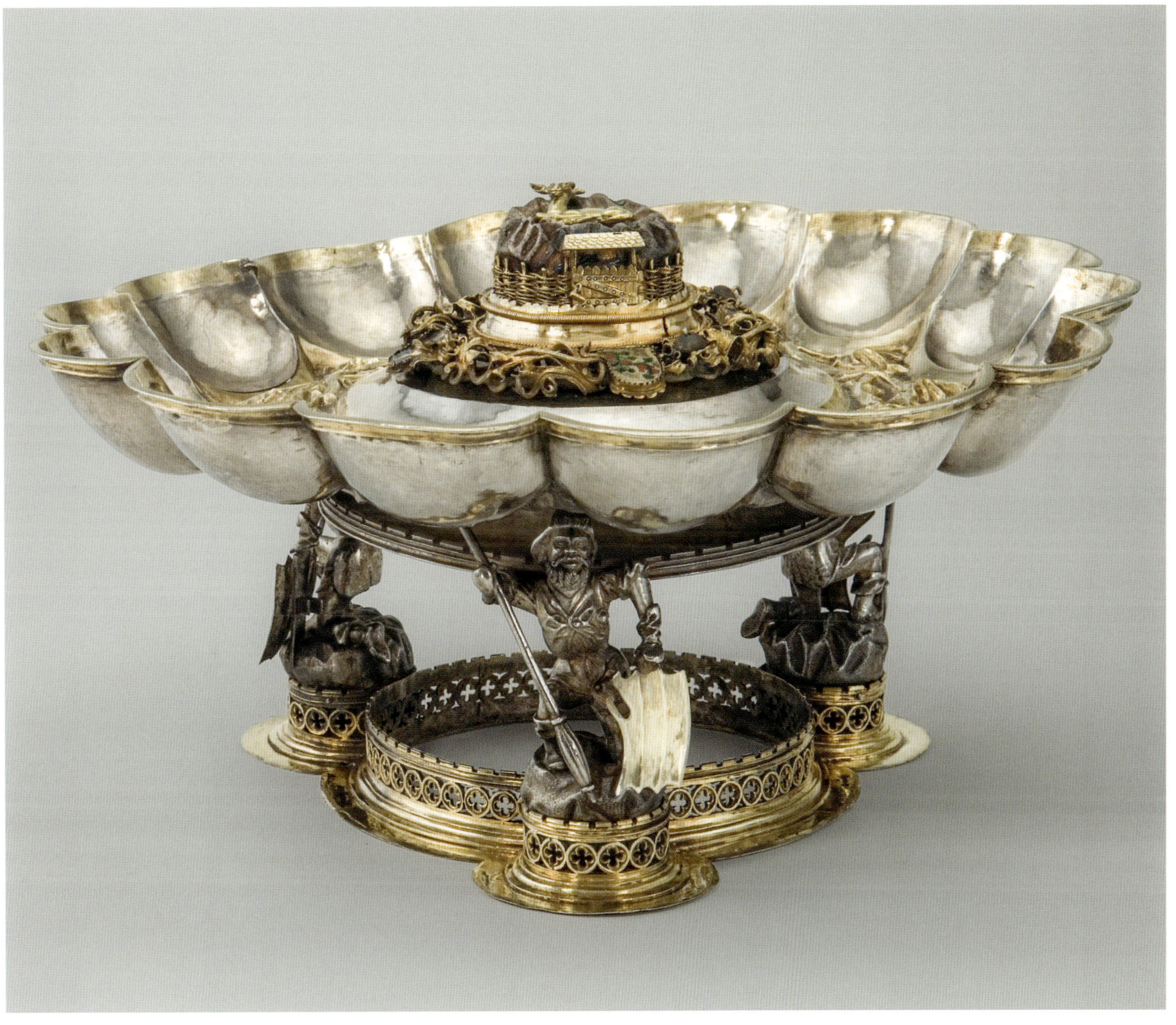

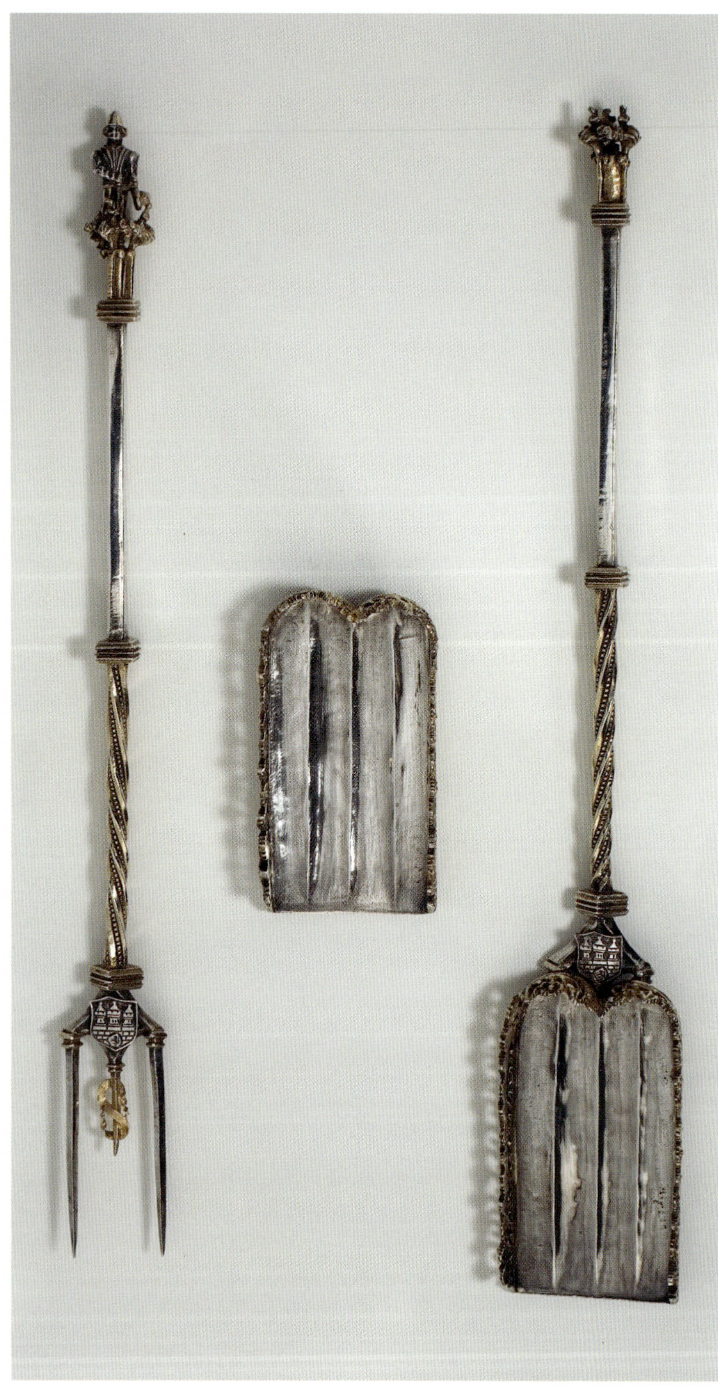

Die beiden etwa gleichzeitig mit der Schale entstandenen Konfektbestecke sind von identischer Gestalt. Bei einem der beiden Exemplare ist jedoch das bekrönende Figürchen eines Patriziers mit Dolch und Federhut in Händen abgebrochen. Der lange Stiel des Bestecks wird durch drei quadratische Wirtel in zwei Teile gegliedert. Während die vierseitige Handhabe im oberen Bereich glatt und unvergoldet erscheint, ist der elegante untere Abschnitt aus einem tordierten Vierkant mit eingearbeitetem Perlstab gebildet. Das Besteck endet in einer Gabel mit drei Zinken, von denen nur der kürzere mittlere vergoldet und von einem S-förmigen Blech umschlungen ist. Darin vermutete Hans Schröder einen Hinweis auf den Nachnamen des ausführenden Goldschmiedes. Am Gabelansatz erscheint das ursprünglich farbig emaillierte Wappen der Stadt Lüneburg. Auf die äußeren Zinken kann mittels zweier aufgelöteter Hülsen eine dreifach geriefelte Laffe mit einem aus vegetabilen Ornamenten gebildeten durchbrochenen Rand geschoben werden, wodurch aus der Gabel eine Schaufel wird.

Diese sogenannten Gabelschüppen dienten an der festlichen Tafel des Lüneburger Rates als Vorlegebesteck. Mit ihnen entnahm man die oft klebrigen Süßspeisen von den silbernen Konfektschalen, auf denen sie kredenzt wurden. Zum Mund führte man die Speisen dann jedoch zumeist mit der Hand. Kleinere Essgabeln fanden in Deutschland erst im Laufe des späten 16. und 17. Jahrhunderts Verbreitung, während sie in Frankreich und Italien bereits früher gebräuchlich waren. Im 15. Jahrhundert galt die Benutzung von Gabeln allgemein als besonders vornehm und feierlich. Gabeln sind – im Vergleich zu Messern und Löffeln – der jüngste der in Europa verwendeten Bestecktypen. Die beiden kunstvollen Lüneburger Kombinationsbestecke zählen zu den äußerst seltenen frühen Beispielen ihrer Art.

Aus den Lüneburger Kämmereirechnungen erfahren wir, wann, von wem und zu welchem Preis sie angefertigt worden sind. Unter den im Jahr 1480 vom Rat geleisteten Zahlungen findet sich auch der folgende Ausgabeposten: „Alberde sommer [...] 21 m(ark) 4 s(chilling) vor twe sulvern schuffele dar me Crude mede nempt". Bei diesen „zwei silbernen Schaufeln, mit denen man Kraut nimmt", handelt es sich zweifellos um die beiden erhaltenen Exemplare aus dem Ratssilber. Unter „Kraut" verstand man in Niederdeutschland auch die verschiedenen mit überseeischen Gewürzen zubereiteten Süßspeisen. Albert Sommer, dem außer diesen beiden „Krautschuffeln" keine weiteren erhaltenen Werke zugewiesen werden können, war Mitglied einer seit 1417 über mehrere Generationen in Lüneburg nachweisbaren Goldschmiedefamilie.

LL

dete Johann von dem Lohe sicher in voller Absicht eine Memoria an sich und seine Vorfahren. Die Benutzung der Silberschale sollte bei den Nachfolgern im Rat zu einem Gemeinschaft stiftenden Totengedenken führen, was für den Stifter selbst mit der Hoffnung auf Erlangung des Seelenheils verbunden war. Diese Vorstellung vom Sinn einer Memorialstiftung, die zunächst vor allem für adelige Stiftungen im sakralen Bereich weite Verbreitung gefunden hatte, breitete sich am Ausgang des Mittelalters zunehmend auch in den profanen Sphären des städtischen Patriziats aus.

LITERATUR

Lessing 1878, Nr. 26, S. 22; Nr. 35, 36, S. 25 – Schröder 1922, II. C, S. 122 f. 139f, II. B, S. 66 – Appuhn 1956, Nr. 6, S. 12 f.; Nr. 7, S. 13 – Scheffler 1965, Nr. 51, S. 895 – Fritz 1982, S. Nr. 656, 278 f.; 669 – Bursche 1990/2008, Nr. 6, S. 109–111; Nr. 10, S. 114 f./Nr. 6, S. 60 f.; Nr. 10 S. 68 f.

Silber, teilweise vergoldet, Achat, Email, Bergkristall,
Perle (ersetzt), Reste roter Farbfassung
L. 15,5 × B. 6,3 cm, Gewicht 68,6 g
erworben 1898 aus dem Nachlass von Martin Heckscher, Wien
Staatliche Museen zu Berlin, Kunstgewerbemuseum, Inv. Nr. 1898,29

Seine besonders aufwendige Ausschmückung macht den Löffel zu einem für seine Gattung beispiellosen Zeugnis gehobener Goldschmiedekunst des Spätmittelalters. Er ist aus zwei Teilen zusammengesetzt: einer großen rundlichen Silberlaffe und einem Stiel aus rotem Achat. Für seine Gestaltung und Veredlung wurden mehrere Goldschmiedetechniken angewendet. Vergoldete Gravuren gliedern die Innenseite der Laffe. Um den Rand legt sich ein Spruchband mit der Inschrift „Slangen blot is bose slimmer noch sint tungen de vergiftiget sin" (Schlangenblut ist böse, schlimmer noch sind Zungen, die vergiftet sind). Das Zentrum nimmt eine heraldisch stilisierte Heckenrose ein, über der das Wort „Jhesus" erscheint. Der geschliffene Achatstiel des Löffels wird durch Applikationen aus vergoldetem Silber, Emaildekor und durch eine Perle geziert. Feinteilige Bordüren umschließen seine beiden Enden. Der Vorderseite des Stiels ist eine Spange vorgeblendet, an der eine in Silber gegossene und vergoldete Figur der Mondsichelmadonna angebracht ist. Umgeben von einem Strahlenkranz hält sie ein Granatapfelzepter in der rechten Hand und das Jesuskind auf dem linken Arm. Eine weiße Perle ist über ihrem gekrönten Haupt befestigt, und ein schmaler schwarzer Glasfluss mit filigranen Inklusionen vegetabiler Ornamente führt zum oberen Abschluss des Stiels. Dieser wird von einem Bergkristall gebildet, der mit einem zweiseitigen Facettenschliff bearbeitet wurde. Seine vergoldete Silberfassung orientiert sich formal an den Kelchblättern einer Blüte, sodass der Kristall in seiner Position an eine geschlossene Knospe erinnert. Es sind keine weiteren Exemplare dieses Typs mit vergleichbarer Opulenz aus deutschen Werkstätten des 15. Jahrhunderts überliefert.

Auf welchem Weg der Löffel in den Besitz der Adelsfamilie Wolff-Metternich auf Schloss Wehrden in Beverungen gelangte, in deren Besitz er sich mindestens bis 1879 befunden hat, ist bislang ungeklärt. Die offene Rosenblüte im Zentrum der Laffe verweist wohl auf das hochadelige westfälische Geschlecht derer zur Lippe als ursprünglichen Besitzer. Auch stilistische Gründe wie die Verwandtschaft mit der Mondsichelmadonna aus dem Kloster Oesede im LWL-Museum für Kunst und Kultur in Münster (Inv. E-185 AV) sprechen dafür, dass der Löffel in einer nordwestdeutschen Goldschmiedewerkstatt hergestellt wurde.

Unklar bleibt, für welchen Zweck der Löffel bestimmt war. Aufgrund seiner Zier wurde er lange für einen Hostienlöffel gehalten, jedoch ist eine solche Verwendung in Westeuropa im 15. Jahrhundert noch nicht üblich gewesen (Braun 1932, S. 264). Eher kann der Löffel mit dem Sakrament der Taufe in Verbindung gebracht werden. Täuflinge wurden in spätgotischer Zeit durch ihre Paten häufig mit sogenannten Tauf- oder Apostellöffeln beschenkt, an deren Stielen sich Figuren der Apostel oder der Maria befanden. Sie waren gewöhnlich aus Silber gegossen oder aus Holz geschnitzt. Das Berliner Exemplar entzieht sich durch seine vielfältige Materialität und kunstfertige Bearbeitung dem direkten Vergleich mit derartigen Tauflöffeln. Der Aphorismus an der Laffe richtet sich sehr wahrscheinlich an einen Beschenkten, dem durch die Gabe des Löffels zugleich ein wertvoller Rat mit auf den Lebensweg gegeben werden sollte.   *EsE*

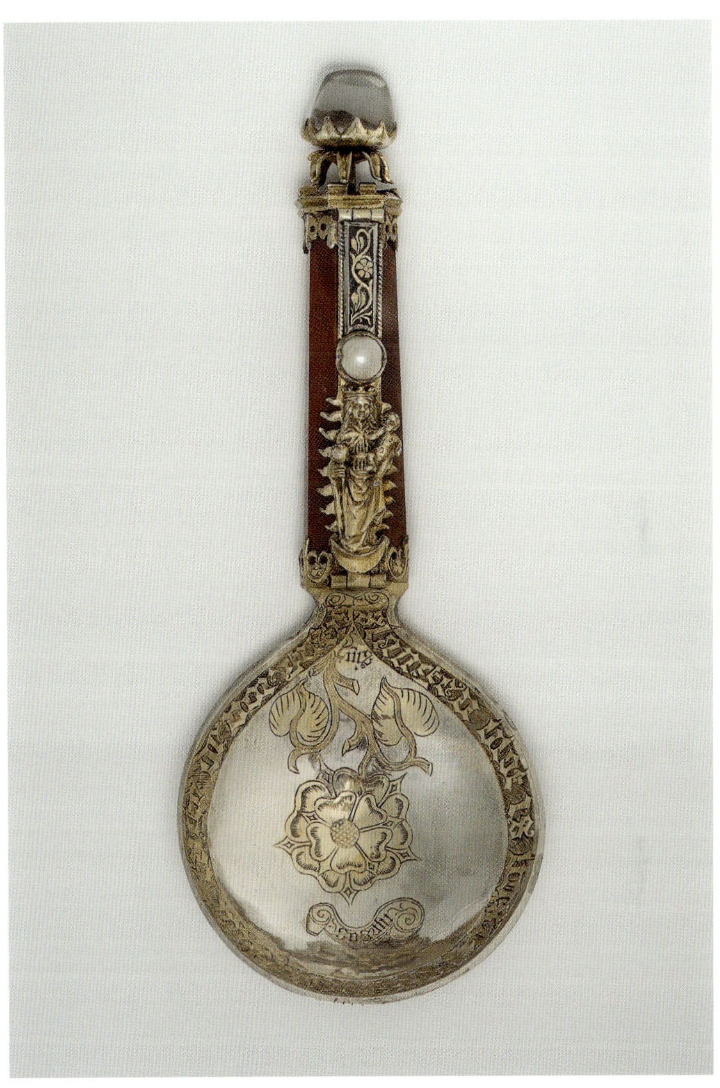

LITERATUR
AK Münster 1879, Nr. 756, S. 66 – Fritz 1966, Nr. 71, S. 454.

92   Dänemark oder Norddeutschland
      Mitte (?) 15. Jh.
      Trinkhorn, sog. Greifenklaue

Wisenthorn, Kupfer, gegossen, getrieben, graviert und vergoldet
H. 34,4 × B. 47,5 × T. 12,4 cm, Gewicht 1648,5 g
überwiesen 1875
aus der Königlich-Preußischen Kunstkammer Berlin
Staatliche Museen zu Berlin, Kunstgewerbemuseum, Inv. Nr. K 4178

Eine aufwendige Montierung aus vergoldetem Kupfer verwandelt das Horn eines Wisents in ein ebenso funktionales wie imposantes Trinkgefäß. Die becherförmige Mündung, zwei das Horn umfassende Manschetten sowie die Einfassung der Spitze mit dem bekrönenden Abschluss in Form einer von Eichenblättern getragenen Eichel sind durch zwölf Scharnierspangen untereinander verbunden. An den Manschetten setzen ein kleiner Sockel und zwei schlanke zoomorphe Stützfüße an, die dem Gefäß einen sicheren Stand verleihen. Unterhalb der Lippe erscheint vor schraffiertem Untergrund in spätgotischen Minuskeln die Inschrift „melchior baltasar caspar". Sie ermöglicht die Identifikation dieses Trinkhorns mit jenem „Horn von den heiligen 3 Königen" (Kugler 1838, S. 51), das in dem 1665 durch Johann Gregor Memhardt erstellten Inventar der kurfürstlichen Kunstkammer in Berlin erwähnt ist. Damit zählt das Horn zu den wenigen erhaltenen Werken, die bereits seit dieser Zeit im Bestand der Kunstkammer der Hohenzollern nachzuweisen sind.

Die in überraschend großer Anzahl in Kunstkammern ebenso wie in Kirchenschätzen überkommenen spätgotischen Trinkhörner tragen häufig die legendären Namen der Heiligen Drei Könige. In Anspielung auf deren Gaben von Gold, Weihrauch und Myrrhe an den neugeborenen Jesusknaben (Mt 2,11) wurden sie als glücksbringende Füllhörner angesehen, was sie zugleich für eine Verwendung als fürstliche Geschenke prädestinierte. In der bildenden Kunst wurde oft der im mittleren Lebensalter stehende König Balthasar mit einem hornförmigen Behältnis seiner Gaben dargestellt, so schon um 1305 auf einem Fresko von Giotto in der Cappella degli Scrovegni in Padua.

Der für Trinkhörner bereits seit dem Mittelalter verwendete Begriff „Greifenklaue" geht auf die Verehrung des hl. Cornelius zurück. Abgeleitet vom Namen dieses römischen Bischofs (lat. *cornu*, „Horn"), war ein Horn zum bildlichen Attribut des Heiligen geworden. Dabei soll es sich der Legende nach um eine Klaue des mythischen Vogels Greif handeln, die jener dem hl. Cornelius als Dank für die durch dessen Gebete eingetretene Heilung von der Fallsucht geschenkt habe. Diese Greifenklaue soll der Heilige fortan als Gift anzeigendes Trinkgeschirr benutzt haben. In der Aachener Propsteikirche St. Kornelius sowie in der Kölner Kirche St. Severin werden bis heute Greifenklauen aus Büffelhörnern als Cornelius-Reliquiare bewahrt.

Eine mit dem Berliner Trinkhorn eng verwandte Greifenklaue befindet sich in der Sammlung der Abegg-Stiftung in Riggisberg (Inv. 8.144.67). Wie beim Berliner Exemplar erscheinen die Namen der Heiligen Drei Könige in großen Buchstaben als Umschrift an der Mündung. Die Konstruktion der Montierung gleicht jener am Horn des Kunstgewerbemuseums ebenfalls, jedoch ist hier der Beschlag der Spitze in Verlust geraten.

Greifenklauen fanden vom 14. bis zum frühen 16. Jahrhundert in Europa von Ungarn bis Britannien weite Verbreitung, wobei diese Trinkhörner vor allem im dänisch dominierten Skandinavien der Kalmarer Union eine besondere Tradition besaßen. Da bislang keine systematische Erfassung des Gesamtbestandes dieses spätmittelalterlichen Gefäßtypus erfolgt ist, bestehen in der kunsthistorischen Forschung häufig große Unsicherheiten hinsichtlich der formalen Einordnung, Datierung und Lokalisierung der einzelnen Werke.

1689 vermerkte ein Eintrag im Berliner Kunstkammer-Inventar, das „Horn von den heil. 3 Königen, worin sie Weihrauch und Myrrhen, nebst einer Schaale, worin sie Gold geopfert haben sollen [...] kommt aus einem Kloster in Ungarn" (Kugler 1838, S. 51). Dagegen wird das Trinkhorn der Berliner Kunstkammer in einer bislang in diesem Zusammenhang unbeachtet gebliebenen Erwähnung im *Thesaurus Brandenburgicus* 1696 ausdrücklich als das „dänische Horn" (*cornu Danicum*) bezeichnet (Beger 1696, S. 14). Diese Lokalisierung legt auch die seitlich in das Horn geritzte Inschrift „JOCHUMUS DANNEWOLLT 1564" nahe, die vielleicht auf den damaligen Besitzer des Gefäßes verweist.   *LL*

LITERATUR
Beger 1696 – Kugler 1838, S. 51 – Kunstgewerbemuseum 1963, Nr. 37 – Kat. Berlin 1981, Nr. 38, S. 111 f. (Stefan Bursche) – AK Berlin 2010b, Nr. 1–4 (Udo Andraschke).

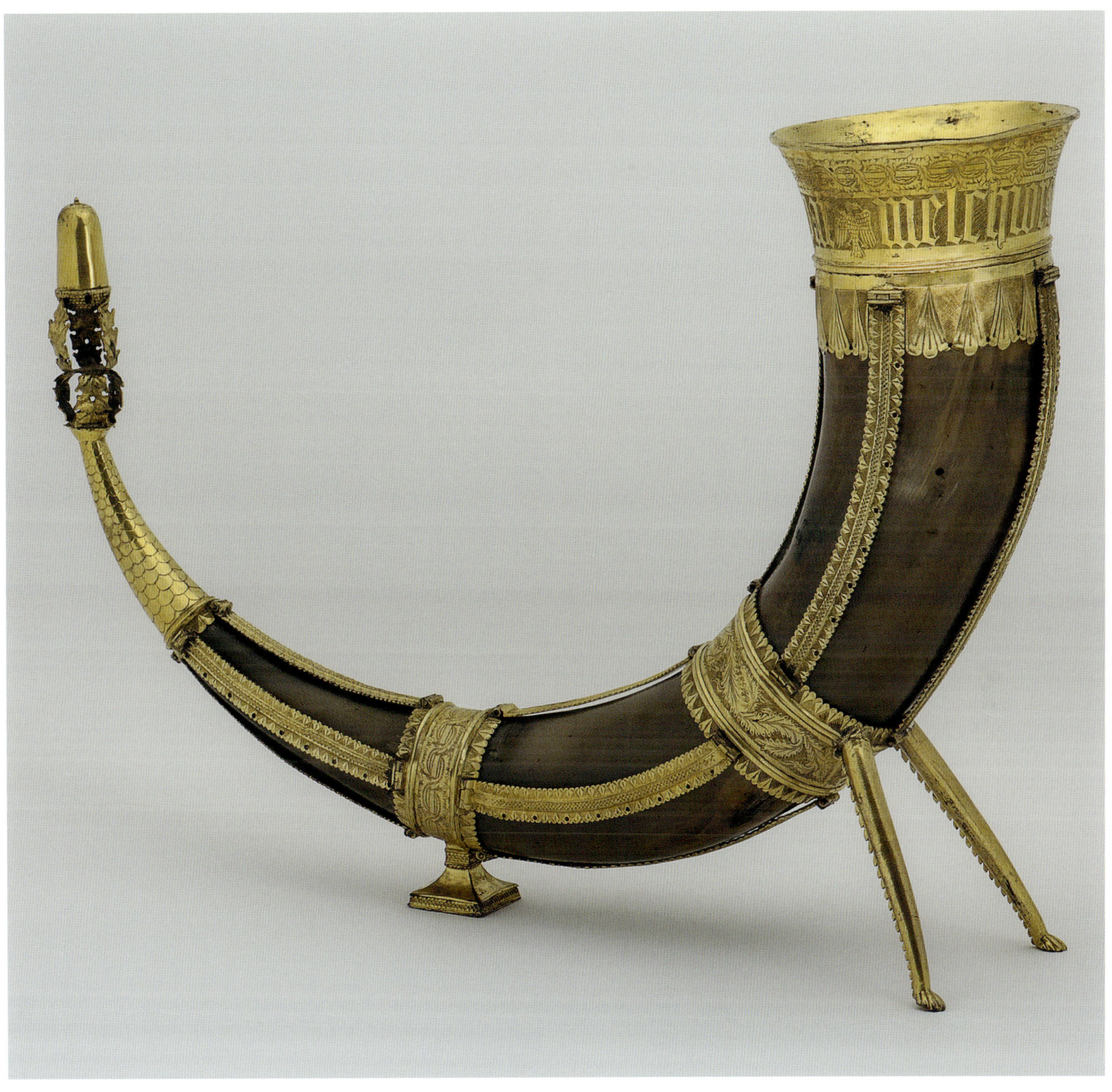

93 Hinrick Sommer
(gest. in Lüneburg um 1504)
Jaspispokal aus dem Lüneburger Ratssilber, 1473

Silber, getrieben, gegossen, teilweise vergoldet,
Email, Jaspis mit Amethyst- und Achatanteilen, geschliffen
H. 39 × Dm. 16 cm, Gewicht 1554 g
erworben 1874 von der Stadt Lüneburg durch den preußischen
Staat und dem Deutschen Gewerbe-Museum in Berlin überwiesen
Staatliche Museen zu Berlin, Kunstgewerbemuseum,
Inv. Nr. 1874,376

Am Deckel dieses ältesten erhaltenen Pokals aus dem Lüneburger Ratssilber (Kat. 29, 89, 90) befindet sich in sehr sorgfältig ausgeführter gotischer Minuskel die Inschrift: „Dit clenade heft de hochgeborne forste h(err)n frederick to brvnswigk vn(d) lvneborgh her /toge zeligen hertogen berndes sone dem rade to lvneborgh gegeven anno d(o)m(ini) m° cccc lxxii". Demnach hatte Herzog Friedrich II., der Fromme, von Braunschweig-Lüneburg das „Kleinod" im Jahre 1472 dem Rat der Stadt Lüneburg geschenkt. Dieser Stiftungsnachricht entsprechend erscheint auch das Wappen von Braunschweig-Lüneburg und nicht das der Stadt in mehrfarbigem Email auf dem Schild, welchen die – leider nicht vollständig erhaltene – modisch gerüstete Deckelfigur des Pokals präsentiert.

Der Deckelpokal erhebt sich über einem durch drei sitzende Löwenfiguren getragenen sechspassförmigen Fuß. Sein Schaft ist in drei Zonen gegliedert: eine kapellenartige Mikroarchitektur mit Lanzettfenstern, einen à jour gearbeiteten, stark gedrückten Knauf aus gegossenem Blattwerk mit Früchten sowie zwei darüber angeordneten Friesen von Spitzbögen und Oculi mit Drei- und Vierpässen. Die Kuppa, der eigentliche Gefäßkörper des Pokals, besteht aus einem Jaspis mit zwölfseitigem Facettenschliff. Der wertvolle Steinschliff ist durch vier vergoldete Silberspangen zwischen Ständer und Randeinfassung montiert. Diese ist im Bereich der Lippe glatt profiliert und unten durch einen Kranz hängender Blattornamente verziert, der gleichsam spiegelbildlich in aufrechter Anordnung auch am Deckel auftritt. Die breite Mittelzone der Randeinfassung schmückt ein graviertes schindelartiges Schuppenmuster.

Der Deckel des Pokals ist ebenfalls in drei Teile gegliedert: ein umlaufendes zweizeiliges Schriftband mit der eingangs zitierten Stifterinschrift, eine zwölfseitige silberne Kuppel, welche gestalterisch das Pendent zum Jaspisgefäß bildet und die gleichfalls durch vier Spangen mit Rankendekor gehalten wird,

sowie den ursprünglich vollflächig mit grünem Email überschmolzenen Rasenhügel mit der bekrönenden Ritterfigur. Ähnlich wie die Randeinfassung der Kuppa, die den sehr sorgfältig geschliffenen Jaspis optisch kaum zur Geltung kommen lässt, erscheint auch der Deckel des Pokals im Verhältnis zum Ständer und Schaft spürbar zu groß geraten. Die absichtsvolle Übereinstimmung vieler gegossener Zierelemente am Ober- und Unterteil des Deckelpokals vermag nicht darüber hinwegzutäuschen, dass die meisterliche goldschmiedetechnische Ausführung des Werkes in einem eigentümlichen Kontrast zu seinen im Ganzen etwas unharmonisch wirkenden Proportionen steht.

Für diesen Befund liefern die erhaltenen Lüneburger Kämmereirechnungen für das Jahr 1473 eine einleuchtende Erklärung. Sie verzeichnen nämlich eine Zahlung des Rates der Stadt über „22 m(ark) 4 ½ s(chilling)" an den Lüneburger Goldschmied „hinrick Sommer vor dat deck to makende vp dat clenade dat vnse gnedige here hertoge vrederick dem rade heft ghegeven". Herzog Friedrich der Fromme hatte der Stadt demnach im Jahr zuvor offenbar einen Jaspispokal ohne oder mit einem anderen Deckel verehrt. Es scheint aber, als habe Hinrick Sommer 1473 im städtischen Auftrag für dieses „Kleinod" nicht nur einen neuen Deckel mit repräsentativer Stifterinschrift geschaffen, sondern auch die gesamte Fassung des geschliffenen Jaspis erneuert sowie etliche der gegossenen Zierrate am Ständer und am Schaft ergänzt, um so dem Gefäß eine einheitliche äußere Anmutung in Anlehnung an die Gestalt der damals beliebten Doppelpokale zu verleihen. *LL*

LITERATUR
Lessing 1878, Nr. 7, S. 9 – Schröder 1922, II. B, S. 51 f., II. C, S. 76 f. – Appuhn 1956,
Nr. 3, S. 11 – Scheffler 1965, Nr. 49, S. 894 f. – Hahnloser/Brugger-Koch 1985, Nr. 432,
S. 211 – Bursche 1990/2008, Nr. 2, S. 100 f./Nr. 2, S. 52 f. – Wehking 2017, Nr. 134,
S. 325 f., Taf. 12, Abb. 36–38.

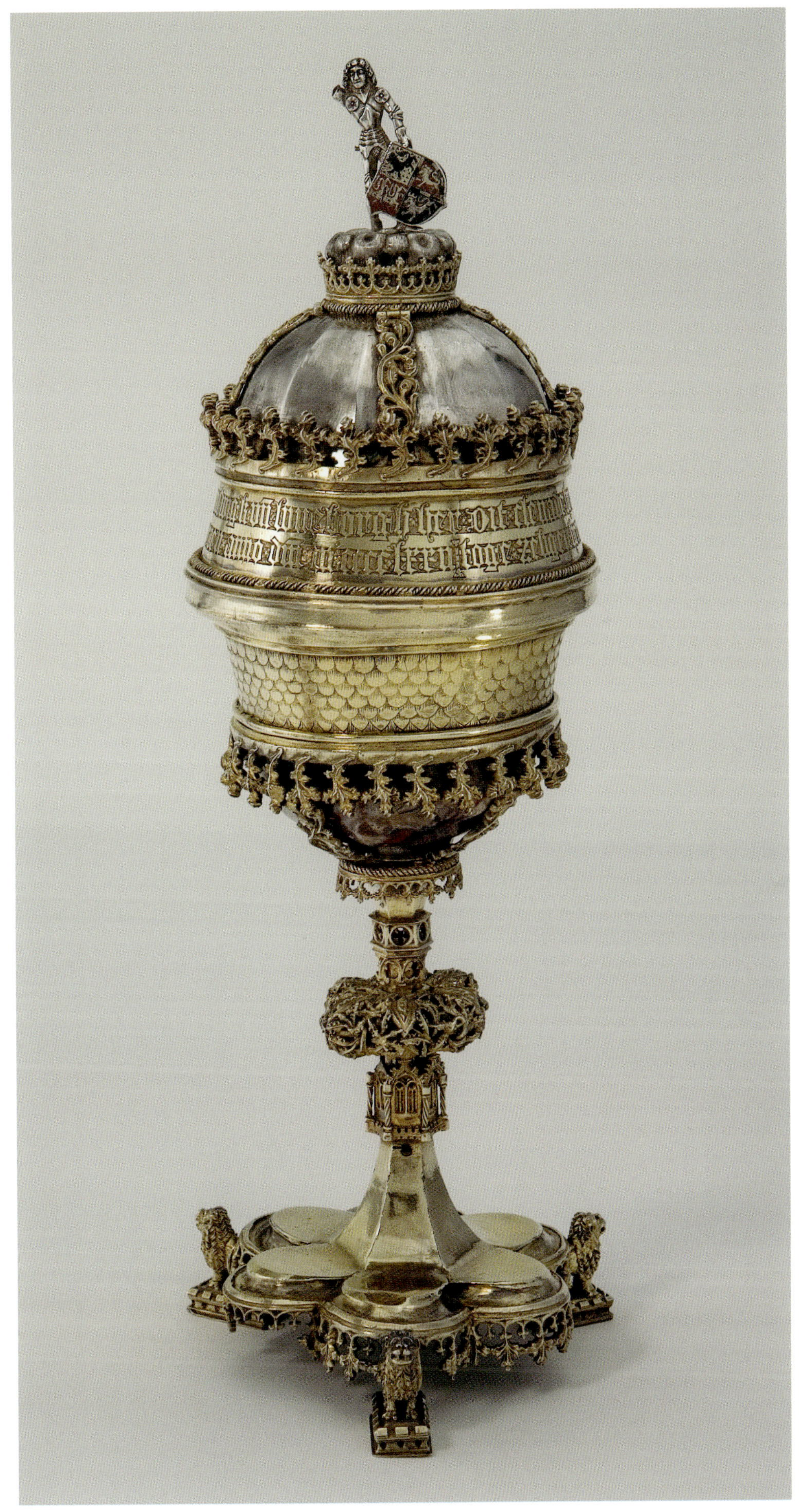

94   Schwäbischer, vermutlich Konstanzer Meister
      Doppelbildnis Wilhelms IV. Graf Schenk von
      Schenkenstein und der Agnes,
      Gräfin von Werdenberg-Trochtelfingen
      um 1445–1450

Lindenholz; H. 14,8 × B. 14,8 cm
erworben 2003 aus der Sammlung Fürstenberg, Donaueschingen
Schwäbisch Hall, Sammlung Würth, Inv. Nr. 6468

Auf einer Art Balkon präsentiert sich das gräfliche Ehepaar in Halbfigur. Mann und Frau wenden sich einander zu und halten gemeinsam eine große Perlenkette. Ob es sich um einen Rosenkranz handelt und dem Porträt dadurch eine religiöse Fundierung gegeben wird oder ob die Kette eher als Liebessymbol zu verstehen ist, lässt sich kaum entscheiden. Jedenfalls drückt sie die Verbundenheit der beiden aus, während ein roter, der Kette angehängter Korallenzweig als Unheil abwehrender Talisman fungiert. Der Graf hat einen Strohhut aufgesetzt und über den modisch schwarzen Rock die weiße Schärpe des Kannenordens gelegt; die Gräfin trägt ein damit harmonierendes silbergraues Kleid, dazu ein Schleiertuch auf geflochtenen Haaren. An der vorderen Brüstung sind die Wappenschilde der beiden aufgehängt.

Wilhelm IV. Graf Schenk von Schenkenstein (gest. 1468) heiratete Agnes Gräfin von Werdenberg-Trochtelfingen (gest. um 1474) nach 1441, dem Todesjahr ihres ersten Mannes, Ludwig XI. Graf von Oettingen, mit dem sie 1422 vermählt worden war. Gräfin Agnes war eine gebildete Frau, die mindestens fünf erbauliche Handschriften anfertigen ließ, die sie später ihrer Tochter Magdalena (1424–1502), Äbtissin von Kirchheim, vermachte. Dass Graf Wilhelm dem Kannenorden angehörte, der 1403 von König Ferdinand I. von Aragon gestiftet worden war, mag zunächst erstaunen. Der Orden nahm „Ritter und fromme Menschen beiderlei Geschlechts" (Coreth 1952, S. 50) auf, oftmals auch Bürgerliche. Nicht nur in Spanien, auch in Süddeutschland gab es zahlreiche Mitglieder, denn wer bereits dem Orden angehörte, konnte selbst neue Mitglieder darin aufnehmen.

Höchst ungewöhnlich ist die dargestellte Räumlichkeit: Eine kahle Nische ohne Tür wird vorn von einem vorspringenden Balkon erweitert. Dieser ist deutlich in Untersicht gegeben, sodass man gleichsam zu dem Paar aufblickt. Das verwundert gerade bei einer so kleinen Tafel. Buchner (1953, S. 170) fühlte sich an ein Wandbild erinnert, und tatsächlich könnte man sich eine derartige Darstellung in Lebensgröße als Wandmalerei in entsprechender Höhe vorstellen; möglicherweise ist das Täfelchen von der Gestaltung profaner Wandbilder inspiriert worden. Als Wohnsitz des Paares ist Schwäbisch Gmünd bezeugt, wo es 1449 und 1455 nachgewiesen ist. Künstlerisch lässt sich ihr Bildnis indes mit einer anderen Region in Verbindung brin-

gen. Vom Maler des Bildnisses stammt nämlich auch ein Banner der Stadt Frauenfeld im Schweizer Kanton Thurgau (Grimm/Konrad 1990, S. 101); es zeigt eine Personifikation der Stadt, bei der Gesicht, Büste und Hände weitgehend mit dem Bild der Gräfin Agnes übereinstimmen. Das spricht für eine Lokalisierung an den Bodensee. Unterstützung findet diese Annahme in einer Miniatur im Stadtbuch von Konstanz, die das Stadtwappen vor einer gemalten Nische zeigt, die mit steil fluchtenden Wänden, der gleichen rotbraunen Farbe und prägnanten Schlagschatten der Nische im Porträt weitgehend entspricht (Konrad 1993, S. 84 f.). Die Buchmalerei entstand 1449 und gibt damit einen Anhaltspunkt für die Datierung des Tafelbildes. Einen Strohhut, der dem des Grafen genau entspricht, trägt zudem der Stifter auf Rogier van der Weydens um 1441–1445 geschaffenem Kreuzigungs-Triptychon (Abb. S. 201).

Das kleine Täfelchen ist eines der frühesten Beispiele für Doppelbildnisse im Europa nördlich der Alpen und zugleich eines der ersten „modernen" Porträts in Deutschland. Der Maler bemüht sich, die Personen lebensecht erscheinen zu lassen. Dennoch dürfte die Porträtähnlichkeit begrenzt sein; die Falten und das Doppelkinn des Grafen mögen an seine wirkliche Physiognomie erinnert haben. Ob die Gräfin allerdings über den Typus, der ebenso auf der Frauenfelder Fahne zu finden ist, hinaus individualisiert wurde, ist zweifelhaft. Wirkungsvoll vermag der Künstler mit der Perspektive umzugehen, die, steil wie sie ist, an die Werke des Konrad Witz erinnert. Und wie Witz hat er sich neue Darstellungsmittel zu eigen gemacht, insbesondere die klug eingesetzten Schlagschatten, aber auch die Andeutung von Materialität bei den glänzenden Perlen, der seidig schimmernden Schärpe und den feinen Reflexlichtern am Strohhut. Anders als Witz dürfte der anonyme Maler diese Mittel jedoch nicht in den Niederlanden, sondern über süddeutsche Werke kennengelernt haben. Eine besondere Qualität des Künstlers liegt im Kolorit, das hier vor allem mit Variationen von Weiß, Schwarz und Rot arbeitet und dabei einige Raffinesse erreicht.   *SK*

LITERATUR
Buchner 1953, S. 170, 218, Kat. 195 – Grimm/Konrad 1990, Kat. 4 – Konrad 1993, S. 85 – AK Schwäbisch Hall 2004, Kat. 51 (Dietmar Lüdke) – Lucas 2017, S. 272–274.

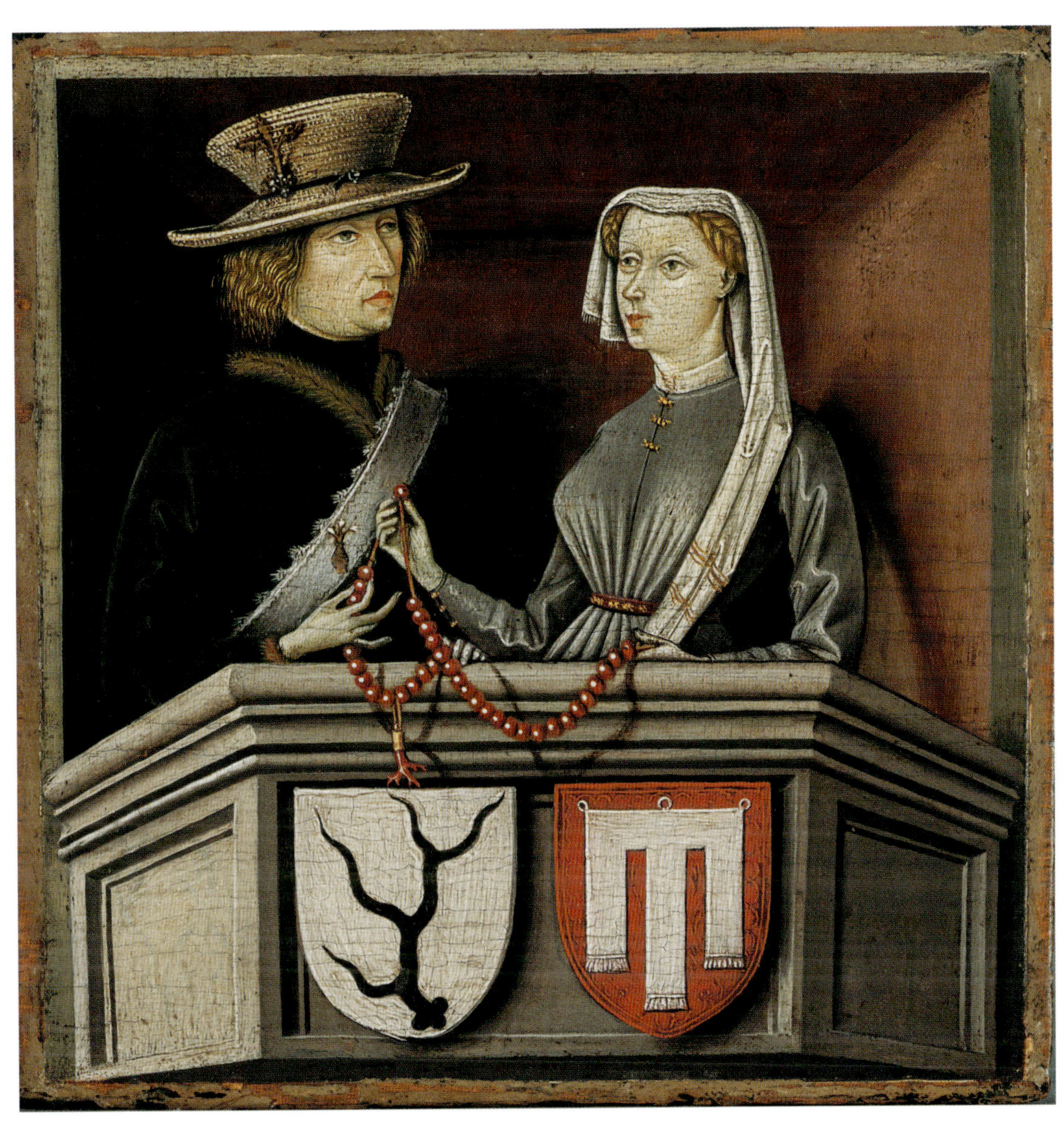

95   Martin Schongauer
(um 1440/1445 Colmar – 1491 Breisach
oder Colmar)
Kopf eines älteren Mannes mit Pelzmütze
um 1475–1485

Feder in Braun
H. 10,4 × B. 7,1 cm
erworben 1913 vom Kunsthandel Colnaghi, London
Staatliche Museen zu Berlin, Kupferstichkabinett, KdZ 4917

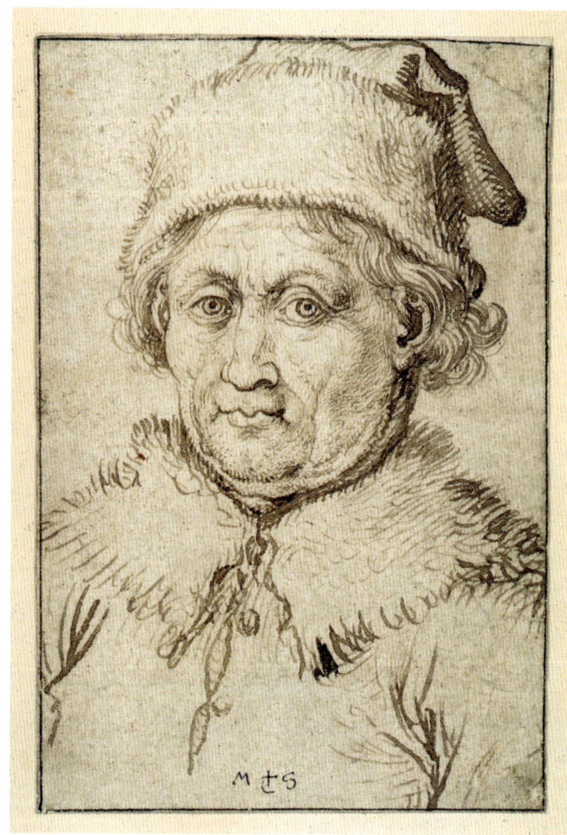

Das kleine Blatt zählt, zusammen mit der mehr als viermal so großen Muttergottes (Kat. 85), zu den schönsten Zeichnungen Martin Schongauers. Eindringlich blickt der ältere, nicht unbedingt freundlich wirkende Mann uns aus großen, parallel zur Bildfläche liegenden Augen an. Seine faltige, am vollen Kinn erschlaffte Haut, die Bartstoppeln und Brauen, der fest zusammengepresste Mund sind meisterlich mit subtil variierenden Schraffuren herausgearbeitet. Der weiche, flauschige Pelz des Kragens hebt sich deutlich vom kurzen Fell der Mütze und den

lockigen Haupthaaren ab; bei Gesicht und Haaren meint man sogar die unterschiedlichen Färbungen wahrzunehmen. Es verwundert nicht, dass diese überaus lebendige Darstellung oftmals für ein direkt nach dem Leben gezeichnetes Porträt gehalten wurde. Doch dürfte dies nur eingeschränkt zutreffen, denn mit seinem direkten, geradezu scharfen Blick und den prononciert gestalteten Details seiner Kleidung, die insbesondere am Fellkragen etwas ausgefranst scheint, wirkt der Mann eher wie eine sorgsam arrangierte Figur in einer szenischen Darstellung. Schongauer dürfte hier von der Beobachtung eines bestimmten Individuums ausgegangen sein, um einen Charakterkopf, eine Art von Typus jener Art zu schaffen, wie sie im 17. Jahrhundert unter der Bezeichnung „Tronie" bekannt werden sollte und beispielsweise von Rembrandt vielfach ausgeführt wurde. Tatsächlich hat Schongauer selbst ähnliche Häupter für seinen Stich des Apostels Philippus sowie für einen Zuschauer in der Pilatus-Szene auf der Innenseite des gegen 1480 in seiner Werkstatt gemalten Colmarer Dominikaneraltars verwendet (Kemperdick 2004, S. 208). Derartige sprechende Köpfe wurden auch dankbar von anderen Künstlern rezipiert, und so hat der bayerische Maler Sigmund Gleismüller den Altmännerkopf Schongauers für eine Nebenfigur in seinem um 1480/1491 gemalten Baumburger Kalvarienberg eingesetzt (Statnik 2009, S. 118); wie er an die Vorlage gekommen war, bleibt freilich unbekannt.

Die vorliegende Zeichnung eines älteren Mannes gehört zu einer Folge von neun gleichgroßen Blättern, die einst zu einem kleinen Skizzenbuch gehört haben dürften. Acht von ihnen tragen ein altes, doch nicht originales Schongauer-Monogramm. Die hier besprochene Zeichnung allerdings überragt die übrigen qualitativ erheblich und gilt heute als einzige der Folge als Werk von Schongauers eigener Hand.   *SK*

LITERATUR
Rosenberg 1923, Nr. 21 – Winzinger 1962, Nr. 27 – AK Berlin 1991, Kat. 1.3 (Holm Bevers) – AK Colmar 1991, Nr. 26 – Koreny 1996, S. 139 – Kemperdick 2004, S. 71 f. – Heinrichs 2007, S. 256.

96   Hans Pleydenwurff
      (um 1420 Bamberg – 1472 Nürnberg)
      Diptychon: Bildnis des Bamberger Domherrn
      und Subdiakons Georg Graf von Löwenstein
      Schmerzensmann, um 1456

Lindenholz; linke Tafel H. 31 × B. 23 cm
bis 1930er-Jahre Privatbesitz in Schwäbisch Gmünd
Kunstmuseum Basel, Inv. 1651

Lindenholz; rechte Tafel H. 31,4 × B. 22,5 cm
erworben 1856 durch Hans von Aufseß aus der Sammlung
Zu-Rhein in Würzburg, vor 1882 in das Germanische
Nationalmuseum Nürnberg gelangt
Nürnberg, Germanisches Nationalmuseum, Inv. GM 128

Das Bildnis des Bamberger Domherrn Georg Graf von Löwenstein und die Tafel mit dem Schmerzensmann, die noch den originalen Rahmen besitzt, bildeten einst ein Devotionsdiptychon.
Die Zuschreibung an Hans Pleydenwurff lässt sich durch einen
Vergleich mit dem Breslauer Retabel von 1462 untermauern,
dem einzigen urkundlich gesicherten Werk des Meisters. Die
Identifizierung des Porträtierten mit Georg von Löwenstein (um
1370/1375 – 1464) erfolgte über Pleydenwurffs *Kalvarienberg* im
Germanischen Nationalmuseum Nürnberg. Zu Füßen des Kreuzes kniet dort ein geistlicher Stifter mit identischer Physiognomie, vor dem das Wappen derer zu Löwenstein platziert ist. Als
die Tafel mit dem Schmerzensmann in den 1930er-Jahren im
Kunsthandel auftauchte, offenbarten das Löwenstein'sche Wappen auf der Rückseite und die nahezu identischen Maße die
Zugehörigkeit zum Nürnberger Bildnis.

Lebendigkeit und Lebensnähe charakterisieren das Porträt des betagten Klerikers, das in der deutschen Kunst vor Dürer
einzigartig dasteht und seine Modernität der Auseinandersetzung mit der niederländischen Malerei verdankt. Vor dunkelblauem Hintergrund erscheint die nach links ausgerichtete Halbfigur des Greises. Das weiße, schüttere Haar umgibt das Haupt
wie eine Aureole und vermittelt zugleich zum Hintergrund. Das
helle Inkarnat, das nur an Wangen und Kinn abschattiert ist,
lässt das Gesicht mit den tiefliegenden blauen Augen wie von
innen leuchten. An die Kunst von Jan van Eyck gemahnt die
akribische Schilderung der Haut. Wie knittrig gewordenes Pergament umspannt die Epidermis den Schädel. Der Mund, dessen eingefallene Form die Zahnlosigkeit des Greises andeutet,
ist in einem Zustand größter Konzentration leicht geöffnet. Dies
korrespondiert mit dem nach innen gerichteten Blick und den
lebendig wirkenden Händen, deren komplexe Pose an die Porträts von Rogier van der Weyden erinnert. Die Linke hält ein in
grünen Samt eingeschlagenes Gebetbuch, wobei der Daumen
zwischen den Seiten steckt und so die Stelle markiert, die eben
noch aufgeschlagen war und in der ein Notenzettel mit einem
Liedanfang als Lesezeichen liegt. Dargestellt ist jener in den religiösen Texten der Zeit *contemplatio* genannte geistige Zustand,
in welchem der Gläubige sich von dem Gebetstext gelöst hat, um
sich das Bild Christi vor das innere Auge zu rufen.

Die Halbfigur des Schmerzensmannes auf der linken
Tafel thematisiert diese Vision. Der makellose Leib Christi, auf

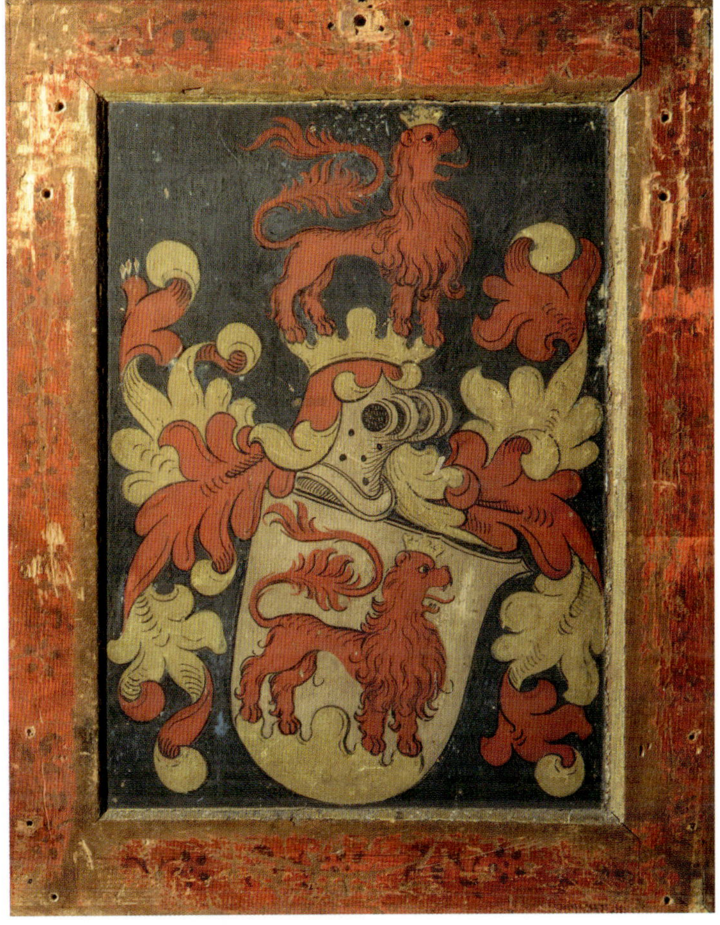

dem dunkelrote Blutstropfen wie schönlinige Ornamente verteilt sind, erscheint in goldener Aureole vor dunkelblauem
Sternenhimmel. Ist der Oberkörper mit geöffneten Armen und
erhobenen Händen nach links zum Betrachter gedreht, so vermittelt das nach rechts gewendete Haupt zum Stifter. Nicht
nur erschaut Georg von Löwenstein den Erlöser, er wird auch
seinerseits von ihm gesehen. Das Werk nimmt damit die Hoffnung, dem Höchsten nach dem Tode von Angesicht zu Angesicht gegenüberzustehen, bildmäßig vorweg (Schmidt 2003b,
S. 229).

Georg, der als junger Mann auf alle Ansprüche der Herrschaft Löwenstein verzichtet hatte, gestaltete als Bamberger

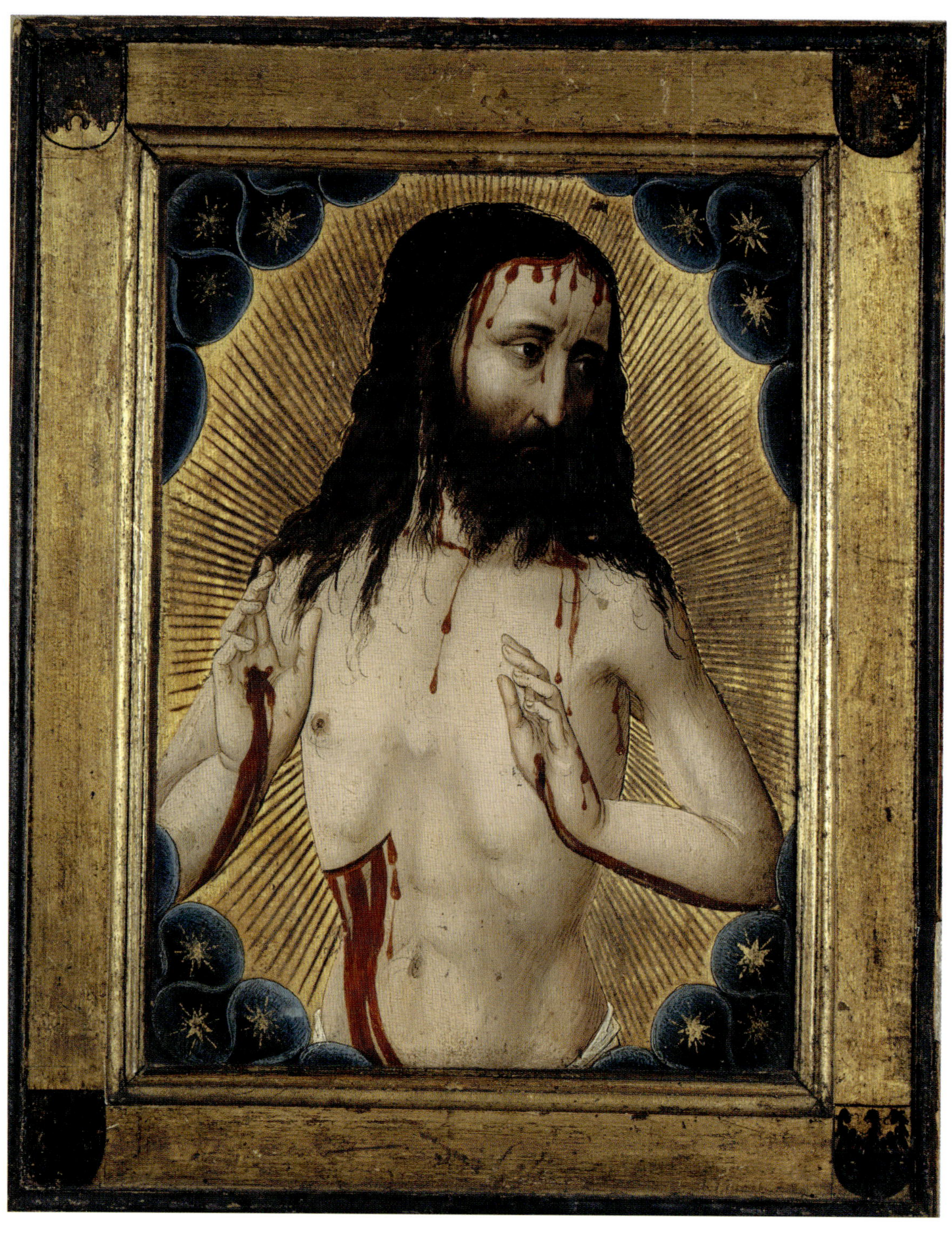

Domherr über Jahrzehnte hinweg die Bistumspolitik mit. Den Auftrag für das Diptychon erteilte er vermutlich im Rahmen einer 1456 getätigten testamentarischen Stiftung. Darin bedachte er die Sepultur des Bamberger Doms mit einer Vikarie und einem Altarretabel. Das Diptychon könnte zunächst für den privaten Gebrauch bestimmt und später als Epitaph in der Nähe von Georgs Grabstätte angebracht gewesen sein.

Für den engen Kontakt zwischen Maler und Auftraggeber spricht sowohl der Grad der psychologischen Durchdringung des Porträtierten als auch das Thema des Schmerzensmannes, das vermutlich vom Domherrn vorgegeben worden war. Pleydenwurff schuf eine Synthese aus älteren böhmischen Vorbildern, bei denen Schmerzensmann und Gottesmutter einander gegenübergestellt sind, und Schöpfungen Rogier van der Weydens, bei denen ein Stifter die Gottesmutter verehrt. Dass er die Ausführung des Schmerzensmannes einem Mitarbeiter seiner Werkstatt überlassen hat (Suckale 2009, S. 110), tut der Wirkungskraft keinen Abbruch.

An Kleidung und Wappen wird erkennbar, dass auch Strategien der sozialen Selbstrepräsentation zum Einsatz kamen: Der

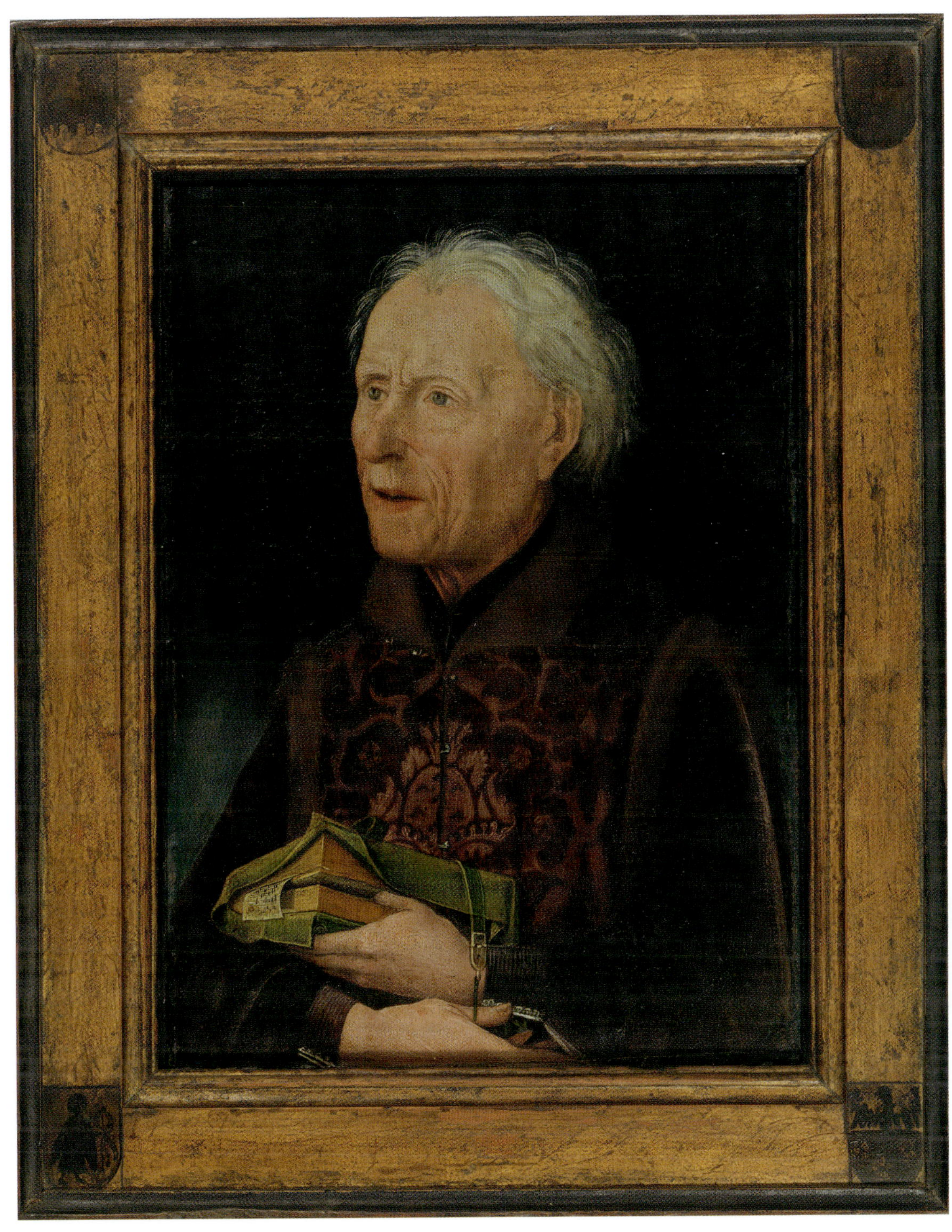

Domherr zeigt sich nicht in klerikaler, sondern in teuer ver-
arbeiteter weltlicher Gewandung: Über einem Wams aus dun-
kelviolettem Samt, dessen Ärmel mit silbernen Schließen
geziert sind, trägt er eine pelzgefütterte Heuke aus dunkelro-
tem italienischen Samt, dessen zentrales Granatapfelmotiv
mitten auf der Brust platziert ist. Im Dienste adliger Repräsen-
tanz stehen auch die insgesamt fünf Wappen auf der linken
Tafel: das Löwenstein'sche Wappen in Rot und Weiß auf der
Rückseite wird vorn durch eine Ahnenprobe ergänzt, bei der
die Wappen der Eltern und Großeltern die vier Ecken des Rahmens füllen. In diesem Werk, das Georgs Antlitz für die Nach-
welt bewahren sollte, präsentiert er sich nicht als Kleriker,
sondern als letzter Vertreter des mit ihm erlöschenden gräfli-
chen Geschlechts.   *JvF*

LITERATUR
Thode 1891, Taf. 18, S. 108 f. – Buchheit 1919, Abb. 1 – Fritz 1986, S. 201–209 –
Schmidt 2003b – Suckale 2009, Bd. 1/2, S. 104–110, Abb. 140, 148, 157; Bd. 2,
Kat. 40, S. 128–130 – Hess/Hirschfelder/von Baum 2019, Kat. 24.

**Meister des Mornauer-Bildnisses
(tätig in Bayern oder Tirol)
Porträt des Alexander Mornauer
um 1470–1480**

Nadelholz
H. 46 × B. 37,5 cm
erworben 1990 aus englischem Privatbesitz
London, The National Gallery, Inv. Nr. NG6523

Mit einer erstaunlichen Präsenz erscheint Alexander Mornauer im engen, von einer Holzwand geschlossenen Raum des Gemäldes. Der Oberkörper bildet einen massiven Sockel für den großen, kraftvoll durchgeformten Kopf; das Doppelkinn und der dicke kurze Hals tragen zum Eindruck von Massigkeit bei. Die Arme scheinen auf einem Tisch oder einer Brüstung zu ruhen, sodass die Hände zu sehen sind: In der Rechten hält Mornauer einen Brief, während ein Ring an seinem linken Daumen das Familienwappen, einen Mohrenkopf, trägt. Die nur durch eine leichte Drehung des Kopfes gemilderte Frontalität verstärkt die Ausrichtung auf den Betrachter, an welchem der Blick indes subtil vorbeigleitet, wodurch der Dargestellte einen distanzierten, überlegenen Ausdruck erhält. Damit mag die Adresse auf dem Brief in Einklang stehen, die lautet „Dem Ersamen vnd weisen allex/ ander mornawer (stad)tschr(eiber)/ Zů lanzhůt mein(m) gutten gůnner". Offenbar hält Mornauer den Brief eines Bittstellers oder eines Dankbaren in Händen; ob sich dies auf einen konkreten Fall bezieht oder lediglich fiktiv ist, entzieht sich unserer Kenntnis. Unverkennbar jedenfalls ist das implizite Lob, das freilich durch den umgedreht gehaltenen Brief etwas unaufdringlicher präsentiert wird. Mornauers heute dunkelbraun erscheinende Kleidung war ursprünglich in verschiedenen Nuancen von tiefem Purpurrot gehalten und muss mit dem Inkarnat und der warm getönten Holzwand eine ungewöhnliche, exquisite Farbwirkung ergeben haben.

Alexander Mornauer war im Jahr 1464 Stadtschreiber von Landshut geworden, worunter der Leiter der städtischen Kanzlei und damit einer der mächtigsten Männer der Kommune zu verstehen ist. Er übte das Amt bis 1488 aus, als er von Herzog Georg dem Reichen von Bayern-Landshut zum Bergmeister in Rattenberg, Tirol, gemacht wurde, wo er 1497 starb. Das Bildnis allerdings entstand während seiner Amtszeit in Landshut. Seine Kleidermode gleicht derjenigen eines schwäbischen Bürgers, der sich 1472 porträtieren ließ (Buchner 1953, Taf. 63), sowohl im Hinblick auf den zweifarbigen Pelzkragen der Schaube, die Schnürungen am Kragen des Wamses und die großen, kugelförmigen Metallknöpfe. Da Mornauer im Bild um die vierzig Jahre alt zu sein scheint und er vermutlich in den 1430er-Jahren geboren

wurde, dürfte eine Entstehung der Tafel in den 1470er-Jahren oder nur wenig später anzunehmen sein. Dem Schöpfer des Gemäldes kann als weiteres Werk eine Bildniszeichnung (Kat. 98) zugeschrieben werden, die nicht allein in der markanten Ausarbeitung der Züge und der Hände eng verwandt ist, sondern grafisch ebenso der Unterzeichnung der Mornauer-Tafel (AK London 2010, Abb. 75) nahesteht. Problematisch dagegen sind die Zuweisungen weiterer Tafelbilder an den Künstler: Meist gilt ein Bildnis Sigismunds des Münzreichen von Tirol (Buchner 1953, Taf. 110) als sein Werk, doch muss hier nicht notwendig dieselbe Hand angenommen werden; Gemeinsamkeiten bestehen ferner zu dem möglicherweise aus Augsburg stammenden Bildnis eines alten Mannes in Basel (Buchner 1953, Taf. 55). Den erwägenswertesten, wenngleich am wenigsten rezipierten Vorschlag machte Winkler, der die Mornauer-Tafel mit dem Salzburger Gnadenstuhl (Kat. 68) zusammenbringen wollte. Wo der Maler tätig war, blieb bislang ein Rätsel: Landshut wäre naheliegend, doch könnte der Vergleich mit dem Bildnis des Grafen Sigismund auch für einen Tiroler Künstler sprechen, zumal das untere Inntal zu den Besitzungen des Landshuter Grafen gehörte.

Die Mornauer-Tafel ist ein beeindruckendes Beispiel der süddeutschen Bildnismalerei des Spätmittelalters. Der Porträtierte soll greifbar erscheinen, wobei charakteristische Formen des Gesichts sehr plastisch herausgearbeitet werden; von einer Idealisierung ist wenig zu spüren, ja die Darstellung streift beinahe die Grenze zur Karikatur. Details bekommen größtes Gewicht, bei den Händen mit ihren Falten und Adern, bei den unterschiedlichen Tönungen der Haut ebenso wie bei der Kleidung. Den Maler begeistern seine Möglichkeiten zur mimetischen Wiedergabe, wozu auch der dezidierte Einsatz von Schlagschatten gehört. Im Mornauer-Bildnis besteht die Rückwand aus einer typisch süddeutschen Vertäfelung in Nadelholz, die der Maler nicht nur mit ihrer Maserung, sondern auch mit Brettfugen und einem kleinen, geradezu als Trompe-l'Œil wirksamen Riss links oben versehen hat.   *SK*

LITERATUR
Buchner 1953, S. 105–107 – Herzog 1955 – Winkler 1959, S. 106–110 – Foister 1991 – AK London 2010, S. 74–77.

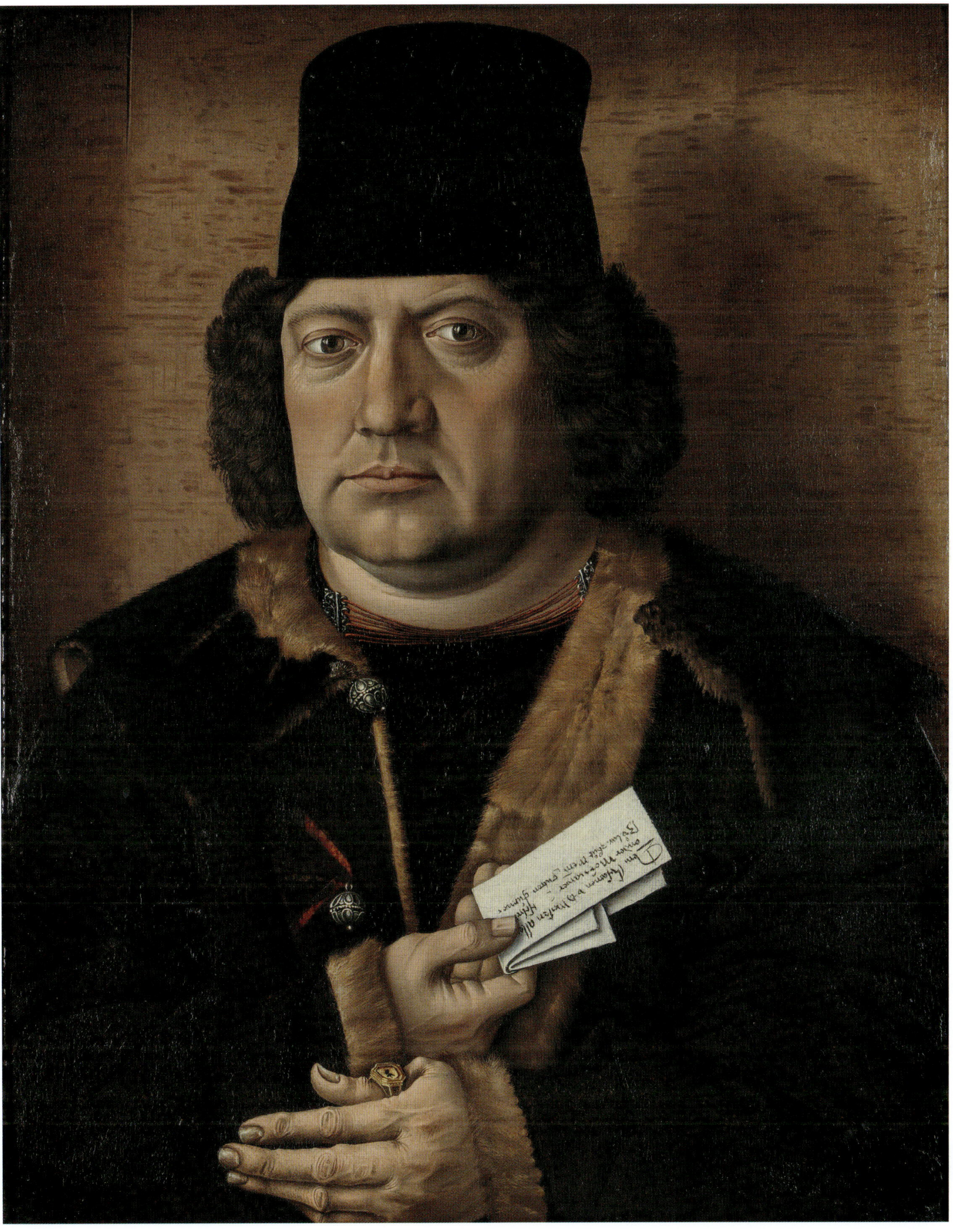

98   Meister des Mornauer-Bildnisses
      (tätig in Bayern oder Tirol)
      Männliches Bildnis, um 1470–1480

Feder in Braunschwarz, Pinsel in Braun, Rosa, Rot, Blau, Olivgrün,
Türkis, Gelb, Grau und Weiß
H. 32,5 × B. 23,8 cm (Bl.)
Wasserzeichen: Ochsenkopf mit Krone und Blume

erworben 2011 aus der Sammlung der Fürsten zu Waldburg-Wolfegg
Eigentum des Kupferstichkabinetts – Staatliche Museen zu Berlin,
Preußischer Kulturbesitz, der Kunstsammlungen und Museen
Augsburg und der Ernst von Siemens Kunststiftung; erworben
mit Unterstützung der Kulturstiftung der Länder, des Freistaates
Bayern und der Rudolf-August Oetker Stiftung für Kunst, Kultur,
Wissenschaft und Denkmalpflege,
Staatliche Museen zu Berlin, Kupferstichkabinett, KdZ 30697

Die subtil erfasste und sorgsam kolorierte Federzeichnung eines
jungen Mannes steht ganz am Anfang der Entwicklung der
selbstständigen Bildniszeichnung im deutschen Sprachraum.
Sie entstand wohl um 1475 und gehört damit nach heutiger
Kenntnis zu den frühesten autonomen Porträtzeichnungen der
Region. Die hohe Kappe identifiziert den Dargestellten als einen
Gelehrten. Kaum erkennbar ruht sein rechter Arm auf einem
gehobelten Brett, möglicherweise einer Tischkante oder der
Seite eines Schreibpults. Ein blauer Edelsteinring am linken
Daumen der ineinandergelegten Hände sowie schmale Herme-
linbordüren am Halsausschnitt und an den Ärmeln seines hel-
len Umhangs deuten auf seinen wohlhabenden Stand. Wer hier
porträtiert ist, wissen wir jedoch nicht. Die Umgebung ist gänzlich ausgeblendet.

Der Zeichner legte den Akzent auf die Darstellung der
Physiognomie und der Hände. Im Inkarnat des Gesichts und
am Hals zeigt er ein lebhaftes Wechselspiel der Hauttöne. Die
leichte Rötung der Wangen, des Nasenrückens und der Joch-
beine führt über in die hellere Stirnregion und die durch Angabe
von Bartstoppeln leicht gräulich-braun abgetönte Wangen- und
Kinnregion. Diese geht in den verschatteten Hals über, dessen
Haut unterhalb des Kehlkopfes wiederum deutlich heller wird.
Insgesamt erscheint das Gesicht merklich dunkler als die
Hände, die nicht unbedingt an die Arbeit im Freien gewöhnt zu
sein scheinen. Mit großer Akribie sind die Adern auf den Hand-
rücken ausgeführt, ebenso die Hautstauchungen am linken, wie
beiläufig hochgebogenen Zeigefinger und die Hautoberfläche
der prätentiös zusammengeführten Daumen.

In scharfem Kontrast zu dieser mimetischen Darstellung
steht die grafische Schilderung des Gewandes. Hier bildet eine
dichte Schattierung durch lebendig gesetzte, präzise, tiefschwarze
Federzüge des geradezu metallisch gefältelten Mantels einen
spannungsvollen Kontrast zur sensiblen Kolorierung der Haut-
partien im Gesicht und an den Händen des Porträtierten. Die
grafische Ausführung erinnert in ihrer feinen, kurztaktigen Stri-
chelung fast noch an die Katharinenstudie des Meisters E. S.
(Kat. 75). Zudem durchbricht der lockige, unter dem Hut hervor-
quellende Haarkranz die scharfen Umrisslinien, die den hell
gekleideten Dargestellten vom ebenfalls hellen Hintergrund
absetzen. Die Locken treten in ihrer Pinselstruktur in ein Span-
nungsverhältnis zu den scharfen Konturlinien und den fein
gestrichelten Stoffen von Kappe und Mantel. Dieses Zusammen-

spiel unterschiedlicher Gestaltungsmittel verleiht dem Bildnis
die markante Spannung von präziser Naturbeobachtung und
subtiler Künstlichkeit, die in der Grafik ihrer Zeit ihresgleichen
sucht und auch im zeitgenössischen gemalten Porträt kaum Parallelen findet.

Zu den wenigen gut vergleichbaren Werken zählt das
gemalte Bildnis des Landshuter Stadtschreibers Alexander Mornauer in der National Gallery in London (Kat. 97), das erstmals
von Kurt Löcher mit der Bildniszeichnung in Zusammenhang
gebracht wurde. Mornauer, der um 1464 bis 1488 Landshuter
Stadtschreiber war, wird durch seine Kleidung als solventer
Würdenträger ausgewiesen, ebenso wie der Unbekannte auf der
Zeichnung. Zudem untermauert sowohl die Bildanlage der beiden Bruststücke mit den sprechend präsentierten Händen die
Beziehung der beiden Werke als auch die Erfassung charakteris-
tischer Details, etwa die Abdunkelung des beide Male markant
bartgetönten Wangen- und Kinnbereichs oder die Verschattung
des leichten Doppelkinns. Unmittelbar vergleichbar ist vor allem
die sorgsame Gestaltung der Hände mit ihrer genauen Schilderung der Hautstruktur und der markanten Äderung, den ausgeprägt eckigen Daumenansätzen und dem jeweils nachdrücklich präsentierten kostbaren Daumenring. In der Zeichnung
nimmt der Ring beinahe die Augenfarbe des Dargestellten auf.

Trotz ihrer exponierten Stellung innerhalb der Kunst des
späteren 15. Jahrhunderts ist die kunsthistorische Einordnung
beider Arbeiten noch keineswegs abgeschlossen. Neben dem
bayerischen Raum, der durch Mornauers Tätigkeitsort Landshut
naheliegt, wird man auch im südlich anschließenden Tirol
suchen müssen. Denn das Londoner Mornauer-Bildnis steht in
enger Beziehung zum ebenfalls gemalten Bildnis Erzherzogs
Sigismund des Münzreichen von Tirol in der Alten Pinakothek
München. Sigismunds Kanzler wiederum war Mornauers Bruder Achaz Mornauer, der seinem Bruder nach Auskunft seines
späteren, gegen Ende des 15. Jahrhunderts entstandenen Grab-
mals im Dom zu Brixen erstaunlich ähnlich sah. Ob er der Dargestellte der Bildniszeichnung ist, muss jedoch mangels weiterer Anhaltspunkte einstweilen dahingestellt bleiben.   *MR*

LITERATUR
Schilling 1934, Kat. 4, S. 8 – AK München/Berlin/Hamburg 1956, Kat. 5, S. 19 –
Foister 1991, S. 613–618 – AK Ravensburg 2003, Kat. 52, S. 132 f. – Roth 2011, S.
26–31 AK Wien/ München 2011, S. 167

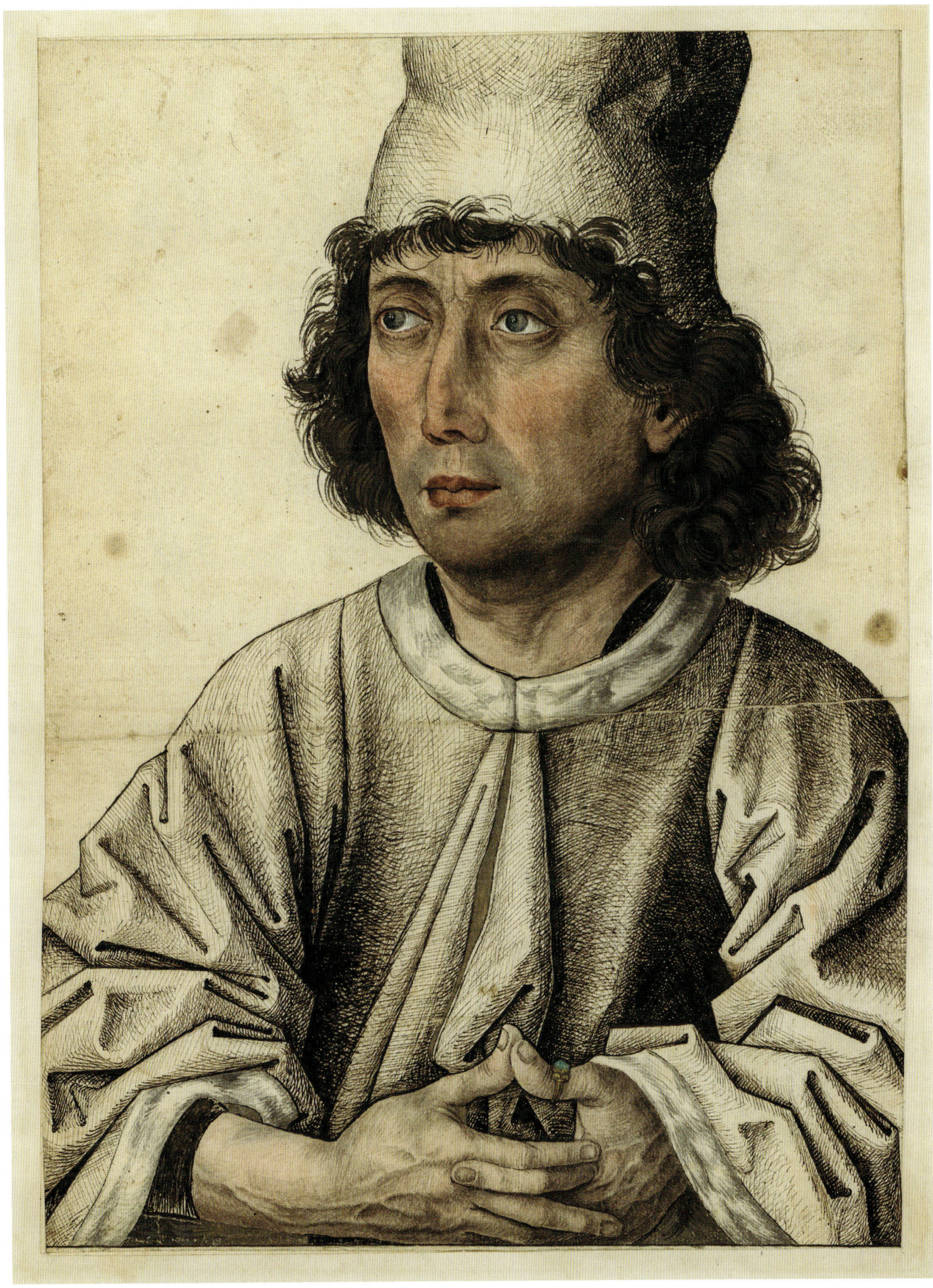

99　Jakob Elsner
　　(um 1460–1517 Nürnberg)
　　Bildnis einer Frau mit golddurchwirkter Haube
　　um 1500

Lindenholz
H. 33,5 × B. 24,3 cm
erworben 1914 aus der Sammlung Édouard Aynard, Paris
davor bis 1893 Sammlung Frédéric Samuel Spitzer, Paris
Staatliche Museen zu Berlin, Gemäldegalerie, Kat. Nr. 1725
Eigentum des Kaiser Friedrich Museumsvereins

Das Porträt zeigt das Brustbild einer Frau mit leicht nach links gewandtem Kopf und Oberkörper. Sie trägt ein schwarzes Kleid mit halb langen, von Perlbändern gesäumten Ärmeln. Der Brustausschnitt ist an goldenen Hafteln kreuzweise verschnürt, das weiße Hemd mit einem gestreiften Saum besetzt, der doppelt gelegt auch für die Kordel am Hals verwendet wird. Der verhaltene Luxus dieser Kleidung wird vom Aufwand der Haube überstrahlt. Sie besteht aus einem weißen Tuch mit perlgesäumtem Rand, besetzt mit Bändern aus Goldbrokat (?), die durch netzförmige Abnäher in ein zickzackförmiges Muster gelegt sind. Über der Haube liegt ein durchsichtiger Schleier, dessen Ende über die Schulter nach vorn fällt. Der Bildausschnitt ist auffallend eng, die vor die Brust gelegten Arme sind angeschnitten. Die rechte Hand hält eine rot-weiße Nelke. Am Zeigefinger trägt die Dame einen Ring mit einer Löwenmaske. Den Hintergrund bildet ein dichtes Rankenmuster auf grünem Grund mit eingestreuten Maiglöckchen, Vergissmeinnicht und Veilchen (?).

Die starken Hell-Dunkel-Kontraste und die Unruhe der Muster bringen das Gesicht eindrucksvoll zur Geltung. Den Blick nach links gewandt, leicht in sich gekehrt, zeugt es von zurückhaltendem Selbstbewusstsein, die geröteten Wangen vermitteln Lebendigkeit. Das Bildnis dürfte Teil eines Diptychons gewesen sein, dessen linke Hälfte ursprünglich den Bräutigam oder Ehemann der Dargestellten zeigte. Neben Blickrichtung und Körperhaltung lassen darauf auch die Blumen schließen, die symbolisch auf Liebe und Ehe verweisen.

Das Porträt der unbekannten Frau wird dem Nürnberger Maler Jakob Elsner zugeschrieben. Vorbildlich für den Bildtyp waren offensichtlich die 1499 entstandenen Doppelbildnisse, die Albrecht Dürer für die Familie Tucher anfertigte (heute in Kassel und Weimar). Im Gegensatz zu Dürer reduziert Elsner den Hintergrund auf eine Rankenmalerei, die auf den ersten Blick an ein Stoffmuster erinnert, ihre motivische Herkunft jedoch in der Miniaturmalerei findet.

Neben seiner Tätigkeit als Porträtmaler hat Elsner hauptsächlich als Buchmaler gearbeitet (Bauereiß 2000, bes. S. 115–121), was schon 1547 von dem Nürnberger Schriftmeister Johann Neudörffer vermerkt wird: „Er conterfetet [porträtiert] sie [seine Auftraggeber] auch und illuminiret ihnen schöne Bücher und machet ihnen ihre Wappen und Kleinot [...]" (Lochner 1970, S. 139). Diese Spezialisierung erklärt die auffallende Kleinteiligkeit der an Kleidung und Hintergrund dargestellten Details. Das Rankenmuster findet sich in ähnlicher Form bei vielen der für Elsner bezeugten bzw. ihm zugeschriebenen Buchmalereien, wird aber auch für größere Werke wie den Schiebedeckel eines verlorenen Porträts oder den Etuideckel einer Goldwaage verwendet (Hentschel 2018).

Elsner scheint mit seiner Arbeit einigen Erfolg gehabt zu haben. Zu seinen Auftraggebern gehörten Kurfürst Friedrich der Weise von Sachsen ebenso wie einige der führenden Nürnberger Humanisten, etwa Sixtus Tucher oder Hartmann Schedel. Aus dem familiären Umkreis des dort ansässigen Bürgertums oder des Patriziats wird auch die unbekannte Frau auf dem Berliner Porträt stammen. Es bildet ein spätes Beispiel für die Feinmalerei, aus der sich in der ersten Jahrhunderthälfte die Wurzeln der Bildnismalerei entwickelt hatten. *JFR*

LITERATUR
Amtliche Berichte 1915, S. 5 (E. Plietzsch) – Habicht 1917, S. 62 f. – Buchner 1953, S. 142; Kat. 160, S. 212 – Strieder 1993, S. 103 – Schmidt 2018, Nr. 32, S. 232–234 – Hess/Hirschfelder/von Baum 2019, S. 802–804.

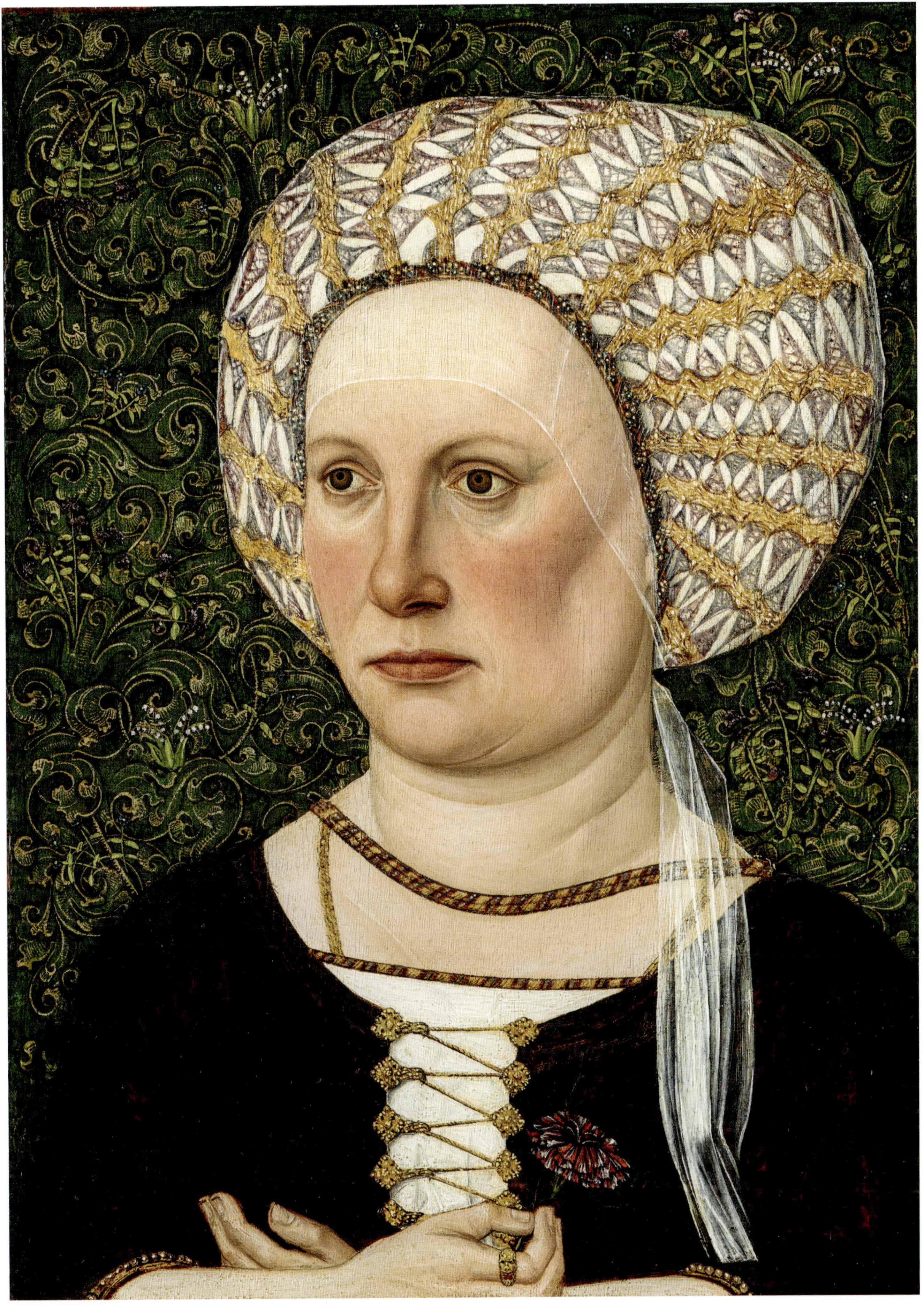

Rotbuchenholz; H. 23,9 × B. 18 cm
Vermächtnis Amalie von Ritzenberg, 1878
Museum der bildenden Künste Leipzig, Inv. Nr. G 509

Aus dem späten Mittelalter haben sich nur sehr wenige Bilder mit profanen Szenen erhalten, unter denen erotische Darstellungen allerdings einen relativ prominenten Platz einnehmen. Überwiegend handelt es sich dabei um Druckgrafiken, doch dürfte es einst auch zahlreiche Wandbilder mit Badeszenen, mit nackten Göttinnen und ähnlich reizvollen Gegenständen gegeben haben, von denen freilich nur minimale Reste überliefert sind. Höchst ungewöhnlich sind solche Themen dagegen in dem anspruchsvollen Medium des Tafelbildes. Jan van Eyck hatte ein einst berühmtes Frauenbad gemalt, das nur aus einer Beschreibung bekannt ist; ein ebenfalls von seiner Hand stammendes Bild mit einer entkleideten Dame bei der Toilette ist durch Kopien überliefert (Dhanens 1980, S. 206–211). Anscheinend aber ist das vorliegende kleine Gemälde das einzige bekannte Original eines genrehaften erotischen Tafelbildes aus dem 15. Jahrhundert nördlich der Alpen.

Wir blicken in ein prächtig ausgestattetes Gemach mit Kreuzstockfenstern an beiden Längsseiten – ein durchaus unrealistisches Detail, wäre doch ein steinernes Haus niemals derart schmal. Wir scheinen selbst im Raum zu stehen, unmittelbar vor dem schönen Mädchen, das in koketter Weise nur mit einem durchsichtigen Schleier und Schuhen bekleidet ist – ein pikantes Motiv, das in modernen Pin-ups noch genauso vorkommt. Die gezierte Pose entspricht dem zeitgenössischen Ideal von Eleganz und lässt sich auch bei zahllosen bekleideten Figuren wiederfinden (etwa Kat. 39, 101, 108, 116). Ganz dem spätgotischen Körperideal folgt auch der Akt mit vorgewölbtem Bauch, kleinen, hoch sitzenden Kugelbrüsten, dünnen Armen und langen Beinen, das beispielsweise dem epochemachenden Bild der Eva des Genter Altars (Abb. S. 46) ebenso zugrunde liegt. Hier macht sich die nackte Frau an einem Herzen zu schaffen, dass kirschrot in einer geöffneten goldenen Schatulle liegt: Mit ihrer rechten Hand träufelt sie Funken, die sie aus einem Feuerstein schlägt, und gleichzeitig Wasser aus einem Schwamm auf das Herz. Dass es hier um Liebesdinge geht, verraten auch die auf den Boden gestreuten roten und weißen Blumen sowie die roten Rosenblätter auf dem Waschbecken unten in der Anrichte an der rechten Wand; das lodernde Feuer im Kamin mag ebenso als Metapher für das „Liebesfeuer" verstanden werden.

Gemäß der traditionellen Interpretation, die sich in dem bereits im späten 19. Jahrhundert eingebürgerten Titel niederschlägt, wäre hier ein „Liebeszauber" dargestellt, der den Begehrten herbeischafft, welcher tatsächlich gerade durch die rückwärtige Tür kommt. Indes hat Lymant überzeugend nachgewiesen, dass es sich keineswegs um die Darstellung einer realen magischen Praxis, sondern um eine Allegorie der Liebe handelt. Die junge Frau entflammt das Herz eines Jünglings mittels der Funken, sie kühlt das Liebesfeuer aber mit dem Wasser auch wieder ab. Lymant sieht darin zwei aufeinanderfolgende Handlungen, doch scheint eher deren Gleichzeitigkeit und damit Widersprüchlichkeit gemeint zu sein: Die Frau setzt den Liebhaber Wechselbädern aus, spielt mit seinem Begehren. Der Mann, dessen Herz so traktiert wird, steht hinten in der Tür und muss es sich gefallen lassen; sein Blick auf die entkleidete Frau gibt seinem Verlangen deutlichen Ausdruck. Der Sittich, der auf der Anrichte aus einer Konfektschale (vgl. Kat. 89) Süßes nascht, mag, so Lymant, ein Symbol dieses Begehrens sein, während der friedliche Schoßhund neben dem Mädchen vielleicht auf die erwünschte Treue verweist. Der Spiegel und der Wedel aus Pfauenfedern rechts dürften zudem als moralisierende Verweise auf die Sünde der Eitelkeit zu verstehen sein. Ein ungefähr zeitgleicher Kupferstich des Meisters E. S. (Abb. S. 19), der an sexueller Deutlichkeit nichts zu wünschen übrig lässt, zeigt ebenfalls ein verführerisches nacktes Mädchen, dazu aber als moralisch eindeutige Beigabe einen Narren, der sein eigenes Gesicht in einem von der Frau vorgehaltenen Spiegel erblickt. In diesem Stich winden sich leere Spruchbänder um die Figuren, und auch auf der Tafel sind dem Mädchen, dem Herzen, dem Jüngling, dem Hund und dem Sittich Banderolen zugeordnet – offenbar bezeichnen sie diese fünf als Sprechende, als die Protagonisten der Szene. Für eine Beschriftung aber waren die hübsch ornamental angeordneten Bänder kaum gedacht, denn sie sind dazu zu schmal.

Das sehr fein ausgeführte Tafelbild entstand in Köln im Kreis des Meisters des Marienlebens (Kat. 73), wie Max J. Friedländer erkannt hat. Der in atmosphärisches Helldunkel getauchte Innenraum geht auf Vorbilder in der Art Rogier van der Weydens zurück, wie sie ähnlich auch der Meister von Liesborn (Kat. 72) verwendete, in dessen Verkündigung sich die Bank, die Anrichte, das Doppelfenster wiederfinden. Es ist eine Allegorie über das Liebesbegehren, die vielleicht auch als moralische Warnung verstanden werden konnte. Mit Sicherheit aber diente das Bild einer keineswegs interesselosen Schaulust. In ihrer kostbaren Ausführung war die Tafel eine Art frühes Sammelstück, bestimmt für das Kabinett eines mutmaßlich männlichen Auftraggebers mit finanziellen Mitteln und gehobenem Geschmack.   *SK*

LITERATUR
Friedländer 1908, S. 293 f. – AK Köln 1970, Kat. 17 (Rolf Wallrath) – Schmidt 1978, S. 102 f., Nr. 45 – Lymant 1994 – Krause 2007, Kat. 13 (Stephan Kemperdick) – AK Köln 2011, Kat. 212 (Jan Nicolaisen).

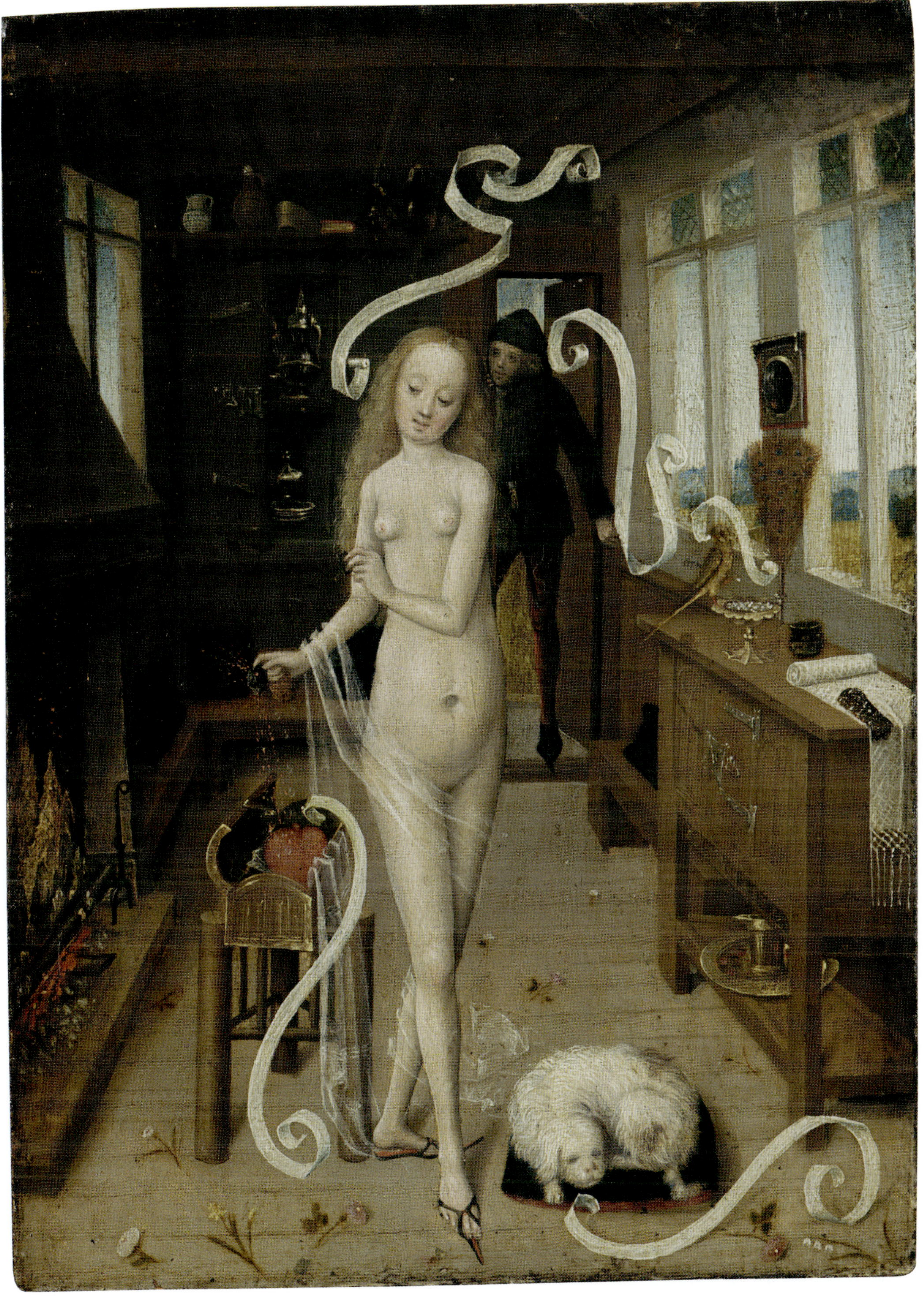

101 Meister des Hausbuchs
(Meister des Amsterdamer Kabinetts)
(tätig am Mittelrhein im letzten Drittel
des 15. Jhs.)
Stehendes Liebespaar, um 1485

Silberstift auf grundiertem Papier
H. 19,5 × B. 13,5 cm
(Jahreszahl 1342 in Silberstift, Zahl 297 in Feder,
beide später hinzugefügt)
aus der Sammlung Friedrich Wilhelms I. und Sammlung Merian,
Klebeband I, Nr. 297
Staatliche Museen zu Berlin, Kupferstichkabinett, KdZ 735

Innig einander zugewandt, steht das junge, elegant gekleidete Paar auf einem nicht weiter bezeichneten Boden im Freien. Das Kopftuch mit dem Netz aus Goldfäden, der Rock mit den geschlitzten Ärmeln, das gefältelte Hemd, Dolch, Schnabelschuhe und nicht zuletzt der Pelzhut, den die Frau in ihren Händen trägt, sind Zeichen des Wohlstands und der Zugehörigkeit zum Adel. Der Hut, der offensichtlich dem Jüngling gehört, offenbart eine enge Verbundenheit des Paares. Mit selbstbewusster Haltung reicht der Mann ihn seiner Frau. Der auffordernde Blick lässt eine Reaktion erwarten, den die Frau mit einem vorsichtigen, fast zärtlichen Prüfen des Kleidungsstückes beantwortet.

Die Zeichnung wird dem Künstler zugeschrieben, der die Kaltnadelradierungen in der Werkgruppe des sogenannten Hausbuchmeisters ausgeführt hat (Kat. 104, 105). Von ihm dürften auch die wichtigsten Federzeichnungen stammen, mit denen das mittelalterliche Hausbuch (ehemals Schloss Wolfegg) ausgestattet wurde, das namengebend für den gesamten Werkkomplex geworden ist.

Die Berliner Zeichnung lässt enge motivische Verwandtschaft zu einem der Hauptwerke unter den Tafelmalereien des Hausbuchmeisters erkennen, dem Gothaer Liebespaar, das ein Idealbild höfischer Liebe verkörpert. Anders als dort fehlt der Zeichnung jedoch der historische Bezug. Hier wird die Liebesbeziehung mit ähnlichen Motiven ins Allgemeine übertragen und nicht mehr als ein Idealbild präsentiert, sondern sehr wörtlich genommen. Anders dürfte der Griff in den Pelzhut wohl kaum zu verstehen sein.

Inwieweit die engen Bezüge zur Malerei auf dieselbe Hand oder nur den Motivschatz einer Werkstatt zurückzuführen sind, wurde in jüngerer Zeit kontrovers diskutiert, wobei neben stilistischen Aspekten auch auf grundlegende künstlerische Unterschiede innerhalb des gesamten Werkkomplexes verwiesen wurde. Bei nüchterner Betrachtung wird das kaum verwundern, versteht man den „Meister“ des Hausbuchs nicht als einsames Genie, sondern als den Leiter einer Werkstatt, die neben den exklusiven Aufträgen höfischer Kreise auch die normalen Aufgaben eines spätmittelalterlichen Betriebes zu erfüllen hatte. Zu ihnen zählt eine Reihe von Altaraufsätzen (Kat. 106), die als Teil der Kirchenausstattung einer langen Bildtradition verhaftet waren und sich damit deutlich von der höfisch geprägten Kunst unterscheiden, die den Hausbuchmeister in der Forschung berühmt gemacht hat.

Für den höfischen Anteil dieser Kunst liefert die Zeichnung des Paares ein Paradebeispiel. Technisch auf höchstem Niveau, unter subtilem Einsatz unterschiedlichster Schraffuren, wird hier allein durch die Körperhaltungen ein Beziehungsgeflecht angedeutet, mit dem das profane Thema einer Liebesbeziehung in vielerlei Facetten erfasst wird. Anders als etwa bei der Buchstabenfolge des Meisters E. S. (Kat. 43) verzichtet der Hausbuchmeister auf eine drastische Darstellung. Für den gebildeten Betrachter waren die Anspielungen dennoch verständlich. Welchem Zweck die Zeichnung dienen sollte, lässt sich freilich nicht mehr nachweisen. *JFR*

LITERATUR
AK Amsterdam/Frankfurt am Main 1985, Kat. 121, S. 234 f. – Hess 1994, S. 28–34; Kat. 3, S. 143.

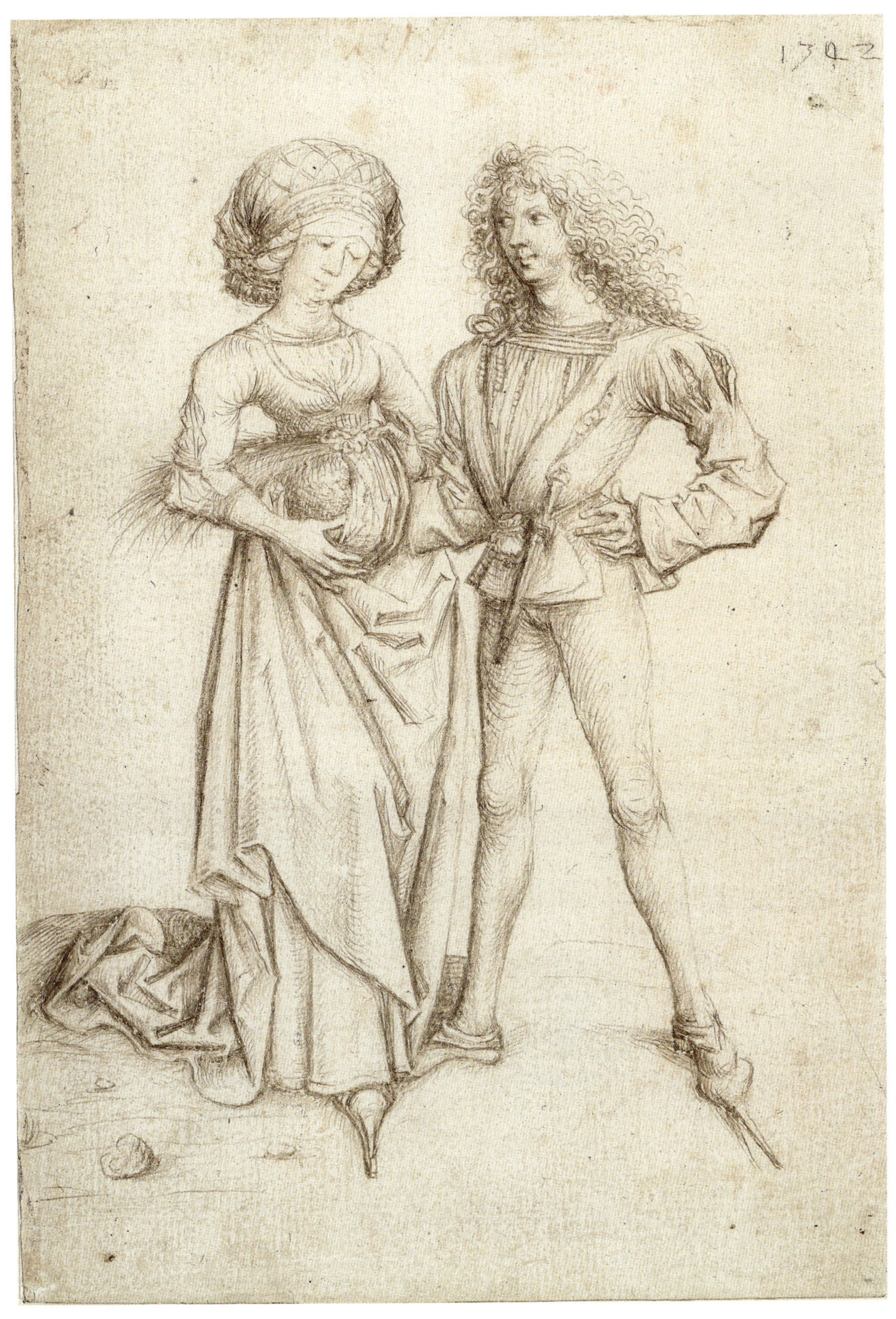

102 Meister des Hausbuchs
    (Meister des Amsterdamer Kabinetts)
    (tätig am Mittelrhein im letzten Drittel
    des 15. Jhs.)
    Friedensbankett in Brügge 16. Mai 1488
    um oder nach 1488
    Rückseite:
    Maximilian, die Friedensmesse hörend

Feder in Braun
H. 27,7 × B. 19,2 cm
(Jahreszahl 1511 in Feder später hinzugefügt)
erworben 1910 aus der Sammlung Lanna
Staatliche Museen zu Berlin, Kupferstichkabinett, KdZ 4442

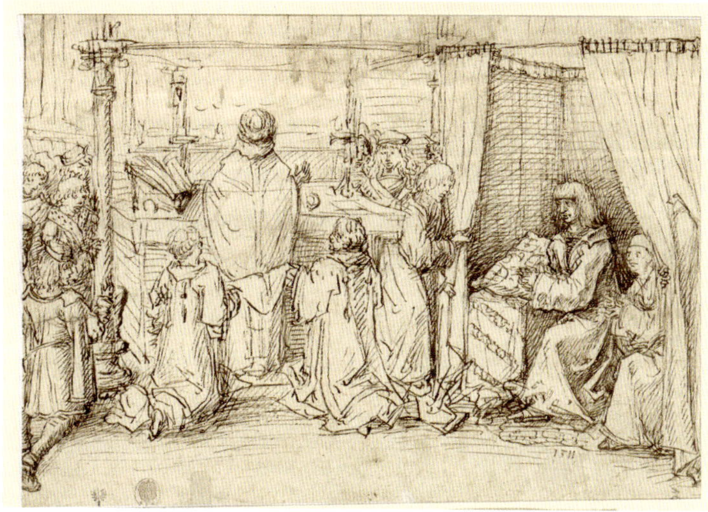

Die Zeichnungen auf den beiden Seiten dieses Blattes sind als Darstellungen zeitgenössischer Geschehnisse eine große Seltenheit in der mittelalterlichen Kunst. Sie zeigen eine Messe sowie ein Bankett, an denen ein hochgestellter Adeliger in Anwesenheit einer breiten Öffentlichkeit teilnimmt. Der Mann wurde aufgrund seiner markanten Physiognomie als Maximilian I. identifiziert, damaliger römisch-deutscher König und späterer Kaiser, der durch seine Heirat mit Maria von Burgund auch zum Herrn über die burgundischen Territorien in den Niederlanden geworden war. Zu ihnen gehörten auch die flandrischen Städte, die sich der Herrschaft durch den Habsburger jedoch widersetzten. Am 5. Februar 1488 wurde Maximilian in Brügge gefangengenommen und dazu genötigt, der Bürgerschaft auf einem öffentlichen Friedensschluss am 16. Mai weitreichende Zugeständnisse zu machen. Die ausführlichen Beschreibungen in den flandrischen Chroniken haben Aby Warburg 1911 dazu bewogen, die beiden Zeichnungen auf diese Geschehnisse zu beziehen. Dargestellt seien die feierliche Messe, bei der Maximilian gelobte, die Forderungen der Bürgerschaft zu erfüllen, und das im Anschluss daran erfolgte Friedensbankett.

Diese These wurde nie in Zweifel gezogen, umstritten ist nur das zeitliche Verhältnis der Zeichnungen zu dem dargestellten Geschehen. Ein Großteil der Forschung wertet den Hausbuchmeister als direkten Zeugen und betont den dokumentarischen Wert der Zeichnungen. Überblickt man das grafische Werk des Künstlers, erweist sich der Eindruck einer spontanen Momentaufnahme jedoch als typisches Stilmittel. Dies gilt insbesondere für die Kaltnadelradierungen (Kat. 104, 105), deren detaillierte Ausführung auf eine sorgfältige Planung schließen lässt, obwohl die Darstellungen einen ähnlichen Grad an Unmittelbarkeit aufweisen wie die Zeichnungen.

Zweifel an einer Datierung in das Jahr 1488 finden sich bereits im Vorwort zu Warburgs Aufsatz, wo die Zeichnungen von Max J. Friedländer in die Zeit um 1500 eingeordnet werden. Ernsttotto Graf zu Solms-Laubach hat ebenso wie Daniel Hess auf motivische Vorläufer verwiesen, die sich bei Darstellungen der Gregorsmesse bzw. bei höfischen Banketten finden. Hess sieht auch historisch keinen Anlass für eine dokumentarische Darstellung. Weder Maximilian noch die Stadt Brügge hätten 1488 ein ernsthaftes Interesse daran haben können. Für den König sei der Friedensschluss eine Niederlage gewesen, für Brügge die Situation unter dem Aufmarsch der kaiserlichen Truppen viel zu gefährlich. Dies änderte sich erst 1492, als der flandrische Aufstand niedergeschlagen und im folgenden Jahr die habsburgische Herrschaft mit dem Frieden von Senlis endgültig gesichert wurde. Für Maximilian war die Niederlage gerächt, und das schmachvolle Erlebnis konnte als Bewährungsprobe positiv verstanden und damit als darstellungswürdig erachtet werden. Mit Blick auf die späteren literarischen Projekte des Herrschers interpretiert Hess die Zeichnungen als Entwürfe für eine illustrierte Vita Maximilians, die nicht zur Ausführung gekommen sei.

Die Freiheit in der Linienführung, die sich hier im Vergleich zu anderen Zeichnungen des Hausbuchmeisters zeigt (Kat. 101, 103), verdeutlicht einmal mehr den Rang des Künstlers, erschwert aber auch die Einordnung der Werke. Skizze, Entwurf und autonome Zeichnung werden sich vermutlich niemals deutlich voneinander trennen lassen. *JFR*

LITERATUR
Warburg 1911 – Graf zu Solms-Laubach 1935/36, S. 33 f. – AK Amsterdam/Frankfurt am Main 1985, Kat. 124, S. 238–240 – Hess 1994, S. 50–52; Kat. 6, S. 147 f.

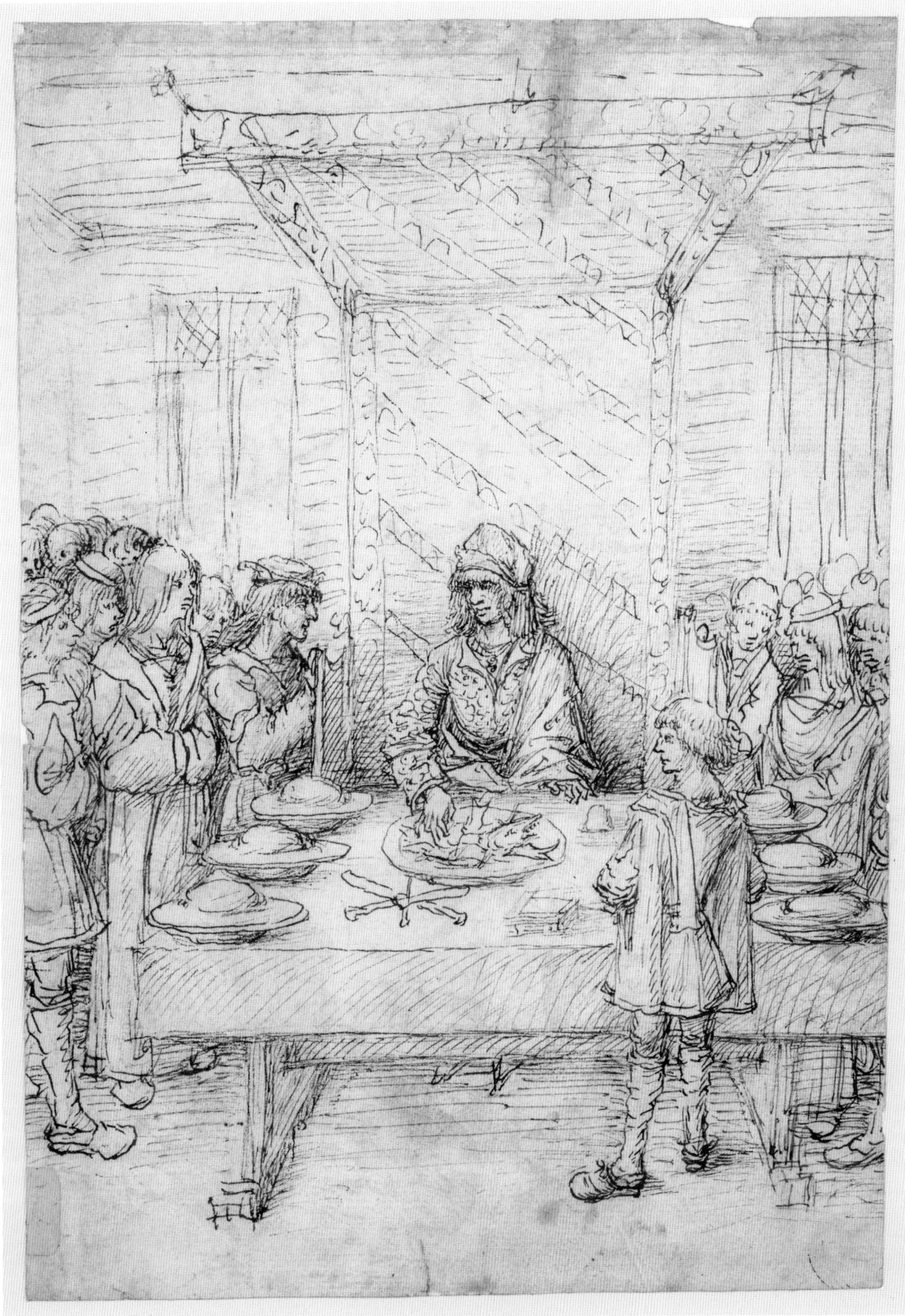

  Meister des Hausbuchs
(Meister des Amsterdamer Kabinetts)
(tätig am Mittelrhein im letzten Drittel
des 15. Jhs.)
Drei Männer im Gespräch, um 1480

Feder in Braun
H. 16,2 x B. 10,4 cm
erworben 1904 aus der Sammlung Eugène Rodrigues, Paris
Staatliche Museen zu Berlin, Kupferstichkabinett, KdZ 4291

In einem nur durch einen eleganten Steinboden angedeuteten Raum stehen drei ins Gespräch vertiefte Männer unterschiedlichen Alters. Rechts befindet sich der Wortführer, gekennzeichnet durch seine reiche Kleidung, den breitbeinigen Stand und die Selbstverständlichkeit, mit der er den beiden anderen die Hände auf die Schultern legt. Auch bei ihnen lässt sich eine Hierarchie erkennen. Der Mann im Hintergrund trägt zwar keine Kopfbedeckung, aber einen schwer wirkenden langen Mantel, der junge Mann im Vordergrund dagegen nur einen Rock über den Beinlingen. Seine beiden Hände liegen am Schwertgriff, die mit Quasten versehene Mütze über dem linken Arm.

Die Zeichnung wurde 1905 als „Väterliche Ermahnung" veröffentlicht, eine Deutung, die allein aus dem Beziehungsgefüge und dem Alter der Dargestellten abgeleitet wurde. Daniel Hess (1994) dagegen sieht darin „die Darstellung eines durch den Empfang des Schwertes in den Mannesstand getretenen Jünglings, der nun freundschaftlich im Kreis der Männer aufgenommen wird".

Die Zuordnung der Zeichnung an einzelne Hände im Kreis des Hausbuchmeisters wurde unterschiedlich bewertet. Einig ist sich die Forschung aber über den engen Bezug zu einem Dedikationsbild, das sich in einer Handschrift der sogenannten *Kinder von Limburg* befindet. Dieser Versroman wurde 1479/80 im Auftrag von Philipp dem Aufrichtigen, dem Kurfürsten von der Pfalz, aus dem Niederländischen ins Deutsche übersetzt (AK Amsterdam/Frankfurt am Main 1985, Kat. 118, S. 222). Das Dedikationsbild zeigt die Überreichung der Handschrift durch den Autor Johann von Soest. Die kolorierte Federzeichnung lässt enge stilistische Verwandtschaft zu dem Berliner Blatt erkennen und hat Anlass zu der Vermutung gegeben, dass der Hausbuchmeister über direkte Verbindungen zum Heidelberger Hof Philipps des Aufrichtigen verfügte. Als bedeutender Förderer von Wissenschaft und Künsten entsprach der Lebensstil des Kurfürsten den Idealen „höfischer" Ritterlichkeit, die auch das Œuvre des Hausbuchmeisters geprägt haben.

Die Zeichnung ist ein gutes Beispiel für den psychologischen Gehalt, der dieses Werk bestimmt. Die Schwierigkeiten, einen Sinngehalt zu entschlüsseln, liegen in der Tatsache begründet, dass hier allein durch Kleidung und Körperhaltung ein Zusammenspiel zwischen den Dargestellten entsteht. Motive, die auf ein konkretes Thema hindeuten, treten dagegen in den Hintergrund. In der Kunst des 15. Jahrhunderts waren derartige Darstellungen völlig ungewohnt, was einer der Gründe dafür gewesen sein dürfte, dass der Hausbuchmeister mit seinen profanen Werken offensichtlich großen Erfolg hatte. *JFR*

LITERATUR
Springer 1905 – AK Amsterdam/Frankfurt am Main 1985, Kat. 123, S. 237 – Hess 1994, S. 49 f.

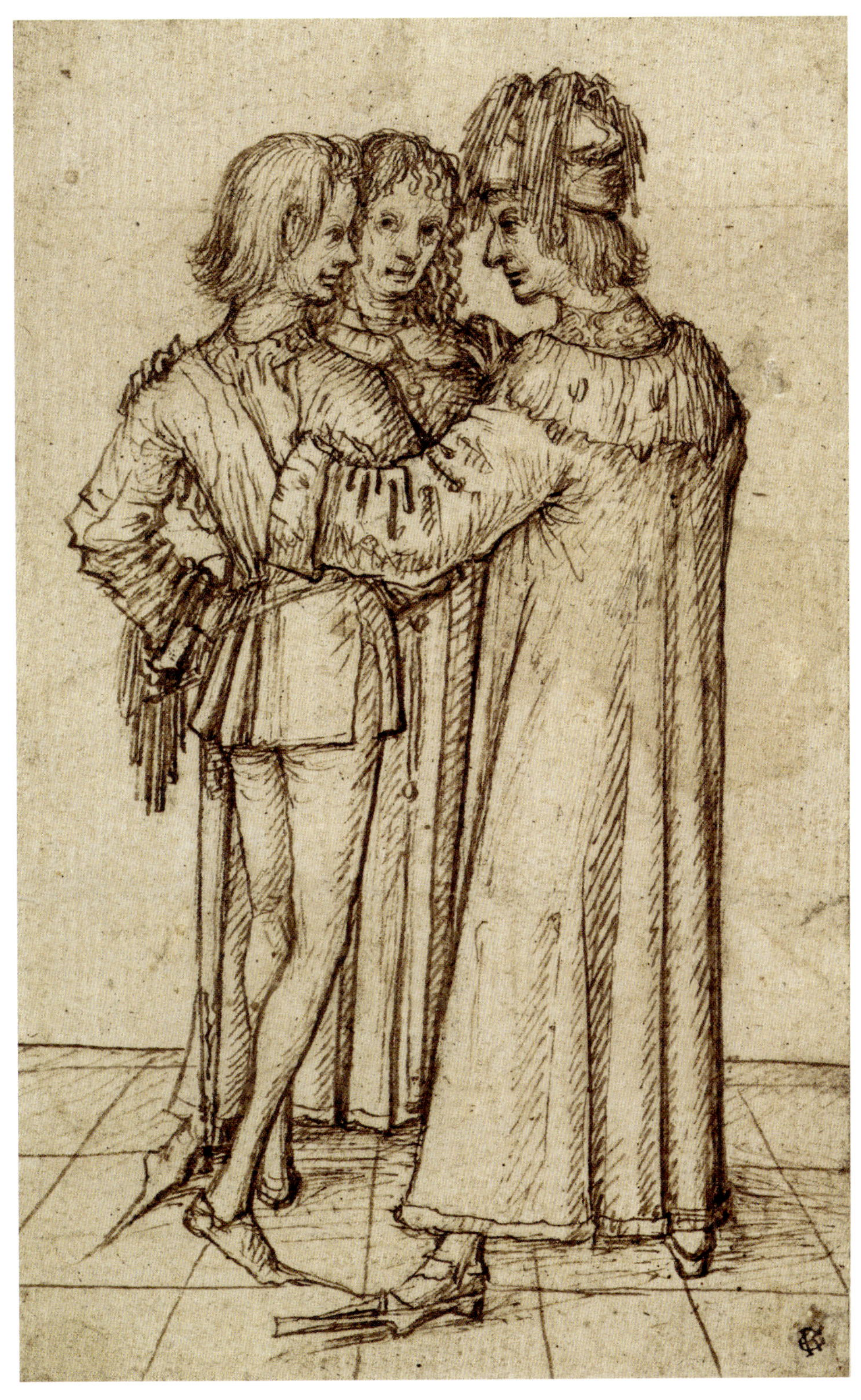

104 **Meister des Hausbuchs**
     (Meister des Amsterdamer Kabinetts)
     (tätig am Mittelrhein im letzten Drittel
     des 15. Jhs.)
     Der Auszug zur Jagd, um 1485–1490

Kaltnadelradierung
H. 12,4 × B. 9 cm
alter Bestand, erworben vor 1877
Staatliche Museen zu Berlin, Kupferstichkabinett, Inv. Nr. 328-1

In einer hügeligen, leicht bewaldeten Landschaft versammelt sich eine kleine Jagdgesellschaft auf Pferden, begleitet von Hunden und zwei mit Kopfhauben versehenen Falken. Im Hintergrund ist ein fliehender Hirsch zu erkennen. Der enge Bildausschnitt ruft ebenso wie die Vielfalt der Bewegungen den Eindruck einer Momentaufnahme hervor. Motivische Vorbilder finden sich in der franko-flämischen Kunst, etwa in den um 1415 entstandenen *Très Riches Heures* der Brüder Limburg beim Monatsbild für den August. Dort charakterisiert die Jagdpartie die Jahreszeit, hier dagegen fehlt der Bezug auf einen Kontext.

Der Sinngehalt der Darstellung erschließt sich über die Reiter. Zwei von ihnen tragen Blütenkränze im Haar, die auf ein Verlöbnis verweisen. Paare sitzen jeweils zusammen auf einem Pferd und werden von einzelnen Jünglingen begleitet. Der Reiter rechts außen legt seine Hand ungebührlich weit über die Schulter der neben ihm reitenden Frau. Die Jagd der Adelsgesellschaft wird zum Sinnbild der Liebe.

Eine reiche literarische Tradition vergleicht die Entschlossenheit des Jägers mit den Tugenden des erfolgreichen Liebhabers. Parallelen in der bildenden Kunst finden sich bereits bei französischen Elfenbeinschnitzereien des 14. Jahrhunderts. Anders als dort ist die Szene des Hausbuchmeisters aber in einer ungewohnt naturalistischen Weise gestaltet, mit der die althergebrachten Tugenden wie ein natürlicher Bestandteil des adeligen Lebens erscheinen. Vergleichbare, durch Inschriften allerdings eher allegorisch gemeinte Darstellungen finden sich auch bei zeitgenössischen Tapisserien. In beiden Fällen zeugen sie von einem Wiederaufleben ritterlicher Ideale in der höfischen Kultur des späten Mittelalters.

Die Funktion des nur in zwei Exemplaren erhaltenen Drucks ist unklar. Er wurde als Kaltnadelradierung ausgeführt, eine Technik, die vielleicht als Erfindung des Hausbuchmeisters gelten darf. Die Darstellung wird dabei mit einer Nadel in eine weiche Metallplatte geritzt. Die Furchen sind sehr flach, werfen an den Rändern jedoch einen hohen Grat auf, der beim Drucken viel Farbe aufnimmt und eine samtige, fast malerische Wirkung hervorruft. Da der Grat über der Fläche steht, ist die Abnutzung der Platte viel größer als beim Kupferstich, hohe Auflagen können damit nicht hergestellt werden. Die Verwendung dieser

Technik lässt darauf schließen, dass der Hausbuchmeister nicht bei einem Goldschmied oder Kupferstecher ausgebildet wurde. Sie erlaubte zwar eine vergleichsweise skizzenhaft wirkende Darstellung und damit neue Ausdrucksmöglichkeiten, brachte unter wirtschaftlichen Gesichtspunkten aber nur Nachteile gegenüber dem Kupferstich. Bezeichnenderweise wurde die Technik erst im 17. Jahrhundert wieder in größerem Umfang von Rembrandt genutzt.

Vielleicht waren die Drucke von vorneherein nicht für größere Auflagen gedacht. Die Kaltnadel könnte aufgrund ihrer skizzenhaften Wirkung und vergleichsweise schnellen Handhabung für die Anfertigung von Werkstattvorlagen genutzt worden sein. Dies würde erklären, warum die aus einer privaten Sammlung stammenden Exemplare im Amsterdamer Rijksmuseum einen fast vollständig erhaltenen Satz aller bekannten Drucke des Hausbuchmeisters bilden. Als geschlossenes Konvolut könnten sie zum Besitz einer Künstlerwerkstatt gehört haben. Das Berliner Exemplar zeigt mehrere Farbflecke auf dem Papier, die eine ähnliche Nutzung vermuten lassen.

Andererseits fehlt den Drucken jedoch der typische Charakter einer Vorlage. Der hohe Grad an Detailausführung lässt eher an ein autonomes Werk denken, das als solches auch so gehandelt worden sein könnte. Die geringe Auflage hätte sich dann an einen exklusiven Markt gerichtet, wäre demnach nicht unwirtschaftlich, sondern typisch für ein Luxusprodukt gewesen (Hess 1994, S. 28–34), was auch den hohen Anteil höfischer Themen plausibel machte.

Es erscheint wie ein Paradox, dass die neuen Vervielfältigungsmöglichkeiten des Druckens mit der Verwendung der Kaltnadel wieder eingeschränkt wurden. Vielleicht lässt sich das als Folge der marktwirtschaftlichen Veränderungen verstehen, die die Verbreitung der Drucktechnik mit sich brachte. Die geringe Auflage der Kaltnadelradierungen wäre damit nicht für ein breites Publikum, sondern für eine ähnlich elitäre Käuferschaft wie früher die illuminierten Handschriften bestimmt gewesen. *JFR*

LITERATUR
Lehrs 1908–1934, Bd. 8, Nr. 77, S. 150 – AK Amsterdam/Frankfurt am Main 1985, Kat. 72, S. 153 – Filedt Kok 1985, S. 72 – Moxey 1985, S. 42–44 – Hess 1994, Kat. 2, S. 140–143.

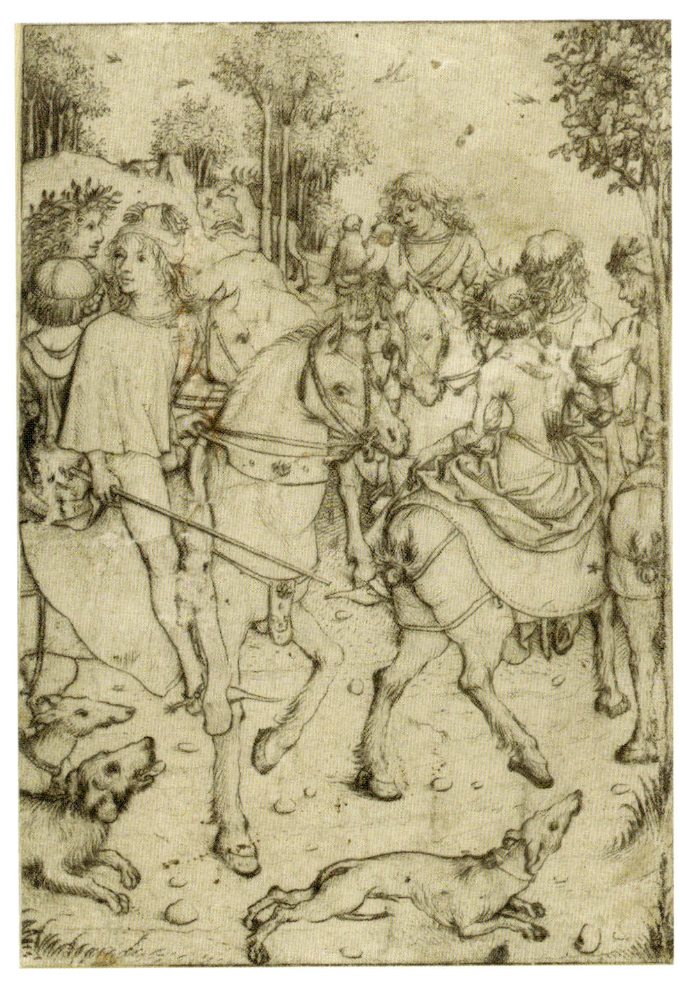

105 Meister des Hausbuchs
(Meister des Amsterdamer Kabinetts)
(tätig am Mittelrhein im letzten Drittel
des 15. Jhs.)
Der bärtige Mann mit dem leeren
Wappenschild, um 1475–1480

Kaltnadelradierung
H. 9,3 × B. 7,2 cm (mit Papierrand H. 10,8 × B. 9,3 cm)
erworben 1835
mit der Sammlung Karl Ferdinand Friedrich von Nagler
Staatliche Museen zu Berlin, Kupferstichkabinett, Inv. Nr. 327-1

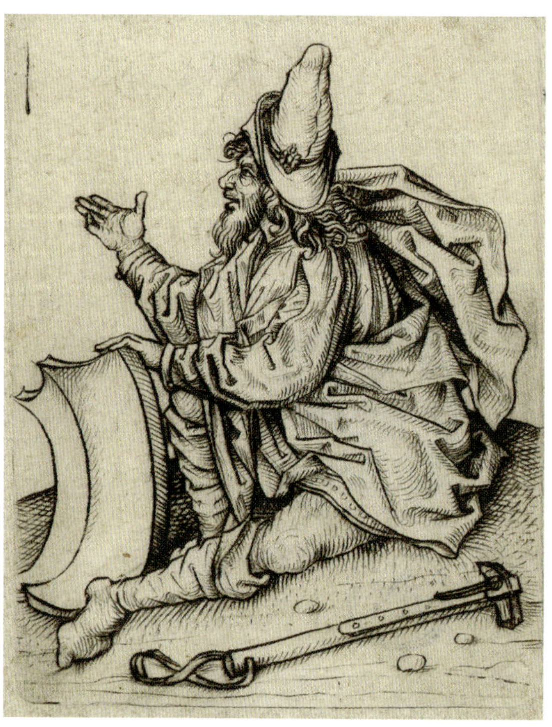

Auf einem unbewachsenen Bodenstück sitzt ein bärtiger Mann, der sich mit redender Geste zur Seite wendet und einen leeren Wappenschild hält. Seine Kleidung besteht aus Rock und Manteltuch, einem hohen Hut und verrutschten Beinlingen, die deutlich einen niedrigen Gesellschaftsstand markieren. Vor ihm am Boden liegt ein Hammer.

Die Profildarstellung des Mannes erklärt sich durch einen zweiten, als Pendant gedachten Stich. Er zeigt eine sitzende Frau mit zwei Kindern, die ebenfalls einen leeren Schild hält und sich dem Mann zuwendet. Mutter und Kinder sind barfuß, die turbanähnliche Haube der Frau erinnert an orientalische Vorbilder, die ähnlich wie der eigenartige Hut des Mannes an die Darstellung von „Zigeunern" denken lässt. Mit der Darstellung wird aber keine Abwertung verbunden. Die Körperhaltung des Paares vermittelt Selbstbewusstsein. Beide sind ins Gespräch vertieft, der Blick der Frau ist frei und offen.

Im Werk des Hausbuchmeisters finden sich mehrfach ähnliche Beispiele, die als Satire interpretiert wurden (Moxey 1985, S. 46–49). Für den zeitgenössischen Betrachter mussten Mitglieder des niedrigsten Standes als Wappenführer lachhaft

wirken. Ähnlich, wenn auch deutlich realitätsbezogener, lassen sich auch die beiden hier behandelten Stiche verstehen.

Die Funktion des auf dem Boden liegenden Hammers wurde bisher nicht erkannt. Es handelt sich um einen Streithammer, einen sogenannten Rabenschnabel, der zum Aufbrechen der Rüstungen von gepanzerten Kriegern diente. Die hocheffiziente Waffe fand aufgrund ihrer geringen Herstellungskosten im Laufe des 15. Jahrhunderts weite Verbreitung, galt aber im Gegensatz zum Schwert als unritterlich. Sie gehörte zur typischen Ausrüstung des Fußvolkes, ebenso wie die Schilde, die vermutlich keine Wappen-, sondern Tartschenschilde darstellen, die zur Abwehr von Lanzenstößen dienten. Die beiden Stiche zeigen also wohl eher die Familie eines Landsknechtes mit seiner Ausrüstung und keine Wappenhalter. Die Tartschenschilde dürften allerdings bewusst der Form von Wappen angeglichen worden sein. Sie werden vom Fußvolk wie Hoheitszeichen präsentiert, eine Anmaßung, die mit der Darstellung des Rabenschnabels als unritterlich gekennzeichnet wird. *JFR*

LITERATUR
Lehrs 1908–1934, Bd. 8, Nr. 85, S. 159 f. – AK Amsterdam/Frankfurt am Main 1985, Kat. 83, S. 165 f.

106 Meister des Hausbuchs
(Meister des Amsterdamer Kabinetts)
(tätig am Mittelrhein im letzten Drittel
des 15. Jhs.)
Die Fußwaschung der Apostel
Das letzte Abendmahl, um 1485–1490

Nadelholz
je H. 130,5 × B. 75,6 cm
erworben 1930
aus der Sammlung von Baron Reinhardt von Dalwigk,
Haus Langen (Westbevern)
Staatliche Museen zu Berlin, Gemäldegalerie, Kat. Nr. 2072, 2073

Die beiden Tafeln der Berliner Gemäldegalerie mit der *Fußwaschung der Apostel* und dem *Abendmahl* bildeten einst die Werktagsseite eines vollständig gemalten und ursprünglich circa 4 Meter breiten Passionsaltars, dessen zentraler *Kalvarienberg* sowie die Flügel mit *Ecce Homo* und *Christus vor Kaiphas* heute im Augustinermuseum Freiburg ausgestellt sind, während die zugehörige *Auferstehung Christi* sich im Frankfurter Städel Museum befindet. Da das Retabel wahrscheinlich ursprünglich aus dem Speyerer Dom stammt, ist das heute versprengte einstige Ensemble als Speyerer Altar bekannt. Er gilt als malerisches Hauptwerk des sogenannten Meisters des Hausbuchs. Ob die Hand des Hauptmalers der Tafeln dem gleichen Meister gehört, der auch für die namengebenden Kaltnadelradierungen und Zeichnungen (Kat. 101–105) verantwortlich ist, wird kontrovers diskutiert. Sicherlich aber stammen diese Werke alle aus derselben, mittelrheinischen Werkstatt, die möglicherweise in Mainz, Heidelberg, Speyer oder Frankfurt am Main ansässig war.

Die Tafeln des Speyerer Altars zeigen, dass der Meister eng mit der Kölner Malerei, besonders mit dem Werk des Meisters des Marienlebens und dem des Meisters der Lyversberg-Passion, aber auch mit den in Köln beliebten niederländischen Bildkompositionen von Rogier van der Weyden und Dieric Bouts vertraut war. Aus diesem Grund ist anzunehmen, dass der Anonymus sich in der Rheinmetropole aufgehalten hat. Wie üblich sind die Tafeln der ehemaligen Festtagsseite mit ihren vollen, belebten Bildkompositionen und Goldhintergründen spektakulärer als die zurückhaltenderen Darstellungen der Außenflügel. Jedoch entdeckt man bei näherer Betrachtung auch in den Berliner Werken eine durchdachte und einfallsreiche Liebe fürs Detail.

Die *Fußwaschung der Apostel*, eine Szene aus dem Johannesevangelium (Joh 13,1–15), verbildlicht die Demut Christi. Während des Passahfestes ist Christus vom Mahl aufgestanden, um die Füße seiner Jünger zu waschen und mit seinem vorgebundenen Schurz zu trocknen. Petrus verweigert sich ihm zunächst, worauf Christus spricht: „Wenn ich dich nicht wasche, so hast du kein Teil an mir." Die Apostel, zusammengedrängt in einem Halbkreis sitzend, sind mit großen, goldenen Heiligenscheinen versehen – bis auf den in Gelb gekleideten Judas rechts im Vordergrund. Die Szene findet in einem Raum mit tonnen-förmiger Holzdecke statt, wie auch bei der *Verkündigung* des sogenannten Mainzer Marienlebens, welches um 1500–1505 in derselben Werkstatt und möglicherweise sogar von derselben Hand gemalt wurde (Hess 1994, S. 82 f.). Während jene *Verkündigung* im Hinblick auf den Innenraum und die Figuren eindeutig auf die entsprechende Szene des damals in Köln aufgestellten Columba-Altars (Abb. S. 199) von Rogier van der Weyden zurückgeht, zeigt ein Vergleich zwischen der Berliner *Fußwaschung* und der Mainzer *Verkündigung*, dass für die Raumkonstruktion der beiden Tafeln das gleiche Kompositionsmodell verwendet wurde. Auch einzelne Gegenstände und Raumelemente finden sich in beiden Szenen wieder.

Beim *Letzten Abendmahl* sitzt Christus mit seinen Jüngern um einen viereckigen Tisch und taucht ein Stück Brot in die Schale mit dem Opferlamm; ein mit Wein gefüllter Kelch verweist zugleich auf das Blut Christi. Die Gestik und Körpersprache einiger Apostel deuten an, dass Christus gerade den Verrat durch einen von ihnen angekündigt hat. Im Vordergrund zählt Judas schon seine Silberlinge, während hinter ihm, am unteren Bildrand, ein Korb steht, auf dem sich eine lebensgroß dargestellte Fliege niedergelassen hat. Interessant ist, dass, obwohl die zwei Ereignisse am gleichen Ort stattfinden, das *Abendmahl*, im Gegensatz zur *Fußwaschung*, in einem Raum mit flacher Holzdecke dargestellt ist. Vermutlich folgte der Meister dabei einer spätmittelalterlichen Tradition, zusammengehörige Bilder mittels Variation für den Betrachter ansprechender zu machen. Auch entschied der Maler sich für eine andere Perspektive. Während er bei der ersten Szene, in der sich Christus im Vordergrund befindet, die Gestalten der Jünger nach hinten perspektivisch verkleinert hat, zeigt das *Abendmahl* die zentrale, aber am weitesten entfernte Figur Christi als größte. Außergewöhnlich ist der vom Sonnenuntergang gefärbte Himmel, eine der ältesten Darstellungen des Abendrots, der wenige Beispiele in der niederländischen und süddeutschen Malerei vorausgegangen sind. Im Kontext des Bildes weist er auf die Nacht des Verrats und der Gefangennahme Christi voraus. *EE*

LITERATUR
AK Amsterdam/Frankfurt am Main 1985, S. 248–251 – Hess 1994, S. 69–76, 153–156 – Brinkmann/Kemperdick 2002, S. 308–326 (Stephan Kemperdick) – Schedl 2016, S. 157–170, 176–181.

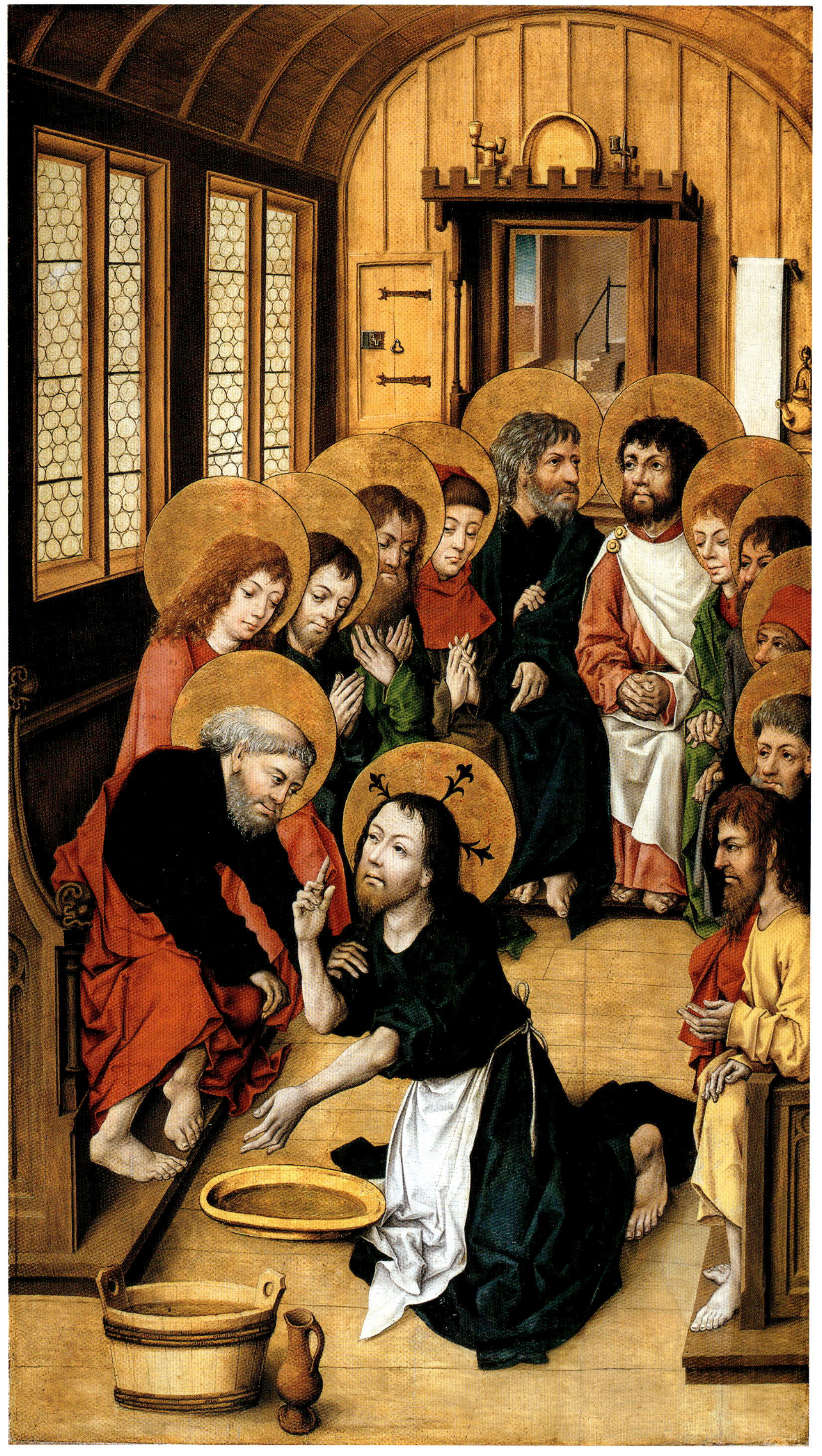

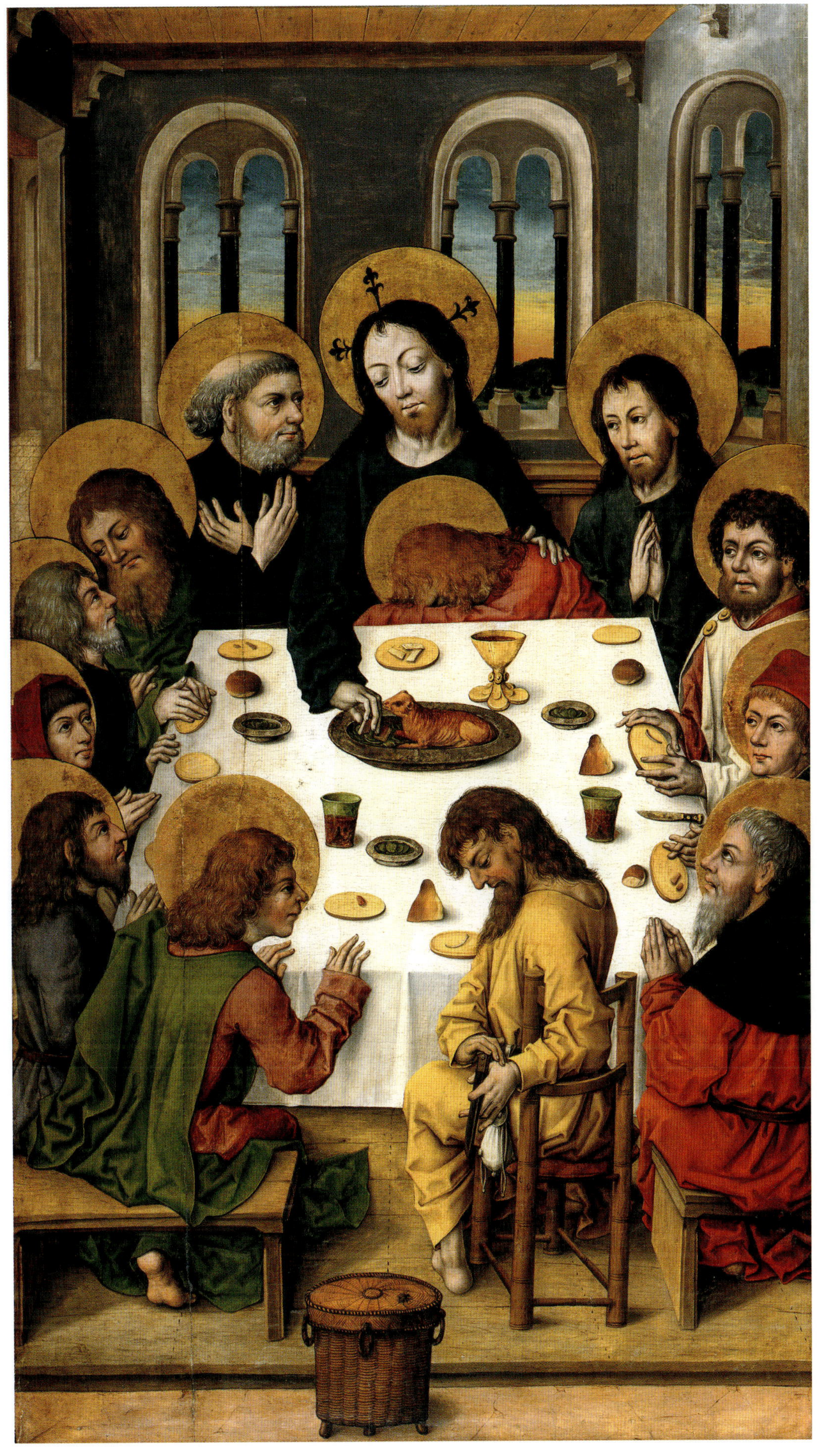

Bildwirkerei, Wolle auf Leinenkette
H. 148 × B. 338 cm
erworben 1879 von Constantin Raderschatt, Köln
Staatliche Museen zu Berlin, Kunstgewerbemuseum,
Inv. Nr. 1879,33 b

Vor einem üppig mit ornamentartigem Blattwerk und zahlreichen darin verwobenen dekorativen Vogeldarstellungen gefüllten Hintergrund stehen auf gotischen Konsolen im paarweisen Disput begriffene Figuren, die von geschwungenen Spruchbändern umfangen werden. Die an farbig gefasste Skulpturen erinnernden, lebhaft gestikulierenden Männer sind über ihren Köpfen bezeichnet: der hl. Augustinus, einer der vier Kirchenväter, die alttestamentlichen Weisen Hiob und Salomo sowie die antiken stoischen Philosophen Cato und Seneca. Der Kirchenvater Gregor der Große, der mittelalterliche deutsche Dichter Freidank, die alttestamentlichen Gestalten Elias und David sowie der Scholastiker Thomas von Aquin waren auf einem zweiten, seit dem Ende des Zweiten Weltkrieges verschollenen Teilstück des Bildteppichs dargestellt.

Die paarweise Anordnung lässt darauf schließen, dass einst mindestens zwölf Figuren vorhanden gewesen sein müssen. Leonie von Wilckens rekonstruierte ein insgesamt sogar 16 Figuren umfassendes Bildprogramm. Sie vermutete, dass alle vier lateinischen Kirchenväter und analog dazu je vier Weise des Alten Testaments, vier Vertreter der antiken Philosophen und vier bedeutende Geister des Mittelalters dargestellt waren. Der gesamte Bildteppich müsste demnach ursprünglich annähernd zwölf Meter lang gewesen sein.

Bildreihen disputierender Figurenpaare haben vor allem in den Apostel- und Prophetenzyklen der mittelalterlichen Kunst eine lange Tradition. Bedeutende Beispiele in der Bildwirkerei sind der um 1180 entstandene Halberstädter Apostelteppich und der zwei Jahrhunderte jüngere Teppich mit zwölf Weisen aus der Nürnberger Lorenzkirche. Ikonografisch bildet der Zyklus „Weiser Männer" verschiedener Zeitalter gleichsam eine intellektuelle Variante der „Neun Helden" aus der antiken, jüdischen und christlichen Geschichte, einem im Spätmittelalter besonders bei herrschaftlichen Auftraggebern beliebten Bildmotiv.

Dem auffälligen, mit einem Wechsel im Schema des Hintergrundmusters einhergehenden Höhenversatz der Darstellung des Salomo entsprach ein ähnlicher formaler Bruch zwischen den Figuren Freidanks und Davids auf dem verschollenen Fragment. In den Spruchbändern aller höher gesetzten Figuren fehlen die sonst üblichen Trennzeichen zwischen den Worten. Da die textile Struktur an den formalen Grenzen ungestört ist, kann als Ursache nur ein unvermittelter Wechsel der beim Wirkvorgang hinter die Kettfäden gespannten Vorzeichnung auf Leinwand, dem sogenannten Bildner, vermutet werden. Wohl eher aus künstlerischen als aus arbeitsökonomischen

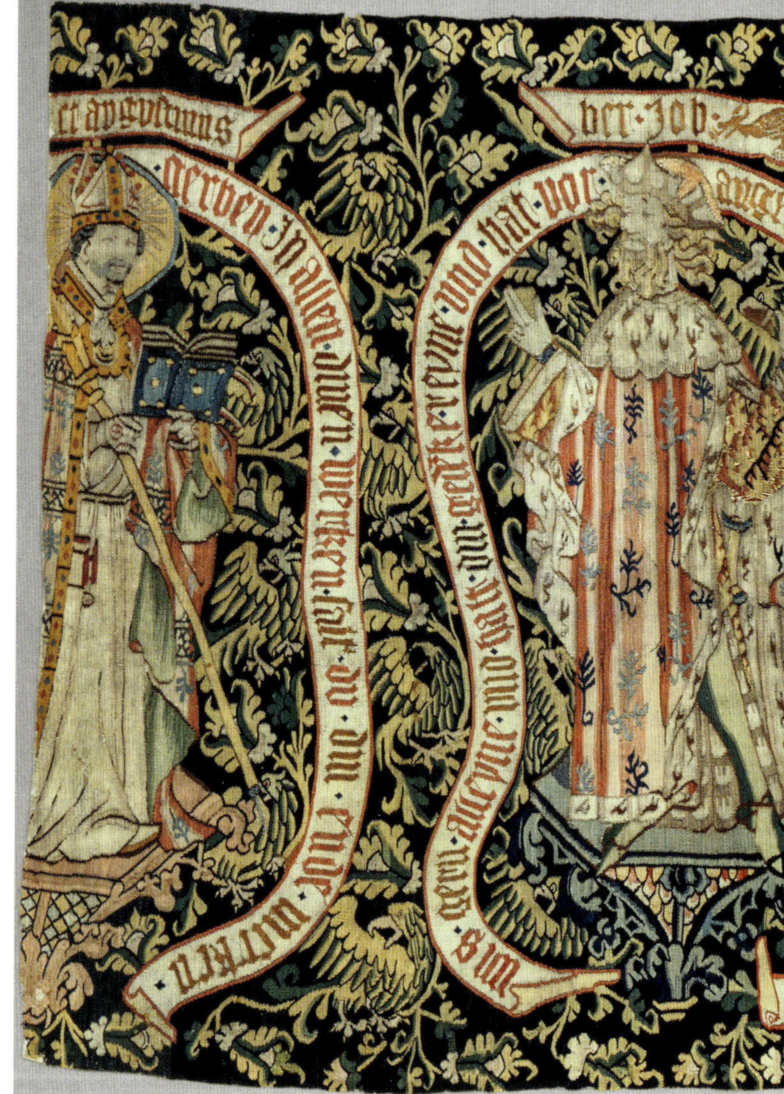

Gründen sind die Gesichtszüge der Figuren nicht gewirkt, sondern aufgemalt worden.

Ungeachtet zahlreicher retrospektiver Detailformen verweisen Stil und Tracht der Figuren des sogenannten Kirchenväterteppichs auf seine Entstehung in der Zeit um 1490. Das Metropolitan Museum of Art in New York hat 2014 zwei Teile einer anderen Wirkerei mit sechs Figuren nach genau den gleichen Vorlagen erworben. Eine überzeugende kunsthistorische Bestimmung des Herstellungsortes ist bislang nicht gelungen. Insbesondere die Art der floralen Ornamentik deutet auf eine

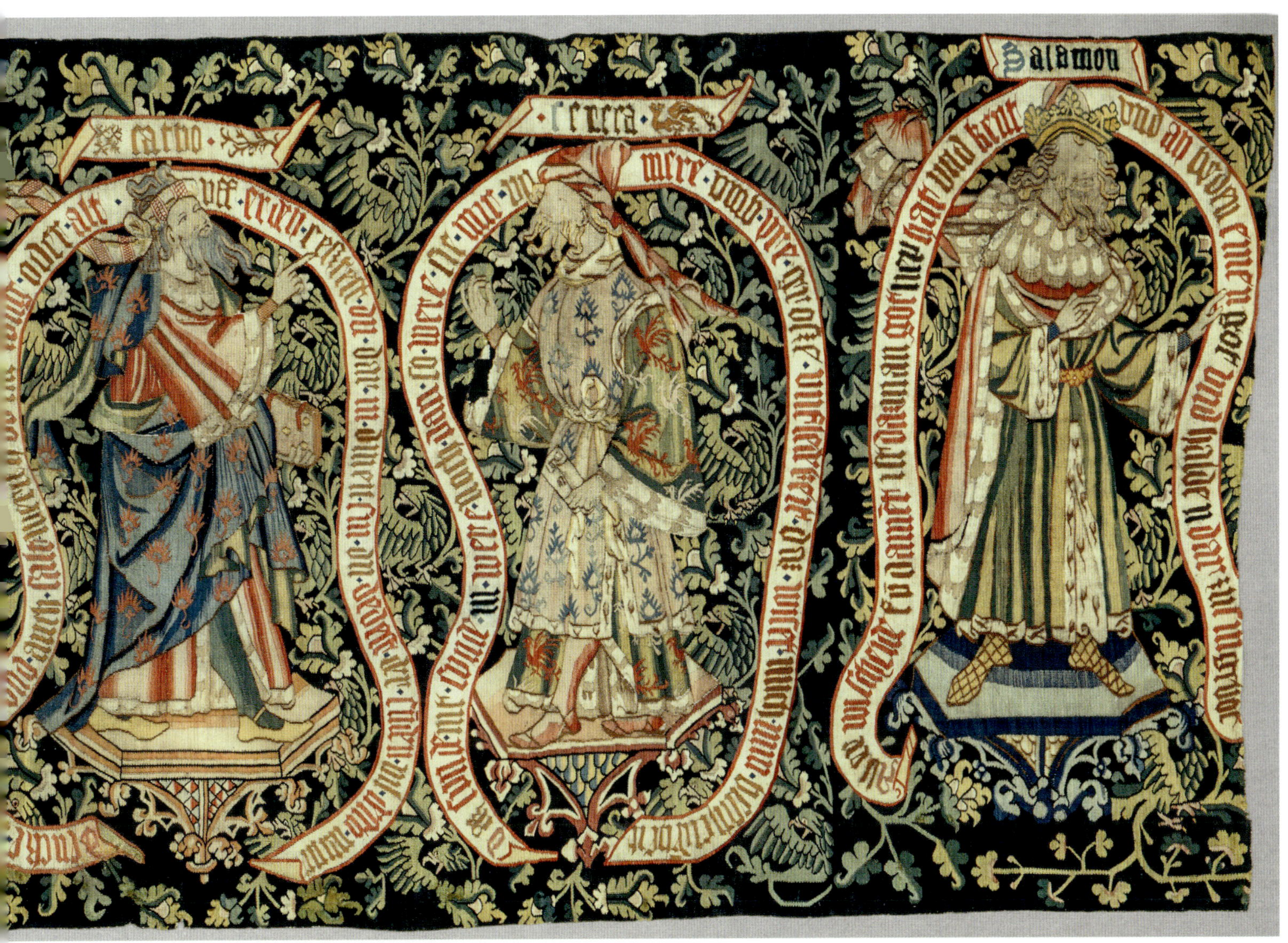

oberrheinische Herkunft hin. Die Einbeziehung antiker Philosophen und mittelalterlicher Denker in die Reihe der dargestellten „Weisen" sowie die appellativ-moralisierende Tendenz der verwendeten Sinnsprüche lassen vermuten, dass der Bildteppich für einen öffentlichen Raum profaner Nutzung – etwa einen Universitäts- oder Ratssaal – geschaffen worden ist.

Die literarischen Quellen der meisten Texte auf den Spruchbändern konnten bislang nicht nachgewiesen werden. Einzelne Verse entstammen der um 1230 vollendeten *Bescheidenheit* (Lebensweisheit) des auf dem verschollenen Berliner Teilstück des Kirchenväterteppichs dargestellten Dichters Freidank, einem Werk, das im Spätmittelalter eine bemerkenswert intensive Rezeption erfuhr. *Freidanks Bescheidenheit* wurde 1508 durch Sebastian Brant in Straßburg in einer gedruckten Ausgabe verlegt, die bis 1583 in sieben Auflagen erschien.   *LL*

LITERATUR
Kurth 1926, Bd. 1, S. 190, 273 f., Bd. 3, Taf. 316 a, b – Göbel 1933, S. 175 f. –
von Wilckens 1984 – Berner-Laschinski 1996 – Acquisitions 2014, S. 24 f.

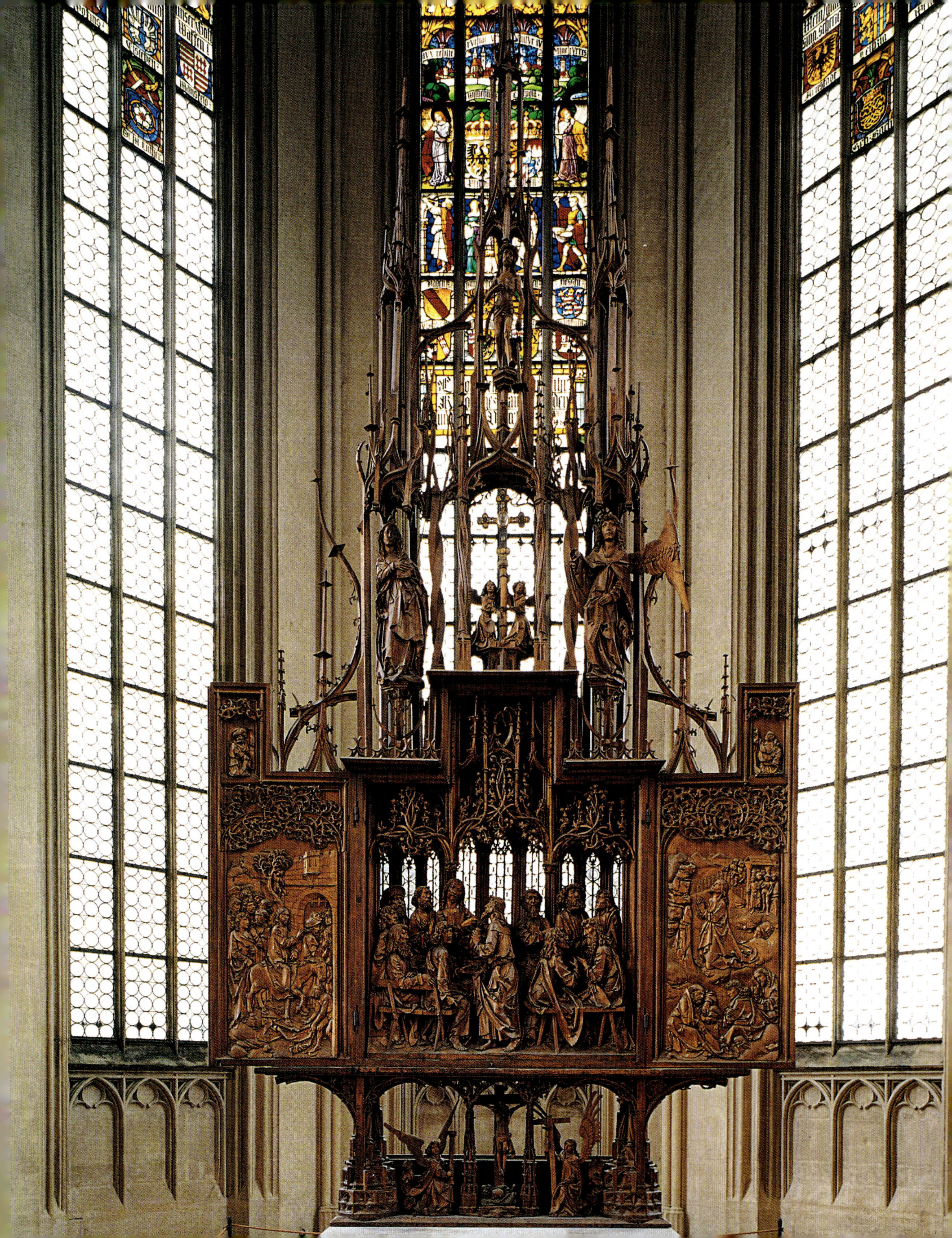

Jan Friedrich Richter

Raum, Farbe und Licht
Die Kunst der zweiten Hälfte des 15. Jahrhunderts

Der gattungsübergreifende Charakter der spätgotischen Kunst lässt sich heute nur noch in Ansätzen nachvollziehen. Säkularisierung und neuzeitliche Sammlungsordnungen haben den an sich schon stark dezimierten Denkmälerbestand so weit auseinandergerissen, dass die in den Museen erhaltenen Objekte fast nur noch als Einzelwerke wahrgenommen werden. Ursprünglich handelte es sich jedoch oftmals um Teile größerer Ensembles, deren Sinnhaftigkeit sich erst durch ihren Kontext erklärte. Dies betraf gleichermaßen inhaltliche wie formale Aspekte, ein Phänomen, das sich das gesamte Mittelalter hindurch nachweisen lässt. Was sich im 15. Jahrhundert allerdings veränderte, war der Umfang der gegenseitigen Bezüge.

Mit dem Nachlassen großer Bauprojekte hatte sich der Schwerpunkt der künstlerischen Tätigkeit mehr und mehr auf die Herstellung von Ausstattungsstücken verlagert. Steigender Wohlstand und bürgerliches Repräsentationsbedürfnis erhöhten die Nachfrage und führten zur Etablierung einer immer größeren Zahl von Werkstätten. Zu deren wichtigsten Aufgaben gehörte die Anfertigung von Altaraufsätzen, den sogenannten Retabeln, die häufig nur in enger Zusammenarbeit von Bildschnitzern, Malern und Schreinern zu bewältigen war. Sie bildete die Grundlage für eine gattungsübergreifende Herausbildung von Stilformen, die sich nicht selten auf das Werk von einzelnen Künstlern zurückführen lässt.

Von überragender Bedeutung war der ab etwa 1460 in Straßburg tätige Bildhauer Niclaus Gerhaert von Leyden.[1] Seine Werkstatt lieferte neben Altarretabeln auch Grabmäler, Bauskulptur und Chorgestühle, aber auch einzelne Skulpturen für den privaten Gebrauch. Der Umfang der nachweisbaren Aufträge setzt einen großen Werkstattbetrieb voraus, über den sich die nachhaltige Verbreitung einer äußerst charakteristischen Formensprache erklärt. Gerhaerts Arbeiten zeigen ein bis dahin unbekanntes Maß an Naturbeobachtung. Der menschliche Körper wird so realistisch wie möglich nachgebildet, durch seine Bekleidung aber gleichzeitig in eine artifizielle Form gebracht. Faltenwürfe wie bei der Dangolsheimer Muttergottes (Kat. 108) sind zwar durch die Körperhaltung motiviert, in ihrer Stofffülle aber so abstrahierend gestaltet, dass sich der spontane Eindruck des mit dem Gewand spielenden Kindes als inszeniert entlarvt. Die Alltagsbeobachtung wird zum Bestandteil eines komplexen

Formgefüges, dessen virtuose Ausführung auf die Bewunderung des Betrachters abzielt. Holz und Stein sind bis an die Grenze des Machbaren hinterarbeitet und erlauben dadurch eine Vielzahl an Durchblicken, mit denen die Skulptur als raumgreifender Körper fassbar wird. Die Figuren werden bewusst in eine komplizierte und häufig stark bewegte Haltung gedreht, aus der sich ein vielfältiges Übereinander von Kleidungsteilen, Haarsträhnen und Körpergliedern ergibt. Die Verbindung von Alltagsbeobachtung und abstrakter Formgebung ist nicht als künstlerischer Selbstzweck zu verstehen. Die alles einbindende Bewegung, die sich an den Oberflächen zeigt, hat keine äußere Ursache, sondern muss als Spiegel inneren Aufruhrs verstanden werden. Dem Betrachter ermöglicht sie einen emotionalen Zugang zur transzendenten Bedeutung der Darstellung.

Die Vorbilder für Gerhaerts Kunstauffassung liegen im Westen, nicht in Süddeutschland. Sein Namenszusatz „von Leyden" lässt vermuten, dass der Künstler aus den Niederlanden stammte und dort seine Ausbildung erhielt. Auch wenn aufgrund der Bilderstürme nur wenig Vergleichbares erhalten geblieben ist, lassen sich mit Werken wie der um 1435/1440 in Brabant entstandenen Triumphkreuzgruppe aus Bierghes doch Vorläufer anführen, für die es im deutschen Raum keine Parallelen gibt.[2]

Mit seinen Arbeiten prägte Gerhaert offensichtlich einen Zeitgeschmack, der sich über alle Kunstgattungen hinweg verfolgen lässt (Kat. 110). Weite Verbreitung fand der Stil durch die Grafik des gleichzeitig in Straßburg tätigen Meisters E. S.[3] (Kat. 80). Deutlich wird dabei ein gattungsübergreifendes Interesse an einer komplexen, raumgreifenden Formgestaltung, die nur mit einer aufwendigen Technik zu bewerkstelligen war. In der an die Fläche gebundenen Grafik ließ sich das nur durch eine Vielzahl von abgestuften Schattierungen umsetzen, die bei Meister E. S. zunehmend zum Einsatz von Kreuzschraffuren führte.

Was sich in der räumlichen Konzeption der einzelnen Figuren als neuartig erwies, sollte sich auch im Großen an den Retabeln zeigen. Gerhaert schuf die Skulpturen für das 1462 datierte Retabel der Nördlinger Stadtpfarrkirche, dessen Auftrag an den Maler Friedrich Herlin vergeben worden war (Kat. 70).[4] Anders als damals in Deutschland üblich, zeigt das von Hans Waidenlich gefertigte Gehäuse, das in einer barocken Umrahmung erhalten blieb, keinen querrechteckigen Schrein,

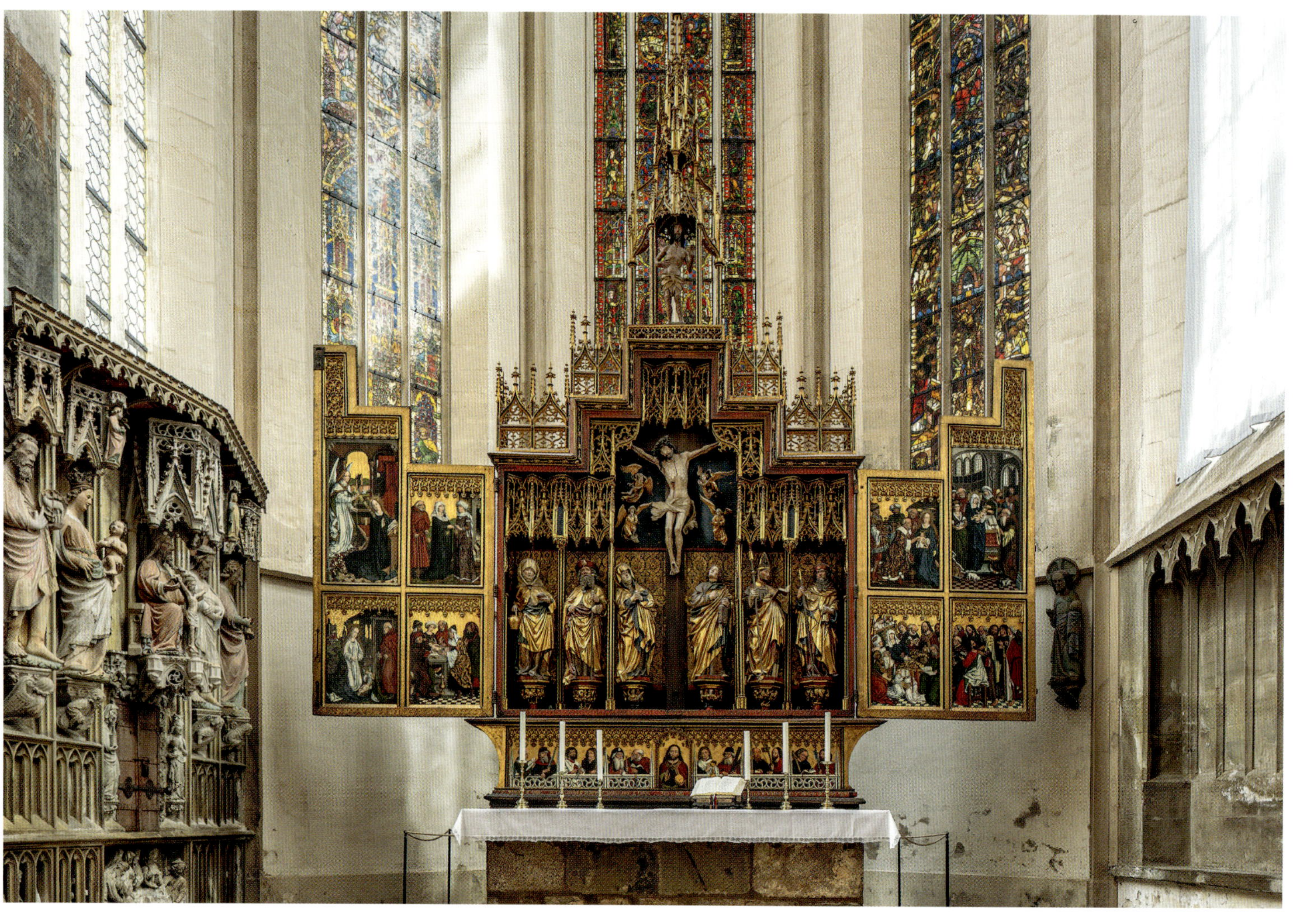

Friedrich Herlin und Hans Waidenlich, Hochaltarretabel der Stadtpfarrkirche St. Jakob in Rothenburg ob der Tauber, 1466

sondern einen zur Mitte hin zweifach gestuften Aufriss nach niederländischem Vorbild. Der Gesamtaufbau wird raumgreifender, gerät optisch in Bewegung und orientiert sich stärker an den Vertikalen der gotischen Architektur, der er sich auch formal angleichen sollte. An einem demselben Aufriss folgenden, 1466 von Herlin und Waidenlich nach Rothenburg gelieferten Retabel[5] hat sich der architektonische Aufbau in Form eines hohen, stark durchbrochenen Baldachinturms erhalten, wie man ihn wohl auch für Nördlingen voraussetzen darf (Abb. S. 302). Ähnlich wie bei den Skulpturen öffnet sich jetzt auch der Gesamtaufbau des Gehäuses dem umgebenden Raum. Die seitlich des Baldachins aufgesetzten Maßwerkbretter wurden erst 1856/57 nach Plänen Carl Alexander von Heideloffs ergänzt, einem der wichtigsten Wegbereiter des Historismus in Süddeutschland. Der damaligen Idealvorstellung von gotischer Kunst entsprechend, musste das Rothenburger Retabel unvollständig erscheinen. Durch die Maßwerkbretter wird der Baldachin zu einem vollständigen Gesprenge ergänzt, einer Form von architektonischem Aufbau, die sich zeitlich erst nach dem Rothenburger Retabel um 1470 durchsetzen sollte.

Die Öffnung des Gehäuses in den Raum und der damit einhergehende Bezug auf die umgebende Architektur gelten gleichermaßen für Skulptur und Malerei. Sie werden durch Form- und Farbgebung viel stärker aufeinander abgestimmt als früher, sodass das Retabel nicht nur inhaltlich als ein auf alle seine Einzelteile bezogenes Gesamtwerk wahrgenommen wird.

Der durchschlagende Erfolg solcher Neuerungen zeigt sich nicht zuletzt am Umfang der Aufträge. Die Retabel für Nördlingen und Rothenburg waren für Hochaltäre bestimmt, dementsprechend aufwendig konstruiert und teurer. Die komplizierte Herstellung führte zu einer längeren Zusammenarbeit der daran beteiligten Werkstätten. Am Rothenburger Retabel war Gerhaert zwar nicht mehr beteiligt, das wenige Jahre später im Zentrum des Schreins eingesetzte Kruzifix stammt aber vielleicht von Hans Kamensetzer, einem seiner mutmaßlichen Gesellen aus Straßburg (Kat. 112).[6]

Gerhaert war zu dieser Zeit bereits einem Ruf Kaiser Friedrichs III. gefolgt und nach Wiener Neustadt gezogen, wo er das heute im Wiener Stephansdom befindliche Grabmal des Herrschers anfertigen sollte.[7] Die aus Rotmarmor gearbeitete

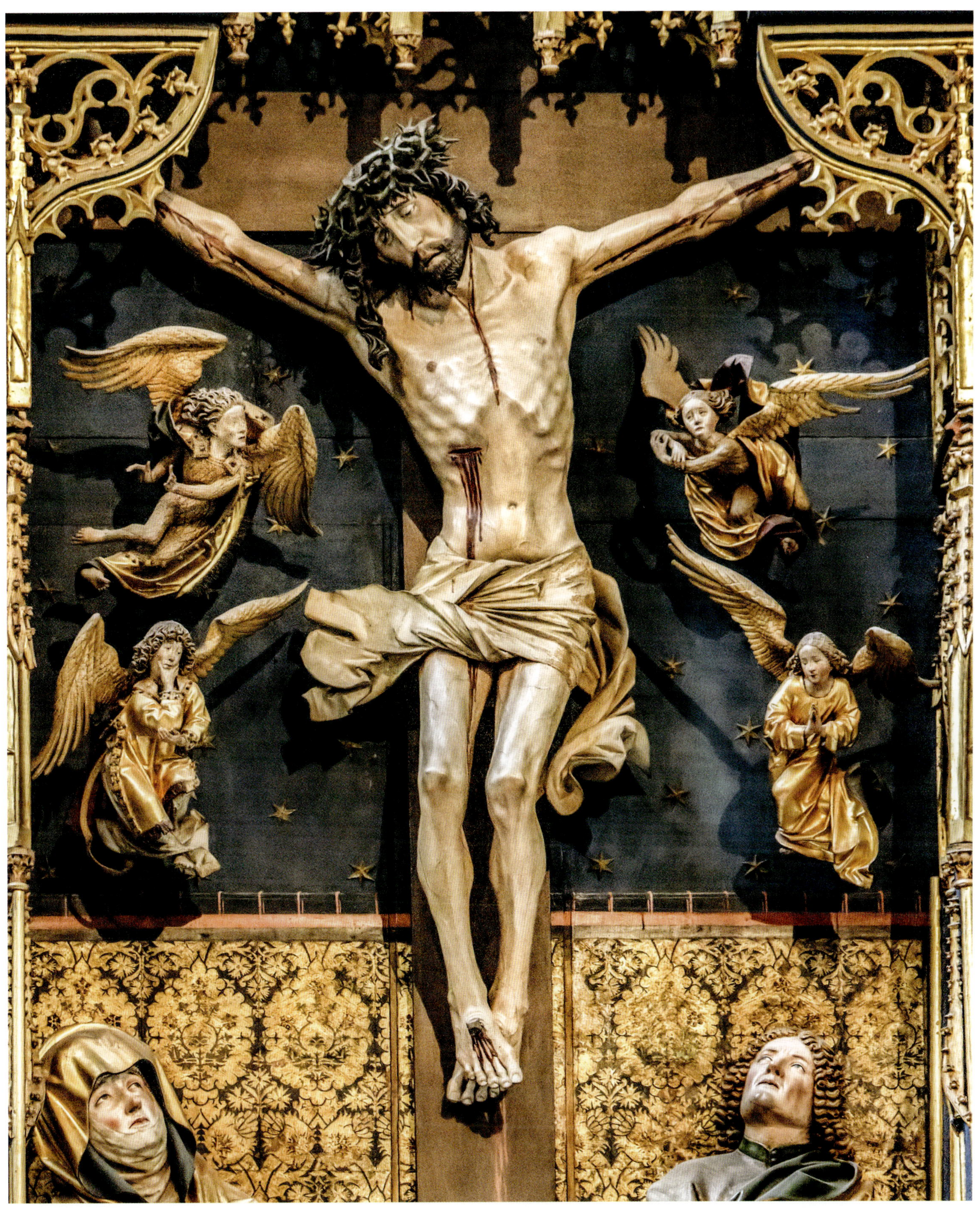

Hans Kamensetzer (?), Kruzifix im Hochaltarretabel der Stadtpfarrkirche St. Jakob in Rothenburg ob der Tauber, um 1470

Tumba gehört zu den prunkvollsten Beispielen ihrer Zeit. Die künstlerische Wirkung ist eigenartig, da das stark geäderte Material ohne eine Bemalung, die sogenannte Fassung, verblieb. Seine Struktur erschwert die Unterscheidung der Vielzahl von kleinteiligen Formen. Es entsteht der Eindruck einer reichbewegten Fülle von Details, mit der die für Gerhaert typischen Stilmerkmale selbst bei einem derart auf repräsentative Wirkung angelegten Werk wie einem Grabmal im Vordergrund stehen.

In Wien kündigt sich eine neuartige Wertschätzung für Bildhauerarbeiten an, die sich auch ohne veristische Fassung als solche würdigen lassen. Auch wenn in diesem Fall sicherlich der Wert des Materials eine große Rolle gespielt haben dürfte, ist es wohl kein Zufall, dass sich nur wenige Jahre später auch die ersten Retabel ohne farbige Fassung nachweisen lassen. Weithin bekannt dafür ist der ab 1483 in Würzburg tätige Bildschnitzer Tilman Riemenschneider.[8] Geboren im thüringischen Eichsfeld, dürften ihn seine Wanderjahre wohl in die großen Kunstzentren des Südens, nach Straßburg und Ulm, geführt haben. Schon an seinem frühen Hauptwerk, dem 1490–1492 für die Pfarrkirche von Münnerstadt gefertigten Magdalenen-Retabel, zeigen die Skulpturen eine von Gerhaert geprägte Komplexität der Gewandführung (Kat. 118).

In Münnerstadt wurde auf eine farbige Fassung verzichtet. Das Holz von Gehäuse und Skulpturen war zwar getönt, der optische Eindruck wurde jedoch von der Materialsichtigkeit bestimmt. Da die Oberflächen von keiner Farbe verdeckt sein sollten, wurden die plastischen Details bereits im Holz mit großer Genauigkeit angelegt. Die Künstler entwickelten ein aufwendiges System von Punzierungen, mit dem durch das wiederholte Einschlagen von Stempeln, den sogenannten Punziereisen, die optische Wirkung verschiedenster Materialien nachgeahmt wurde. Beim Münnerstädter „Noli me tangere" wird damit beispielsweise Gras von Fell unterschieden. Riemenschneider orientierte sich bei seiner Komposition an einem Kupferstich von Martin Schongauer (Kat. 119), und es mögen grafische Vorbilder gewesen sein, von denen sich die Bildschnitzer generell zu dem Gebrauch der Punziertechnik anregen ließen. Ähnlich wie dort sind es abstrakte Musterelemente, mit denen im Holz die optische Wirkung anderer Materialien imitiert wird.[9] In beiden Fällen wird der Verzicht auf Farbe und die damit einhergehende Abstrahierung durch die Entwicklung neuerer Techniken kompensiert.

Es wäre allerdings falsch, die Herstellung von holzsichtigen Retabeln allein mit einem Austausch der Künste oder der neuartigen Wertschätzung künstlerischer Arbeit zu erklären. Viel häufiger dürften pragmatische Überlegungen ausschlaggebend gewesen sein. Retabel waren immens teuer, und farbige Fassungen bedeuteten einen hohen zusätzlichen Kostenaufwand wegen des dafür verwendeten Goldes. Finanzielle Probleme führten dazu, dass nicht selten Provisorien auf die Altäre gestellt wurden, fertig konstruierte, aber farbig noch nicht gefasste Retabel, wie etwa das seit 1474 von Jörg Syrlin d. Ä. und Michel Erhart errichtete Retabel für den Hochaltar des Ulmer Münsters.[10] Die eigentlich geplante Fassung unterblieb in diesem Fall, weil man die Kosten dafür nicht aufbringen konnte

und der veränderte Zeitgeschmack eine Gewöhnung an holzsichtige Retabel mit sich brachte. Ob für den Verzicht auf farbige Fassungen auch inhaltliche Gründe verantwortlich waren wie etwa die zunehmende Kritik an kirchlichem Prunk, ist eine letztlich ungeklärte Frage.[11] Wie unentschieden die Gläubigen auf diese Entwicklung reagierten, zeigt sich wiederum in Münnerstadt, wo das monochrom konzipierte Retabel im Jahr 1504 durch den Nürnberger Bildschnitzer Veit Stoß gefasst wurde.

Riemenschneider baut auf den künstlerischen Entwicklungen der 1460er-Jahre auf. Wie bei Gerhaert findet sich in seinen Werken eine Materialvielfalt, die von Holz über Alabaster (Kat. 117) bis zu Marmor reicht. Bei seinen Retabeln wird der umgebende Raum noch stärker in das Kunstwerk mit einbezogen. Im Zentrum des zwischen 1499 und 1505 errichteten Heilig-Blut-Retabels der St. Jakobskirche in Rothenburg befindet sich eine Darstellung des letzten Abendmahls (Abb. S. 300).[12] Der Schrein ist wie eine Kapelle konstruiert, die Rückwand von verglasten Fensteröffnungen durchbrochen. Das Retabel ist nicht wandseitig aufgestellt, sondern mit einigem Abstand vor den Kirchenfenstern, sodass das von der Rückseite einfallende Tageslicht den Schrein erleuchtet. Gleiches gilt für die sogenannte Predella, das Sockelgeschoss unter dem Schrein, die in diesem Fall als seltenes Beispiel völlig durchbrochen gearbeitet wurde. Ähnlich wie in der Architektur wird durch diese Konstruktion das Licht als Gestaltungsmittel in den gesamten Aufbau mit einbezogen und kann im Sinne einer Lichtmetaphorik als Sichtbarmachung des Göttlichen verstanden werden.

Der Ausgangspunkt für derartige Konstruktionen könnte bei kleinformatigen Werken liegen, die für die private Andacht bestimmt waren. Dort finden sich bereits in der Mitte des 15. Jahrhunderts Beispiele für durchbrochen gearbeitete Werke, deren Sinn nur in einer rückwärtigen Beleuchtung gelegen haben kann (Kat. 53). An Retabeln mag es bereits bei Gerhaert Vorläufer für ähnliche Entwicklungen gegeben haben. So zeigt etwa das gegen 1483 wohl von einem seiner Nachfolger in Straßburg angefertigte Hochaltarretabel in Lautenbach im Renchtal einen kapellenförmigen Schrein mit verglaster Rückwand (Abb. S. 305).[13] Inwieweit dieser Aufbau heute noch den ursprünglichen Zustand wiedergibt, hat sich bisher nicht klären lassen. Es würde angesichts der Gerhaert'schen Figurenkonzeption aber nicht verwundern, wenn es bereits in Straßburg ähnliche Konstruktionen gegeben hätte. Einen rückseitig verglasten Schrein zeigte dort etwa das deutlich durch Gerhaert geprägte, 1500/01 von Nikolaus Hagenauer für den Hochaltar des Münsters angefertigte Retabel (1682 zerstört)[14] oder die in derselben Tradition stehenden Hochaltarretabel aus Kippenheim und Weisweil.[15] Man mag an dieser Stelle auch noch einmal an Nördlingen erinnern, wo die Rückwand des Hochaltarretabels zwar vollständig geschlossen ist, die Rückseite aber Bemalungen aufweist, die in ihrer Aufteilung diejenige der Flügel wiederholten. Im Zentrum sitzt ein aufgemaltes Schloss, das als Trompe-l'Œil den Eindruck erweckt, als ließe der Schrein sich von rückwärts öffnen.

Bei der Beurteilung dieser Werke wird die Bedeutung des Schreiners allerdings häufig vergessen. Der Auftrag für das

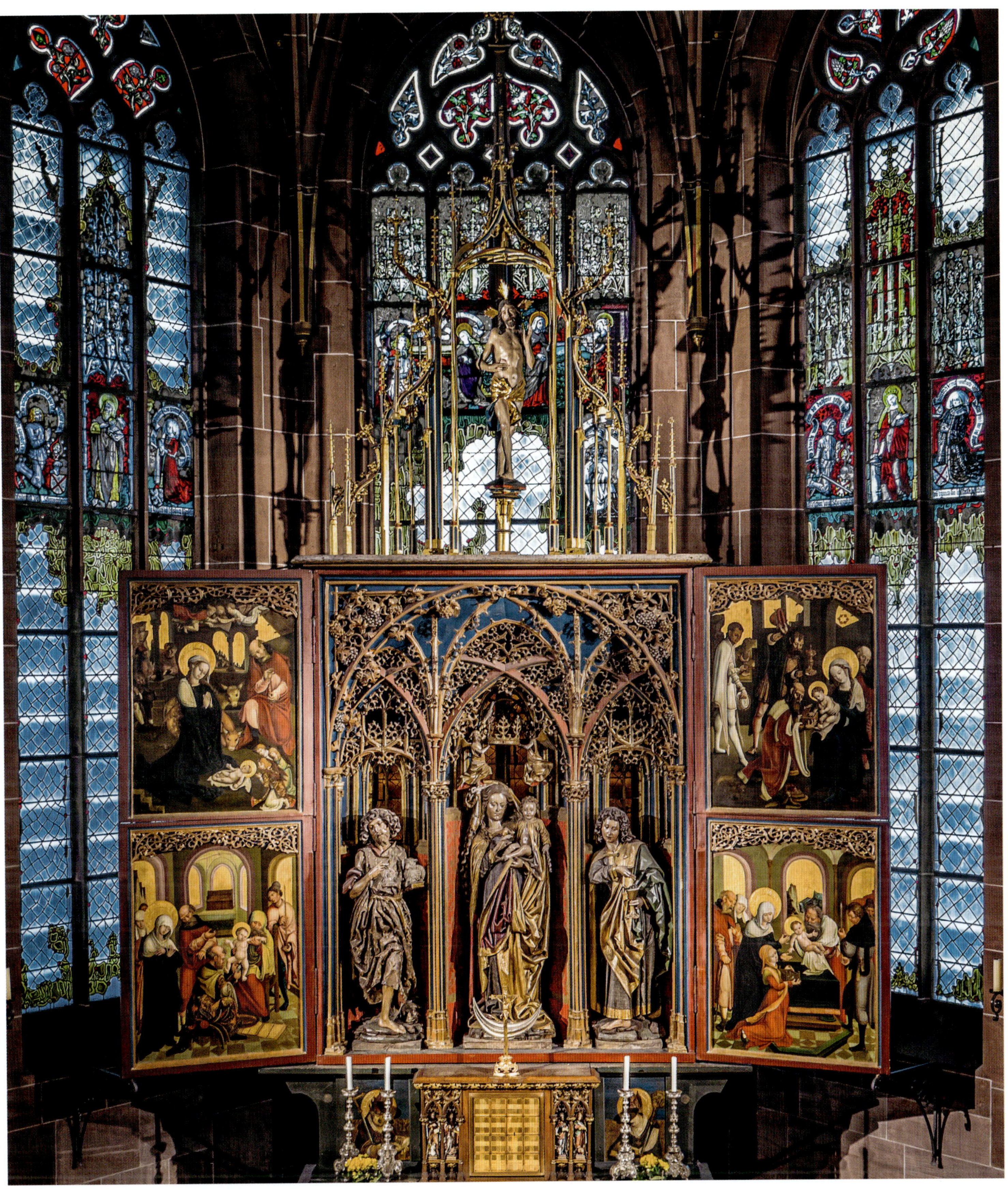

Hochaltarretabel der Pfarr- und Wallfahrtskirche Mariae Krönung in Lautenbach (Renchtal), um 1483

Heilig-Blut-Retabel in Rothenburg etwa wurde an den Schreiner Erhart Harschner vergeben. Er war für die Ausführung des Gehäuses zuständig, möglicherweise auch für den Entwurf. Riemenschneider lieferte nur die Skulpturen dazu. Eine derartige Zusammenarbeit führte nicht selten zu längeren Kooperationen, wie etwa bei Herlin, Waidenlich und Gerhaert. Wem dabei die Ehre der künstlerischen Urheberschaft gebührt, muss offen bleiben. Entwürfe für Retabel, sogenannte Visierungen oder Altarrisse, konnte jeder Künstler liefern, sogar ein Goldschmied, wie der um 1470/1480 vermutlich in Brügge tätige Meister W mit der schlüsselförmigen Hausmarke. Von ihm sind Kupferstiche von verschiedenen Gehäusearchitekturen erhalten geblieben.[16] Auch wenn es sich dabei sicherlich nicht um konkrete Projekte, sondern eher um Entwurfsmuster gehandelt haben dürfte, zeigt ihre in vielfachen Abwandlungen nachweisbare Umsetzung doch, wie stark sich die Künstler über alle Gattungen hinweg beeinflusst haben. Ein bezeichnendes Beispiel dafür liefert wiederum das Nördlinger Retabel, dessen Entwurf von dem dort zwischen 1439 und 1461 tätigen Kirchenbaumeister Niklas Eseler d. Ä. stammte. Herlin hatte sich bei seinem Auftrag also nach einer bereits vorliegenden Visierung zu richten.

Kooperationen, wie sie für Rothenburg beschrieben wurden, sind typisch für das fortgeschrittene 15. Jahrhundert. Bei Retabeln entsprangen sie der Notwendigkeit, unterschiedliche Berufszweige miteinander zu vereinen, wobei die Auswahl sicherlich auch von wirtschaftlichen Aspekten abhängig war. Gab es keine Vorgaben vonseiten der Stifter, so war der Auftragnehmer für die Weitervergabe von Unterverträgen verantwortlich. Seine Auswahl beruhte meistens auf persönlicher Bekanntschaft, und häufig lassen sich familiäre Verbindungen nachweisen, die wahrscheinlich auf derartige Kontakte zurückzuführen sind. Erinnert sei etwa an die Ehe zwischen Apollonia, der Tochter von Niclaus Gerhaert, und dem Goldschmied Jörg Schongauer,[17] dem Bruder des berühmten Martin.

Die Familie Schongauer war seit den 1440er-Jahren in Colmar ansässig, Ausbildung und Arbeit führten die Brüder nach Leipzig, Basel, Straßburg, Ulm und Augsburg.[18] Schon der Vater stammte aus Augsburg. Er war als Goldschmied tätig und gab das Handwerk an drei seiner Söhne weiter. Martin dagegen arbeitete als Maler. Sein grafisches Werk lässt aber gleichfalls auf eine Ausbildung als Goldschmied schließen, nicht allein aufgrund der Technik, auch wegen der Auswahl seiner Motive, zu denen auch Darstellungen einer Bischofskrümme und eines Rauchfasses gehören (Abb. S. 307). Mehr noch als beim Meister W mit der schlüsselförmigen Hausmarke handelt es sich dabei aber nicht um konkrete Entwürfe, sondern um die Demonstration seines grafischen Könnens.[19] Gerade das Rauchfass wirkt eher wie ein Stillleben, mit dem der Kupferstecher die Grenzen seiner Technik auslotet. Das aufwendige Gehäuse mit dem Wirrwarr der davorliegenden Metallketten ist ein Bravourstück räumlicher Darstellungskunst. Der Stich dürfte in den 1470er-Jahren entstanden sein, zu einer Zeit, als die Straßburger Kunst bereits weitverbreitet war. Das für Gerhaert und E. S. charakteristische Interesse an der Darstellung komplexer Raumverhältnisse wird bei Schon-

gauer auf die Spitze getrieben. Mit Werken wie diesem kündigt sich ein Wertewandel an, der die althergebrachte Vorreiterrolle der Skulptur gegenüber den zweidimensionalen Künsten auf Dauer verschieben sollte. Die Malerei entwickelte sich zur führenden Gattung unter den Künsten.

Einer der Gründe dafür dürfte in der mimetischen Überzeugungskraft zu suchen sein, die sich trotz der technischen Beschränkung auf die Fläche damit hervorrufen ließ. Die räumlichen Darstellungsmöglichkeiten, die Schongauer am Rauchfass demonstriert, bilden allerdings nur einen formalen Aspekt innerhalb eines grundsätzlich gesteigerten Interesses an der Wiedergabe der sichtbaren Wirklichkeit. Das zeigt sich etwa deutlich bei der Porträtmalerei, die im deutschsprachigen Gebiet in der ersten Hälfte des 15. Jahrhunderts einsetzt (Kat. 94). Aus anfangs noch stark typisierten Darstellungen entwickelt sich bald eine Detailversessenheit, deren ungeschönter Realismus es zunehmend erschweren sollte, Porträts von Werkstattmodellen zu unterscheiden. Ähnlich wie beim Bildnis des Grafen von Löwenstein (Kat. 96) wirken Arbeiten wie Schongauers Zeichnung eines alten Mannes (Kat. 95) so unmittelbar beobachtet, dass sie erst auf den zweiten Blick als Typus wahrgenommen werden. Porträt, Entwurf und Werkstattmodell werden immer ähnlicher. Das Bild wird zunehmend autonom.

Schongauers Berühmtheit erklärt sich mit der weiten Verbreitung seiner Grafik. Albrecht Dürer reiste 1492 sogar zu ihm nach Colmar, traf den bereits anderthalb Jahre vorher in Breisach gestorbenen Künstler aber nicht mehr an. Sein Interesse war jedoch so groß, dass er eine Weile im Haus von Jörg Schongauer wohnen blieb, der ihm vermutlich Feinheiten der Gravurtechnik seines Bruders vermittelte. Von Schongauers Malereien ist wenig erhalten geblieben, aber Werke wie das Retabel für den Hochaltar der Colmarer Dominikanerkirche oder das monumentale *Weltgericht* im Breisacher Münster lassen auch in diesem Bereich die Bedeutung seiner Werkstatt erahnen. Kleinformatige Tafeln wie die Berliner *Anbetung* zeigen eine Vielfalt von Farbabstufungen, deren Wirkung im 19. Jahrhundert als „smalto di colore", als emaileartiger Glanz gerühmt wurde (Kat. 83). Schongauer bildet damit allerdings keine Ausnahme, weder für die Tafel- noch für die Fassmalerei. Auch wenn sich ab den achtziger Jahren die ersten holzsichtigen Retabel nachweisen lassen, gehört die Imitation von farbigen Oberflächenwirkungen doch zu den wichtigsten Aufgaben der spätgotischen Kunst. Das lässt sich deutlich an der technischen Ausführung von Fassungen ablesen (Kat. 112), die durch einen vielfältigen Einsatz von Fremdmaterialien bereichert werden: Plastisch gegossene Musterfolien, sogenannte Pressbrokate, imitieren die Wirkung kostspieliger Stoffe, Papierpailletten oder Bleigüsse dienen zur Darstellung von Schmuckbesatz, und die Bemalung von Metallfolien, die sogenannte Lüsterung, bewirkt einen Glanz, der die zeitgenössischen Betrachter buchstäblich geblendet haben dürfte.

Farbe spielt neben dem gesteigerten Interesse für die Darstellung räumlicher Verhältnisse eine zentrale Rolle in der spätgotischen Kunst, und zwar parallel, wenn nicht sogar in ganz bewusstem Zusammenspiel mit den materialsichtig geplanten

Retabeln. Leider kennen wir die ursprüngliche Farbe der rückwärtigen Verglasung des Rothenburger Retabels genauso wenig wie die Verglasung der dortigen Kirchenfenster. Dass der Ausgangspunkt derartiger Konstruktionen aber in der Einbeziehung farbigen Lichts liegt, lässt sich bereits in Lautenbach demonstrieren. Dort werden etwa gleichzeitig mit der Errichtung des Hochaltarretabels Chor und Langhaus der Kirche in den Jahren 1482–1488 mit einer äußerst aufwendigen Verglasung versehen.[20] Sie stammt von der sogenannten Straßburger Werkstattgemeinschaft (Kat. 87, 88), einem 1477 gegründeten Werkstattverbund der Glasmaler Peter Hemmel von Andlau, Lienhart Spitznagel, Hans von Maursmünster, Theobald von Lixheim und Werner Störe.[21] Einer der Gründe für diesen ungewöhnlichen Zusammenschluss dürfte in der großen Nachfrage zu suchen sein, die nach den prächtigen und extrem kostspieligen Glasfenstern bestand. Ihr Erfolg lässt sich ähnlich wie bei Gerhaert am Kreis der Auftraggeber ablesen, zu dem noch 1501 der spätere Kaiser Maximilian gehören sollte.

Die Lautenbacher Chorverglasung wurde sehr genau auf das Hochaltarretabel abgestimmt. Bis auf Höhe der oberen Gehäuseeinfassung sind die Fenster (abgesehen von rahmenden Eckzwickeln) blank, also farblos verglast. Das Licht kann daher den Schrein ohne Abdunkelung in einheitlicher Farbe beleuchten. Die Buntverglasung beginnt erst oberhalb des Gehäuses. Im Achsfenster hinter dem Retabel sind dort die Szenen der *Verkündigung* und *Heimsuchung* dargestellt, denen inhaltlich die *Geburt Christi* auf den geöffneten Flügeln des Retabels folgt. Der Altaraufsatz wurde erst um 1510 mit Malereien versehen, das Programm aber wahrscheinlich schon mit dem Erstauftrag festgelegt. Wie in vielen anderen Fällen dürften finanzielle Probleme für die spätere Ausführung verantwortlich gewesen sein. Trotz einer Zeitspanne von etwa dreißig Jahren hielt man an der einheitlichen Planung der Ausstattung fest, die sich aber nicht allein auf inhaltliche, sondern auch auf formale Aspekte bezieht. Die Glasmalereien besitzen als Rahmensystem eine Astwerkbekrönung, die dem Gesprenge des Retabels gleicht. Der zentral dort in einem Baldachin aufgestellte Schmerzensmann ist von einer Architektur umgeben, deren Formen sich durch die Glasmalerei quasi immateriell im Licht fortsetzen. Für den Betrachter bilden Fenster und Altaraufsatz eine Einheit, die durch das Licht symbolisch überhöht wird. In der Abstufung von Blank- und Farbverglasung zeigt sich zugleich eine Hierarchisierung,

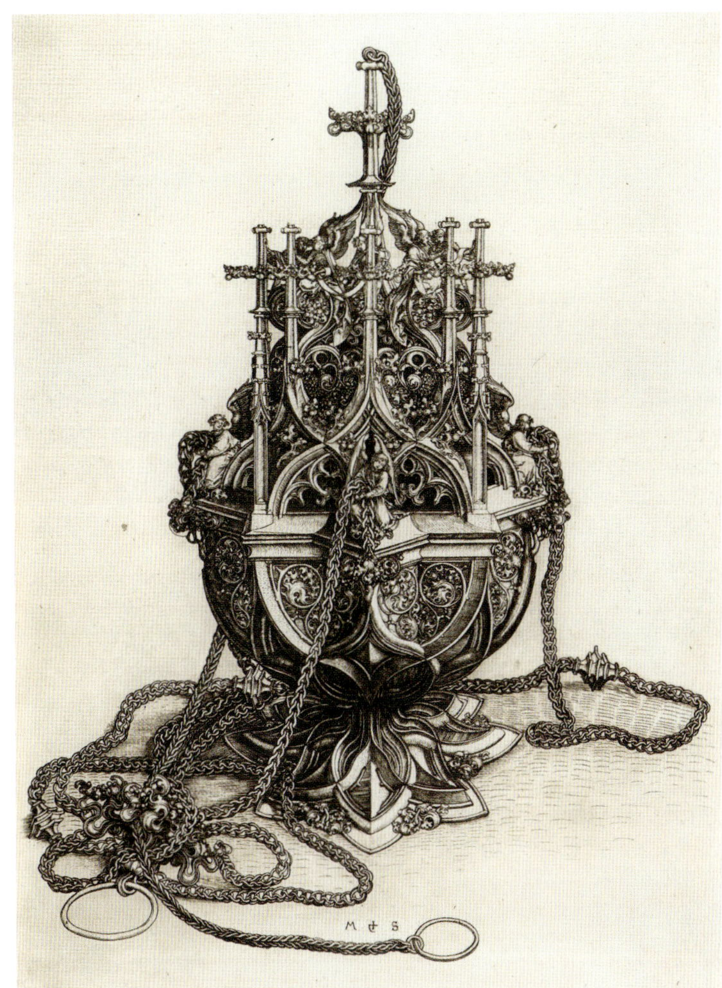

Martin Schongauer, *Das Rauchfass*, Kupferstich, um 1470–1480, Wien, Albertina

die das farbige Licht im oberen Teil konzentriert und damit einer göttlichen Sphäre zuordnet.

Mit der spätgotischen Ausstattung von Lautenbach hat sich eines der wenigen Beispiele erhalten, an dem sich das enge Zusammenspiel der verschiedenen Kunstgattungen noch heute demonstrieren lässt. Bildschnitzer und Schreiner, Maler und Glasmaler sorgten mit ihren Arbeiten dafür, dass die Kirchenausstattung zu einem Gesamtkunstwerk wurde, das in seinen inhaltlichen und formalen Querbezügen dem ständigen Verweis auf eine höhere Wahrheit dienen sollte.

1 AK Frankfurt am Main/Straßburg 2011.
2 Grandmontagne 2011, S. 64 f.
3 AK München/Berlin 1986.
4 Kahsnitz 2005, S. 40–57; AK Frankfurt am Main/Straßburg 2011, Kat. 6, S. 225–238 (Stephan Roller, Harald Theiss).
5 Kahsnitz 2005, S. 58–75.
6 Ebd., S. 61–63; Roller 2011, S. 112.
7 AK Frankfurt am Main/Straßburg 2011, Kat. 5, S. 220–224 (Stefan Roller, Harald Theiss, Bodo Buczynski).
8 AK Würzburg 1981; Kalden-Rosenfeld 2019.
9 Aus technischer Sicht lassen sich deutliche Parallelen zur Punzierung von Bucheinbänden belegen. Siehe Marincola 2004, S. 141.
10 Weilandt 1996.
11 Rosenfeld 1990; Habenicht 2016.
12 Bier 1930, S. 11–43, 169–175; Kahsnitz 2005, S. 222–237.
13 Kahsnitz 2005, S. 106–121.
14 Siehe die Abb. in AK Frankfurt am Main/Straßburg 2011, Kat. 38, S. 331 (Eva Maria Breisig).
15 Kahsnitz 2005, S. 26, Abb. 29, 30.
16 Lehrs 1908–1934, Bd. 7, S. 1–24.
17 AK Colmar 1991, S. 51; AK Frankfurt am Main/Straßburg 2011, S. 197.
18 Kemperdick 2004, S. 14.
19 Krohm 1993; Nicolaisen 1993, S. 199–206; Kemperdick 2004, S. 59 f.
20 Becksmann 1975; Becksmann 1979, S. 153–189; Scholz 1995, S. 18–20.
21 AK Ulm 1995, S. 23–26.

108 Niclaus Gerhaert von Leyden
(nachweisbar in Straßburg ab 1462 –
1473 Wiener Neustadt)
Maria mit Kind, sog. Dangolsheimer Madonna
1463 (?)

Nussbaumholz mit reduzierter originaler Fassung
H. 102 × B. 42 × T. 46 cm
ursprünglich trug die Figur eine Krone
angeblich seit der Mitte des 19. Jahrhunderts in einem Privathaus
in Dangolsheim im Elsass; Eugen (?) Bruschwil(l)er, London/München; 1910 Sammlung Dr. Richard Oertel, München; 1913 Auktionshaus Rudolph Lepke, Berlin; Frankfurter Kunsthandel
erworben 1913 als Geschenk der Bode-Stiftung
Staatliche Museen zu Berlin, Skulpturensammlung und Museum
für Byzantinische Kunst, Inv. 7055

Schwer hat die zierliche Frauengestalt an ihrem wuchtig drapierten Kostüm, mehr noch an ihrem Sohn zu tragen, der durch seinen kindlichen Bewegungsdrang und sein verspieltes Fummeln im Schleier der Mutter beider Auftritt zur halbakrobatischen Darbietung werden lässt. Während Maria sich dabei ganz auf das Halten der Balance und ihr Kind konzentriert, ist Jesus, als ob ihn ein aufmunternder Zuruf überrascht hat, für einen ganz kurzen Moment von seinem unernsten Treiben abgelenkt und sucht mit wachem Blick den heimlichen Beobachter. Mit dem sachte aufgenommenen, vor dem Körper einmal um die eigene Achse verdrehten Mantelendstück versucht Maria ein unbedachtes Stolpern im leisen Vorwärtsschreiten zu vermeiden. Die komplizierte Bewegung sorgt zugleich für das vielleicht schönste Draperiemotiv aller Zeiten.

Mit der Madonna gelangte eines der größten Kunstwerke und zugleich eines der kniffligsten Rätsel des ausgehenden Mittelalters in die Obhut der Berliner Museen. Wird die Frage nach dem Meister heute weitgehend einhellig mit „Niclaus Gerhaert von Leyden" beantwortet, harrt das Problem der wahren Herkunft des Bildwerks weiterhin der Klärung. Da sein überragender Anspruch und eine früh einsetzende Rezeption einen bedeutenden Aufstellungsort erwarten lassen, kann das Privatissimum in Dangolsheim nur ein temporäres Exil bedeutet haben. Jedenfalls belegt ihr geräuschvoller Nachhall in der Skulptur folgender Dezennien, dass die Dangolsheimer Madonna bis mindestens in das frühe 16. Jahrhundert öffentlich und an prominenter Stelle ausgesetzt gewesen sein muss. Ihr tatsächlicher Einfluss auf die oberrheinische, ja die gesamte Kunst im damaligen süddeutschen Sprachraum ist aber insofern schwer einzuschätzen, als viele auf den ersten Blick epigonalen Werke genauso gut auf dem Stich der *Madonna mit dem Maiglöckchen* des Meisters E. S. basieren könnten (Lehrs 1908–1934, Bd. 2, Nr. 79, S. 144; dazu Naß 1991). Die Frage, ob die Druckgrafik das Madonnenbild nun anti-

oder rezipiert, dürfte eher zugunsten der zweiten Möglichkeit zu beantworten sein. Der Meister E.S. lässt Maria das berühmte Faltenmotiv zwar mit gleicher Hand effektuieren (nämlichen ihrer rechten), vereinfacht und spiegelt aber die Draperie, wandelt darüber hinaus die annähernd liegende Position des Kindes in ein aufrechtes Sitzen ab und unterbindet schließlich das Versteckspiel mit dem Schleier.

Der Schlüssel zur Enträtselung dürfte das allein der Dangolsheimer Madonna vorbehaltene Schleiermotiv sein. Diese Textilie hat in Straßburg eine besonders bemerkenswerte Karriere durchlaufen: Bereits die um 1250 entstandene Madonna am Münsterlettner trug auf ihrem Haupt einen langen Schleier, der ostentativ von zwei Engeln gelüftet und damit wie eine kostbare Reliquie präsentiert wurde. Man könnte nun vermuten, dass am ursprünglichen Bestimmungsort der Skulptur dem Marienschleier besondere Verehrung galt und dass dieser Ort in Straßburg, am wahrscheinlichsten im Münster zu suchen ist.

Wichtig wird in diesem Zusammenhang ein Reliquiendepot an der Rückseite der Skulptur. In dessen Inneren konnte ein Leinensäckchen nachgewiesen werden, das eine Flasche und andere, nicht identifizierte Gegenstände enthält (Buczynski/Krohm 1989). Mit einiger Sicherheit umfasst das darin geborgene Mysterium Marien- und Christusreliquien. Wie andernorts auch, waren solche im Elsass, insbesondere in Straßburg, namentlich im Münster, in großer Zahl vorhanden. Das verwundert nun nicht weiter, standen Straßburg und seine Kathedrale doch unter dem besonderen Schutz der Gottesmutter. Leider ist in keiner Straßburger Schriftquelle dezidiert von Schleierreliquien die Rede. Doch macht die Erwähnung des Marienhaares in einzelnen Verzeichnissen stutzig, wenn man sich dessen demonstratives Offenlegen bei der Dangolsheimer Madonna vor Augen führt.

Wo derartige Reliquien gehütet wurden, konnten Mirakel nicht lange auf sich warten lassen: Im Jahre 1280 ist von einem

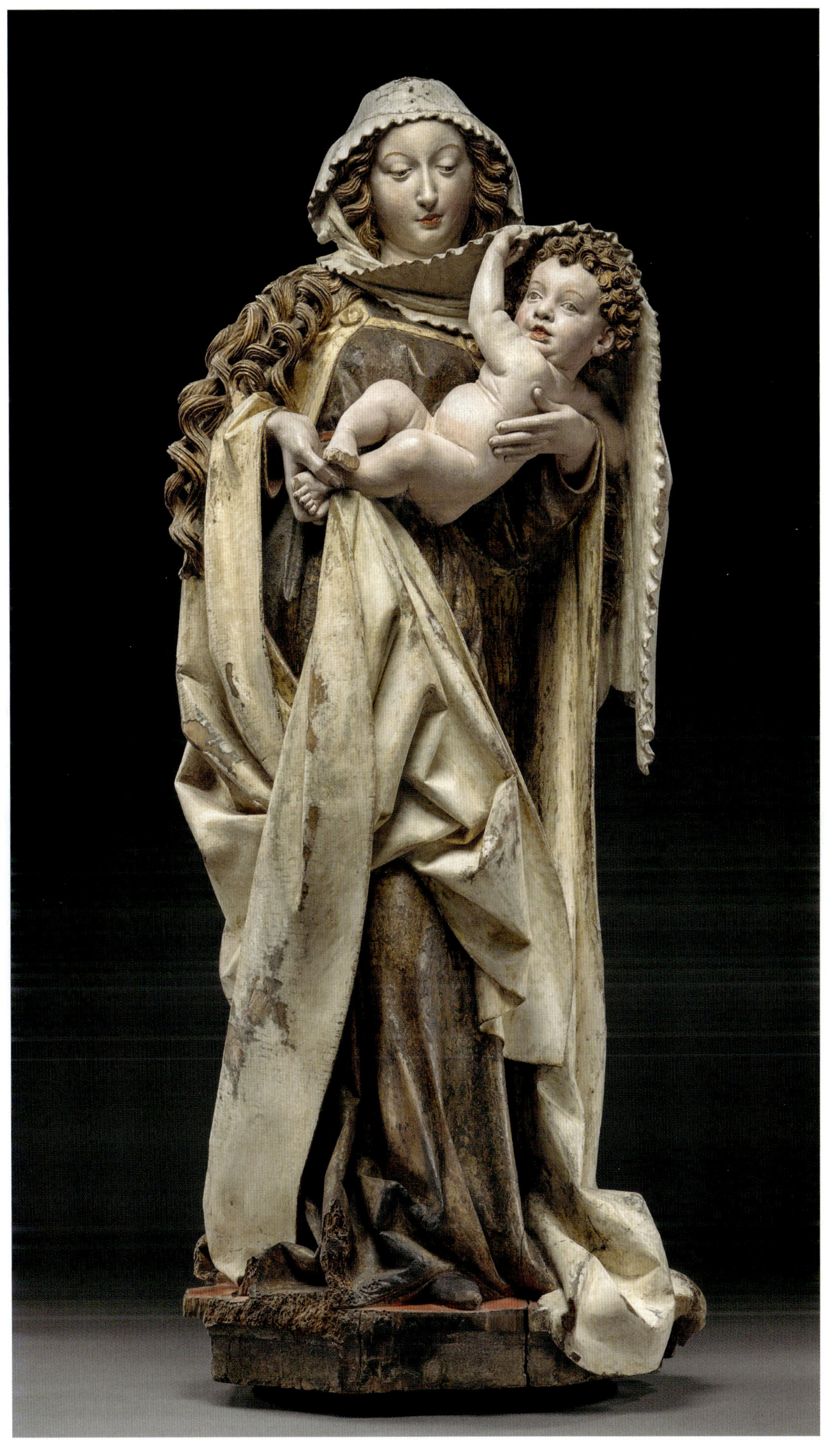

wundersamen Marienbild die Rede, dessen Schweißtropfen man in Tüchern und Kristallgefäßen auffing. Seit dem späten 13. Jahrhundert stand es im Zentrum der Straßburger Muttergottes-Verehrung: als Ziel spontaner Wallfahrten, als Ort großmütiger Ablässe und ab 1290 auch als fester Bestandteil der Ratsprozessionen. 1316 wurde dafür die von Erwin von Steinbach an einem der vorderen nordöstlichen Langhauspfeiler konzipierte Marienkapelle errichtet. Das Marienbild war aus Holz geschnitzt, damit es in Prozessionen mitgetragen werden konnte, und mit Krone und – selbstverständlich – dem Kind ausgestattet.

Von seinem historischen Ursprung und über gottgefällige Stiftungen folgender Jahrhunderte informiert der *Liber donationum*, ein sorgfältig geführtes Wohltäterbuch, das bis ins ausgehende Mittelalter von Zuwendungen an das Marienbild und seine Kapelle berichtet. Ganz beiläufig ist hier aus dem Jahr 1463 von einem Vermächtnis der Bürgerin Clara Gerbott in Höhe von ansehnlichen 25 Gulden zu erfahren, um das offenbar desolate Marienbild wiederherzustellen (Metzger 2012, S. 77). Die dafür aufgewendete Summe erscheint mir so beträchtlich, dass ich von einer kompletten Neuschöpfung ausgehe.

Die abschließende Frage ist nun folgende: Könnte Niclaus Gerhaerts Wunder der Bildhauerkunst jenes runderneuerte wundertätige Gnadenbild des Straßburger Münsters gewesen sein? Gewichtige Stützen dieser These sind die bislang angeführten Indizien – die Öffentlichkeit des Bilds, das Schleiermotiv, das Reliquiendepositum und nicht zuletzt die bemerkenswerte Tatsache, dass die Bilderstürmer des Jahres 1525 an der Madonna aus der Marienkapelle zwar besonders „greweliche(n) anstoss" nahmen, sie im Gegensatz zu dem einen und anderen „ergerlich göttz" aber „behalten und nit zerschlagen" wollten, bis sich die Zeiten wieder bessern würden (ebd., S. 75). Dass die „Straßburger Madonna" bis heute ihr rätselhaftes Spiel mit dem Schleier vorführt und diesen nun auch ein wenig lüftet, ist vielleicht ihr größtes Wunder. *CM*

LITERATUR
Lehrs 1908–1934, Bd. 2, Nr. 79, S. 144 – AK Berlin 1989 – Buczynski/Krohm 1989 – Naß 1991 – Zimmermann u. a. 1991 – Schreiber 2004, S. 137–179 – Metzger 2012.

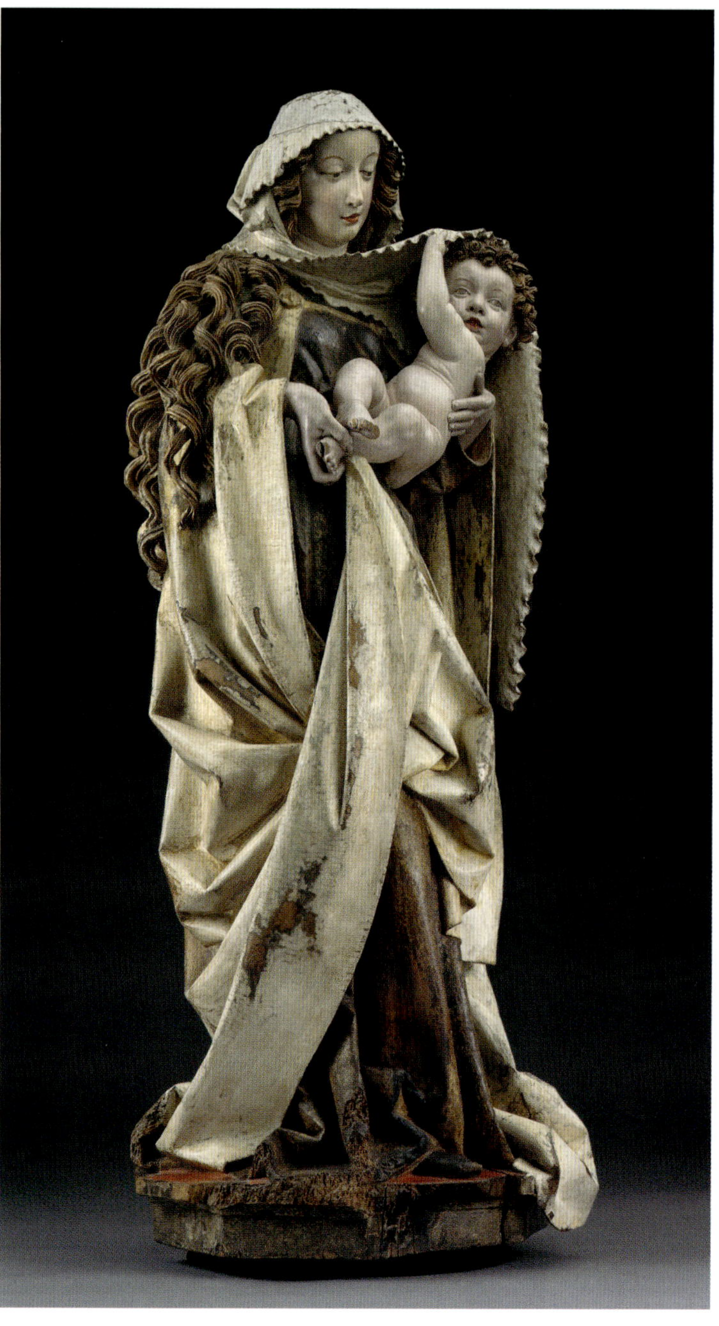

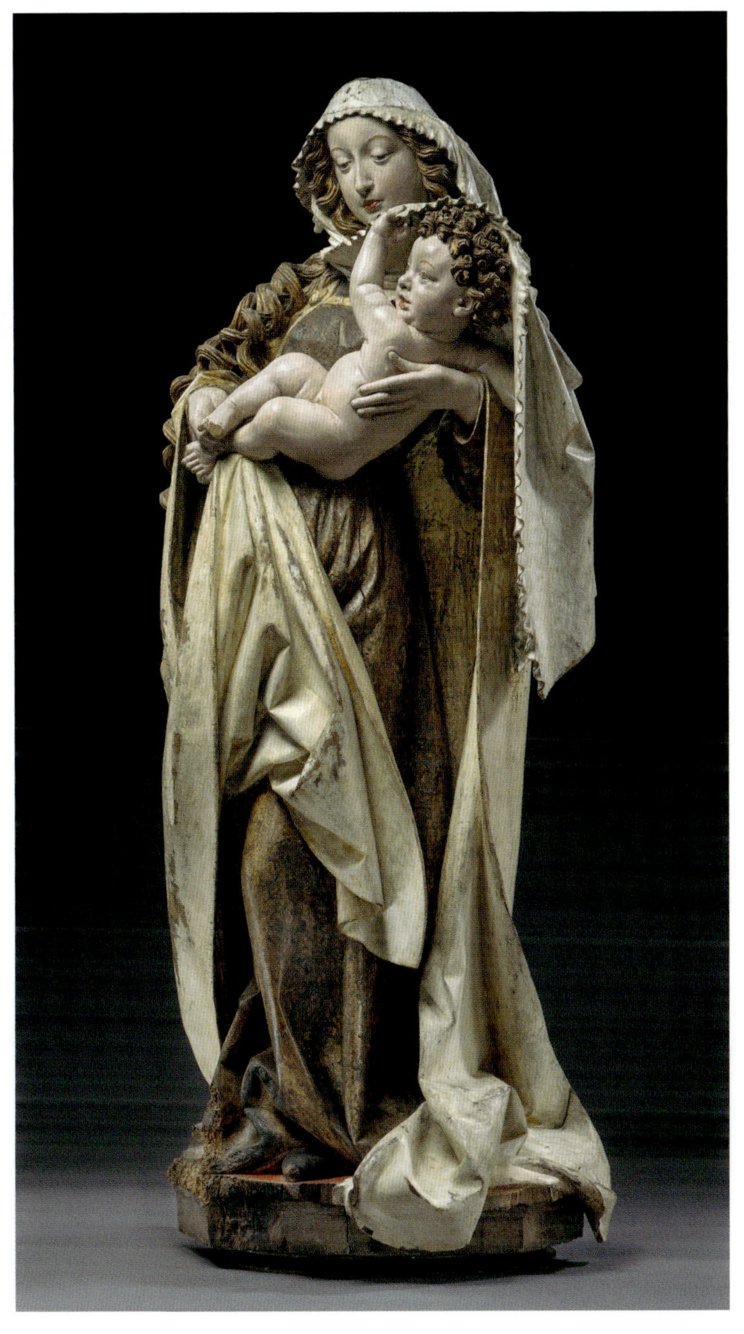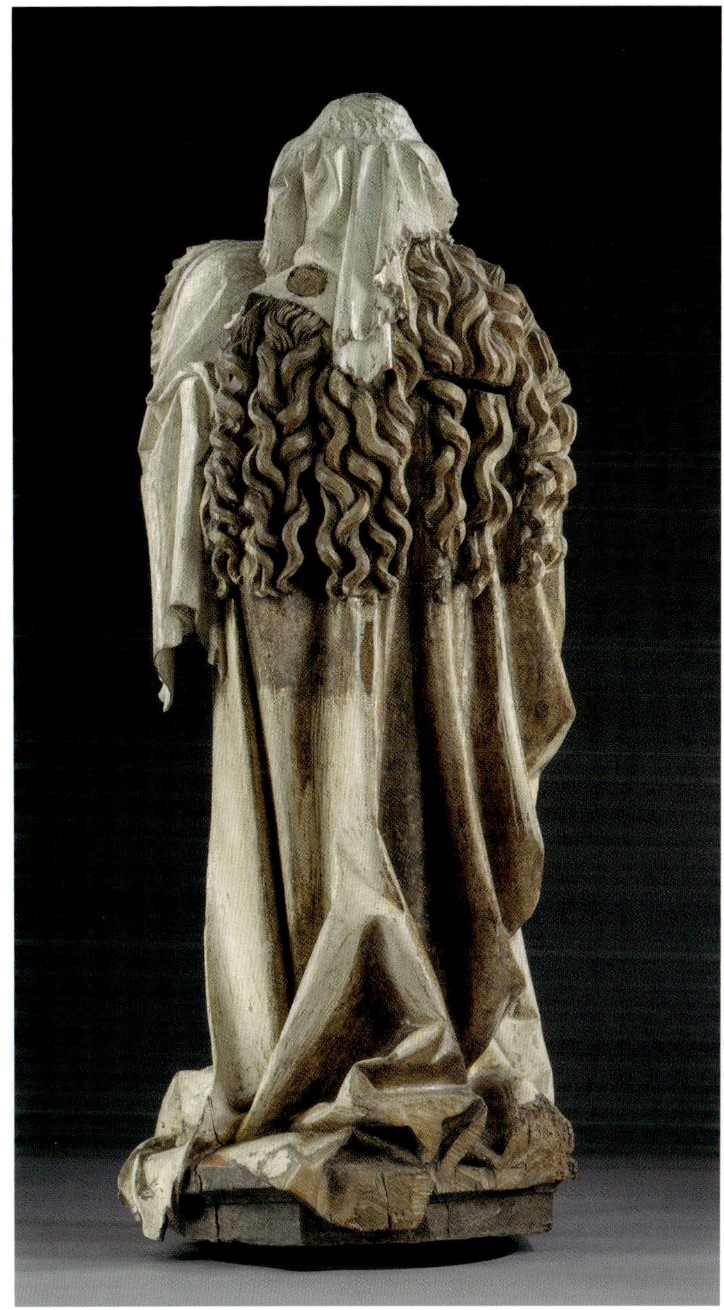

109   Niclaus Gerhaert von Leyden
      (nachweisbar in Straßburg ab 1462 – 1473
      Wiener Neustadt)
      Büste eines Mannes, um 1463

Rötlicher Kalksandstein; H. 44 × B. 30 × T. 34 cm
angeblich 1793 von Jean-Daniel Ensfelder unter Skulpturen-
fragmenten in der Nähe des Straßburger Münsters gefunden
durch Erbschaft an die Familie Reuß, Straßburg
erworben 1931 von dieser durch das Museum
Straßburg, Musée de l'Œuvre Notre-Dame, Inv. Nr. MOND 165

Ein bartloser Mann mittleren Alters stützt sich, nach vorn gebeugt, auf seinen linken Unterarm, als würde er auf einer Brüstung lehnen. Sein rechter Ellenbogen ruht auf dem linken Handgelenk; die rechte Hand stützt das Kinn, sodass sich die Finger in die Wange drücken. Die Kleidung ist minutiös wiedergegeben: Über einer langärmeligen Cotte (Schlupfkleid) trägt er ein Wams mit Zierärmeln, mit Pelz gefütterte Stoffbahnen, die an die Schultern genäht sind. Der Zierärmel an der rechten Schulter ist nur ansatzweise erhalten. Der an der linken Schulter läuft an der Unterseite des Armes entlang und wickelt sich um die linke Hand. Über der linken Schulter liegt eine mit langen gedrehten Fransen verzierte Mütze. Der Kopf ist zur Seite und nach vorn geneigt, und es wird nicht deutlich, ob die Augen ganz geschlossen sind oder ob der Mann ein weiter unten befindliches Objekt betrachtet. Er scheint in Gedanken versunken zu sein.

Bei der Büste handelt es sich um eine äußerst kühne und virtuose Skulptur, die allgemein als Hauptwerk von Niclaus Gerhaert von Leyden gilt. Typisch für Gerhaert ist die Drehung der Figur um die eigene Achse, welche hier durch die Verschränkung der Arme und die Neigung des Kopfes erzeugt wird. Das Werk ist außerordentlich plastisch, mit einem ausgeklügelten Spiel aus Volumen und Leerstellen, das an vielen Stellen das Material bis an seine physischen Grenzen herausfordert. Es gibt tiefe Aushöhlungen und Hinterschneidungen, so zwischen dem rechten Arm und der Brust oder bei den Fingern am Kinn. Details und Texturen sind äußerst fein gearbeitet.

Die Identifikation des Mannes hat in der Kunstliteratur zu vielen Debatten geführt. 1917 von Joseph Walter als die Darstellung des schlafenden Apostels Johannes am Ölberg gedeutet, galt das Werk in den letzten Jahrzehnten immer wieder als ein Selbstbildnis des Niclaus Gerhaert (Stefan Roller, in: AK Frankfurt am Main/Straßburg 2011, S. 37). Ein 1959 veröffentlichter Text aus dem Jahr 1709, verfasst vom Juristen Philipp Ludwig Künast, enthält eine Beschreibung des Portals der Alten Kanzlei in Straßburg, das der erste große Auftrag Gerhaerts in dieser Stadt war und 1463 vollendet wurde. Das Gebäude wurde kurz nach der Französischen Revolution abgetragen; vom Portal blieben zwei Büsten erhalten, die 1871 bis auf die Köpfe zerstört worden sind (der Prophet heute in Straßburg; die Sibylle in Frankfurt am Main). Künast erwähnt „des Baumeisters auch daran in Stein ausgehauene[s] u. auff einem Postament ruhende[s] Bildniss" (Recht 1987, S. 131) – ohne die Lokalisierung dieses Bildnisses am Portal zu präzisieren. Die Inschrift an Gerhaerts Grab nennt ihn „Werkmeister am Großen Bau in Straßburg", was als Hinweis auf die Alte Kanzlei gedeutet wurde (AK Frankfurt am Main/Straßburg 2011, S. 37); auf jeden Fall bezeugt sie, dass Gerhaert auch als Architekt tätig war. Da die zwei Büsten des Propheten und der Sibylle mit einem Ellenbogen prominent über die Brüstung eines Fensters oder einer Nische zu ragen scheinen, lag es nahe, die hier diskutierte Büste dem Ensemble zuzurechnen (zuletzt Cécile Dupeux, in: ebd., Nr. 8, S. 244–247). Allerdings ist die Büste des mittelalten Mannes deutlich kleiner als die beiden anderen, was daran zweifeln lässt, dass sie zum gleichen Kontext gehörte.

Die Identifizierung des Mannes als Architekt und demzufolge als Selbstbildnis Gerhaerts hängt eng mit der Deutung des kugelförmigen Objektes in seiner linken Hand zusammen. Dieses wird gern für das Ende eines Zirkels gehalten, da spätmittelalterliche Darstellungen von Architekten oft dieses Werkzeug zeigen. Allerdings ist das hier dargestellte Objekt sehr groß für ein Zirkelende, wobei es sich nicht um ein Gelenk handelt, sondern um einen soliden Körper mit verdrehtem Rillenmuster, wie man ihn als Knauf eines Zeremonialstabs oder Schwertes erwarten könnte (Recht 1987, S. 146, 343; Stefan Roller, in: AK Frankfurt am Main/Straßburg 2011, S. 32). Die Identität des Mannes bleibt also völlig offen.

Der in die Hand gestützte Kopf gilt seit der Antike als ein Zeichen der Trauer oder der Melancholie. Seit der Renaissance wird dieser Gemütszustand gelegentlich als eine treibende Kraft des künstlerischen Schaffens gedeutet. Der Aufstieg der Psychoanalyse brachte die Melancholie in den Fokus der Kunstgeschichte (Connors 2007). Dies erleichterte es sicherlich, in der so modern anmutenden Skulptur des nachdenklichen Mannes das Selbstbildnis einer durch Melancholie geprägten Künstlerpersönlichkeit zu sehen. Allerdings schauen uns die gesicherten Selbstporträts der Spätgotik – ob von Jean Fouquet, Albrecht Dürer oder Anton Pilgram – direkt und selbstbewusst an, entweder als Praktiker ihres Berufs oder als aufstrebendes Mitglied der Gesellschaft.

Verabschiedet man sich von der Vorstellung, dass es sich um ein Selbstbildnis und ein Fragment vom Portal der Alten Kanzlei handelt, bleibt die Frage nach dem ursprünglichen Kontext des Werks. Die Neigung des Kopfes und die detaillierte Wiedergabe des Gesichts legen nahe, dass man die Büste etwas über Augenhöhe gesehen haben muss. Da der Rücken un- bearbeitet ist, stand die Büste sicherlich vor einer Wand in einer architektonischen Umrahmung. Konkreteres lässt sich nicht sagen. *JC*

LITERATUR
Recht 1987, S. 126–132, 134 f., 145–147, 343 – AK Frankfurt am Main/Straßburg 2011, S. 36–39 (Stefan Roller); Nr. 8, S. 244–247 (Cécile Dupeux).

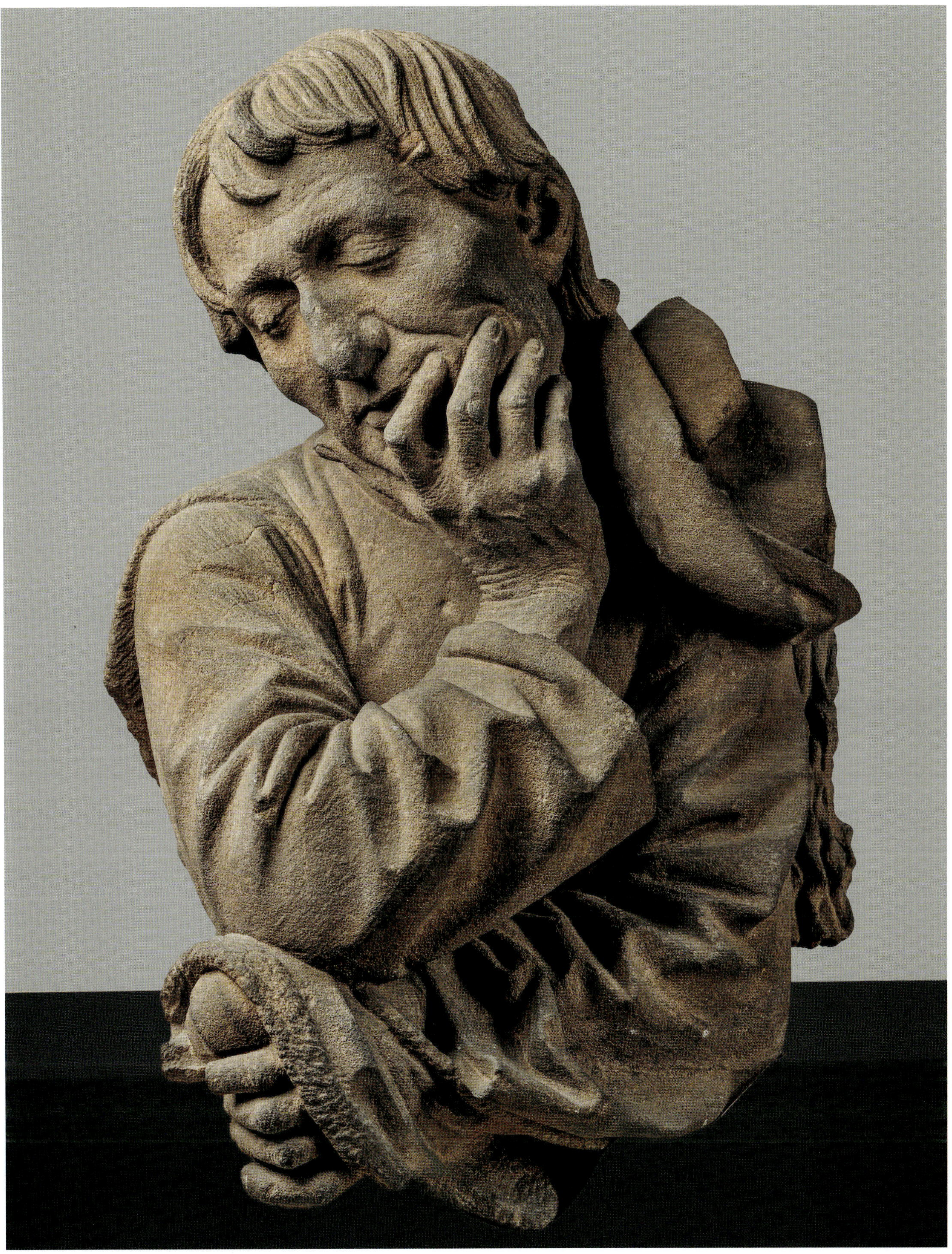

110   Straßburg, vor 1470
(Goldschmiedearbeiten)
Basel, Mathias Frischmut, 1470
(Holzsockel)
Hallwyl-Reliquiar aus dem Basler Münsterschatz

Kreuzigungsgruppe: Gold, gegossen, getrieben, geschnitten, ziseliert, punziert, Diamanten, Rubin
Schrein: Silber, gegossen, gelötet, geschnitten, graviert, vergoldet, Email, Achat, Saphir
Sockel: Lindenholz (?), geschnitzt, vergoldet, Spuren blauer und roter Fassung
H. 58,3 × B. 19,1 cm
Gewicht 2458,5 g (davon die goldene Kreuzigungsgruppe 584,3 g)
mit Los 3 der Münsterschatzteilung 1834 Basel Stadt zugefallen
Historisches Museum Basel, Inv. Nr. 1882.83

Das Hallwyl-Reliquiar aus dem Basler Münsterschatz zählt zu den schönsten und wertvollsten Kleinodien sakraler Schatzkunst, die uns aus spätgotischer Zeit erhalten sind. Es war am 6. April 1470 durch das Basler Domkapitel für die hohe Summe von 280 Goldgulden aus dem Besitz des in der Stadt ansässigen Junkers Rudolf V. von Hallwyl erworben worden. Fortan wurden darin Reliquien vom Heiligen Kreuz und vom Heiligen Blut aufbewahrt (Inventar 1477, Nr. 5; Burckhardt 1933, S. 360). Zur Präsentation des Reliquiars auf dem Hochaltar des Basler Münsters bei den regelmäßig stattfindenden feierlichen Heiltumsweisungen verfertigte „der tischmacher und schriner" Mathias Frischmut in Basel 1470 „einen geschnitten fuss under das guldin crütz".

Dieser vergoldete Holzsockel mit durchbrochener Maßwerkfüllung nimmt die Proportionen, nicht aber die Detailformen der Architektur des silbervergoldeten Reliquiars auf. Der kleine Reliquienschrein erhebt sich über einem reich bewegten zwölfseitigen Grundriss mit dreieckigen Vorsprüngen in jeder Fassade. Vier starke Eckfialen, die jeweils durch Engelsfigürchen mit Kerzen und Weihrauchfässern bekrönt sind, betonen den tendenziell zentralbauartigen Charakter des von einem hoch aufschwingenden gotischen Schindeldach gedeckten Kapellenbaus. Manche Detailformen dieser Mikroarchitektur, wie die zarte Mehrschichtigkeit des Maßwerks der gebusten Kielbögen, sind sehr eng mit solchen an realen Steinmetzwerken des Straßburger Münsterbaumeisters Jodok Dotzinger verwandt, insbesondere mit dem 1453 datierten Taufbecken im Straßburger Münster. Auch das Maßwerk des 1464 entstandenen sogenannten Epitaphs für den Domherrn Konrad von Bussnang in der Johanneskapelle des Straßburger Münsters von Niclaus Gerhaert von Leyden zeigt gut vergleichbare Formen. Die Entstehung des kapellenförmigen Schreins des Hallwyl-Reliquiars ist aber nicht allein aus stilistischen Gründen in Straßburg zu lokalisieren, das Werk trägt zudem zum sicheren Nachweis seiner Herkunft auf der Bodenplatte das Straßburger Beschauzeichen der Goldschmiedezunft zur Stelz (Rosenberg 1922–1928, Nr. 6882).

Offenbar unabhängig von dem silbervergoldeten Reliquienschrein ist die künstlerisch herausragende, ganz aus Gold gearbeitete Kreuzigungsgruppe entstanden, die das Reliquiar bekrönt. Die im Verhältnis zum Schrein eigentlich viel zu großen Figuren von Maria, dem Evangelisten Johannes und dem

Gekreuzigten sowie die ebenso eigentümliche wie unharmonische Montage des Kreuzesstammes und der Podeste für die beiden Assistenzfiguren am Dach des Schreins lassen erkennen, dass die beiden Teile erst nachträglich vereint wurden. Dies geschah jedoch mit Sicherheit bereits vor dem Ankauf durch das Basler Domkapitel 1470. Unklar bleibt aber, ob die vermutlich in Basel erfolgte Anbringung der beiden überproportionierten Schilde mit dem Wappen derer von Hallwyl am Kapellendach im Zuge der Zusammenfügung der beiden Teile oder erst danach erfolgt ist.

Die emotional ausdrucksstarke und plastisch fein modellierte goldene Kreuzigungsgruppe weist – anders als der kleine Reliquienschrein – keine Goldschmiedemarken auf. Dass aber auch sie in Straßburg entstanden sein dürfte, wird schon seit Langem vermutet. Bereits 1933 hatte Rudolf Burckhardt als erster auf formal verwandte Motive an dem 1467 entstandenen Kruzifixus des in Straßburg ansässigen Bildhauers Niclaus Gerhaert vom ehemaligen Friedhof in Baden-Baden (Abb. S. 316) hingewiesen: besonders die Haltung der Hände und Füße des Gekreuzigten, die Betonung der vierkantigen Nagelköpfe, die langdornige Krone und die Tafel mit dem selten auftretenden dreisprachigen Titulus erscheinen vergleichbar. Auch Mechtild Ohnmacht und Dietmar Lüdke betonten die künstlerische Nähe zum Baden-Badener Kruzifixus, während Johann Michael Fritz auf die deutlichen, nicht allein gattungsspezifischen Unterschiede zwischen den beiden Werken verwies: Die goldenen Figuren in Basel sind nicht nur in ihrer Plastizität viel weicher und schwellender gebildet, sondern auch in der Kontur deutlich weniger hart und gestreckt angelegt als Niclaus Gerhaerts Kruzifixus. Die bildkünstlerischen Differenzen zwischen dem monumentalen Steinbildwerk und der zierlichen Goldschmiedearbeit offenbaren sich am eindrücklichsten in der vollkommen unterschiedlichen Darstellung des Brustkorbs der Figur des Gekreuzigten. Die ältere, rein spekulative Zuschreibung der Kreuzigungsgruppe des Hallwyl-Reliquiars an Niclaus Gerhaerts Schwiegersohn, den Goldschmied Georg Schongauer, einen Bruder des Malers und Kupferstechers Martin Schongauer, wird in der jüngeren Literatur zu Recht nicht mehr vertreten.

Goldschmiedewerke aus reinem Gold mit wertvollem Edelsteinbesatz waren in spätgotischer Zeit äußerst selten und

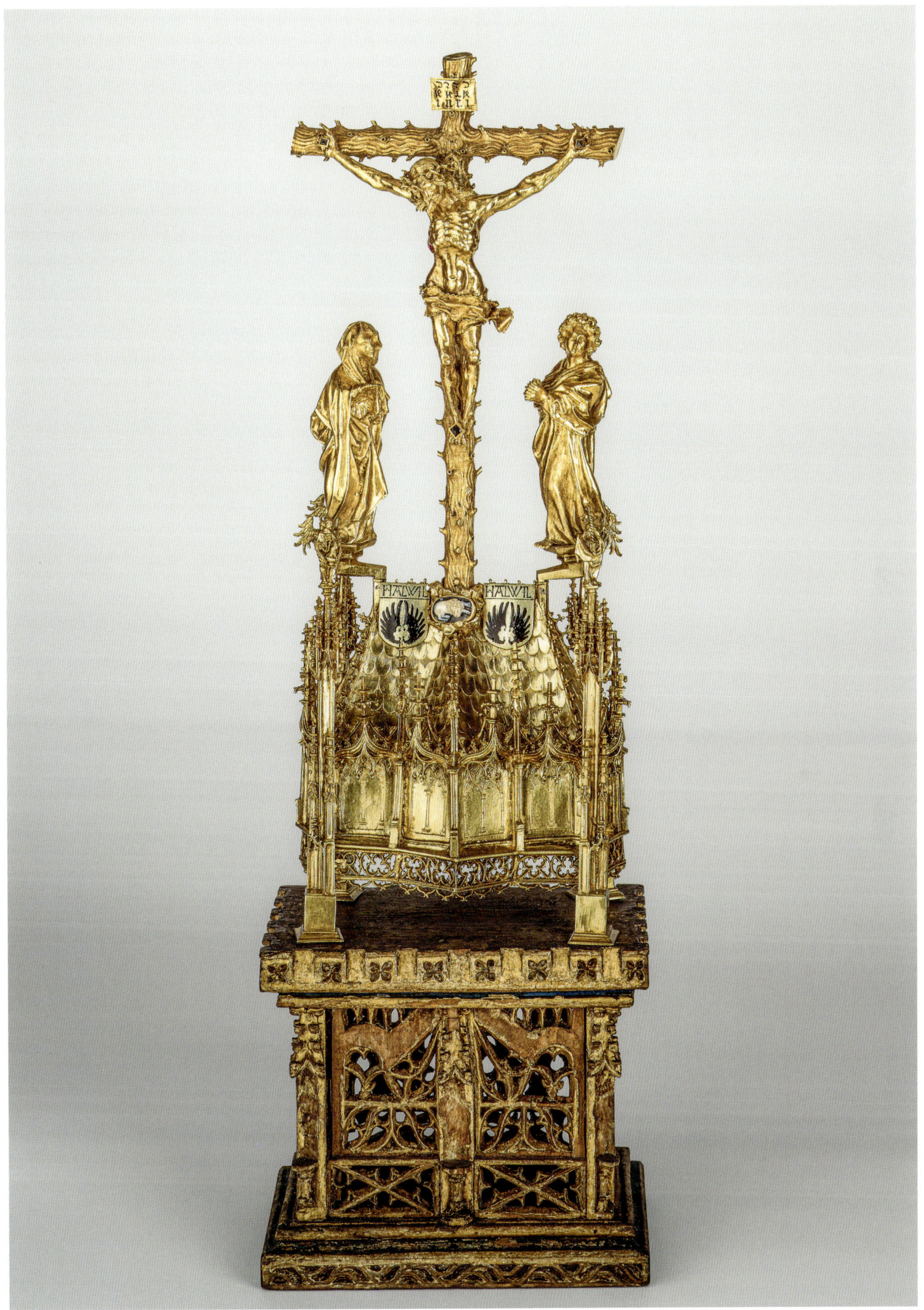

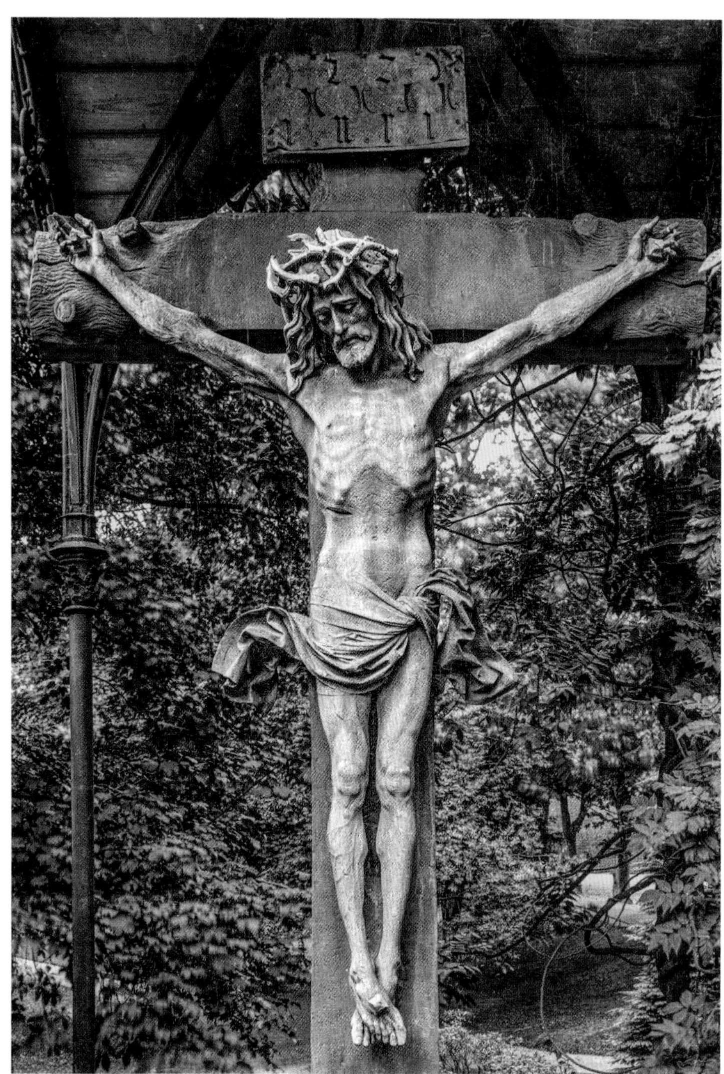

entstanden fast ausschließlich im Auftrag der vermögendsten Fürsten. Kaum einmal fanden solche Preziosen Eingang in Kirchenschätze. Im Fall des Hallwyl-Reliquiars hat die nachträgliche Zusammenfügung der kostbaren Kreuzigungsgruppe mit dem kapellenförmigen Schrein zur Bildung eines typischen Heilig-Grab-Reliquiars geführt, einer seit dem hohen Mittelalter weithin bekannten Reliquiarform. Dabei versinnbildlicht hier der architektonisch gebildete Kreuzfuß die Grabeskirche in Jerusalem nicht nur ideell, er übernimmt als Behältnis für die Heiligblutreliquie gleichsam auch praktisch deren Funktion als Grablege Christi. Die Kombination mit der unmittelbar darüber erscheinenden Kreuzigung memoriert in ergreifender Weise das Heilsgeschehen und verweist zugleich auf die im Johannesevangelium berichtete räumliche Nähe von Kreuzigungsort und Grab Christi (Joh 19,41) und die damit verbundene christlich-kosmologische Vorstellung vom Mittelpunkt der Welt.   *LL*

LITERATUR
Burckhardt 1933, Nr. 39, S. 259–266 – AK Karlsruhe 1970, Nr. 210, S. 249–251 (Johann Michael Fritz) – Ohnmacht 1973, S. 109–113 – Bickel 1978, S. 182 f. (zum Stifter) – Julier 1978, S. 234 f. – Springer 1981, S. 84 f. – Fritz 1982, Nr. XIII, S. 183 f. – Lüdke 1983, Nr. 289, S. 667–669 – AK Basel/München 2001, Nr. 25, S. 100–105 (Sabine Häberli) – Tammen 2005, S. 201 f.

Niclaus Gerhaert von Leyden, Kruzifixus, 1467,
Baden-Baden, ehem. Stadtfriedhof, seit 1967 Stiftskirche

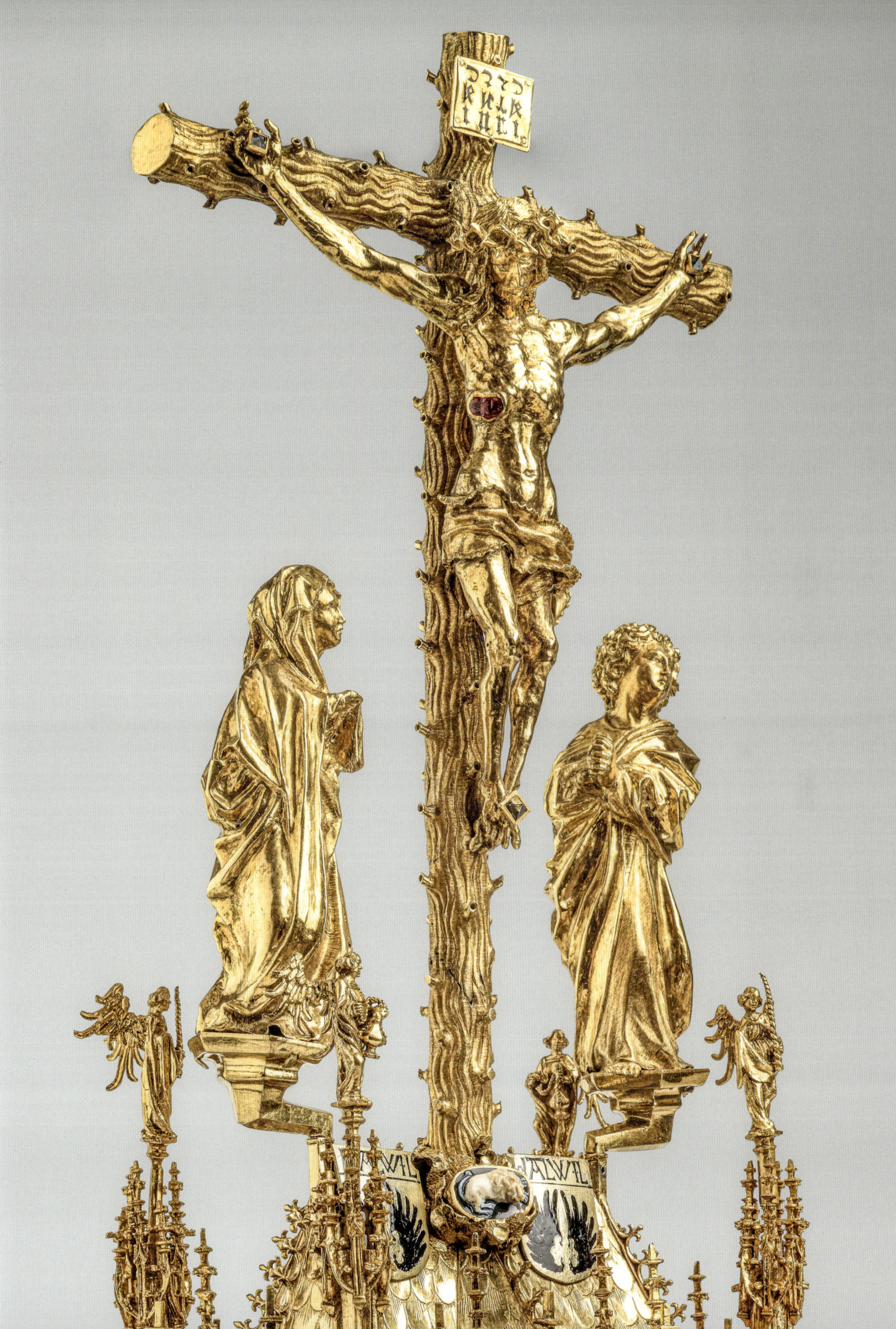

Lindenholz, ursprüngliche Fassung fast vollständig abgelaugt
H. 25,3 × B. 9,8 × T. 8,1 cm
Schenkung 1917; davor Privatsammlung, Landsberg am Lech
Staatliche Museen zu Berlin, Skulpturensammlung und Museum
für Byzantinische Kunst, Inv. Nr. 7673

Die Marienfigur bildet ein eindrucksvolles Beispiel für die hohe Kunstfertigkeit, die sich im Laufe des 15. Jahrhunderts in der technischen Bearbeitung von Holz entwickelte. Die motivische Beschränkung auf den bekleideten Körper bot den Künstlern viel Raum für formale Experimente, die an diesem Werk bis an die Grenze des Möglichen getrieben wurden.

Die Gottesmutter wird stehend dargestellt. Mit weit vorgeschobener Hüfte trägt sie den Knaben auf ihren Armen. Ihre vorsichtige Haltung zeugt von der Sorge um das Kind, das gleichzeitig als Heiland präsentiert wird. Die Schutzlosigkeit seines kleinen Körpers steht in starkem Kontrast zu der stoffreichen Kleidung von Maria. In diesem formalen Aufbau von Gegensätzen zeigt der Künstler sein ganzes Können. Der Mantel bildet fantastische Faltenmuster, ein raffiniertes Spiel räumlicher Bezüge zum Körper im Über- und Untereinander von Kleidung, Schleier und Haaren, verbunden mit einer Vielzahl verschiedener Durchblicke. Inhaltliche Aspekte spielen dabei nur eine Nebenrolle. Fast anekdotisch wirkt die kleine Mondsichel als Verweis auf die Offenbarung des Johannes: „Dann erschien ein großes Zeichen am Himmel: eine Frau, mit der Sonne bekleidet; der Mond war unter ihren Füßen und ein Kranz von zwölf Sternen auf ihrem Haupt." (Offb 12,1) Der damit angesprochene Verweis auf den symbolischen Kampf zwischen Gut und Böse wird an der Berliner Figur zu einem Mondgesicht reduziert, das von seiner endzeitlichen Bedeutung kaum etwas spüren lässt.

Die Wirkung der Skulptur wird von einer kunstfertigen, gesucht komplizierten Ausführung bestimmt. Hier kündigt sich ein neuartiges Kunstverständnis an, das für den Erwerb der Figur aber nicht ausschlaggebend war. Mit ihrer geringen Größe kann sie nur für den privaten Gebrauch bestimmt gewesen sein, wo sie in erster Linie der Andacht diente und nicht als Kunstwerk wahrgenommen wurde. Gesicht und Haare sind so abgegriffen, dass sie häufig berührt oder sogar geküsst worden sein muss. Der formale Vergleich, der sich zu kleinformatigen Kunstkammerobjekten des 16. Jahrhunderts aufdrängt, lässt sich auf inhaltlicher Ebene also nicht bestätigen. Die Figur wurde als Andachtsobjekt genutzt, ungeachtet der Gefahr einer Beschädigung.

Das Werk dürfte in Straßburg entstanden sein, wo der vermutlich aus den Niederlanden stammende Bildhauer Niclaus Gerhaert von Leyden bereits in den 1460er-Jahren ähnliche Figurentypen einführte. Kleinformatige Objekte ähnlich der Berliner Madonna wurden in seiner Werkstatt offensichtlich in größerer Zahl hergestellt. So hat sich von der etwa gleichzeitig entstandenen sogenannte Rothschild-Madonna im New Yorker Metropolitan Museum eine Werkstattwiederholung in Privatbesitz erhalten (AK Frankfurt am Main/Straßburg 2011, Kat. 17, 18, S. 277–282). Die etwa 35 Zentimeter großen Skulpturen zeigen einen vergleichbaren gestalterischen Aufwand bei ähnlicher Anlage von Figur und Gewand.

In ihrer spezifischen Gestaltung dürften die Straßburger Arbeiten vorbildhaft für kleinplastische Werke der weiteren Region gewesen sein. So zeigt etwa das von dem Ulmer Bildschnitzer Michel Erhart gefertigte Modell der Berliner Hufnagel-Madonna (Abb. S. 223) eine ähnlich präzise und mit hohem Aufwand ausgeführte Rückseite wie die Straßburger Figur. In Werken wie diesen sind die Vorläufer der später allein wegen ihrer Kunstfertigkeit geschätzten Kleinplastik zu suchen.   *JFR*

LITERATUR
Mezenceva 1979, S. 59 – AK Washington/New York 1999, Kat. 7, 184–187 (Hartmut Krohm) – AK Ulm 2002, Kat. 12, S. 249 f. (Hartmut Krohm).

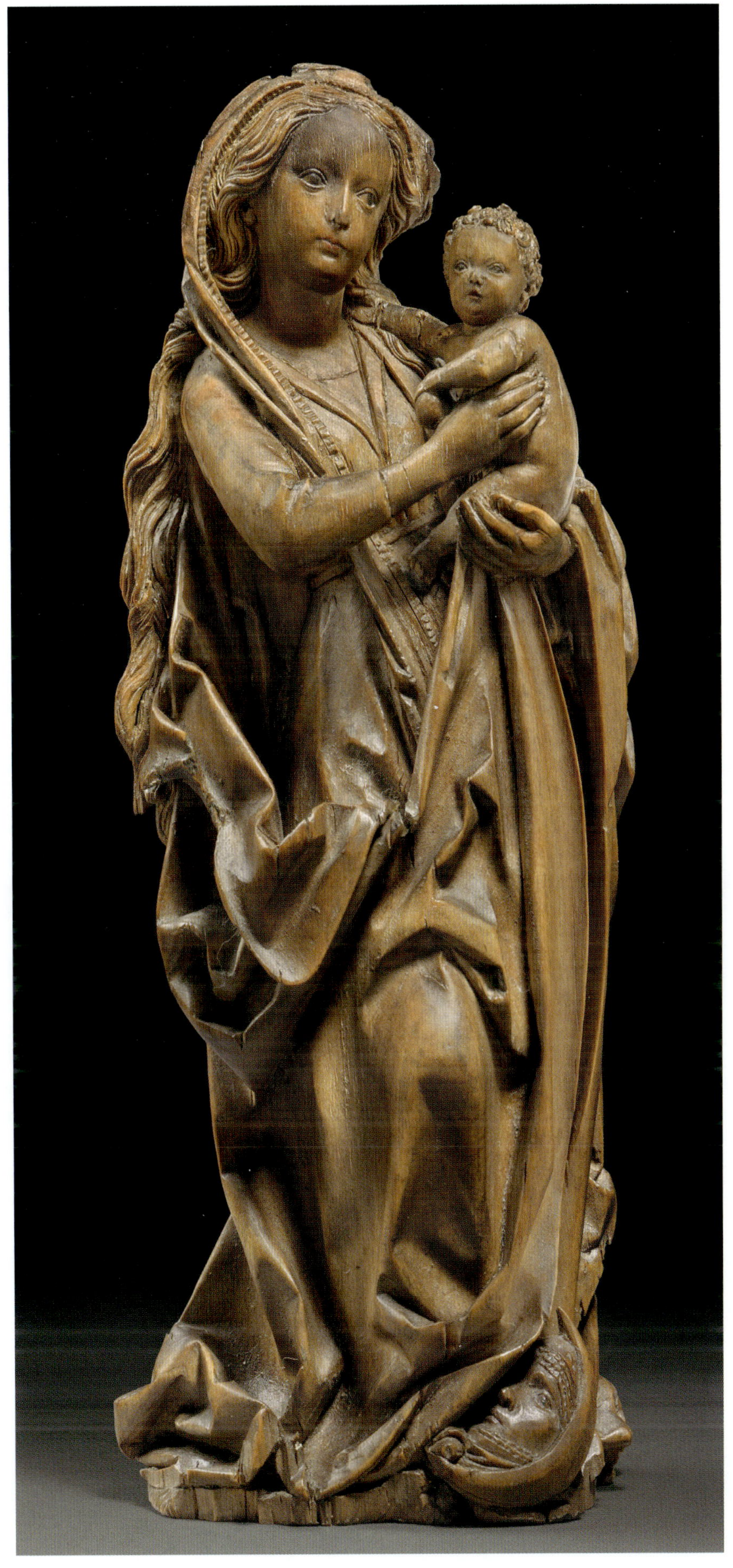

Hans Kamensetzer (?)
(nachweisbar in Straßburg und
Wien 1471–1487)
Geburt Christi, um 1470

Laubholz, ursprüngliche Fassung, H. 60 × B. 55 × T. 30 cm
bis 1914 in der Sammlung Georges Spetz, Issenheim
1934 Fritz Mannheimer, Amsterdam, bis zu dessen Tod 1939
erworben 1940 aus dessen Nachlass von der Dienststelle
Mühlmann für das geplante „Führermuseum" in Linz
Central Collecting Point, München, bis 1952;
erworben 1960 vom Dienst voor 's Rijks Verspreide
Kunstvoorwerpen, Den Haag
Amsterdam, Rijksmuseum, Inv. BK-16985

Zu den qualitätvollsten Skulpturen der Spätgotik zählt diese Geburtsszene, die im Straßburger Umkreis des Niclaus Gerhaert von Leyden entstanden ist. Das Werk besticht durch die Anmut des Ausdrucks, die Raffinesse der Ausführung und die gut erhaltene Farbfassung. In der Mitte kniet Maria in Anbetung des neugeborenen Christuskindes, das vor ihr auf dem Boden liegt. Sie trägt ein kostbares Kleid mit Pressbrokatapplikationen und darüber einen vergoldeten Mantel. Etwas weiter hinten steht der bärtige Josef, ebenfalls in Gold gekleidet und mit einer blauen Gugel auf dem Kopf. Die brennende Kerze in seiner linken Hand, die er mit seiner rechten vor dem Luftzug schützt, ist ein Symbol des irdischen Lichts, das vor dem Strahlen des göttlichen Lichts Christi verblasst. Drei Engel haben sich der Szene beigesellt – ihre Flügel fehlen heute – und schauen das Kind mit Entzücken an. Links erhebt sich ein kleiner Hügel mit einem Flechtzaun. Zwei Hirten, der rechte mit einem Dudelsack, nähern sich; Ochs und Esel strecken ihre Köpfe über den Zaun, um das Kind in Augenschein zu nehmen.

Gold wird großflächig gebraucht, nicht nur in den Haaren und Gewändern der Hauptfiguren, sondern auch am Zaun und in der Kleidung der Hirten. Unklar ist, wo die Szene verortet ist: Rasen und Steinschollen deuten auf einen Außenraum hin, während prominent eine Treppe zu einem Kamin führt. Laut der Legende sollte die Geburt Christi in den Ruinen des Palastes von König David, seinem Vorfahren, stattgefunden haben. Der Kamin könnte ein Hinweis auf Davids Palast sein.

Normalerweise waren solche kleinfigurigen Skulpturen mit einer Umrahmung versehen. Auch wenn die Figuren hinten farbig gefasst sind, hat die Amsterdamer Gruppe eine eindeutige Vorderseite. Die an beiden Seiten abgeschrägte Sockelplatte legt nahe, dass es sich hier nicht um eins von mehreren Reliefs in der Predella eines großen Altars handelt, sondern um das Kernstück eines Schreines, wahrscheinlich mit beweglichen Flügeln. Sicherlich war die Szene ursprünglich mit einem Dach versehen – gesondert an der Schreinrückwand montiert oder auf dieser dargestellt –, wie es in Martin Schongauers Darstellungen des gleichen Themas der Fall ist (Kat. 83). Auf der Rückwand des Schreins könnte eine Landschaft gemalt gewesen sein, aus der die Hirten gekommen waren.

Auf eine Straßburger Herkunft des Werks weist die räumliche Kühnheit hin. Fast alle Figuren sind vollrund geschnitzt und vermitteln den Eindruck von realer Körperlichkeit unter der Draperie. Besonders bemerkenswert ist der goldene Mantel der Maria, der sie auf dem Boden kreisförmig umgibt und dadurch eine räumliche Distanz zu den anderen Figuren schafft. Solch eine dynamische Konzeption der Draperie, die sich wie eine Hülle um den Körper dreht und diesen voluminöser erscheinen lässt, ist eine der Haupterrungenschaften von Niclaus Gerhaert von Leyden. Dessen Vorbild wird am Engel rechts gut erkennbar. Wie bei Gerhaerts Dangolsheimer Madonna (Kat. 108) bildet der Mantel eine Schale, von der sich die plastisch herausgearbeiteten Hüften absetzen. Auch eine technische Besonderheit kennzeichnet das Werk als ein Straßburger Produkt: In die noch nasse Farbe des blauen Kleides wurden beim linken Engel winzige Pailletten aus gestanzten und vergoldeten Papier gedrückt – ein Charakteristikum der Fassmaler der Stadt (AK Frankfurt am Main/Straßburg 2011, S. 170–172, 320).

Hartmut Krohm wies auf frappierende Ähnlichkeiten der Amsterdamer Gruppe mit den Engeln und dem Kruzifix des Kreuzigungsaltars in der Jakobskirche in Rothenburg ob der Tauber (Abb. S. 303) sowie mit einer Verkündigungsgruppe in der Kapelle der Wiener Hofburg hin (Krohm 1991a). Der Autor dieser Werke wurde von Hartmut Scholz als Hans Kamensetzer identifiziert: Der aus Ulm stammende Künstler wurde 1471 in Straßburg eingebürgert und wie Gerhaert – möglicherweise von Kaiser Friedrich III. – nach Wien gerufen, wo ihn dann eine Notiz von 1487 als tot bezeichnet. Scholz interpretiert dabei den in der Amsterdam Gruppe so prominenten, in der traditionellen Geburtsikonografie aber seltenen Kamin als einen sprechenden Verweis auf den Namen des Künstlers: Kamensetzer = Kaminsetzer (Scholz 1994b, S. 109–112). Tatsächlich werden Kamensetzer und Gerhaert in einem Straßburger Dokument in einem Atemzug als „berühmt bei Königen und Kaisern, Fürsten und Herren" erwähnt (AK Frankfurt am Main/Straßburg 2011, S. 195 f., 318). Die Qualität und die überaus aufwendige Verzierung der Amsterdamer Gruppe legen auf jeden Fall nahe, dass dieses kostbare Werk für einen anspruchsvollen und vermögenden Auftraggeber angefertigt wurde.   *JC*

LITERATUR
Krohm 1991a, S. 204–206 – Scholz 1994b, S. 109–112 – AK New York 1999, S. 51 (Hartmut Krohm) – Scholten/de Werd 2004, Nr. 22, S. 72–74 – AK Frankfurt am Main/Straßburg 2011, Nr. 31, S. 318–320 (Stefan Roller) – Scholz 2016, S. 124 f.

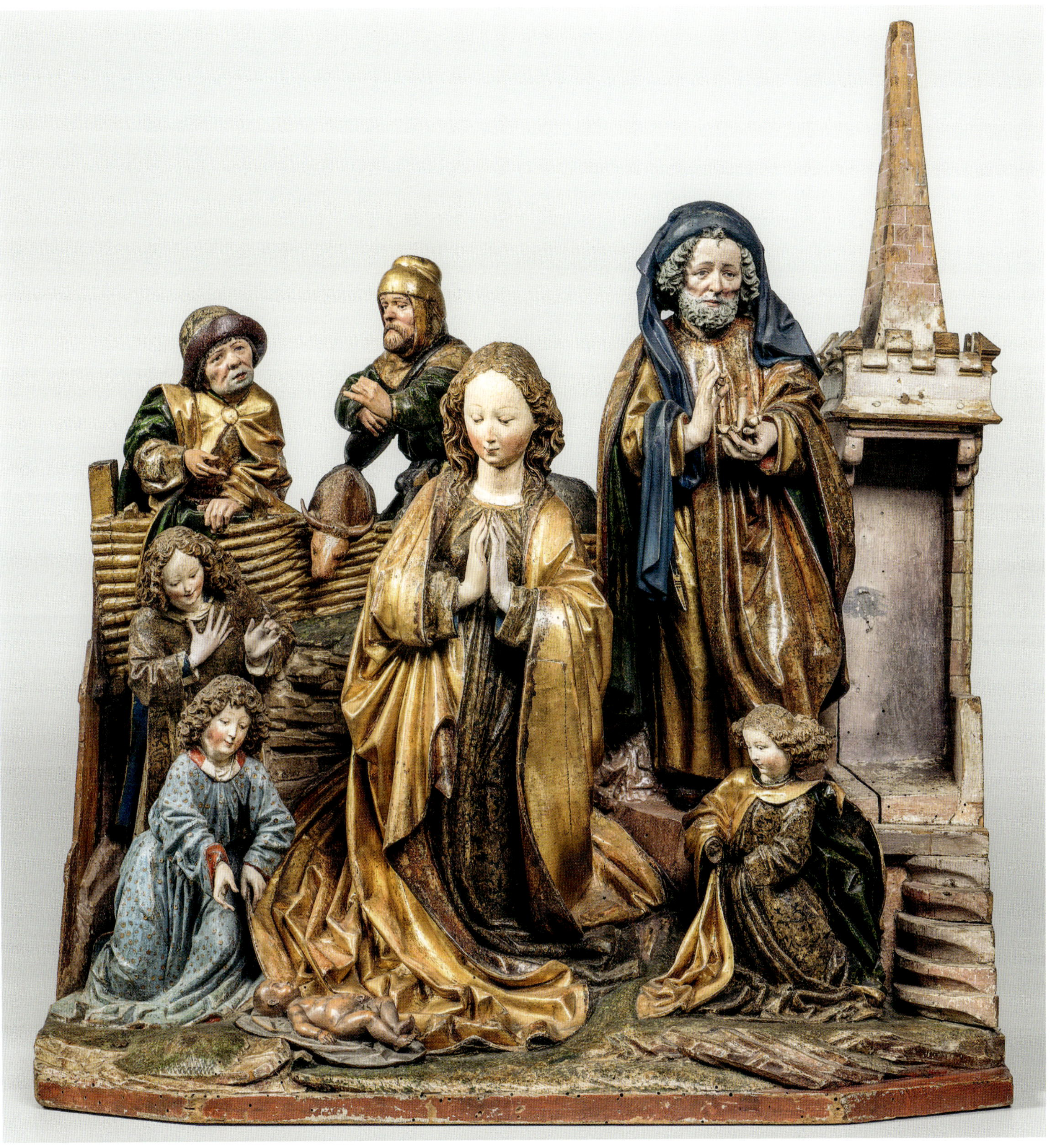

113 **Niederlande oder baltischer Raum
(Lübeck?), um 1475
Reliquienstatuette des hl. Georg**

Silber, getrieben, gegossen, teilvergoldet
am Sockel ursprünglich teilweise emailliert, Granate als
Steinbesatz am Kopfputz und in den Augen des Drachen
H. 30,7 × B. 14,9 × T. 15,5 cm, Gewicht 938 g
aus der Hospitalkirche St. Georg in Elbing (Elbląg, Woiwodschaft
Ermland-Masuren); erworben 1878 als Geschenk von Albert Katz,
Görlitz
Staatliche Museen zu Berlin, Kunstgewerbemuseum,
Inv. Nr. 1878,618

Die ungewöhnlich qualitätsvolle Goldschmiedearbeit ist ein charakteristisches Beispiel für einen bestimmten Typ spätgotischer Reliquiare. Stark beeinflusst von anderen Kunstgattungen, wird die Wirkung bei Reliquienstatuetten von der Figur dominiert, deren Modell häufig von Bildschnitzern geliefert wurde (Kat. 114). Der Reliquie bleibt nur noch ein kleines Schaugefäß am Sockel vorbehalten.

Der hl. Georg wird als jugendlicher Ritter dargestellt, stehend auf dem Rücken des von einer Lanze durchbohrten Drachen. Von der Dramatik des Kampfes ist wenig zu spüren. Die Körperhaltung des Heiligen wirkt eher tänzerisch. Mit zum Schlag erhobenem Arm dreht er den Oberkörper zu dem Untier, das sich wie ein kleiner Hund in den Schild verbissen hat. Als Sockel dient ein hoher, von drei „Wilden Männern" getragener Erdhügel, der von einem Zaun umgeben ist. Kleine Drachen kriechen zwischen Schädeln und Knochen herum, verfolgt von einem Speerträger. Die spielerische Erzählfreude verweist auf eine von dunklen Mächten bedrohte Welt, die nur unter dem Schutz des Heiligen Bestand haben wird.

Das Reliquiar stammt vermutlich aus dem Besitz der Georgenbruderschaft in Elbing. Über seinen künstlerischen Kontext ist sich die Forschung bis heute nicht einig geworden. Eine Herstellung von Werken dieser Qualität würde man in Elbing nicht vermuten. Dieser Einschätzung scheint allerdings ein zweites, formal sehr eng verwandtes, gegen 1480 entstandenes Reliquiar im Besitz des Hamburger Museums für Kunst und Gewerbe zu widersprechen (AK Lübeck 2015, Kat. 73, S. 372 f., Jan Friedrich Richter). Es wurde vermutlich für dieselben Auftraggeber angefertigt, fügt sich im Gegensatz zu dem Berliner Stück aber stilistisch gut in den nordischen Bestand der Kunstdenkmäler ein. Auch wenn eine nähere Zuordnung aufgrund von fehlenden Beschauzeichen oder Meistermarken kaum möglich sein wird, zeigt die leicht ungelenke Haltung dieser Figur doch einen für die Region charakteristischen Stil. Die enge typenhafte Verwandtschaft lässt sich auf das Vorbild der Berliner Statuette zurückführen. Man wird bei dem Hamburger Stück also eine Fertigung in Elbing vermuten dürfen, ob von einem ortsansässigen oder aus dem Ostseeraum zugereisten Goldschmied, muss allerdings offen bleiben.

Aus dem Besitz der Compagnie der Schwarzen Häupter von Riga stammt ein drittes, ähnlich eng verwandtes Reliquiar, das sich heute im Bremer Roseliushaus befindet (AK Lübeck 2015, Kat. 74, S. 374 f., Jan Friedrich Richter). Das 1507 archivalisch datierte Werk wurde von dem Lübecker Goldschmied Berend Heynemann angefertigt. Hier rückt das Modell des Bildschnitzers noch stärker in den Vordergrund. Wie in einem Retabel steht die Figur auf einem blockhaften Sockel, auf erzählerische Details wird vollständig verzichtet, das Gesicht bekommt ein farbiges Inkarnat. Das Modell dürfte von dem Lübecker Bildschnitzer Henning van der Heyde stammen, der vermutlich als Geselle in der Werkstatt von Bernt Notke gearbeitet hat. Letzterer wurde verschiedentlich als Urheber der beiden anderen Reliquiare bezeichnet, obwohl sich kein Beleg dafür findet, dass Notke auch als Goldschmied gearbeitet hat.

Aus norddeutscher, mehr noch skandinavisch-baltischer Sicht betrachtet, erscheint die Berliner Reliquienstatuette fremdartig im Bestand der Kunstdenkmäler. Das gilt nicht nur für den stilistischen Abstand zu den Reliquiaren in Hamburg und Bremen, sondern auch in Bezug auf Werke anderer Kunstgattungen. Unter den erhaltenen Skulpturen und Malereien lässt sich kein Werk benennen, das der Berliner Figur in ihrer tänzerisch-grazilen Haltung ähnlich wäre oder eine vergleichbar kleinteilige Erzählfreude aufweisen würde. Angesichts der großen Verehrung, die dem hl. Georg im Norden zuteilwurde, muss ein derartiger Befund zu denken geben. Die wenigen Werke, die dem Reliquiar im skandinavisch-baltischen Raum in ihrer Figurenauffassung nahekommen, sind ohne niederländische Vorbilder nicht zu erklären. Sie unterscheiden sich von der Berliner Figur aber in ähnlicher Weise wie diese von den anderen beiden Reliquiaren. Vielleicht haben wir mit dem Berliner Reliquiar ein Importstück aus dem Westen vor uns, das gerade in seiner typenhaften Vorbildmäßigkeit charakteristisch für die spätgotische Kunst im Ostseeraum wäre.   *JFR*

LITERATUR
von Falke 1929 – Paatz 1939, Bd. 1, S. 99–103; Kat. 6, S. 312 – Pieper 1959 – Rückert
1960 – AK Lübeck 2015, Kat. 72, S. 368–371 (Lothar Lambacher).

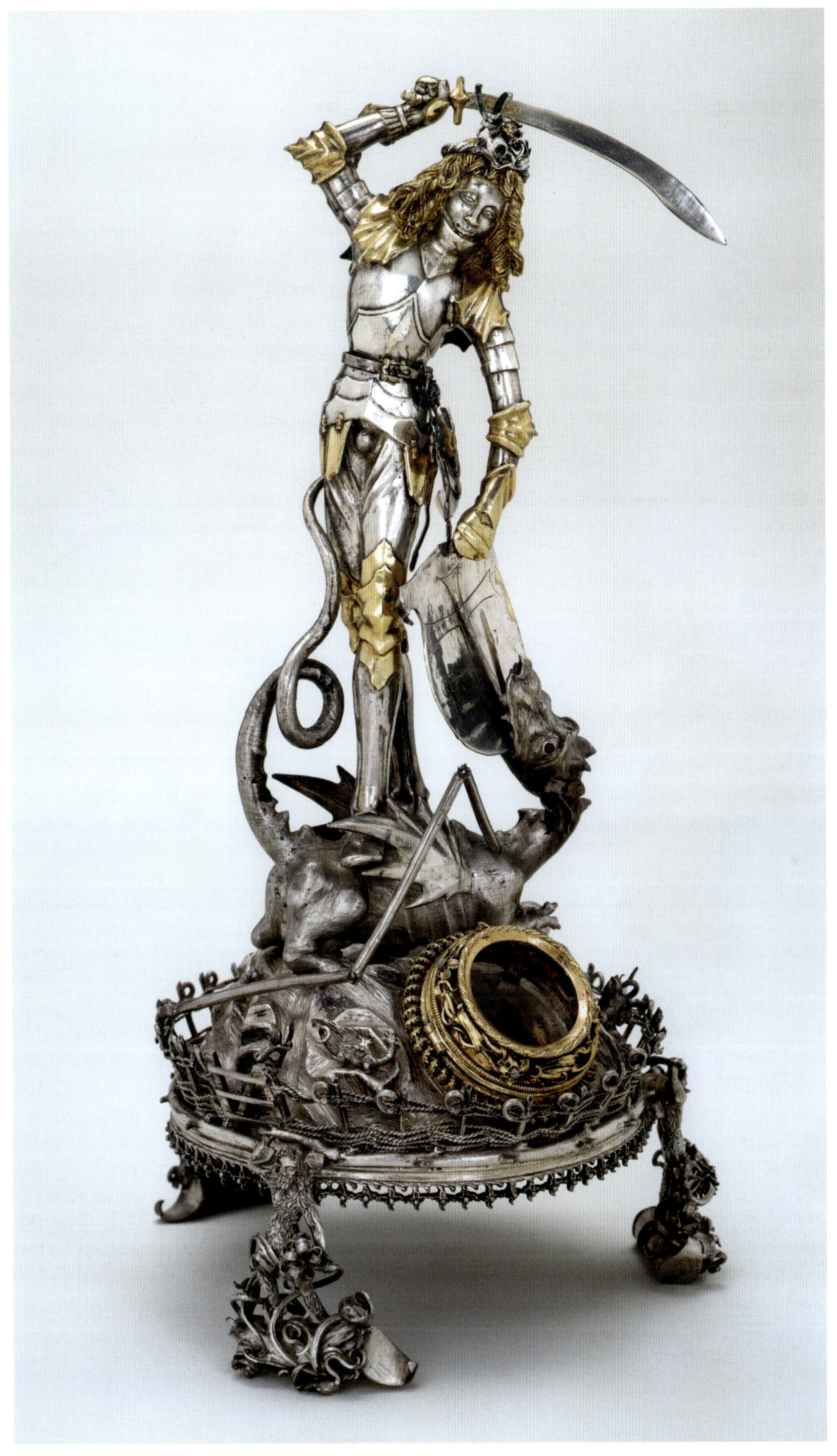

114   Michel Erhart
      (nachweisbar in Ulm 1469–1522)
      Muttergottes mit Kind, um 1480

Lindenholz mit neuer Fassung
H. 38,5 × B. 15 × T. 13,5 cm
erworben 2014
von Hilde Sleyter-Kieslinger, Perchtoldsdorf bei Wien
Staatliche Museen zu Berlin, Skulpturensammlung und Museum
für Byzantinische Kunst, Eigentum des Kaiser Friedrich Museumsvereins, Inv. Nr. M 304

115   Heinrich Hufnagel
      (tätig in Augsburg im letzten Drittel des 15. Jhs.)
      Muttergottes mit Kind, 1482

Silber, teilweise vergoldet, gegossen, getrieben und ziseliert
H. 54 × B. 19 × T. 16 cm (mit Sockel)
erworben kurz nach der Auflösung des Klosters Kaisheim 1802
für die Königlich-Preußische Kunstkammer
Staatliche Museen zu Berlin, Skulpturensammlung und Museum
für Byzantinische Kunst, Inv. Nr. 773

Die beiden Skulpturen repräsentieren den einzigartigen Glücks-
fall der Überlieferung, in dem eine gotische Goldschmiedefigur
und das ihr zugrundeliegende Modell aus Holz erhalten sind.
Michel Erhart, der wichtigste Bildhauer in Ulm in der zweiten
Hälfte des 15. Jahrhunderts, schuf das Modell. Heinrich Hufnagel aus Augsburg wiederholte die Form in Silber.

Obwohl nur 38,5 Zentimeter hoch, macht Erharts schwungvolle Madonna einen statuenhaften Eindruck. Über einem eng
anliegenden Kleid trägt Maria einen ursprünglich mit einer
Agraffe auf der Brust geschlossenen Mantel, den sie vor dem
Körper zusammenrafft. In der Draperie kontrastieren großzü-
gige Kurven mit kleineren, eckigen Falten. Stolz und anmutig
zugleich schaut Maria vor sich hin. Ihr üppiges Haar fällt kaska-
denartig über den Rücken, eine Strähne über ihre Schulter nach
vorn. Das nackte Christuskind hält in seiner linken Hand einen
Granatapfel, ein Symbol der Erbsünde. Sein rechter Arm und
seine rechte Hand fehlen. Maria steht auf einem sechseckigen
Sockel, wobei die Spitze ihres linken Fußes über den Rand hin-
ausragt. Die raffinierte Skulptur stellt von jedem Blickwinkel
aus eine ausgewogene Komposition dar, wobei die Figur von
vorn betrachtet schwerer erscheint als von den Seiten.

Die silberne Madonna von Heinrich Hufnagel steht auf
einem sechseckigen Sockel, der auf musizierenden Engeln ruht.
Auf fünf der sechs Seiten stehen Heiligenpaare: Dorothea und
ein heiliger Abt; Afra und Ulrich; Johannes der Täufer und
Christophorus; ein Ritterheiliger und Johannes der Evangelist;
Benedikt und Katharina. Im sechsten, vorderen Feld sieht man
durch eine Verglasung eine Reliquienkapsel. Diese trägt zwei
Inschriften, von denen nur eine durch das Fenster sichtbar ist.
Der Text auf der Vorderseite nennt den Stifter: „anno d[omi]ni
mcccc lxxxii jar / hat her hanns fisches vo[n] / gotes verhengnus
abtt / zu kaisheim das marie[n] / bild lassen machen gott / und
seiner lieben muter / der rainen keische[n] zarten / iunckfrauen

marien zu / lob und er lasen mache[n]“. Die Inschrift auf der
Rückseite der Kapsel identifiziert den Künstler: „14[Gold-
schmiedezeichen]82 / hat maister hainrich huf / nagel gold-
schmid von / augspurg das marien / bild gemacht ave maria /
mein hercz allerliebsten iunckfra[u] bit dein liebes / kindlin für
mich amen“. Auftraggeber war also Hans Fisches, von 1479 bis
1490 Abt des Zisterzienserklosters Kaisheim bei Donauwörth,
Künstler der Augsburger Goldschmied Heinrich Hufnagel, über
den nichts Weiteres bekannt ist. Die Silbergruppe entstand
1482, die Erhart’sche Madonna demzufolge vorher. Eine Datierung um 1480 ist auch aufgrund stilistischer Ähnlichkeiten mit
Erharts Schutzmantelmadonna (Kat. 116) wahrscheinlich.

Hufnagels Figur stimmt in fast allen Details mit dem Pro-
totyp von Erhart überein. Allerdings wirkt seine Madonna weniger schwungvoll und räumlich weniger differenziert. Sie ist in
Einzelteilen gegossen, teilweise getrieben und ziseliert. Nach
dem Zusammenfügen der Teile wurde die Figur feuervergoldet.
Die Goldschmiedearbeit entstand in enger Anlehnung an das
Holzmodell. Die jetzige Position des Christuskindes im hölzernen Modell ist die Folge einer fehlerhaften Reparatur; ursprünglich befand sich das Kind näher am Körper der Mutter, wie es bei
der Silberstatuette der Fall ist.

Unklar ist, ob Erhart die Holzstatuette explizit als Modell
schuf oder ob sie erst von Hufnagels Auftraggeber Fisches als
Modell für die Silberstatuette gewählt wurde. Sicher ist hingegen,
dass die Erhart-Madonna lange als Andachtsbild gedient hat. Sie
wurde mehrfach farbig gefasst und trug einmal eine Silberkrone,
wie die zwei Nägelchen in ihrem Haupt belegen. Zwei kleine
Löcher an ihrer Brust deuten darauf hin, dass einst eine Brosche,
wahrscheinlich aus Metall, an der Skulptur befestigt war.   *JC*

LITERATUR
Kieslinger 1930 – Broschek 1973, S. 93 f., 122 f., 182 – Lüdke 1983, S. 122–124, 318 f. –
AK Ulm 2002, Kat. 28, 29, S. 284–288 (Hartmut Krohm) – Chapuis 2020.

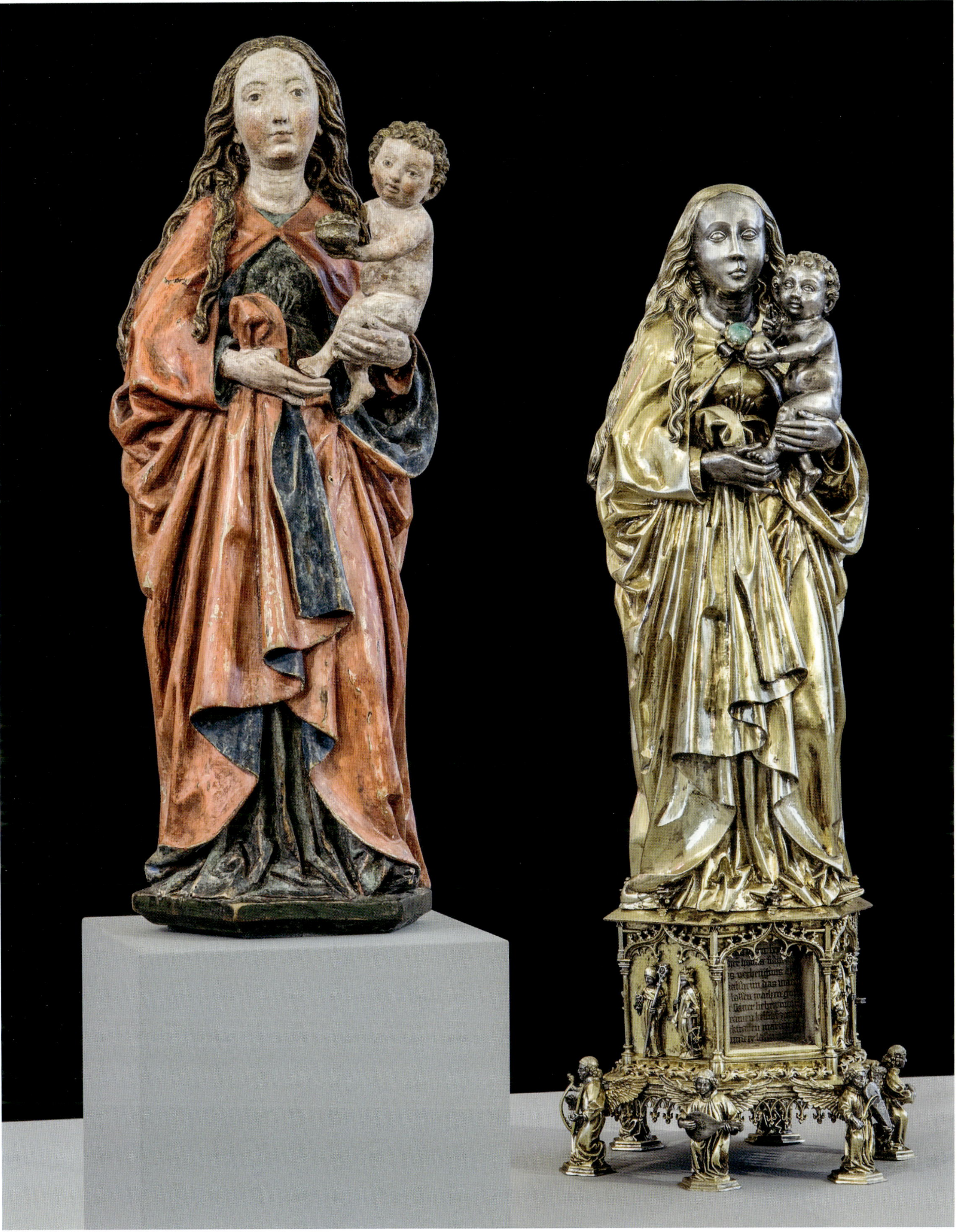

116 Michel Erhart
(nachweisbar in Ulm 1469–1522)
Maria mit dem Schutzmantel, um 1480

Lindenholz, originale Fassung erhalten
zu Teilen übermalt und ergänzt
H. 135 × B. 62 × T. 36 cm
angeblich aus der Liebfrauenkirche in Ravensburg
Sammlung Johann Baptist von Hirscher in Freiburg i. Br.
erworben 1849 für die Königlich-Preußische Kunstkammer
Staatliche Museen zu Berlin, Skulpturensammlung und Museum
für Byzantinische Kunst, Inv. Nr. 421

Maria trägt ein bodenlanges Gewand und einen Schleier. Ihr linkes Bein ist vorgesetzt und ihr Kopf mit in die Ferne gerichtetem Blick leicht gedreht. Schützend breitet die Jungfrau ihren Mantel über eine Gruppe von zehn betenden, übereinander gestaffelten Figuren aus. Diese sind in einem deutlich kleineren Maßstab gehalten und repräsentieren eine Gemeinschaft, etwa eine Stadtbevölkerung oder Gemeinde. Die Dargestellten lassen sich nicht – wie oftmals der Fall – als Individuen, Familie oder Standesvertreter charakterisieren. Das jedenfalls legt die Kleidung nahe, die auf wohlhabende Bürger hindeutet; die gemeinsame Darstellung von Frauen und Männern wiederum wäre für eine Familiendarstellung ungewöhnlich, denn dabei werden die Geschlechter üblicherweise getrennt voneinander rechter- und linkerhand Mariens gezeigt.

Die Gläubigen knieten, ähnlich den Figuren unter dem Mantel, vor der Skulptur nieder und baten um den Schutz der Himmelskönigin. Der Typus der Schutzmantelmadonna basiert auf dem Rechtsbrauch des Mantelschutzes: Demnach konnte Verfolgten durch Bedecken mit einem Mantel (meist durch eine höhergestellte Person) rechtlicher Schutz gewährt werden. Diese juristische Praxis wurde unter anderem auch bei der Ehe, der Adoption oder bei sogenannten Mantelkindern (unehelichen Kindern, die erst durch die nachfolgende Eheschließung der Eltern legitimiert wurden) geltend gemacht. Der Mantel als Metapher für das Bedürfnis nach Schutz findet sich bereits in der griechischen Mythologie: So versucht Niobe ihre durch Pfeile bedrohten Kinder mit einem Mantel zu schützen. Seit dem 14. Jahrhundert lassen sich neben der Schutzmantel tragenden Maria auch ebensolche Darstellungen von Heiligen (z. B. Ursula) sowie von Christus und Gottvater finden.

Michel Erharts auf Frontalansicht ausgerichtete Marienskulptur erscheint mit einer Höhe von 135 Zentimetern zu klein, um aus dem Hochaltarretabel „der Ravensburger Pfarrkirche" (Dursch 1856, S. 569; AK Berlin 2016, S. 70, Kat. 3, Julien Chapuis) zu stammen, wie es überliefert ist. So misst die Muttergottes im Zentrum des Hochaltarretabels des Benediktinerklosters Blaubeuren 181 Zentimeter. Ähnlich groß wie die Schutzmantelmadonna ist der Schmerzensmann aus dem Gesprenge des Blaubeurer Hochaltars mit 132 Zentimetern. Doch die kleinen Figuren unter Marias Mantel scheinen auf Nahansicht und somit eher auf individuelle Frömmigkeit angelegt zu sein. Denkbar

wäre, dass die Skulptur als Einzelfigur in einem Schrein bzw. Tabernakel oder einem Seitenaltarretabel stand.

Die Forschungsgeschichte ist vor allem durch eine Debatte um die Zuschreibung geprägt. Laut einer Überlieferung von 1856 wurden zwei Ravensburger Künstler in der Inschrift des Hochaltarretabels der Liebfrauenkirche genannt: der Bildschnitzer Friedrich Schramm und der Maler Hans Keltenhofer. Als Folge wurde die Schutzmantelmaria zum Mittelpunkt einer Werkgruppe um Friedrich Schramm, der zuweilen für einen Mitarbeiter der Ulmer Werkstatt Michel Erharts gehalten wird. Weder die einstige Existenz der Inschrift noch die Herkunft der Figur aus dem Hochaltar sind jedoch gesichert. In Gertrud Ottos grundlegendem Aufsatz von 1943 schreibt sie alle unter dem Namen Schramm geführten Skulpturen Michel Erhart zu, wozu die weitere Forschung seitdem ebenfalls tendiert (Otto 1943, S. 17–44). Stilistisch ist die Maria zweifellos in das Œuvre Michel Erharts einzuordnen. So weisen Gesichter und Figurenaufbau zu weiteren, Erhart zugeschriebenen Werken große Ähnlichkeiten auf – etwa zu den Skulpturen aus dem Kaufbeurer und Blaubeurer Altar, den Büsten am Chorgestühl des Ulmer Münsters sowie der Vanitas-Gruppe in Wien (Kunsthistorisches Museum Wien). Zusammenfassend und kritisch legen Michael Roth und Hartmut Krohm die Forschungsgeschichte dar (AK Ulm 2002, S. 11–21, 22–35, 276–280).

Der Bildhauer Michel Erhart gehörte der Ulmer Schule an. Ulm bot durch die Münsterbauhütte, die zahlreiche Stiftungen der Ulmer Patrizierfamilien und das wohlhabende Bürgertum viel Arbeit für verschiedene Künstlerwerkstätten. So arbeiteten in und um Ulm diverse Künstler über mehrere Generationen (wie Meister Hartmann, Hans Multscher, Gregor Erhart und Niklaus Weckmann) – teils in Kooperationen und teils durch familiäre Bindungen geprägt. Erhart arbeitete zunächst in der Werkstatt Jörg Syrlins d. Ä. an der Chorausstattung des Ulmer Münsters mit und erstellte dort anschließend „etlich bild" für den Hochaltar. Spätestens ab 1474 leitete er seine eigene Werkstatt. Künstlerisch geprägt wurde er etwa durch den Bildhauer Niclaus Gerhaert von Leyden (Kat. 108, 109). *CK*

LITERATUR
Dursch 1856 – Otto 1943 – Broschek 1973, S. 86 f. – AK Ulm 2002 – AK Berlin 2016, Kat. 3, S. 70 (Julien Chapuis) – Brown 2017.

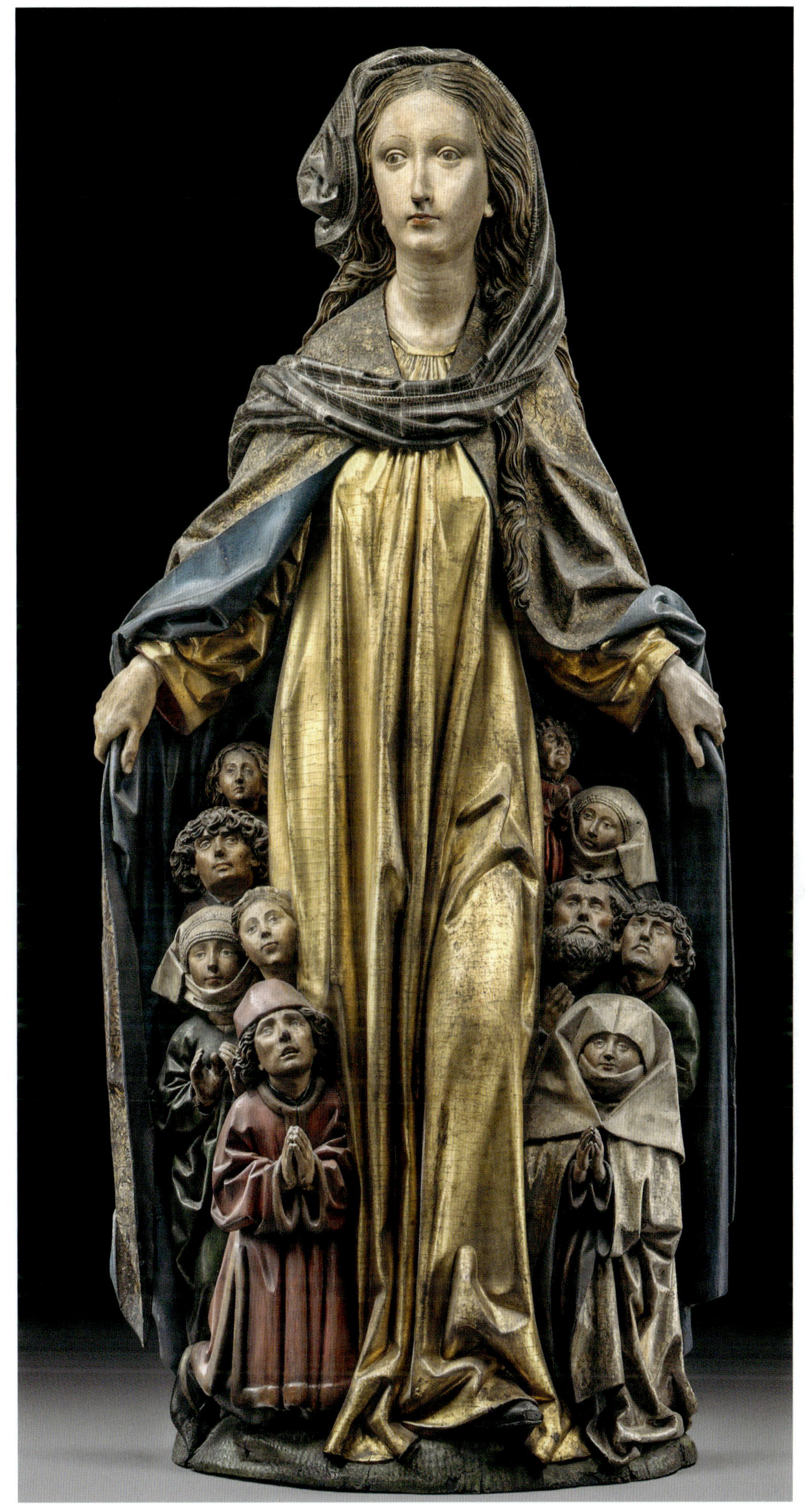

117 Tilman Riemenschneider
(um 1460 Heiligenstadt – 1531 Würzburg)
Die Verkündigung, um 1485

Alabaster mit Vergoldung und farbiger Bemalung
Engel: H. 39,5 × B. 28,5 × T. 14 cm, Maria: H. 41 × B. 34 × T. 14 cm
1925 in der Sammlung Max von Goldschmidt-Rothschild,
Frankfurt am Main; 1934/1936 Fritz Mannheimer, Amsterdam,
bis zu dessen Tod 1939; erworben 1940 aus dessen Nachlass von
der Dienststelle Mühlmann für das geplante „Führermuseum" in
Linz; Central Collecting Point, München, bis 1952; erworben 1960
vom Dienst voor 's Rijks Verspreide Kunstvoorwerpen, Den Haag
Amsterdam, Rijksmuseum, Inv. Nr. BK-16986-A&B

Tilman Riemenschneider, einer der bedeutendsten Bildhauer der Spätgotik, ist zu Recht für seine Arbeiten in Lindenholz berühmt, beispielsweise den Heilig-Blut-Altar in der Jakobskirche in Rothenburg ob der Tauber (Abb. S. 300). Allerdings war er genauso begabt in der Bearbeitung von Stein, wie die überlebensgroßen Figuren von Adam und Eva aus Sandstein vom Südportal der Marienkapelle in Würzburg (heute im Museum für Franken) oder das Kaisergrab aus Solnhofener Stein im Bamberger Dom deutlich machen. Zu seinen raffiniertesten Werken zählen fünf kleinformatige Skulpturen aus Alabaster, einem durchscheinenden Material, das in den Farben von Weiß bis Beige variiert und zu einem hohen Glanz poliert, partiell vergoldet und bemalt werden kann. Riemenschneider stammte aus dem Eichsfeld in Thüringen, einer Gegend mit einer ausgeprägten Tradition für Alabasterskulptur. Vor seiner Niederlassung in Würzburg, wo er 1485 die Meisterwürde erlangte, hatte er sich freilich in Straßburg und Ulm aufgehalten, wo er sich mit den Arbeiten von Niclaus Gerhaert von Leyden und Michel Erhart auseinandergesetzt hatte (Kat. 108, 116). Seine Werke zeugen von einer intimen Kenntnis der Kunst dieser beiden älteren Meister.

Obwohl es sich bei der Amsterdamer *Verkündigung* um eines von Riemenschneiders frühesten Werken handelt, ist sie nicht die zögerliche Arbeit eines Anfängers, sondern eine herausragende gestalterische und künstlerische Leistung. Der Erzengel Gabriel und die Jungfrau Maria, beide mit heiteren, kindlichen Gesichtern, sind einander gegenübergestellt. Maria kniet am Betpult, auf dem ein Buch liegt, das sie gerade geschlossen hat und mit einem Ende ihres Mantels bedeckt. Es scheint, als würde sie die Heilige Schrift vor dem Wirbel des ankommenden himmlischen Boten schützen wollen, der gerade ihre Andacht unterbrochen hat. Während Mariens Gewand deutlich der Schwerkraft unterliegt, ist Gabriel noch im Begriff, auf dem Erd-

boden aufzusetzen – ein Eindruck, der deutlich stärker gewesen sein muss, als der Engel noch seine Flügel hatte. Sein fransenbesetztes Pluviale flattert hinter ihm; die Falten seiner Albe und seine reiche Lockenpracht verdeutlichen die Bewegung. Mit erhobener Hand und ernsthafter Miene teilt er der nachdenklichen Jungfrau mit, dass sie mit dem Sohn Gottes schwanger ist; die Botschaft beginnt mit den Worten „Ave Maria" auf seinem Spruchband.

Die bildhauerische Konzeption der Gruppe ist von großer Kühnheit und die Ausführung außerordentlich virtuos. Durch die bewegten Draperien bleibt die Anatomie der Körper erkennbar. Mariens schlanke Gestalt im hochgegürteten Kleid wird von einer üppigen Masse voluminöser Draperie umspielt. Ihr Mantel bedeckt nur ihre rechte Schulter, macht einen weiten Bogen um ihren linken Arm und wird vor ihrem Bauch gerafft. Dieses Motiv hat seinen Ursprung im Straßburger Umkreis des Niclaus Gerhaert (Kat. 111). Riemenschneider hat es später in der Figur des Evangelisten Matthäus vom Münnerstädter Altar (Kat. 118) wiederholt. Die tiefen Aushöhlungen des Steinmaterials und einzelne völlig freistehende Details, wie die Haarsträhne vor Mariens rechter Schulter, zeugen von einem ungeheuren technischen Können. Die kunstvoll angebrachte Vergoldung, die wie eine Stickerei an den Säumen der Gewänder aussieht, erhöht den preziösen Charakter der Gruppe. Bemalte Details wie die rot getönten Lippen oder die Lichtakzente in den Pupillen steigern die Lebendigkeit der Figuren. Wahrscheinlich waren die raffinierten Skulpturen für die private Andacht geschaffen und standen ursprünglich in einer Umrahmung.   *JC*

LITERATUR
AK Würzburg 1981, S. 257–261 (Alfred Schädler) – AK Washington/New York 1999, S. 163–167 (Timothy Husband) – Husband 2004, S. 80 f. – Scholten/de Werd 2004, S. 86–89 – AK Brügge 2010, S. 414.

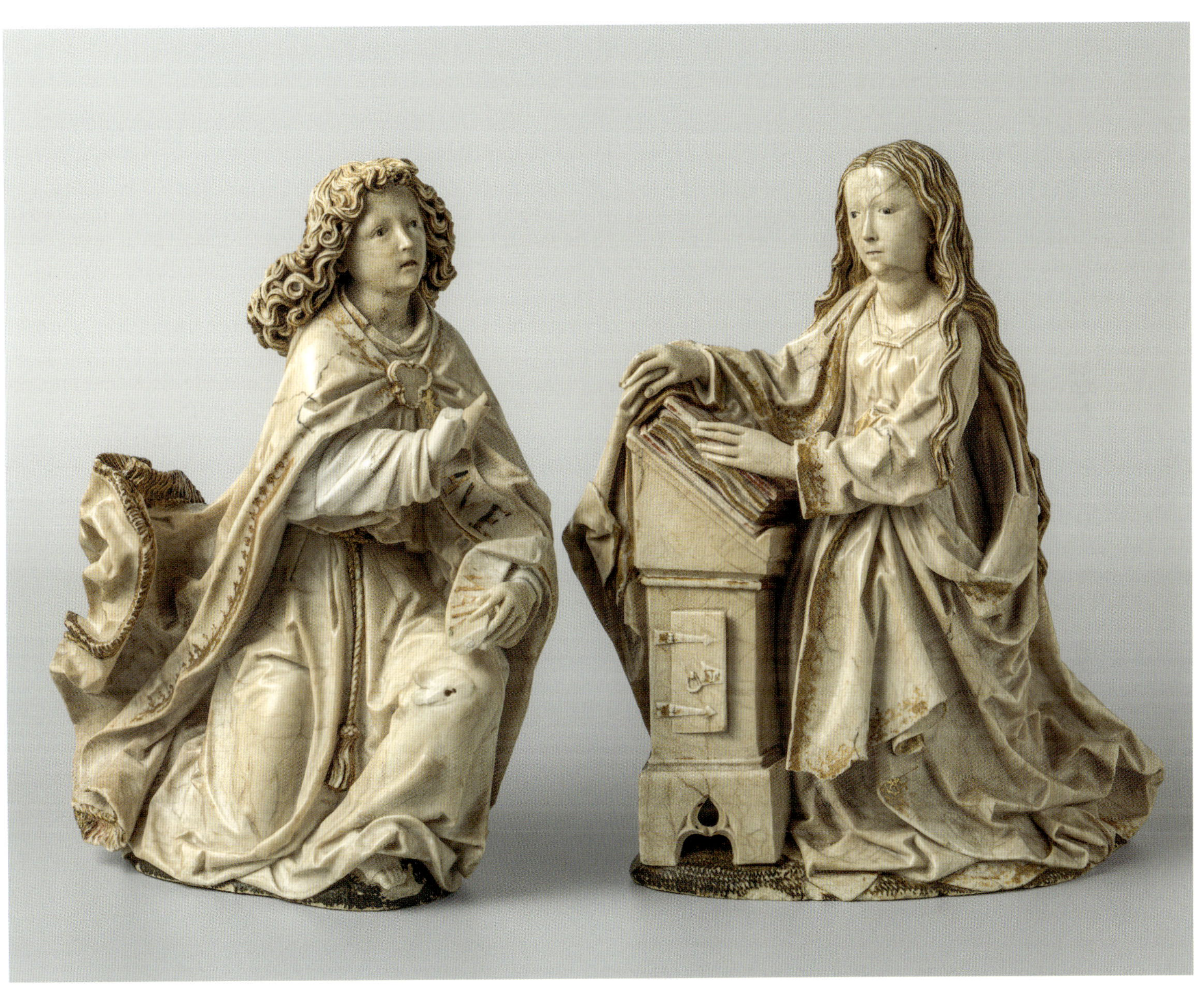

118 Tilman Riemenschneider
     (um 1460 Heiligenstadt – 1531 Würzburg)
     Teile des Münnerstädter Retabels, 1490–1492

Evangelist Matthäus
Lindenholz; H. 72,5 × B. 35 × T. 32 cm
Inv. Nr. 402
Evangelist Markus
Lindenholz; H. 73,5 × B. 40 × T. 25 cm
Inv. Nr. 404
Evangelist Lukas
Lindenholz; H. 77 × B. 44 × T. 24 cm
Inv. Nr. 403
Evangelist Johannes
Lindenholz; H. 73 × B. 45 × T. 25 cm
Inv. Nr.405

alle vier Evangelisten 1887 auf einer Auktion in Wien erworben
Staatliche Museen zu Berlin, Skulpturensammlung und Museum
für Byzantinische Kunst

Die Erscheinung Christi vor Maria Magdalena

Lindenholz; H. 143,5 × B. 101,5 × T. 7 cm
Inv. Nr. 2628
erworben 1901 auf der Versteigerung der Sammlung Wilhelm
Sattler (Schweinfurt) in Berlin
Staatliche Museen zu Berlin, Skulpturensammlung und Museum
für Byzantinische Kunst

119 Martin Schongauer
     (um 1440/1445 Colmar – 1491 Breisach
     oder Colmar)
     **Die Erscheinung Christi vor Maria Magdalena
     um 1475**

Kupferstich
H. 16 × B. 15.8 cm
erworben 1881 auf der Auktion der Sammlung Charles Sackville
Bale in London durch A. W. Thibaudeau
Staatliche Museen zu Berlin, Kupferstichkabinett, Inv. Nr. 106-1881

Das Retabel, das Riemenschneider 1490–1492 für die Pfarrkirche St. Maria Magdalena in Münnerstadt anfertigte, ist ein Schlüsselwerk in der Entwicklung der spätmittelalterlichen Skulptur. Es gehört zu den frühesten Werken, die ohne Farbfassung geliefert wurden. Doch scheint die ungewohnte Abwesenheit von Polychromie als störend empfunden worden zu sein, denn um 1504–1506 wurde der Nürnberger Bildhauer Veit Stoß beauftragt, den Altar zu vergolden und zu bemalen. Das Retabel wurde zwischen 1649 und 1653 auseinandergenommen und umgestaltet. Mehrere skulpturale Elemente wurden entfernt und fanden schließlich ihren Weg in öffentliche Sammlungen. In den frühen 1980er-Jahren wurden die Teile, die in Münnerstadt geblieben waren, in ein modernes Gehäuse eingebaut, damit sie wieder auf der richtigen Höhe und im richtigen Licht im Kirchenraum präsentiert werden konnten. Kopien der Skulpturen in München und Berlin wurden später dem Ensemble hinzugefügt.

Das Bildprogramm thematisiert das Leben der hl. Maria Magdalena, Patronin der Kirche. Als reuige Kurtisane, die sich Gott zugewandt hatte, wurde sie ein Vorbild und Beispiel dafür, dass sogar aus Sündern Heilige werden können und die Hoffnung auf Erlösung für jeden besteht. Im Schrein des Münnerstädter Altars wurde Magdalena, zwischen dem hl. Kilian und der hl. Elisabeth von Thüringen, von Engeln zum Himmel getragen. Im Auszug standen die Muttergottes und Johannes der Evangelist zu beiden Seiten der Dreifaltigkeit; noch höher stand Johannes der Täufer. Die Predella enthielt die vier Evangelisten. Auf den Flügeln waren vier Reliefs mit Szenen aus der Legende der hl. Maria Magdalena zu sehen: links Christus im Hause Simons, darüber die Erscheinung Christi vor Magdalena

und rechts die letzte Kommunion der Heiligen über einer Darstellung ihrer Grablegung. Die Gesamthöhe des Retabels betrug circa 13 Meter.

Die Evangelisten in der Predella bildeten das theologische und visuelle Fundament für den Altar, dessen übergreifendes Thema die Erlösung durch Christi Tod ist. Die Aneinanderreihung der Figuren von links nach rechts spiegelt die Reihenfolge wider, in welcher ihre Evangelien in der Bibel erscheinen. Ihre Haltungen und die Faltenzüge ihrer Gewänder korrespondieren miteinander und lenken das Auge zur Mitte der Gruppe. Die Evangelisten unterscheiden sich deutlich hinsichtlich Alter, Stimmung und Pose. Man glaubte im Mittelalter, dass die Evangelisten Matthäus und Johannes mit den gleichnamigen Aposteln identischen seien; deswegen sind sie in zeitlosen Gewändern dargestellt. Demgegenüber tragen Markus (mit seinem Attribut, dem Löwen) und Lukas (mit dem Stier) die Kopfbedeckung und Gelehrtentracht der Humanisten. Riemenschneider folgt einer Tradition, die bis in frühchristliche Zeiten zurückführt und die in Matthäus und Johannes Augenzeugen des Lebens Christi sah, während Markus und Lukas, als vermutliche Nachfolger von Petrus und Paulus, als Vorbilder frommer Gelehrsamkeit verehrt wurden. Der Engel von Matthäus und der Adler von Johannes waren einzeln geschnitzt und an der Rückwand der Predella befestigt.

Riemenschneiders Relief basiert auf der biblischen Erzählung von der Begegnung Maria Magdalenas mit Christus nach dessen Auferstehung (Joh 20,1–17). Diese Szene ist auch als „Noli me tangere" bekannt, der Beginn des lateinischen Textes der Worte Jesu an Magdalena: „Rühre mich nicht an!

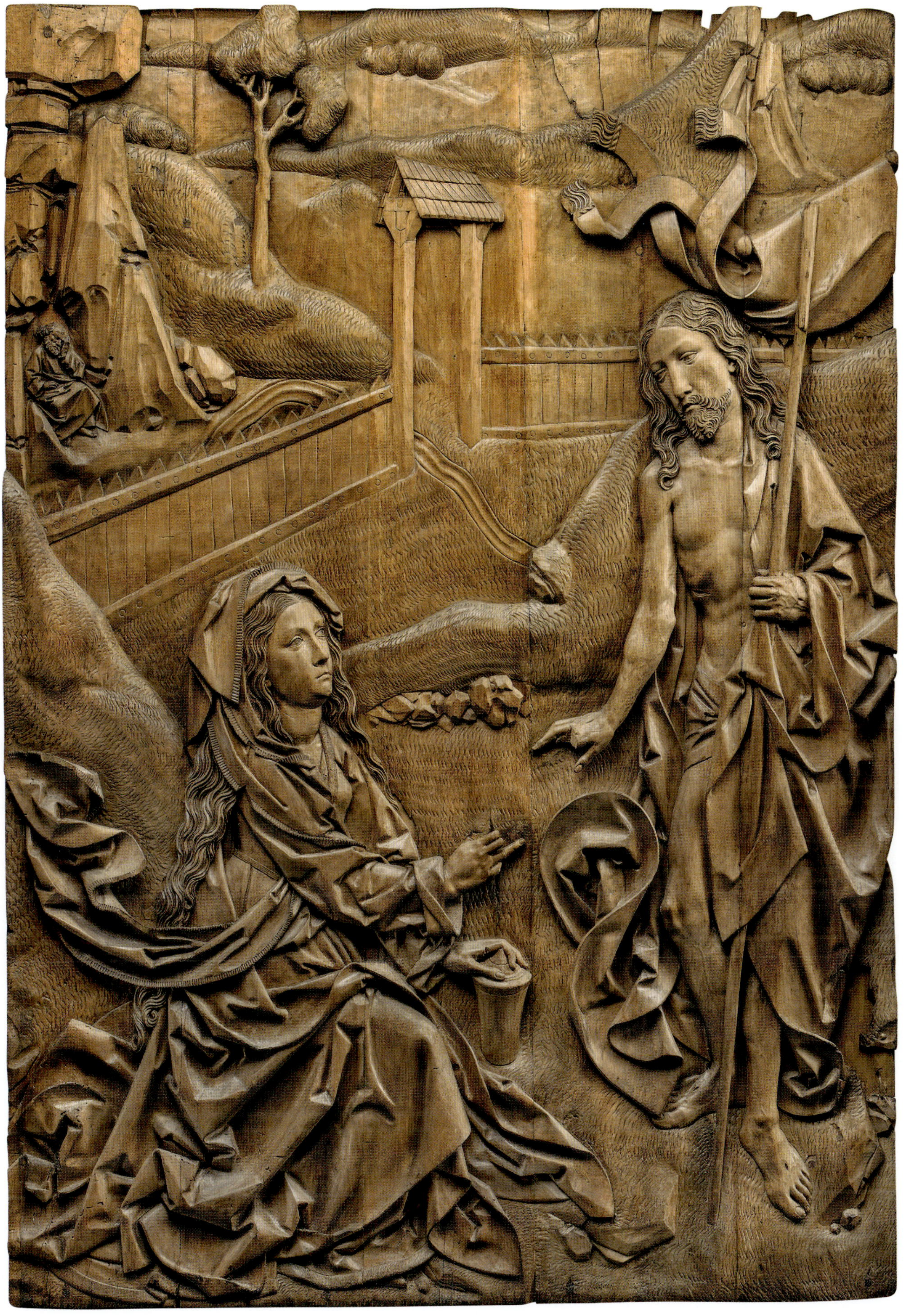

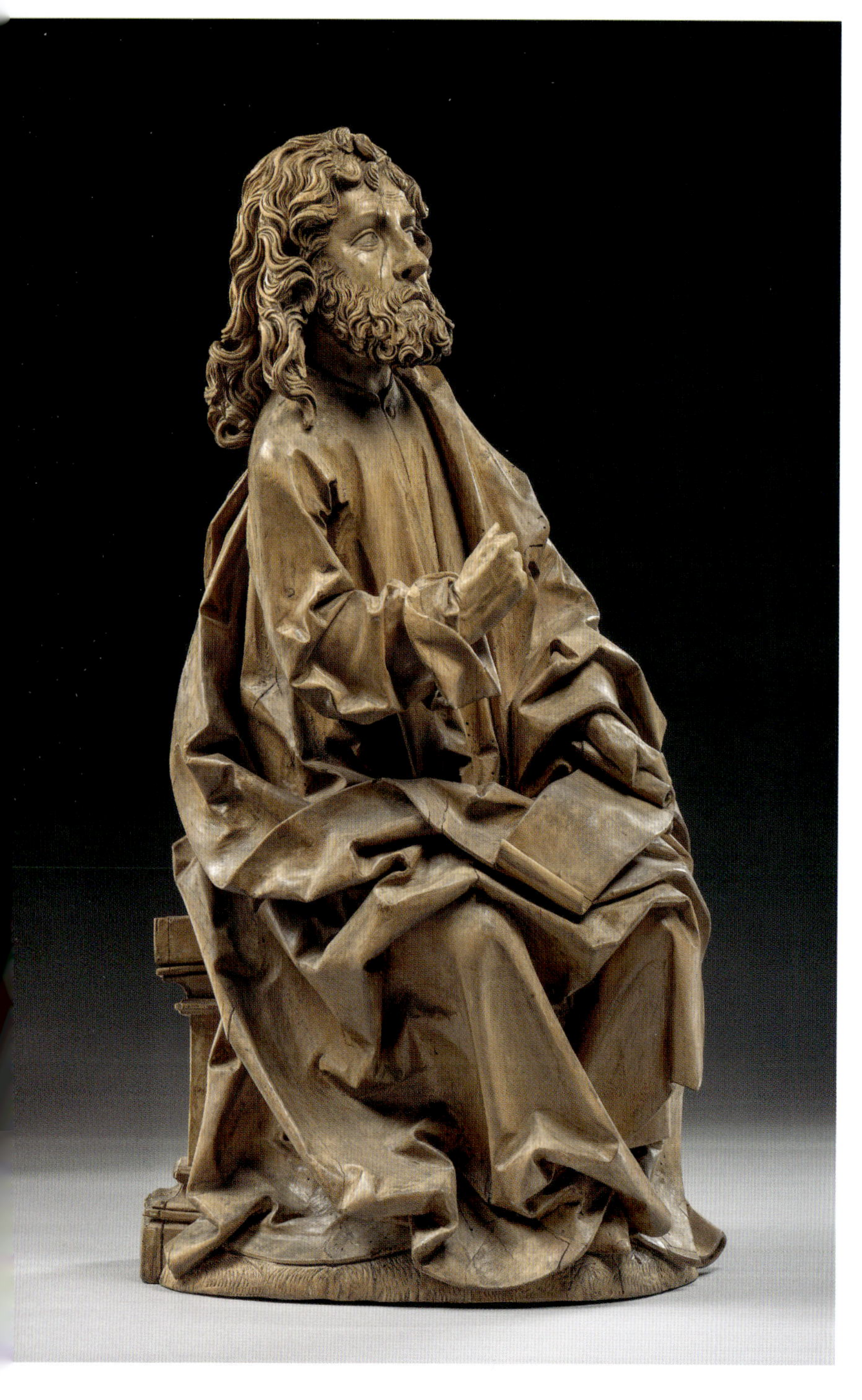
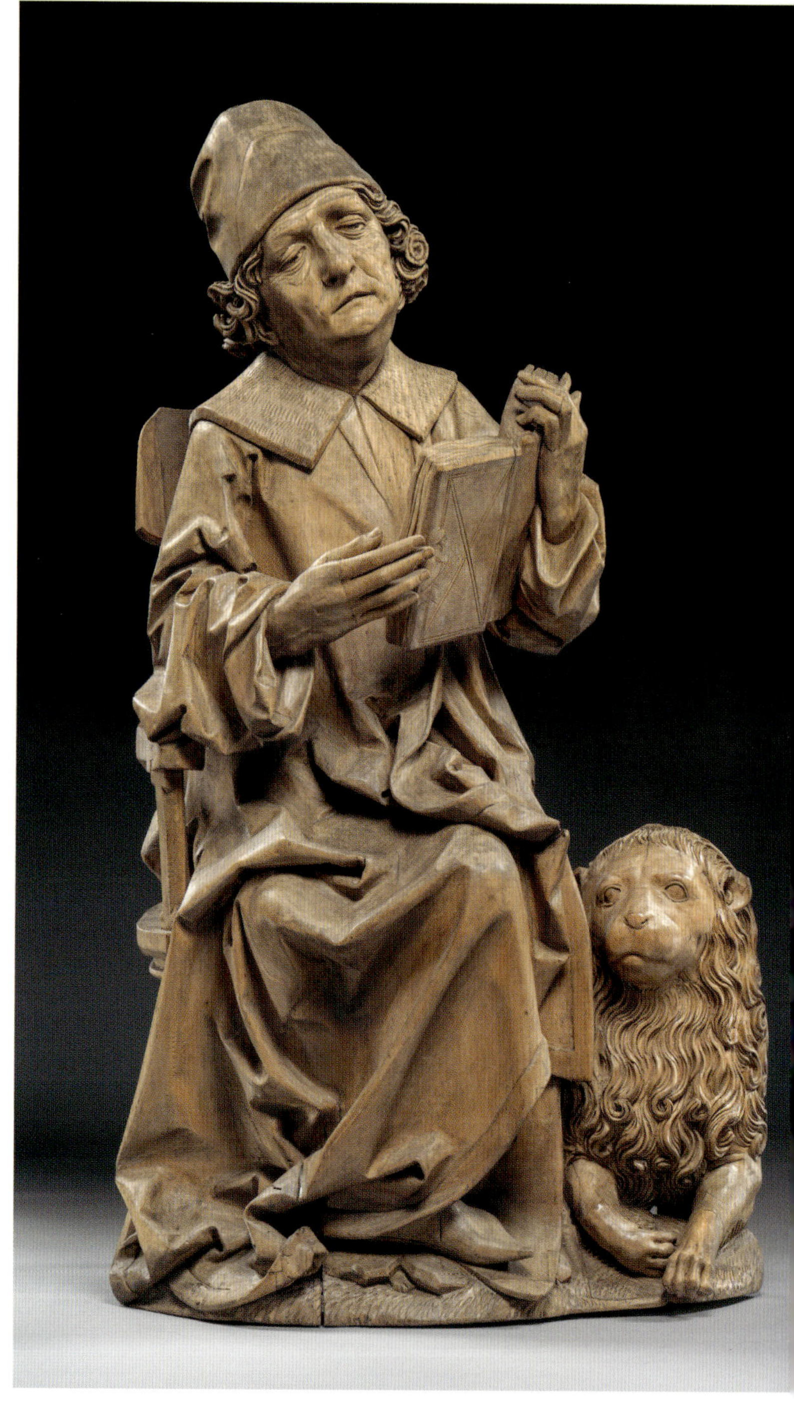

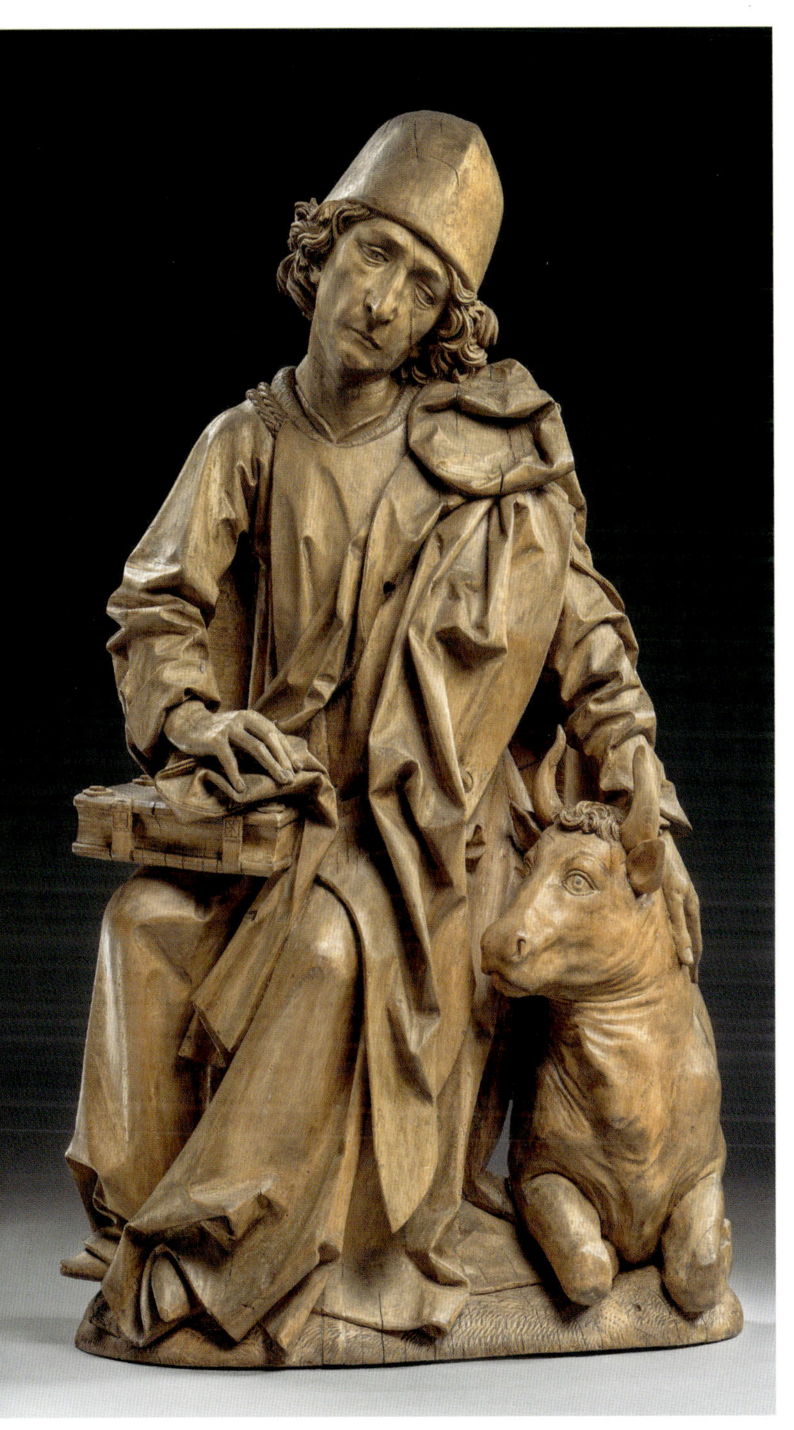
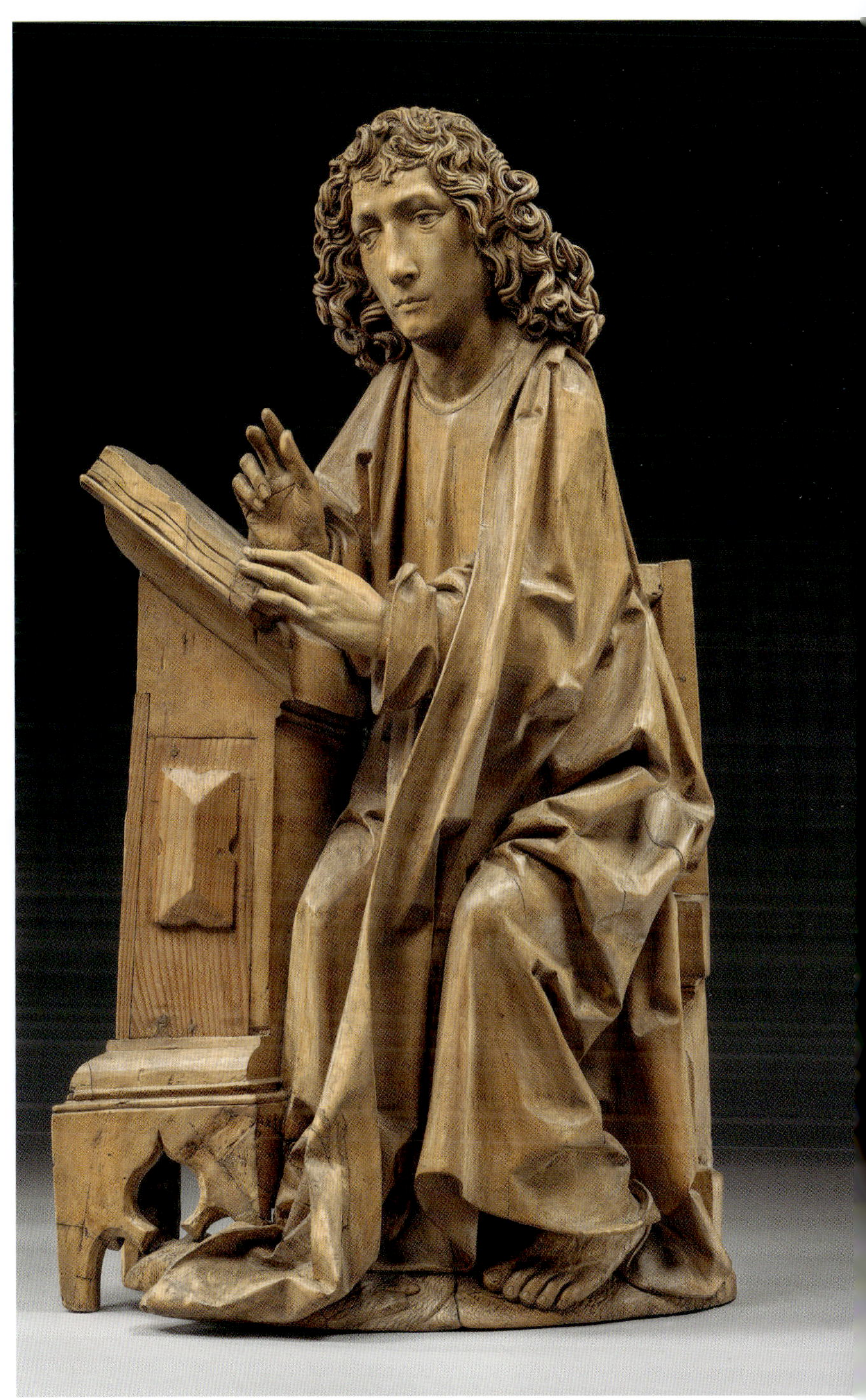

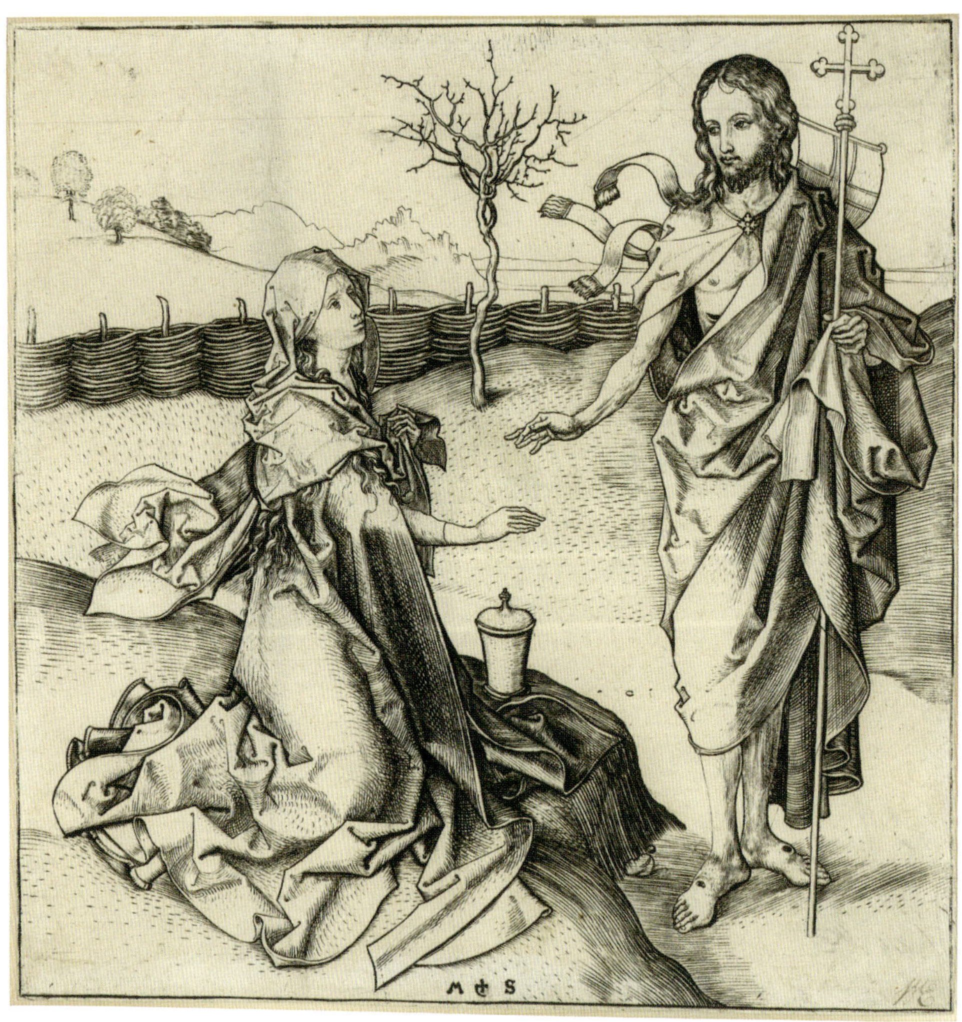

denn ich bin noch nicht aufgefahren zu meinem Vater." Die Gegenüberstellung der beiden Figuren sowie Einzelheiten der Landschaft sind einem Kupferstich Martin Schongauers entnommen (Kat. 119). Allerdings hat Riemenschneider die dramatische Spannung der Szene gesteigert: Die Figuren stehen dichter zusammen, ohne einander zu berühren; ihre stärker flatternden Gewänder unterstreichen den übernatürlichen Charakter des Augenblicks.

Änderungen in der Landschaftsdarstellung verstärken diese Spannung zwischen Bewegung und Zurückhaltung. Der Horizont ist nicht sichtbar, was die Handlung in einem flacheren Raum komprimiert als in Schongauers Stich. Die Hügel verankern auch die Figuren: Der Hügel links bildet eine kraftvolle Schräge, die durch die Figur Magdalenas hindurch bis zu ihrer Draperie am Boden reicht; eine weitere Erhebung hinter Christus folgt dem Kontur seines Arms bis zum erhobenen Gesicht der Heiligen. Die beiden Hälften des Bretterzauns treffen sich schräg am Tor und spiegeln in ihrer Ausrichtung die Blicke der Figuren wider.

Paradoxerweise scheinen Riemenschneiders Figuren weniger Volumen zu haben als die von Schongauer: Sie sind flache Formen in einer Ebene, als würde der Bildhauer versuchen, grafische Gestaltungsmittel in die Reliefkunst zu übertragen. Die Landschaft ist großflächig mit einem zickzackförmigen Muster eingeritzt; es handelt sich um die Spuren eines wiegenden Schnitzeisens, das schräg zur Holzfläche gehalten wird. Die unterschiedlichen Richtungen dieser sogenannten Tremolierung helfen, eine Ebene von der anderen zu unterscheiden, und schaffen Tiefe in der Landschaft. Sie verleiht der Szenerie aber auch eine dramatische Qualität, die in Schongauers ruhiger Komposition fehlt. Es wirkt wie eine Ironie, dass Riemenschneider mit dieser linearen Art der Gestaltung einen beinahe koloristischen Effekt bei einem Werk erzielt, das monochrom bleiben sollte, wenig später aber doch farbig gefasst wurde. *JC*

LITERATUR
Lehrs 1908–1934, Bd. 5, Kat. Nr. 15, S. 102–104 – AK Würzburg 1981, S. 115–166 – AK Washington/New York 1999, S. 208–221 – Krohm 2006, S. 109–125 – Weniger 2017, S. 72–105.

120   Nürnberger Maler, um 1490–1500
       Triptychon mit der Kreuzigung Christi und
       stehenden Heiligen

Tannenholz
H. 136 × B. 77 cm (Mitteltafel), H. 136 × B. 31 cm (Flügel)
erworben 1821 mit der Sammlung Edward Solly
Staatliche Museen zu Berlin, Gemäldegalerie, Kat. Nr. 562

121   Martin Schongauer (um 1440/1445,
       Colmar – 1491 Breisach oder Colmar)
       Die Kreuzigung Christi, um 1475

Kupferstich
H. 16,3 × B. 11,5 cm
erworben 1870 aus der Sammlung Brentano-Birkenstock,
Frankfurt am Main
Staatliche Museen zu Berlin, Kupferstichkabinett, Inv. Nr. 574-1

Das Triptychon zeigt die Kreuzigung Christi auf der Mitteltafel und die Heiligen Bonaventura und Bernhardin von Siena auf den Flügelinnenseiten. Auf den heute abgetrennten Flügelaußenseiten sind die Heiligen Apollonia und Cyriacus dargestellt. Das in der Forschung nahezu unbekannte Werk besticht durch eine höchst qualitätvolle Malerei: Ein graviertes Brokatmuster mit bewegtem Astwerk evoziert eine kaum definierbare Räumlichkeit und lässt den Körper Christi im vom Goldgrund reflektierenden Licht feierlich aufscheinen. Der Hügel Golgatha bleibt demgegenüber auf einen schmalen Bereich begrenzt; nur leicht erhebt er sich, genau dort, wo das Kreuz mit frisch geschlagenen Pflöcken im Boden verkeilt ist. Maria und Johannes stehen ein wenig vor dem Kreuz, den Mitgliedern der miniaturhaft klein dargestellten Stifterfamilie sind wiederum eigene Bereiche zugewiesen. Der mangels Wappen oder Inschrift nicht identifizierbare Mann kniet mit seinen acht Söhnen auf einer Erhebung zur Rechten, seine Ehefrau mit zwei unverheirateten Töchtern zur Linken des Gekreuzigten, zwischen ihnen liegt der Schädel Adams, der auf Christus als den Erlöser von der Erbsünde verweist.

Wie klug das Triptychon konstruiert ist, erschließt sich jedoch erst, wenn man die Flügelinnenseiten mit in den Blick nimmt: In einem neuerlichen Wechsel der Größenverhältnisse ragen hier der erst 1482 heiliggesprochene franziskanische Theologe und Ordensgeneral Bonaventura sowie der berühmte Franziskanerprediger Bernhardin von Siena in die Höhe. Scheinbar ungebührlich größer als die Figuren der Mitteltafel sind sie mit den Köpfen von Maria und Johannes in einer nach unten ausschwingenden Halbkreisform kunstvoll verbunden, bei näherem Hinsehen findet die Anordnung sogar ein Echo in der Stifterfamilie. Einmal mehr tritt dadurch der Gekreuzigte besonders würdig hervor, nicht zuletzt aber wird die Bedeutung der beiden Franziskanerheiligen innerhalb des Bildprogramms betont: Als historische Personen und durch ihre prominent vorgehaltenen Attribute propagieren sie die Verehrung des Kreuzes, das Thema der Mitteltafel. Ohne Zweifel wird das Altarbild also für eine Franziskanerkirche gestiftet worden sein.

Mit der zunehmenden Verbreitung von Martin Schongauers Kupferstichen seit den 1470er-Jahren wurden diese auch für Maler attraktiv. Man nahm sie in den Werkstattbestand auf oder kopierte sie, um sie später in die eigenen Kompositionen zu integrieren. Die vergleichsweise breite Verfügbarkeit ebenso

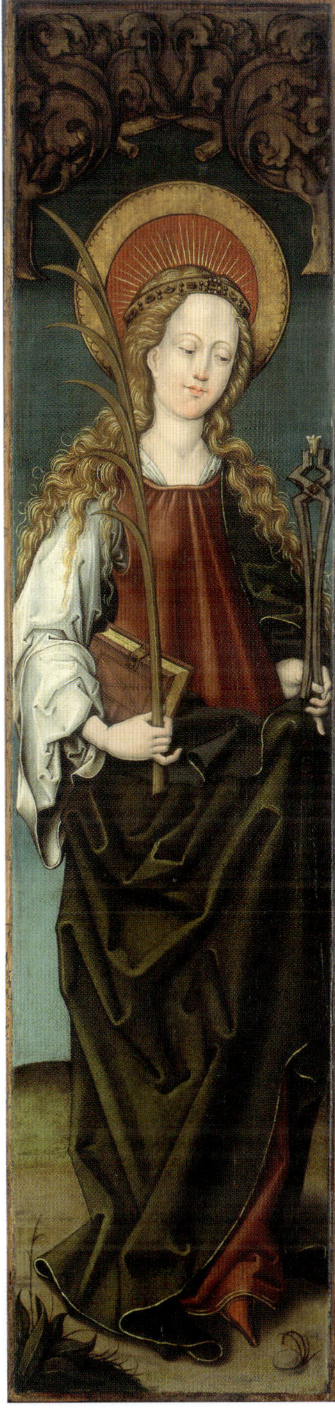
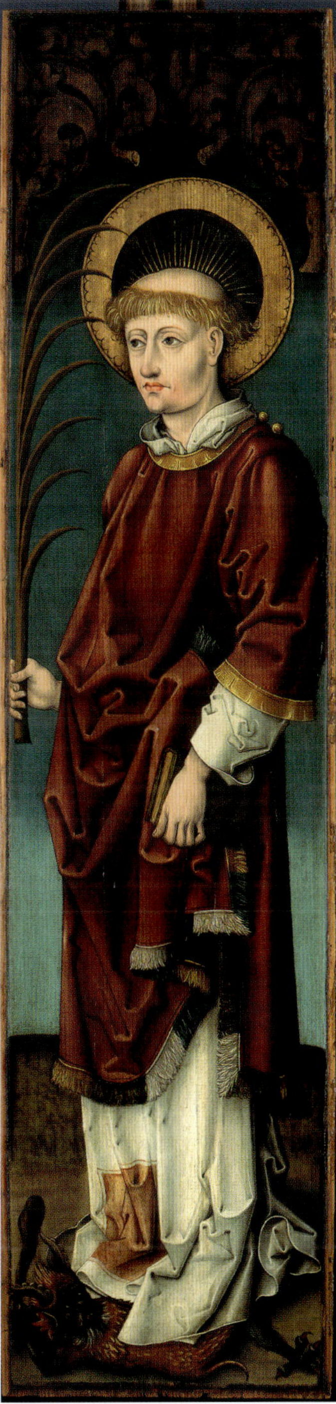

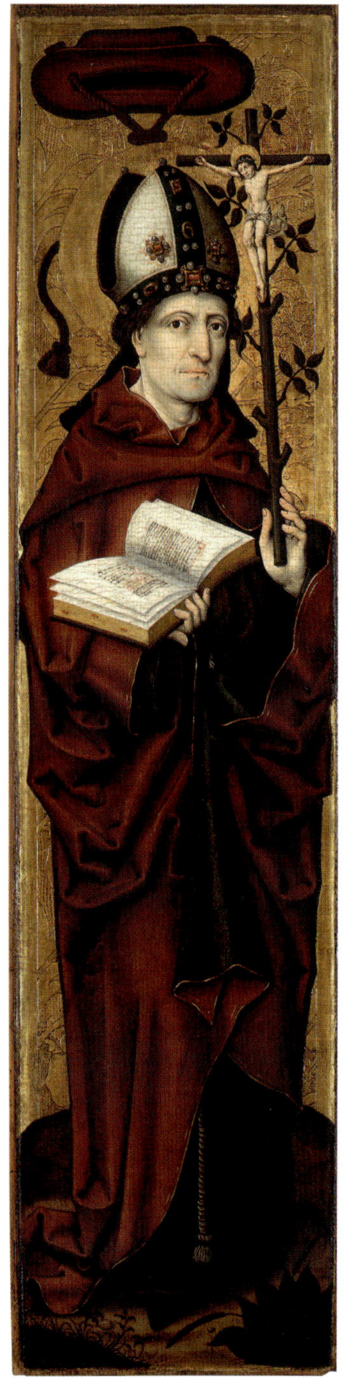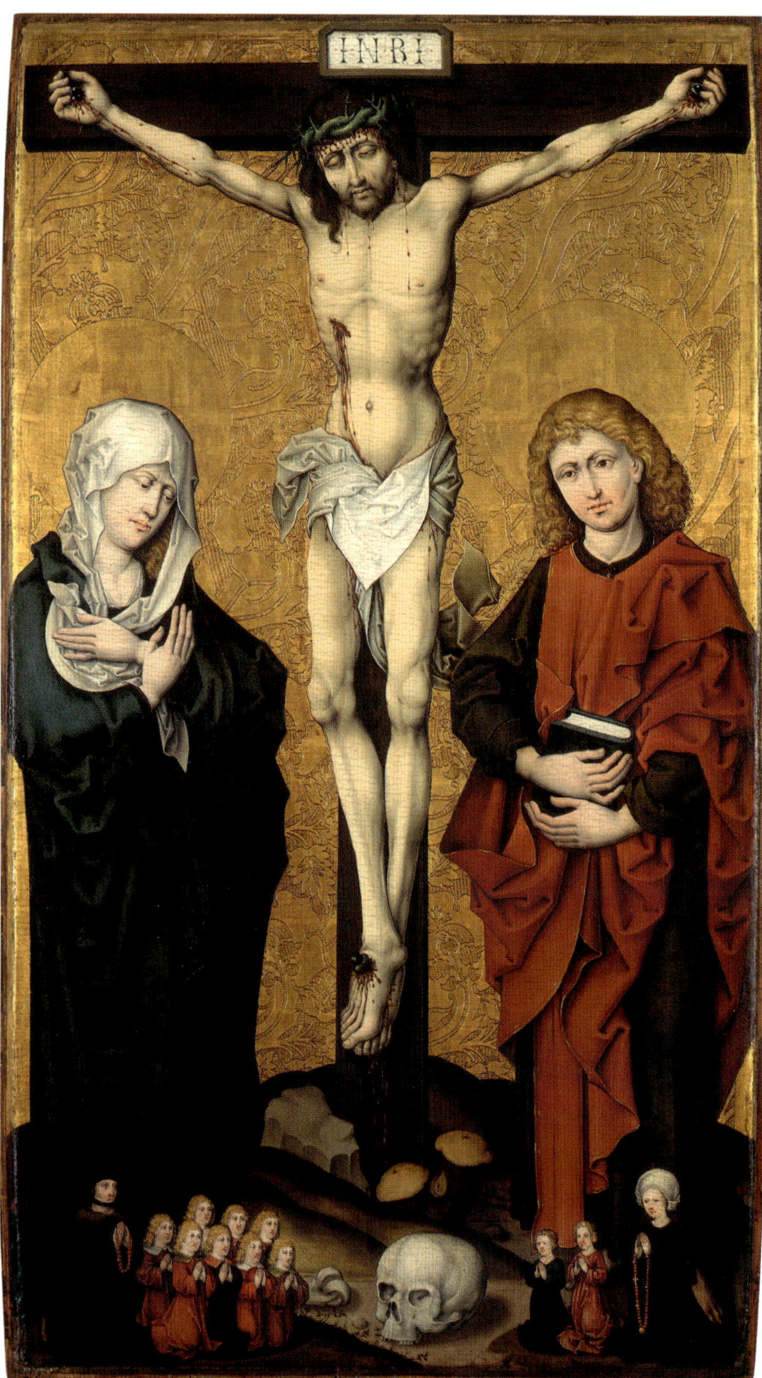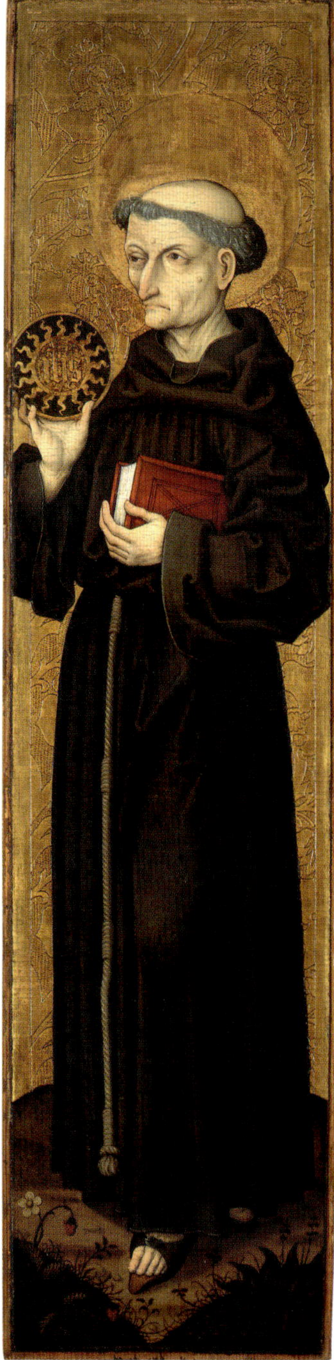

wie ihre feinste Oberflächenbeschaffenheiten erfassenden Qualitäten machten sie zu hoch geschätzten Vorlagen. So hat auch der hier in Rede stehende Maler vier Kupferstiche Martin Schongauers verarbeitet: Außen kamen die Heiligen Agnes (Lehrs 1908–1934, Bd. 5, Kat. 67, S. 284–286) und Laurentius (ebd., Kat. 61, S. 268–271) zum Einsatz, während auf der Mitteltafel die Motive aus zwei Stichen kombiniert wurden: Bei den Trauernden unter dem Kreuz handelt es sich um faltengenau vergrößerte Kopien der entsprechenden Figuren aus dem Stich (ebd., Kat. 14, S. 95–102), selbst die Anlage des Hügels Golgotha ist übernommen. Für den Gekreuzigten aber bildete das entsprechende Blatt (ebd., Kat. 27, S. 151–155) aus Schongauers Passionsfolge den Ausgangspunkt (Kat. 121). Auch hier wurde die Gestalt proportional übertragen, die Winkel der Arme und die Beinstellung sowie die Neigung des Kopfes allerdings etwas verändert. Der Gekreuzigte gewinnt in der Redaktion durch den Maler deutlich an körperlicher Präsenz.

Von der großen Gruppe überlieferter Werke, die seit den 1470er-Jahren aus dem Fundus der Stiche Schongauers schöpften, hebt sich das Triptychon insofern ab, als sein Maler das im Medium der Grafik präzise angelegte Helldunkel überaus gekonnt umsetzt und für seine eigene, stärker auf die plastische Gesamterscheinung zielende Malerei nutzbar macht. In den Berliner Katalogen wird es als Arbeit eines Schongauer-Schülers bezeichnet (Michaelis 1989), was jedoch kaum zutreffen dürfte. Deutliche Verbindungen bestehen vielmehr zur Nürnberger Malerei, wie bereits Waagen (1830) bemerkt hatte. Ganz allgemein lässt sich in der fränkischen Metropole für den Typus der steil proportionierten dreifigurigen Kreuzigung sowie die Art der Anordnung der Stifter eine Tradition nachweisen. Auf den ersten Blick erinnern ferner die Gesichtstypen, aber auch die Art der Einbringung der beiden stehenden Heiligen auf den Seitenflügeln an Arbeiten aus der Werkstatt Hans Pleydenwurffs und deren Nachfolge. Der markant individualisierte Familienvater lässt darüber hinaus an einige frühe autonome Nürnberger Bildnisse denken, interessanterweise ergeben sich sogar Verbindungen zu dem berühmten Bildnis von Dürers Vater in den Florentiner Uffizien. Und bei näherem

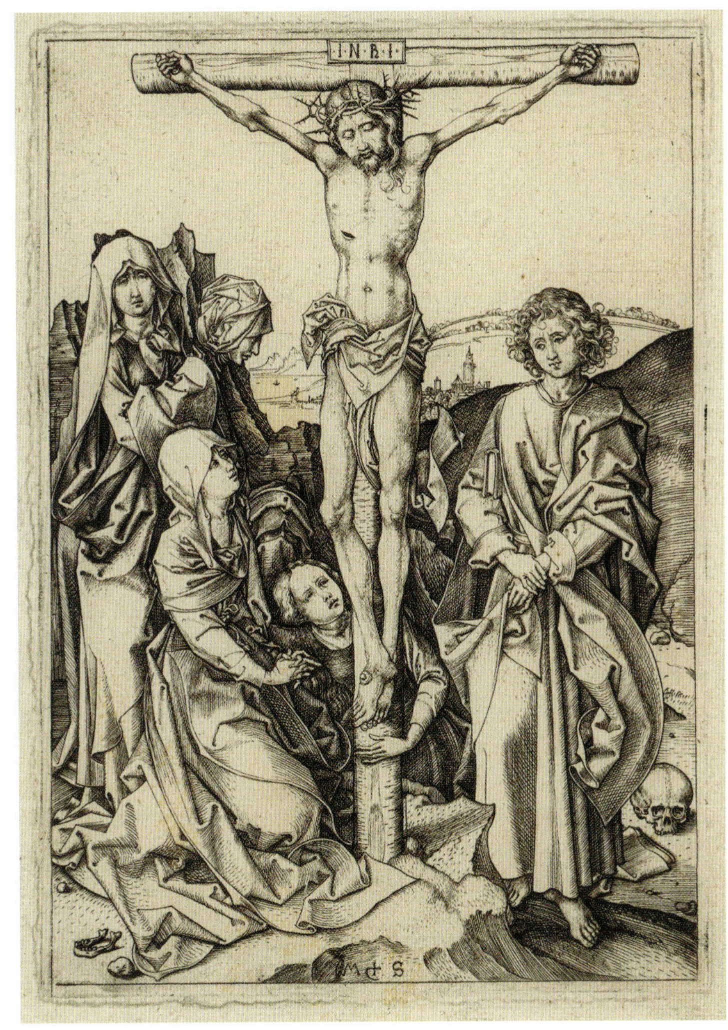

Hinsehen bekräftigt auch der Vergleich des Gesichts Christi mit dem zu Beginn der 1490er-Jahre geschaffenen frühen Schmerzensmann Albrecht Dürers (Kat. 131) eine Entstehung des Werkes in Nürnberg.   *AFK*

LITERATUR
Waagen 1830, Nr. 49, S. 140 f. – Stange 1967–1978, Bd. 3, Nr. 337, S. 134 – Michaelis 1989, S. 107 f.

122 Oberrheinischer Meister
Zwei Flügel eines Triptychons
mit Passionsszenen
um 1480–1490

Holz
je H. 36,8 × B. 11,5 cm
erworben 1903 aus Berliner Privatbesitz
Staatliche Museen zu Berlin, Gemäldegalerie,
Kat. Nr. 1629A, 1629B, Eigentum des
Kaiser Friedrich Museumsvereins

123 Martin Schongauer
(um 1440/1445 Colmar – 1491 Breisach
oder Colmar)
Szenen der Passion Christi: Kreuztragung,
Grablegung, vor 1476

Kupferstiche
je H. 16,2 × B. 11,5 cm
erworben 1870
aus der Sammlung Brentano-Birkenstock, Frankfurt am Main
Staatliche Museen zu Berlin, Kupferstichkabinett,
Inv. Nr. 573-1, 575-1

Die beiden kleinen Tafeln wurden 1903 durch den Museumsverein erworben, weil man sie seinerzeit für die Flügel der zwei Jahre zuvor angekauften Geburt Christi von Martin Schongauer (Kat. 83) hielt. Trotz gut passender Maße ist diese Rekonstruktion jedoch weder aus ikonografischen noch aus stilistischen Gründen haltbar (Verz. Berlin 1931). Vielmehr gehörten die beiden Flügel zu einem Triptychon, dessen Mitte wahrscheinlich ein Skulpturenschrein bildete, der eine zur Passionsthematik der Gemälde passende Darstellung enthielt wie etwa den Gnadenstuhl oder den Schmerzensmann. Geschlossen zeigte dieses Triptychon die Heiligen Jakobus d. Ä. und Maria Magdalena, die nebeneinander auf einem Stück Weg vor dunkelblauem Grund stehen; ansprechend hat der Maler dem rein repräsentativen Nebeneinander ein belebendes szenisches Element verliehen, so, als ginge der Apostel auf die Heilige zu, die ihn mit einer Geste zu begrüßen scheint.

Die Gemälde sind sorgfältig in tiefen Farben und kräftigem Helldunkel ausgeführt. Im Figürlichen folgen sie wortwörtlich einigen Kupferstichen Martin Schongauers, dreien aus der in der ersten Hälfte der 1470er-Jahre entstandenen, 12-teiligen Passionsfolge (Lehrs 1908–1934, Bd. 5, Kat. 19–30, S. 117–166; Kat. 123) sowie der erheblich kleineren Kreuzigung mit dem Guten Hauptmann (H. 10,5 × B. 7,2 cm, Lehrs 1908–1934, Bd. 5, Kat. 10, S. 76–78), die keinen Landschaftshintergrund aufweist. Der Maler setzte hier eine eigene Landschaft ein und fügte ebenso der Auferstehung die aufgehende Sonne hinzu. Die beiden Figuren der Flügelaußenseiten scheint er hingegen, in enger Anlehnung an Schongauers Formensprache, selbst geschaffen zu haben. Mit dem Rückgriff auf die Stiche des Colmarer Meisters und seinen relativ geringen Maßen gliedert sich das hier rekonstruierte Triptychon einer Gruppe mit mindestens zwei weiteren erhalten Stücken ein. Eines (Ulm, Münster) zeigt die geschnitzte Kreuzigung umgeben von ebenfalls vier Passionsszenen nach Schongauers besagter Folge, ist aber mit 73 × 25 Zentimeter messenden Flügeln deutlich größer. Bei dem anderen, auf 1484 datierten Triptychon (Historisches Museum Basel) flankieren Flügel mit je einer Passionsszene, wieder nach derselben Stich-

folge, einen Schrein mit der Skulptur des Schmerzensmannes. Mit ungefähr 25 × 10,5 Zentimeter sind dessen Flügel nur unwesentlich kleiner als die hier besprochenen. An den beiden Werken waren unterschiedliche Maler beteiligt, die jedoch in Schongauers Umgebung am Oberrhein gearbeitet haben dürften. Das gleiche gilt für die Flügel in Berlin: Stilistisch verweisen sie deutlich auf die Schongauer-Nachfolge, wobei sie insbesondere mit einigen Werken Ähnlichkeit besitzen, die traditionell Martins Bruder Ludwig Schongauer (gest. 1493/94) zugeschrieben werden (AK Karlsruhe 2001, Kat. 139, 140); dies gilt etwa für die schwarzen Knopfaugen der Figuren und für die Landschaften, die sich durch weißliche Täler in blaugrünen Hügeln sowie kuglig-runde und dünne, kahle Bäumchen auszeichnen.

Mit den Berliner Flügeltafeln und den beiden anderen erwähnten Werken wird eine für die Zeit charakteristische Verwendung von Martin Schongauers Drucken anschaulich: Sie dienten nicht allein frommen oder kunstliebenden Zwecken, sondern fungierten auch in großem Umfang als Vorlagen für andere Künstler. In gewisser Weise nahmen sie die Stelle ein, die vorher allein gezeichnete Kopien innegehabt hatten (Kat. 71). Durch die Drucke entfiel die Mühe, gute Vorbilder selbst suchen und mühevoll abzeichnen zu müssen; stattdessen lieferten sie vorbildliche, komplette Kompositionen mit den schönsten Details. Tatsächlich nahm dadurch die Zahl der mehr oder weniger getreuen Kopien im deutschen Sprachraum merklich zu, die vor Schongauer weitgehend die Ausnahme gewesen waren. Bei den beiden Berliner Flügeln sind die Übereinstimmungen mit den entsprechenden Szenen der gestochenen Passionsfolge in Formen und Größe so genau, dass die Blätter wahrscheinlich direkt zum Durchpausen auf die Tafeln gelegt worden sind.

Die drei gerade genannten kleinen Triptychen mögen auf Nebenaltären oder auch im häuslichen Rahmen aufgestellt gewesen sein, in jedem Fall aber präsentierten sie perfekte Darstellungen der Passion Christi, wie sie ohne die gedruckten Vorlagen nicht leicht zu haben gewesen wären. Private Altärchen erfuhren damit, zumindest in der Masse, einen Qualitätsschub. Gerade die Passionsfolge Schongauers, die allen drei genannten Werken

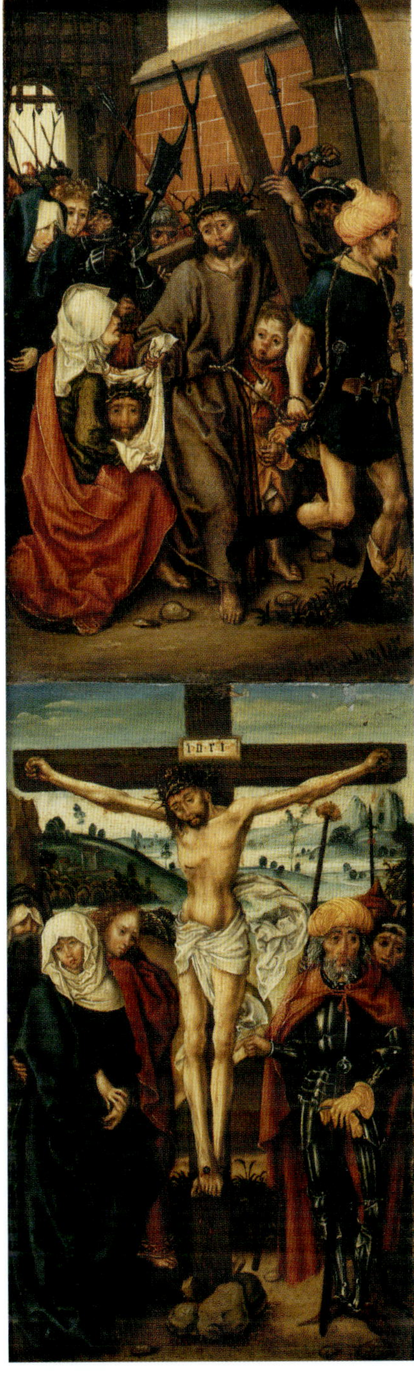

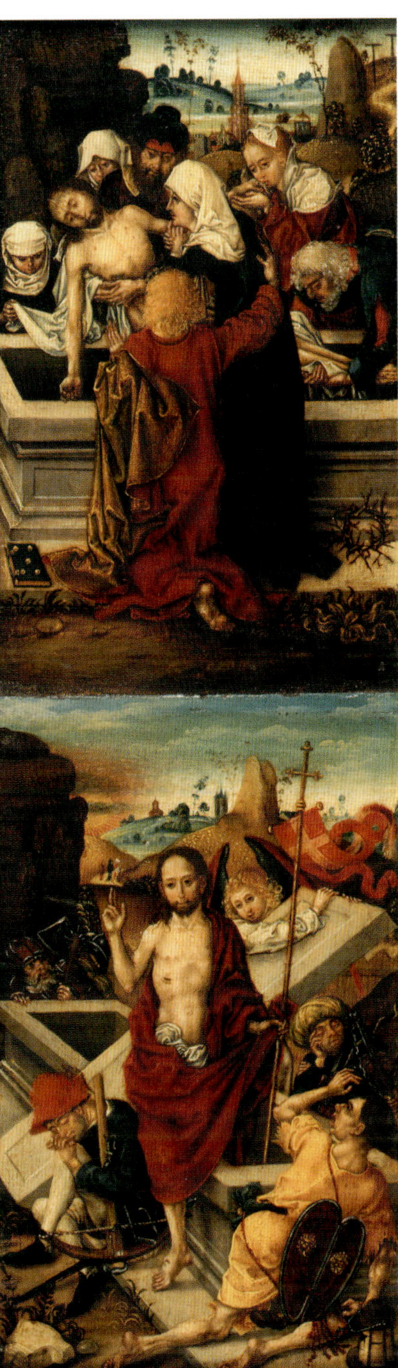

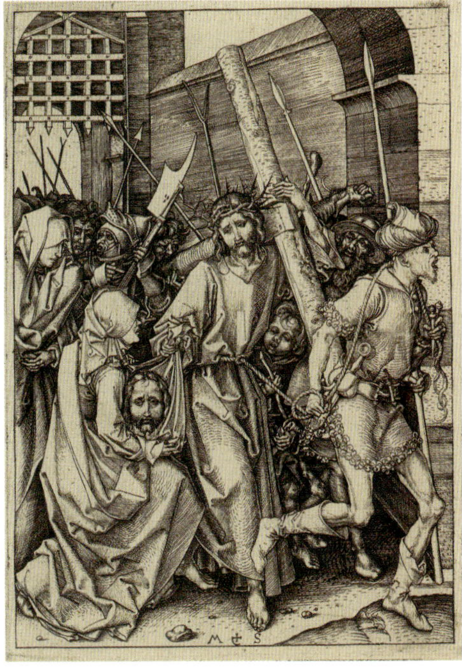

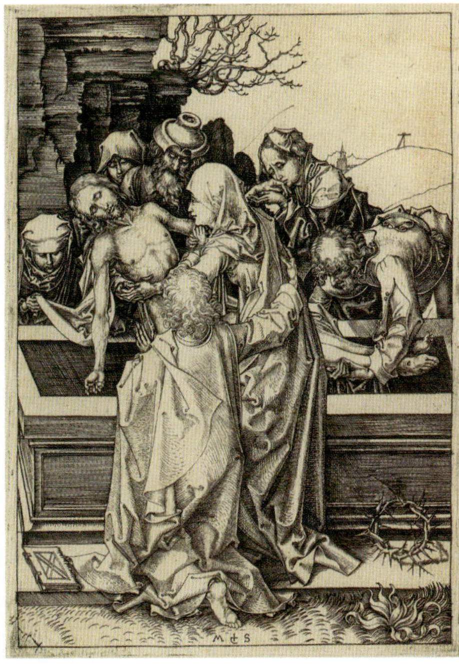

zugrunde lag, besaß eine lang anhaltende und extrem weitreichende Wirkung. Die zugehörige Kreuzigung wird bereits 1476 in Spanien genau wiederholt, und noch um 1535 kopierte der führende niederländische Buchmaler der Zeit, Simon Bening, sie in verschiedenen Gebetbüchern (Kemperdick 2004, S. 264). Ausgehend von älteren regionalen Vorstufen und inspiriert durch die Kunst Rogier van der Weydens, hat Schongauer in seinen Folgen des Marienlebens (Kat. 82, 84) und der Passion prägnante neue Formulierungen für Standardthemen der christlichen Ikonografie gefunden. In allen Blättern der Passionsfolge verband der Colmarer Künstler ein vielfältig variiertes, doch stets gleichbleibendes und wiedererkennbares Personal in klaren, die Dynamik der Ereignisse betonenden Kompositionen. Albrecht Dürer ging in seinen Fassungen der Kreuztragung, etwa dem Kupferstich von 1512, von Schongauers Blatt aus, ebenso wie seine *Flucht nach Ägypten*, ein besonders einflussreicher Holzschnitt von etwa 1504, ohne Schongauers gute dreißig Jahre zuvor geschaffene Version der Szene undenkbar ist. *SK*

LITERATUR
Kaiser Friedrich-Museums-Verein zu Berlin. Bericht über das Geschäftsjahr 1903–1904, Berlin 1904, S. 4–6 (unpubl.) – Lehrs 1908–1934, Bd. 5, Kat. 26, 28, S. 147–149, 155–157 – Verz. Berlin 1931, S. 439 – Stange 1934–1961, Bd. 7, S. 25.

124 Derick Baegert
(um 1435/1440 Wesel – nach 1509 Wesel)
Der hl. Lukas malt die Madonna, um 1480

Eichenholz
H. 113 × B. 82 cm
erworben 1904 vom Kunsthandel Peypers, Antwerpen
Münster, LWL-Museum für Kunst und Kultur, Westfälisches
Landesmuseum
Leihgabe Westfälischer Kunstverein, Münster Inv. Nr. 62 WKV

Ein Maler bei der Arbeit: Der hl. Lukas porträtiert die Muttergottes und ihren Sohn, wie es in der Legende des Evangelisten erzählt wird. Wir befinden uns offenbar im Haus des Malers, denn in einem hinteren Raum reibt ein Engel als sein Gehilfe Farben an, was sicherlich eine auf die Werkstatt beschränkte Aktivität war. Neben dem Engel hat sich der greise Josef mit einem Buch auf einer Bank niedergelassen und wartet, bis seine Ehefrau die Sitzung hinter sich hat. Ein Blick vom Modell zum Gemälde auf der Staffelei verrät unmittelbar, dass der Evangelist ein authentisches, ganz und gar übereinstimmendes Bildnis von Jungfrau und Kind geschaffen hat. Indem die beiden dem Künstler geduldig Modell sitzen, wird die traditionelle Rechtfertigung religiöser Bilder anschaulich gemacht, nämlich dass Gott diese selbst gewollt habe. Derweil richtet Christus den Blick aus dem Bild hinaus und fordert uns so zur verehrenden Betrachtung auf. Hinter dem Stuhl des Evangelisten liegt dessen Symboltier, der Ochse.

Zugleich mit der religiösen Botschaft gibt ein Lukasbild auch Auskunft über die Profession des Malers. Zwar stimmen weder Lukas' Gelehrtenmütze, die auf seinen Stand als Arzt verweist, noch der purpurne, pelzgefütterte Mantel mit dem überein, was ein zeitgenössischer Künstler bei der Arbeit getragen haben dürfte. Realistisch sind indes die dreibeinige, höhenverstellbare Staffelei und der Gebrauch einer Palette und eines Malstocks, auf den sich die Hand mit dem Pinsel stützt, um Feinheiten präzise ausführen zu können. Ferner sieht man, dass hölzerne Tafelbilder gewöhnlich fest mit ihren Rahmen verbunden waren. Treffend eingefangen ist die Konzentration des Malers, der möglichst genau festhalten möchte, was er vor sich sieht. Hier wird deutlich: Die Beobachtung des Sichtbaren ist Grundlage des Bildes. Implizit wird damit das neue Paradigma mimetischer Wiedergabe vorgeführt, das sich seit Jan van Eyck ausgebreitet hatte: Jedes Detail sollte überzeugend „echt" gezeigt werden, die Stadtansicht ebenso wie der Konvexspiegel oder die Zinnkanne, die einen schönen Schlagschatten wirft.

Derick Baegert ließ sich für sein Lukasbild ohne Zweifel von niederländischen Vorbildern anregen. Seiner Komposition kommt insbesondere eine Miniatur (London, BL Add. MS. 71117, fol. B) des in Valenciennes tätigen Simon Marmion von etwa 1465/1470 nahe, die den malenden Evangelisten ebenfalls seitlich vor der Staffelei und sein Gesicht in strengem Profil zeigt. Vermutlich liegt beiden Darstellungen ein nicht erhaltenes niederländisches Tafelbild zugrunde. Indes dürfte Baegert ein solches Vorbild abgewandelt haben, denn genaue Kopien fremder Werke kommen in seinem Œuvre nicht vor. Auf der vorliegenden Tafel gemahnt in erster Linie die verschachtelte Raumsituation mehr an andere Werke des Weselers (*Geißelung Christi*, Münster) als an ältere niederländische Malereien.

Viele der aus dem späten 15. und dem 16. Jahrhundert überlieferten Lukasbilder waren auf den Altären von Lukasbruderschaften aufgestellt, frommen Vereinigungen von Malern, die damit ihrem Schutzpatron huldigten. In Deutschland war dies bei dem mit Gemälden Hermen Rodes versehenen Lübecker Schnitzaltar von 1484 ebenso der Fall wie bei dem 1499 datierten Retabel der Lukasbrüderschaft in Hamburg. Ob es allerdings in Wesel eine solche Vereinigung gab, wissen wir nicht. Sicherlich aber wäre Baegerts Werk von seinen Abmessungen her gut als Tafel eines Nebenaltars denkbar. In der Werkstatt des Künstlers entstand noch eine weitere, gleichgroße Fassung der Komposition als Mitte eines Triptychons, auf deren Flügeln sich die Räumlichkeit fortsetzt (Stolzenhain/Brandenburg, Dorfkirche). Deshalb wird die Münsteraner Tafel oft ebenfalls zu einem Triptychon rekonstruiert, doch scheint dies nicht überzeugend: In Stolzenhain erscheint Josef noch einmal auf dem rechten Flügel als Zimmermann, was schlecht mit seiner Darstellung als wartender Alter im Hintergrund der Lukasszene zusammenpasst. Vermutlich wurde die Szene also als Einzeltafel konzipiert, später dann in dem Flügelretabel wiederholt. Zudem besitzt nur die Münsteraner Tafel eine Signatur: Auf dem leeren Fayencekrug links in der Tür liest man „BAEG(...)" – Baegert hat seinen Namen der Szene eingeschrieben, in welcher der erste christliche Maler das Urbild des christlichen Bildes schafft, und stellt sich damit in dessen Nachfolge.　　　　*SK*

LITERATUR
Klein 1933, S. 51–53 – Pieper 1986, S. 333–338 – Thürlemann 1992 – AK Brügge 2010, Kat. 90 (Till-Holger Borchert) – Roelen 2010 – Marx 2011, S. 80 f.

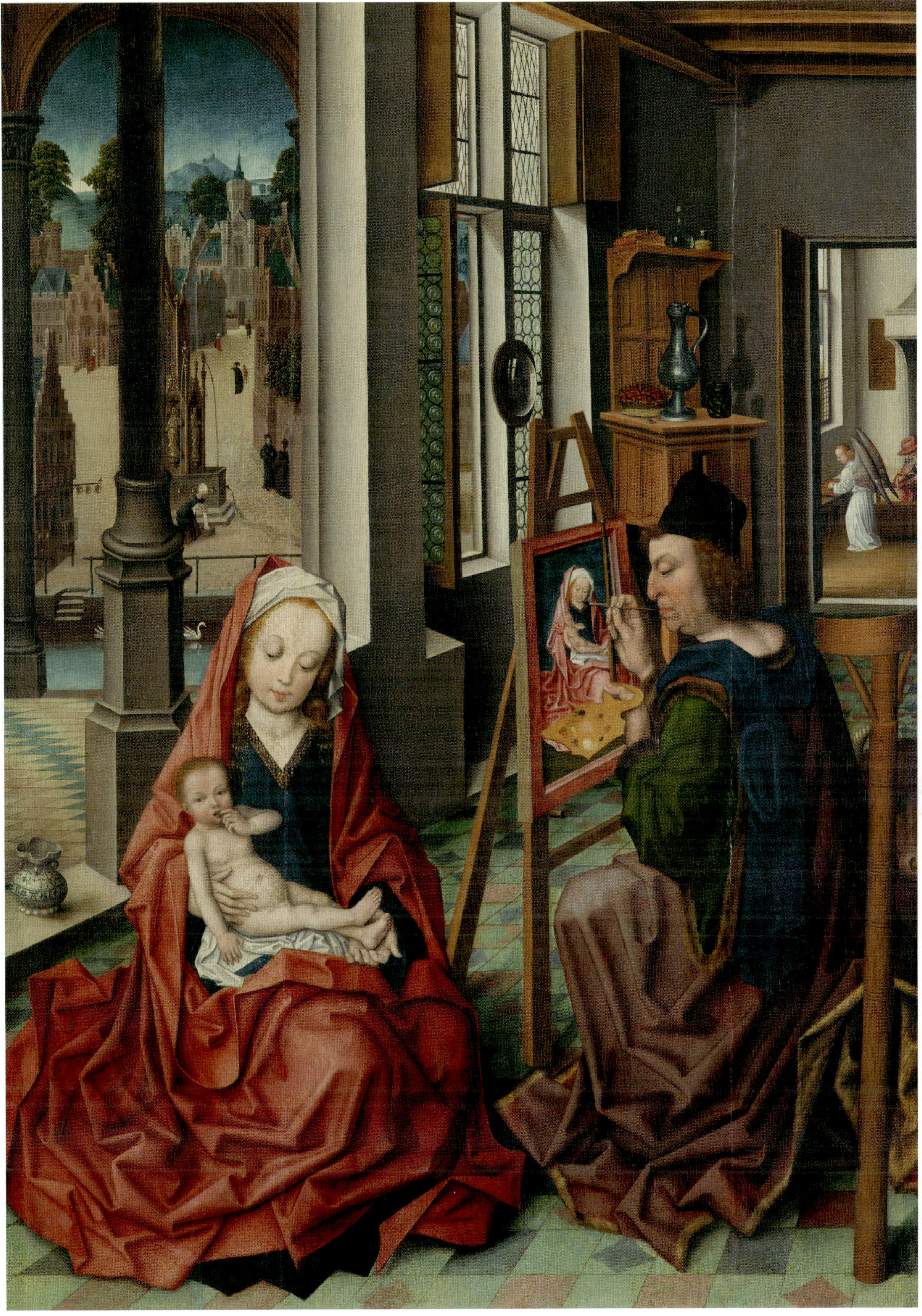

125 Meister L Cz
(tätig in Bamberg? Ende 15. Jh.)
Versuchung Christi, 1490er-Jahre

Kupferstich
H. 23,2 × B. 17,4 cm (Bl.)
erworben 1920 als Geschenk eines Ungenannten
Staatliche Museen zu Berlin, Kupferstichkabinett, Inv. Nr. 175-1920

126 Meister L Cz
(tätig in Bamberg? Ende 15. Jh.)
Christus vor Pilatus, um 1480

Weißtannenholz
H. 78,2 × B. 60,5 cm
erworben 1917 als Geschenk
Staatliche Museen zu Berlin, Gemäldegalerie, Kat. Nr. 1847

Der Stich zeigt die Versuchung Christi. Nach seiner Taufe zog Jesus in die Wüste, wo er vierzig Tage fastete (Mt 4,1–11). Dort erschien ihm der Teufel, um ihn drei Mal in Versuchung zu führen. Allen drei Versuchungen widerstand Jesus. Im Vordergrund sieht man die erste Versuchung, in der der Teufel Jesus auffordert, Steine in Brot zu verwandeln. Der Satan erscheint als albtraumhaftes Wesen mit verdorrten Brüsten, haarigen Armen, Geweih und Flügeln. Auf seinem Unterleib sitzt ein Schweinskopf, aus dessen Maul sich eine dornige Zunge streckt. Mit seinen Klauen weist er auf die Steine. Die abstoßende Hässlichkeit seiner Gestik findet in Jesu elegant-beredter Handhaltung ihre Erwiderung. Die weiteren Versuchungsszenen spielen sich in der weitläufigen Landschaft im Hintergrund ab. Ganz in der Ferne sieht man, wie der Teufel Jesus auf die Zinne des Tempels zu Jerusalem führt und ihn herausfordert, sich hinabzustürzen, was er als Sohn Gottes schließlich überleben müsse. In der dritten Versuchung bringt er Jesus auf einen hohen Berg und verspricht ihm dort „alle Reiche der Welt und ihre Herrlichkeit", wenn Jesus ihn anbete. Diese Szene findet auf dem Felsen links im Hintergrund statt, bezieht aber das ganze Blatt mit ein, denn der Stich führt „alle Reiche der Welt und ihre Herrlichkeit" vor Augen, fügt sich die Landschaft mit Eichenwald, Felsen, Stadt, Gebirge und Küstenstreifen doch zu einer prächtigen Weltschau zusammen. Die ganze Schöpfung wird ausgebreitet, und so lassen sich allerlei Tiere entdecken: Links kriecht eine Schlange auf den Wald zu, zwischen dessen Baumstämmen ein Wolf im Dunkeln lauert. Im Geäst sitzen ein Eichhörnchen und ein Vogel. Auf dem Felsen rechts im Bild steht ein einsamer Steinbock. Am untersten Bildrand lenkt eine Eidechse die Aufmerksamkeit auf das Monogramm des Künstlers: „L Cz". Zehn weitere Stiche haben sich erhalten, die dieses Kürzel tragen, zwei von ihnen sind datiert, auf 1492 und 1497. Aus den 1490er-Jahren stammt sicherlich auch der Stich der Versuchung, der nicht nur als entwickeltes Hauptwerk des Meisters L Cz gelten kann, sondern sich mit Arbeiten von Martin Schongauer und Albrecht Dürer messen darf.

Auf stilkritischer Basis hat man dem anonymen Stecher auch ein malerisches Œuvre zugeordnet, wozu die Berliner Tafel mit dem Pilatusverhör zählt. Ähnlichkeiten bestehen in den großen Füßen, den expressiven Händen und in der zierlich-zerbrechlichen Gestalt Christi, die durch das in kantigen Falten aufgebauschte Gewand dennoch Gewicht erhält. Vor allem aber begegnet uns der Mann, der im Gemälde mit ausgestreckten

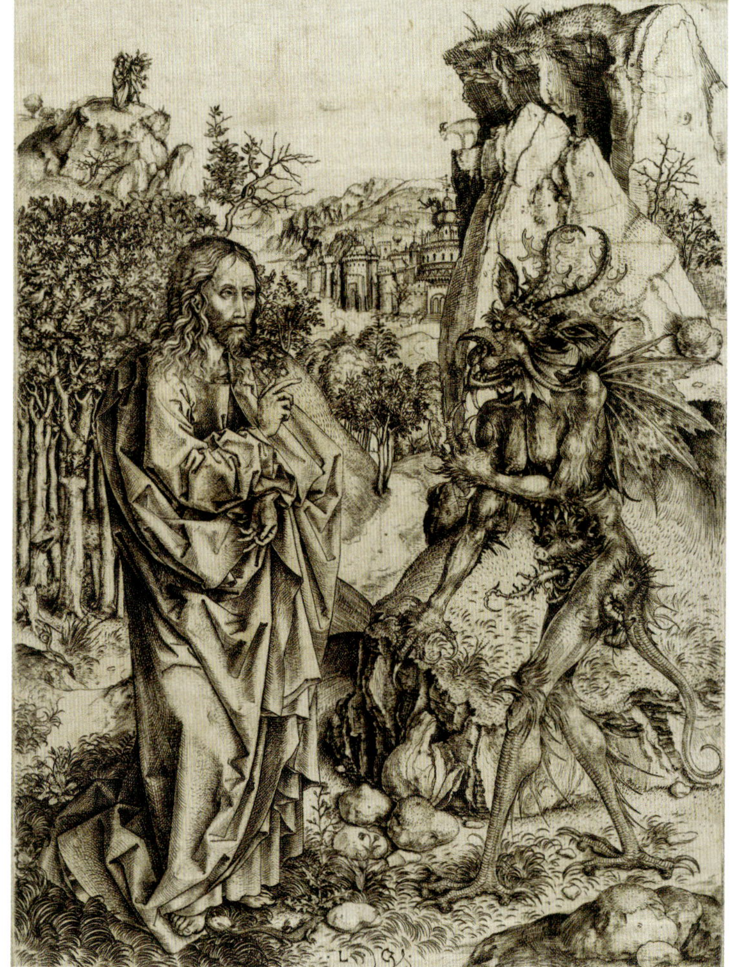

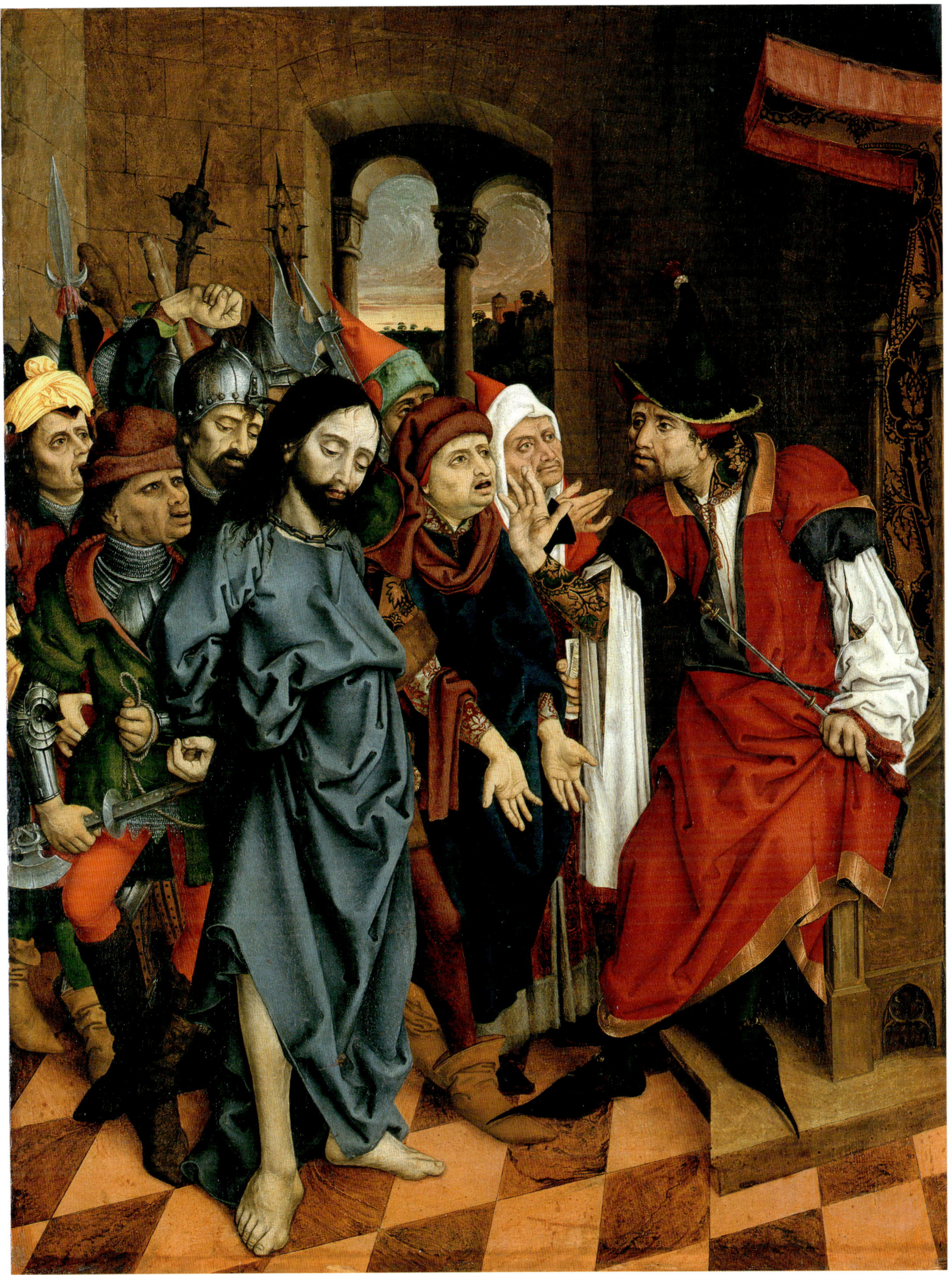

Handflächen vor Pilatus steht, in einem weiteren Stich des Meisters L Cz. Im Berliner Tafelgemälde erweist sich der Anonymus als hervorragender Kolorist und Kompositeur. Der schräge Boden und die schief gemauerte Wand destabilisieren die Szene. Bedrohung drückt sich in den dramatischen vom Abendlicht beschienenen Gewitterwolken aus, deren Rosétöne sich auf der Wand reflektieren. Dramatik erhält das Verhör durch die expressive Gestik von Pilatus und den herandrängenden Wächtern, während Christus mit hinter dem Rücken verbundenen Händen zur Passivität gezwungen ist und mit gesenktem Blick sein Schicksal erduldet.

Die Berliner Tafel bildete einst mit drei weiteren, annähernd formatgleichen Gemälden die Flügel des sogenannten Strache-Altars. Dessen Bildprogramm umfasste die Geißelung (Paris, Louvre), die Kreuztragung (Nürnberg, GNM) und die Kreuzigung (Privatbesitz). Ob, wie meist angenommen, ein koloristisch sehr ähnlicher Ölberg im Hessischen Landesmuseum Darmstadt die Mitteltafel des Retabels bildete, bleibt fraglich, da er etwas zu klein zu sein scheint.

Vielfach ist versucht worden, das Kürzel L Cz mit einem in Quellen überlieferten Namen in Verbindung zu bringen, wobei immer wieder Lorenz Katzheimer vorgeschlagen wurde, der 1505 in Bamberg erwähnt wird und mit dem Bamberger Maler Wolfgang Katzheimer (Kat. 127–129) verwandt gewesen sein dürfte. Indes war Lorenz Katzheimer 1505 wohl noch ein junger Mann, während sich L Cz in seinen Stichen der

1490er-Jahre bereits als voll ausgebildete Künstlerpersönlichkeit präsentiert und folglich älter gewesen sein muss. Franken darf jedoch weiterhin als Tätigkeitsort des Meisters erachtet werden. Hierfür spricht der Bamberger Stifter auf einer weiteren Kreuzigung (Nürnberg, GNM), die stilistisch dem Strache-Altar sehr nahesteht und vom gleichen Maler stammen muss. Erstaunlich ist, wie sehr das Pilatusverhör, die Geißelung und die Kreuztragung hinsichtlich ihres stark bewegten Ausdrucks und der organisch-dynamischen Figurentypen zur Rhetorik der fränkischen Malerei der ersten Jahrhunderthälfte im Umkreis des sogenannten Meisters der Worcester-Kreuztragung passen und sich zugleich von der zeitgenössischen fränkischen Malerei absetzen. Einzig in der Kreuzigung zeigt sich die sonst für Nürnberger Maler der zweiten Jahrhunderthälfte typische Übernahme von Formengut des Rogier van der Weyden, was den eigenwilligen, kreativen Blick des Meisters L Cz unterstreicht.

Für die Tafelgemälde ist dendrochronologisch eine Entstehung ab 1467 möglich. Zugleich möchte man sich mit einer Datierung nicht allzu weit vom Kupferstich entfernen. Eine Ansetzung der Malereien in die Zeit um 1480 scheint derzeit die plausibelste Lösung. *SJ*

LITERATUR
Weinberger 1924, S. 169–182 – Anzelewsky 1965 – AK Washington 1967, Kat. 125 – Baumgärtel-Fleischmann 1996 – Suckale 2009, Bd. 1, S. 266–280, 370–374; Bd. 2, Kat. 12.

Bamberger Werkstatt (Wolfgang Katzheimer?)
Drei Stadtansichten Bambergs, um 1480

127 Die Benediktinerabtei auf dem Michelsberg vom gegenüberliegenden Regnitzufer

Feder in Braun, aquarelliert; H. 27,7 × B. 47,2 cm

128 Die Karmeliterkirche vom Domberg aus

Feder in Braun, Deckfarben
H. 27,5 × B. 34,9 cm

129 Der Burggrafenhof auf dem Domberg

Feder in Schwarz, Deckfarben
H. 23,7 × B. 39,2 cm

ehemals in der Herzoglichen Anstalt für Kunst und Wissenschaft in Gotha; erworben 1935
Staatliche Museen zu Berlin, Kupferstichkabinett, KdZ 15343, 15344 und 15345

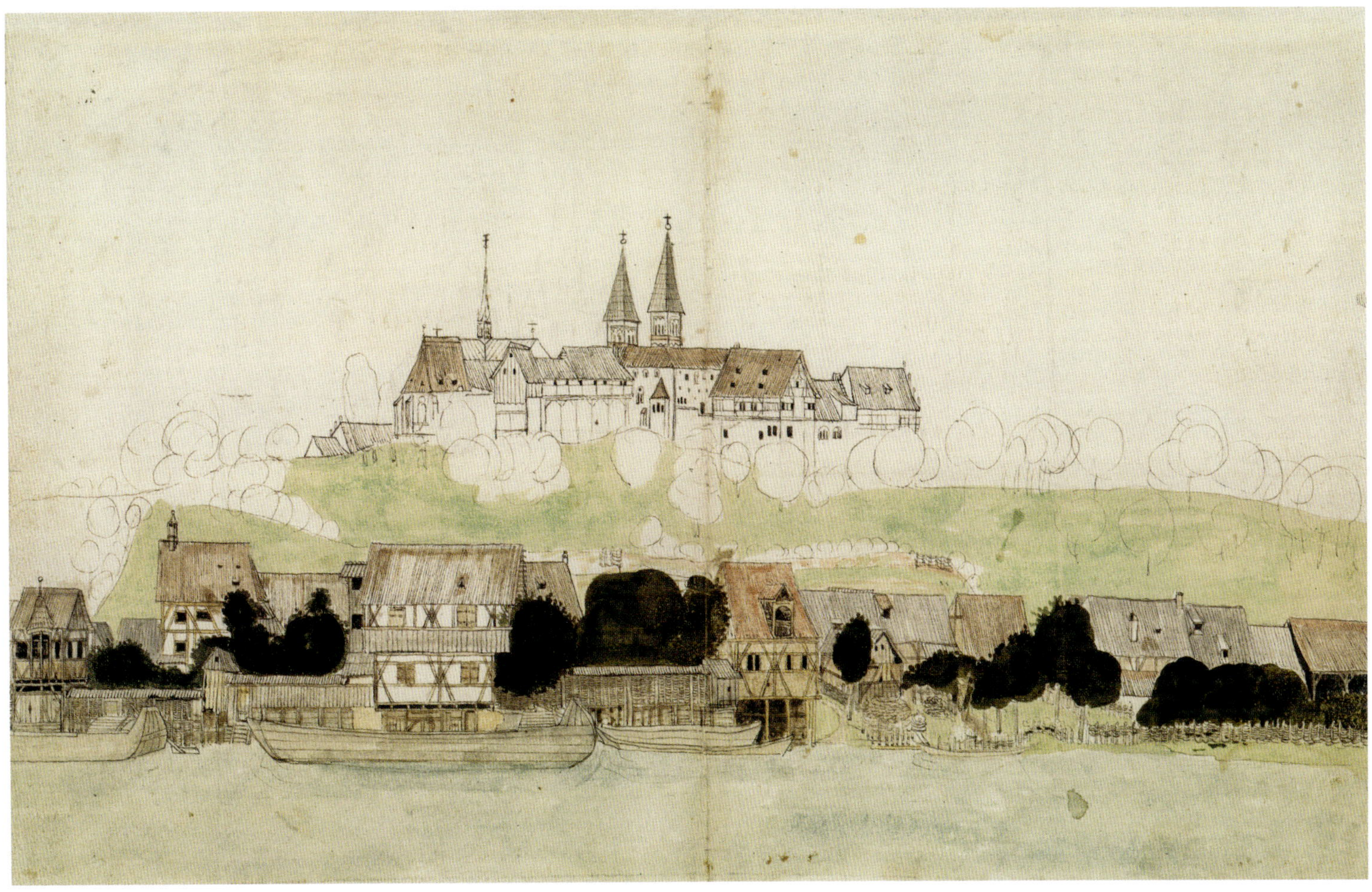

Die Veduten Bambergs gehören zu einem Konvolut von sechs Blättern, die verschiedene Ansichten der Domstadt oder ihrer Bauwerke zeigen. Aufgrund des baulichen Zustands einiger Gebäude konnte eines der Blätter in die Zeit vor 1487 datiert werden, woraus sich ein zeitlicher Anhaltspunkt für die ganze Gruppe ergibt.

Die Zeichnungen zählen zu den ältesten Werken, die sich ausschließlich auf die topografisch exakte Darstellung von Ort und Landschaft konzentrieren. Bereits 1444 verlagert Konrad Witz seinen *Wundersamen Fischzug* (Genf, Musée d'art et d'histoire, Abb. S. 14) an den Genfer See, hinter dem sich das Montblanc-Massiv erhebt. Den Bamberger Stadtansichten dagegen fehlt jedes übergeordnete Thema. Sie sind in Teilen so akribisch ausgeführt, dass man sich ihre Entstehung eigentlich nur in situ, unter freiem Himmel vorstellen kann.

Eine der Zeichnungen zeigt die Bamberger Karmeliterkirche. Gut erkennbar sind die dreigeschossigen Türme mit dem Blendmaßwerk, von denen der südliche, höhere heute noch steht. Mindestens genauso große Aufmerksamkeit wie der altehrwürdigen Klosterkirche spendete der Zeichner der darunterliegenden Profanbebauung. Offensichtlich hatte es ihm die enge Verschachtelung der Gebäude mit ihren verschiedenen

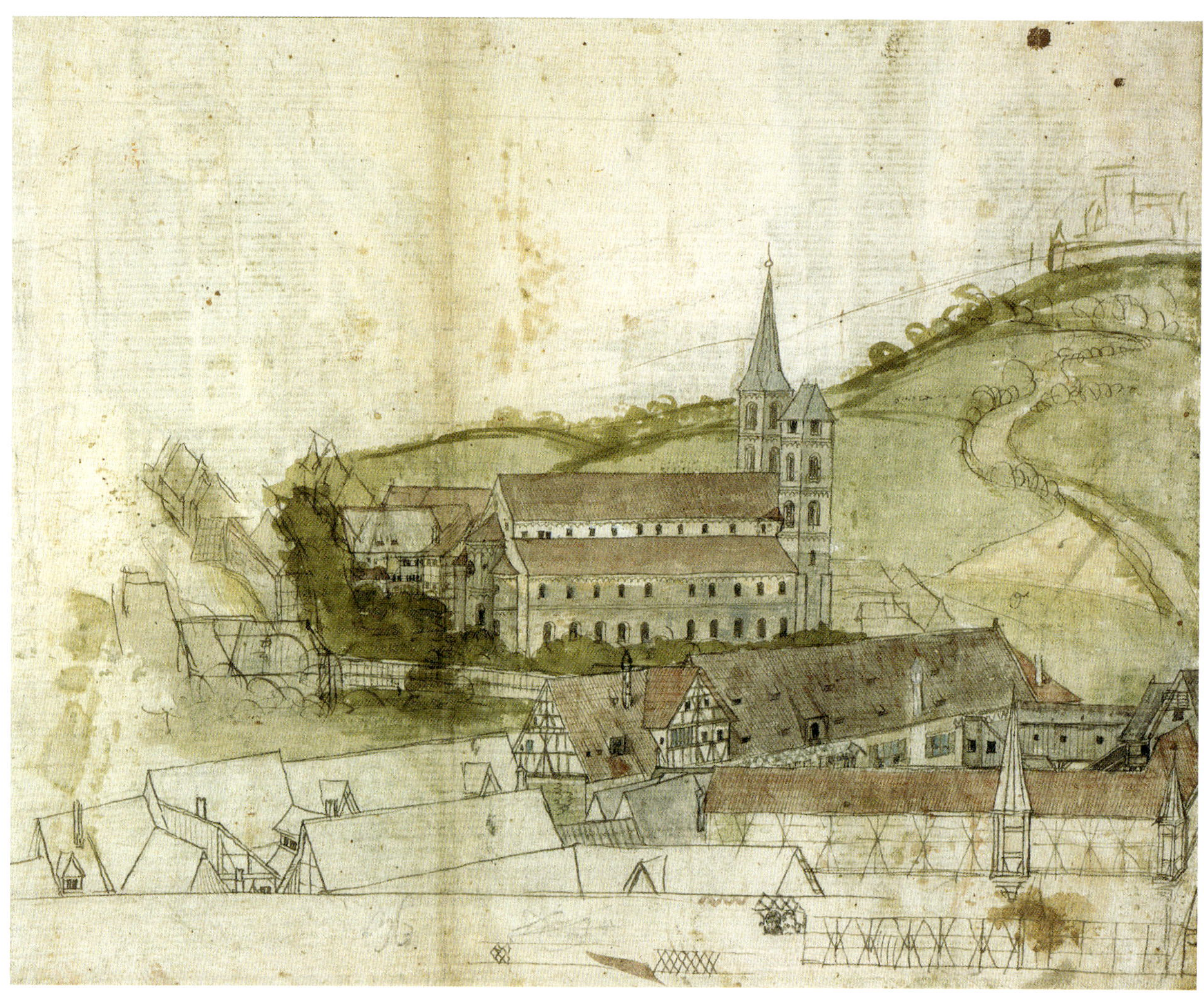

Elementen wie dem Fachwerk, den Fenstern, Dachgauben, Schornsteinen und Holzstiegen angetan.

Noch stärker tritt diese Vorliebe in einer zweiten Zeichnung zutage. Sie zeigt die Benediktinerabtei auf dem Michelsberg. Obgleich sorgfältig gezeichnet, ist dieses Bildelement schon in der Anlage nicht vollständig, fehlt doch das Dach des Langhauses der Kirche. Auch die Kolorierung blieb unvollständig. Mit Hingabe widmete sich der Zeichner indes den kleinen Fachwerkhäuschen, Büschen und Weidenzäunen, die unterhalb der Kirche das Ufer der Regnitz säumen. Frachtkähne und kleinere Boote liegen vertäut, während jegliche Figurenstaffage fehlt. Ganz offensichtlich ging von der malerisch-verschlafenen Ansicht und den hinter den Bäumen hingeduckten steilen Dächlein für den Zeichner ein ästhetischer Reiz aus, der unserem heutigen Schönheitsempfinden nicht fernsteht.

Ein drittes Blatt zeigt den Burggrafenhof auf dem Bamberger Domberg. Von einer Mauer umfriedet und von Bäumen umstanden gibt der Komplex einen idyllischen Anblick. Auch diese Vedute ist menschenleer. Die dunkelgrün belaubten

Bäume lassen vermuten, dass das Aquarell, wie auch die anderen beiden Zeichnungen, im Spätsommer entstanden sein muss. Stärker als in den ersten beiden Blättern wird hier mit Licht und Schatten gearbeitet. Dazu passt, dass der Himmel mit Blau angedeutet wird. Insbesondere die Dachgauben werfen deutliche Schlagschatten, die auf einen Sonnenstand im Südwesten, also auf den Nachmittag als Entstehungszeitpunkt schließen lassen.

Mit ihrer Naturbeobachtung und ihrer Vorliebe für das Unscheinbare bilden die Bamberger Blätter den künstlerischen Nährboden für Dürers ungleich berühmtere Landschaftsaquarelle, die gerade in frühen Jahren von einem ähnlichen Interesse an einfacher Wohn- und Wirtschaftsarchitektur zeugen. In der Tat ist die zeitlich sehr nahestehende Drahtziehmühle (Kat. 130) in den Details der Ausführung mitunter sehr nah an den Bamberg-Blättern, zum Beispiel bei den Fenstern, die als schwarze Vierecke erscheinen.

Reiner Selbstzweck blieben die Bamberger Stadtansichten jedoch nicht. Auf der Rückseite der Zeichnung der Karme-

346

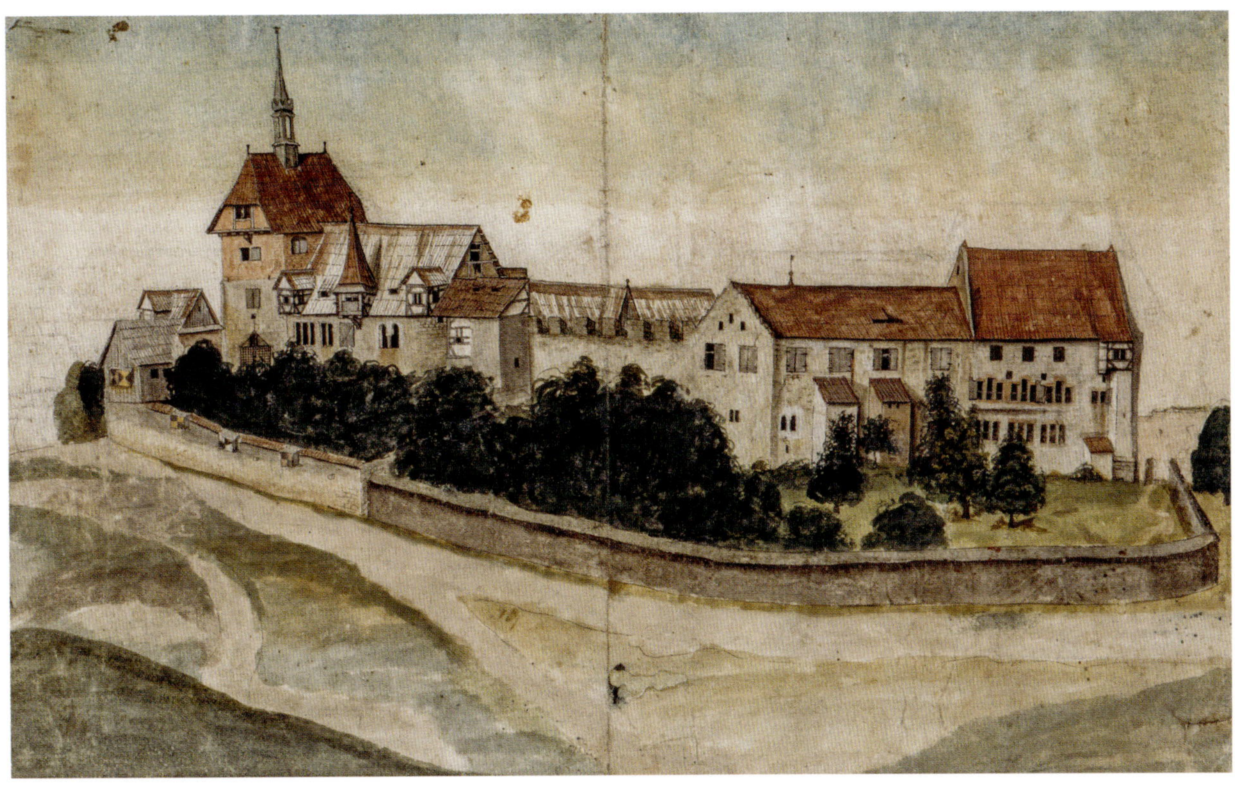

literkirche befindet sich eine weitere Ansicht des Klosters auf dem Michelsberg. Diese diente als Vorlage für die Landschaft im Hintergrund der 1485 datierten sogenannten Tucher-Tafel (Nürnberg, St. Sebald), die dem anonymen Meister L Cz und/oder Wolfgang Katzheimer zugeschrieben wird. Auch der linke Turm vom Ensemble des Burggrafenhofs wurde in dem Gemälde eingefügt. Immer wieder wurde Wolfgang Katzheimer auch als Schöpfer der Zeichnungen vorgeschlagen, wofür einige Argumente sprechen: Im Hintergrund des Apostelabschieds (Bamberg, Staatsgalerie), der zwischen 1483 und 1487 entstanden sein muss und über eine Quelle von 1487 mit Katzheimers Namen in Verbindung gebracht werden kann (Degen 1931, S. 41), erblickt man ein Stadtpanorama Bambergs. Das Kloster Michelsberg erscheint dort in gleicher Ansicht wie auf der schon genannten Rückseite der Berliner Zeichnung der Karmeliterkirche. Die Feuerprobe der hl. Kunigunde (Bamberg, Staatsgalerie), die stilistisch vom gleichen Maler wie der Apostelabschied stammen muss, spielt sich vor der Kulisse der Bamberger Kaiserpfalz ab, die auf einem weiteren der Berliner

Blätter festgehalten wurde. Auch wenn in beiden Fällen die Architekturen in Details wie dem genauen Blickwinkel oder dem exakten baulichen Zustand voneinander abweichen, verdichten sich doch damit die Hinweise auf Wolfgang Katzheimer als Autor der Berliner Blätter. Unabhängig von der konkreten Zuschreibung festigen die Vergleiche mit Werken der Tafelmalerei die Datierung in die Zeit um 1480, zu der auch die an der Mauer des Burggrafenhofs sichtbaren Wappen passen (Imhof 1989). Die verwandten Tafelgemälde bezeugen zudem ein stark ausgeprägtes Interesse an Stadttopografie unter Bamberger Künstlern. Zwar rückten für die Verwendung in der Tafelmalerei wieder die Wahrzeichen Bambergs in den Fokus; der neugierige Blick auf die Welt und das Interesse am scheinbar Unbedeutenden, die aus den Zeichnungen sprechen, weisen sie jedoch als mehr als nur reines Werkstattmaterial aus. *SJ*

LITERATUR
Müller/Winkler 1937 – Imhof 1989 – AK Basel/Berlin 1997, Kat. 6.1 (Holm Bevers) – Suckale 2009, Bd. 1, S. 376 – AK Nürnberg 2012, Kat. 95.

130   Albrecht Dürer
      (1471 Nürnberg – 1528 Nürnberg)
      Die Drahtziehmühle, 1489 oder 1494

Aquarell und Deckfarben; H. 29 × B. 42,6 cm
beschriftet: trothzich müll, daneben Dürer-Monogramm
von anderer Hand
erworben 1877 aus der Sammlung Anatole Auguste Hulot
Staatliche Museen zu Berlin, Kupferstichkabinett, KdZ 4

Die Entdeckung der Landschaft gilt als einer der wesentlichen Beiträge der deutschen Kunst zur Renaissance im Norden. Wichtige Grundlagen dazu legte bereits die Kunst des 15. Jahrhunderts. Vor allem das Interesse an Orten und Landschaften in der Nähe und in der Ferne, wie es in den topografisch erkennbaren Bildräumen eines Konrad Witz (Abb. S. 14) , den Miniaturen Stefan Lochners (Kat. 17) oder im illustrierten Reisebericht Bernhard von Breydenbachs (Kat. 62) und in der *Schedelschen Weltchronik* (Kat. 64) greifbar wird, entsprach einer weitverbreiteten Besinnung auf die Umwelt und ihrer realistischen Darstellung. Albrecht Dürers *Drahtziehmühle* ist ein weiterer hervorragender Exponent dieser Entwicklung. Nach heutiger Einschätzung etwa zeitgleich mit den aquarellierten Federzeichnungen Wolfgang Katzheimers von der Bamberger Kaiserpfalz auf dem Michelsberg (Kat. 127–129) entstanden, hält Dürer hier ein topografisch genau bestimmbares und bis in die baulichen Einzelheiten präzise studiertes Ensemble an der Pegnitz vor den Toren Nürnbergs mit dem Pinsel in Aquarell- und Deckfarben fest. Damit gehört die *Drahtziehmühle* zu den Gründungswerken des Landschaftsaquarells in Europa.

Vom Blickpunkt auf den Hallerwiesen aus sehen wir in den Hof der Großweidenmühle und auf die Kleinweidenmühle am anderen Ufer der Pegnitz. Dort wurden nach einem speziellen Nürnberger Verfahren mit Wasserkraft Metalldrähte gezogen, daher Dürers Titelaufschrift. Hinter dem Gebäudeensemble am Fluss öffnet sich der Blick weit in die Landschaft mit Feldern, einzelnen Anwesen, dem Nürnberger Spittlertorturm am linken Bildrand und der Vorstadt Gostenhof. Am Horizont dann die in der Ansicht stark zum Gebirge überhöhten und farblich dramatisierten Höhenzüge bei Schwabach. Staffagepersonen beleben die Kulisse, ein Wanderer mit einem Sack auf dem Rücken links, ein Reiter mit Lanze im Fluss neben der Brücke, weitere Personen und Reiter im Hintergrund sowie ein Arbeiter und zwei Hühner auf dem Mühlenhof. Wie zufällig reflektiert der Fluss den wolkenlosen Himmel bzw. den blauen Ton des Höhenzuges in der Ferne und spiegelt gleichzeitig einige Elemente in der Nähe. So spannt der Wasserzug die Komposition ganz beiläufig zusammen.

Dürers Farbstudie ist nicht datiert, weshalb die zeitlichen Einordnungen der *Drahtziehmühle* erheblich schwanken. In jedem Fall steht sie jedoch zusammen mit einer weiteren Nürnberg-ansicht, der Wasserfarbenmalerei des *Johannisfriedhofs*, am Anfang von Dürers topografischen Aufnahmen und Landschaftsstudien. Beide Blätter müssen relativ früh in der Heimatstadt angefertigt worden sein, sehr wahrscheinlich vor seiner ersten Reise über die Alpen im Jahr 1494, im Verlauf derer eine Reihe weiterer, topografisch ebenso identifizierbarer Landschaftsaquarelle entstanden. Gegenüber der *Drahtziehmühle* zeigen sie bereits einer stärker zusammenfassenden, skizzenhaften und in der atmosphärischen Lichtgestaltung fortgeschrittenen Charakter, sodass eine Einordnung der *Drahtziehmühle* nach dieser Reise nicht in Betracht kommt. Strittig ist allerdings, ob Dürer die beiden Nürnberger Ansichten bereits vor oder eher nach seiner Gesellenwanderung angefertigt hat, auf die er sich nach dem Abschluss seiner Malerlehre bei Michael Wolgemut von 1490 bis Mai 1494 begab.

Für die frühe Entstehung der beiden Studien vor Dürers Aufbruch zur Gesellenwanderung nach Abschluss seiner Lehre im Jahr 1489 sprechen sich Erica Tietze-Conrat und Hans Tietze aus, denen Erwin Panofsky und Kristina Herrmann-Fiore folgen. Friedrich Winkler und Walter Strauss denken in den Werkverzeichnissen der Dürerzeichnungen dagegen an eine Anfertigung nach der Rückkehr von dieser mehrjährigen Abwesenheit, doch vor dem Aufbruch zur ersten Reise über die Alpen im Jahr 1494. Wegen der voll entfalteten Bäume grenzt Strauss das Datum sogar auf die Monate Juni oder Juli ein.

Formal entspricht diese Inkunabel der Landschaftskunst nördlich der Alpen erstaunlich genau den ebenfalls undatierten, vermutlich aber etwa zeitgleich entstandenen Farbstudien der Kaiserpfalz auf dem Bamberger Michelsberg von Wolfgang Katzheimer (Kat. 127–129). Gerade die direkte Konfrontation dieser Arbeiten zeigt, mit welch kühnem Zugriff Dürer das seinerzeit hochmoderne Gestaltungsmuster aufgreift und es sogleich mit seiner stark tiefenräumlich angelegten Überblickslandschaft ergänzt und weiterentwickelt.   *MR*

LITERATUR
Tietze/Tietze-Conrat 1928, Kat. 12, S. 3 f. – Winkler 1936–1939, Nr. 61 – Herrmann-Fiore 1974, S. 91–98 – Strauss 1974, Nr. 1494/3 – Anzelewsky/Mielke 1984, Kat. 9, S. 14 f. (mit der älteren Literatur; Fedja Anzelewsky) – Dückers 1994, Kat III. 27, S. 107 f. (Hans Mielke) – Piel 1996, Kat. 1, S. 133 – AK Nürnberg 2012, S. 123; Kat. 100, S. 409 (Daniel Hess) – Strieder 2012, S. 53–55.

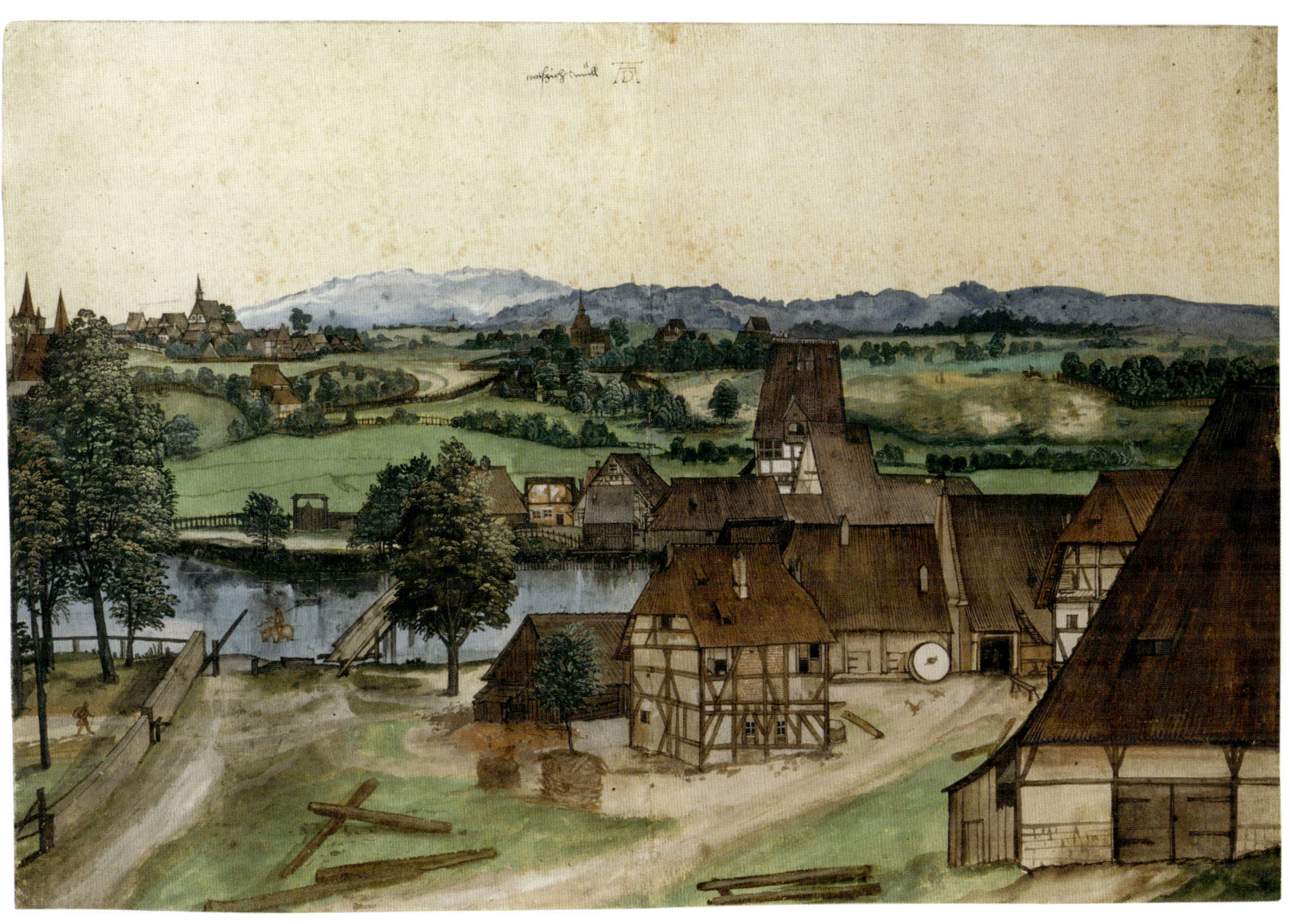

Die kleine Tafel zeigt den dornengekrönten und von blutenden Wundmalen gezeichneten Christus hinter einer sorgsam gehauenen niedrigen Brüstung aus lebhaft gemasertem Stein. Wahrscheinlich handelt es sich dabei um eine Wandung des Sarkophags des Gekreuzigten, der hier als Schmerzensmann vor uns tritt. Von einer blau strahlenden Aura umgeben, entsteigt er dem Grab und hält inne. Das rechte Bein aufgestellt, stützt Christus den rechten Ellbogen darauf, legt den Kopf im Denkergestus in die Hand und schaut den Betrachter ernst, fast traurig mit rot geränderten bläulich-braunen Augen an. Unmittelbar richtet sich dieser Blick an unser Mitgefühl, die Empathie. Ein zarter kreuzförmiger Strahlennimbus umgibt sein Haupt mit der Dornenkrone. Wie die Körperformen und alle stofflichen Details ist sie malerisch überaus subtil ausgearbeitet und mit hellen Spitzlichtern besetzt.

Christi linker Arm hängt spannungslos herab. Seine nach oben geöffnete Hand ruht auf der Grabmauer und stützt zwei Leidenswerkzeuge, eine Geißelpeitsche und eine Weidenrute, die vom hoch gestellten rechten Knie nach oben geschoben werden und nun kreuzförmig vor dem Körper liegen. Knie und Körper scheinen aus dem Lendentuch förmlich herauszuwachsen, das sich in lebhaften Falten um den Körper legt. Überfangen wird die dunkel-blaugrüne Aureole – die wirkt wie ein schmaler, den Körper Christi eng umschließender Bogen, der wegen des Farbverlaufs und der rötlich braunen Abschlusskanten oft auch als Eingang zur Grabeshöhle gedeutet wurde – von einem sorgsam mit Pflanzen- und Vogelmotiven punzierten Goldgrund. Die von aggressiven Vögeln bedroht aufgescheuchte Eule in der Mitte über dem Haupt Christi verweist darin nach spätmittelalterlichem Verständnis auf die Passion.

Das kleine Bild ist vollständig erhalten. Dies belegen intakte Malkanten auf der Vorder- und der lebhaft mit einem dynamischen und hochabstrakten Farbverlauf gefassten Rückseite der Tafel, die bald als Achatschnitt, bald als Lichtvision gedeutet wird (Abb. S. 353).

In der Darstellung fließen Bildmuster zweier Passionsmomente zusammen. Die geduckte Haltung und das betrübt in die Hand gestützte Haupt entsprechen dem Darstellungstypus der stillen Einkehr Christi vor der Kreuzigung, dem Typus „Christus in der Rast". Christus trägt darin noch keine Seitenwunde und Wundmale an Händen und Füßen. Diese hier sichtbaren Zeichen des erlittenen Kreuzestodes zeigen hingegen Bilder des Schmerzensmannes. Eine solche Darstellung, nämlich Martin Schongauers Kupferstich mit Maria und Johannes zuseiten des Schmerzensmannes (Abb. S. 352) wird zahlreiche Elemente in Dürers Tafel angeregt haben. Hier sind nicht nur figürliche Elemente wie

der Körper und Kopftyp Christi vorgebildet, sondern auch die exakt gehauene Brüstung sowie die spitzbogige Nischenform und die glatte umgebende Stirnwand. Die spannungsarm fast bogenförmige Darstellung des Armes Christi im Bild mag von einem anderen Kupferstich Schongauers inspiriert worden sein, der *Muttergottes im Hof* (Lehrs 1908–1934, Bd. 5, Kat. 38, S. 192).

Für die zeitliche Einordnung der kleinen Tafel ist vor allem ihre enge thematische und stilistische Nähe zu einer ebenfalls während der Gesellenwanderung entstandenen Zeichnung in Erlangen aufschlussreich (AK London 2013, Kat. 3, S. 124–128, Iris Brahms). Darin scheint Dürer das Motiv des in die Hand gestützten leidenden Antlitzes Christi studiert zu haben. Modell stand er sich dabei selbst. Und auch ein weiteres Körperdetail wird auf Dürers Selbstbetrachtung zurückgehen, nämlich die charakteristische Deformation des linken Daumens beim Schmerzensmann. Dieses Motiv hielt Dürer in einem Studienblatt der gleichen Zeit fest (ebd., Kat. 2, S. 118–123, Stephanie Buck). Inwiefern diese Bezüge auf den eigenen Körper in der Karlsruher Tafel in Richtung eines versteckten Selbstbildnisses deuten, bedürfte einer eigenen Untersuchung.

Mehrfach wurde darauf hingewiesen, dass Dürer sich mit seinem Sujet vital in eine oberrheinische Bildtradition einschrieb. Er griff ein etabliertes Thema der örtlichen Tradition auf und unterzog es einer eigenen Bildredaktion in Anlehnung an Kupferstiche Martin Schongauers. Bezüge zum Oberrhein finden sich auf Dürers Bild zudem auch im formalen Bereich. So verweist die aufwendig punzierte goldene Schildfläche auf Retabelfragmente mit Darstellungen aus der Passion Christi und der Dominikuslegende in Darmstadt und München. Früher dem jungen Dürer ganz oder in Teilen selbst zugeschrieben, hält die Forschung die Tafeln nun für die Arbeit eines bislang anonymen oberrheinischen, wahrscheinlich Straßburger Ateliers der Jahre um 1493/94. Hier könnte Dürer die Inspiration zu seinem ornamentalen und gleichwohl erzählenden goldenen Mustergrund empfangen haben.

Das Motiv des Kopf-in-die-Hand-Legens entwickelte sich am Oberrhein seit den 1460er-Jahren zu einer oft gewählten Bildformel in unterschiedlichen Leidens-, Denk- und Melancholiedarstellungen. Niclaus Gerhaert von Leyden verwandt dieses Motiv mehrfach, vor allem an der Büste eines Mannes mit expressiv in die Hand gelegtem Haupt (Kat. 109). Dürer hätte aufgrund seines überlieferten Besuchs von Martin Schongauers Bruder Georg in Basel nicht nur aus einem allgemeinen Kunstinteresse heraus (Smith 2010, S. 74–76) Anlass gehabt, später in Straßburg nach Werken des großen Bildhauers Ausschau zu halten. Georg Schongauer war mit Niclaus Gerhaerts

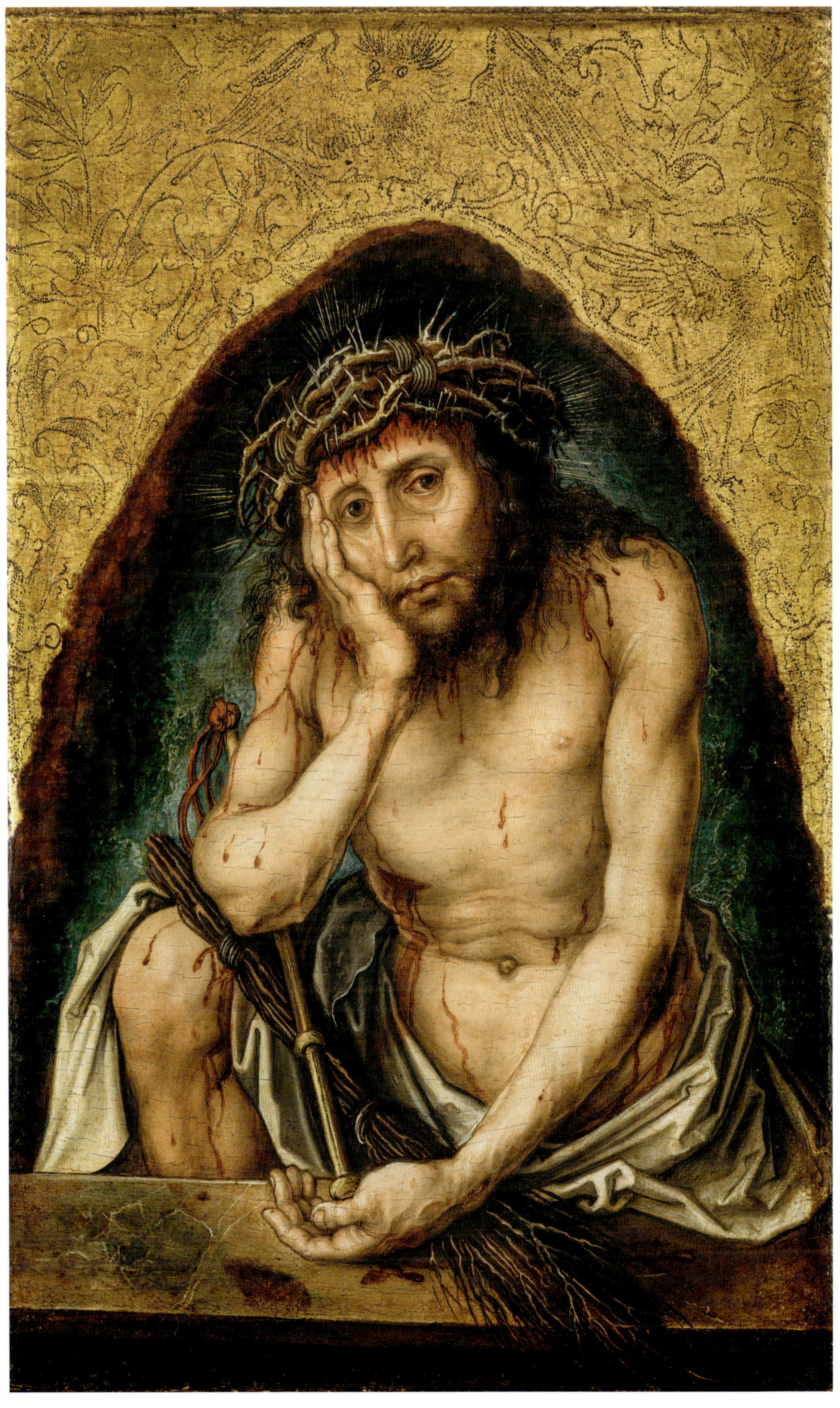

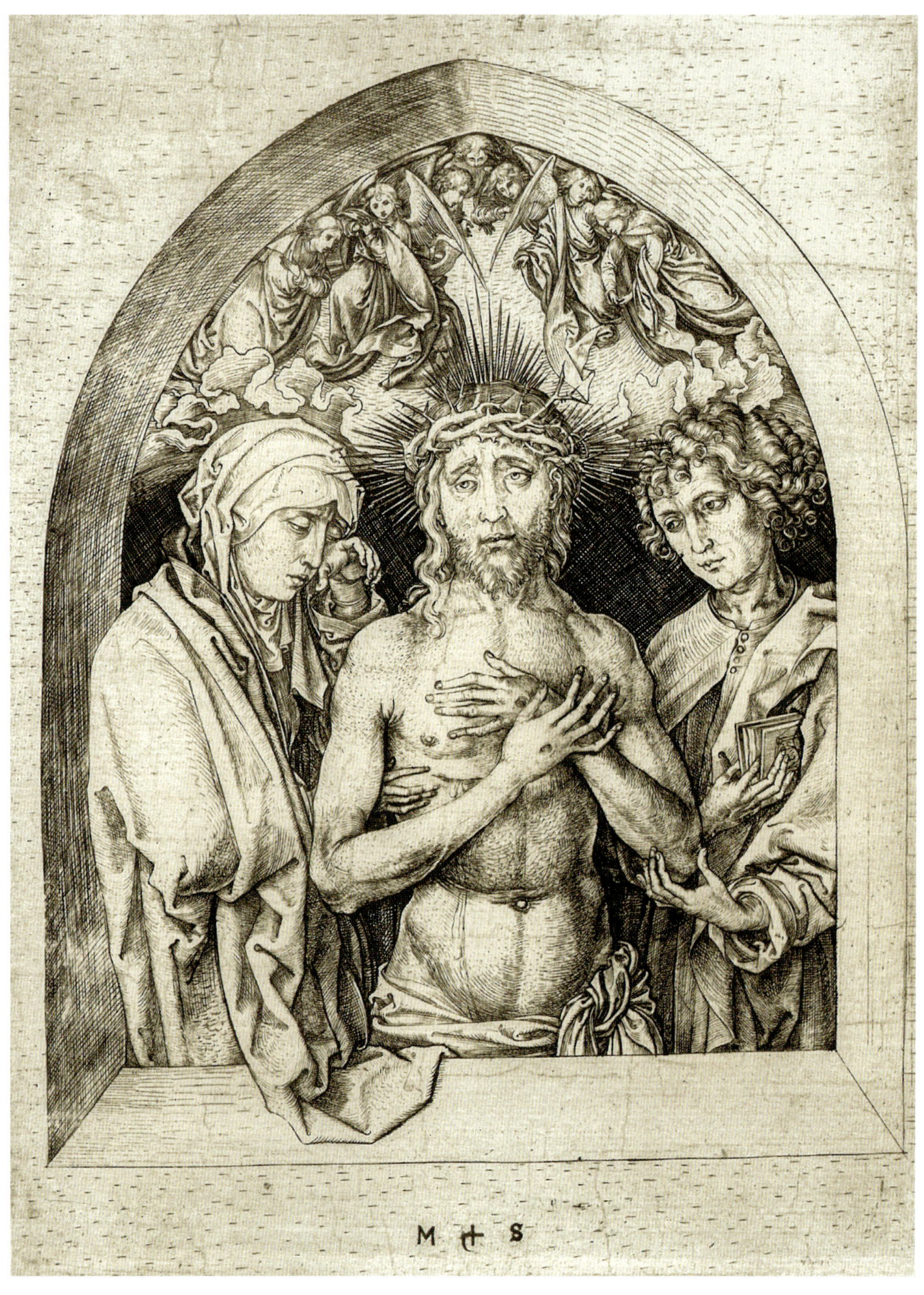

Martin Schongauer, *Schmerzensmann
zwischen Maria und Johannes*,
Kupferstich, Staatliche Museen zu Berlin,
Kupferstichkabinett

Tochter Apollonia verheiratet, die nicht versäumt haben wird, den jungen Dürer auf Werke ihres Vaters in Straßburg hinzuweisen. Allerdings ist der ursprüngliche Versatzort der Büste unbekannt. Weite Teile der Forschung ordnen sie Niclaus Gerhaerts erstem Straßburger Werk zu, dem Skulpturenschmuck der Alten Kanzlei, einem repräsentativen Gebäude unweit des Straßburger Münsters am Eingang der Oberstraße. Diese Straße nun hatte sich im 15. Jahrhundert über mehrere Generationen hinweg zu einem veritablen Künstlerviertel entwickelt (Lorentz 2001, S. 45–50). Somit konnte Dürer sie kaum verfehlen, wenn er in Straßburg war. Auch hierfür gibt es zwar keine unumstößlichen Belege, allerdings existieren mehrere Querbeziehungen zwischen Straßburger Werken und frühen Arbeiten Dürers. Unter anderem verwies Erwin Panofsky (Panofsky 1948, Bd. 1, S. 25, Bd. 2, Kat. 653, S. 7) auf Parallelen einer frühen Zeichnung Dürers zu einem weiteren Werk Gerhaerts, dem Epitaph für Konrad IV. von Bussnang von 1464 im Straßburger Münster. Wir dürfen demnach annehmen, dass Dürer Niclaus Gerhaerts Straßburger Werke kannte und die Eindrücke in eigene Werke überführte. *MR*

LITERATUR
Panofsky 1948, Bd. 1, S. 25, Bd. 2, Kat. 653, S. 74 – von Borries 1972 – Anzelewsky 1991a, Kat.9, S. 122–124 – AK Karlsruhe 2001, Kat. 235, S. 400–403 (Anke Fröhlich) – AK Nürnberg 2012, Kat. 175, S. 508 (Daniel Hesse) – Roth 2012, S. 43–45 – Freedberg 2013, S. 45 – Moraht-Fromm 2013, S. 186–193 (mit der früheren Literatur) – AK Karlsruhe 2019, Kat. 37, S. 122–124 (Holger Jacob-Friesen).

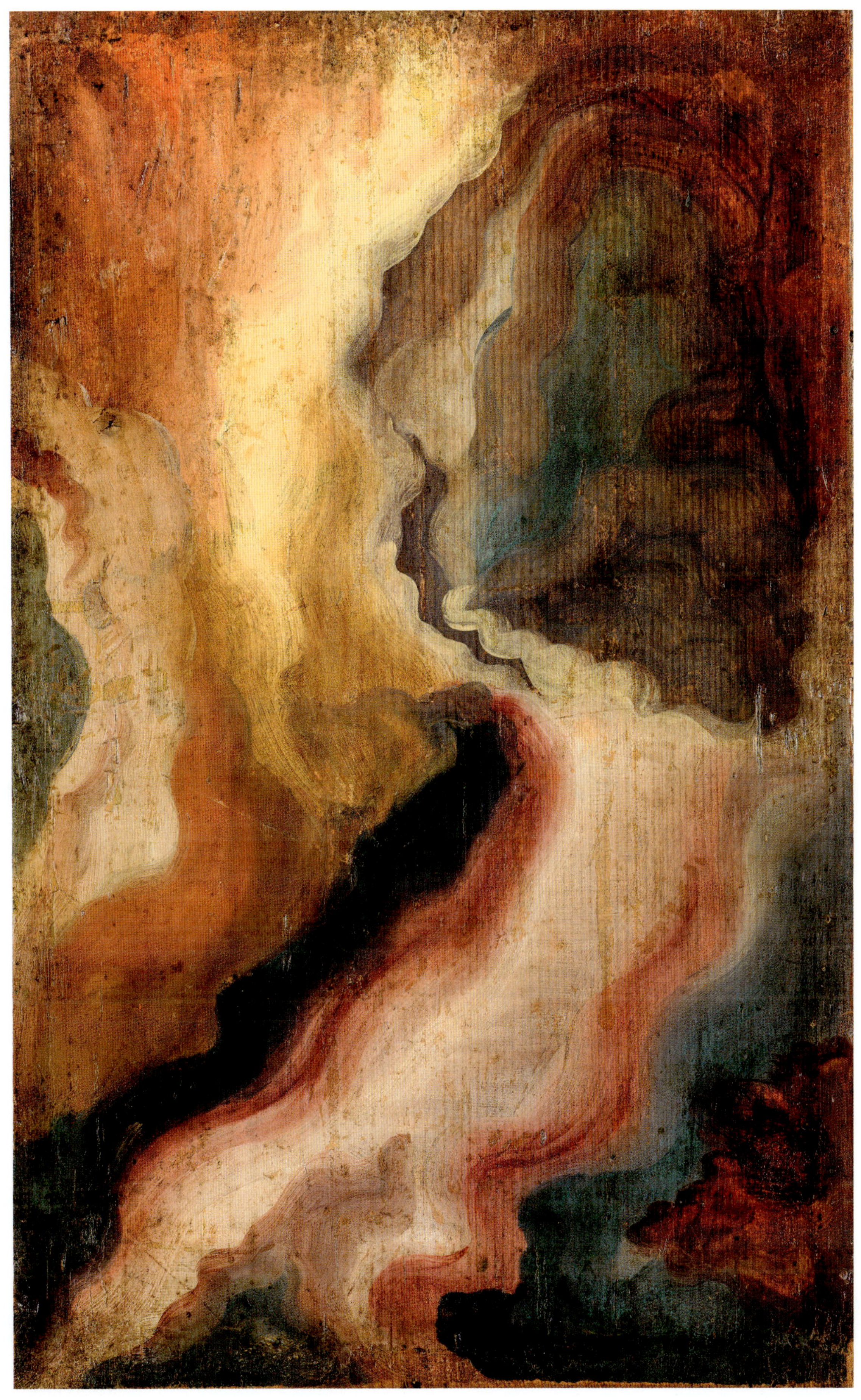

Kat. 131, Rückseite

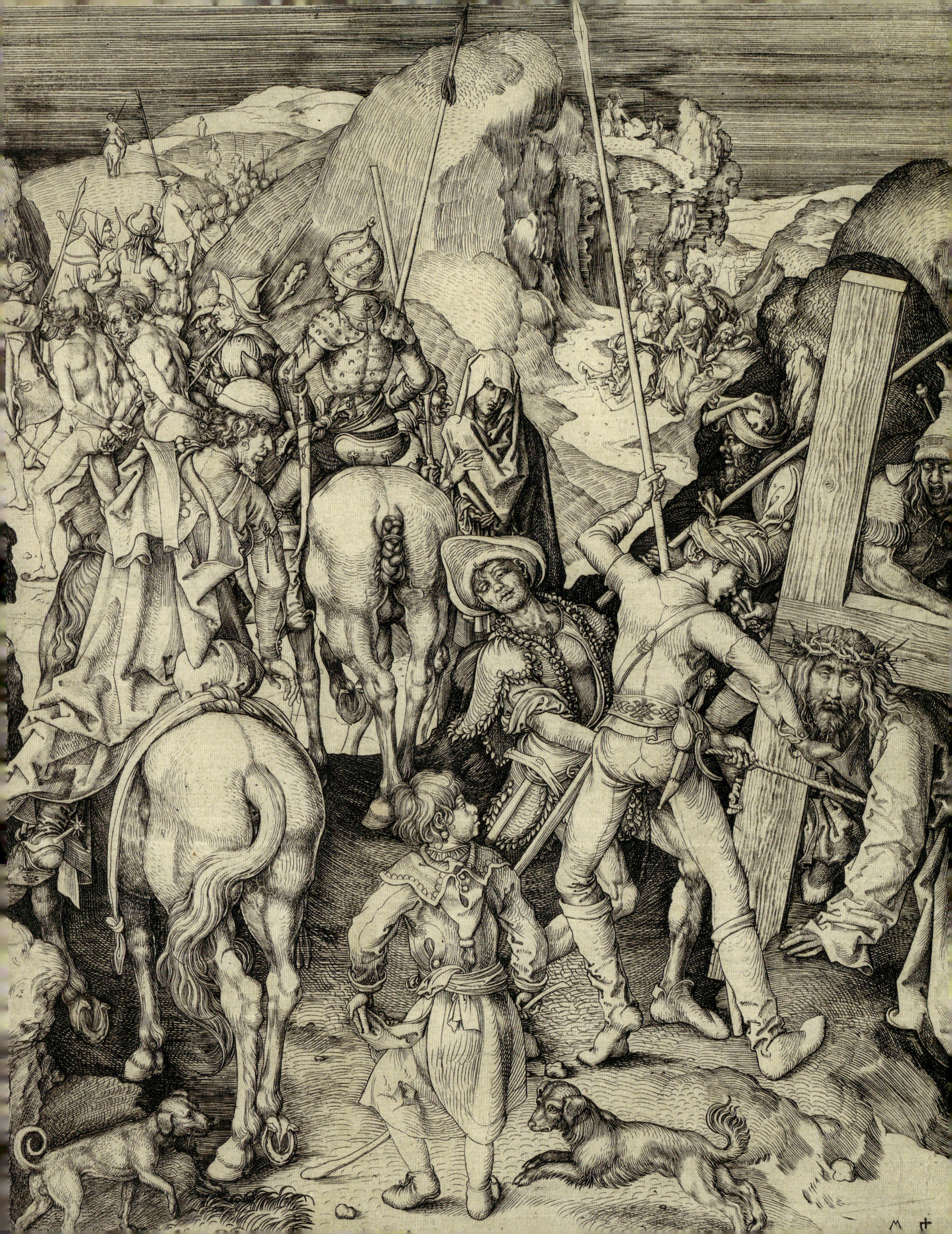

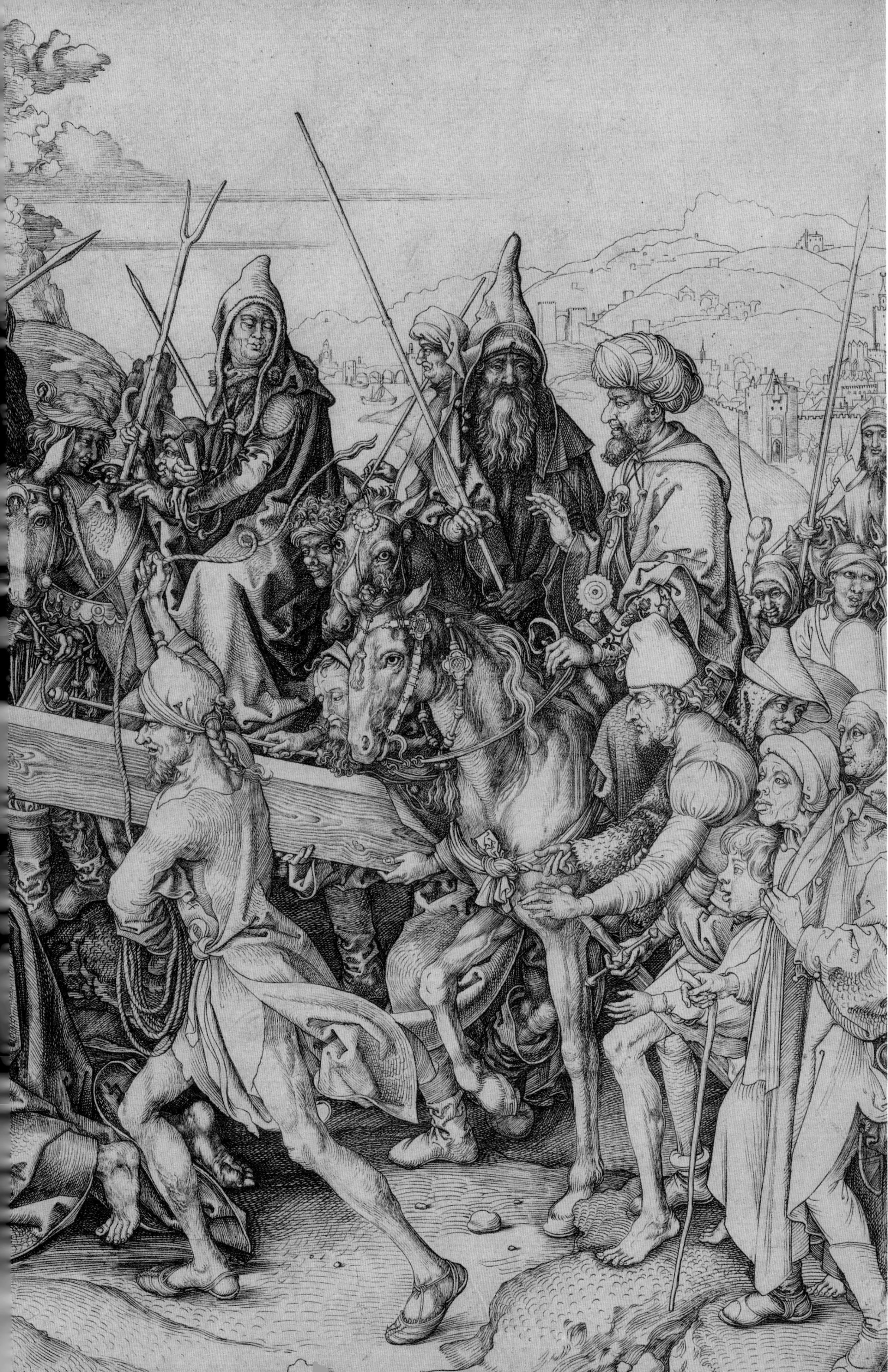

Kat. 86

Bibliografie

AK Aachen 2004
Albrecht Dürer – Apelles des Schwarz-Weiss, hrsg.
von Dagmar Preising, AK Suermondt-Ludwig-Museum, Aachen, 2004/05; Aachen 2004.

AK Amsterdam/Frankfurt am Main 1985
Vom Leben im späten Mittelalter. Der Hausbuchmeister oder Meister des Amsterdamer Kabinetts,
hrsg. von Jan P. Filedt Kok, AK Rijksmuseum, Amsterdam, Städtische Galerie im Städelschen Kunstinstitut,
Frankfurt am Main, 1985; Frankfurt am Main 1985.

AK Basel 2011
Konrad Witz, hrsg. von Bodo Brinkmann, AK Kunstmuseum Basel, 2011; Ostfildern 2011.

AK Basel/Berlin 1997
Dürer, Holbein, Grünewald. Meisterzeichnungen der
deutschen Renaissance aus Berlin und Basel, hrsg.
von Gerhard Brunner, AK Kunstmuseum Basel, Kupferstichkabinett, Berlin, 1997/98; Ostfildern-Ruit 1997.

AK Basel/München 2001
Der Basler Münsterschatz, hrsg. von Historisches
Museum Basel, AK Metropolitan Museum of Art,
New York, Historisches Museum Basel, Bayerisches
Nationalmuseum München, 2001/02; Basel 2001.

AK Berlin 1975
Zimelien. Abendländische Handschriften des Mittelalters aus den Sammlungen der Stiftung Preussischer
Kulturbesitz, bearb. Tilo Brandis, AK Sonderausstel-
lungshalle der Staatlichen Museen, Berlin-Dahlem,
1975/76; Wiesbaden 1975.

AK Berlin 1989
Die Dangolsheimer Muttergottes nach ihrer
Restaurierung, AK Skulpturengalerie, Berlin, 1989;
Berlin 1989.

AK Berlin 1991
Martin Schongauer. Druckgraphik im Berliner
Kupferstichkabinett, hrsg. von Hartmut Krohm,
AK Kupferstichkabinett, Berlin, 1991; Berlin 1991.

AK Berlin 2000a
Maler des Lichtes – der Meister der Darmstädter
Passion. Zur Restaurierung der Berliner Altarflügel,
hrsg. von Rainald Grosshans u. a.,
AK Gemäldegalerie, Berlin, 2000; Berlin 2000.

AK Berlin 2000b
Sandro Botticelli. Der Bilderzyklus zu Dantes
Göttlicher Komödie. Eine Werkschau von Zeichnungen
Botticellis, Malerei und Illuminierten Handschriften
der Renaissance, hrsg. von Hein-Thomas Schulze
Altcappenberg, AK Kupferstichkabinett, Berlin,
Ausstellungshallen am Kulturforum, Berlin, 2000;
Ostfildern-Ruit 2000.

AK Berlin 2002
Die öffentliche Tafel. Tafelzeremoniell in Europa
1300–1900, hrsg. von Hans Ottomeyer und Michaela
Völkel, AK Deutsches Historisches Museum, Berlin,
2002/03; Wolfratshausen 2002.

AK Berlin 2006
Dürers Mutter. Schönheit, Alter und Tod im Bild der
Renaissance, hrsg. von Michael Roth, AK Kupferstich-
kabinett, Berlin, 2006; Berlin 2006.

AK Berlin 2010a
Schrift als Bild, hrsg. von Michael Roth, AK Kupferstichkabinett, Berlin, 2010/11; Petersberg 2010.

AK Berlin 2010b
Weltwissen. 300 Jahre Wissenschaften in Berlin,
hrsg. von Jochen Hennig und Udo Andraschke, AK
Martin-Gropius-Bau, Berlin, 2010/11; München 2010.

AK Berlin 2014
Der Genter Altar der Brüder van Eyck. Geschichte
und Würdigung, hrsg. von Stephan Kemperdick und
Johannes Rößler, AK Gemäldegalerie, Berlin, 2014/15;
Petersberg 2014.

AK Berlin 2015
Das verschwundene Museum. Die Verluste der
Berliner Gemälde- und Skulpturensammlungen
70 Jahre nach Kriegsende, hrsg. von Julien Chapuis
und Stephan Kemperdick, AK Bode-Museum, Berlin,
2015; Petersberg 2015.

AK Berlin 2016
Holbein in Berlin. Die Madonna der Sammlung Würth
mit Meisterwerken der Staatlichen Museen zu Berlin,
hrsg. von Stephan Kemperdick und Michael Roth,
AK Bode-Museum, Berlin; Berlin 2016.

AK Berlin 2017
Kreuzwege. Die Hohenzollern und die Konfessionen,
1517–1740, hrsg. von Mathis Leibetseder, AK Geheimes
Staatsarchivs Preußischer Kulturbesitz und Kunst-
gewerbemuseum der Staatlichen Museen zu Berlin,
Schloss Köpenick, Berlin, 2017; Berlin 2017.

AK Berlin/Frankfurt am Main 2017
Maria Sibylla Merian und die Tradition des Blumen-
bildes von der Renaissance bis zur Romantik, hrsg.
von Michael Roth, Magdalena Bushart und Martin
Sonnabend, AK Kupferstichkabinett, Berlin, Städel
Museum, Frankfurt am Main, 2017/18; München 2016.

AK Berlin/Hamburg 1982
Karl Friedrich Schinkel. Eine Ausstellung der Deut-
schen Demokratischen Republik, hrsg. vom Institut
für Städtebau und Architektur der Bauakademie der
DDR, AK Architektenkammer und Kunsthalle
Hamburg, 1982/83; Berlin 1982.

AK Berlin/München 2012
Karl Friedrich Schinkel. Geschichte und Poesie, hrsg.
von Hein-Thomas Schulze Altcappenberg, Rolf H.
Johannsen und Christiane Lange, AK Kupferstich-
kabinett, Berlin, Kunsthalle der Hypo-Kulturstiftung,
München, 2012/13; München 2012.

AK Berlin/Nürnberg 2003
Aderlass und Seelentrost. Die Überlieferung deutscher
Texte im Spiegel Berliner Handschriften und Inkuna-
beln, hrsg. von Peter Jörg Becker und Eef Overgaauw,
AK Staatsbibliothek zu Berlin, Germanisches Natio-
nalmuseum Nürnberg, 2003/04; Mainz 2003.

AK Brügge 2010
Van Eyck bis Dürer. Altniederländische Meister und
die Malerei in Mitteleuropa 1430–1530, hrsg. von
Till-Holger Borchert, AK Groeningemuseum, Brügge,
2010/11; Tielt 2010.

AK Colmar 1991
Der hübsche Martin. Kupferstiche und Zeichnungen
von Martin Schongauer (ca. 1450–1491), hrsg. von
Fedja Anzelewsky, AK Musée Unterlinden, Colmar,
1991; Colmar 1991.

AK Corvey 1966
Kunst und Kultur im Weserraum 800–1600, Bd. 2,
hrsg. von Bernard Korzus, AK Ausstellung des Landes
Nordrhein-Westfalen, Corvey, 1966; Münster 1966.

AK Frankfurt am Main 2013
Dürer. Kunst – Künstler – Kontext, hrsg. von Jochen
Sander, AK Städel Museum, Frankfurt am Main, 2013;
München u. a. 2013.

AK Frankfurt am Main 2015
Madern Gerthener und der Pfarrturm von St. Bartholomäus: 600 Jahre Frankfurter Domturm, hrsg. von
Bettina Schmitt und Ulrike Schubert, AK Dom-
museum, Frankfurt am Main, 2015, Regensburg 2015.

AK Frankfurt am Main/Berlin 2008
Der Meister von Flémalle und Rogier van der Weyden,
hrsg. von Stephan Kemperdick und Jochen Sander, AK
Städel Museum, Frankfurt am Main, Gemäldegalerie,
Berlin, 2008/09; Ostfildern 2008.

AK Frankfurt am Main/Straßburg 2011
Niclaus Gerhaert. Der Bildhauer des späten Mittelalters, hrsg. von Stefan Roller, AK Liebieghaus Skulpturensammlung, Frankfurt am Main, Musée de l'Œuvre
Notre Dame, Straßburg, 2011/12; Petersberg 2011.

AK Freiburg i. Br. 2013
Baustelle Gotik. Das Freiburger Münster, hrsg. v.
Peter Kalchthaler, Guido Linke und Mirja Straub,
AK Augustinermuseum und Museum für Stadt-
geschichte, Freiburg i. Br., 2013/14; Petersberg 2013.

AK Karlsruhe 1970
Spätgotik am Oberrhein. Meisterwerke der Plastik
und des Kunsthandwerks 1450–1530, AK Badisches
Landesmuseum Karlsruhe, 1970; Karlsruhe 1970.

AK Karlsruhe 1996
Die Karlsruher Passion. Ein Hauptwerk Straßburger
Malerei der Spätgotik, hrsg. von Dietmar Lüdke,
Stefan Roller, AK Staatliche Kunsthalle, Karlsruhe,
1996; Ostfildern-Ruit 1996.

AK Karlsruhe 2001
Spätmittelalter am Oberrhein. Maler und Werkstätten
1450–1525, hrsg. von Marcus Dekiert, AK Staatliche
Kunsthalle Karlsruhe, 2001/02; Stuttgart 2001.

AK Karlsruhe 2019
Hans Baldung Grien – heilig, unheilig, hrsg. von
Holger Jacob-Friesen, AK Staatliche Kunsthalle
Karlsruhe, 2019/20; Berlin 2019.

AK Köln 1970
Herbst des Mittelalters. Spätgotik in Köln und am
Niederrhein, AK Kunsthalle Köln, 1970; Köln 1970.

AK Köln 1982a
Die Heiligen Drei Könige. Darstellung und Verehrung,
hrsg. von Rainer Budde, AK Wallraf-Richartz-Museum
in der Josef-Haubrich-Kunsthalle, Köln, 1982/83;
Köln 1982.

AK Köln 1982b
Die Messe Gregors des Großen. Vision, Kunst,
Realität, hrsg. von Uwe Westfehling, AK Schnütgen-
Museum, Köln, 1982/83; Köln 1982.

AK Köln 1993
Imago Civitatis. Stadtbildsprache des Spätmittel-
alters, bearb. von Werner Kreuer, AK Diözesan- und
Dombibliothek Köln, 1993; Köln 1993.

AK Köln 2000
Die Schenkung Härle. 48 Werke aus einer der renom-
miertesten Privatsammlungen mittelalterlicher und
barocker Kunst, hrsg. von Joachim M. Plotzek, AK
Diözesanmuseum Köln, 2000/01; Köln 2000.

AK Köln 2011
Glanz und Größe des Mittelalters. Kölner Meister-
werke aus den großen Sammlungen der Welt, hrsg.
von Dagmar Täube und Miriam Verena Fleck, in
Zusammenarbeit mit Saskia Werth, AK Museum
Schnütgen, Köln, 2011/12; München 2011.

AK Leutkirch 1993
Hans Multscher. Meister der Spätgotik. Sein Werk.
Seine Schule. Seine Zeit, hrsg. von Hubert Haug,
AK Museum im Bock, Leutkirch, 1993; Leutkirch 1993.

AK London 2010
Deceptions and Discoveries, hrsg. von Marjorie
Wieseman, AK National Gallery London, 2010;
London 2010.

AK London 2013
The Young Dürer. Drawing the Figure, hrsg. von
Stephanie Buck und Stephanie Porras, AK The
Courtauld Gallery, London, 2013/14; London 2013.

AK Löwen 2009
Rogier van der Weyden 1440–1464. Master of
Passions, hrsg. von Lorne Campbell und Jan van der
Stock, AK Museum M, Löwen, 2009; Zwolle/Löwen
2009.

AK Lübeck 2015
Lübeck 1500. Kunstmetropole im Ostseeraum,
hrsg. von Jan Friedrich Richter, AK St. Annen-Museum,
Lübeck, 2015; Petersberg 2015.

AK Madrid 2001
El Renacimiento mediterráneo. Viajes de artistas e
itinerarios de obras entre Italia, Francia y España en
el siglo XV, hrsg. von Mauro Natale, AK Museo
Thyssen- Bornemisza, Madrid, 2001; Madrid 2001.

AK Mainz 1991
Blockbücher des Mittelalters. Bilderfolgen als Lektüre,
hrsg, von Gutenberg-Gesellschaft und Gutenberg-
Museum, AK Gutenberg-Museum, Mainz, 1991; Mainz
1991.

AK Mainz 1992
Die Reise nach Jerusalem. Bernhard von Breyden-
bachs Wallfahrt ins Heilige Land, hrsg. von Cornelia
Schneider, AK Gutenberg-Museum Mainz, 1992;
Mainz 1992.

AK Mainz 2000
Gutenberg – Aventur und Kunst. Vom Geheimunter-
nehmen zur ersten Medienrevolution, hrsg. von
Wolfgang Dobras, AK Gutenberg-Museum Mainz,
Bischöfliches Dom- und Diözesanmuseum Mainz,
Landesmuseum Mainz, 2000; Mainz 2000.

AK München 1991
Martin Schongauer. Das Kupferstichwerk, bearb.
von Tilman Falk und Thomas Hirthe, AK Staatliche
Graphische Sammlung München, 1991; München
1991.

AK München 1998
Venus und Mars. Das mittelalterliche Hausbuch aus
der Sammlung der Fürsten zu Waldburg Wolfegg,
hrsg. von Christoph Graf zu Waldburg Wolfegg,
AK Haus der Kunst München, 1998; New York 1998.

AK München 2009
Als die Lettern laufen lernten. Medienwandel im
15. Jahrhundert. Inkunabeln aus der Bayerischen
Staatsbibliothek München, hrsg. von Bettina Wagner,
AK Bayerische Staatsbibliothek, München, 2009;
Wiesbaden 2009.

AK München/Berlin 1986
Meister E. S. Ein oberrheinischer Kupferstecher der
Spätgotik, hrsg. von Holm Bevers, AK Staatliche
Graphische Sammlung München, Kupferstichkabi-
nett, Berlin, 1986/87; München 1986.

AK München/Berlin/Hamburg 1956
Deutsche Zeichnungen 1400–1900, hrsg. von Peter
Halm, AK Staatliche Graphische Sammlung München
im Haus der Kunst, Kupferstichkabinett der ehem.
Staatlichen Museen Berlin im Museum Dahlem,
Kunsthalle Hamburg, 1956; München 1956.

AK Münster 1879
Katalog zur Ausstellung westfälischer Alterthümer
und Kunsterzeugnisse vom Vereine für Geschichte
und Alterthumskunde Westfalens im Juni 1879 zu
Münster i. W., Münster 1879.

AK Münster 1966
Der Liesborner Altar. Die Bilder der Nationalgalerie
in London und des Landesmuseums in Münster, hrsg.
von Paul Pieper, AK Westfälisches Landesmuseum
Münster, 1966; Münster 1966.

AK Münster 1983
Ex aere solido. Bronzen von der Antike bis zur Gegenwart, hrsg. von Peter Bloch, AK Westfälisches Landesmuseum Münster, 1983; Berlin 1983.

AK Münster 2012
Goldene Pracht. Mittelalterliche Schatzkunst in
Westfalen, hrsg. von Olaf Siart, AK LWL-Landes-
museum für Kunst und Kulturgeschichte und Dom-
kammer der Kathedralkirche St. Paulus, Münster,
2012; München 2012.

AK New York 1999
Mirror of the Medieval World, hrsg. von William D.
Wixom, AK Metropolitan Museum of Art, New York,
1999; New York 1999.

AK New York 2015
The World in Play. Luxury Cards, 1430–1540, hrsg. von
Timothy Husband, AK The Metropolitan Museum of
Art, New York, 2015/16; New Haven (CT)/London 2015.

AK New York/Prag 2006
Karl IV. Kaiser von Gottes Gnaden. Kunst und Reprä-
sentation des Hauses Luxemburg 1310–1437, hrsg. von
Jiří Fajt, AK Metropolitan Museum of Art, New York,
Bildergalerie der Prager Burg, Prag, 2005/06;
München/Berlin 2006.

AK Nürnberg 1983
Veit Stoß in Nürnberg, Werke des Meister und
seiner Schule in Nürnberg und Umgebung, hrsg. von
Rainer Kahsnitz, AK Germanisches Nationalmuseum
Nürnberg 1983; München 1983.

AK Nürnberg 2000
Spiegel der Seligkeit. Privates Bild und Frömmigkeit
im Spätmittelalter, hrsg. von Frank-Matthias Kammel,
AK Germanisches Nationalmuseum Nürnberg, 2000;
Nürnberg 2000.

AK Nürnberg 2012
Der frühe Dürer, hrsg. von Daniel Hess und Thomas
Eser, AK Germanisches Nationalmuseum, Nürnberg,
2012; Nürnberg 2012.

AK Ravensburg 2003
Europäische Meisterzeichnungen aus der Sammlung
der Fürsten zu Waldburg-Wolfegg, hrsg. von Thomas
Knubben, AK Städtische Galerie Ravensburg, 2003;
Ravensburg 2003.

AK Rotterdam 2012
The Road to Van Eyck, hrsg. von Stephan Kemperdick
und Friso Lammertse, AK Museum Boijmans Van
Beuningen, Rotterdam, 2012/13; Rotterdam 2012.

AK Schwäbisch Hall 2004
Alte Meister in der Sammlung Würth. Der ehemals
Fürstlich-Fürstenbergische Bilderschatz, hrsg. von
Carmen Sylvia Weber, AK Kunsthalle Würth,
Schwäbisch Hall, 2004/05; Künzelsau 2004.

AK Turin 2006
Corti e città. Arte del Quattrocento nelle Alpi occi-
dentali, hrsg. von Enrica Pagella, AK Palazzina della
Promotrice delle Belle Arti, Turin, 2006; Mailand
2006.

AK Ulm 1995
Bilder aus Licht und Farbe. Meisterwerke spätgotischer Glasmalerei. „Straßburger Fenster" in Ulm
und ihr künstlerisches Umfeld, hrsg. von Brigitte
Reinhardt und Michael Roth, AK Ulmer Museum,
1995; Ulm 1995.

AK Ulm 1997
Hans Multscher. Bildhauer der Spätgotik in Ulm, hrsg.
von Brigitte Reinhardt, AK Ulmer Museum, 1997; Ulm
1997.

AK Ulm 2002
Michel Erhart & Jörg Syrlin d. Ä. Spätgotik in Ulm,
hrsg. von Brigitte Reinhardt, AK Ulmer Museum,
2002; Stuttgart 2002.

AK Washington 1967
Fifteenth Century Engravings of Northern Europe
from the National Gallery of Art Washington, D. C.,
hrsg. von Alan Shestack und Lessing J. Rosenwald, AK
National Gallery of Art, Washington, D. C., 1967;
Washington, D. C., 1967.

AK Washington/New York 1999
Tilman Riemenschneider. Master Sculptor of the Late
Middle Ages, hrsg. von Julien Chapuis, AK National
Gallery of Art, New York; Metropolitan Museum of
Art, New York, 1999/2000; New Haven (CT)/London
1999.

AK Washington/Nürnberg 2005
Die Anfänge der europäischen Druckgraphik. Holzschnitte des 15. Jahrhunderts und ihr Gebrauch, hrsg.
von Peter Parshall und Rainer Schoch, AK National
Gallery of Art, Washington, D. C., Germanisches
Nationalmuseum, Nürnberg, 2005/06; Nürnberg
2005.

AK Wien 1962
Europäische Kunst um 1400, AK Kunsthistorisches
Museum Wien, 1962; Wien 1962.

AK Wien 1963
Die Kunst der Graphik. Das 15. Jahrhundert, AK
Graphische Sammlung, Albertina, Wien, 1963;
Wien 1963.

AK Wien/München 2011
Dürer – Cranach – Holbein. Die Entdeckung des
Menschen. Das deutsche Porträt um 1500, hrsg. von
Sabine Haag, AK Kunsthistorisches Museum Wien,
Kunsthalle der Hypo-Kulturstiftung München,
2011/12; München 2011.

AK Würzburg 1981
Tilman Riemenschneider. Frühe Werke, hrsg. vom
Mainfränkischen Museum Würzburg, AK Mainfränki-
sches Museum Würzburg, 1981; Berlin 1981.

AK Zürich 2017
Kloster Einsiedeln. Pilgern seit 1000 Jahren, hrsg.
vom Schweizerisches Nationalmuseum, AK Schweizerisches Nationalmuseum, Zürich, 2017/18; Berlin 2017.

Acquisitions 2014
The Metropolitan Museum of Art. Recent Acquisitions.
A Selection, 2012–2014, The Metropolitan Museum
of Art Bulletin, N. F., 72, Nr. 2, New York 2014.

Amtliche Berichte 1915
Amtliche Berichte aus den Königlichen Kunstsammlungen, 37. Jg., Nr. 1, Oktober, 1915.

Anzelewsky 1965
Fedja Anzelewsky, Eine spätmittelalterliche Malerwerkstatt. Studien über die Malerfamilie Katzheimer
in Bamberg, in: Zeitschrift des deutschen Vereins für
Kunstwissenschaft, 19, 1965, S. 134–150.

Anzelewsky 1970
Fedja Anzelewsky, Toggenburg-Weltchronik. 24 farbige
Miniaturen aus einer Chronik vom Jahr 1411, Aachen
1970.

Anzelewsky 1991a
Fedja Anzelewsky, Albrecht Dürer. Das malerische
Werk, 2 Bde., 2. Aufl., Berlin 1991.

Anzelewsky 1991b
Fedja Anzelewsky, Der Meister der Spielkarten, der
Meister E.S. und die Anfänge des Kupferstichs, in:
AK Colmar 1991, S. 113–123.

Anzelewsky/Mielke 1984
Albrecht Dürer. Kritischer Katalog der Zeichnungen
im Kupferstichkabinett Berlin, bearb. von Fedja
Anzelewsky und Hans Mielke, Berlin 1984.

Appuhn 1956
Horst Appuhn, Das Lüneburger Ratssilber. Ausstel-
lung im Oberen Gewandhaus des Rathauses zu
Lüneburg, Lüneburg 1956.

Areford 2010
David S. Areford, The Viewer and the Printed Image
in Late Medieval Europe, Farnham u. a. 2010.

Arnulf 2019
Arwed Arnulf, Funktionsverlust, Inszenierung und
repräsentative Inanspruchnahme – Zum Bedeutungs-
wandel der Goldenen Tafel von St. Michaelis nach der
Reformation, in: Zeitenwende 1400. Die goldene
Tafel als europäisches Meisterwerk, hrsg. von Antje-Fee Köllermann und Christine Unsinn, AK Nieder-
sächsisches Landesmuseum Hannover, 2019/20;
Petersberg 2019, S. 189–201.

Bacher u.a. 2007
Ernst Bacher, Günther Buchinger, Elisabeth Oberhai-
dacher-Herzig und Christina Wolf, Die mittelalterlichen Glasgemälde in Salzburg, Tirol und Vorarlberg,
Wien u. a. 2007.

Bange 1923
Ernst Friedrich Bange, Die Bildwerke in Bronze und in
anderen Metallen. Arbeiten in Perlmutt und Wachs,
geschnittene Steine (Die Bildwerke des Deutschen
Museums, Bd. 2), Berlin/Leipzig 1923.

Bartl 2010
Dominik Bartl, Der Schatzbehalter. Optionen der
Bildrezeption, Diss. Universität Heidelberg, 2010,
Online: www.ub.uni-heidelberg.de/archiv/10735.

Barrucand 1972
Marianne Barrucand, Le retable du miroir du salut
dans l'œuvre de Konrad Witz, Genf 1972.

Baudri 1852
Friedrich Baudri, Kirchliche Denkmäler in Westfalen.
Herford, in: Organ für Christliche Kunst, 2, 1852,
S. 193–195.

Bauer 1988
Sofie Bauer, Anmerkungen zum Tondoerffer-Epitaph
in der St. Lorenzkirche zu Nürnberg und zur
mittelrheinischen Tonplastik, in: Anzeiger des
Germanischen Nationalmuseums 1988, S. 151–158.

Bauereiß 2000
Michael Bauereiß, Jakob Elsner. Annäherungen an
einen Künstler der Dürer-Zeit (Teil 1), in: Beiträge zur
fränkischen Kunstgeschichte, 4, 2000, S. 111–151.

Baum 1948
Julius Baum, Martin Schongauer, Wien 1948.

Baumgärtel-Fleischmann 1996
Renate Baumgärtel-Fleischmann, Master L Cz, in: The
Dicitionnary of Art, Bd. 20, New York/London 1996,
S. 800 f.

Baxandall 1964
Michael Baxandall, Bartholomaeus Facius on
Painting, in: Journal of the Warburg and Courtauld
Institutes 27, 1964, S. 90–108.

Becksmann 1967
Rüdiger Becksmann, Schinkel und die Gotik. Bemerkungen zur „Komposition des viertürmigen Domes" von 1813, in: Margrit Lisner und Rüdiger Becksmann (Hrsg.), Kunstgeschichtliche Studien für Kurt Bauch zum 70. Geburtstag von seinen Schülern, München/Berlin 1967, S. 263–276.

Becksmann 1975
Rüdiger Becksmann, Die Stifterfenster der Wallfahrtskirche zu Lautenbach, in: Vitrea dedicata. Das Stifterbild in der deutschen Glasmalerei des Mittelalters, Berlin 1975, S. 23–63.

Becksmann 1979
Rüdiger Becksmann, Die mittelalterlichen Glasmalereien in Baden und der Pfalz. Ohne Freiburg i. Br., Berlin 1979.

Becksmann 1988
Rüdiger Becksmann, Deutsche Glasmalerei des Mittelalters. Eine exemplarische Auswahl, Stuttgart 1988.

Beeh-Lustenberger 1973
Glasmalerei um 800–1900 im Hessischen Landesmuseum in Darmstadt, bearb. von Suzanne Beeh-Lustenberger, Hanau 1973.

Beer 1997
Ellen J. Beer, Buchmalerei zwischen Zürichsee und Bodensee, in: Moser 1997, S. 52–69.

Beger 1696
Lorenz Beger, Thesaurus Brandenburgicus selectus sive gemmarum et numismatum Graecorum, in cimeliarchio electorali Brandenburgico elegantiorum series, Bd. 1. Cölln a. d. Spree, 1696.

Bellm 1959
Richard Bellm, Wolgemuts Skizzenbuch im Berliner Kupferstichkabinett. Ein Beitrag zur Erforschung des graphischen Werkes von Michael Wolgemut und Richard Pleydenwurff, Baden-Baden/Straßburg 1959.

Bellm 1962
Richard Bellm, P. Stephan Fridolin. Der Schatzbehalter. Ein Andachts- und Erbauungsbuch aus dem Jahre 1491, 2 Bde., Wiesbaden 1962.

Berner-Laschinski 1996
Waltraud Berner-Laschinski, Ein Bildteppich des 16. Jahrhunderts, in: Restaurieren, Konservieren – Begleitheft zur Ausstellung des Kunstgewerbemuseums, Staatliche Museen zu Berlin, Berlin 1996, S. 36–39.

Białostocki 1986
Jan Białostocki, Dürer and His Critics. 1500–1971: Chapters in the History of Ideas, Baden-Baden 1986.

Bickel 1978
August Bickel, Die Herren von Hallwil im Mittelalter. Beitrag zur schwäbisch-schweizerischen Adelsgeschichte, Aarau 1978.

Bickendorf 1985
Gabriele Bickendorf, Der Beginn der Kunstgeschichtsschreibung unter dem Paradigma „Geschichte". Gustav Friedrich Waagens Frühschrift „Ueber Hubert und Johann van Eyck", Worms 1985.

Bier 1930
Justus Bier, Tilman Riemenschneider. Teil 2: Die reifen Werke, Augsburg 1930.

Blasius 1986
Friederike Blasius, Bildprogramm und Realität. Untersuchungen zur oberrheinischen Malerei um die Mitte des 15. Jahrhunderts am Beispiel der „Karlsruher Passion", Frankfurt am Main 1986.

Blume u. a. 1994
Eugen Blume, Alexander Dückers, Renate Kroll, Hans Mielke und Gottfried Riemann, Zur Sammlungsgeschichte, in: Alexander Dückers (Hrsg.), Das Berliner Kupferstichkabinett. Ein Handbuch zur Sammlung, Berlin 1994, S. 17–31.

Bock 1995
Henning Bock, Das Profane und das Heilige. Die Sammlungen Solly und Boisserée im Wettstreit um die Übernahme durch Preußen, in: Gethmann-Siefert/Pöggeler 1995, S. 107–112.

Boisserée 1862
Sulpiz Boisserée, Briefwechsel/Tagebücher, 2 Bde., Stuttgart 1862.

Böker 2014
Johann Josef Böker, Erwin von Steinbachs Planung für den Freiburger Münsterturm, in: Hubert/Kalchthaler 2014, S. 49–57.

Böker 2018
Johann Josef Böker, Ein neuaufgefundener Bauriss des Freiburger Münsterturms, in: Insitu. Zeitschrift für Architekturgeschichte, 10, 2018, H. 1, S. 25–36.

Böker/Brehm 2011
Johann Josef Böker und Anne-Christine Brehm, Die gotischen Architekturzeichnungen des Freiburger Münsterturms, in: Das Freiburger Münster 2011, S. 323–327.

Böker u. a. 2013
Johann Josef Böker u. a., Architektur der Gotik – Rheinlande. Ein Bestandskatalog der mittelalterlichen Architekturzeichnungen. Mit einem Beitrag von Peter Völkle über die Zeichentechnik der Gotik, Salzburg/Wien 2013.

Borchert 2017
Till-Holger Borchert, The Ghent Altarpiece and the Workshop of the Van Eyck Brothers, in: Kemperdick/Rößler/Heyder 2017, S. 158–161.

von Borries 1972
Johann Eckart von Borries, Albrecht Dürer, Christus als Schmerzensmann, Karlsruhe 1972.

Brandl 1993
Rainer Brandl, The Liesborn Altar-Piece, a New Reconstruction, in: The Burlington Magazine, 135, 1993, S. 180–189.

Braun 1932
Joseph Braun, Das christliche Altargerät in seinem Sein und in seiner Entwicklung, München 1932.

Bravi/Recanati 1998
Giulio Orazio Bravi und Maria Grazia Recanati, Taccuino di disegni di Giovannino de Grassi della Civica Biblioteca Angelo Mai di Bergamo Cassaf. 1.21, Faksimile und Kommentarband, Modena 1998.

Breidenstein 1993
Petra Breidenstein, Vergleichende technologische Untersuchungen an drei Halbreliefs als mögliche Hilfe bei der Datierung, in: Sculptures médiévales allemandes. Conservation et restauration. Actes du colloque organisé au musée du Louvre par le service culturel les 6 et 7 décembre 1991, hrsg. von Sophie Guillot de Suduiraut, Paris 1993, S. 137–155.

Breisig 2011
Eva Maria Breisig, Die Vermittlung des neuen Stils. Zur Funktion von Druckgrafik und Zeichnung in der Zeit Niclaus Gerhaerts, in: AK Frankfurt am Main/Straßburg 2011, S. 135–149.

Brinkmann/Kemperdick 2002
Bodo Brinkmann und Stephan Kemperdick, Deutsche Gemälde im Städel 1300–1500, Mainz 2002.

Broschek 1973
Anja Broschek, Michel Erhart. Ein Beitrag zur schwäbischen Plastik der Spätgotik, Berlin/New York 1973.

Brown 2017
Katherine T. Brown, Mary of Mercy in Medieval and Renaissance Italian Art. Devotional Image and Civic Emblem, London/New York 2017.

Brucher 2000
Günter Brucher (Hrsg.), Geschichte der bildenden Kunst in Österreich in sechs Bänden, Bd. 2: Gotik, München u. a. 2000.

Buchheit 1919
Hans Buchheit, Das Bildnis des sog. Kanonikus Schönborn im Germanischen Museum in Nürnberg, in: Jahrbuch des Vereins für Christliche Kunst in München, 4, 1919, S. 26–29.

Buchner 1923
Ernst Buchner, Die Werke Friedrich Herlins, in: Münchner Jahrbuch der bildenden Kunst, 13, 1923, S. 1–51.

Buchner 1941
Ernst Buchner, Martin Schongauer als Maler, Berlin 1941.

Buchner 1953
Ernst Buchner, Das deutsche Bildnis der Spätgotik und der frühen Dürerzeit, Berlin 1953.

Buczynski 1993
Bodo Buczynski, Die Lorcher Kreuztragung, in: Sophie Guillot de Suduiraut (Hrsg.), Sculptures médiévales allemandes, conservation et restauration. Actes du colloque organisé au musée du louvre les 6 et 7 décembre 1991, Paris 1993, S. 41–62.

Buczynski/von Fircks 2015
Bodo Buczynski und Juliane von Fircks, Die Lorcher Kreuztragung. Tradition und Experiment in der mittelrheinischen Tonplastik um 1400, Petersberg 2015.

Buczynski/Krohm 1989
Bodo Buczynski und Hartmut Krohm, Die Dangolsheimer Muttergottes – technologische Untersuchung
und Restaurierung, in: Zeitschrift für Kunsttechnologie
und Konservierung, 3/1, 1989, S. 165–189.

Burckhardt 1901
Daniel Burckhardt, Malerei, in: Festschrift zum vier-
hundertsten Jahrestag des ewigen Bundes zwischen
Basel und den Eidgenossen, Basel 1901, S. 273–311.

Burckhardt 1933
Rudolf F. Burckhardt, Die Kunstdenkmäler des
Kantons Basel-Stadt, Bd. 2: Der Basler Münster-
schatz, Basel 1933.

van Buren/Edmunds 1974
Anne H. van Buren und Sheila Edmunds, Playing
Cards and Manuscripts. Some Widely Disseminated
Fifteenth-Century Model Sheets, in: The Art Bulletin,
56, 1, März 1974, S. 12–30.

Bursche 1990/2008
Stefan Bursche, Das Lüneburger Ratssilber, Berlin
1990, 2., veränderte Aufl., München/Berlin 2008.

Campbell 1988
Lorne Campbell, The Tomb of Joanna, Duchess of
Brabant, in: Renaissance Studies, 2/2, 1988, S. 163–172.

Cavatorti 2016
Sara Cavatorti, Giovanni Teutonico. Scultura lignea
tedesco nell'Italia del secondo Quattrocento, Perugia
2016.

Cermann 2002
Regina Cermann, Katalog der deutschsprachigen
illustrierten Handschriften des Mittelalters, Bd. 5,
1/2, 43, Gebetbücher A–F, München 2002.

Chapuis 1995
Julien Chapuis, The Role of Underdrawing in the
Creation of Konrad Witz's Paintings. The Case of the
Nuremberg „Annunciation", in: Le Dessin sous-jacent
dans le processus de la création. Le Dessin sous-jacent
dans la peinture, Colloque X, 5–7 septembre 1993,
Louvain-la-Neuve 1995, S. 51–59.

Chapuis 2004
Julien Chapuis, Stefan Lochner. Image Making in
Fifteenth-Century Cologne, Turnhout 2004.

Chapuis 2020
Julien Chapuis, An Almost Impossible Acquisition.
Michel Erhart's Virgin and Child at the Bode-Museum,
in: Piotr Borusowski u. a. (Hrsg.), Ingenium et labor.
Studia ofiarowane Profesorowi Antoniemu Ziembie
z okazji 60. urodzin/Studies Offered to Professor Antoni
Ziemba on his 60th Birthday, Warschau 2020, S. 57–62.

Christiansen 2009
Keith Christiansen, The Earliest Painting by Michelangelo, in: Nuovi Studi, 14, 2009, S. 37–46.

Cohn 1934
Werner Cohn, Untersuchungen zur Geschichte des
deutschen Einblattholzschnitts im 2. Drittel des
15. Jahrhunderts, Straßburg 1934.

Connors 2007
Joseph Connors, Introduction, in: Margot und Rudolf
Wittkower, Born under Saturn. The Character and
Conduct of Artists, New York 2007 [1963], S. XVII–
XXVI.

Coreth 1952
Anna Coreth, Der Orden von der Stola und der Kann-
deln und der Greifen (Aragonesischer Kannenorden),
in: Mitteilungen des Österreichischen Staatsarchivs,
5, 1952, S. 34–62.

Corpus III
Uwe Albrecht (Hrsg.), Corpus der mittelalterlichen
Holzskulptur und Tafelmalerei in Schleswig-Holstein.
Bd. 3: Stiftung Schleswig-Holsteinische Landesmuseen
auf Schloss Gottorf, Schleswig. Archäologisches
Landesmuseum. Landesmuseum für Kunst- und
Kulturgeschichte, bearb. von Bernd Bünsche, Ulrike
Nürnberger und Jan Friedrich Richter, Kiel 2016.

CVMA XXII/1
Frank Martin (Hrsg.), Corpus Vitrearum Medii Aevi
Deutschland, Bd. 22/1, Die mittelalterlichen Glas-
malereien in Berlin und Brandenburg. Bearb. v.
Ute Bednarz u. a. Mit einer kunstgeschichtlichen
Einleitung von Peter Knüvener, Berlin 2010.

Corsten 1979
Severin Corsten, Die Drucklegung der zweiundvierzigzeiligen Bibel. Technische und chronologische Probleme, in: Schmidt/Schmidt-Künsemüller 1979, S. 33–67.

Dearden 1966
James S. Dearden, John Ruskin, the Collector. With a
Catalogue of the Illuminated and Other Manuscripts
formerly in his Collection, in: The Library, Bd. s5-XXI,
2, Juni 1966, S. 124–154.

Degen 1931
Kurt H. Degen, Die Bamberger Malerei des XV. Jahrhunderts, Strassburg 1931.

De Gennaro 1995
Rosanna De Gennaro, Cavalcaselle in Sicilia.
Un'opera fuori contesto, in: Francesco Abbate,
Fiorella Sricchia (Hrsg.), Napoli, l'Europa. Ricerche di
Storia dell'Arte in onore di Ferdinando Bologna,
Catanzano 1995, S. 301–303.

Demmler 1923–1930
Theodor Demmler, Die Bildwerke des Deutschen
Museums, 4 Bde. , Berlin/Leipzig, 1923–1930.

Deutsch 1977
Wolfgang Deutsch, Der ehemalige Hochaltar und das
Chorgestühl. Zur Syrlin- und zur Bildhauerfrage, in:
600 Jahre Ulmer Münster, hrsg. von Hans Eugen
Specker und Reinhard Wortmann, Ulm 1977,
S. 242–322.

Dexel 1962
Walter Dexel, Das Hausgerät Mitteleuropas. Wesen
und Wandel der Formen in zwei Jahrtausenden,
Braunschweig/Berlin 1962.

Dhanens 1945–1948
Elisabeth Dhanens, Jan van Roome alias Van Brussel,
schilder, in: Gentse bijdragen tot de kunstgeschiedenis,
11, 1945–1948, S. 41–146.

Dhanens 1965
Elisabeth Dhanens, Het retabel van het Lam Gods in
de Sint-Baafskathedraal te Gent. Inventaris van het
kunstpatrimonium van Oostvlaanderen VI, Gent 1965.

Dhanens 1980
Elisabeth Dhanens, Hubert en Jan van Eyck, König-
stein/Ts. 1980.

Dhanens 1995
Elisabeth Dhanens, Rogier van der Weyden. Revisie
van de documenten, Brüssel 1995.

Dhanens 1998
Elisabeth Dhanens, Hugo van der Goes, Antwerpen
1998

Dickmann 1993
Ines Dickmann, Stefan Lochner – ein Buchmaler zu
Köln? Bemerkungen zum Stand der Forschung, in:
Stefan Lochner, Meister zu Köln. Herkunft – Werke –
Wirkung, hrsg. von Frank Günter Zehnder, AK Wallraf-
Richartz-Museum, Köln, 1993/94; Köln 1993, S. 109–118.

Dieterich 1825
Michael Dieterich, Beschreibung der Stadt Ulm, Ulm
1825.

Dolezel 2019
Eva Dolezel, Der Traum vom Museum. Die Kunstkammer im Berliner Schloss um 1800 – eine museums-
geschichtliche Verortung, Berlin 2019.

Dückers 1994
Alexander Dückers (Hrsg.), Das Berliner Kupferstichkabinett. Ein Handbuch zur Sammlung. Mit Beiträgen
von Sigrid Achenbach, Holm Bevers u. a., Berlin 1994.

Dunker/Kemperdick 1994
Birgit Dunker und Stephan Kemperdick, Ein unbekann-
tes Werk vom Meister der Darmstädter Passion. Die
Flügel der Wallfahrtskirche in Eberhardsklausen, in:
Zeitschrift des deutschen Vereins für Kunstgeschich-
te, 48, 1994, S. 61–89.

Dursch 1856
Hans Martin Dursch, Aesthetik der christlichen bildenden Kunst des Mittelalters in Deutschland, Tübingen 1856.

Eichler 1936
Hans Eichler, Ein Eisengußrelief um 1500, in: Trierer
Zeitschrift für Geschichte und Kunst des Trierer
Landes und seiner Nachbargebiete, 11, 1936, S. 175–178.

Eisenbart 1962
Liselotte Constanze Eisenbart, Kleiderordnungen der
deutschen Städte zwischen 1350 und 1700, Göttingen
u. a. 1962.

Erwerbungen 1919–1939
Erwerbungen für das Deutsche Museum 1919–1939.
Theodor Demmler zum 60. Geburtstag, Berlin 1939.

Eschenfelder 1993
Chantal Eschenfelder, Les Bains de Fontainebleau:
nouveaux documents sur les décors du Primatice, in:
Revue de l'art, 99, 1993, S. 45–52.

von Falke 1929
Otto von Falke, Die zwei Georgsstatuetten aus
Elbing, in: Pantheon, 1929, S. 263–266.

Feldges-Henning 1968
Uta Feldges-Henning, Werkstatt und Nachfolge des
Konrad Witz. Ein Beitrag zur Geschichte der Basler
Malerei des 15. Jahrhunderts, Basel 1968.

Field 1986
Richard S. Field, A Passion for the Art Institute, in:
Print Quarterly 3, Nr. 3, September 1986, S. 190–216.

Filedt Kok 1985
Jan P. Filedt Kok, Die Entwicklung des deutschen
Kupferstichs im 15. Jahrhundert und die Kaltnadel-
stiche des Meisters des Amsterdamer Kabinetts, in:
AK Amsterdam/Frankfurt am Main 1985, S. 63–76.

von Fircks 2015
Juliane von Fircks, Madern Gerthener als Bildhauer?, in:
AK Frankfurt am Main 2015, S. 30–33.

Firmenich-Richartz 1893
Eduard Firmenich-Richartz, Der Pallant'sche Altar, in:
Zeitschrift für Christliche Kunst, 6, 1893, S. 33–44.

Firmenich-Richartz 1916
Eduard Firmenich-Richartz, Sulpiz und Melchior
Boisserée als Kunstsammler. Ein Beitrag zur
Geschichte der Romantik, Jena 1916.

Fischel 1935
Lilli Fischel, Le Mâitre E.S. et ses sources Stras-
bourgoises, in: Archives alsaciennes d'historie de
l'art 14, 1935, S. 185–229.

Fischel 1947
Lilli Fischel, Oberrheinische Malerei im Spiegel des
frühen Kupferstichs, in: Zeitschrift für Kunstwissenschaft,1, 1947, S. 23–38.

Fischel 1952
Lilli Fischel, Die Karlsruher Passion und ihr Meister,
Karlsruhe 1952.

Fischer 1942
Otto Fischer, Eine Metallgravierung – südostdeutsch
um 1400, in: Pantheon 30, 1942, S. 245–248.

Flechsig 1951
Eduard Flechsig, Martin Schongauer, Straßburg 1951.

Fleischmann 1998
Isa Fleischmann, Metallschnitt und Teigdruck. Technik
und Entstehung zur Zeit des frühen Buchdrucks,
Mainz 1998.

Foister 1991
Susan Foister, The Portrait of Alexander Mornauer, in:
The Burlington Magazine, 133, 1991, S. 613–618.

Förster 1951
Otto M. Förster, Stefan Lochner. Ein Maler zu Köln,
2. Aufl., Köln 1951.

Franke 2002
Birgit Franke, Pracht und Zeremoniell. Burgundische
Tafelkunst in franko-flämischen Bildteppichen des
15. Jahrhunderts, in: AK Berlin 2002, S. 38–47.

Frankl 1956
Paul Frankl, Peter Hemmel. Glasmaler von Andlau,
Berlin 1956.

Franz 1969
Rosemarie Franz, Der Kachelofen. Entstehung und
kunstgeschichtliche Entwicklung vom Mittelalter bis
zum Ausgang des Klassizismus, Graz 1969.

Franzen 2002
Wilfried Franzen, Die Karlsruher Passion und das
„Erzählen in Bildern". Studien zur süddeutschen
Tafelmalerei des 15. Jahrhunderts, Berlin 2002.

Freedberg 2013
David Freedberg, Dürer's Limbs, in: AK London 2013,
S. 37–55.

Freiburger Münsterbauverein 2011
Das Freiburger Münster, hrsg. von Freiburger Münsterbauverein, 2., aktual. Aufl., Regensburg 2011.

Frick 1718
Elias Frick, Templum Parochiale Ulmensium/Ulmisches
Münster …, Ulm 1718.

Friedländer 1908
Max J. Friedländer, Rezension von: Theodor Schreiber,
Meisterwerke des Städtischen Museums der bildenden Künste zu Leipzig, in: Repertorium für Kunstwissenschaft, 31, 1908, 293 f.

Friedländer 1909
Max J. Friedländer, Die Madonna mit der Wickenblüte,
in: Zeitschrift für bildende Kunst, N.F., 20, 1909,
S. 273–278.

Friedländer 1926
Max J. Friedländer, Der Holzschnitt, 3. Aufl., Berlin
u. a. 1926.

Friedländer 1968
Max J. Friedländer, Early Netherlandish Painting, Bd. 3,
Leyden 1967.

Fritz 1966
Johann Michael Fritz, Gestochene Bilder. Gravierungen
auf deutschen Goldschmiedearbeiten der Spätgotik,
Köln 1966.

Fritz 1982
Johann Michael Fritz, Goldschmiedekunst der Gotik
in Mitteleuropa, München 1982.

Fritz 1986
Gerhard Fritz, Die Geschichte der Grafschaft Löwenstein und der Grafen von Löwenstein-Habsburg vom
späten 13. bis zur Mitte des 15. Jahrhunderts, Sigmarin-
gen 1986.

Fuchs 1982
Anne Simonson Fuchs, The Virgin of the Councillors
by Luis Dalmau (1443–1445). The contract and its
Eyckian Execution, in: Gazette des Beaux-Arts,
VIe période, 99, 1982, S. 45–54.

Füssel 2001
Hartmann Schedel, Weltchronik. Kolorierte Gesamt-
ausgabe von 1493. Einleitung und Kommentar von
Stephan Füssel, Köln 2001.

Gallagher 1996
Michael Gallagher, The Passion Scenes of the
„Wurzacher Altar". Restoration and Painting Technique
Interim Report, in: Jahrbuch der Berliner Museen, 38,
1996, S. 201–213.

Gallagher/Reimelt 2000
Michael Gallagher und Maria Reimelt, Die Restaurie-
rung der Berliner Altarflügel des Meisters der
Darmstädter Passion, in: AK Berlin 2000a, S. 71–78.

Gantner 1940
Joseph Gantner, Zur Ikonographie des „Heilsspiegelaltars" von Konrad Witz, in: Jahresbericht der Öffentlichen Kunstsammlung Basel, 1940, S. 41–55.

Ganz 1947
Paul Leonhard Ganz, Konrad Witz. Meister von
Rottweil, Bern-Olten 1947.

Geber 1989
Anthony Geber, Name Inscriptions: Solution or
Problem?, in: Alison Luchs (Hrsg.), Italian Plaquettes,
Hanover (NH) 1989, S. 247–263.

Geisberg 1909
Max Geisberg, Die Anfänge des deutschen Kupferstichs und der Meister E.S., Leipzig 1909.

Geisberg 1923
Max Geisberg, Kupferstiche der Frühzeit, Straßburg
1923.

Geisberg 1924
Max Geisberg, Der Meister E.S., 2. Aufl., Leipzig 1924.

Gethmann-Siefert 1995
Annemarie Gethmann-Siefert, Kunst als Kulturgut.
Die Sammlung Boisserée – ein Schritt in der Begrün-
dung des Museums, in: Gethmann-Siefert/Pöggeler
1995, S. I–XXVIII.

Gethmann-Siefert/Pöggeler 1995
Annemarie Gethmann-Siefert und Otto Pöggeler
(Hrsg.), Kunst als Kulturgut. Die Bildersammlung der
Brüder Boisserée, Bonn 1995.

Glaser 1922
Curt Glaser, Gotische Holzschnitte. Berlin o.J. [1922].

Gmelin 1969
Hans Georg Gmelin, Das Weltgerichtsbild in der
Gerichtslaube des Lüneburger Rathauses, in:
Lüneburger Blätter 19/20, 1969, S. 95–99.

Göbel 1933
Heinrich Göbel, Wandteppiche, Teil 3: Die germanischen und slawischen Länder, Bd. 1, Deutschland
einschliesslich Schweiz und Elsass (Mittelalter),
Süddeutschland (16. bis 18. Jahrhundert), Leipzig 1933.

Gompf 1997
Ludwig Gompf, Lochners „Altar der Katharinenbruderschaft", in: Wallraf-Richartz-Jahrbuch, 58, 1997, S. 219–
228.

Grandmontagne 2011
Michael Grandmontagne, Niclaus Gerhaert und die Burgundischen Niederlande. Überlegungen zu seiner künstlerischen Herkunft, in: AK Frankfurt am Main/ Straßburg 2011, S. 60–69.

Grether 2004
Eberhard Grether, Zur Farbigkeit am Freiburger Münster, in: Zimdars 2004, S. 143–154.

Grimberg/Meier (in Vorbereitung)
Sarah Grimberg und Esther Meier, Kat. 6, in: Daniel Hess, Katja von Baum und Benno Baumbauer (Hrsg.), Die Gemälde des Spätmittelalters im Germanischen Nationalmuseum, Bd. 2, Der Westen: Köln, Niederlande, Westfalen, Mittelrhein, Oberrhein, Bodensee und Südwestdeutschland, Regensburg (in Vorbereitung).

Grimm/Grimm 1818
Jacob und Wilhelm Grimm, Deutsche Sagen, Zweiter Teil, Berlin 1818.

Grimm/Konrad 1990
Claus Grimm und Bernd Konrad, Die Fürstenberg-Sammlungen Donaueschingen. Altdeutsche und schweizerische Malerei des 15. und 16. Jahrhunderts, München 1990.

Gropp 1999
David Gropp, Das Ulmer Chorgestühl und Jörg Syrlin der Ältere. Untersuchungen zu Architektur und Bildwerk, Berlin 1999.

Grosshans 2000
Rainald Grosshans, Zur Ikonographie der Darstellungen des „Orber Altars", in: AK Berlin 2000a, S. 47–69.

Gümbel 1928
Albert Gümbel, Das Mesnerpflichtbuch von St. Lorenz in Nürnberg, München 1928.

Günther 1993
Jörn-Uwe Günther, Die illustrierten mittelhochdeutschen Weltchronikhandschriften in Versen. Katalog der Handschriften und Einordnung der Illustration in die Bildüberlieferung, München 1993.

Günther/Langhammer 2004
Silke Günther und Nadine Langhammer, Außenarchivolten. Befunde und Maßnahmenkonzeption, in: Zimdars 2004, S. 83–91.

Gussone 1990/2008
Nikolaus Gussone, Das Ratssilber. Geschichte – Gebrauch – Gestalt, in: Bursche 1990/2008, S. 24–33/26–37.

GW
Gesamtkatalog der Wiegendrucke.

Habenicht 2016
Georg Habenicht, Das ungefasste Altarretabel. Programm oder Provisorium, Petersberg 2016.

Habicht 1917
Victor Curt Habicht, Die Bildniskunst des Jakob Elsner, in: Mitteilungen aus dem Germanischen Nationalmuseum, 1917 (1920), S. 59–64.

Hahnloser/Brugger-Koch 1985
Hans R. Hahnloser und Susanne Brugger-Koch, Corpus der Hartsteinschliffe des 12.–15. Jahrhunderts, Berlin 1985.

Hahn-Woernle 1972
Birgit Hahn-Woernle, Christophorus in der Schweiz. Seine Verehrung in bildlichen und kultischen Zeugnissen, Basel/Bonn 1972.

Hall 2002
Cynthia Anne Hall, Treasury book of the Passion. Word and Image in the Schatzbehalter, Cambridge, Diss. Harvard University, 2002.

Hasse 1979
Max Hasse: Neues Hausgerät, neue Häuser, neue Kleider – Eine Betrachtung der städtischen Kultur im 13. und 14. Jahrhundert sowie ein Katalog der metallenen Hausgeräte, in: Zeitschrift für Archäologie des Mittelalters, 7, 1979, S. 7–83.

Haus 2001
Andreas Haus, Karl Friedrich Schinkel als Künstler. Annäherung und Kommentar. München/Berlin 2001.

Häussermann 2008
Sabine Häussermann, Die Bamberger Pfisterdrucke. Frühe Inkunabelillustration und Medienwandel, Berlin 2008.

Haussherr 1987/88
Reiner Haussherr, Spätgotische Ansichten der Stadt Jerusalem (Oder: War der Hausbuchmeister in Jerusalem?), in: Jahrbuch der Berliner Museen, 29/30, 1987/88, S. 47–70.

Heinrichs 2007
Ulrike Heinrichs, Martin Schongauer. Maler und Kupferstecher, München/Berlin 2007.

Heinrichs-Schreiber 1994
Ulrike Heinrichs-Schreiber, Spätgotische Retabel am Oberrhein – Forschungsstand, offene Fragen und Ziele, in: Jahrbuch der Staatlichen Kunstsammlungen in Baden-Württemberg, 31, 1994, S. 14–42.

Hentschel 2018
Judith Hentschel, Porträtdeckel mit Wildem Mann. Schiebedeckel zu einem verschollenen Porträt des Lazarus I. Holzschuher aus der Werkstatt Jakob Elsners, in: KulturGut; aus der Forschung des Germanischen Nationalmuseums, 57, 2018, S. 3–7.

Heppe 1977
Karl Bernd Heppe, Gotische Goldschmiedekunst in Westfalen vom zweiten Drittel des 13. bis zur Mitte des 16. Jahrhunderts, Diss. Universität Münster (1973), 1977.

Herrmann-Fiore 1974
Kristina Herrmann-Fiore, Dürers Landschaftsaquarelle. Ihre kunstgeschichtliche Stellung und Eigenart als farbige Landschaftsbilder, Bern u. a. 1972.

Herz 2019
Randall Herz, Michael Wolgemut und die Schedel'sche Weltchronik, in: Michael Wolgemut. Mehr als Dürers Lehrer, hrsg. von Benno Baumbauer, Dagmar Hirschfelder und Manuel Teget-Welz, AK Museen der Stadt Nürnberg, 2019/20; Regensburg 2019, S. 123–131.

Herzog 1955
Theo Herzog, Der Landshuter Stadtschreiber Alexander Mornauer und sein Geschlecht, in: Verhandlungen des historischen Vereins für Niederbayern 81, 1955, S. 89–112.

Hess 1994
Daniel Hess, Meister um das „Mittelalterliche Hausbuch". Studien zur Hausbuchmeisterfrage. Diss. Universität Stuttgart, 1992, Mainz 1994.

Hess/Hirschfelder/von Baum 2019
Daniel Hess, Dagmar Hirschfelder und Katja von Baum (Hrsg.), Die Gemälde des Spätmittelalters im Germanischen Nationalmuseum, Bd. 1, Franken, 2 Teilbde. Regensburg 2019.

Heusinger 1988
Christian von Heusinger, War Diebold Lauber Verleger?, in: Wolfgang Milde und Werner Schuder (Hrsg.), De captu lectoris. Wirkungen des Buches im 15. und 16. Jahrhundert. Dargestellt an ausgewählten Handschriften und Drucken, Berlin/New York 1988, S. 145–154.

Heye 1965
Eva Heye, Die Rundscheiben aus Schloss Erbach in der Skulpturen-Abteilung, in: Berliner Museen, N.F., 15, 1965, S. 49–57.

Hind 1935
Arthur M. Hind, An Introduction to a History of Woodcut with a Detailed Survey of Work Done in the Fifteenth Century, 2 Bde., London 1935.

Hoffman 1961
Edith Warren Hoffman, Some Engravings Executed by the Master E.S. for the Benedictine Monastery at Einsiedeln, in: The Art Bulletin, 43, 1961, S. 231–237.

Hoffmann 1993
Leonhard Hoffmann, Die Gutenbergbibel. Eine Kosten- und Gewinnschätzung des ersten Bibeldrucks auf der Grundlage zeitgenössischer Quellen, in: Archiv für Geschichte des Buchwesens, 39, 1993, S. 255–319.

Hoffmann 1996
Leonhard Hoffmann, Gutenberg und die Folgen. Zur Entwicklung des Bücherpreises im 15. und 16. Jahrhundert, in: Bibliothek und Wissenschaft, 29, 1996, S. 5–23.

Hoffmann 2000
Leonhard Hoffmann, Buchmarkt und Bücherpreise im Frühdruckzeitalter, in: Gutenberg-Jahrbuch, 75, 2000, S. 73–82.

Hoffmann 2007
Ingrid-Sibylle Hoffmann, Der Meister der Pollinger Tafeln. Wege der Erneuerung in der bayerischen Malerei des mittleren 15. Jahrhunderts, Weimar 2007.

Höhle 1984
Gisela Höhle, Ober- und mittelrheinische Buchmalerei um die Mitte des 15. Jahrhunderts – ausgehend von zwei Maltraktaten, Diss. (masch.) Freie Universität Berlin 1984.

Hörsch 2018
Markus Hörsch, Zu Art und Umfang eines Realismus als konstituierendem Merkmal des Werks des Meisters der Karlsruher Passion, in: Jiří Fajt und Markus Hörsch (Hrsg.), Vom Weichen über den Schönen Stil zur Ars Nova. Neue Beiträge zur europäischen Kunst zwischen 1350 und 1470, Wien u. a. 2018, S. 327–359.

Hosmann 1700
Sigismund Hosmann, Fürtreffliches Denck-Mahl der Göttlichen Regierung Bewiesen an der uhralten höchst-berühmten Antiquität des Klosters zu S. Michaelis in Lüneburg…, Zell 1700.

Hubay 1979
Ilona Hubay, Die bekannten Exemplare der zweiundvierzigzeiligen Bibel und ihre Besitzer, in: Schmidt/Schmidt-Künsemüller 1979, S. 127–155.

Hubert 2014
Hans W. Hubert, „Der schönste Turm auf Erden". Das Freiburger „Weltwunder" und seine Nachahmung in der Spätgotik und im 19. Jahrhundert, in: Hubert/Kalchthaler 2014, S. 124–142.

Hubert/Kalchthaler 2014
Hans W. Hubert und Peter Kalchthaler (Hrsg.), Freiburger Münster. Kunstwerk und Baustelle, Freiburg i. Br./Berlin/Wien 2014.

Husband 2004
Timothy Husband, Tilman Riemenschneider and the Tradition of Alabaster Carving, in: Julien Chapuis (Hrsg.), Tilman Riemenschneider, c. 1460–1531, Studies in the History of Art 65 (Symposium Papers XLII), Washington, D. C., 2004, S. 64–81.

Husemann 1999
Simone Husemann, Pretiosen persönlicher Andacht. Bild- und Materialsprache spätmittelalterlicher Reliquienkapseln (Agnus Dei) unter besonderer Berücksichtigung des Materials Perlmutter, Weimar 1999.

Huth 1967
Hans Huth, Künstler und Werkstatt der Spätgotik, Darmstadt, 2., erw. Aufl., 1967.

Imhof 1989
Michael Imhof, Die topographischen Ansichten des Domberges um 1470 bis 1480, in: Der Bußprediger Capestrano auf dem Domplatz in Bamberg, hrsg. von Hubert Ruß, AK Historisches Museum und Universität Bamberg, 1989; Bamberg 1989, S. 69–86.

Isenmann 2012
Eberhard Isenmann, Die deutsche Stadt im Mittelalter 1150–1550. Stadtgestalt, Recht, Verfassung, Stadtregiment, Kirche, Gesellschaft, Wirtschaft. Wien u. a. 2012.

Jacob-Friesen 2001
Holger Jacob-Friesen, Der Meister E. S., in: AK Karlsruhe 2001, S. 125.

Julier 1978
Jürgen Julier, Studien zur spätgotischen Baukunst am Oberrhein, Heidelberg 1978.

Kahsnitz 2005
Rainer Kahsnitz, Die großen Schnitzaltäre. Spätgotik in Süddeutschland, Österreich, Südtirol. Aufnahmen von Achim Bunz, München 2005.

Kalden-Rosenfeld 2019
Iris Kalden-Rosenfeld, Tilman Riemenschneider und seine Werkstatt. Mit einem Katalog der allgemein als Arbeiten Riemenschneiders und seiner Werkstatt akzeptierten Werke. Einleitung von Jörg Rosenfeld. 6., aktual. u. erw. Aufl., Königstein/Ts. 2019.

Karrenbrock 1988
Reinhard Karrenbrock, Johann von Soest, der Meister von Liesborn, in: Westfalen. 66, 1988, S. 19–25.

Karrenbrock 2001
Reinhard Karrenbrock, Museum Schnütgen. Die Holzskulpturen des Mittelalters, Band II,1: 1400 bis 1540, Teil 1: Köln, Westfalen, Norddeutschland, Köln 2001.

Kat. Berlin 1981
Die Brandenburgisch-Preußische Kunstkammer. Eine Auswahl aus den alten Beständen, AK Staatliche Museen Preußischer Kulturbesitz, 1981; Berlin 1981.

Kelberg 1983
Karsten Kelberg, Die Darstellung der Gregorsmesse in Deutschland, Diss. (masch.) Universität Münster 1983.

Keller 1974
Harald Keller, Goethes Hymnus auf das Straßburger Münster und die Wiedererweckung der Gotik im 18. Jahrhundert 1772/1972, Sitzungsberichte Bayerische Akademie der Wissenschaften. Philosophisch-historische Klasse, 1974, H. 4, München 1974.

Keller 2000
Peter Keller, Die Kupferstiche zur Ausgabe der Göttlichen Komödie von 1481, in: AK Berlin 2000b, S. 326–333.

Kellhuber 2016
Lea Kellhuber, Das Berliner und Göttinger Musterbuch. „Anleitung zum Ornamentalen", Mag. Freie Universität Berlin 2016.

Kemperdick 2000
Stephan Kemperdick, Das Œuvre um die Berliner Tafeln, in: AK Berlin 2000a, S. 13–36.

Kemperdick 2004
Stephan Kemperdick, Martin Schongauer. Eine Monographie, Petersberg 2004.

Kemperdick 2010a
Stephan Kemperdick, Deutsche und böhmische Gemälde 1230–1430. Gemäldegalerie Berlin – Kritischer Bestandskatalog, Petersberg 2010.

Kemperdick 2010b
Stephan Kemperdick, Die erste Generation, in: AK Brügge 2010, S. 54–67.

Kemperdick 2011
Stephan Kemperdick, Heilige mit Schatten. Konrad Witz und die niederländische Malerei, in: AK Basel 2011, S. 32–46.

Kemperdick 2014
Stephan Kemperdick, Die Geschichte des Genter Altars, in: AK Berlin 2014, S. 8–68.

Kemperdick 2017
Stephan Kemperdick, An Important Work and an Important Tomb, in: Kemperdick/Rößler/Heyder 2017, S. 163–169.

Kemperdick 2019
Stephan Kemperdick, Nochmals Hans Bornemann – und ein Blick auf Conrad von Vechta, in: Peter Knüvener und Esther Meier (Hrsg.), Lüneburg. Sakraltopographie einer spätmittelalterlichen Stadt, Ilmtal- Weinstraße 2019, S. 89–104.

Kemperdick/Lammertse 2012
Stephan Kemperdick und Friso Lammertse, Painting around 1400 and Jan van Eyck's Early Work, in: AK Rotterdam 2012, S. 89–108.

Kemperdick/Rößler 2014
Stephan Kemperdick und Johannes Rößler, Der Genter Altar in Berlin 1820–1920. Geschichte einer Wiederentdeckung, in: AK Berlin 2014, S. 70–99.

Kemperdick/Rößler/Heyder 2017
Stephan Kemperdick, Johannes Rößler und Joris C. Heyder (Hrsg.), Der Genter Altar. Reproduktionen, Deutungen, Forschungskontroversen/The Ghent Altarpiece. Reproductions, Interpretations, Scholarly Debates, Petersberg 2017.

Kempf 1934
Anna Kempf, Zwei alte Baurisse zum Freiburger Münsterturm, in: Oberrheinische Kunst. Jahrbuch der oberrheinischen Museen, 6, 1934, S. 9–13.

Kieslinger 1930
Franz Kieslinger, Ein spätgotisches Goldschmiedemodell, in: Pantheon, 6, 1930, S. 389 f.

Klein 1933
Dorothee Klein, St. Lukas als Maler der Madonna. Ikonographie der Lukas-Madonna, Berlin 1933.

Klein 2007
Bruno Klein (Hrsg.), Gotik. Geschichte der bildenden Kunst in Deutschland, Bd. 3, München u. a. 2007.

Koenig 1974
Wieland Koenig, Studien zum Meister von Liesborn. Unter besonderer Berücksichtigung der Entstehungsgeschichte des Liesborner Hochaltars und der Sammlung Krüger, Beckum 1974.

Koerner 2002
Joseph Koerner, The Icon as Iconoclash, in: Bruno Latour/Peter Weibel (Hrsg.), Iconoclash. Beyond the Image Wars in Science, Religion, and Art, Cambridge (MA)/London 2002, S. 164–213.

Köllermann 2007
Antje-Fee Köllermann, Conrad Laib. Ein spätgotischer Maler aus Schwaben in Salzburg, Berlin 2007.

König 1979
Eberhard König, Die Illuminierung der Gutenbergbibel, in: Schmidt/Schmidt-Künsemüller 1979, S. 69–125.

König 1983
Eberhard König, The Influence of the Invention of Printing on the Development of German Illumination, in: Joseph B. Trapp (Hrsg.), Manuscripts in the Fifty Years After the Invention of Printing. Some Papers Read at the Warburg Institute on 12–13 March 1982, London 1983, S. 85–94.

König 1995
Eberhard König, Zur Situation der Gutenberg-Forschung, Münster 1995.

König 2000
Eberhard König, Buchmalerei in Mainz zur Zeit von Gutenberg, Fust und Schöffer, in: AK Mainz 2000, S. 572–577.

König 2006
Judith König, Die Mainzer Karmeliter-Chorbücher. Studien zur mittelrheinischen Buchmalerei des 15. Jahrhunderts, Diss. Universität Mainz, 2006 (urn:nbn:de:hebis:77-28287).

König 2018
Eberhard König, Die Berliner Gutenbergbibel, Darmstadt 2018.

Konrad 1993
Bernd Konrad, Die Kunstwerke des Mittelalters. Rosgartenmuseum Konstanz. Bestandskatalog, Konstanz 1993.

Konrad 1997
Bernd Konrad, Die Buchmalerei in Konstanz, am westlichen und am nördlichen Bodensee von 1400 bis zum Ende des 16. Jahrhunderts, in: Moser 1997, S. 109–154.

Koreny 1974
Fritz Koreny, Spielkarten und Musterbuch in der Spätgotik, in: 150 Jahre Piatnik. 1824–1974, Wien 1974, S. 45–50.

Koreny 1996
Fritz Koreny, Martin Schongauer as a Draughtsman. A Reassessment, in: Master Drawings, 34, 1996, S. 123–147.

Koreny 2000
Fritz Koreny, Die österreichische Handzeichnung der Gotik, in: Brucher 2000, S. 552–555.

Körner 1979
Hans Körner, Der früheste deutsche Einblattholzschnitt, Mittenwald 1979.

Kötzsche 1983
Dietrich Kötzsche, Der Dionysius-Schatz, in: Stadt Enger. Beiträge zur Stadtgeschichte, 2, 1983, S. 41–62.

Kratzert 1974
Christine Kratzert, Die illustrierten Handschriften der Weltchronik des Rudolf von Ems, Diss. Freie Universität Berlin, 1974.

Krause 2007
Katharina Krause (Hrsg.), Spätgotik und Renaissance. Geschichte der bildenden Kunst in Deutschland, Bd. 4, München u. a. 2007.

Kraut 1986
Gisela Kraut, Lukas malt die Madonna. Zeugnisse zum künstlerischen Selbstverständnis in der Malerei, Worms 1986.

Kristeller 1905
Paul Kristeller, Kupferstich und Holzschnitt in vier Jahrhunderten, Berlin 1905.

Kristeller 1915
Paul Kristeller, Holzschnitte im Königlichen Kupferstichkabinett zu Berlin, 2. Reihe, Berlin 1915.

Kristeller 1921
Paul Kristeller, Kupferstich und Holzschnitt in vier Jahrhunderten, 3. Aufl., Berlin 1921.

Krohm 1991a
Hartmut Krohm, Bemerkungen zur kunstgeschichtlichen Problematik des Herlin-Retabels in Rothenburg o.T., in: Jahrbuch der Berlin Museen, N. F., 33, 1991, S. 185–208.

Krohm 1991b
Hartmut Krohm, Der Maler und Kupferstecher Martin Schongauer – Bemerkungen zu seiner kunstgeschichtlichen Bedeutung, in: AK Berlin 1991, S. 7–21.

Krohm 1994
Hartmut Krohm, Der „Modellcharakter" der Kupferstiche mit dem Bischofsstab und Weihrauchfaß, in: Le beau Martin. Ètudes et mises au point, Colmar 1994, S. 185–208.

Krohm 2006
Hartmut Krohm, Riemenschneider auf der Museumsinsel. Werke altdeutscher Bildhauerkunst in der Berliner Skulpturensammlung, Gerchsheim 2006.

Krohm/Suckale 1992
Hartmut Krohm und Robert Suckale (Hrsg.), Die Goldene Tafel aus dem Mindener Dom, Berlin 1992.

Krüger 2005
Ralf Krüger, Friedrich Herlin. Maler und Altarbauunternehmer, Rothenburg o.T. 2005.

Kugler 1838
Franz Kugler, Beschreibung der in der Königl. Kunstkammer zu Berlin vorhandenen Kunst-Sammlung, Berlin 1838.

Kunstgewerbemuseum 1963
Kunstgewerbemuseum Schloss Charlottenburg, Ausgewählte Werke, hrsg. von Arno Schönberger, Berlin 1963.

Kunz 2019
Tobias Kunz, Bildwerke nördlich der Alpen und im Alpenraum 1380 bis 1440. Kritischer Bestandskatalog der Berliner Skulpturensammlung, Petersberg 2019.

Kunze 1993
Horst Kunze, Geschichte der Buchillustration in Deutschland, 2 Bde. (Text- und Bildbd.), Frankfurt am Main 1993.

Kurmann 2014
Peter Kurmann, Langhaus und Turm des Freiburger Münsters, ein Hauptwerk der europäischen Gotik, in: Hubert/Kalchthaler 2014, S. 38–48.

Kurth 1926
Betty Kurth, Die deutschen Bildteppiche des Mittelalters, 3 Bde., Wien 1926.

Lambacher 2010
Lothar Lambacher, Kirchenschätze im Museum. Zur Sammlungsgeschichte sakraler Schatzkunst im Berliner Kunstgewerbemuseum, in: Schätze des Glaubens. Meisterwerke aus dem Dom-Museum Hildesheim und dem Kunstgewerbemuseum Berlin, hrsg. von Lothar Lambacher, AK Bode-Museum, Berlin 2010–2012; Regensburg 2010, S. 11–21.

Lambacher 2015
Lothar Lambacher, Goldschmiedekunst in Lübeck um 1500, in: Lübeck um 1500. Kunstmetropole im Ostseeraum, hrsg. von Jörg Rosenfeld und Jan Friedrich Richter, AK Museumsquartier St. Annen, Lübeck 2015/16; Petersberg 2015, S. 105–113.

Lambacher 2016
Lothar Lambacher, Der Lüneburger Bürgereidkristall, 1443, in: Berlin für Anwälte, hrsg. vom Berliner Anwaltsverein e.V., Berlin 2016, S. 52–54.

Lambacher 2019
Lothar Lambacher, Orate pro hinriko horne aurifabro. Der Gardelegener Goldschmied Hinrich Horne und die Gruppe der altmärkischen Kelche mit Tabernakelknauf, in: Wolfgang Augustyn (Hrsg.), OPUS. Festschrift für Rainer Kahsnitz, Bd. II/III, Berlin 2019, S. 7–36.

Lambacher/de Fümel/Schumann 2015
Lothar Lambacher, Marina de Fümel und Dirk Schumann, »3 Finger Uf das alte Kirchlein«. Das spätgotische Schwurkästchen aus dem Rathaus der Stadt Tangermünde – alte Nachrichten und neue Beobachtungen, in: Die Mark Brandenburg unter den frühen Hohenzollern. Beiträge zu Geschichte, Kunst und Architektur im 15. Jahrhundert, hrsg. von Peter Knüvener und Dirk Schumann, Berlin 2015, S. 375–412, Farbtaf. 17–19, S. 465–467.

Landau/Parshall 1994
David Landau und Peter Parshall, The Renaissance Print. 1470–1550, New Haven (CT) u. a. 1994

Laran 1959
Jean Laran, L'Estampe, 2 Bde. (Text und Tafeln), Paris 1959.

Legner 1969
Anton Legner, Der Alabasteraltar aus Rimini, in: Städel-Jahrbuch, N.F., 2, 1969, S. 101–169.

Lehmann-Haupt 1966
Hellmut Lehmann-Haupt, Gutenberg and the Master of the Playing Cards, New Haven (CT)/London 1966.

Lehmann-Haupt 1978
Hellmut Lehmann-Haupt, The Göttingen Model Book. A Facsimile Edition and Translations of a Fifteenth-Century Iluminators' Manual (Cod. Ms. Uffenb. 51), 2., erw. Aufl., Columbia (MO) 1978.

Lehrs 1908
Max Lehrs, Holzschnitte der ersten Hälfte des XV.
Jahrhunderts im Königl. Kupferstichkabinett zu Berlin,
Berlin 1908.

Lehrs 1908–1934
Max Lehrs, Geschichte und kritischer Katalog des
deutschen, niederländischen und französischen
Kupferstichs im 15. Jahrhundert, 9 Bde., Wien 1908–
1934.

Lehrs 1925
Max Lehrs, Katalog der Kupferstiche Martin
Schongauers, Wien 1925.

Lessing 1878
Julius Lessing, Das Rathssilberzeug der Stadt
Lüneburg. Verzeichniss, 2. Aufl., Berlin 1878.

Lexikon der christlichen Ikonographie 1959–
Lexikon der christlichen Ikonographie, hrsg. von
Hans Aurenhammer, Bd. 1, Wien 1959.

Liebreich 1928
Aenne Liebreich, Kostümgeschichtliche Studien zur
kölnischen Malerei des 14. Jahrhunderts, in: Jahrbuch
für Kunstwissenschaft, 1928, S. 65–104, 129–156.

Liedke 1982
Volker Liedke, Münchner Maler des zweiten Viertel
des 15. Jahrhunderts, in: Ars Bavarica, 29, 1982,
S. 1–140.

Lippmann 1896
Friedrich Lippmann, Der Kupferstich, Berlin 1896.

Lippmann/Anzelewsky 1963
Friedrich Lippmann, Der Kupferstich, hrsg. von Fedja
Anzelewsky, 7. Aufl., Berlin 1963.

Lisner 1960
Margrit Lisner, Deutsche Holzkruzifixe des 15. Jahrhunderts in Italien, in: Mitteilungen des Kunsthistorischen Institutes in Florenz, 9, H. 3/4, 1960, S. 159–206.

Lochner 1970
Georg Wolfgang Carl Lochner (Hrsg.), Des Johann
Neudörfer, Schreib- und Rechenmeisters zu Nürnberg,
Nachrichten von Künstlern und Werkleuten daselbst
aus dem Jahre 1547. Nebst der Fortsetzung des Andreas
Gulden nach den Handschriften und mit Anmerkun-
gen, Neudruck der Ausgabe 1875, Osnabrück 1970.

Lorentz 2001
Philippe Lorentz, Le métier des peintres a Strasbourg
au XVe siècle, in: Jost Haller le peintre des chevaliers
et l' art en Alsace au XVe siècle, hrsg. von Philippe
Lorentz, AK Musée Unterlinden, Colmar, 2001, S. 25–60.

Lucas 2017
Jana Lucas, Europa in Basel. Das Konzil von Basel
(1431–1449) als Laboratorium der Kunst, Basel 2017.

Luckhardt 1992
Jochen Luckhardt, Die Heiligen unter dem Kreuz. Eine
inhaltliche Interpretation des Liesborner Altares, in:
Niederdeutsche Beiträge zur Kunstgeschichte, 31,
1992, S. 50–67.

Lüdke 1983
Dietmar Lüdke, Die Statuetten der gotischen Goldschmiede. Studien zu den „autonomen" und vollrun-
den Bildwerken der Goldschmiedeplastik und den
Statuettenreliquiaren in Europa zwischen 1230 und
1530, München 1983.

Lymant 1982
Brigitte Lymant, Die Glasmalereien des Schnütgen-
Museum. Bestandskatalog, Köln 1982.

Lymant 1994
Brigitte Lymant, Entflammen und Löschen. Zur Ikonographie des Liebeszaubers vom Meister des Bonner
Diptychons, in: Zeitschrift für Kunstgeschichte, 57,
1994, S. 111–122.

Maaz 2007
Bernhard Maaz, Sozialutopische Stadtlandschaften.
Schinkels Architekturmalerei – Bedeutung und Folgen,
in: Annette Dorgerloh, Michael Niedermeier und
Horst Bredekamp (Hrsg.), Klassizismus – Gotik. Karl
Friedrich Schinkel und die patriotische Baukunst,
Berlin 2007, S. 113–121.

Marincola 2004
Michele Marincola, Riemenschneider's Use of the
Decorative Punch in Unpolychromed Sculpture
Riemenschneider's Use of the Decorative Punch in
Unpolychromed Sculpture, in: Julien Chapuis (Hrsg.),
Tilman Riemenschneider, c. 1460–1531. Studies in
the History of Art 65 (Symposium Papers XLII),
Washington, D. C., 2004, S. 130–147.

Marx 2011
Petra Marx, Derick Baegert. Ein spätmittelalterlicher
Maler in Wesel und sein Schaffen zwischen Niederrhein, Niederlande und Westfalen. Forschungsstand
und offene Fragen, in: Derick Baegert und sein Werk,
hrsg. von Jürgen Becks, Martin Wilhelm Roelen, AK
Städtisches Museum, Wesel, 2011; Wesel 2011, S. 47–
91.

Marx 2013
Petra Marx, Im Glanze Gottes und der Heiligen.
Stifterbilder in der mittelalterlichen Goldschmiede-
kunst, in: Westfalen, Hefte für Geschichte, Kunst und
Volkskunde, 91, 2013, S. 107–164.

Massing 1984
Jean Michel Massing, Schongauer's „Tribulations of
St Anthony". It's Iconography and Influence on
German Art, in: Print Quarterly, 1/4, 1984, S. 221–235.

Maurer 1958
Emil Maurer, Konrad Witz und die niederländische
Malerei, in: Zeitschrift für schweizerische Archäolo-
gie und Kunstgeschichte 18, 1958, S. 158–166.

McClellan 1994
Andrew McClellan, Inventing the Louvre. Art, Politics,
and the Origins of the Modern Museum in Eighteenth-
Century Paris, Cambridge 1994.

Metelmann 2002
Volker Metelmann, Die Erfüllung der Zeiten in
Christus. Zur bildnerischen Enzyklopädie des Ulmer
Chorgestühls, in: AK Ulm 2002, S. 54–65.

Metz 1966
Peter Metz (Hrsg.), Bildwerke der christlichen Epochen
von der Spätantike bis zum Klassizismus. Aus den
Beständen der Skulpturensammlung der Staatlichen
Museen, Stiftung Preußischer Kulturbesitz, Berlin-
Dahlem, München 1966.

Metzger 2000/01
Christof Metzger, Neues vom Nördlinger Hochaltar,
in: Zeitschrift des deutschen Vereins für Kunstwissenschaft, 54/55, 2000/01 (2003), S. 105–126.

Metzger 2012
Christof Metzger, Nicolas de Leyde et l'art de
montrer l'art. La Vierge de Dangolsheim devoilée, in:
Nicolas de Leyde, sculpteur du XVe siècle. Un regard
moderne, hrsg. von Roland Recht, Cécile Dupeux und
Stefan Roller, AK Musée de l'Œuvre Notre-Dame,
Straßburg, 2012; Straßburg 2012, S. 69–79.

Meuthen 1982
Erich Meuthen, Ein neues frühes Quellenzeugnis
(zu Oktober 1454?) für den ältesten Bibeldruck. Enea
Silvio Piccolomini am 12. März 1455 aus Wiener
Neustadt an Kardinal Juan de Carvajal, in: Guten-
berg-Jahrbuch, 57, 1982, S. 108–118.

Mezenceva 1979
Čarmian A. Mezenceva, Die Holzplastik „Maria mit
dem Kind" aus der Sammlung der Staatlichen Ermitage
und ihre stilistische Umgebung, in: Staatliche Museen
zu Berlin. Forschungen und Berichte, Bd. 19: Kunsthistorische und volkskundliche Beiträge, 1979, S. 57–60.

Michaelis 1989
Rainer Michaelis, Gemäldegalerie Berlin. Deutsche
Gemälde 14.–18. Jahrhundert, Berlin 1989.

Miller 2002
Albrecht Miller, Das Ulmer Chorgestühl und Michel
Erhart, in: AK Ulm 2002, S. 44–53.

Möhring 1997
Helmut Möhring, Die Tegernseer Altarretabel des
Gabriel Angler und die Münchner Malerei von 1430–
1450, München 1997.

Molsdorf 1911
Wilhelm Molsdorf, Gruppierungsversuche im Bereiche
des ältesten Holzschnittes, Straßburg 1911.

Moraht-Fromm 2013
Anna Moraht-Fromm, Das Erbe der Markgrafen.
Die Sammlung deutscher Malerei (1350–1550) in
Karlsruhe, Ostfildern 2013.

Möseneder 1993
Karl Möseneder, Der junge Michelangelo und Martin
Schongauer, in: Joachim Poeschke (Hrsg.), Italieni-
sche Frührenaissance und nordeuropäisches Spät-
mittelalter. Kunst der frühen Neuzeit im europäischen
Zusammenhang, München 1993, S. 259–270.

Moser 1997
Eva Moser (Hrsg.), Buchmalerei im Bodenseeraum
13. bis 16. Jahrhundert, Friedrichshafen 1997.

Mosler-Christoph 1998
Susanne Mosler-Christoph, Die materielle Kultur in den Lüneburger Testamenten 1323 bis 1500, Göttingen 1998.

Moxey 1985
Keith P. F. Moxey, Das Ritterideal und der Hausbuchmeister (Meister des Amsterdamer Kabinetts), in: AK Amsterdam/Frankfurt am Main 1985, S. 39–52.

Mozer 2010
Berhard von Breydenbach, Peregrinatio in terram sanctam. Frühneuhochdeutscher Text und Übersetzung, hrsg. vo Isolde Mozer, Berlin u. a. 2010.

Müller/Winkler 1937
Max Müller und Friedrich Winkler, Bamberger Ansichten aus dem XV. Jahrhundert, in: Jahrbuch der Preußischen Kunstsammlungen, 58, 1937, S. 241–257.

Musper 1941
Heinrich Theodor Musper, Der früheste Stecher – ein Oberdeutscher, in: Pantheon, 28, 1941, S. 203–207.

Naß 1991
Markus Naß, Der Kupferstich der Muttergottes mit den Maiglöckchen L. 79 des Monogrammisten E. S. und die Beziehungen zur Dangolsheimer Muttergottes, in: Jahrbuch der Berliner Museen, 33, 1991, S. 239–251.

Nicolaisen 1993
Jan Nicolaisen, Martin Schongauer. Die Entwicklung des Kupferstichs zur eigenständigen Kunstgattung. Die Herausbildung der Plastizität als druckgraphische Kunstform und bildnerische Vorlage, Freiburg i. Br. 1993.

Nicolaisen 2000
Jan Nicolaisen, Martin Schongauer. Die Entwicklung des Kupferstichs zur eigenständigen Kunstgattung; die Herausbildung der Plastizität als druckgraphische Kunstform und bildnerische Vorlage [Freiburg i. Br. 1993], Digitalisat 2000: https://digi.ub.uni-heidelberg.de/diglit/nicolaisen1993/0211.

Niehr 2019
Klaus Niehr, Das Flügelretabel aus Bad Orb, in: Ulrich Schütte u. a. (Hrsg.), Mittelalterliche Retabel in Hessen, Bd. 2: Werke, Kontexte, Ensembles, Petersberg 2019, S. 176–181.

Oellermann 1991
Eike Oellermann, Die Schnitzaltäre Friedrich Herlins im Vergleich der Erkenntnisse neuerer kunsttechnologischer Untersuchungen, in: Jahrbuch der Berliner Museen, 33, 1991, S. 213–238.

Ohnmacht 1973
Mechtild Ohnmacht, Das Kruzifix des Niclaus Gerhaert von Leyden in Baden-Baden von 1467. Typus – Stil, Herkunft – Nachfolge, Bern/Frankfurt am Main 1973.

von der Osten 1935
Gert von der Osten, Der Schmerzensmann. Typengeschichte eines deutschen Andachtsbildwerkes, Berlin 1935.

Otto 1943
Gertrud Otto, Der Bildhauer Michel Erhart. Ein Vorbericht, in: Jahrbuch der Preußischen Kunstsammlungen 64, 1943, S. 17–44.

Paatz 1939
Walter Paatz, Bernt Notke und sein Kreis, 2 Bde., Berlin 1939.

Palmer 1992
Apokalypse – Ars moriendi – Biblia pauperum – Antichrist – Fabel vom kranken Löwen – Kalendarium und Planetenbücher – Historia David. Die lateinisch-deutschen Blockbücher des Berlin-Breslauer Sammelbandes Staatliche Museen zu Berlin – Preußischer Kulturbesitz, Kupferstichkabinett, Cim. 1,2,5, 7,9, 10, 12 Farbmikrofiche-Edition. Einführung und Beschreibung von Nigel F. Palmer, München 1992.

Panofsky 1948
Erwin Panofsky, Albrecht Dürer, 2. Bde., 3. Aufl., London 1948.

Panofsky 1953
Erwin Panofsky, Early Netherlandish Painting. Its Origin and Character, Cambridge (MA) 1953.

Panofsky 1969 (2011)
Erwin Panofsky, Erasmus and the Visual Arts (= Erwin Panofsky – die späten Jahre, hrsg. von Angela Dressen und Susanne Gramatzki, in: kunsttexte.de, 4, 2011, www.kunsttexte.de). Postprint aus: Journal of the Warburg and Courtauld Institutes, 32, 1969, S. 200–227.

Panofsky 1977
Erwin Panofsky, Das Leben und die Kunst Albrecht Dürers, München 1977.

Panofsky 2006
Erwin Panofsky, Die altniederländische Malerei. Ihr Ursprung und Wesen, übers. und hrsg. von Jochen Sander und Stephan Kemperdick, Köln 2006.

Patrimonia 349
Würfelnde Kriegsknechte aus dem Alabaster-Kalvarienberg. Dom und Domschatz Halberstadt, hrsg. von der Kulturstiftung der Länder in Verb. mit dem Landesamt für Denkmalpflege und Archäologie Sachsen-Anhalt, Berlin 2010 (= Patrimonia; Bd. 349).

Peter 2019
Michael Peter, Mittelalterliche Textilien IV. Samte vor 1500, 2 Bde., Riggisberg 2019.

Phillips 1907
Claude Phillips, A Crucifixion by Conrad Witz, in: The Burlington Magazine 2, 1907, S. 103–109.

Picard 1998
Jean-Michel Picard: Adomnán's „Vita Columbae" and the Cult of Colum Cille in Continental Europe, in: Proceedings of the Royal Irish Academy. Archaeology, Culture, History, Literature, Bd. 98C, 1, 1998, S. 1–23.

Piel 1996
Friedrich Piel, Albrecht Dürer. Aquarelle und Zeichnungen, Augsburg 1996.

Pieper 1959
Paul Pieper, Die silbernen St. Georgsfiguren aus Elbing, in: Festschrift für Erich Meyer zum sechzigsten Geburtstag, 29. Oktober 1957. Studien zu Werken in den Sammlungen des Museums für Kunst und Gewerbe Hamburg, Hamburg 1959, S. 93–105.

Pieper 1986
Paul Pieper, Die deutschen, niederländischen und italienischen Tafelbilder bis um 1530. Bestandskatalog Westfälisches Landesmuseum für Kunst und Landesgeschichte Münster, Münster 1986.

Pieper/Chadour-Sampson 1998
Bau- und Kunstdenkmäler von Westfalen, Bd. 50, T. 2. 1., Der Dombezirk, bearb. von Roland Pieper und Anna Beatriz Chadour-Sampson, Essen 1998.

Pointon 2009
Marcia Pointon, Brilliant Effects. A Cultural History of Gem Stones and Jewellery, New Haven (CT)/London 2009.

Posonyi o.J.
Alexander Posonyi, Bilder-Codex vom Jahr 1411, 12 Lithographien [o. J.].

Pseudo-Bonaventura 1977
Pseudo-Bonaventura, Meditations on the Life of Christ, engl. Übers. von Isa Ragusa und Rosalie B. Green, Princeton (NJ) 1977.

Quadflieg 1962/63
Eberhard Quadflieg, Der Palanter Altar und sein Meister, in: Aachener Kunstblätter, 24/25, 1962/63, S. 246–252.

Quaritch 1887
Bernard Quaritch, A General Catalogue of Books, Offered to the Public at the Affixed Prices, Bd. 6, London 1887.

Ralcheva 2011
Pavla Ralcheva, Der Palanter Altar. Studien zu einem kunsthistorischen Konstrukt. Mag. Universität Köln 2011.

Rapp Buri/Stucky-Schürer 1990
Anna Rapp Buri, Monica Stucky-Schürer, Zahm und wild. Basler und Straßburger Bildteppiche des 15. Jahrhunderts, Mainz 1990.

Recht 1987
Roland Recht, Nicolas de Leyde et la sculpture à Strasbourg – 1460–1525, Straßburg 1987.

Recht 2011
Roland Recht, Niclaus Gerhaert und seine Zeit, in: AK Frankfurt am Main/Straßburg 2011, S. 21–32.

Reiners 1925
Heribert Reiners, Die Kölner Malerschule, Mönchengladbach 1925.

Reinhardt 1996
Uta Reinhardt, Lüneburger Testamente des Mittelalters 1323 bis 1500, Hannover 1996.

Renouvier 1857
Jules Renouvier, Une Passion de 1446. Suite de gravures au burin, les premières avec date, in: Publications de la Société archéologique de Montpellier, 24, Montpellier 1857.

Reske 2000
Christoph Reske, Die Produktion der Schedelschen Weltchronik in Nürnberg = The Production of Schedel's Nuremberg Chronicle, Wiesbaden 2000.

Ressos 2014
Xenia Ressos, Samson und Delila in der Kunst von Mittelalter und Früher Neuzeit, Petersberg 2014.

Rettich/Klapproth/Ewald 1992
Alte Meister. Staatsgalerie Stuttgart, Edeltraud Rettich: Altdeutsche Gemälde, Rüdiger Klapproth: Niederländische Gemälde, Gerhard Ewald: Italienische Gemälde, Stuttgart 1992.

Richter 2003
Thomas Richter, Paxtafeln und Pacificalia. Studien zu Form, Ikonographie und liturgischem Gebrauch, Weimar 2003.

Riether 2019a
Einblattholzschnitte des 15. Jahrhunderts. Bestand der Staatlichen Graphischen Sammlung München, hrsg. von Achim Riether, Bestandskatalog Pinakothek der Moderne, München, Berlin/München 2019.

Riether 2019b
Achim Riether, Kultbild und Kunststück. Kleine Einleitung zum Einblattholzschnitt des 15. Jahrhunderts, in: Riether 2019a, S. 13–23.

Ringshausen 2015
Gerhard Ringshausen, Madern Gerthener. Frankfurts großer Architekt und Bildhauer der Spätgotik, Frankfurt am Main 2015.

Roelen 2010
Martin Wilhelm Roelen, Ein Maler zwischen Niederrhein und Westfalen. Neue Erkenntnisse zur Biographie Derick Baegerts, in: Petra Marx (Hrsg.), Neue Forschungen zur Alten Kunst. Zum hundertjährigen Bestehen des LWL-Landesmuseums für Kunst und Kulturgeschichte in Münster (1908–2008) und seiner Mittelaltersammlung, Münster 2010, S. 301–321.

Rohrmoser 1972
Albin Rohrmoser, Desideratum 6, in: Spätgotik in Salzburg. Die Malerei 1400–1530, AK Neues Haus, Gotischer Saal, Salzburg, 1972; Salzburg 1972.

Rölleke 1971
Heinz Rölleke, Die Titelkupfer zu „Des Knaben Wunderhorn". Richtigstellungen und neue Funde, in: Jahrbuch des freien deutschen Hochstifts, 1971, S. 123–131.

Rölleke 1977
Heinz Rölleke (Hrsg.), Clemens Brentano. Sämtliche Werke und Briefe. Bd. 9,2: Des Knaben Wunderhorn. Alte deutsche Lieder. Lesarten und Erläuterungen, Stuttgart u. a. 1977.

Roller 1996
Stephan Roller, Ein verlorenes Werk des Meisters der Karlsruher Passion. Zu einer aquarellierten Zeichnung in den Graphischen Sammlungen München und einem Kupferstich in der Staatlichen Kunsthalle Karlsruhe, in: AK Karlsruhe 1996, S. 117–141.

Roller 2011
Stefan Roller, Niclaus Gerhaert und seine Bedeutung für die Bildhauerkunst Mitteleuropas, in: AK Frankfurt am Main/Straßburg 2011, S. 109–134.

Romano 1992
Giovanni Romano (Hrsg.), La Sala Baronale del Castello della Manta, Mailand 1992.

Roosen-Runge 1983
Heinz Roosen-Runge, Neue Wege zur Erforschung von illuminierten Handschriften und Drucken der Gutenberg-Zeit, in: Gutenberg-Jahrbuch, 58, 1983, S. 89–104.

Rosenberg 1922–1928
Marc Rosenberg, Der Goldschmiede Merkzeichen, 4 Bde., 3. Aufl., Berlin 1922–1928.

Rosenberg 1923
Jakob Rosenberg (Hrsg.), Martin Schongauer. Handzeichnungen, München 1923.

Rosenfeld 1990
Jörg Rosenfeld, Die nichtpolychromierte Retabelskulptur als bildreformerisches Phänomen im ausgehenden Mittelalter und in der beginnenden Neuzeit, Diss. Universität Hamburg, 1990.

Rosenfeld 1991
Hellmut Rosenfeld, Papierverbreitung und Holzschnitterfindung als Voraussetzung für Bilddruck und Blockbuch, in: AK Mainz 1991, S. 221–228.

Rosenfeld 1997
Jörg Rosenfeld, Unus invenit – alter fecit. Bronzebildwerke von Hans Multscher? Eine nicht ganz unproblematische Kunstgeschichte, in: AK Ulm 1997, S. 225–234.

Roth 1992
Michael Roth, Die Zeichnungen des „Meisters der Coburger Rundblätter", Diss. Freie Universität Berlin, Mikrofiche 1992.

Roth 1993
Michael Roth, Michael Wolgemut/Wilhelm Pleydenwurff, Ulm von Süden aus der Schedelschen Weltchronik, in: Ulmer Museum, Kunstwerk des Monats, Juli 1993.

Roth 2000
Gunhild Roth, Die Gregoriusmesse und das Gebet „Adoro te in cruce pendentem" im Einblattdruck. Legendenstoff, bildliche Verarbeitung und Texttradition am Beispiel des Monogrammisten d. Mit Textabdrucken, in: Volker Honemann u. a. (Hrsg.), Einblattdrucke des 15. und frühen 16. Jahrhunderts. Probleme, Perspektiven, Fallstudien, Tübingen 2000, S. 277–324.

Roth 2011
Michael Roth, Ein Bild von einem Mann, in: Arsprototo, 4, 2011, S. 26–31.

Roth 2012
Michael Roth, Albrecht Dürer und Straßburg, in: AK Nürnberg 2012, S. 39–51.

Roth 2015
Michael Roth, Hold the Line – Albrecht Dürer und die druckgraphischen Verfahren seiner Zeit/Hold the Line – Albrecht Dürer and the Printmaking Techniques of His Time, in: Double Vision. Albrecht Dürer/ William Kentridge, hrsg. von Klaus Krüger, Andreas Schalhorn und Elke Anna Werner, AK Kulturforum, Berlin, Staatliche Kunsthalle Karlsruhe, 2015–2017; München 2015, S. 150–157.

Roth Heege 2012
Eva Roth Heege, Ofenkeramik und Kachelofen. Typologie, Terminologie und Rekonstruktion im deutschsprachigen Raum (CH, D, A, FL) mit einem Glossar in 17 Sprachen, Basel 2012.

Rott 1934
Hans Rott, Quellen und Forschungen zur südwestdeutschen und schweizerischen Kunstgeschichte im XV. und XVI. Jahrhundert, Bd. 2: Alt-Schwaben und die Reichsstädte, Stuttgart 1934.

Rott 1936
Hans Rott, Quellen und Forschungen zur südwestdeutschen und schweizerischen Kunstgeschichte im XV. und XVI. Jahrhundert, Bd. 3, Der Oberrhein. Quellen 1, Stuttgart 1936.

Röttgen 1961
Herwarth Röttgen, Zwei noch umstrittene Zuschreibungen an Konrad Witz, in: Jahrbuch der Berliner Museen 3, 1961, S. 88–93.

Rücker 1988
Elisabeth Rücker, Hartmann Schedels Weltchronik. Das größte Buchunternehmen der Dürer-Zeit, München 1988.

Rückert 1960
Rainer Rückert, Goldschmiedearbeiten vom Mittelalter bis zur Mitte des 20. Jahrhunderts. Statuettenreliquiar, in: Jahrbuch der Hamburger Kunstsammlungen, 5, 1960, S. 154–163.

Rücklin 2000
Françoise Rücklin, Konrad Witz et ses commanditaires français, in: Zeitschrift für Schweizerische Archäologie und Kunstgeschichte, 57, 2000, S. 113–116.

Rupprich 1956–1969
Dürer. Schriftlicher Nachlass, 3 Bde., hrsg. von Hans Rupprich, Berlin 1956–1969.

zu Salm/Goldberg 1963
Altdeutsche Malerei, Alte Pinakothek München, Kataloge 2, bearb. von Christian A. zu Salm und Gisela Goldberg, München 1963.

Saure 2010
Felix Saure, Karl Friedrich Schinkel. Ein deutscher Idealist zwischen „Klassik" und „Gotik", Hannover 2010.

Schaden 1995
Christoph Schaden, „Bei Haxthausen viel Bilder-Plunder …". Das Schicksal des städtischen Regierungs-rats und Kunstsammlers Werner Moritz von Haxthau-sen in Köln 1816–26, in: Hiltrud Kier und Frank Günter Zehnder (Hrsg.), Lust und Verlust. Kölner Sammler zwischen Trikolore und Preußenadler, Köln 1995, S. 205–213.

Schädler 1954
Alfred Schädler, Zum Werk des Meisters der Lorcher Kreuztragung, in: Münchner Jahrbuch der bildenden Kunst, 3. Folge, 5, 1954, S. 80–88.

Schauder 1992
Michael Schauder, Der Basler Heilsspiegelalter des Konrad Witz – Überlegungen zu seiner ursprünglichen Gestalt, in: Flügelaltäre des späten Mittelalters. Die Beiträge des Internationalen Colloquiums Forschung zum Flügelaltar des späten Mittelalters. Münnerstadt 1990, hrsg. von Hartmut Krohm und Eike Oellermann, Berlin 1992, S. 103–122.

Schedl 2016
Michaela Schedl, Tafelmalerei der Spätgotik am südlichen Mittelrhein, Phil. Diss. Frankfurt am Main 2012, Mainz 2016.

Scheffler 1965
Wolfgang Scheffler, Goldschmiede Niedersachsens, Berlin 1965.

Scheffler 1973
Wolfgang Scheffler, Goldschmiede Rheinland-West-falens. Daten Werke Zeichen, 2 Teilbde., Berlin/New York 1973.

Scheibler/Aldenhoven 1902
Ludwig Scheibler und Carl Aldenhoven (Hrsg.), Geschichte der Kölner Malerschule, Lübeck 1902.

Scherer 1998
Annette Scherer, Drei Meister – eine Werkstatt. Die Kölner Malerei zwischen 1460 und 1490, Diss. Universität Heidelberg, 1998.

Schilling 1934
Edmund Schilling, Altdeutsche Meisterzeichnungen, Frankfurt am Main 1934.

Schmid 1958
Helmut H. Schmid, Augsburger Einzelformschnitt und Buchillustration im 15. Jahrhundert, Baden-Baden/Straßburg 1958.

Schmid 1977
Elmar D. Schmid, Nördlingen – die St. Georgskirche und St. Salvator, Stuttgart/Aalen 1977.

Schmid 1994
Wolfgang Schmid, Stifter und Auftraggeber im spätmittelalterlichen Köln, Köln 1994. Schmidt 1974 Hans M. Schmidt, Zum Meister der Darmstädter Passion, in: Kunst in Hessen und am Mittelrhein, 14, 1974, S. 7–48.

Schmidt 1974
Hans M. Schmidt, Zum Meister der Darmstädter Passion, in: Kunst in Hessen und am Mittelrhein, 14, 1974, S. 7–48.

Schmidt 1978
Hans Martin Schmidt, Der Meister des Marienlebens und sein Kreis. Studien zur spätgotischen Malerei in Köln, Diss. Universität Bonn, 1969, Düsseldorf 1978.

Schmidt 1998
Peter Schmidt, Rhin supérieur ou Bavière. Localisa-tion et mobilité des gravures au milieu du XVe siècle, in: Revue de l'Art, 120, 1998, S. 68–88.

Schmidt 2003a
Peter Schmidt, Gedruckte Bilder in handgeschriebe-nen Büchern. Zum Gebrauch von Druckgraphik im 15. Jahrhundert, Köln u.a. 2003.

Schmidt 2003b
Peter Schmidt, Inneres Bild und äußeres Bild. Porträt und Devotion im späten Mittelalter, in: Martin Büchsel und Peter Schmidt (Hrsg.), Das Porträt vor der Erfin-dung des Porträts, Mainz 2003, S. 219–225.

Schmidt 2005
Peter Schmidt, Das vielfältige Bild. Die Anfänge des Mediums Druckgraphik zwischen alten Thesen und neuen Zugängen, in: AK Washington/Nürnberg 2005, S. 37–56.

Schmidt 2012
Peter Schmidt, Wieso Holzschnitt? Dürer auf der Medien- und Rollensuche, in: AK Nürnberg 2012, S. 146–159.

Schmidt 2018
Sebastian Schmidt, Abbild, Selbstbild. Das Porträt in Nürnberg um 1500, Wiesbaden 2018.

Schmidt/Schmidt-Künsemüller 1979
Wieland Schmidt und Friedrich Adolf Schmidt-Künsemüller (Hrsg.), Johann Gutenbergs zweiund-vierzigzeilige Bibel. Faksimile-Ausgabe nach dem Exemplar der Staatsbibliothek Preußischer Kultur-besitz Berlin. Kommentarband, Münster 1979.

Schmitt 1999
Hollstein's German Engravings, Etchings and Woodcuts 1400–1700, Bd. 49: Ludwig Schongauer to Martin Schongauer, bearb. von Lothar Schmitt, hrsg. von Nicholas Stogdon, Rotterdam 1999.

Schmitz 1913
Hermann Schmitz, Die Glasgemälde des königlichen Kunstgewerbemuseums zu Berlin, 2 Bde., Berlin 1913.

Schneider 1991
Cornelia Schneider, Die Apokalypsen-Illustrationen des frühen Buchdrucks, in: AK Mainz 1991, S. 119–140.

Schoch/Mende/Scherbaum 2001–2004
Albrecht Dürer. Das druckgraphische Werk, 3 Bde., hrsg. vom Germanischen Nationalmuseum Nürnberg, bearb. von Rainer Schoch, Matthias Mende und Anna Scherbaum, München u. a. 2001–2004.

Scholten/de Werd 2004
Een hogere werkelijkheid. Duitse en Franse beeld-houwkunst 1200–1600, uit het Rijksmuseum Amster-dam, hrsg. von Frits Scholten und Guido de Werd, Amsterdam 2004.

Scholz 1994a
Hartmut Scholz, Die mittelalterlichen Glasmalereien in Ulm. Bd. 1/3: Corpus Vitrearum Medii Aevi Deutschland, Berlin 1994.

Scholz 1994b
Hartmut Scholz, Hans Wild und Hans Kamensetzer. Hypotheken der Ulmer und Strassburger Kunstge-schichte des Spätmittelalters, in: Jahrbuch der Berlin Museen, N. F., 36, 1994, S. 93–140.

Scholz 1995
Hartmut Scholz, Die Straßburger Werkstattgemein-schaft. Ein historischer und kunsthistorischer Überblick, in: AK Ulm 1995, S. 13–26.

Scholz 2016
Hartmut Scholz, Zurück zu den Anfängen: Hans Kamensetzer revisited, in: Zeitschrift des deutschen Vereins für Kunstwissenschaft, 70, 2016, S. 117–129.

Scholz 2019
Hartmut Scholz, Die Glasmalereien des Mittelalters und der Frühen Neuzeit in Nürnberg: Lorenzer Stadt-seite, 2 Bde. Bd. 10/3: Corpus Vitrearum Medii Aevi Deutschland, Berlin 2019.

Schreiber 1891–1911
Wilhelm Ludwig Schreiber, Manuel de l'amateur de la gravure sur bois et sur métal au XVe siècle, 8 Bde., Berlin 1891–1911.

Schreiber 1926
Wilhelm Ludwig Schreiber, Die Meister der Metall-schneidekunst. Nebst einem nach Schulen geordneten Katalog ihrer Arbeiten, Straßburg 1926.

Schreiber 1926–1930
Wilhelm Ludwig Schreiber, Handbuch der Holz- und Metallschnitte des XV. Jahrhunderts, 8 Bde., Leipzig 1926–1930.

Schreiber 2004
Susanne Schreiber, Studien zum bildhauerischen Werk des Niclaus (Gerhaert) von Leiden, Diss. TU Berlin 1996, Frankfurt am Main u. a. 2004.

Schreiber/Musper 1976
Heinrich Theodor Musper, Der Einblattholzschnitt und die Blockbücher des XV. Jahrhunderts, Bd. 11, Tafelband, 3. Aufl., völlig neubearb. u. stark erw. Ausg. von Bd. 6–8 der Erstaufl. (= Wilhelm Ludwig Schrei-ber, Handbuch der Holz- und Metallschnitte des XV. Jahrhunderts), Stuttgart 1976.

Schröder 1922
Hans Schröder, Das Lüneburger Ratssilber. Diss. Universität Hamburg 1922.

Schroeder 1970
Johann Karl von Schroeder, Reineke vam Dressche, der Meister der Mindener Chormantelschliesse von 1484, in: Berliner Museen, Berichte aus den Staat-lichen Museen des Preußischen Kulturbesitzes, N.F., 20, 1970, S. 23–27.

Seegets 1998
Petra Seegets, Passionstheologie und Passionsfrömmigkeit im ausgehenden Mittelalter. Der Nürnberger Franziskaner Stephan Fridolin (gest. 1498) zwischen Kloster und Stadt, Tübingen 1998.

Seelig 2002
Lorenz Seelig, Silber für Rat und Zunft als Elemente der städtischen Repräsentation, in: Hans Ulrich Thamer (Hrsg.), Bürgertum und Kunst in der Neuzeit, Münster 2002, S. 231–266.

Seewaldt 2001
Peter Seewaldt, Madonna im Chörlein. Serielle Reliefs der Spätgotik aus Trier in der Nachfolge des Nikolaus Gerhaert von Leyden?, in: Trierer Zeitschrift, 64, 2001, S. 283–295.

Seidel 2017
Max Seidel, Il mito del „Maestro di Rimini". Riflessioni in merito alla scoperta di un capolavoro, in: Prospettiva, 167/168, Juli–Oktober 2017, S. 3–41.

Signori 2012
Gabriela Signori, Die Wirtschaftspraktiken eines spätmittelalterlichen Goldschmieds. Stefan Maignow und sein Geschäftsbuch (1477–1501), in: Vierteljahrschrift für Sozial- und Wirtschaftsgeschichte, 99/3, 2012, S. 281–299.

Smith 2010
Jeffrey Chipps Smith, Dürer and Sculpture, in: Larry Silver und Jeffrey Chipps Smith (Hrsg.), The Essential Dürer, Philadelphia 2010, S. 74–98, 238–243.

Söding 1991
Ulrich Söding, Hans Multschers Wurzacher Altar, in: Münchner Jahrbuch der bildenden Kunst, 42, 1991, S. 69–116.

Graf zu Solms-Laubach 1935/36
Ernstotto Graf zu Solms-Laubach, Der Hausbuchmeister, in: Städel-Jahrbuch 9, 1935/36, S. 13–96.

Sotzmann 1842
Johann Daniel F. Sotzmann, Die xylographischen Bücher eines in Breslau befindlich gewesenen Bandes, jetzt in dem Königl. Kupferstich-Kabinet in Berlin, in: Serapeum 3, 1842, S. 177–190, 193–212.

Sprandel 1975
Rolf Sprandel, Das mittelalterliche Zahlungssystem nach hansisch-nordischen Quellen des 13.–15. Jahrhunderts, Stuttgart 1975.

Springer 1890
Jaro Springer, Die Toggenburg-Bibel, in: Jahrbuch der Königlich Preußischen Kunstsammlungen 11, 1890, S. 59–63.

Springer 1905
J. S[pringer], Eine neue Zeichnung vom Meister des Hausbuchs, in: Jahrbuch der königlich preußischen Kunstsammlungen, 26, 1905, S. 68.

Springer 1981
Peter Springer, Kreuzfüße. Ikonographie und Typologie eines hochmittelalterlichen Gerätes, Berlin 1981.

Stahl 1920
Ernst Konrad Stahl, Die Legende vom heil. Riesen Christophorus in der Graphik des 15. und 16. Jahrhunderts. Ein entwicklungsgeschichtlicher Versuch. 2 Bde. (Text und Tafeln), München 1920.

Stamm 1981
Lieselotte Esther Stamm, Die Rüdiger Schopf-Handschriften. Die Meister einer Freiburger Werkstatt des späten 14. Jahrhunderts und ihre Arbeitsweise, Aarau u.a. 1981.

Stammler 1962
Wolfgang Stammler, Die heilige Kakubilla. Ein Beitrag zur Volksfrömmigkeit des Mittelalters, in: ders., Wort und Bild. Studien zu den Wechselbeziehungen zwischen Schrifttum und Bildkunst im Mittelalter, Berlin 1962, S. 123–129.

Stange 1933
Alfred Stange, Der Kreuzaltar des Meisters der Darmstädter Passion, in: Jahrbuch der Preußischen Kunstsammlungen, 54, 1933, S. 137–139.

Stange 1934–1961
Alfred Stange, Deutsche Malerei der Gotik, 11 Bde., Berlin/München 1934–1961.

Stange 1952
Alfred Stange, Köln in der Zeit von 1450 bis 1515, Berlin 1952.

Stange 1967–1978
Alfred Stange, Kritisches Verzeichnis der deutschen Tafelbilder vor Dürer, 3 Bde., München 1967–1978.

Statnik 2009
Björn Statnik, Sigmund Gleismüller. Hofkünstler der reichen Herzöge zu Landshut, Petersberg 2009.

Steig 1914
Reinhold Steig, Clemens Brentano und die Brüder Grimm, Stuttgart 1914.

Sterling 1972
Charles Sterling, The Master of the „Landsberg" Altar-Wings, in: Artur Rosenauer und Gerold Weber (Hrsg.), Kunsthistorische Forschungen. Otto Pächt zu Ehren, Salzburg 1972, S. 150–165.

Sterling 1986
Charles Sterling, L'influence de Konrad Witz en Savoie, in: Revue de l'Art, 71, 1986, S. 26–29.

Stiassny 1911
Robert Stiassny, Studien zur Altsalzburger Malerei, in: Repertorium für Kunstwissenschaft 34, 1911, S. 315–350.

Stijnman 2012
Ad Stijnman, Engraving and Etching 1400–2000. A History of the Development of Manual Intaglio Printmaking Processes, London/Houton 2012.

Stöger 1833
Franz Xaver Stöger, Zwey der ältesten Druckdenkmäler beschrieben und in neuem Abdruck mitgetheilt, München 1833.

Strauss 1974
Walter L. Strauss (Hrsg.), The Complete Drawings of Albrecht Dürer, 6 Bde., New York 1974.

Strieder 1983
Peter Strieder, Schri.kunst.schri.vnd.klag.dich.ser – Kunst und Künstler an der Wende vom Mittelalter zur Renaissance, in: Anzeiger des Germanischen Nationalmuseums, 98, 1983, S. 19–26.

Strieder 1993
Peter Strieder, Tafelmalerei in Nürnberg 1350–1550. Königstein/Ts. 1993.

Strieder 2012
Peter Strieder, Dürer, 3. Aufl., Königstein/Ts. 2012.

Suckale 1998
Robert Suckale, Kunst in Deutschland. Von Karl dem Großen bis heute, Köln 1998.

Suckale 2009
Robert Suckale, Die Erneuerung der Malkunst vor Dürer, 2 Bde., Petersberg 2009.

Swarzenski 1921
Georg Swarzenski, Deutsche Alabasterplastik des 15. Jahrhunderts, in: Städel-Jahrbuch, 1, 1921, S. 167–213.

Swarzenski 1926/27
Georg Swarzenski, Der Kölner Meister bei Ghiberti, in: Vorträge der Bibliothek Warburg, 6, 1926/27, S. 21–42.

Szczepkowska-Naliwajek 1987
Kinga Szczepkowska-Naliwajek: Złotnictwo gotyckie Pomorza Gdańskiego, Ziemi Chełmińskiej i Warmii [Gotische Goldschmiedekunst in Pomerellen, im Kulmerland und im Ermland], Breslau 1987.

Talbot 2010
Charles Talbot, Dürer and the High Art of Printmaking, in: Larry Silver und Jeffrey Chipps Smith, The Essential Dürer, Philadelphia 2010, S. 35–61, 235–37.

Tammen 2005
Silke Tammen, Dorn und Schmerzensmann. Zum Verhältnis von Reliquie, Reliquiar und Bild in spätmittelalterlichen Christusreliquiaren, in: Bruno Reudenbach und Gia Toussaint (Hrsg.), Reliquiare im Mittelalter, Berlin 2005, S. 187–208.

Theiss 2011
Harald Theiss, Die Holzbildwerke Niclaus Gerhaerts und seines künstlerischen Umfeldes. Technologische Beobachtungen zum Bildträgeraufbau und zur Fassung, in: AK Frankfurt am Main/Straßburg 2011, S. 167–180.

Thode 1891
Henry Thode, Die Malerschule von Nürnberg im XIV. und XV. Jahrhundert in ihrer Entwicklung bis auf Dürer, Frankfurt am Main 1891.

Thürlemann 1992
Felix Thürlemann, Das Lukas-Triptychon in Stolzenhain: Ein verlorenes Hauptwerk Robert Campins in einer Kopie aus der Werkstatt Derick Baegerts, in: Zeitschrift für Kunstgeschichte, 62, 1992, S. 524–564.

Tietze/Tietze-Conrat 1928
Hans Tietze und Erika Tietze-Conrat, Der junge Dürer. Verzeichnis der Werke bis zur venezianischen Reise im Jahre 1505, Augsburg 1928.

Timm 2006
Frederike Timm, Der Palästina-Pilgerbericht des Bernhard von Breidenbach und die Holzschnitte Erhard Reuwichs. Die „Peregrinatio in terram sanctam" (1486) als Propagandainstrument im Mantel der gelehrten Pilgerschrift, Stuttgart 2006.

Tognetti 2002
Sergio Tognetti, Un'industria di lusso al servizio del grande commercio. Il mercato dei drappi serici e della seta nella Firenze del Quattrocento, Florenz 2002.

Trempler 2012
Jörg Trempler, Karl Friedrich Schinkel. Baumeister Preußens. Eine Biographie, München 2012.

Tripps 1969
Manfred Tripps, Hans Multscher. Seine Ulmer Schaffenszeit 1427–1467, Weissenhorn 1969.

Tripps 1998
Johannes Tripps, Das handelnde Bildwerk in der Gotik. Forschungen zu den Bedeutungsschichten und der Funktion des Kirchengebäudes und seiner Ausstattung in der Hoch- und Spätgotik, Berlin 1998.

Tritz 2008
Sylvie Tritz, „… uns Schätze im Himmel zu sammeln." Die Stiftungen des Nikolaus von Kues, Mainz 2008.

Tunger 1992
Andrea Tunger, Typologie und Ikonographie der Pluvialschliessen, Diss. Universität Bonn 1992.

Ulmer 1949
Bernhard Ulmer, The „Wunderhorn" and the Oldenburger Horn, in: Modern Language Quarterly, 10, 1949, S. 281–289.

Unterkircher 1969
Franz Unterkircher, Die datierten Handschriften der Österreichischen Nationalbibliothek bis zum Jahre 1400, Teil 1: Text, Teil 2: Tafeln, Katalog der datierten Handschriften in lateinischer Schrift in Österreich 1, Wien 1969.

Vanwijnsberghe 2020
Dominique Vanwijnsberghe, The Eyckian Miniatures in the Turin-Milan Hours, in: Van Eyck, hrsg. von Maximiliaan Martens u. a., AK Museum voor Schone Kunsten Gent, London 2020, S. 296–315.

Vasari 2004
Giorgio Vasari, Proemien zu den Lebensbeschreibungen berühmter Künstler, hrsg. von Alessandro Nova, Berlin 2004.

Verz. Berlin 1931
Staatliche Museen zu Berlin. Beschreibendes Verzeichnis der Gemälde im Kaiser-Friedrich-Museum, bearb. von Irene Kunze, Berlin 1931.

de Vos 1999
Dirk de Vos, Rogier van der Weyden. Das Gesamtwerk, München 1999.

de Vos 1994
Dirk de Vos, Hans Memling. Das Gesamtwerk, Antwerpen u. a. 1994.

Waagen 1830
Gustav Friedrich Waagen, Verzeichniss der Gemälde-Sammlung des Königlichen Museums zu Berlin, Berlin 1830.

Wallrath 1943
Rolf Wallrath, Eine Visierung des Baumeisters und Bildhauers Madern Gerthner?, in: Jahrbuch der Preußischen Kunstsammlungen, 64, 1943, S. 73–88.

Warburg 1911
Aby Warburg, Zwei Szenen aus König Maximilians Brügger Gefangenschaft, in: Jahrbuch der königlich-preußischen Kunstsammlungen, 32, 1911, S. 180–184.

Weber 1975
Ingrid Weber, Deutsche, Niederländische und Französische Renaissanceplaketten 1500–1650. Modelle für Reliefs an Kult-, Prunk- und Gebrauchsgegenständen, 2 Bde., München 1975.

Weekes 2004
Ursula Weekes, Early Engravers and Their Public. The Master of the Berlin Passion and Manuscripts from Convents in the Rhine-Maas Region, ca. 1450–1500, London 2004.

Wehking 1997
Sabine Wehking, Die Inschriften der Stadt Minden, Wiesbaden 1997.

Wehking 2017
Sabine Wehking, Die Inschriften der Stadt Lüneburg, 2 Teilbde. Wiesbaden 2017.

Wehmer 1970
Carl Wehmer, Gutenbergs Typographie und die Teigdrucke des Monogrammisten d., in: Essays in Honour of Victor Scholderer, Mainz 1970, S. 426–484.

Weilandt 1996
Gerhard Weilandt, Der wiedergefundene Vertrag Jörg Syrlins des Älteren über das Hochaltarretabel des Ulmer Münsters. Zum Erscheinungsbild des frühesten holzsichtigen Retabels, in: Zeitschrift für Kunstgeschichte, 59, 1996, S. 437–460.

Weinberger 1924
Martin Weinberger, Über die Herkunft des Meisters L Cz, in: Festschrift für Heinrich Wölfflin. Beiträge zur Kunst- und Geistesgeschichte, München 1924, S. 169–182.

Welzel 1995
Barbara Welzel, Die Engelweihe in Einsiedeln und die Kupferstiche vom Meister E.S., in: Städel-Jahrbuch, N.F., Bd. 15, 1995, S. 121–144.

Wendland 1924
Hans Wendland, Konrad Witz. Gemäldestudien, Basel 1924.

Weniger 2017
Matthias Weniger, Tilman Riemenschneider. Die Werke im Bayerischen Nationalmuseum, Petersberg 2017.

Wescher 1931
Paul Wescher, Beschreibendes Verzeichnis der Miniaturen – Handschriften und Einzelblätter – des Kupferstichkabinetts der Staatlichen Museen Berlin, Leipzig 1931.

von Wilckens 1978
Leonie von Wilckens, Hinweise zu einigen frühen Einblattholzschnitten und zur Blockbuchapokalypse, in: Anzeiger des Germanischen Nationalmuseums, 1978, S. 7–12.

von Wilckens 1984
Leonie von Wilckens, The „Wise Men" Tapestry in Berlin, in: Bulletin de Liaison du Centre International d'Etudes des Textiles Anciens, 59/60, 1984, S. 61–66.

Wilhelmy 2000
Winfried Wilhelmy (Hrsg.), Drache, Greif und Liebesleut'. Mainzer Bildteppiche aus spätgotischer Zeit, Schriften des bischöflichen Dom- und Diözesanmuseums Mainz, 1, Mainz 2000.

Wilson 1976
Adrian Wilson, The Making of the Nuremberg Chronicle, Amsterdam 1976.

Winkler 1936–1939
Friedrich Winkler, Die Zeichnungen Albrecht Dürers, 4 Bde., Berlin 1936–1939.

Winkler 1959
Friedrich Winkler, Jos Ammann von Ravensburg, in: Jahrbuch der Berliner Museen 1, 1959, S. 51–118.

Winkler 1961
Friedrich Winkler, Ein Titelblatt und seine Wandlungen, in: Zeitschrift für Kunstwissenschaft, 15, 1961, S. 149–163.

Winzinger 1962
Franz Winzinger, Die Zeichnungen Martin Schongauers, Berlin 1962.

Wolff 1979
Martha Anne Wood Wolff, The Master of the Playing Cards. An Early Engraver and his Relationship to Traditional Media, New Haven (CT) 1979.

Wolff/Seidler 1980
Arnold Wolff und Martin Seidler, Die Wegbereiter des Domausbaues, in: Der Kölner Dom im Jahrhundert seiner Vollendung, AK Kunsthalle Köln, 1980/81; Köln 1980, S. 35–37.

Wolfson 1989
Michael Wolfson, Der Meister der Darmstädter Passion, Darmstadt 1989.

Wolfson 1991
Michael Wolfson, Originalität und Tradition. Zu den ikonographischen und künstlerischen Quellen der Karlsruher Passion, in: Zeitschrift des deutschen Vereins für Kunstwissenschaft, 45, 1991, S. 67–87.

Woods 2018
Kim Woods, Cut in Alabaster. A Material of Sculpture and its European Traditions 1330–1530, London/Turnhout 2018.

Wurst 1999
Jürgen Alexander Wurst, Das Figurenalphabet des
Meisters E. S., München 1999.

Zimdars 2004
Dagmar Zimdars, „Edle Faltenwürfe, abentheuerlich
bemalt …“. Die Turmvorhalle des Freiburger Münsters.
Untersuchung und Konservierung der Polychromie,
Stuttgart 2004.

Zimmermann 1985
Badisches Landesmuseum Karlsruhe. Die mittelalterlichen Bildwerke in Holz, Stein, Ton und Bronze mit
ausgewählten Beispielen der Bauskulptur bearb. von
Eva Zimmermann, Karlsruhe 1985.

Zimmermann u. a. 1991
Eva Zimmermann, Hartmut Krohm, Sabine Reisner u.
a., Zuschreibungsprobleme – Beiträge des Berliner
Colloquiums zur Dangolsheimer Muttergottes, in:
Jahrbuch Preußischer Kulturbesitz, 28, 1991, S. 223–
267.

Zingerle 1892
Ignaz Zingerle, Zur Sancta Kakukabilla-Cutubilla, in:
Zeitschrift des Vereins für Volkskunde, 2, 1892,
S. 199–201.

Bildnachweis

Aachen, Suermondt-Ludwig-Museum, Foto Anne Gold: Kat. 6
© Abegg-Stiftung, 3132 Riggisberg, Schweiz, 1999, Foto Christoph von Viràg: Abb. S. 201, 256
Amsterdam, Rijksmuseum, Foto Frans Pegt: Kat. 112, 117
BBK-Baum Becker Kessler Kunst- und Architekturdokumentation, Foto Stefan Becker: Abb. S. 262
Bernkastel-Kues, St. Nikolaus-Hospital/Cusanusstift: Abb. S. 198
bpk/Rheinisches Bildarchiv Köln: Kat. 50 (1x); Abb. S. 147
bpk/Staatliche Kunsthalle Karlsruhe/Annette Fischer/ Heike Kohler: Kat. 131
bpk/Staatliche Kunsthalle Karlsruhe/Ellen Frank: Kat. 50 (1x)
bpk/Staatliche Kunsthalle Karlsruhe/Wolfgang Pankoke: Kat. 50 (5x)
Corpus Vitrearum Deutschland/Freiburg i. Br., Foto Andrea Gössel: Abb. S. 220, 252
Corpus Vitrearum Deutschland/Freiburg i. Br., Foto R. Tonojan: Abb. S. 218, 221
Ev.-luth. Landeskirche Hannover, Kunstreferat, Foto Ulrich Ahrensmeier: Abb. S. 47
Frankfurt am Main, Städel Museum, CC BY-SA 4.0: Kat. 14
© Genf, Musée d'art et d'histoire, Foto Bettina Jacot Descombes: Abb. S. 14
Wolfgang Gülcker, Berlin: Abb. S. 17, 303
© Hessisches Landesmuseum Darmstadt, Foto Wolfgang Fuhrmannek: Kat. 88; Abb. S. 143
Historisches Museum Basel: Kat. 110; Abb. S. 260
© Hohe Domkirche Köln, Dombauhütte, Foto Matz und Schenk: Abb. S. 22, 44
Nuria Jetter, Berlin: Abb. S. 30
Karlsruhe, Badisches Landesmuseum: Abb. S. 228
© Kirchengemeinde St. Brictius Schöppingen, Foto-Studio pro-art e.wähning: Abb. S. 202
Köln, Kolumba, Foto Lothar Schnepf: Kat. 7
Kopenhagen, Kongernes Samling Rosenborg: Abb. S. 24
Kunstmuseum Basel, Bilddaten gemeinfrei: Kat. 96 (2x)
Künzelsau, Sammlung Würth, Foto Ivan Baschang, München/Paris: Kat. 94
Lothar Lambacher, Berlin: Abb. S. 93
Landesamt für Denkmalpflege, Dienstsitz Esslingen, Foto Bernd Hausner: Abb. S. 15
London, © British Museum: Abb. S. 130
London, The National Gallery: Kat. 72, 97
MaHu-Fotografie Manfred Huber, Lautenbach: Abb. S. 305
München, Bayerische Staatsbibliothek: Abb. S. 164
München, Bayerische Staatsgemäldesammlungen – Alte Pinakothek: Abb. S. 42, 58, 199

München, Bayerisches Nationalmuseum, Foto Walter Haberland: Kat. 66
Münster, LWL-Museum für Kunst und Kultur, Westfälisches Landesmuseum, Foto Sabine Ahlbrand- Dornseif: Kat. 124
Musées de Strasbourg, Foto M. Bertola: Kat. 109; Coverabbildung
Museum der bildenden Künste Leipzig: Kat. 100
© Museums of Art and History, City of Geneva: Abb. S. 14
Nördlingen, Stadtmuseum: Kat. 70
Nürnberg, Germanisches Nationalmuseum, Foto Georg Janßen: Kat. 22, 96 (1x); Abb. S. 38, 196, 200
Pierre Bergé & Associés, Paris: Abb. S. 222
Willi Pfitzinger, Rothenburg: Abb. S. 302
Rheinisches Bildarchiv Köln: Abb. S. 23, 59
Rheinisches Landesmuseum Trier, Foto H. Thörnig: Kat. 77
Jan Friedrich Richter, Berlin: Abb. S. 48
Saint-Bavo's Cathedral, www.artinflanders.be, photo Hugo Maertens, Dominique Provost: Abb. S. 45, 46
© Staatliche Graphische Sammlung München: Abb. S. 106, 112, 140
Staatliche Kunstsammlungen Dresden, Kupferstich-Kabinett, Foto Herbert Boswank: Abb. S. 19
Staatliche Museen zu Berlin, Alte Nationalgalerie, Foto Jörg P. Anders: Kat. 1
Staatliche Museen zu Berlin, Alte Nationalgalerie, Foto Andres Kilger: Abb. S. 20, 25
Staatliche Museen zu Berlin, Gemäldegalerie, Foto Jörg P. Anders: Kat. 1, 11 (1x), 19, 21, 54 (4x), 68, 73 106, 126; Abb. S. 10 f., 203
Staatliche Museen zu Berlin, Gemäldegalerie, Foto Christoph Schmidt: Kat. 1 (1x), 5, 23, 25, 78
Staatliche Museen zu Berlin, Gemäldegalerie, Foto Volker H. Schneider: Kat. 28, 120
Staatliche Museen zu Berlin, Gemäldegalerie, Eigentum des Kaiser Friedrich Museumsvereins, Foto Christoph Schmidt: Kat. 18, 83, 99
Staatliche Museen zu Berlin, Gemäldegalerie, Eigentum des Kaiser Friedrich Museumsvereins, Foto Volker H. Schneider: Kat. 122
Staatliche Museen zu Berlin, Gemäldegalerie, Fotoarchiv: Abb. S. 49, 160
Staatliche Museen zu Berlin, Kunstgewerbemuseum, Fotoarchiv (Foto Horst Appuhn): Abb. S. 258
Staatliche Museen zu Berlin, Kunstgewerbemuseum, Foto Hans-Joachim Bartsch: Kat. 26, 87 (9x); Abb. S. 16
Staatliche Museen zu Berlin, Kunstgewerbemuseum, Foto Karen Bartsch: Kat. 4, 29, 48, 89, 90, 93; Abb. S. 259
Staatliche Museen zu Berlin, Kunstgewerbemuseum, Foto Holger Kupfer: Kat. 13
Staatliche Museen zu Berlin, Kunstgewerbemuseum, Foto Saturia Linke: Kat. 47, 49, 91, 92, 107, 113; Abb. S. 261, 263
Staatliche Museen zu Berlin, Kupferstichkabinett, Foto Jörg P. Anders: Kat. 3, 15, 17, 24, 31, 33, 34, 41, 42, 44, 45, 46, 52, 55, 56, 57, 61, 71, 74, 75, 84, 85, 95, 101, 102, 103, 123 (1x), 125, 127, 128, 129, 130; Abb. S. 94, 99, 100, 101, 203
Staatliche Museen zu Berlin, Kupferstichkabinett,

Foto Dietmar Katz: Kat. 16, 30, 32, 35, 36, 37, 39, 40, 51, 58, 60, 62, 63, 64, 69, 80, 104, 105, 121, 123 (1x); Abb. S. 96, 97, 98, 166, 167, 168, 190; Frontispiz
Staatliche Museen zu Berlin, Kupferstichkabinett, Foto Volker H. Schneider: Kat. 2, 8, 27, 43, 65, 81, 82, 86, 119, 121; Abb. S. 354 f.
Staatliche Museen zu Berlin, Kupferstichkabinett, Foto Carola Seifert: Kat. 98
Staatliche Museen zu Berlin, Kupferstichkabinett, Foto Walter Steinkopf: Kat. 38
Staatliche Museen zu Berlin, Skulpturensammlung und Museum für Byzantinische Kunst, Foto Antje Voigt: Kat. 9, 10, 20, 53, 67, 76, 78, 79, 108, 111, 114, 115, 116, 118; Abb. S. 12, 145, 223
Staatliche Museen zu Berlin, Skulpturensammlung und Museum für Byzantinische Kunst, Eigentum des Kaiser Friedrich Museumsvereins, Foto Antje Voigt: Kat. 114; Abb. S. 223
Staatliche Museen zu Berlin, Skulpturensammlung und Museum für Byzantinische Kunst, Fotoarchiv: Abb. S. 316
Staatsbibliothek zu Berlin, Preußischer Kulturbesitz: Kat. 59; Abb. S. 24, 162
Washington, D. C., National Gallery of Art Library, Courtesy of the Department of Image Collections, Foto Bruce White: Abb. S. 300
Wien, Albertina, Grafische Sammlung: Abb. S. 102, 222, 307
Wolfenbüttel, Herzog August Bibliothek: Abb. S. 165

Der Katalog erscheint anlässlich
der Ausstellung

Spätgotik – Aufbruch in die Neuzeit

Gemäldegalerie – Staatliche Museen
zu Berlin
01.05.–05.09.2021

Eine Ausstellung der Staatlichen
Museen zu Berlin – Preußischer
Kulturbesitz, gemeinsam organisiert
von folgenden Einrichtungen der
Staatlichen Museen zu Berlin:
Gemäldegalerie
(Michael Eissenhauer),
Kupferstichkabinett
(Dagmar Korbacher),
Kunstgewerbemuseum
(Sabine Thümmler),
Skulpturensammlung mit Museum
für Byzantinische Kunst
(Julien Chapuis)

Für die Staatlichen Museen zu Berlin
herausgegeben von
Michael Eissenhauer

Ausstellungskonzeption
Julien Chapuis, Michael Eissenhauer,
Stephan Kemperdick, Lothar
Lambacher, Jan Friedrich Richter,
Michael Roth

AUSSTELLUNG

Kuratoren der Ausstellung
Julien Chapuis, Stephan Kemperdick,
Lothar Lambacher, Jan Friedrich Richter,
Michael Roth

**Wiss. Projektmanager und
Ausstellungsorganisation**
Jan Friedrich Richter

Restauratorische Betreuung
Babette Hartwieg, Maria Reimelt,
Sandra Stelzig, Maria Zielke, Rainer
Wendler (Gemäldegalerie), Georg
Josef Dietz, Luise Maul, François Belot
(Kupferstichkabinett), Heidi Blöcher,
Wibke Bornkessel, Franziska Kierzek
(Kunstgewerbemuseum), Marion Böhl,
Hiltrud Jehle, Klaus Leukers, Sophie
Hoffmann, Paul Hofmann (Skulpturen-
sammlung)

Presse- und Öffentlichkeitsarbeit
Mechtild Kronenberg,
Corinna Salmen-Mies, Fabian Fröhlich

Generaldirektion
Jörg Völlnagel, Maren Eichhorn

Registratur
Susanne Anger, Ramona Föllmer;
Julie Rowlins (Gemäldegalerie),
Tina Dähn (Kupferstichkabinett),
Sara Aubron (Skulpturensammlung)

Ausstellungsarchitektur
Hansjörg Hartung

Kunsttransporte
Belaj Fine Art Service GmbH

Depot
Johann Zehentmaier, Christine Exler,
Sabine Friedrich (Gemäldegalerie),
Kurt Transfeld (Kunstgewerbemuseum),
Michel Hansow, Christian Jäger, Felix
Schreier (Kupferstichkabinett), Melanie
Herrschaft (Skulpturensammlung)

Sekretariat
Barbara Gottschalk, Sabine Kowollik,
Julie Rowlins

**Ausstellungsgrafik und
Mediagestaltung**
Ingo Morgenroth

Museumspädagogik
Ines Bellin

Merchandising
Sigrid Wollmeiner, Carolin Stanneck

Audioguide Produktion
Acoustiguide;
Texte: Elke Linda Buchholz

Gemäldegalerie –
Staatliche Museen zu Berlin
Matthäikirchplatz
10785 Berlin
www.smb.museum

KATALOG

Idee und Konzeption
Julien Chapuis, Stephan Kemperdick,
Lothar Lambacher, Jan Friedrich Richter,
Michael Roth

Gesamtredaktion und Organisation
Jan Friedrich Richter

Textredaktion
Jan Friedrich Richter, Erik Eising,
Franziska May

Bildredaktion
Jan Friedrich Richter,
Marie-Theres Steinke

Lektorat
Lutz Stirl (deutsch),
Dawn Michelle d'Atri,
John Wheelwright (englisch)

**Übersetzungen aus dem
Deutschen ins Englische**
Melissa M. Thorson, Cynthia Hall

Grafische Gestaltung
Peter Nils Dorén

Coverentwurf Museumsausgabe
Ingo Morgenroth

Coverentwurf Buchhandelsausgabe
Peter Nils Dorén

**Publikationsmanagement und
-koordination**
Teresa Laudert, Sigrid Wollmeiner

Projektmanagement Hatje Cantz
Angelika Thill

Verlagsherstellung
Stefanie Kruszyk

Reproduktionen
REPROMAYER GmbH, Reutlingen

Druck und Bindung
DZS Grafik, d.o.o., Slovenia

Erschienen im
Hatje Cantz Verlag GmbH
Mommsenstraße 27
10629 Berlin
Deutschland
www.hatjecantz.com

Ein Unternehmen der
Ganske Verlagsgruppe

ISBN
Museumsausgabe
deutsch 978-3-88609-852-1
englisch 978-3-88609-853-8
Buchhandelsausgabe
deutsch 978-3-7757-4754-7
englisch 978-3-7757-4755-4

Bibliographische Information der
Deutschen Nationalbibliothek
Die Deutsche Nationalbibliothek
verzeichnet diese Publikation in der
Deutschen Nationalbibliographie;
detaillierte bibliographische
Angaben sind im Internet unter
http://dnb.d-nb.de abrufbar.

Printed in Slovenia

Umschlagabbildung
Cover: Niclaus Gerhaert von Leyden,
Büste eines Mannes, um 1463
Musées de Strasbourg,
Foto M. Bertola
Rückseite: Konrad Witz, *Die Königin
von Saba vor König Salomon*,
um 1435–1440
Staatliche Museen zu Berlin,
Gemäldegalerie, Foto Jörg P. Anders

© 2021 Staatliche Museen zu Berlin –
Preußischer Kulturbesitz; Hatje Cantz
Verlag GmbH, Berlin, und die Autoren

Alle Rechte vorbehalten. Abdruck
(auch auszugsweise) nur nach Geneh-
migung durch die Herausgeber.